U0006658

溫嶠　郗鑒 子愔 愔弟曇

溫嶠字太真司徒羨弟之子也父憺河東太守嶠性聰敏有識量博學能屬文少以孝悌稱於邦族風儀秀整美於談論見者皆愛悅之年十七州郡辟召皆不就司隸命為都官從事散騎常侍庾敳有重名而頗聚斂嶠舉奏之京都振肅後舉秀才灼然司徒辟東閣祭酒補上黨潞令平北大將軍劉琨妻嶠之從母也琨深禮之請為參軍琨遷大將軍嶠為從事中郎上黨太守加建威將軍督護前鋒軍事將兵討石勒屢有戰功琨遷司空以嶠為右司馬于時并土荒殘寇盜羣起石勒劉聰跨帶疆埸嶠為之謀主琨所憑恃焉屬二都傾覆社稷絕祀元帝初鎮江左琨誠繫王室謂嶠曰昔班彪識劉氏之復興馬援知漢光之可輔今晉祚雖衰天命未改吾欲立功河朔使卿延譽江南子其行乎對曰嶠雖無管張之才而明公有桓文之志欲建匡合之功豈敢辭命乃以為左長史檄告華夷奉表勸進嶠既至引見具陳琨忠誠志在效節因說社稷無主天人係望辭旨慷慨舉朝屬目帝器而嘉焉王導周顗謝鯤庾亮桓彝等並與親善于時江左草創綱維未舉嶠殊以為憂及見王導共談歡然曰江左自有管夷吾吾復何慮屢求返命不許會琨為段匹磾所害嶠表琨忠誠雖勳業不遂然家破身亡宜在褒崇以慰海內之望帝然之除散騎侍郎初嶠欲將命其母崔氏固止之嶠絕裾而去其後母亡嶠阻亂不獲歸葬由是固讓不拜苦請北歸詔三司八坐議其事皆曰昔伍員志復私讎先假諸侯之力東奔闔閭位為上將然後鞭荊王之尸若嶠以母未葬沒在胡虜者乃應竭其智謀仰憑皇靈使逆寇冰消反哀墓次豈可稍以乖嫌廢其遠圖哉嶠不得已乃受命後歷驃騎王導長史遷太子中庶子及在東宮深見寵遇太子與為布衣之交數陳規諷又獻侍臣箴甚有弘益時太子起西池樓觀頗為勞費嶠上疏以為朝廷草創巨寇未滅宜應儉以率下務農重兵太子納焉王敦舉兵內向六軍敗績太子將自出戰嶠執鞚諫曰臣聞善戰者不怒善勝者不武如何萬乘儲副而以身輕天下太子乃止明帝

即位拜侍中機密大謀皆所參綜詔命文翰亦悉豫焉俄轉中書令嶠有棟梁之任帝親而倚之甚為王敦所忌因請為左司馬敦阻兵不朝多行陵縱嶠諫敦曰昔周公之相成王勞謙吐握豈好勤而惡逸哉誠由處大任者不可不爾而公自還輦轂入輔朝政闕拜覲之禮簡人臣之儀不達聖心者莫不於邑昔帝舜服事唐堯伯禹竭身虞庭文王雖盛臣節不愆故有庇人之大德必有事君之小心俾芳烈奮乎百世休風流乎萬祀至聖遺軌所不宜忽願思舜禹文王服事之勤惟公旦吐握之事則天下幸甚敦不納嶠知其終不悟於是謬為設敬綜其府事干說密謀以附其欲深結錢鳳為之聲譽每曰錢世儀精神滿腹嶠素有知人之稱鳳聞而悅之深結好於嶠會丹揚尹缺嶠說敦曰京尹輦轂喉舌宜得文武兼能公宜自選其才若朝廷用人或不盡理敦然之問嶠誰可作者嶠曰愚謂錢鳳可用鳳亦推嶠嶠偽辭之敦不從表補丹揚尹嶠猶懼錢鳳為之姦謀因敦餞別嶠起行酒至鳳前鳳未及飲嶠因偽醉以手版擊鳳幘墜作色曰錢鳳何人溫太真行酒而敢不飲敦以為醉兩釋之臨去言別涕泗橫流出閤復入如是再三然後即路及發後鳳入說敦曰嶠於朝廷甚密而與庾亮深交未必可信敦曰太真昨醉小加聲色豈得以此便相讒貳由是鳳謀不行而嶠得還都乃具奏敦之逆謀請先為之備及敦構逆加嶠中壘將軍持節都督東安北部諸軍事敦與王導書曰太真別來幾日作如此事表誅姦臣以嶠為首募生得嶠者當自拔其舌及王含錢鳳奄至都下嶠燒朱雀桁以挫其鋒帝怒之嶠曰今宿衛寡弱徵兵未至若賊豕突危及社稷陛下何惜一橋賊果不得渡嶠自率衆與賊夾水戰擊王含敗之復督劉遐追錢鳳於江寧事平封建寧縣開國公賜絹五千四百匹進號前將軍時制王敦綱紀除名參佐禁錮嶠上疏曰王敦剛愎不仁忍行殺戮親任小人疏遠君子朝廷所不能抑骨肉所不能間處其朝者恒懼危亡故人士結舌道路以目誠賢人君子道窮數盡遵養時晦之辰也且敦為大逆之日拘錄人士自免無路原其私心豈遑晏處如陸玩羊曼劉胤蔡謨郭璞常與臣言備知之矣必其凶悖自可罪人斯得如其枉

入姦黨宜施之以寬加以玩等之誠聞於聖聽當受同賊之責實有其心陛下仁聖含弘思求允中臣階緣博納干非其事誠在愛才不忘忠益帝從之是時天下凋弊國用不足詔公卿以下詣都坐論時政之所先嶠因奏軍國要務其一曰祖約退舍壽陽有將來之難今二方守禦為功尚易淮泗都督宜竭力以資之選名重之士配征兵五千人又擇一偏將將二千兵以益壽陽可以保固徐豫援助司土其二曰一夫不耕必有受其饑者今不耕之夫動有萬計春廢勸課之制冬峻出租之令下未見施惟賦是聞賦不可以已當思令百姓有以殷實司徒置田曹掾州一人勸課農桑察吏能否今宜依舊置之必得清恪奉公足以宣示惠化者則所益實弘矣其三曰諸外州郡將兵者及都督府非臨敵之軍且田且守又先朝使五校出田今四軍五校有兵者及護軍所統外軍可分遣二軍出并屯要處緣江上下皆有良田開荒雖一年之後即易且軍人累重者在外有樵採蔬食之人於事為便其四曰建官以理世不以私人也如此則官寡而材精周制六卿莅事春秋之時

入作卿輔出將三軍後代建官漸多誠由事有煩簡耳然今江南六州之土尚又荒殘方之平日數十分之一耳三省軍校無兵者九府寺署可有并相領者可有省半者粗計閑劇隨事減之荒殘之縣或同在一城可并合之如此選既可精祿俸可優令足代耕然後可責以清公耳其五曰古者親耕籍田以供粢盛舊制籍田廩犧之官今臨時市求既上黷至敬下費生靈非所以虔奉宗廟蒸嘗之旨宜如舊制立此二官其六曰使命愈遠益宜得才宣揚王化延譽四方人情不樂遂取卑品之人虧辱國命生長患害故宜重其選不可減二千石見居二品者其七曰罪不相及古之制也近者大逆誠由凶戾凶戾之甚一時權用今遂施行非聖朝之令典宜如先朝除三族之制議奏多納之帝疾篤嶠與王導郗鑒庾亮陸曄卞壼等同受顧命時歷陽太守蘇峻藏匿亡命朝廷疑之征西將軍陶侃有威名於荊楚又以西夏為虞故使嶠為上流形援咸和初代應詹為江州刺史持節都督平南將軍鎮武昌甚有惠政甄異行能親祭徐孺子之墓又陳豫章十郡之要宜以刺史居之尋

陽濱江都督應鎮其地今以州帖府進退不便且古鎮將多不領州皆以文武形勢不同故也宜選單車刺史別撫豫章專理黎庶詔不許在鎮見王敦畫象曰敦大逆宜加斵棺之戮受崔杼之刑古人闔棺而定謚春秋大居正崇王父之命未有受戮於天子而圖形於羣下命削去之嶠聞蘇峻之徵也慮必有變求還朝以備不虞不聽未幾而蘇峻果反嶠屯尋陽遣督護王愆期西陽太守鄧嶽鄱陽內史紀瞻等率舟師赴難及京師傾覆嶠聞之號慟人有候之者悲哭相對俄而庾亮來奔宣太后詔進嶠驃騎將軍開府儀同三司嶠曰今日之急殄寇為先未效勳庸而逆受榮寵非所聞也何以示天下乎固辭不受時亮雖奔敗嶠每推崇之分兵給亮遣王愆期等要陶侃同赴國難侃恨不受顧命不許嶠初從之後用其部將毛寶說復固請侃行語在寶傳初嶠與庾亮相推為盟主嶠從弟充言於嶠曰征西位重兵彊宜共推之嶠於是遣王愆期奉侃為盟主侃許之遣督護龔登率兵詣嶠嶠於是列上尚書陳峻罪狀有衆七千灑泣登舟移告四方征鎮曰賊臣祖約蘇峻同惡

相濟用生邪心天奪其魄死期將至譴負天地自絕人倫寇不可縱宜增軍討撲輒屯次湓口即日護軍庾亮至宣太后詔寇逼宮城王旅撓敗出告藩臣謀寧社稷後將軍郭默冠軍將軍趙胤奮武將軍龔保與嶠督護王愆期西陽太守鄧嶽鄱陽內史紀瞻率其所領相尋而至逆賊肆凶陵蹈宗廟火延宮掖矢流太極二御幽逼宰相困迫殘虐朝士劫辱子女承問悲惶精魂飛散嶠闇弱不武不能徇難哀恨自咎五情摧隕慚負先帝託寄之重義在畢力死而後已今躬率所統為士卒先摧進諸軍一時電擊西陽太守鄧嶽尋陽太守褚誕等連旗相繼宣城內史桓彝已勒所屬屯濱江之要江夏相周撫乃心求征軍已向路昔包胥楚國之微臣重趼致誠義感諸侯藺相如趙邦之陪隸恥君之辱按劒秦庭皇漢之季董卓作亂劫遷獻帝虐害忠良關東州郡相率同盟廣陵功曹臧洪郡之小吏耳登壇喢血涕泗橫流慷慨之節實厲羣后況今居台鼎據方州列名邦受國恩者哉不期而會不謀而同不亦宜乎二賊合衆不盈五千且外畏胡寇城內饑乏後將軍郭默即

於戰陣俘殺賊千人賊今雖殘破都邑其宿衛兵人即時出散不爲賊用且祖約情性褊阨忌剋不仁蘇峻小子惟利是視殘酷驕猜權相假合江表興義以抗其前彊胡外寇以躡其後運漕隔絕資食空懸內之外孤勢何得久羣公征鎮職在禦侮征西陶公國之耆德忠肅義正勳庸弘著諸方鎮州郡咸齊斷金同稟規略以雪國恥苟利社稷死生以之嶠雖怯劣忝據一方賴忠賢之規文武之助君子竭誠小人盡力高操之士被褐而從戎負薪之徒匍匐而赴命率其私僕致其私杖人士之誠竹帛不能載也豈嶠無德而致之哉士稟義風人感皇澤且護軍庾公帝之元舅德望隆重率郭後軍趙龍三將與嶠戮力得有資憑且悲且慶若朝廷之不泯也其各明率所統無後事機賞募之信明如日月有能斬約峻者封五等侯賞布萬匹夫忠爲令德爲仁由己萬里一契義在不言也時陶侃雖許自下而未發復追其督護龔登嶠重與侃書曰僕謂軍有進而無退宜增而不可減近已移檄遠近言於盟府刻後月半大舉南康建安晉安三郡軍並在路次同赴此會惟須仁

公所統至便齊進耳仁公今召軍還疑惑遠近成敗之由將在於此僕才輕任重實憑仁公篤愛遠稟成規至於首啓戎行不敢有辭僕與仁公當如常山之蛇首尾相衛又脣齒之喻也恐惑者不達高旨將謂仁公緩於討賊此聲難追僕與仁公並受方嶽之任安危休慼理既同之且自頃之顧綢繆往來情深義重著於人士之口一旦有急亦望仁公悉衆見救況社稷之難惟僕偏當一州州之文武莫不翹企假令此州不守約峻樹置官長於此荆楚西逼彊胡東接逆賊因之以饑饉將來之危乃當甚於此州之今日也以大義言之則社稷顛覆主辱臣死公進當爲大晉之忠臣參桓文之義開國承家銘之天府退當以慈父雪愛子之痛約峻凶逆無道囚制人士裸其五形近日來者不可忍見骨肉生離痛感天地人心齊一咸皆切齒今之進討若以石投卵耳今出軍既緩復召兵還人心乖離是爲敗於幾成也願深察所陳以副三軍之望峻時殺侃子瞻由是侃激勵遂率所統與嶠亮同赴京師戎卒六萬旌旗七百餘里鉦鼓之聲震於百里直指石頭次于蔡州侃屯查

浦嶠屯沙門浦時祖約據歷陽與峻爲首尾見嶠等軍盛謂其黨曰吾本知嶠能爲四公子之事今果然矣峻聞嶠將至逼大駕幸石頭時峻軍多馬南軍杖舟楫不敢輕與交鋒用將軍李根計據白石築壘以自固使庾亮守之賊步騎萬餘來攻不下而退追斬二百餘級嶠又於四望磯築壘以逼賊曰賊必爭之設伏以逸待勞是制賊之一奇也是時義軍屢戰失利嶠軍食盡陶侃怒曰使君前云不憂無將士惟得老僕爲主耳今數戰皆北良將安在荆州接胡蜀二虜倉廩當備不虞若復無食僕便欲西歸更思良算但今歲計殄賊不爲晚也嶠曰不然自古成監師克在和光武之濟昆陽曹公之拔官渡以寡敵衆杖義故也峻約小豎爲海內所患今日之舉決在一戰峻勇而無謀藉驕勝之勢自謂無前今挑之戰可一鼓而擒也奈何捨垂立之功設進退之計且天子幽逼社稷危殆四海臣子肝腦塗地嶠等與公並受國恩是致命之日事若克濟則臣主同祚如其不捷身雖灰滅不足以謝責於先帝今之事勢義無旋踵騎猛獸安可中下哉公若違衆獨反人心必沮沮衆

敗事義旗將迴指於公矣侃無以對遂留不去嶠於是創建行廟廣設壇場告皇天后土祖宗之靈親讀祝文聲氣激揚流涕覆面三軍莫能仰視其日侃督水軍向石頭亮嶠等率精勇一萬從白石以挑戰時峻勞其將士因醉突陣馬躓爲侃將所斬峻弟逸及子碩嬰城自固嶠乃立行臺布告天下凡故吏二千石臺郎御史以下皆令赴臺於是至者雲集司徒王導因奏嶠侃錄尚書遣間使宣旨並讓不受賊將匡術以臺城來降爲逸所擊求救於嶠江州別駕羅洞曰今水暴長救之不便不如攻榻杭榻杭軍若敗術圍自解嶠從之遂破賊石頭軍奮威長史滕含抱天子奔于嶠船時陶侃雖爲盟主而處分規略一出於嶠及賊滅拜驃騎將軍開府儀同三司加散騎常侍封始安郡公邑三千戶初峻黨路永匡術賈寧中途悉以衆歸順王導將褒顯之嶠曰術輩首亂罪莫大焉晚雖改悟未足以補前失全其首領爲幸已過何可復寵授哉導無以奪朝議將留輔政嶠以導先帝所任固辭還藩復以京邑荒殘資用不給嶠借資蓄具器用而後旋于武昌至牛渚磯水深不可

測世云其下多怪物嶠遂燬犀角而照之須臾見水族覆火奇形異狀或乘馬車著赤衣者嶠其夜夢人謂己曰與君幽明道別何意相照也意甚惡之嶠先有齒疾至是拔之因中風至鎮未旬而卒時年四十二江州士庶聞之莫不相顧而泣帝下冊書曰朕以眇身纂承洪緒不能光闡大道化洽時雍至乃狂狡滔天社稷危逼惟公明鑒特達識心經遠懼皇綱之不維忿凶寇之縱暴唱率群后五州響應首啓戎行元惡授馘王室危而復安三光幽而復明功格宇宙勳著八表方賴大猷以拯區夏天不憖遺早世薨徂朕用痛悼于厥心夫襃德銘勳先王之明典今追贈公侍中大將軍持節都督刺史公如故賜錢百万布千匹謚曰忠武祠以太牢初葬于豫章後朝廷追嶠勳德將為造大墓於元明二帝陵之北陶侃上表曰故大將軍嶠忠誠著於聖世勳義感于人神非臣筆墨所能稱陳臨卒之際与臣書別臣藏之篋笥時時省視每一思述未嘗不中夜撫膺臨飯酸噎人之云亡嶠實當之謹寫嶠書上呈伏惟陛下既垂御省傷其情旨死不忘忠身沒黃泉追恨國恥將臣

戮力救濟艱難使亡而有知抱恨結草豈樂今日勞費之事願陛下慈恩停其移葬使嶠棺柩无風波之危魂靈安於后土詔從之其後嶠後妻何氏卒子放之便載喪還都詔葬建平陵北并贈嶠前妻王氏及何氏始安夫人印綬放之嗣爵少歷清官累至給事黃門侍郎以貧求為交州朝廷許之王述与會稽王牋曰放之溫嶠之子宜見優異而投之嶺外竊用愕然願遠存周礼近參人情則望實惟允時竟不納放之既至南海甚有威惠將征林邑交阯太守杜寶別駕阮朗並不從放之以其沮眾誅之勒兵而進遂破林邑而還卒于官弟式之新建縣侯位至散騎常侍

郗鑒字道徽高平金鄉人漢御史大夫慮之玄孫也少孤貧博覽經籍躬耕隴畝吟詠不倦以儒雅著名不應州命趙王倫辟為掾知倫有不臣之跡稱疾去職及倫篡其黨皆至大官而鑒閉門自守不染逆節惠帝反正參司空軍事累遷太子中舍人中書侍郎東海王越辟為主簿舉賢良不行征東大將軍苟晞檄為從事中郎晞与越方以力爭鑒不應其召從兄旭晞之別駕恐禍及己勸之赴召鑒終不迴晞亦不之逼也及京師不守寇難鋒起鑒遂陷於陳午賊中邑人張寔先求交於鑒鑒不許至是寔於午營來省鑒疾既而卿鑒鑒謂寔曰相與邦壤義不及通何可怙乱至此邪寔大慚而退午以鑒有名於世將逼為主鑒逃而獲免午尋潰散鑒得歸鄉里于時所在饑荒州中之士素有感其恩義者相与資贍鑒復分所得以賉宗族及鄉曲孤老賴而全濟者甚多咸相謂曰今天子播越中原無伯當歸依仁德可以後亡遂共推鑒為主舉千餘家俱避難於魯之嶧山元帝初鎮江左承制假鑒龍驤將軍兗州刺史鎮鄒山時荀藩用李述劉琨用兄子演並為兗州各屯一郡以力相傾闔州編戶莫知所適又徐龕石勒左右交侵日尋干戈外無救援百姓饑饉或掘野鼠蟄燕而食之終無叛者三年間眾至數萬帝就加輔国將軍都督兗州諸軍事永昌初徵拜領軍將軍既至轉尚書以疾不拜時明帝初即位王敦專制內外危逼謀杖鑒為外援由是拜安西將軍兗州刺史都督揚州江西諸軍假節鎮合肥敦忌之表

為尚書令徵還道經姑孰與敦相見敦謂曰樂彥輔短才耳後生流宕言違名檢考之以實豈勝滿武秋邪鑒曰擬人必於其倫彥輔道韻平淡體識沖粹處傾危之朝不可得而親疏及愍懷太子之廢可謂柔而有正武秋失節之士何可同日而言敦曰愍懷廢徙之際交有危機之急人何能以死守之乎以此相方其不減明矣鑒曰丈夫既潔身北面義同在三豈可偷生屈節靦顏天壤邪苟道數終極固當存亡以之耳敦素懷無君之心聞鑒言大忿之遂不復相見拘留不遣敦之黨與譖毀日至鑒舉止自若初無懼心敦謂錢鳳曰郗道徽儒雅之士名位既重何得害之放還臺鑒遂與帝謀滅敦既而錢鳳攻逼京都假鑒節加衞將軍都督從駕諸軍事鑒以無益事實固辭不受軍號時議者以王含錢鳳眾力百倍苑城小而不固宜及軍勢未成大駕自出距戰鑒曰群逆縱逸其勢不可當可以算屈難以力競且含等號令不一抄盜相尋百姓懲往年之暴皆人自為守乘逆順之勢何往不克且賊無經略遠圖惟恃豕突一戰曠日持久必啓義士之心令謀猷得展今以此

弱力敵彼彊寇決勝負於一朝定成敗於呼吸雖有申胥之徒義存投袂何補於既往哉帝從之鑒以尚書令領諸屯營及鳳等平溫嶠上議請宥敦佐吏鑒以為先王崇君臣之教故貴伏死之節昏亡之主故開待放之門王敦佐吏雖多逼迫然居逆亂之朝無出關之操準之前訓宜加義責又奏錢鳳母年八十宜蒙全宥乃從之封高平侯賜絹四千八百匹帝以其有器望萬機動靜輒問之乃詔鑒特草上表疏以從簡易王導議欲贈周札官鑒以為不合語在札傳導不從鑒於是駮之曰敦之逆謀履霜日久緣札開門令王師不振若敦前者之舉義同桓文則先帝可為幽厲邪朝臣雖無以難而不能從俄遷車騎將軍都督徐兗青三州軍事兗州刺史假節鎮廣陵尋而帝崩鑒與王導卞壼溫嶠庾亮陸曄等並受遺詔輔少主進位車騎大將軍開府儀同三司加散騎常侍咸和初領徐州刺史及祖約蘇峻反鑒聞難便欲率所領東赴詔以北寇不許於是遣司馬劉矩領三千人宿衛京都尋而王師敗績矩遂退還中書令庾亮宣太后口詔進鑒為司空鑒去賊密邇城孤糧絕人情業業莫有固志奉詔流涕設壇場刑白馬大誓三軍曰賊臣祖約蘇峻不恭天命不畏王誅凶戾肆逆干國之紀陵汩五常侮弄神器遂制脅幽主拔本塞原殘害忠良禍虐黎庶使天地神祇靡所依歸是以率土怨酷兆庶泣血咸願奉辭罰罪以除元惡昔戎狄泯周齊桓糾盟董卓陵漢群后致討義存君親古今一也今主上幽危百姓倒懸忠臣正士志存報國凡我同盟既盟之後戮力一心以救社稷若二寇不梟義無偷安有渝此盟明神殛之鑒登壇慷慨三軍爭為用命乃遣將軍夏侯長等間行謂平南將軍溫嶠曰今賊謀欲挾天子東入會稽宜先立營壘屯據要害既防其越逸又斷賊糧運然後靜鎮京口清壁以待賊賊攻城不拔野無所掠東道既斷糧運自絕不過百日必自潰矣嶠深以為然及陶侃為盟主進鑒都督揚州八郡軍事時撫軍將軍王舒輔國將軍虞潭皆受鑒節度率衆渡江與侃會于茄子浦鑒築白石壘而據之會舒潭戰不利鑒與後將軍郭默還丹徒立大業曲阿庱亭三壘以拒賊而賊將張健來攻大業城中乏水郭默

窘迫遂突圍而出三軍失色參軍曹納以為大業京口之扞一旦不守賊方軌而前勸鑒退還廣陵以俟後舉鑒乃大會僚佐責納曰吾蒙先帝厚顧荷託付之重正復捐軀九泉不足以報今彊寇在郊衆心危迫君腹心之佐而生長異端當何以率先義衆鎮一三軍邪將斬之久而乃釋會峻死大業圍解及蘇逸等走吳興鑒遣參軍李閎追斬之降男女萬餘口拜司空加侍中解八郡都督更封南昌縣公以先爵封其子曇時賊帥劉徵聚衆數千浮海抄東南諸縣鑒遂城京口加都督揚州之晉陵吳郡諸軍事率衆討平之進位太尉後以寢疾上疏遜位曰臣疾彌留遂至沈篤自忖氣力差理難冀有生有死自然之分但忝位過才曾無以報上慚先帝下愧日月伏枕哀歎抱恨黃泉臣今虛乏救命朝夕輒以府事付長史劉遐乞骸骨歸丘園惟願陛下崇山海之量弘濟大猷任賢使能事從簡易使康哉之歌復興於今則臣雖死猶生之日耳臣所統錯雜率多北人或逼遷徙或是新附百姓懷土皆有歸本之心臣宣國恩示以好惡處與田宅漸得少安聞臣疾篤衆情駭動若當北渡必啓寇心太常臣謨平簡貞正素望所歸謂可以為都督徐州刺史臣亡兄息晉陵內史邁謙愛養士甚為流亡所宗又是臣門戶子弟堪任兗州刺史公家之事知無不為是以敢希祁奚之舉疏奏以蔡謨為鑒軍司鑒尋薨時年七十一帝朝晡哭于朝堂遣御史持節護喪事贈一依溫嶠故事冊曰惟公道德沖邃體識弘遠忠亮雅正行為世表歷位內外勳庸彌著乃者約峻狂狡毒流朝廷社稷之危賴公以寧功侔古烈勳邁桓文方倚大猷藩翼時難昊天不弔奄忽薨徂朕用震悼于厥心夫爵以顯德諡以表行所以崇明軌跡丕揚徽劭今贈太宰諡曰文成祠以太牢魂而有靈嘉茲寵榮初鑒值永嘉喪亂在鄉里甚窮餒鄉人以鑒名德傳共飴之時兄子邁外甥周翼並小常攜之就食鄉人曰各自饑困以君賢欲共相濟耳恐不能兼有所存鑒於是獨往食訖以飯著兩頰邊還吐與二兒後並得存同過江邁位至護軍翼為剡縣令鑒之薨也翼追撫育之恩解職而歸席苫心喪三年二子愔曇

愔字方回少不交競弱冠除散騎侍郎不拜性至孝居父母憂殆將滅
性服闋襲爵南昌公徵拜中書侍郎驃騎何充輔政征北將軍褚裒鎮
京口皆以愔爲長史再遷黃門侍郎時吳郡守闕欲以愔爲太守愔自
以資望少不宜超莅大郡朝議嘉之轉爲臨海太守會弟曇卒益無
處世意在郡優游頗稱簡默與姊夫王羲之高士許恂並有邁世之風
俱棲心絕穀脩黃老之術後以疾去職乃築宅章安有終焉之志十許
年間人事頓絕簡文帝輔政與尚書僕射江虨等薦愔以爲執德存
正識懷沉敏而辭職遺榮有不拔之操成務須才豈得遂其獨善宜見徵
引以叅政術於是徵爲光祿大夫加散騎常侍既到更除太常固讓不
拜深抱冲退樂補遠郡從之出爲輔國將軍會稽内史大司馬桓溫以
愔與徐兗有故義乃遷愔都督徐兗青幽揚州之晉陵諸軍事領徐兗
二州刺史假節雖居藩鎮非其好也俄屬桓溫北伐愔請督所部出河
上用其子超計以已非將帥才不堪軍旅又固辭解職勸溫并領已所
統轉冠軍將軍會稽内史及帝踐阼就加鎮軍都督浙江東五郡軍事

久之以年老乞骸骨因居會稽徵拜司空詔書優美敦獎殷勤固辭
不起太元九年卒時年七十二追贈侍中司空謚曰文穆三子超融沖
超最知名

超字景興一字嘉賓少卓犖不羈有曠世之度交游士林每存勝拔善
談論義理精微愔事天師道而超奉佛愔又好聚斂積錢數千萬嘗開
庫任超所取超性好施一日中散與親故都盡其任心獨詣皆此類也
桓溫辟爲征西大將軍掾溫遷大司馬又轉爲叅軍溫英氣高邁罕有
所推與超言常謂不能測遂傾意禮待超亦深自結納時王珣爲溫主
簿亦爲溫所重府中語曰髯叅軍短主簿能令公喜能令公怒超髯珣
短故也尋除散騎侍郎時愔在北府徐州人多勁悍溫恒云京口酒可
飲兵可用深不欲愔居之而愔暗於事機遺牋詣溫欲共獎王室脩復
園陵超取視寸寸毀裂乃更作牋自陳老病甚不堪人間乞閑地自養
溫得牋大喜即轉愔爲會稽太守溫懷不軌欲立霸王之基超爲之謀
謝安與王坦之嘗詣溫論事溫令超帳中臥聽之風動帳開安笑曰郗

生可謂入幕之賓矣太和中溫將伐慕容氏於臨漳超諫以道遠汴水
又淺運道不通溫不從遂引軍自濟入河超又進策於溫曰清水入河
無通運理若寇不戰運道又難因資無所實爲深慮也今盛夏悉力徑
造鄴城彼伏公威略必望陣而走退還幽朔矣若能決戰呼吸可定設
欲城鄴難爲功力百姓布野盡爲官有易水以南必交臂請命但恐此
計輕決公必務其持重耳若此計不從便當頓兵河濟控引糧運令資
儲充備足及來夏雖如賒遲終亦濟剋若舍此二策而連軍西進進不
速決退必愆乏賊因此勢日月相引僶俛秋冬船道澁滯且北土早寒
三軍裘褐者少恐不可以涉冬此大限閡非惟無食而已溫不從果有
枋頭之敗溫深慙之尋而有壽陽之捷問超曰此足以雪枋頭之恥乎
超曰未厭有識之情也既而超就溫宿中夜謂溫曰明公都有慮不溫
曰卿欲有所言邪超曰明公既居重任天下之責將歸於公矣若不能
行廢立大事爲伊霍之舉者不足鎮壓四海震服宇内豈可不深思哉
溫既素有此計深納其言遂定廢立超始謀也遷中書侍郎謝安嘗與

王文度共詣超日旰未得前文度便欲去安曰不能爲性命忍俄頃邪
其權重當時如此轉司徒左長史母喪去職常謂其父名公之子位遇
應在謝安右而安入掌機權愔優游而已恒懷憤憤發言慷慨由是與
謝氏不穆安亦深恨之服闋除散騎常侍不起以爲臨海太守加宣威
將軍不拜年四十二先愔卒初超雖實黨桓氏以愔忠於王室不令知
之將亡出一箱書付門生曰本欲焚之恐公年尊必以傷愍爲弊我亡
後若大損眠食可呈此箱不爾便燒之愔後果哀悼成疾門生依旨呈
之則悉與溫往反密計愔於是大怒曰小子死恨晚矣更不復哭凡超
所交友皆一時秀美雖寒門後進亦拔而友之及死之日貴賤操筆而
爲誄者四十餘人其爲衆所宗貴如此王獻之兄弟自超未亡見愔常
躡履問訊甚脩舅甥之禮及超死見愔慢怠屐而候之命席便遷延辭
避愔每慨然曰使嘉賓不死鼠子敢爾邪性好聞人棲遁有能辭榮拂
衣者超爲之起屋宇作器服畜僕豎費百金而不吝又沙門支遁以清
談著名于時風流勝貴莫不崇敬以爲造微之功足叅諸正始而遁常

重超以爲一時之儁甚相知賞超無子從弟儉之以子僧施嗣
僧施字惠脫龍驤將軍南昌公弱冠與王綏桓胤齊名累居清顯領宣城內史入補丹陽尹劉毅鎭江陵請爲南蠻校尉假節與毅俱誅国除
曇字重熙少賜爵東安縣開国伯司徒王導辟祕書郎朝論以曇名臣之子每逼以憲制年三十始拜通直散騎侍郎遷中書侍郎簡文帝爲撫軍引爲司馬尋除尚書吏部郎拜御史中丞時北中郎荀羨有疾朝廷以曇爲羨軍司加散騎常侍頃之羨徵還仍除北中郎將都督徐兗青幽揚州之晉陵諸軍事領徐兗二州刺史假節鎭下邳後與賊帥傅末波等戰失利降號建威將軍尋卒年四十二追贈北中郎諡曰簡子恢嗣
恢字道胤少襲父爵散騎侍郎累遷給事黃門侍郎領太子右衛率恢身長八尺美鬚髯孝武帝深器之以爲有藩伯之望會朱序自表去職擢恢爲梁秦雍司荊揚并等州諸軍事建威將軍雍州刺史假節鎭襄陽恢甚得關隴之和降附者動有千計初姚萇將竇衝來降拜東羌校尉衝後舉兵反入漢川襲梁州時關中有巴蜀之衆皆背萇據弘農以

結苻堅而登署衝爲左丞相徙屯華陰河南太守楊佺期遣上黨太守荀靜戍皇天塢以距之衝數來攻恢遣將軍趙睦守金墉城而佺期率衆次湖城討衝走之尋而慕容垂圍慕容永於潞川永窮蹙遣其子弘求救於恢并獻玉璽一紐恢獻璽於臺又陳垂若并永其勢難測今於国計謂宜救永永垂並存自爲仇讎連雞不棲無能爲患然後乘機雙斃則河北可平孝武帝以爲然詔王恭庾楷救之未及發而永沒楊佺期以疾去職恢以隨郡太守夏侯宗之爲河南太守戍洛陽姚萇遣其子略攻湖城及上洛又使其將楊佛嵩圍洛陽恢遣建武將軍辛恭靜救洛陽梁州刺史王正胤率衆出子午谷以爲聲援略懼而退恢以功進征虜將軍又領秦州刺史加督隴上軍時魏氏彊盛山陵危逼恢遣江夏相鄧啓方等以萬人距之與魏主拓跋珪戰于滎陽大敗而還及王恭討王国寶桓玄殷仲堪皆舉兵應恭恢與朝廷犄角玄等襄陽太守夏侯宗之府司馬郭毗並以爲不可恢皆殺之既而玄等退守尋陽以恢爲尚書將家還都至楊口仲堪陰使人於道賊之及其四子託以羣蠻所殺喪還京師贈鎭軍將軍子循嗣

隆字弘始寔謇亮有匪躬之節初爲尚書郎轉左丞在朝爲百寮所憚坐漏洩事免頃之爲吏部郎復免補東郡太守隆少爲趙王倫所善及倫專擅召爲散騎常侍倫之篡也以爲揚州刺史寮屬有犯輒依臺閣峻制繩之遠近咸怨尋加寧東將軍未拜而齊王冏檄至中州人在軍者皆欲赴義隆以兄子鑒爲趙王掾諸子悉在京洛故猶豫未決主簿趙誘前秀才虞潭白隆曰當今上計明使君自將精兵徑赴齊王中計明使君可留督攝遣猛將率精兵疾赴下計示遣兵將助而稱背倫隆素敬別駕顧彥密與謀之彥曰趙誘下計乃上策也西曹留承聞彥言請見曰不審明使君當令何施隆曰我俱受二帝恩無所偏助惟欲守州而已承曰天下者世祖皇帝之天下也太上承代已積十年今上取四海不平齊王應天順時成敗之事可見使君若顧二帝自可不行宜急下檄文速遣精兵猛將若其疑惑此州豈可得保也隆無所言而停檄六日時寧遠將軍陳留王邃領東海都尉鎭石頭隆軍人西赴邃甚

衆隆遣從事於牛渚禁之不得止將士憤怒夜扶邃爲主而攻之隆父子皆死顧彥亦被害誣隆聚合遠近圖爲不軌隆之死也時議莫不痛惜焉

史臣曰忠臣本乎孝子奉上資乎愛親自家刑国於斯極矣太眞性履純深譽流邦族始則承顏候色老萊弗之加也既而辭親蹈義申胥何以尚焉封狐萬里投軀而弗顧獯寇千羣探穴而忘死竟能宣力王室揚名本朝負荷受遺繼之全節言念主辱義聲動於天地祗赴国屯信誓明於日月枕戈雨泣若雪分天之仇皇輿旋軫卒復夷庚之躅微夫人之誠懇大盜幾移国乎道徽儒雅柔而有正協德始安頡頏連璧芳回踵武弈世登台露冕爲飾援高人以同志抑惟大隱者歟受子云亡省遺文而輟泣殊有大義之風矣

贊曰太眞懷貞勤宣迺誠謀敷翦峻奮節摘名道徽忠勁高芬遠映愔克負荷超慙雅正

顧榮　紀瞻　賀循（楊方）　薛兼

顧榮字彥先吳國吳人也為南土著姓祖雍吳丞相父穆宜都太守榮
機神朗悟弱冠仕吳為黃門侍郎太子輔義都尉吳平與陸機兄弟同
入洛時人號為三俊例拜為郎中歷尚書郎太子中舍人廷尉正恒縱
酒酣暢謂友人張翰曰惟酒可以忘憂但無如作病何耳會趙王倫誅
淮南王允收允寮屬付廷尉皆欲誅之榮平心處當多所全宥及倫篡
位倫子虔為大將軍以榮為長史初榮與同寮宴飲見執炙者貌狀不
凡有欲炙之色榮割炙啗之坐者問其故榮曰豈有終日執之而不知
其味及倫敗榮被執將誅而執炙者為督率救之得免齊王冏召為大
司馬主簿冏擅權驕恣榮懼及禍終日昏酣不綜府事以情告友人長
樂馮熊熊謂冏長史葛旟曰以顧榮為主簿所以甄拔才望委以事機
不復計南北親踈欲平海內之心也今府大事殷非酒客之政旟曰榮
江南望士且居職日淺不宜輕代易之熊曰可轉為中書侍郎榮不失

清顯而府更收實才旟然之白冏以為中書侍郎在職不復飲酒人或
問之曰何前醉而後醒邪榮懼罪乃復更飲與州里楊彥明書曰吾為
齊王主簿恒慮禍及見刀與繩每欲自殺但人不知耳及冏誅榮以討
葛旟功封嘉興伯轉太子中庶子長沙王乂為驃騎復以榮為長史乂
敗轉成都王穎丞相從事中郎惠帝幸臨漳以榮兼侍中遣行園陵會
張方據洛不得進避之陳留及帝西遷長安徵為散騎常侍以世乱不
應遂還吳東海王越聚兵於徐州以榮為軍諮祭酒屬廣陵相陳敏反
南渡江逐揚州刺史劉機丹陽內史王曠阻兵據州分置子弟為列郡
收禮豪桀有孫氏鼎峙之計假榮右將軍丹陽內史榮數踐危亡之際
恒以恭遜自勉會敏欲誅諸士人榮說之曰中國喪乱胡夷內侮觀太
傅今日不能復振華夏百姓无復遺種江南雖有石冰之寇人物尚全
榮常憂无竇氏孫劉之策有以存之耳今將軍懷神武之略有孫吳之
能功勳效於已著勇略冠於當世帶甲數万舳艫山積上方雖有數州
亦可傳檄而定也若能委信君子各得尽懷散蔕芥之恨塞讒諂之口

則大事可圖也敏納其言悉引諸豪族委任之敏仍遣甘卓出橫江堅
甲利器尽以委之榮私於卓曰若江東之事可濟當共成之然卿觀事
勢當有濟理不敏既常才本无大略政令反覆計无所定然其子弟各
已驕矜其敗必矣而吾等安然受其官祿事敗之日使江西諸軍函首
送洛題曰逆賊顧榮甘卓之首豈惟一身顛覆辱及万世可不圖之卓
從之明年周玘與榮及甘卓紀瞻潛謀起兵攻敏榮發橋斂舟於南岸
敏率万餘人出不獲濟榮麾以羽扇其眾潰散事平還吳永嘉初徵拜
侍中行至彭城見禍難方作遂輕舟而還語在紀瞻傳元帝鎮江東以
榮為軍司加散騎常侍凡所謀畫皆以諮焉榮既南州望士躬處右職
朝野甚推敬之時帝所幸鄭貴嬪有疾以祈禱頗廢万機榮上牋諫
曰昔文王父子兄弟乃有三聖可謂窮理者也而文王日昃不暇食周
公沐三握髮何哉誠以一日万機不可不理一言蹉跌患必及之故也
當今衰季之末屬乱離之運而天子流播豺狼塞路公宜露營野次星
言夙駕伏軾怒蛙以募勇士懸膽於庭以表辛苦貴嬪未安藥石實

急禱祀之事誠復可脩豈有便塞參佐白事斷賔客問訊今彊賊臨境
流言滿國人心万端去就紛紜願沖虛納下廣延儁彥思畫今日之要
塞鬼道淫祀弘九合之勤雪天下之耻則群生有賴開泰有期矣時南
土之士未尽才用榮又言陸士光貞正清貴金玉其質甘季思忠款尽
誠膽幹殊快殷慶兒質略有明規文武可施用榮族兄公讓明亮守節
困不易操會稽楊彥明謝行言皆服膺儒教足為公望賀生沉潛青雲
之士陶恭兄弟才幹雖少實事極佳凡此諸人皆南金也書奏皆納之
六年卒官帝臨喪尽哀欲表贈榮依齊王功臣格吳郡內史殷祐牋曰
昔賊臣陳敏憑寵藉權滔天作乱兄弟姻婭盤固州郡威逼士庶以為
臣僕于時賢愚計无所出故散騎常侍安東軍司嘉興伯顧榮經德
體道謀猷弘遠忠貞之節在困彌厲崎嶇艱險之中逼迫姦逆之下每
惟社稷發憤忼慨密結腹心同謀致討信著群士名冠東夏德聲所振
莫不響應荷戈駿奔其會如林榮躬當矢石為眾率先忠義奮發忘家
為國歷年逋寇一朝土崩兵不血刃蕩平六州勳茂上代義彰天下伏

聞論功依故大司馬齊王格不在帷幕密謀參議之例下附州征野戰
之比不得進爵拓土賜拜子弟遐邇同歎江表失望齊王親則近屬位
為方嶽杖節握兵都督近畿外有五國之援內有宗室之助稱兵彌時
役連天下元功雖建所喪亦多榮衆无一旅任非藩翰孤絕江外王命
不通臨危獨斷以身殉國官無一金之費人無終朝之勞元惡既殄高
尚成功封閉倉廩以俟大軍故國安物阜以義成俗今日匡霸事舉未
必不由此而隆也方之於齊彊弱不同優劣亦異至於齊府參佐扶義
助彊非創謀之主皆錫珪受瑞或公或侯榮首建密謀為方面明主功
高元帥賞卑下佐上虧經國紀功之班下孤忠義授命之士夫考績幽
明王教所崇况若榮者濟難寧國應天先事歷觀古今未有立功若彼
酬報如此者也由是贈榮侍中驃騎將軍開府儀同三司謚曰元及帝
為晉王追封為公開國食邑榮素好琴及卒家人常置琴於靈座吳郡
張翰哭之慟既而上牀鼓琴數曲撫琴而歎曰顧彥先復能賞此不因
又慟哭不弔喪主而去子毗嗣官至散騎侍郎

紀瞻字思遠丹楊秣陵人也祖亮吳尚書令父陟光祿大夫瞻少以方
直知名吳平徙家歷陽郡察孝廉不行後舉秀才尚書郎陸機策之
曰昔三代明王啓建洪業文質殊制而令名一致然夏人尚忠忠之弊
也朴救朴莫若敬殷人革而脩焉敬之弊也鬼救鬼莫若文周人矯而
變焉文之弊也薄救薄則又反之於忠然則王道之反覆其無一定邪
亦所祖之不同而功業各異也自無聖王人散久矣三代之損益百姓
之變遷其故可得而聞邪今將反古以救其弊明風以蕩其穢三代之
制將何所從太古之化有何異道瞻對曰瞻聞有國有家者皆欲邁化
隆政以康庶績垂歌億載永傳于後然而俗變事弊得不隨時雖經聖
哲無以易也故忠弊質野敬失多儀周鑒二王之弊崇文以辯等差而
流遁者歸薄而無款誠款誠之薄則又反之於忠三代相循如水濟火
所謂隨時之義救弊之術也羲皇簡朴无為而化後聖因承所務或異
非賢聖之不同世變使之然耳今大晉闡元聖功日隮承天順時九有
一貫荒服之君莫不來同然而大道既往人變由久謂當今之政宜去
文存朴以反其本則兆庶漸化太和可致也又問在昔哲王象事備物
明堂所以崇上帝清廟所以寧祖考辟雍所以班礼教太學所以講藝
文此蓋有国之盛典為邦之大司亡秦廢學制度荒闕諸儒之論損益
異物漢氏遺作居為異事而蔡邕月令謂之一物將何所從對曰周制
明堂所以宗其祖以配上帝敬恭明祀永光孝道也其大數有六古者
聖帝明王南面而聽政其六則以明堂為主又其正中皆云太廟以順
天時施行法令宗祀養老訓學講肄朝諸侯而選造士備禮辯物一教
化之由也故取其宗祀之類則曰清廟取其正室之貌則曰太廟取其
室則曰太室取其堂則曰明堂取其四門之學則曰太學取其周水圜
如璧則曰辟雍異名同事其實一也是以蔡邕謂之一物又問庶明亮
采故時雍穆唐有命既集而多士隆周故書稱明良之歌易貴金蘭之
美此長世所以廢興有邦所以崇替夫成功之君勤於求才立名之士
急於招世理无世不對而事千載恒背古之興王何道而如彼後之衰
世何闕而如此對曰興隆之政務在得賢清平之化急於拔才故二八登

庸則百揆序有乱十人而天下泰武丁擢傅嚴之徒周文攜渭濱之士
居之上司委之国政故能龍奮天衢垂勳百代先王身下白屋搜揚仄
陋使山无扶蘇之才野无伐檀之詠是以化厚物感神祇來應翔鳳飄
颻甘露豐墜醴泉吐液朱草自生万物滋茂日月重光和氣四塞大道
以成序君臣之義敦父子之親明夫婦之道別長幼之宜自九州被八
荒海外移心重譯入貢頌聲穆穆南面垂拱也今貢賢之塗已闓而教
學之務未廣是以進競之志恒銳而務學之心不脩若闢四門以延造
士宣五教以明令德考績殿最審其優劣厝之百寮置之群司使調物
度宜節宣国典必協康哉等契往代明良來應金蘭復存也又問昔
唐虞垂五刑之教周公明四罪之制故世歎清問而時歌緝熙姦宄既
殷法物滋有叔世崇三辟之文暴秦加族誅之律淫刑淪胥虐濫已甚
漢魏遵承因而弗革亦由險泰不同而救世異術不得已而用之故也
寬克之中將何立而可族誅之法足為永制與不對曰二儀分則兆庶
生兆庶生則利害作利害之作有由而然也太古之時化道德之教賤

勇力而貴仁義仁義貴則彊不陵弱衆不暴寡三皇結繩而天下泰非惟象刑緝熙而已也且太古知法所以遠獄及其末不失有罪是以獄用彌繁而人彌暴法令滋章盜賊多有書曰惟敬五刑以成三德叔世道衰既興三辟而文公之弊又加族誅淫刑淪胥感傷和氣化染後代不能變改故漢祖指麾而六合響應魏承漢末因而未革將以俗變由久權時之宜也今四海一統人思反本漸尚簡樸則貪夫不競尊賢黜否則不仁者遠爾則斟參夷之刑除族誅之律品物各順其生緝熙異世而偕也又問曰夫五行迭代陰陽相須二儀所以陶育四時所以化生易稱在天成象在地成形形象之作相須之道也若陰陽不調則大數不得不否一氣偏廢則万物不得獨成此應同之至驗不偏之明證也今有溫泉而无寒火其故何也思聞辯之以釋不同之理對曰蓋聞陰陽升降山澤通氣初九純卦潛龍勿用泉源所託其溫宜也若夫水潤下火炎上剛柔燥濕自然之性故陽動而外陰靜而內內性柔弱以含容為資外動剛直以外接為用是以金水之明內鑒火日之光外輝剛施柔受陽勝陰伏水之受溫含容之性也又問曰夫窮神知化才之尽稱物致用功之極目以之為政則黃義之規可踵以之革乱則玄古之風可紹然而唐虞密皇人之闊綱夏殷繁帝者之約法機心起而日進淳德往而莫反豈大樸一離理不可振將聖人之道稍有降殺邪對曰政因時以興機隨物而動故聖王究窮通之源審始終之理適時之宜期於濟世皇代質朴禍難不作結繩為信人知所守大道既離智惠擾物夷險不同否泰異數故唐虞密皇人之綱夏殷繁帝者之法皆廢興有由輕重以節此窮神之道知化之術隨時之宜非有降殺也永康初州又舉寒素大司馬辟東閣祭酒其年除鄄陵公國相不之官明年左降松滋侯相太安中棄官歸家與顧榮等共誅陳敏語在榮傳召拜尚書郎與榮同赴洛在塗共論易太極榮曰太極者蓋謂混沌之時矇昧未分日月含其輝八卦隱其神天地混其體聖人藏其身然後廓然既變清濁乃陳二儀著象陰陽交泰万物始萌六合闡拓老子云有物混成先天地生誠易之太極也而王氏云太極天地愚謂未當夫兩儀之

謂以體為稱則是天地以氣為名則名陰陽今若謂太極為天地則是天地自生無生天地者也老子又云天地所以能長且久者以其不自生故能長久一生二二生三三生萬物以資始沖氣以為和原元氣之本求天地之根恐宜以此為準也瞻曰昔庖犧畫八卦陰陽之理尽矣文王仲尼係其遺業三聖相承共同一致稱易準天無復其餘也夫天清地平兩儀交泰四時推移日月輝其間自然之數雖經諸聖孰知其始吾子云矇昧未分豈其然乎聖人人也安得混沌之初能藏其身於未分之內老氏先天之言此蓋虛誕之說非易者之意也亦謂吾子神通體解所不應疑意者直謂太極極盡之稱言其理極無復外形外形既極而生兩儀王氏指向可謂近之古人舉至極以為驗謂二儀生於此非復謂有父母若必有父母非天地其孰在榮遂止至徐州聞乱日甚將不行會刺史裴盾得東海王越書若榮等顧望以軍禮發遣乃與榮及陸玩等各解船棄車牛一夜行三百里得還楊州元帝為安東將軍引為軍諮祭酒轉鎮東長史帝親幸瞻宅與之同乘而歸以討周馥華軼功封都鄉侯石勒入寇加揚威將軍都督京口以南至蕪湖諸軍事以距勒勒退除會稽內史時有詐作大將軍府符收諸暨令令已受拘瞻覺其詐便破檻出之訊問使者果伏詐妄尋遷丞相軍諮祭酒論討陳敏功封臨湘縣侯西臺除侍中不就及長安不守與王導俱入勸進帝不許瞻曰陛下性與天道猶復役機神於史籍覩古人之成敗今世事舉目可知不為難見二帝失御宗廟虛廢神器去晉于今二載梓宮未殯人神失御陛下膺籙受圖特天所授使六合革面遐荒來庭宗廟既建神主復安億兆向風殊俗畢至若列宿之綰北極百川之歸巨海而猶欲守匹夫之謙非所以闡七廟隆中興也但国賊宜誅當以此屈己謝天下耳而欲逆天時違人事失地利三者一去雖復傾匡於將來豈得救祖宗之危急哉適時之宜萬端其可綱維大業者惟理與當晉祚屯否理盡於今促之則得可以隆中興之祚縱之則失所以資姦寇之權此所謂理也陛下身當厄運纂承帝緒顧望宗室誰復與讓當承大位此所謂當也四祖廓開宇宙大業如此今五都燔

藝宗廟無主劉載竊弄神器於西北陛下方欲高讓於東南此所謂揖讓而救火也臣等區區尚所不許況大人与天地合德日月並明而可以失機後時哉帝猶不許使殿中將軍韓績徹去御坐瞻叱績曰帝坐上應星宿敢有動者斬帝為之改容及帝踐位拜侍中轉尚書上疏諫諍多所匡益帝甚嘉其忠烈會久疾不堪朝請上疏曰臣疾疢不痊曠廢轉久比陳誠款未見哀察重以尸素抱罪枕席憂責之重不知垂沒之餘嘗所披曆臣聞易失者時不再者年故古之志士義人負鼎趣走商歌於市誠欲及時效其忠規名傳不朽也然失之者億萬得之者一兩耳常人之情貪求榮利臣以凡庸邂逅遭遇勞無負俎口不商歌橫逢大運頻煩顯寵雖古人自效之志竟無毫釐報塞之效而犬馬齒衰眾疾廢頓僵臥救命百有餘日叩棺曳衾日頓一日如復天假之年蒙陛下行葦之惠適可薄存性命枕息陋巷亦無由復廁八坐升降臺閣也臣目冥齒墮胸腹冰冷創既不差足復偏跛為病受困既以荼毒七十之年礼典所遺衰老之徵皦然露見臣雖欲勤自藏護隱伏何地

臣之職掌戶口租稅国之所重方今六合波蕩人未安居始被大化百姓草創發卒轉運皆須人力以臣平強兼以晨夜尚不及事今俟命漏刻而當久停機職使王事有廢若朝廷以之廣恩則憂責日重以之序官則官廢事獘須臣差則臣日月衰退今以天慈使官曠事滯臣受偏私之宥於大望亦有虧損今萬国革面賢俊比跡而當虛停好爵不以縻賢以臣纖病之餘妨官固職誠非古今黜進之急惟陛下割不已之仁賜以斃帷隕仆之日得以藉尸時銓俊乂使官脩事舉臣免罪戮死生厚幸因以疾免尋除尚書右僕射屢辭不聽遂稱病篤還第不許時郗鑒據鄒山屢為石勒等所侵逼瞻以鑒有將相之材恐朝廷棄而不恤上疏請徵之曰臣聞皇代之興必有爪牙之佐扞城之用帝王之利器也故虞舜舉十六相而南面垂拱伏見前輔国將軍郗鑒少立高操體清望峻文武之略時之良幹昔与戴若思同辟推放荒地所在孤特眾無一旅救援不至然能綏集殘餘據險歷載遂使凶寇不敢南侵但士眾單寡無以立功既統名州又為常伯若使鑒從容臺閣出內王命必能盡抗直之規補袞職之闕自先朝以來諸所授用已有成比戴若思以尚書為六州都督征西將軍復加常侍劉隗鎮北陳眕鎮東以鑒年時則與若思同以資則俱八坐況鑒雅望清重一代名器聖朝以至公臨天下惟平是與是以臣寢頓陋巷思盡聞見惟開聖懷垂問臣導異有毫釐萬分之一明帝嘗獨引瞻於廣室慨然憂天下曰社稷之臣欲無復十人如何因屈指曰君便其一瞻辭讓帝曰方欲與君善語復云何崇謙讓邪瞻才兼文武朝廷稱其忠亮雅正俄轉領軍將軍當時服其嚴毅雖恒疾病六軍敬憚之瞻以久病請去官不聽復加散騎常侍及王敦之逆帝使謂瞻曰卿雖病但為朕臥護六軍所益多矣乃賜布千匹瞻不以歸家分賞將士賊平復自表還家帝不許固辭不起詔曰瞻忠亮雅正識局經濟屢以年耆病久逡巡告誠朕深明此操重為高志今聽所執其以為驃騎將軍常侍如故服物制度一按舊典遣使就拜止家為府尋卒時年七十二冊贈本官開府儀同三司謚曰穆遣御史持節監護喪事論討王含功追封華容子降先爵二等封

次子一人亭侯瞻性靜默少交遊好讀書或手自抄寫凡所著述詩賦牋表數十篇兼解音樂殆盡其妙厚自奉養立宅於烏衣巷館宇崇麗園池竹木有足賞翫焉慎行愛士老而彌篤尚書閔鴻太常薛兼廣川太守河南褚沉給事中宣城章遼歷陽太守沛国武嘏並与瞻素疎咸藉其高義臨終託後於瞻瞻悉營護其家為起居宅同於骨肉焉少與陸機兄弟親善及機被誅瞻卹其家周至及嫁機女資送同於所生長子景早卒景子友嗣官至廷尉景弟鑒太子庶子大將軍從事中郎先瞻卒

賀循字彥先會稽山陰人也其先慶普漢世傳禮世所謂慶氏學族高祖純博學有重名漢安帝時為侍中避安帝父諱改為賀氏曾祖齊仕吳為名將祖景滅賊校尉父邵中書令為孫晧所殺徙家屬邊郡循少嬰家難流放海隅吳平乃還本郡操尚高厲童齓不群言行進止必以禮讓國相丁乂請為五官掾刺史嵇喜舉秀才除陽羨令以寬惠為本不求課最後為武康令俗多厚葬及有拘忌迴避歲月停喪不葬者循

皆禁焉政教大行鄰城宗之然無援於朝久不進著作郎陸機上疏薦循曰伏見武康令賀循德量邃茂才鑒清遠服膺道素風操凝峻歷試二城刑政肅穆前蕪陽令郭訥風度簡曠器識朗拔通濟敏悟才足幹事循守下縣編名凡悴訥歸家巷棲遲有年皆出自新邦朝無知己居在遐外志不自營年時倏忽而邈無階緒實州黨愚智所爲恨恨臣等伏思臺郎所以使州州有人非徒以均分顯路惠及外州而已誠以庶士殊風四方異俗壅隔之害遠國益甚至於荊揚二州戶各數十萬今揚州無郎而荊州江南乃無一人爲京城職者誠非聖朝待四方之本心至於才望資品循可尚書郎訥可太子洗馬舍人此乃衆望所積非但企及清塗苟充方選也謹條資品乞蒙簡察久之召補太子舍人趙王倫篡位轉侍御史辭疾去職後除南中郎長史不就會逆賊李辰起兵江夏征鎮不能討皆望塵奔走辰別帥石冰略有揚州逐會稽相張景以前寧遠護軍程超代之以其長史宰與領山陰令前南平內史王矩吳興內史顧祕前秀才周玘等唱義傳檄州郡以討之循亦合衆

應之冰大將抗寵有衆數千屯郡講堂循移檄於寵爲陳逆順寵遂遁走超與宰皆降一郡悉平循迎景還郡即謝遣兵士杜門不出論功報賞一無豫焉及陳敏之亂詐稱詔書以循爲丹楊內史循辭以腳疾手不制筆又服寒食散露髮袒身示不可用敏竟不敢逼是時州內豪傑皆見維縶或有老疾就加秩命惟循與吳郡朱誕不豫其事及敏破征東將軍周馥上循領會稽相尋除吳國內史公車徵賢良皆不就元帝爲安東將軍復上循爲吳國內史與循言及吳時事因問曰孫皓嘗燒鋸截一賀頭是誰邪循未及言帝悟曰是賀邵也循流涕曰先父遭遇無道循創巨痛深無以上答帝甚愧之三日不出東海王越命爲參軍徵拜博士並不起及帝遷鎮東大將軍以軍司顧榮卒引循代之循稱疾篤牋疏十餘上帝遺之書曰夫百行不同故出處道殊因性而用各任其真耳當宇宙清泰彝倫攸敘隨運所遇動默在己或有遐棲高蹈輕舉絕俗逍遙養和恬神自足斯蓋道隆人逸勢使其然若乃時運屯弊主危國急義士救時驅馳拯世燭之武乘縋以入秦園綺彈冠而匡漢

豈非大雅君子卷舒合道乎虛薄寡德忝備近親謬荷寵位受任方鎮餐服玄風景羨高矩常願棄結駟之軒軌策柴篳而造門徒有其懷而無從賢之實者何良以寇逆殷擾諸夏分崩皇居失御黎元荼毒是以日夜憂懷慷慨發憤志在竭節耳前者顧公臨朝深賴高算元凱既登巢許獲逸至於今日所謂道之云亡邦國殄悴羣望顒顒實在君侯苟義之所在豈得讓勞居逸想達者亦一以貫之也庶禀徽猷以弘遠規今上尚書屈德爲軍司謹遣參軍沈禎銜命奉授望必屈臨以副傾遲循猶不起及帝承制復以爲軍諮祭酒循稱疾敦逼不得已乃轝疾至帝親幸其舟因諮以政道循辭以疾不堪拜謁乃就加朝服賜第一區車馬牀帳衣褥等物循辭讓一無所受時廷尉張闓住在小市將奪左右近宅以廣其居乃私作都門早閉晏開人多患之訟於州府皆不見省會循出至破岡連名詣循質之循曰見張廷尉當爲言及之闓聞而遽毀其門詣循致謝其爲世所敬服如此時江東草創盜賊多有帝思所以防之以問於循循答曰江道萬里通涉五州朝貢商旅之所來

往也今議者欲出宣城以鎮江渚或欲使諸縣領兵愚謂令長威弱而兼才難備發憚役之人而御之不肅恐未必爲用以循所聞江中劇地惟有闔廬一處地勢險奧亡逃所聚特宜以重兵備戍隨勢討除絕其根帶沿江諸縣各有分界分界之內官長所任自可度土分力多置亭候恒使徼行峻其綱目嚴其刑賞使越常科勤則有殊榮之報墮則有一身之罪謂於大理不得不肅所給人以時番休役不至困代易有期按漢制十里一亭亦以防禁切密故也當今縱不能爾要宜籌量使力足相周若寇劫彊多不能獨制者可指其蹤跡言所在都督尋當致討今不明部分使所在百姓與軍家雜其徼備兩情俱墮莫適任負故所以徒有備名而不能爲益者也帝從之及愍帝即位徵爲宗正元帝在鎮又表爲侍中道險不行以討華軼功將封鄉侯循自以臥疾私門固讓不受建武初爲中書令加散騎常侍又以老疾固辭帝下令曰孤以寡德忝當大位若涉巨川罔知所憑循言行以禮乃時之望俗之表也實賴其謀猷以康萬機疾患有素猶望臥相規輔而固守撝謙自陳懇

至此賢履復信斯順苟以讓為高者也今從其所執於是改拜太常常侍如故循以九卿舊旦不加官今又疾患不宜兼處此職惟拜太常而已時宗廟始建舊儀多闕或以惠懷二帝應各為世則潁川世數過七宜在迭毀事下太常循議以為禮兄弟不相為後不得以承代為世殷之盤庚不序陽甲漢之光武不繼成帝別立廟寢使臣下祭之此前代之明典而承繼之著義也惠帝無後懷帝承統弟不後兄則懷帝自上繼世祖不繼惠帝當同殷之陽甲漢之成帝議者以聖德沖遠未便改舊諸如此禮通所未論是以惠帝尚在太廟而懷帝復入數則盈八盈八之理由惠帝不出非上祖宜遷也下世既升上世乃遷遷毀對代不得相通未有下升一世而上毀二世者也惠懷二帝俱繼世祖兄弟旁親同為一世而上毀二為一世今以惠帝之崩已毀豫章懷帝之入復毀潁川如此則一世再遷祖位橫折求之古義未見此例惠帝宜出尚未輕論況可輕毀一祖而無義例乎潁川既無可毀之理則見神之數居然自八此盡有由而然非謂數之常也既有八神則不得不於七室之外權安一位也至尊於惠懷俱是兄弟自上後世祖不繼二帝則二帝之神行應別出不為廟中恒有八室也又武帝初成太廟時正神止七而楊元后之神亦權立一室永熙元年告世祖謚於太廟八室此是苟有八神不拘於七之舊例也又議者以景帝俱已在廟則惠懷一例景帝盛德元功王基之本義著祖宗百世不毀故所以特在本廟且亦世代尚近數得相容安神而已無逼上祖如王氏昭穆既滿終應別廟也以今方之既輕重義異又七廟七世之親昭穆父子位也若當兄弟旁滿輒毀上祖則祖位空懸世數不足何取於三昭三穆與太祖之廟然後成七哉今七廟之義出於王氏從禰以上至於高祖親廟四世高祖以上復有五世六世無服之祖故為三昭三穆并太祖而七也故世祖郊定廟禮京兆潁川曾高之親豫章五世征西六世以應此義今至尊繼統亦宜有五六世之二祖豫章六世潁川五世俱不應毀今既云豫章先毀又當重毀潁川此為廟中之親惟從高祖已下無復高祖以上二世之祖於王氏之義三昭三穆廢闕其二甚非廟之本所據承又違世祖祭征西豫

章之意於一王定禮所關不少時尚書僕射刁協與循異議循答義深備辭多不載竟從循議焉朝廷疑滯皆諮之於循循輒依經禮而對為當世儒宗其後帝以循清貧下令曰循冰清玉潔行為俗表位處上卿而居身服物蓋周形而已屋室財庇風雨孤近造其廬以為慨然其賜六尺牀薦席褥并錢二十萬以表至德暢孤意焉循又讓不許不得已留之初不服用及帝踐位有司奏琅邪恭王宜稱皇考循又議曰案禮子不敢以己爵加父帝納之俄以循行太子太傅太常如故循自以枕疾廢頓臣節不脩上隆降尊之義下替交敘之敬懼非垂典之教也累表固讓帝以循體德率物有不言之益敦厲備至期於不許命皇太子親往拜焉循有羸疾而恭於接對詔斷賓客其崇遇如此疾漸篤表乞骸骨上還印綬改授左光祿大夫開府儀同三司帝臨軒遣使持節加印綬循雖口不能言指麾左右推去章服車駕親幸執手流涕太子親臨者三焉往還皆拜儒者以為榮太興二年卒時年六十帝素服舉哀哭之甚慟贈司空謚曰穆將葬帝又出臨其柩哭之盡哀遣兼侍御史持節監護皇太子追送近塗望船流涕循少玩篇籍善屬文博覽衆書尤精禮傳雅有知人之鑒拔同郡楊方於卑陋卒成名於世子隰康帝時官至臨海太守

楊方者字公回少好學有異才初為郡鈴下威儀公事之暇輒讀五經鄉邑未之知內史諸葛恢見而奇之待以門人之禮由是始得周旋貴人間時虞喜兄弟以儒學立名雅愛方為之延譽恢嘗遣方為文薦郡功曹主簿虞預稱美之送以示循循報書曰此子開拔有志意只言異於凡猥耳不圖偉才如此其文甚有奇分若出其胸臆乃是一國所推豈但牧豎中逸羣邪聞處舊黨之中好有謙沖之行此亦立身之一隅然世衰道喪人物凋弊每聞一介之徒有向道之志冀之願之如方者乃荒萊之特苗鹵田之善秀姿質已良但沾染未足耳移植豐壤必成嘉穀足下才為世英位為朝右道隆化立然後為貴昔許子將拔樊仲昭於賈豎郭林宗成魏德公於畎畝足下志隆此業二賢之功不為難及也循遂稱方於京師司徒王導辟為掾轉東安太守遷司徒參軍事方在都邑搢紳之士咸厚遇之自以地寒不願久留

京華求補遠郡欲閑居著述導從之上補高梁太守在郡積年著五經鈞沉更撰吳越春秋并雜文筆皆行於世以年老棄郡歸導將進之臺閣固辭還鄉里終於家

薛兼字令長丹楊人也祖綜仕吳爲尚書僕射父瑩有名吳朝吳平爲散騎常侍兼清素有器宇少與同郡紀瞻廣陵閔鴻吳郡顧榮會稽賀循齊名號爲五儁初入洛司空張華見而奇之曰皆南金也察河南孝廉辟公府除比陽相莅任有能名歷太子洗馬散騎常侍懷令司空東海王越引爲參軍轉祭酒賜爵安陽亭侯元帝爲安東將軍以爲軍諮祭酒稍遷丞相長史甚勤王事以上佐祿優每自約損取周而已進爵安陽鄉侯拜丹楊太守中興建轉尹加秩中二千石遷尚書領太子少傅自綜至兼三世傳東宮談者美之永昌初王敦表兼爲太常明帝即位加散騎常侍帝以東宮時師傅猶宜盡敬乃下詔曰朕以不德夙遭閔凶猥以眇身託于王公之上哀煢在疚靡所諮仰憂懷惴惴如臨于谷孔子有云故雖天子必有尊也朕將祗奉先師之禮以諮有德太

宰西陽王羕尊望重在貴恩降丞相武昌公司空即立子體道高邈勳德兼備先帝執友朕之師傅太常安陽鄉侯訓保朕躬忠肅篤誠夫崇親尊賢先帝所重朕見四君及書疏儀體一如東宮故事是歲卒詔曰太常安陽鄉侯兼履德沖素盡忠恪已方賴德訓弘濟政道不幸殂殞痛于厥心今遣持節侍御史贈左光祿大夫開府儀同三司魂而有靈嘉兹榮寵及葬屬王敦作逆朝廷多故不得議謚直遣使者祭以太牢子顒先兼卒無後

史臣曰元帝樹基淮海百度權輿夢想羣才共康庶績顧紀賀薛等並南金東箭世胄高門委質霸朝豫聞邦政典憲資其刊緝帷幄佇其謀猷望重搢紳任惟元凱官成名立光國榮家非惟感會所鍾抑亦材能斯至而循位登保傅朝望特隆遂使鑾蹕降臨承明下拜雖西漢之恩崇張禹東都之禮重桓榮弗是過也

贊曰彥先通識思遠方直薛既清貞賀惟學植逢時遇主摶風矯翼

列傳第三十八　晉書六十八

劉隗 孫波　刁協 子彝 彝子逵

戴若思 弟邈　周顗 子閔

劉隗字大連彭城彭城人楚元王交之後也父砥東光令隗少有文翰起家祕書郎稍遷冠軍將軍彭城內史避亂渡江元帝以為從事中郎隗雅習文史善求人主意帝深器遇之遷丞相司直委以刑憲時建康尉收護軍士而為府將篡取之隗奏免護軍將軍戴若思官世子文學王籍之居叔母喪而婚隗奏之帝下令曰詩稱殺禮多婚以會男女之無夫家正今日之謂也可一解禁止自今以後宜為其防東閣祭酒顏含在叔父喪嫁女隗又奏之廬江太守梁龕明日當除婦服今日請客奏伎丞相長史周顗等三十餘人同會隗奏曰夫嫡妻長子皆杖居廬故周景王有三年之喪既除而宴春秋猶譏況龕匹夫暮宴朝祥慢服之衍宜肅喪紀之禮請免龕官削侯爵顗等知龕有喪吉會非禮宜各奪俸一月以肅其違從之丞相行參軍宋挺本揚州刺史劉陶門人

陶亡後挺娶陶愛妾以為小妻建興中挺又割盜官布六百餘匹正刑棄市遇赦免既而奮武將軍阮抗請為長史隗劾奏曰挺蔑其死主而專其室悖在三之義傷人倫之序當投之四裔以禦魑魅請除挺名禁錮終身而奮武將軍太山太守阮抗請為長史抗緯文經武剖符東藩當庸勳忠良昵近仁賢而褒求贓汙舉頑用嚚請免抗官下獄理罪奏可而挺病死隗又奏符旨挺已喪亡不復追貶愚惷意闇未達斯義昔鄭人斲子家之棺漢明追討史遷經傳褒貶皆追書先世數百年間非徒區區欲釐當時亦將作法垂於來世當朝亡夕沒便無善惡也請曹如前追除挺名為民錄妾還本顯證惡人班下遠近從之南中郎將王含以族強顯貴驕傲自恣一請參佐及守長二十許人多取非其才隗劾奏文致甚苦事雖被寢王氏深忌疾之而隗之彈奏不畏強禦皆此類也建興中丞相府斬督運令史淳于伯而血逆流隗又奏曰古之為獄必察五聽三槐九棘以求民情雖明庶政不敢折獄死者不可復生刑者不可復續是以明王哀矜用刑曹參去齊以市獄為寄自頃蒸荒殺戮無度罪同斷異刑罰失宜謹按行督運令史淳于伯刑血著柱遂逆上終極柱末二丈三尺旋復下流四尺五寸百姓諠譁士女縱觀咸曰其冤伯息忠訴辭稱枉云伯督運訖去二月事畢代還無有稽乏受賕使役罪不及死軍是戍軍非為征軍以乏軍興論於理為枉四年之中供給運漕凡諸徵發租調百役皆有稽停而不以軍興論至於伯也何獨明之捶楚之下無求不得囚人畏痛飾辭應之理曹國之典刑而使忠等稱冤明時謹按從事中郎周莚法曹參軍劉胤屬李匡幸荷殊寵並登列曹當思敦奉政道詳法慎殺使兆庶無枉人不稱訴而令伯枉同周青冤魂哭於幽都訴靈恨於黃泉嗟歎甚於杞梁血妖過於崩城故有隕霜之人夜哭之鬼伯有晝見彭生為豕刑殺失中妖眚並見以古況今其揆一也皆由莚等不勝其任請皆免官於是右將軍王導等上疏引咎請解職帝曰政刑失中皆吾闇塞所由尋示愧懼思聞忠告以補其闕而引過求退豈所望也由是導等一無所問晉國既建拜御史中丞周嵩嫁女門生斷道解廬斫傷二人建康左尉赴變又被斫隗

劾嵩兄顗曰顗幸荷殊寵列位上僚當崇明憲典協和上下刑于左右以御于家邦而乃縱肆小人羣為凶害公於廣都之中白日刃尉遠近詾赫百姓諠譁虧損風望漸不可長既無大臣檢御之節不可對揚休命宜加貶黜以肅其違顗坐免官太興初長兼侍中賜爵都鄉侯尋代薛兼為丹楊尹與尚書令刁協並為元帝所寵欲排抑豪強諸刻碎之政皆云隗協所建隗雖在外萬機祕密皆豫聞之拜鎮北將軍都督青徐幽平四州軍事假節加散騎常侍率萬人鎮泗口初隗以王敦威權太盛終不可制勸帝出腹心以鎮方隅故以譙王承為湘州續用隗及戴若思為都督敦甚惡之與隗書曰頃承聖上顧眄足下今大賊未滅中原鼎沸欲與足下周生之徒戮力王室共靜海內若其泰也則帝祚於是乎隆若其否也則天下永無望矣隗答曰魚相望於江湖人相望於道術竭股肱之力效之以忠貞吾之志也敦得書甚怒及敦作亂以討隗為名詔徵隗還京師百官迎之於道隗岸幘大言意氣自若及入見與刁協奏請誅王氏不從有懼色率衆屯金城及敦克石頭隗攻之

不拔入宮告辭帝雪涕與之別隗至淮陰爲劉遐所襲攜妻子及親信
二百餘人奔于石勒勒以爲從事中郎太子太傅卒年六十一子綏初
舉秀才除駙馬都尉奉朝請隨隗奔勒卒孫波嗣

波字道則初爲石季龍冠軍將軍王洽參軍及季龍死洽與波俱降穆
帝以波爲襄城太守累遷桓沖中軍諮議參軍大司馬桓溫西征表眞
朝廷空虛以波爲建威將軍淮南內史領五千人鎭石頭壽陽平除尚
書左丞不拜轉冠軍將軍南郡相時苻堅弟融圍雍州刺史朱序於襄
陽波率衆八千救之以敵彊不敢進序竟陷波以畏懦免官後復以
波爲冠軍將軍累遷散騎常侍苻堅敗朝廷欲鎭靖北方出波督淮北
諸軍冀州刺史以疾未行上疏曰臣聞天地以弘濟爲仁君道以惠下
爲德是以禹湯有身勤之績唐虞有在予之誥用能惠被蒼生勳流
後葉宣帝開拓洪圖始基成命爰及文武曆數在躬而猶虛心側席卑
己崇物然後知積累之功重勤王之業艱先君之德弘貽厥之賜厚惠
皇不懷委政內任遂使神器幽淪三光翳曜園陵懷九泉之感宮廟集

胡馬之跡所謂肉食失於朝黎庶暴骸於外也賴元皇帝神武應期祚
隆淮海振乾綱於已墜紐絕維而更張陛下承宣帝開始之宏基受元
帝克終之成烈保大定功戢兵靜亂故使負鱗橫流之鯨僭位滔天之
寇望雲旗而宵潰覩太陽而霧散巍巍蕩蕩人無名焉而頃年已來天
文違錯妖怪屢生會稽先帝本封而地動經年昔周之文武有魚烏之
瑞君臣猶懷震悚況今災變衆集曾莫之疑公旦有勿休之誡賈誼有
積薪之喻臣鑒先徵竊惟今事是以敢肆狂瞽直言無諱往者先帝以
玄風御世責成羣后坐運天綱隨化委順故忘日計之功收歲成之用
今禮樂征伐自天子出相王賢儁協和百揆六合承風天下響振而鈞
臺之詠弗聞景亳之命未布將羣臣之不稱陛下用之不盡乎凡聖王
之化莫不敦崇忠信存正棄邪傷化毀俗者雖親雖貴必疎而遠之清
公貞脩者雖微雖賤必親而近之今則不然此風既替利競滋甚朋黨
比周毀譽交興鑽求苟進人希分外見賢而居其上受祿每過其量希
旨承意者以爲奉公共相讚白者以爲忠節舉世見之誰敢正言陛下
不明必行之法以絕穿鑿之源者恐脫因疲倦以誤視聽且苻堅滅亡
於今五年舊京殘毀山陵無衛百姓塗炭未蒙拯接伏願遠覽漢魏衰
滅之由近覽西朝傾覆之際超然易慮爲於未有則靈根永固社稷無
虞臣豈誣一朝之人皆無忠節但任非其才求之不至耳今政煩役殷
所在凋斃倉廩空虛國用傾竭下民侵削流亡相屬略計戶口但咸安
已來十分去三百姓懷浮游之歎下泉興周京之思昔漢宣有云與我
共治天下者其惟良二千石乎是以臨下有方者就加璽贈法苛政亂
者恤刑不赦事簡於上人悅於下今則不然告時乞職者以家弊爲辭
振窮恤滯者以公爵爲施古者爲百姓立君使之司牧今者以百姓恤
君使之蠶食至乃貪汚者謂之清勤慎法者謂之怯劣何反古道一
至於此陛下雖躬自節儉哀矜於上而羣寮肆欲縱心於下六司垂
翼三事拱默故有識者覩人事以歎息觀天眚而大懼昔宋景退熒
惑之災殷宗消鼎雉之異伏願陛下仰觀大禹過門之志俯察商辛
沈湎之失遠思國風恭公之刺深惟定姜小臣之喻覽迴聖恩大詢

羣后延納衆賢訪以得失令百寮率職人言損益察其所由觀其所
以審識羣才助鼎和味克念作聖以荅天休則四海宅心天下幸甚
臣亡祖先臣隗昔荷殊寵匪躬之操猶存舊史有志無時懷恨黃泉
及臣凡劣復蒙罔極之眷恩隆累世實非糜身傾宗所能上報前作
此表未及得通暴嬰篤疾恐命在奄忽貪及視息望達愚情氣力
惙然不能自宣疏奏而卒追贈前將軍子淡嗣元熙初爲廬江太守隗
伯父訥字令言有人倫鑒識初入洛見諸名士而歎曰王夷甫太鮮明
樂彥輔我所敬張茂先我所不解周弘武巧於用短杜方叔拙於用長
終於司隸校尉子疇字王喬少有美譽善談名理曾避亂塢壁賈胡
百數欲害之疇無懼色援笳而吹之爲出塞入塞之聲以動其游客之
思於是羣胡皆垂泣而去之永嘉中位至司徒左長史尋爲閻鼎所殺
司空蔡謨每歎曰若使劉王喬得南渡司徒公之美選也又王導初拜
司徒謂人曰劉王喬若過江我不獨拜公也其爲名流之所推服如此
疇兄子劭有才幹辟琅邪王丞相掾咸康世歷御史中丞侍中尚書豫

章太守秩中二千石劭族子黄老太元中為尚書郎有義學注慎子老子並傳於世

刁協字玄亮勃海饒安人也祖恭魏齊郡太守父攸武帝時御史中丞協少好經籍博聞強記釋褐濮陽王文學累轉太常博士本郡大中正成都王穎請為平北司馬後歷趙王倫相國參軍長沙王乂驃騎司馬及東嬴公騰鎮臨漳以協為長史轉潁川太守永嘉初為河南尹未拜避難渡江元帝以為鎮東軍諮祭酒轉長史愍帝即位徵為御史中丞例不行元帝為丞相以協為左長史中興建拜尚書左僕射于時朝廷草創憲章未立朝臣無習舊儀者協久在中朝諳練舊事凡所制度皆稟於協焉深為當時所稱許太興初遷尚書令在職數年加金紫光祿大夫令如故協性剛悍與物多忤每崇上抑下故為王氏所疾又使酒放肆侵毀公卿見者莫不側目然悉力盡心志在匡救帝甚信任之以奴為兵取將吏客使轉運皆協所建也眾庶怨望之及王敦構逆上疏罪協帝使協出督六軍既而王師敗績協與劉隗俱侍帝於太極東除帝執協隗手流涕嗚咽勸令避禍協曰臣當守死不敢有貳帝曰今事逼矣安可不行乃令給協隗人馬使自為計協年老不堪騎乘素無恩紀募從者皆委之行至江乘為人所殺送首於敦敦聽刁氏收葬之帝痛協不免密捕送協首者而誅之敦平後周顗戴若思等皆被顯贈惟協以出奔不在其例咸康中協子彝上疏訟之在位者多以明帝之世褒貶已定非所得更議且協不能抗節隕身乃出奔遇害不可復其官爵也丹楊尹殷融議曰王敦惡逆罪不容誅則協之善亦不容賞若以忠非良圖謀事失算以此為責者蓋在於譏議之間耳即凶殘之誅以為國刑將何以沮勸乎當敦專逼之時慶賞威刑專自己出是以元帝慮深崇本以協為比事由國計蓋不為私昔孔寧儀行父從君於昏楚復其位者君之黨故也況協之比君在於義順且中興四佐位為朝首于時事窮計屈奉命違寇非為逃刑謂宜顯贈以明忠義時庾冰輔政疑不能決左光祿大夫蔡謨與冰書曰夫爵人者宜顯其功罰人者宜彰其罪此古今之所慎也凡小之人猶尚如此刁令中興上佐有死難之名天下不聞其罪而見其貶致令刁氏稱冤此乃為王敦復讎也內沮忠臣之節論者惑之若實有大罪宜顯其事令天下知之明聖朝不貶死難之臣春秋之義以功補過過輕功重者得以加封功輕過重者不免誅絕功足贖罪者無黜雖先有邪佞之罪而臨難之日黨於其君者不絕之也孔寧儀行父親與靈公淫亂於朝君殺國滅由此二臣而楚尚納之傳稱有禮不絕其位者君之黨也若刁令有罪重於孔儀絕之可也若無此罪宜見追論或謂明帝之世已見寢廢今不宜復改吾又以為不然夫大道宰世殊塗一致萬機之事或異或同同不相善異不相譏故堯抑元愷而舜舉之堯不為失舜不為非何必前世所廢便不宜改乎漢蕭何之後坐法失侯文帝不封而景帝封之後復失侯武昭二帝不封而宣帝封之近去元年車駕釋奠拜孔子之坐此亦元明二帝所不行也又刁令但是明帝所不贈耳非誅之也王平子第五猗皆元帝所誅而今日所贈豈以改前為嫌乎凡處事者當上合古義下準今例然後談者不惑受罪者無怨耳桉周僕射戴征西本非王敦唱檄所讎也事定後乃見害耳周莚郭璞等並亦非為主禦難也自平居見殺耳皆見褒贈刁令事義豈輕於此乎自頃員外散騎尚得追贈況刁令位亞三司若先自壽終不失員外散騎之例也就不蒙贈不失以本官殯葬也此為一人之身壽終則蒙贈死難則見絕豈所以明事君之道厲為臣之節乎宜顯評其事以解天下疑怪之論又聞談者亦多謂宜贈凡事不允當而得眾助者若以善柔得眾而刁令麤剛多怨若以貴也刁氏令賤若以富也刁氏令貧人士何故反助寒門而此言之足下宜察此意冰然之事奏成帝詔曰協情在忠主而失為臣之道故令王敦得託名公義而實肆私忌遂令社稷受屈元皇銜恥致禍之原豈不有由若極明國典則曩刑非重今正當以協之勤有可書敦之逆命不可長故議其事耳今可復協本位加之冊祭以明有忠於君者纖介必顯雖於貶裁未盡然或足有勸矣於是追贈本官祭以太牢

彝字大倫少遭家難王敦誅後彝斬讎人黨以首祭父墓詣廷尉請罪

朝廷特有之由是知名歷尚書吏部郎吳國內史累遷北中郎將徐兗二州刺史假節鎮廣陵卒於官子彝字伯道彝弟暢字仲遠次子弘字叔仁歷顯職隆安中遠爲廣州刺史領平越中郎將假節暢爲始興相弘爲冀州刺史兄弟子姪並不拘名行以貨殖爲務有田萬頃奴婢千人餘資稱是桓玄篡位以遠爲西中郎將豫州刺史鎮歷陽暢右衛將軍弘撫軍桓脩司馬劉裕起義朝桓脩時暢弘謀起兵襲裕裕遣劉毅討之暢伏誅弘亡不知所在遠在歷陽執劉裕參軍諸葛長民檻車送於桓玄至當利而玄敗送人共破檻出長民遂趣歷陽遠棄城而走爲下人所執斬於石頭子姪無少長皆死惟小弟騁被宥爲給事中尋謀反伏誅刁氏遂滅刁氏素殷富奴客縱橫固吝山澤爲京口之蠹裕散其資蓄令百姓稱力而取之彌日不盡時天下饑弊編戶賴之以濟焉

戴若思廣陵人也名犯高祖廟諱祖烈吳左將軍父昌會稽太守若思有風儀性閑爽少好遊俠不拘操行遇陸機赴洛船裝甚盛遂與其徒掠之若思登岸據胡牀指麾同旅皆得其宜機察見之知非常人在舫屋上遙謂之曰卿才器如此乃復作劫邪若思感悟因流涕投劍就之機與言深加賞異遂與定交焉若思後舉孝廉入洛機薦之於趙王倫曰蓋聞繁弱登御然後高墉之功顯孤竹在肆然後降神之曲成是以高世之主必假遠邇之器蘊匱之才思託太音之和伏見處士廣陵戴若思年三十清沖履道德量允塞思理足以研幽才鑒足以辯物安窮樂志無風塵之慕砥節立行有井渫之絜誠東南之遺寶宰朝之奇璞也若得託迹康衢則能結軌驥騄曜質廊廟必能垂光璵璠矣惟明公垂神採察不使忠允之言以人而廢倫乃辟之除沁水令不就遂往武陵省父時同郡人潘京素有理鑒名知人其父遣若思就京與語既而稱若思有公輔之才累轉東海王越軍諮祭酒出補豫章太守加振威將軍領義軍都督以討賊有功賜爵秣陵侯遷治書侍御史驃騎司馬拜散騎侍郎元帝召爲鎮東右司馬將征杜弢加若思前將軍未發而弢滅帝爲晉王以爲尚書中興建爲中護軍轉護軍將軍尚書

僕射皆辭不拜出爲征西將軍都督兗豫幽冀雍并六州諸軍事假節加散騎常侍發投刺王官千人爲軍吏調揚州百姓家奴萬人爲兵配之以散騎常侍王遐爲軍司鎮壽陽與劉隗同出帝親幸其營勞勉將士臨發祖餞置酒賦詩若思至合肥而王敦舉兵詔追若思還鎮京都進驃騎將軍與右衛將軍郭逸夾道築壘於大桁之北尋而石頭失守若思與諸軍攻石頭王師敗績若思率麾下百餘人赴宮受詔與公卿百官於石頭見敦敦問若思曰前日之戰有餘力乎若思曰豈敢有餘但力不足耳又曰吾此舉動天下以爲如何若思曰見形者謂之逆體誠者謂之忠敦笑曰卿可謂能言敦參軍呂猗昔爲臺郎有刀筆才性尤姧諂若思爲尚書惡其爲人猗以深憾焉至是乃說敦曰周顗戴若思皆有高名足以惑眾近者之言曾無愧色公若不除恐有再舉之患爲將來之憂耳敦以爲然又素忌之俄而遣鄧嶽繆坦收若思而害之若思素有重望四海之士莫不痛惜焉賊平冊贈右光祿大夫儀同三司諡曰簡

邈字望之少好學尤精史漢才不逮若思儒博過之弱冠舉秀才尋遷太子洗馬出補西陽內史永嘉中元帝版行邵陵內史丞相軍諮祭酒出爲征南軍司于時凡百草創學校未立邈上疏曰臣聞天道之所大莫大於陰陽帝王之至務莫重於禮學是以古之建國有明堂辟雍之制鄉有庠序黌校之儀皆所以抽導幽滯啓廣才思蓋以六四有困蒙之吝君子大養正之功也昔仲尼列國之大夫耳興禮脩學於洙泗之間四方髦俊斐然向風身達者七十餘人自茲以來千載絕塵豈天下小於魯衛賢哲乏於曩時厲與不厲故也自頃國遭無妄之禍社稷有綴旒之危寇羯飲馬於長江兇狡鴟張於萬里遂使神州蕭條鞠爲茂草四海之內人跡不交霸主有旰食之憂黎元懷荼毒之苦戎首交并於中原何遽篡逆之事哉然三年不爲禮禮必壞三年不爲樂樂必崩況曠載累紀如此之久邪今末進後生目不覩揖讓升降之儀耳不聞鍾鼓管弦之音文章散滅圖讖無遺此蓋聖達之所深悼有識之所嗟嘆也夫平世尚文遭亂尚武文武遞用長久之道譬之天地昏明之迭

自古以來未有不由之者也今或以天下未一非興禮學之時此言似之而不其然夫儒道深奧不可倉卒而成古之俊乂必三年而通一經比天下平泰然後脩之則功成事定誰與制禮作樂者哉丞賁遊之手未必有斬將搴旗之才亦未有從軍征戍之役不及盛年講肄道義使明珠加磨瑩之功荊璞發採琢之榮不亦良可惜乎臣愚以世喪道久人情玩於所習純風日去華競日彰猶火之消膏而莫之覺也今天地告始萬物權輿聖朝以神武之德值革命之運蕩近世之流弊繼千載之絕軌篤道崇儒創立大業明主唱之於上宰輔督之於下夫上之所好下必有過之者焉是故雙劍之節崇而飛白之俗成挾琴之容飾而赴曲之和作君子之德風小人之德草實在感之而已臣以闇淺不能遠識格言奉誦明令慷慨下風謂宜以三時之隙漸就脩建疏奏納焉於是始脩禮學代劉隗為冊楊尹王敦作逆加左將軍及敦得志而若思遇害遐坐免官敦誅後拜尚書僕射卒官贈衞將軍謚曰穆子謚嗣歷義興太守大司農

周顗字伯仁安東將軍浚之子也少有重名神彩秀徹雖時輩親狎莫能媟也司徒掾同郡賁嵩有清操見顗歎曰汝潁固多奇士自頃雅道陵遲今復見周伯仁將振起舊風清我邦族矣廣陵戴若思東南之美舉秀才入洛素聞顗名往候之終坐而出不敢顯其才辯顗從弟穆亦有美譽欲陵折顗顗陶然弗與之校於是人士益宗附之州郡辟命皆不就弱冠襲父爵武城侯拜秘書郎累遷尚書吏部郎東海王越子毗為鎮軍將軍以顗為長史元帝初鎮江左請為軍諮祭酒出為寧遠將軍荊州刺史領護南蠻校尉假節始到州而建平流人傅密等叛迎蜀賊杜弢顗狼狽失據陶侃遣將吳寄以兵救之故顗得免因奔王敦於豫章敦留之軍司戴邈曰顗雖退敗未有莅眾之咎德望素重宜還復之敦不從帝召為揚威將軍兗州刺史顗還建康帝留顗不遣復以為軍諮祭酒尋轉右長史中興建補吏部尚書頃之以醉酒為有司所糾白衣領職復坐門生斫傷人免官太興初更拜太子少傅尚書如故顗上疏讓曰臣退自循省學不通一經知不效一官止足良難未能守分遂忝顯任名位過量不悟天鑒忘臣頑弊乃欲使臣內管銓衡外忝傅訓質輕蟬翼事重千鈞此之不可不待識而明矣若臣受負乘之責必貽聖朝惟塵之恥俯仰愧懼不知所圖詔曰紹幼沖使居儲副之貴當賴軌匠以祛蒙蔽望之儼然斯不言之益何學之習邪所謂與田蘇遊忘其鄙心者便當副往意不宜沖讓轉尚書左僕射領吏部如故庾亮嘗謂顗曰諸人咸以君方樂廣顗曰何乃刻畫無鹽唐突西施也帝讌羣公于西堂酒酣從容曰今日名臣共集何如堯舜時邪顗因醉厲聲曰今雖同人主何得復比聖世帝大怒而起手詔付廷尉將加戮累日方赦之及出諸公就省顗曰近日之罪固知不至于死尋代戴若思為護軍將軍尚書紀瞻置酒請顗及王導等顗荒醉失儀復為有司所奏詔曰顗參副朝右職掌銓衡當敬慎德音式是百辟屢以酒過為有司所繩吾亮其極權之情然亦是濡首之誡也顗必能克己復禮者今不加黜責初顗以雅望獲海內盛名後頗以酒失為僕射略無醒日時人號為三日僕射庾亮曰周侯末年所謂鳳德之衰也顗在

中朝時能飲酒一石及過江雖日醉每稱無對偶有舊對從北來顗遇之欣然乃出二石酒共飲各大醉及顗醒使視客已腐脅而死顗性寬裕而友愛過人弟嵩嘗因酒瞋目謂顗曰君才不及弟何乃橫得重名以所然蠟燭投之顗神色無忤徐曰阿奴火攻固出下策耳王導甚重之嘗枕顗膝而指其腹曰卿此中何所有也答曰此中空洞無物然足容卿輩數百人導亦不以為忤又於導坐傲然嘯詠導云卿欲希嵇阮邪顗曰何敢近捨明公遠希嵇阮及王敦構逆溫嶠謂顗曰大將軍此舉似有所在當無濫邪顗曰君少年未更事人主自非堯舜何能無失人臣豈可得舉兵以脅主共相推戴未能數年一旦如此豈云非亂乎處仲剛愎彊忍狼抗無上其意寧有限邪既而王師敗績顗奉詔詣敦敦曰伯仁卿負我顗曰公戎車犯順下官親率六軍不能其事使王旅奔敗以此負公敦憚其辭正不知所答帝召顗於廣室謂之曰近日大事二宮無恙諸人平安大將軍故副所望邪顗曰二宮自如明詔於臣等故未可知護軍長史郝嘏等勸顗避敦顗曰吾備位大臣朝廷喪敗寧

可復草間求活外投胡越邪俄而與戴若思俱被收路經太廟顗大言曰天地先帝之靈賊臣王敦傾覆社稷枉殺忠臣陵虐天下神祇有靈當速殺敦無令縱毒以傾王室語未終收人以戟傷其口血流至踵顏色不變容止自若觀者皆爲流涕遂於石頭南門外石上害之時年五十四顗之死也敦坐有一參軍摴蒱馬於博頭被殺因謂敦曰周家奕世令望而位不至公及伯仁將登而墜有似下官此馬敦曰伯仁總角於東宮相遇一面披襟便許之三事何圖不幸自貽王法敦素憚顗每見顗輒面熱雖復冬月扇面手不得休敦使繆坦籍顗家收得素簏數枚盛故絮而已酒五甕米數石在位者服其清約敦卒後追贈左光祿大夫儀同三司謚曰康祀以少牢初敦之舉兵也劉隗勸帝盡除諸王司空導率羣從詣闕請罪值顗將入導呼顗謂曰伯仁以百口累卿顗直入不顧既見帝言導忠誠申救甚至帝納其言顗喜飲酒致醉而出導猶在門又呼顗顗不與言顧左右曰今年殺諸賊奴取金印如斗大繫肘既出又上表明導言甚切至導不知救己而甚銜之敦既得志

問導曰周顗戴若思南北之望當登三司無所疑也導不答又曰若不三司便應令僕邪又不答敦曰若不爾正當誅爾導又無言導後料檢中書故事見顗表救己殷勤款至導執表流涕悲不自勝告其諸子曰吾雖不殺伯仁伯仁由我而死幽冥之中負此良友顗三子閔恬頤

閔字子騫方直有父風歷衡陽建安臨川太守侍中中領軍吏部尚書左僕射加中軍將軍轉護軍領祕書監卒追贈金紫光祿大夫謚曰烈無子以弟頤長子琳爲嗣琳仕至東陽太守恬頤並歷卿守琳少子文驃騎諮議參軍

史臣曰夫太剛則折至察無徒以之爲政則害于而國用之行已則凶于乃家誠以器乖容衆非先王之道也大連司憲陰候主情當約法之秋獻斵棺之議玄亮剛愎與物多違雖有崇上之心專行刻下之化同薄相濟並運天機是使賢宰見疏致物情於解體權臣發怒借其名以誓師既而謀人之國國危而苟免見昵於主主辱而圖生自取流亡非不幸也若思閑爽照理研幽伯仁凝正處腴能約咸以高才雅道參豫疇咨及京室淪胥抗言無撓甘赴鼎而全操蓋事君而盡節者歟顗招時論尤其酒德禮經曰瑕不掩瑜未足韜其美也

贊曰劉刁亮直志奉興王姦回醜正終致奔亡周戴英爽忠謨允塞道屬屯蒙禍罹兇慝

列傳第三十九　晉書六十九

列傳第四十　晉書七十

應詹　甘卓　鄧騫　卞壼　從[illegible]　劉超　鍾雅

應詹字思遠汝南南頓人魏侍中璩之孫也詹幼孤爲祖母所養年十餘歲祖母又終居喪毀頓杖而起遂以孝聞家富於財年又稚弱乃請族人共居委以資產情若至親世以此異焉弱冠知名性質素弘雅物雖犯而弗之校以學藝文章稱司徒何劭見之曰君子哉若人初辟公府爲太子舍人趙王倫以爲征東長史倫誅坐免成都王穎辟爲掾時驃騎從事中郎諸葛玫委長沙王乂奔鄴盛稱乂之非玫浮躁有才辯臨漳人士無不詣之詹與玫有舊歎曰諸葛仁林何與樂毅之相詭乎卒不見之玫聞甚愧鎮南大將軍劉弘詹之祖舅也請爲長史謂之曰君器識弘深後當代老子於荊南矣仍委以軍政弘著績漢南詹之力也遷南平太守王澄爲荊州假詹督南平天門武陵三郡軍事及洛陽傾覆詹攘袂流涕勸澄赴援澄使詹爲檄詹下筆便成辭義壯烈見者慷慨然竟不能從也天門武陵谿蠻並反詹討降之時政令不一諸蠻怨望並謀背叛詹召蠻酋破銅券與盟由是懷詹數郡無虞其後天下大亂詹境獨全百姓歌之曰亂離既普殆爲灰朽僥倖之運賴茲應后歲寒不凋孤境獨守拯我塗炭惠隆丘阜潤同江海恩猶父母鎮南將軍山簡復假詹督五郡軍事會蜀賊杜疇作亂來攻詹郡力戰摧之尋與陶侃破杜弢於長沙賊中金寶溢目詹一無所取唯收圖書莫不歎之元帝假詹建武將軍王敦又上詹監巴東五郡軍事賜爵潁陽鄉侯陳人王沖擁衆荊州素服詹名迎爲刺史詹以沖等無賴棄還南平沖亦不怨其得人情如此遷益州刺史領巴東監軍詹之出郡也士庶攀車號泣若戀所生俄拜後軍將軍詹上疏陳便宜曰先王設官使君有常尊臣有定卑上無苟且之志下無覬覦之心下至亡秦罷侯置守本替末陵綱紀廢絕漢興雖未能興復舊典猶雜建侯守故能享年四百殆參古迹今大荒之後制度改創宜因斯會釐正憲則先舉盛德元功以爲封首則聖世之化比隆唐虞矣又曰性相近習相遠訓導之風宜慎所好魏正始之間蔚爲文林元康以來賤經尚道以玄虛宏

放爲夷達以儒術清儉爲鄙俗永嘉之弊未必不由此也今雖有儒官教養未備非所以長育人材納之軌物也宜修辟雍崇明教義先令國子受訓然後皇儲親臨釋奠則普天尚德率土知方矣元帝雅重其才深納之頃之出補吳國內史以公事免鎮北將軍劉隗出鎮以詹爲軍司加散騎常侍累遷光祿勳詹以王敦專制自樹故優游諷詠無所標明及敦作逆明帝問詹計將安出詹厲然慷慨曰陛下宜奮赫斯之威臣等當得負戈前驅庶憑宗廟之靈有征無戰如其不然王室必危帝以詹爲都督前鋒軍事護軍將軍假節都督朱雀橋南賊從竹格渡江詹與建威將軍趙胤等擊敗之斬賊率杜發梟首數千級賊平封觀陽縣侯食邑一千六百戶賜絹五千四百匹上疏讓曰臣聞開國承家光啓土宇唯令德元功乃宜封錫臣雖忝當一隊策無微略勞不汗馬猥以疏賤倫亞親密暫廁被練列勳司勳乞迴謬恩聽其所守不許遷使持節都督江州諸軍事平南將軍江州刺史詹將行上疏曰夫欲用天下之智力者莫若使天下信之也商鞅移木豈禮也哉有由而然自經荒弊綱紀頹陵清直之風既澆糟粃之俗猶在誠宜濯以滄浪之流漉以吞舟之網則幽顯明別於變時雍矣弘濟茲務在乎官人今南北雜錯屬託者無保負之累而輕舉所知此博采所以未精職理所以多闕今凡有所用宜隨其能否而與舉主同乎褒貶則人有慎舉之恭官無廢職之咨昔冀缺有功胥臣蒙先茅之賞子玉敗軍子文受薦賢之責古既有之今亦宜然漢朝使刺史行部乘傳奏事猶恐不足以辨彰幽明弘宣政道故復有繡衣直指今之艱弊過於往昔宜分遣黃散若中書郎等循行天下觀採得失舉善彈違斷截苟且則人不敢爲非矣漢宣帝時二千石有居職修明者則入爲公卿其不稱職免官者皆還爲平人懲勸必行故歷世長久中間以來遷不足競免不足懼或有進而失意退而得分蒞官雖美當以素論降替在職實劣直以舊望登敘校游談爲多少不以實事爲先後以此責成臣未見其兆也今宜峻左降舊制可二千石免官三年乃得敘用長史六年戶口折半道里倍之此法必明使天下知官難得而易失必人慎其職朝無惰官矣都督可課佃二十

頃州十頃郡五頃縣三頃皆取文武吏醫卜不得撓亂百姓三臺九府中外諸軍有可減損皆令附農市息末伎道無游人不過一孰豐穰可必然後重居職之俸使祿足以代耕頃大事之後遐邇皆想宏略而寂然未副宜早振綱領肅起群望時王敦新平人情未安詹撫而懷之莫不得其歡心百姓賴之疾篤與陶侃書曰每憶密計自沔入湘頡頏繾綣齊好斷金子南我東忽然一紀其間事故何所不有足下建功嶠南旋鎮舊楚吾承之乏會來忝此州圖與足下進共竭節本朝報恩幼主退以申尋平生纏綿舊好豈悟時不我與長即幽冥永言莫從能不慨悵今神州未夷四方多難足下年德並隆功名俱盛宜務建洪範雖休勿休至公至平至謙至順即自天祐之吉無不利人之將死其言也善足下察吾此誠以咸和六年卒時年五十三冊贈鎮南大將軍儀同三司諡曰烈祠以太牢子玄嗣位至散騎侍郎玄弟誕有器幹歷六郡太守龍驤將軍追贈冀州刺史初京兆韋泓喪亂之際親屬遇饑疫並盡客游洛陽素聞詹名遂依託之詹與分甘共苦情若弟兄遂隨從積年為營伉儷置居宅并薦之於元帝曰自遭喪亂人士易操至乃任運固窮耿介守節者鮮矣伏見議郎韋泓年三十八字元量執心清沖才識備濟躬耕隴畝不煩人役靜默居常不豫政事昔年流移來在詹境經寇喪資一身特立短褐不掩形菜蔬不充朝而抗志彌厲不遊非類顏回稱不改其樂泓有其分明公輔亮皇室恢維宇宙開闢英彥兔藻收春華於京輦採秋實於巖藪而泓抱璞荊山未剖和璧若蒙銓召付以列曹必能協隆鼎味緝熙庶績者也帝即辟之泓後位至少府卿既受詹生成之惠詹卒遂製朋友之服哭止宿草追趙氏祀程嬰杵臼之義祭詹終身

甘卓字季思丹楊人秦丞相茂之後也曾祖寧為吳將祖述仕吳為尚書父昌太子太傅吳平卓退居自守郡命主簿功曹察孝廉州舉秀才為吳王常侍討石冰以功賜爵都亭侯東海王越引為參軍出補離狐令卓見天下大亂棄官東歸前至歷陽與陳敏相遇敏甚悅共圖縱橫之計遂為其子景娶卓女深相結託會周玘唱義密使錢廣攻敏弟昶敏遣卓討廣頓朱雀橋南會廣殺昶玘告丹楊太守顧榮共邀說卓卓素敬服榮且以昶死懷懼良久乃從之遂詐疾迎女斷橋收船南岸共滅敏傳首于京都元帝初渡江授卓前鋒都督揚威將軍歷陽內史其後討周馥征杜弢屢經苦戰多所擒獲以前後功進爵南鄉侯拜豫章太守尋遷湘州刺史將軍如故復進爵于湖侯中興初以邊寇未靜學校陵遲特聽不試孝廉而秀才猶依舊策試卓上疏以為答問損益當須博通古今明達政體必求諸墳索乃堪其舉臣所忝州往遭寇亂學校久替人士流播不得比之餘州策試之由當藉學功謂宜同孝廉例申與期限疏奏朝議不許卓於是精加隱括備禮舉桂陽谷儉為秀才儉辭不獲命州厚禮遣之諸州秀才聞當考試皆憚不行唯儉一人到臺遂不復策試儉恥其州少士乃表求試以高第除中郎儉少有志行寒苦自立博涉經史于時南土凋荒經籍道息儉不能遠求師友唯在家研精雖所得實深未有名譽又恥衒耀取達遂歸終身不仕卒於家卓尋遷安南將軍梁州刺史假節督沔北諸軍鎮襄陽卓外柔內剛為政簡惠善於綏撫估稅悉除市無二價州境所有魚池先恒責稅卓不收其利皆給貧民西土稱為惠政王敦稱兵遣使告卓卓乃偽許而心不同之及敦升舟而卓不赴使參軍孫雙詣武昌諫止敦敦聞雙言大驚曰甘侯前與吾語云何而更有異正當慮吾危朝廷邪吾今下唯除姦凶耳卿還言之事濟當以甘侯作公雙還報卓卓不能決或說卓且偽許敦待敦至都而討之卓曰昔陳敏之亂吾亦先從後圖而論者謂懼逼而謀之雖吾情本不爾而事實有似心恒愧之今若復爾誰能明我時湘州刺史譙王承遣主簿鄧騫說卓曰劉大連雖乘權寵非有害於天下也大將軍以其私憾稱兵象魏雖託討亂之名實失天下之望此忠臣義士匡救之時也昔魯連匹夫猶懷蹈海之志況受任方伯位同體國者乎今若因天人之心唱桓文之舉杖大順以掃逆節擁義兵以勤王室斯千載之運不可失也卓笑曰桓文之事豈吾所能至於盡力國難乃其心也當共詳思之參軍李梁說卓曰昔隗囂亂隴右竇融保河西以歸光武今日之事有似於此將軍有重名於天下

但當推亡固存坐而待之使大將軍勝方當崇將軍以方面之重如其
不勝朝廷必以將軍代之何憂不富貴而釋此廟勝決存亡於一戰邪
騫謂卓曰光武創業中國未平故隗囂斷隴右竇融兼河西各據一方
鼎足之勢故得文服天子從容顧望及海內已定君臣正位終於隴右
傾覆河西入朝何則向之文服義所不容也今將軍之於本朝非竇融
之喻也襄陽之於大府非河西之固也且人臣之義安忍國難而不陳
力何以北面於天子邪使大將軍平劉隗還武昌增石城之守絕荊湘
之粟將軍安歸乎勢在人手而曰我處廟勝未之聞也卓尚持疑未決
騫又謂卓曰今既不義舉又不承大將軍檄此必至之禍愚智所見也
且議者之所難以彼彊我弱是不量虛實者也今大將軍兵不過萬餘
其留者不能五千而將軍見衆既倍之矣將軍威名天下所聞也此府
精銳戰勝之兵也擁彊衆藉威名杖節而行豈王含所能御哉遡流之
衆勢不自救將軍之舉武昌若摧枯拉朽何所顧慮乎武昌既定據其
軍實鎮撫二州施惠士卒使還者如歸此呂蒙所以剋敵也如是大將

軍可不戰而自潰今釋必勝之策安坐以待危亡不可言知計矣願將
軍孰慮之時敦以卓不至慮在後爲變遣參軍樂道融苦要卓俱下道
融本欲背敦因說卓襲之語在融傳卓既素不欲從敦得道融說遂
決曰吾本意也乃與巴東監軍柳純南平太守夏侯承宜都太守譚該
等十餘人俱露檄遠近陳敦肆逆率所統致討遣參軍司馬讚孫雙
奉表詣臺參軍羅英至廣州與陶侃剋期參軍鄧騫虞沖至長沙令
譙王承堅守征西將軍戴若思在江西先得卓書表上之臺內皆稱萬
歲武昌大驚傳卓軍至人皆奔散詔書遷卓爲鎮南大將軍侍中都
督荊梁二州諸軍事荊州牧梁州刺史如故陶侃得卓信即遣參軍高
寶率兵下卓雖懷義正而性不果毅且年老多疑計慮猶豫軍次豬口
累旬不前敦大懼遣卓兄子行參軍卬求和謝卓曰君此自是臣節不
相責也吾家計急不得不爾想便旋軍襄陽當更結好時王師敗績
敦求臺騶虞幡駐卓卓聞周顗戴若思遇害流涕謂卬曰吾之所憂
正謂今日每得朝廷人書常以胡寇爲先不悟忽有蕭牆之禍且使聖
上元吉太子無恙吾臨敦上流亦未敢便危社稷吾適徑據武昌敦勢
逼必劫天子以絕四海之望不如還襄陽更思後圖即命旋軍都尉秦
康說卓曰今分兵取敦不難但斷彭澤上下不得相赴自然離散可一
戰擒也將軍既有忠節中道而廢更爲敗軍將恐將軍之下亦各便求
西還不可得守也卓不能從樂道融亦日夜勸卓速下卓性先寬和忽
便彊塞徑還襄陽意氣騷擾舉動失常自照鏡不見其頭視庭樹而
頭在樹上心甚惡之其家金櫃鳴聲似槌鏡清而悲巫云金櫃將離是
以悲鳴主簿何無忌及家人皆勸令自警卓轉更很愎聞諫輒怒方散
兵使大佃而不爲備功曹榮建固諫不納襄陽太守周慮等密承敦意
知卓無備詐言湖中多魚勸卓遣左右皆捕魚乃襲害卓于寢傳首于
敦四子散騎郎蕃等皆被害太寧中追贈驃騎將軍謚曰敬
鄧騫字長真長沙人少有志氣爲鄉鄰所重常推誠行己能以正直全
於多難之時刺史譙王承命爲主簿使說甘卓卓留爲參軍欲與同行
以母老辭卓而反承爲魏乂所敗以虞悝兄弟爲承黨又盡誅之而求

騫甚急鄉人皆爲之懼騫笑曰欲用我耳彼新得州多殺忠良是其求
賢之時豈以行人爲罪乃往詣乂乂喜曰君所謂古之解楊也以爲別
駕騫有節操忠信兼識量弘遠善與人交久而益敬太尉庾亮稱之
以爲長者歷武陵始興太守遷大司農卒於官
卞壼字望之濟陰冤句人也祖統琅邪內史父粹以清辯鑒察稱兄弟
六人並登宰府世稱卞氏六龍玄仁無雙玄仁粹字也弟裒嘗忤其郡
將郡將怒訐其門內之私粹遂以不訓見譏議陵遲積年惠帝初爲尚
書郎楊駿執政人多附會而粹正直不阿及駿誅超拜右丞封成陽子
稍遷至右軍將軍張華之誅粹以華壻免官齊王冏輔政爲侍中中書
令進爵爲公及長沙王乂專權粹立朝正色乂忌而害之初粹如厠見
物若兩眼俄而難作壼弱冠有名舉司兗二州齊王冏辟皆不就遇家
禍還鄉里永嘉中除著作郎襲父爵征東將軍周馥請爲從事中郎不
就遭本州傾覆東依妻兄徐州刺史裴盾盾以壼行廣陵相元帝鎮建
鄴召爲從事中郎委以選舉甚見親杖出爲明帝東中郎長史遭繼母

憂既葬起復舊職累辭不就元帝遣中使敦逼壼㦲自陳曰壼天性
狷狹不能和俗退以情事欲畢至家門亡父往為中書令時壼兼大例
望門見辟信其所執得不祗就門户遇禍迸竄易名得存視息私志
有素加嬰極難流寄蘭陵為荀晞所召恐見逼迫依下邳裴盾又見
假授恩暫之郡規得託身尋蒙見召為從事中郎豈曰貪榮直欲自
致規斬晁忝命行當乞退屬華軼之難不敢自陳軼既梟懸壼亦嬰病
具自歸聞未蒙如遣世子北征選寵顯望復以無施忝充元佐榮則
榮矣實非素懷顧以命重人輕不敢辭憚聞西臺召壼為尚書郎實
欲因此以避賢路未及陳誠奄丁窮罰壼年九歲為先母弟表所見孤
背十二蒙亡母張所見覆育壼以陋賤不能榮親家產屢空養道多
闕存無歡娛終不備禮拊心永恨五內抽割於公無效如彼私情艱苦
如此實無情顏昧冒榮進若廢壼一人江北便有傾危之慮壼居事之
日功績以隆者誠不得私其身今東中郎岐嶷自然神明日茂軍司馬
諸參佐並以明德宣力王事壼之去留曾無損益賀循謝端顧昱平琛

傅晞等皆荷恩命高枕家門壼委質二府漸冉五載考效則不能已
彰論心則頻累恭順奈何哀孤之日不見愍恕哉帝以其辭苦不奪其
志服闋為世子師壼前後居師佐之任盡匡輔之節一府貴而憚焉中
興建補太子中庶子轉散騎常侍侍講東宮遷太子詹事以公事免
尋復職轉御史中丞忠於事上權貴屏跡時淮南小中正王式繼母前
夫終更適式父式父終喪服訖議還前夫家前夫家亦有繼子奉養至
終遂合葬於前夫式自云父臨終母求去父許諾於是制出母齊衰朞
壼奏曰就如式父臨終許諾必也正名依禮為無所據若夫有命須顯
七出之責當存時棄之無緣以絕義之妻留家制服若式父臨困謬亂
使去留自由者此必為相要以非禮則存亡無所得從式宜正之以禮
魏顆父命不從其亂陳乾昔欲以二婢子殉其子以非礼不從春秋禮
記善之並以妾媵猶正以禮況其母乎式母於夫生事以終非為既絕
之妻夫亡制服不為無義之婦自云守節非為更嫁離絕之斷在夫
沒之後夫之既沒是其從子之日而式以為出母此母以子出也致使
存無所容居沒無所託也寄命於他人之門埋尸於無名之冢若式父
亡後母尋沒於式家必不以為出母明矣許諾之命一耳以為母於同
居之時至沒前子之門而不以為母此為制離絕於二居裁出否於意
斷離絕之斷非式而誰假使二門之子皆此母之生母戀前子求去求
絕非禮於後家還反又非禮於前門去不可去還不可還則為無寄之
人也式必內盡匡諫外極防閑不絕明矣何至守不移於至親略情礼
於假繼乎繼母如母聖人之教式為國士閨門之內犯禮違義開闢未
有於父則無追亡之善於母則無孝敬之道存則去留自由亡則合葬
路人可謂生事不以禮死葬不以禮者也虧損世教不可以居人倫詮
正之任案侍中司徒臨潁公組敷宣五教實在任人而含容違禮曾不
貶黜揚州大中正侍中平望亭侯粹淮南大中正散騎侍郎弘顯執邦
論朝野取信曾不能率禮正違崇孝敬之教並為不勝其任請以見事
免組粹弘官大鴻臚削爵土廷尉結罪疏奏詔特原組等式付鄉邑清
議廢棄終身壼遷吏部尚書王含之難加中軍將軍含滅以功封建

興縣公尋遷領軍將軍明帝不豫領尚書令與王導等俱受顧命輔幼
主復拜右將軍加給事中尚書令帝崩成帝即位群臣進璽司徒王導
以疾不至壼正色於朝曰王公豈社稷之臣邪大行在殯嗣皇未立寧
是人臣辭疾之時導聞之乃輿疾而至皇太后臨朝壼與庾亮對直省
中共參機要時召南陽樂謨為郡中正潁川庾怡為廷尉評謨怡各
稱父命不就壼奏曰人無非父而生職無非事而立有父必有命居職
必有悔有家各私其子此為王者無人職不軌物官不立政如此則先
聖之言廢五教之訓塞君臣之道散上下之化替矣樂廣以平夷稱庾
珉以忠篤顯受寵聖世身非已有況及後嗣而可專哉所居之職若順
夫群心則戰戍者之父母皆當以命子不以處也若順謨父之意則人
皆不為郡中正人倫廢矣順怡父之意人皆不為獄官則刑辟息矣凡
如是者其可聽歟若不可聽何以許謨怡之得稱父命乎此為謨以名
父子可以虧法怡是親戚可以自專以此二塗服人示世臣所未悟也
宜一切班下不得以私廢公絕其表疏以為永制朝議以為然謨怡不

得已各居所職是時王導稱疾不朝而私送車騎將軍郗鑒壼奏以導虧法從私無大臣之節御史中丞鍾雅阿撓王典不加準繩並請免官雖事寢不行舉朝震肅壼斷裁切直不畏彊御皆此類也壼幹實當官以褒貶為己任勤於吏事欲軌正督世不肯苟同時好然性不弘裕才不副意故為諸名士所少而無卓爾優譽明帝深器之於諸大臣而最任職阮孚每謂之曰卿恒無閑泰常如含瓦石不亦勞乎壼曰諸君以道德恢弘風流相尚執鄙吝者非壼而誰時貴遊子弟多慕王澄謝鯤為達壼厲色於朝曰悖禮傷教罪莫斯甚中朝傾覆實由於此欲奏推之王導庾亮不從乃止然而聞者莫不折節時王導以勳德輔政成帝每幸其宅嘗拜導婦曹氏侍中孔坦密表不宜拜導聞之曰王茂弘駑痾耳若卞望之之巖巖刁玄亮之察察戴若思之峰岠當敢爾邪壼廉絜儉素居甚貧約息當婚詔特賜錢五十萬固辭不受後患面創累乞解職拜光祿大夫加散騎常侍時庾亮將徵蘇峻言於朝曰峻狼子野心終必為亂今日徵之縱不順命為禍猶淺若復經年為惡

滋蔓不可復制此是朝錯勸漢景帝早削七國事也當時議者無以易之壼固爭謂亮曰峻擁彊兵多藏無賴且逼近京邑路不終朝一旦有變易為蹉跌宜深思遠慮恐未可倉卒亮不納壼知必敗與平南將軍溫嶠書曰元規召峻意定懷此於邑溫生足下奈此事何吾今所慮是國之大事且峻已出狂意而召之更速必縱其羣惡以向朝廷朝廷威力誠桓桓交須接鋒履刃尚不知便可即擒不王公亦同此情吾與之爭甚懇切不能如之何本出足下為外藩任而今恨出足下在外若卿在內俱諫必當相從今內外戒嚴四方有備峻凶狂必無所至耳恐不能使無傷如何壼司馬任台勸壼宜畜良馬以備不虞壼笑曰以順逆論之理無不濟若萬一不然豈須馬哉峻果稱兵壼復為尚書令右將軍領右衞將軍餘官如故峻至東陵口詔以壼都督大桁東諸軍事假節復加領軍將軍給事中壼率郭默趙胤等與峻大戰於陵西為峻所破壼與鍾雅皆退還死傷者以千數壼雅並還節詣闕謝罪峻進攻青溪柵壼與諸軍距擊不能禁賊放火燒宮寺六軍敗績壼時發背創猶

未合力疾而戰率厲散衆及左右吏數百人攻賊麾下苦戰遂死之時年四十八二子眕盱見父沒相隨赴賊同時見害峻平朝議贈壼左光祿大夫加散騎常侍尚書郎弘訥議以為死事之臣古今所重卞令忠貞之節當書於竹帛今之追贈實未副衆望謂宜加鼎司之號以旌忠烈之勳司徒王導見議進贈驃騎將軍加侍中訥重議曰夫事親莫大於孝事君莫尚於忠唯孝也故能盡敬竭誠唯忠也故能見危授命此在三之大節臣子之極行也案壼委質三朝盡規翼亮遭世險難存亡以之受顧託之重居端右之任擁衞至尊則有保傅之恩正色在朝則有匪躬之節賊峻造逆戮力致討身當矢旝再對賊鋒父子并命可謂破家為國守死勤事昔許男疾終猶蒙二等之贈況壼伏節國難者乎夫賞疑從重況在不疑可謂上準許穆下同嵇紹則允合典謨克厭衆望於是改贈壼侍中驃騎將軍開府儀同三司謚曰忠貞祠以太牢贈世子眕散騎侍郎眕弟盱奉車都尉眕母裴氏撫二子尸哭曰父為忠臣汝為孝子夫何恨乎徵士翟湯聞之歎曰父死於君子死於父忠孝之

道萃于一門眕子誕嗣成康六年成帝追思壼下詔曰壼立朝忠恪喪身凶寇所封縣遠租秩薄少妻息不贍以為慨然可給實口廩其後盜發壼墓尸僵鬢髮蒼白面如生兩手悉拳爪甲穿達手背安帝詔給錢十萬以脩塋兆壼第二子瞻位至廣州刺史瞻弟眈尚書郎

敦字仲仁父俊清貞有檢識以名理著稱其鄉人郤詵恃才陵傲俊兄弟俊等亦以門盛輕詵相視如讎詵以楊駿故吏被繫俊時為尚書郎按其獄詵懼不免俊平心斷決正之詵卒以免而猶不悛後為左丞復奏陷卞氏俊歷位汝南相廷尉卿敦弱冠仕州郡辟司空府稍遷太子舍人尚書郎朝士多稱之東海王越聞召以為主簿王彌逼洛敦及胡毋輔之勸越擊王彌而王衍潘滔共執不聽敦庭爭苦至衆咸壯之出補汝南內史元帝之為鎮東請為軍諮祭酒不就征南將軍山簡以為司馬尋而王如杜曾相繼為亂簡乃使敦監沔北七郡軍事振威將軍領江夏相戍夏口敦攻討沔中皆平既而杜弢寇湘中加敦征討大都督伐弢有功賜爵安陸亭侯鎮東大將軍王敦請為軍司中興建拜太子左

衛率時石勒侵逼淮泗帝備求良將可以式遏邊境者公卿舉敦除征虜將軍徐州刺史鎮泗口及勒寇彭城敦自度力不能支與征北將軍王邃退保盱眙賊勢遂張淮北諸郡多為所陷竟以畏愞貶秩三等為鷹揚將軍徵拜大司農王敦表為征虜將軍都督石頭軍事明帝之討王敦也以為鎮南將軍假節事平更拜尚書以功封益陽侯從光祿勳出為都督安南將軍湘州刺史假節尋進征南將軍固辭不拜蘇峻反溫嶠庾亮移檄征鎮同赴京師敦擁兵不下又不給軍糧唯遣督護荀璲領數百人隨大軍而已時朝野莫不怪歎獨陶侃亦切齒忿之峻平侃奏敦阻軍顧望不赴國難無大臣之節請檻車收付廷尉丞相王導以喪亂之後宜加寬宥轉安南將軍廣州刺史病不之職徵為光祿大夫領少府敦既不討蘇峻常懷愧恥名論自此虧矣尋以憂卒追贈本官加散騎常侍謚曰敬子滔嗣

劉超字世瑜琅邪臨沂人漢城陽景王章之後也章七世孫封臨沂縣慈鄉侯子孫因家焉父和為琅邪國上軍將軍超少有志尚為縣小吏

稍遷琅邪國記室掾以忠謹清慎為元帝所拔恒親侍左右遂從渡江轉安東府舍人專掌文檄相府建又為舍人于時天下擾亂伐叛討貳超自以職在近密而書跡與帝手筆相類乃絕不與人交書時出休沐閉門不通賓客由是漸得親密以左右勤勞賜爵原鄉亭侯食邑七百戶轉行參軍中興建為中書舍人拜騎都尉奉朝請時臺閣初建庶績未康超職典文翰而畏慎靜密彌見親待加以處身清苦衣不重帛家無儋石之儲每帝所賜皆固辭曰凡陋小臣橫竊賞賜無德而祿殃咎是懼帝嘉之不奪其志尋出補句容令推誠於物為百姓所懷常年賦稅主者常自四出結評百姓家貲至超但作大函村別付之使各自書家產投函中訖送還縣百姓依實投上課輸所入有踰常年入為中書通事郎以父憂去官既葬屬王敦稱兵詔超復職又領安東上將軍尋六軍敗散唯超案兵直衛帝感之遣歸終喪禮及錢鳳構禍超招合義士從明帝征鳳事平以功封零陵伯超家貧妻子不贍帝手詔褒之賜以魚米超辭不受超後須純色牛市不可得啓買官外廄牛詔便以賜之

出為義興太守未幾徵拜中書侍郎拜受往還朝廷莫有知者會帝崩穆后臨朝遷射聲校尉時軍校無兵義興人多義隨超因統其衆以宿衛號為君子營咸和初遭母憂去官衰服不離身朝夕號泣朔望輒步至墓所哀感路人及蘇峻謀逆超代趙胤為左衛將軍時京邑大亂朝士多遣家人入東避難義興故吏欲迎超家而超不聽盡以妻孥入處宮內及王師敗績王導以超為右衛將軍親侍成帝庾太后崩軍衛禮章頓闕超躬率將士奉營山陵峻遷車駕石頭時天大雨道路沉陷超與侍中鍾雅步侍左右賊給馬不肯騎而悲哀慷慨峻聞之甚不平然未敢加害而以其所親信許方等補司馬督殿中監外託宿衛內實防禦超等時饑饉米貴峻等問遺一无所受繾綣朝夕臣節愈恭帝時年八歲雖幽厄之中超猶所口授孝經論語溫嶠等至峻猜忌朝士而超為帝所親遇疑之尤甚後王導出奔超與懷德令匡術建康令管旆等密謀將欲奉帝而出未及期事泄峻使任讓將兵入收超及鍾雅帝抱持悲泣曰還我侍中右衛任讓不奉詔因害之及峻平任讓與陶侃有

舊侃欲特不誅之乃請於帝帝曰讓是殺我侍中右衛者不可宥由是遂誅讓及超將改葬帝痛念之不已詔遣高顯近地葬之使出入得瞻望其墓追贈衛尉謚曰忠超天性謙慎歷事三帝恒在機密並蒙親遇而不敢因寵驕謟故士人皆安而敬之子訥嗣謹飭有石慶之風歷中書侍郎下邳內史訥子享亦清慎為散騎郎

鍾雅字彥冑潁川長社人也父曄公府掾早終雅少孤好學有才志舉四行除汝陽令入為佐著作郎母憂去官服闋復職東海王越請為參軍遷尚書郎避亂東渡元帝以為丞相記室參軍遷臨淮內史振威將軍頃之徵拜散騎侍郎轉尚書右丞時有事於太廟雅奏曰陛下繼承世數於京兆府君為玄孫而今祝文稱曾孫恐此因循之失宜見改正又禮祖之昆弟從祖父也景皇帝自以功德為世宗不以伯祖而登廟亦宜除伯祖之文詔曰禮事宗廟自曾孫已下皆稱曾孫此非因循之失也義取於重孫可歷世共其名無所改也稱伯祖不安如所奏轉北軍中候大將軍王敦請為從事中郎補宣城內史錢鳳作逆加廣武將

軍率衆屯青弋時廣德縣人周玘為鳳起兵攻雅雅退據徑縣收合士庶討玘斬之鳳平徵拜尚書左丞明帝崩還御史中丞時國喪未朞而尚書梅陶私奏女妓雅劾奏曰臣聞放勛之殂八音遏密雖在凡庶猶能三載自茲以來歷代所同肅祖明皇帝崩背万國當朞來月聖主縞素泣血臨朝百僚憯愴動無歡容陶無大臣忠慕之節家庭侈靡聲妓紛葩絲竹之音流聞衢路宜加放黜以整王憲請下司徒論正清議穆右臨朝特原不問雅直法繩違百僚皆憚之北中郎將劉遐卒遐部曲作亂詔郭默討之以雅監征討軍事假節事平拜驍騎將軍蘇峻之難雅為前鋒監軍假節領精勇千人以距峻雅以兵少不敢擊退還拜侍中尋王師敗績雅與劉超並侍衛天子或謂雅曰見可而進知難而退古之道也君性亮直必不容於寇讎何不隨時之宜而坐待其斃雅曰國乱不能匡君危不能濟各遜遁以求免吾懼董狐執簡而至矣庾亮臨去顧謂雅曰後事深以相委雅曰棟折榱崩誰之責也亮曰今日之事不容復言卿當期剋復之效耳雅曰想足下不愧荀林父耳及峻

逼遷車駕幸石頭惟超流涕步從明年並為賊所害賊平追贈光祿勳其後以家貧詔賜布帛百匹子誕位至中軍參軍早卒

史臣曰應詹行業聿脩文史足用入居列位則嘉謀屢陳出撫藩條則惠政斯洽甘卓伐異寧乱庸績克宣作鎮扞城威略具舉及兇渠犯順志在勤王既而人撓其謀天奪其鑒疑留不斷自取誅夷卞壺束帶立朝以匡正為己任褰裳衛主蹈忠義以成名遂使臣死於君子死於父惟忠與孝萃其一門古稱社稷之臣忠貞之謂矣劉超勤肅奉上鍾雅正直當官屬巨猾滔天幼君危逼乃崎嶇寇難契闊艱虞匪石為心寒松比操貞軌皆没亮迹雙升雖高赫在難彌恭荀息繼之以死方之二子曾何足云

贊曰卓臨南服詹莅西州政刑克舉威惠兼脩應嗟運促甘斃疑留望之徇義蹈死為易惟子惟臣名節斯寄鍾劉入仕忠貞攸復竭其股肱繼之以死

列傳第四十　晉書七十

孫惠　熊遠　王鑒　陳頵　高崧

孫惠字德施吳國富陽人吳豫章太守賁曾孫也父祖並仕吳惠口訥好學有才識州辟不就寓居蕭沛之間永寧初赴齊王冏義討趙王倫以功封晉興縣侯辟大司馬戶曹掾轉東曹屬冏驕矜僭侈天下失望惠獻言於冏諷以五難四不可勸令歸藩辭甚切至冏不納惠懼罪辭疾去頃之冏果敗成都王穎引惠為大將軍參軍領奮威將軍白沙督是時穎將征長沙王乂以陸機為前鋒都督惠與機鄉里憂其致禍勸機讓都督於王粹及機兄弟被戮惠甚傷恨之時惠又擅殺穎牙門將梁儁懼罪因改姓名以遁後東海王越舉兵下邳惠乃詭稱南嶽逸士秦祕之以書干越曰天禍晉國遘茲厄運歷觀危亡其萌有漸枝葉先零根株乃斃伏惟明公資叡哲之才應神武之略承衰亂之餘當傾險之運側身昏讒之俗蹈蹐凶諂之間執夷正立則取疾姦佞抱忠懷直則見害賊臣餔糟非聖性所堪苟免非英雄之節是以感激於世發憤

忘身抗辭金門則謇諤之言顯扶翼皇家則匡主之功著事雖未集大命有在夫以漢祖之賢猶有彭城之恥魏武之能亦有濮陽之失孟明三退終於致果句踐喪衆期於擒吳今明公名著天下聲振九域公族歸美萬國宗賢加以四王齊聖仁明篤友急難之感同獎王室股肱爪牙足相維扞皇穹無親惟德是輔惡盈福謙鬼神所讚以明公達存亡之符察成敗之變審所履之運思天人之功武視東夏之藩龍躍海嵎之野西諮河間南結征鎮東命勁吳銳卒之富北有幽并率義之旅宣喩青徐啓示群王旁收雄俊廣延秀傑糾合攜貳明其賞信仰惟天子蒙塵鄴宮外矯詔命擅誅無辜豺狼篡噬其事無遠夫心火傾移喪亂可必太白橫流兵家攸杖歲鎮所去天厭其德玄象著明讁譴彰見違天不祥奉時必克明公思安危人神之應慮禍敗前後之徵弘勞謙日昃之德躬吐捉求賢之義傾府竭庫以振貧乏將有濟世之才渭濱之士含奇謨於朱脣握神策於玉掌逍遙川嶽之上以俟真人之求目想不世之佐耳聽非常之輔舉而任之則元勳建矣祕之不天值此衰運竊慕墨翟申包之誠跋涉荊棘重繭而至櫛風沐雨來承禍難思以管穴毗佐大猷道險時否未敢自顯伏在川泥繫情宸極謹先白箋以啓天慮若猶沉吟際會徘徊二端儌倖在險請從怨者之例明公今旋軫臣子之邦宛轉名義之國指麾則五嶽可傾呼噏則江湖可竭況履順討逆執正伐邪是烏獲摧冰賁育拉朽猛獸吞狐泰山壓卵因風燎原未足方也今時至運集天與神助復不能鵲起於慶命之會拔劍於時哉之機恐流濫之禍不在一人自先帝公王海內名士近者死亡皆如蟲獸尸元曳於糞壤形骸捐於溝澗非其口無忠貞之辭心無義正之節皆希旨下之小生而惑終焉之大死凡人知友猶有刎頸之報朝廷之內而無死命之臣非獨祕之所恥惜乎晉世之無人久矣今天下喁喁四海注目社稷危而復安宗廟替而復紹惟明公兄弟能弘濟皇猷國之存亡在斯舉矣祕之以不才之姿而值危亂之運竭其狗馬之節加之忠貞之心左屬平亂之鞬右握滅逆之矢控馬鵠立計日俟命時難獲而易失機速變而成禍介如石焉寧俟終日自求多福

惟君裁之越省書榜道以求之惠乃出見越即以為記室參軍專掌文疏豫參謀議除散騎郎太子中庶子復請補司空從事中郎越誅周穆等夜召參軍王廙造表廙戰懼壞數紙不成時惠不在越歎曰孫中郎在表久就矣越遷太傅以惠為軍諮祭酒數諮訪得失每造書檄越或驛馬催之應命立成皆有文采除祕書監不拜轉彭城內史廣陵相遷廣武將軍安豐內史以迎大駕之功封臨湘縣公元帝遣甘卓討周馥於壽陽惠乃率衆應卓馥敗走盧江何銳為安豐太守惠權留郡境銳以他事收惠下人推之惠既非南朝所授常慮讒間因此大懼遂攻殺銳奔入蠻中尋病卒時年四十七喪還鄉里朝廷明其本心追加弔贈

能遠字孝文豫章南昌人也祖翹嘗為石崇蒼頭而性廉直有士風黃門郎潘岳見而稱異勸崇免之乃還鄉里遠有志尚縣召為功曹不起強與衣幘扶之使謁十餘日薦於郡由是辟為文學掾遠曰辭大不辭小也固請留縣太守察遠孝廉屬太守討氐羌遠遂不行送至隴右而還後太守會稽夏靜辟為功曹及靜去職遠送至會稽以歸州辟

主簿別駕舉秀才除監軍華軼司馬領武昌太守寧遠護軍元帝作相引為主簿時傳北陵被發帝將舉哀遠上疏曰園陵既不親行承傳言之者未可為定且園陵非一而直言侵犯遠近弔問荅之宜當有主謂應更遣使攝河南尹按行得審問然後可發哀即宜命將至洛脩復園陵討除逆類昔宋殺無畏莊王奮袂而起衣冠相追於道軍成宋城之下況此酷辱之大耻臣子奔馳之日夫脩園陵至孝也討逆叛至順也救社稷至義也卹遺黎至仁也若脩此四道則天下響應無思不服矣昔項羽殺義帝以為罪漢祖哭之以為義劉項存亡在此一舉羣賊豺狼弱於往日惡逆之甚重於丘山大晉受命未改於上兆庶謳吟思德於下今順天下之心命貔貅之士鳴檄前驅大軍後至威風赫然声振朔野則上副西土義士之情下允海內延頸之望矣屬有杜弢之難不能從時江東草創農桑弛廢遠建議曰立春之日天子祈穀于上帝乃擇元辰躬耕帝籍以勸農功詩云弗躬弗親庶人不信自喪亂以來農桑不脩遊食者多皆由去本逐末故也時議美之建興初正旦將作樂遠諫曰謹按尚書堯崩四海遏密八音禮云凶年天子徹樂減膳孝懷皇帝梓宮未反豺狼當塗人神同忿公明德茂親社稷是賴今杜弢蟻聚湘川比歲征行百姓疲弊故使義眾奉迎未舉履端元日正始之初貢士鱗萃南北雲集有識之士於是觀禮公與國同體憂容未歇昔齊桓貫澤之會有憂中國之心不召而至者數國及葵丘自矜叛者九國人心所歸惟道與義將紹皇綱於既往恢霸業於來今表道德之軌闡忠孝之儀明仁義之統弘禮樂之本使四方之士退懷嘉則今榮耳目之觀崇戲弄之好懼違雲韶雅頌之美非納軌物有塵大教謂宜設饌以賜羣下而已元帝納之轉丞相參軍是時琅邪國侍郎王鑒勸帝親征杜弢遠又上疏曰皇綱失統中夏多故聖主肇祚遠奉西都梓宮外次未反園陵逆寇遊魂國賊未夷明公憂勞乃心王室伏讀聖教人懷慷慨杜弢小豎寇抄湘川比年征討經載不夷昔高宗伐鬼方三年乃剋用兵之難非獨在今伏以古今之霸王遭時艱難亦有親征以隆大勳亦有遣將以平小寇今公

親征文武將吏度支籌計軍用輿器械所出若足用者然後可征愚謂宜如前遣五千人徑與水軍進征既可得速必不後時昔齊用穰苴燕晉退軍秦用王翦剋平南荊必使督護得才即賊不足慮也會弢已平轉從事中郎累遷太子中庶子尚書左丞散騎常侍帝每歎其忠公謂曰卿在朝正色不茹柔吐剛忠亮至到可謂王臣也吾所欣賴卿其勉之及中興建帝欲賜諸吏投刺勸進者加位一等百姓投刺者賜司徒吏凡二十餘萬遠以為秦漢因赦賜爵非長制也今按投刺者不獨近者情重遠者情輕可依漢法例賜天下爵於恩為普無偏頗之失可以息檢覈之煩塞巧偽之端帝不從轉御史中丞時尚書刁協用事眾皆憚之尚書郎盧綝將入直遇協於大司馬門外協醉使綝避之綝不迴協令威儀牽捽綝墮馬至協車前而後釋遠奏免協官時冬雷電且大雨帝下書責躬引過遠復上疏曰被庚午詔書以雷電震暴雨非時深自刻責雖禹湯罪己未足以喻臣闇於天道竊以人事論之陛下節儉敦朴愷悌流惠而王化未興者皆羣公卿士不能夙夜在公以益大化素飡負乘秕穢明時之責也今逆賊猾夏暴虐滋甚二帝幽殯梓宮未反四海延頸莫不東望而未能遣軍北討讎賊未報此一失也昔齊侯既敗七年不飲酒食肉況此恥尤大臣子之責宜在枕戈為王前驅若此志未果者當上下克儉卹人養士徹樂減膳惟脩戎事陛下憂勞於上而羣官未同戚容於下每有會同務在調戲酒食而已此二失也選官用人不料實德惟在白望不求才幹卿舉道廢請託交行有德而無力者退脩望而有助者進稱職以違俗見譏虛資以從容見貴是故公正道虧私塗日開彊弱相陵冤枉不理今當官者以理事為俗吏奉法為苛刻盡禮為諂諛從容為高妙放蕩為達士驕蹇為簡雅此三失也世所謂三失者公法加其身私議貶其非轉見排退陸沉泥滓時所謂三善者王法所不加清論美其賢漸相登進仕不輟官攀龍附鳳翱翔雲霄遂使世人削方為圓撓直為曲豈待顧道德之清塗踐仁義之區域乎是以萬機未整風俗偽薄皆此之由不明其黜陟以審能否此則俗未可得而變也今朝廷羣司以從順為善相違見貶不復論才之曲直言

之得失也時有言者或不見用是以朝少辯爭之臣士有祿仕之志焉郭翼上書武帝擢爲屯留令又置直諫官所以容受直言誘進將來故人得自盡言無隱諱任官然後爵之位定然後祿之敷奏以言明試以功車服以庸舜猶歷試諸難而今先祿不試甚違古義亂之所由也求財急於賺賤用刑先於親貴然後令行禁止野無遺滯堯取舜於仄陋舜拔賢於嚴穴姬公不曲繩於天倫叔向不虧法於孔懷今朝廷法吏多出於寒賤是以章書日奏而不足以懲物官人選才而不足以濟事宜招賢良於屠釣聘耿介於丘園若此道不改雖并官省職無救弊亂也能哲而惠何憂乎驩兜何遷乎有苗何畏乎巧言令色孔壬此官得其人之益也累遷侍中出補會稽內史時王敦作逆沈充舉兵應之加遠將軍距而不受不輸軍資於充保境安衆爲務敦至石頭諷朝廷徵遠乃拜太常卿加散騎常侍敦深憚其正而有謀引爲長史數月病卒遠弟緝名亞於遠爲王敦主簿終於鄱陽太守緝子鳴鵠位至武昌太守

王鑒字茂高堂邑人也父濬御史中丞鑒少以文筆著稱初爲元帝琅邪國侍郎時杜弢作逆江湘流弊王敦不能制朝廷深以爲憂鑒上疏勸帝征之曰天禍晉室四海顛覆喪亂之極開闢未有明公遭歷運之厄當陽九之會聖躬負伊周之重朝廷延臣合之望方將振長轡而御八荒掃河漢而清天塗所藉之資江南之地蓋九州之隅角垂盡之餘人耳而百越鴟視於五嶺蠻蜀狼顧於湘漢江州蕭條白骨塗地豫章一郡十殘其八繼以荒年公私虛匱倉庫無旬月之儲三軍有絕乏之色賦斂搜奪周而復始卒散人流相望於道殘弱之源日深全勝之勢未舉鑒懼雲雉夜施元戎凱入未在旦夕也昔齊侯未甚而申侯懼其老況暴甲三年介冑生蟣蝨而可不深慮者哉江揚本六郡之地一州封域耳若兵不時戢人不堪命三江受敵彭蠡振搖是賊踰我垣牆之內闚我室家之好驥武之衆易動驚弓之鳥難安鑒之所甚懼也去年已來累喪偏將軍師屢失送死之寇兵獸奔命賊量我力矣雖繼遣偏裨懼未足成功也愚謂尊駕宜親幸江州然後方召之臣其力可得而宣熊羆之士其鋭可得而奮且進左軍於武昌爲陶侃之重建名將於安

成連甘卓之壘南望交廣西撫蠻夷要害之地勸勁卒以保之深溝堅壁按精甲而守之六軍既贍戰士思奮爾乃乘隙騁奇擾其窟穴顯示大信開以生塗杜弢之頸固已鎖於麾下矣議者將以大舉役重人不可擾鑒謂暫擾以制敵愈於放敵而常擾也夫四體者人之所甚愛苟宜伐病則削肌刮骨矣然守不可虛鑒謂王導可委以蕭何之任或以小賊方弊不足動千乘之重鑒見王弥之初亦小寇也官軍不重其威狹逆得肆其變卒令溫懷不守三河傾覆致有今日之釁此已然之明驗也葛賁猶不可長況狼兕之寇乎當五霸之世將非不良士非不勇征伐之役君必親之故齊桓免胄於邵陵晉文擐甲於城濮昔漢高光武二帝征無遠近敵無大小必手振金鼓身當矢石櫛風沐雨壺飧不贍馳騖四方匪遑寧處然後皇基克構元勳以融今大弊之極劇於曩代崇替之命繫我而已欲使藥旆無野次之役聖躬遠風塵之勞而大功坐就鑒未見其易也魏武既定中國親征柳城揚旌盧龍之嶺頓轡白重塞之表非有當時烽燧之虞蓋一日縱敵終己之患雖戎輕其險不以爲勞況急於此者乎劉玄德躬登漢山而夏侯之鋒摧吳僞祖親泝長江而關羽之首懸袁紹猶豫後機挫衄三分之勢劉表臥守其衆卒亡全楚之地歷觀古今撥亂之主雖聖賢未有高拱閑居不勞而濟者也前鑒不遠可謂著龜議者或以當今暑夏非出軍之時鑒謂今宜戒嚴須秋而動高風啓塗龍舟電舉曾不十日可到豫章豫章去賊尚有千里之限但臨之以威靈則百勝之理濟矣既掃清湘野滌蕩楚郢然後班爵序功酬將士之勞卷甲韜旗廣農桑之務播愷悌之惠除煩苛之賦比及數年國富兵彊龍驤虎步以威天下何思而不服何往而不濟桓文之功不難繼也今惜一與舉之勞而緩垂死之寇誠國家之大恥臣子之深憂也鑒以凡瑣謬蒙將育思竭愚忠以補萬一芻蕘之言聖王不棄戎卒之謀先后採之乞留神鑒思其所陳疏奏帝深納之即命中外戒嚴將自征弢會弢已平故止中興建拜駙馬都尉奉朝請出補永興令大將軍王敦請爲記室參軍未就而卒時年四十一集傳於世鑒弟濤及弟子戩並有才筆濤字茂略歷著作郎無錫令戩

字庭堅亦為著作並早卒

陳頵字延思陳國苦人也少好學有文義父訢立宅起門頵曰當使容馬車訢笑而從之仕為郡督郵撿獲隱匿者三千人為一州尤最太守劉享拔為主簿州辟部從事乘馬車還家宗黨榮之劾按沛王韜獄未竟會解結代楊準為刺史韜因河間王顒屬結結至大會問主簿史鳳曰沛王貴藩州據何法而擅拘邪時頵在坐對曰甲午詔書刺史銜命國之外臺其非所部而在境者刺史并糾事徵文墨前後列上七被詔書如州所劾無有違謬結曰衆人之言不可妄聽宜依法窮竟又問僚佐曰河北白壤膏粱何故少人士每以三品為中正荅曰詩稱維嶽降神生甫及申夫英偉大賢多出於山澤河北土平氣均蓬蒿裁高三尺不足成林故也結曰張彥真以為汝潁巧辯恐不及青徐儒雅也頵曰彥真與元禮不協故設過言老子莊周生陳梁伏羲傅說師曠大項出陽夏漢魏二祖起於沛譙準之衆州莫之與比結甚異之曰豫州士人常半天下此言非虛會結遷尚書結恨不得書其才用元康中舉孝廉

而州將留之頵薦同縣焦保曰保出自寒素而稟質清沖若得參嘉命必能光贊大猷允清朝望使黃憲之徒不乏於豫土今頵庶免臧文之責州乃辟保齊王冏起義州遣頵將兵赴之拜駙馬都尉遭賊避難于江西歷陽內史朱彥引為參軍鎮東從事中郎袁琇薦頵於元帝遷鎮東行參軍事典法兵二曹頵與王導書曰中華所以傾弊四海所以土崩者正以取才失所先白望而後實事浮競驅馳互相貢薦言重者先顯言輕者後敘遂相波扇乃至陵遲加有莊老之俗傾惑朝廷養望者為弘雅政事者為俗人王職不恤法物墜喪夫欲制遠先由近始故出其言善千里應之今宜改張明賞信罰拔卓茂於密縣顯朱邑於桐鄉然後大業可舉中興可冀耳建興初制版補錄事參軍參佐掾屬多設解故以避事任頵議諸僚屬乘昔西臺養望餘弊小心恭肅更以為俗偃蹇倨慢以為優雅至今朝士縱誕臨事遊行漸弊不革以至傾國故百尋之屋突直而燎焚千里之隄蟻垤而穿敗古人防小以全大慎微以杜萌自今臨使稱疾須催乃行者皆免官初趙王倫篡位三王起義制己亥格其後論功雖小亦皆依用頵意謂不宜以為常式駁之曰聖王懸爵賞功制罰糾違斯道苟明人赴水火且名器之實不可妄假非才謂之致寇寵厚戒在斯亡昔孫秀口唱篡逆手弄天機惠皇失御九服無戴三王建議席卷四海合起義之衆結天下之心故設己亥義格以權濟難此自一切之法非常倫之格也其起義以來依格雜猥遭人為侯或加兵伍或出皁僕金紫佩士卒之身符策委庸隸之門使天官降辱王爵黷賤非所以正皇綱重名器之謂也請自今以後宜停之頵以孤寒數有奏議朝士多惡之出除譙郡太守大興初以疾徵久之白衣兼尚書因陳時務以為昔江外初平中州荒亂故貢舉不試宜漸循舊搜揚隱逸試以經策又馬隆孟觀雖出貧賤勳濟甚大以所不習而統戎事鮮能以濟宜開舉武略任將率者言問核試盡出所能然後隨才授任舉十得一猶勝不舉況或十得二三日磾降虜七世內侍由余戎狄入為秦相豈藉華宗之族見齒於奔競之流乎宜引幽滯之儁抑華校實則天清地平人神感應後拜天門太守殊俗安之選腹心之

吏為荊州參軍若有調發動靜馳白故恒得宿辦陶侃征還頵先至巴陵上禮侃以為能表為梁州刺史綏懷荒弊甚有威惠梁州大姓互相嫉妬說頵年老耳聾侃召頵還以西陽太守蔣巽代之年六十九卒

高崧字茂琰廣陵人也父悝少孤事母以孝聞年十三值歲饑悝菜蔬不厭食每致甘肥於母撫幼弟以友愛稱寓居江州刺史華軼辟為西曹書佐及軼敗悝藏匿軼子經年會赦乃出元帝嘉而宥之以為參軍遂歷顯位至丹楊尹光祿大夫封建昌伯崧少好學善史書總角時司空何充稱其明惠充為楊州引崧為主簿益相欽重轉驃騎主簿舉州秀才除太學博士父艱去職初悝以納妾致訟被黜及終崧乃自繫廷尉訟冤遂停喪五年不葬表疏數十上帝哀之乃下詔曰悝備為大臣違憲被黜事已久判其子崧求直無已今特聽傳侯爵由是見稱拜中書郎再遷黃門侍郎簡文帝輔政引為撫軍司馬時桓溫擅威率衆北伐軍次武昌簡文患之崧曰宜致書諭以禍福自當反旆如其不耳便六軍整駕逆順於茲判矣若有異計請先釁鼓使於坐為簡文書

草竊難宜平時會宜接此實為國遠圖經略大筭能弘斯會非足下而誰但以此興師動衆要當以資實為本運轉之艱古人之所難不可易之於始而不熟慮頃所以深用惟疑在乎此耳然異常之舉衆之所駭遊聲噂𠴲想足下亦少聞之苟患失之無所不至或能望風振擾一時崩散如其不然者則望實並喪社稷之事去矣皆由吾闇弱德信不著不能鎮靜羣庶保固維城所以內愧于心外慚良友吾與足下雖職有內外安社稷保家國其致一也天下安危繫之明德先存寧國而後圖其外使王基克隆大義弘著所望於足下區區誠懷豈可復顧嫌而不盡哉溫得書還鎮崧累遷侍中是時謝万為豫州都督疲於親賓相送方卧在室崧徑造之謂曰卿今疆理西藩何以為政万粗陳其意崧便為叙刑政之要數百言万遂起坐呼崧小字曰阿鄒故有才具邪及哀帝雅好服食崧諫以為非萬乘所宜陛下此事實日月之一食也後以公事免卒於家子耆官至散騎常侍

史臣曰昔張良拙說項氏巧謀於沛公孫惠沮計齊王構奇於東海終而誓之旅炎運載昌禰狩之師金行不競豈遭時之會斯蹇將謀國之道未通迷於委質之貞闇於所僭之慮夲既顛矣何以能終態遠王鑒有毗濟之道比之大夏其猶楠之佐乎崧之詆溫顗之距結挫其勞役之策申其汝潁之論採鄭嘉之風百掃朱育之餘波故桓溫輟許攸之謀解結欽王朗之跡緝之時典用此道歟

贊曰臨湘遊藝知識英發詭名違頭陳書阜越孝文忠謇言嘉言斯踐茂高與鑒彪章尤善侯爵崧傳高門顯顯

列傳第四十一　晉書七十七

列傳第四十二　晉書七十二　御撰

郭璞　葛洪

郭璞字景純河東聞喜人也父瑗尚書都令史時尚書杜預有所增損瑗多駮正之以公方著稱終於建平太守璞好經術博學有高才而訥於言論詞賦為中興之冠好古文奇字妙於陰陽算曆有郭公者客居河東精於卜筮璞從之受業公以青囊中書九卷與之由是遂洞五行天文卜筮之術攘災轉禍通致無方雖京房管輅不能過也璞門人趙載嘗竊青囊書未及讀而為火所焚惠懷之際河東先擾璞筮之投策而歎曰嗟乎黔黎將湮於異類桑梓其翦為龍荒乎於是潛結姻昵及交遊數十家欲避地東南抵將軍趙固會固所乘良馬死固惜之不接賓客璞至門吏不為通璞曰吾能活馬吏驚入白固固趨出曰君能活吾馬乎璞曰得健夫二三十人皆持長竿東行三十里有丘林社廟者便以竿打拍當得一物宜急持歸得此馬活矣固如其言果得一物似猴將歸此物見死馬便噓吸其鼻頃之馬起奮迅嘶鳴食如常不復

見向物固奇之厚加資給行至廬江太守胡孟康被丞相召為軍諮祭酒時江淮清晏孟康安之無心南渡璞為占曰敗康不之信璞將促裝去之愛主人婢無由而得乃取小豆三斗繞主人宅散之主人晨見赤衣人數千圍其家就視則滅甚惡之請璞為卦璞曰君家不宜畜此婢可於東南二十里賣之慎勿爭價則此妖可除也主人從之璞陰令人賤買此婢復為符投于井中數千赤衣人皆反縛一一自投于井主人大悅璞攜婢去後數旬而廬江陷璞既過江宣城太守殷祐引為參軍時有物大如水牛灰色卑脚脚類象胷前尾上皆白大力而遲鈍來到城下眾咸異焉祐使人伏而取之令璞作卦遇遯之蠱其卦曰艮體連乾其物壯巨山潛之畜匪兕匪武身與鬼并精見二午法當為禽兩靈不許遂被一創還其本墅按卦名之是為驢鼠卜適了伏者以戟刺之深尺餘遂去不復見郡綱紀上祠請殺之巫云廟神不悅曰此是郏亭驢山君鼠使詣荊山暫來過我不須觸之其精妙如此祐遷石頭督護璞復隨之時有驢鼠出延陵璞占之曰此郡東當有妖人欲稱制者尋亦自死矣後當有妖樹生然若瑞而非瑞辛螫之木也儻有此者東南數百里必有作逆者期明年矣無錫縣欻有茱萸四株交枝而生若連理者其年盜殺吳興太守袁琇或以問璞璞曰卯爻發而沴金此木不曲直而成災也王導深重之引參己軍事導嘗令作卦璞言公有震厄可命駕西出數十里得一柏樹截斷如身長置常寢處災當可消矣導從其言數日果震柏樹粉碎時元帝初鎮建鄴導令璞筮之遇咸之井璞曰東北郡縣有武名者當出鐸以著受命之符西南郡縣有陽名者井當沸其後晉陵武進縣人於田中得銅鐸五枚歷陽縣中井沸經日乃止及帝為晉王又使璞筮遇豫之睽璞曰會稽當出鍾以告成功上有勒銘應在人家井泥中得之繇辭所謂先王以作樂崇德殷薦之上帝者也及帝即位太興初會稽剡縣人果於井中得一鍾長七寸二分口徑四寸半上有古文奇書十八字云會稽嶽命餘字時人莫識之璞曰蓋王者之作必有靈符塞天人之心與神物合契然後可以言受命矣觀五鐸啓號於晉陵棧鍾告成於會稽瑞不失類出皆以方豈不

偉哉若夫鐸發其響鍾徵其象器以數臻事以實應天人之際不可不察帝甚重之璞著江賦其辭甚偉為世所稱後復作南郊賦帝見而嘉之以為著作佐郎于時陰陽錯繆而刑獄繁興璞上疏曰臣聞春秋之義貴元慎始故分至啓閉以觀雲物所以顯天人之統存休咎之徵臣不揆淺見輒依歲首粗有所占卦得解之既濟按爻論思方涉春木王龍德之時而為廢水之氣來見乘加升陽未布隆陰仍積坎為法象刑獄所麗變坎加離厥象不燭以義推之皆為刑獄殷繁理有壅濫又去年十二月二十九日太白蝕月月者屬坎羣陰之府所以照察幽情以佐太陽者也太白金行之星而來犯之天意若曰刑理失中自壞其所以為法者也臣術學庸近不練內事卦理所及敢不盡言又去秋以來沉雨跨年雖為金家涉火之祥然亦是刑獄充溢怨歎之氣所致往建興四年十二月中行丞相令史淳于伯刑于市而血逆流長標伯者小人雖罪在未允何足感動靈變致若斯之怪邪明皇天所以保祐金家子愛陛下屢見災異殷勤無已陛下宜側身思懼以應靈譴皇極

之謫事不虛降不然恐將來必有愆陽苦雨之災崩震薄蝕之變狂狡蠢戾之妖以益陛下旰食之勞也臣謹尋按舊經尚書有五事供御之術京房易傳有消復之救所以緣咎而致慶因異而邁政故木不生庭太戊無以隆雉不鳴鼎武丁不爲宗夫寅畏者所以饗福怠傲者所以招患此自然之符應不可不察也按解卦繇云君子以赦過宥罪既濟云思患而豫防之臣愚以爲宜發哀矜之詔引在予之責蕩除瑕釁贊陽布惠使幽斃之人應蒼生以悅育否滯之氣隨谷風而紓散此亦寄時事以制用藉開塞而曲成者也臣竊觀陛下貞明仁恕體之自然天假其祚奄有區夏啓重光於已昧廓四祖之遐武祥靈表瑞人鬼獻謀應天順時殆不尚此然陛下即位以來中興之化未闡雖躬綜萬機勞逾日昃玄澤未加於羣生聲教未被乎宇宙臣主未寧於上黔細未輯於下鴻雁之詠不興康哉之歌不作者何也杖道之情未著而任刑之風先彰經國之略未振而軌物之迹屢遷夫法令不一則人情惑職次數改則覬覦生官方不審則秕政作懲勸不明則善惡渾此有國者之所慎也臣竊謂陛下惜之夫以區區之曹參猶能遵蓋公之一言倚清靖以鎮俗寄市獄以容非德音不忘流詠于今漢之中宗聰悟獨斷可謂令主然厲意刑名用虧純德老子以禮爲忠信之薄況刑又是禮之糟粕者乎夫無爲而爲之不宰以宰之固陛下之所體者也恥其君不爲堯舜者亦豈惟古人是以敢肆狂瞽不隱其懷若臣言可採或所以爲塵露之益若不足採所以廣聽納之門願陛下少留神鑒賜察臣言

疏奏優詔報之其後日有黑氣璞復上疏曰臣以頑昧近者冒陳所見陛下不遺狂言事蒙御省伏讀聖詔歡懼交戰臣前云升陽未布隆陰仍積坎爲法象刑獄所麗變坎加離厥象不燭疑將來必有薄蝕之變也此月四日日出山六七丈精光潛暗而色都赤中有異物大如雞子又有青黑之氣共相薄擊良久乃解按時在歲首純陽之月日在癸亥全陰之位而有此異殆元首供御之義不顯消復之理不著之所致也計去臣所陳未及一月而便有此變益明皇天留情陛下懇懇之至也往年歲末太白蝕月今在歲始日有咎謫曾未數旬大告再見日月告

釁見懼詩人無曰天高其監不遠故宋景言善熒惑退次光武寧亂呼沲結冰此明天人之懸符有若形影之相應應之以德休祥臻酬之以怠則咎徵作陛下宜恭承靈譴敬天之怒施沛然之恩諧玄同之化上所以允塞天意下所以弭息羣謗臣聞人之多幸國之不幸赦不宜數實如聖旨臣愚以爲子產知鑄刑書非政之善然不得不作者須以救弊故也今之宜赦理亦如之隨時之宜亦聖人所善者此國家大信之要誠非微臣所得干豫今聖朝明哲思弘謀猷方闢四門以亮采訪輿誦於羣心況臣蒙珥筆朝末而可不竭誠盡規哉頃之遷尚書郎數言便宜多所匡益明帝之在東宮與溫嶠庾亮並有布衣之好璞亦以才學見重埒於嶠亮論者美之然性輕易不修威儀嗜酒好色時或過度著作郎干寶常誡之曰此非適性之道也璞曰吾所受有本限用之恒恐不得盡卿乃憂酒色之爲患乎璞既好卜筮縉紳多笑之又自以才高位卑乃著客傲其辭曰客傲郭生曰玉以兼城爲寶士以知名爲賢明月不妄映蘭葩豈虛鮮今足下既以拔文秀於叢薈蔭弱根於慶雲陵扶搖而竦翮揮清瀾以濯鱗而響不徹於一皐價不登乎千金傲岸榮悴之際頡頏龍魚之間進不爲諧隱退不爲放言無沉冥之韻而希風乎嚴先徒費思於鑽味蓁渦林乎連山尚何名乎夫攀驪龍之髯撫翠禽之毛者而不得絕霞肆跨天津者未之前聞也郭生粲然而笑曰鷦鷯不可與論雲翼井蛙難與量海鼇雖然將祛子之惑訊以未悟其可乎乃者地維中絕乾光墜采皇運暫迴廓祚淮海龍德時乘羣才雲駭藹若鄧林之會逸翰爛若溟海之納奔濤不煩咨嗟之訪不假蒲帛之招羈九有之奇駿咸摠之於一朝豈惟豐沛之英南陽之豪昆吾挺鋒驌驦軒髦杞梓競敷蘭蕙爭翹嚶聲冠於伐木援類繁乎拔茅是以水無浪士巖無幽人刈蘭不暇爨桂不給安事錯薪乎且夫窟泉之潛不思雲翬熙冰之采不羨旭晞混光耀於埃藹者亦曷願滄浪之深秋陽之映乎登降紛於九五淪湧懸乎龍津蚓蛾以不才陸槁蟒蛇以騰鶩暴鱗連城之寶藏於褐裏三秀雖豔靡于豐采香惡乎芬賈惡乎在是以不塵不冥不驪不騂支離其神蕭悴其形形廢則神王跡麤而名

生體全者貴爲犧至獨者不孤傲俗者不得以自得默覺者不足以涉無故不恢心而形遺不外累而智喪無巖穴而冥寂無江湖而放浪玄悟不以應機洞鑒不以昭曠不物物我我不是是非非忘意非我意意得非我懷寄羣籟乎無象域萬殊於一歸不壽殤子不夭彭涓不壯秋毫不小太山蚊淚與天地齊流蜉蝣與大椿齒年然一闔一開兩儀之跡一沖一溢懸象之節渙沍期於寒暑凋蔚要乎春秋青陽之翠秀龍豹之委穎駿狼之長暉玄陸之短景故皐壤爲悲欣之府胡蝶爲物化之器矣夫欣黎黃之音者不顰蟪蛄之吟豁雲臺之觀者必悶帶索之歡縱蹈而詠採薇擁璧而歎抱關戰機心以外物不能得意於一弦悟往復於嗟歎安可與言樂天者乎若乃莊周偃蹇於漆園老萊婆娑於林窟嚴平澄漠於塵肆梅眞隱淪乎市卒梁生吟嘯而矯跡焦先混沌而槁杌阮公昏酣而賣傲翟叟遯形以倏忽吾不幾韻於數賢故寂然玩此員策與智骨求昌元年皇孫生璞上疏曰有道之君未嘗不以危自持亂世之主未嘗不以安自居故存而不忘亡者三代之所以興也亡

而自以爲存者三季之所以廢也是以古之令主開納忠讜以弼其違標顯切直用攻其失至乃聞一善則拜見規誡則懼何者蓋不私其身處天下以至公也臣竊惟陛下符運至著動業至大而中興之祚不隆聖敬之風未躋者殆由法令太明刑教太峻故水至清則無魚政至察則衆乖此自然之勢也臣去春啓事以囹圄充斥陰陽不和推之卦理宜因郊祀作赦以蕩滌瑕穢不然將來必有愆陽苦雨之災崩震薄蝕之變狂狡蠢戾之妖其後月餘日果薄鬬去秋以來諸郡並有暴雨水皆洪潦歲用無年適聞吳興復欲有搆妄者咎徵漸成臣甚惡之頃者以來役賦轉重獄犴日結百姓困擾甘亂者多小人愚嶮共相扇動雖勢無所至然不可不虞按洪範傳君道虧則日蝕人憤怨則水涌溢陰氣積則下代上此微理潛應已著實於事者也假令臣遂不幸謬中必貽陛下側席之憂今皇孫載育天固靈基黔首顒顒實望惠潤又歲涉午位金家所忌宜於此時崇恩布澤則火氣潛消災譴不生矣陛下上承天意下順物情可因皇孫之慶大赦天下然後明罰勑法以肅理

官克厭天心慰塞人事兆庶幸甚禎祥必臻矣臣今所陳輒是而省之或未允聖旨久而尋之終亮臣誠若所啓上合願陛下勿以臣身廢臣之言臣言无隱而陛下納之適所以顯君明臣直之義耳疏奏納焉卽大赦改年時暨陽人任谷因耕息於樹下忽有一人著羽衣就淫之旣而不知所在谷遂有娠積月將產羽衣人復來以刀穿其陰下出一蛇子便去谷遂成宦者後詣闕上書自云有道術帝留谷于宮中璞復上疏曰任谷所爲妖異無有因由陛下玄鑒廣覽欲知其情狀引之禁內供給安處臣聞爲國以禮正不聞以奇邪所聽惟人故神降之吉陛下簡默居任動遵典刑案周禮奇服怪人不入宮況谷妖詭怪人之甚者而登講肆之堂密邇殿省之側塵點日月穢亂天聽臣之私情竊所以不取也陛下若以谷信爲神靈所憑者則應敬而遠之夫神聰明正直接以人事若以谷爲妖蠱詐妄者則當投畀裔土不宜令褻近紫闈若以谷或是神祇告譴爲國作眚者則當克己脩禮以弭其妖不宜令谷安然自容肆其邪變也臣愚以爲陰陽陶烝變化萬端亦是狐狸

魍魎憑假作慝願陛下採臣愚懷特遣谷出臣以人乏忝荷史任敢忘直筆惟義是規其後元帝崩谷因亡走璞以母憂去職卜葬地於暨陽去水百許步人以近水爲言璞曰當卽爲陸矣其後沙漲去墓數十里皆爲桑田未朞王敦起璞爲記室參軍是時潁川陳述爲大將軍掾其美名爲敦所重未幾而沒璞哭之哀甚呼曰嗣祖嗣祖焉知非福未幾而敦作難時明帝卽位踰年未改號而熒惑守房璞時休歸帝乃遣使齎手詔問璞會暨陽縣復上言曰赤烏見璞乃上疏請改年肆赦文多不載璞嘗爲人葬帝微服往觀之因問主人何以葬龍角此法當滅族主人曰郭璞云此葬龍耳不出三年當致天子也帝曰出天子邪答曰能致天子問耳帝甚異之璞素與桓彝友善彝每造之或値璞在婦間便入璞曰卿來他處自可徑前但不可廁上相尋耳必客主有殃彝後因醉詣璞正逢在廁掩而觀之見璞裸身被髮銜刀設醊璞見彝撫心大驚曰吾每屬卿勿來反更如是非但禍吾卿亦不免矣天實爲之將以誰咎璞終嬰王敦之禍彝亦死蘇峻之難王敦之謀逆也溫嶠庾

亮使璞筮之璞對不決嶠亮復令占己之吉凶璞曰大吉嶠等退相謂曰璞對不了是不敢有言或天奪敦魄今吾等與國家共舉大事而璞云大吉是為舉事必有成也於是勸帝討敦初璞每言殺我者山宗至是果有姓崇者構璞於敦敦將舉兵又使璞筮璞曰無成敦固疑璞之勸嶠亮又聞卦凶乃問璞曰卿更筮吾壽幾何荅曰思向卦明公起事必禍不久若住武昌壽不可測敦大怒曰卿壽幾何曰命盡今日日中敦怒收璞詣南岡斬之璞臨出謂行刑者欲何之曰南岡頭璞曰必在雙栢樹下既至果然復云此樹應有大鵲巢衆索之不得璞更令尋覓果於枝間得一大鵲巢密葉蔽之初璞中興初行經越城間遇一人呼問姓名因以袴褶遺之其人辭不受璞曰但取後自當知其人遂受而去至是果此人行刑時年四十九及王敦平追贈弘農太守初庾翼幼時嘗令璞筮公家及身卦成曰建元之末丘山頽長順之初子凋零及康帝即位將改元為建元或謂庾冰曰子忘郭生之言耶丘山上名此號不宜用冰撫心歎恨及帝崩何充改元為永和庾翼歎曰天道精微

乃當如是長順者永和也吾庸得免乎其年翼卒冰又令筮其後嗣卦成曰卿諸子並當貴盛然有白龍者凶徵至矣若墓碑生金庾氏之大忌也後冰子蘊為廣州刺史妾房內忽有一新生白狗子莫知所由來其妾秘愛之不令蘊知狗轉長大蘊入見狗眉眼分明又身至長而弱異於常狗蘊甚怪之將出共視在衆人前忽失所在蘊慨然曰殆白龍乎庾氏禍至矣又墓碑生金俄而為桓溫所滅終如其言璞之占驗皆如此類也璞撰前後筮驗六十餘事名為洞林又抄京費諸家要最更撰新林十篇卜韻一篇注釋爾雅別為音義圖譜又注三蒼方言穆天子傳山海經及楚辭子虛上林賦數十萬言皆傳於世所作詩賦誄頌亦數萬言子驁官至臨賀太守

葛洪字稚川丹楊句容人也祖系吳大鴻臚父悌吳平後入晉為邵陵太守洪少好學家貧躬自伐薪以貿紙墨夜輒寫書誦習遂以儒學知名性寡欲無所愛翫不知棊局幾道摴蒱齒名為人木訥不好榮利閉門卻掃未嘗交遊於餘杭山見何幼道郭文舉目擊而已各無所言時或尋書問義不遠數千里崎嶇冒涉期於必得遂究覽典籍尤好神仙導養之法從祖玄吳時學道得仙號曰葛仙公以其煉丹秘術授弟子鄭隱洪就隱學悉得其法焉後師事南海太守上黨鮑玄玄亦內學逆占將來見洪深重之以女妻洪洪傳玄業兼綜練醫術凡所著撰皆精覈是非而才章富贍太安中石冰作亂吳興太守顧秘為義軍都督與周玘等起兵討之秘檄洪為將兵都尉攻冰別率破之遷伏波將軍冰平洪不論功賞徑至洛陽欲搜求異書以廣其學洪見天下已亂欲避地南土乃參廣州刺史嵇含軍事及含遇害遂停南土多年征鎮檄命一無所就後還鄉里禮辟皆不赴元帝為丞相辟為掾以平賊功賜爵關內侯咸和初司徒導召補州主簿轉司徒掾遷諮議參軍干寶深相親友薦洪才堪國史選為散騎常侍領大著作洪固辭不就以年老欲鍊丹以祈遐壽聞交阯出丹求為句漏令帝以洪資高不許洪曰非欲為榮以有丹耳帝從之洪遂將子姪俱行至廣州刺史鄧嶽留不聽去洪乃止羅浮山鍊丹嶽表補東官太守又辭不就嶽乃以洪兄子望

為記室參軍在山積年優游閑養著述不輟其自序曰洪體乏進趣之才偶好無為之業假令奮翅則能陵厲玄霄騁足則能追風躡景猶欲戢勁翮於鷦鷯之羣藏逸迹於跛驢之伍豈況大塊稟我以尋常之短羽造化假我以至駑之蹇足自卜者審不能者止豈敢力蒼蠅而慕冲天之舉策跛鼈而追飛兔之軌飾嫫母之篤陋求媒陽之美談推沙礫之賤質索千金於和肆哉夫僬僥之步而企及夸父之蹤近才所以躓礙也要離之羸而強赴扛鼎之勢秦人所以斷筋也是以望絕於榮華之途而志安乎窮圮之域藜藿有八珍之甘蓬蓽有藻梲之樂也故權貴之家雖咫尺弗從也知道之士雖艱遠必造也考覽奇書既不少矣率多隱語難可卒解自非至精不能尋究自非篤勤不能悉見也道士弘博洽聞者寡而意斷妄說者衆至於時有好事者欲有所修為倉卒不知所從而意之所疑又無足諮今為此書粗舉長生之理其至妙者不得宣之於翰墨蓋粗言較略以示一隅冀悱憤之徒省之可以思過半矣豈謂闇塞必能窮微暢遠乎聊論其所先覺耳世儒徒知服膺周

孔莫信神仙之書不但大而笑之又將謗毀真正故予所著子言黃白之事名曰內篇其餘駮難通釋名曰外篇大凡內外一百一十六篇雖不足藏諸名山且欲緘之金匱以示識者自號抱朴子因以名書其餘所著碑誄詩賦百卷移檄章表三十卷神仙良吏隱逸集異等傳各十卷又抄五經史漢百家之言方伎雜事三百一十卷金匱藥方一百卷肘後要急方四卷洪博聞深洽江左絕倫著述篇章富於班馬又精辯玄賾析理入微後忽與嶽疏云當遠行尋師剋期便發嶽得疏狼狽往別而洪坐至日中兀然若睡而卒嶽至遂不及見時年八十一視其顏色如生體亦柔軟舉尸入棺甚輕如空衣世以為尸解得仙云

史臣曰景純篤志綈緗洽聞強記在異書而畢綜瞻往滯而咸釋情源秀逸思業高奇襲文雅於西朝振辭鋒於南夏為中興才學之宗矣夫語怪徵神伎成則賤前脩貽訓鄙乎茲道景純之探策定數考往知來邁京管於前圖軼梓竈於遐篆而官微於世禮薄於時區區然寄客傲以申懷斯亦伎成之累也若乃大塊流形玄天賦命吉凶脩短定乎自然雖稽象或通而厭勝難恃稟之有在必也無差自可居常待終頹心委運何至銜刀被髮遑遑於幽穢之間哉晚抗忠言無救王敦之逆初慚智免竟斃山宗之謀仲尼所謂攻乎異端斯害也已悲夫稚川束髮從師老而忘倦紬奇冊府總百代之遺篇紀化仙都窮九丹之秘術謝浮榮而捐雜藝賤尺寶而貴分陰游德棲真超然事外全生之道其最優乎

贊曰景純通秀夙振宏材沉研鳥冊洞曉龜枚匪寧國釁坐致身災稚川優洽貧而樂道載範斯文永傳洪藻

列傳第四十二　　晉書七十二

庾亮 子彬 羲 龢 弟懌 條 翼

庾亮字元規明穆皇后之兄也父琛在外戚傳亮美姿容善談論性好莊老風格峻整動由礼節閨門之內不肅而成時人或以為夏侯太初陳長文之倫也年十六東海王越辟為掾不就隨父在會稽嶷然自守時人皆憚其方儼莫敢造之元帝為鎮東時聞其名辟西曹掾及引見風情都雅過於所望甚器重之由是娉亮妹為皇太子妃亮固讓不許轉丞相參軍預討華軼功封都亭侯轉參丞相軍事掌書記中興初拜中書郎領著作侍講東宮其所論釋多見稱述與溫嶠俱為太子布衣之好時帝方任刑法以韓子賜皇太子亮諫以申韓刻薄傷化不足留聖心太子甚納焉累遷給事中黃門侍郎散騎常侍時王敦在蕪湖帝使亮詣敦籌事敦與亮談論不覺改席而前退而歎曰庾元規賢於裴頠遠矣因表為中領軍明帝即位以為中書監亮上疏讓曰臣凡庸固陋少无殊操昔以中州多故舊邦喪乱隨侍先臣遠庇有道爰容逃難求食而已不悟徼時之福遭逢嘉運先帝龍興垂異常之顧既眷同国士又申以婚姻遂階親寵累忝非服弱冠濯纓沐浴芳風頻煩省闥出揔六軍十餘年間位超先達无勞受遇无与臣比小人祿薄福過災生止足之分臣宜所守而偷榮昧進日尒一日謗讟既集上塵聖朝始欲自聞而先帝登遐區區微誠竟未上達陛下踐阼聖政惟新宰輔賢明庶僚咸允康哉之歌實存于至公而国恩不已復以臣領中書臣領中書則示天下以私矣何者臣於陛下后之兄也姻婭之嫌与骨肉中表不同雖太上至公聖德无私然世之喪道有自來矣悠悠六合皆私其姻人皆有私則天下无公矣是以前後二漢咸以抑后黨安進婚族危向使西京七族東京六姓皆非姻族各以平進縱不悉全決不盡敗今之盡敗更由姻昵臣歷觀庶姓在世无黨於朝无援於時植根之本輕也薄也苟无大瑕猶或見容至於外戚憑託天地連勢四時根援扶疏重矣大矣而或居權寵四海側目事有不允罪不容誅身既招殃国為之弊其故何邪由因媾之私群情之所不能免是以疏附則信姻進則

疑疑積於百姓之心則禍成於重闈之內矣此皆往代成鑒可為寒心者也夫万物之所不通聖賢因而不奪冒親以求一寸之用未若防嫌以明至公今以臣之才兼如此之嫌而使內處心膂外揔兵權以此求治未之聞也以此招禍可立待也雖陛下二相明其愚款朝士百僚頗識其情天下之人安可門到戶說使皆坦然邪夫富貴寵榮臣所不能忘也刑罰貧賤臣所不能甘也今恭命則愈違命則苦臣雖不達何事背時違上自貽患責邪實仰覽殷鑒量己知弊身不足惜為国取悔是以悾悾屢陳丹款而微誠淺薄未垂察諒憂惶屏營不知所措願陛下垂天地之鑒察臣之愚則臣雖死之日猶生之年矣疏奏帝納其言而止王敦既有異志內深忌亮而外崇重之亮憂懼以疾去官復代王導為中書監及敦舉兵加亮左衛將軍與諸將距錢鳳及沈充之走吳興也又假亮節都督東征諸軍事追充事平以功封永昌縣開国公賜絹五千四百匹固讓不受轉護軍將軍及帝疾篤不欲見人群臣无得進者撫軍將軍南頓王宗右衛將軍虞胤等素被親愛与西陽王羕將有異謀亮直入卧內見帝流涕不自勝既而正色陳羕与宗等謀廢大臣規共輔政社稷安否將在今日辭旨切至帝深感悟引亮升御坐遂与司徒王導受遺詔輔幼主加亮給事中徙中書令太后臨朝政事一決於亮先是王導輔政以寬和得衆亮任法裁物頗以此失人心又先帝遺詔褒進大臣而陶侃祖約不在其例侃約疑亮刪除遺詔並流怨言亮懼乱於是出溫嶠為江州以廣聲援脩石頭以備之會南頓王宗復謀廢執政亮殺宗而廢宗兄羕宗帝室近屬羕国族元老又先帝保傅天下咸以亮翦削宗室琅邪人卞咸宗之黨也与宗俱誅咸兄闡亡奔蘇峻亮符峻送闡而峻保匿之峻又多納亡命專用威刑亮知峻必為禍乱徵為大司農舉朝謂之不可平南將軍溫嶠亦累書止之皆不納峻遂与祖約俱舉兵反溫嶠聞峻不受詔便欲下衛京都三吳又欲起義兵亮並不聽而報嶠書曰吾憂西陲過於歷陽足下无過雷池一步也既而峻將韓晃寇宣城亮遣距之不能制峻乘勝至于京都詔假亮節都督征討諸軍事戰于建陽門外軍未及陣士衆棄甲而走亮乘

小船西奔亂兵相剝掠亮左右射賊誤中柂工應弦而倒船上咸失色欲散亮不動容徐曰此手何可使著賊衆心乃安亮攜其三弟懌條翼南奔溫嶠嶠素欽重亮雖在奔敗猶欲推為都統亮固辭乃与嶠推陶侃為盟主侃至尋陽既有憾於亮議者咸謂侃欲誅執政以謝天下亮甚懼及見侃引咎自責風止可觀侃不覺釋然乃謂亮曰君侯脩石頭以擬老子今日反見求邪便談宴終日亮啖薤因留白侃問曰安用此為亮云故可以種侃於是尤相稱歎云非唯風流兼有為政之實既至石頭亮遣督護王彰討峻黨張曜反為所敗亮送節傳以謝侃侃荅曰古人三敗君侯始二當今事急不宜數耳又曰朝政多門用生國禍喪敗之來豈獨由峻也亮時以二千人守白石壘峻步兵萬餘四面來攻衆皆震懼亮激厲將士並殊死戰峻軍乃退追斬數百級峻平帝幸溫嶠舟亮得進見稽顙鯁噎詔羣臣與亮俱升御坐亮明日又泥首謝罪乞骸骨欲闔門投竄山海帝遣尚書侍中手詔慰喻此社稷之難非舅之責也亮上疏曰臣凡鄙小人才不經世階緣戚屬累忝非服叨竊彌

重謗議彌興皇家多難未敢告退遂隨牒展轉便煩顯任先帝不豫臣參侍醫藥登遐顧命又豫聞後事豈云德授蓋以親也臣知其不可而不敢逃命實以田夫之交猶有寄託況君臣之道義實自然哀悲眷戀不敢違距且先帝謬顧情同布衣既今恩重命輕遂感遇忘身加以陛下初在諒闇先后親覽萬機宜通外內臣當其地是以激節驅馳不敢依違雖知無補志以死報而才下位高知進忘退乘寵驕盈漸不自覺進不能撫寧外內退不能推賢宗長遂使四海側心謗議沸騰祖約蘇峻不堪其憤縱肆兇逆事由臣發社稷傾覆宗廟虛廢先后以憂逼登遐陛下旰食踰年四海哀惶肝腦塗地臣之招也臣之罪也朝廷寸斬之屠戮之不足以謝祖宗七廟之靈臣灰身滅族不足以塞四海之責臣負國家其罪莫大實天所不覆地所不載陛下矜而不誅有司縱而不戮自古及今豈有不忠不孝如臣之甚不能伏劍北闕偷存視息雖生之日亦猶死之年朝廷復何理齒臣於人次臣亦何顏自次於人理臣欲自投草澤思愆言之心也而明詔謂之獨善其身聖旨不垂矜察所以重其罪也願陛下覽先朝謬授之失雖垂寬宥全其首領猶宜棄之任其自存自沒則天下粗知勸戒之綱矣疏奏詔曰省告懇惻執以感歎誠是仁舅處物宗之責理亦盡矣若大義既不開塞舅所執理勝何必區區其相易奪賊峻姦逆書契所未有也是天地所不容人神所不宥今年不反明年當反愚智所見也舅與諸公勃然而召正是不忍見無禮於君者也論情與義何得謂之不忠乎若以已總率征討事至敗喪有司宜明直繩以肅國體誠則然矣且舅遂上告方伯席卷來下舅躬貫甲胄賊峻梟懸大事既平天下開泰衍得反正社稷又安宗廟有奉豈非舅二三方伯忘身陳力之勳邪方當策勳行賞豈復議既往之咎乎且天下大弊死者萬計而與桀寇對岸舅且當上奉先帝顧託之旨弘濟艱難使衍沖人永有憑賴則天下幸甚亮欲遁逃山海自暨陽東出詔有司錄奪舟船亮乃求外鎮自效出為持節都督豫州揚州之江西宣城諸軍事平西將軍假節豫州刺史領宣城內史亮遂受命鎮蕪湖頃之後將軍郭默據湓口以叛亮表求親征於是以本官加征討

都督率將軍路永毛寶趙胤匡術劉仕等步騎二萬會太尉陶侃俱討破之亮還蕪湖不受爵賞侃移書曰夫賞罰黜陟國之大信竊怪矯然獨為君子亮曰元帥指撝武臣效命亮何功之有遂苦辭不受進號鎮西將軍又固讓初以誅王敦功封永昌縣公亮比陳讓疏數十上至是許之陶侃薨遷亮都督江荊豫益梁雍六州諸軍事領江荊豫三州刺史進號征西將軍開府儀同三司假節亮固讓開府乃遷鎮武昌時王導輔政主幼時艱務存大綱不拘細目委任趙胤賈寧等諸將並不奉法大臣患之陶侃嘗欲起兵廢導而郗鑒不從乃止至是亮又欲率衆黜導又以諮鑒而鑒又不許亮與鑒牋曰昔於蕪湖反覆謂彼罪雖重而時弊國危且令方嶽道勝亦足有所鎮壓故共隱忍解釋陶公自茲迄今曾無悛改主上自八九歲以及成人入則在宮人之手出則唯武官小人讀書無從受音句顧問未嘗遇君子侍臣雖非俊士皆時之良也知今古顧問豈與殿中將軍司馬督同年而語哉不云當高選侍臣而云高選將軍司馬督豈合賈生願人主之美習以成德之意乎秦

政欲愚其黔首天下猶知不可况乃欲愚其主哉主之少也不登進賢哲以輔導聖躬春秋既盛宜復子明辟不替首歸政甫居師傅之尊成人之主方受師臣之悖主上知君臣之道不可以然而不得不行殊禮之事萬乘之君寄坐上九亢龍之爻有位無人挾震主之威以臨制百官百官莫之敢忤是先帝無顧命之臣勢屈於驕姦而遵養之也趙賈之徒有無君之心是而可忍孰不可忍且往日之事含容隱忍謂其罪可宥良以時難國危兵甲不可屢動又冀其當謝往釁懼而脩已如頃日之縱是上無所忌下無所憚謂多養無賴足以維持天下公與下官並蒙先朝厚顧荷託付之重大姦不埽何以見先帝於地下願公深惟安國家固社稷之遠筭次計公之與下官負荷輕重量其所宜鑒又不許故其事得息時石勒新死亮有開復中原之謀乃解豫州授輔國將軍毛寶使與西陽太守樊峻精兵一萬俱戍邾城又以陶稱為南中郎將江夏相率部曲五千人入沔中亮弟翼為南蠻校尉南郡太守鎮江陵以武昌太守陳囂為輔國將軍梁州刺史趣子午又遣偏軍伐蜀至

江陽執偽荊州刺史李閎巴郡太守黃植送于京都亮當率大衆十萬據石頭城為諸軍聲援乃上疏曰蜀胡二寇凶虐滋甚內相誅鋤衆叛親離蜀甚弱而胡尚彊並佃並守脩進取之備襄陽北接宛許南阻漢水其險足固其土足食臣宜移鎮襄陽之石城下并遣諸軍羅布江沔比及數年戎士習練乘釁齊進以臨河洛大勢一舉衆知存亡開反善宥逼脅之罪因天時順人情誅逋逆雪大恥實聖朝之所先務也願陛下許其所陳濟其此舉淮泗壽陽所宜進據臣輒簡練部分乞槐棘參議以定經略帝下其議時王導與亮意同郗鑒議以資用未備不可大舉亮又上疏便欲遷鎮會寇陷邾城毛寶赴水而死亮陳謝自貶三等行安西將軍有詔復位尋拜司空餘官如故固讓不拜亮自邾城陷後憂慨發疾會王導薨徵亮為司徒揚州刺史錄尚書事亮又固辭帝許之咸康六年薨時年五十二追贈太尉諡曰文康喪至車駕親臨及葬又贈永昌公印綬亮弟冰上疏曰臣謹詳先事亦曾聞臣亮對臣等之言懇懇於斯事是以屢自陳請將近十年豈直好讓而不肅恭顯寵時之釁近出宇下加先帝神武筭略兼該是以役不踰時而凶彊馘滅計之以事則功歸聖主推之於運則勝非人力至如亮等因聖略之弘得效所職事將何論功將何賞及後傷蹶責踰先功是以陛下優詔聽許亮實甘心自百以報天德何悟身潛聖世微志長絕存亡哀恨痛貫心膂願陛下發明詔遂先恩則臣亮死且不朽帝從之亮將葬何充會之歎曰埋玉樹於土中使人情何能已初亮所乘馬有的顱殷浩以為不利於主勸亮賣之亮曰曷有己之不安而移之於人浩慚而退亮在武昌諸佐吏殷浩之徒乘秋夜往共登南樓俄而不覺亮至諸人將起避之亮徐曰諸君少住老子於此處興復不淺便據胡牀與浩等談詠竟坐其坦率行己多此類也三子彬羲龢

彬年數歲雅量過人溫嶠嘗隱暗怛之彬神色恬如也乃徐跪謂嶠曰君侯何至於此論者謂不減於亮蘇峻之亂遇害

羲少有時譽初為吳國內史時穆帝頗愛文義羲至郡獻詩頗存諷諫因上表曰陛下以聖明之德方隆唐虞之化而事役殷曠百姓凋殘

以數州之資經贍四海之務其為勞弊豈可具言昔漢文居隆盛之世躬自儉約斷獄四百殆致刑厝賈誼歎息猶有積薪之言以古況今所以益其憂懼陛下明鑒天挺無幽不燭弘濟之道豈待瞽言臣受恩奕世思盡絲髮受任到東親臨所見敢緣弘政獻其丹愚伏願聽斷之暇少垂察覽其詩文多不載羲方見援用而卒子準太元中自侍中代桓石虔為豫州刺史西中郎將鎮歷陽卒官準子悅義熙中江州刺史準弟楷自有傳

龢字道季好學有文章叔父翼將遷襄陽龢年十五以書諫曰承進據襄陽耀威荊楚且田且戍漸臨河洛使向化之萌懷德而附凶愚之徒畏威反善太平之基便在於旦夕昔殷伐鬼方三年而尅樂生守齊遂至歷載今皇朝雖隆無有殷之盛凶羯雖衰猶醜類有徒而沔漢之水無萬仞之固方城雖峻無千尋之險加以運漕供繼有泝流之艱征夫勤役有勞來之歎若窮寇慮逼送死一決東西互出首尾俱進則廩糧有抄截之患遠略乏率然之勢進退惟思不見其可此明闇所共見

賢愚所共聞況於臨事者乎願迴師反旆詳擇全勝脩城池立壘壁勤耕農練兵甲若凶運有極天亡此虜則可泛舟北濟方軌齊進水陸騁邁亦不踰旬朔矣願詳思遠猷算其可者翼甚奇之升平中代孔嚴為丹陽尹表除衆役六十餘事太和初代王恪為中領軍卒於官子恒尚書僕射贈光祿大夫

懌字叔預少以通簡為兄亮所稱弱冠西陽王羕辟不就東海王沖為長水校尉清選綱紀以懌為功曹除暨陽令又為沖中軍司馬轉散騎侍郎遷左衛將軍以討蘇峻功封廣饒男出補臨川太守歷監梁雍二州軍事轉輔国將軍梁州刺史假節鎮魏興時兄亮摠統六州以懌寬厚容衆故授以遠任為東西勢援尋進監秦州氐羌諸軍事懌遣牙門霍佐迎將士妻子佐驅三百餘口亡入石季龍亮表上貶懌為建威將軍朝議欲召還亮上疏曰懌御衆簡而有惠州戶雖小賴其寬政佐等同惡大數不多且懌名號大不可以小故輕議進退其文武之心轉已安定賊帥艾秀遣使歸誠上洛附賊降者五百餘口異一安隱无復怵

惕從之後以所鎮險遠糧運不繼詔懌以將軍率所領還屯半洲尋遷輔国將軍豫州刺史進號西中郎將監宣城廬江歷陽安豐四郡軍事假節鎮蕪湖懌嘗以白羽扇獻成帝帝嫌其非新反之侍中劉劭曰柏梁雲構大匠先居其下管弦繁奏夔牙先聆其音懌之上扇以好不以新後懌聞之曰此人宜在帝之左右又嘗以毒酒餉江州刺史王允之王允之覺其有毒飲犬犬斃乃密奏之帝曰大舅已乱天下小舅復欲尒邪懌聞遂飲鴆而卒時年五十贈侍衛將軍謚曰簡子統嗣統字長仁少有令名司空大尉辟皆不就調補撫軍會稽王司馬出為建威將軍尋陽太守年二十九卒時人稱其才器甚痛惜之子玄之官至宣城内史

冰字季堅兄亮以名德流訓冰以雅素垂風諸弟相率莫不好礼為世論所重亮常以為庾氏之寶司徒辟不就徵祕書郎預討華軼功封都鄉侯王導請為司徒右長史出補吳国内史會蘇峻作逆遣兵攻冰冰不能禦便棄郡奔會稽會稽内史王舒以冰行奮武將軍距峻別率張健於吳中時健黨甚衆諸將莫敢先進冰率衆擊健走之於是乘勝西進赴于京都又遣司馬滕含攻賊石頭城拔之冰勳為多封新吳縣侯固辭不受遷給事黃門侍郎又讓不拜司空郗鑒請為長史不就出補振威將軍會稽内史徵為領軍將軍又辭尋入為中書監揚州刺史都督揚豫兗三州軍事征虜將軍假節是時王導新喪人情恇然冰兄亮既固辭不入衆望歸冰既當重任經綸時務不捨夙夜賓礼朝賢升擢後進由是朝野注心咸曰賢相初導輔政每從寬惠冰頗任威刑殷融諫之冰曰前相之賢猶不堪其弘況吾者哉范汪謂冰曰頃天文錯度足下宜盡消禦之道冰曰玄象豈吾所測正當勤盡人事耳又隱實戶口料出无名萬餘人以充軍實詔復論前功冰上疏曰臣門戶不幸以短才贊務釁及天庭殃流邦族若晏典休明夷戮久矣而于時顛沛刑憲暫墜遂令臣等復得為時陳力徇国之臣因之而會立功於大罪之後建義於顛覆之餘此是臣等所以復得視息於天壤蒙王憲不復必明於往愆言也此之厚幸可謂弘矣豈復得計勞納封受賞司勳哉願陛下曲降

靈澤哀其由中申命有司東臣所乞則愚臣之願於此畢矣許之成帝疾篤時有妄為尚書符勑宮門宰相不得前左右皆失色冰神氣自若曰是必虛妄推問果詐衆心乃定進號左將軍康帝即位又進車騎將軍冰懼權盛乃求外出會弟翼當伐石季龍於是以本號除都督江荊寧益梁交廣七州豫州之四郡軍事領江州刺史假節鎮武昌以為翼援冰臨發上疏曰臣因循家寵冠冕當世而志无殊操量不及遠頃皇家多難釁故頻仍朝望国器与時殲落遂令天眷下墜降及臣身俯仰伏事於今五年上不能光贊聖猷下不能緝熙政道而陛下遇之過分求之不已復兼數駕之駟以異萬里之功非天眷之隆將何以至此是以敢竭狂瞽以献血誠願陛下暫屏旒纊以弘聽納今彊寇未殄戎車未戢兵弱於郊人疲於内寇之侵逸未可量也黎庶之困未之安也羣才之用未之盡也而陛下崇高事与下隔視聽察覽必寄之羣下羣下宜忠不引不進百司宜勤不督不勸是以古之帝王勤於降納雖日摠萬機猶兼聽將相或借訪與人或求謗芻蕘良有以也況今日之弊開

闢之極而陛下歷數屬當其運否剝之難與聖躬普天所以痛心於既往而傾首於將來者也實冀否終而泰屬運在今誠願陛下弘天覆之量深地載之厚宅沖虛以爲本勤訓督以爲務廣引時彥詢于政道朝之得失必開聖聽人之情僞必達天聰然後聽覽其大當以總國綱躬儉節用堯舜豈遠大布之衣衛文何人是以古人有云非知之難行之難非行之難安之難也願陛下既思日側於勞謙納其起予之情則天下幸甚矣自朝夕伏膺猶不能暢臨蹤徘徊不覺辭盡頃之獻皇后臨朝徵冰輔政冰辭以疾篤尋而卒時年四十九冊贈侍中司空謚曰忠誠祠以太牢冰天性清愼常以儉約自居中子龍嘗貸官絹十匹冰怒捶之市絹還官臨卒謂長史江虨曰吾將逝矣恨報國之志不展命也如何死之日斂以時服无以官物也及卒无絹爲衾又室无妾媵家无私積世以此稱之冰七子希襲友蘊倩邈柔

希字始彥初拜祕書郎累遷司徒右長史黃門侍郎建安太守未拜復爲長史兼右衛將軍遷侍中出爲輔國將軍吳國内史希既后之戚屬

冰女又爲海西公妃故希兄弟並顯貴太和中希爲北中郎將徐兗二州刺史蘊爲廣州刺史並假節友東陽太守倩太宰長史邈會稽王參軍柔散騎常侍倩最有才器桓溫深忌之初慕容厲圍梁父斷澗水太山太守諸葛攸奔鄒山魯高平等數郡皆没希坐免官頃之徵爲護軍將軍希懼固辭希初免時多盜北府軍資溫諷有司劾之復以罪免遂家于晉陵之暨陽初郭璞筮冰云子孫必有大禍唯用三陽可以有後故希求鎮山陽友爲東陽家于暨陽及海西公廢桓溫陷倩及柔以武陵王黨殺之希聞難便与弟邈及子攸之逃于海陵陂澤中蘊於廣州飲鴆而死及友當伏誅友子婦桓祕女也請溫故得免故青州刺史武沉希之從母兄也潛餉給希經年溫後知之遣兵捕希武沉之子遵与希聚衆於海濱略漁人船夜入京口城平北司馬卞眈踰城奔曲阿吏士皆散走希放城内囚徒數百人配以器杖遵於外聚衆宣令云逆賊桓溫廢帝殺王稱海西公密旨誅除凶逆京都震擾内外戒嚴屯備六門平北參軍劉奭与高平太守郗逸之遊軍督護郭龍等集衆距之卞眈又與曲阿人弘戎發諸縣兵二千并力屯新城以擊希希戰敗閉城自守溫遣東海太守周少孫討之城陷被擒希邈及子姪五人斬于建康市遵及黨与並伏誅唯友及蘊諸子獲全友子叔宣右衛將軍蘊子廓之東陽太守

條字幼序初辟太宰府累遷黃門郎豫章太守徵拜祕書監賜爵鄉亭侯出爲冠軍將軍臨川太守豫章黃韜自稱孝神皇帝臨川人李高爲相聚黨數百人乘犢車衣皁袍攻郡縣條討平之條於兄弟最凡劣故祿位不至卒官贈左將軍

翼字稚恭風儀秀偉少有經綸大略京兆杜乂陳郡殷浩並才名冠世而翼弗之重也每語人曰此輩宜束之高閣俟天下太平然後議其任耳見桓溫總角之中便期之以遠略因言於成帝曰桓溫有英雄之才願陛下勿以常人遇之常壻畜之宜委以方邵之任必有弘濟艱難之勳蘇峻作逆翼時年二十二兄亮使白衣領數百人備石頭亮敗與翼俱奔事平始辟太尉陶侃府轉參軍累遷從事中郎在公府雍容諷議

頃之除振威將軍鄱陽太守轉建威將軍西陽太守撫和百姓甚得歡心遷南蠻校尉領南郡太守加輔國將軍假節及邾城失守石城被圍翼屢設奇兵潛致粮杖石城得全翼之勳也賜爵都亭侯及亮卒授都督江荊司雍梁益六州諸軍事安西將軍荊州刺史假節代亮鎮武昌翼以帝舅年少超居大任遐邇屬目慮其不稱翼每竭志能勞謙匪懈戎政嚴明經略深遠數年之中公私充實人情翕然稱其才幹由是自河以南皆懷歸附石季龍汝南太守戴開率數千人詣翼降又遣使使東至遼東西到涼州要結二方欲同大舉慕容皝張駿並報使請期翼雅有大志欲以滅胡平蜀爲己任言論慷慨形于辭色將兵都尉錢頎陳事合旨翼拔爲五品將軍賜穀二百斛時東土多賦役百姓乃從海道入廣州刺史鄧嶽大開鼓鑄諸夷因此知造兵器翼表陳東境国家所資侵擾不已逃逸漸多夷人常伺隙若知造鑄之利將不可禁時殷浩徵命无所就而翼請爲司馬及軍司並不肯赴翼遣浩書因致其意先是浩父羨爲長沙在郡貪殘兄冰與翼書屬之翼報曰殷君始往

雖多驕豪實有風力之益亦似由有佳兒弟故小令物情難之自頃以來奉公更退私累日滋亦不稍以此寥蕭之也既雅敬洪遠又與浩親善其父兄得失豈以小小計之大較江東政以傴僂豪彊以爲民蠹時有行法輒施之寒劣如往年偷石頭倉米一百萬斛皆是豪將輩而直打殺倉督監以塞責山遐作餘姚半年而爲官出二千戶政雖不倫公彊官長也而羣共驅之不得安席紀睦徐寧奉王使糾罪人船頭到渚桓逸還復而二使免官雖皆前宰之惛謬江東事去實此之由也兄弟不幸橫陷此中自不能拔腳於風塵之外當共明目而治之荊州所統一二十郡唯長沙最惡惡而不黜與殺督監者復何異邪翼雖有風力格裁發言立論皆如此康帝即位翼欲率衆北伐上疏曰賊季龍年已六十奢淫理盡醜類怨叛又欲決死遼東皝雖驍果未必能固若北無掣手之虜則江南將不異遼左矣臣所以輒發良人不顧忿咎然東西形援未必齊舉且欲北進移鎮安陸入沔五百涢水通流輒率南郡太守王愆期江夏相謝尚尋陽太守袁眞西陽太守曹據等精銳三萬風馳

上道并勒平北將軍桓宣撲取黃季欲并丹水搖蕩秦雍御以長轡用逸待勞比及數年興復可冀臣既臨許洛竊謂桓溫可渡戍廣陵何充可移據淮泗赭圻路永進屯合肥伏願表御之日便決聖聽不可廣詢同異以乖事會兵聞拙速不聞工之久也於是並發所統六州奴及車牛驢馬百姓嗟怨時欲向襄陽慮朝廷不許故以安陸爲辭帝及朝士皆遣使譬止車騎參軍孫綽亦致書諫翼翼不從遂違詔輒行至夏口復上表曰臣近以胡寇有釁亡之勢輒率所統致討山北並分見衆略復江夏數城臣等以九月十九日發武昌以二十四日達夏口輒簡卒搜乘停當上道而所調借牛馬來處皆遠百姓所稸穀草不充並多羸瘠難以涉路加以向冬野草漸枯往反二千或容躓頓輒便隨事桃量權停此舉又山南諸城每至秋冬水多燥涸運漕用功實爲艱阻計襄陽荊楚之舊西接益梁與關隴指斥北去洛河不盈千里土沃田良方城險峻水路流通轉運無滯進可以掃盪秦趙退可以保據上流臣雖不武意略短淺荷國重恩志存立效是以受任四年唯以習戎爲

務實欲上憑聖朝威靈下藉士民義慨之誠因寇衰釁漸臨逼之而八年春上表請據樂昌廣農稸穀以伺二寇之釁而值天高聽邈未垂察照朝議紛紜遂令微誠不暢自尔以來上參天人之徵下採降俘之言胡寇衰滅其日不遠臣雖未獲長驅中原馘截凶醜亦不可以不進據要害思攻取之宜是以輒量宜入沔徙鎮襄陽其謝尚王愆期等悉令還據本戍須到所在馳遣啓聞翼時有衆四万詔加都督征討軍事師次襄陽大會僚佐陳旌甲親授弧矢曰我之行也若此射矣遂三起三疊徒衆屬目其氣十倍初翼迁襄陽舉朝謂之不可議者或謂避衰唯兄冰意同桓溫及譙王無忌贊成其計至是冰求鎮武昌爲翼繼援朝議謂冰不宜出冰乃止又進翼征西將軍領南蠻校尉胡賊五六百騎出樊城翼遣冠軍將軍曹據追擊於撓溝北破之死者近半獲馬百匹翼綏來荒遠務盡招納之宜立客館置典賓參軍桓宣卒翼以長子方之爲義城太守代領宣衆司馬應誕爲龍驤將軍襄陽太守參軍司馬勳爲建威將軍梁州刺史戍西城康帝崩兄冰卒以家国情事留

方之戍襄陽還鎮夏口悉取冰所領兵自配以兄子統爲尋陽太守詔使翼還督江州又領豫州刺史辭豫州復欲移鎮樂鄉詔不許繕修軍器大佃積穀欲圖後舉遣益州刺史周撫西陽太守曹據伐蜀破蜀將李桓於江陽翼如廁見一物如方相俄而疽發背疾篤表第二子爰之行輔國將軍荊州刺史司馬朱燾爲南蠻校尉以千人守巴陵永和元年卒時年四十一追贈車騎將軍諡曰肅翼卒未幾部將干瓚戴羲等作亂殺將軍曹據翼長史江虨司馬朱燾將軍袁眞等共誅之爰之有翼風尋爲桓溫所廢溫既廢爰之又以征虜將軍劉惔監沔中軍事領義成太守代方之而方之爰之並迁徙于豫章

史臣曰外戚之家連輝椒掖舅氏之族同氣蘭闈靡不憑藉寵私階緣險謁門藏金穴地使其驕馬控龍媒勢成其逼古者右賢左戚用杜溺私之路爰而知惡深慎滿覆之災是以厚贈瓊瑰罕升津要塗山在夏靡與爲稷同驅姒氏居周不預燕齊等列聖人慮遠殊有旨哉晉昵元規參聞顧命然其筆數華藻吻縱濤波方駕搢紳足爲翹楚而智小謀

大昧經邦之遠圖才高識寡闕安國之長筭璿輩見誅物議稱其拔本牙尺垂訓帝念深於負芒是使蘇祖尋戈宗祧殆覆已而猜嫌上宰謀黜負圖向使郄鑒協從必直戎車犯順則与夫台產安傑亦何以異哉幸漏吞舟免淪昭憲是庾宗之大福非晉政之不綱明矣懌恣凶懷鴆加連率再世之後三陽僅存餘殃所及蓋其宜也

贊曰元規矯迹寵階椒掖識闇釐道乱由乘隙下拜長沙有慙忠益季堅清貞毓德馳名處泰逾約居權戒盈稚恭慷慨亦擅雄声

列傳第四十三　　晉書七十三

桓彝 子雲 雲弟豁 豁子石虔 虔子振 虔弟石秀 石民 石生 石綏 石康 豁弟祕 祕弟沖 沖子嗣 嗣子胤 嗣弟謙 謙弟脩 徐寧

桓彝字茂倫譙国龍亢人漢五更榮之九世孫也父顥官至郎中彝少孤貧雖簞瓢處之晏如性通朗早獲盛名有人倫識鑒拔才取士或出於无聞或得之孩抱時人方之許郭少與庾亮深交雅為周顗所重顗嘗歎曰茂倫嵚崎歷落固可笑人也起家州主簿赴齊王冏義拜騎都尉元帝為安東將軍版行逡遒令尋辟丞相中兵屬累遷中書郎尚書吏部郎名顯朝廷于時王敦擅權嫌忌士望彝以疾去職嘗過輿縣縣宰東海徐寧字安期通朗博涉彝遇之欣然停留累日結交而別先是庾亮每屬彝覓一佳吏部及至都謂亮曰為卿得一吏部矣亮問所在彝曰人所應有而不必有人所應无而不必無徐寧真海岱清士因為敘之即遷吏部郎竟歷顯職明帝將伐王敦拜彝散騎常侍引參密謀及敦平以功封万寧縣男丹楊尹溫嶠上言宜城阻帶山川頻經变乱

宜得望實居之竊謂桓彝可充其選帝手詔曰適得太真表如此今大事新定朝廷須才不有君子其能國乎方今外務差輕欲停此事彝上疏深自撝挹內外之任並非所堪但以墳柏在此郡欲暫結名義補彝宣城內史在郡有惠政為百姓所懷蘇峻之乱也彝糾合義眾欲赴朝廷其長史裨惠以郡兵寡弱山人易擾可案甲以須後舉彝厲色曰夫見无礼於其君者若鷹鸇之逐鳥雀今社稷危逼義无晏安乃遣將軍朱綽討賊別帥於蕪湖破之彝尋出石硊會朝廷遣將軍司馬流先據慈湖為賊所敗遂長驅逕進彝以郡无堅城遂退據廣德尋王師敗績彝聞而慷慨流涕進屯涇縣時州郡多遣使降峻裨惠又勸彝偽與通和以紓交至之禍彝曰吾受国厚恩義在致死焉能忍垢蒙辱与醜逆通問如其不濟此則命也遣將軍俞縱守蘭石峻遣將韓晃攻之縱將敗左右勸縱退軍縱曰吾受桓侯厚恩本以死報吾之不可負桓侯猶桓侯之不負国也遂力戰而死晃因進軍攻彝彝固守經年勢孤力屈賊曰彝若降者當待以優礼將士多勸彝偽降更思後舉彝不從辭氣壯烈志節不撓城陷為晃所害年五十三時賊尚未平諸子並流迸宣城人紀世和率義故葬之賊平追贈廷尉謚曰簡咸安中改贈太常俞縱亦以死節追贈興古太守初彝与郭璞善嘗令璞筮卦成璞以手壞之彝問其故曰卦与五高同丈夫當此非命如何竟如其言有五子溫雲豁祕沖溫別有傳

雲字雲子初為驃騎何充參軍尚書郎不拜襲爵万寧男歷位建武將軍義城太守遭母憂去職葬畢起為江州刺史稱疾廬于墓次詔書敦逼固辭不行服闋然後莅職加都督司豫二州軍事領鎮蛮護軍西陽太守假節雲招集眾力志在足兵多所枉濫眾皆嗟怨時溫執權有司不敢彈劾升平四年卒贈平南將軍謚曰貞子序嗣官至宣城內史

豁字朗子初辟司徒府祕書郎皆不就簡文帝召為撫軍從事中郎除吏部郎以疾辭遷黃門郎未拜時謝万敗於梁濮許昌潁川諸城相次陷沒西藩騷動溫命豁督沔中七郡軍事建威將軍新野義城二郡太守擊慕容屈塵破之進号右將軍溫既內鎮以豁監荊揚雍州軍事領

護南蛮校尉荊州刺史假節將軍如故時梁州刺史司馬勳以梁益叛豁使其參軍桓羆討之而南陽督護趙弘趙憶等逐太守桓淡據宛城以叛豁與竟陵太守羅崇討破之又攻偽南中郎將趙盤於宛盤退走豁追至魯陽獲之送于京師置戍而旋又監寧益軍事溫薨遷征西將軍進督交廣并前五州軍事苻堅寇蜀豁遣江夏相竺瑤距之廣漢太守趙長等戰死瑤引軍退頃之堅又寇涼州弟沖遣輔国將軍朱序与豁子江州刺史石秀泝流就路而秦郎慶豁遣督護桓羆與序等遊軍沔漢為涼州聲援俄而張天錫陷沒詔遣中書郎王尋之詣豁諮謀邊事豁表以梁州刺史毛憲祖監沔北軍事兗州刺史朱序為南中郎將監沔中軍事鎮襄陽以固北鄙太元初遷征西大將軍開府豁上疏固讓曰臣聞三台麗天辰極以之增耀論道作弼王猷以之時邕必將仰參神契對揚成務弘易簡以翼化暢玄風於宗極故旦明揚仄陋登庸賢儁使版築有沖天之舉渭濱无垂竿之逸用乃功濟蒼生道光千載是以德非時望成典所不虛授功微賞厚賢達不以擬心臣無員凡人量无

遠致階藉門寵遂叨非據進不能闡揚皇風贊明政道退不能宣力所莅混一華戎尸素積載庸績莫紀是以敢冒成命歸陳丹款伏願陛下迴神玄鑒追收謬眷則具瞻革望臣知所免竟不許及苻堅陷仇池豁以新野太守吉挹行魏興太守督護梁州五郡軍事戍梁州堅陷涪城梁州刺史楊亮益州刺史周仲孫並委戍奔潰豁以威略不振所在覆敗又上疏陳謝固辭不拜開府尋卒時年五十八贈司空本官如故謚曰敬賻錢五十萬布五百匹使者持節監護喪事豁時譽雖不及沖而甚有器度但遇彊寇故功業不建初豁聞苻堅國中有謠云誰謂爾堅石打碎有子二十人皆以石為名以應之唯石虔石秀石民石生石綏石康知名

石虔小字鎮惡有才幹趫捷絕倫從父在荊州於獵圍中見猛獸被數箭而伏諸督將素知其勇戲令拔箭石虔因急往拔得一箭猛獸跳石虔亦跳高於猛獸猛獸伏復拔一箭以歸從溫入關沖為苻健所圍垂沒石虔躍馬赴之拔沖於數萬眾之中而還莫敢抗者三軍歎息威震敵人時有患瘧疾者謂曰桓石虔來以怖之病者多愈其見畏如此初袁真以壽陽叛石虔以寧遠將軍南頓太守帥諸將攻之剋其南城又擊苻堅將王鑒于石橋獲馬五百匹除竟陵太守以父憂去職尋而苻堅又寇淮南詔曰石虔文武器幹御戎有方古人絕哭金革弗避況在餘哀豈得辭事可奮威將軍南平太守尋進冠軍將軍苻堅荊州刺史梁成襄陽太守閻震率眾入寇竟陵石虔與弟石民距之賊且激水屯管城石虔設計夜渡水既濟賊始覺力戰破之進剋管城擒震斬首七千級俘獲萬人馬數百匹牛羊千頭具裝鎧三百領成以輕騎走保襄陽石虔復領河東太守進據樊城逐堅兗州刺史張崇納降二千家而還沖卒石虔以冠軍將軍監豫州揚州五郡軍事豫州刺史尋以母憂去職服闋復本位久之命移鎮馬頭石虔求停歷陽許之太元十三年卒追贈右將軍追論平閻震功進爵作塘侯第五子誕嗣誕長兄洪襄城太守洪弟振

振字道全少果銳而無行玄為荊州以振為揚武將軍淮南太守轉江夏相以兇橫見黜及玄之敗也桓謙匿於沮中振逃于華容之涌中玄先令將軍王稚徽戍巴陵稚徽遣人報振云桓歆已剋京邑馮稚等復平尋陽劉毅諸軍並敗於中路振大喜時安帝在江陵振乃聚黨數千人襲江陵比至城有眾二百謙亦聚眾而出遂陷江陵迎帝於行宮振聞桓昇死大怒將肆逆於帝謙苦禁之乃止遂命羣臣辭以楚祚不終百姓之心復歸于晉更奉進璽綬以琅邪王領徐州刺史振為都督八州鎮西將軍荊州刺史帝侍御左右皆振之腹心既而歎曰公昔早不用我遂致此敗若使公在我為前鋒天下不足定今獨作此安歸乎遂肆意酒色暴虐無道多所殘害振營於江津南陽太守魯宗之自襄陽破振將溫楷于柞溪進屯紀南振聞楷敗留其將馮該守營自率眾與宗之大戰振勇冠三軍眾莫能禦宗之敗績振追奔遇宗之單騎於道弗之識也乃問宗之所在紿曰已前走矣宗之於是自後而退尋而劉毅等破馮該平江陵振聞該敗眾潰而走後與該子宏出自涓城復襲江陵荊州刺史司馬休之奔襄陽振自號荊州刺史建威將軍劉懷肅率寧遠將軍索邈與振戰於沙橋振兵雖小左右皆力戰每一合振輒瞋目奮擊眾莫敢當振時醉且中流矢廣武將軍唐興臨陣斬之

石秀幼有令名風韻秀徹博涉羣書尤善老莊常獨處一室簡於應接時人方之庾純甚為簡文帝所重豁為荊州請為鷹揚將軍竟陵太守非其好也尋代叔父沖為寧遠將軍江州刺史領鎮蠻護軍西陽太守居尋陽性放曠常弋釣林澤不以榮爵嬰心善騎射發則命中常從沖獵登九井山徒旅甚盛觀者傾坐石秀未嘗屬目止嘯詠而已謝安嘗訪以世務默然不答安甚怪之他日安以語其從弟嗣嗣以問之石秀曰世事此公所諳吾又何言哉在州五年以疾去職年四十三卒於家朝野悼惜之追贈後將軍後改贈太常子稚玉嗣玄之篡也以石秀一門之令封稚玉為臨沅王

石民弱冠知名衛將軍謝安引為參軍叔父沖上疏版督荊江豫三州之十郡軍事振武將軍領襄城太守戍夏口與石虔攻苻堅荊州刺史梁成等於竟陵明年又與隨郡太守夏侯澄之破苻堅將慕容垂姜成

等於漳口復領譙国内史梁郡太守沖薨詔以石民監荆州軍事西中
郎將荆州刺史桓氏世莅荆土石民兼以才望甚為人情所仰初沖遣
竟陵太守趙統伐襄陽至是石民復遣兵助之秦將苻堅敗於淮肥石
民遣南陽太守高茂衛山陵時堅雖欲敗而慕容垂等復盛石民遣將
軍晏謙伐弘農賊東中郎將慕容垂暐降之始置湖陝二戍獲關中擔
幢伎以充太樂時苻堅子丕僭號於河北謀襲洛陽石民遣將軍馮該
討之臨陣斬丕及其左僕射王孚吏部尚書苟操等傳首京都而丁零
翟遼復侵逼山陵石民使河南太守馮遵討之時乞活黄淮自稱并州
刺史与遼共攻長社衆數千人石民復遣南平太守郭銓松滋太守王
遐之擊淮斬之遼走河北以前後功進左將軍卒无子
石生隆安中以司徒左長史遷侍中歷驃騎太傅長史會稽世子元顯將伐
桓玄石生馳書報玄玄甚德之及玄用事以為前將軍江州刺史尋卒於官
石綏元顯時為司徒左長史玄用事拜黄門郎左衛將軍玄敗石綏走
江西塗中聚衆攻歷陽後為梁州刺史傅歆之所殺
石康偏為玄所親愛玄為荆州以為振威將軍東遷荆州刺史討庾仄
功封武陵王事具玄傳
祕字穆子少有才氣不倫於俗初拜祕書郎兄温抑而不用父之為輔
国將軍宣城内史時梁州刺史司馬勳叛入蜀祕以本官監梁益二州
征討軍事假節勳平還郡後為散騎常侍從中領軍孝武帝初即位妖
賊盧竦入宫祕与左衛將軍殷康俱入擊之温入朝窮考竦事收尚書
陸始等罹罪者甚衆祕亦免官居于宛陵每憤憤有不平之色温疾篤
祕与温子熙濟等謀共廢沖沖密知之不敢入頃温氣絶先遣力士拘
録熙濟而後臨喪祕於是廢棄遂居于墓所放志田園好遊山水後起
為散騎常侍凡三表自陳詔曰祕受遇先朝是以延之而頻有讓表以
尚告誠兼有疾疢省用增歎可順其所執祕素輕沖沖時貴盛祕恥常
侍位卑故不應朝命与謝安書及詩十首辭理可觀其文多引簡文帝
之眄遇先沖卒長子蔚官至散騎常侍遊擊將軍玄篡以為醴陵王
沖字幼子温諸弟中最淹識有武幹温甚器之弱冠大宰武陵王晞辟

不就除鷹揚將軍鎮蠻護軍西陽太守從温征伐有功遷督荆州之
南陽襄陽新野義陽順陽雍州之京兆揚州之義城七郡軍事寧朔將
軍義城新野二郡太守鎮襄陽又從温破姚襄及虜周城進號征虜將
軍賜爵豐城公尋遷鎮威將軍江州刺史領鎮蠻護軍西陽譙二郡太
守温之破姚襄也獲襄將張駿楊凝等徙于尋陽沖在江陵未及之職
而駿率其徒五百人殺江州督護趙毗掠武昌府庫將妻子北叛沖遣
將討獲之遂還所鎮初彝亡後沖兄弟並少家貧母患須羊以解无由
得之温乃以沖為質羊主甚富言不欲為質幸為養買德郎買德郎沖
小字也及沖為江州出射羊主於堂邊看沖識之謂曰我買德也遂厚
報之頃之進監江荆豫三州之六軍事南中郎將假節州郡如故在江
州凡十三年而温薨孝武帝詔沖為中軍將軍都督揚江豫三州軍事
揚豫二州刺史假節時詔賻温錢布漆蠟等物而不及大斂沖上疏陳
温素懷每存清儉且私物足舉凶事求還官庫詔不許沖猶固執不
受初温執權大辟之罪皆自己決沖既莅事上疏以為生殺之重古今所
慎凡諸死罪先上須報沖既代温居任則盡忠王室或勸沖誅除時望
專執權衡沖不從謝安以時望輔政為羣情所歸沖懼逼寧康三年乃
解揚州自求外出桓氏黨與以為非計莫不扼腕苦諫郗超亦深止之
沖皆不納處之澹然不以為恨忠言嘉謀每盡心力於是改授都督徐
兖豫青揚五州之六郡軍事車騎將軍徐州刺史以北中郎府并中軍
鎮京口假節又詔沖及謝安並加侍中以甲杖五十人入殿時丹陽尹
王蘊以后父之重昵于安安意欲出蘊為方伯乃復解沖徐州直以車
騎將軍都督豫江二州之六郡軍事自京口遷鎮姑孰既而苻堅寇涼州
沖遣宣城内史朱序豫州刺史桓伊率衆向壽陽淮南太守劉波汎舟淮
泗乘虛致討以救涼州乃表曰氐賊自并東胡醜類實繁而蜀漢寡弱
西涼无備斯誠暴與疾顛祇速其亡然而天未勦絶屢為國患臣聞勝
於无形功立事表伐謀之道兵之上略況此賊陸梁終必越逸北狄陵
縱常在秋冬今日月迅邁高風行起臣輒較量畿甸守衛重複又淮泗
通流長江如海荆楚偏遠密邇寇讎方城漢水无天險之實而過備之

重勢在西門臣雖凡庸識乏武略然猥荷重任思在投袂請率所統徑進南郡與征西將軍臣豁參同謀猷賊若果驅犬羊送死沔漢庶仰憑正順因致人利一舉乘風埽清氛穢不復重勞王師有事三秦則先帝盛業永隆于聖世宣武遺志无恨于在昔如其懾憚皇威闚關計屈則觀兵伺釁更議進取振旅旋旆避遠唯宜伏願陛下覽臣所陳特垂聽許詔答曰醜類違天比年縱肆梁益不守河西傾喪每惟宇內未一憤歎盈懷將軍經略深長思算重復忠國之誠形于義旨覽省未周以感以慨寇雖乘間竊利而以无道臨之黷武窮兇虐用其衆滅亡之期勢何得久然備豫不虞軍之善政輒詢于群后敬從高筭想與征西協參令圖嘉謀遠猷動靜以聞會張天錫陷沒於是罷兵俄而豁卒遷督江荆梁益寧交廣七州揚州之義成雍州之京兆司州之河東軍事領護南蠻校尉荆州刺史持節將軍侍中如故又以其子嗣爲江州刺史沖將之鎮帝餞於西堂賜錢五十萬又以酒三百四十石牛五十頭犒賜文武謝安送至漂洲沖既到江陵時苻堅彊盛沖欲移阻江南乃上疏曰自中興以來荆州所鎮隨宜迴轉臣亡兄温以石季龍死經略中原因江陵路便即而鎮之事與時遷勢无常定且兵者詭道示之以弱今宜全重江南輕戍江北南平孱陵縣界地名上明田土膏良可以資業軍人在吳時樂鄉城以上四十餘里北枕大江西接三峽若狂狡送死則舊郢以北堅壁不戰接會濟江路去不遠乘其疲墮撲翦爲易臣司存閫外輒隨宜處分於是移鎮上明使冠軍將軍劉波守江陵諮議參軍楊亮守江夏詔以荆州水旱饑荒又沖新移草創歲運米三十萬斛以供軍資須年豐乃止堅遣其將苻融寇樊鄧石越寇魯陽姚萇寇南鄉韋鍾寇魏興所在陷沒沖遣江夏相劉奭南中郎將朱序擊之而奭畏懦不進序又爲賊所擒沖深自咎責上疏送章節請解職不許遣左衛將軍張玄之詣沖諮謀軍事沖率前將軍劉波及兄子振威將軍石民冠軍將軍石虔等伐苻堅拔堅筑陽攻武當走堅兗州刺史張崇堅遣慕容垂毛當寇鄧城苻熙石越寇新野沖既憚堅衆又以疾疫還鎮上明表以夏口江沔衝要密迩強寇兄子石民堪居此任輒版督荆江

十郡軍事振武將軍襄城太守尋陽北接彊蠻西連荆郢亦一任之要今府州既分請以王薈補江州刺史詔從之時薈始遭兄劭喪將葬辭不欲出於是衛將軍謝安更以中領軍謝輶代之沖聞之而怒上疏以爲輶文武无堪求自領江州帝許之沖使石虔伐堅襄陽太守閻震擒之及大小帥二十九人送于京都詔歸沖府以平震功封次子謙宜陽侯堅使其將郝貴守襄陽沖使揚威將軍朱綽討之遂焚燒沔北田稻拔六百餘戶而還又遣上庸太守郭寶伐堅魏興太守褚垣上庸太守段方並降之新城太守麴常遁走三郡皆平詔賜錢百萬袍表千端初沖之西鎮以賊寇方彊故移鎮上明謂江東力弱正可保固封疆自守而已又以將相異宜自以德望不逮謝安故委之內相而四方鎮扞以爲己任又與朱序款密俄而序沒于賊沖深用愧惋既而苻堅盡國內侵沖深以根本爲慮乃遣精鋭三千來赴京都謝安謂三千人不足以爲損益而欲外示閑暇聞軍在近固不聽報云朝廷處分已定兵革无闕西藩宜以爲防時安已遣兄子玄及桓伊等諸軍沖謂不足以爲廢興召佐吏對之歎曰謝安乃有廟堂之量不閑將略今大敵垂至方遊談不暇雖遣諸不經事少年衆又寡弱天下事可知吾其左衽矣俄而聞堅破大勳克舉又知朱序因以得還沖本疾病加以慙恥發病而卒時年五十七歲贈太尉本官如故謚曰宣穆賻錢五十萬布五百匹沖性儉素而謙虛愛士嘗浴後其妻送以新衣沖大怒促令持去其妻復送之而謂曰衣不經新緣何得故沖笑而服之命處士南陽劉驎之爲長史驎之不屈親往迎之礼之甚厚又辟處士長沙鄧粲爲別駕備礼盡恭粲感其好賢乃起應命初郄鑒庾亮庾翼臨終皆有表樹置親戚唯沖獨與謝安書云妙靈靈寶尚小亡兄寄託不終以此爲恨言不及私論者益嘉之及喪下江陵士女老幼皆臨江瞻送號哭盡哀後玄篡位追贈太傅宣城王有七子嗣謙脩崇弘羨怡

嗣字恭祖少有清譽與豁子石秀並爲桓氏子姪之冠沖既代豁西鎮詔以嗣督荆州之三郡豫州之四郡軍事建威將軍江州刺史莅事簡約脩所住齋應作板檐嗣命以茅代之版付船官轉西陽襄城二郡太

守鎮夏口後領江夏相卒官追贈南中郎將謚曰靖子胤嗣

胤字茂遠少有清操雖奕世華貴甚以恬退見稱初拜祕書丞累遷中書郎祕書監玄甚欽愛之遷中書令玄篡位爲吏部尚書隨玄西奔玄死歸降詔曰夫善著則祚遠勳彰故事殊以宣孟之忠蒙後晉國子文之德世嗣獲存故太尉沖昔藩陝西忠誠王室諸子染凶自貽罪戮念沖遺勳用悽于懷其孫胤宜見矜宥以獎爲善可特全生命徙于新安及東陽太守殷仲文永嘉太守駱球等謀反陰欲立胤爲玄嗣事覺伏誅

謙字敬祖詳正有器望初以父功封宜陽縣開國侯累遷輔國將軍吳國內史孫恩之乱謙出奔无錫徵拜尚書驃騎大將軍元顯引爲諮議參軍轉司馬元興初朝廷將伐玄以桓氏世在陝西謙父沖有遺惠於荆楚懼人情向背乃用謙爲持節都督荆益寧梁四州諸軍事西中郎將荆州刺史假節以安荆楚玄既用事以謙爲尚書左僕射領吏部加中軍將軍謙兄弟顯列玄甚倚杖之而內不能善也改封謙爲寧都侯拜尚書令加散騎常侍遷侍中衛將軍開府錄尚書事玄篡位復

領揚州刺史本官如故封新安王及桓振作乱謙保護乘輿頗有功焉然而諳愞尤不可以造事初勸振率軍下戰以守江陵振既輕謙用事故不從及振敗謙奔于姚興先是譙縱稱藩于姚興縱與盧循通使潛相影響乃表興請謙共順流東下興問謙謙曰臣門著恩荆楚從弟玄雖末篡位皆是逼迫人神所明今臣與縱東下百姓自應駭動興曰小水不容大舟若縱才力足以濟事亦不假君爲鱗翼宜自求多福遂遣之謙至蜀欲虛懷引士縱疑之乃置謙于龍格使人守之謙向諸弟泣曰姚主言神矣後與縱引譙道福俱下謙於道占募百姓感沖遺惠投者二萬人劉道規破謙斬之

脩字承祖尚簡文帝女武昌公主歷吏部郎稍遷左衛將軍王恭將伐譙王尚之先遣何澹之孫无終向句容脩以左衛領振武將軍與輔國將軍陶无忌距之脩次句容俄而恭敗无終遣書求降脩既旋車而楊佺期已至石頭時朝廷无備內外崩駭脩進說曰殷桓之下專恃王恭恭既破滅莫不失色今若優詔用玄玄必內喜則能制仲堪佺期使並順命朝廷納之以脩爲龍驤將軍荆州刺史假節權領左衛文武之鎮又令劉牢之以千人送之轉仲堪爲廣州脩未及發而玄等盟於尋陽求誅牢之尚之并訴仲堪无罪獨被降黜於是詔復仲堪荆州御史中丞江績奏脩承受楊佺期之言交通信命宜傳不盡以爲身計疑誤朝算請收付廷尉特詔免官尋代王凝之爲中護軍頃之玄破仲堪佺期詔以脩爲征虜將軍江州刺史尋復爲中護軍玄執政以脩都督六州右將軍徐兗二州刺史假節尋進撫軍將軍加散騎常侍玄篡以爲撫軍大將軍封安成王劉裕義旗起斬之

徐寧者東海郯人也少知名爲輿縣令時廷尉桓彝稱有人倫鑒識彝嘗去職至廣陵尋親舊還遇風停浦中累日憂悒因上岸見一室宇有似廨署訪之云是輿縣彝乃造之寧清惠博涉相遇欣然因留數夕彝大賞之結交而別至都謂庾亮曰吾爲卿得一佳吏部郎語在彝傳即迁吏部郎右將軍江州刺史卒官

史臣曰醨風潛煽醇源浸竭遺道德於情性顯忠信於名教首陽絕節

求仁而得仁泗上微言朝聞而夕死原軫免冑懍然於往策季路絕纓遯矣於前志況交霜雪於杪歲晦風雨於將晨皆鄉或以變其音貞柯罕能全其性桓茂倫抱中和之氣懷不撓之節邁周庾之清塵遵許郭之遐軌懼臨危於取免知處死之爲易揚芬千載之上淪骨九泉之下仁者之勇不其然乎至夫基構迭汙隆龍蛇俱山澤沖逡巡於內輔豁陵厲於上游虔振北門之威秀坦西陽之務外有扞城之用裏無末大之嫌求之名臣抑亦可算而溫爲亢極之資玄遂履霜之業是知敬仲之美不息檀臺之乱寗無俞削之忠無救弈棊之禍子文之不血食悲夫

贊曰矯矯宣城貞心莫陵身隤露夭名與雲興虔豁重世沖秀雙美国賴英臣家推才子振武謙文尋邑爲羣歸之實忝乱[illegible]

列傳第四十四　　晉書七十四

王湛 子承 承子述 述子坦之 坦之子愷 國寶 忱 愉子綏 禕之 嶠 袁悅之 祖台之

荀崧 子蕤 羨　范汪 子寧

劉惔　張憑

王湛字處沖司徒渾之弟也少有識度身長七尺八寸龍顙大鼻少言語初有隱德人莫能知兄弟宗族皆以為癡其父祖獨異焉遭父喪居于墓次服闋闔門守靜不交當世沖素簡淡器量隤然有公輔之望兄子濟輕之所食方丈盈前不以及湛湛命取菜蔬對而食之濟嘗詣湛見牀頭有周易問曰叔父何用此為湛曰體中不佳時脫復看耳濟請言之湛因剖析玄理微妙有奇趣皆濟所未聞也濟才氣抗邁於湛略無子姪之敬既聞其言不覺懍然心形俱肅遂留連彌日累夜自視缺然乃歎曰家有名士三十年而不知濟之罪也既而辭去湛送至門濟有從馬絕難乘濟問湛曰叔頗好騎不湛曰亦好之因騎此馬姿容既妙迴策如縈善騎者无以過之又濟所乘馬甚愛之湛曰此馬雖快然力薄不堪苦行近見督郵馬當勝但芻秣不至耳濟試養之而與己馬等湛又曰此馬任重方知之平路無以別也於是當蟻封內試之濟馬果躓而督郵馬如常濟益歎異還白其父曰濟始得一叔乃濟以上人也武帝亦以湛為癡每見濟輒調之曰卿家癡叔死未濟常無以荅及是帝又問如初濟曰臣叔殊不癡因稱其美帝曰誰比濟曰山濤以下魏舒以上時人謂湛上方山濤不足下比魏舒有餘湛聞曰欲處我於季孟之閒乎湛少仕歷秦王文學太子洗馬尚書郎太子中庶子出為汝南內史元康五年卒年四十七子承嗣

承字安期清虛寡欲無所修尚言理辯物但明其指要而不飾文辭有識者服其約而能通弱冠知名太尉王衍雅貴異之比南陽樂廣焉永寧初為驃騎參軍值天下將亂乃避難南下遷司空從事中郎豫迎大駕賜爵藍田縣侯遷尚書郎不就東海王越鎮許以為記室參軍雅相知重敕其子毗曰夫學之所益者淺體之所安者深閑習禮度不如式瞻儀形諷味遺言不若親承音旨王參軍人倫之表汝其師之在府數年見朝政漸替辭以母老求出越不許久之遷東海太守政尚清靜不為細察小吏有盜池中魚者綱紀推之承曰文王之囿與眾共之池魚復何足惜邪有犯夜者為吏所拘承問其故荅云從師受書不覺日暮承曰鞭撻甯越以立威名非政化之本使吏送令歸家其從容寬恕若此尋去官東渡江是時道路梗澀人懷危懼承每遇艱險處之夷然雖家人近習不見其憂喜之色既至下邳登山北望歎曰人言愁我始欲愁矣及至建鄴為元帝鎮東府從事中郎甚見優禮承少有重譽而推誠接物盡弘恕之理故眾咸親愛焉渡江名臣王導衛玠周顗庾亮之徒皆出其下為中興第一年四十六卒朝野痛惜之自祖至承世有高名論者以為祖不及孫孫不如父子述嗣

述字懷祖少孤事母以孝聞安貧守約不求聞達性沉靜每坐客馳辯異端競起而述處之恬如也少襲父爵年三十尚未知名人或謂之癡司徒王導以門地辟為中兵屬既見無他言惟問以在東米價述但張目不荅導曰王掾不癡人何言癡也嘗見導每發言一坐莫不贊美述正色曰人非堯舜何得每事盡善導改容謝之謂庾亮曰懷祖清貞簡貴不減祖父但曠淡微不及耳康帝為驃騎將軍召補功曹出為宛陵令太尉司空頻辟又除尚書吏部郎並不行歷庾冰征虜長史時庾翼鎮武昌以累有妖怪又猛獸入府欲移鎮避之述與冰牋曰竊聞安西欲移鎮樂鄉不審此為算邪將是情邪若謂為算則彼去武昌千有餘里數萬之眾造創移徙方當興立城壁公私勞擾若信要害之地所宜進據猶當計移徙之煩權二者輕重況此非今日之要邪方今彊胡陸梁當穡力養銳而無故遷動自取非算又江州當泝流數千供繼軍府力役增倍疲曳道路且武昌實是江東鎮戍之中非但扞禦上流而已急緩赴告駿奔不難若移樂鄉遠在西陲一朝江渚有虞不相接救方嶽取重將故當居要害之地為內外形勢使闚闟之心不知所向若是情邪則天道玄遠鬼神難言妖祥吉凶誰知其故是以達人君子直道而行不以情失昔秦忌亡胡之讖卒為劉項之資周惡檿弧之謠而成褒姒之亂此既然矣歷觀古今鑒其遺事妖異速禍敗者蓋不少

矣禳避之道苟非所審且當擇人事之勝理思社稷之長計斯則天下
幸甚令名可保矣若安西盛意已耳不能安於武昌但得近移夏口則
其次也樂鄉之舉咸謂不可願將軍體國為家固審此舉時朝議亦不
允翼遂不移鎮述出補臨海太守遷建威將軍會稽內史莅政清肅終
日無事毋憂去職服闋代殷浩為揚州刺史加征虜將軍初至主簿請
諱報曰亡祖先君名播海內遠近所知內諱不出門餘無所諱尋加中
書監固讓經年不拜復加征虜將軍進都督揚州徐州之琅邪諸軍事
衛將軍并冀幽平四州大中正刺史如故尋遷散騎常侍尚書令將軍
如故述每受職不為虛讓其有所辭必於不受至是子坦之諫以為故
事應讓述曰汝謂我不堪邪坦之曰非也但克讓自美事耳述曰既云
堪何為復讓人言汝勝我定不及也坦之為桓溫長史溫欲為子求婚
於坦之及還家省父而述愛坦之雖長大猶抱置膝上坦之因言溫意
述大怒遽排下曰汝竟癡邪詎可畏溫面而以女妻兵也坦之乃辭以
他故溫曰此尊君不肯耳遂止簡文帝每言述才既不長直以真率便

敵人耳謝安亦歎美之初述家貧求試宛陵令頗受贈遺而脩家具為
州司所檢有一千三百條王導使謂之曰名父之子不患無祿屈臨小
縣甚不宜耳述答曰足自當止時人未之達也比後屢居州郡清潔絕
倫祿賜皆散之親故宅宇舊物不革於昔始為當時所歎但性急為累
嘗食雞子以箸刺之不得便大怒擲地雞子圓轉不止便下牀以屐齒
踏之又不得瞋甚掇內口中齧破而吐之既躋重位每以柔克為用謝
奕性麤嘗忿述極言罵之述無所應面壁而已居半日奕去始復坐人
以此稱之太和二年以年迫懸車上疏乞骸骨曰臣曾祖父魏司空昶
白牋於文皇帝曰昔與南陽宗世林共為東宮官屬世林少得好名州
里瞻敬及其年老汲汲自勵恐見廢棄時人咸共笑之若天假其壽致
仕之年不為此公婆娑之事情旨慷慨深所鄙薄雖是牋書乃實訓誡
臣忝端右而以疾患禮敬廢替猶謂可有差理日復一日而年衰疾痼
永無復瞻華幄之期乞奉先誡歸老丘園不許述竟不起三年卒時年
六十六初桓溫平洛陽議欲遷都朝廷憂懼將遣侍中止之述曰溫欲

以虛聲威朝廷非事實也但從之自無所至事果不行又議欲移洛陽
鍾虡述曰永嘉不競暫都江左方當蕩平區宇旋軫舊京若其不耳宜
改遷園陵不應先事鍾虡溫竟無以奪之追贈侍中驃騎將軍開府謚
曰穆以避穆帝改曰簡子坦之嗣
坦之字文度弱冠與郗超俱有重名時人為之語曰盛德絕倫郗嘉賓
江東獨步王文度嘉賓超小字也僕射江虨領選將擬為尚書郎坦之
聞曰自過江來尚書郎正用第二人何得以此見擬虨遂止簡文帝為
撫軍將軍辟為掾累遷參軍從事中郎仍為司馬加散騎常侍出為大
司馬桓溫長史尋以父憂去職服闋徵拜侍中襲父爵時卒士韓悵逃
亡歸首云失牛故叛有司劾悵偷牛考掠服罪坦之以為悵束身自歸
而法外加罪懈怠失牛事或可恕加之木石理有自誣宜附罪疑從輕
之例遂以見原海西公廢領左衛將軍坦之有風格尤非時俗放蕩不
敦儒教頗尚刑名學著廢莊論曰荀卿稱莊子蔽於天而不知人揚雄
亦曰莊周放蕩而不法何晏云鄒衍莊周大而不周乎時變三賢之

言遠有當乎夫獨構之唱唱虛而莫和無感之作義偏而用寡動人由
於兼忘應物在乎無心孔父非不體遠以體遠故用近顏子豈不具德
以德備故膺教胡為其然哉不獲已而然也夫自足者寡故理懸於羲
農徇教者衆故義申於三代道心惟微人心惟危吹萬不同孰知正是
雖首陽之情三黜之智磨頂之甘落毛之愛枯槁之生負石之死格諸
中庸未入乎道而況下斯者乎先王知人情之難肆懼違行以致訟悼
司徹之貽悔審褫帶之所緣故陶鑄群生謀之未兆每攝其契而為節
焉使夫敦禮以崇化日用以成俗誠存而邪忘利損而競息成功遂事
百姓皆曰我自然蓋善闇者無怪故所遇而無滯執道以離俗孰踰於
不達語道而失其為者非其道也辯德而有其位者非其德也言默所
未究況揚之以為風乎且即濠以尋魚想彼之我同推顯以求隱理得
而情昧若夫莊生者望大庭而撫契仰弥高於不足寄積想於三篇恨
我懷之未盡其言詭譎其義恢誕君子內應從我游方之外衆人因藉
以為弊薄之資然則天下之善人少不善人多莊生之利天下也少

害天下也多故曰魯酒薄而邯鄲圍莊生作而風俗頹禮與浮雲俱征僞與利蕩並肆人以克己爲恥士以無措爲通時無履德之譽俗有蹈義之愆驟語賞罰不可以造次屢稱無爲不可與適變雖可用於天下不足以用天下昔漢陰丈人脩渾沌之術孔子以爲識其一不識其二莊生之道無乃類乎與夫如愚之契何殊間哉若夫利而不害天之道也爲而不爭聖之德也羣方所資而莫知誰氏在儒而非儒非道而有道弥貫九流玄同彼我萬物用之而不旣亹亹日新而不朽昔吾孔老固已言之矣又領本州大中正簡文帝臨崩詔大司馬溫依周公居攝故事坦之自持詔入於帝前毀之帝曰天下儻來之運卿何所嫌坦之曰天下宣元之天下陛下何得專之帝乃使坦之改詔焉溫薨坦之與謝安共輔幼主遷中書令領丹楊尹俄授都督徐兗青三州諸軍事北中郎將徐兗二州刺史鎮廣陵將之鎮上表曰臣聞人君之道以孝敬爲本臨御四海以委任爲貴恭順無爲則盛德日新親杖賢能則政道邕睦昔周成漢昭並以幼年篡承大統當時天下未爲無難終能顯揚

祖考保安社稷蓋尊尊親親信納大臣之所致也伏惟陛下誕奇秀之姿稟生知之量春秋尚富涉道未曠方須訓導以成天德皇太后仁淑之體過於三母先帝奉事積年每稱聖明且顧奉事之心便當自同孝宗太后慈愛之隆亦不必異所生琅邪王餘姚主及諸皇女宜朝夕定省承受教誨道習儀刑以成景仰恭敬之美不可以屬非至親自爲疎疑昔肅祖崩徂成康幼沖事無大小必諮丞相導所以克就聖德實此之由今僕射臣安中軍臣沖人望具贍社稷之臣且受遇先帝綢繆繾綣並志竭忠貞盡心盡力歸誠陛下以報先帝愚謂周旋舉動皆應諮此二臣二臣之於陛下則周之旦奭漢之霍光顯宗之於王導沖雖在外路不云遠事容信宿必宜參詳然後情聽獲盡庶事可畢又天聽雖聰不啓不廣羣情雖忠不引不盡宜數引侍臣詢求讜言平易之世有道之主猶尚誡懼日昃不倦況今艱難理盡慮經安危祖宗之基繫之陛下不可不精心務道以申先帝堯舜之風可不敬脩至德以保宣元天地之祚表奏帝納之初謝安愛好聲律朞功之慘不廢妓樂頗以成

俗坦之非而苦諫之安遺坦之書曰知君思相愛惜之至僕所求者聲謂稱情義無所不可爲復聊以自娛耳若絜軌跡崇世教非所擬議亦非所屑常謂君粗得鄙趣者猶未悟之濠上邪故知莫逆未易爲人坦之荅曰具君雅旨此是誠心而行獨往之美然恐非大雅中庸之謂意者以爲人之體韻猶器之方圓方圓不可錯用體韻豈可易處各順其方以弘其業則歲寒之功必有成矣吾子少立德行體議淹允加以令地優游自居僉曰之談咸以清遠相許至於此事實有疑焉公私二三莫見其可以此爲濠上悟之者得無鮮乎且天下之寶故爲天下所惜天下之所非何爲不可以天下爲心乎想君幸復三思書往反數四安竟不從坦之又嘗與殷康子書論公謙之義曰夫天道以無私成名二儀以至公立德立德存乎至公故無親而非理成名在乎無私故在當而忘我此天地所以成功聖人所以濟化由斯論之公道體於自然故理泰而愈降謙義生於不足故時弊而義著故大禹咎繇稱功言惠而成名於彼孟反范燮殿軍後入而全身於此從此觀之則謙公之義固以

殊矣夫物之所美已不可收人之所貴我不可取誠患人惡其上衆不可蓋故君子居之而每加損焉隆名在於矯伐而不在於期當匿迹在於違顯而不在於求是於是謙光之義與矜競而俱生卑挹之義與夸伐而並進由親譽生於不足未若不知之有餘良藥效於瘵疾未若無病之爲貴矣夫乾道確然示人易矣坤道隤然示人簡矣二象顯於萬物兩德彰於羣生豈矯枉過直而失其所哉由此觀之則大通之道公坦於天地謙伐之義險巇於人事今存公而廢謙則自伐者託至公以生嫌自美者因存黨以致惑此王生所謂同貌而實異不可不察者也然理必有源教亦有主苟探其根則玄指自顯若尋其末弊無不至豈可以嫌似而疑至公弊貪而忘於諒哉康子及袁宏並有疑難坦之標章摘句一一申而釋之莫不厭服又孔嚴著通葛論坦之與書贊美之其忠公慷慨標明賢勝皆此類也初坦之與沙門竺法師甚厚每共論幽明報應便要先死者當報其事後經年師忽來云貧道已死罪福皆不虛惟當勤脩道德以升濟神明耳言訖不見坦之尋亦卒時年四十

六臨終與謝安桓沖書言不及私惟憂國家之事朝野甚痛惜之追贈
安北將軍謚曰獻
禕之字文邵少知名尚尋陽公主歷中書侍郎年未三十而卒贈散騎
常侍坦之四子愷愉國寶忱
愷字茂仁愉字茂和並少踐清階愷襲父爵愉稍遷驃騎司馬加輔國
將軍愷太元末為侍中領右衞將軍多所獻替兄弟貴盛當時莫比
及王恭等討國寶愷愉並請解職以與國寶異生又素不協故得免禍
國寶既死出愷為吳郡內史愉為江州刺史都督豫州四郡輔國將軍
假節未幾徵愷為丹楊尹及桓玄等至江寧愷領兵守石頭俄而玄等
走復為吳郡病卒追贈太常愉至鎮未幾殷仲堪桓玄楊佺期舉兵應
王恭乘流奄至愉既無備惶遽奔臨川為玄所得玄盟于尋陽以愉置
壇所愉甚恥之及事解除會稽內史玄篡位以為尚書僕射劉裕義旗
建加前將軍愉既桓氏壻父子寵貴又嘗輕侮劉裕心不自安潛結司
州刺史温詳謀作亂事泄被誅子孫十餘人皆伏法

國寶少無士操不脩廉隅婦父謝安惡其傾側每抑而不用除尚書郎
國寶以中興膏腴之族惟作吏部不為餘曹郎甚怨望固辭不拜從
妹為會稽王道子妃由是與道子遊處遂間毀安焉及道子輔政以為
祕書丞俄遷琅邪內史領堂邑太守加輔國將軍入補侍中遷中書令
中領軍與道子持威權扇動內外中書郎范甯國寶舅也儒雅方直
疾其阿諛勸孝武帝黜之國寶乃使陳郡袁悅之因尼支妙音致書與
太子母陳淑媛說國寶忠謹宜見親信帝知之託以他罪殺悅之國寶
大懼遂因道子譖毀甯甯由是出為豫章太守及弟忱卒國寶自表求
解職迎母并奔忱喪詔特賜假而盤桓不時進發為御史中丞褚粲所
奏國寶懼罪衣女子衣託為王家婢詣道子告其事道子言之於帝故
得原後驃騎參軍王徽請國寶同讌國寶素驕貴使酒怒尚書左丞
祖台之攘袂大呼以盤醆樂器擲台之台之不敢言復為粲所彈詔以
國寶縱肆情性甚不可長台之懦弱非監司體並坐免官頃之復職愈
驕蹇不遵法度起齋侔清暑殿帝惡其僭侈國寶懼遂諂媚於帝而頗

疎道子道子大怒嘗於內省面責國寶以劒擲之舊好盡矣是時王雅
亦有寵薦王珣於帝帝夜與國寶及雅宴帝微有酒令召珣將至國宝
自知才出珣下恐至傾其寵因曰王珣當今名流不可以酒色見帝遂
止而以國宝為忠將納國宝女為琅邪王妃未婚而帝崩安帝即位國
宝復事道子進從祖弟緒為琅邪內史亦以佞邪見知道子復惑之倚
為心腹並為時之所疾國宝遂參管朝權威震內外遷尚書左僕射領
選加後將軍丹楊尹道子悉以東宮兵配之時王恭與殷仲堪並以才
器各居名藩恭惡道子國宝亂政屢有憂國之言道子等亦深忌憚
之將謀去其兵未及行而恭檄至以討國宝為名國宝惶遽不知所為
緒說國宝令矯道子命召王珣車胤殺之以除群望因挾主相以討諸
侯國宝許之珣胤既至而不敢害反問計於珣珣勸國宝放兵權以迎
恭國宝信之語在珣傳又問計於胤胤曰南北同举而荊州未至若朝
廷遣軍恭必城守昔桓公圍壽陽弥時乃剋若京城未拔而上流奄至
君將何以待之國宝尤懼遂上疏解職詣闕待罪既而悔之詐稱詔復
其本官欲收其兵距王恭道子既不能距諸侯欲委罪國宝乃遣譙王
尚之收國宝付廷尉賜死并斬緒於市以謝王恭國宝貪縱聚斂不知
紀極後房伎妾以百數天下珍玩充滿其室及王恭伏法詔追復國宝
本官元興初桓玄得志表徙其家屬於交州

忱字元達弱冠知名與王恭王珣俱流譽一時歷位驃騎長史嘗造其
舅范甯與張玄相遇甯使與玄語玄正坐斂衽待其有發忱竟不與言
玄失望便去甯讓忱曰張玄吳中之秀何不與語忱笑曰張祖希欲相
識自可見詣甯甯謂曰卿風流儁望真後來之秀忱曰不有此舅焉有此
甥既而甯使報玄玄東帶造之始為賓主太元中出為荊州刺史都督
荊益寧三州軍事建武將軍假節忱自恃才氣放酒誕節慕王澄之為
人又年少居方伯之任談者憂之及鎮荊州威風肅然殊得物和桓玄
時在江陵既其本國且奕葉故義常以才雄駕物忱每裁抑之玄嘗詣
忱通人未出乘轝直進忱對玄鞭門幹玄怒去之忱亦不留嘗朔日見
客仗衞甚盛玄言欲獵借數百人忱悉給之玄憚而服焉性任達不拘

末年尤嗜酒一飲連月不醒或裸體而游每歎三日不飲便覺形神不
相親婦父嘗有慘忱乘醉弔之婦父慟哭忱與賓客十許人連臂被髮
裸身而入繞之三匝而出其所行多此類數年卒官追贈右將軍謚
曰穆
綏字彥猷少有美稱厚自矜遇實鄙而無行愉為桓玄所捕綏未測存
亡在都有憂色居處飲食每事貶降時人每以為試守孝子桓玄之為
太尉綏以桓氏甥甚見寵待為太尉右長史及玄篡遷中書令劉裕
建義以為冠軍將軍其家夜中梁上無故有人頭墮於牀而流血滂沲
俄拜荊州刺史假節坐父愉之謀與弟納並被誅初綏與王謐桓胤齊
名為後進之秀謐位宦既極保身而終胤以從坐誅聲稱猶全綏身死
名論殆盡亦以薄行矜峭而尚人故也自昶父漢雁門太守澤已有名
稱忱又秀出綏亦著稱八葉繼軌軒冕莫與為比焉
嶠字開山祖默魏尚書父佑以才智稱為楊駿腹心駿之排汝南王亮
退衛瓘皆佑之謀也位至北軍中候嶠少有風尚并司二州交辟不就

永嘉末攜其二弟避亂渡江時元帝鎮建鄴教曰王佑三息始至名德
之冑並有操行宜蒙飾敘且可給錢三十萬布三百匹米五十斛親兵
二十人尋以嶠參世子東中郎軍事不就愍帝徵拜著作郎右丞相南
陽王保辟皆以道險不行元帝作相以為水曹屬除長山令遷太子中
舍人以疾不拜王敦請為參軍爵九原縣公敦在石頭欲禁私伐蔡州
荻以問群下時王師新敗士庶震懼莫敢異議嶠獨曰中原有菽庶人
採之百姓不足君孰與足若禁人樵伐未知其可敦不悅敦將殺周顗
戴若思嶠諫於坐曰濟濟多士文王以寧安可戮諸名士以自全生敦
大怒欲斬嶠賴謝鯤以免敦猶銜之黜為領軍長史敦平後除中書侍
郎兼大著作固辭轉越騎校尉頻遷吏部郎御史中丞祕書監領本州
大中正咸和初朝議欲以嶠為丹楊尹嶠以京尹望重不宜以疾居之
求補廬陵郡乃拜嶠廬陵太守以嶠家貧無以上道賜布百匹錢十万
尋卒官謚曰穆子淡嗣歷位右衛將軍侍中中護軍尚書廣州刺史淡
子度世驍騎將軍

袁悅之字元禮陳郡陽夏人也父朗給事中悅之能長短說甚有精
理始為謝玄參軍為玄所遇丁憂去職服闋還都止齎戰国策言天下
要惟此書後甚為會稽王道子所親愛每勸道子專覽朝權道子頗
納其說俄而見誅
祖台之字元辰范陽人也官至侍中光祿大夫撰志怪書行於世
荀崧字景猷潁川臨潁人魏太尉彧之玄孫也父頵羽林右監安陵鄉
侯與王濟何劭為拜親之友崧志操清純雅好文學齠齔時族曾祖顗
見而奇之以為必興頵門弱冠太原王濟甚相器重以方其外祖陳郡袁
侃謂侃弟奧曰近見荀監子清虛名理當不及父德性純粹是賢兄輩
人也其為名流所賞如此泰始中詔以崧代兄襲父爵補濮陽王允文
學與王敦顧榮陸機等友善趙王倫引為相国參軍倫篡轉護軍司馬
給事中稍遷尚書吏部郎太弟中庶子累遷侍中中護軍王弥入洛崧
與百官奔于密未至而母亡賊追將及同旅散走崧被髮從車守喪號
泣賊至棄其母尸于地奪車而去崧被四創氣絕至夜方蘇葬母于

密山服闋族父藩承制以崧監江北軍事南中郎將後將軍假節襄城
太守時山陵發掘崧遣主簿石覽將兵入洛脩復山陵以勳進爵舞陽縣
公遷都督荊州江北諸軍事平南將軍鎮宛改封曲陵公為賊杜曾所
圍石覽時為襄城太守崧力弱食盡使其小女灌求救於覽及南中郎
將周訪訪即遣子撫率兵三千人會石覽俱救崧賊聞兵至散走崧既
得免乃遣南陽中部尉王国劉願等潛軍襲穰縣獲曾從兄偽新野
太守保斬之元帝踐阼徵拜尚書僕射使崧與刁協共定中興朝儀從弟
馗早亡二息序厭年各數歲崧迎與共居恩同其子太尉臨淮公荀顗
国胤廢絕朝廷以崧屬近欲以崧子襲封崧哀序孤微乃讓封與序論
者稱焉轉太常時方脩學校簡省博士置周易王氏尚書鄭氏古文尚
書孔氏毛詩鄭氏周官禮記鄭氏春秋左傳杜氏服氏論語孝經鄭氏
博士各一人凡九人其儀禮公羊穀梁及鄭易皆省不置崧以為不可
乃上疏曰自喪亂以來儒學尤寡今處學則闕朝廷之秀仕朝則廢
儒學之俊昔咸寧太康永嘉之中侍中常侍黃門通洽古今行為世表

者領國子博士一則應對殿堂奉酬顧問二則參訓門子以弘儒訓三則祠儀二曹及太常之職以得質疑今皇朝中興美隆往初宜憲章令軌祖述前典世祖武皇帝應運登禪崇儒興學經始明堂營建辟雍告朔班政鄉飲大射西閣東序河圖秘書禁籍臺省有宗廟太府金墉故事大學有石經古文先儒典訓賈馬鄭杜服孔王何顏尹之徒章句傳注衆家之學置博士十九人九州之中師徒相傳學士如林猶選張華劉寔居太常之官以重儒教傳稱孔子沒而微言絕七十二子終而大義乖自頃中夏殄瘁講誦遏密斯文之道將墮于地陛下聖哲龍飛恢崇道教樂正雅頌於是乎在江揚二州先漸聲教學士遺文於今為盛然方疇昔猶千之一耳學不章句才不弘通方之華實儒風殊邈思暘鴛鷺庶增萬分願斯道隆於百世之上搢紳詠於千載之下伏聞節省之制皆三分置二博士舊置十九人今五經合九人準古計今猶未能半宜及節省之制以時施行今九人以外猶宜增四願陛下萬機餘暇時垂省覽宜為鄭易置博士一人鄭儀禮博士一人春秋公羊博

士一人穀梁博士一人昔周之衰下陵上替上無天子下無方伯善者誰賞惡者誰罰孔子懼而作春秋諸侯諱妬懼犯時禁是以微辭妙旨義不顯明故曰知我者其惟春秋罪我者其惟春秋時左丘明子夏造膝親受無不精究孔子既沒微言將絕於是丘明退撰所聞而為之傳其書善禮多膏腴美辭張本繼末以發明經意信多奇偉學者好之稱公羊高親受子夏立於漢朝辭義清儁斷決明審董仲舒之所善也穀梁赤師徒相傳暫立於漢世向歆漢之碩儒猶父子各執一家莫肯相從其書文清義約諸所發明或是左氏公羊所不載亦足有所訂正是以三傳並行於先代通才未能孤廢今去聖久遠其文將墮與其過廢寧與過立臣以為三傳雖同曰春秋而發端異趣案如三家異同之說此乃義則戰爭之場辭亦劍戟之鋒於理不可得共博士宜各置一人以博其學元帝詔曰崧表如此皆經國之務為政所由息馬投戈猶可講藝今雖日不暇給豈忘本而遺存邪可共博議者詳之議者多請從崧所奏詔曰穀梁膚淺不足置博士餘如奏會王敦之難不行敦表以崧為尚書左僕射及帝崩群臣議廟號王敦遣使謂曰豺狼當路梓宮未反祖宗之號宜別思詳崧議以為禮祖有功宗有德元皇帝天縱聖哲光啟中興德澤侔於大戊功惠邁于漢宣臣敢依前典上號曰中宗既而與敦書曰承以長蛇未翦別詳祖宗先帝應天受命以隆中興中興之主寧可隨世數而遷毀敢率丹直詢之朝野上號中宗卜日有期不及重請專輒之愆所不敢辭初敦待崧甚厚欲以為司空於此銜之而止太寧初加散騎常侍後領太子太傅以平王敦功更封平樂伯坐使威儀為猛獸所食免職後拜金紫光祿大夫錄尚書事散騎常侍如故遷右光祿大夫開府儀同三司錄尚書如故又領秘書監給親兵百二十人年雖衰老而孜孜典籍世以此嘉之蘇峻之役崧與王導陸曄共登御牀擁衞帝及帝被逼幸石頭崧亦侍從不離帝側賊平帝幸溫嶠舟崧時年老病篤猶力步而從咸和三年薨時年六十七贈侍中謚曰敬其後著作郎虞預與丞相王導牋曰伏見前秘書光祿大夫荀公生於積德之族少有儒雅之稱歷位內外在貴能降蘇峻肆虐乘輿

失幸公處嫌忌之地有累卵之危朝士為之寒心論者謂之不免而公將之以智險而不懾扶侍至尊繾綣不離雖無扶迎之勳宜蒙守節之報且其宣慈之美早彰遠近朝野之望許以台司雖未正位已加儀同至守終純固名定闔棺而薨卒之日直加侍中生有三槐之望沒無鼎足之名寵不增於前秩榮不副於本望此一時愚智所慷慨也今承大弊之後淳風頹散苟有一介之善宜在旌表之例而況國之元老志節若斯者乎不從升平四年崧改葬詔賜錢百萬布五千匹有二子蕤羨蕤嗣

蕤字令遠起家秘書郎稍遷尚書左丞蕤有儀操風望雅為簡文帝所重時桓溫平蜀朝廷欲以豫章郡封溫蕤言於帝曰若溫復假王威北平河洛脩復園陵將何以加此於是乃止轉散騎常侍少府不拜出補東陽太守除建威將軍吳國內史卒官子籍嗣位至散騎常侍大長秋

羨字令則清和有準纔年七歲遇蘇峻難隨父在石頭峻甚愛之恒置膝上羨陰白其母曰得一利刀子足以殺賊母掩其口曰無妄言年

十五將尚尋陽公主羨不欲連婚帝室仍遠遁去監司追不獲已乃出尚主拜駙馬都尉弱冠與琅邪王洽齊名沛国劉惔太原王濛陳郡殷浩並與交好驃騎將軍何充出鎮京口請為參軍穆帝又以為撫軍參軍徵補太常博士皆不就後拜秘書丞義興太守征北將軍褚裒以為長史既到裒謂佐史曰荀生資逸羣之氣將有冲天之舉諸君宜善事之尋遷建威將軍吳国內史除北中郎將徐州刺史監徐兗二州揚州之晉陵諸軍事假節殷浩以羨在事有能名故居以重任時年二十八中興方伯未有如羨之少者羨至鎮發二州兵使參軍鄭襲戍淮陰羨尋北鎮淮陰屯田于東陽之石鼈尋加監青州諸軍事又領兗州刺史鎮下邳羨自鎮來朝時蔡謨固讓司徒不起中軍將軍殷浩欲加大辟以問於羨羨曰蔡公今日事危明日必有桓文之舉浩乃止及慕容儁攻段蘭於青州詔使羨救之儁將王騰趙盤寇琅邪鄄城北境騷動羨討之擒騰盤迸走軍次琅邪而蘭已沒羨退還下邳留將軍諸葛攸高平太守劉莊等三千人守琅邪參軍戴逯蕭鎋二千人守泰山是

時慕容蘭以數萬衆屯汴城甚為邊害羨自光水引汶通渠至于東阿以征之臨陣斬蘭帝將封之羨固辭不受先是石季龍死胡中大乱羨撫納降附甚得衆心以疾篤解職後除右軍將軍加散騎常侍讓未拜升平二年卒時年三十八帝聞之歎曰荀令則王敬和相繼凋落股肱腹心將復誰寄乎追贈驃騎將軍

范汪字玄平雍州刺史晷之孫也父稚早卒汪少孤貧六歲過江依外家新野庾氏荊州刺史王澄見而奇之曰興范族者必是子也年十三喪母居喪盡禮親鄰哀之及長好學外氏家貧無以資給汪乃廬于園中布衣蔬食然薪寫書寫畢誦讀亦遍遂博學多通善談名理弱冠至京師屬蘇峻作難王師敗績汪乃遁逃西歸庾亮溫嶠屯兵尋陽時行李斷絕莫知峻之虛實咸恐賊彊未敢輕進及汪至嶠等訪之汪曰賊政令不一貪暴縱橫滅亡已兆雖彊易弱朝廷有倒懸之急宜時進討嶠深納之是日護軍平南二府礼命交至始解褐參護軍事賊平賜爵都鄉侯復為庾亮平西參軍從討郭默進爵亭侯辟司空郗鑒掾除宛陵令復參亮征西軍事轉州別駕汪為亮佐吏十有餘年甚相欽待轉鷹揚將軍安遠護軍武陵內史徵拜中書侍郎時庾翼將悉郢漢之衆以事中原軍次安陸尋轉屯襄陽汪上疏曰臣伏思安西將軍翼今至襄陽倉卒攻討凡百草創安陸之調不復為襄陽之用而玄冬之月沔漢乾涸皆當魚貫而行排推而進設一處有急勢不相救臣所至慮一也又既至之後桓宣當出宣往實翦豺狼之林招攜貳之衆待之以至寬御之以無法田疇墾闢生產始立而當移之至有嗷然悔吝難測臣所至慮二也襄陽頓益數萬口奉師之費皆當出於江南運漕之難船人之力不可不熟計臣之所至慮三也且申伯之尊而與邊將並驅又東軍不進殊為孤懸兵書云知彼知此百戰不殆知彼不知此一勝一負賊誠衰弊然得臣猶在我雖方隆今實未暇而連兵不解患難將起臣所至慮四也翼豈不知兵家所患常在於此顧以門戶事任憂責莫大晏然終年非心情所安是以抗表輒行畢命原野以翼宏規經略文武用命忽遇與會大事便濟然國家之慮常以萬全非至安至審

王者不舉臣謂宜嚴詔諭翼還鎮養銳以為後圖若少合聖聽乞密出臣表與車騎臣冰等詳共集議尋而驃騎將軍何充輔政請為長史桓溫代翼為荊州復以汪為安西長史溫西征蜀委以留府蜀平進爵武興縣侯而溫頻請為長史江州刺史皆不就自請還京求為東陽太守溫甚恨焉在郡大興學校甚有惠政頃之召入頻遷中領軍本州大中正時簡文帝作相甚相親昵除都督徐兗青冀四州揚州之晉陵諸軍事安北將軍徐兗二州刺史假節既而桓溫北伐令汪率文武出梁國以先期免為庶人朝廷憚溫不敢執談者為之歎恨汪屏居吳郡從容講肆不言枉直後至姑孰見溫溫時方起屈滯以傾朝廷謂汪遠來詣己傾身引望謂袁宏曰范公來可作太常邪汪既至纔坐溫謝其遠來意汪實來造溫恐以趨時致損乃曰亡兒瘞此故來視之溫殊失望而止時年六十五卒于家贈散騎常侍謚曰穆長子康嗣早卒康弟寧最知名

寧字武子少篤學多所通覽簡文帝為相將辟之為桓溫所諷遂寢不

行故終溫之世兄弟無在列位者時以浮虛相扇儒雅日替甯以為其源始於王弼何晏二人之罪深於桀紂乃著論曰或曰黃唐緬邈至道淪翳濠濮輟詠風流靡託爭奪兆於仁義是非成於儒墨平叔神懷超絕輔嗣妙思通微振千載之頹綱落周孔之塵網斯蓋軒冕之龍門豪梁之宗匠嘗聞夫子之論以為罪過桀紂何哉荅曰子信有聖人之言乎夫聖人者德侔二儀道冠三才雖帝皇殊號質文異尚而統天成務曠代齊趣王何蔑棄典文不遵禮度游辭浮說波蕩後生飾華言以翳實騁繁文以惑世搢紳之徒翻然改轍洙泗之風緬焉將墜遂令仁義幽淪儒雅蒙塵禮壞樂崩中原傾覆古之所謂言偽而辯行僻而堅者其斯人之徒歟昔夫子斬少正於魯太公戮華士於齊豈非曠世而同誅乎桀紂暴虐正足以滅身覆國為後世鑒戒耳豈能迴百姓之視聽哉王何叨海內之浮譽資膏粱之傲誕畫魑魅以為巧扇無檢以為俗鄭聲之亂樂利口之傾邦信矣哉吾固以為一世之禍輕歷代之罪重自喪之釁小迷眾之愆大也甯崇儒抑俗率皆如此溫薨之後

始解褐為餘杭令在縣興學校養生徒潔己修禮志行之士莫不宗之期年之後風化大行自中興已來崇學敦教未有如甯者也在職六年遷臨淮太守封陽遂鄉侯頃之徵拜中書侍郎在職多所獻替有益政道時更營新廟博求辟雍明堂之制甯據經傳奏上皆有典證孝武帝雅好文學甚被親愛朝廷疑議輒諮訪之甯指斥朝士直言無諱王國寶甯之甥也以諂媚事會稽王道子懼為甯所不容乃相驅扇因被疏隔求補豫章太守帝曰豫章不宜太守何急以身試死邪甯不信卜占固請行臨發上疏曰臣聞道尚虛簡政貴平靜坦公亮於幽顯流子愛於百姓然後可以經夷險而不憂乘休否而常夷先王所以致太平如此而已今四境晏如烽燧不舉而倉庾虛耗帑藏空匱古者使人歲不過三日今之勞擾殆無三日休停至有殘刑翦髮要復除之身生兒不復舉養鰥寡不敢妻娶豈不怨結人鬼感傷和氣臣恐社稷之憂積薪不足以為喻臣久欲粗啟所懷日復一日今當永離左右不欲令心有餘恨請出臣啟事付外詳擇帝詔公卿牧守普議得失甯又陳時政曰古

者分土割境以益百姓之心聖王作制籍無黃白之別昔中原喪亂流寓江左庶有旋反之期故許其挾注本郡自爾漸久人安其業丘壟墳柏皆已成行雖無本邦之名而有安土之實今宜正其封疆以土斷人戶明考課之科修閭伍之法難者必曰人各有桑梓俗自有南北一朝屬戶長為人隸君子則有土風之慨小人則懷下役之慮斯誠并兼者之所執而非通理者之篤論也古者失地之君猶臣所寓之主列國之臣亦有違適之禮隨會仕秦致稱春秋樂毅宦燕見褒良史且今普天之人原其氏出皆隨世遷移何至於今而獨不可凡荒郡之人星居東西遠者千餘近者數百而舉召役調皆相資須期會差違輒致嚴坐人不堪命叛為盜賊是以山湖日積刑獄愈滋今荒小郡縣皆宜并合不滿五千戶不得為郡不滿千戶不得為縣守宰之任宜得清平之人頃者選舉惟以卹貧為先雖制有六年而富足便退又郡守長吏牽置無常或兼臺職或帶府官夫府以統州州以監郡郡以蒞縣如令互相領帖則是下官反為上司賦調役使無復節限且牽曳百姓營起廨

舍東西流遷人人易處文書簿籍少有存者先之室宇皆為私家後來新官復應修立其為弊也胡可勝言又方鎮去官皆割精兵器仗以為送故米布之屬不可稱計監司相容初無彈糾其中或有清白亦復不見甄異送兵多者至有千餘家少者數十戶既力入私門復資官廩布兵役既竭枉服良人牽引無端以相充補若是功勳之臣則已享裂土之祚豈應封外復置吏兵乎謂送故之格宜為節制以三年為斷夫人性無涯奢儉由勢今并兼之士亦多不贍非力不足以厚身非祿不足以富家是得之有由而用之無節蒱酒永日馳騖卒年一宴之饌費過十金麗服之美不可貲算盛狗馬之飾營鄭衛之音南畝廢而不墾講誦闕而無聞凡庸競馳傲誕成俗謂宜驗其鄉黨考其業尚試其能否然後升進如此匪惟家給人足賢人豈不繼踵而至哉官制謫兵不相襲代頃者小事便以補役一愆之違辱及累世親戚傍支罹其禍毒戶口減耗亦由於此皆宜料遣以全國信禮十九為長殤以其未成人也十五為中殤以為尚童幼也今以十六為全丁則備成人之役矣

以十三為半丁所任非復童幼之事矣豈可傷天理違經典困苦萬姓乃至此乎今宜修禮文以二十為全丁十六至十九為半丁則人無夭折生長滋繁矣帝善之初寧之出非帝本意故所啓多合旨寧在郡又大設庠序遣人往交州採磬石以供學用改革舊制不拘常憲遠近至者千餘人資給衆費一出私祿并取郡四姓子弟皆充學生課讀五經又起學臺功用彌廣江州刺史王凝之上言曰豫章郡居此州之半太守臣寧入參機省出宰名郡而肆其奢濁所為狼籍郡城先有六門寧悉改作重樓復更開二門合前為八私立下舍七所臣伏尋宗廟之設各有品秩而寧自置家廟又下十五縣皆使左宗廟右社稷準之太廟皆資人力又奪人居宅工夫萬計寧若以古制宜崇自當列上而敢專輒惟在任心州既聞知即符從事制不復聽而寧嚴威屬縣惟令速立願出臣表下太常議之禮典詔曰漢宣云可與共治天下者良二千石也若范寧果如凝之所表者豈可復宰郡乎以此抵罪子泰時為天門太守棄官稱訴帝以寧所務惟學事久不判會赦免初寧嘗患

目痛就中書侍郎張湛求方湛因嘲之曰古方宋陽里子少得其術以授魯東門伯魯東門伯以授左丘明遂世世相傳及漢杜子夏鄭康成魏高堂隆晉左太沖凡此諸賢並有目疾得此方云用損讀書一減思慮二專內視三簡外觀四旦晚起五夜早眠六凡六物熬以神火下以氣簁蘊於胷中七日然後納諸方寸脩之一時近能數其目睫遠視尺捶之餘長服不已洞見牆壁之外非但明目乃亦延年既免官家于丹陽猶勤經學終年不輟年六十三卒于家初寧以春秋穀梁氏未有善釋遂沈思積年為之集解其義精審為世所重既而徐邈復為之注世亦稱之子泰元熙中為護軍將軍

堅字子常博學善屬文永嘉中避亂江東拜佐著作郎撫軍參軍討蘇峻賜爵都亭侯累遷尚書左丞時廷尉奏殿中帳吏邵廣盜官幔三張合布三十四有司正刑棄市廣二子宗年十三雲年十一黃幡撾登聞鼓乞恩辭求自沒為奚官奴以贖父命尚書郎朱暎議以為天下之人父無子者少一事遂行便成永制懼死罪之刑於此而弛堅亦同暎議時議者以廣為鉗徒二兒沒入既足以懲又使百姓知父子之道聖朝有垂恩之仁可特聽減廣死罪為五歲刑宗等付奚官為奴而不為永制堅駁之曰自淳朴澆散刑辟仍作刑之所以止刑殺之所以止殺雖時有赦過宥罪議獄緩死未有行小不忍而輕易典刑者也且既許宗等宥廣以死若復有宗比而不求贖父者豈得不擯絕人倫同之禽獸邪按主者今奏云惟特聽宗等而不為永制臣以為王者之作動關盛衰嚬笑之間尚慎所加況於國典可以徒虧令之所以宥廣正以宗等耳人之愛父誰不如宗今既居然許宗之請將來訴者何獨匪民特聽之意未見其益不以為例交興怨讟此為施一恩於今而開萬怨於後也成帝從之正廣死刑後遷護軍長史卒官子啓字榮期雖經學不及堅而以才義顯於當世于時清談之士庾龢韓伯袁宏等並相知友為祕書郎累居顯職終於黃門侍郎父子並有文筆傳於世

劉惔字真長沛國相人也祖宏字終嘏光祿勳宏兄粹字純嘏侍中弟潢字沖嘏吏部尚書並有名中朝時人語曰洛中雅雅有三嘏父耽晉

陵太守亦知名惔少清遠有標奇與母任氏寓居京口家貧織芒屩以為養雖蓽門陋巷晏如也人未之識惟王導深器之後稍知名論者比之袁羊惔喜還告其母母聰明婦人也謂之曰此非汝比勿受之又有方之范汪者惔復喜母又不聽及惔年德轉升論者遂比之荀粲尚明帝女廬陵公主以惔雅善言理簡文帝初作相與王濛並為談客俱蒙上賓禮時孫盛作易象妙於見形論帝使殷浩難之不能屈帝曰使真長來故應有以制之乃命迎惔盛素敬服惔及至便與抗答辭甚簡至盛理遂屈一坐撫掌大笑咸稱美之累遷丹楊尹為政清整門無雜賓時百姓頗有訟官長者諸郡往往有相舉正惔歎曰夫居下訕上此獘道也古之善政司契而已豈不以其敦本正源鎮靜流末乎君雖不君下安可以失禮若此風不革百姓將往而不反遂寢而不問性簡貴與王羲之雅相友善郗愔有傖奴善知文章羲之愛之每稱奴于惔惔問何如方回邪羲之曰小人耳何比郗公惔曰若不如方回故常奴耳桓溫嘗問惔會稽王談更進邪惔曰極進然故第三流耳溫曰第一復

誰惔曰故在我輩其高自標置如此惔每奇溫才而知其有不臣之迹及溫爲荊州惔言於帝曰溫不可使居形勝地其位號常宜抑之勸帝自鎮上流而己爲軍司帝不納又請自行復不聽及溫伐蜀時咸謂未易可制惟惔以爲必克或問其故云以蒱博驗之其不必得則不爲也恐溫終專制朝廷及後竟如其言嘗薦吳郡張憑憑卒爲美士衆以此服其知人尤好老莊任自然趣疾篤百姓欲爲之祈禱家人又請祭神惔曰丘之禱久矣年三十六卒官孫綽爲之誄云居官無官官之事處事無事事之心時人以爲名言後綽嘗詣褚裒言及惔流涕曰可謂人之云亡邦國殄瘁裒大怒曰真長生平何嘗相比數而卿今日作此面向人邪其爲名流所敬重如此

張憑字長宗祖鎮蒼梧太守憑年數歲鎮謂其父曰我不如汝有佳兒憑曰阿翁詎宜以子戲父邪及長有志氣爲鄉閭所稱舉孝廉負其才自謂必參時彥初欲詣惔鄉里及同舉者共笑之既至惔處之下坐神意不接憑欲自發而無端會王濛就惔清言有所不通憑於末坐判之言旨深遠足暢彼我之懷一坐皆驚惔延之上坐清言彌日留宿至旦遣之憑既還船須臾惔遣傳教覓張孝廉船便召與同載遂言之於簡文帝帝召與語歎曰張憑勃窣爲理窟官至吏部郎御史中丞

韓伯字康伯潁川長社人也母殷氏高明有行家貧窶伯年數歲至大寒母方爲作襦令伯捉熨斗而謂之曰且著襦尋當作複褌伯曰不復須母問其故對曰火在斗中而柄尚熱今既著襦下亦當煖母甚異之及長清和有思理留心文藝舅殷浩稱之曰康伯能自標置居然是出羣之器潁川庾龢名重一時少所推服常稱伯及王坦之曰思理倫和我敬韓康伯志力彊正吾愧王文度自此以還吾皆百之矣舉秀才徵佐著作郎並不就簡文帝居藩引爲談客自司徒左西屬轉撫軍掾中書郎散騎常侍豫章太守入爲侍中陳郡周勰爲謝安主簿居喪廢禮崇尚莊老脫落名教伯領中正不通勰議曰拜下之敬猶違衆從禮情理之極不宜以多比爲通時人憚焉識者謂伯可謂澄世所不能澄而裁世所不能裁者矣與夫容己順衆者豈得同時而共稱哉王坦之又

嘗著公謙論袁宏作論以難之伯覽而美其辭旨以爲是非既辯誰與正之遂作辯謙以折中曰夫尋理辯疑必先定其名分所存所存既明則彼我之趣可得而詳也夫謙之爲義存乎降己者也以高從卑以賢同鄙故謙名生焉孤寡不穀人之所惡而侯王以自稱降其貴者也執御執射衆之所賤而君子以自目降其賢者也與夫山在地中之象其致豈殊哉捨此二者而更求其義雖南轅求宜終莫近也夫有所貴故有降焉夫有所美故有謙焉譬影響之與形聲相與而立道足者忘貴賤而一賢愚體公者乘理當而均彼我降挹之義於何而生則謙之爲美固不可以語至足之道涉乎大方之家矣然君子之行已必尚於至當而必造乎匿善至理在乎無私而動之於降己者何誠由未能一觀於能鄙則貴賤之情立非忘懷於彼我則私己之累存當其所貴在我則矜值其所賢能之則伐處貴非矜而矜己者常有其貴言善非伐而伐善者驟稱其能是以知矜貴之傷德者故宅心於卑素悟驟稱之虧理者故情存於不言情存於不言則善斯匿矣宅心於卑素則貴斯降矣夫所況君子之流苟理有未足情有未夷存我之理未宜於內豈不同心於降挹洗之所滯哉體有而擬無者聖人之德有累而存理者君子之情雖所滯不同其於遣之緣有弊而用降己之道由私我而存一也故懲忿窒欲著於損象卑以自牧實繫謙爻皆所以存其所不足拂其所有餘者也王生之談以至理無謙近得之矣云人有爭心善不可收假後物之迹以逃動者之患以語聖賢則可施之於下斯者豈惟逃患於外亦所以洗心於內也轉丹楊尹吏部尚書領軍將軍既疾病占候者云不宜此官朝廷改授太常未拜卒時年四十九卽贈太常子璯官至衡陽太守

史臣曰王湛門資台鉉地處膏腴識表鄰幾才惟王佐叶宣尼之遠契翫道韋編遵伯陽之幽旨含虛牝谷所謂天質不雕合於大朴者也安期英姿挺秀籍甚一時朝野挹其風流人倫推其表燭雖崇勳懋績有闕於旂常素德清規足傳於汗簡矣懷祖鑒局夷遠沖衿玉粹坦之牆宇凝曠逸操金貞騰諷庾之良箴情嗤語怪演廢莊之宏論道

煥崇儒或寄重文昌允釐於袞職或任華綸閣密勿於王言咸能克著徽音保其榮秩美矣國寶檢行無聞坐升彼相混暗識於心鏡開險路於情田于時疆埸多虞憲章罕備天子居綴旒之運人臣微覆餗之憂於是竊勢擁權黷明王之彝典窮奢縱侈假凶豎之餘威繡桷雕楹陵跨於宸極驪台冶質充牣於帷房亦猶犬彘腴肥不知禍之將及吉盡私室固其宜哉荀景猷履孝居忠無慙往烈范玄平陳謀獻策有會時機崧則思業該通緝遺經於已紊汪則風飈直亮抗高節於將顛揚搉而言俱爲雅士劉韓儁爽標置軼羣勝氣籠霄飛談卷霧並蘭芬菊耀無絕於終古矣

贊曰劭沖純懿是稱奇器養素虛庭同塵下位雅道雖屈高風不墜猗歟後胤世傳清德帝室馳芬士林揚則國寶庸暗託意驕奢既豐其屋終蔀其家荀范令望金聲遠暢劉韓秀士珠談間起異術同華咸蕤青史

列傳第四十五　晉書七十五

列傳第四十六　　晉書七十六　　御撰

王舒 子允之　王廙 弟彬 彬子彪之　王稜

虞潭 孫嘯父 兄子𩦎　顧衆　張闓

王舒字處明丞相導之從弟也父會侍御史舒少為從兄敦所知以天下多故不營當時名恒處私門潛心學植年四十餘州禮命太傅辟皆不就及敦為青州舒往依焉時敦被徵為秘書監以寇難路險輕騎歸洛陽委棄公主時輜重金寶甚多親賓無不競取惟舒一無所眄益為敦所賞及元帝鎮建康因與諸父兄弟俱渡江委質焉參鎮東軍事出補溧陽令明帝之為東中郎將妙選上佐以舒為司馬轉後將軍宣城公裒諮議參軍遷軍司固辭不受裒鎮廣陵復以舒為車騎司馬頻領望府咸稱明練裒薨遂代裒鎮除北中郎將監青徐二州軍事頃之徵國子博士加散騎常侍未拜轉少府太寧初從廷尉敦表舒為鷹揚將軍荊州刺史領護南蠻校尉監荊州沔南諸軍事及敦敗王含父子俱奔舒舒遣軍逆之並沉于江進都督荊州平西將軍假節尋以陶侃代舒轉舒為安南將軍廣州刺史舒疾病不樂越嶺朝議亦以其有功不應遠出乃從為湘州刺史將軍都督持節如故徵代鄧攸為尚書僕射時將徵蘇峻司徒王導欲出舒為外援乃授撫軍將軍會稽內史秩中二千石舒上疏辭以父名朝議以字同音異於禮無嫌舒復陳音雖異而字同求換他郡於是改會字為鄶舒不得已而行在郡二年而蘇峻作逆乃假舒節都督行揚州刺史事時吳國內史庾冰棄郡奔舒舒移告屬郡以吳王師虞𩦎為軍司御史中丞謝藻行龍驤將軍監前鋒征討軍事率衆一萬與庾冰俱渡浙江前義興太守顧衆護軍參軍顧颺等皆起義軍以應舒舒假衆揚威將軍督護吳中軍事颺監晉陵軍事於御亭築壘峻聞舒等兵起乃赦庾亮諸弟以悅東軍舒率衆次郡之西江為冰藻後計冰颺等遣前鋒進據無錫遇賊將張健等數千人交戰大敗奔還御亭復自相驚擾冰颺等並退于錢唐藻守嘉興賊遂入吳燒府舍掠諸縣所在塗地舒以輕進奔敗斬二軍主者免冰颺督護以白衣行事更以顧衆督護吳晉陵軍屯兵章埭吳興太守虞潭率

所領討健屯烏苞亭並不敢進時暴雨大水賊管商乘船旁出襲潭及衆潭等奔敗潭還保吳興衆退守錢舒更遣將軍陳孺率精銳千人增戍海浦所在築壘或勸舒宜還都使謝藻守西陵扶海立柵舒不聽留藻錢唐使衆颺守紫壁於是賊轉攻吳興潭諸軍復退賊復掠東遷餘杭武康諸縣舒遣子允之行揚烈將軍與將軍徐遜陳孺及揚烈司馬朱燾以精銳三千輕邀賊於武康出其不意遂破之斬首數百級賊悉委舟步走允之收其器械進兵助潭時賊韓晃既破宣城轉入故鄣長城允之遣朱燾何準等擊之戰於于湖潭以彊弩射之晃等退走斬首千餘級納降二千人潭由是得保郡是時臨海新安諸山縣並反應賊舒分兵悉討平之會陶侃等至京都舒潭等並以屢戰失利移書盟府自貶去節侃遣使敦喻不聽及侃立行臺上舒監浙江東五郡軍事允之督護吳郡義興晉陵三郡征討軍事既而晃等南走允之追躡於長塘湖復大破之賊平以功封彭澤縣侯尋卒官贈車騎大將軍儀同三司謚曰穆長子晏之蘇峻時為護軍參軍被害晏之子崑之嗣卒子陋之嗣宋受禪國除晏之弟允之最知名

允之字深猷總角從伯敦謂為似己恒以自隨出則同輿入則共寢敦嘗夜飲允之辭醉先臥敦與錢鳳謀為逆允之已醒悉聞其言慮敦或疑己便於臥處大吐衣面並污鳳既出敦果照視見允之臥吐中以為大醉不復疑之時父舒始拜廷尉允之求還定省敦許之至都以敦鳳謀議事白舒舒即與導俱啓明帝舒為荊州允之隨在西府及敦平帝欲令允之仕舒請曰臣子尚少不樂早官帝許隨舒之會稽及蘇峻反允之討賊有功封番禺縣侯邑千六百户除建武將軍錢唐令領司鹽都尉舒卒去職既葬除義興太守以憂哀不拜從伯導與其書曰太保安豐侯以孝聞天下不得辭司隸和長輿海內名士不免作中書令吾群從死亡略盡子弟零落遇汝如親如其不爾吾復何言允之固不肯就咸和末除宣城內史監揚州江西四郡事建武將軍鎮于湖咸康中進號西中郎將假節尋遷南中郎將江州刺史莅政甚有威惠時王恬服闋除豫章郡允之聞之驚愕以為恬丞相子應被優遇不可出為遠

郡乃求自解州欲與庾亮共之冰聞甚愧即以恬爲吳郡而以允之爲衞將軍會稽內史未到卒年四十謚曰忠子晞之嗣卒子崴之嗣

王廙字世將丞相導從弟而元帝姨弟也父正尚書郎廙少能屬文多所通涉工書畫善音樂射御博奕雜伎辟太傅掾轉參軍豫迎大駕封武陵縣侯拜尚書郎出爲濮陽太守元帝作鎮江左廙弃郡過江帝見之大悅以爲司馬頻守廬江鄱陽二郡豫討周馥杜弢以功累增封邑除冠軍將軍鎮石頭領丞相軍諮祭酒王敦啓爲寧遠將軍荆州刺史及帝即位廙奏中興賦上疏曰臣託備肺腑幼蒙洪潤爰自齠齔至于弱冠陛下之所撫育恩侔於兄弟義同於交友思欲攀龍鱗附鳳翼者有年矣是以昔忝濮陽弃官遠跡扶侍老母攜將細弱越長江歸陛下者誠以道之所存願託餘蔭故也天誘其願遇陛下中興當大明之盛而守局遐外不得奉瞻大禮聞問之日悲喜交集昔司馬相如不得覩封禪之事慷慨發憤況臣情則骨肉服膺聖化哉又臣昔嘗侍坐於先后說陛下誕育之日光明映室白毫生於額之左相者謂當王有四海

又臣以壬申歲見用爲鄱陽內史七月四星聚于牽牛又臣郡有枯樟更生及臣後還京都陛下見臣白兎命臣作賦時琅邪郡又獻甘露陛下命臣嘗之又驃騎將軍導向臣說晉陵有金鐸之瑞郭璞云必致中興璞之交筮雖京房管輅不過也明天之歷數在陛下矣臣少好文學志在史籍而飄放遐外常與桀戎爲對臣犬馬之年四十三矣未能上報天施而惛耄屢彰恐先朝露填溝壑令微情不得上達謹竭其頑獻中興賦一篇雖未足以宣揚盛美亦是詩人嗟歎詠歌之義也文多不載初王敦左遷陶侃使廙代爲荆州將吏馬儁鄭攀等上書請留侃敦不許廙爲儁等所襲奔于江安賊杜曾與儁攀北迎第五猗以距廙廙督諸軍討曾又爲曾所敗敦命湘州刺史甘卓豫章太守周廣等助廙擊曾曾衆潰廙得到州廙性儁率嘗從南下旦自尋陽迅風飛帆暮至都倚舫樓長嘯神氣甚逸王導謂庾亮曰世將爲傷時識事亮曰正足舒其逸氣耳廙在州大誅戮侃時將佐及徵士皇甫方回於是大失荆土之望人情乖阻帝乃徵廙爲輔國將軍加散騎常侍以母喪去職服闋拜征虜將軍進左衞將軍及王敦構禍帝遣廙喻敦敦既不能諫其悖逆乃爲敦所留受任助亂敦得志以廙爲平南將軍領護南蠻校尉荆州刺史尋病卒帝猶以親故深痛愍之喪還京都皇太子親臨拜柩如家人之禮贈侍中驃騎將軍謚曰康明帝與大將軍溫嶠書曰痛謝鯤未絕於臣世將復至於此並盛年儁才不遂其志痛切于心廙明古多通鯤遠有識致其言雖未足令之改聽然味之不倦近未易有也坐相視盡如何子頤之嗣仕至東海內史頤之弟胡之字脩齡弱冠有聲譽歷郡守侍中丹楊尹素有風眩疾發動甚數而神明不損石季龍死朝廷欲綏輯河洛以胡之爲西中郎將司州刺史假節以疾固辭未行而卒子茂之亦有美譽官至晉陵太守子敬弘義熙末爲尚書

彬字世儒少稱雅正弱冠不就州郡之命光祿大夫傅祗辟爲掾後與兄廙俱渡江爲揚州刺史劉機建武長史元帝引爲鎮東賊曹參軍轉典兵參軍豫討華軼功封都亭侯愍帝召爲尚書郎以道險不就遷建安太守從義興內史未之職轉軍諮祭酒中興建稍遷侍中從兄敦舉兵入石頭

帝使彬勞之會周顗遇害彬素與顗善先往哭顗甚慟既而見敦敦怪其有慘容而問其所以彬曰向哭伯仁情不能已敦怒曰伯仁自致刑戮且凡人遇汝復何爲者哉彬曰伯仁長者君之親友在朝雖無謇諤亦非阿黨而赦後加之極刑所以傷惋也因勃然數敦曰兄抗旌犯順殺戮忠良謀圖不軌禍及門戶音辭慷慨聲淚俱下敦大怒厲聲曰爾狂悖乃可至此爲吾不能殺汝邪時王導在坐爲之懼勸彬起謝彬曰有腳疾已來見天子尚欲不拜何跪之有此復何所謝敦曰腳痛孰若頸痛彬意氣自若殊無懼容後敦議舉兵向京師彬諫甚苦敦變色目左右將收彬彬正色曰君昔歲害兄今又殺弟邪先是彬從兄豫章太守棱爲敦所害敦以彬親故容忍之俄而以彬爲豫章太守彬爲人樸素方直乏風味之好雖居顯貴常布衣蔬食遷前將軍江州刺史及敦死王含欲投王舒王應勸含投彬含曰大將軍平素與江州云何汝欲歸之應曰此乃所以宜往也江州當人強盛時能立同異此非常人所及覩衰厄必興慈愍荆州守文豈能意外行事含不從遂共投舒舒果

況含父子手江彬聞應來密具船以待之既不至深以為恨敦平有司奏彬及兄子安成太守籍之並是敦親皆除名詔曰司徒導以大義滅親其後昆雖或有違猶將百世宥之況彬等公之近親乃原之徵拜光祿勳轉度支尚書蘇峻平後改築新宮彬為大匠以營創勳勞賜爵關內侯遷尚書右僕射卒官年五十九贈特進衛將軍加散騎常侍謚曰肅長子彭之嗣位至黃門郎次彪之最知名

彪之字叔武年二十鬚鬢皓白時人謂之王白鬚初除佐著作郎東海王文學從伯導謂曰選官欲以汝為尚書郎汝幸可作諸王佐邪彪之曰位之多少既不足計自當任之於時至於超遷是所不願遂為郎鎮軍將軍武陵王晞以為司馬累遷尚書左丞司徒左長史御史中丞侍中廷尉時永嘉太守謝毅赦後殺郡人周矯矯從兄球詣州訴冤揚州刺史殷浩遣從事收毅付廷尉彪之以球為獄主身無王爵非廷尉所料不肯受與州相反覆穆帝發詔令受之彪之又上疏執據時人比之張釋之時當南郊簡文帝為撫軍執政訪彪之應有赦不答曰中興以來郊祀往往有赦愚意常謂非宜何者黎庶不達其意將謂郊祀必赦至此時凶愚之輩復生心於僥倖矣遂從之轉吏部尚書簡文有命用秣陵令曲安遠補句容令殿中侍御史奚朗補湘東郡彪之執不從曰秣陵令三品縣耳殿下昔用安遠談者紛然句容近畿三品佳邑豈可處卜術之人無才用者邪湘東雖復遠小所用未有朗比談者謂頗兼卜術得進殿下若超用寒悴當令人才可拔朗等凡器實未足充此選太尉桓溫欲北伐屢詔不許溫輒下武昌人情震懼或勸殷浩引身告退彪之言於簡文曰此非保社稷為殿下計皆自為計耳若殷浩去職人情崩駭天子獨坐既爾當有任其責者非殿下而誰又謂浩曰彼抗表問罪卿為其首事任如此猜釁已構欲作匹夫豈有全地邪且當靜以待之令相王與手書示以款誠陳以成敗當必旋旆若不順命即遣中詔如復不奉乃當以正義相裁無故怱怱先自猖蹶浩曰決大事正自難頃日來欲使人悶聞卿此謀意始得了溫亦奉帝旨果不進時眾官漸多而遷徙每速彪之上議曰為政之道以得賢為急非

謂維容廊廟標的而已固將莅任贊時職思其憂也得賢之道在於莅任莅任之道在於能久久於其道天下化成是以三載考績三考黜陟不收一切之功不採速成之譽故勳格辰極道融四海風流遐邈聲冠百代凡庸之族眾賢能之才寡才寡於世而官多於朝焉得不賢鄙共貫清濁同官官眾則闕多闕多則遷速前後去來更相代補非為故然理固然耳所以職事未脩朝風未澄者也職事之脩在於省官朝風之澄在於并職官省則選清而得久職并則吏簡而俗靜選清則勝人久於其事事久則中才猶足有成今內外百官較而計之固應有并省者矣六卿之任太常望雅而職重然其所司義高務約宗正所統蓋尠可以并太常宿衛之重二衛任之其次驍騎左軍各有所領無兵軍校皆應罷能廢四軍皆罷則左軍之名不宜獨立宜改游擊以對驍騎內官自侍中以下舊員皆四中興之初二人而已二人對直或有不周愚謂三人於事則無闕也凡餘諸官無綜事實者可令大官隨才位所帖而領之若未能頓廢自可因缺而省之委之以職分責之以有成能否因考績而著清濁隨黜陟而彰雖緝熙之隆康哉之歌未可使庶官之選差清莅職之日差久無奉祿之虛費簡吏寺之煩役矣永和末多疾疫舊制朝臣家有時疾染易三人以上者身雖無疾百日不得入宮至是百官多列家疾不入彪之又言疾疫之年家無不染若以之不復入宮則直侍頓闕王者宮省空矣朝廷從之既而長安人雷弱兒梁安等詐云殺苻健苻眉請兵應接時殷浩鎮壽陽便進據洛營復山陵屬彪之疾歸上簡文帝箋陳弱兒等容有詐偽浩未應輕進尋而弱兒果詐姚襄反叛浩大敗退守譙城簡文笑謂彪之曰果如君言自頃以來君謀無遺策張陳復何以過之轉領軍將軍遷尚書僕射以疾病不拜徙太常領崇德衛尉時或謂簡文曰武陵第中大脩器杖將謀非常也簡文以問彪之彪之曰武陵王志意盡於馳騁田獵耳願深靜之以懷異同者或復以此為言簡文甚悅復轉尚書僕射時豫州刺史謝奕卒簡文遽使彪之舉可以代奕者對曰當今時賢備簡高監簡文曰人有舉桓雲者君謂如何彪之曰雲不必非才然溫居上流割天下之半其弟復處西藩兵

權盡在一門亦非深根固蔕之宜也人才非可豫量但當令不與殿下作異者耳簡文頷曰君言是也後以彪之為鎮軍將軍會稽內史加散騎常侍居郡八年豪右斂跡亡戶歸者三萬餘口桓溫下鎮姑孰威勢震主四方脩敬皆遣上佐綱紀彪之獨曰大司馬誠為富貴朝廷既有宰相動靜之宜自當諮稟脩敬若遣綱紀致貢天子復何以過之竟不遣溫以山陰縣折布米不時畢郡不彈糾上免彪之彪之去郡郡見罪謫未上州臺者皆原散之溫復以為罪乃檻收下吏會赦免左降為尚書頃之復為僕射是時溫將廢海西公百寮震慄溫亦色動莫知所為彪之既知溫不臣迹已著理不可奪乃謂溫曰公阿衡皇家便當倚傍先代耳命取霍光傳禮度儀制定於須臾曾無懼容溫歎曰作元凱不當如是邪時廢立之儀既絕於曠代朝臣莫有識其故典者彪之神彩毅然朝服當堦文武儀準莫不取定朝廷以此服之溫又廢武陵王遵以事示彪之彪之曰武陵親尊未有顯罪不可以猜嫌之間便相廢徙公建立聖明遐邇歸心當崇獎王室伊周同美此大事宜更深詳溫曰此

已成事卿勿復言及簡文崩群臣疑惑未敢立嗣或云宜當須大司馬處分彪之正色曰君崩太子代立大司馬何容得異若先面諮必反為所責矣於是朝議乃定及孝武帝即位太皇太后令以帝冲幼加在諒闇令溫依周公居攝故事事已施行彪之曰此異常大事大司馬必當固讓使萬機停滯稽廢山陵未敢奉令謹具封還內請停事遂不行溫遇疾諷朝廷求九錫袁宏為文以示彪之彪之視訖歎其文辭之美謂宏曰卿固大才安可以此示人時謝安見其文又頻使宏改之宏遂逡巡其事既屢引日乃謀於彪之彪之曰聞彼病日增亦當不復支久自可更小遲迴宏從之溫亦尋薨時桓冲及安夾輔朝政安以新喪元輔主上未能親覽萬機太皇太后宜臨朝彪之曰先代前朝主在襁抱母子一體故可臨朝太后亦不能決政事終是顧問僕與君諸人耳今上年出十歲垂婚冠反令從嫂臨朝示人君幼弱豈是翼戴讚揚立德之謂乎二君必行此事豈僕所制所惜者大體耳時安不欲委任桓冲故使太后臨朝決政獻替專在乎已彪之不達安旨故以為言安竟不從

尋遷尚書令與安共掌朝政安每曰朝之大事衆不能決者諮王公無不得判以年老上疏乞骸骨詔不許轉拜護軍將軍加散騎常侍安欲更營宮室彪之曰中興初即位東府殊為儉陋元明二帝亦不改制蘇峻之亂成帝止蘭臺都坐殆不蔽寒暑是以更營脩築方之漢魏誠為儉狹復不至陋殆合豐約之中今自可隨宜增益脩補而已強寇未殄正是休兵養士之時何可大興功力勞擾百姓邪安曰宮室不壯後世謂人無能彪之曰任天下事當保國寧家朝政惟允豈以脩屋宇為能邪安無以奪之故終彪之之世不改營焉加光祿大夫儀同三司未拜疾篤帝遣黃門侍郎問所苦賜錢三十萬以營醫藥太元二年卒年七十三即以光祿為贈謚曰簡二子越之撫軍參軍臨之東陽太守

稜字文子彬季父國子祭酒琛之子也少歷清官渡江為元帝丞相從事中郎從兄導以稜有政事宜守大郡乃出為豫章太守加廣武將軍稜知從兄敦驕傲自負有冈上心日夕諫諍以為宜自抑損推崇盟主且群從一門並相與服事應思務相崇高以隆勳業每言甚切敦不能

容潛使人害之弟侃亦知名少歷顯職位至吳國內史

虞潭字思奧會稽餘姚人吳騎都尉翻之孫也父忠仕至宜都太守吳之亡也堅壁不降遂死之潭清貞有檢操州辟從事主簿舉秀才大司馬齊王冏請為祭酒除祁鄉令徙醴陵令值張昌作亂郡縣多從之潭獨起兵斬昌別率鄧穆等襄陽太守華恢上潭領建平太守以疾固辭遂周旋征討以軍功賜爵都亭侯陳敏反潭東下討敏弟讚於江州廣州刺史王矩上潭領廬陵太守綏撫荒餘咸得其所又與諸軍共平陳恢仍轉南康太守進爵東鄉侯尋被元帝檄使討江州刺史華軼潭至廬陵會軼已平而湘川賊杜弢猶盛江州刺史衞展上潭并領安成太守時甘卓屯宜陽為弢所逼潭進軍救卓卓上潭領長沙太守固辭不就王敦版潭為湘東太守復以疾辭弢平後元帝召補丞相軍諮祭酒轉琅邪国中尉帝為晉王除屯騎校尉徙右衞將軍遷宗正卿以疾告歸會王含沈充等攻逼京都潭遂於本縣招合宗人及郡中大姓共起義軍衆以萬數自假明威將軍乃進赴国難至上虞明帝手詔潭

爲冠軍將軍領會稽內史潭即受命義衆雲集時有野鷹飛集屋梁衆咸懼潭曰起大義而剛鷙之鳥來集破賊必矣遣長史孔坦領前鋒過浙江追躡充潭次于西陵爲坦後繼會充已擒罷兵徵拜尚書尋補右衛將軍加散騎常侍成帝即位出爲吳興太守秩中二千石加輔國將軍以討充功進爵零陵縣侯蘇峻反加潭督三吳晉陵宣城義興五郡軍事會王師敗績大駕逼遷潭勢弱不能獨振乃固守以俟四方之舉會陶侃等下潭與郗鑒王舒協同義舉侃等假潭節監揚州浙江西軍事潭率衆與諸軍并勢東西掎角遣督護沈伊距管商於吳縣爲商所敗潭自貶還節尋而峻平潭以母老輒去官還餘姚詔轉鎮軍將軍吳國內史復徙會稽內史未發還復吳郡以前後功進爵武昌縣侯邑一千六百戶是時軍荒之後百姓饑饉死亡塗地潭乃表出倉米振救之又修滬瀆壘以防海抄百姓賴之咸康中進衞將軍潭貌雖和弱而內堅明有膽決雖屢統軍旅而鮮有傾敗以母憂去職服闋以侍中衞將軍徵既至更拜右光祿大夫開府儀同三司給親兵三百人侍中如故年

七十九卒于位追贈左光祿大夫開府侍中如故謚曰孝烈子仡嗣官至右將軍司馬仡卒子嘯父嗣嘯父少歷顯位後至侍中爲孝武帝所親愛嘗侍飲宴帝從容問曰卿在門下初不聞有所獻替邪嘯父家近海謂帝有所求對曰天時尚溫鱽魚蝦鮓未可致尋當有所上獻帝大笑因飲大醉出拜不能起帝顧曰扶虞侍中嘯父曰臣位未及扶醉不及亂非分之賜所不敢當帝甚悅隆安初爲吳國內史徵補尚書未發而王廞舉兵版嘯父行吳興太守嘯父即入吳興應廞廞敗有司奏嘯父與廞同謀罪應斬詔以祖潭舊勳聽以疾贖爲庶人四年復拜尚書桓玄用事以爲太尉左司馬尋遷護軍將軍出爲會稽內史義熙初去職卒於家

駿字思行潭之兄子也雖機幹不及於潭然而素行過之與譙国桓彝俱爲吏部郎情好甚篤尋彝遣溫拜駿彝使子谷拜彝歷吳興太守金紫光祿大夫王導常謂駿曰孔愉有公才而無公望丁潭有公望而無公才兼之者其在卿乎官未達而喪時人惜之子谷位至吳国內史

顧衆字長始吳郡吳人驃騎將軍榮之族弟也父祕交州刺史有文武才幹衆出後伯父早終事伯母以孝聞光祿朱誕器之州辟主簿舉秀才除餘杭秣陵令並不行元帝爲鎮東將軍命爲參軍以討華軼功封東鄉侯辟丞相掾祕卒州人立衆兄壽爲刺史尋爲州人所害衆往交州迎喪值杜弢之亂崎嶇六年乃還祕曾蒞吳興吳興義故以衆經離寇難共遺錢二百萬一無所受及帝踐阼徵拜駙馬都尉奉朝請轉尚書郎大將軍王敦請爲從事中郎上補南康太守會詔除鄱陽太守加廣武將軍衆徑之鄱陽不過敦敦甚怪焉及敦構逆令衆出軍衆遷延不發敦大怒以軍期召衆還詰之聲色甚厲衆不爲動容敦意漸釋時敦又怒宣城內史陸嗜衆又辨明之敦長史陸玩在坐代衆危懼出謂衆曰卿真所謂剛亦不吐柔亦不茹雖仲山甫何以加之敦事捷欲以衆爲吳興內史衆固辭舉吏部郎桓彝彝亦讓衆事並不行敦鎮姑孰復以衆爲從事中郎敦平除太子中庶子爲義興太守加揚威將軍蘇峻反王師敗績衆還吳潛圖義舉時吳國內史庾冰奔于會稽峻以蔡謨代

之前陵江將軍張悊爲峻收兵於吳衆遣人喻悊悊從之衆乃遣郎中徐機告謨曰衆已潛合家兵待時而奮又與張悊剋期效節謨乃檄衆爲本國督護揚威將軍仍舊衆從弟護軍將軍颺爲威遠將軍前鋒督護吳中人士同時響應峻遣將弘徽領甲卒五百鼓行而前衆與颺悊要擊徽戰於高莋大破之收其軍實謨以冰當還任故便去郡衆遣颺率諸軍屯无錫冰至鎮御亭恐賊從海虞道入衆自往備之而賊率張健馬流攻无錫颺等大敗庾冰亦失守健等遂據吳城衆自海虞由婁縣東倉與賊別率交戰破之義軍又集進屯烏苞會稽內史王舒吳興內史虞潭並檄衆爲五郡大督護統諸義軍討健潭遣將姚休爲衆前鋒與賊戰沒衆還守紫壁時賊黨方銳義軍沮退人咸勸衆過浙江衆曰不然今保固紫壁可得全錢唐以南五縣若越他境便爲寓軍控引无所非長計也臨平人范明亦謂衆曰此地險要可以致寇不可委也衆乃版明爲參軍明率宗黨五百人合諸軍凡四千人復進討健健退于曲阿留錢弘爲吳令軍次路丘即斬弘首衆進往吳城遣督

護朱祈等九軍與蘭陵太守李閎共守庱亭健遣馬流陶陽等往攻之閎與祈等逆擊大破之斬首二千餘級峻平論功衆以承擻奮義推功於謨謨以衆唱謀非己之力俱表相讓論者美之封鄱陽縣伯除平南軍司不就更拜丹楊尹本國大中正入為侍中轉尚書咸康末遷領軍將軍揚州大中正固讓未拜以母憂去職穆帝即位何充執政復徵衆為領軍不起服闋乃就是時充與武陵王不平衆會通其間遂得和釋充崇信佛教衆議其糜費每以為言嘗與充同載經佛寺充要衆入門衆不下車充以衆州里宿望每優遇之以年老上疏乞骸骨詔書不許遷尚書僕射永和二年卒時年七十三追贈特進光祿大夫謚曰靖長子昌嗣為建康令第三子會中軍諮議參軍時稱美士

張闓字敬緒丹楊人吳輔吳將軍昭之曾孫也少孤有志操太常薛兼進之於元帝言闓才幹貞固當今之良器即引為安東參軍甚加禮遇轉丞相從事中郎以母憂去職既葬帝強起之闓固辭疾篤優命敦逼遂起視事及帝為晉王拜給事黃門侍郎領本郡大中正以佐翼勳

賜爵丹楊縣侯遷侍中帝踐阼出補晉陵內史在郡甚有威惠帝下詔曰夫二千石之任當勉勵其德綏齊所莅使寬而不縱嚴而不苛其於勤功督察便國利人抑彊扶弱使無雜濫眞太守之任也若聲過其實古人所不取功乎異端為政之甚害蓋所貴者本也闓遵而行之時所部四縣並以旱失田闓乃立曲阿新豐塘溉田八百餘頃每歲豐稔葛洪為其頌計用二十一萬一千四百二十功以擅興造免官後公卿並為之言曰張闓興陂溉田可謂益國而反被黜使臣下難復為善帝感悟乃下詔曰丹楊侯闓昔以勞役部人免官雖從吏議猶未掩其忠節之志也倉廩國之大本宜得其才今以闓為大司農闓陳黜免始爾不宜便居九列疏奏不許然後就職帝晏駕以闓為大匠卿營建平陵事畢遷尚書蘇峻之役闓與王導俱入宮侍衞峻使闓持節權督東軍王導潛與闓謀密宣太后詔於三吳令速起義軍陶侃等至假闓節行征虜將軍與振威將軍陶回共督丹楊義軍闓到晉陵使內史劉耽盡以一部穀并遣吳郡度支運四部穀以給車騎將軍郗鑒又與吳郡內史蔡謨前吳興內史虞潭會稽內史王舒等招集義兵以討峻峻平以尚書加散騎常侍賜爵宜陽伯遷廷尉以疾解職拜金紫光祿大夫尋卒時年六十四子混嗣闓牋表文議傳於世

史臣曰季孫行父稱見有禮於其君者如孝子之養父母無禮於其君者如鷹鸇之逐鳥雀是以石碏戮厚叔向誅鮒前史以為美譚王敦之惡不足矜其類然而朱家容布為大俠之首酈寄載呂興賣友之譏亦所以激揚風俗弘長名教王彬犧船而厚其所薄王舒沈江而薄其所厚較之優劣斷乎可知思行彪之厲風規於多僻之日虞潭顧衆徇貞心於危惑之辰龍亮為出內之端劇魚非獻替之術嘯父之對何其鄙歟

贊曰彪明夙令聲績暮年允之騂角無棄山川廙稱多藝綢繆哲后二三其德亦孔之醜世儒憤發慟顗陵敦彪之不撓寧浩旋溫顧實甯金虞惟東筍鈌質無改筠心不變公羣公才駿為其選

列傳第四十六　晉書七十六

陸曄 曄弟玩 玩子納　何充　褚裒
蔡謨　諸葛恢　殷浩 顧悅之 蔡裔

陸曄字士光吳郡吳人也伯父喜吳吏部尚書父英高平相員外散騎常侍曄少有雅望從兄機每稱之曰我家世不乏公矣居喪以孝聞同郡顧榮與鄉人書曰士光氣息裁屬慮其性命言之傷心矣後察孝廉除永世烏江二縣令皆不就元帝初鎮江左辟為祭酒尋補振威將軍義興太守以疾不拜預討華軼功封平望亭侯累遷散騎常侍本郡大中正太興元年遷太子詹事時帝以侍中皆北士宜兼用南人曄以清貞著稱遂拜侍中徙尚書領州大中正明帝即位轉光祿勳遷太常代紀瞻為尚書左僕射領太子少傅尋加金紫光祿大夫代卞壼為領軍將軍以平錢鳳功進爵江陵伯帝不豫曄與王導卞壼庾亮溫嶠郗鑒並受顧命輔皇太子更入殿將兵直宿遺詔曰曄清操忠貞歷職顯允且其兄弟事君如父憂國如家歲寒不凋體自門風既委以六軍可錄尚

書事加散騎常侍成帝踐阼拜左光祿大夫開府儀同三司給親兵百人常侍如故蘇峻之難曄隨帝在石頭舉動方正不以凶威變節峻以曄吳士之望不敢加害使守留臺匡術以苑城歸順時共推曄督宮城軍事峻平加衛將軍給千兵百騎以勳進爵為公封次子嘏新康子咸和中求歸鄉里拜墳墓有司奏舊制假六十日侍中顏含黃門侍郎馮懷駁曰曄內蘊至德清一其心受託付之重居台司之位既蒙詔許歸省墳塋大臣之義本在忘己豈容有期而反無期必違愚謂宜還遂自還不須制日帝從之曄因歸以疾卒時年七十四追贈侍中車騎大將軍謚曰穆子諶散騎常侍

玩字士瑤器量淹雅弱冠有美名賀循每稱其清允平當郡檄綱紀東海王越辟為掾皆不就元帝引為丞相參軍時王導初至江左思結人情請婚於玩玩對曰培塿無松柏薰蕕不同器玩雖不才義不能為亂倫之始導乃止玩嘗詣導食酪因而得疾與導牋曰僕雖吳人幾為傖鬼其輕易權貴如此累加奮武將軍徵拜侍中以疾辭王敦請為長史逼以軍期不得已乃從命敦平尚書令郗鑒議敦佐吏不能匡正姦惡宜皆免官禁錮會溫嶠上表申理得不坐復拜侍中遷吏部尚書領會稽王師讓不拜轉尚書左僕射領本州大中正及蘇峻反遣玩與兄曄俱守宮城玩潛說匡術歸順以功封興平伯轉尚書令文詔曰玩體道清純雅量弘遠歷位內外風績顯著宜居台司以允眾望授左光祿大夫開府儀同三司加散騎常侍餘如故玩頻自表優詔褒揚重復自陳曰臣實凡短風操不立階緣嘉會便蕃榮顯遂總括臺豫聞政道竟不能敷融玄風清一朝序咎責之來於臣已重誠以身許國義忘曲讓而懔懔所守終於陳許者特以端右機要事務殷多臣已盈六十之年智力有限疾患深重體氣日獘朝夕自勵非復所堪若復貪荷免職事並廢則莫大之悔天下將謂臣何乞陛下披豁聖懷霈然垂允詔不許玩重表曰臣比披誠款不足上暢天聰聖恩徘徊屬以體國臣聞至公之道上下交同用才不貪其長量力不受其短雖加官重祿無世不有皆庸勳親賢時所須賴兼統以濟世務非優崇以榮之又臣受遇三世恩隆寵厚豈敢

辭職事之勞求沖讓之譽徒以端右要重興替所存久以無任妨賢曠職臣猶自知不可況天下之人乎今復外參論道內統百揆不堪之名有如皎日願陛下少垂哀矜使四海知官不可以私於人人不可以私取官則天工弘坦誰不謂允猶不許尋而王導郗鑒庾亮相繼而薨朝野咸以為三良既沒國家殄瘁以玩有德望乃遷侍中司空給羽林四十人玩既拜有人詣之索杯酒瀉置柱梁之間呪曰當今之材以爾為柱石莫傾人梁棟邪玩笑曰戢卿良箴既而歎息謂賓客曰以我為三公是天下為無人談者以為知言玩雖登公輔謙讓不辟掾屬成帝聞而勸之玩不得已而從命所辟皆寒素有行之士玩翼亮累世常以弘重為人主所貴加性通雅不以名位格物誘納後進謙若布衣由是搢紳之徒莫不廕其德宇後疾甚上表曰臣嬰遘疾疢沉頓歷月不蒙痊損而日夕漸篤自省微綿無復生望尚因寸不報孤負已及仰瞻天西復伏枕霣涕臣年向中壽窮極寵榮終命歸全將復何恨惟願陛下崇明聖德弘敷洪化曾構祖宗之基道濟群生之命臣不勝臨命遺戀之情貪及視息上表以聞

薨年六十四謚曰康給兵千人守冢七十家太元中功臣普被減削司空何充等止得六家以玩有佐命之勳先陪陵而葬由是特置興平伯官屬以衞墓子始嗣歷侍中尚書

納字祖言少有清操貞厲絕俗初辟鎮軍大將軍武陵王掾州舉秀才太原王述雅敬重之引為建威長史累遷黃門侍郎本州別駕尚書吏部郎出為吳興太守將之郡先至姑孰辭桓溫因問溫曰公致醉可飲幾酒食肉多少溫曰年大來飲三升便醉白肉不過十臠卿復云何納曰素不能飲止可二升肉亦不足言後伺溫閑謂之曰外有微禮方守遠郡欲與公一醉以展下情溫欣然納之時王坦之刁彝在坐及受禮唯酒一斗鹿肉一柈坐客愕然納徐曰明公近云飲酒三升納止可二升今有一斗以備杯酌餘瀝溫及賓客並歎其率素更勑中廚設精饌酣飲極懽而罷納至郡不受俸祿頃之徵拜左民尚書領州大中正將應召外白宜裝幾船納曰私奴裝糧食來無所復須也臨發止有被襆而已其餘並封以還官遷太常從吏部尚書加奉車都尉衞將軍謝安嘗欲詣納而納殊無供辦其兄子俶不敢問之乃密為之具安既至納所設唯茶果而已俶遂陳盛饌珍羞畢具客罷納大怒曰汝不能光益父叔乃復穢我素業邪於是杖之四十其舉措多此類後以愛子長生有疾求解官營視兄子禽又犯法應刑乞免官謝罪詔特許輕降頃長生小佳喻還攝職尋遷尚書僕射轉左僕射加散騎常侍俄拜尚書令常侍如故恪勤貞固始終不渝時會稽王道子以少年專政委任群小納望闕而歎曰好家居纖兒欲撞壞之邪朝士咸服其忠亮尋除左光祿大夫開府儀同三司未拜而卒即以為贈長生先卒無子以弟子道隆嗣元熙中為廷尉

何充字次道廬江灊人魏光祿大夫鄙之曾孫也祖惲豫州刺史父叡安豐太守充風韵淹雅文義見稱初辟大將軍王敦掾轉主簿敦兄含時為廬江郡貪汙狼藉敦嘗於座中稱曰家兄在郡定佳廬江人士咸稱之充正色曰充即廬江人所聞異於此敦默然傍人皆為之不安充晏然自若由是忤敦左遷東海王文學尋屬敦敗累遷中書侍郎

充即王導妻之姊子充妻明穆皇后之妹也故少與導善早歷顯官嘗詣導導以麈尾指牀呼充共坐曰此是君坐也導繕揚州解舍顧而言曰正為次道耳明帝亦友昵之成帝即位遷給事黃門侍郎蘇峻作亂京都傾覆導從駕在石頭充東奔義軍其後導奔白石充亦得還賊平封都鄉侯拜散騎常侍出為東陽太守仍除建威將軍會稽內史在郡甚有德政薦徵士虞喜拔郡人謝奉魏顗等以為佐吏後以墓被發去郡詔徵侍中不拜改葬畢除建威將軍丹楊尹王導庾亮並言於帝曰何充器局方概有萬夫之望必能總錄朝端為老臣之副臣死之日願引充內侍則外譽唯緝社稷無虞矣由是加吏部尚書進號冠軍將軍又領會稽王師及導薨轉護軍將軍與中書監庾冰參錄尚書事詔充冰各以甲杖五十人至止車門尋遷尚書令加左將軍充以內外統任宜相糾正若使事綜一人於課對為嫌乃上疏固讓許之從中書令加散騎常侍領軍如故又領州大中正以州有先達宿德固讓不拜庾冰兄弟以舅氏輔王室權侔人主慮易世之後戚屬轉疎將為外物所攻謀立康帝即帝母弟也每說帝以國有強敵宜須長君帝從之充建議曰父子相傳先王舊典忽妄改易懼非長計故武王不授聖弟即其義也昔漢景亦欲傳祚梁王朝臣咸以為虧亂典制據而弗聽今琅邪踐阼如孺子何社稷宗廟將其危乎冰等不從既而康帝立帝臨軒冰充侍坐帝曰朕嗣洪業二君之力也充對曰陛下龍飛臣冰之力也若如臣議不覩升平之世帝有慚色建元初出為驃騎將軍都督徐州揚州之晉陵諸軍事假節領徐州刺史鎮京口以避諸庾頃之庾翼將北伐庾冰出鎮江州充入朝言於帝曰臣冰舅氏之重宜居宰相不應遠出朝議不從於是徵充入為都督揚豫徐州之琅邪諸軍事假節領揚州刺史將軍如故先是翼悉發江荊二州編戶奴以充兵役士庶嗷然充復欲發揚州奴以均其謗後以中興時已發三吳今不宜復發而止俄而帝疾篤冰翼意在簡文帝而充建議立皇太子奏可及帝崩充奉遺旨便立太子是為穆帝冰翼深恨之獻后臨朝詔曰驃騎任重可以甲杖百人入殿又加中書監錄尚書事充自陳既錄尚書不宜復監中

書許之復加侍中羽林騎十人冰翼等尋卒充專輔幼主翼臨終表以後任委息爰之時論者並以諸庾世在西藩人情所歸宜依翼所請以安物情充曰不然荆楚國之西門戶口百萬北帶強胡西鄰勁蜀經略險阻周旋萬里得賢則中原可定勢弱則社稷同憂所謂陸抗存則吳存抗亡則吳亡者豈可以白面年少猥當此任哉桓溫英略過人有文武識度西夏之任無出溫者議者又曰庾爰之肯避溫乎如令阻兵耻懼不淺充曰溫足能制之諸君勿憂乃使溫西爰之果不敢爭充以衛將軍褚裒皇太后父宜綜朝政上疏薦裒參錄尚書裒以地逼固求外出充每曰桓溫褚裒爲方伯殷浩居門下我可無勞矣充居宰相雖無澄正改革之能而強力有器局臨朝正色以社稷爲己任凡所選用皆以功臣爲先不以私恩樹親戚談者以此重之然所暱庸雜信任不得其人而性好釋典崇修佛寺供給沙門以百數糜費巨億而不吝也親友至於貧乏無所施遺以此獲譏於世阮裕嘗戲之曰卿志大宇宙勇邁終古充問其故裕曰我圖數千戶郡尚未能得卿圖作佛不亦大乎于時郗愔及弟曇奉天師道而充與弟準崇信釋氏謝萬譏之云二郗諂於道二何佞於佛充能飲酒雅爲劉惔所貴惔每云見次道飲令人欲傾家釀言其能溫克也永和二年卒時年五十五贈司空諡曰文穆無子弟子放嗣卒又無子又以兄孫松嗣位至驃騎諮議參軍充弟準見外戚傳

褚翜字謀遠太傅裒之從父兄也父頠少知名早卒翜以才幹稱襲爵關內侯補冠軍參軍于時長沙王乂擅權成都河間阻兵于外翜知內難方作乃棄官避地幽州後河北有寇難復還鄉里河南尹舉翜行本縣事及天下鼎沸翜招合同志將圖過江先移住陽城界潁川庾敳即翜之舅也亦慮世亂以家付翜翜道斷不得前東海王越以爲參軍辭疾不就尋洛陽覆沒與滎陽太守郭秀共保万氏臺秀不得綏衆與將陳撫郭重等構怨遂相攻擊翜懼禍及謂撫等曰以諸君所以在此謀逃難也今宜共勠力以備賊幸無外難而內自相擊是避坑落井也郭秀誠爲失理應且容之若遂所忿城內自潰胡賊聞之指來掩襲諸君雖得殺秀無解胡虜矣累弱非一宜深思之撫等悔悟與秀交和時數萬口賴翜獲全明年率數千家將謀東下遇道險不得進因留密縣司隸校尉荀組以爲參軍廣威將軍復領本縣率邑人三千督新城梁陽城三郡諸營事頃之遷司隸司馬仍督營事率衆進至汝水柴肥口復阻賊翜乃單馬至許昌見司空荀藩以爲振威將軍行梁國內史建興初復爲豫州司馬督司州軍事太傅參軍王玄代翜爲郡時梁國部曲將耿奴甚得人情而專勢翜常優遇之玄爲政既急翜知其不能容奴因戒之曰卿威殺已多而人情難一宜深慎之玄納翜言外羈縻奴而內懷憤會遷爲陳留將發乃收奴斬之奴餘黨聚衆殺玄梁郡既有內難而徐州賊張平等欲掩襲之郡人遑惑將以郡歸平荀組遣翜往撫之衆心乃定頃之組舉翜爲吏部郎不應召遂東過江元帝爲晉王以翜爲散騎郎轉太子中庶子出爲奮武將軍淮南內史永昌初王敦構逆征西將軍戴若思令翜出軍赴難翜遣將領五百人從之明帝即位徵拜屯騎校尉遷太子左衛率成帝初爲左衛將軍蘇峻之役朝

廷戒嚴以翜爲侍中典征討軍事既而王師敗績司徒王導謂翜曰至尊當御正殿君可啓令速出翜即入上閤躬自抱帝登太極前殿導升御床抱帝翜及鍾雅劉超侍立左右時百官奔散殿省蕭然峻兵既入叱翜令下翜正立不動呵之曰蘇冠軍來覲至尊軍人豈得侵逼由是兵人不敢上殿及峻執政猶以爲侍中從乘輿幸石頭明年與光祿大夫陸曄等出據苑城蘇逸任讓圍之翜等固守賊平以功封長平縣伯遷丹楊尹時京邑焚蕩人物凋殘翜收集散亡甚有惠政代庾亮爲中護軍鎮石頭尋爲領軍徙五兵尚書加奉車都尉監新宮事遷尚書右僕射轉左僕射加散騎常侍久之代何充爲護軍將軍常侍如故咸康七年卒時年六十七贈衞將軍諡曰穆子希嗣官至豫章太守

蔡謨字道明陳留考城人也世爲著姓曾祖睦魏尚書祖悳樂平太守父克少好學博涉書記爲邦族所敬性公亮守正行不合己雖富貴不交也高平劉整恃才縱誕服飾詭異無所拘忌嘗行造人遇克在坐整終席慚不自安克時爲處士而見憚如此後爲成都王穎大將軍記室

暨顗爲丞相掾爲東曹掾克素有格量及居選官苟進之徒望風畏憚
初克未仕時河內山簡嘗與琅邪王衍書曰蔡子尼今之正人衍以書示
衆曰山子以一字拔人然未易可稱後衍聞克在選官曰山子正人之
言驗於今矣陳留時爲大郡號稱多士琅邪王澄行經其界太守呂豫
遣吏迎之澄入境問吏曰此郡人士爲誰吏曰有蔡子尼江應元是時
郡人多居大位者澄以其姓名問曰甲乙等非君郡人邪吏曰是也曰
然則何以但稱此二人吏曰向謂君侯問人不謂問位澄笑而止到郡以
吏言謂豫曰舊名此郡有風俗果然小吏亦知如此克以朝政日弊遂
絕不仕東嬴公騰爲車騎將軍鎮河北以克爲從事中郎知必不就以
軍期致之克不得已至數十日騰爲汲桑所攻城陷克見害謨弱冠察
孝廉州辟從事舉秀才東海王越召爲掾皆不就避亂渡江時明帝
爲東中郎將引爲參軍元帝拜丞相復辟爲掾轉參軍後爲中書侍郎
歷義興太守大將軍王敦從事中郎司徒左長史遷侍中蘇峻構逆吳
國內史庾冰出奔會稽乃以謨爲吳國內史謨既至與張闓顧衆顧颺
等共起義兵迎冰還郡峻平復爲侍中遷五兵尚書領琅邪王師謨上
疏讓曰八坐之任非賢莫居前後所用資名有常孔愉諸葛恢並以清
節令才少著名望昔愉爲御史中丞臣尚爲司徒長史恢爲會稽太
守臣爲尚書郎恢尹丹楊臣守小郡名輩不同階級殊懸今猥以輕鄙
超倫踰等上亂聖朝貫魚之序下違群士準平之論豈唯微臣其亡之
誡實招聖政惟塵之累且左長史一超而侍帷幄再登而廁納言中興
已來上德之宰所未嘗有臣何人斯而猥當之是以叩心自忖三省愚身
與其苟進以穢清塗寧受違命狷固之罪疏奏不許轉掌吏部以平蘇
峻勳賜爵濟陽男又讓不許冬烝謨領祠部主者忘設明帝位與太常
張泉俱免白衣領職頃之遷太常領祕書監以疾不堪親職上疏自解
不聽成帝臨軒遣使拜太傅太尉司空會將作樂宿懸於殿庭門下奏
非祭祀燕饗則無設樂之制事下太常謨議臨軒遣使宜有金石之樂
遂從之臨軒作樂自此始也彭城王紘上言樂賢堂有先帝手畫佛
象經歷寇難而此堂猶存宜敕作頌帝下其議謨曰佛者夷狄之俗非

經典之制先帝量同天地多才多藝聊因臨時而畫此象至於雅好佛
道所未承聞也盜賊奔突王都隳敗而此堂塊然獨存斯誠神靈保祚
之徵然未是大晉盛德之形容歌頌之所先也人臣覩物興義私作賦
頌可也今欲發王命敕史官上稱先帝好佛之志下爲夷狄作一象之
頌於義有疑焉於是遂寢時征西將軍庾亮以石勒新死欲移鎮石城
爲滅賊之漸事下公卿謨議曰時有否泰道有屈伸暴逆之寇雖終滅
亡然當其強盛皆屈而避之是以高祖受黜於巴漢忍辱於平城也若
爭強於鴻門則亡不終日故蕭何曰百戰百敗不死何待也原始要終
歸於大濟而已豈與當亡之寇爭遲速之間哉夫惟鴻門之不爭故垓
下莫能與之爭文王身圮於羑里故道泰於牧野句踐見屈於會稽故
威申於強吳今日之事亦由此矣賊假息之命垂盡而豺狼之力尚彊
宜抗威以待時或曰抗威待時時已可矣愚以爲時之可否在賊之強
弱賊之強弱在季龍之能否季龍之能否可得而言矣自勒初起則季
龍爲爪牙百戰百勝遂定中國境土所據同於魏世及勒死之日將相
內外欲誅季龍季龍獨起於衆異之中殺嗣主誅寵臣內難既定千里
遠出一攻而拔金墉再戰而斬石生禽彭彪殺石聰滅郭權還據根本
內外並定四方鎮守不失尺土詳察此事豈能乎將不能也假令不能
者爲之其將濟乎將不濟也賊前攻襄陽而不能拔誠有之矣不信百
戰之效而執一攻之驗棄多從少於理安乎譬若射者百發而一不中
可謂之拙乎且不拔襄陽者非季龍身也桓平北守邊之將耳賊前攻
之爭疆場耳得之爲善不得則止非其所急也今征西之往則異於是
何者重鎮也名賢也中國之人所聞而歸心也今而西度實有席卷
河南之勢賊所大懼豈與桓宣同哉季龍必率其精兵身來距爭若欲
與戰戰何如石生若欲城守守何如金墉若欲阻沔沔何如大江蘇峻
何如季龍凡此數者宜詳校之愚謂石生猛將關中精兵征西之戰不
能勝也金墉險固劉曜十萬所不能拔今征西之守不能勝也又是時
兗州洛陽關中皆舉兵擊季龍此今三處反爲其用方之於前倍半之
覺也若石生不能敵其半而征西欲當其倍愚所疑也蘇峻之強不及

季龍沔水之險不及大江大江不能禦蘇峻而以沔水禦季龍又所疑也昔祖士稚在譙佃於城北慮賊來攻因以為資故豫安軍屯以禦其外穀將熟賊果至丁夫戰於外老弱穫於內多持炬火急則燒穀而走如此數年竟不得其利是時賊唯據沔北方之於今四分之一耳士稚不能捍其一而征西欲禦其四又所疑也或云賊若多來則必無糧然致糧之難莫過崤函而季龍昔涉此險深入敵國平關中而後還今至襄陽路既無險又行其國內自相供給方之於前難易百倍前已經至難而謂今不能濟其易又所疑也然此所論但說征西既至之後耳尚未論道路之慮也自沔以西水急岸高魚貫泝流首尾百里若賊無宋襄之義及我未陣而擊之將如之何今王士與賊水陸異勢便習不同寇若送死雖開江延敵以一當千猶吞之有餘宜誘而致之以保萬全棄江遠進以我所短擊彼所長懼非廟勝之算朝議同之故亮不果移鎮初皇后每年拜陵勞費甚多謨建議曰古者皇后廟見而已不拜陵也由是遂止及太尉郗鑒疾篤出謨為太尉軍司加侍中鑒卒即拜謨為

征北將軍都督徐兗青三州揚州之晉陵豫州之沛郡諸軍事領徐州刺史假節時左衛將軍陳光上疏請伐胡詔令攻壽陽謨上疏曰今壽陽城小而固自壽陽至琅邪城壁相望其間遠者裁百餘里一城見攻衆城必救且王師在路五十餘日劉仕一軍早已入淮又遣數部北取生壁大軍未至聲息久聞而賊之郵驛一日千里河北之騎足以來赴非唯鄰城相救而已夫以白起韓信項籍之勇猶發梁焚舟背水而陣今欲停船水渚引兵造城前對堅敵顧臨歸路此兵法之所誡也若進攻未拔胡騎卒至懼桓子不知所為而舟中之指可掬今征軍五千皆王都精銳之衆又光為左衛遠近聞之名為殿中之軍宜令所向有征無戰而頓之堅城之下勝之不武不勝為笑今以國之上駟擊寇之下邑得之則利薄而不足損敵失之則害重而足以益寇懼非策之長者臣愚以為聞寇而致討賊退而振旅於事無失不勝管見謹冒陳聞季龍於青州造船數百掠緣海諸縣所在殺戮朝廷以為憂謨遣龍驤將軍徐玄等守中洲并設募若得賊大白船者賞布千匹小船百匹是

時謨所統七千餘人所戍東至土山西至江乘鎮守八所城壘凡九十一處烽火樓望三十餘處隨宜防備甚有算略先是郗鑒上部下有勳勞者凡一百八十人帝並酬其功未卒而鑒薨斷不復與謨上疏以為先已許鑒今不宜斷且鑒所上者皆積年勳効百戰之餘亦不可不報詔聽之康帝即位徵拜左光祿大夫開府儀同三司領司徒代殷浩為揚州刺史又錄尚書事領司徒如故初謨沖讓不辭齊佐詔屢敦逼之始取拜屬石季龍死中國大亂時朝野咸謂當太平復舊謨獨謂不然語所親曰胡滅誠大慶也然將貽王室之憂或曰何哉謨曰夫能順天而奉時濟六合於草昧若非上哲必由英豪度德量力非時賢所及必將經營分表疲人以逞志才不副意略不稱心財單力竭智勇俱屈此韓盧東郭所以雙斃也遷侍中司徒上疏讓曰伏自惟省昔階謬恩蒙忝非據尸素累積而光寵更崇謗讟彌興而榮進復加上虧聖朝棟隆之舉下增微臣覆餗之釁惶懼戰灼寄顏無所乞垂天鑒迴恩改謬以允群望皇太后詔報不許謨猶固讓謂所親曰我若為司徒將

謂後代所哂義不敢拜也皇太后遣使喻意自四年冬至五年末詔書屢下謨固守所執六年復上疏以疾病乞骸骨上左光祿大夫領司徒印綬章表十餘上穆帝臨軒遣侍中紀璩黃門郎丁纂徵謨謨陳疾篤使主簿謝攸對曰臣謨不幸有公族穆子之疾天威不違顏咫尺不敢奉詔寢伏待罪自旦至申使者十餘反而謨不至時帝年八歲甚倦問左右曰所召人何以至今不來臨軒何時當竟君臣俱疲弊皇太后詔必不來者宜罷朝中軍將軍殷浩奏免吏部尚書江虨官簡文時為會稽王命曹曰蔡公傲違上命無人臣之禮若人主卑屈於上大義不行於下亦不知復所以為政矣於是公卿奏曰司徒謨頃以常疾久逋王命皇帝臨軒百僚齊立俯僂之恭有望於謨若志存止退自宜致辭闕庭安有人君卑勞終日而人臣曾无一酬之禮悖慢傲上罪同不臣臣等參議宜明國憲請送廷尉以正刑書謨懼率子弟素服詣闕稽顙躬到廷尉待罪皇太后詔曰謨先帝師傅服事累世且歸罪有司內訟思愆若遂致之于理情所未忍可依舊制免為庶人謨既被廢杜門不

出終日講誦教授子弟數年皇太后詔曰前司徒謨以道素著稱軌行成名故歷事先朝致位台輔以往年之失用致黜責自爾已來闔門思愆誠合大臣罪己之義以謨為左光祿大夫開府儀同三司於是遣謁者僕射孟洪就加册命謨上疏陳謝曰臣以頑薄昔忝殊寵尸素累紀加違慢詔命當肆市朝幸蒙寬宥不悟天施復加光飾非臣隕越所能上報臣寢疾未損不任詣闕不勝仰感聖恩謹遣拜章遂以疾篤不復朝見詔賜几杖門施行馬十二年卒時年七十六賵贈之禮一依太尉陸玩故事詔贈侍中司空謚曰文穆謨博學於禮儀宗廟制度多所議定文筆論議有集行於世拋應劭已來注班固漢書者為之集解謨初渡江見彭蜞大喜曰蟹有八足加以二螯令烹之既食吐下委頓方知非蟹後詣謝尚而說之尚曰卿讀爾雅不熟幾為勸學死謨性方雅丞相王導作女伎施設牀席謨先在坐不悅而去導亦不止之性尤篤慎每事必為過防故時人云蔡公過浮航脫帶腰舟長子邵永嘉太守少子系有才學文義位至撫軍長史

諸葛恢字道明琅邪陽都人也祖誕魏司空為文帝所誅父靚奔吳為大司馬吳平逃竄不出武帝與靚有舊靚姊又為琅邪王妃帝知靚在姊間因就見焉靚逃于廁帝又逼見之謂曰不謂今日復得相見靚流涕曰不能漆身皮面復覩聖顏詔以為侍中固辭不拜歸于鄉里終身不向朝廷而坐恢弱冠知名試守即丘長轉臨沂令為政平和值天下大亂避地江左名亞王導庾亮導嘗謂曰明府當為黑頭公及導拜司空恢在坐導指冠謂曰君當復著此導嘗與恢戲爭族姓曰人言王葛不言葛王也恢曰不言馬驢而言驢馬豈驢勝馬邪其見親狎如此于時潁川荀闓字道明陳留蔡謨字道明與恢俱有名譽號曰中興三明人為之語曰京都三明各有名蔡氏儒雅荀葛清元帝為安東將軍以恢為主簿再遷江寧令討周馥有功封博陵亭侯復為鎮東參軍與卞壼並以時譽遷從事中郎兼統記室時四方多務牋疏殷積恢斟酌酬答咸稱折中于時王氏為將軍而恢兄弟及顏含並居顯要劉超以忠謹掌書命時人以帝善任一國之才愍帝即位徵用四方賢儁召恢為尚書郎元帝以經緯須才上疏留之承制調為會稽太守臨行帝為置酒謂曰今之會稽昔之關中足食足兵在於良守以君有莅任之方是以相屈四方分崩當匡振圮運政之所先君為言之恢陳謝因對曰今天下喪亂風俗陵遲宜尊五美屏四惡進忠實退浮華帝深納焉太興初以政績第一詔曰自頃多難官長數易益有諸弊雖聖人猶久於其道然後化成況其餘乎漢宣帝稱與我共安天下者其惟良二千石斯言信矣是以黃霸等或十年或二十年而不徙所以能濟其中興之勳也賞罰黜陟所以明政道也會稽內史諸葛恢莅官三年政清人和為諸郡首宜進其位班以勸風教今增恢秩中二千石頃之以母憂去官服闋拜中書令王敦上恢為丹楊尹以父疾免明帝征敦以恢為侍中加奉車都尉討王含有功進封建安伯以先爵賜次子甝為關內侯又拜恢後將軍會稽內史徵為侍中遷左民尚書武陵王師吏部尚書累遷尚書右僕射加散騎常侍銀青光祿大夫領選本州大中正尚書令常侍吏部如故成帝踐阼加侍中金紫光祿大夫卒年六十二贈左光祿大夫儀同三司賵贈之禮一依太尉興平伯故事謚曰敬祠以太牢子虨嗣位至散騎常侍恢兄頤字道回亦為元帝所器重終於太常

殷浩字深源陳郡長平人也父羨字洪喬為豫章太守都下人士因其致書者百餘函行次石頭皆投之水中曰沉者自沉浮者自浮殷洪喬不為致書郵其資性介立如此終於光祿勳浩識度清遠弱冠有美名尤善玄言與叔父融俱好老易融與浩口談則辭屈著篇則融勝浩由是為風流談論者所宗或問浩曰將莅官而夢棺將得財而夢糞何也浩曰棺本臭腐故將官而夢尸錢本糞土故將得錢而夢穢時人以為名言三府辟皆不就征西將軍庾亮引為記室參軍累遷司徒左長史安西庾翼復請為司馬除侍中安西軍司並稱疾不起遂屏居墓所幾將十年于時擬之管葛王濛謝尚猶伺其出處以卜江左興亡因相與省之知浩有確然之志既反相謂曰深源不起當如蒼生何庾翼貽浩書曰當今江東社稷安危內委何褚諸君外託庾桓數族恐不

得百年無憂亦朝夕而弊足下少標令名十餘年間位經內外而欲潛
居利貞斯理難全且夫濟一時之務須一時之勝何必德均古人韻齊先
達邪王夷甫先朝風流士也然吾薄其立名非真而始終莫取若以道
非虞夏自當超然獨往而不能謀始大合聲譽極致名位正當抑揚名
教以靜亂源而乃高談莊老說空終日雖云談道實長華競及其末年
人望猶存思安懼亂寄命推務而甫自申述徇小好名既身囚胡虜弃
言非所凡明德君子遇會處際寧可然乎而世皆然之益知名實之未
定弊風之未革也浩固辭不起建元初庾冰兄弟及何充等相繼卒簡
文帝時在藩始綜萬機衛將軍褚裒薦浩徵為建武將軍揚州刺史
浩上疏陳讓并致牋於簡文具自申敘簡文荅之曰屬當厄運危弊理
盡誠賴時有其才不復遠求版築足下沈識淹長思綜通練起而明之
足以經濟若復深存挹退苟遂本懷吾恐天下之事於此去矣今紘領
不振晉網不綱顧蹈東海復可得邪由此言之足下去就即是時之廢
興時之廢興則家國不異足下弘思之靜算之亦將有以深鑒可否望

必廢本懷率群情也浩頻陳讓自三月至七月乃受拜焉時桓溫既滅
蜀威勢轉振朝廷憚之簡文以浩有盛名朝野推伏故引為心膂以抗
於溫於是與溫頗相疑貳會遭父憂去職時以蔡謨攝揚州以俟浩服
闋徵為尚書僕射不拜復為建武將軍揚州刺史遂參綜朝權潁川荀
羨少有令聞浩擢為義興吳郡以為羽翼王羲之密說浩羨令與桓
溫和同不宜內構嫌隙浩不從及石季龍死胡中大亂朝廷欲遂蕩平
關河於是以浩為中軍將軍假節都督揚豫徐兗青五州軍事浩既受
命以中原為己任上疏北征許洛將發墜馬時咸惡之既而以淮南太
守陳逵兗州刺史蔡裔為前鋒安西將軍謝尚北中郎將荀羨為督
統開江西疁田千餘頃以為軍儲師次壽陽潛誘苻健大臣梁安雷弱
兒等使殺健許以關右之任初降人魏脫卒其弟憬代領部曲姚襄殺
憬以并其眾浩大惡之使龍驤將軍劉啟守譙遷襄於梁既而魏氏
子弟往來壽陽襄益猜懼俄而襄部曲有欲歸浩者襄殺之浩於是
謀誅襄會苻健殺其大臣健兄子眉自洛陽西奔浩以為梁安事捷意

苻健已死請進屯洛陽修復園陵使襄為前驅冠軍將軍劉洽鎮鹿臺
建武將軍劉遯據倉垣又求解揚州專鎮洛陽詔不許浩既至許昌會
張遇反謝尚又敗績浩還壽陽後復進軍次山桑而襄反浩懼弃輜重
退保譙城器械軍儲皆為襄所掠士卒多亡叛浩遣劉啟王彬之擊襄
於山桑並為襄所殺桓溫素忌浩及聞其敗上疏罪浩曰按中軍將軍
浩過蒙朝恩叨竊非據寵靈超卓再司京輦不能恭慎所任恪居職次
而侵官離局高下在心前司徒臣謨執義履素位居台輔師傅先帝朝
之元老年登七十以禮請退雖臨軒固辭不順恩旨適足以明遜讓之
風弘優賢之禮而浩虛生狡說疑誤朝聽獄之有司將致大辟自羯胡
天亡群凶殄滅而百姓塗炭企遲拯接浩受專征之重無雪恥之志坐
自封植妄生風塵遂使寇讎稽誅姦逆并起華夏鼎沸黎元殄悴浩
懼罪將及不容於朝外聲進討內求苟免出次壽陽頓甲彌年傾天府
之資竭五州之力收合無賴以自彊衛爵命無章猜害罔顧故范豐之
屬反叛於芍陂奇德龍會作變於肘腋羌帥姚襄率眾歸化遣其母弟

入質京邑浩不能撫而用之陰圖殺害再遣刺客為襄所覺襄遂惶懼
用致逆命生長亂階自浩始也復不能以時掃滅縱放小豎鼓行毒害
身狼狽於山桑軍破碎於梁國舟車焚燒輜重覆沒三軍積實反以資
寇精甲利器更為賊用神怒人怨眾之所棄傾危之憂將及社稷臣所
以忘寢屏營啟處無地夫率正顯義所以致訓明罰勑法所以齊眾伏
願陛下上追唐堯放命之刑下鑒春秋無君之典若聖上含弘未忍誅
殛且宜遐弃擯之荒裔雖未足以塞山海之責粗可以宣誡於將來矣
竟坐廢為庶人徙于東陽之信安縣浩少與溫齊名而每心競溫嘗問
浩君何如我浩曰我與我周旋久寧作我也溫既以雄豪自許每輕浩
浩不之憚也至是溫語人曰少時吾與浩共騎竹馬我弃去浩輒取之
故當出我下也又謂郗超曰浩有德有言向使作令僕足以儀刑百揆
朝廷用違其才耳浩雖被黜放口無怨言夷神委命談詠不輟雖家
人不見其有流放之慼但終日書空作咄咄怪事四字而已浩甥韓伯
浩素賞愛之隨至徙所經歲還都浩送至渚側詠曹顏遠詩云富貴他

人合貧賤親戚離因而泣下後溫將以浩為尚書令遺書告之浩欣然許焉將答書慮有謬誤開閉者數十竟達空函大忤溫意由是遂絕永和十二年卒子涓亦有美名咸安初桓溫廢太宰武陵王晞誣涓及庾倩与晞謀反害之浩後將改葬其故吏顧悅之上疏訟浩曰伏見故中軍將軍揚州刺史殷浩體德沈粹識理淹長風流雅勝聲蓋當時再臨神州万里肅清勳績茂著聖朝欽嘉遂授分陝推轂之任戎旗既建出鎮壽陽驅其豺狼翦其荆棘收羅尚義廣開屯田沐雨櫛風等勤臺僕仰憑皇威群醜革面進軍河洛脩復園陵不虞之變中路猖蹶遂令為山之功崩於垂成忠款之志於是而廢既受削黜自擯山海杜門終身與世兩絕可謂克己復礼窮而無怨者也尋浩所犯蓋負敗之常科非即情之永責論其名德深誠則如彼察其補過罪已則如此豈可棄而不卹使法有餘冤方今宅兆已成埏隧已開懸棺而窆之礼同庶人存亡有非命之分九泉無自訴之期仰感三良昊天罔極若使明詔爰發旌我善人崇復本官遠彰幽昧斯則国家威恩有兼濟之美死而可作無負心之恨疏奏詔追復浩本官

顧悅之字君叔少有義行與簡文同年而髮早白帝問其故對曰松柏之姿經霜猶茂蒲柳常質望秋先零簡文悅其對始將抗表訟浩親故多謂非宜悅之決意以聞又與朝臣爭論故衆無以奪焉時人咸稱之爲州別駕歷尚書右丞卒子凱之別有傳

蔡裔者有勇氣聲若雷震嘗有二偷入室裔拊牀一呼而盜俱隕故浩委以軍鋒焉

史臣曰陸曄等並以時望國華效彰歷試迭居端揆參掌機衡然皆率由舊章得免祗悔而充抗言孺子雖屈壓於權臣翊奉儲君竟導揚於末命頻參大議屢畫嘉謀可謂忠貞在斯而已殷浩清徽雅量衆議攸歸高秩厚禮不行而至咸謂教義由其興替社稷俟以安危及其入處國鈞未有嘉謀善政出撫戎律唯聞喪師是知風流異貞固之才談論非奇正之要違方易任以致播遷悲夫蔡謨度德而處引斯止足寘以刑書斯爲過矣

贊曰士光時望士瑤允當政既弟兄任惟台相祖言簡率遺風可尚蔡葛知名或雅或清次道方槩謀遂忠貞中軍懸舉高譽光雅俗夷曠有餘經綸不足舍長任短功虧名辱

列傳第四十七　晉書七十七

孔愉 子汪 安國 從弟羣 羣子沈
丁潭 張茂 陶回

孔愉字敬康會稽山陰人也其先世居梁國曾祖潛太子少傅漢末避地會稽因家焉祖竺吳豫章太守父恬湘東太守從兄侃大司農俱有名江左愉年十三而孤養祖母以孝聞與同郡張茂字偉康丁潭字世康齊名時人號曰會稽三康吳平愉遷于洛惠帝末歸鄉里行至江淮間遇石冰封雲爲亂雲逼愉爲參軍不從將殺之賴雲司馬張統營救獲免東還會稽入新安山中改姓孫氏以稼穡讀書爲務信著鄉里後忽捨去皆謂爲神人而爲之立祠永嘉中元帝始以安東將軍鎮揚土命愉爲參軍邦族尋求莫知所在建興初始出應召爲丞相掾仍除駙馬都尉參丞相軍事時年已五十矣以討華軼功封餘不亭侯愉嘗行經餘不亭見籠龜於路者愉買而放之溪中龜中流左顧者數四及是鑄侯印而印龜左顧三鑄如初印工以告愉乃悟遂佩焉帝爲晉王使長兼中書郎于時刁協劉隗用事王導頗見疏遠愉陳導忠賢有佐命之勳謂事無大小皆宜諮訪由是不合旨出爲司徒左長史累遷吳興太守沈充反愉棄官還京師拜御史中丞遷侍中太常及蘇峻反愉朝服守宗廟初愉爲司徒長史以平南將軍溫嶠母亡遭亂不葬乃不過其品至是峻平而嶠有重功愉往石頭詣嶠嶠執愉手而流涕曰天下喪亂忠孝道廢能持古人之節歲寒不凋者唯君一人耳時人咸稱嶠居公而重愉之守正尋徙大尚書遷安南將軍江州刺史不行轉尚書右僕射領東海王師尋遷左僕射咸和八年詔曰尚書令玩左僕射愉並恪居官次祿不代耕端右任重先朝所崇其給玩親信三十人愉二十人稟賜愉上疏固讓優詔不許重表曰臣以朽闇忝廁朝右而以惰劣無益毗佐方今強寇未殄疆埸日駭政煩役重百姓困苦姦吏擅威暴人肆虐大弊之後倉庫空虛功勞之士賞報不足困悴之餘未見拯恤呼嗟之怨人鬼感動宜并官省職貶食節用勤撫其人以濟其艱臣等不能贊揚大化糾明刑政而偷安高位橫受寵給無德而祿殃必及之不敢橫受殊施以重罪戾從之王導聞而非之於都坐謂愉曰君言姦吏擅威暴人肆虐爲患是誰愉欲大論朝廷得失陸玩抑之乃止後導將以趙胤爲護軍愉謂導曰中興已來處此官者周伯仁應思遠耳今誠乏才豈宜以趙胤居之邪導不從其守正如此由是爲導所銜後省左右僕射以愉爲尚書僕射愉年在懸車累乞骸骨不許轉護軍將軍加散騎常侍復徙領軍將軍加金紫光祿大夫領國子祭酒頃之出爲鎮軍將軍會稽內史加散騎常侍句章縣有漢時舊陂毀廢數百年愉自巡行修復故堰溉田二百餘頃皆成良業在郡三年乃營山陰湖南侯山下數畝地爲宅草屋數間便棄官居之送資數百萬悉無所取病篤遺令斂以時服鄉邑義賵一不得受年七十五咸康八年卒贈車騎將軍開府儀同三司諡曰貞三子誾汪安國誾嗣爵位至建安太守誾子靜字季恭再爲會稽內史累遷尚書左僕射加後將軍

汪字德澤好學有志行孝武帝時位至侍中時茹千秋以佞媚見幸於會稽王道子汪屢言之於帝帝不納遷尚書太常卿以不合意求出爲假節都督交廣二州諸軍事征虜將軍平越中郎將廣州刺史甚有政績爲嶺表所稱太元十七年卒

安國字安國年小諸兄三十餘歲群從諸兄並乏才名以富彊自立唯安國與汪少厲孤貧之操汪既以直亮稱安國亦以儒素顯孝武帝時甚蒙禮遇仕歷侍中太常及帝崩安國形素羸瘦服喪衰絰涕泗竟日見者以爲真孝再爲會稽內史領軍將軍安帝隆安中下詔曰領軍將軍孔安國貞慎清正出內播譽可以本官領東海王師必能導達津梁依仁游藝後歷尚書左右僕射義熙四年卒贈左光祿大夫

祗字承祖太守周札命爲功曹史札爲沈充所害故人賓吏莫敢近者祗冒刃號哭親行殯禮送喪還義興時人義之

坦字君平祖沖丹楊太守父侃大司農坦少方直有雅望左氏傳解屬文元帝爲晉王以坦爲世子文學東宮建補太子舍人遷尚書郎時臺郎初到普加策試帝手策問曰吳興徐馥爲賊殺郡將郡今應舉孝廉不坦對曰四罪不相及殛鯀而興禹徐馥爲逆何妨一郡之賢又問姦臣

賊子弒君汙宮瀦宅莫大之惡也鄉舊廢四科之選今何所依坦曰季平子逐魯昭公豈可以廢仲尼也竟不能屈先是以兵乱之後務存慰悅遠方秀孝到不策試普皆除署至是帝申明舊制皆令試經有不中科刺史太守免官太興三年秀孝多不敢行其有到者並託疾帝欲除署孝廉而秀才如前制坦奏議曰臣聞經邦建國教斈為先移風崇化莫尚斯矣古者且耕且斈三年而通一經以平康之世猶假漸漬積以日月自喪乱以來十有餘年干戈載揚俎豆礼戢家廢講誦國闕庠序率尒責試竊以為疑然宣下已來涉歷三載累遇慶會遂未一試揚州諸郡接近京都懼累及君父多不敢行其遠州邊郡掩誣朝廷冀於不試冒昧來赴既到審試遂不敢會臣愚以不會與不行其為闕也同若當偏加除署是為肅法奉憲者失分僥倖投射者得官頹風傷教懼於是始夫王言如絲其出如綸臨事改制示短天下人聽有惑臣竊惜之愚以王命無貳憲制宜信去年察舉一皆策試如不能試可不拘到遣歸不署又秀才雖以事策亦汜問經義苟所未斈實難闇通不足復曲碎

垂例違舊造異謂宜因其不會徐更革制可申明前下崇脩斈校普延五年以展講習鈞法齊訓示人軌則夫信之与法為政之綱施之家室猶弗可貳況經國之典而可翫黷乎帝納焉聽孝廉申至七年秀才如故時典客令萬默領諸胡胡人相誣朝廷疑默有所偏助將加大辟坦獨不署由是被譴遂棄官歸會稽久之除領軍司馬未赴召會王敦反与右衛將軍虞潭俱在會稽起義而討沈充事平始就職揚州刺史王導請為別駕咸和初遷尚書左丞深為臺中之所敬憚尋屬蘇峻反坦与司徒司馬陶回白王導曰及峻未至宜急斷阜陵之界守江西當利諸口彼少我眾一戰決矣若峻未來可往逼其城今不先往峻必先至先人有奪人之功時不可失導然之庾亮以為峻脫逕來是襲朝廷虛也故計不行峻遂破姑孰取鹽米亮方悔之坦謂人曰觀峻之勢必破臺城自非戰士不須戎服既而臺城陷戎服者多死白衣者無他時人稱其先見及峻挾天子幸石頭坦奔陶侃侃引為長史時侃等夜築白石壘至曉而成聞峻軍嚴声咸懼來攻坦曰不然若峻攻壘必須東北風急令我水軍不得往救今天清靜賊必不動決遣軍出江乘掠京口以東矣果如所籌時郗鑒鎮京口侃等各以兵會既至坦議以為本不應須召郗公遂使東門無限今宜遣還雖晚猶勝不也侃等猶疑坦固爭甚切始令鑒還據京口遣郗默屯大業又令驍將李閎曹統周光與默并力賊遂勢分卒如坦計及峻平以坦為吳郡太守自陳吳多賢豪而坦年少未宜臨之王導庾亮並欲用坦為丹楊尹時亂離之後百姓凋弊坦固辭之導等猶未之許坦慨然曰昔肅祖臨崩諸君親據御牀共奉遺詔孔坦疏賤不在顧命之限既有艱難則以微臣為先今由俎上肉任人膾截耳乃拂衣而去導等亦止於是遷吳興內史封晉安男加建威將軍以歲饑運家米以振窮乏百姓賴之時使坦募江淮流人為軍有殿中兵因亂東還來應坦募坦不知而納之或諷朝廷以坦藏臺叛兵遂坐免尋拜侍中咸康元年石聰寇歷陽王導為大司馬討之請坦為司馬會石勒新死季龍專恣石聰及譙郡太守彭彪等各遣使請降坦與聰書曰華戎道乖南北迥邈瞻河企宋每懷飢渴數會陽

九天禍晉國姦凶猾夏乘釁肆虐我德雖衰天命未改乾符啟再集之慶中興應靈期之會百六之艱既過惟新之美日隆而神州振蕩遺氓波散誓命戎狄之手蹈踏豺狼之穴朝廷每臨寐永歎痛心疾首天罰既集罪人斯隕王旅未加自相魚肉豈非人怨神怒天降其災蘭艾同焚賢愚所歎哀矜勿喜我后之仁大赦曠廓唯季龍是討彭譙使至粗具動靜知將軍忿疾醜類翻然同舉承問欣豫慶若在己何知機之先覺砥石之易悟哉引領來儀怪無声息將軍出自名族誕育洪冑遭世多故國傾家覆生離親屬假養異類雖逼偽寵將亦何賴聞之者猶或有悼況身嬰之能不憤慨哉非我族類其心必異誠反族歸正之秋圖義建功之日也若將軍喻納往言宣之同盟率關右之眾輔河南之卒申威趙魏為國前驅雖竇融之保西河黥布之去項羽比諸古今未足為喻聖上寬明宰輔弘納雖射鉤之隙賞之故行雍齒之恨侯之列國況二三子無曩人之嫌而遇天啟之會當如影響有何遲疑今六軍誡嚴水陸齊舉熊羆踴躍爭先鋒鏑一交玉石同碎雖復後悔

何嗟及矣僕以不才世荷國寵雖實負不敢誠為行李之主區區之情還信所具夫機事不先鮮不後悔自求多福唯將軍圖之朝廷遂不果北伐人皆懷恨坦在職數年遷侍中時成帝每幸丞相王導府拜導妻曹氏有同家人坦每切諫時帝刻日納后而尚書左僕射王彬卒議者以為欲却期坦曰婚礼之重重於救日蝕救日蝕有后之喪太子隨并則止納后盛禮豈可以臣喪而廢從之及帝既加元服猶委政王導坦每發憤以國事為己憂嘗從容言於帝曰陛下春秋以長聖敬日躋宜博納朝臣諮諏善道由是忤導出為廷尉怏怏不悅以疾去職加散騎常侍遷尚書未拜疾篤庾冰省之乃流涕坦慨然曰大丈夫將終不問安國寧家之術乃作兒女子相問邪冰深謝焉臨終與庾亮書曰不謂疾苦遂至頓弊自省綿綿奄忽無日脩短命也將何所悲但以身往名沒朝恩不報所懷未敘即命多恨耳足下以伯舅之尊居方伯之重抗威顧眄名震天下榱椽之佐常願下風使九服式序四海一統封京觀於中原反紫極於華壤是宿昔之所味詠慷慨之本誠矣今中道而斃豈不

惜哉若死而有靈潛聽風烈俄卒時年五十一追贈光祿勳謚曰簡亮報書曰廷尉孔君神游軀離嗚呼哀哉得八月十五日書知疾患轉篤遂不起痛悲恨傷楚不能自勝足下方在中年素少疾患雖天命有在亦禍出不圖且足下才經於世世常須才況於今日倍相痛惜吾以寡乏忝當大任國恥未雪夙夜憂憤常欲足下同在外藩戮力時事此情未果來書奄至申尋往復不覺涕隕深明足下慷慨之懷深痛足下不遂之志邈然永隔夫復何言謹遣報答并致薄祭望足下降神饗之子混嗣

嚴字彭祖祖父奕全椒令明察過人時有遺其酒者始提入門奕遙呵之曰人餉吾兩罌酒其一何故非也檢視之一罌果是水或問奕何以知之奕曰酒重水輕提酒者手有輕重之異故耳在官有惠化及卒市人若喪慈親焉父倫黃門郎嚴少仕州郡歷司徒掾尚書殿中郎殷浩臨揚州請為別駕遷尚書左丞時朝廷崇樹浩以抗擬桓溫溫深以不平浩又引接荒人謀立功於閫外嚴言於浩曰當今時事艱難可謂百六之運使君屈己應務屬當其會聖懷所以日昃匪懈臨朝斤斤每欲深根固本靜邊寧國耳亦豈至私哉而處任者所至不同所見各異人口云云無所不至頃來天時人情良可寒心古人為政防人之口甚於防川間日侍座亦已粗申所懷不審竟當何以鎮之老子云夫唯不爭則萬物不能與之爭此言不可不察也愚意故謂朝廷宜更明授任之方韓彭可專征伐蕭曹守管籥內外之任各有攸司深思廉藺屈申之道平勃相和之義令婉然通順人無間言然後乃可保大定功平濟天下也又觀頃日降附之徒皆人面獸心貪而無親難以義感而聚著都邑雜處人間使君常疲聖軀以接之虛府庫以拯之足以疑惑視聽耳浩深納之及哀帝踐阼議所承統時多異議嚴與丹楊尹庾龢議曰順本居正親親不可奪宜繼成皇帝諸儒咸以嚴議為長竟從之隆和元年詔曰天文失度太史雖有禳祈之事猶釁眚屢彰今欲依鴻祀之制於太極殿前庭親執虔肅嚴諫曰鴻祀雖出尚書大傳先儒所不究歷代莫之興承天接神豈可以疑殆行事乎天道無親唯德是輔陛下祗順恭敬

留心兆庶可以消災復異皆已蹈而行之德合神明丘禱久矣豈須屈萬乘之尊修雜祀之事君舉必書可不慎歟帝嘉之而止以為揚州大中正嚴不就有司奏免詔特以侯領尚書時東海王奕求海鹽錢塘以水牛牽埭稅取錢直帝初從之嚴諫乃止初帝或施私恩以錢帛賜左右嚴又啟諸所別賜及給廚食皆應減省帝曰左右多困乏之故有所賜今通斷之又廚膳宜有減徹思詳具聞嚴多所匡益太和中拜吳興太守加秩中二千石善於宰牧甚得人和餘杭婦人經年荒賣其子以活夫之兄子武康有兄弟二人妻各有孕弟遠行未反遇荒歲不能兩全棄其子而活弟子嚴並褒薦之又甄賞才能之士論者美焉五年以疾去職卒于家三子道民宣城內史靜民散騎侍郎福民太子洗馬皆為孫恩所害

群字敬林嚴族父也有智局志尚不羈蘇峻入石頭時匡術有寵於峻賓從甚盛群與從兄愉同行於橫塘遇之愉止與語而群初不視術術怒欲刃之愉下車抱術曰吾弟發狂卿為我宥之乃獲免後峻平王導

保存術嘗因衆坐令術勸群酒以釋橫塘之憾群答曰群非孔子厄同
匡人雖陽和布氣鷹化爲鳩至於識者猶憎其目導有愧色仕歷中
丞性嗜酒導嘗戒之曰卿恒飲不見酒家覆瓿布日月久糜爛邪答曰
公不見肉糟淹更堪久邪嘗與親友書云今年田得七百石秫米不足
了麴糵事其躭湎如此卒於官嗣子沉
沉字德度有美名何充薦沉於王導曰文思通敏宜登宰門辟丞相司
徒掾琅邪王文學並不就從兄坦以裘遺之辭不受坦曰晏平仲儉祀
其先人豚肩不掩豆猶狐裘數十年卿復何辭於是受而服之是時沉
與魏顗虞球虞存謝奉並爲四族之儁沉子廞位至吳興太守廷尉廞
子琳之以草書擅名又爲吳興太守侍中
丁潭字世康會稽山陰人也祖固吳司徒父彌梁州刺史潭初爲郡功
曹察孝廉除郎中稍遷丞相西閣祭酒時元帝稱制使各陳時事損
益潭上書曰爲國者恃人須才蓋二千石長吏是也安可不明簡其才
使必允當既得其人使久於其職在官者無苟且居下者有恒心此爲
政之較也今之長吏遷轉既數有送迎之費古人三載考績三考黜陟
中才處局故難以速成夫兵所以防禦未然鎮壓姦凶周雖三聖功成
由武今戎戰之世益宜留心簡選精銳以備不虞無事則優其身有難
則責其力竊聞今之兵士或私有役使而營陣不充夫爲國者由爲家
也計財力之所任審趨舍之舉動不營難成之功損棄分外之役今兵
人未強當審其宜經塗遠舉未獻大捷更使力單財盡而威望挫弱也
及帝踐阼拜駙馬都尉奉朝請尚書祠部郎時琅邪王裒始受封帝欲
引朝賢爲其國上卿將用潭以問中書令賀循循曰郎中令職望清重
實宜審授潭清淳貞粹雅有隱正聖明所簡才實宜之遂爲琅邪王郎
中令會裒薨潭上疏求行終喪禮曰在三之義禮有達制近代已來或
隨時降殺宜一匡革以敦于後輒案令文王侯之喪官僚服斬既葬而
除今國無繼統喪庭無主臣實陋賤不足當重謬荷首任禮宜終喪詔
下博議國子祭酒杜夷議古者諒闇三年不言下及周世稅衰效命春
秋之時天子諸侯既葬而除此所謂三代損益禮有不同故三年之喪由

此而廢然則漢文之詔合於隨時凡有國者皆宜同也非唯施於帝皇
而已按禮殤與無後降於成人有後既葬而除今不得以無後之故而
獨不除也愚以丁郎中應除衰麻自宜主祭以終三年太常賀循議禮
天子諸侯俱以至尊臨人上下之義君臣之禮自古以來其例一也故禮
盛則並全其重禮殺則從其降春秋之事天子諸侯不行三年至於臣
爲君服宜以君爲節未有君除而臣服君服而臣除者今法令諸侯卿
相官屬爲君斬衰既葬而除以令文言之明諸侯不以三年之喪與天
子同可知也君若遂服則臣子輕重無應除者也若當皆除無一人獨重
之文禮有攝主而無攝重故大功之親主人喪者必爲之再祭練祥以大
功之服主人三年喪者也苟謂諸侯與天子同制國有嗣王自不全服而人
主居喪素服主祭三年不攝吉事以尊令制若當遠迹三代令復舊典
不依法令者則侯之服貴賤一例亦不得唯一人論於是詔使除服心喪
三年太興三年遷王導驃騎司馬轉中書郎出爲廣武將軍東陽太守
以清絜見稱徵爲太子左衛率不拜成帝踐阼以爲散騎常侍侍中蘇
峻作亂帝遷於石頭唯潭及侍中鍾雅劉超等隨從不離帝側峻
誅以功賜爵永安伯遷大尚書徙廷尉累遷左光祿大夫領國子祭酒
本國大中正加散騎常侍康帝即位屢表乞骸骨詔以光祿大夫還第
門施行馬祿秩一如舊制給傳詔二人賜錢二十萬牀帳褥席年八十
卒贈侍中大夫如故謚曰簡王導嘗謂孔敬康有公才而無公望丁世
康有公望而無公才子詁位至散騎侍郎
張茂字偉康少單貧有志行爲鄉里所敬信初起義兵討賊陳斌一郡用
全元帝辟爲掾屬官有老牛數十將賣之茂曰殺牛有禁買者不得輒
屠齒力疲老又不任耕駕是以無用之物收百姓利也帝乃止遷太子右
衛率出補吳國內史沈充之反也茂與三子並遇害茂弟盎爲周札將
軍充討札盎又死之贈茂太僕茂少時夢得大象以問占夢萬推推曰
君當爲大郡而不善也問其故推曰象者大獸獸者守也故知當得大
郡然象以齒焚爲人所害果如其言
陶回丹楊人也祖基吳交州刺史父抗太子中庶子回辟司空府中軍

主簿並不就大將軍王敦命為參軍轉州別駕敦死司徒王導引為從事中郎遷司馬蘇峻之役闓與孔坦言於導請早出兵守江口語在坦傳峻將至闓復謂亮曰峻知石頭有重戍不敢直下必向小丹楊南道步來宜伏兵要之可一戰而擒亮不從峻果由小丹楊經秣陵迷失道逢郡人執以為鄉導時峻夜行甚無部分亮聞之深悔不從闓等之言尋王師敗績闓還本縣收合義軍得千餘人並為步軍與陶侃溫嶠等并力攻峻又別破韓晃以功封康樂伯時大賊新平綱維弛廢司徒王導以闓有器幹擢補北軍中候俄轉中護軍久之遷征虜將軍吳興太守時人饑穀貴三吳尤甚詔欲聽相鬻賣以拯一時之急闓上疏曰當今天下不普荒儉唯獨東土穀價偏貴便相鬻賣聲必遠流北賊聞此將窺疆場如愚臣意不如開倉廩以振之乃不待報輒便開倉及割府郡軍資數万斛米以救之絕由是一境獲全既而下詔并敕會稽吳郡依闓振恤二郡賴之在郡四年徵拜領軍將軍加散騎常侍征虜將軍如故闓性雅正不憚彊御丹楊尹桓景佞事王導導甚昵之闓常慷

慨謂景非正人不宜親狎會熒惑守南斗經旬導語闓曰南斗揚州分而熒惑守之吾當遜位以厭此謫闓答曰公以明德作相輔弼聖主當親忠貞遠邪佞而與桓景造膝熒惑何由退舍導深愧之咸和二年以疾辭職帝不許徙護軍將軍常侍領軍如故未拜卒年五十一謚曰威四子延陋隱無忌延嗣爵位至輔國將軍宣城內史陋冠軍將軍隱少府無忌光祿勳兄弟咸有幹用

史臣曰孔愉父子暨丁潭等咸以篠簜之材邀締構之運策名霸府騁足高衢歷試清階遂登顯要外宣政績內盡謀猷罄心力以佐時竭股肱以衛主並能保全名節善始令終而愉高謝百萬之貲辭榮數畝之宅弘止足之分有廉讓之風者矣陶回陳邪佞之宜遠明鬻賣之非宜並補闕弼違良可稱也

贊曰愉既公才潭惟公望領軍儒雅平越忠亮君平料敵彭祖弘益茂以象賢群由匡厄陶回規過言同金石

列傳第四十八　晉書七十八

列傳第四十九　晉書七十九　御撰

謝尚 謝安（安子琰 琰子混 安兄奕 奕子玄 安弟万 万弟石 石兄子朗 弟子邈）

謝尚字仁祖豫章太守鯤之子也幼有至性七歲喪兄哀慟過禮親戚異之八歲神悟夙成鯤嘗攜之送客或曰此兒一坐之顏回也尚應聲答曰坐無尼父焉別顏回席賓莫不歎異十餘歲遭父憂丹楊尹溫嶠弔之尚號咷極哀既而收涕告訴舉止有異常童嶠甚奇之及長開率穎秀辨悟絕倫脫略細行不為流俗之事好衣刺文袴諸父責之因而自改遂知名善音樂博綜眾藝司徒王導深器之比之王戎常呼為小安豐辟為掾襲父爵咸亭侯始到府通謁導以其有勝會謂曰聞君能作鴝鵒舞一坐傾想寧有此理不尚曰佳便著衣幘而舞導令坐者撫掌擊節尚俯仰在中傍若無人其率詣如此轉西曹屬時有遭亂與父母乖離議者或以進仕理王事婚姻繼百世於禮非嫌尚議曰典禮之興皆因循情理開通弘勝如運有屯夷要當斷之以大義夫無後之罪三千所不過今婚姻將以繼百世崇宗緒此固不可塞也然至於天屬生離之哀父子乖絕之痛痛之深者莫深於茲夫以一體之小患猶或忘思慮損聽察況於抱傷心之巨痛懷忉怛之至戚方寸既亂豈能綜理時務哉有心之人決不冒榮苟進冒榮苟進之疇必非所求之旨徒開偷薄之門而長流弊之路或有執志丘園守心不革者猶當崇其操業以弘風尚而況含艱履戚之人勉之以榮貴邪遷會稽王友入補給事黃門侍郎出為建武將軍歷陽太守轉督江夏義陽隨三郡軍事江夏相將軍如故時安西將軍庾翼鎮武昌尚數詣翼諮謀軍事嘗與翼共射翼曰卿若破的當以鼓吹相賞尚應聲中之翼即以其副鼓吹給之尚為政清簡始到官郡府以布四十匹為尚造烏布帳尚壞之以為軍士襦袴建元二年詔曰尚往以戎戍事要故輟黃散以授軍旅所處險要宜崇其威望今以為南中郎將餘官如故會庾冰薨復以本號督豫州四郡領江州刺史俄而復轉西中郎將督揚州之六郡諸軍事豫州刺史假節鎮歷陽大司馬桓溫欲有事中原使尚率眾向壽春進號安西將軍初苻健將張遇降尚尚不能綏懷之遇怒據許昌叛尚討

之為遇所敗收付廷尉時康獻皇后臨朝即尚之甥也特令降號為建威將軍初尚之行也使建武將軍濮陽太守戴施據枋頭會冉閔之子智與其大將蔣幹來附復遣行人劉猗詣尚請救施止猗求傳國璽猗歸以告幹幹謂尚已敗慮不能救已猶豫不許施遣參軍何融率壯士百人入鄴登三臺助戍譎之曰今且可出璽付我凶寇在外道路梗澁亦未敢送璽當遣單使馳白天子聞璽已在吾許知卿等至誠必遣重軍相救并厚相餉幹乃出璽付融融齎璽馳還枋頭尚遣振武將軍胡彬率騎三百迎璽致諸京師時苻健將楊平戍許昌尚遣兵襲破之徵授給事中賜軺車鼓吹戍石頭求和中拜尚書僕射出為都督江西淮南諸軍事前將軍豫州刺史給事中僕射如故鎮歷陽加都督豫州揚州之五郡軍事在任有政績上表求入朝因留京師署僕射事尋進號鎮西將軍鎮壽陽尚於是採拾樂人并制石磬以備太樂江表有鍾石之樂自尚始也桓溫北平洛陽上疏請尚為都督司州諸軍事將鎮洛陽以疾病不行升平初又進都督豫冀幽并四州病篤徵拜衛將軍加散騎常侍未至卒於歷陽時年五十詔贈散騎常侍衛將軍開府儀同三司謚曰簡無子從弟奕以子康襲爵早卒康弟靜復以子肅嗣又無子靜子虔以子靈祐繼鯤後

謝安字安石尚從弟也父裒太常卿安年四歲時譙郡桓彝見而歎曰此兒風神秀徹後當不減王東海及總角神識沈敏風宇條暢善行書弱冠詣王濛清言良久既去濛子脩曰向客何如大人濛曰此客亹亹為來逼人王導亦深器之由是少有重名初辟司徒府除佐著作郎並以疾辭寓居會稽與王羲之及高陽許詢桑門支遁遊處出則漁弋山水入則言詠屬文無處世意揚州刺史庾冰以安有重名必欲致之累下郡縣敦逼不得已赴召月餘告歸復除尚書郎琅邪王友並不起吏部尚書范汪舉安為吏部郎安以書距絕之有司奏安被召歷年不至禁錮終身遂棲遲東土常往臨安山中坐石室臨濬谷悠然歎曰此亦伯夷何遠嘗與孫綽等汎海風起浪湧諸人並懼安吟嘯自若舟人以安為悅猶去不止風轉急安徐曰如此將何歸邪舟人承言即迴眾咸服

其雅量安雖放情丘壑然每游賞必以妓女從既累辟不就簡文帝時為相曰安石既與人同樂必不得不與人同憂召之必至時安弟萬為西中郎將總藩任之重安雖處衡門其名猶出萬之右自然有公輔之望處家常以儀範訓子弟安妻劉惔妹也既見家門富貴而安獨靜退乃謂曰丈夫不如此也安掩鼻曰恐不免耳及萬黜廢安始有仕進志時年已四十餘矣征西大將軍桓溫請為司馬將發新亭朝士咸送中丞高崧戲之曰卿累違朝旨高臥東山諸人每相與言安石不肯出將如蒼生何蒼生今亦將如卿何安甚有愧色既到溫甚喜言生平歡笑竟日既出溫問左右頗嘗見我有如此客不溫後詣安值其理髮安性遲緩久而方罷使取幘溫見留之曰令司馬著帽進其見重如此溫當北征會萬病卒安投箋求歸尋除吳興太守在官無當時譽去後為人所思頃之徵拜侍中遷吏部尚書中護軍簡文帝疾篤溫上疏薦安宜受顧命及帝崩溫入赴山陵止新亭大陳兵衛將移晉室呼安及王坦之欲於坐害之坦之甚懼問計於安安神色不變曰晉祚存亡在此一行既見溫坦之流汗沾衣倒執手版安從容就席坐定謂溫曰安聞諸侯有道守在四鄰明公何須壁後置人邪溫笑曰正自不能不爾耳遂笑語移日坦之與安初齊名至是方知坦之之劣溫嘗以安所作簡文帝謚議以示坐賓曰此謝安石碎金也時孝武帝富於春秋政不自己溫威振內外人情噂沓互生同異安與坦之盡忠匡翼終能輯穆及溫病篤諷朝廷加九錫使袁宏具草安見輒改之由是歷旬不就會溫薨錫命遂寢尋為尚書僕射領吏部加後將軍及中書令王坦之出為徐州刺史詔安總關中書事安義存輔導雖會稽王道子亦賴弼諧之益時彊敵寇境邊書續至梁益不守樊鄧陷沒安每鎮以和靖御以長算德政既行文武用命不存小察弘以大綱威懷外著人皆比之王導謂文雅過之嘗與王羲之登冶城悠然遐想有高世之志羲之謂曰夏禹勤王手足胼胝文王旰食日不暇給今四郊多壘宜思自效而虛談廢務浮文妨要恐非當今所宜安曰秦任商鞅二世而亡豈清言致患邪是時宮室毀壞安欲繕之尚書令王彪之等以外寇為諫安不從竟獨決之宮室用

成皆仰模玄象合體辰極而役無勞怨又領揚州刺史詔以甲仗百人入殿時帝始親萬機進安中書監驃騎將軍錄尚書事固讓軍號時懸象失度亢旱彌年安奏興滅繼絕求晉初佐命功臣後而封之頃之加司徒後軍文武盡配大府又讓不拜復加侍中都督揚豫徐兗青五州幽州之燕國諸軍事假節時苻堅強盛疆埸多虞諸將敗退相繼安遣弟石及兄子玄等應機征討所在克捷拜衛將軍開府儀同三司封建昌縣公堅後率眾號百萬次于淮肥京師震恐加安征討大都督玄入問計安夷然無懼色答曰已別有旨既而寂然玄不敢復言乃令張玄重請安遂命駕出山墅親朋畢集方與玄圍棊賭別墅安常棊劣於玄是日玄懼便為敵手而又不勝安顧謂其甥羊曇曰以墅乞汝安遂游陟至夜乃還指授將帥各當其任玄等既破堅有驛書至安方對客圍棊看書既竟便攝放牀上了無喜色棊如故客問之徐荅云小兒輩遂已破賊既罷還內過戶限心喜甚不覺屐齒之折其矯情鎮物如此以總統功進拜太保安方欲混一文軌上疏求自北征乃進都督揚江荊司豫徐兗青冀幽并寧益雍梁十五州軍事加黃鉞其本官悉如故置從事中郎二人安上疏讓太保及爵不許是時桓沖既卒荊江二州並缺物論以玄勳望宜以授之安以父子皆著大勳恐為朝廷所疑又懼桓氏失職桓石虔復有沔陽之功慮其驍猛在形勝之地終或難制乃以桓石民為荊州改桓伊於中流石虔為豫州既以三桓據三州彼此無怨各得所任其經遠無競類皆如此性好音樂自弟萬喪十年不聽音樂及登台輔期喪不廢樂王坦之書喻之不從衣冠效之遂以成俗又於土山營墅樓館林竹甚盛每攜中外子姪往來游集肴饌亦屢費百金世頗以此譏焉而安殊不以屑意常疑劉牢之既不可獨任又知王味之不宜專城牢之既以亂終而味之亦以貪敗由是識者服其知人時會稽王道子專權而姦諂頗相扇構安出鎮廣陵之步丘築壘曰新城以避之帝出祖于西池獻觴賦詩焉安雖受朝寄然東山之志始末不渝每形於言色及鎮新城盡室而行造汎海之裝欲須經略粗定自江道還東雅志未就遂遇疾篤上疏請量宜旋旆并召子征虜將軍琰

解甲息徒命龍驤將軍朱序進據洛陽前鋒都督玄抗威彭沛委以董督若二賊假延來年水生東西齊舉詔遣侍中慰勞遂還都聞當與入西州門自以本志不遂深自慨失因悵然謂所親曰昔桓溫在時吾常懼不全忽夢乘溫輿行十六里見一白雞而止乘溫輿者代其位也十六里止今十六年矣白雞主酉今太歲在酉吾病殆不起乎乃上疏遜位詔遣侍中尚書喻旨先是安發石頭金鼓忽破又語未常謬而忽一誤衆亦怪異之尋薨時年六十六帝三日臨于朝堂賜東園祕器朝服一具衣一襲錢百萬布千匹蠟五百斤贈太傅謚曰文靖以無下舍詔府中備凶儀及葬加殊禮依大司馬桓溫故事又以平苻堅勳更封廬陵郡公安少有盛名時多愛慕鄉人有罷中宿縣者還詣安安問其歸資荅曰有蒲葵扇五萬安乃取其中者捉之京師士庶競市價增數倍安本能為洛下書生詠有鼻疾故其音濁名流愛其詠而弗能及或手掩鼻以斆之及至新城築埭於城北後人追思之名為召伯埭羊曇者太山人知名士也為安所愛重安薨後輟樂彌年行不由西州路嘗因石頭

大醉扶路唱樂不覺至州門左右白曰此西州門曇悲感不已以馬策扣扉誦曹子建詩曰生存華屋處零落歸山丘因慟哭而去安有二子瑤琰瑤襲爵官至琅邪王友早卒子該嗣終東陽太守無子弟光祿勳模以子承伯嗣有罪國除劉裕以安勳德濟世特更封該弟澹為柴桑侯邑千戶奉安祀澹少歷顯位桓玄篡位以澹兼太尉與王謐俱齎冊到姑孰元熙中為光祿大夫復兼太保持節奉冊禪宋琰字瑗度弱冠以貞幹稱美風姿與從兄護軍淡雖比居不往來宗中子弟惟與才令者數人相接拜著作郎轉祕書丞累遷散騎常侍侍中苻堅之役安以琰有軍國才用出為輔國將軍以精卒八千與從兄玄俱陷陣破堅以勳封望蔡公尋遭父憂去官服闋除征虜將軍會稽內史頃之徵為尚書右僕射領太子詹事加散騎常侍將軍如故又遭母憂朝廷疑其葬禮時議者云潘岳為賈充婦宜城宣君誄云昔在武侯喪禮殊倫伉儷一體朝儀則均謂宜資給葬禮悉依太傅故事先是王珣娶萬女珣弟珉娶安女並不終由是與謝氏有隙珣時為僕射猶以前憾緩其事琰

聞恥之遂自造輼輬車以葬議者譏之太元末為護軍將軍加右將軍會稽王道子以為司馬右將軍如故王恭舉兵假琰節都督前鋒軍事恭平遷衛將軍徐州刺史假節孫恩作亂加督吳興義興二郡軍事討恩至義興斬賊許允之迎太守魏鄢還郡進討吳興賊丘尪破之又詔琰與輔國將軍劉牢之俱討孫恩恩逃于海島朝廷憂之以琰為會稽內史都督五郡軍事本官並如故琰既以資望鎮越土議者謂無復東顧之虞及至郡無綏撫之能而不為武備將帥皆諫曰強賊在海伺人形便宜振揚仁風開其自新之路琰曰苻堅百萬尚送死淮南況孫恩奔衄歸海何能復出若其復至正是天不養國賊令速就戮耳遂不從其言恩後果復寇浹口入餘姚破上虞進及邢浦去山陰北三十五里琰遣參軍劉宣之距破恩恩既而上黨太守張虔碩戰敗群賊鋭進人情震駭咸以宜持重嚴備且列水軍於南湖分兵設伏以待之琰不聽賊既至尚未食琰曰要當先滅此寇而後食耳跨馬而出廣武將軍桓寶為前鋒摧鋒陷陣殺賊甚多而塘路迮狹琰軍魚貫而前賊於艦中傍射

之前後斷絕琰至千秋亭敗績琰帳下都督張猛於後斫琰馬琰墮地與二子肇峻俱被害寶亦死之後劉裕左里之捷生擒猛送琰小子混混刳肝生食之詔以琰父子隕於君親忠孝萃於一門贈琰侍中司空謚曰忠肅二子肇峻肇歷驃騎參軍峻以琰勳封建昌侯及沒於賊詔贈肇散騎常侍峻散騎侍郎

混字叔源少有美譽善屬文初孝武帝為晉陵公主求壻謂王珣曰主壻但如劉真長王子敬便足如王處仲桓元子誠可才小富貴便豫人家事珣對曰謝混雖不及真長不減子敬帝曰如此便足未幾帝崩袁崧欲以女妻之珣曰卿莫近禁臠初元帝始鎮建業公私窘罄每得一㹠以為珍膳項上一臠尤美輒以薦帝群下未嘗敢食于時呼為禁臠故珣因以為戲混竟尚主襲父爵桓玄嘗欲以安宅為營混曰召伯之仁猶惠及甘棠文靖之德更不保五畝之宅邪玄聞慚而止歷中書令中領軍尚書左僕射領選以黨劉毅誅國除及宋受禪謝晦謂劉裕曰陛下應天受命登壇日恨不得謝益壽奉璽紱裕亦歎曰吾甚

恨之使後生不得見其風流益壽詩混小字也

弈字無弈少有名譽初爲剡令有老人犯法弈以醇酒飲之醉猶未已安時年七八歲在弈膝邊諫止之弈爲改容遣之與桓溫善溫辟爲安西司馬猶推布衣好在溫坐岸幘笑詠無異常日桓溫曰我方外司馬弈每因酒無復朝廷禮常逼溫飲溫走入南康主門避之主曰君若無狂司馬我何由得相見弈遂攜酒就聽事引溫一兵帥共飲曰失一老兵得一老兵亦何所在溫不之責從兄尚有德政既卒爲西藩所思朝議以弈立行有素必能嗣尚事乃遷都督豫司冀幷四州軍事安西將軍豫州刺史假節未幾卒官贈鎭西將軍三子泉靖玄泉早有名譽歷義興太守靖官至太常

玄字幼度少穎悟與從兄朗俱爲叔父安所器重安嘗戒約子姪因曰子弟亦何豫人事而正欲使其佳諸人莫有言者玄答曰譬如芝蘭玉樹欲使其生於庭階耳安悅玄少好佩紫羅香囊安患之而不欲傷其意因戲賭取即焚之於此遂止及長有經國才略屢辟不起後與王珣俱被桓溫辟爲掾並禮重之轉征西將軍桓豁司馬領南郡相監北征諸軍事于時苻堅彊盛邊境數被侵寇朝廷求文武良將可以鎭禦北方者安乃以玄應舉中書郎郗超雖素與玄不善聞而歎之曰安違衆舉親明也玄必不負舉才也時咸以爲不然超曰吾嘗與玄共在桓公府見其使才雖履屐閒亦得其任所以知之於是徵還拜建武將軍兖州刺史領廣陵相監江北諸軍事時苻堅遣軍圍襄陽車騎將軍桓沖禦之詔玄發三州人丁遣彭城內史何謙游軍淮泗以爲形援襄陽既沒堅將彭超攻龍驤將軍戴逯於彭城玄率東莞太守高衡後軍將軍何謙次于泗口欲遣閒使報逯令知救至其道無由小將田泓請行乃沒水潛行將趣城爲賊所獲賊厚賂泓使云南軍已敗泓僞許之既而告城中曰南軍垂至我單行來報爲賊所得勉之遂遇害時彭超置輜重於留城玄乃揚聲遣謙等向留城超聞之還保輜重謙馳進解彭城圍超復進軍南侵堅將句難毛當自襄陽來會超圍幽州刺史田洛於三阿有衆六萬詔征虜將軍謝石率水軍次涂中右衞將軍毛安之游擊將軍河間王曇之淮南太守楊廣宣城內史丘準次堂邑既而盱眙城陷高密內史毛璪之等軍人相驚遂各散退朝廷震動玄於是自廣陵西討難等何謙解田洛圍進據白馬與賊大戰破之斬其僞將都顏因復進擊又破之斬其僞將邵保超難引退玄率何謙戴逯田洛追之戰于君川復大破之玄參軍劉牢之攻破浮航及白船督護諸葛侃單父令李都又破其運艦難等相率北走僅以身免於是罷彭城下邳二戍詔遣殿中將軍慰勞進號冠軍加領徐州刺史還于廣陵以功封東興縣侯及苻堅自率兵次于項城衆號百萬而涼州之師始達咸陽蜀漢順流幽幷係至先遣苻融慕容暐張蚝苻方等至潁口梁成王先等屯洛澗詔以玄爲前鋒都督徐兗青三州揚州之晉陵幽州之燕國諸軍事與叔父征虜將軍石從弟輔國將軍琰西中郎將桓伊龍驤將軍檀玄建威將軍戴熙揚武將軍陶隱等距之衆凡八萬玄先遣廣陵相劉牢之五千人直指洛澗即斬梁成及成弟雲步騎崩潰爭赴淮水牢之縱兵追之生擒堅僞將梁他王顯梁悌慕容屈氏等收其軍實堅進屯壽陽列陣臨肥水玄軍不得渡玄使謂苻融曰君遠涉吾境而臨水爲陣是不欲速戰諸君稍卻令將士得周旋僕與諸君緩轡而觀之不亦樂乎堅衆皆曰宜阻肥水莫令得上我衆彼寡勢必萬全堅曰但卻軍令得過而我以鐵騎數十萬向水逼而殺之融亦以爲然遂麾使卻陣衆因亂不能止於是玄與琰伊等以精鋭八千涉渡肥水石軍距張蚝小退玄琰仍進決戰肥水南堅中流矢臨陣斬融堅衆奔潰自相蹈藉投水死者不可勝計肥水爲之不流餘衆棄甲宵遁聞風聲鶴唳皆以爲王師已至草行露宿重以飢凍死者十七八獲堅乘輿雲母車儀服器械軍資珍寶山積牛馬驢騾駱駝十萬餘詔遣殿中將軍慰勞進號前將軍假節固讓不受賜錢百萬綵千匹既而安奏苻堅喪敗宜乘其釁會以玄爲前鋒都督率冠軍將軍桓石虔徑造渦潁經略舊都玄復率衆次于彭城遣參軍劉襲攻堅兗州刺史張崇於鄄城走之使劉牢之守鄄城兗州既平玄患水道險澀糧運艱難用督護聞人奭謀堰呂梁水樹柵立七埭爲派擁二岸之流以利運漕自此公私利便又進

伐青州故謂之青州派遣淮陵太守高素以三千人向廣固降堅青州刺史苻朗又進伐冀州遣龍驤將軍劉牢之濟北太守丁匡據碻磝濟陽太守郭滿據滑臺奮武將軍顏雄渡河立營堅子丕遣將桑據黎陽玄命劉襲夜襲據走之丕惶遽欲降玄許之丕告飢玄饋丕米二千斛又遣晉陵太守滕恬之渡河守黎陽三魏皆降以兗青司豫平加玄都督徐兗青司冀幽并七州軍事玄上疏以方平河北幽冀宜須總督司州懸遠應統豫州以勳封康樂縣公玄請以先封東興侯賜兄子玩詔聽之更封玩豫寧伯復遣寧遠將軍春演伐申凱於魏郡破之玄欲令豫州刺史朱序鎮梁國玄住彭城北固河上西援洛陽內藩朝廷朝議以征役既久宜置戍而還使玄還鎮淮陰序鎮壽陽會翟遼據黎陽反執滕恬之又泰山太守張願舉郡叛河北騷動玄自以處分失所上疏送節盡求解所職詔慰勞令且還鎮淮陰以朱序代鎮彭城玄既還遇疾上疏解職詔書不許玄又自陳既不堪攝職慮有曠廢詔又使移鎮東陽城玄即路於道疾篤上疏曰臣以常人才不佐世忽蒙殊遇不復自

量遂從戎政驅馳十載不辭鳴鏑之險每有征事輒請為軍鋒由恩厚志軀甘死若生也冀有毫釐上報榮寵天祚大晉王威屢舉實由陛下神武英斷無思不服亡叔臣安協贊雍熙以成天工而雰霧尚翳六合未朗遺黎塗炭巢窟宜除復命臣荷戈前驅董司戎首冀仰憑皇威宇宙寧一陛下致太平之化庸臣以塵露報恩然後從亡叔臣安退身東山以道養壽此誠以形于文旨達於聖聽矣臣所以區區家國實在於此不謂臣愆咎夙積罪鍾中年上延亡叔臣安亡兄臣靖數月之間相係殂背下逮稚子尋復夭昏哀毒兼纏痛百常情臣不勝禍酷暴集每一慟殆斃所以含哀忍悲期之必存者雖哲輔傾落聖明方融伊周嗣作人懷自厲猶欲申臣本志隆國保家故能豁其情滯同之無心耳去冬奉司徒道子告括囊遠圖逮問臣進止之宜臣進不達事機以威定境為恥退不自揆故欲順其宿心豈謂經略不振自貽斯戾是以奉送章節待罪有司執徇常儀實有愧心而聖恩赦過黷法垂有使抱罪之臣復得更鳴於所司木石猶感而況臣乎顧將身不良動與釁會謙德

不著害盈是荷先疾既動便至委篤陛下體臣疾重使還藩淮側甫欲休兵靜衆綏懷善撫兼苦自療冀日月漸瘳繕甲俟會思更奮迅而所患沉頓有增無損今者惙惙救命朝夕臣之平日率其常矩加以匪懈猶不能令政理弘宣況今內外天隔永不復接寧可臥居重任以招患慮追尋前事可為寒心臣之微身復何足惜區區血誠憂國實深謹遣兼長史劉濟重奉送節蓋章傳伏願陛下垂天地之仁拯將絕之氣時遣軍司鎮慰荒雜聽臣所乞盡醫藥消息歸誠道門冀神祇之祐若此而不差脩短命也使臣得及視息瞻覲墳柏以此之盡公私真無恨矣伏枕悲慨不覺流涕詔遣高手醫一人令自消息又使還京口療疾玄奉詔便還病久不差又上疏曰臣同生七人凋落相繼惟臣一己孑然獨存在生荼酷無如臣比所以含哀忍痛希延視息者欲報之德實懷罔極庶蒙一瘳申其此志且臣孤遺滿目顧之惻然為欲極其求生之心未能自分於灰土慺慺之情可哀可愍伏願陛下矜其所訴霈然垂恕不令微臣銜恨泉壤表寢不報前後表疏十餘上久之乃轉授散騎常侍

左將軍會稽內史時吳興太守晉寧侯張玄之亦以才學顯自吏部尚書與玄同年之郡而玄之名亞於玄時人稱為南北二玄論者美之玄既輿疾之郡十三年卒於官時年四十六追贈車騎將軍開府儀同三司謚曰獻武子瑍嗣祕書郎早卒子靈運嗣瑍少不惠而靈運文藻豔逸玄常稱曰我尚生瑍瑍那得不生靈運永熙中為劉裕世子左衛率

始從玄征伐者何謙字恭子東海人戴逯字安丘處士逵之弟並驍果多權略逵厲操東山而逯以武勇顯謝安嘗謂逯曰卿兄弟志業何殊逯曰下官不堪其憂家兄不改其樂逯以軍功封廣信侯位至大司農

萬字萬石才器儁秀雖器量不及安而善自衒曜故早有時譽工言論善屬文敘漁父屈原季主賈誼楚老龔勝孫登嵇康四隱四顯為八賢論其旨以處者為優出者為劣以示孫綽綽與往反以體公識遠者則出處同歸嘗與蔡系送客于征虜亭與系爭言系推萬落牀冠帽傾脫萬徐拂衣就席神意自若坐定謂系曰卿幾壞我面系曰本不為卿面計然俱不以介意時亦以此稱之弱冠辟司徒掾遷右西屬不就簡

文帝作相聞其名召為撫軍從事中郎万著白綸巾鶴氅裘履版而前
既見與帝共談移日太原王述万之妻父也為揚州刺史万嘗衣白綸巾
乘平肩輿徑至聽事前謂述曰人言君侯癡君侯信自癡述曰非無此
論但晚合耳万再遷豫州刺史領淮南太守監司豫冀并四州軍事假
節王羲之與桓溫箋曰謝万才流經通處廊廟參諷議故是後來一器
而今屈其邁往之氣以俯順荒餘近是違才易務矣溫不從万既受任
北征矜豪傲物常以嘯詠自高未嘗撫眾兄安深憂之自隊主將帥已
下安無不慰勉謂万曰汝為元帥諸將宜數接對以悅其心豈有傲誕
若斯而能濟事也万乃召集諸將都無所說直以如意指四坐云諸將
皆勁卒諸將益恨之既而先遣征虜將軍劉建脩治馬頭城池自率眾
入渦潁以援洛陽北中郎將郗曇以疾病退還彭城万以為賊盛致退
便引軍還眾遂潰散狼狽單歸廢為庶人後復以為散騎常侍會卒
時年四十二因以為贈子韶字穆度少有名時謝氏尤彥秀者稱封胡
遏末封謂韶胡謂朗遏謂玄末謂川皆其小字也韶朗川並早卒惟玄

晉列四十九　十一

以功名終韶至車騎司馬韶子恩字景伯宏達有遠略韶為黃門郎
武昌太守恩三子曜弘微皆歷顯位
朗字長度父據早卒朗善言玄理文義豔發名亞於玄總角時病新起
體甚羸未堪勞於叔父安前與沙門支遁講論遂至相苦其母王氏再
遣信令還安欲留使竟論王氏因出云新婦少遭艱難一生所寄惟在此
兒遂流涕攜朗去安謂坐客曰家嫂辭情慷慨恨不使朝士見之朗終
於東陽太守子重字景重明秀有才名為會稽王道子驃騎長史嘗
因侍坐于時月夜明淨道子歎以為佳重率爾曰意謂乃不如微雲點
綴道子因戲重曰卿居心不淨乃復強欲滓穢太清邪子絢字宣映曾
於公坐戲調無禮於其舅袁湛湛甚不堪之謂曰汝父昔已輕舅汝今
復來加我可謂世無渭陽情也絢父重即王胡之外孫與舅亦有不協
之論湛故有此及云
石字石奴初拜秘書郎累遷尚書僕射征句難以勳封興平縣伯淮肥
之役詔石解僕射以將軍假節征討大都督與兄子玄琰破苻堅先是

童謠云誰謂爾堅石打碎故桓豁皆以石名子以邀功焉堅之敗也雖
功始牢之而成于玄琰然石時實為都督焉遷中軍將軍尚書令更封
南康郡公于時學校陵遲石上疏請興復國學以訓冑子班下州郡普
脩鄉校疏奏孝武帝納焉兄安薨石遷衛將軍加散騎常侍以公事與
吏部郎王恭互相短長恭甚忿恨自陳褊阨不允且疾源深固乞還私
門石亦上疏遜位有司奏石輒去職免官詔曰石以疾求退豈準之常
制其喻令還遂歲餘不起表十餘上帝不許石乞依故尚書令王彪之例
於府綜攝詔聽之疾篤進位開府儀同三司加鼓吹未拜卒時年六十
二石少患面創療之莫愈乃自匿夜有物來舐其瘡隨舐隨差舐處甚
白故世呼為謝白面石在職務存文刻既無他才望直以宰相弟兼有
大勳遂居清顯而聚斂無厭取譏當世追贈司空禮官議諡博士范
弘之議諡曰襄墨公語在弘之傳朝議不從單諡曰襄子汪嗣汪早卒汪
從兄沖以子明慧嗣為孫恩所害明慧從兄喻復以子景嗣宋受禪國
除邈字茂度父鐵永嘉太守邈性剛骾無所屈撓頗有理識累遷侍中

晉列四十九　十二

時孝武帝酣樂之後多賜侍臣文詔辭義有不雅者邈輒焚毀之其他
侍臣被詔者或宣揚之故論者以此多邈後為吳興太守孫恩之亂為
賊胡桀郜驃等所執害之賊逼令北面邈厲聲曰我不得罪天子何北
面之有遂害之邈妻郗氏甚妒邈先娶妾郗氏怨懟與邈書告絕邈
以其書非婦人詞疑其門下生仇玄達為之作遂斥玄達玄達怒遂投
孫恩并害邈兄弟竟至滅門
史臣曰建元之後時政多虞巨猾陸梁權臣橫恣其有兼將相於中外
系存亡於社稷負扆資之以端拱鑿井賴之以晏安者其惟謝氏乎簡
侯任總中臺效彰分閫正議云唱喪禮墮而復弘遺音既補雅樂缺
而還備君子哉斯人也文靖始居塵外高謝人間嘯詠山林游泛江海
當此之時蕭然有陵霞之致暨于褫薜蘿而襲朱組去衡泌而踐丹
墀庶績於是用康彝倫以之載穆苻堅百萬之眾已瞰吳江桓溫九五
之心將移晉鼎衣冠易慮遠邇崩心從容而杜姦謀宴衍而清群寇宸
居獲太山之固惟揚去累卵之危斯為盛矣然激繁會於期服之辰

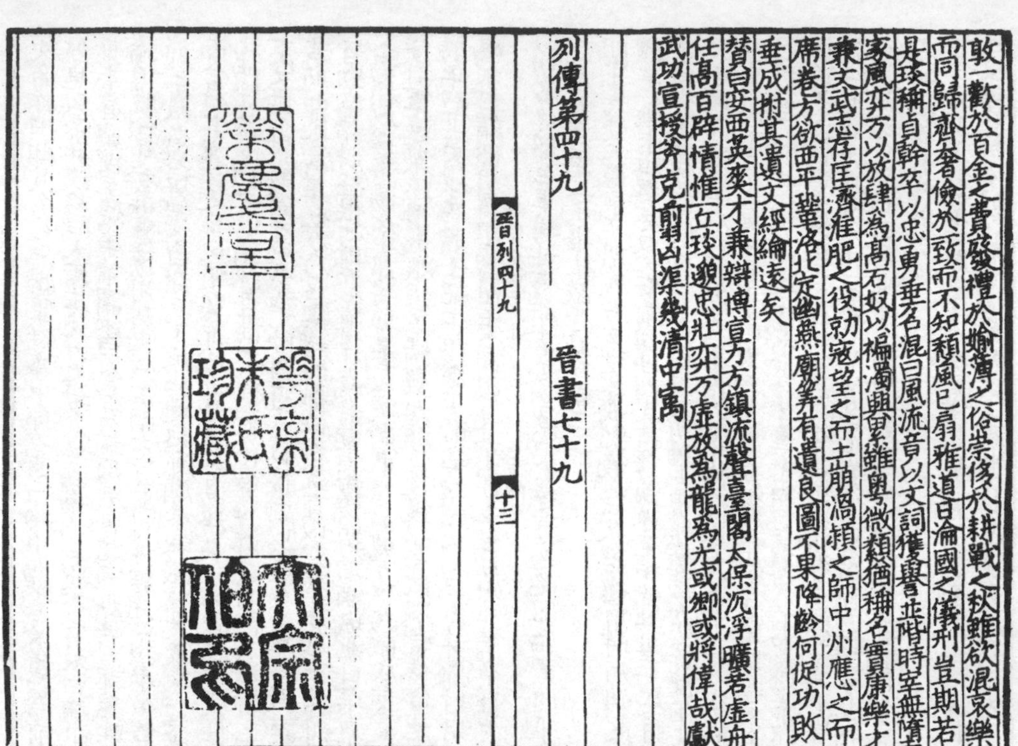

敢一歡於百金之費發禮於媮薄之俗崇侈於耕戰之秋雖欲混哀樂而同歸齊奢儉於一致而不知頹風已扇雅道日淪國之儀刑豈期若是琰稱貞幹卒以忠勇垂名混曰風流竟以文詞獲譽並階時宰無墮家風奕万以放肆為高石奴以褊濁興累雖曰微纇猶稱名實康樂才兼文武志存匡濟淮肥之役勍寇望之而土崩渦潁之師中州應之而席卷方欲西平鞏洛北定幽燕廟算有遺良圖不果降齡何促功敗垂成拊其遺文經綸遠矣

贊曰安西英爽才兼辯博宣力方鎮流聲臺閣太保沉浮曠若虛舟任高百辟情惟一丘琰邈忠壯奕万虛放為龍為光或卿或將偉哉獻武功宣授斧克翦凶渠幾清中寓

列傳第四十九　　晉書七十九

王羲之　子玄之　凝之　徽之　徽之子楨之　徽之弟操之　獻之　許邁

王羲之字逸少，司徒導之從子也。祖正，尚書郎。父曠，淮南太守。元帝之過江也，曠首創其議。羲之幼訥於言，人未之奇。年十三，嘗謁周顗，顗察而異之。時重牛心炙，坐客未噉，顗先割啗羲之，於是始知名。及長，辯贍，以骨鯁稱，尤善隸書，為古今之冠，論者稱其筆勢，以為飄若游雲，矯若驚龍。深為從伯敦、導所器重。時陳留阮裕有重名，為敦主簿。敦嘗謂羲之曰：「汝是吾家佳子弟，當不減阮主簿。」裕亦目羲之與王承、王悅為王氏三少。時太尉郗鑒使門生求女壻於導，導令就東廂徧觀子弟。門生歸，謂鑒曰：「王氏諸少並佳，然聞信至，咸自矜持。惟一人在東牀坦腹食，獨若不聞。」鑒曰：「正此佳壻邪！」訪之，乃羲之也，遂以女妻之。起家祕書郎，征西將軍庾亮請為參軍，累遷長史。亮臨薨，上疏稱羲之清貴有鑒裁。遷寧遠將軍、江州刺史。羲之既少有美譽，朝廷公卿皆愛其才器，頻召為侍中、吏部尚書，皆不就。復授護軍將軍，又推遷不拜。揚州刺史殷浩素雅重之，勸使應命，乃遺羲之書曰：「悠悠者以足下出處足觀政之隆替，如吾等亦謂為然。至如足下出處，正與隆替對，豈可以一世之存亡，必從足下從容之適？幸徐求眾心。卿不時起，復可以求美政不？若豁然開懷，當知萬物之情也。」羲之遂報書曰：「吾素自無廊廟志，直王丞相時果欲內吾，誓不許之，手跡猶存，由來尚矣，不於足下參政而方進退。自兒娶女嫁，便懷尚子平之志，數與親知言之，非一日也。若蒙驅使，關隴、巴蜀皆所不辭。吾雖無專對之能，直謹守時命，宣國家威德，故當不同於凡使，必令遠近咸知朝廷留心於無外，此所益殊不同居護軍也。漢末使太傅馬日磾慰撫關東，若不以吾輕微，無所為疑，宜及初冬以行，吾惟恭以待命。」羲之既拜護軍，又苦求宣城郡，不許，乃以為右軍將軍、會稽內史。時殷浩與桓溫不協，羲之以國家之安在於內外和，因以與浩書以誡之，浩不從。及浩將北伐，羲之以為必敗，以書止之，言甚切至。浩遂行，果為姚襄所敗。復圖再舉，又遺浩書曰：「知安西敗喪，公私惋怛，不能須臾去懷，以區區江左，所營綜如此，天下寒心，固以久矣，而加之敗喪，此可熟念。往事豈復可追，願思弘將來，令天下寄命有所，自隆中興之業。政以道勝寬和為本，力爭武功，作非所當，因循所長，以固大業，想識其由來也。自寇亂以來，處內外之任者，未有深謀遠慮，括囊至計，而疲竭根本，各從所志，竟無一功可論，一事可記，忠言嘉謀棄而莫用，遂令天下將有土崩之勢，何能不痛心悲慨也。任其事者，豈得辭四海之責！追咎往事，亦何所復及，宜更虛己求賢，當與有識共之，不可復令忠允之言常屈於當權。今軍破於外，資竭於內，保淮之志非復所及，莫過還保長江，都督將各復舊鎮，自長江以外，羈縻而已。任國鈞者，引咎責躬，深自貶降以謝百姓。更與朝賢思布平政，除其煩苛，省其賦役，與百姓更始。庶可以允塞群望，救倒懸之急。使君起於布衣，任天下之重，尚德之舉，未能事事允稱。當董統之任而敗喪至此，恐闔朝群賢未有與人分其謗者。今亟修德補闕，廣延群賢，與之分任，尚未知獲濟所期。若猶以前事為未工，故復求之於分外，宇宙雖廣，自容何所！知言不必用，或取怨執政，然當情慨所在，正自不能不盡懷極言。若必親征，未達此旨，果行者，愚智所不解也。願復與眾共之。復被州符，增運千石，徵役兼至，皆以軍期，對之喪氣，罔知所厝。自頃年割剝遺黎，刑徒竟路，殆同秦政，惟未加參夷之刑耳，恐勝廣之憂，無復日矣。」又與會稽王牋陳浩不宜北伐，并論時事曰：「古人恥其君不為堯舜，北面之道，豈不願尊其所事，比隆往代，況遇千載一時之運？顧智力屈於當年，何得不權輕重而處之。今雖有可欣之會，內求諸己，而所憂乃重於所欣。傳云：『自非聖人，外寧必有內憂。』今外不寧，內憂已深。古之弘大業者，或不謀於眾，傾國以濟一時功者，亦往往而有之。誠獨運之明足以邁眾，暫勞之弊終獲永逸者可也。求之於今，可得擬議乎！夫廟算決勝，必宜審量彼我，萬全而後動。功就之日，便當因其眾而即其實。今功未可期，而遺黎殲盡，萬不餘一。且千里饋糧，自古為難，況今轉運供繼，西輸許洛，北入黃河。雖秦政之弊，未至於此，而十室之憂，便以交至。今運無還期，徵求日重，以區區吳越經緯天下十分之九，不亡何待！而不度德量力，不弊不已，此封內所痛心歎悼而莫敢吐誠。往者不可諫，來者猶可追，願殿下更垂三思，解而更張，令殷浩、荀羨還據合肥、廣陵，許昌、譙郡、梁、彭城諸軍皆還保淮，為不可勝之基，須根立勢舉，謀之未晚，此實當今策之上者。若不行此，社稷之憂可計日而待。安危之機，易於反掌，考之虛實著於目前顧運獨斷之明定之於一朝也地淺而言深豈不知其未易然古人處閭閻行陣之間尚或干時謀國評裁者不以為譏況廁大臣末行豈可默而不言哉存亡所係決在行之不可復持疑後機不定之於此後欲悔之亦無及也殿下德冠宇內以公室輔朝最可直道行之致隆當年而未允物望受殊遇者所以寤寐長歎實為殿下惜之國家之虞深矣常恐伍員之憂不獨在昔麋鹿之游將不止林藪而已願殿下暫廢虛遠之懷以救倒懸之急可謂以亡為存轉禍為福則宗廟之慶四海有賴矣時東土饑荒羲之輒開倉振貸然朝廷賦役繁重吳會尤甚羲之每上疏爭之事多見從又遺尚書僕射謝安書曰頃所陳論每蒙允納所以令下小得蘇息各安其業若不耳此一郡久以蹈東海矣今事之大者未布漕運是也吾意望朝廷可申下定期委之所司勿復催下但當歲終考其殿最長吏尤殿命檻車送詣天臺三縣不舉二千石必免或可左降令在疆塞極難之地又自吾到此從事常有四五兼以臺司及都水御史行臺文符如雨倒錯違背不復可知吾又瞑目循常推前取重者及綱紀輕者在五曹主者莅事未嘗得十日吏民趨走功費萬計卿方任其重可徐尋所言江左平日揚州一良刺史便足統之況以群才而更不理正由為法不一牽制者眾思簡而易從便足以保守成業倉督監耗盜官米動以萬計吾謂誅翦一人其後便斷而時意不同近檢校諸縣無不皆爾餘姚近十萬斛重斂以資姦吏令國用空乏良可歎也自軍興以來征役及充運死亡叛散不反者眾虛耗至此而補代循常所在凋困莫知所出上命所差上道多叛則吏及叛者席卷同去又有常制輒令其家及同伍課捕課捕不擒家及同伍尋復亡叛百姓流亡戶口日減其源在此又有百工醫寺死亡絕沒家戶空盡差代無所上命不絕事起或十年十五年彈舉獲罪無懈息而無益實事何以堪之謂自今諸死罪原輕者及五歲刑可以充此其減死者可長充兵役五歲者可充雜工醫寺皆令移其家以實都邑都邑既實是政之本又可絕其亡叛不移其家逃亡之患復如初耳今除罪而充雜役盡移其家小人愚迷或以為重於殺戮可以絕姦刑名雖輕懲肅實重豈非適時之宜邪羲之雅好服食養性不樂在京師初渡浙江便有終焉之志會稽有佳山水

名士多居之謝安未仕時亦居焉孫綽李充許詢支遁等皆以文義冠世並築室東土與羲之同好嘗與同志宴集於會稽山陰之蘭亭羲之自為之序以申其志曰永和九年歲在癸丑暮春之初會于會稽山陰之蘭亭脩禊事也群賢畢至少長咸集此地有崇山峻嶺茂林脩竹又有清流激湍映帶左右引以為流觴曲水列坐其次雖無絲竹管弦之盛一觴一詠亦足以暢敘幽情是日也天朗氣清惠風和暢仰觀宇宙之大俯察品類之盛所以遊目騁懷足以極視聽之娛信可樂也夫人之相與俯仰一世或取諸懷抱悟言一室之內或因寄所託放浪形骸之外雖趣舍萬殊靜躁不同當其欣於所遇暫得於己快然自足不知老之將至及其所之既倦情隨事遷感慨係之矣向之所欣俛仰之間以為陳迹猶不能不以之興懷況脩短隨化終期於盡古人云死生亦大矣豈不痛哉每攬昔人興感之由若合一契未嘗不臨文嗟悼不能喻之於懷固知一死生為虛誕齊彭殤為妄作後之視今亦由今之視昔悲夫故列敘時人錄其所述雖世殊事異所以興懷其致一也後之覽者亦將有感於斯文或以潘岳金谷詩序方其文羲之比於石崇聞而甚喜性愛鵝會稽有孤居姥養一鵝善鳴求市未能得遂攜親友命駕就觀姥聞羲之將至烹以待之羲之歎惜彌日又山陰有一道士養好鵝羲之往觀焉意甚悅固求市之道士云為寫道德經當舉群相贈耳羲之欣然寫畢籠鵝而歸甚以為樂其任率如此嘗詣門生家見棐几滑淨因書之真草相半後為其父誤刮去之門生驚懊者累日又嘗在蕺山見一老姥持六角竹扇賣之羲之書其扇各為五字姥初有慍色因謂姥曰但言是王右軍書以求百錢邪姥如其言人競買之他日姥又持扇來羲之笑而不答其書為世所重皆此類也每自稱我書比鍾繇當抗行比張芝草猶當鴈行也曾與人書云張芝臨池學書池水盡黑使人耽之若是未必後之也羲之書初不勝庾翼郗愔及其暮年方妙嘗以章草答庾亮而翼深歎伏因與羲之書云吾昔有伯英章草十紙過江顛狽遂乃亡失常歎妙迹永絕忽見足下答家兄書煥若神明頓還舊觀時驃騎將軍王述少有名譽與羲之齊名而羲之甚輕之由是情好不協述先為會稽以母喪居郡境羲之代述止一弔遂不重詣述每聞角聲謂羲之當候己輒洒埽

而待之如此者累年而羲之竟不顧述深以爲恨及述爲揚州刺史將
就徵周行郡界而不過羲之臨發一別而去先是羲之常謂賓友曰懷
祖正當作尚書耳投老可得僕射更求會稽便自邈然及述蒙顯授羲
之恥爲之下遣使詣朝廷求分會稽爲越州行人失辭大爲時賢所笑
既而内懷愧歎謂其諸子曰吾不減懷祖而位遇懸邈當由汝等不及
坦之故邪述後檢察會稽郡辯其刑政主者疲於簡對羲之深恥之遂
稱病去郡於父母墓前自誓曰維永和十一年三月癸卯朔九日辛亥
小子羲之敢告二尊之靈羲之不天夙遭閔凶不蒙過庭之訓母兄鞠
育得漸庶幾遂因人乏蒙國寵榮進无忠孝之節退違推賢之義每仰
詠老氏周任之誡常恐斯亡无日憂及宗祀豈在微身而已是用寤寐
永歎若墜深谷止足之分定之於今謹以今月吉辰肆筵設席稽顙歸
誠告誓先靈自今之後敢渝此心貪冒苟進是有无尊之心而不子也
子而不子天地所不覆載名教所不得容信誓之誠有如皦日羲之既
去官與東土人士盡山水之游弋釣爲娛又與道士許邁共修服食採

藥石不遠千里徧游東中諸郡窮諸名山泛滄海歎曰我卒當以樂死
謝安嘗謂羲之曰中年以來傷於哀樂與親友別輒作數日惡羲之曰
年在桑榆自然至此須正賴絲竹陶寫恒恐兒輩覺其樂歡之趣朝廷
以其誓苦亦不復徵之時劉惔爲丹陽令許詢嘗就惔宿牀帷新麗飲
食豐甘詢曰若此保全殊勝東山惔曰卿若知吉凶由人吾安得保此
羲之在坐曰令巢許遇稷契當无此言二人並有愧色初羲之既優游
无事與吏部郎謝萬書曰古之辭世者或被髮佯狂或汚身穢跡可謂
艱矣今僕坐而獲免遂其宿心其爲慶幸豈非天賜違天不祥頃東游
還修植桑果今盛敷榮率諸子抱弱孫游觀其間有一味之甘割而分
之以娛目前雖植德无殊邈猶欲教養子孫以敦厚退讓或以輕薄庶
令舉策數馬彷彿萬石之風君謂此何如比當與安石東游山海并行田視地利頤養閒暇
衣食之餘欲與親知時共歡讌雖不能興言高詠銜杯引滿語田里所行故以
爲撫掌之資其爲得意可勝言邪常依陸賈班嗣楊王孫之處世甚欲希風數子老夫志
願盡於此也萬後爲豫州都督又遺萬書誡之曰以君邁往不屑之韻而俯同羣辟誠

難爲意也然所謂通識正自當隨事行藏乃爲遠耳願君每与士之下
者同則盡善矣食不二味居不重席此復何有而古人以爲美談濟否
所由實在積小以致高大君其存之万不能用果敗年五十九卒贈金紫
光祿大夫諸子遵父先旨固讓不受有七子知名者五人玄之早卒次凝之
亦工草隸仕歷江州刺史左將軍會稽内史王氏世事張氏五斗米道凝
之彌篤孫恩之攻會稽寮佐請爲之備凝之不從方入靖室請禱出語
諸將佐曰吾已請大道許鬼兵相助賊自破矣既不設備遂爲孫恩所害
徽之字子猷性卓犖不羈爲大司馬桓溫參軍蓬首散帶不綜府事又
爲車騎桓沖騎兵參軍沖問卿署何曹對曰似是馬曹又問管幾馬曰不
知馬何由知數又問馬比死多少曰未知生焉知死嘗從沖行値暴雨徽
之因下馬排入車中謂曰公豈得獨擅一車沖嘗謂徽之曰卿在府日久
比當相料理徽之初不酬答直高視以手版拄頰云西山朝來致有爽
氣耳時吳中一士大夫家有好竹欲觀之便出坐輿造竹下諷嘯良久
主人灑埽請坐徽之不顧將出主人乃閉門徽之便以此賞之盡懽而

去嘗寄居空宅中便令種竹或問其故徽之但嘯詠指竹曰何可一日
无此君邪嘗居山陰夜雪初霽月色清朗四望皓然獨酌酒詠左思招
隱詩忽憶戴逵逵時在剡便夜乘小船詣之經宿方至造門不前而反
人問其故徽之曰本乘興而行興盡而反何必見安道邪雅性放誕好声
色嘗夜与弟獻之共讀高士傳讚獻之賞井丹高潔徽之曰未若長卿
慢世也其傲達若此時人皆欽其才而穢其行後爲黃門侍郎棄官東
歸与獻之俱病篤時有術人云人命應終而有生人樂代者則死者可生
徽之謂曰吾才位不如弟請以餘年代之術者曰代死者以己年有餘得
以足亡者耳今君与弟算俱盡何代也未幾獻之卒徽之奔喪不哭直
上靈牀坐取獻之琴彈之久而不調歎曰嗚呼子敬人琴俱亡因頓絶
先有背疾遂潰裂月餘亦卒子楨之
楨之字公幹歷位侍中大司馬長史桓玄爲太尉朝臣畢集問楨之我
何如君亡叔在坐咸爲氣咽楨之曰亡叔一時之標公是千載之英一坐皆悅
操之字子重歷侍中尚書豫章太守

獻之字子敬少有盛名而高邁不羈雖閑居終日容止不怠風流為一時之冠年數歲嘗觀門生樗蒲曰南風不競門生曰此郎亦管中窺豹時見一斑獻之怒曰遠慚荀奉倩近愧劉真長遂拂衣而去嘗與兄徽之操之俱詣謝安二兄多言俗事獻之寒溫而已既出客問安王氏兄弟優劣安曰小者佳客問其故安曰吉人之辭寡以其少言故知之嘗與徽之共在一室忽然火發徽之遽走不遑取履獻之神色恬然徐呼左右扶出夜卧齋中而有偷人入其室盜物都盡獻之徐曰偷兒青氈我家舊物可特置之群偷驚走工草隸善丹青七八歲時學書羲之密從後掣其筆不得歎曰此兒後當復有大名嘗書壁為方丈大字羲之甚以為能觀者數百人桓溫嘗使書扇筆誤落因畫作烏駁牸牛甚妙起家州主簿秘書郎轉丞以選尚新安公主嘗經吳郡聞顧辟彊有名園先不相識乘平肩輿徑入時辟彊方集賓友而獻之遊歷既畢傍若無人辟彊勃然數之曰傲主人非禮也以貴驕士非道也失是二者不足齒之傖耳便驅出門獻之傲如也不以屑意謝安甚欽愛之請為長史安進號衛將軍復為長史太元中新起太極殿安欲使

獻之題榜以為萬代寶而難言之試謂曰魏時陵雲殿榜未題而匠者誤釘之不可下乃使韋仲將懸梯書之比訖鬚鬢盡白裁餘氣息還語子弟宜絕此法獻之揣知其旨正色曰仲將魏之大臣寧有此事使其若此有以知魏德之不長安遂不之逼安又問曰君書何如君家尊答曰故當不同安曰外論不爾答曰人那得知尋除建威將軍吳興太守徵拜中書令及安薨贈禮有同異之議惟獻之與徐邈共明安之忠勳獻之乃上疏曰故太傅臣安少振玄風道素沖洋溢弱冠遐棲則契齊箕皓應運釋褐而王猷允塞及至載宣威靈強猾消殄功勳既融投韍高讓且服事先帝眷隆布衣陛下踐阼陽秋尚富盡心竭智以輔聖明考其潛躍始終事情繾綣實大晉之俊輔義篤於曩臣矣伏惟陛下留心宗臣澄神於省察孝武帝遂加安殊禮未幾獻之遇疾家人為上章道家法應首過問其有何得失對曰不覺餘事惟憶與郗家離婚獻之前妻郗曇女也俄而卒於官安僖皇后立以后父追贈侍中特進光祿大夫太宰諡曰憲無子以兄子靜之嗣位至義興太守時議者以為羲之草隸江左中朝莫有及者獻之骨力遠不及父而頗有媚趣桓玄雅愛其父子書各為一帙置左右以玩始婉羲之所與共遊者許邁

許邁字叔玄一名映丹陽句容人也家世士族而邁少恬靜不慕仕進未弱冠嘗造郭璞璞為之筮遇泰之大畜其上六爻發璞謂曰君元吉自天宜學升遐之道時南海太守鮑靚隱跡潛遁人莫之知邁乃往候之探其至要父母尚存未忍違親謂餘杭懸霤山近延陵之茅山是洞庭西門潛通五嶽陳安世茅季偉常所遊處於是立精舍於懸霤而往來茅嶺之洞室放絕世務以尋仙館朔望時節還家定省而已父母既終乃遣婦孫氏還家遂攜其同志遍遊名山焉初採藥於桐廬縣之桓山餌朮涉三年時欲斷穀以此山近人不得專一四面藩之好道之徒欲相見者登樓與語以此為樂常服氣一氣千餘息永和二年移入臨安西山登巖茹芝眇爾自得有終焉之志乃改名玄字遠遊與婦書告別又著詩十二首論神仙之事焉羲之造之未嘗不彌日忘歸相與為世外之交玄遺羲之書云自山陰南至臨安多有金堂玉室仙人芝草左元放之徒漢末諸得道者皆在焉羲之自為之傳述靈異之迹甚多不可詳記玄自後莫測所終好道者皆謂之羽化矣

制曰書契之興肇乎中古繩文鳥跡不足可觀末代去朴歸華舒牋點翰爭為誇尚競其工拙伯英臨池之妙無復餘蹤師宜懸帳之奇罕有其跡逮乎鍾王以降略可言焉鍾雖擅美一時亦為迥絕論其盡善或有所疑至於布纖濃分疏密霞舒雲卷無所間然但其體則古而不今字則長而逾制語其大量以此為瑕獻之雖有父風殊非新巧觀其字勢疏瘦如隆冬之枯樹覽其筆蹤拘束若嚴家之餓隸其枯樹也雖槎枿而無屈伸其餓隸也則羈羸而不放縱兼斯二者故翰墨之病歟子雲近出擅名江表然僅得成書無丈夫之氣行行若縈春蚓字字如綰秋蛇臥王濛於紙中坐徐偃於筆下雖秃千兔之翰聚無一毫之筋窮萬穀之皮斂無半分之骨以茲播美非其濫名邪此數子者皆譽過其實所以詳察古今研精篆素盡善盡美其惟王逸少乎觀其點曳之工裁成之妙煙霏露結狀若斷而還連鳳翥龍蟠勢如斜而反直翫之不覺為倦覽之莫識其端心慕手追此人而已其餘區區之類何足論哉

列傳第五十　　晉書八十

王遜　蔡豹　羊鑒　劉胤
桓宣 族子伊　朱伺　毛寶 子穆之 安之 孫璩 宗人德祖
劉遐　鄧嶽 子遐　朱序

王遜字邵伯，魏興人也。仕郡察孝廉，為吏部令史，轉殿中將軍，累遷上洛太守。私牛馬在郡生駒犢者，秩滿悉以付官，云是郡中所產也。轉魏興太守。惠帝末，西南夷叛，寧州刺史李毅卒，城中百餘人奉毅女固守經年。永嘉四年，治中毛孟詣京師求刺史，不見省。孟固陳曰：「君亡親喪，幽閉窮城，萬里訴哀，不垂愍救。既慚包胥無哭秦之感，又愧梁妻無崩城之驗，存不若亡，乞賜臣死。」朝廷憐之，乃以遜為南夷校尉、寧州刺史，使於郡便之鎮。遜與孟俱行，道遇寇賊，踰年乃至。外逼李雄，內有夷寇，吏士散沒，城邑丘墟。遜披荒糾厲，收聚離散，專仗威刑，鞭撻殊俗。遜未到州，遙舉董聯為秀才，建寧功曹周悅謂聯非才，不下版檄。遜既到，收悅殺之。悅弟潛謀殺遜，以前建寧太守趙混子濤代為刺史。事覺，並誅之。又誅豪右不奉法度者數十家。征伐諸夷，俘馘千計，獲馬及牛羊數萬餘，於是莫不振服，威行寧土。又遣子澄奉表勸進於元帝，帝嘉之，累加散騎常侍、安南將軍、假節，校尉、刺史如故，賜爵褒中縣公。遜以地勢形便，上分牂柯為平夷郡，分朱提為南廣郡，分建寧為夜郎郡，分永昌為梁水郡，又改益州郡為晉寧郡，事皆施行。先是，越巂太守李釗為李雄所執，自蜀逃歸，遜復以釗為越巂太守。李雄遣李驤、任回攻釗，釗自南秦與漢嘉太守王載共距之，戰于溫水，釗敗績，載遂以二郡附雄。後驤等又渡瀘水寇寧州，遜使將軍姚崇、爨琛距之，戰于堂狼，大破驤等。崇追至瀘水，透水死者千餘人。崇以道遠，不敢渡水。遜以崇不窮追也，怒囚群帥，執崇鞭之，怒甚，髮上衝冠，冠為之裂，夜中卒。遜在州十四年，州人復立遜中子堅行州府事。詔除堅為南夷校尉、寧州刺史、假節，謚遜曰壯。陶侃懼堅不能抗對蜀人，太寧末，表以零陵太守尹奉為寧州，徵堅還京，病卒。兄澄襲爵，歷魏興太守、散騎常侍。

蔡豹字士宣，陳留圉城人。高祖質，漢衛尉、左中郎將，邕之叔父也。祖睦，魏尚書。父宏，陰平太守。豹有氣榦，歷河南丞、長樂清河太守。避亂南渡，元帝以為振武將軍、臨淮太守，遷建威將軍、徐州刺史。初，祖逖為徐州，豹為司馬，素易豹，至是逖為豫州，而豹為徐州，俱受征討之寄，逖甚愧之。是時太山太守徐龕與彭城內史劉遐同討反賊周撫於寒山，龕將于藥斬撫。及論功，而遐先之。龕怒，以太山叛，自號安北將軍、兗州刺史，攻破東莞太守侯史旄而據其塢。石季龍伐之，龕懼，求降，元帝許焉。既而復叛歸石勒。勒遣其將王伏都、張景等數百騎助龕。詔征虜將軍羊鑒、武威將軍侯禮、臨淮太守劉遐、鮮卑段文鴦等與豹共討之。諸將畏懦頓兵，不敢前。豹欲進軍，鑒固不許。龕遣使請救於勒，勒辭以外難，而多求於龕。又王伏都等淫其室，龕知勒不救，且患伏都等縱暴，乃殺之，復求降。元帝惡其反覆，不納，勑豹、鑒以時進討。鑒及劉遐等並疑憚不相聽從，互有表聞，故豹久不得進。尚書令刁協奏曰：「臣等伏思淮北征軍已失不速，今方盛暑，冒涉山險，山人便弓弩，習土俗，一人守阨，百夫不當。且運漕至難，一朝糧乏，非復智力所能防禦也。書云『寧致人，不致於人』。宜頓兵所在，深壁固壘，至秋不了，乃進大軍。」詔曰：「知難而退，誠合兵家之言。然小賊雖狡猾，故成擒耳。未戰而退，先自摧衄，亦古之所忌。且邵存已據賊壘，威勢既振，不可退一步也。」於是遣治書御史郝嘏為行臺，催攝令進討。豹欲逕進，鑒執不聽。協又奏免鑒官，委豹為前鋒，以鑒兵配之，降號折衝將軍，以責後效。豹進據卞城，欲以逼龕。時石季龍屯鉅平，將攻豹，豹夜遁，退守下邳。徐龕襲取豹輜重於檀丘，將軍留寵、陸黨力戰，死之。豹既敗，將歸謝罪，北中郎王舒止之，曰：「胡寇方至，使君且當攝職，為百姓障扞。賊退謝罪，不晚也。」豹從之。元帝聞豹退，使收之。使者至，王舒夜以兵圍豹，豹以為他難，率麾下擊之，聞有詔，乃止。舒執豹送至建康，斬之，尸于市三日，時年五十二。豹在徐土，內撫將士，外懷諸衆，甚得遠近情，聞其死，多悼惜之。無子，兄子裔字元子，散騎常侍、兗州刺史、高陽鄉侯，殷浩北伐，使裔率衆出彭城，卒於軍。

羊鑒字景期，太山人也。父濟，匈奴中郎將。兄煒，歷太僕、兗徐二州刺史。鑒為東陽太守，累遷太子左衛率。時徐龕反叛，司徒王導以鑒是龕州里冠族必能制之請遣北討鑒深辭才非將帥太尉郗鑒亦表謂鑒非才不宜妄使導不納強啓授以征討都督果敗績導以舉鑒非才請自貶帝不從有司正鑒斬刑元帝詔以鑒太妃外屬特免死除名父之爲少府及王敦反明帝以鑒敦舅又素相親黨微被嫌責及成帝即位豫討蘇峻以功封豐城縣侯徙光祿勳卒

劉胤字承胤東萊掖人漢齊悼惠王肥之後也美姿容善自任遇交結時豪名著海岱間士咸慕之舉賢良辟司空掾並不就會天下大亂攜母欲避地遼東路經幽州刺史王浚留胤表爲渤海太守浚敗轉依冀州刺史邵續續徒衆寡弱謀降於石勒胤言於續曰夫田單包胥齊楚之小吏耳猶能存已滅之邦全喪敗之國今將軍杖精銳之衆居全勝之城如何墜將登之功於一簣委忠信之人於豺狼乎且項羽袁紹非不強也高祖縞冠人應如響曹公奉帝而諸侯綏穆何者蓋逆順之理殊自然之數定也況夷戎醜類屯結無賴雖有犬羊之盛終有庖宰之患而欲託根結援無乃殆哉續曰若如君言計將安出胤曰琅邪王以聖德欽明創基江左中興之隆可企踵而待今爲將軍計者莫若抗大順以激義士之心奉忠正以厲軍人之志夫機事在密時至難違存亡廢興在此舉矣續從之乃殺異議者數人遣使江南朝廷嘉之胤仍求自行續厚遣之既至元帝命爲丞相參軍再遷尚書吏部郎胤聞石季龍攻厭次言於元帝曰北方方鎮皆没惟餘邵續而已如使復爲季龍所制孤義士之心阻歸本之路愚謂宜存救援元帝將遣救之會續已没而止王敦素與胤交甚欽貴之請爲右司馬胤知敦有不臣心枕疾不視事以是忤敦意出爲豫章太守辭以腳疾詔就家授印綬郡人莫鴻南土豪族因亂殺本縣令橫恣無道百姓患之胤至誅鴻及諸豪右界內肅然咸和初爲平南軍司加散騎常侍蘇峻作亂溫嶠率衆而下留胤等守湓口事平以勳賜爵豐城子俄而代嶠爲平南將軍都督江州諸軍事領江州刺史假節胤位任轉高矜豪日甚縱酒耽樂不恤政事大殖財貨商販百萬初胤之代嶠也遠近皆謂非選陶侃郗鑒咸云胤非方伯才朝廷不從或問王悅曰今大難之後綱紀弛頹自江陵至于

建康三千餘里流人萬計布在江州江州國之南藩要害之地而胤以侈忲之性臥而對之不有外變必有內患悅曰聞溫平南語家公云連得惡夢思見代者尋云可用劉胤此乃溫意非家公也是時朝廷空罄百官無祿惟資江州運漕而胤商旅繼路以私廢公有司奏免胤官書始下而胤爲郭默所害年四十九子赤松嗣尚南平長公主位至黃門郎義興太守

桓宣譙國銍人也祖詡義陽太守父弼冠軍長史宣開濟篤素爲元帝丞相舍人時塢主張平自稱豫州刺史樊雅自號譙郡太守各據一城衆數千人帝以宣信厚又與平雅同州里轉宣爲得參軍使就平雅遣軍主簿隨宣詣丞相府受節度帝皆加四品將軍即其所部使扞禦北方南中郎將王含請宣爲參軍頃之豫州刺史祖逖出屯蘆州遣參軍殷乂詣平雅乂意輕平視其屋云當持作馬廄見大鑊欲鑄作鐵器平曰此是帝王大鑊天下定後方當用之柰何打破乂曰卿能保頭不而惜大鑊邪平大怒於坐斬乂阻兵固守歲餘逖攻平殺之而雅據譙城逖以力弱求助於含含遣宣領兵五百助逖逖謂宣曰卿先已說平雅信義大著於彼今復爲我說雅雅若降者方相擢用不但免死而已宣復單馬從兩人詣雅曰祖逖方欲平蕩二寇每倚卿爲援前殷乂輕薄非豫州意今若和解則忠勳可立富貴可保若猶固執東府赫然更遣猛將以卿烏合之衆憑阻窮城強賊伺其北國家攻其南萬無一全也願善量之雅與宣置酒結友遣子隨宣詣逖逖少日雅便自詣逖逖雅還撫其衆雅僉謂前數罵辱懼罪不敢降雅復閉城自守逖往攻之復遣宣入說雅雅即斬異己者遂出降未幾石勒別將圍譙城含又遣宣率衆救逖未至而賊退逖留宣討諸未服皆破之遷譙國內史祖約之棄譙城也宣以牋諫不從由是石勒遂有陳留及約與蘇峻同反宣謂祖智曰今強胡未滅將戮力以討之而與峻俱反此安得久乎使君若欲爲雄霸何不助國討峻威名自舉智等不能用宣欲諫約遣其子戎白約求入約知宣必諫不聽宣遂距約不與之同邵陵人陳光率部落數百家降宣宣皆慰撫之約還歷陽宣將數千家欲南投尋陽營

於馬頭山值祖煥欲襲湓口陶侃使毛寶救之煥遣衆攻宣宣使戍求救於寶寶擊煥破之宣因投溫嶠嶠以戍為參軍賊平宣居于武昌戍復為劉胤參軍郭默害胤復以戍為參軍陶侃討默默遣戍求救於宣宣偽許之西陽太守鄧嶽武昌太守劉詡皆疑宣與默同豫州西曹王隨曰宣尚背祖約何緣同郭默邪嶽詡乃遣隨詣宣以觀之隨謂宣曰明府心雖不爾無以自明惟有以戍付隨耳宣乃遣戍與隨俱迎陶侃辟戍為掾上宣為武昌太守尋遷監沔中軍事南中郎將江夏相石勒荊州刺史郭敬戍襄陽陶侃使其子平西參軍斌與宣俱攻樊城拔之竟陵太守李陽又破新野敬懼遁走宣與陽遂平襄陽侃使宣鎮之以其淮南部曲立義成郡宣招懷初附勸課農桑簡刑罰略威儀或載鉏耒於軺軒或親芸穫於隴畝十餘年間石季龍再遣騎攻之宣能得衆心每以寡弱距守論者以為次於祖逖周訪侃方欲使宣北事中原會侃薨後庾亮為荊州將謀北伐以宣為都督沔北前鋒征討軍事平北將軍司州刺史假節鎮襄陽季龍使騎七千渡沔攻之亮遣司馬王愆期輔國將軍毛寶救宣賊三面為地窟攻城宣募精勇出其不意殺傷數百多獲鎧馬賊解圍退走久之宣遣步騎收南陽諸郡百姓沒賊者八千餘人以歸庾翼代亮欲傾國北討更以宣為都督司雍梁三州荊州之南陽襄陽新野南鄉四郡軍事梁州刺史持節將軍如故以前後功封竟陵縣男宣久在襄陽綏撫僑舊甚有稱績庾翼遷鎮襄陽令宣進伐石季龍將李能軍次丹水為賊所敗翼怒貶宣為建威將軍使移戍峴山宣望實俱喪兼以老疾時南蠻校尉王愆期守江陵以疾求代翼以宣為鎮南將軍南郡太守代愆期宣不得志未之官發憤卒追贈鎮南將軍戍官至新野太守

伊字叔夏父景有當世才幹仕至侍中丹楊尹中領軍護軍將軍長社侯伊有武幹標悟簡率為王濛劉惔所知頻參諸府軍事累遷大司馬參軍時苻堅強盛邊鄙多虞朝議選能距捍疆埸者乃授伊淮南太守以綏御有方進督豫州之十二郡揚州之江西五郡軍事建威將軍歷陽太守淮南如故與謝玄共破賊別將王鑒張蚝等以功封宣城縣子又進都督豫州諸軍事西中郎將豫州刺史及苻堅南寇伊與冠軍將軍謝玄輔國將軍謝琰俱破堅於肥水以功封永脩縣侯進號右軍將軍賜錢百萬袍表千端伊性謙素雖有大功而始終不替善音樂盡一時之妙為江左第一有蔡邕柯亭笛常自吹之王徽之赴召京師泊舟青溪側素不與徽之相識伊於岸上過船中客稱伊小字曰此桓野王也徽之便令人謂伊曰聞君善吹笛試為我一奏伊是時已貴顯素聞徽之名便下車踞胡牀為作三調弄畢便上車去客主不交一言時謝安女壻王國寶專利無檢行安惡其為人每抑制之及孝武末年嗜酒好內而會稽王道子昏醟尤甚惟狎昵諂邪於是國寶讒諛之計稍行於主相之間而好利險詖之徒以安功名盛極而構會之嫌隙遂成帝召伊飲讌安侍坐帝命伊吹笛伊神色無迕即吹為一弄乃放笛云臣於箏分乃不及笛然自足以韻合歌管請以箏歌并請一吹笛人帝善其調達乃勑御妓奏笛伊又云御府人於臣必自不合臣有一奴善相便串帝彌賞其放率乃許召之奴既吹笛伊便撫箏而歌怨詩曰為君既不易為臣良獨難忠信事不顯乃有見疑患周旦佐文武金縢功不刊推心輔王政二叔反流言聲節慷慨俯仰可觀安泣下沾衿乃越席而就之捋其鬚曰使君於此不凡帝甚有愧色伊在州十年綏撫荒雜甚得物情桓沖卒遷都督江州荊州十郡豫州四郡軍事江州刺史將軍如故假節伊到鎮以邊境無虞宜以寬卹為務乃上疏以江州虛耗加連歲不登今餘戶有五萬六千宜并合小縣除諸郡逋米移州還鎮豫章詔令移州尋陽其餘皆聽之伊隨宜拯撫百姓賴焉在任累年徵拜護軍將軍以右軍府千人自隨配護軍府卒官贈右將軍加散騎常侍謚曰烈初伊有馬步鎧六百領豫為表令死乃上之表曰臣過蒙殊寵受任西藩淮南之捷逆兵奔北人馬器鎧隨皆放散于時收拾破敗不足貫連比年營繕並已脩整今六合雖一餘燼未滅臣不以朽邁猶欲輸効力命仰報皇恩此志永絕銜恨泉壤謹奉輸馬具裝百具步鎧五百領並在尋陽請勒所屬領受詔曰伊忠誠不遂益以傷懷仍受其所上之鎧子肅之嗣卒子陵嗣宋受禪國除伊弟不才亦有將略討孫

恩至冠軍將軍
朱伺字仲文安陸人少為吳牙門將陶丹給使吳平內徙江夏伺有武勇而訥口不知書為郡將督見鄉里士大夫揖稱名而已及為將遂以謙恭稱張昌之逆太守弓欽走灄口伺與同輩郴寶布興合衆討之不剋乃與欽奔武昌後更率部黨攻滅之轉騎部曲督加綏夷都尉伺部曲等以諸縣附昌惟本部唱義討逆逆順有嫌求別立縣因此遂割安陸東界為灄陽縣而貫焉其後陳敏作亂陶侃時鎮江夏以伺能水戰曉作舟艦乃遣作大艦署為左甄據江口摧破敏前鋒敏弟恢稱荊州刺史在武昌侃率伺及諸軍進討破之敏恢既平伺以功封亭侯領騎督時西陽夷賊抄掠江夏太守楊珉每請督將議距賊之計伺獨不言珉曰朱將軍何以不言伺答曰諸人以舌擊賊伺惟以力耳珉又問將軍前後擊賊何以每得勝邪伺曰兩敵共對惟當忍之彼不能忍我能忍是以勝耳珉大笑永嘉中石勒破江夏伺與楊珉走夏口及陶侃來戍夏口伺依之加明威將軍隨侃討杜弢有殊功語在侃傳夏口之戰伺用鐵面自衛以弩的射賊大帥數人皆殺之賊挽船上岸於水邊作陣伺逐水上下以邀之箭中其脛氣色不變諸軍尋至賊潰追擊之皆乘船投水死者太半賊夜還長沙伺追至蒲圻不及而反加威遠將軍赤幢曲蓋建興中陳聲率諸無賴二千餘家斷江抄掠侃遣伺為督護討聲聲衆雖少伺容之不擊求遣弟詣侃降伺外許之及聲去伺乃遣勁勇要聲弟斬之潛軍襲聲聲正旦並出祭祀飲食伺軍入其門方覺聲將閻晉鄭皆死戰伺軍人多傷乃還營聲東走保董城伺又率諸軍圍守之遂重柴繞城作高櫓以勁弩下射之又斷其水道城中無水殺牛飲血閻晉聲婦弟也乃斬聲首出降又以平蜀賊襲高之功加伺廣威將軍領竟陵內史時王敦欲用從弟廙代侃為荊州侃故將鄭攀馬儁等乞侃於敦敦不許攀等以侃始滅大賊人皆樂附又以廙忌戾難事謀共距之遂屯結滑口遣使告伺伺外許之而稱疾不赴攀等遂進距廙既而士衆疑阻復散還橫桑口欲入杜曾時朱軌趙誘李桓率衆將擊之攀等懼誅以司馬孫景造謀距廙因斬之降軌等廙將西出遣

長史劉浚留鎮揚口壘時杜曾請討第五猗於襄陽伺謂廙曰曾是猾賊外示西還以疑衆心欲誘引官軍使西然後兼道襲揚口耳宜大部分未可便西廙性矜厲自用兼以伺老怯難信遂西行曾等果馳還廙乃遣伺歸裁至壘即為曾等所圍劉浚以壘北門危欲令伺守之或說浚云伺與鄭攀同者乃轉守南門賊知之攻其北門時鄭攀黨馬儁等亦來攻壘儁妻子先在壘內或請皮其面以示之伺曰殺其妻子未能解圍但益其怒耳乃止伺常所調弩忽嘿不發伺甚惡之及賊攻陷北門伺被傷退入船初後開諸船底以木掩之名為船械伺既入賊舉鋋摘伺伺逆接得鋋反以摘賊賊走上船屋大喚云賊帥在此伺從船底沉行五十步乃免遇醫療創小差杜曾遣說伺云馬儁等感卿恩妻孥得活盡以卿家外內百口付儁儁已盡心收視卿可來也伺答曰賊無白首者今吾年六十餘不能復與卿作賊吾死當歸南妻子付汝乃還甑山時王廙與李桓杜曾相持累戰甑山下軍士數驚喚云賊欲至伺驚創而卒因葬甑山

毛寶字碩真滎陽陽武人也王敦以為臨湘令敦卒為溫嶠平南參軍蘇峻作逆嶠將赴難而征西將軍陶侃懷疑不從嶠屢說不能迴更遣使順侃意曰仁公且守僕宜先下遣信已二日會寶別使還聞之說嶠曰凡舉大事當與天下共同衆克在和不聞有異假令可疑猶當外示不覺況自作疑邪使宜急追信改舊書說必應俱征若不及前信宜更遣使嶠意悟即追信改書侃果共征峻寶領千人為嶠前鋒俱次茄子浦初嶠以南軍習水峻軍便步欲以所長制之宣令三軍有上岸者死時蘇峻送米萬斛饋祖約約遣司馬桓撫等迎之寶告其衆曰兵法軍令有所不從豈可不上岸邪乃設變力戰悉獲其米虜殺萬計約用大飢嶠嘉其勳上為廬江太守約遣祖渙桓撫等欲襲湓口陶侃將自擊之寶曰義軍恃公公不可動寶請討之侃顧謂坐客曰此年少言可用也乃使寶行先是桓宣背約南屯馬頭山為渙撫所攻求救於寶寶衆以宣本是約黨疑之宣遣子戎重請寶即隨戎赴之未至而賊已與宣戰寶軍懸兵少器杖濫惡大為渙撫所破寶中箭貫髀徹鞍使人蹋鞍拔

箭血流滿轉夜奔船所百餘里望星而行到先哭戰亡將士洗瘡訖夜還救宣寶至宣營而焕抚亦退寶進攻祖約軍次東關破合肥尋召歸石頭陶侃温嶠未能破賊侃欲率衆南還寶謂嶠曰下官能留之乃往説侃曰公本應領蕪湖爲南北勢援前既已下勢不可還且軍政有進无退非直整齊三軍示衆必死而已亦謂退无所據終至滅亡往者杜弢非不強盛公竟滅之何至於峻獨不可破邪賊亦畏死非皆勇健公可試與寶兵使上岸斷賊資粮出其不意使賊困蹙若寶不立效然後公去人心不恨侃然之加寶督護寶燒峻句容湖孰積聚峻頗乏食侃遂留不去峻既死匡術以苑城降侃使寶守南城鄧嶽守西城賊遣韓晃攻之寶登城射殺數十人晃問寶曰君是毛廬江邪寶曰是晃曰君名壯勇何不出鬬寶曰君若健將何不入鬬晃笑而退賊平封州陵縣開國侯千六百户庾亮西鎮請爲輔國將軍江夏相督隨義陽二郡鎮上明又進南中郎隨亮討郭默默平與亮司馬王愆期等救桓宣於章山擊賊將石遇破之進征虜將軍亮謀北伐上疏解豫州請以授寶於是詔以寶監揚州之江西諸軍事豫州刺史將軍如故與西陽太守樊峻以萬人守邾城石季龍惡之乃遣其子鑒與其將夔安李菟等五萬人來冦張貉渡二萬騎攻邾城寶求救於亮亮以城固不時遣軍城遂陷寶峻等率左右突圍出赴江死者六千人寶亦溺死亮哭之慟因發疾遂薨詔曰寶之傾敗宜在貶裁然蘇峻之難致力王室今咎其過故不加贈祭之可也其後公卿言寶有重勳加死王事不宜奪爵升平三年乃下詔復本封初寶在武昌軍人有於市買得一白龜長四五寸養之漸大放諸江中邾城之敗養龜人被鎧持刀自投於水中如覺墮一石上視之乃先所養白龜長五六尺送至東岸遂得免焉寶二子穆之安之

穆之字憲祖小字武生名犯王靖后諱故行字後又以桓温母名憲乃更稱小字穆之果毅有父風安西將軍庾翼以爲參軍襲爵州陵侯翼等專威陝西以子方之爲建武將軍守襄陽方之年少翼選武將可信杖者爲輔弼乃以穆之爲建武司馬俄而翼薨大將于瓚戴義等作亂

穆之與安西長史江虨司馬朱燾等共平之桓温代翼復取爲參軍從温平蜀以功賜次子都鄉侯尋除揚威將軍潁川太守隨温平洛入關温將旋師以謝尚未至留穆之以二千人衛山陵升平初遷督寧州諸軍事揚威將軍寧州刺史以桓温封南郡徙穆之爲建安侯復爲温太尉參軍加冠軍將軍以所募兵配之温伐慕容暐使穆之監鑿鉅野百餘里引汶會于濟川及温焚舟步歸使穆之督東燕四郡軍事領東燕太守本官如故袁真以壽陽叛温將征之穆之以冠軍領淮南太守守歷陽眞平餘黨分散乃以穆之督揚州之江西軍事復領陳郡太守歲而徙督揚州之義成荆州五郡雍州之京兆軍事襄陽義成河南三郡太守將軍如故尋進領梁州刺史頃之以疾解職詔以冠軍徵還苻堅別將冦彭城復以將軍假節監江北軍事鎮廣陵還右將軍宣城内史假節鎮姑孰穆之以爲戍在近畿无復軍號不宜加節上疏辭讓許之苻堅別將圍襄陽詔穆之就上明受桓冲節度冲使穆之游軍沔中穆之始至而朱序陷没引軍還郡堅衆又冦蜀漢梁州刺史楊亮益州刺史周仲孫奔退冲使穆之督梁州之三郡軍事右將軍西蠻校尉益州刺史領建平太守假節戍巴郡以子球爲梓潼太守穆之與球伐堅至于巴西郡以粮運乏少退屯巴東病卒追贈中軍將軍謚曰烈子珍嗣位至天門太守珍弟璩球璠瑾瑗璩最知名

璩字叔連弱冠右將軍桓豁以爲參軍尋遭父憂服闋爲謝安衛將軍參軍除尚書郎安復請爲參軍轉安子琰征虜將軍淮淝之役苻堅迸走璩與田次之共躡堅至中陽不及而歸遷寧朔將軍淮南太守尋補鎮北將軍譙王恬司馬海陵縣界地名青蒲四面湖澤皆是菰葑逃亡所聚威令不能及璩建議率千人討之時大旱璩因放火菰葑盡然亡户窘迫悉出詣璩自首近有萬户皆以補兵朝廷嘉之轉西中郎司馬龍驤將軍譙梁二郡内史尋代郭銓爲建威將軍益州刺史安帝初進征虜將軍及桓玄篡位遣使加璩散騎常侍左將軍璩執留玄使不受命玄以桓希爲梁州刺史王异據涪郭法戍宕渠師寂戍巴郡周道子戍白帝以防之璩傳檄遠近列玄罪狀遣巴東太守柳約之建平太守羅述征虜司馬甄季之擊

破希等仍率衆次於白帝武陵王令曰益州刺史毛璩忠誠懇亮自桓玄萌禍常思躡其後今若平殄凶逆肅清荆郢者便當即授上流之任初璩弟寧州刺史璠喪官璩兄球孫祐之及參軍費恬以數百人送喪葬江陵會玄敗謀奔梁州璩弟瑾子修之時爲玄屯騎校尉誘玄使入蜀旣而修之與祐之費恬及漢嘉人馮遷共殺玄約之等聞玄死進軍到枝江而桓振復攻沒江陵劉毅等還尋陽約之亦退俄而季之述之皆病約之詣振僞降因欲襲振事泄被害約之司馬時延祖涪陵太守文處茂等撫其餘衆保涪陵振遣桓放之爲益州屯西陵處茂距擊破之振死安帝反正詔曰夫貞松標於歲寒忠臣亮於國危益州刺史璩體識弘正誠契義旗受命偏師次于近畿匡翼之勳寔感朕心可進征西將軍加散騎常侍都督益梁秦涼寧五州軍事行宜都寧蜀太守文處茂宣讚蕃牧蒙險夷難可進輔國將軍西夷校尉巴西梓潼二郡太守又詔西夷校尉瑾爲持節監梁秦二州軍事征虜將軍梁秦二州刺史略陽武都太守瑾弟蜀郡太守瑗爲輔國將軍寧州刺史初璩聞振陷江陵率衆赴難使瑾瑗順外江而下使參軍譙縱領巴西梓潼二郡軍下涪水當與璩軍會於巴郡蜀人不樂東征縱因人情思歸於五城水口反還襲涪害瑾瑾留府長史鄭純之自成都馳使告璩璩時在略城去成都四百里遣參軍王瓊討反者相距於廣漢縱道令何休聚黨助縱而璩下人受縱誘說遂共害璩及瑗并子姪之在蜀者一時殄沒璩子弘之嗣義熙中時延祖爲始康太守上疏訟璩兄弟於是詔曰故益州刺史璩西夷校尉瑾蜀郡太守瑗勤王忠烈事乖慮外葬送日近益懷惻愴可皆贈先所授官給錢三十萬布三百匹論璩討桓玄功追封歸鄉公千五百户又以祐之斬玄功封夷道縣侯自寶至璩三葉擁旄開國者四人將帥之家與尋陽周氏爲輩而人物不及也瑾子修之頻歷清顯至右衛將軍從劉裕平姚泓後爲安西司馬沒於魏

安之字仲祖亦有武幹累遷撫軍參軍魏郡太守簡文輔政委以爪牙及登阼安之領兵從駕使止宿宮中尋拜游擊將軍時庾希入京口朝廷震動命安之督城門諸軍事孝武即位妖賊盧悚突入殿廷安之聞難率衆直入雲龍門手自奮擊旣而左衛將軍殷康領軍將軍桓祕等至與安之并力悚因剿滅遷右衛將軍定后崩領將作大匠卒官追贈光祿勳四子潭泰邃遁潭嗣爵官至江夏相泰歷太傅從事中郎後軍諮議參軍與邃遁俱爲會稽王父子所暱乃追論安之討盧悚勳賜爵平都子命潭襲爵元顯嘗宴泰家旣而欲去泰苦留之曰公若遂去當取公腳元顯大怒奮衣而出遂與元顯有隙及元顯敗泰時爲冠軍將軍堂邑太山二郡太守邃爲游擊將軍遁爲太傅主簿桓玄得志使泰收元顯送于新亭泰因宿恨手加歐辱俄並爲玄所殺惟遁被徙廣州義熙初得還至宜都太守

德祖璩宗人也父祖並沒于賊中德祖兄弟五人相攜南渡皆有武幹荆州刺史劉道規以德祖爲建武將軍始平太守又從涪陵太守盧循之役道規又以爲參軍伐徐道覆於始興尋遷母憂劉裕伐司馬休之版補太尉參軍義陽太守賜爵遂陵縣侯轉南陽太守從劉裕伐姚泓頻攻滎陽扶風南安馮翊數郡所在克捷裕嘉之以爲龍驤將軍秦州刺史裕留第二子義眞爲安西將軍雍州刺史以德祖爲中兵參軍領天水太守從義眞還裕以德祖督河東平陽二郡軍事輔國將軍河東太守代劉遵考守蒲坂及河北覆敗德祖全軍而歸裕方欲蕩平關洛先以德祖督九郡軍事冠軍將軍滎陽京兆太守以前後功賜爵灌陽縣男尋遷督司雍并三州諸軍事冠軍將軍司州刺史戍武牢爲魏所沒德祖次弟嶷嶷弟辯並有志節嶷死於盧循之難辯沒於魯宗之役並奮不顧命爲世所歎

劉遐字正長廣平易陽人也性果毅便弓馬開豁勇壯值天下大亂遐爲塢主每擊賊率壯士陷堅摧鋒冀方比之張飛關羽鄉人冀州刺史邵續深器之以女妻焉遂壁于河濟之間賊不敢逼遐間道遣使受元帝節度朝廷嘉之璽書慰勉以爲龍驤將軍平原內史建武初元帝令曰遐忠勇果毅義誠可嘉以遐爲下邳內史將軍如故初沛人周堅一名撫與同郡周默因天下亂各爲塢主以寇抄爲事默降祖逖撫怒遂襲殺默以彭城叛石勒遣騎援之詔遐領彭城內史與徐州刺史蔡豹太山太守徐龕共討撫戰於寒山撫敗走詔徙遐爲臨淮太守徐龕復反事平以遐爲北中郎將兗州刺史太寧初自彭城移屯泗口王含反

遐與蘇峻俱赴京都含敗隨丹陽尹温嶠追含至于淮南遐頗放兵虜掠嶠曰天道助順故王含勦絶不可因亂為亂也遐深自陳而拜謝事平以功封泉陵公遷散騎常侍監淮北軍事北軍中郎將徐州刺史假節代王邃鎮淮陰咸和元年卒追贈安北將軍子肇年幼成帝以徐州授郗鑒以郭默為北中郎將領遐部曲遐妹夫田防及遐故將史迭卞咸李龍等不樂他屬共立肇襲遐故位以叛成帝遣郭默等率諸郡討之默等始上道而臨淮太守劉矯率將士數百掩襲遐營迭等并走斬田防及督護卞咸等追斬迭龍於下邳傳首詣闕遐母妻子參佐將士悉還建康遐妻驍果有父風遐嘗為石季龍所圍妻單馬數騎拔遐出於萬衆之中及田防等欲為亂遐妻止之不從乃密起火燒甲杖都盡肇襲爵官至散騎侍郎肇卒子奉嗣卒子遵之嗣卒子伯齡嗣宋受禪國除

○鄧嶽字伯山陳郡人也本名岳以犯康帝諱改為嶽後竟改名為岱焉少有將帥才略為王敦參軍轉從事中郎西陽太守王含構逆嶽領兵隨含向京都及含敗嶽與周撫俱奔蠻王向蠶後遇赦與撫俱出久之司徒王導命為從事中郎後復為西陽太守及蘇峻反平南將軍温嶠遣嶽與督護王愆期鄱陽太守紀睦等率舟軍赴難峻平還郡郭默之殺劉胤也大司馬陶侃使嶽率西陽之衆討之默平遷督交廣二州軍事建武將軍領平越中郎將廣州刺史假節錄前後勳封宜城縣伯咸康三年嶽遣軍伐夜郎破之加督寧州進征虜將軍遷平南將軍卒子遐嗣

遐字應遠勇力絶人氣蓋當時時人方之樊噲桓温以為參軍數從温征伐歷冠軍將軍數郡太守號為名將襄陽城北沔水中有蛟常為人害遐遂拔劍入水蛟繞其足遐揮劍截蛟數段而出枋頭之役温既懷恥忿且忌憚遐之勇果因免遐官尋卒寧康中追贈廬陵太守嶽弟逸字茂山亦有武幹嶽卒後以逸監交廣州建威將軍平越中郎將廣州刺史假節

朱序字次倫義陽人也父燾以才幹歷西蠻校尉益州刺史序世為名將累遷鷹揚將軍江夏相興寧末梁州刺史司馬勳反桓温表序為征討

都護往討之以功拜征虜將軍封襄平子太和中遷兗州刺史時長城人錢弘聚黨百餘人藏匿原鄉山以序為中軍司馬吳興太守序至郡討擒之事訖還兗州寧康初拜使持節監沔中諸軍事南中郎將梁州刺史鎮襄陽是歲苻堅遣其將苻丕等率衆圍序序固守賊糧將盡率衆苦攻之初苻丕之來攻也序母韓自登城履行謂西北角當先受弊遂領百餘婢幷城中女丁於其角邪築城二十餘丈賊攻西北角果潰衆便固新築城丕遂引退襄陽人謂此城為夫人城序累戰破賊人情勞懈又以賊退稍遠疑未能來守備不謹督護李伯護密與賊相應襄陽遂沒序陷於苻堅堅殺伯護徇之以其不忠也序欲逃歸潛至宜陽藏夏揆家堅疑揆收之序乃詣苻暉自首堅嘉而不問以為尚書太元中苻堅南侵謝石率衆距之時堅大兵尚在項苻融以三十万衆先至堅遣序說謝石稱己兵威序反謂石曰若堅百萬之衆悉到莫可與敵及其未會擊之可以得志於是石遣謝琰選勇士八千人涉肥水挑戰堅衆小却序時在其軍後唱云堅敗衆遂大奔序乃得歸拜龍驤將軍琅邪內史轉揚州豫州五郡軍事豫州刺史屯洛陽後丁零翟遼反序遣將軍秦膺童斌與淮泗諸郡共討之又監兗青二州諸軍事二州刺史將軍如故進鎮彭城序求鎮淮陰帝許焉翟遼又使其子釗寇陳潁序還遣秦膺討釗走之拜征虜將軍表求運江州米十萬斛布五千匹以資軍費詔聽之加都督司雍梁秦四州軍事帝遣廣威將軍河南太守楊佺期南陽太守趙睦各領兵千人隸序序又表求故荊州刺史桓石生府田百頃幷穀八万斛給之仍戍洛陽衛山陵也其後慕容永率衆向洛陽序自河陰北濟與永偽將王次等相遇乃戰於沁水次敗走斬其支將勿支首參首趙睦江夏相桓不才追永破之于太行永歸上黨時楊楷聚衆數千在湖陝聞永敗遣任子詣序乞降序追永至上黨之白水與永相持二旬聞翟遼欲向金墉乃還遂攻翟釗於石門遣參軍趙蕃破翟遼於懷縣遼宵遁序退次洛陽留鷹揚將軍朱黨戍石門序仍使子略督護洛城趙蕃為助序還襄陽會稽王道子以序勝負相補不加褒貶其後東羌校尉竇衝欲入漢川安定人皇甫釗京兆人

周勳等謀納之梁州刺史周瓊失巴西三郡衆寡力弱告急於序序遣將軍皇甫貞率衆赴之衛據長安東劍勳散走序以老病累表解職不許詔斷表送輒去任數旬歸罪廷尉詔原不問太元十八年卒贈左將軍散騎常侍

史臣曰晉氏淪喪播遷江表內難荐臻外虞不息經略之道既所未弘將帥之功無聞焉爾逖劉宣胤服勤於太興之間毛鄧劉朱馳騖乎咸和之後雖人不逮古亦足列於當世焉

贊曰桑分淮海以流遷澗齊復類玄虬興微鴻鴈鼓翮在聽蒐置有作赳赳羣英勳茲王略

列傳五十一　　晉書八十一

列傳第五十二　晉書八十二　御撰

陳壽　王長文　虞溥　司馬彪
王隱　虞預　孫盛　干寶
鄧粲　謝沈　習鑿齒　徐廣

陳壽字承祚巴西安漢人也少好學師事同郡譙周仕蜀為觀閣令史宦人黃皓專弄威權大臣皆曲意附之壽獨不為之屈由是屢被譴黜遭父喪有疾使婢丸藥客往見之鄉黨以為貶議及蜀平坐是沈滯者累年司空張華愛其才以壽雖不遠嫌原情不至貶廢舉為孝廉除佐著作郎出補陽平令撰蜀相諸葛亮集奏之除著作郎領本郡中正撰魏吳蜀三國志凡六十五篇時人稱其善敘事有良史之才夏侯湛時著魏書見壽所作便壞己書而罷張華深善之謂壽曰當以晉書相付耳其為時所重如此或云丁儀丁廙有盛名於魏壽謂其子曰可覓千斛米見與當為尊公作佳傳丁不與之竟不為立傳壽父為馬謖參軍謖為諸葛亮所誅壽父亦坐被髡諸葛瞻又輕壽壽為亮立傳謂亮將略非長無應敵之才言瞻惟工書名過其實議者以此少之張華將舉壽為中書郎荀勗忌華而疾壽遂諷吏部遷壽為長廣太守辭母老不就杜預將之鎮復薦之於帝宜補黃散由是授御史治書以母憂去職母遺言令葬洛陽壽遵其志又坐不以母歸葬竟被貶議初譙周嘗謂壽曰卿必以才學成名當被損折亦非不幸也宜深慎之壽至此再致廢辱皆如周言後數歲起為太子中庶子未拜元康七年病卒時年六十五梁州大中正尚書郎范頵等上表曰昔漢武帝詔曰司馬相如病甚可遣悉取其書使者得其遺書言封禪事天子異焉臣等按故治書侍御史陳壽作三國志辭多勸誡明乎得失有益風化雖文艷不若相如而質直過之願垂採錄於是詔下河南尹洛陽令就家寫其書壽又撰古國志五十篇益都耆舊傳十篇餘文章傳於世

王長文字德叡廣漢郪人也少以才學知名而放蕩不羈州府辟命皆不就州辟別駕乃微服竊出舉州莫知所之後於成都市中蹲踞齧胡餅刺史知其不屈禮遣之閉門自守不交人事著書四卷擬易名曰通玄經有文言卦象可用卜筮時人比之揚雄太玄同郡馬秀曰揚雄作太玄惟桓譚以為必傳後世晚遭陸績玄道遂明長文通玄經未遭陸績君出耳太康中蜀土荒饉開倉振貸長文居貧貸多後無以償郡縣切責送長文到州刺史徐幹捨之不謝而去後成都王穎引為江源令或問前不降志今何為屈長文曰祿以養親非為身也梁王彤為丞相引為從事中郎在洛出行輒著白旃小鄣以載車當時異焉後終於洛

虞溥字允源高平昌邑人也父祕為偏將軍鎮隴西溥從父之官專心墳籍時疆埸閱武人爭視之溥未嘗寓目郡察孝廉除郎中補尚書都令史尚書令衛瓘尚書褚䂮並器重之溥謂瓘曰往者金馬啟符大晉應天宜復先王五等之制以綏久長不可承暴秦之法遂漢魏之失也瓘曰歷代歎此而終未能改稍遷公車司馬令除鄱陽內史大修庠序廣招學徒移告屬縣曰學所以定情理性而積衆善者也情定於內而行成於外積善於心而名顯於教故中人之性隨教而移善積則習與性成唐虞之時皆比屋而可封及其廢也而云可誅豈非化以成俗教移人心者哉自漢氏失御天下分崩江表寇隔久替王教庠序之訓廢而莫修今四海一統萬里同軌熙熙兆庶咸休息乎太和之中宜崇尚道素廣開學業以讚協時雍光揚盛化乃具為條制於是至者七百餘人溥乃作誥以獎訓之曰文學諸生皆冠帶之流年盛志美始涉學庭講修典訓此大成之業立德之基也夫聖人之道淡而寡味故始學者不好也及至期月所觀彌博所習彌多日聞所不聞日見所不見然後心開意朗敬業樂羣忽然不覺大化之陶已至道之入神也故學之染人甚於丹青丹青吾見其久而渝矣未見久學而渝者也夫工人之染先修其質後事其色質修色積而染工畢矣學亦有質孝悌忠信是也君子內正其心外修其行行有餘力則以學文文質彬彬然後為德夫學者不患才不及而患志不立故曰希驥之馬亦驥之乘希顏之徒亦顏之倫也

又曰蒭而舍之朽木不知蒭而不舍金石可虧斯非其效乎今諸生口誦聖人之典體閑庠序之訓比及三年可以小成而令名宣流雅譽日新朋友欽而樂之朝士敬而歎之於是州府交命擇官而仕不亦美乎若乃含章舒藻揮翰流離稱述世務探賾究奇使楊班韜筆仲舒結舌亦惟才所居固無常人也然積一勺以成江河累微塵以崇峻極匪志匪勤理無由濟也諸生若絕人間之務心專親學累一以貫之積漸以進之則亦或遲或速或先或後耳何滯而不通何遠而不至邪時祭酒求更起屋行禮濤曰君子行禮無常處也故孔子射於矍相之圃而行禮於大樹之下況今學庭庠序高堂顯敞乎濤爲政嚴而不猛風化大行有白烏集于郡庭注春秋經傳撰江表傳及文章詩賦數十篇卒於洛時年六十二子勣過江上江表傳於元帝詔藏于秘書

司馬彪字紹統高陽王睦之長子也出後宣帝弟敏少篤學不倦然好色薄行爲睦所責故不得爲嗣雖名出繼實廢之也彪由此不交人事而專精學習故得博覽羣籍終其綴集之務初拜騎都尉泰始中爲祕書郎轉丞注莊子作九州春秋以爲先王立史官以書時事載善惡以爲沮勸撮教世之要也是以春秋不修則仲尼理之關雎既亂則師摯修之前哲豈好煩哉蓋不得已故也漢氏中興訖于建安忠臣義士亦以昭著而時無良史記述煩雜譙周雖已刪除然猶未盡安順以下亡缺者多彪乃討論衆書綴其所聞起于世祖終于孝獻編年二百餘世十二通綜上下旁貫庶事爲紀志傳凡八十篇號曰續漢書泰始初武帝親祠南郊彪上疏定議語在郊祀志後拜散騎侍郎惠帝末年卒時年六十餘初譙周以司馬遷史記書周秦以上或採俗語百家之言不專據正經周於是作古史考二十五篇皆憑舊典以糾遷之謬誤彪復以周爲未盡善也條古史考中凡百二十二事爲不當多據汲冢紀年之義亦行於世

王隱字處叔陳郡陳人也世寒素父銓歷陽令少好學有著述之志

每私錄晉事及功臣行狀未就而卒隱以儒素自守不交勢援博學多聞受父遺業西都舊事多所諳究建興中過江丞相軍諮祭酒涿郡祖納雅相知重納好博奕每諫止之納曰聊用忘憂耳隱曰蓋古人遭時則以功達其道不遇則以言達其才故否泰不窮也當今晉未有書天下大亂舊事蕩滅非凡才所能立君少長王都游宦四方華夷成敗皆在耳目何不述而裁之應仲遠作風俗通崔子真作政論蔡伯喈作勸學篇史游作急就章猶行於世便爲沒而不朽當其同時人豈少哉而了無聞皆由無所述作也故君子疾沒世而無聞易稱自強不息況國史明乎得失之跡何必博奕而後忘憂哉納喟然歎曰非不悅子之道力不足也乃上疏薦隱元帝以草創務殷未遑史官遂寢不報太興初典章稍備乃召隱及郭璞俱爲著作郎令撰晉史豫平王敦功賜爵平陵鄉侯時著作郎虞預私撰晉書而生長東南不知中朝事數訪於隱并借隱所著書竊寫之所聞漸廣是後更疾隱形於言色預既豪族交結權貴共爲朋黨以斥隱竟以謗免黜歸于家貧無資用書遂不就乃依征西將軍庾亮于武昌亮供其紙筆書乃得成詣闕上之隱雖好著述而文辭鄙拙蕪舛不倫其書次第可觀者皆其父所撰文體混漫義不可解者隱之作也年七十餘卒于家

隱兄瑚字處仲少重武節成都王穎舉兵向洛以爲冠軍參軍積功累遷游擊將軍與司隸滿奮河南尹周馥等俱屯大司馬門以衛宮掖時上官已縱暴瑚與奮等共謀除之反爲所害

虞預字叔寧徵士喜之弟也本名茂犯明穆皇后母諱故改焉預十二而孤少好學有文章餘姚風俗各有朋黨宗人共薦預爲縣功曹欲使沙汰穢濁預書與其從叔父曰近或聞諸君以預入仕便應委質則當親事不得徒已然預下愚過有所懷邪黨互瞻異同蜂至一旦差跌衆鼓交鳴毫釐之失差以千里此古人之炯戒而預所大恐也卒如預言未半年遂見斥退太守庾琛命爲主簿預上記陳時政所失曰軍寇以來賦役繁數兼值年荒百姓失業是輕徭薄斂寬刑省役

之時也自頃長吏輕多去來送故迎新交錯道路受迎者惟恐船馬之不多見送者惟恨吏卒之常少窮奢竭費謂之忠義省煩從簡呼為薄俗轉相放效流而不反雖有常防莫肯遵修加以王塗未夷所在停滯送者經年永失播植一夫不耕十夫無食況轉百數所妨不訾愚謂宜勒屬縣若令尉先去官者人船吏侍皆具條例到當依法減省使公私允當又今統務多端動加重制每有特急輒立督郵計今直兼三十餘人人船吏侍皆當出官益不堪命宜復減損嚴為之防琛善之即皆施行太守紀瞻到預復為主簿轉功曹史察孝廉不行安東從事中郎諸葛恢參軍庾亮等薦預召為丞相行參軍兼記室遭母憂服竟除佐著作郎太興二年大旱詔求讜言直諫之士預上書諫曰大晉受命于今五十餘載自元康以來王德始闕戎翟及於中國宗廟焚為灰燼千里無煙爨之氣華夏無冠帶之人自天地開闢書籍所載大亂之極未有若茲者也陛下以聖德先覺超然遠鑒作鎮東南聲教遐被上天眷顧人神贊謀雖云中興其實受命少康宣王誠未足喻然南風之歌可著而陵遲之俗未改者何也臣愚謂為國之要在於得才得才之術在於抽引苟其可用讎賤必舉高宗文王思佐發夢拔巖徒以為相載釣老而師之下至列國亦有斯事故燕重郭隗而三士競至魏式干木而秦兵退舍今天下雖弊人士雖寡十室之邑必有忠信世不乏驥求則可致而束帛未賁於丘園蒲輪頓轂而不駕所以大化不洽而雍熙有闕者也預以寇賊未平當須良將又上疏曰臣聞承平之世其教先文撥亂之運非武不尅故牧野之戰呂望杖鉞淮夷作難召伯專征玁狁為暴衛霍長驅故陰陽不和擢士為相三軍不勝拔卒為將漢帝既定天下猶思猛士以守四方孝文志存鉅鹿馮唐進說魏尚復守詩稱赳赳武夫公侯干城折衝之佐豈可忽哉況今中州荒弊百無一存牧守官長非戎貊之族類即寇竊之幸脫陛下登阼威暢四遠故今此等反善向化然狼子獸心輕薄易動羯虜未殄益使難安周撫陳川相係背叛徐龕驕黠無所拘忌放兵侵掠罪已彰灼昔葛伯違道湯獻之牛吳濞失禮錫以几杖惡

成罪著方復加戮龕之小醜可不足滅然豫備不虞古之善教矧乃有虞可不為防防為防之術宜得良將將不素簡難以應敵壽春無鎮祖逖孤立前有勁虜後無係援雖有智力非可持久願陛下諮之群公博舉於衆若當局之才必允其任則宜寵獎厲使不顧命旁料宂猥或有可者厚加寵待足令忘身昔英布見慢恚欲自裁出觀供置然後致力禮遇之恩可不隆哉誠知山河之量非塵露可益神鑒之慮非愚淺所測然匹夫婺婦猶有憂國之言況臣得廁朝堂之末蒙冠帶之榮者乎轉琅邪國常侍遷秘書丞著作郎咸和初夏旱詔衆官各陳致雨之意預議曰臣聞天道貴信地道貴誠誠信者蓋二儀所以生植萬物人君所以保乂黎蒸是以殺伐擬於震雷推恩象於雲雨刑罰在於必信慶賞貴於平均臣聞間者以來刑獄轉繁多力者則廣牽連逮以稽年月無援者則嚴其檟楚期於入重是以百姓嗷然感傷和氣臣愚以為輕刑耐罪宜速決遣殊死重囚重加以請寬徭息役務遵節儉砥礪朝臣使各知禁蓋老牛不犧禮有常制而自頃衆官拜授祖贈轉相夸尚屠殺牛犢動有十數醉酒流湎无復限度傷財敗俗所虧不少昔殷宗修德以消桑穀之異宋景善言以退熒惑之變楚國無災莊王是懼盛德之君未嘗無眚應以信順天祐乃隆臣學見淺闇言不足採從平王含賜爵西鄉侯蘇峻作亂預先假歸家太守王舒請為諮議參軍峻平進爵平康縣侯遷散騎侍郎著作如故除散騎常侍仍領著作以年老歸卒于家預雅好經史憎疾玄虛其論阮籍裸袒比之伊川被髮所以胡虜遍於中國以為過衰周之時著晉書四十餘卷會稽典錄二十篇諸虞傳十二篇皆行於世所著詩賦碑誄論難數十篇

孫盛字安國太原中都人祖楚馮翊太守父恂潁川太守恂在郡遇賊被害盛年十歲避難渡江及長博學善言名理于時殷浩擅名一時與抗論者惟盛而已盛嘗詣浩談論對食奮擲麈尾毛悉落飯中食冷而復暖者數四至暮忘餐理竟不定盛又著醫卜及易象妙於見形論浩等竟無以難之由是遂知名起家佐著作郎以家貧親老求為

小邑出補瀏陽令太守陶侃請爲參軍庾亮代侃引爲征西主簿轉參軍時丞相王導執政亮以元舅居外南蠻校尉陶稱譖亮稱其間導亮頗懷疑貳盛密諫亮曰王公神情朗達常有世外之懷豈肯爲凡人事邪此必佞邪之徒欲間內外耳亮納之庾翼代亮以盛爲安西諮議參軍尋遷廷尉正會桓溫代翼留盛爲參軍與俱伐蜀軍次彭模溫自以輕兵入蜀盛領羸老輜重在後賊數千忽至衆皆遑遽盛部分諸將并力距之應時敗走蜀平賜爵安懷縣侯累遷溫從事中郎從入關平洛以功進封吳昌縣侯出補長沙太守以家貧頗營資貨部從事至部察知之服其高名而不劾之盛與溫牋而辭旨放蕩稱州遣從事觀採風聲進無威鳳來儀之美退無鷹鸇搏擊之用徘徊湘川將爲怪鳥溫得盛牋復遣從事重按之贓私狼籍檻車收盛到州捨而不罪累遷秘書監加給事中年七十二卒盛篤學不倦自少至老手不釋卷著魏氏春秋晉陽秋并造詩賦論難復數十篇晉陽秋詞直而理正咸稱良史焉既而桓溫見之怒謂盛

子曰枋頭誠爲失利何至乃如尊君所說若此史遂行自是關君門戶事其子遽拜謝謂請刪改之時盛年老還家性方嚴有軌憲雖子孫班白而庭訓愈峻至此諸子乃共號泣稽顙請爲百口切計盛大怒諸子遂爾改之盛寫兩定本寄於慕容儁大元中孝武帝博求異聞始於遼東得之以相考校多有不同書遂兩存

子潛放潛字齊由爲豫章太守殷仲堪之討王國寶也潛時在郡仲堪逼以爲諮議參軍固辭不就以憂卒

放字齊莊幼稱令慧年七八歲在荊州與父俱從庾亮獵亮謂曰君亦來邪應聲答曰無小無大從公于邁亮又問欲齊何莊邪放曰欲齊莊周亮曰不慕仲尼邪答曰仲尼生而知之非希企所及亮大奇之曰王輔嗣弗過也庾翼子爰客嘗候盛見放而問曰安國何在放答曰庾稚恭家爰客大笑曰諸孫大盛有兒如此也放又曰未若諸庾翼翼既而語人曰我故得重呼奴父也終於長沙相

干寶字令升新蔡人也祖統吳奮武將軍都亭侯父瑩丹陽丞寶少勤學博覽書記以才器召爲著作郎平杜弢有功賜爵關內侯中興草創未置史官中書監王導上疏曰夫帝王之迹莫不以書著爲令典垂之無窮宣皇帝廓定四海武皇帝受禪於魏至德大勳等蹤上聖而紀傳不存於王府德音未被乎管絃陛下聖明當中興之盛宜建立國史撰集帝紀上敷祖宗之烈下紀佐命之勳務以實錄爲後代之準猒率土之望悅人神之心斯誠雍熙之至美王者之弘基也宜備史官勑佐著作郎干寶等漸就撰集元帝納焉寶於是始領國史以家貧求補山陰令遷始安太守王導請爲司徒右長史遷散騎常侍著晉紀自宣帝迄于愍帝五十三年凡二十卷奏之其書簡畧直而能婉咸稱良史性好陰陽術數留思京房夏侯勝等傳寶父先有所寵侍婢母甚妬忌及父亡母乃生推婢于墓中寶兄弟年小不之審也後十餘年母喪開墓而婢伏棺如生載還經日乃蘇言其父常取飲食與之恩情如生在家中吉凶輙語之考校悉

驗地中亦不覺爲惡既而嫁之生子又寶兄嘗病氣絕積日不冷後遂悟云見天地間鬼神事如夢覺不自知死寶以此遂撰集古今神祇靈異人物變化名爲搜神記凡二十卷以示劉惔惔曰卿可謂鬼之董狐寶既博採異同遂混虛實因作序以陳其志曰雖考先志於載籍收遺逸於當時蓋非一耳一目之所親聞覩也亦安敢謂無失實者哉衛朔失國二傳互其所聞呂望事周子長存其兩說若此比類往往有焉從此觀之聞見之難一由來尚矣夫書赴告之定辭據國史之方策猶尚若茲況仰述千載之前記殊俗之表綴片言於殘闕訪行事於故老將使事不二迹言無異塗然後爲信者固亦前史之所病然而國家不廢注記之官學士不絕誦覽之業豈不以其所失者小所存者大乎今之所集設有承於前載者則非余之罪也若使采訪近世之事苟有虛錯願與先賢前儒分其譏謗及其著述亦足以明神道之不誣也群言百家不可勝覽耳目所受不可勝載今粗取足以

演八畧之旨成其微說而已幸將來好事之士錄其根體有以游心寓目而無尤焉寶又爲春秋左氏義外傳注周易周官凡數十篇及雜文集皆行於世

鄧粲長沙人少以高絜著名與南陽劉驎之南郡劉尚公同志友善並不應州郡辟命荆州刺史桓沖卑辭厚禮請粲爲別駕粲嘉其好賢乃起應召驎之尚公謂之曰卿道廣學深衆所推懷忽然改節誠失所望粲笑答曰足下可謂有志於隱而未知隱夫隱之爲道朝亦可隱市亦可隱隱初在我不在於物尚公等無以難之然粲亦於此名譽減半矣後患足疾不能朝拜求去職不聽令臥視事後以病篤乞骸骨許之粲以父騫有忠信言而世無知者乃著元明紀十篇注老子並行于世

謝沉字行思會稽山陰人也曾祖斐吳豫章太守父秀吳翼正都尉沉少孤事母至孝博學多識明練經史郡命爲主簿功曹察孝廉太尉郗鑒辟並不就會稽內史何充引爲參軍以母老去職平西將軍庾亮命爲功曹征北將軍蔡謨版爲參軍皆不就閑居養母不交人事耕耘之暇研精墳籍康帝即位朝議疑七廟迭毀乃以太學博士徵以質疑滯以母憂去職服闋除尚書度支郎何充庾冰並稱沉有史才遷著作郎撰晉書三十餘卷會卒時年五十二沉先著後漢書百卷及毛詩漢書外傳所著述及詩賦文論皆行於世其才學在虞預之右云

習鑿齒字彥威襄陽人也宗族富盛世爲鄉豪鑿齒少有志氣博學洽聞以文筆著稱荆州刺史桓溫辟爲從事江夏相袁喬深器之數稱其才於溫轉西曹主簿親遇隆密時溫有大志追蜀人知天文者至夜執手問國家祚運修短答云世祀方永溫疑其難言乃飾辭云如君言豈獨吾福乃蒼生之幸然今日之語自可令盡必有小小厄運亦宜說之星人曰太微紫微文昌三宮氣候如此決無憂虞至五十年外不論耳溫不悅乃止異日送絹一疋錢五千文以與之星人乃馳詣鑿齒曰家在益州被命遠下今受旨自裁無由致其骸骨緣君仁厚乞爲摽碣棺木耳鑿齒問其故星人曰賜絹一疋令僕自裁惠錢五千以買棺耳鑿齒曰君幾誤死君嘗聞千知星宿有不覆之義乎此以絹戲君以錢供道中資是聽君去耳星人大喜明便詣溫別溫問去意以鑿齒言答溫笑曰鑿齒憂君誤死君定是誤活然徒三十年看儒書不如一詣習主簿累遷別駕溫出征伐鑿齒或從或守所在任職每處機要莅事有績善尺牘論議溫甚器遇之時清談文章之士韓伯伏滔等並相友善後使至京師簡文亦雅重焉既還溫問相王何似答曰生年所未見以此大忤溫旨左遷户曹參軍時有桑門釋道安俊辯有高才自北至荆州與鑿齒初相見道安曰彌天釋道安鑿齒曰四海習鑿齒時人以爲佳對初鑿齒與其二舅羅崇羅友俱爲州從事及遷別駕以坐越舅右屢經陳請溫後激怒既盛乃超拔其二舅相繼爲襄陽都督出鑿齒爲滎陽太守溫弟祕亦有才氣素與鑿齒相親善鑿齒既罷郡歸與祕書曰吾以去五月三日來達襄陽觸目悲感畧無懽情痛惻之事故非書言之所能具也每定省家舅從北門入西望隆中想臥龍之吟東眺白沙思鳳雛之聲北臨樊墟存鄧老之高南眷城邑懷羊公之風縱目檀溪念崔徐之友肆睇魚梁追二德之遠未嘗不徘徊移日惆悵極多撫乘躊躇慨爾而泣曰若乃魏武之所置酒孫堅之所隕斃裴杜之故居繁王之舊宅遺事猶存星列滿目璅璅常流碌碌凡士焉足以感其方寸哉夫芳芬起於椒蘭清響生乎琳琅命世而作佐者必垂可大之餘風高尚而邁德者必有明勝之遺事若向八君子者千載猶使義想其爲人況相去之不遠乎彼一時也此一時也焉知今日之才不如疇辰百年之後吾與足下不並爲景升乎其風期俊邁如此是時溫覬覦非望鑿齒在郡著漢晉春秋以裁正之起漢光武終於晉愍帝於三國之時蜀以宗室爲正魏武雖受漢禪晉尚爲篡逆至文帝平蜀乃爲漢亡而晉始興焉引世祖諱炎興而爲禪受明天心不可以勢力強也凡五十四卷後以腳疾遂廢於里巷及襄陽陷於苻堅堅素聞其名與道安俱輿而致焉既見與語大悅之賜遺甚厚又以其蹇疾與

諸鎮書昔晉氏平吳利在二陸今破漢南獲士裁一人有半耳俄以
疾歸襄陽尋而襄鄧反正朝廷欲徵鑿齒使典國史會卒不果臨
終上疏曰臣每謂皇晉宜越魏繼漢不應以魏後爲三恪而身微官
卑無由上達懷抱愚情三十餘年今沉淪重疾性命難保遂嘗懷此
當與之朽爛區區之情切所悼惜謹力疾著論一篇寫上如左願陛
下考尋古義求經常之表超然遠覽不以臣微賤廢其所言論曰
或問魏武帝功蓋中夏文帝受禪於漢而吾子謂漢終有晉豈實
理乎且魏之見廢晉道亦病晉之臣子寧可以同此言哉答曰此乃所
以尊晉也但絕節赴曲非常耳所悲見殊心異雖奇莫察請爲子言
焉昔漢氏失御九州殘隔三國乘間鼎峙數世干戈日尋流血百載
雖各有偏平而其實亂也宣皇帝勢逼當年力制魏氏蠖屈從時
遂羈戎役晦明掩耀龍潛下位俛首重足鞠躬屏息道有不容之難
躬蹈履霜之險可謂危矣魏武既亡大難獲免始南擒孟達東蕩海
隅西抑勁蜀旋撫諸夏摧吳人入侵之鋒埽曹爽見忌之黨植靈

根以跨中嶽樹羣才以翼子弟命世之志既恢非常之業亦固景
文繼之靈武冠世尅伐貳違以定厥庸席卷梁益奄征西極功格皇
天勳侔古烈豐規顯祚故以灼如也至於武皇遂并彊吳混一宇宙
乂清四海同軌二漢除三國之大害靜漢末之交爭開九域之蒙晦
定千載之盛功者皆司馬氏也而推魏繼漢以晉承魏比義唐虞自
託純臣豈不惜哉今若以魏有代王之德則其道不足有靜亂之功
則孫劉鼎立道不足則不可謂制當年當年不制於魏則魏未曾爲
天下之主王道不足於曹則曹未始爲一日之王矣昔共工伯有九
州秦政奄平區夏鞭撻華戎專總六合猶不見序於帝王淪沒於
戰國何況暫制數州之人威行境內而已便可推爲一代者乎若以
晉嘗事魏懼傷皇德拘惜禪名謂不可割則惑之甚者也何者隗囂
據隴公孫帝蜀蜀隴之人雖服其役取之大義於彼何有且吳楚僭
號周室未亡子文延陵不見貶絕宣皇帝官魏逼於性命舉非擇木
何虧德美禪代之義不同堯舜校實定名必彰於後人各有心事

胡可掩定空虛之魏以屈於己孰若杖義而以貶魏哉夫命世之人正
情遇物假之際會必兼義勇宣皇祖考立功於漢世篤爾勞思報亦
深魏武超越志在傾主德不素積義險冰薄宣帝與之情將何重雖
形屈當年意申百世降心全己憤慨於下非道服北面有純臣之節畢
命曹氏忘濟世之功者也夫成業者係於所爲不係所藉立功者言
其所濟不言所起是故漢高稟命於懷王劉氏乘斃於亡秦超二僞
以遠嗣不論近而計功考五德於帝典不疑道於力政季無承楚之號
漢有繼周之業取之既美而己德亦重故也凡天下事有可借喻於古
以曉於今定之往昔而足爲來證者當陽秋之時吳楚二國皆僭號
之王也若使楚莊推鄢郢以尊有德闔閭舉三江以奉命世之
君有德之主或藉之以應天或撫之而光宅彼必自係於周室不推吳
楚以爲代明矣況積勳累功靜亂寧衆數之所錄衆之所與不資於
燕噲之授不賴於因藉之力長轡廟堂吳蜀兩斃運奇二紀而平定天
下服魏武之所不能臣蕩累葉之所不能除者哉自漢末鼎沸五六

十年吳魏犯順而強蜀人杖正而弱三家不能相一萬姓曠而無主夫有
定天下之大功爲天下之所推孰如見推於闇人受尊於微弱配天
而爲帝方駕於三代豈比俛首於曹氏側足於不正即情而恒實
取之而無慙何與詭事而託僞開亂於將來者乎是故故舊之恩
可封魏後三恪之數不宜見列以晉承漢功實顯然正名當事情體
亦厭又何爲虛尊不正之魏而虧我道於大通哉昔周人詠祖宗之
德追述翦商之功仲尼明大孝之道高稱配天之義然后稷勤於
所職聿來未以翦商異於司馬氏仕乎曹族三祖之寓於魏世矣
且夫魏自君之道不正則三祖臣魏之義未盡義未盡故假塗以運高
略道不正則君臣之節有殊然則弘道不以輔魏而無逆取之嫌高拱
不勞汗馬而有靜亂之功者蓋勳足以王四海義可以登大位雖我德
慙於有周而彼道異於殷商故也今子不疑共工之不得列於帝王不
嫌漢之係周而不係秦何至於一魏猶疑滯而不化哉夫欲尊其君
而不知推之於堯舜之道欲重其國而反厝之於不勝之地豈君子之

高義若猶未悟請於是止矣
子辟強才學有父風位至驃騎從事中郎

徐廣字野民東莞姑幕人侍中邈之弟也世好學至廣尤為精純百家數術無不研覽謝玄為兗州辟從事譙王恬為鎮北補參軍孝武世除秘書郎典校秘書省增置省職轉員外散騎侍郎仍領校書尚書令王珣深相欽重舉為祠部郎會稽世子元顯時錄尚書欲使百僚致敬內外順之使廣為議廣常以為愧焉元顯引為中軍參軍遷領軍長史桓玄輔政以為大將軍文學祭酒義熙初奉詔撰車服儀注除鎮軍諮議領記室封樂成侯轉員外散騎常侍領著作尚書奏左史述言右官書事乘志顯於晉鄭春秋著乎魯史自聖代有造中興記者道風帝典煥乎史策而太和以降世歷三朝玄風聖迹倏為疇古臣等參詳宜敕著作郎徐廣撰成國史於是敕廣撰集焉遷驍騎將軍領徐州大中正轉正員常侍大司農仍領著作如故十二年勒成晉紀凡四十六卷表上之因乞解史任不許遷秘書監初桓玄篡位帝出宮廣陪列悲動左右及劉裕受禪恭帝遜位廣獨哀感涕泗交流謝晦見之謂曰徐公將無小過也廣收淚而言曰君為宋朝佐命吾乃晉室遺老憂喜之事固不同時乃更歔欷因辭衰老乞歸桑梓性好讀書老猶不倦年七十四卒于家廣答禮問行於世

史臣曰古之王者咸建史官昭法立訓莫近於此若夫原始要終紀情括性其言微而顯其義皎而明然可以茵藹緹油作程遐世者也丘明既沒班馬迭興奮鴻筆於西京騁直詞於東觀自斯已降分明競爽可以繼明先典者陳壽得之乎江漢英靈信有之矣允源將率之子篤志典墳紹統戚藩之胤研機載籍咸能綜緝遺文垂諸不朽豈必克傳門業方擅箕裘者哉處叔區區勵精著述混淆蕪舛良不足觀叔寧寡聞穿窬王氏雖勒成一家未足多尚令升安國有良史之才而所著之書惜非正典悠悠晉室斯文將墜鄧粲謝沉祖述前史葺宇重軒之下施牀連榻之上奇詞異義罕見稱焉習氏徐公俱云筆削彰善癉惡以為懲勸夫蹈忠履正貞士之心背義圖榮君子不取而彥威跡淪寇壤逡巡於偽國野民運遭革命流連於舊朝行不違言廣得之矣

贊曰陳壽含章巖巖孤峙彪溥勵節摛辭綜理王恧雅才虞慙僕史于孫撫翰前良可擬鄧謝懷鉛異聞無紀習亦研思徐非絢美咸被簡冊共傳遐祀

列傳第五十二　晉書八十二

顧和字君孝侍中衆之族子也曾祖容吳荊州刺史祖相臨海太守和二歲喪父總角便有清操族叔榮雅重之曰此吾家麒麟興吾宗者必此子也時宗人球亦有令聞為州別駕榮謂之曰卿速步君孝超卿矣王導為揚州辟從事月旦當朝未入停車門外周顗遇之和方擇蝨夷然不動顗既過顧指和心曰此中何所有和徐應曰此中最是難測地顗入謂導曰卿州吏中有一令僕才導亦以為然和嘗詣導導小極對之疲睡和欲叩會之因謂同坐曰昔每聞族叔元公道公叶贊中宗保全江表體小不安令人喘息導覺之謂和曰卿珪璋特達機警有鋒不徒東南之美實為海內之俊由是遂知名既而導遣八部從事之部和為下傳還同時俱見諸從事各言二千石官長得失和獨无言導問和卿何所聞答曰明公作輔寧使網漏吞舟何緣採聽風聞以察察為政導咨嗟稱善累遷司徒掾是時東海王沖為長水校尉妙選僚屬以沛國劉耽為司馬和為主簿永昌初除司徒左曹掾太寧初王敦請為主簿遷太子舍人車騎參軍護軍長史王導為揚州請為別駕所歷皆著稱遷散騎侍郎尚書吏部司空郗鑒請為長史領晉陵太守咸康初拜御史中丞劾奏尚書左丞戴抗贓汙百萬付法議罪并免尚書傳玩郎劉傭官百僚憚之遷侍中初中興東遷舊章多闕而冕旒飾以翡翠珊瑚及雜珠等和奏舊冕有十二旒皆用玉珠今用雜珠等非禮若不能用玉可用白璇成帝於是始下太常改之先是帝以保母周氏有阿保之勞欲假其名號內外皆奉詔和獨上疏以為周保祐聖躬不遺其勳第舍供給擬於戚屬恩澤所加已為過隆若假名號記籍未見明比惟漢靈帝以乳母趙嬈為平氏君此末代之私恩非先代之令典且君舉必書將軌物垂則書而不法後嗣何觀帝從之轉吏部尚書頻從領軍將軍太常卿國子祭酒康帝即位將祀南北郊和議以為車駕宜親行帝從之皆躬親行禮遷尚書僕射以母老固辭詔書敕喻特聽暮出朝還其見優遇如此尋朝議以端右之副不宜處外更拜銀青光祿大夫領國子祭酒頃之母憂去職居喪以孝聞既練衛將軍褚裒上疏薦和起為尚書令遣散騎郎喻旨和每見逼促輒號咷慟絕謂所親曰古人或有釋其憂服以祗王命蓋以才足幹時故不得不體國徇義吾在常日猶不如人況今中心荒亂將何以補於萬分祇足以示輕忘孝道貽素冠之議耳帝又下詔曰百揆務殷端右總要而曠職經久甚以悒然昔先朝政道休明中夏隆盛山賈諸公皆釋服從時不獲遂其情禮況今日艱難百王之弊尚書令禮已過祥練豈得聽不赴急疾而遂罔極之情乎和表疏十餘上遂不起服闋然後視職時南中郎將謝尚領宣城內史收涇令陳幹殺之有司以尚違法糾黜詔原之和重奏曰尚先劾姦贓罪入甲戌赦聽自首減死而尚近表云幹包藏姦猾輒收行刑幹事狀自郡非犯軍戎不由都督按尚蒙親賢之舉荷文武之任不能為國惜體平心聽斷內挾小憾肆其威虐遠近怪愕莫不解體尚忝外屬宥之有典至於下吏宜正刑辟尚皇太后舅故寢其奏時汝南王統江夏公衛崇並為庶母制服三年和乃奏曰禮所以軌物成教故有國家者莫不崇正明本以一其統斯人倫之紀不二之道也為人後者降其所出奪天屬之性顯至公之義降殺節文著於周典按汝南王統為庶母居廬服重江夏公衛崇本由疏屬開國之緒近喪所生復行重制違冒禮度肆其私情閭閻許其過厚談者莫以為非則政道陵遲由乎禮廢憲章頹替始於容違若弗糾正无以齊物皆可下太常奪服若不祗王命應加貶黜詔從之和居任多所獻納雖權臣不苟阿撓永和七年以疾篤辭位拜左光祿大夫儀同三司加散騎常侍尚書令如故其年卒年六十四追贈侍中司空謚曰穆子淳歷尚書

吏部郎給事黃門侍郎左衛將軍
袁瓌字山甫陳郡陽夏人魏郎中令渙之曾孫也祖父並早卒瓌與弟猷欲奉母避亂求為江淮間縣拜呂令轉江都因南渡元帝以為丹陽令中興建拜奉朝請遷治書御史時東海王越尸既為石勒所焚妃裴氏求招魂葬越朝廷疑之瓌與博士傅純議以為招魂葬是謂埋神不可從也帝然之雖許裴氏招魂葬越遂下詔禁之尋除廬江太守大將軍王敦引為諮議參軍儀為臨川太守敦平為鎮南將軍卞敦軍司尋自解還都游於會稽蘇峻之難與王舒共起義軍以功封長合鄉侯徵補散騎常侍徙大司農尋除國子祭酒頃之加散騎常侍于時喪亂之後禮教陵遲瓌上疏曰臣聞先王之教也崇典訓以弘遠代明禮學以流後生所以導萬物之性暢為善之道也宗周既興文史載煥端委垂於南蠻頌聲溢於四海故延州聘魯聞雅而歎韓起適魯觀易而美何者立人之道於斯為首孔子恂恂以教洙泗孟軻係之誨誘无倦是以仁義之聲于今猶存禮讓之節時或有之疇昔皇運陵替喪亂屢臻儒林之教漸頹庠序之禮有闕國學索然墳籍莫啟有心之徒抱志无由昔魏武帝身親介冑務在武功猶尚廢鞍覽卷投戈吟詠況今陛下以聖明臨朝百官以虔恭莅事朝野无虞江外謐靜如之何泱泱之風漠然无聞洋洋之美墜於聖世乎古人有言詩書義之府禮樂德之則實宜留心經籍闡明學義使諷誦之音盈於京室味道之賢是則是詠豈不盛哉若得給其宅地備其學徒博士僚屬粗有其官則臣之願也疏奏成帝從之國學之興自瓌始也以年在懸車上疏告老尋卒追贈光祿大夫謚曰恭子喬嗣

喬字彥叔初拜佐著作郎輔國將軍桓溫請為司馬除司徒左西屬不就拜尚書郎桓溫鎮京口復引為司馬領廣陵相初喬與褚裒友善及康獻皇后臨朝喬與裒書曰皇太后踐登正阼臨御
皇朝將軍之於國外姓之太上皇也至於皇子近屬咸有揖讓之禮而況策名人臣而交媟人父天性攸尊亦宜體國而重矣故友之好請於此辭染絲之變墨翟致懷岐路之感楊朱興歎況與將軍游處少長雖世譽先後而臭味同歸也平昔之交與禮數而降其踞之懽隨時事而替雖欲虛詠濠肆脫落儀制其能得乎來物无停變化遷代豈惟寸晷事亦有之夫御器者神制衆以約願將軍怡情无事以理勝為任親仗賢達以納善為大執筆惆悵不能自盡論者以為得禮遷安西諮議參軍長沙相不拜尋督沔中諸戍江夏隨義陽三郡軍事建武將軍江夏相時桓溫謀伐蜀衆以為不可喬勸溫曰夫經略大事故非常情所具智者了於胸心然後舉无遺筭耳今天下之難二寇而已蜀雖險固方胡為弱將欲除之先從易者今泝流萬里經歷天險彼或有備不必可尅然蜀人自以斗絕一方恃其宇固不修攻戰之具若以精卒一萬輕軍速進比彼聞之我已入其險要李勢君臣不過自力一戰擒之必矣論者恐大軍既西胡必闚覦此又似是而非何者胡聞萬里征伐以為內有重備必不敢動縱復越逸江渚諸軍足以守境此无憂矣蜀土富實號稱天府昔諸葛武侯欲以抗衡中國今誠不能為害然勢據上流易為寇盜若襲而取之者有其人衆此國之大利也溫從之使喬以江夏相領二千人為軍鋒師次彭模去賊已近議者欲兩道並進以分賊勢喬曰今深入萬里置之死地士无反顧之心所謂人自為戰者也今分為兩軍軍力不一萬一偏敗則大事去矣不如全軍而進棄去釜甑齎三日糧勝可必矣溫以為然即一時俱進去成都十里與賊大戰前鋒失利喬軍亦退矢及馬首左右失色喬因麾而進聲氣愈厲遂大破之長驅至成都李勢既降勢將鄧定隗文以其屬反衆各萬餘溫自擊定喬擊文破之進號龍驤將軍封湘西伯尋卒年三十六溫甚悼惜之追贈益州刺史謚曰簡喬博學有文才注論語及詩并諸文筆皆行於世子方平嗣亦以軌素自立辟大司馬掾歷義興琅邪太守卒子山松嗣

山松少有才名博學有文章著後漢書百篇襟情秀遠善音樂

舊歌有行路難曲辭頗疏質山松好之乃文其辭句婉其節制每
因酣醉縱歌之聽者莫不流涕初羊曇善唱樂桓伊能挽歌及
山松行路難繼之時人謂之三絶時張湛好爲齋前種松柏而山
松每出游好令左右作挽歌人謂湛屋下陳尸山松道上行殯山
松歷顯位爲吳郡太守孫恩作亂山松守滬瀆城城陷被害
猷字中甫少與瓌齊名代瓌爲呂令復相繼爲江都由是俱渡
江瓌爲丹陽猷爲武康兄弟列宰名邑論者美之歷位侍中衛
尉卿猷孫宏見文苑傳
準字孝尼以儒學知名注喪服經官至給事中準子沖字景玄光
祿勳沖子耽
耽字彥道少有才氣俶儻不羈爲士類所稱桓溫少時游於博徒
資產俱盡尚有負進思自振之方莫知所出欲求濟於耽而耽
在艱試以告焉耽略无難色遂變服懷布帽隨溫與債主戲耽
素有藝名債者聞之而不相識謂之曰卿當不辦作袁彥道也
遂就局十萬一擲直上百萬耽投馬絶叫探布帽擲地曰竟識
袁彥道不其通脫若此蘇峻之役王導引爲參軍隨導在石
頭初路永匡術賈寧等皆峻心腹聞祖約奔敗懼事不立迭
說峻誅大臣峻既不納永等慮必敗陰結於導導使耽潛說
路永使歸順峻平封秭歸男拜建威將軍歷陽太守咸康初
石季龍游騎十餘匹至歷陽耽上列不言騎少時胡寇強盛朝
野危懼王導以宰輔之重請自討之既而賊騎不多又已退散導
止不行朝廷以耽失於輕妄黜之尋復爲導從事中郎方加大任
會卒時年二十五子質
質字道和自渙至質五世並以道素繼業惟其父耽以雄豪著及
質又以孝行稱官歷瑯琊内史東陽太守質子湛
湛字士深少有操植以沖粹自立而无文華故不爲流俗所重時
謝混爲僕射范泰贈湛及混詩云亦有後出雋離群頗騫翥湛
恨而不答自中書令爲僕射左光祿大夫晉寧男卒於官湛弟豹

豹字士蔚博學善文辭有經國材爲劉裕所知後爲太尉長史
丹楊尹卒
江逌字道載陳留圉人也曾祖蕤譙郡太守祖允蕪湖令父濟
安東參軍逌少孤與從弟灌共居甚相友悌由是獲當時之譽
避蘇峻之亂屏居臨海絶棄人事翦茅結宇耽翫載籍有終
焉之志本州辟從事除佐著作郎並不就征北將軍蔡謨命爲
參軍何充復引爲驃騎功曹以家貧求試守爲太末令縣界
深山中有亡命數百家恃險爲阻前後守宰莫能平逌到官召
其魁帥厚加撫接諭以禍福旬月之間繈負而至朝廷嘉之州檄
爲治中轉別駕遷吳令中軍將軍殷浩將謀北伐請爲諮議參軍
浩甚重之遷長史浩方修復洛陽經營荒梗逌爲上佐甚有匡弼
之益軍中書檄皆以委逌時羌及丁零叛浩軍震懼姚襄去浩
里結營以逼浩浩令逌擊之逌進兵至襄營謂將校曰今兵非不
精而衆少於羌且其塹柵甚固難與校力吾當以計破之乃取數
百雞以長繩連之繫火於足羣雞駭散飛集襄營襄營火發因
其亂隨而擊之襄遂少敗及桓溫奏廢浩佐吏逌遂免頃之除
中書郎升平中遷吏部郎長兼侍中穆帝將修後池起閣道逌
上疏曰臣聞王者處萬乘之極享富有之大必顯明制度以表
崇高盛其文物以殊貴賤建靈臺浚辟雍立宮館設苑囿所
以弘於皇之尊彰臨下之義前聖創其禮後代遵其矩當代之君
咸營斯事周宣興百堵之作鴻鴈歌安宅之歡魯僖修泮水之
宮採芹有思樂之頌蓋上之有爲非予欲是盈下之奉上不以劬
勞爲勤此自古之令典軌儀之大式也夫理无常然三正相詭司牧
之體與世而移致飾則素故賁返於剝有大必盈則受之以謙損
益下順兆庶之悅享以二簋用至約之義是以唐虞流化於茅茨
夏禹垂美於卑室過儉之陋非中庸之制然三聖行之以致至道
漢高祖當營建之始怒宮庫之壯孝文處既富之世愛十家之
產亦以播惠當時著稱來葉今者二虜未殄神州荒蕪舉江

左之衆經略艱難漕楊越之粟北餽河洛兵不獲戢運戍悠遠倉庫内罄百姓力竭加春夏以來水旱爲害遠近之收普減常年財傷人困大役未已軍國之用无所取給方之往代豐弊相懸損之又損實在今日伏惟陛下聖質天縱凝曠清虛闡日新之盛茂欽明之量无欲體於自然沖素刑乎萬國韶既盡美則必盡善宣養以玄虛守以无爲登覽不以臺觀游豫不以苑沼偃息畢於仁義馳騁極於六蓺觀巍巍之隆監二代之文仰味羲農俯尋周孔其爲逍遙足以遵道德之輔親搢紳之秀疇咨以時顧問不倦獻替諷諫日月而聞則庶績惟凝六合咸熙中興之盛邁於殷宗休嘉之慶流乎无窮昔漢起德陽鍾離抗言魏營宮殿陳群正辭臣雖才非若人然職忝近侍言不足採而義在以聞帝嘉其言而止復領本州大中正升平末遷太常逌累讓不許穆帝崩山陵將用寶器逌諫曰以宣皇顧命終制山陵不設明器以貽後則景帝奉遵遺制逮文明皇后崩武皇帝亦承前制无所施設惟脯糒之奠瓦器而已昔康皇帝玄宮始用寶劒金舄此蓋太妃罔已之情實違先旨累世之法今外欲以爲故事臣請述先旨停此二物書奏從之哀帝以天文失度欲依尚書洪祀之制於太極前殿親執虔肅冀以免咎使太常集博士草其制逌上疏諫曰臣尋史漢舊制藝文志劉向五行傳洪祀出於其中然自前代以來莫有用者又其文惟說爲祀而不載儀注此蓋久遠不行之事非常人所參校按漢儀天子所親之祠惟宗廟而已祭天於雲陽祭地於汾陰在於別宮遥拜不詣壇所其餘群祀之所必在幽靜是以圓丘方澤列於郊野今若於承明之庭正殿之前設群神之坐行躬親之禮準之舊典有乖常式臣聞妖眚之發所以鑒悟時主故寅畏上通則宋災退度德禮增修則殷道以隆此往代之成驗不易之定理頃者星辰頗有變異陛下祗戒之誠達於天人在予之懼忘寢與食仰虔玄象俯凝庶政嘉祥之應實在今日而猶乾乾夕惕思廣兹道誠實聖懷殷勤之

至然洪祀有書无儀不行於世詢訪時學莫識其理且其文曰洪祀大祀也陽曰神陰曰靈舉國相率而行祀順四時之序无令過差今按文而言皆漫而无適不可得詳若不詳而修其失不小帝不納逌又上疏曰臣謹更尋思參之時事今强戎據於關雍桀狄縱於河朔封豕四逸虔劉神州長旌不卷鉦鼓日戒兵疲人困歲无休已人事弊於下則七曜錯於上災沴之作固其宜然又頃者以來无乃大異彼月之蝕義見詩人星辰莫同載於五行故洪範不以爲沴陛下今以晷度之失同之六沴引其輕變方之重眚求己篤於禹湯憂勤踰乎日昃將修大祀以禮神祇傳曰外順天地時氣而祭其鬼神然則神必有號祀必有義按洪祀之文惟神靈大略而无所祭之名稱舉國行祀而无貴賤之阻有赤黍之盛而无牲醴之奠儀法所用闕略非一若率文而行則舉義皆闕有所施補則不統其源漢侍中盧植時之達學受法不究則不敢厝心誠以五行深遠神道幽昧探賾之求難以常思錯綜之理不可一數臣非至精孰能與此帝猶敕撰定逌又陳古義帝乃止逌在職多所匡諫著阮籍序贊逸士箴及詩賦奏議數十篇行於世病卒時年五十八子蔚吳興太守

灌字道群父瞢尚書郎灌少知名才識亞于逌州辟主簿舉秀才爲治中轉別駕歷司徒屬北中郎長史領晉陵太守簡文帝引爲撫軍從事中郎後遷吏部郎時謝奕爲尚書銓敘不允灌每執正不從奕託以他事免之受黜无怨色頃之簡文帝又以爲撫軍司馬甚相賓禮遷御史中丞轉吳興太守灌性方正視權貴蔑如也爲大司馬桓温所惡温欲中傷之徵拜侍中以在郡時公事有失追免之後爲秘書監尋復解職時温方執權朝廷希旨故灌積年不調温末年以爲諮議參軍會温薨遷尚書中護軍復出爲吳郡太守加秩中二千石未拜卒子績

績字仲元有志氣除秘書郎以父與謝氏不穆故謝安之世辟召无所從論者多之安薨始爲會稽王道子驃騎主簿多所規諫歷諮

議參軍出爲南郡相會荊州刺史殷仲堪舉兵以應王恭仲堪要績與南蠻校尉殷顗同行並不從仲堪等屢以爲言績終不爲之屈顗慮績及禍乃於仲堪坐和解之績曰大丈夫何至以死相脅江仲元行年六十但未知獲死所耳一坐皆爲之懼仲堪憚其堅正以楊佺期代之朝廷聞而徵績爲御史中丞奏劾无所屈撓會稽世子元顯專政夜開六門績密啟會稽王道子欲以奏聞道子不許車胤亦曰元顯驕縱宜禁制之道子默然元顯聞而謂衆曰江績車胤間我父子遣人密讓之俄而績卒朝野悼之

車胤字武子南平人也曾祖浚吳會稽太守父育郡主簿太守王胡之名知人見胤於童幼之中謂胤父曰此兒當大興卿門可使專學胤恭勤不倦博學多通家貧不常得油夏月則練囊盛數十螢火以照書以夜繼日焉及長風姿美劭機悟敏速甚有鄉曲之譽桓溫在荊州辟爲從事以辯識義理深重之引爲主簿稍遷別駕征西長史遂顯於朝廷時惟胤與吳隱之以寒素博學知名

於世又善於賞會當時每有盛坐而胤不在皆云无車公不樂謝安游集之日輒開筵待之寧康初以胤爲中書侍郎關內侯孝武帝嘗講孝經僕射謝安侍坐尚書陸納侍講侍中卞耽執讀黃門侍郎謝石吏部郎袁宏執經胤與丹楊尹王混摘句時論榮之累遷侍中太元中增置太學生百人以胤領國子博士其後年議郊廟明堂之事胤以明堂之制既甚難詳且樂主於和禮主於敬質文不同音器亦殊既茅茨廣廈不一其度何必守其形範而不弘本順時乎九服咸寧四野无塵然後明堂辟雍可光而修之時從其議又遷驃騎長史太常進爵臨湘侯以疾去職俄爲護軍將軍時王國寶諂於會稽王道子諷八坐啟以道子爲丞相加殊禮胤曰此乃成王所以尊周公也今主上當陽非成王之地相王在位豈得爲周公乎望實二三並不宜爾必大忤上意乃稱疾不署其事疏奏帝大怒而甚嘉胤隆安初爲吳興太守秩中二千石辭疾不拜加輔國將軍丹楊尹頃之遷吏部尚書元顯有過胤與江績密言於道子將奏之事泄元顯逼令自裁俄而胤卒朝廷傷之

殷顗字伯通陳郡人也祖融太常卿父康吳興太守顗性通率有才氣少與從弟仲堪俱知名太元中以中書郎擢爲南蠻校尉從職清明政績肅舉及仲堪得王恭書將興兵內伐告顗欲同舉顗不平之曰夫人臣之義慎保所守朝廷是非宰輔之務豈藩屏之所圖也晉陽之事宜所不豫仲堪要之轉切顗怒曰吾進不敢同退不敢異仲堪甚以爲恨猶密諫仲堪辭甚切至仲堪既貴素情亦殊而志望无厭謂顗言爲非顗見江績亦以正直爲仲堪所斥知仲堪當逐異己樹置所親因出行散託疾不還仲堪聞其病出省之謂顗曰兄病殊爲可憂顗曰我病不過身死但汝病在滅門幸熟爲慮勿以我爲念也仲堪不從卒與楊佺期桓玄同下顗遂以憂卒隆安中詔曰故南蠻校尉殷顗忠績未融奄焉隕喪可贈冠軍將軍弟仲文叔獻別有傳

王雅字茂達東海郯人魏衛將軍肅之曾孫也祖隆後將軍父景大鴻臚雅少知名州檄主簿舉秀才除郎中出補永興令以幹理著稱累遷尚書左右丞歷廷尉侍中左衛將軍丹楊尹領太子左衛率雅性好接下敬慎奉公孝武帝深加禮遇雖在外職侍見甚數朝廷大事多參謀議帝每置酒宴集雅未至不先舉觴其見重如此然任遇有過其才時人被以佞幸之目帝起清暑殿於後宮開北上閤出華林園與美人張氏同游止惟雅與焉會稽王道子領太子太傅以雅爲太子少傅時王珣兒婚賓客車騎甚衆會聞雅拜少傅迴詣雅者過半時風俗頹弊无復廉恥然少傅之任朝望屬珣珣亦頗以自許及中詔用雅衆遂赴雅焉將拜遇雨請以繖入王珣不許之因冒雨而拜雅既貴倖威權甚震門下車騎常數百而善應接傾心禮之帝以道子无社稷器幹慮晏駕之後皇室傾危乃選時望以爲藩屏將擢王恭殷仲堪等先以訪雅雅以恭等无當世之才不可大任乃從容曰王恭風神簡貴志氣方嚴既居外戚

之重當親賢之寄然其稟性峻隘无所苞容執自是之操无守節之志仲堪雖謹於細行以文義著稱亦无弘量且幹略不長若委以連率之重據形勝之地今四海无事足能守職若道不常隆必爲亂階矣帝以恭等爲當時秀望謂雅疾其勝己故不從二人皆被升用其後恭敗有識之士稱其知人遷領軍尚書散騎常侍方大崇進之將叅副相之重而帝崩倉卒不獲顧命雅素被優遇一旦失權又以朝廷方亂內外攜離但慎默而已无所辯正雖在孝武世亦不能犯顏廷爭凡所謀謨唯唯而已尋遷左僕射隆安四年卒時年六十七追贈光祿大夫儀同三司長子準之散騎侍郎次協之黃門次少卿侍中並有士操立名於世云

史臣曰爰在中興玄風滋扇溺王綱於拱默橈國步於清虛骨鯁謇諤之風蓋亦微矣而君孝固情禮而違顯命山甫獻誠讜而振頹風彥叔之兵謀道載之正諫洋洋盈耳有足可稱灌不屈節於權臣績敢危言於賊將道子殊物之禮車胤沮之无懼心仲堪反常

之舉殷顗折之以正色求諸古烈何以加焉山松悅哀挽於軒冕之辰彥道歡博徒於衰絰之日天心已喪其能濟乎旋及於促齡俄致於非命宜哉

贊曰顧生執物屢申誠讜袁子崇儒拯斯頹喪道績剛謇車胤忠壯聽言遺直莫之能尚

列傳第五十三　　晉書八十三

王恭　庾楷　劉牢之子敬宣　殷仲堪

楊佺期

王恭字孝伯光祿大夫蘊子定皇后之兄也少有美譽清操過人自負才地高華恒有宰輔之望與王忱齊名友善慕劉惔之為人謝安常曰王恭人地可以為將來伯舅嘗從其父自會稽至都忱訪之見恭所坐六尺簟忱謂其有餘因求之恭輒以送焉遂坐薦上忱聞而大驚恭曰吾平生無長物其簡率如此起家為佐著作郎歎曰仕宦不為宰相才志何足以騁因以疾辭俄為祕書丞轉中書郎未拜遭父憂服闋除吏部郎歷建威將軍太元中代沈嘉為丹陽尹遷中書令領太子詹事孝武帝以恭后兄深相欽重時陳郡袁悅之以傾巧事會稽王道子恭言之於帝遂誅之道子嘗集朝士置酒於東府尚書令謝石因醉為委巷之歌恭正色曰居端右之重集藩王之第而肆淫聲欲令群下何所取則石深銜之淮陵內史虞珧子妻裴氏有服食之術常衣黃衣狀如天師道子甚悅之令與賓客談論時人皆為降節恭抗言曰未聞宰相之坐有失行婦人坐賓莫不反側道子甚愧之其後帝將擢時望以為藩屏乃以恭為都督兗青冀幽并徐州晉陵諸軍事平北將軍兗青二州刺史假節鎮京口初都督以北為號者累有不祥故桓沖王坦之刁彝之徒不受鎮北之號恭表讓軍號以超受為辭而實惡其名於是改號前將軍慕容垂入青州恭遣偏師禦之失利降號輔國將軍及帝崩會稽王道子執政寵昵王國寶委以機權恭每正色直言道子深憚而忿之及赴山陵罷朝歎曰榱棟雖新便有黍離之歎矣時國寶從弟緒說國寶因恭入覲相王伏兵殺之國寶不許而道子亦欲輯和內外深布腹心於恭冀除舊惡恭多不順每言及時政輒厲聲色道子知恭不可和協王緒之說遂行於是國難始結或勸恭因入朝以兵誅國寶而庾楷黨於國寶士馬甚盛恭憚之不敢

發遂還鎮臨別謂道子曰主上諒闇冢宰之任伊周所難願大王親萬機納直言遠鄭聲放佞人辭色甚厲故國寶等愈懼以恭為安北將軍不拜乃謀誅國寶遣使與殷仲堪桓玄相結仲堪偽許之恭得書大喜乃抗表京師曰後將軍國寶得以姻戚頻登顯列不能感恩效力以報時施而專寵肆威將危社稷先帝登遐夜乃犯閤叩扉欲矯遺詔賴皇太后聰明相王神武故逆謀不果又割東宮見兵以為己府讒疾二昆甚於讎敵與其從弟緒同黨凶狡共相扇連此不忠不義之明白也以臣忠誠必亡身殉國是以譖臣非一賴先帝明鑒浸潤不行昔趙鞅興甲誅君側之惡臣雖駑劣敢忘斯義表至內外戒嚴國寶及緒惶懼不知所為用王珣計請解職道子收國寶賜死斬緒于市深謝愆失恭乃還京口恭之初抗表也慮事不捷乃版前司徒左長史王廞為吳國內史令起兵於東會國寶死令廞解軍去職廞怒以兵伐恭恭遣劉牢之擊滅之上疏自貶詔不許譙王尚之復說道子以藩伯強盛宰相權弱宜多樹置以自衛道子然之乃以其司馬王愉為江州刺史割庾楷豫州四郡使愉督之由是楷怒遣子鴻說恭曰尚之兄弟專弄相權欲假朝威貶削方鎮懲警前事勢轉難測及其議未成宜早圖之恭以為然復以謀告殷仲堪桓玄玄等從之推恭為盟主剋期同赴京師時內外疑阻津邏嚴急仲堪之信因庾楷達之以斜絹為書內箭簳中合鏑漆之楷送於恭恭發書絹文角戾不復可識謂楷為詐又料仲堪去年已不赴盟今無連理乃先期舉兵司馬劉牢之諫曰將軍今動以伯舅之重執忠貞之節相王以姬旦之尊時望所係昔年已戮寶緒送王廞書是深伏將軍也頃所授用雖非皆允未為大失割庾楷四郡以配王愉於將軍何損晉陽之師其可再乎恭不從乃上表以討王愉司馬尚之兄弟為辭朝廷使元顯及王珣謝琰等距之恭夢牢之坐其處旦謂牢之曰事剋即以卿為北府遣牢之率帳下督顏延先據竹里元顯使說牢之啗以重利牢之乃斬顏延以降是日牢之遣其婿

高雅之子敬宣因恭懼軍輕騎擊恭恭敗將還雅之已閉城門恭遂與弟履單騎奔曲阿恭久不騎乘髀生瘡不復能去曲阿人殷確恭故參軍也以船載之藏於葦席之下將奔桓玄至長塘湖遇商人錢強強宿憾於確以告湖浦尉尉收之以送京師道子聞其將至欲出與語面折之而未之殺也時桓玄等已至石頭懼其有變即於建康之倪塘斬之恭五男及弟爽爽兄子祕書郎和及其黨孟璞張恪等皆殺之恭性抗直深存節義讀左傳至奉王命討不庭每輟卷而歎爲性不弘以闇於機會自在北府雖以簡惠爲政然自矜貴與下殊隔不閑用兵尤信佛道調役百姓修營佛寺務在壯麗士庶怨嗟臨刑猶誦佛經自理鬚鬢神无懼容謂監刑者曰我闇於信人所以致此原其本心豈不忠於社稷但令百代之下知有王恭耳家无財帛唯書籍而已爲識者所傷恭美姿儀人多愛悅或目之云濯濯如春月柳嘗被鶴氅裘涉雪而行孟昶窺見之歎曰此真神仙中人也初見執遇故吏戴耆之

爲湖孰令恭私告之曰我有庶兒未舉在乳母家卿爲我送寄桓南郡耆之遂送之於夏口桓玄撫養之爲立喪庭弔祭焉及玄執政上表理恭詔贈侍中太保謚曰忠簡爽贈太常和及子簡並通直散騎郎殷確散騎侍郎腰斬湖浦尉及錢強等恭庶子曇亨宋義熙中爲給事中

庾楷征西將軍亮之孫會稽內史羲小子也初拜侍中代兄準爲西中郎將豫州刺史假節鎮歷陽隆安初進號左將軍時會稽王道子憚王恭殷仲堪等擅兵故出王愉爲江州督豫州四郡以爲形援楷上疏以江州非險塞之地而西府北帶寇戎不應使愉分督詔不許時楷懷恨使子鴻說王恭以譙王尚之兄弟復握機權勢過國寶恭亦素忌尚之遂連謀舉兵事在恭傳詔使尚之討楷楷遣汝南太守段方逆尚之戰于慈湖方大敗被殺楷奔于桓玄及玄等盟于柴桑連名上疏自理詔赦玄等而不赦恭楷楷遂依玄玄用爲武昌太守楷後懼玄必敗密遣使結會稽世子元顯若朝廷討玄當爲內應及玄得志楷以謀泄爲玄所誅

劉牢之字道堅彭城人也曾祖羲以善射事武帝歷北地鴈門太守父建有武幹爲征虜將軍世以壯勇稱牢之面紫赤色鬚目驚人而沉毅多計畫太元初謝玄北鎮廣陵時苻堅方盛玄多募勁勇牢之與東海何謙琅邪諸葛侃樂安高衡東平劉軌西河田洛及晉陵孫无終等以驍猛應選玄以牢之爲參軍領精銳爲前鋒百戰百勝號爲北府兵敵人畏之及堅將句難南侵玄率何謙等距之牢之破難輜重於盱眙獲其運船遷鷹揚將軍廣陵相時車騎將軍桓沖擊襄陽宣城內史胡彬率衆向壽陽以爲沖聲援牢之領卒二千爲彬後繼淮肥之役苻堅遣其弟融及驍將張蚝攻陷壽陽謝玄使彬與牢之距之師次硤石不敢進堅將梁成又以二萬人屯洛澗玄遣牢之以精卒五千距之去賊十里成阻澗列陣牢之率參軍劉襲諸葛求等直進渡水臨陣斬成及其弟雲又分兵斷其歸津賊步騎崩潰爭赴

淮水殺獲萬餘人盡收其器械堅尋亦大敗歸長安餘黨所在屯結牢之進平譙城使安豐太守戴寧戍之遷龍驤將軍彭城內史以功賜爵武岡縣男食邑五百户牢之進屯鄄城討諸未服河南城堡承風歸順者甚衆時苻堅子丕據鄴爲慕容垂所逼請降牢之引兵救之垂聞軍至出新興城北走牢之與沛郡太守田次之追之行二百里至五橋澤中爭趣輜重稍亂爲垂所擊牢之敗績士卒殲焉牢之策馬跳五丈澗得脫會丕救至因入臨漳集亡散兵復少振牢之以軍敗徵還頃之復爲龍驤將軍守淮陰後進戍彭城復領太守袄賊劉黎僭尊號於皇丘牢之討滅之苻堅將張遇遣兵擊破金鄉圍太山太守羊邁牢之遣參軍向欽之擊走之會慕容垂叛將翟釗救遇牢之引還釗還牢之進平太山追釗於鄄城釗走河北因獲張遇以歸之彭城袄賊司馬徽聚黨馬頭山牢之遣參軍竺朗之討滅之時慕容氏掠廩丘高平太守徐含遠告急牢之不能救坐畏懦免及王恭將討王國寶引牢之爲府司馬領南彭

城內史加輔國將軍恭使牢之討破王廞以牢之領晉陵太守恭本以才地陵物及檄至京師朝廷戮國寶王緒自謂威德已著雖杖牢之爲爪牙但以行陣武將相遇禮之甚薄牢之負其才能深懷恥恨及恭之後舉元顯遣廬江太守高素說牢之使叛恭事成當即其位號牢之許焉恭參軍何澹之以其謀告恭牢之與澹之有隙故恭疑而不納乃置酒請牢之於衆中拜牢之爲兄精兵利器悉以配之使爲前鋒行至竹里牢之背恭歸朝廷恭既死遂代恭爲都督兗青冀幽并徐揚州晉陵軍事牢之本自小將一朝據恭位衆情不悅乃樹用腹心徐謙之等以自強時楊佺期桓玄將兵逼京師上表理王恭求誅牢之牢之率北府之衆馳赴京師次于新亭玄等受詔退兵牢之還鎮京口及孫恩陷會稽牢之遣將桓寶率師救三吳復遣子敬宣爲寶後繼比至曲阿吳郡內史桓謙已棄郡走牢之乃率衆東討拜表輒行至吳與衛將軍謝琰擊賊屢勝殺傷甚衆徑臨浙江進拜前將軍都督吳郡諸軍事時謝

琰屯烏程遣司馬高素助牢之牢之率衆軍濟江浙恩懼逃于海牢之還鎮恩復入會稽害謝琰牢之進號鎮北將軍都督會稽五郡率衆東征屯上虞分軍戍諸縣恩復攻破吳國殺內史袁山松牢之使參軍劉裕討之恩復入海頃之恩浮海奄至京口戰士十萬樓船千餘牢之在山陰使劉裕自海鹽赴難牢之率大衆而還裕兵不滿千人與賊戰破之恩聞牢之已還京口乃走郁州又爲敬宣劉裕等所破及恩死牢之威名轉振元興初朝廷將討桓玄以牢之爲前鋒都督征西將軍領江州事元顯遣使以討玄事諮牢之牢之以玄少有雄名杖全楚之衆懼不能制又慮平玄之後功蓋天下必不爲元顯所容深懷疑貳不得已率北府文武屯洌洲桓玄遣何穆說牢之曰自古亂世君臣相信者有燕昭樂毅玄德孔明然皆勳業未卒而二主早世設使功成事遂未保二臣之禍也鄙語有之高鳥盡良弓藏狡兔殫獵犬亨故文種誅於勾踐韓白戮於秦漢彼皆英雄霸王之主猶不敢信其功臣況凶愚凡庸之流乎自開闢以來戴震主之威挾不賞之功以見容於闇世者而誰至如管仲相齊雍齒侯漢則往往有之況君見與無射鉤屢逼之仇邪今君戰敗則傾宗戰勝亦覆族欲以安歸乎孰若翻然改圖保其富貴則身與金石等固名與天壤無窮孰與頭足異處身名俱滅爲天下笑哉惟君圖之牢之自謂握強兵才能筭略足以經綸江表時譙王尚之已敗人情轉沮乃頗納穆說遣使與玄交通其甥何無忌與劉裕固諫之並不從俄令敬宣降玄玄大喜與敬宣置酒宴集陰謀誅之陳書法書圖與敬宣共觀以安悅其志敬宣不之覺玄佐吏莫不相視而笑元顯既敗玄以牢之爲征東將軍會稽太守牢之乃歎曰始爾便奪我兵禍將至矣時玄屯相府敬宣勸牢之襲玄猶豫不決移屯班瀆將北奔廣陵相高雅之欲據江北以距玄集衆大議參軍劉襲曰事不可者莫大於反而將軍往年反王兗州近日司馬郎君今復欲反桓公一人而三反豈得立也語畢趨出佐吏多散走而敬宣先還京口援其家失期不到牢之謂其爲劉襲所

殺乃自縊而死俄而敬宣至不遑哭奔于高雅之將吏共殯斂牢之喪歸丹徒桓玄令斲棺斬首暴尸於市及劉裕建義追理牢之乃復本官

敬宣牢之之長子也智略不及父而技藝過之孫恩之亂隨父征討所向有功爲元顯從事郎又爲桓玄諮議參軍牢之敗與廣陵相高雅之俱奔慕容超夢丸土而服之既覺喜曰丸者桓也丸既吞矣我當復本土也旬日而玄敗遂與司馬休之還京師拜輔國將軍晉陵太守與諸葛長民破桓歆於芍陂遷建威將軍江州刺史鎮尋陽又擊桓亮符宏於湘中所在有功安帝反政徵拜冠軍將軍宣城內史領襄城太守譙從反以敬宣督征蜀諸軍事假節與寧朔將軍臧喜西伐敬宣入自白帝所攻皆剋軍次黃獸與僞將譙道福相持六十餘日遇癘疫又以食盡班師爲有司所劾免官頃之爲中軍諮議加冠軍將軍尋遷鎮蠻護軍安豐太守梁國內史會盧循反以冠軍將軍從大軍南討循平遷左衛將軍散騎常

侍又遷征虜將軍青州刺史尋改鎮冀州爲其參軍司馬道賜所害

殷仲堪陳郡人也祖融太常吏部尚書父師驃騎諮議參軍晉陵太守沙陽男仲堪能清言善屬文每云三日不讀道德論便覺舌本閒強其談理與韓康伯齊名士咸愛慕之調補佐著作郎冠軍謝玄鎮京口請爲參軍除尚書郎不拜玄以爲長史厚任遇之仲堪致書於玄曰胡亡之後中原子女鬻於江東者不可勝數骨肉星離荼毒終年怨苦之氣感傷和理誠喪亂之常足以懲戒復非王澤廣潤愛育蒼生之意也當世大人既慨然經略將以救其塗炭而使理至於此良可嘆息願節下弘之以道德運之以神明隱心以及物垂理以禁暴使足踐晉境者必无懷感之心枯槁之類莫不同漸天潤仁義與干戈並運德心與功業俱隆實所期於明德也頃聞抄掠所得多皆採樵飢人壯者欲以救子少者志在存親行者傾筐以顧念居者吁嗟以待延而一旦幽縶生離死絶求之於情可傷之甚昔孟孫獵而得麑使秦西以歸之其母隨而悲鳴不忍而放之孟孫赦其罪以傅其子禽獸猶不可離況於人乎夫飛鴞惡鳥也食桑葚猶懷好音雖曰戎狄其无情乎苟感之有物非難化也必使邊界无貪小利強弱不得相陵德音一發必聲振沙漠二寇之黨將靡然向風何憂黃河之不濟函谷之不開哉玄深然之領晉陵太守居郡禁產子不舉久喪不葬錄父母以質亡叛者所下條教甚有義理父病積年仲堪衣不解帶躬學醫術究其精妙執藥揮淚遂眇一目居喪哀毀以孝聞服闋孝武帝召爲太子中庶子甚相親愛仲堪父嘗患耳聰聞牀下蟻動謂之牛鬬帝素聞之而不知其人至是從容問仲堪曰患此者爲誰仲堪流涕而起曰臣進退惟谷帝有愧焉復領黃門郎寵任轉隆帝嘗示仲堪詩乃曰勿以己才而笑不才帝以會稽王非社稷之臣擢所親幸以爲藩捍乃授仲堪都督荊益寧三州軍事振威將軍荊州刺史假節

鎮江陵將之任又詔曰卿去有日使人酸然常謂永爲廊廟之寶而忽爲荊楚之珍良以慨恨其恩狎如此仲堪雖有英譽議者未以分陝許之既受腹心之任居上流之重朝野屬想謂有異政及在州綱目不舉而好行小惠夷夏頗安附之先是仲堪游於江濱見流棺接而葬焉旬日間門前之溝忽起爲岸其夕有人通仲堪自稱徐伯玄云感君之惠无以報也仲堪因問前之岸是何祥乎對曰水中有岸其名爲洲君將爲州言終而没至是果臨荊州桂陽人黃欽生父没已久詐服衰麻言迎父喪府曹先依律詐取父母卒棄市仲堪乃曰律詐取父母寧依敺詈法棄市原此之旨當以二親生存而橫言死没情事悖逆忍所不當故同之敺詈之科正以大辟之刑今欽生父實終没墓在舊邦積年久遠方詐服迎喪以此爲大妄耳比之於父存言亡相殊遠矣遂活之又以異姓相養禮律所不許子孫繼親族无後者唯令主其蒸嘗不聽別籍以避役也佐吏咸服之時朝廷徵益州刺史郭銓犍爲太守卞苞於坐勸銓以蜀反仲堪斬之以聞朝廷以仲堪事不預察降號鷹揚將軍尚書下以益州所統梁州三郡人丁一千番戍漢中益州未肯承遣仲堪乃奏之曰夫制險分國各有攸宜劒閣之隘實蜀之關鍵巴西梓潼宕渠三郡去漢中遼遠在劒閣之內成敗與蜀爲一而統屬梁州蓋定鼎中華慮在後伏所以分斗絶之勢開荷戟之路自皇居南遷守在岷邛衿帶之形事異曩昔是以李勢初平割此三郡配隸益州將欲重複上流爲習坎之防事經英略歷年數紀梁州以統接曠遠求還得三郡忘王侯設險之義背地勢內外之宜盛陳事力之寡弱飾哀矜之苦言今華陽乂清汧隴順軌關中餘燼自相魚肉梁州以論求三郡益州以本統有定更相牽制莫知所從致令巴宕二郡爲羣獠所覆城邑空虛士庶流亡要害膏腴皆爲獠有今遠慮長規宜保全險塞又蠻獠熾盛兵力寡弱如遂經理乖謬號令不一則劒閣非我保醜類轉難制此乃藩扞之大

機上流之至要昔三郡全寔正差文武三百以助梁州今浮没蠻獠十不遺二加逐食鳥散資生未立茍順符指以副梁州恐公私困弊无以堪命則劒閣之守无擊柝之儲號令選用不專於益州虛有監統之名而无制御之用懼非分位之本旨經國之遠術謂令正可更加梁州文武五百合前爲一千五百自此之外一仍舊貫設梁州有急蜀當傾力救之書奏朝廷許焉桓玄在南郡論四皓來儀漢庭孝惠以立而惠帝柔弱呂后凶忌此數公者觸彼埃塵欲以救弊二家之中各有其黨奪彼與此其讎必興不知匹夫之志四公何以逃其患素履終吉隱以保生者其若是乎以其文贈仲堪仲堪乃答之曰隱顯默語非賢達之心蓋所遇之時不同故所乘之塗必異道无所屈而天下以之獲寧仁者之心未能无感若夫四公者養志巖阿道高天下秦網雖虐游之而莫懼漢祖雖雄請之而弗顧徒以一理有感汎然而應事同賓客之禮言无是非之對孝惠以之獲安莫由報其德如意以之定藩无所容其怨且

爭奪滋生主非一姓則百姓生心祚无常人則人皆自賢況夫漢以劒起人未知義式遏姦邪特宜以正順爲寶天下大器也茍亂亡見懼則滄海橫流原夫若人之振策豈爲一人之廢興哉茍可以暢其仁義與夫伏節委質可榮可辱者道迹懸殊理勢不同君何疑之哉又謂諸呂強盛幾危劉氏如意若立必无此患夫禍福同門倚伏萬端又未可斷也于時天下新定權由上制高祖分王子弟有磐石之固社稷深謀之臣森然比肩豈瑣瑣之祿產所能傾奪之哉此或四公所預於今亦无以辨之但求古賢之心宜存之遠大耳端本正源者雖不能无危其危易持茍啓競津雖未必不安而其安難保此最有國之要道古今賢哲所同惜也玄屈之仲堪自在荊州連年水旱百姓饑饉仲堪食常五椀盤无餘肴飯粘落席間輙拾以噉之雖欲率物亦緣其性真素也每語子弟云人物見我受任方州謂我豁平昔時意今吾處之不易貧者士之常焉得登枝而捐其本爾其存之其後蜀水

大出漂浮江陵數千家以隄防不嚴復降爲寧遠將軍安帝即位進號冠軍將軍固讓不受初桓玄將應王恭乃說仲堪推恭爲盟主共興晉陽之舉立桓文之功仲堪然之仲堪以王恭在京口去都不盈二百自荊州道遠連兵勢不相及乃僞許恭而實不欲下聞恭已誅王國寶等始抗表興師遣龍驤將軍楊佺期次巴陵會稽王道子遣書止之仲堪乃還初桓玄棄官歸國仲堪憚其才地深相交結玄亦欲假其兵勢誘而悅之國寶之役仲堪既納玄之誘乃外結雍州刺史郄恢內要從兄南蠻校尉覬南郡相江績等恢覬績並不同之乃以楊佺期代績覬自遜位會王恭復與豫州刺史庾楷舉兵討江州刺史王愉及譙王尚之等仲堪因集議以爲朝廷去年自戮國寶王恭威名已震今其重舉勢无不剋而我去年緩師已失信於彼今可整棹晨征參其霸功於是使佺期舟師五千爲前鋒桓玄次之仲堪率兵二萬相繼而下佺期玄至溢口王愉奔于臨川玄遣偏軍追獲之佺期

等進至橫江庾楷敗奔於玄譙王尚之等退走尚之弟恢之所領水軍皆没玄等至石頭仲堪至蕪湖忽聞王恭已死劉牢之反恭領北府兵在新亭玄等三軍失色无復固志乃迴師屯于蔡州時朝廷新平恭楷且不測西方人心仲堪等擁衆數萬充斥郊畿內外憂逼玄從兄修告會稽王道子曰西軍可說而解也修知其情矣若許佺期以重利无不倒戈於仲堪者道子納之乃以玄爲江州佺期爲雍州黜仲堪爲廣州以桓修爲荊州遣仲堪叔父太常茂宣詔迴軍仲堪恚被貶退以王恭雖敗已衆亦足以立事令玄等急進軍玄等喜於寵授並欲順朝命猶預未決會仲堪弟遹爲佺期司馬夜奔仲堪說佺期受朝命納桓修仲堪惶遽即於蕪湖南歸使徇於玄等軍曰若不各散而歸大軍至江陵當悉戮餘口仲堪將劉系先領二千人隸于佺期輙率衆而歸玄等大懼狼狽追仲堪至尋陽及之於是仲堪失職倚玄爲援玄等又資仲堪之兵雖互相疑阻亦不得異仲堪與佺期以

子弟交質遂于尋陽結盟玄爲盟主臨壇歃血並不受詔申理王恭求誅劉牢之譙王尚之等朝廷深憚之於是詔仲堪曰間以將軍憑寄失所朝野懷憂然既往之事宜其兩忘用乃班師迴斾祗順朝旨所以改授方任益隨時之宜將軍大議誠感朕心今還復本位即抚所鎮釋甲休兵則內外寧一故遣太常茂具宣乃懷仲堪等並奉詔各旋所鎮頃之桓玄將討佺期先告仲堪云今當入沔討除佺期已頓兵江口若見與无貳可殺楊廣若其不然便當率軍入江仲堪乃執玄兄偉遣從弟遹等水軍七千至江西口玄使郭銓苻宏擊之遹等敗走玄頓巴陵而館其穀玄又破楊廣於夏口仲堪既失巴陵之積又諸將皆敗江陵震駭城內大饑以胡麻爲廩仲堪急召佺期佺期率衆赴之直濟江擊玄爲玄所敗走還襄陽仲堪出奔鄼城爲玄追兵所獲逼令自殺死於柞溪弟子道護參軍羅企生等並被殺仲堪少奉天師道又精心事神不吝財賄而怠行仁義嗇於周急及玄來攻猶勤請禱然善取人情

病者自爲診脉分藥而用計倚伏煩密少於鑒略以至於敗子簡之載喪下都葬於丹徒遂居墓側義旗建率私僮客隨義軍躡桓玄玄死簡之食其肉桓振之役義軍失利簡之沒陣弟曠之有父風仕至剡令

楊佺期弘農華陰人漢太尉震之後也曾祖準太常自震至準七世有名德祖林少有才望值亂没胡父亮少仕僞朝後歸國終於梁州刺史以貞幹知名佺期沉勇果勁而兄廣及弟思平等皆強獷麤暴自云門户承籍江表莫比有以其門地比王珣者猶恚恨而時人以其晚過江婚宦失類每排抑之恒慷慨切齒欲因事際以逞其志佺期少仕軍府咸康中領衆屯城固苻堅將潘猛距守康回壘佺期擊走之其衆悉降拜廣威將軍河南太守戍洛陽苻堅將竇衝率衆攻平陽太守張元熙於皇天塢佺期擊走之佺期自湖城入潼關累戰皆捷斬獲千計降九百餘家歸於洛陽進號龍驤將軍以病改爲新野太守領建威司馬遷唐邑太守督石頭軍事以疾去職荆州刺史殷仲堪引爲司馬代江績爲南郡相仲堪與桓玄舉衆應王恭恭庾楷仲堪素无戎略軍旅之事一委佺期兄弟以兵五千人爲前鋒與桓玄相次而下至石頭恭死楷敗朝廷未測玄軍乃以佺期代郄恢爲都督梁雍秦三州諸軍事雍州刺史仲堪玄皆有遷換於是俱還尋陽結盟不奉詔俄而朝廷復仲堪本職乃各還鎮初玄未奉詔欲自爲雍州以郄恢爲廣州恢懼玄之來問於衆咸曰佺期來者誰不戮力若桓玄來恐難與爲敵既知佺期代已乃謀於南陽太守閭丘羡稱兵距守佺期慮事不濟乃聲言玄來入沔而佺期爲前驅恢衆信之无復固志恢軍散請降佺期入府斬閭丘羡放恢還都撫將士恤百姓繕修城池簡練甲卒甚得人情佺期仲堪與桓玄素不穆佺期屢欲相攻仲堪每抑止之玄以是告執政求廣其所統朝廷亦欲成其釁隙故以桓偉爲南蠻校尉佺期內懷忿懼勒兵建牙聲云援洛欲與仲堪襲玄仲堪雖

外結佺期內疑其心苦止之又遣從弟遹屯北塞以駐之佺期不得舉乃解兵隆安三年桓玄遂舉兵討佺期先攻仲堪初仲堪得玄書急召佺期佺期曰江陵无食當何以待敵可來見就共守襄陽仲堪自以保境全軍无緣棄城逆走憂佺期不赴乃紿之曰比來收集已有儲矣佺期信之乃率衆赴焉步騎八千精甲耀日既至仲堪唯以飯餉其軍佺期大怒曰今茲敗矣乃不見仲堪時玄在零田佺期與兄廣擊玄玄畏佺期之銳乃渡軍馬頭明日佺期率殷道護等精銳萬人乘艦出戰玄距之不得進佺期乃率其麾下數十艦直濟江徑向玄船俄而迴擊郭銓殆獲銓會玄諸軍至佺期退走餘衆盡没單馬奔襄陽玄追軍至佺期與兄廣俱死之傳首京都梟於朱雀門弟思平從弟尚保孜敬俱逃于蠻劉裕起義始歸國歷位州郡孜敬爲人剽銳果於行事昔與佺期勸殷仲堪殺殷覬仲堪不從孜敬拔刃而起欲自出取之仲堪苦禁乃止及爲梁州刺史常怏怏不滿其

志經襄陽見魯宗之侍衛皆佺期之舊也孜敬愈憤見於辭色宗之參軍劉千期於座面折之因發大怒抽劍刺千期立死宗之表而斬之思平尚保後亦以罪誅楊氏遂滅

史臣曰生靈道斷忠貞路絕棄彼弊冠崇茲新履牢之事非其主抑亦不臣功多見疑勢陵難信而投兵散地二三之甚若夫司牧居懲方隅作戾口順勤王心乖抗節王恭鯁言時政有昔賢之風國寶就誅而晉陽猶起是以仲堪僥倖佺期无狀雅志多隙雀兵不和足以亡身不足以靜亂也

贊曰孝伯懷功牢之總戎王因起釁劉亦勳忠殷楊乃武抽旆爭雄庾君含怨交鬭其中猗歟群采道睽心異是曰亂階非關臣事

列傳第五十四　晉書八十四

劉毅兄邁　諸葛長民　何无忌　檀憑之

魏詠之

劉毅字希樂彭城沛人也曾祖距廣陵相叔父鎮左光祿大夫毅少有大志不修家人產業仕爲州從事桓弘以爲中兵參軍屬桓玄篡位毅與劉裕何无忌魏詠之等起義兵密謀討玄毅討徐州刺史桓脩於京口青州刺史桓弘於廣陵裕率毅等至竹里玄使其將皇甫敷吳甫之北距義兵遇之於江乘臨陣斬甫之進至羅洛橋又斬敷首玄大懼使桓謙何之澹屯覆舟山毅等軍至蔣山裕使羸弱登山多張旗幟玄不之測益以危懼謙等士卒多北府人素慴伏裕莫敢出鬬裕與毅等分爲數隊進突謙陣皆殊死戰无不一當百時東北風急義軍放火烟塵張天鼓譟之音震駭京邑謙等諸軍一時奔散玄既西走裕以毅爲冠軍將軍青州刺史與何无忌劉道規躡玄玄逼帝及琅邪王西上毅與道規及下邳太守孟懷玉等追及玄戰於崢嶸州毅乘風縱火盡銳爭先玄衆大潰燒輜重夜走玄將郭銓劉雅等襲陷尋陽毅遣武威將軍劉懷肅討平之及玄死桓振桓謙復聚衆距毅於靈溪玄將馮該以兵會於振毅進擊爲振所敗退次尋陽坐免官尋原之劉裕命何无忌受毅節度无忌以督攝爲煩輒便解統毅疾无忌專擅免其琅邪內史以輔國將軍攝軍事无忌遂與毅不平毅唯自引咎時論韙之毅復與道規發尋陽桓亮自號江州刺史遣劉敬宣擊走之毅軍次夏口時振黨馮該戍大岸孟山圖據魯城桓山客守偃月壘衆合萬人連艦二岸水陸相援毅督衆軍進討未至夏口遇風飄没千餘人毅與劉懷肅索超等攻魯城道規攻偃月壘何无忌與檀祇列艦於中流以防越逸毅躬貫甲冑陵城半日而二壘俱潰生禽山客而馮該遁走毅進平巴陵以毅爲使持節兗州刺史將軍如故毅號令嚴整所經墟邑百姓安悅南陽太守魯宗之起義襲襄陽破桓蔚毅等諸軍次江陵之馬頭振擁乘輿出營江津宗之又破僞將溫楷振自擊宗之毅因率无忌道規等諸軍破馮該於豫章口推鋒而進遂入江陵振聞城陷與謙北走乘輿反正毅執玄黨卞範之羊僧壽夏侯崇之桓道恭等皆斬之桓振復與苻宏自鄖城襲陷江陵與劉懷肅相持毅遣部將擊振殺之并斬僞輔國將軍桓珍毅又攻拔遷陵斬玄太守劉叔祖於臨嶂其餘擁衆假號以十數皆討平之二州既平以毅爲撫軍將軍時刁預等作亂屯於湘中毅遣將分討皆滅之初毅丁憂在家及義旗初興遂墨絰從事至是軍役漸寧上表乞還京口以終喪禮曰弘道爲國者理盡於仁孝訴窮歸天者莫甚於喪親但臣凡庸本无感槩不能隕越故其宜耳往年國難滔天故志竭愚忠靦然苟存去春鑾駕迴軫而狂狡未滅雖姦凶時梟餘燼竄伏威懷寡方文武勞弊微情未申顧景悲憤今皇威遐肅海內清蕩臣窮毒艱穢亦已具於聖聽兼羸患滋甚衆疾互動如今寢頓无復人理臣之情也本不甘生語其事也亦可以没乞賜餘骸終其丘墳庶幾忠孝之道獲宥於聖世不許詔以毅爲都督豫州揚州之淮南歷陽廬江安豐五郡諸軍事豫州刺史持節將軍常侍如故本府文武悉令西屬以匡復功封南平郡開國公兼都督宣城軍事給鼓吹一部梁州刺史劉雅反毅遣將討擒之初桓玄於南州起齋悉畫盤龍於其上號爲盤龍齋毅小字盤龍至是遂居之俄進拜衛將軍開府儀同三司及何无忌爲盧循所敗賊軍乘勝而進朝廷震駭毅具舟船討之將發而疾篤內外失色朝議欲奉乘輿北就中軍劉裕會毅疾瘳將率軍南征裕與毅書曰吾往與妖賊戰曉其變態今修船垂畢將居前撲之剋平之日上流之任皆以相委又遣毅從弟藩往止之毅大怒謂藩曰我以一時之功相推耳汝便謂我不及劉裕也投書於地遂以舟師二萬發姑孰徐道覆聞毅將至建鄴報盧循曰劉毅兵重成敗繫此一戰宜併力距之循乃引兵發巴陵與道覆連旗而下毅次于桑落州與賊戰敗績棄船以數百人步走餘衆皆爲賊所虜輜重盈積

皆棄之毅走經涉蠻晉飢困死亡至者十二三參軍羊邃竭力營護之僅而獲免劉裕深慰勉之復其本職毅乃以邃爲諮議參軍及裕討循詔毅知內外留事毅以喪師乞解任降爲後將軍尋轉衛將軍開府儀同三司江州都督毅上表曰臣聞天以盈虛爲運政以損益爲道時否而政不革人凋而事不損則无以救急病於已危拯塗炭於將絕自頃戎車屢駭干戈溢境所統江州以一隅之地當逆順之衝自桓玄以來驅蹙殘敗至乃男不被養女无匹對逃亡去就不避幽深自非財殫力竭无以至此若不曲心矜理有所釐改則靡遺之歎奄焉必及夫設官分職軍國殊用牧養以息務爲大武略以濟事爲先兼而領之蓋出於權事因藉既久遂似常體江州在腹心之內憑接陽豫藩屏所倚實爲重複昔胡寇縱逸朔馬臨江抗禦之宜蓋權爾耳今江左區區戶不盈數十萬地不踰數千里而統旅鱗次未獲減息大而言之足爲國恥況乃地在无虞而猶置軍府文武將佐資費非要豈所謂經國大情揚湯去火者哉自州

郡邊江百姓遼落加郵亭險閡畏阻風波轉輸往復恒有淹廢又非所謂因其所利以濟其弊者也愚謂宜解軍府移鎮豫章處十郡之中厲簡惠之政以及數年可有生氣且屬縣凋散亦有所存而役調送迎不得止息亦謂應隨宜并合以簡衆費刺史庾悅自臨莅以來甚有恤隱之誠但綱維不革自非綱目所理尋陽接蠻宜有遏防可即州府千兵以助郡戍於是解悅毅移鎮豫章遣其親將趙恢領千兵守尋陽俄進毅爲都督荊寧秦雍四州之河東河南廣平揚州之義城四郡諸軍事衛將軍開府儀同三司荊州刺史持節公如故毅表荊州編戶不盈十萬器械索然廣州雖凋殘猶出丹漆之用請依先準於是加督交廣二州毅至江陵乃輒取江州兵及豫州西府文武萬餘留而不遣又告疾困請藩爲副劉裕以毅貳于已乃奏之安帝下詔曰劉毅傲很凶戾履霜日久中間覆敗宜即顯戮晉法含弘復蒙寵授曾不思愆內訟怨望滋甚賴宰輔藏疾特加遵養遂復推轂陝西寵榮隆泰庶能洗心感遇革音改意而長惡不悛

志爲姦宄陵上虐下縱逸无度既解督任江州非復所統而輒徙兵衆略取軍資驅斥舊戍厚樹親黨西府二局文武盈萬悉皆割留曾无片言肆心恣欲罔顧天朝又與從弟藩遠相影響招聚剽狡繕甲阻兵外託省疾實規伺隙同惡相濟圖會荊郢尚書左僕射謝混憑藉世資超蒙殊遇而輕佻躁脫職爲亂階扇動內外連謀萬里是而可忍孰不可懷乃誅藩混劉裕自率衆討毅命王弘王鎮惡蒯恩等率軍至豫章口於江津燔舟而進毅參軍朱顯之逢鎮惡以所統千人赴毅鎮惡等攻陷外城毅守內城精銳尚數千人戰至日昃鎮惡以裕書示城內毅怒不發書而焚之毅冀有外救督士卒力戰衆知裕至莫有鬬心既暮鎮惡焚諸門齊力攻之毅衆乃散毅自北門單騎而走去江陵二十里而縊宿居人以告乃斬於市子姪皆伏誅毅兄模奔於襄陽魯宗之斬送之毅剛猛沈斷而專肆狠愎與劉裕協成大業而功居其次深矜伐不相推伏及居方嶽常怏怏不得志裕每柔而順之毅驕縱

滋甚每覽史籍至藺相如降屈於廉頗輒絕歎以爲不可能也嘗云恨不遇劉項與之爭中原又謂郗僧施曰昔劉備之有孔明猶魚之有水今吾與足下雖才非古賢而事同斯言衆咸惡其陵傲不遜及敗於桑落知物情去而彌復憤激初裕征盧循凱歸帝大宴於西池有詔賦詩毅詩云六國多雄士正始出風流自知武功不競故示文雅有餘也後有東府聚樗蒱大擲一判應至數百萬餘人並黑犢以還唯劉裕及毅在後毅次擲得雉大喜褰衣繞床叫謂同坐曰非不能盧不事此耳裕惡之因挼五木久之曰老兄試爲卿答既而四子俱黑其一子轉躍未定裕厲聲喝之即成盧焉毅意殊不快然素黑其面如鐵色焉而乃和言曰亦知公不能以此見借既出西藩雖上流分陝而頓失內權又頗自嫌事計故欲擅其威彊伺隙圖裕以至於敗初江州刺史庾悅隆安中爲司徒長史曾至京口毅時甚屯窶先就府借東堂與親故出射而悅後與僚佐徑來詣堂毅告之曰毅輩屯否之人合一射甚難君於諸堂

並可望以今日見讓悅不許射者皆散唯毅留射如故既而悅食鵝毅求其餘悅又不答毅常銜之義熈中故奪悅豫章解其軍府使人微示其旨悅忿懼而死毅之褊躁如此

邁字伯群少有才幹爲殷仲堪中兵參軍桓玄之在江陵甚豪橫士庶畏之過於仲堪玄曾於仲堪廳事前戲馬以矟擬仲堪邁時在坐謂玄曰馬矟有餘精理不足玄自以才雄冠世而心知外物不許之仲堪爲之失色玄出仲堪謂邁曰卿乃狂人也玄夜遣殺卿我豈能相救邁以正辭折仲堪而不以爲悔仲堪使邁下都以避之玄果令追之邁僅而免禍後玄得志邁詣門稱謁玄謂邁曰安知不死而敢相見邁對曰射鉤斬袪與邁爲三故不知死玄甚喜以爲刑獄叅軍後爲竟陵太守及毅與劉裕等同謀起義邁將應之事泄爲玄所害

諸葛長民琅琊陽郡人也有文武幹用然不持行檢无鄉曲之譽桓玄引爲叅軍平西軍事尋以貪刻免及劉裕建義與之定謀爲揚武將軍從裕討桓玄以功拜輔國將軍宣城内史于時桓歆聚衆向歷陽

長民擊走之又與劉敬宣破歆于芍陂封新淦縣公食邑二千五百户以本官督淮北諸軍事鎮山陽義熈初慕容超寇下邳長民遣部將徐琰擊走之進位使持節督青揚二州諸軍事青州刺史領晉陵太守鎮丹徒本號及公如故及何无忌爲徐道覆所害賊乘勝逼京師朝廷震駭長民率衆入衛京都因表曰妖賊伐船集木而南康相郭澄之隱蔽經年又深相保明屢欺无忌罪合斬刑詔原澄之及盧循之敗劉毅也循與道覆連旗而下京都危懼長民勸劉裕權移天子過江裕不聽令長民與劉毅屯于北陵以備石頭事平轉督豫州揚州之六郡諸軍事豫州刺史領淮南太守及裕討毅以長民監太尉留府事詔以甲杖五十人入殿長民驕縱貪侈不恤政事多聚珍寶美色營建第宅不知紀極所在殘虐爲百姓所苦自以多行无禮恒懼國憲及劉毅被誅長民謂所親曰昔年醢彭越前年殺韓信禍其至矣謀欲爲亂問劉穆之曰人間論者謂太尉與我不平其故何也穆之曰相公西征老母弱弟委之將軍何謂不平

長民弟黎民輕狡好利固勸之曰黥彭異體而勢不偏全劉毅之誅亦諸葛氏之懼可因裕未還以圖之長民猶豫未發既而歎曰貧賤常思富貴富貴必履機危今日欲爲丹徒布衣豈可得也裕深疑之駱驛繼遣輜重兼行而下前剋三日百司於道候之輙差其期既而輕舟徑進潛入東府明旦長民聞之驚而至門裕伏壯士丁旿於幔中引長民進語素所未盡皆說焉長民悅旿自後拉而殺之輿尸付廷尉使收黎民黎民驍勇絶人與捕者苦戰而死小弟幼民爲大司馬參軍逃于山中追擒戮之諸葛氏之誅也士庶咸恨正刑之晚若釋桎梏焉初長民富貴之後常一月中輙十數夜眠中驚起跳踉如與人相打毛修之嘗與同宿見之駭愕問其故長民答曰正見一物甚黑而有毛脚不分明奇健非我无以制之其後來轉數屋中柱及椽桷間悉見有蛇頭令人以刀懸斫應刃隱藏去輙復出又擣衣杵相與語如人聲不可解於壁見有巨手長七八尺臂大數圍令斫之豁然不見未幾伏誅

何无忌東海郯人也少有大志忠亮任氣人有不稱其心者輙形於言色州辟從事轉太學博士鎮北將軍劉牢之即其舅也時鎮京口每有大事常與參議之會稽世子元顯子彦章封東海王以无忌爲國中尉加廣武將軍及桓玄害彦章於市无忌入市慟哭而出時人義焉隨牢之南征桓玄牢之將降於玄也无忌屢諫辭旨甚切牢之不從及玄篡位无忌與玄吏部郎曹靖之有舊請蒞小縣靖之白玄玄不許无忌乃還京口初劉裕嘗爲劉牢之叅軍與无忌素相親結至是因密共圖玄劉毅家在京口與无忌素善言及興復之事无忌曰桓氏强盛其可圖乎毅曰天下自有强弱雖强易弱正患事主得難耳无忌曰天下草澤之中非无英雄也毅曰所見唯有劉下邳无忌笑而不答還以告裕因共要毅與相推結遂共舉義兵襲京口无忌僞著傳詔服稱勑使城中无敢動者初桓玄聞裕等及无忌之起兵也甚懼其黨曰劉裕烏合之衆勢必无成願不以爲慮玄曰劉裕勇冠三軍當今无敵劉毅家无

儋石之儲樗蒱一擲百萬何无忌劉牢之之甥酷似其舅共舉大事
何謂无成其見憚如此及玄敗走武陵王遵承制以无忌爲輔國將
軍琅琊內史以會稽王道子所部兵精悉配之南追桓玄與振武將
軍劉道規俱授冠軍將軍劉毅節度玄留其龍驤將軍何澹之前
將軍郭銓江州刺史郭昶之守湓口无忌等次桑落洲澹之等率軍
來戰澹之常所乘舫旌旗甚盛无忌曰賊帥必不居此欲詐我耳宜
亟攻之衆咸曰澹之不在其中其徒得之无益无忌謂道規曰今衆
寡不敵戰无全勝澹之雖不居此舫取則易獲因縱兵騰之可以一
皷而敗也道規從之遂獲賊舫因傳呼曰已得何澹之矣賊中驚擾
无忌之衆亦謂爲然道規乘勝徑進无忌又皷譟赴之澹之遂潰進
據尋陽遣使奉送宗廟主祏及武康公主琅琊王妃還京都又與
毅道規破走玄於峥嶸洲无忌進據巴陵玄從兄謙從子振乘間
陷江陵无忌道規進攻謙於馬頭攻桓蔚於龍泉皆破之既而爲
桓振所敗退還尋陽无忌與毅道規復進討振尅夏口三城遂平巴
陵進次馬頭桓謙請割荆江二州奉送天子无忌不許進軍破江陵
謙等敗走无忌侍衛安帝還京師以无忌督豫州揚州淮南廬江
安豐歷陽堂邑五郡軍事右將軍豫州刺史加節甲杖五十人入殿
未之職遷會稽內史督江東五郡軍事持節將軍如故給皷吹一
部義熙二年遷都督江荆二州江夏隨義陽綏安豫州西陽新蔡
汝南潁川八郡軍事江州刺史將軍持節如故以興復之功封安城
郡開國公食邑三千户增督司州之弘農揚州之松滋加散騎侍郎
進鎮南將軍盧循遣別帥徐道覆順流而下舟艦皆重樓无忌
將率衆距之長史鄧潛之諫曰今以神武之師抗彼逆衆迴山壓
卵未足爲譬然國家之計在此一舉聞其舟艦大盛勢若上流蜂
蠆之毒邾魯成鑒宜決破南唐守二城以待之其必不敢捨我遠
下蓄力俟其疲老然後擊之若棄萬全之長策而決成敗於一戰
如其失利悔无及矣无忌不從遂以舟師距之既及賊令强弩數百
登西岸小山以邀射之而薄於山側俄而西風暴急无忌所乘小

艦被飄東岸賊乘風以大艦逼之衆遂奔敗无忌尚厲聲曰取我
蘇武節來節至乃躬執以督戰賊衆雲集登艦者數十人无忌辭
色无撓遂握節死之詔曰无忌秉哲履正忠亮明允亡身殉國則契
協英謨經綸屯昧則重氛載廓及敷政方夏寔播風惠妖寇搆亂
侵擾邦畿投袂致討志清王略而事出慮外臨危彌厲握節隕難
誠貫古賢朕用傷慟于厥懷其贈侍中司空本官如故謚曰忠肅
子邕嗣初桓玄尅京邑劉裕東征无忌密至裕軍所潛謀舉義
勸裕於山陰起兵裕以玄大逆未彰恐在遠舉事尅濟爲難若
玄遂竊天位然後於京口圖之事未晚也无忌乃還及義師之舉
叅贊大勳皆以筭略攻取爲效而此舉敗於輕脫朝野痛之
檀憑之字慶子高平人也少有志力閨門邕肅爲世所稱從兄子
韶兄弟五人皆稚弱而孤憑之抚養若己所生初爲會稽王驃
騎行叅軍轉桓脩長流叅軍領東莞太守加寧遠將軍與劉
裕有州閭之舊又數同東討情好甚密義旗之建憑之與劉毅俱
以私艱墨絰而赴雖才望居毅之後而官次及威聲過之故裕以
爲建武將軍裕將義舉也甞與何无忌魏詠之同會憑之所會
善相者晉陵韋叟見憑之大驚曰卿有急兵之厄其候不過三
四日耳且深藏以避之不可輕出及桓玄將皇甫敷之至羅落橋
也憑之與裕各領一隊而戰軍敗爲敷軍所害贈冀州刺史義
熙初詔曰夫旌善紀功有國之通典没而不朽節義之篤行故冀
州刺史檀憑之忠烈果毅亡身爲國既義敦其情故臨危授命考
諸心迹古人无以遠過近者之贈意猶恨焉可加贈散騎常侍本
官如故既隕身王事亦宜追論封賞可封曲阿縣公邑三千户
魏詠之字長道任城人也家世貧素而躬耕爲事好學不倦生
而兔缺有善相者謂之曰卿當富貴年十八聞荆州刺史殷仲
堪帳下有名醫能療之貧无行裝謂家人曰殘醜如此用活何爲
遂齎數斛米西上以投仲堪既至造門自通仲堪與語嘉其盛
意召醫視之醫曰可割而補之但須百日進粥不得笑語詠之曰

半生不語而有半生亦當瘵之況百日邪仲堪於是處之別屋令醫善療之詠之遂閉口不語唯食薄粥其厲志如此及差仲堪厚資遣之初爲州主簿嘗見桓玄旣出玄鄙其精神不儁謂坐客曰庸神而宅偉幹不成令器音不調而遣之詠之早與劉裕游欵及玄篡位協賛義謀玄敗授建威將軍豫州刺史桓歆寇歷陽詠之率衆擊走之義熈初進征虜將軍吳國內史尋轉荊州刺史持節都督六州領南蠻校尉詠之初在布衣不以貧賤爲恥及居顯位亦不以富貴驕人始爲仲堪之客未幾竟踐其位論者稱之尋卒于官詔曰魏詠之器宇弘劭識局貞隱同奬之誠寔銘王府敷績之効垂惠在人奄致隕喪惻愴于心可贈太常加散騎常侍其後錄其賛義之功追封江陵縣公食邑二千五百户謚曰桓弟順之至琅琊內史

史臣曰臣觀自古承平之化必仗正人非常之業莫先奇士當衰晉陵夷之際逆玄僭擅之秋外乏桓文內无平勃不有雄傑安能濟之哉此數子者氣足以冠時才足以經世屬大亨數窮之運乘義熈天啟之資建大功右轉圜剪群雄如拉朽勢傾百辟祿極萬鍾斯亦丈夫之盛也然希樂陵傲而速禍諸葛驕淫以成釁寡造宋而乖同德復晉而異純臣謀之不臧自取夷滅无忌挾功名之大志挺文武之良才追舊而慟感時人率義而響震勍敵因機効捷處死不懦比乎向時之輩豈同日而言歟

賛曰劉生剛愎葛侯凶恣患結滿盈禍生疑貳安成英武体茲忠烈捨家殉義亡生存節檀實稜威身隕名飛魏然協契効績揚煇

列傳第五十五　　晉書八十五

列傳第五十六　晉書八十六　御撰

張軌 子寔 寔弟茂 寔子駿 駿子重華 華子耀靈 靈伯父祚 靈弟玄靚 靚叔天錫

張軌字士彥安定烏氏人漢常山景王耳十七代孫也家世孝廉以儒學顯父溫爲太官令軌少明敏好學有器望姿儀典則與同郡皇甫謐善隱于宜陽女几山泰始初受叔父錫官五品中書監張華與軌論經義及政事損益甚器之謂安定中正爲蔽善抑才乃美爲之談以爲二品之精衛將軍楊珧辟爲掾除太子舍人累遷散騎常侍征西軍司軌以時方多難陰圖據河西筮之遇泰之觀乃投策喜曰霸者兆也於是求爲涼州公卿亦舉軌才堪禦遠永寧初出爲護羌校尉涼州刺史于時鮮卑反叛寇盜從橫軌到官即討破之斬首萬餘級遂威著西州化行河右以宋配陰充氾瑗陰澹爲股肱謀主徵九郡胄子五百人立學校始置崇文祭酒位視別駕春秋行鄉射之禮秘書監繆世徵少府摯虞夜觀星象相與言曰天下方亂避難之國唯涼土耳張涼州德量不恒殆其人乎及河間成都二王之難遣兵三千東赴京師初漢末金城人陽成遠殺太守以叛郡人馮忠赴尸號哭嘔血而死張掖人吳詠爲護羌校尉馬賢所辟後爲太尉龐參掾參賢相誣罪應死各引詠爲證詠計理無兩直遂自刎而死參賢慙悔自相和釋軌皆祭其墓而旌其子孫永興中鮮卑若羅拔能皆爲寇軌遣司馬宋配擊之斬拔能俘十餘萬口威名大振惠帝遣加安西將軍封安樂鄉侯邑千戶於是大城姑臧其城本匈奴所築也南北七里東西三里地有龍形故名臥龍城初漢末博士敦煌侯瑾謂其門人曰後城西泉水當竭有雙闕起其上與東門相望中有霸者出焉至魏嘉平中郡官果起學館築雙闕于泉上與東門正相望矣至是張氏遂霸河西永嘉初會東羌校尉韓稚殺秦州刺史張輔軌少府司馬楊胤言於軌曰今稚逆命擅殺張輔明公杖鉞一方宜懲不恪此亦春秋之義諸侯相滅亡桓公不能救則桓公恥之軌從焉遣中督護氾瑗率衆二萬討之先遺稚書曰今王綱紛撓牧守宜戮力勤王適得雍州檄云卿稱兵內侮吾董任一方義在伐叛武旅三萬駱驛繼發伐木之感心豈可言古之行師全國爲上卿若單馬軍門者當與卿共平世難也稚得書而降遣主簿令狐亞聘南陽王模模甚悅遺軌以帝所賜劍謂軌曰自隴以西征伐斷割悉以相委如此劍矣俄而王彌寇洛陽軌遣北宮純張纂馬魴陰濬等率州軍擊破之又敗劉聰于河東京師歌之曰涼州大馬橫行天下涼州鴟苕寇賊消鴟苕翩翩怖殺人帝嘉其忠進封西平郡公不受張掖臨松山石有金馬字磨滅粗可識而張字分明又有文曰初祚天下西方安萬年姑臧又有玄石白點成二十八宿于時天下既亂所在使命莫有至者軌遣使貢獻歲時不替朝廷嘉之屢降璽書慰勞軌後患風口不能言使子茂攝州事酒泉太守張鎮潛引秦州刺史賈龕以代軌密使詣京師請尚書侍郎曹祛爲西平太守圖爲輔車之勢軌別駕麴晁欲專威福又遣使詣長安告南陽王模稱軌廢疾以請賈龕而龕將受之其兄讓龕曰張涼州一時名士威著西州汝何德以代之龕乃止更以侍中爰瑜爲涼州刺史治中楊澹馳詣長安割耳盤上訴軌之被誣模乃表停之晉昌張越涼州大族讖言張氏霸涼自以才力應之從隴西內史遷涼州刺史越志在涼州遂託病歸河西陰圖代軌乃遣兄鎮及曹祛麴佩移檄廢軌以軍司杜耽攝州事使耽表越爲刺史軌令曰吾在州八年不能綏靖區域又值中州兵亂秦隴倒懸加以寢患委篤寔思斂迹避賢但負荷任重未便輒遂不圖諸人橫興此變是不明吾心也吾視去貴州如脫屣耳欲遣主簿尉髦奉表詣闕便速脂轄將歸老宜陽長史王融參軍孟暢蹋折鎮檄排閤入諫曰晉室多故人神塗炭寔賴明公撫寧西夏張鎮兄弟敢肆凶逆宜聲其罪而戮之不可成其志也軌嘿然融等出而戒嚴武威太守張琠遣子坦馳詣京表曰魏尚安邊而獲戾充國盡忠而被譴皆前史之所譏今日之明鑒也順陽之爲劉陶守闕者十人刺史之蒞臣州若慈母之於赤子百姓之愛臣軌若旱苗之得膏雨伏聞信惑流言當有遷代民情嗷嗷如失父母今戎夷猾夏不宜擾動一方尋以子寔爲中督護率兵

討鎮遣鎮外甥太府主簿令狐亞前喻鎮曰舅何不審安危明成敗主公西河著德兵馬如雲此猶烈火已焚待江漢之水溺於洪流望越人之助其何及哉今數萬之軍已臨近境今唯全老親存門戶輸誠歸官必保萬全之福鎮流涕曰人誤我也乃委罪功曹魯連而斬之詣寔歸罪南討曹祛走之張坦至自京師帝優詔勞軌依模所表命誅曹祛軌大悅赦州內殊死已下命寔率尹員宋配步騎三萬討祛別遣從事田迴王豐率騎八百自姑臧西南出石驢據長寧祛遣麴晁距戰于黃阪寔詭道出浩亹戰于破羌軌斬祛及牙門田囂遣治中張閬送義兵五千及郡國秀孝貢計器甲方物歸于京師令有司可推詳立州已來清貞德素嘉遯遺榮高才碩學著述經史臨危殉義殺身為君忠諫而嬰禍專對而釋患權智雄勇為時除難諂佞誤主傷陷忠賢具狀以聞州中父老莫不相慶光祿傅祗太常摯虞遺軌書告京師飢匱軌即遣參軍杜勳獻馬五百匹毯布三萬匹帝遣使者進拜鎮西將軍都督隴右諸軍事封霸城侯進車騎將軍開府辟召儀同三司策未至而王彌遂逼洛陽軌遣將軍張斐北宮純郭敷等率精騎五千來衛京都及京都陷斐等皆沒於賊中州避難來者日月相繼分武威置武興郡以居之太府主簿馬魴言於軌曰四海傾覆乘輿未反明公以全州之力徑造平陽必當萬里風披有征無戰未審何憚不為此舉軌曰是孤心也又聞秦王入關乃馳檄關中曰主上遘危遷幸非所普天分崩率土喪氣秦王天挺聖德神武應期世祖之孫王今為長凡我晉人食土之類龜筮克從幽明同款宜簡令辰奉登皇位今遣前鋒督護宋配步騎二萬徑至長安翼衛乘輿折衝左右西中郎寔中軍三萬武威太守張琠胡騎二萬駱驛繼發仲秋中旬會于臨晉俄而秦王為皇太子遣使拜張軌為驃騎大將軍儀同三司固辭秦州刺史裴苞東羌校尉貫與據險斷使命宋配討之西平王叔與曹祛餘黨麴儒等劫前福祿令麴恪為主執太守趙彝東應裴苞寔迴師討之斬儒等左督護陰預與苞戰狹

西大敗之苞奔桑凶塢是歲北宮純降劉聰皇太子遣使重申前授固辭左司馬竇濤言於軌曰曲阜周旦弗辭營丘齊望承命所以明國憲厲殊勳天下崩亂皇輿遷幸州雖僻遠不忘匡衛故朝廷傾懷嘉命屢集宜從朝旨以副羣心軌不從初寔平麴儒徙元惡六百餘家治中令狐瀏曰夫除惡人猶農夫之去草令絕其本勿使能滋今宜悉徙以絕後患寔不納儒黨果叛寔進平之愍帝即位進位司空固讓太府參軍索輔言於軌曰古以金貝皮幣為貨息穀帛量度之耗二漢制五銖錢通易不滯泰始中河西荒廢遂不用錢裂匹以為段數縑布既壞市易又難徒壞女工不任衣用弊之甚也今中州雖亂此方安全宜復五銖以濟通變之會軌納之立制準布用錢錢遂大行人賴其利是時劉曜寇北地軌又遣參軍麴陶領三千人衛長安帝遣大鴻臚辛攀拜軌侍中太尉涼州牧西平公軌又固辭在州十三年寢疾遺令曰吾無德於人今疾病彌留殆將命也文武將佐咸當弘盡忠規務安百姓上思報國下以寧家素棺薄葬無藏金玉善相安遜以聽朝旨表立子寔為世子卒年六十謚曰武公

寔字安遜學尚明察敬賢愛士以秀才為郎中永嘉初固辭驍騎將軍請還涼州許之改授議郎及至姑臧以討曹祛功封建武亭侯尋遷西中郎將進爵福祿縣侯建興初除西中郎將領護羌校尉軌卒州人推寔攝父位愍帝因下策書曰維乃父武公著勳西夏頃胡賊狡猾侵逼近甸義兵銳卒萬里相尋方貢遠珍府無虛歲方委專征蕩清九域昊天不弔凋余藩后朕用悼厥心維爾儁劭英毅宜世表西海今授持節都督涼州諸軍事西中郎將涼州刺史領護羌校尉西平公往欽哉其闡弘先緒俾屏王室蘭池長趙奭上軍士張冰得璽文曰皇帝璽羣僚上慶稱德寔曰孤常忿袁本初擬肘諸君何忽有此言因送于京師下令國中曰忝紹前蹤庶幾刑政不為百姓之患而比年饑旱殆由庶事有缺竊慕箴誦之言以補不逮自今有面刺孤罪者酬以束帛翰墨陳孤過者答

以筐篚謗言於市者報以羊米賊曹佐高昌隗瑾進言曰聖王將舉大事必崇三訊之法朝置諫官以匡大理疑承輔弼以補闕拾遺今事無巨細盡决聖慮興軍布令朝中不知若有謬闕則下無分謗羣寮謂宜偃聰塞智開納羣言政刑大小與衆共之若恒內斷聖心則羣僚畏威而面從矣若惡專歸於上雖賞千金終無言也寔納之增位三等賜帛四十匹遣督護王該送諸郡貢計獻名馬方珍經史圖籍于京師會劉曜逼長安寔遣將軍王該率衆以援京城帝嘉之拜都督陝西諸軍事及帝將降于劉曜下詔于寔曰天步危運禍降晉室京師傾陷先帝晏駕賊庭朕流漂宛許爰暨舊京羣臣以宗廟無主歸之於朕遂以沖眇之身託于王公之上自踐寶位四載于茲不能翦除巨寇以救危難元元兆庶仍遭塗炭皆朕不明所致羯賊劉載僭稱大號禍加先帝肆殺藩王深惟仇耻枕戈待旦劉曜自去年九月率其蟻衆乘虛深寇劫質羌胡攻沒北地麴允總戎在外六軍敗績侵逼京城矢流宮闕

胡崧等雖赴國難殺而無効圍塹千重外救不至糧盡人窮遂爲降虜仰慙乾靈俯痛宗廟君世篤忠亮勳隆西夏四海具瞻朕所憑賴今進君大都督涼州牧侍中司空承制行事琅邪王宗室親賢遠在江表今朝廷播越社稷倒懸朕以詔王時攝大位君其挾贊琅邪共濟艱運若不忘主宗廟有賴明便出降故夜見公卿屬以後事密遣黃門郎史淑侍御史王沖齎詔假授臨出寄命公其勉之寔以天子蒙塵沖讓不拜建威將軍西海太守張肅寔叔父也以京師危逼請爲先鋒擊劉曜寔以肅年老弗許肅曰狐死首丘心不忘本鍾儀在晉楚弁南音肅受晉寵剖符列位羯逆滔天朝廷傾覆肅宴安方裔難至不奮何以爲人臣寔曰門戶受重恩自當闔宗効死忠衛社稷以申先公之志但叔父春秋已高氣力衰竭軍旅之事非耆耄所堪乃止既而聞京師陷沒肅悲憤而卒寔知劉曜逼遷天子大臨三日遣太府司馬韓璞滅寇將軍田齊撫戎將軍張閬前鋒督護陰預步騎一萬東赴國難命討虜將軍陳安故太守賈騫隴西太守吳紹各統郡兵爲璞等前驅戒璞曰前遣諸將多違機信所執不同致有乖阻且內不和親焉能服物今遣卿督五將兵事當如一體不得令乖異之問達孤耳也復遣南陽王保書曰王室有事不忘投軀孤州遠域首尾多難是以前遣賈騫瞻望公舉中被符命勑騫還軍忽聞北地陷沒寇逼長安胡崧不進麴允持金五百請救於崧是以決遣騫等進軍度嶺會聞朝廷傾覆爲忠不達於主遣兵不及於難痛慨之深死有餘責今更遣韓璞等唯公命是從及璞次南安諸羌斷軍路相持百餘日糧竭矢盡璞殺駕牛饗軍泣謂衆曰汝曹念父母乎曰念念妻子乎曰念欲生還乎曰欲從我令乎曰諾乃皷譟進戰會張閬率金城軍繼至夾擊大敗之斬級數千時焦崧陳安寇隴右東與劉曜相持雍秦之人死者十八九初永嘉中長安謠曰秦川中血沒腕惟有涼州倚柱觀至是謠言驗矣焦崧陳安逼上邽南陽王保遣使告急以金城太守竇濤爲輕車將軍率威遠將軍宋毅及和苞張閬宋輯辛韜張選董廣步騎二萬赴

之軍次新陽會愍帝崩問至素服舉哀大臨三日時南陽王保謀稱尊號破羌都尉張詵言於寔曰南陽王忘莫大之恥而欲自尊天不受其圖籙德不足以應運終非濟時救難者也晉王明德暱藩先帝憑屬宜表稱聖德勸即尊號傳檄諸藩副言相府則欲競之心息未合之徒散矣從之於是馳檄天下推崇晉王爲天子遣牙門蔡忠奉表江南勸即尊位是歲元帝即位于建鄴改年大興寔猶稱建興六年不從中興之所改也保聞愍帝崩自稱晉王建元署置百官遣使拜寔征西大將軍儀同三司增邑三千戶俄而保爲陳安所叛氐羌皆應之保窘迫遂去上邽遷祁山寔遣將韓璞步騎五千赴難陳安退保緜諸保歸上邽未幾保復爲安所敗使詣寔乞師寔遣宋毅赴之而安退會保爲劉曜所逼遷于桑城將謀奔寔寔以其宗室之望若至河右必動物情遣其將陰監逆保聲言翼衛寔禦之也會保薨其衆散奔涼州者萬餘人寔自恃險遠頗自驕恣初寔寢室梁間有人像無頭久而乃滅寔甚惡

之京兆人劉弘者挾左道客居天梯第五山然燈懸鏡於山穴中爲光明以惑百姓受道者千餘人寔左右皆事之帳下閻沙牙門趙仰皆弘鄉人弘謂之曰天與我神璽應王涼州沙仰信之密與寔左右十餘人謀殺寔奉弘爲主寔潛知其謀收弘殺之沙等不知之以其夜害寔寔在位六年私謚曰昭公元帝賜謚曰元子駿年幼弟茂攝事

茂字成遜虛靖好學不以世利嬰心建興初南陽王保辟從事中郎又薦爲散騎侍郎中壘將軍皆不就二年徵爲侍中以父老固辭尋拜平西將軍秦州刺史太興三年寔既遇害州人推茂爲大都督太尉涼州牧茂不從但受使持節平西將軍涼州牧乃誅閻沙及黨與數百人赦其境內復以兄子駿爲撫軍將軍武威太守西平公歲餘茂築靈鈞臺周輪八十餘堵基高九仞武陵人嚴曾夜叩門呼曰武公遣我來曰何故勞百姓而築臺乎姑臧令辛巖以曾妖妄請殺之茂曰吾信勞人曾稱先君之令何謂妖乎太府主簿馬魴諫曰今世難未夷唯當弘尚道素不宜勞役崇飾臺榭且比年已來轉覺衆務日奢於往每所經營輒違雅度寔非士女所望於明公茂曰吾過也吾過也命止作役明年劉曜遣其將劉咸攻韓璞於冀城呼延寔攻寧羌護軍陰鑒于桑壁臨洮人翟楷石琮等逐令長以縣應曜河西大震參軍馬岌勸茂親征長史氾禕怒曰亡國之人復欲干亂大事宜斬岌以安百姓岌曰氾公書生糟粕刺舉近才不惟國家大計且朝廷旰食有年矣今大賊自至不煩遠師遐邇之情實繫此州事勢不可以不出且宜立信勇之驗以副秦隴之望茂曰馬生之言得之矣乃出次石頭茂謂參軍陳珍曰劉曜以乘勝之聲握三秦之銳繕兵積年士卒習戰若以精騎奄剋南安席卷河外長驅而至者計將安在珍曰曜雖乘威怙衆恩德未結於下又其關東離貳內患未除精卒寡少多是氐羌烏合之衆終不能近舍關東之難增隴上之戍曠日持久與我爭衡也若二旬不退者珍請爲明公率弊卒數千以擒之茂大悅以珍爲平虜護軍率卒騎一千八百救韓璞曜陰欲引歸聲言要先收隴西然後迴滅桑壁珍募發氐羌之衆擊曜走之剋復南安茂深嘉之拜折衝將軍未幾茂復大城姑臧脩靈鈞臺別駕吳紹諫曰伏惟脩城築臺蓋是懲既往之事愚以爲恩德未洽於近侍雖處層樓適所以疑諸下徒見不安之意而失士民繫託之本心示怯弱之形乖匡霸之勢遐方異境窺我之齷齪也必有乘人之規願止役省勞與下休息而更興功動衆百姓豈所望於明君哉茂曰亡兄怛然失身於物王公設險武夫重閉亦達人之至戒也且忠臣義士豈不欲盡節義於亡兄哉直以危機密發雖有賁育之勇無所復施今事未靖不可以拘繫常言以太平之理責人於屯邅之世紹無以對茂雅有志節能斷大事涼州大姓賈摹寔之妻弟也勢傾西土先是謠曰手莫頭圖涼州茂以爲信誘而殺之於是豪右跡屏威行涼域永昌初茂使將軍韓璞率衆取隴西南安之地以置秦州太寧三年卒臨終執駿手泣曰昔吾先人以孝友見稱自漢初以來世執忠順今雖華夏大亂皇輿播遷汝當謹守人臣之節無或失墜吾遭擾攘之運承先人餘德假攝此州以全性命上欲不負晉室下欲保完百姓然官非王命位由私議苟以集事豈榮之哉氣絕之日白帢入棺無以朝服以彰吾志焉年四十八在位五年私謚曰成茂無子駿嗣位

駿字公庭幼而奇偉建興四年封霸城侯十歲能屬文卓越不羈而淫縱過度常夜微行于邑里國中化之及統任年十八先是愍帝使人黃門侍郎史淑在姑臧左長史氾禕右長史馬謨等諷淑令拜駿使持節大都督大將軍涼州牧領護羌校尉西平公赦其境內置左右前後四率官繕南宮劉曜又使人拜駿涼州牧涼王時辛晏阻兵於枹罕駿讌群僚于閑豫堂命竇濤等進討辛晏從事劉慶諫曰霸王不以喜怒興師不以乾沒取勝必須天時人事然後起也辛晏父子安心凶狂其亡可待奈何以饑年大舉猛寒攻城昔周武迴戈以須亡殷之期曹公緩袁氏使自斃何獨殿下以旋兵爲恥乎駿納之遣參軍王騭聘于劉曜曜謂之曰貴州必欲追蹤竇融款誠和好卿能保之乎騭曰不能曜侍中徐邈曰君來和

同而云不能何也隲曰齊桓貫澤之盟憂心兢兢諸侯不召自至葵丘之會驕而矜誕叛者九國趙國之化常如今日可也若政教陵遲尚未能察邇者之變況鄙州乎曜顧謂左右曰此涼州高士使乎得人禮而遣之太寧元年駿猶稱建興十二年駿親耕籍田尋承元帝崩問駿大臨三日會有黃龍見于揖次之嘉泉右長史氾禕言於駿曰案建興之年是少帝始建之號帝以凶終理應改易朝廷越在江南音問隔絕宜因龍改號以章休徵不從初駿之立也姑臧謠曰鴻從南來雀不驚誰謂孤雛尾翅生高舉六翮鳳皇鳴至是而復收河南之地咸和初駿遣武威太守竇濤金城太守張閬武興太守辛巖揚烈將軍宋輯等率衆東會韓璞攻討秦州諸郡曜遣其將劉胤來距屯于狄道城韓璞進度沃干嶺辛巖曰我握衆數萬籍氐羌之銳宜速戰以滅之不可以久久則變生璞曰自夏末以來太白犯月辰星逆行白虹貫日皆變之大者不可以輕動輕動而不捷爲禍更深吾將久而斃之且曜與石勒相攻胤亦不能久也積七十餘日

軍糧竭遣辛巖督運於金城胤聞之大悅謂其將士曰韓璞之衆十倍於吾羌胡皆叛不爲之用吾糧廩將懸難以持久今虜分兵運糧可謂天授吾也若敗辛巖璞等自潰彼衆我寡宜以死戰戰而不捷當無匹馬得還宜厲爾戈矛竭汝智力衆咸奮於是率騎三千襲巖于沃干嶺敗之璞軍遂潰死者二萬餘人面縛歸罪駿曰孤之罪也將軍何辱皆赦之胤乘勝追奔濟河攻陷令居入據振武河西大震駿遣皇甫該禦之赦其境內會劉曜東討石生長安空虛大蒐講武將襲秦雍理曹郎中索詢諫曰曜雖東征胤猶守本險阻路遙爲主人甚易胤若輕騎憑氐羌以距我者則奔突難測輟彼東合而逆戰者則寇我未已頃年頻出戎馬生郊外有飢羸內資虛耗豈是殿下子物之謂邪駿曰每患忠言不獻面從背違吾政教缺然而莫我匡者卿盡辭規諫深副孤之望也以羊酒禮之西域諸國獻汗血馬火浣布犎牛孔雀巨象及諸珍異二百餘品西域長史李柏請擊叛將趙貞爲貞所敗議者以柏造謀致敗請誅

之駿曰吾每以漢世宗之殺王恢不如秦穆之赦孟明竟以減罪論羣心咸悅駿觀兵新鄉狩于北野因討軻沒虜破之下令境中曰昔鯀殛而禹興芮誅而缺進唐帝所以殄洪災晉侯所以成五霸法律犯死罪期親不得在朝今盡聽之唯不宜內參宿衛耳於是刑清國富羣僚勸駿稱涼王領秦涼二州牧置公卿百官如魏武晉文故事駿曰此非人臣所宜言也敢有言此者罪在不赦然境內皆稱之爲王羣寮又請駿立世子駿不從中堅將軍宋輯言於駿曰禮急儲君者蓋重宗廟之故周成漢昭立於繈褓誠以國嗣不可曠儲宮當素定也昔武王始有國元王作儲君建興之初先王在位殿下正名統況今社稷彌崇聖躬介立太業遂殷繼貳闕然哉臣竊以爲國有累卵之危而殿下以爲安踰泰山非所謂也駿納之遂立子重華爲世子先是駿遣傅穎假道于蜀通表京師李雄弗許駿又遣治中從事張淳稱藩于蜀託以假道焉雄大悅雄又有憾於南氐楊初淳因說曰南氐無狀屢爲邊害宜先討百頃次平上邽二國并

勢席卷三秦東清許洛埽氛燕趙拯二帝梓宮於平陽反皇輿於洛邑此英霸之舉千載一時寡君所以遣下臣冒險通誠不遠萬里者以陛下義聲遠播必能愍寡君勤王之志天下之善一也惟陛下圖之雄怒僞許之將覆淳於東峽蜀人橋贊密以告淳淳言於雄曰寡君使小臣行無迹之地通百蠻之域萬里表誠者誠以陛下義矜勠力之臣能成人之美節故也若欲殺臣者當顯於都市宣示衆目云涼州不忘舊義通使琅邪爲表忠誠假途於我主聖臣明發覺殺之當令義聲遠著天下畏威今盜殺江中威刑不顯何足以揚休烈示天下也雄大驚曰安有此邪當相放還河右耳雄司隸校尉景騫言於雄曰張淳壯士宜留任之雄曰壯士豈爲人留且可以卿意觀之騫謂淳曰卿體大暑熱可且遣下吏少住須涼淳曰寡君以皇輿幽辱梓宮未反天下之耻未雪蒼生之命倒懸故遣淳來表誠大國所論事重非下吏能傳若下吏所了者則淳本亦不來雖有火山湯海無所辭難豈寒暑之足避哉雄曰此人矯矯不可得用也厚

禮遣之謂淳曰貴主英名蓋世土險兵盛何不稱帝自娛一方淳曰寡君以乃祖乃父世濟忠良未能雪天人之大恥解衆庶之倒懸日旰忘食枕戈待旦以琅邪中興江東故萬里翼戴將成桓文之事何言自娛邪雄有慚色曰我乃祖乃父亦是晉臣往與六郡避難此都爲同盟所推遂有今日琅邪若能中興大晉於中州者亦當率衆輔之淳還至龍鶴募兵通表後皆達京師朝廷嘉之駿議欲嚴刑峻制衆咸以爲宜參軍黃斌進曰臣未見其可駿問其故斌曰夫法制所以經綸邦國篤俗齊物既立必行不可窪隆也若尊者犯令則法不行矣駿屏几改容曰夫法唯上行制無高下且微黃君吾不聞過矣黃君可謂忠之至也於坐擢爲敦煌太守駿有計畧於是厲操改節勤脩庶政總御文武咸得其用遠近嘉詠號曰積賢君自軌據涼州屬天下之亂所在征伐軍無寧歲至駿境內漸平又使其將楊宣率衆越流沙伐龜茲鄯善於是西域並降鄯善王元孟獻女號曰美人立賓遐觀以處之焉耆前部于寘王並遣使貢方物得玉璽於河其文曰執萬國建無極時駿盡有隴西之地士馬彊盛雖稱臣於晉而不行中興正朔舞六佾建豹尾所置官僚府寺擬於王者而微異其名又分州西界三郡置沙州東界六郡置河州二府官僚莫不稱臣又於姑臧城南築城起謙光殿畫以五色飾以金玉窮盡珍巧殿之四面各起一殿東曰宜陽青殿以春三月居之章服器物皆依方色南曰朱陽赤殿夏三月居之西曰政刑白殿秋三月居之北曰玄武黑殿冬三月居之其傍皆有直省內官寺署一同方色及末年任所遊處不復依四時而居咸和初懼爲劉曜所逼使將軍宋輯魏纂將兵徙隴西南安人二千餘家于姑臧使聘於李雄脩鄰好及曜攻枹罕護軍辛晏告急駿使韓璞辛巖率步騎二萬擊之戰于臨洮大爲曜軍所敗璞等退走追至令居駿遂失河南之地初戊己校尉趙貞不附于駿至是駿擊擒之以其地爲高昌郡及石勒殺劉曜駿因長安亂復收河南地至于狄道置武衛石門候和漒川甘松五屯護軍與勒分境勒遣使拜駿官爵駿不受留其使後

懼勒強遣使稱臣於勒兼貢方物遣其使歸駿境內嘗大饑穀價踊貴市長譚詳請出倉穀與百姓秋分三倍徵之從事陰據諫曰昔西門豹宰鄴積之於人解扁涖東封之邑計入三倍文侯以豹有罪而可賞扁有功而可罰今羣欲因人之饑以要三倍反裘傷皮未足諭之駿納之初建興中敦煌計吏耿訪到長安既而遇賊不得反奔漢中因東渡江以太興二年至京都屢上書以本州未知中興宜遣大使乞爲鄉導時連有內難許而未行至是始以訪守治書御史拜駿鎮西大將軍校尉刺史公如故選西方人隴西賈陵等十二人配之訪停梁州七年以驛道不通召還訪以詔書付賈陵託爲賈客到長安不敢進以咸和八年始達涼州駿受詔遣部曲督王豐等報謝并遣陵歸上疏稱臣而不奉正朔猶稱建興二十一年九年復使訪隨豐等齎印板進駿大將軍自是每歲使命不絕後駿遣參軍麴護上疏曰東西隔塞踰歷年載夙承聖德心繫本朝而江吳寂蔑餘波莫及雖肆力脩塗同盟靡恤奉詔之日悲喜交并天恩光被褒崇輝渥即以臣爲大將軍都督陝西雍秦涼州諸軍事休寵振赫萬里懷戴嘉命顯至銜感屏營伏惟陛下天挺岐嶷堂構晉室遭家不造播幸吳楚宗廟有黍離之哀園陵有殄廢之痛普天咨嗟含氣悲傷臣專命一方職在斧鉞遐域僻陋勢極秦隴勒雄既死人懷反正謂季龍李期之命曾不崇朝而皆篡繼凶逆鴟目有年東西遼曠聲援不接遂使桃蟲鼓翼四夷諠譁向義之徒更思背誕鉛刀有干將之志螢燭希日月之光是以臣前章懇切欲齊力時討而陛下雍容江表坐觀禍敗懷目前之安替四祖之業馳檄布告徒設空文臣所以宵吟荒漠痛心長路者也且兆庶離主漸冉經世先老消落後生靡識忠良受梟懸之罰羣凶貪縱横之利懷君戀故日月告流雖時有尚義之士畏逼首領哀歎窮廬臣聞少康中興由於一旅光武嗣漢衆不盈百祀夏配天不失舊物況以荆揚慓悍臣州突騎吞噬遺羯在於掌握哉願陛下敷弘臣慮永念先績勑司空鑒征西亮等汎舟江沔使首尾俱至也自後駿遣使

多爲季龍所獲不達後駿又遣護羌參軍陳㝢從事徐虓華馭等至京師征西大將軍亮上疏言陳㝢等冒險遠至宜蒙銓敘詔除㝢西平相虓等爲縣令永和元年以世子重華爲五官中郎將涼州刺史酒泉太守馬岌上言酒泉南山即崑崙之體也周穆王見西王母樂而忘歸即謂此山此山有石室王堂珠璣鏤飾煥若神宮宜立西王母祠以裨朝廷無疆之福駿從之駿在位二十二年卒時年四十私謚曰文公穆帝追謚曰忠成公

重華字泰臨駿之第二子也寬和懿重沈毅少言父卒時年十六以永和二年自稱持節大都督太尉護羌校尉涼州牧西平公假涼王赦其境內尊其母嚴氏爲大王太后居永訓宮所生母馬氏爲王太后居永壽宮輕賦斂除關稅省園囿以恤貧窮遣使奉章於石季龍季龍使王擢麻秋孫伏都等侵寇不輟金城太守張冲降于秋於是涼州振動重華埽境內使其征南將軍裴恒禦之恒壁于廣武欲以持久弊之牧府相司馬張耽言於重華曰臣聞國以兵爲彊以將爲

主主將者存亡之機吉凶所繫故燕任樂毅尅平全齊及任騎劫喪七十城之地是以古之明君靡不慎于將相也今之所要在於軍師然議者舉將多推宿舊未必妙盡精才也且韓信之舉非舊名也穰苴之信非舊將也呂蒙之進非舊勳也魏延之用非舊德也蓋明王之舉舉無常人才之所能則授以大事今強寇在郊諸將不進人情騷動危機稍逼主簿謝艾兼資文武明識兵略若授以斧鉞委以專征必能折衝禦侮殲殄凶類重華召艾問以討寇方略艾曰昔耿弇不欲以賊遺君父黃權願以萬人當寇乞假臣兵七千爲殿下吞王擢麻秋等重華大悅以艾爲中堅將軍配步騎五千擊秋引師出振武夜有二梟鳴于牙中艾曰梟邀也六博得梟者勝今梟鳴牙中剋敵之兆於是進戰大破之斬首五千級重華封艾爲福祿伯善待之諸寵貴惡其賢共毀譖之乃出爲酒泉太守季龍又令麻秋進陷大夏大夏護軍梁式執太守宋晏以城應秋秋遣晏以書誘宛城都尉宋矩宋矩謂秋曰辭父事君當立功義功義不立當守名節矩終不背主偷生於世於是先殺妻子自刎而死秋曰義士也命葬之

有司議遣司兵趙長迎秋西郊謝艾以春秋之義國有大喪省蒐狩之禮宜待踰年別駕從事索遐議曰禮天子崩諸侯薨未殯五祀不行既殯而行之魯宣三年天王崩不廢郊祀今聖上統承大位百揆惟新宜在璿璣玉衡以齊七政立秋萬物將成殺氣之始其於王事杖麾誓衆釁鼓禮神所以討逆除暴成功濟務寧宗廟社稷致天下之福不可廢也重華從之俄而麻秋進攻枹罕與晉陽太守郎坦以城大難守宜棄外城武城太守張悛曰棄外城則大事去矣不可以動衆心寧戎校尉張璩從之固守大城秋率衆八萬圍塹數重雲梯雹車地突百道皆通於內城中亦應之殺傷秋衆已數萬季龍復遣其將劉渾等率步騎二萬會之郎坦恨言之不從教軍士李嘉潛與秋通引賊千餘人上城西北隅璩使宋脩張弘辛挹郭普距之短兵接戰斬二百餘人賊乃退璩戮李嘉以狥燒其攻具秋退保大夏謂諸將曰我用兵於五都之間攻城略地

往無不捷及登秦隴謂有征無戰豈悟南襲仇池破軍殺將築城長最匹馬不歸及攻此城傷兵挫銳殆天所贊非人力也季龍聞而歎曰吾以偏師定九州今以九州之力困於枹罕真所謂彼有人焉未可圖也重華以謝艾爲使持節軍師將軍率步騎三萬進軍臨河秋以三萬衆距之艾乘軺車冠白㡊鳴鼓而行秋望而怒曰艾年少書生冠服如此輕我也命黑矟龍驤三千人馳擊之艾左右大擾左戰帥李偉勸艾乘馬艾不從乃下車踞胡床指麾處分賊以爲伏兵發也懼不敢進張瑁從左南緣河而截其後秋軍乃退艾乘勝奔擊遂大敗之斬秋將杜勳汲魚俘斬一萬三千級秋匹馬奔大夏重華論功以謝艾爲太府左長史進封福祿縣伯邑五千戶帛八千匹麻秋又據枹罕有衆十二萬進屯河內遣王擢略地晉興廣武越洪池嶺至于曲柳姑臧大震重華議欲親出距之謝艾因諫以爲不可別駕從事索遐進曰賊衆甚盛漸逼京畿君者國之鎮也不可以親動左長史謝艾文武兼資國之方邵宜委以推轂之任殿下居中作鎮授以筭略小

賊不足平也重華納之於是以艾爲使持節都督征討諸軍事行衛將軍遐爲軍正將軍率步騎二萬距之艾建牙旗盟將士有西北風吹旌旗東南指遐曰風爲號令今能令旗指之天所贊也破之必矣軍次神鳥王擢與前鋒戰敗遁還河南還討叛虜斯骨真萬餘落破之斬首千餘級俘擒二千八百獲牛羊十餘萬頭重華自以連破勍敵頗怠政事希接賓客司直索超諫曰殿下承四聖之基當升平之會倚當今之任憂率土之塗炭宜躬親萬幾開延英乂夙夜乾乾勉於庶政自頃内外囂然皆云去賊投誠者應即撫慰而彌日不接國老朝賢當虛已引納詢訪政事比多經旬積朔不留意接之文奏入内歷月不省廢替見務注情於基奕之間纏綣左右小臣之娛不存將相遠大之謀至使親臣不言朝吏杜口愚臣所以迴惶忘寢與食也今王室如燬百姓倒懸正是殿下銜膽茹辛厲心之日深願垂心朝政延納直言周爰五美以成六德捐彼近習弭塞外聲修政聽朝使下觀而化重華覽之大悦優文答謝然不之改也詔遣侍御史俞歸拜重華護羌校尉涼州刺史假節是時石季龍西中郎將王擢屯結隴上爲符雄所破奔重華重華厚寵之以爲征虜將軍秦州刺史假節使張弘宗悠率步騎萬五千配擢伐符健健遣符碩禦之戰于龍黎擢等大敗單騎而還弘悠皆没重華痛之素服爲戰亡吏士舉哀號慟各遣弔問其家復授擢兵使攻秦州剋之遣使上疏曰季龍自斃遺燼遊魂取亂侮亡覩機則發臣今遣前鋒都督裴恒步騎七萬遥出隴上以俟聖朝赫然之威山東騷擾不足曆懷長安膏腴宜速平蕩臣守任西荒山川悠遠大誓六軍不及聽受之末猛將鷹揚不豫告成之次瞻雲望日孤憤義傷彈劔慷慨中情蘊結於是康獻皇后詔報遣使進重華爲涼州牧是時御史俞歸至涼州重華方謀爲涼王不肯受詔使親信人沈猛謂歸曰我家主公奕世忠於晉室而不如鮮卑矣臺加慕容皝燕王今甫授州主大將軍何以加勸有功忠義之臣乎明臺今且移河右共勸州主爲涼王大夫出使苟利社稷專之可也歸對曰王

者之制異姓不得稱王九州之内重爵不得過公漢高一時王異姓尋皆誅滅蓋權時之宜非舊體也故王陵曰非劉氏而王天下共伐之至於戎狄不從此例春秋時吳楚稱王而諸侯不以爲非者蓋蠻夷畜之也假令齊魯稱王諸侯豈不伐之故聖上以貴公忠賢是以爵以上公位以方伯鮮卑北狄豈足爲比哉子失問也吾又聞之有殊勳絶世者亦有不世之賞若今便以貴公爲王者設貴公以河右之衆南平巴蜀東掃趙魏修復舊都以迎天子天子復以何爵何位可以加賞幸三思之猛具宣歸言重華遂止重華好與羣小遊戲屢出錢帛以賜左右徵事索振諫曰先王寢不安席志平天下故繕甲兵積資實大業未就懷恨九泉殿下遭巨寇於諒闇之中賴重餌以挫勍敵今遺燼尚廣倉帑虛竭金帛之費所宜慎之昔世祖即位躬親萬幾章奏詣闕報不終日故能隆中興之業定萬世之功今章奏停滯動經時月下情不得上達哀窮困於囹圄蓋非明主之事臣竊未安重華善之將受詔未及而卒時年二十七在位十一年私謚曰昭公後改曰桓公穆帝賜謚曰敬烈子耀靈嗣

耀靈字元舒年十歲嗣事稱大司馬校尉刺史西平公伯父長寧侯祚性傾巧善承内外初與重華寵臣趙長尉緝等結異姓兄弟長等矯稱重華遺令以祚爲持節督中外諸軍撫軍將軍輔政長等議以耀靈冲幼時難未夷宜立長君祚先烝重華母馬氏馬氏遂從緝議命廢耀靈爲涼寧侯而立祚祚尋使楊秋胡害耀靈瘞東苑埋之於沙坑私謚曰哀公

祚字太伯博學雄武有政事之才既立自稱大都督大將軍涼州牧涼公淫暴不道又通重華妻裴氏自閤内媵妾及駿重華未嫁子女無不暴亂國人相目咸賦牆茨之詩永和十年祚納尉緝趙長等議僭稱帝位立宗廟舞八佾置百官下書曰昔金行失馭戎狄亂華胡羯氐羌咸懷竊璽我武公以神武撥亂保寧西夏貢款勤王旬朔不絶四祖承光忠誠彌著往受晉禪天下所知謙冲遜讓四十年于茲矣今中原喪亂華裔無主羣后僉以九州之望無所依歸神祇獄瀆

罔所憑係逼孤攝行大統以一四海之心辭不獲已勉從羣議待掃
穢二京蕩清周魏然後迎帝舊都謝罪天闕思與兆庶同茲更始改
建興四十二年爲和平元年赦殊死賜鰥寡帛加文武爵各一級追
崇曾祖軌爲武王祖寔爲昭王從祖茂爲成王父駿爲文王弟重華
爲明王立妻辛氏爲皇后弟天錫爲長寧王子泰和爲太子庭堅爲
建康王耀靈弟玄靚爲涼武侯其夜天有光如車蓋聲若雷霆震
動城邑明日大風拔木災異屢見而祚凶虐愈甚其尚書馬岌以切諫
免官郎中丁琪又諫曰先公累執忠節遠宗吳會持盈守謙五十餘載
蒼生所以鵠企西望四海所以注心大涼皇天垂贊士庶效死者正以
先公道高彭昆忠踰西伯萬里通虔任節不貳故也能以一州之衆抗
崩天之虜師徒歲起人不告疲陛下雖以大聖雄姿纂戎鴻緒勳德
未高於先公而行革命之事臣竊未見其可華夷所以歸係大涼義
兵所以千里響赴者以陛下爲本朝之故今既自尊人斯高競一隅
之地何以當中國之師城峻衡生負乘致寇惟陛下圖之祚大怒斬

之于闕下遣其將和昊率衆伐驪靬戎於南山大敗而還太尉桓溫
入關王擢時鎮隴西馳使於祚言溫善用兵勢在難測祚既震懼
又慮擢反噬即召馬岌復位而與之謀密遣親人刺擢事覺不剋
祚益懼大聚衆聲言東征寔欲西保敦煌會溫還遂而止更遣其平
東將軍秦州刺史牛霸司兵張芳率三千人擊擢破之擢奔于苻
健其國中五月霜降殺苗稼果實祚宗人張瓘時鎮枹罕祚惡其
強遣其將易揣張玲率步騎萬三千以襲之時張掖人王鸞頗知
神道言於祚曰軍出不復還涼國將有不利矣祚大怒以鸞妖言沮
衆斬之以徇三軍乃發鸞臨刑曰我死不二十日軍必敗時有神降
於玄武殿自稱玄冥與人交語祚日夜祈之神言與之福利祚甚信
之祚又遣張掖太守索孚代瓘鎮枹罕爲瓘所殺玲等濟河未畢又
爲瓘兵所破揣單騎奔走瓘軍躡之祚衆震懼敦煌人宋混與弟
澄等聚衆以應瓘趙長張璹等懼罪入閤呼重華母馬氏出殿拜
耀靈庶弟玄靚爲主揣等率衆入殿伐長殺之瓘弟琚及子嵩募

數百市人揚聲言張祚無道我兄大軍已到城東敢有舉手者誅三
族祚衆披散琚嵩率衆入城祚按劍殿上大呼令左右死戰祚既失
衆心莫有鬭志於是被殺梟其首宣示內外暴尸道左國內咸稱萬
歲祚篡立三年而亡

玄靚字元安既立自號大都督大將軍校尉涼州牧西平公赦其國
內廢和平之號復稱建興四十三年誅祚二子以張瓘爲衛將軍領
兵萬人行大將軍事改易僚屬有隴西人李儼誅大姓彭姚自立於
隴右奉中興年號百姓悅之玄靚遣牛霸率衆討之未達而西平人
衛綝又據郡叛霸衆潰單騎而還瓘先欲征綝以兄琟在綝中爲疑
綝亦以弟在瓘中故彼我經年不相伐西平人郭勛解天文不應州
郡之命綝禮聘之勛曰張氏應衰衛氏當興豈得以一弟而滅一門
宜速伐瓘綝將從之瓘遣弟琚領大衆征綝敗之西平田旋要酒泉
太守馬基背瓘應綝旋謂基曰綝擊其東我等絕其西不六旬天下
可定斯閉口捕舌也基許之瓘遣司馬張姚王國將二千人伐基敗之

斬基旋二人之首傳姑臧瓘兄弟強盛負其勳力有篡立之謀輔國宋
混與弟澄共討瓘盡夷其屬玄靚以混爲都督中外諸軍事車騎大
將軍假節輔政混卒又以澄代之玄靚右司馬張邕惡澄專擅殺之
遂滅宋氏玄靚乃以邕爲中護軍叔父天錫爲中領軍共輔政邕自
以功大驕矜滛縱又通馬氏樹黨專權國人患之天錫腹心郭增劉
肅二人並年十八九因寢謂天錫曰天下事欲未靜天錫曰何謂也二
人曰今護軍出入有似長寧天錫大驚曰我早疑之未敢出口計當
云何肅曰政當速除之耳天錫曰安得其人肅曰肅即是也天錫曰
汝年少更求可與謀者肅曰趙白駒及肅二人足以辦之矣於是天
錫從兵四百人與邕俱入朝肅與白駒剔刀鞘出刃從天錫入值邕
於門下肅斫之不中白駒繼之又不剋二人與天錫俱入禁中邕得
逸走因率甲士三百餘人反攻禁門天錫上屋大呼謂將士曰張邕
凶逆所行無道諸宋何罪盡誅滅之傾覆國家肆亂社稷我不惜死
實懼大人廢祀事不獲已故耳我家門戶事而將士豈可以干戈見

向今之所取邕身而已天地有靈吾不食言邕衆聞之悉散走邕以劍自刎而死於是悉誅邕黨玄靚年既幼冲性又仁弱天錫既尅邕專掌朝政改建興四十九年奉升平之號興寧元年駿妻馬氏卒玄靚以其庶母郭氏爲太妃郭氏以天錫專政與大臣張欽等謀討之事泄欽等伏法是歲天錫率衆入禁門潛害玄靚宣言暴薨時年十四在位九年私謚曰沖公孝武帝賜謚曰敬悼公

天錫字純嘏駿少子也小名獨活初字公純嘏入朝人笑其三字因自改焉玄靚死國人立之自號大將軍校尉涼州牧西平公遣司馬綸騫奉章請命并送御史俞歸還京都太和初詔以天錫爲大將軍大都督督隴右關中諸軍事護羌校尉涼州刺史西平公天錫數宴園池政事頗廢盪難將軍校書祭酒索商上疏極諫天錫答曰吾非好行行有得也觀朝榮則敬才秀之士覩芝蘭則愛德行之臣覩松竹則思貞操之賢臨清流則貴廉潔之行覽蔓草則賤貪穢之吏逢颷風則惡凶狡之徒若引而申之觸類而長之庶無遺漏矣羌廉岐自稱益州刺史率略陽四千家背符堅就李儼天錫自往討之以別駕楊遹爲監前鋒軍事前將軍趣金城晉興相常據爲使持節征東將軍向左南游擊將軍張統出白土天錫自率三萬人次倉松伐儼儼大敗入城固守遣子純求救於符堅堅使其將王猛救之天錫敗績死者十二三天錫乃還立子大懷爲世子自天錫之嗣事也連年地震山崩水泉湧出柳化爲松火生泥中而天錫荒于聲色不邺政事初安定梁景燉煌劉肅並以門胄總角與天錫友昵張邕之誅肅景有勳天錫深德之賜姓張氏又改其子以爲己子天錫諸子皆以大爲字故景曰大奕肅曰大誠廢大懷爲高昌公更立嬖子大豫爲世子景肅等俱參政事人情忿懼從弟從事中郎憲切諫不納時符堅強盛每攻之兵無寧歲天錫甚懼乃立壇刑牲率典軍將軍張寧中堅將軍馬芮等遥與晉三公盟誓獻書大司馬桓溫尅六年夏誓同大舉遣從事中郎韓博奮節將軍康妙奉表并送盟文博有口才溫甚稱之

嘗大會溫使司馬刁彝嘲之彝謂博曰君是韓盧後邪博曰卿是韓盧後溫笑曰刁以君姓韓故相問焉他自姓刁那得韓盧後邪博曰明公脫未之思短尾者則爲刁也一坐推歎焉太元元年符堅遣其將苟萇毛當梁熙姚萇來寇渡石城津天錫集議中錄事席仂曰先公既有故事徐思後變此孫仲謀屈伸之略也衆以仂爲老怯咸曰龍驤將軍馬達精兵萬人距之必不敢進廣武太守辛章保城固守章與晉興相彭知正西平相趙凝謀曰馬達出於行陣必不爲用則秦軍深入吾相與率三郡精卒斷其糧運決一朝命矣征東常據亦欲先擊姚萇須天錫命天錫率萬人頓金昌城馬達率萬人逆萇等因請降兵人散走常據席仂皆戰死司兵趙充哲與萇苦戰又死中衛將軍史景亦沒于陣天錫大懼出城自戰城內又反天錫窘逼降于萇等初天錫所居西安門及平章殿無故而崩旬日而國亡即位凡十三年自軌爲涼州至天錫凡九世七十六年矣符堅先爲天錫起宅至以爲尚書封歸義侯堅大敗于淮肥時天錫爲符融征南司馬於陣歸國詔曰昔孟明不替終顯厥功豈以一眚而廢才用其以天錫爲散騎常侍左員外又詔曰故太尉西平公張軌著德遐域世襲前勞強兵縱害遂至失守散騎常侍天錫拔迹登朝先祀淪替用增矜慨可復天錫西平郡公爵俄拜金紫光祿大夫天錫少有文才流譽遠近及歸朝甚被恩遇朝士以其國破身虜多共毀之會稽王道子嘗問其西土所出天錫應聲曰桑葚甜甘鴟鴞革響乳酪養性人無妬心後形神昏喪雖處列位不復被齒遇隆安中會稽世子元顯用事常延致之以爲戲弄以其家貧拜廬江太守本官如故桓玄時欲招懷四遠乃用天錫爲護羌校尉涼州刺史尋卒年六十一追贈金紫光祿大夫

史臣曰長河外區流沙作紀玉關懸險金城負固有苗攸竄帝舜投而不羈渠搜是居大禹即而方叙世逢多難嬰五郡以誰何時遇兵凶阻三邊而高視雖非久安之地足爲苟全之所平周公保之而立功士彥擁之而延世摯虞觀象記洪災之不流侯瑾覘泉

知霸者之斯在匪唯地勢抑且有天道歟茂駿重華資忠踵武崎嶇僻陋無忘本朝故能西控諸戎東攘巨猾綰累葉之珪組賦絶域之琛賨振曜遐荒良由杖順之効矣祚以甲孽陰傾冢嗣播有浹於彤管擬宸居於黑山丁琪以切諫遇誅夷王鸞以讜言嬰顯戮境內雲擾讎其竊名卒致梟懸自然之理也純嘏微弱竟亡其衆奉身魏闕齒迹朝流再襲銀黃祖德之延慶矣

贊曰三象構氛九土瓜分鼎遷江介地絶河潰歸誠晉室美矣張君內撫遺黎外攘逋寇世既緜遠國亦完富杖順爲基蓋天所祐

列傳第五十六　　晉書八十六

涼武昭王 子士業

武昭王諱暠字玄盛小字長生隴西成紀人姓李氏漢前將軍廣之十六世孫也廣曾祖仲翔漢初爲將軍討叛羌于素昌素昌乃狄道也衆寡不敵死之仲翔子伯考奔喪因葬于狄道之東川遂家焉世爲西州右姓高祖雍曾祖柔仕晉並歷位郡守祖弇仕張軌爲武衛將軍安世亭侯父昶幼有令名早卒遺腹生玄盛少而好學性沈敏寬和美器度通涉經史尤善文義及長頗習武藝誦孫吳兵法嘗與呂光太史令郭麐及其同母弟宋繇同宿麐起謂繇曰君當位極人臣李君有國土之分家有騧草馬生白額駒此其時也呂光末京兆段業自稱涼州牧以敦煌太守趙郡孟敏爲沙州刺史署玄盛效穀令敏尋卒敦煌護軍馮翊郭謙沙州治中敦煌索仙等以玄盛溫毅有惠政推爲寧朔將軍敦煌太守玄盛初難之會宋繇仕於業告歸敦煌言於玄盛曰兄忘郭麐之言邪白額駒今已生矣玄盛乃從之尋進號冠軍稱藩于業業以玄盛爲安西將軍敦煌太守領護西胡校尉及業僭稱涼王其右衛將軍索嗣構玄盛於業乃以嗣爲敦煌太守率騎五百而西未至二十里移玄盛使迎己玄盛驚疑將出迎之效穀令張邈及宋繇止之曰呂氏政衰段業闇弱正是英豪有爲之日將軍處一國成資奈何束手於人索嗣自以本邦謂人情附己不虞將軍卒能距之可一戰而擒矣宋繇亦曰大丈夫已爲世所推今日便授首於嗣豈不爲天下笑乎大兄英姿挺傑有雄霸之風張王之業不足繼也玄盛曰吾少無風雲之志因官至此不圖此郡士人忽爾見推向言出迎者未知士大夫之意故也因遣繇覘嗣繇見嗣啗以甘言還謂玄盛曰嗣志驕兵弱易擒耳於是遣其二子士業讓與邈繇及司馬尹建興等逆戰破之嗣奔還張掖玄盛素與嗣善結爲刎頸交反爲所構故深恨之乃罪狀嗣於段業業將且渠男成惡嗣至是因勸除之業乃殺嗣遣使謝玄盛分敦煌之涼興烏澤晉昌

之宜禾三縣爲涼興郡進玄盛持節都督涼興已西諸軍事鎮西將軍領護西夷校尉時有赤氣起于玄盛後園龍跡見于小城隆安四年晉昌太守唐瑤移檄六郡推玄盛爲大都督大將軍涼公領秦涼二州牧護羌校尉玄盛乃赦其境內建年爲庚子追尊祖弇曰涼景公父昶涼簡公以唐瑤爲征東將軍郭謙爲軍諮祭酒索僊爲左長史張邈爲右長史尹建興爲左司馬張體順爲右司馬張條爲牧府左長史令狐溢爲右長史張林爲太府主簿宋繇張謖爲從事中郎繇加折衝將軍謖加揚武將軍索承明爲牧府右司馬令狐遷爲武衛將軍晉興太守氾德瑜爲寧遠將軍西郡太守張靖爲折衝將軍河湟太守索訓爲威遠將軍西平太守趙開爲騂馬護軍大夏太守索慈爲廣武太守陰亮爲西安太守令狐赫爲武威太守索術爲武興太守以招懷東夏又遣宋繇東伐涼興并擊玉門已西諸城皆下之遂屯玉門陽關廣田積穀爲東伐之資初呂光之稱王也遣使市六璽玉於于窴至是玉至敦煌納之郡府仍於南門外臨水起堂名曰靖恭之堂以議朝政閱武事圖讚自古聖帝明王忠臣孝子烈士貞女玄盛親爲序頌以明鑒戒之義當時文武羣寮亦皆圖焉有白雀翔于靖恭堂玄盛觀之大悅又立泮宮增高門學生五百人起嘉納堂於後園以圖讚所志義熙元年玄盛改元爲建初遣舍人黃始梁興間行奉表詣闕曰昔漢運將終三國鼎峙鈞天之歷數鍾皇晉高祖闡鴻基景文弘帝業嗣武受終要荒率服六合同風宇宙齊貫而惠皇失馭權臣亂紀懷愍屯邅蒙塵于外懸象上分九服下裂言顧之普天同憾伏惟中宗元皇帝基天紹命遷幸江表荊揚蒙弘覆之矜五都爲荒榛之藪故太尉西平武公軌當元康之初屬擾攘之際受命典方出撫此州威略所振聲蓋海內明盛繼統不隕前志長雄所指仍闢三秦義立兵強拓境萬里文桓嗣位奕葉載德囊括關西化被崐裔遐邇款藩世脩職貢晉德之遠揚繫此州是賴大都督大將軍天錫以英挺之姿承七世之業志匡時難

尅隆先勳而中年降災兵寇侵境皇威遐邈同獎弗及以一方之師
抗七州之衆兵孤力屈社稷以喪臣聞曆數相推歸餘於終帝王之
興必有閏位是以共工亂象於黃農之間秦項篡竊於周漢之際
皆機不轉踵覆餗成凶自戎狄陵華已涉百齡五胡僭襲期運將
杪四海顒顒懸心象魏故師次東關趙魏莫不企踵淮南大捷三
方欣然引領伏惟陛下道協少康德侔光武繼天統位志清函夏
至如此州世篤忠義臣之羣寮以臣高祖東莞太守雍曾祖北地
太守柔荷寵前朝參忝時務伯祖龍驤將軍廣晉太守長寧侯
卓亡祖武衛將軍天水太守安世亭侯弇毗佐涼州著功秦隴殊
寵之隆勒于天府妄臣无庸輙依竇融故事迫臣以義上臣大都督
大將軍涼公領秦涼二州牧護羌校尉臣以爲荆楚替貢齊桓興
召陵之師諸侯不恭晉文起城濮之役用能勳光踐土業隆一匡
九域賴其弘猷春秋恕其專命功冠當時美垂千祀況今帝居未
復諸夏昏墊大禹所經奄爲戎墟五嶽神山狄汙其三九州名都
夷穢其七辛有所言於兹而驗微臣所以叩心絕氣忘寢與食
彫肝焦慮不遑寧息者也江涼雖遼義誠密邇風雲苟通實
如脣齒臣雖名未結于天臺量未著于海內然憑賴累祖寵光
餘烈義不細辭以稽大務輙順羣議亡身即事轅弱任重懼忝威
命昔在春秋諸侯宗周國皆稱元以布時令今天臺邈遠正朔
未加發號施令无以紀數輙年冠建初以崇國憲冀杖寵靈全制
一方使義誠著于所天玄風扇于九壤殉命灰身隕越慷慨玄盛謂
羣寮曰昔河右分崩羣豪競起吾以寡德爲衆賢所推何嘗
不忘寢與食思濟黎庶故前遣母弟繇董率雲騎東殄不庭
軍之所至莫不賓下今惟蒙遜鴟跱一城自張掖已東晉之遺
黎雖爲戎虜所制至於向義思風過於殷人之望西伯大業須
定不可安寢吾將遷都酒泉漸逼寇穴諸君以爲何如張邈贊成
其議玄盛大悅曰二人同心其利斷金張長史與孤同矣夫復何疑
乃以張體順爲寧遠將軍建康太守鎮樂涫徵宋繇爲右將軍

領敦煌護軍與其子敦煌太守讓鎮敦煌遜遷居于酒泉手令
誡其諸子曰吾自立身不營世利經涉累朝通否任時初不役智
有所要求今日之舉非本願也然事會相驅遂荷州土憂責不
輕門戶事重雖詳人事未知天心登車理轡百慮填胸後事付
汝等粗舉旦夕近事數條遭意便言不能次比至于杜漸防萌深
識情變此當任汝所見深淺非吾勑誡所益也汝等雖年未幸大
若能剋已纂脩比之古人亦可以當事業矣苟其不然雖至白首
亦復何成汝等其戒之慎之節酒慎言喜怒必思愛而知惡憎
而知善動念寬恕審而後與衆之所惡勿輕承信詳審人核眞
僞遠佞諛近忠正蠲刑獄忍煩擾存高年恤喪病勤省按聽訟訴
刑法所應和顏任理慎勿以情輕加聲色賞勿漏疎罰勿容親耳
目人間知外患苦禁御左右无作威福勿伐善施勞逆詐億必以
示己明廣加諮詢无自專用從善如順流去惡如探湯富貴而
不驕者至難也念此貫心勿忘須臾寮佐邑宿盡禮承敬讌饗饌
食事事留懷古今成敗不可不知退朝之暇念觀典籍面墻而立
不成人也此郡世篤忠厚人物敦雅天下全盛時海內猶稱之況復
今日實是名邦正爲五百年鄉黨婚親相連至于公理時有小小頗
迴爲當隨宜斟酌吾臨蒞五年兵難騷動未得休衆息役惠康士
庶至于掩瑕藏疾滌除疵垢朝爲寇讎夕委心膂雖未足希準古
粗亦无負于新舊事任公平坦然无類初不容懷有所損益計近
便爲少經遠如有餘亦无愧於前志也初玄盛之西也留女敬愛
養於外祖尹文文既東遷玄盛從姑梁襃之母養之其後禿髮傉
檀假道於北山鮮卑遣襃送敬愛于酒泉并通和好玄盛遣使報
聘贈以方物玄盛親率騎二萬略地至于建東鄯善前部王遣使
貢其方物且渠蒙遜來侵至于建康掠三千餘戶而歸玄盛大怒
率騎追之及于彌安大敗之盡收所掠之戶初苻堅建元之末徙
江漢之人萬餘戶于敦煌中州之人有田疇不闢者亦徙七千餘戶
郭黁之寇武威武威張掖已東人西奔敦煌晉昌者數千戶及玄

盛東遷皆徙之于酒泉分南人五千戶置會稽郡中州人五千戶置廣夏郡餘萬三千戶分置武威武興張掖三郡築城于敦煌南子亭以威南虜又以前表未報復遣沙門法泉間行奉表曰江山悠隔朝宗无階延首雲極翹企遐方伏惟陛下應期踐位景福自天臣去乙巳歲順從羣議假統方城時遣舍人黃始奉表通誠遙途嶮曠未知達不吳涼懸邈蜂蠆充衢方珍貢使无由展御謹副寫前章或希簡達臣以其歲進師酒泉戒戎廣平庶攘茨穢而黠虜恣睢未率威教憑守巢穴阻臣前路竊以諸事草創倉帑未盈故息兵按甲務農養士時移節邁荏苒三年撫劍歎憤以日成歲今資儲已足器械已充西招城郭之兵北引丁零之衆冀憑國威席卷河隴揚旌秦川承望詔旨盡節竭誠隕越爲效又臣州界迥遠勍寇未除當須鎮副爲行留部分輒假臣世子士業監前鋒諸軍事撫軍將軍護羌校尉督攝前軍爲臣先驅又敦煌郡大衆殷制御西域管轄萬里爲軍國之本輒以次子讓爲寧朔將軍西夷校尉敦煌太守統攝崐裔輯寧殊方自餘諸子皆在戎間率先士伍臣總督大綱畢在輸力臨機制命動靖續聞玄盛既遷酒泉乃敦勸稼穡羣僚以年穀頻登百姓樂業請勒銘酒泉玄盛許之於是使儒林祭酒劉彥明爲文刻石頌德既而蒙遜每年侵寇不止玄盛志在以德撫其境內但與通和立盟弗之校也是時白狼白兔白雀白雉白鳩皆棲其園囿其羣下以爲白祥金精所誕皆應時邕而至又有神光甘露連理嘉禾衆瑞請史官記其事玄盛從之尋而蒙遜背盟來侵玄盛遣世子士業要擊敗之獲其將且渠百年玄盛上巳日讌于曲水命羣寮賦詩而親爲之序於是寫諸葛亮訓誡以勗諸子曰吾負荷艱難寧濟之勳未建雖外總良能憑股肱之力而戎務孔殷坐而待旦以維城之固宜兼親賢故使汝等未及師保之訓皆弱年受任常懼弗剋以貽咎悔古今之事不可以不知苟近而可師何必遠也覽諸葛亮訓勵應璩奏諫尋其終始周孔之教盡在中矣爲國足以致

安立身足以成名質略易通寓目則了雖言發往人道師於此且經史道德如採菽中原勤之者則功多汝等可不勉哉玄盛乃修敦煌舊塞東西二圍以防北虜之患築敦煌舊塞西南二圍以威南虜玄盛以緯世之量當呂氏之末爲羣雄所奉遂啓霸圖兵无血刃坐定千里謂張氏之業指期而成河西十郡歲月而一既而禿髮傉檀入據姑臧且渠蒙遜基宇稍廣於是慨然著述志賦焉其辭曰涉至虛以誕駕乘有輿於本无稟玄元而陶衍承景靈之冥符蔭朝雲之菴藹仰朗日之照煦既敷既載以育以成幼希顏子曲肱之榮游心上典玩禮敦經茂玄晃于朱門羨漆園之傲生尚漁父於滄浪善沮溺之耦耕穢鵄鳶之籠嚇欽飛鳳于太清杜世競於方寸絕時譽之嘉聲超霄吟於崇領奇秀木之凌霜挺脩幹之青蔥經歲寒而彌芳情遙遙以遠寄想四老之暉光將戢繁榮于常衢控雲轡而高驤攀瓊枝於玄圃漱華泉之淥漿和吟鳳之逸響應鳴鸞於南岡時弗獲彰心往形留眷駕陽林宛首一丘衝風沐雨載沉載浮利害繽紛以交錯歡感循環而相求乾扉奄寂以重閉天池絕津而無舟悼貞信之道薄謝慙德於圜流遂乃去玄覽應世賓肇弱巾於東宮並羽儀於英倫踐宣德之祕庭翼明后於紫宸赫赫謙光崇明奕奕岌岌王居詵詵百辟君希虞夏臣庶夔益張王頹巖梁后墜壑淳風杪莽以永喪搢紳淪胥而覆溺呂發釁於閨牆厥搆摧以傾顛疾風飄于高木迴湯沸於重泉飛塵翕以蔽日大火炎其燎原名都幽然影絕千邑閒而无烟斯乃百六之恒數起滅相因而迭然於是人希逐鹿之圖家有雄霸之想闇王命而不尋邀非分於无象故覆車接路而繼軌膏生靈於土壤哀餘類之忪懞邈靡依而靡仰求欲專而失逾遠寄玄珠於罔象悠悠涼道鞠焉荒凶杪杪余躬迢迢西邦非相期之所會諒冥契而來同跨弱水以建基躡崐墟以爲墉總奔駟之駭轡接摧轅於峻峰崇崖崨嶫重嶮萬尋玄邃窈窕磐紆嶔岑榛棘交横河廣水深狐狸夾路鴞鵄羣吟挺非我以爲用任至當如

影響執同心以御物懷自彼于握掌匪矯情而任荒乃冥合而一徃華德是用來庭野逸所以就鞅休矣時英茂哉儁哲庶罩網以遠籠豈徒射鈎與斬袪或脫梏而纓緌或後至而先列採殊才於巖陸拔翹彥于无際思留侯之神遇振高浪以蕩穢想孔明于草廬運玄籌之罔滯洪操槃而慷慨起三軍以激銳詠羣豪之高軌嘉關張之飄傑誓報曹而歸劉何義勇之超世據斷橋而横矛亦雄姿之壯發輝輝南珍英英周魯挺奇荆吳昭文烈武建策烏林龍驤江浦摧堂堂之勁陣鬱風翔而雲舉紹樊韓之遠蹤侔徽猷于召武非劉孫之鴻度孰能臻兹大祐信乾坤之相成庶物希風而潤雨峭既蕩三江已清穆穆盛勲濟濟隆平御羣龍而奮策彌萬載以飛榮仰遺塵于絶代企高山而景行將建朱旗以啓路驅長轂而迅征靡商風以抗旆拂招搖之華旌資神兆於皇極協五緯之所寧赳赳干城翼翼上弼志鹹奔鯨截彼醜類且灑遊塵於當陽拯涼德於已墜間昌寓之驂乘暨襄城而按轡知去害之在兹體牧童之所述審機動之至微思遺飡而忘寐表畧韻於紈素託精誠于白日玄盛寢疾顧命宋繇曰吾少離荼毒百艱備嘗於喪亂之際遂爲此方所推才弱智淺不能一同河右今氣力惙然當不復起矣死者大理吾不悲之所恨志不申耳居元首之位者宜深誠危殆之機吾終之後世子猶卿子也善相輔導述吾平生勿令居人之上專驕自任軍國之宜委之於卿无使籌畧乖衷失成敗之要十三年薨時年六十七國人上謚曰武昭王墓曰建世陵廟號太祖先是河右不生楸槐栢漆張駿之世取于秦隴而植之終于皆死而酒泉宮之西北隅有槐樹生焉玄盛又著槐樹賦以寄情蓋歎僻陋遐方立功非所也亦命主簿梁中庸及劉彥明等並作文感兵難繁興時俗諠競乃著大酒容賦以表恬豁之懷與辛景辛恭靖同志友善景等歸晉遇害江南玄盛聞而弔之玄盛前妻同郡辛納女貞順有婦儀先卒玄盛親爲之誄自餘詩賦數十篇世子譚早卒第二子士業嗣

涼後主諱歆字士業玄盛薨時府寮奉爲大都督大將軍涼公領

涼州牧護羌校尉大赦境内改年爲嘉興尊母尹氏爲太后以宋繇爲武衛將軍廣夏太守軍諮祭酒錄三府事索仙爲征虜將軍張掖太守且渠蒙遜遣其張掖太守且渠廣宗詐降誘士業士業遣武衛温宜等赴之親勒大軍爲之後繼蒙遜率衆三萬設伏于蓼泉士業聞引兵還爲遜所逼士業親貫甲先登大敗之追奔百餘里俘斬七千餘級明年蒙遜大伐士業士業將出距之左長史張體順固諫乃止蒙遜大芟秋稼而還是歲朝廷以士業爲持節都督七郡諸軍事鎮西大將軍護羌校尉酒泉公士業用刑頗嚴又繕築不止從事中郎張顯上疏諫曰入歲已來陰陽失序屢有賊風暴雨犯傷和氣今區域三分勢不久並并兼之本實在農戰懷遠之略事歸寛簡而更繁刑峻法宮室是務人力凋殘百姓愁悴致災之咎寔此之由主簿氾稱又上疏諫曰臣聞天之子愛人后躬勤至矣故政之不脩則垂災譴以誡之改者雖危必昌宋景是也其不改者雖安必亡虢公是也元年三月癸卯敦煌謙德堂陷八月效穀地裂二年元日昏霧四塞四月日赤无光二旬乃復十一月狐上南門今兹春夏地頻五震六月隕星于建康臣雖學不稽古敏謝仲舒頗亦聞道於先師且行年五十有九請爲殿下畧言耳目之所聞見不復能遠論書傳之事也乃者咸安之初西平地裂狐入謙光殿前俄而秦師奄至都城不守梁熙既爲涼州藉秦氏兵亂規有全涼之地外不撫百姓内多聚斂建元十九年姑臧南門崩隕石於閑豫堂二十年而呂光東反子敗於前身戮於後段業因羣胡創亂遂稱制此方三年之中地震五十餘所既而先主龍興瓜州蒙遜殺之張掖此皆目前之成事亦殿下之所聞知效穀先主鴻漸之始謙德即尊之室基陷地裂大凶之徵也日者太陽之精中國之象赤而无光中國將爲胡夷之所陵滅諺曰野獸入家主人將去今狐上南門亦災之大也又狐者胡也天意若曰將有胡人居于此城南面而君者也昔春秋之世星隕于宋襄公卒爲楚所擒地者至陰胡夷之象當靜而動反亂天常天意若曰胡夷將震動中國中國若不脩德將有宋襄之

禍臣蒙先朝布衣之眷輒自同子弟之親是以不避忤上之誅昧死
而進愚欵願殿下親仁善鄰養威觀釁罷宮室之務止遊畋之娛
後宮嬪妃諸夷子女躬受分田身勸蠶績以清儉素德爲榮息茲
奢靡之費百姓租稅專擬軍國虛衿下士廣招英儁脩秦氏之
術以強國富俗待國有數年之積庭盈文武之士然後命韓白爲
前驅納子房之妙筭一鼓而姑臧可平長驅可以飲馬涇渭方東面
而爭天下豈蒙遜之足憂不然臣恐宗廟之危必不出紀士業並
不納士業立年而宋受禪士業將謀東伐張體順切諫乃止士業
聞蒙遜南伐禿髮傉檀命中外戒嚴將攻張掖尹氏固諫不聽宋繇
又固諫士業並不從繇退而歎曰大事去矣吾見師之出不見師之
還也士業遂率步騎三萬東伐次于都瀆澗蒙遜自浩亹來距戰
於懷城爲蒙遜所敗左右勸士業還酒泉士業曰吾違太后明誨遠
取敗辱不殺此胡復何面目以見母也勒衆復戰敗于蓼泉爲蒙遜
所害士業諸弟酒泉太守翻新城太守預領羽林右監密左將軍
姚右將軍亮等西奔敦煌蒙遜遂入于酒泉士業之未敗也有大蛇
從南門而入至于恭德殿前有雙雉飛出宮內通街大樹上有烏鵲爭
巢鵲爲烏所殺又有敦煌父老令狐熾夢白頭公衣帢而謂熾曰南
風動吹長木胡桐椎不中轂言訖忽然不見士業小字桐椎至是而
亡翻及弟敦煌太守恂與諸子等棄敦煌奔于北山蒙遜以索嗣
子元緒行敦煌太守元緒麤險好殺大失人和郡人宋承張弘以
恂在郡有惠政密信招恂恂率數十騎入于敦煌元緒東奔涼興
宋承等推恂爲冠軍將軍涼州刺史蒙遜遣世子德政率衆攻恂
恂閉門不戰蒙遜自率衆二萬攻之三面起堤以水灌城恂遣壯
士一千連版爲橋潛欲決隄蒙遜勒兵逆戰屠其城士業子重耳
脫身奔于江左仕于宋後歸魏爲恒農太守蒙遜徙翻子寶等
于姑臧歲餘北奔伊吾後歸于魏獨尹氏及諸女死於伊吾玄盛以安
帝隆安四年立至宋少帝景平元年滅據河右凡二十四年
史臣曰王者受圖咸資世德猶混成之先大帝若一氣之生兩儀是

以中陽勃興資豢龍之構趾景亳垂統本吞鷰之開基涼武昭王
英姿傑出運陰陽而緯武應變之道如神吞日月以經天成物之
功若歲故能懷荒弭暴開國化家宅五郡以稱藩屈三分而奉順
若乃詩襃秦仲後嗣建削平之業頌美公劉末孫興配天之祚或發
迹於汧渭或布化于邠岐覆蕢創元天之基疏涓開環海之宅彼既
有漸此亦同符是知景命攸歸非一朝之可致累功積慶其所由來
遠矣
贊曰武昭英𡕟忠勇霸世王室雖微乃誠无替遺黎飲德絕壤懷音
積祉丕基克昌來裔

列傳第五十七　　晉書八十七

列傳第五十八　晉書八十八　御撰

孝友　李密　盛彦　夏方　王裒　許孜
庾袞　孫晷　顔含　劉殷　王延
王談　桑虞　何琦　吳逵

大矣哉孝之爲德也分渾元而立體道貫三靈資品彙以順名功苞萬象用之于國動天地而降休徵行之于家感鬼神而昭景福若乃博施備物尊仁安義柔色承顔怡怡盡樂擊鮮就養亹亹忘劬集包思藝黍之勤循陔有採蘭之詠事親之道也屬屬如在哀哀罔極聚薪流慟銜索興嗟灑風樹以隤心頫寒泉而沬泣追遠之情也奮德莅仕正務移官居高匪危在醜无争恊修升以匡化懷履冰而砥節立身之行也是以閔曾翼翼遵六教而緝貞規蔡董烝烝弘七體而垂令迹亦有至誠上感明祇下贊郭巨致錫金之慶陽雍標蒔玉之祉烏馴丹羽巢叔和之室鹿呈白毦擾功文之廬然則因被孝慈而生友悌理在兼綜義歸一揆夫天倫之重共氣分形心睽則葉穎荆枝性合則華承棣萼乃有推肥代瘦狗急難之情讓果同衾盡懽愉之致緬窺湘素載流塵躅者與晉氏始自中朝逮于江左雖百六之災遄及而君子之道未消孝悌名流猶爲繼踵王偉元之行已許季義之立節夏方盛彦體至性以馳芬庾袞顔含篤友于而宣範自餘羣士咸標懿德採其遺絢足厲澆風故著孝友篇以續前史云耳

李密字令伯犍爲武陽人也一名虔父早亡母何氏改醮密時年數歲感戀彌至烝烝之性遂以成疾祖母劉氏躬自撫養密奉事以孝謹聞劉氏有疾則涕泣側息未嘗解衣飲膳湯藥必先嘗後進有暇則講學忘疲而師事譙周周門人方之游夏少仕蜀爲郎數使吳有才辯吳人稱之蜀平泰始初詔徵爲太子洗馬密以祖母年高无人奉養遂不應命乃上疏曰臣以險釁夙遭閔凶生孩六月慈父見背行年四歲舅奪母志祖母劉愍臣孤弱躬親撫養臣少多疾病九歲不行零丁辛苦至于成立既无伯叔終鮮兄弟門衰祚薄晚有兒息外无期功强近之親內无應門五尺之童煢煢孑立形影相弔而劉早嬰疾病常在牀蓐臣侍湯藥未嘗廢離自奉聖朝沐浴清化前太守臣逵察臣孝廉後刺史臣榮舉臣秀才臣以供養无主辭不赴命明詔特下拜臣郎中尋蒙國恩除臣洗馬猥以微賤當侍東宮非臣隕首所能上報臣具以表聞辭不就職詔書切峻責臣逋慢郡縣逼迫催臣上道州司臨門急於星火臣欲奉詔奔馳則劉病日篤苟狥私情則告訴不許臣之進退實爲狼狽伏惟聖朝以孝治天下凡在故老猶蒙矜卹況臣孤苦尫羸之極且臣少仕僞朝歷職郎署本圖宦達不矜名節今臣亡國賤俘至微至陋猥蒙拔擢寵命殊私豈敢盤桓有所希冀但以劉日薄西山氣息奄奄人命危淺朝不慮夕臣无祖母无以至今日祖母无臣无以終餘年母孫二人更相爲命是以私情區區不敢棄遠臣密今年四十有四祖母劉今年九十有六是臣盡節於陛下之日長而報養劉之日短也烏鳥私情願乞終養臣之辛苦非但蜀之人士及二州牧伯之所明知皇天后土實所鑒見伏願陛下矜愍愚誠聽臣微志庶劉僥倖保卒餘年臣生當隕身死當結草帝覽之曰士之有名不虛然哉乃停召後劉終服闋復以洗馬徵至洛司空張華問之曰安樂公何如密曰可次齊桓華問其故對曰齊桓得管仲而霸用豎刁而蟲流安樂公得諸葛亮而抗魏任黃皓而喪國是知成敗一也次問孔明言教何碎密曰昔舜禹皐陶相與語故得簡大雅誥與凡人言宜碎孔明與言者无已敵言教是以碎耳華善之出爲溫令而憎疾從事嘗與人書曰慶父不死魯難未已從事白其書司隸司隸以密在縣清慎弗之劾也密有才能常望內轉而朝廷无援乃遷漢中太守自以失分懷怨及賜餞東堂詔密令賦詩末章曰人亦有言有因有緣官无中人不如歸田明明在上斯語豈然武帝忿之於是都官從事奏免密官後卒於家二子賜興賜字宗石少能屬文嘗爲玄鳥賦詞甚美州辟別駕舉秀才未行而終興字雋石亦有文才刺史羅尚辟別駕尚爲李雄所攻使興詣鎮南將軍劉弘求救興因願留爲弘參軍而不還尚白弘即奪

其手版而遣之興之在弘府弘立諸葛孔明羊叔子碣使興俱爲之文甚有辭理

盛彥字翁子廣陵人也少有異才年八歲詣吳太尉戴昌昌贈詩以觀之彥於坐答之辭甚慷慨母王氏因疾失明彥每言及未嘗不流涕於是不應辟召躬自侍養母食必自哺之母既疾久至于婢使數見捶撻婢忿恨伺彥暫行取蠐螬炙飴之母食以爲美然疑是異物密藏以示彥彥見之抱母慟哭絕而復蘇母目豁然即開從此遂愈彥仕吳至中書侍郎吳平陸雲薦之於刺史周浚本邑大中正劉頌又舉彥爲小中正太康中卒

夏方字文正會稽永興人也家遭疫癘父母伯叔羣從死者十三人方年十四夜則號哭晝則負土十有七載葬送得畢因廬于墓側種植松栢烏鳥猛獸馴擾其旁吳時拜仁義都尉累遷五官中郎將朝會未嘗乘車行必讓路吳平除高山令百姓有罪應加捶撻者方向之涕泣而不加罪大小莫敢犯焉在官三年州舉秀才還家卒年八十七

王裒字偉元城陽營陵人也祖修有名魏世父儀高亮雅直爲文帝司馬東關之役帝問於衆曰近日之事誰任其咎儀對曰責在元帥帝怒曰司馬欲委罪於孤邪遂引出斬之裒少立操尚行己以禮身長八尺四寸容貌絕異音聲清亮辭氣雅正博學多能痛父非命未嘗西向而坐示不臣朝廷也於是隱居教授三徵七辟皆不就廬于墓側旦夕常至墓所拜跪攀栢悲號涕淚著樹樹爲之枯母性畏雷母沒每雷輒到墓曰裒在此及讀詩至哀哀父母生我劬勞未嘗不三復流涕門人受業者並廢蓼莪之篇家貧躬耕計口而田度身而蠶或有助之者不聽諸生密爲刈麥裒遂棄之知舊有致遺者皆不受門人爲本縣所役告裒求屬令裒曰卿學不足以庇身吾德薄不足以蔭卿屬之何益且吾不執筆已四十年矣乃步擔乾飯兒負鹽豉草屩送所役生到縣門徒隨從者千餘人安丘令以爲詣己整衣出迎之裒乃下道至土牛旁磬折而立云門生爲縣所役故來送別因

執手涕泣而去令即放之一縣以爲恥鄉人管彥少有才而未知名裒獨以爲必當自達拔而友之男女各始生便共許爲婚彥後爲西夷校尉卒而葬于洛陽裒後更嫁其女彥弟馥問裒裒曰吾薄志畢願山藪昔嫁姊妹皆遠吉凶斷絕每以此自誓今賢兄子葬父于洛陽此則京邑之人也豈吾結好之本意哉馥曰嫂齊人也當還臨淄裒曰安有葬父河南而隨母還齊用意如此何婚之有北海邴春少立志操寒苦自居負笈游學鄉邑僉以爲邴原復出裒以春性險狹慕名終必不成其後春果无行學業不終有識以此歸之裒常以爲人之所行期於當歸善道何必以所能而責人所不能及洛京傾覆寇盜蜂起親族悉欲移渡江東裒戀墳壠不去賊大盛方行猶思慕不能進遂爲賊所害

許孜字季義東陽吳寧人也孝友恭讓敏而好學年二十師事豫章太守會稽孔沖受詩書禮易及孝經論語學竟還鄉里沖在郡喪亡孜聞問盡哀負擔奔赴送喪還會稽蔬食執役制服三年俄而二親沒柴毀骨立杖而能起建墓于縣之東山躬自負土不受鄉人之助或愍孜羸憊苦求來助孜晝則不逆夜便除之每一悲號鳥獸翔集孜以方營大功乃棄其妻鎮宿墓所列植松栢亘五六里時有鹿犯其松栽孜悲歎曰鹿獨不念我乎明日忽見鹿爲猛獸所殺置於所犯栽下孜悵惋不已乃爲作冢埋於隧側猛獸即於孜前自撲而死孜益歎息又取埋之自後樹木滋茂而无犯者積二十餘年孜乃更娶妻立宅墓次烝烝朝夕奉亡如存鷹雉棲其梁簷鹿與猛獸擾其庭圍交頸同游不相搏噬元康中郡察孝廉不起巾褐終身年八十餘卒于家邑人號其居爲孝順里咸康中太守張虞上疏曰臣聞聖賢明訓存乎舉善褒貶所興不遠千載謹按所領吳寧縣物故人許孜至性孝友立節清峻與物恭讓言行不貳當其奉師則在三之義盡及其喪親實古今之所難咸稱殊類致感猛獸弭害雖臣不及見然備聞斯語竊謂蔡順董黯无以過之孜沒積年其子尚在性行純愨今亦家於墓

側臣以爲玫之履操世所希逮宜標其令跡甄其後嗣以酬旣往以獎方來陽秋傳曰善善及其子孫臣不達大體請臺量議疏奏詔旌表門閭蠲復子孫其子生亦有孝行圖玫像於堂朝夕拜焉

庾袞字叔褒明穆皇后伯父也少履勤儉篤學好問事親以孝稱咸寧中大疫二兄俱亡次兄毗復殆癘氣方熾父母諸弟皆出次于外袞獨留不去諸父兄強之乃曰袞性不畏病遂親自扶持晝夜不眠其間復撫柩哀臨不輟如此十有餘旬疫勢旣歇家人乃反毗病得差袞亦无恙父老咸曰異哉此子守人所不能守行人所不能行歲寒然後知松栢之後凋始疑疫癘之不相染也初袞諸父並貴盛惟父獨守貧約袞躬親稼穡以給供養而執事勤恪與弟子樹籬跪以授條或曰今在隱屏先生何恭之過袞曰幽顯易操非君子之志也父亡作筥賣以養母母見其勤曰我无所食對曰母食不甘袞將何居母感而安之袞前妻荀氏繼妻樂氏皆官族富室及適袞俱棄華麗散資財與袞共安貧苦相敬如賓母終服喪居于墓側

歲大饑藜羹不糝門人欲進其飯者而袞每曰已食莫敢爲設及麥熟獲者已畢而採捃尚多袞乃引其羣子以退曰待其間及其捃也不曲行不旁掇跪而把之則亦大獲又與邑人入山拾橡分夷嶮序長幼推易居難禮无違者或有斬其墓栢莫知其誰乃召鄰人集于墓而自責焉因叩頭泣涕謝祖禰曰德之不修不能庇先人之樹袞之罪也父老咸亦爲之垂泣自後人莫之犯撫諸孤以慈奉諸寡以仁事加于厚而教之義方使長者體其行幼者忘其孤孤甥郭秀比諸子姪衣食而每先之孤兄女曰芳將嫁美服旣具袞乃刈荆苕爲箕箒召諸子集之于堂男女以班命芳曰芳乎汝少孤汝逸汝豫不汝疵瑕今汝適人將事舅姑灑掃庭内婦之道也故賜汝此匪器之爲美欲温恭朝夕雖休勿休也而以舊宅與其長兄子賡翁及翁卒袞哀其早孤痛其成人而未娶乃撫柩長號哀感行路聞者莫不垂涕初袞父誡袞以酒每醉輙自責曰余廢先父之誡其何以訓人乃於父墓前自杖三十鄉人褚德逸者善事其親老而

不倦袞每拜之嘗與諸兄過邑人陳準兄弟諸兄友之皆拜其母袞獨不拜準弟徽曰子不拜吾親何袞曰未知所以拜也夫拜人之親者將自同於人之子也其義至重袞敢輕之乎遂不拜準徽歎曰古有亮直之士君近之矣君若當朝則社稷之臣歟君若握兵臨大節孰能奪之方今徵聘君實宜之於是鄉黨薦之州郡交命察孝廉舉秀才清白異行皆不降志世遂號之爲異行元康末潁川太守召爲功曹袞服造役之衣杖鍤荷斧不俟駕而行曰請受下夫之役太守飾車而迎袞逡巡辭退請徒行入郡將命者遂逼扶升車納於功曹舍旣而袞自取己車而寢處焉形雖恭而神有不可動之色太守知其不屈乃歎曰非常士也吾何以降之厚爲之禮而遣焉齊王冏之唱義也張弘等肆掠于陽翟袞乃率其同族及庶姓保于禹山是時百姓安寧未知戰守之事袞曰孔子云不教而戰是謂棄之乃集諸羣士而謀曰二三君子相與處于險將以安保親尊全妻孥也古人有言千人聚而不以一人爲主不散則亂矣將若之

何衆曰善今日之主非君而何袞默然有間乃言曰古人急病讓夷不敢逃難然人之立主貴從其命也乃誓之曰无恃險无怙亂无暴鄰无抽屋无樵採人所植无謀非德无犯非義戮力一心同恤危難衆咸從之於是峻險阨杜蹊徑修壁塢樹藩障考功庸計丈尺均勞逸通有无繕完器備量力任能物應其宜使邑推其長里推其賢而身率之分數旣明號令不二上下有禮少長有儀將順其美匡救其惡及賊至袞乃勒部曲整行伍皆持滿而勿發賊挑戰晏然不動且辭焉賊服其慎而畏其整是以皆退如是者三時人語曰所謂臨事而懼好謀而成者其庾異行乎及冏歸于京師踰年不朝袞曰晉室卑矣寇難方興乃攜其妻子適林慮山事其新鄉如其故鄉言忠信行篤敬比及期年而林慮之人歸之咸曰庾賢及石勒攻林慮父老謀曰此有大頭山九州之絶險也上有古人遺迹可共保之惠帝遷于長安袞乃相與登于大頭山而田於其下年穀未熟食木實餌石藥同保安之有終焉之志及將收獲命子怞與之下山中塗目眩

眘墜崖而卒同保赴哭曰天乎獨不可舍我賢乎時人傷之曰庾賢
絶塵避地超然遠迹固窮安陋木食山棲不與世同榮不與人爭利
不免遭命悲夫衮學通詩書非法不言非道不行尊事耆老惠訓
蒙幼臨人之喪必盡哀會人之葬必躬築勞則先之逸則後之言
必行之行必安之是以宗族鄉黨莫不崇仰門人感慕爲之樹碑
焉有四子怞蔑澤捃在澤生故名澤因捃生故名捃蔑後南渡江
中興初爲侍中蔑生顧安成太守

孫晷字文度吳國富春人吳伏波將軍秀之曾孫也晷爲兒童未
嘗被呵怒顧榮見而稱之謂其外祖薛兼曰此兒神用清審志氣
貞立非常童也及長恭孝淸約學識有理義每獨處幽闇之中容
止瞻望未嘗傾邪雖侯家豐厚而晷常布衣蔬食躬親壟畝誦
詠不廢欣然獨得父母愍其如此欲加優饒而夙興夜寐无斁懈
也父母起居嘗饌雖諸兄親饋而晷不離左右富春車道旣少動
經山川父難于風波每行乘籃輿晷躬自扶侍所詣之處則於門
外樹下藩屏之間隱息初不令主人知之兄嘗篤疾經年晷躬自
扶侍藥石甘苦必經心目跋涉山水祈求懇至而聞人之善欣若有
得聞人之惡慘若有失見人饑寒並周贍之鄉里贈遺一无所受親
故有窮老者數人恒往來告索人多猒慢之而晷見之欣敬逾甚
寒則與同衾食則與同器或解衣推被以卹之時年饑穀貴人有
生刈其稻者晷見而避之須去而出旣而自刈送與之鄉鄰感愧莫
敢侵犯會稽虞喜隱居海嵎有高世之風晷欽其德娉喜弟預女
爲妻喜戒女棄華尚素與晷同志時人號爲梁鴻夫婦濟陽江惇
少有高操聞晷學行過人自東陽往候之始面便終日譚宴結
歡而别司空何充爲揚州檄晷爲主簿司徒蔡謨辟爲掾屬並
不就尚書張國明州土之望表薦晷公車特徵會卒時年三十
八朝野嗟痛之晷未及大歛有一老父縕袍草屩不通姓名徑入
撫柩而哭哀聲慷慨感于左右哭止便出容貌甚清眼瞳又方門
者告之喪主怪而追焉直去不顧同郡顧和等百餘人歎其神貌

有異而莫之測也

顔含字弘都琅邪莘人也祖欽給事中父默汝陰太守含少有操
行以孝聞兄畿咸寧中得疾就醫自療遂死于醫家家人迎喪旐
每繞樹而不可解引喪者顛仆稱畿言曰我壽命未死但服藥太多
傷我五臟耳今當復活愼无葬也其父祝之曰若爾有命復生豈非
骨肉所願今但欲還家不爾葬也旐乃解及還其婦夢之曰吾當復
生可急開棺婦頗說之其夕母及家人又夢之即欲開棺而父不聽含
時尚少乃慨然曰非常之事古則有之今靈異至此開棺之痛孰與不
開相負父母從之乃共發棺果有生驗以手刮棺指爪盡傷然氣息甚
微存亡不分矣飲哺將護累月猶不能語飲食所須託之以夢闔家
營視頓廢生業雖在母妻不能无倦矣含乃絶棄人事躬親侍養
足不出户者十有三年石崇重含惇行贈以甘旨含謝而不受或
問其故答曰病者綿昧生理未全旣不能進噉又未識人惠若當
謬留豈施者之意也畿竟不起含二親旣終兩兄繼没次嫂樊氏因疾
失明含課勵家人盡心奉養每日自嘗省藥饌察問息耗必簪屨
束帶醫人疏方應須髯蛇膽而尋求備至无由得之含憂歎累時嘗
晝獨坐忽有一青衣童子年可十三四持一青囊授含含開視乃蛇
膽也童子逡巡出户化成青鳥飛去得膽藥成嫂病即愈由是著名
本州辟不就東海王越以爲太傅參軍出補闓陽令元帝初鎮下邳
復命爲參軍過江以含爲上虞令轉主國郎中丞相東閣祭酒出
爲東陽太守東宮初建含以儒素篤行補太子中庶子遷黄門侍
郎本州大中正歷散騎常侍大司農豫討蘇峻功封西平縣侯拜
侍中除吳郡太守王導問含曰卿今莅名郡政將何先答曰王師
歲動編户虚耗南北權豪競招游食國弊家豐執事之憂且當徵
之勢門使反田桑數年之間欲令户給人足如其禮樂俟之明宰
含所歷簡而有恩明而能斷然以威御下導歎曰顔公在事吳人
歛手矣未之官復爲侍中尋除國子祭酒加散騎常侍遷光祿勳
以年老遜位成帝美其素行就加右光祿大夫門施行馬賜牀帳被

𢓉勅大官四時致膳固辭不受于時論者以王導帝之師傅名位隆重百僚宜爲降禮太常馮懷以問於含含曰王公雖重理无偏敬降禮之言或是諸君事宜鄙人老矣不識時務既而告人曰吾聞伐國不問仁人向馮祖思問佞於我我有邪德乎人嘗論少正卯盗跖其惡孰深或曰正卯雖姦不至剖人充膳盗跖爲甚含曰爲惡彰露人思加戮隱伏之姦非聖不誅由此言之少正爲甚衆咸服焉郭璞嘗遇含欲爲之筮含曰年在天位在人修己而天不與者命也守道而人不知者性也自有性命无勞蓍龜桓温求婚于含含以其盛滿不許惟與鄧攸深交或問江左羣士優劣荅曰周伯仁之正鄧伯道之清卞望之之節餘則吾不知也其雅重行實抑絶浮僞如此致仕二十餘年年九十三卒遺命素棺薄歛謚曰靖喪在殯而隣家失火移棺紼斷火將至而滅僉以爲淳誠所感也三子髦謙約髦歷黄門郎侍中光祿勳謙至安成太守約零陵太守並有聲譽

劉殷字長盛新興人也高祖陵漢光祿大夫殷七歲喪父哀毀過禮服喪三年未曾見齒曾祖母王氏盛冬思堇而不言食不飽者一旬矣殷怪而問之王言其故殷時年九歲乃於澤中慟哭曰殷罪釁深重幼丁艱罰王母在堂无旬月之養殷爲人子而所思无獲皇天后土願垂哀愍聲不絶者半日於是忽若有人云止聲殷收淚視地便有堇生焉因得斛餘而歸食而不減至時堇生乃盡又嘗夜夢人謂之曰西籬下有粟窖而掘之得粟十五鍾銘曰七年粟百石以賜孝子劉殷自是食之七載方盡時人嘉其至性通感競以穀帛遺之殷受而不謝直云待後貴當相酬耳弱冠博通經史綜核羣言文章詩賦靡不該覧性倜儻有濟世之志儉而不随清而不介望之頹然而不可侵也鄉黨親族莫不稱之郡命主簿州辟從事皆以供養无主辭不赴命司空齊王攸辟爲掾征南將軍羊祜召參軍事皆以疾辭同郡張宣子識達之士也勸殷就徵殷曰當今二公有晉之棟楹也吾方希達如椽

椽耳不憑之豈能立乎吾今王母在堂既應他命无容不竭盡臣禮便不得就養子輿所以辭齊大夫良以色養无主故耳宣子曰如子所言豈庸人所識哉而今而後吾子當爲吾師矣遂以女妻之宣子者井州豪族也家富於財其妻怒曰我女年始十四姿識如此何慮不得爲公侯妃而遽以妻劉殷乎宣子曰非爾所及也誡其女曰劉殷至孝冥感兼才識超世此人終當遠達爲世名公汝其謹事之張氏性亦婉順事王母以孝聞奉殷如君父焉及王氏卒殷夫婦毀瘠幾至滅性時柩在殯而西隣失火風勢甚盛殷夫婦叩殯號哭火遂越燒東家後有二白鳩巢其庭樹自是名譽彌顯太傅楊駿輔政備禮聘殷殷以母老固辭駿於是表之優詔遂其高志聽終色養勑所在供其衣食蠲其傜賦賜帛二百匹穀五百斛趙王倫篡位孫秀㚖重殷名以散騎常侍徵之殷逃奔鴈門反齊王冏輔政辟爲大司馬軍諮祭酒既至謂殷曰先王虛心召君君不至今孤辟君君何能屈也殷曰世祖以大聖應期先王以至德輔世既堯舜爲君稷契爲佐故殷希以一夫而距千乘爲不可迴之圖幸邀唐虞之世是以不懼斧鉞之戮耳今殿下以神武睿姿除殘反政然聖迹稍麤嚴威滋肅殷若復爾恐招華士之誅故不敢不至也冏奇之轉拜新興太守明刑旌善甚有政能屬永嘉之亂没於劉聰聰奇其才而擢任之累至侍中太守錄尚書事殷恒戒子孫曰事君之法當務幾諫凡人尚不可面斥其過而況萬乘乎夫犯顔之禍將彰君過宜上思召公咨商之義下念鮑勛觸鱗之誅也在聰之朝與公卿恂恂然常有後己之色士不修操行者无得入其門然滯理不申籍殷而濟者亦已百數有七子五子各授一經一子授太史公一子授漢書一門之内七業俱興北州之學殷門爲盛竟以壽終

王延字延元西河人也九歲喪母泣血三年幾至滅性每至忌日則悲啼一旬繼母卜氏遇之无道恒以蒲穰及敗麻頭與延貯衣其姑聞而問之延知而不言事母彌謹卜氏嘗盛冬思生魚勅延

求而不獲杖之流血延尋汾叩凌而哭忽有一魚長五尺踊出水上
延取以進母卜氏食之積日不盡於是心悟撫延如己生延事親色
養夏則扇枕席冬則以身溫被隆冬盛寒體无全衣而親極滋味
晝則傭賃夜則誦書遂究覽經史皆通大義州郡禮辟貧供養
不起父母終後廬於墓側非其蠶不衣非其耕不食屬天下大亂隨
劉元海遷于平陽農蠶之暇訓誘宗族侃侃不倦家牛生一犢他
人認之延牽而授與初无吝色其人後自知妄認送犢還延叩頭
謝罪延仍以與之不復取也年六十方仕於劉聰稍遷尚書左丞
至金紫光祿大夫聰死後靳準將作亂謀之于延延不從準既誅
劉氏自號漢天王以延爲左光祿大夫延又大罵不受準遂殺之
王談吳興烏程人也年十歲父爲隣人竇度所殺談陰有復讐志
而懼爲度所疑寸刃不畜日夜伺度未得至年十八乃密市利鍤
陽若耕鉏者度常乘船出入經一橋下談伺度行還伏草中度既
過談於橋上以鍤斬之應手而死既而歸罪有司太守孔嚴義

其孝勇列上宥之嚴諸子爲孫恩所害无嗣談乃移居會稽修
理嚴父子墳墓盡其心力後太守孔歆寃其義行元興三年舉
談爲孝廉時稱其得人談不應召終于家
桑虞字子深魏郡黎陽人也父冲有深識遠量惠帝時爲黃門
郎河間王顒執權引爲司馬冲知顒必敗就職一旬便稱疾求退
虞仁孝自天至年十四喪父毀瘠過禮日以米百粒用糝藜藿其
姊諭之曰汝毀瘠如此必至滅性滅性不孝宜自抑割虞曰藜藿
雜米足以勝哀虞有園在宅北數里瓜菓初熟有人踰垣盜之虞
以園援多棘刺恐偷見人驚走而致傷損乃使奴爲之開道及偷
負瓜將出見道通利知虞使除之乃送所盜瓜叩頭請罪虞乃懽
然盡以瓜與之嘗行寄宿逆旅同宿客失脯疑虞爲盜虞默然
无言便解衣償之主人曰此舍數失魚肉雞鴨多是狐狸偷去君
何以疑人乃將脯主至山冢間尋求果得之客求還衣虞投之不
顧虞諸兄仕于石勒之世咸登顯位惟虞恥臣非類陰欲避地海
東會丁母憂遂止哀毀骨立廬于墓側五年後石勒以爲武城令
虞以密邇黃河去海微近將申前志欣然就職石季龍太守劉徵
甚器重之徵遷青州刺史請虞爲長史帶祝阿郡徵遇疾還鄴
令虞監行州府屬季龍死國中大亂朝廷以虞名父之子必能立
功海岱潜遣東莞人華挺授虞寧朔將軍青州刺史虞曰功名
非吾志也乃附使者啓讓刺史靖居海右不交境外雖歷僞朝
而不豫亂世以此高之卒于官虞五世同居閨門邕穆符堅青
州刺史苻朗甚重之嘗詣虞家升堂拜其母時人以爲榮
何琦字萬倫司空充之從兄也祖父龕後將軍父阜淮南內史琦
年十四喪父哀毀過禮性沉敏有識度好古博學居于宣城陽穀
縣事母孜孜朝夕色養常患甘鮮不贍乃爲郡主簿察孝廉除
郎中以選補宣城涇縣令司徒王導引爲參軍不就及丁母憂居
喪泣血杖而後起停柩在殯爲隣火所逼烟焰已交家乏僮使計
无從出乃匍匐撫棺號哭俄而風止火息堂屋一間免燒其精誠

所感如此服闋乃慨然嘆曰所以出身仕者非謂有尺寸之能以
效智力實利微祿私展供養一旦煢然无復恃怙豈可復以朽
鈍之質塵黷清朝哉於是養志衡門不交人事耽翫典籍以琴書
自娛不營產業節儉寡欲豐約與鄉隣共之鄉里遭亂姊没人
家琦惟有一婢便爲購贖然不爲小謙凡有贈遺亦不苟讓但於
己有餘輒復隨而散之任心而行率意而動不占卜无所事司空
陸玩太尉桓溫並辟命皆不就詔徵博士又不起簡文帝時爲撫
軍欽其名行召爲參軍固辭以疾公車再徵通直散騎侍郎散
騎常侍不行由是君子仰德莫能屈也桓溫嘗登琦縣界山喟然
嘆曰此山南有人焉何公眞止足者也琦善養性老而不衰布褐
蔬食恒以述作爲事著三國評論凡所撰錄百許篇皆行于世
年八十二卒
吳逵吳興人也經荒饑疾病合門死者十有三人逵時亦病篤其
喪皆隣里以葦薦裹而埋之逵夫妻既存家極貧窘冬无衣被

晝則傭賃夜燒磚甓晝夜在山未嘗休止遇毒蟲猛獸輒爲之下道期年成七墓十三棺時有賻贈一无所受太守張崇義之以羔鴈之禮禮焉卒於家

史臣曰尊親之道禮經之明訓孝友之義詩人之美談是知人倫之本罔玆攸尚盛翁子立行淳至素蓄異才流慟致其感通含哺申其就養載昌賞其清韻陸雲嘉其茂德王裒隱居不從其辟行己莫踰其禮枯栢以應其誠驚雷以危其慮永言董察異時均美許孜少而敏學禮備在三馴雉棲其梁棟猛獸擾其庭圃居喪之禮寔古今之所難爲庾叔褒不置表於執勤則裕存乎敬業幽顯不易其操疫癘不駭其心急病讓夷之規有古人之風烈矣孫晷之匪懈王談之復讎神人惜其亡良守宥其罪劉殷幼丁艱酷柴毀踰制發三冬之堇賜七年之粟至誠之契義形于玆王延叩冰而召鱗扇席而清暑雖黃香孟宗抑爲倫輩其餘羣子並孝養可崇清風素範高山景行會其宗流同斯志也

贊曰德之所届有感必徵孝哉王許永慕烝烝揮泗凋柏對榥巢馴鷰密彥夏庾夙標至性文度弘都勤修懿行敦彼孝友載光謠詠鳩馴長盛魚薦延元談桑義闡琦吳道存專洞之德咸摛左言

列傳第五十八　晉書八十八

列傳第五十九　　晉書八十九　　御撰

忠義

嵇紹　含　王豹　劉沈　麴允

賈渾　王育　韋忠　辛勉　劉敏

周該　桓雄　韓階　周崎　易雄

樂道融　虞悝　沈勁　吉挹　王諒

宋矩　丁穆　辛恭靖　羅企生　張褘

古人有言君子殺身以成仁不求生以害仁又云非死之難處死之難信哉斯言也是知隕節苟合其宜義夫豈吝其沒捐軀若得其所烈士不愛其存故能守鐵石之深衷厲松筠之雅操見貞心於歲暮標勁節於嚴風赴鼎鑊其如歸履危亡而不顧書名竹帛畫象丹青前史以為美談後來仰其徽烈者也晉自元康之後政亂朝昏禍難荐興艱虞孔熾遂使奸凶放命戎狄交侵函夏沸騰蒼生塗炭干戈日用戰爭方興雖背恩忘義之徒不可勝載而蹈節輕生之士无乏於時至若嵇紹之衞難乘輿卞壼亡軀鋒鏑桓雄之義高田叔周崎之節邁解揚羅丁致命于舊君辛吉恥臣于戎虜張褘引鴆以全節王諒斷臂以厲忠莫不志烈秋霜精貫白日足以激清風于萬古厲薄俗于當年者歟所謂亂世識忠臣斯之謂也卞壼劉超鍾雅周虓等已入列傳其餘即敘其行事以為忠義傳用旌晉氏之有人焉

嵇紹字延祖魏中散大夫康之子也十歲而孤事母孝謹以父得罪靖居私門山濤領選啓武帝曰康誥有言父子罪不相及嵇紹賢侔郤缺宜加旌命請為祕書郎帝謂濤曰如卿所言乃堪為丞何但郎也乃發詔徵之起家為祕書丞紹始入洛或謂王戎曰昨於稠人中始見嵇紹昂昂然如野鶴之在雞羣戎曰君復未見其父耳累遷汝陰太守尚書左僕射裴頠亦深器之每曰使延祖為吏部尚書可使天下无復遺才矣沛國戴晞少有才智與紹從子含相友善時人許以遠致紹以為必不成器晞後為司州主簿以无行被斥州黨稱紹有知人之明轉豫章內史以母憂不之官服闋拜徐州刺史時石崇為都督性雖驕暴而紹將之以道崇甚親敬之後以長子喪去職元康初為給事黃門侍郎時侍中賈謐以外戚之寵年少居位潘岳杜斌等皆附託焉謐求交於紹紹距而不答及謐誅紹時在省以不阿比凶族封弋陽子遷散騎常侍領國子博士太尉廣陵公陳準薨太常奏謚紹駁曰謚號所以垂之不朽大行受大名細行受細名文武顯於功德靈厲表于闇蔽自頃禮官協情謚不依本準謚為過宜謚曰繆事下太常時雖不從朝廷憚焉趙王倫篡位署為侍中惠帝復阼遂居其職司空張華為倫所誅議者追理其事欲復其爵紹又駁之曰臣之事君當除煩去惑華歷位內外雖粗有善事然闔棺之責著于遠近兆禍始亂華實為之故鄭討幽公之亂斲子家之棺魯戮隱罪終篇貶翬未忍重戮事已弘矣謂不宜復其爵位理其无罪時帝初反正紹又上疏曰臣聞改前轍者則車不傾革往弊者則政不爽大一統于元首百司役于多士故周文興于上成康穆于下也存不忘亡易之善義願陛下无忘金墉大司馬无忘潁上大將軍无忘黃橋則禍亂之萌无由而兆矣齊王冏既輔政大興第舍驕奢滋甚紹以書諫曰夏禹以卑室稱美唐虞以茅茨顯德豐屋蔀家无益危亡竊承毀敗太樂以廣第舍興造功力為三王立宅此豈今日之先急哉今大事始定萬姓顒顒咸待覆潤宜省起造之煩深思謙損之理復主之勳不可棄矣矢石之殆不可忘也冏雖謙順以報之而卒不能用紹嘗詣冏諮事遇冏讌會召董艾葛旟等共論時政艾言於冏曰嵇侍中善於絲竹公可令操之左右進琴紹推不受冏曰今日為懽卿何吝此邪紹對曰公匡復社稷當軌物作則垂之于後紹雖虛鄙忝備常伯腰紱冠冕鳴玉殿省豈可操執絲竹以為伶人之事若釋公服從私宴所不敢辭也冏大慚艾等不自得而退頃之以公事免冏以為左司馬旬日冏被

誅初兵交紹奔散赴宮有持弩在東閤下者將射之遇有殿中將兵蕭隆見紹姿容長者疑非凡人趣前拔箭於此得免遂還滎陽舊宅尋徵爲御史中丞未拜復爲侍中河間王顒成都王穎舉兵向京都以討長沙王乂大駕次于城東乂宣言於衆曰今日西討欲誰爲都督乎六軍之士皆曰願嵇侍中戮力前驅死猶生也遂拜紹使持節平西將軍屬乂被執紹復爲侍中公王以下皆詣鄴謝罪於穎紹等咸見廢黜免爲庶人尋而朝廷復有北征之役徵紹復其爵位紹以天子蒙塵承詔馳詣行在所值王師敗績于蕩陰百官及侍衛莫不散潰唯紹儼然端冕以身捍衛兵交御輦飛箭雨集紹遂被害于帝側血濺御服天子深哀歎之及事定左右欲浣衣帝曰此嵇侍中血勿去初紹之行也侍中秦準謂曰今日向難卿有佳馬否紹正色曰大駕親征以正伐逆理必有征無戰若使皇輿失守臣節有在駿馬何爲聞者莫不歎息及張方逼帝遷長安河間王顒表贈紹司空進爵爲公會帝還洛陽事遂未行東海王越屯許路經滎陽過紹墓哭之悲慟刊石立碑又表贈官爵帝乃遣使册贈侍中光祿大夫加金章紫綬進爵爲侯賜墓田一頃客十户祠以少牢元帝爲左丞相承制以紹死節事重而贈禮未副勳德更表贈太尉祠以太牢及帝即位賜謚曰忠穆復加太牢之祠紹誕于行己不飾小節然曠而有檢通而不雜與從子含等五人共居撫卹如所同生門人故吏思慕遺愛行服墓次畢三年者三十餘人長子眒翰以无兄弟自表還本宗太元中孝武帝詔曰褒德顯仁哲王令典故太尉忠穆公執德高邈在否彌宣貞潔之風義著千載每念其事愴然傷懷忠貞之胤蒸嘗宜遠所以大明至節崇獎名教可訪其宗族襲爵主祀於是復以翰孫曠爲弋陽侯

含字君道祖喜徐州刺史父蕃太子舍人含好學能屬文家在鞏縣亳丘自號亳丘子門曰歸厚之門室曰慎終之室楚王瑋辟爲掾瑋誅坐免舉秀才除郎中時弘農王粹以貴公子尚主館宇甚盛圖莊周于室廣集朝士使含爲之讚含援筆爲弔文文不加點其序曰帝壻王弘遠華池豐屋廣延賢彦圖莊生垂綸之象記先達辭聘之事畫眞人于刻桷之室載退士於進趣之堂可謂託非其所可弔不可讚也其辭曰邁矣莊周天縱特放大塊授其生自然資其量器虛神清窮玄極曠人僞俗季眞風既散野无訟屈之聲朝有爭寵之歎上下相陵長幼失貫於是借玄虛以助溺引道德以自獎户詠恬曠之辭家畫老莊之象今王生沉淪名利身尚帝女連耀三光有出无處池非巖石之溜宅非茅茨之宇馳屈産于皇衢畫茲象其焉取嗟乎先生高跡何局生處巖岫之居死寄彫楹之屋託非其所没有餘辱悼大道之湮晦遂含悲而吐曲粹有愧色齊王冏辟爲征西參軍襲爵武昌鄉侯長沙王乂召爲驃騎記室督尚書郎又與成都王穎交戰穎軍轉盛尚書郎旦出督戰夜還理事含言于乂曰昔魏武

每有軍事增置掾屬青龍二年尚書令陳矯以有軍務亦奏增郎今奸逆四逼王路擁塞倒懸之急不復過此但居曹理事尚須增郎況今都官中騎三曹晝出督戰夜還理事一人兩役内外廢乏含謂今有十萬人都督各有主帥推轂授綏委付大將不宜復令臺僚雜與其間乂從之乃增郎及令史懷帝爲撫軍將軍以含爲從事中郎惠帝北征轉中書侍郎及蕩陰之敗含走歸滎陽永興初除太弟中庶子西道阻閡未得應召范陽王虓爲征南將軍屯許昌復以含爲從事中郎尋授振威將軍襄城太守虓爲劉喬所破含奔鎮南將軍劉弘於襄陽弘待以上賓之禮含性通敏好薦達才賢常欲崇趙武之諡加臧文之罪屬陳敏作亂江揚震蕩南越險遠而廣州刺史王毅病卒弘表含爲平越中郎將廣州刺史假節未發會弘卒時或欲留含領荆州含性剛躁素與弘司馬郭勱有隙勱疑含將爲己害夜掩殺之時年四十四懷帝即位謚曰憲

王豹順陽人也少而抗直初爲豫州別駕齊王冏爲大司馬以豹爲主簿冏驕縱失天下心豹致牋於冏曰豹聞王臣謇謇匪躬之故將以安主定時保存社稷者也是以爲人臣而欺其君者刑罰不足以爲誅爲人主而逆其諫者靈厲不足以爲謚伏惟明公虛心下士開懷納善款誠以著而逆耳之言未入於聽豹伏思晉政漸缺始自元康以來宰相在位未有一人獲終乃事勢使然未爲輙有不善也今公赴平禍亂安國定家故復因前傾敗之法尋中間覆車之軌欲冀長存非所敢聞今河間樹根於關右成都盤桓於舊魏新野大封于江漢三面貴王各以方剛強盛並興戎馬處險害之地且明公興義討逆功蓋天下聖德光茂名震當世今以難賞之功挾震主之威獨據京都專執大權進則亢龍有悔退則蔾蒺生庭冀此求安未知其福敢以淺見陳寫愚情昔武王伐紂封建諸侯爲二伯自陝以東周公主之自陝以西召公主之及至其末霸國之世不過數州之地四海強兵不敢入闚九鼎所以然者天下習於所奉故也今誠能尊用周法以成都爲北州伯統河北之王侯明公爲南州伯以攝南土之官長各因本職出居其方樹德於外盡忠於內歲終率所領而貢於朝簡良才命賢儁以爲天子百官則四海長寧萬國幸甚明公之德當與周召同其至美危敗路塞社稷可保願明公思高祖納婁敬之策悟張良躡足之謀遠臨深之危保泰山之安若合聖思宛許可都也書入无報豹重牋曰豹書御以來十有二日而聖旨高遠未垂採察不賜一字之令不勅可否之宣蓋霸王之神寶安危之秘術不可須臾而忽者也伏思明公挾大功抱大名懷大德執大權此四大者域中所不能容賢聖所以戰戰兢兢日昃不暇食雖休勿休者也昔周公以武王爲兄成王爲君伐紂有功以親輔政執德弘深聖恩博遠至忠至仁至孝至敬而攝事之日四國流言離主出奔居東三年賴風雨之變成王感悟若不遭皇天之應神人之察恐公旦之禍未知所恨也至于執政猶與召公分陝爲伯今明公自視功德孰如周公旦元康已來宰相之患危機竊發不及容思密禍潛起輙在呼噏豈復晏然得全生計前鑒不遠公所親見也君子不有遠慮必有近憂憂至乃悟悔无所及也今若從豹此策皆遣王侯之國北與成都分河爲伯成都在鄴明公都宛規方千里以與圻內侯伯子男小大相率結好要盟同獎皇家貢御之法一如周典若合聖規可先旨與成都共論雖以小才願備行人昔厮養燕趙之微者耳百里奚秦楚之商人也一開其說兩國以寧況豹雖陋大州之綱紀加明公起事險難之主簿也故身雖輕其言未必否也冏令曰得前後白事具意輙別思量也會長沙王乂至于冏案上見豹牋謂冏曰小子離間骨肉何不銅駞下打殺冏既不能嘉豹之策遂納乂言乃奏豹曰臣忿奸凶肆逆皇祚顛墜與成都長沙新野共興義兵安復社稷唯欲戮力皇家與親親宗室腹心從事此臣夙夜自誓无負神明主簿王豹比有白事敢造異端謂臣忝備宰相必遘危害慮在旦

不祥之聲可蹻足而待欲臣與成都分陝爲伯盡出蕃王上誣聖朝鑒御之威下長妖惑疑阻衆心噂𠴲背憎巧賣兩端訕上謗下讒內間外遘惡導奸坐生猜嫌昔孔丘匡魯乃誅少正子產相鄭先戮鄧析誠以交亂名實若趙高詭怪之類也豹爲臣不忠不順不義輙勅都街考竟以明邪正豹將死曰懸吾頭大司馬門見兵之攻齊也衆庶冤之俄而冏敗

劉沈字道眞燕國薊人也世爲北州名族少仕州郡博學好古太保衛瓘辟爲掾領本邑大中正敦儒道愛賢能進霍原爲二品及申理張華皆辭旨明峻爲當時所稱齊王冏輔政引爲左長史遷侍中于時李流亂蜀詔沈以侍中假節統益州刺史羅尚梁州刺史許雄等以討流行次長安河間王顒請留沈爲軍司遣席薳代之後領雍州刺史及張昌作亂詔顒遣沈將州兵萬人征西府五千人自藍田關以討之顒不奉詔沈自領州兵至藍田顒又逼奪其衆長沙王乂命沈將武吏四百人還州張方既逼京都王

師屢敗王湖祖逖言於乂曰劉沉忠義果毅雍州兵力足制河間宜啓上詔與沉使發兵襲顒顒窘急必召張方以自救此計之良也乂從之沉奉詔馳檄四境合七郡之衆及守防諸軍塢壁甲士萬餘人以安定太守衛博新平太守張光安定功曹皇甫澹爲先登襲長安顒時頓于鄭縣之高平亭爲東軍聲援聞沉兵起還鎮渭城遣督護虞夔率步騎萬餘人逆沉于好畤接戰夔衆敗顒大懼退入長安果急呼張方沉渡渭而壘顒每遣兵出鬬輒不利沉乘勝攻之使澹博以精甲五千從長安門而入力戰至顒帳下沉軍來遲顒軍見澹等無繼氣益倍馮翊太守張輔率衆救顒橫擊之大戰于府門博父子皆死之澹又被擒顒奇澹壯勇將活之澹不爲之屈於是見殺沉軍遂敗率餘卒屯于故營張方遣其將敦偉夜至沉軍大驚而潰與麾下百餘人南遁爲陳倉令所執沉謂顒曰夫知己之顧輕在三之節重不可違君父之詔量强弱以苟全投袂

之日期之必死菹醢之戮甘之如薺辭義慷慨見者哀之顒怒鞭之而後腰斬有識者以顒干上犯順虐害忠義知其滅亡不久也

麴允金城人也與游氏世爲豪族西州爲之語曰麴與游牛羊不數頭南開朱門北望青樓洛陽傾覆閻鼎等立秦王爲皇太子於長安鼎總攝百揆允時爲安夷護軍始平太守心害鼎功且規權勢因鼎殺京兆太守梁綜乃與綜弟馮翊太守緯等攻鼎走之會雍州刺史賈疋爲屠各所殺允代其任愍帝即尊位以允爲尚書左僕射領軍持節西戎校尉錄尚書事雍州如故時劉曜殷凱趙染數萬衆逼長安允擊破之擒凱於陣曜復攻北地允爲大都督驃騎將軍次于青白城以救之曜聞而轉寇上郡允軍于靈武以兵弱不敢進曜後復圍北地太守麴昌遣使求救允率步騎赴之去城數十里群賊繞城放火煙塵蔽天縱反間詐允曰郡城已陷焚燒向盡无及矣允信之衆懼而潰後數日麴昌突圍赴長安北地遂陷允性仁厚无威斷吳皮王隱之徒无賴凶人皆加重爵新平太守竺恢始平太守楊像扶風太守竺爽安定太守焦嵩皆征鎮杖節加侍中常侍村塢主帥小者猶假銀青將軍之號欲以抚結衆心然諸將驕恣恩不及下人情頗離由是羌胡因此跋扈關中淆亂劉曜復攻長安百姓饑甚死者大半久之城中窘逼帝將出降歎曰誤我事者麴索二公也帝至平陽爲劉聰所幽辱允伏地號哭不能起聰大怒幽之於獄允發憤自殺聰嘉其忠烈贈車騎將軍謚節愍侯

焦嵩安定人初率衆據雍曜之逼京都允告難於嵩嵩素侮允曰須允困當救之及京都敗嵩亦尋爲寇所滅

賈渾不知何郡人也太安中爲介休令及劉元海作亂遣其將喬晞攻陷之渾抗節不降曰吾爲晉守不能全之豈苟求生以事賊虜何面目以視息世間哉晞怒執將殺之晞將尹崧曰將軍舍之以勸事君晞不聽遂害之

王育字伯春京兆人也少孤貧爲人傭牧羊每過小學必歔欷流涕時有暇即折蒲學書忘而失羊爲羊主所責育將鬻己以償之同郡許子章敏達之士也聞而嘉之代育償羊給其衣食使與子同學遂博通經史身長八尺餘鬚長三尺容貌絕異音聲動人子章以兄之子妻之爲立別宅分之資業育受之无愧色然行已任性頗不偶俗妻喪弔之者不過四五人然皆鄉閭名士太守杜宣命爲主簿俄而宣左遷萬年令杜令王攸詣宣宣不迎之攸怒曰卿往爲二千石吾所敬也今吾儕耳何故不見迎欲以小雀遇我使我畏死鷄乎育執刃叱攸曰君辱臣死自昔而然我府君以非罪黜降如日月之蝕耳小縣令敢輕辱吾君汝謂吾刄鈍敢如是乎前將殺之宣懼跣下抱育乃止自此知名司徒王渾辟爲掾除南武陽縣令爲政清約宿盜逃奔他郡遷并州督護成都王穎在鄴又以育爲振武將軍劉元海之爲北單于育說穎曰元海今去育請爲殿下促之不然懼不至也穎然之以育爲破虜將

軍元海遂拘之其後以爲太傅

韋忠字子節平陽人也少慷慨有不可奪之志好學博通性不虛諾閉門修己不交當世每至吉凶親表贈遺一无所受年十二喪父哀慕毀悴杖而後起司空裴秀弔之匍匐號訴哀慟感人秀出而告人曰此子長大必爲佳器歸而命子頠造焉服闋遂廬於墓所頠慕而造之皆託行不見家貧藜藿不充人不堪其憂而忠不改其樂頠爲僕射數言之於司空張華華辟之辭疾不起人問其故忠曰吾茨簷賤士本无宦情且茂先華而不實裴頠慾而无厭棄典禮而附賊后若此豈大丈夫之所宜行邪裴常有心託我常恐洪濤蕩嶽餘波見漂況可臨尾閭而闚沃焦哉太守陳楚迫爲功曹會山羌破郡楚攜子出走賊射之中三創忠冒刃伏楚以身捍之泣曰韋忠願以身代君乞諸君哀之亦遭五矢賊相謂曰義士也舍之忠於是負楚以歸後仕劉聰爲鎮西大將軍平羌校尉討叛羌矢盡不屈節而死

辛勉字伯力隴西狄道人也父洪左衛將軍勉博學有貞固之操懷帝世累遷爲侍中及洛陽陷隨帝至平陽劉聰將署爲光祿大夫勉固辭不受聰遣其黃門侍郎喬度齎藥酒逼之勉曰大丈夫豈以數年之命而虧高節事二姓下見武皇帝哉引藥將飲度遽止之曰主上相試耳君眞高士也歎息而去聰嘉其貞節深敬異之爲築室于平陽西山月致酒米勉亦辭而不受年八十卒勉族弟賓愍帝時爲尚書郎及帝蒙塵於平陽劉聰使帝行酒洗爵欲觀晉臣在朝者意賓起而抱帝大哭聰曰前殺庾珉輩故不足爲戒邪引出遂加害焉

劉敏元字道光北海人也厲己修學不以險難改心好星歷陰陽術數潛心易太玄不好讀史常謂同志曰誦書當味義根何爲費功於浮辭之文易者義之源太玄理之門能明此者即吾師也永嘉之亂自齊西奔同縣管平年七十餘隨敏元而西行及滎陽爲盜所劫敏元已免乃還謂賊曰此公孤老餘年无幾敏元請以身代願諸君舍之賊曰此公與君何親敏元曰同邑人也窮寠无子依敏元爲命諸君若欲役之老不堪使若欲食之復不如敏元乞諸君哀也有一賊瞋目叱敏元曰吾不放此公憂不得汝乎敏元奮劒曰吾豈望生邪當殺汝而後死此公窮老神祇尚當哀矜之吾親非骨肉義非師友但以見投之故乞以身代諸大夫慈惠皆有聽吾之色汝何有靦面目而發斯言顧謂諸盜長曰夫仁義何常寧可失諸君子上當爲高皇光武之事下豈失爲陳項乎當取之由道使所過稱詠威德奈何容畜此人以損盛美當爲諸君除此人以成諸君霸王之業前將斬之盜長遽止之而相謂曰義士也害之犯義乃俱免之後仕劉曜爲中書侍郎太尉長史

周該天門人也性果烈以義勇稱雖不好學而率由名教叔父級爲宜都內史亦忠節士也聞譙王承立義湘州甘卓又不同王敦之舉而書檄不至級謂該曰吾嘗疾王敦挾陵上之心今稱兵構

逆有危社稷之勢譙王宗室之望據方州之重建旗誓衆圖襲武昌甘安南少著勇名士馬器械當今爲盛聞與譙王尅期舉義此乃烈士急病之秋吾致死之時也汝其成吾之志申款于譙王乎該欣然奉命潛至湘州與承相見口陳至誠承大悅會王敦遣其將魏乂圍承甚急該乃與湘州從事周崎間出反命俱爲乂所執考之至死竟不言其故級由是獲免王敦之難

桓雄長沙人也少仕州郡譙王承爲湘州刺史命爲主簿王敦之逆承爲敦將魏乂所執佐吏奔散雄與西曹韓階從事武延並毀服爲僮豎隨承向武昌乂見雄姿貌長者進退有禮知非凡人有畏憚之色因害之

韓階長沙人也性廉謹篤慎爲閭里所敬愛刺史譙王承辟爲議曹祭酒轉西曹書佐及承爲魏乂所執送武昌階與武延等同心隨從在承左右桓雄被害之後二人執志愈固及承遇禍階延親營殯斂送柩還都朝夕哭奠俱葬畢乃還

周崎邵陵人也爲湘州從事王敦之難譙王承使崎求救于外與周該俱爲魏乂偵人所執乂責崎辭情臨以白刃崎曰州將使求援于外本无定指隨時制宜耳乂謂崎曰汝爲我語城中稱大將軍已破劉隗戴若思甘卓住襄陽无復異議三江州郡萬里肅清外援理絶如是者我當活汝崎僞許之旣到城下大呼曰王敦軍敗於于湖甘安南已剋武昌即日分遣大衆來赴此急努力堅守賊今散矣乂於是數而殺之

易雄字興長長沙瀏陽人也少爲縣吏自念卑淺无由自達乃脫幘挂縣門而去因習律令及施行故事交結豪右州里稍稱之仕郡爲主簿張昌之亂也執太守萬嗣將斬之雄與賊爭論曲直賊怒叱使牽雄斬之雄趨出自若賊又呼問之雄對如初如此者三賊乃舍之嗣由是獲免雄遂知名舉孝廉爲州主簿遷別駕自以門寒不宜久處上綱謝職還家後爲舂陵令刺史譙王承旣距王敦將謀起兵以赴朝廷雄承符馳檄遠近列敦罪惡宣募縣境數

日之中有衆千人負糧荷戈而從之承旣固守而湘中殘荒之後城池不完兵資又闕敦遣魏乂李恒攻之雄勉厲所統扞禦累旬士卒死傷者相枕力屈城陷爲乂所虜意氣慷慨神无懼色送到武昌敦遣人以檄示雄而數之雄曰此實有之惜雄位微力弱不能救國之難王室如燬雄安用生爲今日即戮得作忠鬼乃所願也敦憚其辭正釋之衆人皆賀雄笑曰昨夜夢乘車挂肉其傍夫肉必有筋筋者斤也車傍有斤吾其戮乎尋而敦遣殺之當時見者莫不傷惋

樂道融丹陽人也少有大志好學不倦與朋友信每約已而務周給有國士之風爲王敦參軍敦將圖逆謀害朝賢以告甘卓卓以爲不可遲留不赴敦遣道融召之道融雖爲敦佐忿其逆節因說卓曰主上躬統萬機非專任劉隗今慮七國之禍故割湘州以削諸侯而王氏擅權日久卒見分政便謂被奪耳王敦背恩肆逆舉兵伐主國家待君至厚今若同之豈不負義生爲逆臣死爲愚鬼永成宗黨之恥邪君當僞許應命而馳襲武昌敦衆聞之必不戰自散大勳可就矣卓大然之乃與巴東監軍柳純等露檄陳敦過逆率所統致討又遣齎表詣臺卓性不果決且年老多疑遂待諸方同進出軍稽遲至豬口敦聞卓已下兵卓兄子卬時爲敦參軍使卬求和於卓令其旋軍卓信之將旋主簿鄧騫與道融勸卓曰將軍起義兵而中廢爲敗軍之將竊爲將軍不取今將軍之下士卒各求其利一旦而還恐不可得也卓不從道融晝夜涕泣諫卓憂憤而死

虞悝長沙人也弟望字子都並有士操孝悌廉信爲鄉黨所稱而俱好臧否以人倫爲己任少仕州郡兄弟更爲治中別駕元帝爲丞相招延四方之士多辟府掾時人謂之百六掾望亦被召恥而不應譙王承臨州知其名檄悝爲長史未到遭母喪會王敦作逆承往弔悝因留與語曰吾前被詔遣鎭此州正以王敦專擅防其爲禍今敦果爲逆謀吾受任一方欲率所領馳赴朝廷而衆少糧乏

且始到貴州恩信未著卿兄弟南夏之翹儁而智勇遠聞古之墨經即戎況今鯨鯢塞路王室危急安得遂罔極之情忘忠義之節乎如今起事將士器械可以濟不悝望對曰王敦居分陝之任一旦構逆圖危社稷此天地所不容人神所忿疾大王不以猥劣枉駕訪及悝兄弟並受國恩敢不自奮今天朝中興人思晉德大王以宗子之親奉信順而誅有罪孰不荷戈致命但鄙州荒弊糧器空竭舟艦寡少難以進討宜且收衆固守傳檄四方其勢必分然後圖之事可捷也承以爲然乃命悝爲長史望爲司馬督護諸軍湘東太守鄭澹敦之姊夫也不順承旨遣望討之望率衆一旅直入郡斬澹以狥四境及魏乂來攻望每先登力戰而死城破悝復爲乂所執將害之子弟對之號泣悝謂曰人生有死闔門爲忠義鬼亦何恨哉及王敦平贈悝襄陽太守望滎陽太守遣謁者至墓祭以少牢

沈勁字世堅吳興武康人也父充與王敦構逆衆敗而逃爲部曲將

吳儒所殺勁當坐誅鄉人錢舉匿之得免其後竟殺讐人勁少有節操哀父死于非義志欲立勳以雪先恥年三十餘以刑家不得仕進郡將王胡之深異之及遷平北將軍司州刺史將鎮洛陽上疏曰臣當藩衛山陵式遏戎狄雖義督羣心人思自奮然方翦荆棘奉宣國恩艱難急病非才不濟吳興男子沈勁清操著于鄉邦貞固足以幹事且臣今西文武義故吳興人最多若令勁參臣府事者見人旣悅義附亦衆勁父充昔雖得罪先朝然其門戶累蒙曠蕩不審可得特垂沛然許臣所上否詔聽之勁旣應命胡之以疾病解職升平中慕容恪侵逼山陵時冠軍將軍陳祐守洛陽衆不過二千勁自表求配祐效力因以勁補冠軍長史令自募壯士得千餘人以助祐擊賊頻以寡制衆而糧盡援絕祐懼不能保全會賊寇許昌祐因以救許昌爲名興寧三年留勁以五百人守城祐率衆而東會許昌已沒祐因奔崖塢勁志欲致命欣獲死所尋爲恪所攻城陷被執神氣自若恪奇而將宥之其中

軍將軍慕容虔曰勁雖奇士觀其志度終不爲人用今若赦之必爲後患遂遇害恪還從容言於慕容暐曰前平廣固不能濟辟閭今定洛陽而殺沈勁實有愧於四海朝廷聞而嘉之贈東陽太守子赤黔爲大長秋赤黔子叔任義熙中爲益州刺史

吉挹字祖冲馮翊蓮芍人也祖朗愍帝時爲御史中丞西朝不守朗歎曰吾智不能謀勇不能死何忍君臣相隨北面事賊虜乎乃自殺挹少有志節孝武帝初苻堅陷梁益桓豁表挹爲魏興太守尋加輕車將軍領晉昌太守以距堅之功拜員外散騎侍郎苻堅將韋鍾攻魏興挹遣衆距之斬七百餘級加督五郡軍事鍾率衆欲趣襄陽挹又邀擊斬五千餘級鍾怒迴軍圍之挹又屢挫其銳其後賊衆繼至挹力不能抗城將陷引刀欲自殺其友止之曰且苟存以展他計爲計不立死未晚也挹不從友人逼奪其刀會賊執之挹閉口不言不食而死車騎將軍桓冲上言曰故輕車將軍魏興太守吉挹祖朗西臺傾覆隕身守節挹世篤忠孝乃心本朝臣亡兄温昔伐咸陽軍次灞水挹攜將二弟單馬來奔錄其此誠仍加擢授自新野太守轉在魏興久處兵任委以邊戍疆埸歸懷著稱所莅前年狡氐縱逸浮河而下挹孤城獨立衆无一旅外摧凶銳內固津要虜賊舟船俘馘千計而賊并力攻圍經歷時月會襄陽失守邊情沮喪加衆寡勢殊以至陷没挹辭氣慷慨志在不辱杖刃推戈期之以隕將吏持守用不即斃遂乃杜口无言絕粒而死挹參軍史穎近于賊中得齎挹臨終手疏并具說意狀挹之忠志猶在可錄若蒙天地垂曲宥之恩則榮加枯朽惠隆泉壤矣帝嘉之追贈益州刺史

王諒字幼成丹陽人也少有幹略爲王敦所擢參其府事稍遷武昌太守初新昌太守梁碩專威交土迎立陶咸爲刺史咸卒王敦以王機爲刺史碩發兵距機自領交阯太守乃迎前刺史修則子湛行州事永興三年敦以諒爲交州刺史諒將之任敦謂曰修湛梁碩皆國賊也卿至便收斬之諒既到境湛退還九眞廣州刺史

陶侃遣人誘湛來詣諒所諒勑從人不得入閤既前執之碩時在坐曰湛故州將之子有罪可遣不足殺也諒曰是君義故无豫我事即斬之碩怒而出諒陰謀誅碩使客刺之弗尅遂率衆圍諒於龍編陶侃遣軍救之未至而諒敗碩逼諒奪其節諒固執不與遂斷諒右臂諒正色曰死且不畏臂斷何有十餘日憤恚而卒碩據交州凶暴酷虐一境患之竟爲侃軍所滅傳首京都

宋矩字處規敦煌人也慷慨有志節張重華據涼州地以矩爲宛戍都尉石季龍遣將麻秋攻大夏護軍梁式執太守宋晏以城應秋秋遣晏以書致矩矩既至謂秋曰辭父事君當立功與義苟功義不立當守名節矩終不背主覆宗偷生於世先殺妻子自刎而死秋曰義士也命葬之重華嘉其誠節贈振威將軍

車濟字萬度敦煌人也果毅有大量張重華以爲金城令爲石季龍將麻秋所陷濟不爲秋屈秋必欲降之乃臨之以兵濟辭色

不撓曰吾雖才非龐德而受任同之身可殺志不可移乃伏劒而死秋歎其忠節以禮葬之後重華迎致其喪親臨慟哭贈宜禾都尉

丁穆字彥遠譙國人也積功勞封眞定侯累遷爲順陽太守太元四年除振武將軍梁州刺史受詔未發會符堅遣衆寇順陽穆戰敗被執至長安稱疾不仕僞朝堅又傾國南寇穆與關中人士唱義謀襲長安事泄遇害臨死作表以付其妻周其後周得至京師詣闕上之孝武帝下詔曰故順陽太守眞定侯丁穆力屈身陷而誠節彌固直亮壯勁義貫古烈其喪柩始反言尋傷悼可贈龍驤將軍雍州刺史賻賜一依周處故事爲立屋宅并給其妻衣食以終厥身

辛恭靖隴西狄道人也少有器幹才量過人隆安中爲河南太守會姚興來寇恭靖固守百餘日以无救而陷被執至長安興謂之曰朕將任卿以東南之事可乎恭靖厲色曰我寧爲國家鬼不爲羌賊臣興怒幽之別室經三年至元興中誑守者乃踰垣而遁歸于江東安帝嘉之桓玄請爲諮議參軍置之朝首尋而病卒

羅企生字宗伯豫章人也多才藝初拜佐著作郎以家貧親老求補臨汝令刺史王凝之請爲別駕殷仲堪之鎭江陵引爲功曹累遷武陵太守未之郡而桓玄攻仲堪仲堪更以企生爲諮議參軍仲堪多疑少決企生深憂之謂弟遵生曰殷侯仁而无斷事必无成成敗天也吾當死生以之仲堪果走文武无送者唯企生從焉路經家門遵生曰作如此分離何可不執手企生迴馬授手遵生有勇力便牽下之謂曰家有老母將欲何之企生揮淚曰今日之事我必死之汝等奉養不失子道一門之中有忠與孝亦復何恨遵生抱之愈急仲堪於路待之企生遙呼曰生死是同願少見待仲堪見企生无脫理策馬而去玄至荊州人士无不詣者企生獨不往而營理仲堪家或謂之曰玄猜忍之性未能取卿誠節若遂不詣禍必至矣企生正色曰我是殷侯吏見遇以國士爲弟以力見制遂不我從不能共殄醜逆致此奔敗亦何面目復就桓求生乎玄聞之大怒然素待企生厚先遣人謂曰若謝我當釋汝企生曰爲殷荊州吏荊州奔亡存亡未判何顏復謝玄即收企生遣人問欲何言答曰文帝殺嵆康嵆紹爲晉忠臣從公乞一弟以養老母玄許之又引企生於前謂曰吾相遇甚厚何以見負今者死矣企生對曰使君既興晉陽之甲軍次尋陽並奉王命各還所鎭升壇盟誓口血未乾而生奸計自傷力劣不能翦滅凶逆恨死晚也玄遂害之時年三十七衆咸悼焉先是玄以羔裘遺企生母胡氏及企生遇害即日焚裘

張禕吳郡人也少有操行恭帝爲琅邪王以禕爲郎中令及帝踐祚劉裕以禕帝之故吏素所親信封藥酒一甖付禕密令鴆帝禕既受命而歎曰鴆君而求生何面目視息世間哉不如死也因自飲之而死

史臣曰中散以膚受見誅王儀以抗言獲戾時皆可謂死非其罪也偉元恥臣晉室延祖甘赴危亡所由之理雖同所趣之塗即異而並見稱當世垂芳竹帛豈不以君父居在三之極忠孝爲百行之先者乎且褒獨善其身故得全其孝而紹兼濟于物理宜竭其忠可謂蘭桂異質而齊芳韶武殊音而並美或有論紹者以死難獲譏揚搉言之未爲篤論夫君天也天可讎乎安既享其榮危乃違其禍進退无據何以立人嵆生之隕身全節用此道也

贊曰重義輕生亡軀殉節勁松方操嚴霜比烈白刃可陵貞心難折道光振古芳流來哲

列傳第五十九　　晉書八十九

良吏

魯芝　胡威　杜軫　竇允
王宏　曹攄　潘京　范晷
丁紹　喬智明　鄧攸　吳隱之

漢宣帝有言百姓所以安其田里而无歎息愁恨之心者政平訟理也與我共此者其唯良二千石乎此則長吏之官寔爲抚導之本是以東里相鄭西門宰鄴潁川黃霸蜀郡文翁或吏不敢欺或人懷其惠或教移齊魯或政務寬和斯並惇史播其徽音良吏以爲準的有晉肇茲王業光啓霸圖授方任能經文緯武泰始受禪更物君臨纂三葉之鴻基膺百王之大寶勞心庶績垂意黎元申勑守宰之司屢發憂矜之詔辭旨懇切誨諭殷勤欲使直道正身抑末敦本當此時也可謂農安其業吏盡其能者歟而帝寬厚足以君人明威未能厲俗政刑以之私謁賄賂於此公行結綬者以放濁爲通彈冠者以苟得爲貴流遯忘反寖以爲常劉毅抗責官之言當時以爲矯枉察其風俗豈虛也哉爰及惠懷中州鼎沸遂於江左晉政多門元帝比少康之隆處仲爲梗海西微昌邑之罪元子亂常既權偪是憂故羈縻成俗莅職者爲身擇利銓綜者爲人擇官下僚多英雋之才勢位必高門之胄遂使良能之績僅有存焉雖復茂弘以明允贊經綸安石以時宗鎮雅俗然外虞孔熾內難方殷而匡救彌縫方免傾覆弘風革弊彼則未遑今采其政績可稱者以爲良吏傳

魯芝字世英扶風郿人也世有名德爲西州豪族父爲郭汜所害芝繈緥流離年十七乃移居雍耽思墳籍郡舉上計吏州辟別駕魏車騎將軍郭淮爲雍州刺史深敬重之舉孝廉除郎中會蜀相諸葛亮侵隴右淮復請芝爲別駕事平薦于公府辟大司馬曹眞掾轉臨淄侯文學鄭袤薦于司空王朗朗即加禮命後拜騎都尉參軍事行安南太守遷尚書郎曹眞出督關右又參大司

馬軍事眞薨宣帝代焉乃引芝參驃騎軍事轉天水太守郡鄰于蜀數被侵掠戶口減削寇盜充斥芝傾心鎮衛更造城市數年間舊境悉復遷廣平太守天水夷夏慕德老幼赴闕獻書乞留芝魏明帝許焉仍策書嘉歎勉以黃霸之美加討寇將軍曹爽輔政引爲司馬芝屢有讜言嘉謀爽弗能納及宣帝起兵誅爽芝率餘衆犯門斬關馳出赴爽勸爽曰公居伊周之位一旦以罪見黜雖欲牽黃犬復可得乎若挾天子保許昌仗大威以羽檄徵四方兵孰敢不從捨此而去欲就東市豈不痛哉爽懦惑不能用遂委身受戮芝坐爽下獄當死而口不訟直志不苟免宣帝嘉之赦而不誅俄而起爲使持節領護匈奴中郎將振威將軍并州刺史以綏緝有方遷大鴻臚高貴鄉公即位賜爵關內侯邑二百戶毋丘儉平隨例增邑二百戶拜揚武將軍荊州刺史諸葛誕以壽春叛文帝奉魏帝出征徵兵四方芝率荊州文武以爲先驅誕平進爵武進亭侯又增邑九百戶遷大尚書掌刑理常道鄉公即位進爵鄴城鄉侯又增邑八百戶遷監青州諸軍事振武將軍青州刺史轉平東將軍五等建封陰平伯武帝踐阼轉鎮東將軍進爵爲侯帝以芝清忠履正素无居宅使軍兵爲作屋五十間芝以年及懸車告老遜位表十餘上於是徵爲光祿大夫位特進給吏卒門施行馬羊祜爲車騎將軍乃以位讓芝曰光祿大夫魯芝潔身寡欲和而不同服事華髮以禮終始未蒙此選臣更越之何以塞天下之望上不從其爲人所重如是泰始九年卒年八十四帝爲舉哀賵贈有加謚曰貞賜塋田百畝

胡威字伯武一名貔淮南壽春人也父質以忠清著稱少與鄉人蔣濟朱績俱知名於江淮間仕魏至征東將軍荊州刺史威早厲志尚質之爲荊州也威自京都定省家貧无車馬僮僕自驅驢單行每至客舍躬放驢取樵炊爨食畢復隨侶進道既至見父停廐中十餘日告歸父賜絹一疋爲裝威曰大人清高不審於何得此絹質曰是吾俸祿之餘以爲汝糧耳威受之辭歸質帳下

都督先威未發請假還家陰資裝於百餘里要威爲伴每事佐助行數百里威疑而誘問之既知乃取所賜絹與都督謝而遣之後因他信以白質質杖都督一百除吏名其父子清慎如此於是名譽著聞拜侍御史歷南鄉侯安豐太守遷徐州刺史勤于政術風化大行後入朝武帝語及平生因歎其父清謂威曰卿孰與父清對曰臣不如也帝曰卿父以何爲勝耶對曰臣父清恐人知臣清恐人不知是臣不及遠也帝以威言直而婉謙而順累遷監豫州諸軍事右將軍豫州刺史入爲尚書加奉車都尉威嘗諫時政之寬帝曰尚書郎以下吾无所假借威曰臣之所陳豈在丞郎令史正謂如臣等輩始可以肅化明法耳拜前將軍監青州諸軍事青州刺史以功封平春侯太康元年卒于位追贈使持節都督青州諸軍事鎮東將軍餘如故謚曰烈子奕嗣奕字次孫仕至平東將軍威弟羆字季象亦有幹用仕至益州刺史安東將軍

杜軫字超宗蜀郡成都人也父雄綿竹令軫師事譙周博涉經書州辟不就爲郡功曹史時鄧艾至成都軫白太守曰今大軍來征必除舊布新明府宜避之此全福之道也太守乃出艾果遣其參軍牽弘自之郡弘問軫前守所在軫正色對曰前守達去就之機輒自出官舍以俟君子弘器之命復爲功曹軫固辭察孝廉除建寧令導以德政風化大行夷夏悅服秩滿將歸羣蠻追送賂遺甚多軫一无所受去如初至又除池陽令爲雍州十一郡最百姓生爲立祠得罪者无怨言累遷尚書郎軫博聞廣涉奏議駁論多見施用時涪人李驤亦爲尚書郎與軫齊名每有論議朝廷莫能踰之號蜀有二郎軫後拜犍爲太守甚有聲譽當遷會病卒年五十一子毗毗字長基州舉秀才成都王穎辟大將軍掾遷尚書郎參太傅軍事及洛陽覆沒毗南渡江王敦表爲益州刺史將與宜都太守柳純共固白帝杜弢遣軍要毗遂遇害毗弟秀字彥頴爲羅尚主簿州沒爲氐賊李驤所得

欲用爲司馬秀不受見害毗次子歆舉秀才軫弟烈明政事察孝廉歷平康安陽令所居有異績遷衡陽太守聞軫亡因自表兄子幼弱求去官詔轉犍爲太守蜀土榮之後遷湘東太守爲成都王穎郎中令病卒烈弟良舉秀才除新都令涪陵太守不就補州大中正卒

竇允字雅始平人也出自寒門清尚自脩少仕縣稍遷郡主簿察孝廉除浩亹長勤於爲政勸課田蠶平均調役百姓賴之遷謁者泰始中詔曰當官者能潔身脩己然後在公之節乃全身善有章雖賤必賞此興化立教之務也謁者竇允前爲浩亹長以修勤清白見稱河右是輩當擢用使立行者有所勸主者詳復參訪有以表之拜臨水令克己厲俗改修政事士庶悅服咸歌詠之遷鉅鹿太守甚有政績卒於官

王宏字正宗高平人魏侍中粲之從孫也魏時辟公府累遷尚書郎歷給事中泰始初爲汲郡太守抚百姓如家耕桑樹藝屋宇阡陌莫不躬自教示曲盡事宜在郡有殊績司隸校尉石鑒上其政術武帝下詔稱之曰朕惟人食之急而懼天時水旱之運夙夜警戒念在於農雖詔書屢下勑厲殷勤猶恐百姓廢惰以損生植之功而刺史二千石百里長吏未能盡勤至使地有遺利而人有餘力每思聞監司糾舉能不將行其賞罰以明沮勸今司隸校尉石鑒上汲郡太守王宏勤恤百姓導化有方督勸開荒五千餘頃而熟田常課頃畝不減比年普饑人不足食而宏郡界獨无匱乏可謂能矣其賜宏穀千斛布告天下咸使聞知俄遷衛尉河南尹大司農无復能名更爲苛碎坐桎梏罪人以泥墨塗面置深坑中餓不與食又擅縱五歲刑以下二十一人爲有司所劾帝以宏累有政績聽以贖罪論太康中代劉毅爲司隸校尉於是檢察士庶使車服異制庶人不得衣紫絳及綺繡錦繢帝常遣左右微行觀察風俗宏緣此復遣吏科檢婦人袒服至褰發於路論者以爲暮年謬妄由是獲譏於世復坐免官後起爲尚書太康五年卒追贈太常

曹攄字顏遠譙國譙人也祖肇魏衛將軍攄少有孝行好學善屬文太尉王衍見而器之調補臨淄令縣有寡婦養姑甚謹姑以其年少勸令改適婦守節不移姑愍之密自殺親黨告婦殺姑官爲考鞫寡婦不勝苦楚乃自誣獄當決適值攄到攄知其有冤更加辨究具得情實時稱其明獄有死囚歲夕攄行獄愍之曰卿等不幸致此非所如何新歲人情所重豈不欲蹔見家邪衆囚皆涕泣曰若得蹔歸死无恨也攄悉開獄出之剋日令還掾吏固爭咸謂不可攄曰此雖小人義不見負自爲諸君任之至日相率而還並无違者一縣歎服號曰聖君入爲尚書郎轉洛陽令仁惠明斷百姓懷之時天大雨雪宮門夜失行馬羣官檢察莫知所在攄使收門士衆官咸謂不然攄曰宮掖禁嚴非外人所敢盜必是門士以燎寒耳詰之果服以病去官復爲洛陽令及齊王冏輔政攄與左思俱爲記室督冏嘗從容問攄曰天子爲賊臣所逼莫有能奮吾率四海義兵興復王室今入輔朝廷匡振時艱或有勸吾還國於卿意如何攄曰蕩平國賊匡復帝祚古今人臣之功未有如大王之盛也然道罔隆而不殺物无盛而不衰非惟人事抑亦天理竊預下問敢不盡情願大王居高慮危在盈思冲精選百官存公屏欲舉賢進善務得其才然後脂車秣馬高揖歸藩則上下同慶攄等幸甚冏不納尋轉中書侍郎長沙王乂以爲驃騎司馬乂敗免官因丁母憂惠帝末起爲襄城太守時襄城屢經寇難攄綏懷振理旬月剋復永嘉二年高密王簡鎮襄陽以攄爲征南司馬其年流人王逌等聚衆屯冠軍寇掠城邑簡遣參軍崔曠討之令攄督護曠曠姧凶人也譎攄前戰期爲後繼既而不至攄獨與逌戰于酈縣軍敗死之故吏及百姓並奔喪會葬號哭即路如赴父母焉

潘京字世長武陵漢壽人也弱冠郡辟主簿太守趙廞甚器之嘗問曰貴郡何以名武陵京曰鄙郡本名義陵在辰陽縣界與夷相接數爲所攻光武時移東出遂得全完共議易號傳曰止戈爲武詩稱高平曰陵於是名焉爲州所辟因謁見問策探得不孝字刺史戲京曰辟士爲不孝邪京舉版答曰今爲忠臣不得復爲孝子其機辯皆此類後太廟立州郡皆遣使賀京白太守曰夫太廟立移神主應問訊不應賀遂遣京作文使詣京師以爲永式京仍舉秀才到洛尚書令樂廣京州人也共談累日深歎其才謂京曰君天才過人恨不學耳若學必爲一代談宗京感其言遂勤學不倦時武陵太守戴昌亦善談論與京共談京假借之昌以爲不如己笑而遣之令過其子若思京方極其言論昌竊聽之乃歎服曰才不可假遂父子俱屈焉歷巴丘邵陵泉陵三令京明於政術路不拾遺遷桂林太守不就歸家年五十卒

范晷字彥長南陽順陽人也少遊學清河遂徙家僑居郡命爲五官掾歷河內郡丞太守裴楷雅知之薦爲侍御史調補上谷太守遭喪不之官後爲司徒左長史轉馮翊太守甚有政能善於綏撫百姓愛悅之徵拜少府出爲涼州刺史轉雍州于時西土荒毀氐羌蹈籍田桑失收百姓困弊晷傾心化導勸以農桑所部甚賴之元康中加左將軍卒於官二子廣稚廣字仲將舉孝廉除靈壽令不之官姊適孫氏早亡有孫名邁廣負以南奔雖盜賊艱急終不棄之元帝承制以爲堂邑令丞劉榮坐事當死郡劾以付縣榮即縣人家有老母至節廣輒聽暫還榮亦如期而反縣堂爲野火所焚榮脫械救火事畢還自著械後大旱米貴廣散私穀振饑人至數千斛遠近流寓歸投之戶口十倍卒於官稚少知名辟太將軍掾早卒子汪別有傳

丁紹字叔倫譙國人也少開朗公正早歷清官爲廣平太守政平訟理道化大行于時河北騷擾靡有完邑而廣平一郡四境乂安是以皆悅其法而從其令及臨漳被圍南陽王模窘急紹率郡兵赴之模賴以獲全模感紹恩生爲立碑遷徐州刺史士庶戀慕攀附如歸未之官復轉荊州刺史從車千乘南渡河至許時南陽王模爲都督留紹啓轉爲冀州刺史到鎮率州兵討破汲桑有功加寧北將軍假節監冀州諸軍事時境內羯賊爲患紹捕而誅之

號爲嚴肅河北人畏而愛之紹自以爲才足爲物雄當官莅政每事尅舉視天下之事若運於掌握遂慨然有董正四海之志矣是時王浚盛於幽州苟晞盛於青州然紹視二人蔑如也永嘉年暴疾而卒臨終歎曰此乃天亡冀州豈吾命哉懷帝策贈車騎將軍

喬智明字元達鮮卑前部人也少喪二親哀毁過禮長而以德行著稱成都王穎辟爲輔國將軍穎之敗趙王倫也表智明爲殄寇將軍隆慮共二縣令二縣愛之號爲神君部人張兌爲父報仇母老單身有妻无子智明愍之停其獄歲餘令兌將妻入獄兼陰縱之人有勸兌逃者兌曰有君如此吾何忍累之縱吾得免作何面目視息世間於獄產一男會赦得免其仁感如是惠帝之伐鄴也穎以智明爲折衝將軍參丞相前鋒軍事智明勸穎奉迎乘輿穎大怒曰卿名曉事投身事孤主上爲羣小所逼將加非罪於孤卿奈何欲使孤束手就刑邪共事之義正若此乎智明乃止尋屬永嘉之亂仕於劉曜

鄧攸字伯道平陽襄陵人也祖殷亮直強正鍾會伐蜀奇其才自黽池令召受主簿賈充伐吳請殷爲長史後授皇太子詩爲淮南太守夢行水邊見一女子猛獸自後斷其盤囊占者以爲水邊有女汝字也斷盤囊者新獸頭代故獸頭也不作汝陰當汝南也果遷汝陰太守後爲中庶子攸七歲喪父尋喪母及祖母居喪九年以孝致稱清和平簡貞正寡欲少孤與弟同居初祖父殷有賜官勑攸受之後太守勸攸去王官欲舉爲孝廉攸曰先人所賜不可改也嘗詣鎮軍賈混混以人訟事示攸使決之攸不視曰孔子稱聽訟吾猶人也必也使无訟乎混奇之以女妻焉舉灼然二品爲吳王文學歷太子洗馬東海王越參軍越欽其爲人轉爲世子文學吏部郎越弟騰爲東中郎將請攸爲長史出爲河東太守永嘉末沒于石勒然勒宿忌諸官長二千石聞攸在營馳召將殺之攸至門門幹乃攸爲郎時幹識攸攸求紙筆作辭幹候勒和悅致之勒重其辭乃命勿殺勒長史張賓先與攸比舍重攸名操因稱攸于勒勒召至幕下與語悅之以爲參軍給車馬勒每東西置攸車營中勒夜禁火犯之者死攸與胡鄰轂胡夜失火燒車吏按問胡乃誣攸攸度不可與爭遂對以弟婦散發溫酒爲辭勒赦之既而胡人深感自縛詣勒以明攸而陰遺攸馬驢諸胡莫不歎息宗敬之石勒過泗水攸乃斫壞車以牛馬負妻子而逃又遇賊掠其牛馬步走擔其兒及其弟子綏度不能兩全乃謂其妻曰吾弟早亡唯有一息理不可絕止應自棄我兒耳幸而得存我後當有子妻泣而從之乃棄之其子朝棄而暮及明日攸繫之於樹而去至新鄭投李矩三年將去而矩不聽荀組以爲陳郡汝南太守愍帝徵爲尚書左丞長水校尉皆不果就後密捨矩去投荀組於許昌矩深恨焉久之乃送家屬還攸攸與刁協周顗素厚遂至江東元帝以攸爲太子中庶子時吳郡闕守人多欲之帝以授攸攸載米之郡俸祿无所受唯飲吳水而已時郡中大饑攸表振貸未報乃輒開倉救之臺遣

散騎常侍桓彝虞騤慰勞饑人觀聽善不乃劾攸以擅出穀俄而有詔原之攸在郡刑政清明百姓歡悅爲中興良守後稱疾去職郡常有送迎錢數百萬攸去郡不受一錢百姓數千人留牽攸船不得進攸乃小停夜中發去吳人歌之曰紞如打五鼓雞鳴天欲曙鄧侯挽不留謝令推不去百姓詣臺乞留一歲不聽拜侍中歲餘轉吏部尚書蔬食弊衣周急振乏性謙和善與人交賓无貴賤待之若一而頗敬媚權貴永昌中代周顗爲護軍將軍太寧二年王敦反明帝密謀起兵乃遷攸爲會稽太守初王敦伐都之後中外兵數每月言之於敦攸已出在家不復知護軍事有惡攸者誣攸尚白敦兵數帝聞而未之信轉攸爲太常時帝南郊攸病不能從車駕過攸問疾攸力病出拜有司奏攸不堪行郊而拜道左坐免攸每有進退无喜慍之色久之遷尚書右僕射咸和元年卒贈光祿大夫加金章紫綬祠以少牢攸棄子之後妻不復孕過江納妾甚寵之訊其家屬說是北人遭亂憶父母姓名乃攸之甥攸素有德

行聞之感恨遂不復畜妾卒以无嗣時人義而哀之爲之語曰天道无知使鄧伯道无兒弟子綏服伋喪三年

吳隱之字處默濮陽甄城人魏侍中質六世孫也隱之美姿容善談論博涉文史以儒雅標名弱冠而介立有清操雖日晏歠菽不饗非其粟儋石无儲不取非其道年十餘丁父憂每號泣行人爲之流涕事母孝謹及其執喪哀毁過禮家貧无人鳴鼓每至哭臨之時恒有雙鶴驚叫及祥練之夕復有羣鴈俱集時人咸以爲孝感所至嘗食鹹菹以其味旨掇而棄之與太常韓康伯鄰居康伯母殷浩之姊賢明婦人也每聞隱之哭聲輟飡投箸爲之悲泣既而謂康伯曰汝若居銓衡當舉如此輩人及康伯爲吏部尚書隱之遂階清級解褐輔國功曹轉參征虜軍事兄坦之爲袁眞功曹眞敗將及禍隱之詣桓溫乞代兄命溫矜而釋之遂爲溫所知賞拜奉朝請尚書郎累遷晉陵太守在郡清儉妻自負薪入爲中書侍郎國子博士太子右衛率轉散騎常侍領著作郎孝武帝欲用爲黃門郎以隱之貌類簡文帝乃止尋守廷尉祕書監御史中丞領著作如故遷左衛將軍雖居清顯祿賜皆班親族冬月无被嘗澣衣乃披絮勤苦同於貧庶廣州包帶山海珍異所出一篋之寶可資數世然多瘴疫人情憚焉唯貧窶不能自立者求補長史故前後刺史皆多黷貨朝廷欲革嶺南之弊隆安中以隱之爲龍驤將軍廣州刺史假節領平越中郎將未至州二十里地名石門有水曰貪泉飲者懷无猒之欲隱之既至語其親人曰不見可欲使心不亂越嶺喪清吾知之矣乃至泉所酌而飲之因賦詩曰古人云此水一歃懷千金試使夷齊飲終當不易心及在州清操愈厲常食不過菜及乾魚而已帷帳器服皆付外庫時人頗謂其矯然亦始終不易帳下人進魚每剔去骨存肉隱之覺其用意罰而黜焉元興初詔曰夫孝行篤於闔門清節厲乎風霜實立人之所難而君子之美致也龍驤將軍廣州刺史吳隱之孝友過人祿均九族菲己潔素儉愈魚飧夫處可欲之地而能不改其操饗惟錯之富而家人

不易其服革奢務嗇南域改觀朕有嘉焉可進號前將軍賜錢五十萬穀千斛及盧循寇南海隱之率厲將士固守彌時長子曠之戰沒循攻擊百有餘日踰城放火焚燒三千餘家死者萬餘人城遂陷隱之攜家累出欲奔還都爲循所得循表朝廷以隱之黨附桓玄宜加裁戮詔不許劉裕與循書令遣隱之還久方得反歸舟之日裝无餘資及至數畝小宅籬垣仄陋內外茅屋六間不容妻子劉裕賜車牛更爲起宅固辭尋拜度支尚書太常以竹蓬爲屏風坐无氈席後遷中領軍清儉不革每月初得祿裁留身糧其餘悉分振親族家人績紡以供朝夕時有困絕或并日而食身恒布衣不完妻子不霑寸祿義熙八年請老致事優詔許之授光祿大夫加金章紫綬賜錢十萬米三百斛九年卒追贈左光祿大夫加散騎常侍隱之清操不渝屢被襃飾致事及於身沒常蒙優錫顯贈廉士以爲榮初隱之爲奉朝請謝石請爲衛將軍主簿隱之將嫁女石知其貧素遣女必當率薄乃令移廚帳助其經營使者至方見婢牽犬賣之此外蕭然无辦後至自番禺其妻劉氏齎沉香一斤隱之見之遂投於湖亭之水子延之復厲清操爲鄱陽太守延之弟及子爲郡縣者常以廉愼爲門法雖才學不逮隱之而孝悌潔敬猶爲不替

史臣曰魯芝等建旟剖竹布政宣條存樹威恩沒留遺愛咸見知明主流譽當年若伯武之潔己克勤顏遠之申冤緩獄鄧攸贏糧以述職吳隱酌水以厲清晉代良能此焉爲最而攸弃子存姪以義斷恩若力所不能自可割情忍痛何至預加徽纆絕其奔走者乎斯豈慈父仁人之所用心也卒以絕嗣宜哉勿謂天道无知此乃有知矣世英盡節曹氏犯門斬關宣帝收雷霆之威擬忠貞之烈豈非既已在我欲其罵人者歟

贊曰猗歟良宰嗣美前賢威同御黠靜若烹鮮唯嘗吳水但挹貪泉人風既偃俗化斯遷

列傳第六十　晉書九十

列傳第六十一　晉書九十一　御撰

儒林

范平　文立　陳邵　虞喜
劉兆　氾毓　徐苗　崔遊
范隆　杜夷　董景道　續咸
徐邈　孔衍　范宣　韋謏
范弘之　王歡

昔周德既衰諸侯力政禮經廢缺雅頌陵夷夫子將聖多能固天攸縱歎鳳鳥之不至傷麟出之非時於是乃刪詩書定禮樂贊易道修春秋載籍逸而復存風雅變而還正其後卜商衛賜田吳孫孟之儔或親稟微言或傳聞大義猶能強晉存魯藩魏郤秦既抗禮於邦君亦馳聲於海內及嬴氏慘虐棄德任刑焬墳籍於埃塵填儒林於坑穽嚴是古之法抵挾書之罪先王徽烈靡有孑遺漢祖勃興救焚拯溺粗修禮律未遑俎豆逮于孝武崇尚文儒爰及東京斯風不墜於是傍求蠹簡博訪遺書創甲乙之科擢賢良之舉莫不紆青拖紫服冕乘軒或徒步而取公卿或累旬以膺台鼎故搢紳之士靡然嚮風餘芳遺烈煥乎可紀者也洎當塗草創深務兵權而主好斯文朝多君子鴻儒碩學无乏於時武帝受終憂勞軍國時既初并庸蜀方事江湖訓卒厲兵務農積穀猶復修立學校臨幸辟雍而荀顗以制度贊惟新鄭冲以儒宗登保傅茂先以博物參朝政子貞以好禮居秩宗雖媿明揚亦非遐棄既而荆揚底定區寓乂安羣公草封禪之儀天子發謙冲之詔未足比隆三代固亦擅美一時惠帝纘戎朝昏政弛釁起宮掖禍成藩翰惟懷遠慼喪亂弘多衣冠禮樂掃地俱盡元帝運鍾百六光啓中興賀荀刁杜諸賢並稽古博文財成禮度雖尊儒勸學亟降於綸言東序西膠未聞於弦誦明皇聰叡雅愛流略簡文玄嘿敦悅丘墳乃招集學徒弘獎風烈並時艱祚促未能詳備有晉始自中朝迄于江左莫不崇飾華競祖述虛玄擯闕里

之典經習正始之餘論指禮法為流俗目縱誕以清高遂使憲章弛廢名教頹毀五胡乘間而競逐二京繼踵以淪胥運極道消可為長歎息者矣鄭冲等名位既隆自有列傳其餘編之于左以續前史儒林云

范平字子安吳郡錢塘人也其先銍侯馥避王莽之亂適吳因家焉平研覽墳索遍該百氏姚信賀邵之徒皆從受業吳時舉茂才累遷臨海太守政有異能孫皓初謝病還家敦悅儒學吳平太康中頻徵不起年六十九卒有詔追加諡號曰文貞先生賀循勒碑紀其德行三子奭咸泉並以儒學至大官泉子蔚關內侯家世好學有書七千餘卷遠近來讀者恒有百餘人蔚為辦衣食蔚子文才亦幼知名

文立字廣休巴郡臨江人也蜀時游太學專毛詩三禮師事譙周門人以立為顏回陳壽李虔為游夏羅憲為子貢仕至尚書蜀平舉秀才除郎中泰始初拜濟陰太守入為太子中庶子上表請以諸葛亮蔣琬費禕等子孫流徙中畿宜見叙用一以慰巴蜀之心其次傾吳人之望事皆施行詔曰太子中庶子文立忠貞清實有思理器幹前在濟陰政事修明後事東宮盡輔導之節昔光武平隴蜀皆收其賢才以叙之蓋所以拔幽滯而濟殊方也其以立為散騎常侍蜀故尚書犍為程瓊雅有德業與立深交武帝聞其名以問立對曰臣至知其人但年垂八十稟性謙退無復當時之望不以上聞耳瓊聞之曰廣休可謂不黨矣故吾善夫人也時西域獻馬帝問立馬何如對曰乞問太僕帝善之遷衛尉咸寧末卒所著章奏詩賦數十篇行於世

陳邵字節良東海襄賁人也郡察孝廉不就以儒學徵為陳留內史累遷燕王師撰周禮評甚有條貫行於世泰始中詔曰燕王師陳邵清貞潔靜行著邦族篤志好古博通六籍耽悅典誥老而不倦宜在左右以篤儒教可為給事中卒於官

虞喜字仲寧會稽餘姚人光祿潭之族也父察吳征虜將軍喜

少立操行博學好古諸葛恢臨郡屈爲功曹察孝廉州舉秀才司
徒辟皆不就元帝初鎮江左上疏薦喜懷帝即位公車徵拜博士
不就喜邑人賀循爲司空先達貴顯每詣喜信宿忘歸自云不能測也
太寧中與臨海任旭俱以博士徵不就復下詔曰夫興化致政莫尚乎崇
道教明退素也喪亂以來儒雅陵夷每覽子衿之詩未嘗不慨然臨海
任旭會稽虞喜並絜靜其操歲寒不移研精墳典居今行古志操足
以勵俗博學足以明道前雖不至其更以博士徵之喜辭疾不赴咸
和末詔公卿舉賢良方正直言之士太常華恒舉喜爲賢良會國
有軍事不行咸康初內史何充上疏曰臣聞二八舉而四門穆十亂
用而天下安徽猷克闡有自來矣方今聖德欽明思恢遐烈旌輿
整駕俟賢而動伏見前賢良虞喜天挺貞素高尚邈世束修立德
皓首不倦加以傍綜廣深博聞彊識鑽堅研微有弗及之勤處靜
味道無風塵之志高枕柴門怡然自足宜使蒲輪紆衡以旌殊操
一則翼贊大化二則敦勵薄俗疏奏詔曰尋陽翟湯會稽虞喜並

守道清貞不營世務耽學高尚操擬古人往雖徵命而不降屈
豈素絲難染而搜引禮簡乎政道須賢宜納諸廊廟其並以散
騎常侍徵之又不起永和初有司奏稱十月殷祭京兆府君當遷
祧室征西豫章潁川三府君初毀主內外博議不能決時喜在會
稽朝廷遣就喜諮訪焉其見重如此喜專心經傳兼覽讖緯乃
著安天論以難渾蓋又釋毛詩略注孝經爲志林三十篇凡所
注述數十萬言行於世年七十六卒無子弟豫自有傳
劉兆字延世濟南東平人漢廣川惠王之後也兆博學洽聞溫篤
善誘從受業者數千人武帝時五辟公府三徵博士皆不就安
貧樂道潛心著述不出門庭數十年以春秋一經而三家殊塗諸
儒是非之議紛然互爲讎敵乃思三家之異合而通之周禮有調
人之官作春秋調人七萬餘言皆論其首尾使大義無乖時有
不合者舉其長短以通之又爲春秋左氏解名曰全綜公羊穀
梁解詁皆納經傳中朱書以別之又撰周易訓注以正動二體
互通其文凡所讚述百餘萬言嘗有人著鞾騎驢至兆門外曰吾
欲見劉延世兆儒德道素青州無稱其字者門人大怒兆曰聽
前既進踞牀問兆曰聞君大學比何所作兆荅如上事末云多
有所疑客問之兆說疑畢客曰此易解耳因爲辯釋疑者是
非耳兆別更立意客一難兆不能對客去已出門兆欲留之使
人重呼還客曰親親在此營葬宜赴之後當更來也既去兆令
人視葬家不見此客竟不知姓名兆年六十六卒有五子卓熠
燿有膺
氾毓字稚春濟北盧人也奕世儒素敦睦九族客居青州逮毓
七世時人號其家兒無常父衣无常主毓少履高操安貧有志業
父終居于墓所三十餘載至晦朔躬埽墳壠循行封樹還家則
不出門庭或薦之武帝召補南陽王文學秘書郎太傅參軍並
不就于時青土隱逸之士劉兆徐苗等皆務教授惟毓不蓄門
人清靜自守時有好古慕德者諮詢亦傾懷開誘以三隅示之

合三傳爲之解注撰春秋釋疑肉刑論凡所述造七萬餘言年七
十一卒
徐苗字叔冑高密淳于人也累世相承皆以博士爲郡守曾祖
華有至行嘗宿亭舍夜有神人告之亭欲崩遽出得免祖邵
爲魏尚書郎以廉直見稱苗少家貧晝執鉏耒夜則吟誦弱冠與
弟賈就博士濟南宋鈞受業遂爲儒宗作五經同異評又依道家
著玄微論前後所造數萬言皆有義味性抗烈輕財貴義兼有
知人之鑒弟患口癰膿潰苗爲吮之其兄弟皆早亡撫養孤遺慈
愛聞于州里田宅奴婢盡推與之鄉鄰有死者便輟耕助營棺槨
門生亡於家即斂於講堂其行己純至類皆如此遠近咸歸其義
師其行焉郡察孝廉州辟從事治中別駕舉異行公府五辟博
士再徵並不就武惠時計吏至臺帝輒訪其安不永寧二年卒遺
命濯巾澣衣榆棺雜甎露車載尸葦席瓦器而已
崔遊字子相上黨人也少好學儒術甄明恬靜謙退自少及長口

未嘗語及財利魏末察孝廉除相府舍人出爲氐池長甚有惠政以病免遂爲廢疾泰始初武帝錄叙文帝故府僚屬就家拜郎中年七十餘猶敦學不倦撰喪服圖行於世及劉元海僭位命爲御史大夫固辭不就卒於家時年九十三

范隆字玄嵩鴈門人父方魏鴈門太守隆在孕十五月生而父亡年四歲又喪母哀號之聲感慟行路單孤無緦功之親踈族范廣愍而養之迎歸教書爲立祠堂隆好學修謹奉廣如父博通經籍无所不覽著春秋三傳撰三禮吉凶宗紀甚有條義惠帝時天下將亂隆隱迹不應州辟之命晝勤耕稼夜誦書典頗習秘歷陰陽之學知并州將有氛祲之祥故彌不復出仕與上黨朱紀友善嘗共紀遊山見一父老於窮澗之濱父老曰二公何爲在此隆等拜之仰視則不見後與紀依于劉元海元海以隆爲大鴻臚紀爲太常並封公隆死于劉聰聰贈之太師

杜夷字行齊廬江灊人也世以儒學稱爲郡著姓夷少而恬泊操尚貞素居甚貧窘不營產業博覽經籍百家之書算歷圖緯靡不畢究寓居汝潁之間十載足不出門年四十餘始還鄉里閉門教授生徒千人惠帝時三察孝廉州命別駕永嘉初公車徵拜博士太傅東海王越辟並不就懷帝詔王公舉賢良方正刺史王敦以賀循爲賢良夷爲方正乃上疏曰臣聞有唐疇咨元凱時登漢武欽賢俊彥響應故能允協時雍數崇盛化伏見太孫舍人會稽賀循處士廬江杜夷履道彌高清操絕俗思學融通才經王務循宰二縣皆有名績備僚東宮忠恪允著夷清虛沖淡與俗異軌考槃空谷肥遁匿跡蓋經國之良寶聘命之所急若得待詔公車承對冊問必有忠讜良謨弘益政道矣敦於是逼夷赴洛夷遁於壽陽鎮東將軍周馥傾心禮接引爲參軍夷辭之以疾馥知不可屈乃自詣夷爲起宅宇供其醫藥馥敗夷歸舊居道遇兵寇刺史劉陶告廬江郡曰昔魏文侯軾干木之閭齊相曹參尊崇蓋公皆所以優賢表德敦勵末俗徵士杜君德懋行潔高尚其志頃流離道

路聞其頓躓刺史忝任不能崇飾有道而使高操之士有此艱屯今遣吏宣慰郡可遣一吏縣五吏恒營恤之常以市租供給家人糧廩勿令闕乏尋以胡冦又移渡江王導遣吏周贍之元帝爲丞相教曰今大義頹替禮典无宗朝廷滯義莫能攸正宜特立儒林祭酒官以弘其事處士杜夷棲情遺遠確然絕俗才學精博道行優備其以夷爲祭酒夷辭疾未嘗朝會帝常欲詣夷夷陳寡乘之主不宜往庶人之家帝乃與夷書曰吾與足下雖情在忘言然虛心歷載正以足下羸疾故欲相省甯論常儀也又除國子祭酒建武中令曰國子祭酒杜夷安貧樂道靜志衡門日不暇給雖原憲无以加也其賜穀二百斛皇太子三至夷第執經問義夷雖逼時命亦未嘗朝謁國有大政恒就夷諮訪焉明帝即位夷自表請退詔曰先王之道將墜於地君下帷研思今之劉楊搢紳之徒景仰軌訓豈得高退而朕靡所取則焉大寧元年卒年六十六贈大鴻臚謚曰貞子夷臨終遺命子晏曰吾少不出身頃雖見羈錄冠寫之飾未嘗加體其角巾素衣斂以時服殯葬之事務從簡儉亦不須苟取矯異也夷所著幽求子二十篇行於世晏仕至蒼梧太守夷兄弟三人兄崧字行高亦有志節惠帝時俗多浮僞著任子春秋以刺之弟援高平相援子瞀右衛將軍

董景道字文博弘農人也少而好學千里追師所在惟晝夜讀誦略不與人交通明春秋三傳京氏易馬氏尚書韓詩皆精究大義三禮之義專遵鄭氏著禮通論非駁諸儒演廣鄭旨永平中知天下將亂隱於商洛山衣木葉食樹果彈琴歌笑以自娛毒蟲猛獸皆繞其傍是以劉元海及聰屢徵皆礙而不達至劉曜時出山廬于渭汭曜徵爲太子少傅散騎常侍並固辭竟以壽終

續咸字孝宗上黨人也性孝謹敦重履道貞素好學師事京兆杜預專春秋鄭氏易教授常數十人博覽羣言高才善文論又修陳杜律明達刑書永嘉中歷廷尉平東安太守劉琨承制于并州以爲從事中郎後遂沒石勒勒以爲理曹參軍持法平詳當

時稱其清裕比之于公著遠游志異物志汲冢古文釋皆十卷行于世年九十七死于石季龍之世季龍贈儀同三司

徐邈東莞姑幕人也祖澄之為州治中屬永嘉之亂遂與鄉人臧琨等率子弟并閭里士庶千餘家南渡江家于京口父藻都水使者邈姿性端雅勤行勵學博涉多聞以慎密自居少與鄉人臧壽齊名下帷讀書不游城邑及孝武帝始覽典籍招延儒學之士邈既東州儒素太傅謝安舉以應選年四十四始補中書舍人在西省侍帝雖不口傳章句然開釋文義標明指趣撰正五經音訓學者宗之遷散騎常侍猶處西省前後十年每被顧問輒有獻替多所匡益甚見寵待帝宴集酣樂之後好為手詔詩章以賜侍臣或文詞率爾所言穢雜邈每應時收斂還省刊削皆使可觀經帝重覽然後出之是時侍臣被詔者或宣揚之故時議以此多邈及謝安薨論者或有異同邈固勸中書令王獻之奏加殊禮仍崇進謝石為尚書令玄為徐州邈轉祠部郎上南北郊宗廟迭毀禮

皆有證據豫章太守范甯欲遣十五議曹下屬城採求風政并吏假還訊問官長得失邈與甯書曰知足下遣十五議曹各之一縣又吏假歸白所聞見誠是足下留意百姓故廣其視聽吾謂勸導以實不以文十五議曹欲何所敷宣邪庶事辭訟足下聽斷允塞則物理足矣上有理務之心則下之求理者至矣日昃省覽庶事无滯則吏慎其負而人聽不惑豈須邑至里詣飾其游聲哉非徒不足致益乃是蠶漁之所資又不可縱小吏為耳目也豈有善人君子而干非其事多所告白者乎君子之心誰毀誰譽如有所譽必由歷試如有所毀必以著明託社之鼠攻之甚害自古以來欲為左右耳目者无非小人皆先因小忠而成其大不忠先藉小信而成其大不信遂使君子道消善人輿尸前史所書可為深鑒足下選綱紀必得國士足以攝諸曹諸曹皆是良吏則足以掌文按又擇公方之人以為司監則清濁能否與事而明足下但平心居宗何取於耳目哉昔明德馬后未嘗顧與左右言可謂遠識況大丈夫而不能免此乎遷中書侍郎專掌綸詔帝甚親昵之初范甯與邈皆為帝所任使共補朝廷之闕甯才素高而措心正直遂為王國寶所讒出遠郡邈孤宦易危而无敢排彊族乃為自安之計會帝頗疏會稽王道子邈欲和協之因從容言於帝曰昔淮南齊王漢晉成戒會稽王雖有酣媟之累而奉上純一宜加弘貸消散紛議外為國家之計內慰太后之心帝納焉邈常詣東府遇衆賓沉湎引滿諠譁道子曰君時有暢否邈對曰邈陋巷書生惟以節儉清修為暢耳道子以邈業尚道素笑而不以為忤也道子將用為吏部郎邈以波競成俗非己所能節制苦辭乃止時皇太子尚幼帝甚鍾心文武之選皆一時之後以邈為前衛率領本郡大中正授太子經帝謂邈曰雖未勑以師禮相待然不以博士相遇也古之帝王受經必敬自魏晉以來多使微人教授號為博士不復尊以為師故帝有云邈雖在東宮猶朝夕入見參綜朝政修飾文詔拾遺補闕勤勞

左右帝嘉其謹密方之於金霍有託重之意將進顯位未及行而帝暴崩安帝即位拜驍騎將軍隆安元年遭父憂邈先疾患因哀毀增篤不踰年而卒年五十四州里傷悼識者悲之邈涖官簡惠達於從政論議精密當時多諮稟之觸類辯釋問則有對舊疑歲辰在卯此宅之左則彼宅之右何得俱忌於東邈以為太歲之屬自是遊神譬如日出之時向東皆逆非為藏體地中也所注穀梁傳見重於時邈長子豁有父風以孝聞為太常博士秘書郎豁弟浩散騎侍郎鎮南將軍何无忌請為功曹出補西陽太守與无忌俱為盧循所害邈弟廣別有傳

孔衍字舒元魯國人孔子二十二世孫也祖文魏大鴻臚父毓征南軍司衍少好學年十二能通詩書弱冠公府辟本州舉異行直言皆不就避地江東元帝引為安東參軍專掌記室書令殷積而衍每以稱職見知中興初與庾亮俱補中書郎明帝之在東宮領太子中庶子于時庶事草創衍經學深博又練識舊

典朝儀執制多取正焉由是元明二帝並親愛之王敦專權衍
私于太子曰殿下宜博延朝彥搜揚才俊詢謀時政以廣聖
聰敦聞而惡之乃啓出衍爲廣陵郡時人爲之寒心而衍不形于色雖
郡鄰接西賊猶教誘後進不以戎務廢業石勒常騎至山陽勑其
黨以衍儒雅之士不得妄入郡境視職期月以太興三年卒於官年
五十三衍雖不以文才著稱而博覽過於賀循凡所撰述百餘萬言
子啓廬陵太守宗人夷吾有美名博學不及衍涉世聲譽過之元
帝以爲主簿轉參軍稍遷侍中從太子左衛率卒追贈太僕
范宣字宣子陳留人也年十歲能誦詩書嘗以刀傷手捧手改容
人問痛邪答曰不足爲痛但受全之體而致毀傷不可處耳家人
以其年幼而異焉少尚隱遁加以好學手不釋卷以夜繼日遂博
綜衆書尤善三禮家至貧儉躬耕供養親沒負土成墳廬于墓側
太尉郗鑒命爲主簿詔徵太學博士散騎郎並不就家于豫章太
守殷羨見宣茅茨不完欲爲改宅宣固辭之庾爰之以宣素貧加

年荒疾疫厚餉給之宣又不受爰之問宣曰君博學通綜何以
太儒宣曰漢興貴經術至於石渠之論實以儒爲弊正始以來世
尚老莊逮晉之初競以裸裎爲高僕誠太儒然立不與易宣言
談未嘗及老莊客有問人生與憂俱生不知此語何出宣云出
莊子至樂篇客曰君言不讀老莊何由識此宣笑曰小時嘗一覽
時人莫之測也宣雖閑居屢空常以讀誦爲業譙國戴逵等皆聞
風宗仰自遠而至諷誦之聲有若齊魯太元中順陽范甯爲豫章
太守甯亦儒博通綜在郡立鄉校教授恒數百人由是江州人士
並好經學化二范之風也年五十四卒著禮易論難皆行於世子
輯歷郡守國子博士大將軍從事中郎自免歸亦以講授爲事
義熙中連徵不至
韋謏字憲道京兆人也雅好儒學善著述於羣言祕要之義无
不綜覽仕於劉曜爲黃門郎後又入石季龍署爲散騎常侍歷
守七郡咸以清化著名又徵爲廷尉識者擬之于張前後四登

九列六在尚書三爲侍中再爲太子太傅封京兆公好直諫陳軍國之
宜多見允納著伏林三千餘言遂演爲典林二十三篇凡所述作及
集記世事數十萬言皆深博有才義至冉閔又署爲光祿大夫時
閔拜其子胤爲大單于而以降胡一千處之麾下謏諫曰今降胡
數千接之如舊誠是招誘之恩然胡羯本爲仇敵今之欵附苟全
性命耳或有刺客變起須臾敗而悔之何所及也古人有言夫不
可忸而況千乎願誅屛降胡去單于之號深思聖王苞桑之誡也
閔志在綏撫銳於澄定聞其言大怒遂誅之并殺其子伯陽謏性
不嚴重好徇己之功論者亦以是小之嘗謂伯陽曰我高我曾重
光累徽我祖我考父父子子汝爲我對正值惡抵伯陽曰伯陽之不
肖誠如尊教尊亦正值欵抵耳謏慙无言時人傳之以爲嗤笑
范弘之字長文安北將軍汪之孫也襲爵武興侯雅正好學以儒術
該明爲太學博士時衛將軍謝石薨請謚下禮官議弘之議曰石
階藉門蔭屢登崇顯揔司百揆翼贊三臺閑練庶事勤勞匪懈

內外僉議皆曰與能當淮肥之捷勳拯危墜雖皇威遐震狡寇天
亡因時立功石亦與焉又開建學校以延胄子雖盛化未洽亦愛
禮存羊然古之賢輔大則以道事君侃侃終日次則厲身奉國
夙夜无怠下則愛人惜力以濟時務此數者然後可以免惟塵之
譏塞素飡之責矣今石位居朝端任則論道唱言无忠國之謀
守職則容身而已不可謂事君貨黷京邑聚歛无猒不可謂厲
身坐擁大衆侵食百姓大東流於遠近怨毒結於衆心不可謂愛
人工徒勞於土木思慮殫於機巧紈綺盡於婢妾財用縻於絲
桐不可謂惜力此人臣之大害有國之所去也先王所以正風俗理
人倫者莫尚乎節儉故夷吾受謗乎三歸平仲流美於約己自頃
風軌陵遲奢僭无度廉恥不興利競交馳不可不深防原本以絕其
流漢文襲弋綈之服諸侯猶侈武帝焚雉頭之裘靡麗不息良由
儉德雖彰而威禁不肅道自我建而刑不及物若存罰其違亡敗
其惡則四維必張禮義行矣按謚法因事有功曰襄貪以敗官曰

墨宜謚曰襄墨公又論殷浩宜加贈謚不得因桓温之黜以為國典仍多叙温移鼎之迹時謝族方顯桓宗猶盛尚書僕射王珣温故吏也素為温所寵三怨交集乃出弘之為餘杭令將行與會稽王道子牋曰下官輕微寒士謬得廁在俎豆實懼辱累清流惟塵聖世竊以人君居廟堂之上智周四海之外者非徒聰明内照亦賴羣言之助也是以舜之佐堯以啓闢為首咎繇謩禹以侃侃為先故下无隱情之責上收神明之功敢緣斯義志在輸盡常以謝石黷累應被清澄殷浩忠貞宜蒙褒顯是以不量輕弱先衆言之而惡直醜正其徒實繁雖仰恃聖主欽明之度俯賴明公愛物之隆而交至之患實有无賴下官與石本无怨忌生不相識事无相干正以國體宜明不應稍計強弱與浩年時邈絶世不相及无復藉聞故老語其遺事耳於下官之身有何痛癢而當為之犯時干主邪每觀載籍志士仁人有發中心任直道而行者有懷知陽愚負情曲從者所用雖異而並傳後世故比干處三仁之中箕子為名賢之首後人用捨參差不同各信所見率應而至或榮名顯赫或禍敗繼踵此皆不量時趣以身嘗禍雖有硜硜之稱而非大雅之致此亦下官所不為也世人乃云下官正直能犯艱難斯談實過下官知主上聖明明公虛己思求格言必不使盡忠之臣屈於邪枉之門也是以敢獻愚誠布之執事豈與昔人擬其輕重邪亦以臣之事君惟思盡忠而已不應復計利鈍事不允心則讜言悟主義感於情則陳辭靡悔若懷情藏意藴而不言此乃古人所以得罪於明君明君所以致法於羣下者也桓温事跡布在天朝逆順之情暴之四海在三者臣子情豈或異凡厥黔首誰獨无心舉朝嘿嘿未有唱言者是以頓筆按氣不敢多云桓温於亡祖雖其意難測求之於事止免黜耳非有至怨也亡父昔為温吏推之情禮義兼他人所以每懷憤發痛若身首者明公有以尋之王珣以下官議殷浩謚不宜暴揚桓温之惡珣感其提拔之恩懷其入幙之遇託以廢黜昏闇建立聖明自謂此事足以明其忠貞之節明公試復以一事觀

之昔周公居攝道致升平禮樂刑政皆自已出以德言之周公大聖以年言之成王幼弱猶復遽避君位復子明辟漢之霍光大勳赫然孝宣年未二十亦反萬機故能君臣俱隆道邁千歲若温忠為社稷誠存本朝便當仰遵二公式是令矩何不奉還萬機退守藩屏方提勒公王匡總朝廷豈為先帝幼弱未可親政邪將德桓温不能聽政邪又逼脅袁宏使作九錫備物光赫其文具存朝廷畏怖莫不景從惟謝安王坦之以死守之故得稽留耳會上天降怒姦惡自亡社稷危而復安靈命墜而復構晋自中興以來號令威權多出強臣中宗肅祖斂衽於王敦先皇受屈於桓氏今主上親覽萬機明公光讚百揆政出王室人无異望復不於今大明國典作制百代不審復欲待誰先王統物必明其典誥貽厥孫謀故令問休嘉千歲承風願明公遠覽殷周近察漢魏慮其所以危求其所以安如此而已又與王珣書曰見足下答仲堪書深具義發之懷夫人道所重莫過君親君親所係忠孝而已孝以揚親為主忠以節義為先殷侯忠貞居正心貫人神加與先帝隆布衣之好著莫逆之契契闊艱難夷險以之雖受屈姦雄志達千載此忠良之徒所以義干其心不獲以已者也既當時貞烈之徒所究見亦後生所備聞吾亦何敢苟避狂狡以欺聖明足下不推居正之大致而懷知已之小惠欲以幙府之小節奪名教之重義於君臣之際既以虧矣尊大君以殷侯協契忠規同戴王室志厲秋霜誠貫一時殷侯所以得宣其義聲實尊大君協贊之力也足下不能光大君此之直志乃感温小顧懷其曲澤公在聖世欺罔天下使丞相之德不及三葉領軍之基一構而傾此忠臣所以解心孝子所以喪氣父子之道固若是乎足下言臣則非忠語子則非孝二者既亡吾誰畏哉吾少嘗過庭備聞祖考之言未嘗不發憤衝冠情見乎辭當爾之時惟覆亡是懼豈暇謀及國家不圖今日得操筆斯事是以上憤國朝无正義之臣次惟祖考有沒身之恨豈得與足下同其肝膽邪先君往亦嘗為其吏于時危懼恒不自保仰首聖朝心

口憤歎豈復得計策名昔日自同在三邪昔子政以五世純臣子駿以下委質王莽先典既已正其逆順後人亦已鑒其成敗每讀其事未嘗不臨文痛歎憤慨交懷以今況古乃知一揆耳弘之辭雖亮直終以桓謝之故不調卒於餘杭令年四十七

王歡字君厚樂陵人也安貧樂道專精耽學不營產業常乞食誦詩雖家无斗儲意怡如也其妻患之或焚毀其書而求改嫁歡笑而謂之曰卿不聞朱買臣妻邪時聞者多哂之歡守志彌固遂為通儒至慕容暐僭號署為國子博士親就受經遷祭酒及暐為苻堅所滅歡死於長安

史臣曰范平等學府儒宗譽隆望重或質疑是屬或師範攸歸雖為未及古人故亦一時之俊若仲寧之清貞守道抗志柴門行齊之居室屢空棲心陋巷文博之澂流枕石鏟跡銷聲宣子之樂道安貧弘風闡教斯並通儒之高尚者也而邈協和主相刊削繁辭可謂將順其美匡救其惡舒元入參機務明主賞其博聞出蒞邊隅獷狄欽其明德弘之抗言立論不避朝權貶石抵溫斯為篤遂乃厄於三愬以至陵遲悲夫

贊曰郁郁周文洋洋漢典炙輠流譽解頤飛辯雅誥弗淪微言復顯爰及晉代斯風逾闡

文苑

應貞　成公綏　左思　趙至
鄒湛　棗據　褚陶　王沉
張翰　庾闡　曹毗　李充
袁宏　伏滔　羅含　顧愷之
郭澄之

夫文以化成惟聖之高義行而不遠前史之格言是以溫洛楨圖綠字符其丕業苑山靈篆金簡成其帝載既而書契之道聿興鍾石之文逾廣移風俗於王化崇孝敬於人倫經緯乾坤彌綸中外故知文之時義大哉遠矣洎姬歷云季歌頌滋繁荀宋之流導源自遠總金羈而齊騖揚玉軑而並馳言泉會於九流文律諧於六變自時已降軌躅相趨西都賈馬耀靈蛇於掌握東漢班張發彫龍於綈槧俱標稱首咸推雄伯逮乎當塗基命文宗鬱起三祖叶其高韻七子分其麗則翰材總其菁華典論詳其藻絢彬蔚之美競爽當年獨彼陳王思風遒舉備乎典奧懸諸日月及金行纂極文雅斯盛張載擅銘山之美陸機挺焚研之奇潘夏連輝頡頏名輩並綜採繁縟杼軸清英窮廣內之青編緝平臺之麗曲嘉聲茂迹陳諸別傳至於吉甫太沖江右之才傑曹毗庾闡中興之時秀信乃金相玉潤埜會川沖埒美前修垂裕來葉今撰其鴻筆之彥著之文苑云

應貞字吉甫汝南南頓人魏侍中璩之子也自漢至魏世以文章顯軒冕相襲爲郡盛族貞善談論以才學稱夏侯玄有盛名貞詣玄玄甚重之舉高第頻歷顯位武帝爲撫軍大將軍以爲參軍及踐阼遷給事中帝於華林園宴射貞賦詩最美其辭曰悠悠太上人之厥初皇極肇建彝倫攸敷五德更運膺籙受符陶唐既謝天歷在虞於時上帝乃顧惟眷光我晉祚應期納禪位以龍飛文以豹變玄澤滂流仁風潛扇區內宅心方隅迴面天垂其象地耀其文鳳鳴朝陽龍翔景雲嘉禾重穎蓂莢載芬率土咸寧人胥悅欣恢恢皇度穆穆聖容言思其允貌思其恭在視斯明在聽斯聰登庸以德明試以功其恭惟何昧旦丕顯无義不經无理不踐行舍其華言去其辯游心至虛同規易簡六府孔修九有來踐澤罔不被化莫不加聲教南暨西漸流沙幽人肆險遠國忘遐越常重譯充牣皇家峨峨列辟赫赫武臣內和五品外威四賓順時貢職入覲天人備言錫命羽蓋朱輪貽宴好會不常厥數神心所授不言而喻於時肆射弓矢斯具發彼互的有酒斯飫文武之道厥猷未墜在昔先王射御茲器示武懼荒過則有失凡厥群后无懈于位初置太子中庶子官貞與護軍長史孔恂俱爲之後遷散騎常侍以儒學與太尉荀顗撰定新禮未施行泰始五年卒文集行於世弟純純子紹永嘉中至黃門郎爲東海王越所害純弟秀秀子詹自有傳

成公綏字子安東郡白馬人也幼而聰敏博涉經傳性寡欲不營資產家貧歲饑常晏如也少有俊才詞賦甚麗閑默自守不求聞達時有孝烏每集其廬舍綏謂有反哺之德以爲祥禽乃作賦美之文多不載又以賦者貴能分賦物理敷演无方天地之盛可以致思矣歷觀古人未之有賦豈獨以至麗无文難以辭贊不然何其闕哉遂爲天地賦曰惟自然之初載兮道虛无而玄清太素紛以溷淆兮始有物而混成何元一之芒昧兮廓開闢而著形爾乃清濁剖分玄黃判離太極既殊是生兩儀星辰煥列日月重規天動以尊地靜以卑昏明迭炤或盈或虧陰陽協氣而代謝寒暑隨時而推移三才殊性五行異位千變萬化繁育庶類授之以形稟之以氣色表文采聲有音律覆載无方流形品物鼓以雷霆潤以慶雲八風翱翔六氣氤氳蚑行蠕動方聚類分鱗殊族別羽毛異群各含精而鎔冶咸受範於陶鈞何滋育之罔極兮偉造化之至神若夫懸象成文列宿有章三辰燭燿五緯重光河漢委蛇而帶天虹蜺偃蹇於昊蒼望舒彌節於九道羲和正轡於中黃眾星回而環極招搖運而指方白獸峙據於參伐青龍垂尾於心房玄龜匿首於女虛朱鳥奮翼於注張帝皇

正坐於紫宮輔臣列位於文昌垣屏駱驛而珠連三台差池而鴈
翔軒轅華布而曲列攝提𢌿跱而相望若乃徵瑞表祥灾變呈
異交會薄蝕抱暈帶珥流逆犯歷譴悟象事蓬容著而妖害生
老人形而主受喜天矢黄而國吉祥彗孛發而世所忌爾乃旁觀
四極俯察地理川瀆浩汗而分流山嶽磊落而羅峙滄海沆漭
而四周懸圃隆崇而特起昆吾嘉於南極燭龍曜於北阯扶桑
高于萬仞尋木長于千里崐崘鎮于陰隅赤縣據于辰巳于是八
十一域區分方別風乖俗異險斷阻絶萬國羅布九州並列青冀
白壤荆衡塗泥海岱赤埴華梁青黎兖帶河洛揚有江淮辯方
正土經略建邦王圻九服列國一同連城比邑深池高墉康衢交路
四達五通東至暘谷西極泰濛南暨丹炮北盡空同遐方外區絶
域殊鄰人首蛇軀鳥翼龍身衣毛被羽或介或鱗棲林浮水若獸
若人居於大荒之外處于巨海之濱於是六合混一而同宅宇宙結體
而括囊渾元運流而无窮陰陽循度而率常回動糾紛而乾乾天
道不息而自彊統群生而載育人託命於所繫尊太一於上皇奉
萬神於五帝故萬物之所宗必敬天而事地若乃共工赫怒天柱
摧折東南俄其既傾西北豁而中裂斷鼇足而續毀鍊玉石而補
缺豈斯事之有徵將言者之虛設何陰陽之難測偉二儀之參譎
坤厚德以載物乾資始而至大俯盡鑒於有形仰蔽視於所蓋游
萬物而極思故一言于天外綏雅好音律嘗當暑承風而嘯泠然
成曲因為嘯賦曰逸群公子體奇好異敖世忘榮絶棄人事希高
慕古長想遠思將登箕山以抗節浮滄海以游志於是延友生集
同好精性命之至機研道德之玄奧愍流俗之未悟獨超然而先
覺狹世路之阨僻仰天衢而高蹈邈跨俗而遺身乃慷慨而長嘯
于時曜靈俄景流光濛汜逍遙攜手躊躇步趾發妙聲於丹脣
激哀音於皓齒響抑揚而潛轉氣衝鬱而熛起協黄宮於清角
雜商羽於流徵飄游雲於泰清集長風於萬里曲既終而響絶
遺餘玩而未已良自然之至音非絲竹之所擬是故聲不假器用

不借物近取諸身役心御氣動脣有曲發口成音觸類感物因歌
隨吟大而不洿細而不沉清激切於竽笙優潤和於瑟琴玄妙足以
通神悟靈精微足以窮幽測深收激楚之哀荒節北里之奢淫濟洪
災於炎旱反亢陽於重陰引唱萬變曲用无方和樂怡懌悲傷摧藏
時幽散而將絶中矯厲而慨慷徐婉約而優游紛繁騖而激揚情
既思而能反心雖哀而不傷總八音之至和固極樂而无荒若乃登
高臺以臨遠披文軒而騁望喟仰抃而抗首嘈長引而憀亮或舒
肆而自反或徘徊而復放或冉弱而柔撓或澎濞而奔壯橫鬱鳴
而滔涸洌繚眺而清昶逸氣奮涌繽紛交錯烈烈飈揚啾啾響作
奏胡馬之長思迴寒風乎北朔又似鴻鴈之將雛群鳴號乎沙漠故
能因形創聲隨時造曲應物无窮機發響速怫鬱衝流參譚雲
屬若離若合將絶復續飛廉鼓於幽隧猛獸應於中谷南箕動於
穹蒼清飈振於喬木散滯積而播揚蕩埃藹之溷濁變陰陽於
至和移淫風之穢俗若乃游崇岡陵景山臨巖側望流川坐盤石
漱清泉藉皋蘭之猗靡蔭修竹之嬋娟乃吟詠而發歎聲驛驛
而響連舒蓄思之悱憤奮久結之纏綿心滌蕩而无累志離俗
而飄然若夫假象金革擬則陶匏衆聲繁奏若笳若簫磞硠
震隱訇磕聊嘈發徵則隆冬熙烝騁羽則嚴霜夏凋動商則秋
霖春降奏角則谷風鳴條音均不恒曲无定制行而不流止而不滯
隨口吻而發揚假芳氣而遠逝音要妙而流響聲激嚁而清厲
信自然之極麗羌殊尤而絶世越韶夏與咸池何徒取異乎鄭衛
于時綿駒結舌而喪精王豹杜口而失色虞公輟聲而止歌甯子
斂手而歎息鍾期棄琴而改聽尼父忘味而不食百獸率儛而抃
足鳳凰來儀而拊翼乃知長嘯之奇妙此音聲之至極張華雅重
綏每見其文歎伏以為絶倫薦之太常徵為博士歷秘書郎轉丞
遷中書郎每與華受詔並為詩賦又與賈充等參定法律泰始
九年卒年四十三所著詩賦雜筆十餘卷行於世
左思字太冲齊國臨淄人也其先齊之公族有左右公子因為氏焉

家世儒學父雍起小吏以能擢授殿中侍御史思少學鍾胡書及鼓琴並不成雍謂友人曰思所曉解不及我少時思遂感激勤學兼善陰陽之術貌寢口訥而辭藻壯麗不好交遊惟以閑居為事造齊都賦一年乃成復欲賦三都會妹芬入宮移家京師乃詣著作郎張載訪岷邛之事遂構思十年門庭藩溷皆著筆紙遇得一句即便疏之自以所見不博求為秘書郎及賦成時人未之重思自以其作不謝班張恐以人廢言安定皇甫謐有高譽思造而示之謐稱善為其賦序張載為注魏都劉逵注吳蜀而序之曰觀中古已來為賦者多矣相如子虛擅名於前班固兩都理勝其辭張衡二京文過其意至若此賦擬議數家傅辭會義抑多精致非夫研覈者不能練其旨非夫博物者不能統其異世咸貴遠而賤近莫肯用心於明物斯文吾有異焉故聊以餘思為其引詁亦猶胡廣之於官箴蔡邕之於典引也陳留衛瓘又為思賦作略解序曰余觀三都之賦言不苟華必經典要

品物殊類稟之圖籍辭義瑰瑋良可貴也有晉徵士故太子中庶子安定皇甫謐西州之逸士耽籍樂道高尚其事覽斯文而慷慨為之都序中書著作郎安平張載中書郎濟南劉逵並以經學洽博才章美茂咸皆悅玩為之訓詁其山川土域草木鳥獸奇怪珍異僉皆研精所由紛散其義矣余嘉其文不能默已聊藉二子之遺忘又為之略解祇增煩重覽者闕焉自是之後盛於當時文多不載司空張華見而歎曰班張之流也使讀之者盡而有餘久而更新於是豪貴之家競相傳寫洛陽為之紙貴初陸機入洛欲為此賦聞思作之撫掌而笑與弟雲書曰此間有傖父欲作三都賦須其成當以覆酒甕耳及思賦出機絕歎伏以為不能加也遂輟筆焉祕書監賈謐請講漢書謐誅退居宜春里專意典籍齊王冏命為記室督辭疾不就及張方縱暴都邑舉家適冀州數歲以疾終

趙至字景真代郡人也寓居洛陽緱氏令初到官至年十三與母同觀母曰汝先世本非微賤世亂流離遂為士伍耳爾後能如此不至感母言詣師受業聞父耕叱牛聲投書而泣師怪問之至曰我小未能榮養使老父不免勤苦師甚異之年十四詣洛陽游太學遇嵇康於學寫石經徘徊視之不能去而請問姓名康曰年少何以問邪曰觀君風器非常所以問耳康異而告之後乃亡到山陽求康不得而還又將遠學母禁之至遂陽狂走三五里輒追得之年十六游鄴復與康相遇隨康還山陽改名浚字允元康每曰卿頭小而銳童子白黑分明有白起之風矣及康卒至詣魏興見太守張嗣宗甚被優遇嗣宗遷江夏相隨到涓川欲因入吳而嗣宗卒乃向遼西而占戶焉初至與康兄子蕃友善及將遠適乃與蕃書敘離并陳其志曰昔李叟入秦及關而歎梁生適越登嶽長謠夫以嘉遁之舉猶懷戀恨況乎不得已者哉惟別之後離群獨逝背榮讌辭倫好經迴路造沙漠雞鳴戒旦則飄爾晨征日薄西山則馬首靡託尋歷曲阻則沈思紆結登高遠眺則山川

攸隔或乃迴風狂厲白日寢光徙倚交錯陵隰相望徘徊九臯之內慷慨重阜之顛進无所由退无所據涉澤求蹊披榛覓路嘯詠溝渠良不可度斯亦行路之艱難然非吾心之所懼也至若蘭茝傾頓桂林移殖根萌未樹而牙淺弦急常恐風波潛駭危機密發此所以怵惕於長衢也又北土之性難以託根投人夜光鮮不按劍今將殖橘柚於玄朔蔕華藕於脩陵表龍章於裸壤奏韶武於聾俗固難以取貴矣夫物不我貴則莫之與莫之與則傷之者至矣飄颻遠遊之士託身无人之鄉總轡遐路則有前言之艱懸鞍陋宇則有後慮之戒朝霞啟暉則身疲而遄征太陽戢曜則情劬而夕惕肆目平隰則寥廓而无覩極聽脩原則淹寂而无聞吁其悲矣心傷瘁矣然後知步驟之士不足為貴也顧景中原憤氣雲踊哀物悼世激情風厲龍嘯大野獸睇六合猛志紛紜雄心四據思躡雲梯橫奮八極披艱掃穢蕩海夷嶽蹴崑崙使西倒蹋太山令東覆平滌九區恢維宇宙斯吾之鄙願也時不我與垂翼遠逝鋒距

靡加六翮摧屈自非知命孰能不憤悒者哉吾子植根芳苑濯秀清流晞葉華崖飛藻雲肆俯據潛龍之渚仰蔭游鳳之林榮曜眩其前豔色餌其後良疇交其左聲名馳其右翺翔倫黨之間弄姿帷房之裏從容顧眄綽有餘裕俯仰吟嘯自以為得志矣豈能與吾曹同大丈夫之憂樂哉去矣嵇生遠離隔矣煢煢飄寄臨沙漠矣悠悠三千路難涉矣攜手之期邈無日矣思心彌結誰云釋矣無金玉爾音而有遐心身雖胡越意存斷金各敬爾儀敦履璞沉繁華流蕩君子弗欽臨紙意結知復何云至身長七尺四寸論議精辯有縱橫才氣遼西舉郡計吏到洛與父相遇時母已亡父欲令其宦立弗之告仍戒以不歸至乃還遼西幽州三辟部從事斷九獄見稱精審太康中以良吏赴洛方知母亡初至自耻士伍欲以宦學立名期於榮養既而其志不就號憤慟哭流血而卒時年三十七

鄒湛字潤甫南陽新野人也父軌魏左將軍湛少以才學知名仕魏歷通事郎太學博士泰始初轉尚書郎廷尉平征南從事中郎深為羊祜所器重入為太子中庶子太康中拜散騎常侍出補渤海太守轉太傅楊駿長史遷侍中駿誅以僚佐免官尋起為散騎常侍國子祭酒轉少府元康末卒所著詩及論事議二十五首為時所重初湛嘗見一人自稱甄舒仲餘無所言如此非一久之乃悟曰吾宅西有積土敗冢其中必有死人甄舒仲者予舍西土冢中人也檢之果然厚加殯葬其畢遂夢此人來謝子捷字太應亦有文才永康中為散騎侍郎及趙王倫篡逆捷與陸機等俱作禪文倫誅坐下廷尉遇赦免後為太傅參軍永嘉末卒

棗據字道彥潁川長社人也本姓棘其先避仇改焉父叔禕魏鉅鹿太守據美容貌善文辭弱冠辟大將軍府出為山陽令有政績遷尚書郎轉右丞賈充伐吳請為從事中郎軍還從黃門侍郎冀州刺史太子中庶子太康中卒時年五十餘所著詩賦論四十五首遇亂多亡失子腆字玄方亦以文章顯永嘉中為襄城太守弟嵩字臺產才藝尤美為太子中庶子散騎常侍為石勒所殺

褚陶字季雅吳郡錢塘人也弱不好弄少而聰慧清淡閑默以墳典自娛年十三作鷗鳥水碓二賦見者奇之陶嘗謂所親曰聖賢備在黃卷中捨此何求州郡辟不就吳平召補尚書郎張華見之謂陸機曰君兄弟龍躍雲津顧彥先鳳鳴朝陽謂東南之寶已盡不意復見褚生機曰公但未覩不鳴不躍者耳華曰故知延門之德不孤川嶽之寶不匱矣遷九眞太守轉中尉年五十五卒

王沉字彥伯高平人也少有俊才出於寒素不能隨俗沉浮為時豪所抑仕郡文學掾鬱鬱不得志乃作釋時論其辭曰東野丈人觀時以居隱耕汙腴之墟有冰氏之子者出自沍寒之谷過而問塗丈人曰子奚自曰自涸陰之鄉奚適曰欲適煌煌之堂丈人曰入煌煌之堂者必有赫赫之光今子困於寒而欲求諸熱無得熱之方冰子瞿然曰胡為其然也丈人曰融融者皆趣熱之士其得爐冶之門者惟挾炭之子苟非斯人不如其已冰子曰吾聞宗廟之器不要華林之木四門之賓何必冠蓋之族前賢有解韋索而佩朱韍舍徒擔而乘丹轂由此言之何恤而無祿惟先生告我塗之速也丈人曰嗚呼子聞得之若是不知時之在彼吾將釋子夫道有安危時有險易才有所應行有所適英奇奮於縱橫之世賢知顯於霸王之初當厄難則騁權譎以良圖值制作則展儒道以暢攄是則袞龍出於縕褐卿相起於匹夫故有朝賤而夕貴先卷而後舒當斯時也豈計門資之高卑論勢位之輕重乎今則不然上聖下明時隆道寧群后逸豫宴安守平百辟君子奕世相生公門有公卿門有卿指禿腐骨不簡蚩儜多士豐於貴族爵命不出閨庭四門穆穆綺襦是盈仍叔之子皆為老成賤有常辱貴有常榮肉食繼踵於華屋疏飯襲跡於耨耕談名位者以諂媚附勢舉高譽者因資而隨形至乃空嚚者以泓噌為雅量瑣慧者以淺利為鎗鎗脢胎者以無檢為弘曠僂

垢者以守意爲堅貞嘲哮者以麤礦發爲高亮醞藉者以色厚爲篤誠庵婪者以博納爲通濟眡眡者以難入爲凝清拉荅者有沉重之譽嗛閔者得清勤之聲啥啍怯畏於謙讓闒茸勇敢於饕諍斯皆寒素之死病榮達之嘉名凡茲流也視其用心察其所安責人必急於己恒寬德无厚而自貴位未高而自尊眼罔嚮而遠視鼻騶亂而刺天忌惡君子悅媚小人敖蔑道素懾吁權門心以利傾智以勢惛姻黨相扇毀譽交紛當局迷於所受聽採惑於所聞京邑翼翼群士千億奔集勢門求官買職童僕闚其車乘閽寺相其服飾親客陰參於靖室疎賓徙倚於門側時因接見矜厲容色心懷內荏外詐剛直譚道義謂之俗生論政刑以爲鄙極高會曲宴惟言遷除消息官无大小問是誰力今以子孤寒懷眞抱素志陵雲霄偶景獨步直順常道關津難渡欲騁韓盧時无狡兔衆塗圮塞投足何錯於是氷子釋然乃悟曰富貴人之所欲貧賤人之所惡僕少長於孔顏之門久處於清寒之路不謂熱勢自共遮錮敬承明誨服我初素彈琴詠典以保年祚伯成延陵高節可慕丹轂滅族呂霍哀吟朝榮夕滅旦飛暮沉疇周道師巢由德林豊屋蔀家易著明箴人薄位尊積罰難任三郤尸晉宋華咎深投局正幅實獲我心是時王政陵遲官才失實君子多退而窮處遂終于里閭元康初松滋令吳郡蔡洪字叔開有才名作孤奮論與釋時意同讀之者莫不歎息焉

張翰字季鷹吳郡吳人也父儼吳大鴻臚翰有清才善屬文而縱任不拘時人號爲江東步兵會稽賀循赴命入洛經吳閶門於船中彈琴翰初不相識乃就循言譚便大相欽悅問循知其入洛翰曰吾亦有事北京便同載即去而不告家人齊王冏辟爲大司馬東曹掾冏時執權翰謂同郡顧榮曰天下紛紛禍難未已夫有四海之名者求退良難吾本山林間人无望於時子善以明防前以智慮後榮執其手愴然曰吾亦與子採南山蕨飲三江水耳翰因見秋風起乃思吳中菰菜蓴羹鱸魚膾曰人生貴得適志何能羈宦數千里以要名爵乎遂命駕而歸著首丘賦文多不載俄而冏敗人皆謂之見機然府以其輒去除吏名翰任心自適不求當世或謂之曰卿乃可縱適一時獨不爲身後名邪答曰使我有身後名不如即時一盃酒時人貴其曠達性至孝遭母憂哀毀過禮年五十七卒其文筆數十篇行于世

庾闡字仲初潁川鄢陵人也祖輝安北長史父東以勇力聞武帝時有西域健胡矯捷无敵晉人莫敢與校帝募勇士惟東應選遂撲殺之名震殊俗闡好學九歲能屬文少隨舅孫氏渡江母隨兄肇爲安樂長史在項城永嘉末爲石勒所陷闡母亦沒闡不櫛沐不婚宦絕酒肉垂二十年鄉親稱之州舉秀才元帝爲晉王辟之皆不行後爲太宰西陽王羕掾累遷尚書郎蘇峻之難闡出奔郗鑒爲司空參軍峻平以功賜爵吉陽縣男拜彭城內史鑒復請爲從事中郎尋召爲散騎侍郎領大著作頃之出補零陵太守入湘川弔賈誼其辭曰中興二十三載余忝守衡南鼓栧

三江路次巴陵望君山而過洞庭涉湘川而觀汨水臨賈生投書之川慨以永懷矣及造長沙觀其遺象喟然有感乃弔之云偉哉蘭生而芳玉産而潔陽葩熙冰寒松負雪莫邪挺鍔天驥汗血苟云其儁誰與比傑是以高明倬茂獨發奇秀道率天貞不議世疚煥乎若望舒耀景而焯群星矯乎若翔鸞拊翼而逸宇宙也飛榮洛汭擢潁山東質清浮磬聲若孤桐琅琅其璞巖巖其峯信道居正而以天下爲公方駕逸步不以曲路期通是以張高弦悲聲激柱落清唱未和而桑濮代作雖有惠音莫過韶濩雖有騰鱗終仆一壑嗚呼大庭既邈玄風悠緬皇道不以智隆上德不以仁顯三五親譽其軌可仰而摽霸功雖逸其塗可翼而闡悲夫先生何命之蹇懷寶如玉而生運之淺昔咎繇謩虞呂尚歸昌德協充符乃應帝王夷吾相桓漢登蕭張草廬三顧臭若蘭芳是以道隱則蠖屈數感則鳳覩若棲不擇木翔非九

五難曰玉折儁才何補夫心非死灰智必存形形託神王故能全生
柰何蘭膏揚芳漢庭摧景飈風獨喪厥明悠悠太素存亡一指
道來斯通世往斯圮吾哀其生未見其死敢不敬弔寄之淥水後以
疾徵拜給事中復領著作吳國內史虞潭爲太伯立碑闡製其文
又作揚都賦爲世所重年五十四卒謚曰貞所著詩賦銘頌十卷
行於世子肅之亦有文藻著稱歷給事中相府記室湘東太守
太元中卒

曹毗字輔佐譙國人也高祖休魏大司馬父識右軍將軍毗少好
文籍善屬詞賦郡察孝廉除郎中蔡謨舉爲佐著作郎父憂
去職服闋遷句章令徵拜太學博士時桂陽張碩爲神女杜蘭
香所降毗因以二篇詩嘲之并續蘭香歌詩十篇甚有文彩又
著揚都賦亞於庾闡累遷尚書郎鎮軍大將軍從事中郎下邳
太守以名位不至著對儒以自釋其辭曰或問曹子曰夫寶以含
珍爲貴士以藏器爲峻麟以絕跡標奇松以負霜稱儁是以蘭

生幽澗玉輝千仞故子州浮滄瀾而龍蟠吳季忽萬乘以解印虞
公潛崇巖以頤神梁生適南越以保慎固能全眞養和夷跡
洞庭陵冬揚芳披雪獨振也今子少睎冥風弱挺秀容奇發幼
齡翰披孺童吐辭則藻落揚班抗心則志擬高鴻味道則理賁
莊肆研妙則穎奪豪鋒固以騰廣莫而萋翮排素薄而青蔥者
矣何必以刑禮爲己任申韓爲宏通旣登東觀染史筆又據太
學理儒功曾无玄韻淡泊逸氣虛洞養采幽翳晦明蒙籠不
追林棲之迹不希抱鱗之龍不營練眞之術不慕內聽之聰而
處泛位以核物扇塵教以自濛負鹽車以顯能飾一已以求恭退
不居漆園之場出不踐曾城之衢游不踐綽約之室趦不希騶
騶之蹤徒以區區之懷而整名目之典覆實之量而塞北川之
洪撿名實於俄頃之間定得失乎一管之鋒子若謂我果是邪
則是不必以合俗子若云俗果非邪則俗非不可以苟從俗我
紛以交爭利害渾而彌重何異執朽轡以御逸駟承勁風以握秋

蓬役恬性以充勞府對群物以耦怨讎者乎子不聞乎終軍之穎賈
生之才拔奇山東玉映漢臺可謂響播六合聲駭嬰孩而見毀絳灌
之口身離狼狽之災由此言之名爲實賓福萌禍胎朝敷榮華夕
歸塵埃未若澄虛心於玄圃蔭瑤林於蓬萊絕世事而儁黃綺鼓
滄川而浪龍鰓者矣蒙竊惑焉主人煥耳而笑欣然而言曰夫兩
儀旣闢陰陽汗浩五才迭用化生紛擾萬類云云孰測其兆故不
登閬風安以瞻殊目之形不步景宿何以觀恢廓之表是以迷寵
者循一往之智狷介者守一方之矯豈知火林之蔚炎柯冰津之擢
陽草故大人達觀任化昏曉出不極勞處不巢皓在儒亦儒在道
亦道運屈則紆其清暉時申則散其龍藻此蓋員動之用舍非舉
常之所實也今三明互照二氣載宣玄教夕凝朗風晨鮮道以子
揚化隨理全故五典克明於百揆虞音齊響於五絃安期解褐
於秀林漁父擺鈎於長川如斯則化无不融道无不延風澄于俗波
清于川方將舞黃虬於慶雲招儀鳳於靈山流玉醴乎華闥秀朱

草於庭前何有違理之患累眞之嫌子徒知辯其說而未測其源明
朝菌不可喻晦朔蟪蛄无以觀大年固非管翰之所述聊對敬以終
篇累遷至光祿勳卒凡所著文筆十五卷傳於世

李充字弘度江夏人父矩江州刺史充少孤其父墓中柏樹嘗爲
盜賊所斫充手刃之由是知名善楷書妙參鍾索世咸重之辟丞相
王導掾轉記室參軍幼好刑名之學深抑虛浮之士嘗著學箴稱
老子云絕仁棄義家復孝慈豈仁義之道絕然後孝慈乃生哉蓋
患乎情仁義者寡而利仁義者衆也道德喪而仁義彰仁義彰而
名利作禮教之弊直在茲也先王以道德之不行故以仁義化之行仁
義之不篤故以禮律檢之檢之彌繁而僞亦愈廣老莊是乃明
无爲之益塞爭欲之門夫極靈智之妙總會通之和者莫尚乎
聖人革一代之弘制垂千載之遺風則非聖不立然則聖人之在
世吐言則爲訓辭涖事則爲物軌運通則與時隆理喪則與世
弊矣是以大爲之論以標其旨物必有宗事必有主寄責於聖人

而遺累乎陳迹也故化之以絶聖棄智鎭之以无名之樸聖教救其末老莊明其本本末之塗殊而爲教一也人之迷也其日久矣見形者衆及道者尠不覿千仞之門而逐適物之迹逐迹逾篤離本逾遠遂使華端與薄俗俱興妙緒與淳風並絶所以聖人長潜而迹未嘗滅矣懼後進惑其如此將越禮棄學而希无爲之風見義教之殺而不觀其隆矣略言所懷以補其闕引道家之弘旨會世教之適當義不違本言不流放庶以袪困蒙之蔽悟一往之惑乎其辭曰芒芒太初悠悠鴻荒蚩蚩萬類與道兼忘聖迹未顯賢名不彰怡此鼓腹率我猖狂資生既廣羣塗思通闇實師明匪寻求蒙遺己濟物而天下爲公大庭唱基羲農宏贊六位時成離暉大觀澤洽雨濡化流風散比屋同塵而人罔僭亂爰暨中古哲王胥承質文代作禮統迭興事籍用以繁化因阻而凝動非性擾静豈神澄名之攸彰道之攸廢乃損所隆乃崇所替刑作由於德衰三辟興乎叔世既敦既誘乃矯乃厲敦亦既備矯亦既深彫

琢生文抑揚成音群能騁技衆巧竭心野无陸馬山无散林風罔不動化罔不移人之失德反正作奇乃放欲以越禮不知希競之爲病違彼夷塗而遵此險徑狡兎陵岡游魚遁川至賾深妙大象幽玄棄餌收罝而責功蹄筌先統喪歸而寄旨忘言政異徵辭拔本塞源遁迹永曰尋響窮年刻意離性而失其常然世有險夷運有通圮損益適時升降惟理道不可以一日廢亦不可以一朝擬禮不可以千載制亦不可以當年止非仁无以長物非義无以齊耻仁義固不可遠去其害仁義者而已力行猶懼不逮希企邈以遠矣室有善言應在千里况乎行止復禮克己風人司箴敬貽君子

征北將軍褚裒又引爲叅軍充以家貧苦求外出裒將許之爲縣試問之充曰窮猨投林豈暇擇木乃除剡縣令遭母憂服闋爲大著作郎于時典籍混亂充刪除煩重以類相從分作四部甚有條貫祕閣以爲永制累遷中書侍郎卒官充注尚書及周易旨六篇釋莊論上下二篇詩賦表頌等雜文二百四十首行於世子顒亦有文義多所述作郡舉孝廉充從兄式以平隱著稱善楷隷中興初仕至侍中

袁宏字彦伯侍中猷之孫也父勗臨汝令宏有逸才文章絶美曾爲詠史詩是其風情所寄少孤貧以運租自業謝尚時鎭牛渚秋夜乘月率耳與左右微服泛江會宏在舫中諷詠聲既清會辭又藻拔遂駐聽久之遣問焉答云是袁臨汝郎誦詩即其詠史之作也尚傾率有勝致即迎升舟與之譚論申旦不寐自此名譽日茂尚爲安西將軍豫州刺史引宏叅其軍事累遷大司馬桓温府記室温重其文筆專綜書記後爲東征賦賦末列稱過江諸名德而獨不載桓彝時伏滔先在温府又與宏善苦諫之宏笑而不答温知之甚忿而憚宏一時文宗不欲令人顯問後游青山飲歸命宏同載衆爲之懼行數里問宏云聞君作東征賦多稱先賢何故不及家君宏答曰尊公稱謂非下官敢專既未遑啟不敢顯之耳温疑不實乃曰君欲爲何辭宏即答云風鑒散朗或搜或引

身雖可亡道不可隕宣城之節信義爲允也温泫然而止宏賦又不及陶侃侃子胡奴嘗於曲室抽刃問宏曰家公勳跡如此君賦云何相忽宏窘急答曰我已盛述尊公何乃言无因曰精金百汰在割能斷功以濟時職思靜亂長沙之勲爲史所贊胡奴乃止後爲三國名臣頌曰夫百姓不能自牧故立君以治之明君不能獨治則爲臣以佐之然則三五迭隆歷代承基揖讓之與干戈文德之與武功莫不宗匠陶鈞而群才緝熙元首經略而股肱肆力雖遭罹不同迹有優劣至於體分冥固道契不墜風美所扇訓革千載其揆一也故二八升而唐朝盛伊呂用而湯武寧三賢進而小白興五臣顯而重耳霸中古陵遲斯道替矣居上者不以至公理物爲下者必以私路期榮御員者不以信誠率衆執方者必以權謀自顯於是君臣離而名教薄世多亂而時不治故蘧寗以之卷舒柳下以之三黜接輿以之行歌魯連以之赴海衰世之中保持名節君臣相體若合符契則燕昭樂毅古之流矣夫未遇

伯樂則千載无一驥時值龍顏則當年控三傑漢之得賢於斯爲
貴高祖雖不以道勝御物羣下得盡其忠蕭曹雖不以三代事主
百姓不失其業靜亂庇人抑亦其次夫時方顛沛則顯不如隱萬
物思治則默不如語是以古之君子不患弘道難患遭時難遭時匪
難遇君難故有道无時孟子所以咨嗟有時无君賈生所以垂泣
夫萬歲一期有生之通塗千載一遇賢智之嘉會遇之不能无欣
喪之何能无慨古人之言信有情哉余以暇日常覽國志考其君
臣比其行事雖道謝先代亦異世一時也文若懷獨見之照而有救
世之心論時則人方塗炭計能則莫出魏武故委圖霸朝豫謀世
事舉才不以標鑒故人亡而後顯籌畫不以要功故事至而後定
雖亡身明順識亦高矣董卓之亂神器遷逼公達慨然志在致命
由斯而譚故以大存名節至如身爲漢隸而迹入魏幕源流趣舍
抑亦文若之謂所以存亡殊致始終不同將以文若既明且哲名教
有寄乎夫仁義不可不明則時宗舉其致生理不可不全故識達
攝其契相與弘道豈不遠哉崔生高朗折而不撓所以策名魏武
執笏霸朝者蓋以漢主當陽魏后北面者哉若乃一旦進璽君臣
易位則崔生所以不與魏氏所以不容夫江湖所以濟舟亦所以
覆舟仁義所以全身亦所以亡身然而先賢玉摧於前來哲攘袂
於後豈天懷發中而名教束物者乎孔明盤桓俟時而動遐想
管樂遠明風流治國以禮人无怨聲刑罰不濫没有餘泣雖古
之遺愛何以加茲及其臨終顧託受遺作相劉后授之无疑心武
侯受之无懼色繼體納之无貳情百姓信之无異辭君臣之際良
可詠矣公瑾卓爾逸志不群總角斷主則素契於伯符晚節曜奇
則三分於赤壁惜其齡促志未可量子布佐策致延譽之美輟哭
止哀有翼戴之功神情所涉豈徒蹇諤而已哉然杜門不用登壇
受譏夫一人之身所照未異而用舍之間俄有不同況沉跡溝壑遇
與不遇者乎夫詩頌之作有自來矣或以吟詠情性或以紀德顯
功雖大指同歸所託或乖若夫出處有道名體不滯風軌德音爲

世作範不可廢也復綴序所懷以爲之贊曰火德既微運纏大過
洪飈扇海二溟揚波虬獸雖驚風雲未和潛魚擇川高鳥候柯赫
赫三雄並迴乾軸競收杞梓爭採松竹鳳不及棲龍不暇伏谷无
幽蘭嶺无停蔚英英文若靈鑒洞照應變知微頗奇賞要日月在
躬隱之彌曜文明映心鑽之愈妙滄海橫流玉石俱碎達人兼善
廢已存愛謀解時紛功濟宇內始救生靈終明風槩公達潛朗
思同蓍蔡運用无方動攝群會爰初發迹遘此顛沛神情玄定
處之彌泰愔愔幕裏筭无不經亹亹通韻跡不暫停雖懷尺
璧顧哂連城智能極物愚足全生郎中溫雅器識純素貞而不
諒通而能固恂恂德心汪汪軌度志成弱冠道敷歲暮仁者必勇
德亦有言雖遇履尾神氣恬然行不修飾名跡无愆操不激切素風
愈鮮邈哉崔生體正心直天骨疎朗牆岸高嶷忠存軌跡義形
風色思樹芳蘭翦除荆棘人惡其上世不容哲琅琅先生雅杖名
節雖遇塵霧猶震霜雪運極道消碎此明月景山恢誕韻與
道合形器不存方寸海納和而不同通而不雜遇醉忘辭在醒貽
咎長文通雅義格終始思戴元首擬伊同恥人未知德懼若在己嘉
謀肆庭讜言盈耳玉生雖麗光不踰把德積雖微道映天下邈
哉太初宇量高雅器範自然標準无假全身曲直跡洿必僞處
死匪難理有則易萬物波蕩孰任其累六合徒廣容身靡寄君
親自然匪由名教愛敬既同情禮兼到烈烈王生知死不撓求仁不
遠期在忠孝玄伯剛簡大存名體志在高構增堂及陛端委獸闥
正言彌啟臨危致命盡其心禮堂堂孔明基宇宏邈器同生靈獨
稟先覺標牓風流遠明管樂初九龍盤雅志彌確百六道喪干
戈迭用苟非命世孰埽雰雺宗子思寧薄言解控釋褐中林鬱
爲時棟士元弘長雅性內融崇善愛物觀始知終喪亂備矣勝塗
未隆先生標之振起清風綢繆哲后无妄惟時夙夜匪懈義在緝
熙三略既陳霸業已基公琰殖根不忘中正豈曰模擬實在雅性
亦既羈勒負荷時命推賢恭己久而可敬公衡沖達秉志淵塞媚

茲一人臨難不惑嚌息不造假翮鄰國進能徽音退不失德六合紛紜人心將變鳥擇高梧臣須顧眄公瑾英達朗心獨見披草求君定交一面桓桓魏武外託霸跡志掩衡霍恃戰忘敵卓卓若人曜奇赤壁三光參分宇宙暫隔子布擅名遭世方擾撫翼桑梓息肩江表王略威夷吳魏同寳遂贊宏謨匡此霸道桓王之薨大業未純把臂託孤惟賢與親轍哭止哀臨難忘身成此南面實由老臣才爲世生世亦須才得而能任貴在无猜昂昂子敬拔跡草萊荷擔吐奇乃構雲臺子瑜都長體性純懿諫而不犯正而不毅將命公庭退忘私位豈无鶺鴒固慎名器伯言謇謇以道佐世出能勤功入亦獻替謀寧社稷解紛挫銳正以招疑忠而獲戾元歎邈遠神和形檢如彼白珪質无塵點立行以恒匡主以漸清不增潔濁不加染仲翔高亮性不和物好是不群折而不屈屢摧逆鱗直道受黜歎過孫陽放同賈屈莘莘衆賢千載一遇整轡高衢驤首天路仰揖玄流俯弘時務名節殊塗雅致同趣日月麗天瞻之不墜仁義在躬用

之不匱尚想遐風載揖載味後生擊節懦夫增氣從桓溫北征作北征賦皆其文之高者嘗與王珣伏滔同在溫坐溫令滔讀其北征賦至聞所傳於相傳云獲麟於此野誕靈物以瑞德奚授麟於虞者疚尼父之洞泣似實慟而非假豈一性之足傷乃致傷於天下其本至此便改韻珣云此賦方傳千載无容率爾今於天下之後移韻徙事然於寫送之致似爲未盡滔云得益寫韻一句或爲小勝溫曰卿思益之宏應聲答曰感不絕於余心愬流風而獨寫珣誦味久之謂滔曰當今文章之美故當共推此生性彊正亮直雖被溫禮遇至於辯論每不阿屈故榮任不至與伏滔同在溫府府中呼爲袁伏宏心恥之每歎曰公之厚恩未優國士而與滔比肩何辱之甚謝安常賞其機對辯速後安爲揚州刺史宏自吏部郎出爲東陽郡乃祖道於冶亭時賢皆集安欲以卒迫試之臨別執其手顧就左右取一扇而授之曰聊以贈行宏應聲答曰輒當奉揚仁風慰彼黎庶時人歎其率而能要焉宏見漢時傳毅作顯宗頌辭甚典雅乃作頌九章頌簡文之德上之於孝武太元初卒於東陽時年四十九撰後漢紀三十卷及竹林名士傳三卷詩賦誄表等雜文凡三百首傳於世三子長超子次成子次明子明子有父風最知名官至臨賀太守

伏滔字玄度平昌安丘人也有才學少知名州舉秀才辟別駕皆不就大司馬桓溫引爲參軍深加禮接每宴集之所必命滔同游從溫伐袁眞至壽陽以淮南屢叛著論二篇名曰正淮其上篇曰淮南者三代揚州之分也當春秋時吳楚陳蔡之與地戰國之末楚全有之而考烈王都焉秦并天下建立郡縣是爲九江劉項之際號曰東楚爰自戰國至于晉之中興六百有餘年保淮南者九姓稱兵者十一人皆亡不旋踵禍溢於世而終莫戒焉其天時歟地勢歟人事歟何喪亂之若是也試商較而論之夫懸象著明而休徵表於列宿山河衿帶而地險彰於丘陵治亂推移而興亡見於人事由此而觀則兼也必矣昔妖星出於東南而弱楚以亡

飛孛橫於天漢而劉安誅絕近則火星晨見而王淩首謀長彗齊暎而毋丘襲亂斯則喪乎天時也彼壽陽者南引荊汝之利東連三吳之富北接梁宋平塗不過七日西援陳許水陸不出千里外有江湖之阻內保淮肥之固龍泉之陂良疇萬頃舒六之貢利盡蠻越金石皮革之具萃焉芭木箭竹之族生焉山湖藪澤之隈水旱之所不害土產草滋之實荒年之所取給此則係乎地利者也其俗尚氣力而多勇悍其人習戰爭而貴詐偽豪右并兼之門十室而七藏甲挾劍之家比屋而發然而仁義之化不漸刑法之令不及所以屢多亡國也昔考烈以衰弱之楚屢遷其都外迫彊秦之威內構陽申之禍逃死劫殺二世而滅黥布以三雄之選功成垓下淮陰既囚梁越受戮嫌結震主之威慮生同體之禍遂謀圖全之計庶幾後亡之福衆潰於一戰身脂於漢斧劉長支庶奄王大國承喪亂之餘御新化之俗无德而寵欲極禍發王安內懷先父之憾外眩姦臣之說招引賓客沉溺數術藉二世之資恃戈甲之盛屈強江淮之上西向而圖宗國言

未絕口身首俱滅李憲因亡新之餘袁術當衰漢之末負力幸亂遂生僭逆之計建號九江稱制下邑狼狽奔亡傾城受戮及至彥雲仲恭公休之徒或憑宿名或怙前功握兵淮楚力制東夏屬當多難之世仍值廢興之會謀非所議相係禍敗祖約助逆身亡家族彼十亂者成乎人事者也然則侵弱昏迷以至絕滅亡楚當之恃彊畏逼遂謀叛亂縣布有焉二王遘逆寵之之過也公路僭偽乘釁之盜也二將以圖功首難士少以驕矜樂禍本其所因考其成跡皆寵盛禍淫福過災生而制之不漸積之有由也其下篇曰昔高祖之誅縣布也撮三策之要馳赦過之書秉人主之威以除逆節之虜然猶決戰陳都暴尸橫野僅乃剋之害亦深矣長安之謀雖兵未交於山東禍未徧於天下而馳說之士與閭墳之人幽囚誅放者亦已衆矣光武連兵於肥鄉魏祖馳馬於蘄苦而盧九之間流溺兵凶者十而七八焉夫王陵面縛得之於矽石仲恭接刃咸之於後覺也而高祖以之宵征世宗以之發疾豈不勤哉文皇挾萬

乘之威杖伊周之權內舉京畿之衆外徵四海之銳雲合雨集推鋒以臨淮浦而誕欽晏然方嬰城自固憑軾以觀王師於是築長圍起棼櫓高壁連塹負戈擊柝以守之自夏及春而後始知亡焉然則屠城之禍其可極言乎約之出奔淮左爲墟悲夫信哉魯哀之言夫生乎深宮長于膏粱憂懼不切於身榮辱不交於前則其仁義之本淺矣奉以南面之尊藉以列城之富宅以制險之居養以衆強之盛而无德以臨之无制以節之則厭溢樂禍之心生矣夫以昏主御姦臣利甲資堅城僞令行於封內邪惠結於人心乘間幸濟之說日交於側猾詐錮咎之群各馳於前見利如歸安在其不爲亂乎況乘舊寵挾前功畏逼懼亡以謀圖身之舉者望其俛首就羈不亦迂哉易稱履霜堅冰馴致之道蓋言漸也嗚呼斯所以亂臣賊子亡國覆家累世而不絕者歟昔先王之宰天下也選於有德訪之三吏正其分位明其等級畫之封疆宣之政令上下有序无僭差之嫌四人安業无并兼之國三載考陟功罪不得逃其跡九伐時修刑賞无所謬其實令之有漸軌之有度寵之有節權不外授威不下黷所以杜其萌際重其名器深根固本傳之百世雖時有盛衰弱者无所懼其亡道有興廢強者不得資其勢夫如是將使天下從風穆然軌道慶自一人惠流萬國安有向時之患哉壽陽平以功封聞喜縣侯除永世令溫薨征西將軍桓豁引爲參軍領華容令太元中拜著作郎專掌國史領本州大中正孝武帝嘗會於西堂滔豫坐還下車先呼子系之謂曰百人高會天子先問伏滔在坐不此故未易得爲人作父如此定何如也遷游擊將軍著作如故卒官子系之亦有文才歷黃門郎侍中尚書光祿大夫

羅含字君章桂陽耒陽人也曾祖彥臨海太守父綏滎陽太守含幼孤爲叔母朱氏所養少有志尚嘗晝臥夢一鳥文彩異常飛入口中因驚起說之朱氏曰鳥有文彩汝後必有文章自此後藻思日新弱冠州三辟不就含父嘗宰新淦新淦人楊羨後爲含州將

引含爲主簿含傲然不顧羨招致不已辭不獲而就焉及羨去職含送之到縣新淦人以含舊宰之子咸致賂遺含難違而受之及歸悉封置而去由是遠近推服焉後爲郡功曹刺史庾亮以爲部江夏從事太守謝尚與含爲方外之好乃稱曰羅君章可謂湘中之琳琅尋轉州主簿後桓溫臨州又補征西參軍溫嘗使含詣尚有所檢劾含至不問郡事與尚累日酣飲而還溫問所劾事含曰公謂尚何如人溫曰勝我也含曰豈有勝公而行非邪故一无所問溫奇其意而不責焉轉州別駕以廨舍諠擾於城西池小洲上立茅屋伐木爲材織葦爲席而居布衣蔬食晏如也溫嘗與寮屬讌會含後至溫問衆坐曰此何如人或曰可謂荊楚之材溫曰此自江左之秀豈惟荊楚而已徵爲尚書郎溫雅重其才又表轉征西戶曹參軍俄遷宜都太守及溫封南郡公引爲郎中令尋徵正員郎累遷散騎常侍侍中仍轉廷尉長沙相年老致仕加中散大夫門施行馬初含在官舍有一白雀棲集

堂宇及致仕還家階庭忽蘭菊叢生以爲德行之感焉年七十七卒所著文章行於世

顧愷之字長康晉陵无錫人也父悅之尚書左丞愷之博學有才氣嘗爲箏賦成謂人曰吾賦之比嵇康琴不賞者必以後出相遺深識者亦當以高奇見貴桓温引爲大司馬參軍甚見親昵温薨後愷之拜温墓賦詩云山崩溟海竭魚鳥將何依或問之曰卿憑重桓公乃爾哭狀其可見乎荅曰聲如震雷破山淚如傾河注海愷之好諧謔人多愛狎之後爲殷仲堪參軍亦深被眷接仲堪在荆州愷之嘗因假還仲堪特以布帆借之至破冢遭風大敗愷之與仲堪牋曰地名破冢真破冢而出行人安穩布帆无恙還至荆州人問以會稽山川之狀愷之云千巖競秀萬壑爭流草木蒙籠若雲興霞蔚桓玄時與愷之同在仲堪坐共作了語愷之先曰火燒平原无遺燎玄曰白布纏根樹旒旐仲堪曰投魚深泉放飛鳥復作危語玄曰矛頭折米劒頭炊仲堪曰百歲老翁攀枯枝

有一參軍云盲人騎瞎馬臨深池仲堪眇目驚曰此太逼人因罷愷之每食甘蔗恒自尾至本人或怪之云漸入佳境尤善丹青圖寫特妙謝安深重之以爲有蒼生以來未之有也愷之每畫人成或數年不點目精人問其故荅曰四體妍蚩本无關少於妙處傳神寫照正在阿堵中嘗悅一鄰女挑之弗從乃圖其形於壁以棘針釘其心女遂患心痛愷之因致其情女從之遂密去針而愈愷之每重嵇康四言詩因爲之圖恒云手揮五絃易目送歸鴻難每寫起人形妙絶於時嘗圖裴楷象頰上加三毛觀者覺神明殊勝又爲謝鯤象在石巖裏云此子宜置丘壑中欲圖殷仲堪仲堪有目病固辭愷之曰明府正爲眼耳若明點瞳子飛白拂上使如輕雲之蔽月豈不美乎仲堪乃從之愷之嘗以一廚畫糊題其前寄桓玄皆其深所珍惜者玄乃發其廚後竊取畫而緘閉如舊以還之紿云未開愷之見封題如初但失其畫直云妙畫通靈變化而去亦猶人之登仙了无怪色愷之之矜伐過實少年因相稱譽以爲戲弄又爲吟詠自謂得先賢風制或請其作洛生詠荅曰何至作老婢聲義熙初爲散騎常侍與謝瞻連省夜於月下長詠瞻每遥贊之愷之彌自力忘倦瞻將眠令人代己愷之不覺有異遂申旦而止尤信小術以爲求之必得桓玄嘗以一柳葉紿之曰此蟬所翳葉也取以自蔽人不見己愷之喜引葉自蔽玄就溺焉愷之信其不見己也甚以珍之初愷之在桓温府常云愷之體中癡黠各半合而論之正得平耳故俗傳愷之有三絶才絶畫絶癡絶年六十二卒於官所著文集及啓矇記行於世

郭澄之字仲靜太原陽曲人也少有才思機敏兼人調補尚書郎出爲南康相值盧循作逆流離僅得還都劉裕引爲相國參軍從裕北伐既剋長安裕意更欲西伐集寮屬議之多不同次問澄之澄之不荅西向誦王粲詩曰南登霸陵岸迴首望長安裕便意定謂澄之曰當與卿共登霸陵岸耳因還澄之位至裕相國從事中郎封南豐侯卒於官所著文集行於世

史臣曰夫賞好生於情剛柔本於性情之所適發乎詠歌而感召无象風律殊製至於應貞宴射之文極形言之美華林群藻罕或疇之子安幼標明敏少蓄清思懷天地之寥廓賦辭人之所遺特構新情豈常均之所企太冲含豪歷載以賦三都士安見而稱善平原覩而韜翰匪惟高步當年故以騰華終古鄒湛之持論棗據之緣情實南陽之人傑蓋潁川之時秀季雅摛屬遒邁夙備成德稱爲泉岱之珍固其然矣彦伯未能混迹光塵而屈乎卑位釋時宏論亦足見其志耳季鷹縱誕一時不邀名爵黄花之什濬發神府仲初之文風流可尚擢秀士林陽都之美尤重時彦曹毗沉研秘籍踠足下僚綺靡降神之歌朗暢對儒之論李充之學箴信清壯也袁宏東征名臣之作抑潘陸之亞玄度學藝優贍筆削擅奇降帝問於西堂故其榮觀也君章耀湘中之寶挺荆楚之材夢鳥發乎精誠豈獨日者之蛟鳳長康矜能過實譎諂取容而才多逸氣故有三絶之目仲靜機思通敏延譽清流德輿

西伐之計取定於微指者矣

贊曰爻象垂法官徵流音美哉群彥揚㩇翰林俱諧振玉各擅鏘金子安太冲遒文綺爛袁庾充愷縟藻霞煥架彼辭人共超清貫

晉書九十二

列傳第六十二

外戚

羊琇　王恂弟虔 愷　楊文宗　羊玄之
虞豫元子胤　庾琛　杜乂
褚裒　何準　王濛子脩 蘊
王遐　褚爽

詳觀往誥逖聽前聞階緣外戚以致顯榮者其所由來尚矣而多至禍敗鮮克令終者何哉豈不由祿以恩升位非德舉識慚明哲材謝經通假椒房之寵靈總軍國之樞要或威權震主或勢力傾朝居安而不慮危務進而不知退驕奢既至釁隙隨之者乎是以呂霍之家誅夷於西漢梁鄧之族勦絕於東都其餘干紀亂常害時蠹政者不可勝載至若樊靡卿之父子竇廣國之弟兄陰興之守約戒奢史丹之掩惡揚善斯並后族之所美者也由此觀之干時縱溢者必以凶終守道謙沖者永保貞吉古人所謂禍福无門惟人所召此非其效歟逮于晉難始自宮掖楊駿藉武帝之寵私叨竊非據賈謐乘惠皇之蒙昧成此亂階遂使悍后遇雲林之災愍懷濫湖城之酷天人道盡喪亂弘多宗廟以之顛覆黎庶於焉殄瘁詩云赫赫宗周褒姒滅之其此之謂也爰及江左未改覆車庾亮世族羽儀王恭高門領袖既而職兼出納任切股肱孝伯竟以亡身元規幾於敗國豈不哀哉若諸季野之畏避朝權王叔仁之固求出鎮用能全身遠害有可稱焉賈充楊駿庾亮王獻之王恭等已入列傳其餘即敘其成敗以爲外戚篇云

羊琇字稚舒景獻皇后之從父弟也父耽官至太常兄瑾尚書右僕射琇少舉郡計參鎮西鍾會軍事從平蜀及會謀反琇正言苦諫還賜爵關內侯琇涉學有智算少與武帝通門甚相親狎每接筵同席嘗謂帝曰若富貴見用任領護各十年帝戲而許之初帝未立爲太子而聲論不及弟攸文帝素意重攸恒有代宗之議琇密爲武帝畫策甚有匡救又觀察文帝爲政損益揆度應所顧問之事皆令武帝默而識之其後文帝與武帝論當世之務及人間可否武帝答无不允由是儲位遂定及帝爲撫軍命琇參軍事帝即王位後擢琇爲左衛將軍封甘露亭侯帝踐阼累遷中護軍加散騎常侍琇在職十三年典禁兵豫機密寵遇甚厚初杜預拜鎮南將軍朝士畢賀皆連榻而坐琇與裴楷後至曰杜元凱乃復以連榻而坐客邪遂不坐而去琇性豪侈費用无復齊限而屑炭和作獸形以溫酒洛下豪貴咸競效之又喜遊讌以夜續晝中外五親无男女之別時人譏之然黨慕勝己其所推奉便盡心无二窮窘之徒特能振恤選用多以得意者居先不盡銓次之理將士有冒官位者爲其致節不惜軀命然放恣犯法每爲有司所貸其後司隸校尉劉毅劾之應至重刑武帝以舊恩直免官而已尋以侯白衣領護軍頃之復職及齊王攸出鎮也琇以切諫忤旨左遷太僕既失寵憤怨遂發病以疾篤求退拜特進加散騎常侍還第卒帝手詔曰琇與朕有先後之親少小之恩歷位外內忠允茂著不幸早薨朕甚悼之其追贈輔國大將軍開府儀同三司賜東園秘器朝服一襲錢三十萬布百疋謚曰威

王恂字良夫文明皇后之弟也父肅魏蘭陵侯恂文義通博在朝忠正累遷河南尹建立二學崇明五經鬲令袁毅嘗餽以駿馬恂不受及毅敗受貨者皆被廢黜焉魏氏給公卿已下租牛客戶數各有差自後小人憚役多樂爲之貴勢之門動有百數又太原諸部亦以匈奴胡人爲田客多者數千武帝踐位詔禁募客恂明峻其防所部莫敢犯者咸寧四年卒贈車騎將軍恂弟虔愷

虔字恭祖以功幹見稱累遷衛尉封安壽亭侯拜平東將軍假節監青州諸軍事徵爲光祿勳轉尚書卒子士文嗣歷右衛將軍南中郎將鎮許昌爲劉聰所害

愷字君夫少有才力歷位清顯雖无細行有在公之稱以討楊駿封山都縣公邑千八百戶遷龍驤將軍領驍騎將軍加散騎常侍尋坐事免官起爲射聲校尉久之轉後將軍愷既世族國戚性復

豪侈用赤石脂泥壁石崇與愷將爲鴆毒之事司隸校尉傅祗劾之有司皆論正重罪詔特原之由是衆人僉畏愷故敢肆其意所欲之事无所顧憚焉及卒謚曰醜

楊文宗武元皇后父也其先事漢四世爲三公文宗爲魏通事郎襲封蓩亭侯早卒以后父追贈車騎將軍謚曰穆

羊玄之惠皇后父尚書右僕射瑾之子也玄之初爲尚書郎以后父拜光祿大夫特進散騎常侍更封興晉侯遷尚書右僕射加侍中進爵爲公成都王穎之攻長沙王乂也以討玄之爲名遂憂懼而卒追贈車騎將軍開府儀同三司

虞豫元敬皇后父也少有美稱州郡禮辟並不就拜南陽王文學早卒明帝即位追贈散騎常侍驃騎大將軍開府儀同三司平山縣侯子胤嗣

胤敬后弟也初拜散騎常侍遷步兵校尉太寧末追贈豫官以胤襲侯爵轉右衛將軍與南頓王宗俱爲明帝所昵並典禁兵及帝

不豫宗以陰謀發覺事連胤帝隱忍不問徙胤爲宗正卿加散騎常侍咸和二年宗伏誅左遷胤爲桂陽太守秩中二千石頻徙琅邪廬陵太守咸康元年卒追贈衛將軍加散騎常侍子洪襲爵

庾琛字子美明穆皇后父也兄袞在孝友傳琛永嘉初爲建威將軍過江爲會稽太守徵爲丞相軍諮祭酒卒官以后父追贈左將軍妻毋丘氏追封鄉君子亮陳先志不受咸和中成帝又下詔追贈琛驃騎將軍儀同三司亮又辭焉亮在列傳

杜乂字弘理成恭皇后父鎮南將軍預孫尚書左丞錫之子也性純和美姿容有盛名於江左王羲之見而目之曰膚若凝脂眼如點漆此神仙人也桓彝亦曰衛玠神清杜乂形清襲封當陽侯辟公府掾爲丹陽丞早卒无男生后而乂終妻裴氏躬居養后以禮自防甚有德音咸康初追贈金紫光祿大夫謚曰穆封裴氏爲高安鄉君邑五百户至孝武帝時崇進爲廣德縣君裴氏壽考百姓號曰杜姥初司徒蔡謨甚器重乂嘗言於朝曰恨諸君不見杜乂也其爲名流所重如此

褚裒字季野康獻皇后父也祖䂮有局量以幹用稱嘗爲縣吏事有不合令欲鞭之䂮曰物各有所施榱椽之材不合以爲藩落也願明府垂察乃捨之家貧辭吏年垂五十鎮南將軍羊祜與䂮有舊言於武帝始被升用官至安東將軍父洽武昌太守裒少有簡貴之風與京兆杜乂俱有盛名冠于中興譙國桓彝見而目之曰季野有皮裏春秋言其外无臧否而內有所褒貶也謝安亦雅重之恒云裒雖不言而四時之氣亦備矣初辟西陽王掾吳王文學蘇峻之構逆也車騎將軍郗鑒以裒爲參軍峻平以功封都鄉亭侯稍遷司徒從事中郎除給事黃門侍郎康帝爲琅琊王時將納妃妙選素望詔娉裒女爲妃於是出爲豫章太守及康帝即位徵拜侍中遷尚書以后父苦求外出除建威將軍江州刺史鎮半洲在官清約雖居方伯恒使私童樵採頃之徵爲衛將

軍領中書令裒以中書銓管詔命不宜以姻戚居之固讓詔以爲左將軍兖州刺史都督兖州徐州之琅琊諸軍事假節鎮金城又領琅邪内史初裒總角詣庾亮亮使郭璞筮之卦成璞駭然亮曰有不祥乎璞曰此非人臣卦不知此年少何以乃表斯祥二十年外吾言方驗及此二十九年而康獻皇太后臨朝有司以裒皇太后父議加不臣之禮拜侍中衛將軍錄尚書事持節都督刺史如故裒以近戚懼獲譏嫌上疏固請居藩曰臣以虛鄙才不周用過蒙國恩累忝非據无勞受寵負愧實深豈可復加殊特之命顯號重疊臣有何勳可以克堪何顏可以冒進委身聖世豈復遺力實懼顛墜所誤者大今王略未振萬機至殷陛下宜委誠宰輔一遵先帝任賢之道虛已受成坦平心於天下无疑内示私親之舉朝野失望所損豈少於是改授都督徐兖青揚州之晉陵吳國諸軍事衛將軍徐兖二州刺史假節鎮京口永和初復徵裒將以爲揚州錄尚書事吏部尚書劉遐說裒曰會稽王令德國之周公也足下

宜以大政付之袁長史王胡之亦勸焉於是固辭歸藩朝野咸歎服之進號征北大將軍開府儀同三司固辭開府袁又以政道在於得才宜委賢任能升敬舊齒乃薦前光祿大夫顧和侍中殷浩疏奏即以和爲尚書令浩爲揚州刺史及石季龍死袁上表請伐之即日戒嚴直指泗口朝議以袁事任貴重不宜深入可先遣偏師袁重陳前所遣前鋒督護王頤之等徑造彭城示以威信後遣督護麋嶷進軍下邳賊即奔潰嶷率所領據其城池今宜速發以成聲勢於是除征討大都督青揚徐兗豫五州諸軍事袁率衆三萬徑進彭城河朔士庶歸降者日以千計袁撫納之甚得其歡心先遣督護徐龕伐沛獲僞相支重郡中二千餘人歸降魯郡山有五百餘家亦建義請援袁遣龕領銳卒三千迎之龕違袁節度軍次代陂爲石遵將李菟所敗死傷太半龕執節不撓爲賊所害袁以春秋責帥授任失所威略虧損上疏自貶以征北將軍行事求留鎮廣陵詔以偏帥之責不應引咎逋寇未殄方鎮任重不宜貶降使

還鎮京口解征討都督時石季龍新死其國大亂遺戶二十萬口渡河將歸順乞師救援會袁已旋威勢不接莫能自拔皆爲慕容儁及苻健之衆所掠死亡咸盡袁以遠圖不就憂慨發病及至京口聞哭聲甚衆袁問何哭之多左右曰代陂之役也袁益慚恨永和五年卒年四十七遠近嗟悼吏士哀慕之贈侍中太傅本官如故謚曰元穆子歆字幼安以學行知名歷散騎常侍祕書監

何準字幼道穆章皇后父也高尚寡欲弱冠知名州府交辟並不就兄充爲驃騎將軍勸其令仕準曰第五之名何減驃騎準兄弟中第五故有此言充居宰輔之重權傾一時而準散帶衡門不及人事唯誦佛經修營塔廟而已徵拜散騎郎不起年四十七卒升平元年追贈金紫光祿大夫封晉興縣侯子惔以父素行高潔表讓不受三子放惔澄放繼充惔官至南康太守早卒惔子元度西陽太守次叔度太常御尚書澄字季玄起家祕書郎轉丞清正有器望累遷祕書監太常中護軍孝武帝深愛之以爲冠軍將軍吳國內史太元末琅琊王出居外第妙選師傅徵拜尚書領琅邪王師安帝即位遷尚書左僕射典選王師如故時澄以腳疾固讓特聽不朝坐家視事又領本州大中正及桓玄執政以疾奏免卒于家安帝反正追贈金紫光祿大夫長子籍早卒次子融元熙中爲大司農

王濛字仲祖哀靖皇后父也曾祖黯歷位尚書祖佑北軍中候父訥新淦令濛少時放縱不羈不爲鄉曲所齒晚節始克己勵行有風流美譽虛己應物恕而後行莫不敬愛焉事諸母甚謹奉祿資產常推厚居薄喜慍不形於色不修小潔而以清約見稱善隸書美姿容嘗覽鏡自照稱其父字曰王文開生如此兒邪居貧帽敗自入市買之嫗悅其貌遺以新帽時人以爲達與沛國劉惔齊名友善惔常稱濛性至通而自然有節濛每云劉君知我勝我自知時人以惔方荀奉倩濛比袁曜卿凡稱風流者舉濛惔爲宗焉司徒王導辟爲掾導復引匡術弟孝濛致牋於導曰開國承家小

人勿用杖德義以尹天下方將澄清彝倫崇重名器夫軍國殊用文武異容豈可令涇渭混流虧清穆之風以允答具瞻儀形海內導不答後出補長山令復爲司徒左西屬濛以此職有譴則應受杖固辭詔爲停罰猶不就徙中書郎簡文帝之爲會稽王也嘗與孫綽商略諸風流人綽言曰劉惔清蔚簡令王濛溫潤恬和桓溫高爽邁出謝尚清易令達而濛性和暢能言理辭簡而有會及簡文帝輔政益貴幸之與劉惔號爲入室之賓轉司徒左長史晚求爲東陽不許及濛病乃恨不用之濛聞之曰人言會稽王癡竟癡也疾漸篤於燈下轉麈尾視之歎曰如此人曾不得四十也年三十九卒臨殯劉惔以犀杷麈尾置棺中因慟絕久之謝安亦常稱美濛云王長史語甚不多可謂有令音有二子修蘊

修字敬仁小字苟子明秀有美稱善隸書號曰流奕清舉年十二作賢全論濛以示劉惔曰敬仁此論便足以參微言起家著作郎琅邪王文學轉中軍司馬未拜而卒年二十四臨終歎曰无愧古人

年與之齊矣

王遐字柏子簡順皇后父驃騎將軍述之從叔也少以華族仕至光祿勳寧康初追贈特進光祿大夫加散騎常侍謚曰靖長子恪領軍將軍恪子欣之豫章太守秩中二千石欣之弟歡之廣州刺史遐少子臻崇德衛尉

王蘊字叔仁孝武定皇后父司徒左長史濛之子也起家佐著作郎累遷尚書吏部郎性平和不抑寒素每一官缺求者十輩蘊无所是非時簡文帝爲會稽王輔政蘊輙連狀白之曰某人有地某人有才務存進達各隨其方故不得者无怨焉補吳興太守甚有德政屬郡荒人饑輙開倉贍䘏主簿執諫請先列表上待報蘊曰今百姓嗷然路有饑饉若表上須報何以救將死之命乎專輙之愆罪在太守且行仁義而敗无所恨也於是大振貸之賴蘊全者十七八焉朝廷以違科免蘊官士庶詣闕訟之詔特左降晉陵太守復有惠化百姓歌之定后立以后父遷光祿大夫領五兵尚書本州大中正封建昌縣侯蘊以恩澤賜爵非三代令典固辭不受朝廷敦勸終不肯拜乃授都督京口諸軍事左將軍徐州刺史假節復固讓謝安謂蘊曰卿居后父之重不應妄自菲薄以虧時遇宜依褚公故事但令在貴權於事不事耳可暫臨此任以紓國姻之重於是乃受命鎮於京口頃之徵拜尚書左僕射將軍如故遷丹陽尹即本軍號加散騎常侍蘊以姻戚不欲在內苦求外出復以爲都督浙江東五郡鎮軍將軍會稽內史常侍如故蘊素嗜酒末年尤甚及在會稽略少醒日然猶以和簡爲百姓所悅時王悅來拜墓蘊子恭往省之素相善遂留十餘日方還蘊問其故恭曰與阿太語蟬連不得歸蘊曰恐阿太非爾之友阿太悅小字也後竟乖初好時以爲知人太元九年卒年五十五追贈左光祿大夫開府儀同三司長子華早卒次恭在列傳恭弟爽字季明彊正有志力歷給事黃門侍郎侍中孝武帝崩王國寶夜欲開門入爲遺詔爽距之曰大行晏駕皇太子未至敢入者斬乃止爽嘗與會稽王道子飲道子醉呼爽爲小子爽曰亡祖長史與簡文皇帝爲布衣之交亡姑亡姊伉儷二宮何小子之有及國寶執權免爽官後兄恭再起事並以爽爲寧朔將軍參預軍事恭敗被誅

褚爽字弘茂小字期生恭思皇后父也祖裒父歆爽少有令稱謝安甚重之嘗曰若期生不佳我不復論士矣爲義興太守早卒以后父追贈金紫光祿大夫爽子秀之炎之喻之義熙中並歷大官

史臣曰羊琇託肺腑之親處多聞之益遭逢潛躍之際預參經始之謀故得繾綣恩私便蕃任遇憑寵靈而逞慾恃勢位而驕陵屢犯憲章頻干國紀幸逢寬政得免刑書王愷地即渭陽家承世祿曾弗聞於恭儉但崇縱於奢淫競爽於季倫爭先於武子既塵清論有斁王猷雖復議行易名未足懲惡勸善弘理儀形外朗季野神鑒內融仲祖溫潤風流幼道清虛寡慾皆擅名江表見重當時豈惟后族之英華抑亦搢紳之令望者也

贊曰託屬丹掖承輝紫宸地既權寵任惟執鈞約乃寡失驕則陵人覆車遺戒諒足書紳

列傳第六十三　晉書九十三

列傳第六十四　晉書九十四　御撰

隱逸

孫登　董京　夏統　朱沖
范粲　魯勝　董養　霍原
郭琦　伍朝　魯褒　氾騰
任旭　郭文　龔壯　孟陋
韓績　譙秀　翟湯子莊　郭翻
辛謐　劉驎之　索襲　楊軻
公孫鳳　公孫永　張忠　石坦
宋纖　郭荷　郭瑀　祈嘉
瞿硎　謝敷　戴逵　龔玄之
陶淡　陶潛

若夫穹昊垂景少微以躔其次文繫探幽貞遯以成其象故有避於言色其道闡乎孔公驕乎富貴厥義詳於孫子是以處柔伊存有生之恒性在盈斯害惟神之常道古先智士體其若茲介焉超俗浩然養素藏聲江海之上卷迹囂氛之表漱流而激其清寢巢而韜其耀良畫以符其志絶機以虛其心玉輝冰潔川渟嶽峙修至樂之道固无疆之休長往邈而不追安排窅而无悶修身自保悔吝弗生詩人考槃之歌抑在茲矣至於體天作制之后訟息刑清之時尚乃仄席幽貞以康神化徵聘之禮賁於巖穴玉帛之贄委於窐衡故月令曰季春之月聘名士禮賢者斯之謂歟自典午運開旁求隱逸譙元彥之杜絶人事江思悛之嘯詠林藪峻其貞白之軌成其出塵之迹雖不應其嘉招亦足激其貪競今美其高尚之德綴集于篇

孫登字公和汲郡共人也无家屬於郡北山爲土窟居之夏則編草爲裳冬則被髮自覆好讀易撫一弦琴見者皆親樂之性无恚怒人或投諸水中欲觀其怒登既出便大笑時時游人間所經家或設衣食者一无所受辭去皆捨棄嘗住宜陽山有作炭人見之知非常人與語登亦不應文帝聞之使阮籍往觀既見與語亦不應嵇康又從之游三年問其所圖終不答康每歎息將別謂曰先生竟无言乎登乃曰子識火乎火生而有光而不用其光果在於用光人生而有才而不用其才而果在於用才故用光在乎得薪所以保其耀用才在乎識真所以全其年今子才多識寡難乎免於今之世矣子无求乎康不能用果遭非命乃作幽憤詩曰昔慚柳下今愧孫登或謂登以魏晉去就易生嫌疑故或嘿者也竟不知所終

董京字威輦不知何郡人也初爲隴西計吏俱至洛陽被髮而行逍遥吟咏常宿白社中時乞於市得殘碎繒絮結以自覆全帛佳緜則不肯受或見推排罵辱曾无怒色孫楚時爲著作郎數就社中與語遂載與俱歸京不肯坐楚乃貽之書勸以今堯舜之世胡爲懷道迷邦京答之以詩曰周道斁兮頌聲沒夏政衰兮五常汨便便君子顧望而逝洋洋乎滿目而作者七豈不樂天地之化也哀哉乎時之不可與對之以獨處无娛我以爲歡清流可飲至道可飡何爲棲棲自使疲單魚懸獸檻鄙夫知之夫古之至人藏器於靈緼袍不能令暖軒冕不能令榮動如川之流靜如川之渟鸚鵡能言泗濱浮磬衆人所翫豈合物情玄鳥紆幙而不被害鳴隼遠巢咸以欲死眄彼梁魚逡巡倒尾沉吟不決忽焉失水嗟乎魚鳥相與萬世而不悟以我觀之乃明其故焉知不有達人深穆其度亦將闚我卑顔而去萬物皆賤惟人爲貴動以九州爲狹靜以環堵爲大後數年遁去莫知所之於其所寢處惟有一石竹子及詩二篇其一曰乾道剛簡坤體敦密茫茫太素是則是述末世流奔以文代質悠悠世目孰知其實逝將去此至虛歸我自然之室又曰孔子不遇時彼感麟麟乎麟胡不遁世以存真

夏統字仲御會稽永興人也幼孤貧養親以孝聞睦於兄弟每採梠求食星行夜歸或至海邊拘螊蠘以資養雅善談論宗族勸之仕謂之曰卿清亮質直可作郡綱紀與府朝接自當顯至如何甘辛苦於山林畢性命於海濱也統勃然作色曰諸君待我

乃至此乎使統屬太平之時當與元凱評議出處遇濁代念與屈生同汙共泥若汙隆之間自當耦耕沮溺豈有辱身曲意於郡府之間乎聞君之談不覺寒毛盡戴白汗四布顏如渥丹心熱如炭舌縮口張兩耳壁塞也言者大慙統自此遂不與宗族相見會母疾統侍醫藥宗親因得見之其從父敬寧祠先人迎女巫章丹陳珠二人並有國色莊服甚麗善歌舞又能隱形匿影甲夜之初撞鍾擊鼓間以絲竹丹珠乃拔刀破舌吞刀吐火雲霧杳冥流光電發統諸從兄弟欲往觀之難統於是共紿之曰從父間疾病得瘳大小以為喜慶欲因其祭祀並往賀之卿可俱行乎統從之入門忽見丹珠在中庭輕步佪儛靈談鬼笑飛觸挑柈酬酢翩翻統驚愕而走不由門破藩直出歸責諸人曰昔淫亂之俗興衛文公為之悲惋螮蝀之氣見君子尚不敢指季桓納齊女仲尼載馳而退子路見夏南憤恚而忼愾吾常恨不得頓叔向之頭陷華父之眼奈何諸君迎此妖物夜與游戲放傲逸之情縱奢淫之行亂男女之禮破貞高之節何也遂隱牀上被髮而臥不復言

衆親踧踖即退遣丹珠各各分散後其母病篤乃詣洛市藥會三月上巳洛中王公已下並至浮橋士女駢填車服燭路統時在船中曝所市藥諸貴人車乘來者如雲統並不之顧太尉賈充怪而問之統初不應重問乃徐荅曰會稽夏仲御也充使問其土地風俗統曰其人循循猶有大禹之遺風太伯之義讓嚴遵之抗志黃公之高節又問卿居海濱頗能隨水戲乎荅曰可統乃操柂正櫓折旋中流初作鯔鰌躍後作鯆䱐引飛鷁首掇獸尾奮長梢而船直逝者三焉於是風波振駭雲霧杳冥俄而白魚跳入船者有八九觀者皆悚遽充心尤異之乃更就船與語其應如響欲使之仕即俛而不荅充又謂曰昔堯亦歌舜亦歌子與人歌而善必反而後和之明先聖前哲无不盡歌卿頗能作卿土地間曲乎統曰先公惟寓稽山朝會萬國授化鄙邦崩殂而葬恩澤雲布聖化猶存百姓感詠遂作慕歌又孝女曹娥年甫十四貞順之德過越梁宋其父墮江不得尸娥仰天哀號中流悲歎便投水而死父子喪尸後乃俱出國人哀其孝義為歌河女之章伍子胥諫吳王言不納用見戮投海國人痛其忠烈為作小海唱今欲歌之衆人僉曰善統於是以足叩船引聲喉囀清激慷慨大風應至含水嗽天雲雨響集叱咤讙呼雷電晝冥集氣長嘯沙塵煙起王公已下皆恐止之乃已諸人顧相謂曰若不游洛水安見是人聽慕歌之聲便髣髴見大禹之容聞河女之音不覺涕淚交流即謂伯姬高行在目前也聆小海之唱謂子胥屈平立吾左右矣充欲耀以文武鹵簿覬其來觀因而謝之遂命建朱旗舉幡校分羽騎為隊軍伍肅然須臾鼓吹亂作胡葭長鳴車乘紛錯縱橫馳道又使妓女之徒服袿襡炫金翠繞其船三帀統危坐如故若无所聞充等各散曰此吳兒是木人石心也統歸會稽竟不知所終

朱沖字巨容南安人也少有至行閑靜寡欲好學而貧常以耕藝為事鄰人失犢認沖犢以歸後得犢於林下大慙以犢還沖沖竟不受有牛犯其禾稼沖屢持芻送牛而无恨色主愧之乃不復為暴咸寧四年詔補博士沖稱疾不應尋又詔曰東宮官屬亦宜得履

蹈至行敦悅典籍者其以沖為太子右庶子沖每聞徵書至輒逃入深山時人以為梁管之流沖居近夷俗羌戎奉之若君沖亦以禮讓為訓邑里化之路不拾遺村无凶人毒蟲猛獸皆不為害卒以壽終

范粲字承明陳留外黃人漢萊蕪長丹之孫也粲高亮貞正有丹風而博涉強記學皆可師遠近請益者甚衆性不矜莊而見之皆肅如也魏時州府交辟皆无所就久之乃應命為治中轉別駕辟太尉掾尚書郎出為征西司馬所歷職皆有聲稱及宣帝輔政遷武威太守到郡選良吏立學校勸農桑是時戎夷頗侵疆場粲明設防備敵不敢犯西域流通无烽燧之警又郡壤富寔珍玩充積粲檢制之息其華侈以母老罷官郡既接近寇戎粲以重鎮去職朝廷尤之左遷樂涫令頃之轉太宰從事中郎遭母憂以至孝稱服闋復為太宰中郎齊王芳被廢遷于金墉城粲素服拜送哀慟左右時景帝輔政召群官會議粲又不到朝廷以其時望優容之粲又稱疾闔門不出於是特詔為侍中持節使于雍州粲因陽狂不言寢所乘車足不

履地子孫恒侍左右至有婚宦大事輒密諮焉合者則色无變不合則眠
寢不安妻子以此知其旨武帝踐阼泰始中粲同郡孫和時爲太子中
庶子表薦粲稱其操行高潔久嬰疾病可使郡縣輿致京師加以聖
恩賜其醫藥若遂瘳除必有益於政乃詔郡縣給醫藥又以二千石
祿養病歲以爲常加賜帛百疋子喬以父疾篤辭不敢受詔不許以太
康六年卒時年八十四不言三十六載終於所寢之車長子喬字伯孫
年二歲時祖馨臨終撫喬首曰恨不見汝成人因以所用硯與之至五
歲祖母以告喬喬便執硯涕泣九歲講學在同輩之中言无媟辭弱冠
受業於樂安蔣國明濟陰劉公榮有知人之鑒見喬深相器重友人
劉彥秋夙有聲譽嘗謂人曰范伯孫體應純和理思周密吾每欲錯其
一事而終不能光祿大夫李銓嘗論揚雄才學優於劉向喬以爲向
定一代之書正群籍之篇使雄當之故非所長遂著劉楊優劣論文
多不載喬好學不倦父粲陽狂不言喬與二弟並棄學業絕人事
侍疾家庭至粲沒足不出邑里司隸校尉劉毅嘗抗論於朝廷曰使

范武威疾若不篤其爲伯夷叔齊復存於今如其疾篤益是聖主所
宜哀矜其子久侍父疾名德著茂不加敘用深爲朝廷惜遺賢之譏
也元康中詔求廉讓沖退履道寒素者不計資以參選敘尚書郎
王琨乃薦喬曰喬稟德真粹立操高潔儒學精深含章内奧安貧
樂道棲志窮巷簞瓢詠業長而彌堅誠當今之寒素著厲俗之清
彥時張華領司徒天下所舉凡十七人於喬特發優論又吏部郎郄
隆亦思求海内幽遯之士喬供養衡門至於白首於是除樂安令辭
疾不拜喬凡一舉孝廉八薦公府再舉清白異行又舉寒素一无所
就初喬邑人臘夕盜斫其樹人有告者喬陽不聞邑人愧而歸之喬
往喻曰卿節日取柴欲與父母相歡娛耳何以愧爲其通物善導皆此
類也外黃令高頵歎曰諸士大夫未有不及私者而范伯孫恂恂率
道名諱未嘗經於官曹士之貴異於今而見大道廢而有仁義信矣其
行身不穢爲物所歎服如此以元康八年卒年七十八
魯勝字叔時代郡人也少有才操爲佐著作郎元康初遷建康令到

官著正天論云以冬至之後立晷測影準度日月星臣按日月裁徑百里
无千里星十里不百里遂表上求下群公卿士考論若臣言合理當得
改先代之失而正天地之紀如无據驗甘即刑戮以彰虛妄之罪事遂
不報嘗歲日望氣知將來多故便稱疾去官中書令張華遣子勸
其更仕再徵博士舉中書郎皆不就其著述爲世所稱遭亂遺失
惟注墨辯存其敘曰名者所以別同異明是非道義之門政化之準
繩也孔子曰必也正名名不正則事不成墨子著書作辯經以立名本
惠施公孫龍祖述其學以正刑名顯於世孟子非墨子其辯言正辭則
與墨同荀卿莊周等皆非毀名家而不能易其論名必有形察莫
如別色故有堅白之辯名必有分明分明莫如有无故有无序之辯
是有不是可有不可是名兩可同而有異異而有同是之謂辯同異
至同无不同至異无不異是謂辯同辯異同異生是非是非生吉凶
取辯於一物而原極天下之汙隆名之至也自鄧析至秦時名家者
世有篇籍率頗難知後學莫復傳習於今五百餘歲遂亡絕墨

辯有上下經經各有說凡四篇與其書衆篇連第故獨存今引說就
經各附其章疑者闕之又采諸衆雜集爲刑名二篇略解指歸以俟
君子其或興微繼絕者亦有樂乎此也
董養字仲道陳留浚儀人也泰始初到洛下不干祿求榮及楊后
廢養因游太學升堂歎曰建斯堂也將何爲乎每覽國家赦書謀
反大逆皆赦至於殺祖父母父母不赦者以爲王法所不容也奈何公
卿處議文飾禮典以至此乎天人之理既滅大亂作矣因著无化論
以非之永嘉中洛城東北步廣里中地陷有二鵝出焉其蒼者飛
去白者不能飛養聞歎曰昔周時所盟會狄泉即此地也今有二鵝
蒼者胡象白者國家之象其可盡言乎顧謂謝鯤阮孚曰易稱知
幾其神乎君等可深藏矣乃與妻荷擔入蜀莫知所終
霍原字休明燕國廣陽人也少有志力叔父坐法當死原入獄訟之
楚毒備加終免叔父年十八觀太學行禮因留習之貴游子弟聞
而重之欲與相見以其名微不欲晝往乃夜共造焉父友同郡劉岱

將舉之未果而病篤臨終敕其子沈曰霍原慕道清虚方成奇器汝後必薦之後歸鄉里高陽許猛素服其名會爲幽州刺史將詣之主簿當車諫不可出界猛歎恨而止原山居積年門徒百數燕王月致羊酒及劉沈爲國大中正元康中進原爲二品司徒不過沈乃上表理之詔下司徒參論中書監張華令陳準奏爲上品詔可元康末原與王褒等俱以賢良徵累下州郡以禮發遣皆不到後王浚稱制謀僭使人問之原不答浚心銜之又有遼東囚徒三百餘人依山爲賊意欲劫原爲主事亦未行時有謠曰天子在何許近在豆田中浚以豆爲霍收原斬之懸其首諸生悲哭夜竊尸共埋殯之遠近駭愕莫不冤痛之

郭琦字公偉太原晉陽人也少方直有雅量博學善五行作天文志五行傳注穀梁京氏易百卷鄉人王游等皆就琦學武帝欲以琦爲佐著作郎問琦族人尚書郭彰彰素疾琦答云不識帝曰若如卿言烏丸家兒能事卿即堪爲郎矣遂決意用之及趙王倫篡位又欲用琦琦曰我已爲武帝吏不容復爲今世吏終身處於家

伍朝字世明武陵漢壽人也少有雅操閑居樂道不修世事性好學以博士徵不就刺史劉弘薦朝爲零陵太守主者以非選例不聽尚書郎胡濟奏曰臣以爲當今資喪亂之餘運承百王之遺弊進趨者乘國故以僥倖守道者懷蘊匱以終身故令敦褒之化虧退讓之風薄按朝游心物外不屑時務守靜衡門志道日新年過耳順而所尚无虧誠江南之奇才丘園之逸老也不如飾進何以勸善且白衣爲郡前漢有舊宜聽光顯以獎風尚奏可而朝不就終于家

魯褒字元道南陽人也好學多聞以貧素自立元康之後綱紀大壞褒傷時之貪鄙乃隱姓名而著錢神論以刺之其略曰錢之爲體有乾坤之象内則其方外則其圓其積如山其流如川動靜有時行藏有節市井便易不患耗折難折象壽不匱象道故能長久爲世神寶親之如兄字曰孔方失之則貧弱得之則富昌无翼而飛无足而走解嚴毅之顏開難發之口錢多者處前錢少者居後處前者爲君長在後者爲臣僕君長者豐衍而有餘臣僕者窮竭而不足詩云督矣富人哀此煢獨錢之爲言泉也无遠不往无幽不至京邑衣冠疲勞講肆厭聞清談對之睡寐見我家兄莫不驚視錢之所祐吉无不利何必讀書然後富貴昔呂公欣悅於空版漢祖克之於嬴二文君解布裳而被錦繡相如乘高蓋而解犢鼻官尊名顯皆錢所致空版至虚而況有實嬴二雖少以致親密由此論之謂爲神物无德而尊无勢而熱排金門而入紫闥危可使安死可使活貴可使賤生可使殺是故忿爭非錢不勝幽滯非錢不拔怨讎非錢不解令問非錢不發洛中朱衣當途之士愛我家兄皆无已已執我之手抱我終始不計優劣不論年紀賓客輻輳門常如市諺曰錢无耳可使鬼凡今之人惟錢而已故曰軍无財士不來軍无賞士不往仕无中人不如歸田雖有中人而无家兄不異无翼而欲飛无足而欲行蓋疾時者共傳其文褒不仕莫知其所終

氾騰字无忌敦煌人也舉孝廉除郎中屬天下兵亂去官還家太守張閟造之閉門不見禮遺一无所受歎曰生於亂世貴而能貧乃

可以免散家財五十萬以施宗族柴門灌園琴書自適張軌徵之爲府司馬騰曰門一杜其可開乎固辭病兩月餘而卒

任旭字次龍臨海章安人也父訪吳南海太守旭幼孤弱兒童時勤於學及長立操清修不染流俗鄉曲推而愛之郡將蔣秀嘉其名請爲功曹秀居官貪穢每不奉法旭正色苦諫秀既不納旭謝去閉門講習養志而已久之秀坐事被收旭狼狽營送秀慨然歎曰任功曹眞人也吾違其讜言以至於此復何言哉尋察孝廉除郎中州郡仍舉爲郡中正固辭歸家永康初惠帝博求清節儁異之士太守仇馥薦旭清貞潔素學識通博詔下州郡以禮發遣旭以朝廷多故志尚隱遯辭疾不行尋天下大亂陳敏作逆江東名豪並見羈縶惟旭與賀循守死不迴敏卒不能屈元帝初鎮江東聞其名召爲參軍手書與旭欲使必到旭固辭以疾後帝進位鎮東大將軍復召之及爲左丞相辟爲祭酒並不就中興建公車徵會遭母憂于時司空王導啓立學校選天下明經之士旭與會稽虞喜俱以隱學被召事未行會有王敦之難

尋而帝崩事遂寢明帝即位又徵拜給事中旭稱疾篤經年不到尚書以稽留除名僕射荀崧議以爲不可太寧末明帝復下詔備禮徵旭始下而帝崩咸和二年卒太守馮懷上疏謂宜贈九列值蘇峻作亂事竟不行子琚位至大中正終于家

郭文字文舉河內軹人也少愛山水尚嘉遯年十三每遊山林彌旬忘反父母終服畢不娶辭家游名山歷華陰之崖以觀石室之石函洛陽陷乃步擔入吳興餘杭大辟山中窮谷无人之地倚木於樹苫覆其上而居焉亦无壁障時猛獸爲暴入屋害人而文獨宿十餘年卒无患害恒著鹿裘葛巾不飲酒食肉區種菽麥採竹葉木實貿鹽以自供人或酬下價者亦即與之後人識文不復賤酬食有餘穀輒恤窮匱人有致遺取其麤者示不逆而已有猛獸殺大麀鹿於菴側文以語人人取賣之分錢與文文曰我若須此自當賣之所以相語正以不須故也聞者皆嗟歎之嘗有猛獸忽張口向文文視其口中有橫骨乃以手探去之猛獸明旦致一鹿於其室前獵者時往寄宿夜文爲擔水

而无勸色餘杭令顧颺與葛洪共造之而携與俱歸颺以文山行或須皮衣贈以韋袴褶一具文不納辭歸山中颺追遣使者置衣室中而去文亦无言韋衣乃至爛於戶內竟不服用王導聞其名遣人迎之文不肯就船車荷擔徒行既至導置之西園園中果木成林又有鳥獸麋鹿因以居文焉於是朝士咸共觀之文頹然踑踞傍若无人溫嶠嘗問文曰人皆有六親相娛先生棄之何樂文曰本行學道不謂遭世亂欲歸无路是以來也又問曰饑而思食壯而思室自然之性先生安獨无情乎文曰思由憶生不憶故无情又問曰先生獨處窮山若疾病遭命則爲烏鳥所食顧不酷乎文曰藏埋者亦爲螻蟻所食復何異乎又問曰猛獸害人人之所畏而先生獨不畏邪文曰人无害獸之心則獸亦不害人又問曰苟世不寧身不得安今將用先生以濟時若何文曰山草之人安能佐世導嘗衆賓共集絲竹並奏試使呼之文瞪眸不轉跨躡華堂如行林野于時坐者咸有鈎深味遠之言文常稱不達來語天機鏗宏莫有闚其門者溫嶠嘗稱曰文有賢人之性而无賢人之才柳下梁踦之亞乎永昌中大疫文病亦殆王導遺藥文曰命在天不在藥也夭壽長短時也居導園七年未嘗出入一旦忽求還山導不聽後逃歸臨安結廬舍於山中臨安令萬寵迎至縣中及蘇峻反破餘杭而臨安獨全人皆異之以爲知幾自後不復語但舉手指麾以宣其意病甚求還山欲枕石安尸不令人殯葬寵不聽不食二十餘日亦不瘦寵問曰先生復可得幾日文三舉手果以十五日終寵葬之於所居之處而祭哭之葛洪庾闡並爲作傳贊頌其美云

龔壯字子瑋巴西人也潔己自守與鄉人譙秀齊名父叔爲李特所害壯積年不除喪力弱不能復讎及李壽戍漢中與李期有嫌期特孫也壯欲假壽以報乃說壽曰節下若能并有西土稱藩於晉人必樂從且捨小就大以危易安莫大之策也壽然之遂率衆討期果剋之壽猶襲僞號欲官之壯誓不仕賂遺一无所取會天久雨百姓饑墊壯上書說壽以歸順允天心應人望永爲國藩福流子孫壽省書內愧

祕而不宣乃遣使入胡壯又諫之壽又不納壯謂百行之本莫大忠孝既假壽殺期私仇以雪又欲使其歸朝以明臣節壽既不從壯遂稱聾又云手不制物終身不復至成都惟研考經典譚思文章至李勢時卒初壯每歎中夏多經學而巴蜀鄙陋兼遭李氏之難无復學徒乃著邁德論文多不載

孟陋字少孤武昌人也吳司空宗之曾孫也兄嘉桓溫征西長史陋少而貞立清操絕倫布衣蔬食以文籍自娛口不及世事未曾交游時或弋釣孤興獨往雖家人亦不知其所之也喪母毀瘠殆於滅性不飲酒食肉十有餘年親族迭謂之曰少孤誰无父母誰有父母聖人制禮令賢者俯就不肖企及若使毀性无嗣更爲不孝也陋感此言然後從吉由是名著海內簡文帝輔政命爲參軍稱疾不起桓溫躬往造焉或謂溫曰孟陋高行學爲儒宗宜引在府以和鼎味溫歎曰會稽王尚不能屈非敢擬議也陋聞之曰桓公正當以我不往故耳億兆之人无官者十居其九豈皆高士哉我疾病不堪恭相王之命非敢爲高

也由是名稱益重博學多通長於三禮註論語行於世卒以壽終

韓績字興齊廣陵人也其先避亂居於吳之嘉興父建仕吳至大鴻臚績少好文學以潛退為操布衣蔬食不交當世由是東土並宗敬焉司徒王導聞其名辟以為掾不就咸康末會稽内史孔愉上疏薦之詔以安車束帛徵之尚書令諸葛恢奏績名望猶輕未宜備禮於是召拜博士稱老病不起卒於家于時高密劉鰤字長魚城陽邴郁字弘文並有高名鰤幼不慕俗長而希古篤學厲行化流邦邑郁魏徵士原之曾孫少有原風教身謹潔口不妄語耳不妄聽端拱恂恂舉動有禮咸康中成帝博求異行之士鰤郁並被公卿薦舉於是依績及翟湯等例以博士徵之郁辭以疾鰤隨使者到京師自陳年老不拜各以壽終

譙秀字元彥巴西人也祖周以儒學著稱顯名蜀朝秀少而靜默不交於世知天下將亂預絕人事雖內外宗親不與相見郡察孝廉州舉秀才皆不就及李雄據蜀略有巴西雄叔父驤驤子壽皆慕秀名具束帛安車徵之皆不應常冠皮弁弊衣躬耕山藪龔壯常歎服焉桓溫滅蜀上疏薦之朝廷以秀年在篤老兼道遠故不徵遣使勑所在四時存問尋而范賁蕭敬相繼作亂秀避難宕渠鄉里宗族依憑之者以百數秀年出八十衆人欲代之負擔秀曰各有老弱當先營護吾氣力猶足自堪豈以垂朽之年累諸君也年九十餘卒

翟湯字道深尋陽人篤行純素仁讓廉潔不屑世事耕而後食人有餽贈雖釜庾一无所受永嘉末寇害相繼聞湯名德皆不敢犯鄉人賴之司徒王導辟不就隱于縣界南山始安太守干寶與湯通家遣船餉之勑吏云翟公廉讓卿致書訖便委船還湯无人反致乃貨易絹物因寄還寶寶本以為惠而更煩之益愧歎焉咸康中征西大將軍庾亮上疏薦之成帝徵為國子博士湯不起建元初安西將軍庾翼北征石季龍大發僮客以充戎役勑有司特蠲湯所調湯悉推僕使委之鄉吏吏奉旨一无所受湯依所調限放免其僕使令編戶為百姓康帝復以散騎常侍徵湯固辭老疾不至年七十三卒于家

子莊字祖休少以孝友著名遵湯之操不交人物耕而後食語不及俗惟以弋釣為事及長不復獵或問漁獵同是害生之事而先生止去其一何哉莊曰獵自我釣自物未能頓盡故先節其甚者且夫貪餌吞鉤豈我哉時人以為知言晚節亦不復釣端居蓽門歠菽飲水州府禮命及公車徵並不就年五十六卒子矯亦有高操屢辭辟命矯子法賜孝武帝以散騎郎徵亦不至世有隱行云

郭翻字長翔武昌人也伯父訥廣州刺史父察安城太守翻少有志操辭州郡辟及賢良之舉家於臨川不交世事惟以漁釣射獵為娛居貧无業欲墾荒田先立表題經年无主然後乃作稻將熟有認之者悉推與之縣令聞而詰之以稻還翻翻遂不受嘗以車獵去家百餘里道中逢病人以車送之徒步而歸其漁獵所得或從買者便與之而不取直亦不告姓名由是士庶咸敬貴焉與翟湯俱為庾亮所薦公車博士徵不就咸康末乘小船暫歸武昌省墳墓安西將軍庾翼以帝舅之重躬往造翻欲強起之翻曰人性各有所短焉可強逼翼又以其船小狹欲引就大船翻曰使君不以鄙賤而辱臨之此固野人之舟也翼俯屈入其船中終日而去嘗墜刀於水路人有為取者因與之路人不取固辭翻曰爾向不取我豈能得路人曰我若取此將為天地鬼神所責矣翻知其終不受復沉刀於水路人悵焉乃復沉沒取之翻於是不逆其意乃以十倍刀價與之其廉不受惠皆此類也卒于家

辛謐字叔重隴西狄道人也父怡幽州刺史世稱冠族謐少有志尚博學善屬文工草隸書為時楷法性恬靜不妄交遊召拜太子舍人諸王文學累徵不起永嘉末以謐兼散騎常侍慰撫關中謐以洛陽將敗故應之及長安陷沒於劉聰聰拜太中大夫固辭不受又歷石勒季龍之世並不應辟命雖處喪亂之中頹然高邁視榮利蔑如也及冉閔僭號復備禮徵為太常謐遺閔書曰昔許由辭堯以天下讓之全其清高之節伯夷去國子推逃賞皆顯史牒傳之无窮

此徃而不反者也然賢人君子雖居廟堂之上无異於山林之中斯窮理盡性之妙豈有識之者邪是故不嬰於禍難者非爲避之但冥心至趣而與吉會耳謐聞物極則變冬夏是也致高則危累棊是也君王功以成矣而久處之非所以顧萬全遠危亡之禍也宜因茲大捷歸身本朝必有許由伯夷之廉享松喬之壽永爲世輔豈不美哉因不食而卒

劉驎之字子驥南陽人光祿大夫耽之族也驎之少尚質素虛退寡欲不修儀操人莫之知好游山澤志存遯逸嘗採藥至衡山深入忘反見有一澗水水南有二石囷一囷閉一囷開水深廣不得過欲還失道遇伐弓人問徑僅得還家或說囷中皆仙靈方藥諸雜物驎之欲更尋索終不復知處也車騎將軍桓沖聞其名請爲長史驎之固辭不受沖嘗到其家驎之於樹條桑使者致命驎之曰使君既枉駕光臨宜先詣家君沖聞大愧於是乃造其父父命驎之然後方還拂短褐與沖言話父使驎之於內自持濁酒蔬菜供賓沖勑人代驎之斟酌父辭曰

若使從者非野人之意也沖慨然至昏乃退驎之雖冠冕之族信義著於群小凡廝伍之家婚娶葬送无不躬自造焉居于陽岐在官道之衝人物來徃莫不投之驎之躬自供給士君子頗以勞累更憚過焉凡人致贈一无所受去驎之家百餘里有一孤姥病將死歎息謂人曰誰當埋我惟有劉長史耳何由令知驎之先聞其有患故徃候之值其命終乃身爲營棺殯送之其仁愛隱惻若此卒以壽終

索襲字偉祖敦煌人也虛靖好學不應州郡之命舉孝廉賢良方正皆以疾辭游思於陰陽之術著天文地理十餘篇多所啟發不與當世交通或獨語獨笑或長歎涕泣或請問不言張茂時敦煌太守陰澹奇而造焉經日忘反出而歎曰索先生碩德名儒真可以諮大義澹欲行鄉射之禮請襲爲三老曰今四表輯寧將行鄉射之禮先生年耆望重道冠一時養老之義實繫儒賢既樹非梧桐而希鸞鳳降翼器謝曹公而冀蓋公枉駕誠非所謂也然夫子至聖有召赴焉孟軻大德无聘不至蓋欲弘闡大猷敷明道化故也今之相屈遵道崇教非有爵位意者或可然乎會病卒時年七十九澹素服會葬贈錢二萬澹曰世人之所有餘者富貴也目之所好者五色也耳之所玩者五音也而先生棄衆人之所收收衆人之所棄味无味於慌惚之際兼重玄於衆妙之內宅不彌畝而志忽九州形居塵俗而棲心天外雖黔婁之高遠莊生之不願蔑以過也乃諡曰玄居先生

楊軻天水人也少好易長而不娶學業精微養徒數百常食麤飲水衣褐縕袍人不堪其憂而軻悠然自得踈賓異客音旨未曾交也雖受業門徒非入室弟子莫得親言欲所論授須旁无雜人授入室弟子令遞相宣授劉曜僭號徵拜太常軻固辭不起曜亦敬而不逼遂隱於隴山曜後爲石勒所擒秦人東徙軻留長安及石季龍嗣偽位備玄纁束帛安車徵之軻以疾辭迫之乃發既見季龍不拜與語不言命舍之于永昌乙第其有司以軻倨傲請從大不敬論季龍不從下書任軻所尚軻在永昌季龍每有饋餼輒口授弟子使爲表謝其文甚美覽者歎有深致季龍欲觀其真趣乃密令

美女夜以動之軻蕭然不顧又使人將其弟子盡行遣魁壯羯士衣甲持刀臨之以兵并竊其所賜衣服而去軻視而不言了无懼色常臥土牀覆以布被倮寢其中下无茵褥頴川荀鋪好奇之士也造而談經軻瞑目不答鋪發軻被露其形大笑之軻神體頹然无驚怒之狀于時咸以爲焦先之徒未有能量其深淺也後上疏陳鄉思求還季龍送以安車蒲輪給十戶供之自歸秦州仍教授不絕其後秦人西奔涼州軻弟子以牛負之爲戍軍追擒并爲所害

公孫鳳字子鸞上谷人也隱于昌黎之九城山谷冬衣單布寢土牀夏則并食于器停令臭敗然後食之彈琴吟咏陶然自得人咸異之莫能測也慕容暐以安車徵至鄴及見暐不言不拜衣食舉動如在九城賓客造請尠得與言數年病卒

公孫永字子陽襄平人也少而好學恬虛隱于平郭南山不娶妻妾非身所墾植則不衣食之吟咏岩間欣然自得年餘九十操尚不虧與公孫鳳俱被慕容暐徵至鄴及見暐不拜王公已下造之

皆不與言雖經隆冬盛暑端然自若一歲餘詐狂暐送之平郭後苻
堅又將備禮徵之難其年耆路遠乃遣使者致問未至而永亡堅
深悼之謚曰崇虛先生
張忠字巨和中山人也永嘉之亂隱於泰山恬靜寡欲清虛服
氣食芝餌石修導養之法冬則縕袍夏則帶索端拱若尸无琴書之
適不修經典勸教但以至道虛无爲宗其居依崇巖幽谷鑿地爲窟
室弟子亦以窟居去忠六十餘步五日一朝其教以形不以言弟子受業
觀形而退立道壇于窟上每旦朝拜之食用瓦器鑿石爲釜左右居人
饋之衣食一无所受好事少年頗或問以水旱之祥忠曰天不言而四時
行焉萬物生焉陰陽之事非窮山野叟所能知之其遺諸外物皆
此類也年在期頤而視聽无爽苻堅遣使徵之使者至忠沐浴而起
謂弟子曰吾餘年无幾不可以逆時主之意浴訖就車及至長安堅
賜以冠衣辭曰年朽髮落不堪衣冠請以野服入覲從之及見堅謂
之曰先生考磐山林研精道素獨善之美有餘兼濟之功未也故遠

屈先生將任齊尚父忠曰昔因喪亂避地泰山與鳥獸爲侶以全朝
夕之命屬堯舜之世思一奉聖顏年衰志謝不堪展効尚父之況
非敢竊擬山棲之性情存岩岫乞還餘齒歸死岱宗堅以安車送
之行達華山歎曰我東嶽道士沒於西嶽命也奈何行五十里及關
而死使者馳騂白之堅遣黃門郎韋華持節策弔祀以太牢褒賜
命服謚曰安道先生
石垣字洪孫自云北海劇人居无定所不取妻妾不營產業食不求美
衣必麤弊或有遺其衣服受而施人人有喪葬輙杖策弔之路无遠
近時有寒暑必在其中或同日共時咸皆見焉又能闇中取物如晝
无差姚萇之亂莫知所終
宋纖字令艾敦煌效穀人也少有遠操沉靖不與世交隱居於酒泉
南山明究經緯弟子受業三千餘人不應州郡辟命惟與陰顒齊
好友善張祚時太守楊宣畫其像於閣上出入視之作頌曰爲枕何
石爲漱何流身不可見名不可求酒泉太守馬岌高尚之士也具威

儀鳴鐃鼓造焉纖高樓重閣距而不見岌歎曰名可聞而身不可見德
可仰而形不可覩吾今而後知先生人中之龍也銘詩於石壁曰丹
崖百丈青壁萬尋奇木蓊鬱蔚若鄧林其人如玉維國之琛室
邇人遐實勞我心纖註論語及爲詩頌數萬言年八十篤學不倦
張祚後遣使者張興備禮徵爲太子友興逼喻甚切纖喟然嘆曰
德非莊生才非干木何敢稽停明命遂隨興至姑臧祚遣其太子太
和以執友禮造之纖稱疾不見贈遺一皆不受尋遷太子太傅頃之上
疏曰臣受生方外心慕太古生不喜存死不悲沒素有遺屬屬諸
知識在山投山臨水投水處澤露形在人親土聲聞書疏勿告我
家今當命終乞如素願遂不食而卒時年八十二謚曰玄虛先生
郭荷字承休略陽人也六世祖整漢安順之世公府八辟公車五徵
皆不就自整及荷世以經學致位荷明究群籍特善史書不應
州郡之命張祚遣使者以安車東帛徵爲博士祭酒使者迫而致
之及至署太子友荷上疏乞還祚許之遣以安車蒲輪送還張掖東

山年八十四卒謚曰玄德先生
郭瑀字元瑜敦煌人也少有超俗之操東游張掖師事郭荷盡傳
其業精通經義雅辯談論多才藝善屬文荷卒瑀以爲父生之師
成之君爵之而五服之制師不服重蓋聖人謙也遂服斬衰廬墓
三年禮畢隱于臨松薤谷鑿石窟而居服栢實以輕身作春秋墨
說孝經錯緯弟子著錄千餘人張天錫遣使者孟公明持節以蒲輪
玄纁備禮徵之遺瑀書曰先生潛光九皐懷真獨遠心與至境冥符
志與四時消息豈知蒼生倒懸四海待拯者乎孤忝承時運負荷大
業思與賢明同贊帝道昔傳說龍翔殷朝尚父鷹揚周室孔聖車
不停軌墨子駕不俟旦皆以黔首之禍不可以不救君不獨立道由人
弘故也況今九服分爲狄場二都盡爲戎穴天子僻陋江東名教淪
於布衽創毒之甚開闢未聞先生懷濟世之才坐觀而不救其於
仁智孤竊惑焉故遣使者虛左授綏鶴企先生乃眷下國公明至
山瑀指翔鴻以示之曰此鳥也安可籠哉遂深逃絕迹公明拘其門

人瑀歎曰吾逃祿非避罪也豈得隱居行義害及門人乃出而就徵及至姑臧值天錫母卒瑀括髮入弔三踊而出還於南山及天錫滅苻堅又以安車徵瑀定禮儀會父喪而止太守辛章遣書生三百人就受業焉及苻氏之末略陽王穆起兵酒泉以應張大豫遣使招瑀瑀歎曰臨河救溺不卜命之短長脉病三年不豫絕其餐饋魯連在趙義不結舌況人將左衽而不救之乃與敦煌索嘏起兵五千運粟三萬石東應王穆穆以瑀爲太府左長史軍師將軍雖居元佐而口詠黃老冀功成世定追伯成之蹤穆惑於讒間西伐索嘏瑀諫曰昔漢定天下然後誅功臣今事業未建而誅之立見麋鹿游於此庭矣穆不從瑀出城大哭舉手謝城曰吾不復見汝矣還而引被覆面不與人言不食七日輿疾而歸旦夕祈死夜夢乘青龍上天至屋而止寤而歎曰龍飛在天今止於屋屋之爲字尸下至也龍飛至尸吾其死也古之君子不卒內寢況吾正士乎遂還酒泉南山赤厓閣飲氣而卒

祈嘉字孔賓酒泉人也少清貧好學年二十餘夜忽窻中有聲呼曰祈孔賓祈孔賓隱去來隱去來修飾人世甚苦不可諧所得未毛銖所喪如山崖旦而逃去西至敦煌依學官誦書貧无衣食爲書生廝養以自給遂博通經傳精究大義西游海渚教授門生百餘人張重華徵爲儒林祭酒性和裕教授不倦依孝經作二九神經在朝卿士郡縣守令彭和正等受業獨拜牀下者二千餘人天錫謂爲先生而不名之竟以壽終

瞿硎先生者不得姓名亦不知何許人也太和末嘗居宣城郡界文脊山中山有瞿硎因以爲名焉大司馬桓溫嘗往造之既至見先生被鹿裘坐於石室神无忤色溫及僚佐數十人皆莫測之乃命伏滔爲之銘贊竟卒于山中

謝敷字慶緒會稽人也性澄靖寡欲入太平山十餘年鎮軍郗愔召爲主簿臺徵博士皆不就初月犯少微少微一名處士星占者以隱士當之譙國戴逵有美才人或憂之俄而敷死故會稽人士以嘲吳人云吳中高士便是求死不得死

戴逵字安道譙國人也少博學好談論善屬文能鼓琴工書畫其餘巧藝靡不畢綜總角時以雞卵汁溲白瓦屑作鄭玄碑又爲文而自鐫之詞麗器妙時人莫不驚歎性不樂當世常以琴書自娛師事術士范宣於豫章宣異之以兄女妻焉太宰武陵王晞聞其善鼓琴使人召之逵對使者破琴曰戴安道不爲王門伶人晞怒乃更引其兄述述聞命欣然擁琴而往逵後徙居會稽之剡縣性高潔常以禮度自處深以放達爲非道乃著論曰夫親沒而採藥不反者不仁之子也君危而屢出近關者苟免之臣也而古之人未始以彼害名教之體者何達其旨故也達其旨故不惑其迹若元康之人可謂好遯跡而不求其本故有捐本徇末之弊舍實逐聲之行是猶美西施而學其顰眉慕有道而折其巾角所以爲慕者非其所以爲美徒貴貌似而已矣夫紫之亂朱以其似朱也故鄉原似中和所以亂德放達似達所以亂道然竹林之爲放有疾而爲顰者也元康之爲放无德而折巾者也可无察乎且儒家尚譽者本以興賢也既失其本則有色取之行懷情喪眞以容貌相欺其弊必至於末僞道家去名者欲以篤實也苟失其本又有越檢之行情禮俱虧則仰詠兼忘其弊必至於本薄夫僞薄者非二本之失而爲弊者必託二本以自通夫道有常經而弊无常情是以六經有失王政有弊苟乖其本固聖賢所无奈何也嗟夫行道之人自非性足體備闇蹈而當者亦曷能不棲情古烈擬規前修苟迷擬之然後動議之然後言固當先辯其趣舍之極求其用心之本識其枉尺直尋之旨採其被褐懷玉之由若斯塗雖殊而其歸可觀也跡雖亂而其契不乖也不然則流遯忘反爲風波之行自驅以物自誑以僞外眩囂華內喪道實以矜尚奪其眞主以塵垢翳其天正貽笑千載可不慎歟孝武帝時以散騎常侍國子博士累徵辭父疾不就郡縣敦逼不已乃逃於吳吳國內史王珣有別館在武丘山逵潛詣之與珣遊處積旬會稽內史謝玄慮逵遠遁不反乃上疏曰伏見譙國戴逵希心俗表不嬰世務棲遲衡門與琴書爲友雖策

命屢加幽操不回超然絕跡自求其志且年垂耳順常抱羸疾時或失適轉至委篤今王命未回將離風霜之患陛下既已愛而器之亦宜使其身名並存請絕其召命疏奏帝許之逵復還剡後王珣爲尚書僕射上疏復請徵爲國子祭酒加散騎常侍徵之復不至太元二十年皇太子始出東宮太子太傅會稽王道子少傅王雅詹事王珣又上疏曰逵執操貞厲含味獨游年在耆老清風彌劭東宮虛德式延事外宜加旌命以參僚侍逵既重幽居之操必以難進爲美宜下所在備禮發遣會病卒長子勃有父風義熙初以散騎常侍徵不起尋卒

龔玄之字道玄武陵漢壽人也父登歷長沙相散騎常侍玄之好學潛默安於陋巷州舉秀才公府辟不就孝武帝下詔曰夫哲王御世必搜揚幽隱故空谷流縶維之詠丘園旅束帛之觀譙國戴逵武陵龔玄之並高尚其操依仁游藝潔己貞鮮學弘儒業朕虛懷久矣二三君子豈其戢賢於懷抱哉思挹雅言希承讜議可並以爲散騎

常侍領國子博士指下所在備禮發遣不得循常以稽側席之望郡縣敦逼苦辭疾篤不行尋卒時年五十八弟子元嘉亦有德操高尚不仕舉秀才及州辟召並稱疾不就孝武帝以太學博士散騎侍郎給事中累徵遂不起卒於家

陶淡字處靜太尉侃之孫也父夏以无行被廢淡幼孤好導養之術謂僊道可祈年十五六便服食絕穀不婚娶家累千金僮客百數淡終日端拱曾不營問頗好讀易善卜筮於長沙臨湘山中結廬居之養一白鹿以自偶親故有候之者輒移渡澗水莫得近之州舉秀才淡聞遂轉逃羅縣埤山中終身不返莫知所終

陶潛字元亮大司馬侃之曾孫也祖茂武昌太守潛少懷高尚博學善屬文穎脫不羈任眞自得爲鄉鄰之所貴嘗著五柳先生傳以自況曰先生不知何許人不詳姓字宅邊有五柳樹因以爲號焉閑靜少言不慕榮利好讀書不求甚解每有會意欣然忘食性嗜酒而家貧不能恒得親舊知其如此或置酒招之造飲必盡期在必醉既醉而退曾不悋情環堵蕭然不蔽風日短褐穿結簞瓢屢空晏如也常著文章自娛頗示己志忘懷得失以此自終其自序如此時人謂之實錄以親老家貧起爲州祭酒不堪吏職少日自解歸州召主簿不就躬耕自資遂抱羸疾復爲鎮軍建威參軍謂親朋曰聊欲弦歌以爲三徑之資可乎執事者聞之以爲彭澤令在縣公田悉令種秫穀曰令吾常醉於酒足矣妻子固請種秔乃使一頃五十畝種秫五十畝種秔素簡貴不私事上官郡遣督郵至縣吏白應束帶見之潛歎曰吾不能爲五斗米折腰拳拳事鄉里小人邪義熙二年解印去縣乃賦歸去來其辭曰歸去來兮田園將蕪胡不歸既自以心爲形役奚惆悵而獨悲悟已往之不諫知來者之可追實迷塗其未遠覺今是而昨非舟遙遙以輕颺風飄飄而吹衣問征夫以前路恨晨光之希微乃瞻衡宇載欣載奔僮僕來迎稚子候門三徑就荒松菊猶存攜幼入室有酒盈樽引壺觴以自酌眄庭柯以怡顏倚南窗以寄傲審容膝之易安園日涉而成趣門雖設

而常關策扶老而流憩時矯首而遐觀雲无心而出岫鳥倦飛而知還景翳翳其將入撫孤松而盤桓歸去來兮請息交以絕游世與我而相遺復駕言兮焉求悅親戚之情話樂琴書以消憂農人告余以春暮將有事乎西疇或命巾車或棹孤舟既窈窕以尋壑亦崎嶇而經丘木欣欣以向榮泉消消而始流善萬物之得時感吾生之行休已矣乎寓形宇內復幾時曷不委心任去留胡爲乎遑遑欲何之富貴非吾願帝鄉不可期懷良晨以孤往或植杖而芸耔登東皐以舒嘯臨清流而賦詩聊乘化而歸盡樂夫天命復奚疑頃之徵著作郎不就既絕州郡覲謁其鄉親張野及周旋人羊松齡龐遵等或有酒要之或要之共至酒坐雖不識主人亦欣然无忤酣醉便反未嘗有所造詣所之唯至田舍及廬山游觀而已刺史王弘以元熙中臨州甚欽遲之後自造焉潛稱疾不見既而語人云我性不狎世因疾守閑幸非潔志慕聲豈敢以王公紆軫爲榮邪夫謬以不賢此劉公幹所以招謗君子其罪不細也弘每令人候之密知當往

廬山乃遣其故人龐通之等齎酒先於半道要之潛既遇酒便引酌野亭欣然忘進弘乃出與相見遂歡宴窮日潛无履弘顧左右為之造履左右請履度潛便於坐申脚令度焉弘要之還州問其所乘答云素有脚疾向乘藍輿亦足自反乃令一門生二兒共轝之至州而言笑賞適不覺其有羨於華軒也弘後欲見輒於林澤間候之至於酒米乏絶亦時相贍其親朋好事或載酒肴而往潛亦无所辭焉每一醉則大適融然又不營生業家務悉委之兒僕未嘗有喜慍之色惟遇酒則飲時或无酒亦雅詠不輟嘗言夏月虛閑高卧北牕之下清風颯至自謂羲皇上人性不解音而畜素琴一張絃徽不具每朋酒之會則撫而和之曰但識琴中趣何勞絃上聲以宋元嘉中卒時年六十三所有文集並行於世

史臣曰君子之行殊塗顯晦之謂也出則允釐庶政以道濟時處則振拔囂埃以卑自牧詳求厥義其來夐矣公和之居窟室裳唯編草誠叔夜而凝神鑒威輦之處叢祠衣无全帛對子荆而陳貞則並滅景而弗追柳禽尚平之流亞夏統遠邇稱其孝友宗黨高其諒直歌小海之曲則伍胥猶存固貞石之心則公閭猶愧時幸洛濱之觀信乎茲言宋纖幼懷遠操清規映拔楊宣頌其畫象馬岌歎其人龍玄虛之號實斯為美餘之數子或移病而去官或著論而矯俗或箕踞而對時人或弋釣而棲衡泌含和隱璞乘道匿輝不屈其志激清風於來葉者矣

贊曰厚秩招累修名順欲確乎羣士超然絶俗養粹巖阿銷聲林曲激貪止競永垂高躅

列傳第六十四　　晉書九十四

藝術

陳訓　戴洋　韓友　淳于智
步熊　杜不愆　嚴卿　隗炤
卜珝　鮑靚　吳猛　幸靈
佛圖澄　麻襦　單道開　黃泓
索紞　孟欽　王嘉　僧涉
郭黁　鳩摩羅什　沙門曇霍　臺產

藝術之興由來尚矣先王以是決猶豫定吉凶審存亡省禍福曰神與智藏往知來幽贊冥符弼成人事既興利而除害亦威衆以立權所謂神道設教率由於此然而詭託近於妖妄迂誕難可根源法術紛以多端變態諒非一緒眞雖存矣僞亦憑焉聖人不語怪力亂神良有以也逮丘明首唱敘妖夢以垂文子長繼作援龜策以立傳自玆厥後史不絕書漢武雅好神僊世祖尤耽讖術遂使文成五利逞詭詐而取寵榮尹敏桓譚由忤時而嬰罪戾斯固通人之所蔽千慮之一失者乎詳觀衆術抑惟小道棄之如或可惜存之又恐不經載籍既務在博聞筆削則理宜詳備晉謂之乘義在於斯今錄其推步尤精技能可紀者以爲藝術傳式備前史云

陳訓字道元歷陽人少好秘學天文筭歷陰陽占候無不畢綜尤善風角孫皓以爲奉禁都尉使其占候皓政嚴酷訓知其必敗而不敢言時錢塘湖開或言天下當太平青蓋入洛陽皓以問訓訓曰臣止能望氣不能達湖之開塞退而告其友曰青蓋入洛將有輿櫬銜璧之事非吉祥也尋而吳亡訓隨例内徙拜諫議大夫俄而去職還鄉及陳敏作亂遣弟宏爲歷陽太守訓謂邑人曰陳家無王氣不久當滅宏聞將斬之訓鄉人秦璩爲宏參軍乃說宏曰訓善風角可試之如不中徐斬未晚也乃赦之時宏攻征東參軍衡彥於歷陽乃問訓曰城中有幾千人攻之可拔不訓登牛渚山望氣曰不過五百人然不可攻攻之必敗宏復大怒曰何有五千人攻五百人而有不得理命將士攻之果爲彥所敗方信訓有道術乃優遇之都水參軍淮南周亢嘗問訓以官位訓曰君至卯年當剖符近郡酉年當有曲蓋亢曰朓如來言當相薦援訓曰性不好官惟欲得米耳後亢果爲義興太守金紫將軍時劉聰王彌寇洛陽歷陽太守武瑕問訓曰國家人事如何訓曰胡賊三逼國家當敗天子野死今尚未也其後懷愍二帝果有平陽之酷焉或問其以明年吉凶者訓曰揚州刺史當死武昌大火上方節將亦當死至時劉陶周訪皆卒武昌大火燒數千家時甘卓爲歷陽太守訓私謂所親曰甘侯頭低而視仰相法名爲盼刀及目有赤脉自外而入不出十年必以兵死不領兵則可以免卓果爲王敦所害丞相王導多病每自憂慮以問訓訓曰公耳竪垂肩必壽亦大貴子孫當興於江東咸如其言訓年八十餘卒

戴洋字國流吳興長城人也年十二遇病死五日而蘇說死時天使其爲酒藏吏授符錄給吏從幡麾將上蓬萊崐崘積石太室恆廬衡等諸山既而遣歸逢一老父謂之曰汝後當得道爲貴人所識及長遂善風角爲人短陋无風望然好道術妙解占候卜數吳末爲臺吏知吳將亡託病不仕及吳平還鄉里後行至瀨鄉經老子祠皆是洋昔死時所見使處但不復見昔物耳因問守藏應鳳曰去二十餘年嘗有人乘馬東行過老君而不下馬未達橋墜馬死者不鳳言有之所問之事多與洋同揚州刺史嘗問吉凶於洋答曰熒惑入南斗八月有暴水九月當有客軍西南來如期果大水而石冰作亂冰既據揚州洋謂人曰視賊雲氣四月當破果如其言時陳敏爲右將軍堂邑令孫混見而羨之洋曰敏當作賊族滅何足願也未幾敏果反而誅焉初混欲迎其家累洋曰此地當敗得臘不得正豈可移家於賊中乎混便止歲末敏弟昶攻堂邑混遂以單身走免其後都水馬武舉洋爲都水令史洋請急還鄉將赴洛夢神人謂之曰洛中當敗人盡南渡後五年揚州必有天子洋信之遂不去既而皆如其夢廬江太守華譚問洋

曰天下誰當復作賊者洋曰王機尋而機反陳眕問洋曰人言江
南當有貴人顧彥先周宣珮當是不洋曰顧不及臘周不見來年
八月榮果以十二月十七日卒十九日臘珮以明年七月晦亡王
導遇病召洋問之洋曰君侯本命在申金爲土使之主而於申
上石頭立冶火光照天此爲金火相爍水火相煎以故受害耳
導即移居東府病遂差鎮東從事中郎張闓舉洋爲丞相令
史時司馬颺爲烏程令將赴職洋曰君宜深慎下吏颺後果坐
吏免官洋又謂曰卿雖免官十一月當作郡加將軍至期爲太
山太守鎮武將軍颺賣宅將行洋止之曰君不得至當還不可
无宅颺果爲徐龕所逼不得之郡元帝增颺衆二千使助祖逖洋
勸颺不行颺乃稱疾收付廷尉俄而因赦得出元帝將登阼使洋
擇日洋以爲宜用三月二十四日景午太史令陳卓奏用二十
二日言昔越王用甲辰三月反國范蠡稱在陽之前當主盡出
上下盡空德將出游刑入中宮今與此同洋曰越王爲吳所囚
雖當時遜媚實懷怨憤蠡故用甲辰乘德而歸留刑吳宮今大
王內无含咎外无怨憤當承天洪命納祚无窮何爲追越王去國留
殃故事邪乃從之及祖約代兄鎮譙請洋爲中典軍遷督護永昌
元年四月庚辰禺中時有大風起自東南折木洋謂約曰十月必
有賊到譙城東至歷陽南方有反者主簿王振以洋爲妖白約收
洋付刺奸而絕其食五十日言語如故約知其有神術乃赦之而
讓振振後有罪被收洋救之約曰振往日相繫今何以救之洋曰
振不識風角非有宿嫌振往時垂饑死洋養活之振猶尚遺忘矣
處富貴而不棄貧賤甚難約義之即原振賜洋米三十石至十
月三日石勒騎果到譙城東洋言於約曰賊必向城父可遣騎水
南追之步軍於水北斷要路賊必敗約竟不追賊乃掠城父婦
女輜重而去約將魯延求追賊洋曰不可約不從使兄子智與
延追之賊僞棄婦女輜重走智與延等爭物賊還掩之智延僅
以身免士卒皆死約表洋爲下邑長時梁國人反逐太守袁晏

梁城峻嶮約欲討之而未決洋曰賊以八月辛酉日反日辰俱王
辛德在南方酉受自刑梁在譙北乘德伐刑賊必破亡又甲子
日東風而雷西行譙在東南雷在軍前爲軍驅除昔吳伐關
羽天雷在前周瑜拜賀今與往同故知必尅約從之果平梁城太寧
三年正月有大流星東南行洋曰至秋府當移壽陽及王敦作逆
約問其勝敗洋曰太白在東方辰星不出兵法先起爲主應者爲
客辰星若出太白爲主辰星爲客辰星不出太白爲客先起兵
者敗今有客无主有前无後宜傳檄所部應詔伐之約乃率衆
向合肥俄而敦死衆敗遂徙壽陽洋又曰江淮之間當有軍事
譙城虛曠宜還固守不者雍丘沛皆非官有也約不從豫土遂
陷於賊咸和元年春約南行佃遇大雷雨西南來洋曰甲子西南
天雷其夏必失大將至夏汝南人反執約兄子濟送于石勒約府
內地忽赤如丹洋曰按河圖徵云地赤如丹血丸丸當有下犯上
者恐十月二十七日胡馬當來飲淮水至時石勒騎大至攻城大
戰其日西南兵火俱發約大懼會風迴賊退時傳言勒遣騎向
壽陽約欲送其家還江東洋曰必无此事尋而傳言果妄咸和
初月暈在角有赤白珥約問洋洋曰角爲天門開布陽道官門當
有大戰俄而蘇峻遣使招約俱反洋謂約曰蘇峻必敗然其初
起兵鋒不可當可外和內嚴以待其變約不從遂與峻反至三
年五月大風雷雨西北來城內晦瞑洋謂約曰雷鳴人上明使
君當遠佞近直愛下振貧昔秦有此變卒致亂亡約大怒收洋
繫之遣部將李驥將兵到盧江其衆盡散約召洋出問之曰吾
還東何如留壽陽若留壽陽何如入胡洋曰東入失半入胡
滅門留壽陽尚可約欲東向歷陽其衆不樂東下皆叛約劫
約姊及嫂奔于石勒約到歷陽祖煥問洋曰君昔言平西在壽
陽可得五年果如君言今在歷陽可得幾時洋曰得六月耳約
問洋臺下及此氣候何如洋曰此當復有反者臺下來年三月
當太平江州當大喪後南方復有軍事去此千里尋而牽騰叛

約約率所親將家屬奔於石勒二月而天子反正四月而温嶠卒郭默據盆口以叛後勒誅約及親屬並盡皆如洋言約既敗洋往尋陽時劉胤鎮尋陽胤問洋曰我病當差不洋曰不憂使君不差憂使君今年有大厄使君年四十七行年入庚寅太公陰謀曰六庚爲白獸在上爲客星在下爲害氣年與命并必凶當忌十二月二十二日庚寅勿見客胤曰我當解職將君還野中治病洋曰使君當作江州不得解職胤曰温公不復還邪洋曰温公雖還使君故作江州俄如其言九月甲寅申時迴風從東來入胤兒船中西過狀如匹練長五六丈洋曰風從咸池下來攝提下去咸池爲刀兵大殺爲死喪到甲子日申時府内大聚骨埋之胤問在何處洋曰不出州府門也胤架府東門洋又曰東爲天牢牢下開門憂天獄至十二月十七日洋又曰臘近可開門以五十人備守并以百人備東北寅上以却害氣胤不從二十四日壬辰胤遂爲郭默所害南中郎將桓宣以洋爲參軍將隨宣往襄陽太尉陶侃留之住武昌時侃謀北伐洋曰前年十一月熒惑守胃昴至今年四月積五百餘日昴趙之分野石勒遂死熒惑以七月退從畢右順行入黃道未及天關以八月二十二日復逆行還鉤繞畢向昴昴畢爲邊兵主胡夷故置天弓以射之熒惑逆行司无德之國石勒死是也勒之餘燼以自殘害今年官與太歲太陰三合癸巳癸爲北方北方當受災歲鎮二星共合翼軫從子及巳徘徊六年荆楚之分歲鎮所守其下國昌豈非功德之徵也今年六月鎮星前角亢角亢鄭之分歲星移入房太白在心心房宋分順之者昌逆之者亡石季龍若興兵東南此其死會也官若應天伐刑徑據宋鄭則无敵矣若天與不取反受其咎侃志在中原聞而大喜會病篤不果行侃薨征西將軍庾亮代鎮武昌復引洋問氣候洋曰天有白氣喪必東行不過數年必應尋有大鹿向西城門洋曰野獸向城主人將去城東家夜半望見城内有數炬火從城上出如大車狀白布幔

覆與火俱出城東北行至江乃滅洋聞而歎曰此與前白氣同時亮欲西鎮石城或問洋此西足當欲東不洋曰不當也咸康三年洋言於亮曰武昌土地有山无林政可圖始不可居終山作八字數及九昔吳用壬寅來上創立宮城至己酉還下秣陵陶公亦涉八年土地盛衰有數人心去就有期不可移也公宜更擇吉處武昌不可久住五年亮令毛寶屯邾城九月洋言於亮曰毛豫州今年受死問昨朝大霧晏風當有怨賊報仇攻圍諸侯誠宜遠偵邏寶問當在何時答曰五十日内其夕又曰九月建戌朱雀飛驚征軍還歸乘戴火光天示有信災發東房葉落歸本慮有後患明日又曰昨夜火殃非國福今年架屋致使君病可因燒屋移家南渡无嫌也寶即遣兒婦還武昌尋傳賊當來攻城洋曰十月丁亥夜半時得賊問干爲君支爲臣丁爲征西府亥爲邾城功曹爲賊神加子時十月水王木相王相氣合賊必來寅數七子數九賊高可九千人下可七千人從魁爲貴人加丁下尅上有空亡之事不敢進武昌也賊果陷邾城而去亮問洋曰故當不失石城否洋曰賊從安陸向石城逆太白當伐身无所慮亮曰天何以利胡而病我洋曰天符有吉凶土地有盛衰今年害氣三合己亥己爲天下亥爲戎胡季龍亦當受死今乃不憂賊但憂公病耳亮曰何方救我疾洋曰荆州受兵江州受災公可去此二州亮曰如此當有解不洋曰恨晚猶差不也亮竟不能解二州遂至大困洋曰昔蘇峻時公於白石祠中祈福許賽其牛至今未解故爲此鬼所考亮曰有之君是神人也或問洋曰庾公可得幾時洋曰見明年時亮已不識人咸以爲妄果至正月一日而薨庾翼代亮洋復爲占候少時卒年八十餘所占驗者不可勝紀

韓友字景先廬江舒人也爲書生受易於會稽伍振善占卜能圖宅相冢亦行京費厭勝之術龍舒長鄧林婦病積年垂死醫巫皆息意友爲筮之使或作野豬著臥處屏風上一宿覺佳於是遂差舒縣廷掾王睦病死已復魄友爲筮之令以丹畫

版作日月置牀頭又以豹皮馬鄣泥卧上立愈劉世則女病魅積年巫爲攻禱伐空冢故城間得狸鼉數十病猶不差友筮之命作布囊依女發時張囊着窗牖間友閉户作氣若有所驅斯須之間見囊大脹如吹因決敗之女仍大發友乃更作布囊二枚沓張之施張如前囊復脹滿因急縛囊口懸着樹二十許日漸消開視有二斤狐毛女遂差宣城邊洪以四月中就友卜家中安否友曰卿家有兵殃其禍甚重可伐七十束柴積於庚地至七月丁酉放火燒之咎可消也不爾其凶難言洪即聚柴至日大風不敢發火洪後爲廣陽領校遭母喪歸家友來投之時日已暮出告從者速裝束吾當夜去從者曰今日已暝數十里草行何急復去友曰非汝所知也此間血覆地寧可復住苦留之不待食而去其夜洪欻發狂絞殺兩子并殺婦又斫父妾二人皆被創因出亡走明日其宗族往收殯亡者尋索洪數日於宅前林中得之已自經死宣城太守殷祐有病友筮之曰七月晦日

將有大鸜鳥來集廳事上宜勤伺取若獲者爲善不獲將成禍祐乃謹爲其備至日果有大鸜垂尾九尺來集廳事上掩捕得之祐乃遷石頭督護後爲吳郡太守友卜占神效甚多而消殃轉禍无不皆驗于寳問其故友曰筮卦用五行相生殺如按方投藥治病以冷熱相救其差與不差不可必也友以元康六年舉賢良元帝渡江以爲廣武將軍永嘉末卒

淳于智字叔平濟北盧人也有思義能易筮善厭勝之術高平劉柔夜卧鼠齧其左手中指以問智智曰是欲殺君而不能當爲君使其反死乃以朱書手腕橫文後三寸作田字辟方一寸二分使露手以卧明旦有大鼠伏死手前譙人夏侯藻母病困詣智卜忽有一狐當門向之嗥藻怖愕馳見智智曰其禍甚急君速歸在狐嗥處拊心啼哭令家人驚怪大小必出一人勿出哭勿止然後其禍可救也藻還如其言母亦扶病而出家人既集堂屋五間拉然而崩護軍張劭母病篤智筮之使西出市沭猴繫母臂令傍人搥拍恒使作聲三日放去劭從之其猴出即爲犬所咋死母病遂差上黨鮑瑗家多喪病貧苦或謂之曰淳于叔平神人也君何不試就卜知禍所在瑗性質直不信卜筮曰人生有命豈卜筮所移會智來應詹謂曰此君寒士每多屯虞君有通靈之思可爲一卦智乃爲卦卦成謂瑗曰君安宅失宜故令君困君舍東北有大桑樹君徑至市入門數十步當有一人持荆馬鞭者便就買以懸此樹三年當暴得財瑗承言詣市果得馬鞭懸之三年浚井得錢數十萬銅鐵器復二十餘萬於是致贍疾者亦愈其消災轉禍不可勝紀而卜筮所占千百皆中應詹少亦多病智乃爲符使詹佩之誦其文既而皆驗莫能學也性深沉常自言短命曰辛亥歲天下有事當有巫醫挾道術者死吾守易義以行之猶當不應此乎太元末爲司馬督有寵於楊駿故見殺

步熊字叔罷陽平發干人也少好卜筮數術門徒甚盛熊學舍

側有一人燒死吏持熊諸生謂爲失火熊曰已爲卿卜得其人矣使從道南行當有一人來問得火主來者便縛之吏如熊言果是耕人自言草惡難耕故燒之忽風起延燒遠近實不知草中有人又鄰人兒遠行或告以死其父母號哭制服熊爲之卜尅日當還如期果至趙王倫聞其名召之熊謂諸生曰倫死不久不足應也倫怒遣兵圍之數重熊乃使諸生着其衣南走倫兵悉赴捉之熊密從北出得脫後爲成都王穎所辟穎使熊射覆物无所失後穎奔關中平昌公模鎭鄴以熊穎黨誅之

杜不愆盧江人也少就外祖郭璞學易卜屢有驗高平郗超年二十餘得重疾試令筮之不愆曰按卦言之卿所苦尋除然宜於東北三十里上宮姓家索其所養雄雉籠盛置東檐下却後九日景午日午時必當有雌雉飛來與交既而雙去若如此不出二十日病都除又是休應年將八十位極人臣若但雌逝雄留者病一周方差年半八十名位亦失超時正羸篤慮命在

旦夕笑而答曰若保八十之半便有餘矣一周病差何足爲淹然未之信或勸依其言索雉果得至景午日超卧南軒之下觀之至日晏果有雌雉飛入籠與雄雉交而去雄雉不動超歎息曰雖管郭之奇何以尚此超病彌年乃起至四十卒于中書郎不愆後占筮轉踈无復此類後爲桓嗣建威參軍

嚴卿會稽人也善卜筮鄉人魏序欲暫東行荒年多抄盜令卿筮之卿筮曰君愼不可東行必遭暴害之氣而非刧也序不之信卿曰既必不停宜以禳之可索西郭外獨母家白雄狗繫着船前求索止得駁狗无白者卿曰駁者亦足然猶恨其色不純當餘小毒正及六畜輩耳无所復憂序行半路狗或然作聲甚急有如人打之者比視已死吐黑血斗餘其夕序墅上白鵞數頭无故自死而序家无恙

隗炤汝陰人也善於易臨終書版授其妻曰吾亡後當大荒窮雖爾愼莫賣宅也却後五年春當有詔來頓此亭姓龔此人負吾金即以此版往責之勿違言也炤亡後其家大困乏欲賣宅憶夫言輙止期日有龔使者止亭中妻遂齎版往責之使者執版惘然不知所以妻曰夫臨亡手書版見命如此不敢妄也使者沉吟良久而悟謂曰賢夫何善妻曰夫善於易而未曾爲人卜也使者曰噫可知矣乃命取著筮之卦成撫掌而歎曰妙哉隗生含明隱迹可謂鏡窮達而洞吉凶者也於是告炤妻曰吾不相負金也賢夫自有金耳知亡後當暫窮故藏金以待太平所以不告兒婦者恐金盡而困无已也知吾善易故書版以寄意耳金有五百斤盛以青瓮覆以銅柈埋在堂屋東頭去壁一丈入地九尺妻還掘之皆如卜焉

卜珝字子玉匈奴後部人也少好讀易郭璞見而歎曰吾所弗如也奈何不免兵厄珝曰然吾大厄在四十一位爲卿相當受禍耳不爾者亦爲猛獸所害吾亦未見子之令終也璞曰吾禍在江南甚營之未見免兆雖然在南猶可延期住此不過時月珝曰子勿爲公吏可以免諸璞曰吾不能免公吏猶子之不能免卿相也珝曰吾此雖當有帝王子終不復奉二京矣琅琊可奉卿謹奉之主晉祀者必此人也珝遂隱于龍門山劉元海僭號徵爲大司農侍中固以疾辭元海曰人各有心卜珝之不欲在吾朝何異高祖四公哉可遂其高志後復徵爲光祿大夫珝謂使者曰非吾死所也及劉聰嗣僞位徵爲太常時劉琨據并州聰問何時可平珝答曰并州陛下之分今茲剋之必矣聰戲曰朕欲勞先生一行可乎珝曰臣所以來不及裝者正爲是行也聰大悅署珝使持節平北將軍將行謂其妹曰此行也死自吾分後愼勿紛紜及攻晉陽爲琨所敗珝卒先去爲其元帥所殺

鮑靚字太玄東海人也年五歲語父母云本是曲陽李家兒九歲墜井死其父母尋訪得李氏推問皆符驗靚學兼内外明天文河洛書稍遷南陽中部都尉爲南海太守嘗行部入海遇風飢甚取白石煮食之以自濟王機時爲廣州刺史入廁忽見二人著烏衣與機相捍良久擒之得二物似烏鴨靚曰此物不祥機焚之徑飛上天機尋誅死靚嘗見仙人陰君授道訣百餘歲卒

吳猛豫章人也少有孝行夏日常手不驅蚊懼其去已而噬親也年四十邑人丁義始授其神方因還豫章江波甚急猛不假舟楫以白羽扇畫水而渡觀者異之庾亮爲江州刺史嘗遇疾聞猛神異乃迎之問已疾何如猛辭以筭盡請具棺服旬日而死形狀如生未及大斂遂失其尸識者以爲亮不祥之徵亮疾果不起

幸靈者豫章建昌人也性少言與小人羣居見侵辱而无慍色邑里號之癡雖其父母兄弟亦以爲癡也嘗使守稻羣牛食之靈見而不驅待牛去乃往理其殘亂者其父母見而怒之靈曰夫萬物生天地之間各欲得食牛方食奈何驅之其父愈怒曰即如汝言復用理壞者何爲靈曰此稻又欲得終其性牛自犯之靈

可以不放乎時順陽樊長賓爲建昌令發百姓作官船於建城山中吏令人各作箸一雙靈作而未輸或竊之爲統而竊者心痛欲死靈謂之曰爾得无竊我箸乎竊者不應有頃愈急靈曰若爾不以情告我者今眞死矣竊者急遽乃首出之靈於是飲之以水病即立愈行人由此敬畏之船成當下吏以二百人引一艘不能動方請益人靈曰此以過足但部分未至耳靈請自牽之乃手執箸惟用百人而船去如流衆大驚怪咸稱其神於是知名有龔仲儒女病積年氣息財屬靈使以水含之已而強起應時大愈又呂猗母皇氏得痿痺病十有餘年靈療之去皇氏數尺而坐冥目寂然有頃顧謂猗曰扶夫人令起猗曰老人得病累年奈何可倉卒起邪靈曰但試扶起於是兩人夾扶以立少選靈又令去扶即能自行由此遂愈於是百姓奔趣水陸輻輳從之如雲皇氏自以病久懼有發動靈乃留水一器令食之每取水輒以新水補處二十餘年水清如新塵垢不能加焉時高悝家有鬼怪言語訶叱投擲內外不見人形或器物自行再三發火巫祝厭劾而不能絕適值靈乃要之靈於陌頭望其屋謂悝曰此君之家邪悝曰是也靈曰知之足矣悝固請之靈不得已至門見符索甚多謂悝曰當以正止邪而以邪救邪惡得已乎並使焚之惟據軒小坐而去其夕鬼怪即絕靈所救愈多此類然不取報謝行不騎乘長不娶妻性至恭見人即先拜言輒自名凡草木之夭傷於山林者必起理之器物之傾覆於途路者必舉正之周旋江州閒謂其士人曰天地之於人物一也咸欲不失其情性奈何制服人以爲奴婢乎諸君若欲享多福以保性命可悉免遣之十餘年閒賴其術以濟者極多後乃娶妻畜車馬奴婢受貨賂致遺於是其術稍衰所療得失相半焉

佛圖澄天竺人也本姓帛氏少學道妙通玄術永嘉四年來適洛陽自云百有餘歲常服氣自養能積日不食善誦神呪能役使鬼神腹旁有一孔常以絮塞之每夜讀書則拔絮孔中出光照

于一室又嘗齋時平旦至流水側從腹旁孔中引出五臟六腑洗之訖還內腹中又能聽鈴音以言吉凶莫不懸驗及洛中寇亂乃潛草野以觀變石勒屯兵葛陂專行殺戮沙門遇害者甚衆澄投勒大將軍郭黑略家黑略每從勒征伐輒豫尅勝負勒疑而問曰孤不覺卿有出衆智謀而每知軍行吉凶何也黑略曰將軍天挺神威幽靈所助有一沙門智術非常云將軍當有區夏已應爲師臣前後所白皆其言也勒召澄試以道術澄即取鉢盛水燒香呪之須臾鉢中生青蓮花光色曜目勒由此信之勒自葛陂還河北過枋頭枋頭人夜欲斫營澄謂黑略曰須臾賊至可令公知果如其言有備故不敗勒欲試澄夜冠冑衣甲執刀而坐遣人告澄云夜來不知大將軍何所在使人始至未及有言澄逆問曰平居无寇何故夜嚴勒益信之勒後因忿欲害諸道士并欲苦澄澄乃潛避至黑略舍語弟子曰若將軍信至問吾所在者報云不知所之旣而勒使至覓澄不得使還報勒勒驚曰吾有惡意向澄澄捨我去矣通夜不寢思欲見澄澄知勒意悔明旦造勒勒曰昨夜何行澄曰公有怒心昨故權避公今改意是以敢來勒大笑曰道人謬矣襄國城塹水源在城西北五里其水源暴竭勒問澄何以致水澄曰今當勑龍取水迺與弟子法首等數人至故泉源上坐繩牀燒安息香呪願數百言如此三日水泫然微流有一小龍長五六寸許隨水而來諸道士競往視之有頃水大至隍塹皆滿鮮卑段末波攻勒衆甚盛勒懼問澄澄曰昨日寺鈴鳴云明旦食時當擒段末波勒登城望末波軍不見前後失色曰末波如此豈可獲乎更遣夔安問澄澄曰已獲末波矣時城北伏兵出遇末波執之澄勸勒宥末波遣還本國勒從之卒獲其用劉曜遣從弟岳攻勒勒遣石季龍距之岳敗退保石梁塢季龍堅柵守之澄在襄國忽歎曰劉岳可憫弟子法祚問其故澄曰昨日亥時岳已敗被執果如所言及曜自攻洛陽勒將救之其羣下咸諫以爲不可勒以訪澄澄曰相輪鈴音云

秀支替戾岡僕谷劬禿當此羯語也秀支軍也替戾岡出也僕谷劉曜胡位也劬禿當捉也此言軍出捉得曜也又令一童子潔齋七日取麻油合胭脂躬自研於掌中舉手示童子粲然有輝童子驚曰有軍馬甚衆見一人長大白晳以朱絲縛其肘澄曰此即曜也勒甚悅遂赴洛距曜生擒之勒僭稱趙天王行皇帝事敬澄彌篤時石葱將叛澄誡勒曰今年葱中有蟲食必害人可令百姓无食葱也勒班告境內愼无食葱俄而石葱果走勒益重之事必諮而後行號曰大和尚勒愛子斌暴病死將殯勒歎曰朕聞虢太子死扁鵲能生之今可得效乎乃令告澄澄取楊枝沾水灑而呪之就執斌手曰可起矣因此遂蘇有頃平復自是勒諸子多在澄寺中養之勒死之年天靜无風而塔上一鈴獨鳴澄謂衆曰鈴音云國有大喪不出今年矣旣而勒果死及季龍僭位遷都于鄴傾心事澄有重於勒下書衣澄以綾錦乘以彫輦朝會之日引之升殿常侍以下悉助舉輿太子諸公扶翼

而上主者唱大和尚衆坐皆起以彰其尊又使司空李農旦夕親問其太子諸公五日一朝尊敬莫與爲比支道林在京師聞澄與諸公游乃曰澄公其以季龍爲海鷗鳥也百姓因澄故多奉佛皆營造寺廟相競出家眞僞混淆多生愆過季龍下書料簡其著作郎王度奏曰佛外國之神非諸華所應祠奉漢代初傳其道惟聽西域人得立寺都邑以奉其神漢人皆不出家魏承漢制亦循前軌今可斷趙人悉不聽詣寺燒香禮拜以遵典禮其百辟卿士逮衆隸例皆禁之其有犯者與淫祀同罪其趙人爲沙門者還服百姓朝士多同度所奏季龍以澄故下書曰朕出自邊戎忝君諸夏至於饗祀應從本俗佛是戎神所應兼奉其夷趙百姓有樂事佛者特聽之澄時止鄴城寺中弟子徧於郡國常遣弟子法常北至襄國弟子法佐從襄國還相遇於梁基城下對車夜談言及和尚比旦各去佐始入澄逆笑曰昨夜爾與法常交車共說汝師邪佐愕然愧懺於是國人每相語莫起惡心和尚知汝及澄之所在无敢向其方面涕唾者季龍太子邃有二子在襄國澄語邃曰小阿彌比當得疾可往看之邃卽馳信往視則果已得病太醫殷騰及外國道士自言能療之澄告弟子法牙曰正使聖人復出不愈此疾況此等乎後三日果死邃將圖爲逆謂內豎曰和尚神通倘發吾謀明日來者當先除之澄月望將入覲季龍謂弟子僧慧曰昨夜天神呼我曰明日若入還勿過人我倘有所過汝當止我澄常入必過邃邃知澄入要候甚苦澄將上南臺僧慧引衣澄曰事不得止坐未安便起邃固留不住所謀遂差還寺歎曰太子作亂其形將成欲言難言欲忍難忍乃因事從容箴季龍季龍終不能解俄而事發方悟澄言後郭黑略將兵征長安北山羌墮羌伏中時澄在堂上坐慘然改容曰郭公今有厄乃唱云衆僧祝願澄又自祝願須臾更曰若東南出者活餘向者則困復更祝願有頃曰脫矣後月餘黑略還自說墮羌圍中東南走馬乏正遇帳下人推馬與之

曰公乘此馬小人乘公馬濟與不濟命也略得其馬故獲免推檢時日正是澄祝願時也時天旱季龍遣其太子詣臨漳西滏口祈雨久而不降乃令澄自行卽有白龍二頭降於祠所其日大雨方數千里澄嘗遣弟子向西域市香旣行澄告餘弟子曰掌中見買香弟子在某處被劫垂死因燒香祝願遙救護之弟子後還云某月某日某處爲賊所劫垂當見殺忽聞香氣賊无故自驚曰救兵已至棄之而走黃河中舊不生黿時有得者以獻季龍澄見而歎之曰桓温入河其不久乎温字元子後果如其言也季龍嘗晝寢夢見羣羊負魚從東北來寤以訪澄澄曰不祥也鮮卑其有中原乎後亦皆驗澄嘗與季龍升中臺澄忽驚曰變變幽州當火災乃取酒噀之久而笑曰救已得矣季龍遣驗幽州云爾日火從四門起西南有黑雲來驟雨滅之雨亦頗有酒氣石宣將殺石韜宣先到寺與澄同坐浮屠一鈴獨鳴澄謂曰解鈴音乎云胡子洛度宣變色曰是何言歟澄謬曰老胡爲

道不能山居无言重茵美服豈非洛度乎石韜後至澄熟視良久韜懼而問澄澄曰怪公血臭故相視耳季龍夢龍飛西南自天而落旦而問澄澄曰禍將作矣宜父子慈和深以慎之季龍引澄入東閣與其后杜氏問訊之澄曰脇下有賊不出十日自浮圖以西此殿以東當有血流慎勿東也杜后曰和尚耄邪何處有賊澄即易語云六情所受皆悉是賊老自應耄但使少者不昏即好耳遂便寓言不復彰的後二日宣果遣人害韜於佛寺中欲因季龍臨喪殺之季龍以澄先誡故獲免及宣被收澄諫季龍曰皆陛下之子也何爲重禍邪陛下若含怒加慈者尚有六十餘歲如必誅之宣當爲彗星下埽鄴宮季龍不從後月餘有一妖馬髦尾皆有燒狀入中陽門出顯陽門東首東宮皆不得入走向東北俄而不見澄聞而歎曰災其及矣季龍大享羣臣於太武前殿澄吟曰殿乎殿乎棘子成林將壞人衣季龍令發殿石下視之有棘生焉冉閔小字棘奴季龍造太武殿初成圖畫自古賢聖忠臣孝子烈士貞女皆變爲胡狀旬餘頭悉縮入肩中惟冠髮彷彿微出季龍大惡之秘而不言也澄對之流涕乃自啓塋墓於鄴西紫陌還寺獨語曰得三年乎自答不得又曰得二年一年百日一月乎自答不得遂无復言謂弟子法祚曰戊申歲禍亂漸萌己酉石氏當滅吾及其未亂先從化矣卒於鄴宮寺後有沙門從雍州來稱見澄西入關季龍掘而視之惟有一石而无尸季龍惡之曰石者朕也葬我而去吾將死矣因而遇疾明年季龍死遂大亂

麻襦者不知何許人也莫得其姓名石季龍時在魏縣市中乞丐恒著麻襦布裳故時人謂之麻襦言語卓越狀如狂者乞得米穀不食輒散置大路云飴天馬趙興太守籍狀收送詣季龍先是佛圖澄謂季龍曰國東二百里某月日當送一非常人勿殺之也如期果至季龍與共語了无異言惟道陛下當終一柱殿下季龍不解送以詣澄麻襦謂澄曰昔在光和中會奄至今日酉戎受玄命絶曆終有期金離消于壤邊荒不能遵驅除靈期迹莫已已之懿裔苗葉繁其來方積休期於何期永以歎之澄曰天迴運極否將不支九木水爲難无可以術寧玄哲雖存世莫能基必莫能基必頹久游閻浮利擾擾多此患行登凌雲宇會于虛游間其所言人莫能曉季龍遣驛馬送還本縣既出城請步云我當有所過君至合口橋見待使人如言而馳至橋麻襦已先至後慕容儁投季龍尸於漳水倚橋柱不流時人以爲一柱殿下即謂此也及元帝嗣位江左亦以爲天馬之應云

單道開敦煌人也常衣麤褐或贈以繒服皆不着不畏寒暑晝夜不臥恒服細石子一吞數枚日一服或多或少好山居而山樹諸神見異形試之初无懼色石季龍時從西平來一日行七百里其一沙彌年十四行亦及之至秦州表送到鄴季龍令佛圖澄與語不能屈也初至鄴城西沙門法綝祠中後徙臨漳昭德

寺於房內造重閣高八九尺於上編菅爲禪室常坐其中季龍資給甚厚道開皆以施人人或來諮問者道開都不答曰服鎮守藥數丸大如梧子藥有松蜜薑桂茯苓之氣時復飲茶蘇一二升而已自云能療目疾就療者頗驗視其行動狀若有神佛圖澄曰此道士觀國興衰若去者當有大亂及季龍末道開南渡許昌尋而鄴中大亂升平三年至京師後至南海入羅浮山獨處茅茨蕭然物外年百餘歲卒于山舍敕弟子以尸置石穴中弟子乃移入石室陳郡袁宏爲南海太守與弟穎叔及沙門支法防共登羅浮山至石室口見道開形骸如生香火瓦器猶存宏曰法師業行殊羣正當如蟬蛻耳乃爲之贊云

黃泓字始長魏郡斥丘人也父沈善天文秘術泓從父受業精妙踰深兼博覽經史尤明禮易性忠勤非禮不動永嘉之亂與渤海高瞻避地幽州說瞻曰王浚昏暴終必无成宜思去就以

圖乂安慕容廆法政修明虛懷引納且讖言眞人出東北儻或是乎宜相與歸之同建事業瞻不從泓乃率宗族歸廆廆待以客禮引爲叅軍軍國之務動輒訪之泓止說成敗事皆如言廆常曰黃叅軍孤之仲翔也及皝嗣位遷左常侍領史官甚重之石季龍攻皝皝將走遼東泓曰賊有敗氣无可憂也不過二日必當奔潰宜嚴勒士馬爲追擊之備皝曰今寇盛如此卿言必走孤未敢信泓曰殿下言盛者人事耳臣言必走者天時也胡足爲疑及期季龍果退皝益奇之及慕容儁即王位遷從事中郎儁聞冉閔亂將圖中原訪之於泓泓勸行儁從之及僭號署爲進謀將軍太史令關内侯尋加奉車都尉西海太守領太史令開陽亭矦又封平舒縣五等伯常從左右諮決大事靈臺令許敦害其寵詣事慕容評設異議以毀之乃以泓爲太史靈臺諸署統加給事中泓待敦彌厚不以毀己易心慕容暐敗以老歸家嘆曰燕必中興其在吳人恨吾年過不見耳年九十七卒後三年僞吳王慕容垂興焉

索紞字叔徹敦煌人也少游京師受業太學博綜經籍遂爲通儒明陰陽天文善術數占候司徒辟除郎中知中國將亂避世而歸鄉人從紞占問吉凶門中如市紞曰攻乎異端戒在害已无爲多事多事多患遂詭言虛說无驗乃止惟以占夢爲无悔吝乃不逆問者孝廉令狐策夢立冰上與冰下人語紞曰冰上爲陽冰下爲陰陰陽事也士如歸妻迨冰未泮婚姻事也君在冰上與冰下人語爲陽語陰媒介事也君當爲人作媒冰泮而婚成策曰老夫耄矣不爲媒也會太守田豹因策爲子求鄉人張公徵女仲春而成婚焉郡主簿張宅夢走馬上山還繞舍三周但見松栢不知門處紞曰馬屬離離爲火火禍也人上山爲凶字但見松栢墓門象也不知門處爲无門也三周三期也後三年必有大禍宅果以謀反伏誅索充初夢天上有二棺落充前紞曰棺者職也當有京師貴人舉君二官者頻再遷俄而司徒王戎書屬太守使舉充太守先署充功曹而舉孝廉充後夢見一虜脫上衣來詣充紞曰虜去上中下半男字夷狄陰類君婦當生男終如其言宋桷夢内中有一人着赤衣桷手把兩杖極打之紞曰内中有人肉字也肉色赤也兩杖箸象也極打之飽肉食也俄而亦驗焉黃平問紞曰我昨夜夢舍中馬舞數十人向馬拍手此何祥也紞曰馬者火也舞爲火起向馬拍手救火人也平未歸而火作索綏夢東有二角書詣綏大角朽敗小角有題韋囊盛佩一在前一在後紞曰大角朽敗腐棺木小角有題題所詣一在前前凶也一在後後背也當有凶背之問時綏父在東居三日而凶問至郡功曹張邈嘗奉使詣州夜夢狼啖一脚紞曰脚肉被啖爲郤字會東虜反遂不行凡所占莫不驗太守陰澹從求占書紞曰昔入太學因一父老爲主人其人无所不知又匿姓名有似隱者紞因從父老問占夢之術審測而說實无書也澹命爲西閣祭酒紞辭曰少无山林之操游學京師交結時賢希申鄙藝會中國不靖欲養志終年老亦至矣不求聞達又少不習勤老无吏幹

濛汜之年弗敢聞命澹以東帛禮之月致羊酒年七十五卒于家

孟欽洛陽人也有左慈劉根之術百姓惑而赴之苻堅召詣長安惡其惑衆命苻融誅之俄而欽至融留之遂大讌郡寮酒酣目左右收欽欽化爲旋風飛出第外頃之有告在城東者融遣騎追之垂及忽然已遠或有兵衆距戰或前谿澗騎不得過遂不知所在堅末復見于青州苻朗尋之入于海島

王嘉字子年隴西安陽人也輕舉止醜形貌外若不足而聰睿内明滑稽好語笑不食五穀不衣美麗清虛服氣不與世人交游隱於東陽谷鑿崖穴居弟子受業者數百人亦皆穴處石季龍之末棄其徒衆至長安潛隱於終南山結菴廬而止門人聞而復隨之乃遷於倒獸山苻堅累徵不起公侯已下咸躬往參詣好尚之士无不師宗之問其當世事者皆隨問而對好爲譬喻狀如戲調言未然之事辭如讖記當時鮮能曉之事過皆驗堅將南征遣使者問之嘉曰金剛火強乃乘使者馬正衣冠徐徐東行數

百步而策馬馳反脫衣服棄冠履而歸下馬踞牀一无所言使者還告堅不悟復遣問之曰吾世祚云何嘉曰未央咸以爲吉明年癸未敗于淮南所謂未年而有殃也人候之者至心則見之不至心則隱形不見衣服在架履杖猶存或欲取其衣者終不及企而取之衣架踰高而屋亦不大履杖諸物亦如之姚萇之入長安禮嘉如苻堅故事逼以自隨每事諮之萇既與苻登相持問嘉曰吾得殺苻登定天下不嘉曰略得之萇怒曰得當云得何略之有遂斬之先此釋道安謂嘉曰世故方殷可以行矣嘉答曰卿其先行吾負債未果去俄而道安亡至是而嘉戮死所謂負債者也苻登聞嘉死設壇哭之贈太師謚曰文及萇死萇子興字子略方殺登略得之謂也嘉之死日人有隴上見之其所造牽三歌讖事過皆驗累世猶傳之又著拾遺錄十卷其記事多詭怪今行於世

僧涉者西域人也不知何姓少爲沙門苻堅時入長安虛靜服氣不食五穀日能行五百里言未然之事驗若指掌能以祕祝下神龍每旱堅常使之呪龍請雨俄而龍下鉢中天輒大雨堅及羣臣親就鉢觀之卒于長安後大旱移時苻堅歎曰涉公在此豈憂此乎

郭黁西平人也少明式易仕郡主簿張天錫末年苻氏每有西伐之問太守趙凝使黁筮之黁曰若郡內二月十五日失囚者東軍當至涼祚必終凝乃申約屬縣至十五日鮮卑折掘送馬於凝凝怒其非駿幽之內廄鮮卑懼而夜遁凝以告黁黁曰是也國家將亡不可復振苻堅末當陽門震刺史梁熙問黁曰其祥安在黁曰爲四夷之事也當有外國二王來朝主上一當反國一死此城歲餘而鄯善及前部王朝于苻堅西歸鄯善王死於姑藏呂光之王河西也西海太守王楨叛黁勸光襲之光之左丞呂寶曰千里襲人自昔所難況王者之師天下所聞何可僥倖以邀成功黁不可從誤人大事黁曰若其不捷黁自伏鈇鉞之誅如其尅也左丞爲无謀矣光從而尅之光比之京管常叅帷幄密謀光將伐乞伏乾歸黁諫曰今太白未出不宜行師往必无功終當覆敗太史令賈曜以爲必有秦隴之地及尅金城光使曜詰黁黁密謂光曰昨有流星東墜當有伏尸死將雖得此城憂在不守正月上旬河冰將解若不早渡恐有大變後二日而敗問至光引軍渡河訖冰泮時人服其神驗光以黁爲散騎常侍太常黁後以光年老知其將敗遂與光僕射王祥起兵作亂百姓聞黁起兵咸以聖人起事事无不成故相率從之如不及黁以爲代呂者王乃推王乞基爲主後呂隆降姚興興以王尚爲涼州刺史終如黁言黁之與光相持也逃人稱呂纂病死黁曰未也光纂之命盡在一時後纂死三日而光死黁嘗曰涼州謙光殿後當有索頭鮮卑居之終於禿髮傉檀沮渠蒙遜迭據姑臧黁性褊酷不爲士庶所附戰敗奔乞伏乾歸乾歸敗入姚興黁以滅姚者晉遂將妻子南奔爲追兵所殺也

鳩摩羅什天竺人也世爲國相父鳩摩羅炎聰懿有大節將嗣相位乃辭避出家東度葱嶺龜茲王聞其名郊迎之請爲國師王有妹年二十才悟明敏諸國交娉並不許及見炎心欲當之王乃逼以妻焉既而羅什在胎其母慧解倍常及年七歲母遂與俱出家羅什從師受經日誦千偈偈有三十二字凡三萬二千言義亦自通年十二其母携到沙勒國王甚重之遂停沙勒一年博覽五明諸論及陰陽星筭莫不必盡妙達吉凶言若符契爲性率達不拘小檢修行者頗共疑之然羅什自得於心未嘗介意專以大乘爲化諸學者皆共師焉年二十龜茲王迎之還國廣說諸經四遠學徒莫之能抗有頃羅什母辭龜茲王往天竺留羅什住謂之曰方等深教不可思議傳之東土惟爾之力但於汝无利其可如何什曰必使大化流傳雖苦而无恨母至天竺道成進登第三果西域諸國咸伏羅什神儁每至講說諸公皆長跪坐側令羅什踐而登焉苻堅

聞之密有迎羅什之意會太史奏云有星見外國分野當有大智入輔中國堅曰朕聞西域有鳩摩羅什將非此邪乃遣驍騎將軍呂光等率兵七萬西伐龜茲謂光曰若獲羅什即馳驛送之光軍未至羅什謂龜茲王白純曰國運衰矣當有勍敵從日下來宜恭承之勿抗其鋒純不從出兵距戰光遂破之乃獲羅什光見其年齒尚少以凡人戲之强妻以龜茲王女羅什距而不受辭甚苦至光曰道士之操不踰先父何所固辭乃飲以醇酒同閉密室羅什被逼遂妻之光還中路置軍於山下將士已休羅什曰在此必狼狽宜徙軍隴上光不納至夜果大雨洪潦暴起水深數丈死者數千人光密異之光欲留王西國羅什謂光曰此凶亡之地不宜淹留中路自有福地可居光還至涼州聞苻堅已爲姚萇所害於是竊號河右屬姑臧大風羅什曰不祥之風當有奸叛然不勞自定也俄而有叛者尋皆殄滅沮渠蒙遜推建康太守段業爲主光遣其子纂率衆討之時論謂業等烏合纂有威聲勢必全剋光以訪羅什答曰此行未見其利既而纂敗於合棃俄又郭馨起兵纂棄大軍輕還復爲馨所敗僅以身免中書監張資病光博營救療有外國道人羅叉云能差資病光喜給賜甚重羅什知叉誑詐告資曰叉不能爲益徒煩費耳冥運雖隱可以事試也乃以五色絲作繩結之燒爲灰末投水中灰若出水還成繩者病不可愈須臾灰聚浮出復爲繩叉療果无效少日資亡頃之光死纂立有猪生子一身三頭龍出東箱井中於殿前蟠臥比旦失之纂以爲美瑞號其殿爲龍翔殿俄而有黑龍升於當陽九宮門纂改九宮門爲龍興門羅什曰比日潛龍出游豕妖表異龍者陰類出入有時而今屢見則爲災眚必有下人謀上之變宜剋己修德以答天戒纂不納後果爲呂超所殺羅什之在涼州積年呂光父子既不弘道故蘊其深解无所宣化姚興遣姚碩德西伐破呂隆乃迎羅什待以國師之禮仍使入西明閣及逍遥園譯出衆經羅什多

所暗誦无不究其義旨既覽舊經多有紕繆於是興使沙門僧叡僧肇等八百餘人傳受其旨更出經論凡三百餘卷沙門慧叡才識高明常隨羅什傳寫羅什每爲慧叡論西方辭體商略同異云天竺國俗甚重文製其宮商體韻以入管弦爲善凡覲國王必有贊德經中偈頌皆其式也羅什雅好大乘志在敷演常歎曰吾若著筆作大乘阿毗曇非迦旃子比也今深識者既寡將何所論惟爲姚興著實相論二卷興奉之若神嘗講經於草堂寺興及朝臣大德沙門千有餘人肅容觀聽羅什忽下高坐謂興曰有二小兒登吾肩欲鄣須婦人興乃召宮女進之一交而生二子焉興嘗謂羅什曰大師聰明超悟天下莫二何可使法種少嗣遂以伎女十人逼令受之爾後不住僧坊別立解舍諸僧多效之什乃聚針盈鉢引諸僧謂之曰若能見效食此者乃可畜室耳因舉匕進針與常食不別諸僧愧服乃止杯渡比丘在彭城聞羅什在長安乃歎曰吾與此子戲別三百餘年相見杳然未期遲有遇於來生耳羅什未終少日覺四大不愈乃口出三番神呪令外國弟子誦之以自救未及致力轉覺危殆於是力疾與衆僧告别曰因法相遇殊未盡心方復後世惻愴何言死於長安姚興於逍遥園依外國法以火焚尸薪滅形碎惟舌不爛

沙門曇霍者不知何許人也禿髮傉檀時從河南來持一錫杖令人跪曰此是波若眼奉之可以得道時人咸異之或遺以衣服受而投之於河後日以還其本主衣无所汙行步如風雲言人死生貴賤无毫氂之差人或藏其錫杖曇霍大哭數聲閉目須臾起而取之咸奇其神異莫能測也每謂傉檀曰若能安坐无爲則天下可定祚胤克昌如其窮兵好殺禍將及己傉檀不能從傉檀女病甚請救療曇霍曰人之生死自有定期聖人亦不能轉禍爲福曇霍安能延命邪正可知早晚耳傉檀固請之時後宮門閉曇霍曰急開後門及開門則生

不及則死傉檀命開之不及而死後兵亂不知所在也

臺產字國儁上洛人漢侍中崇之後也少專京氏易善圖讖祕緯天文洛書風角星筭六日六分之學尤善望氣占候推步之術隱居商洛南山兼善經學汎情教授不交當世劉曜時災異特甚命公卿各舉博識直言之士一人其大司空劉均舉產曜親臨東堂遣中黄門策問之產極言其故曜覽而嘉之引見訪以政事產流涕歔欷具陳災變之禍政化之闕辭甚懇至曜改容禮之署爲博士祭酒諫議大夫領太史令至明年而其言皆驗曜彌重之轉太中大夫歲中三遷歷位尚書光祿大夫太子少師位特進金章紫綬爵關中侯

史臣曰陳戴等諸子並該洽墳典研精數術究推步之幽微窮陰陽之祕奧雖前代京管何以加之郭黁知有晉之亡姚去姚以歸晉追兵奄及致斃中塗斯則遠見秋毫不能近知目睫澄什爰自遐裔來游諸夏什既兆見星象澄乃驅役鬼神並通

幽洞冥垂文闡教諒見珍於道藝非取貴於他山姚石奉之若神良有以也鮑吳王幸等或假靈道訣或受教神方遂能厭勝禳災隱文彰義雖獲譏於妖妄頗有益於世用者焉然而碩學通人未宜枉轡

贊曰傳叙災祥書稱龜筮應如影響叶若符契怪力亂神詭時惑世崇尚弗已必致流弊

列傳第六十五　　晉書九十五

烈女

羊耽妻辛氏　杜有道妻嚴氏　王渾妻鍾氏
鄭袤妻曹氏　愍懷太子妃王氏　鄭休妻石氏
陶侃母湛氏　賈渾妻宗氏　梁緯妻辛氏
許延妻杜氏　虞潭母孫氏　周顗母李氏
張茂妻陸氏　尹虞二女　荀崧小女灌
王凝之妻謝氏　劉臻妻陳氏　皮京妻龍氏
孟昶妻周氏　何无忌母劉氏　劉聰妻劉氏
王廣女　陝婦人　靳康女
韋逞母宋氏　張天錫妾閻氏薛氏
苻堅妾張氏　竇滔妻蘇氏　苻登妻毛氏
慕容垂妻段氏　段豐妻慕容氏　呂纂妻楊氏
凉武昭王李玄盛后尹氏

夫三才分位室家之道克隆二族交歡貞烈之風斯著振高情而獨秀魯冊於是飛華挺峻節而孤標周篇於焉騰茂徽烈兼劭柔順无愆隔代相望諒非一緒然則虞興嬀汭夏盛塗山有娀有㜪廣隆殷之業大妊大姒衍昌姬之化馬鄧恭儉漢朝推德宣昭懿淑魏代揚芬斯皆禮極中闈義殊月室者矣至若恭姜誓節孟母求仁華率傳而經齊樊授規而霸楚譏文伯於奉劍讓子發於分菽少君之從約禮孟光之符隱志既昭婦則且擅母儀子政緝之於前元凱編之於後具宣閨範有裨陰訓故上從泰始下迄恭安一操可稱一藝可紀咸加撰錄爲之傳云或位極后妃或事因夫子各隨本傳今所不錄在諸僞國暫阻王猷天下之善足以懲勸亦同搜次附于篇末

羊躭妻辛氏字憲英隴西人魏侍中毗之女也聰朗有才鑒初魏文帝得立爲太子抱毗項謂之曰辛君知我喜不毗以告憲英憲英歎曰太子代君主宗廟社稷者也代君不可以不戚主國不可以不懼宜戚而喜何以能久魏其不昌乎弟敞爲大將軍曹爽參軍宣帝將誅爽因其從魏帝出而閉城門爽司馬魯芝率府兵斬關赴爽呼敞同去敞懼問憲英曰天子在外太傅閉城門人云將不利國家於事可得爾乎憲英曰事有不可知然以吾度之太傅殆不得不爾明皇帝臨崩把太傅臂屬以後事此言猶在朝士之耳且曹爽與太傅俱受寄託之任而獨專權勢於王室不忠於人道不直此舉不過以誅爽耳敞曰然則敞无出乎憲英曰安可以不出職守人之大義也凡人在難猶或恤之爲人執鞭而棄其事不祥也且爲人任爲人死親昵之職也汝從衆而已敞遂出宣帝果誅爽事定後敞歎曰吾不謀於姊幾不獲於義其後鍾會爲鎮西將軍憲英謂躭從子祜曰鍾士季何故西出祜曰將爲滅蜀也憲英曰會在事縱恣非特久處下之道吾畏其有他志也及會將行請其子琇爲參軍憲英憂曰他日吾爲國憂今日難至吾家矣琇固請於文帝帝不聽憲英謂琇曰行矣戒之古之君子入則致孝於親出則致節於國在職思其所司在義思其所立不遺父母憂患而已軍旅之間可以濟者其惟仁恕乎會至蜀果反琇竟以全歸祜嘗送錦被憲英嫌其華反而覆之其明鑒儉約如此泰始五年卒年七十九

杜有道妻嚴氏字憲京兆人也貞淑有識量年十三適于杜氏十八而嫠居子植女韡並孤藐憲雖少誓不改節撫育二子教以禮度植遂顯名於時韡亦有淑德傅玄求爲繼室憲便許之時玄與何晏鄧颺不穆晏等每欲害之時人莫肯共婚及憲許玄內外以爲憂懼或曰何鄧執權必爲玄害亦由排山壓卵以湯沃雪耳奈何與之爲親憲曰爾知其一不知其他晏等驕侈必當自敗司馬太傅獸睡耳吾恐卵破雪銷行自有在遂與玄爲婚晏等尋亦爲宣帝所誅植後爲南安太守植從兄預爲秦州刺史被誣徵還憲與預書戒之曰諺云忍辱至三公卿今可謂辱矣能忍之公是卿坐預後果爲儀同三司玄前妻子咸年六歲嘗隨其繼母省憲謂咸曰汝千里駒也必當遠至以其妹之女妻之咸後亦有名於海內其知人之鑒如此年六十

六卒

王渾妻鍾氏字琰潁川人魏太傅繇曾孫也父徽黃門郎琰數歲能屬文及長聰慧弘雅博覽記籍美容止善嘯詠禮儀法度爲中表所則既適渾生濟渾嘗共琰坐濟趨庭而過渾欣然曰生子如此足慰人心琰笑曰若使新婦得配參軍生子故不翅如此參軍謂渾中弟淪也琰女亦有才淑爲求賢夫時有兵家子甚俊濟欲妻之白琰琰曰要令我見之濟令此兵與羣小雜處琰自幃中察之既而謂濟曰緋衣者非汝所拔乎濟曰是琰曰此人才足拔萃然地寒壽促不足展其器用不可與婚遂止其人數年果亡琰明鑒遠識皆此類也渾弟湛妻郝氏亦有德行琰雖貴門與郝雅相親重郝不以賤下琰琰不以貴陵郝時人稱鍾夫人之禮郝夫人之法云

鄭袤妻曹氏魯國薛人也袤先娶孫氏早亡娉之爲繼室事舅姑甚孝躬紡績之勤以充奉養至於叔妹羣娣之間盡其禮節咸得歡心及袤爲司空其子默等又顯朝列時人稱其榮貴曹氏深懼盛滿每默等升進輒憂之形於聲色然食无重味服浣濯之衣袤等所獲祿秩曹氏必班散親姻務令周給家无餘資初孫氏瘞於黎陽及袤薨議者以久喪難舉欲不合葬曹氏曰孫氏元妃理當從葬不可使孤魂无所依邪於是備吉凶導從之儀以迎之具衣衾几筵親執鴈行之禮聞者莫不歎息以爲趙姬之下叔隗不足稱也太康元年卒年八十三

愍懷太子妃王氏太尉衍女也字惠風貞婉有志節太子既廢居于金墉衍請絕婚惠風號哭而歸行路爲之流涕及劉曜陷洛陽以惠風賜其將喬屬屬將妻之惠風拔劍距屬曰吾太尉公女皇太子妃義不爲逆胡所辱屬遂害之

鄭休妻石氏不知何許人也少有德操年十餘歲鄉邑稱之既歸鄭氏爲九族所重休前妻女既幼又休父布臨終有庶子沉生命棄之石氏曰奈何使舅之胤不存乎遂養沉及前妻女力不兼舉九年之中三不舉子

陶侃母湛氏豫章新淦人也初侃父丹娉爲妾生侃而陶氏貧賤湛氏

每紡績資給之使交結勝己侃少爲尋陽縣吏嘗監魚梁以一坩鮓遺母湛氏封鮓及書責侃曰爾爲吏以官物遺我非唯不能益吾乃以增憂矣鄱陽孝廉范逵寓宿於侃時大雪湛氏乃撤所臥新薦自剉給其馬又密截髮賣與鄰人供肴饌逵聞之歎息曰非此母不生此子侃竟以功名顯

賈渾妻宗氏不知何許人也渾爲介休令被劉元海將喬晞攻破死之宗氏有姿色晞欲納之宗氏罵曰屠販奴豈有害人之夫而欲加无禮於爾安乎何不促殺我因仰天大哭晞遂害之時年二十餘

梁緯妻辛氏隴西狄道人也緯爲散騎常侍西都陷沒爲劉曜所害辛氏有殊色曜將妻之辛氏據地大哭仰謂曜曰妾聞男以義烈女不再醮妾夫已死理无獨全且婦人再辱明公亦安用哉乞即就死下事舅姑遂號哭不止曜曰貞婦也任之乃自縊而死曜以禮葬之

許延妻杜氏不知何許人也延爲益州別駕爲李驤所害驤欲納杜氏爲妻杜氏號哭守夫尸罵驤曰汝輩逆賊无道死有先後寧當久活我杜家女豈爲賊妻也驤怒遂害之

虞潭母孫氏吳郡富春人孫權族孫女也初適潭父忠恭順貞和甚有婦德及忠亡遺孤藐爾孫氏雖少誓不改節躬自撫養劬勞備至性聰敏識鑒過人潭始自幼童便訓以忠義故得聲望允洽爲朝廷所稱永嘉末潭爲南康太守值杜弢構逆率衆討之孫氏勉潭以必死之義俱傾其資產以餽戰士潭遂克捷及蘇峻作亂潭時守吳興又假節征峻孫氏戒之曰吾聞忠臣出孝子之門汝當捨生取義勿以吾老爲累也仍盡發其家僮令隨潭助戰貿其所服環珮以爲軍資于時會稽內史王舒遣子允之爲督護孫氏又謂潭曰王府君遣兒征汝何爲獨不潭即以子楚爲督護與允之合勢其憂國之誠如此拜武昌侯太夫人加金章紫綬潭立養堂於家王導以下皆就拜謁咸和末卒年九十五成帝遣使弔祭謚曰定夫人

周顗母李氏字絡秀汝南人也少時在室顗父浚爲安東將軍時嘗出獵遇雨過止絡秀之家會其父兄不在絡秀聞浚至與一婢於內宰

緒羊具數十人之饌甚精辦而不聞人聲浚怪使覘之獨見一女子甚美浚因求爲妾其父兄不許絡秀曰門户殄瘁何惜一女若連姻貴族將來庶有大益矣父兄許之遂生顗及嵩謨而顗等既長絡秀謂之曰我屈節爲汝家作妾門户計耳汝不與我家爲親親者吾亦何惜餘年顗等從命由此李氏遂得爲方雅之族中興時顗等並列顯位嘗冬至置酒絡秀舉觴賜三子曰吾本度江託足无所不謂爾等並貴列吾目前吾復何憂嵩起曰恐不如尊旨伯仁志大而才短名重而識闇好乘人之弊此非自全之道嵩性抗直亦不容於世唯阿奴碌碌當在阿母目下耳阿奴謨小字也後果如其言

張茂妻陸氏吳郡人也茂爲吳郡太守被沈充所害陸氏傾家産率茂部曲爲先登以討充充敗陸詣闕上書爲茂謝不尅之責詔曰茂夫妻忠誠舉門義烈宜追贈茂太僕

尹虞二女長沙人也虞前任始興太守起兵討杜弢戰敗二女爲弢所獲並有國色弢將妻之女曰我父二千石終不能爲賊婦有死而

已弢並害之

荀崧小女灌幼有奇節崧爲襄城太守爲杜曾所圍力弱食盡欲求救於故吏平南將軍石覽計无從出灌時年十三乃率勇士數十人踰城突圍夜出賊追甚急灌督厲將士且戰且前得入魯陽山獲免自詣覽乞師又爲崧書與南中郎將周訪請援仍結爲兄弟訪即遣子撫率三千人會石覽俱救崧賊聞兵至散走灌之力也

王凝之妻謝氏字道韞安西將軍奕之女也聰識有才辯叔父安嘗問毛詩何句最佳道韞稱吉甫作頌穆如清風仲山甫永懷以慰其心安謂有雅人深致又嘗内集俄而雪驟下安曰何所似也安兄子朗曰散鹽空中差可擬道韞曰未若柳絮因風起安大悅初適凝之還甚不樂安曰王郎逸少子不惡汝何恨也答曰一門叔父則有阿大中郎群從兄弟則有封胡羯末不意天壤之中乃有王郎封謂謝韶胡謂謝朗羯謂謝玄末謂謝淵皆其小字也又嘗譏玄學植不進曰爲塵務經心爲天分有限邪凝之弟獻之嘗與賓客談議詞理將屈道韞遣婢白獻之曰欲爲小郎解圍乃施青綾步鄣自蔽申獻之前議客不能屈及遭孫恩之難舉厝自若既聞夫及諸子已爲賊所害方命婢肩輿抽刃出門亂兵稍至手殺數人乃被虜其外孫劉濤時年數歲賊又欲害之道韞曰事在王門何關他族必其如此寧先見殺恩雖毒虐爲之改容乃不害濤自爾嫠居會稽家中莫不嚴肅太守劉柳聞其名請與談議道韞素知柳名亦不自阻乃簪髻素褥坐於帳中柳束修整帶造于别榻道韞風韻高邁叙致清雅先及家事慷慨流漣徐酬問旨詞理无滯柳退而歎曰實頃所未見瞻察言氣使人心形俱服道韞亦云親從凋亡始遇此士聽其所問殊開人胸府初同郡張玄妹亦有才質適於顧氏玄每稱之以敵道韞有濟尼者游於二家或問之濟尼答曰王夫人神情散朗故有林下風氣顧家婦清心玉映自是閨房之秀道韞所著詩賦誄頌並傳於世

劉臻妻陳氏者亦聰辯能屬文嘗正旦獻椒花頌其詞曰旋穹周迴三朝肇建青陽散輝澄景載煥標美靈葩爰採爰獻聖容映之永

壽於萬又撰元日及冬至進見之儀行於世

皮京妻龍氏字憐西道縣人也年十三適京未逾年而京卒京二弟亦相次而隕既无胤嗣又无期功之親憐貨其嫁時資裝躬自紡織數年間三喪俱舉葬斂畢每時享祭无闕州里聞其賢屢有娉者憐誓不改醮守節窮居五十餘載而卒

孟昶妻周氏昶弟顗妻又其從妹也二家並豐財産初桓玄常推重昶而劉邁毀之昶知深自惋失及劉裕將建義與昶定謀昶欲盡散財物以供軍糧其妻非常婦人可語以大事乃謂之曰劉邁毀我於桓公便是一生淪陷決當作賊卿幸可早爾離絶脫得富貴相迎不晚也周氏曰君父母在堂欲建非常之謀豈婦人所諫事之不成當於奚官中奉養大家義无歸志也昶愴然久之而起周氏追昶坐云觀君舉厝非謀及婦人者不過欲得財物耳時其所生女在抱推而示之曰此而可賣亦當不惜況資財乎遂傾資産以給之而託以他用及事之將舉周氏謂顗妻云昨一夢殊不好門内宜浣濯沐浴以除之且不宜赤色

我當悉取作七日藏厭顗妻信之所有絳色者悉斂以付焉乃置帳潛自剔綿以絳與䌸遂得數十人被服赫然悉周氏所出而家人不之知也

何无忌母劉氏征虜將軍建之女也少有志節弟牢之爲桓玄所害劉氏每銜之常思報復及无忌與劉裕謀而劉氏察其舉厝有異喜而不言會无忌夜於屏風裏制檄文劉氏潛以器覆燭徐登梯於屏風上窺之既知泣而撫之曰我不如東海呂母明矣既孤其誠常恐壽促汝能如此吾讎恥雪矣因問其同謀知事在裕彌喜乃說桓玄必敗義師必成之理以勸勉之後果如其言

劉聰妻劉氏名娥字麗華僞太保殷女也幼而聰慧晝營女工夜誦書籍傅母恒止之娥敦習彌厲每與諸兄論經義理趣超遠諸兄深以歎伏性孝友善風儀進止聰既僭位召爲右貴嬪甚寵之俄拜爲后將起䳨儀殿以居之其廷尉陳元達切諫聰大怒將斬之娥時在後堂私勑左右停刑手疏啓曰伏聞將爲妾營殿今昭德足居䳨儀非急四海未一禍難猶繁動須人力資財尤宜慎之廷尉之言國家大政夫忠臣之諫豈爲身哉帝王距之亦非顧身也妾仰謂陛下上尋明君納諫之昌下忿闇主距諫之禍宜賞廷尉以美爵酬廷尉以列土如何不惟不納而反欲誅之陛下此怒由妾而起廷尉之禍由妾而招人怨國疲咎歸於妾距諫害忠亦妾之由自古敗國喪家未始不由婦人者也妾每覽古事忿之忘食何意今日妾自爲之後人之觀妾亦猶妾之視前人也復何面目仰侍巾櫛請歸死此堂以塞陛下誤惑之過聰覽之色變謂其羣下曰朕比得風疾喜怒過常元達忠臣也朕甚愧之以娥表示元達曰外輔如公內輔如此后朕无憂矣及娥死僞謚武宣皇后其姊英字麗芳亦聰敏涉學而文詞機辯曉達政事過於娥初與娥同召拜左貴嬪尋卒僞追謚武德皇后

王廣女者不知何許人也容質甚美慷慨有丈夫之節廣仕劉聰爲西揚州刺史蠻帥梅芳攻陷揚州而廣被殺王時年十五芳納之俄於闇室擊芳不中芳驚起曰何故反邪王罵曰蠻畜我欲誅反賊可謂反乎

吾聞父仇不同天母仇不同地汝反逆无狀害人父母而復以无禮陵人吾所以不死者欲誅汝耳今死自吾分不待汝殺但恨不得梟汝首於通逵以塞大恥辭氣猛厲言終乃自殺芳止之不可

陝婦人不知姓氏年十九劉曜時嫠居陝縣事叔姑甚謹其家欲嫁之此婦毀面自誓後叔姑病死其叔姑有女在夫家先從此婦乞假不得因而誣殺其母有司不能察而誅之時有羣鳥悲鳴尸上其聲甚哀盛夏暴尸十日不腐亦不爲虫獸所敗其境乃經歲不雨曜遣呼延謨爲太守既知其寃乃斬此女設少牢以祭其墓謚曰孝烈貞婦其日大雨

靳康女者不知何許人也美姿容有志操劉曜之誅靳氏將納靳女爲妻靳曰陛下既滅其父母兄弟復何用妾爲妾聞逆人之誅也尚汙宮伐樹而況其子女乎因號泣請死曜哀之免康一子

韋逞母宋氏不知何郡人也家世以儒學稱宋氏幼喪母其父躬自養之及長授以周官音義謂之曰吾家世學周官傳業相繼此又周公所制經紀典誥百官品物備於此矣吾今无男可傳汝可受之勿令絕世屬天下喪亂宋氏諷誦不輟其後爲石季龍徙之於山東宋氏與夫在徙中推鹿車背負父所授書到冀州依膠東富人程安壽壽養護之逞時年少宋氏晝則樵採夜則教逞然紡績无廢壽每歎曰學家多士大夫得无是乎逞遂學成名立仕苻堅爲太常堅嘗幸其太學問博士經典乃憫禮樂遺闕時博士盧壼對曰廢學既久書傳零落比年綴撰正經粗集唯周官禮注未有其師竊見太常韋逞母宋氏世學家女傳其父業得周官音義今年八十視聽无闕自非此母无可以傳授後生於是就宋氏家立講堂置生員百二十人隔絳紗幔而受業號宋氏爲宣文君賜侍婢十人周官學復行於世時稱韋氏宋母焉

張天錫妾閻氏薛氏並不知何許人也咸有寵於天錫天錫寢疾謂之曰汝二人將何以報我吾死後豈可爲人妻乎皆曰尊若不諱妾請效死供灑掃地下誓无他志及其疾篤二姬皆自刎天錫疾瘳追悼之以夫人禮葬焉

符堅妾張氏不知何許人明辯有才識堅將入寇江左羣臣切諫不從張氏進曰妾聞天地之生萬物聖王之馭天下莫不順其性而暢之故黃帝服牛乘馬因其性也禹鑿龍門決洪河因水之勢也后稷之播殖百穀因地之氣也湯武之滅夏商因人之欲也是以有因成无因敗今朝臣上下皆言不可陛下復何所因也書曰天聰明自我民聰明天猶若此況於人主乎妾聞人君有伐國之志者必上觀乾象下採衆祥天道崇遠非妾所知以人事言之未見其可諺言鷄夜鳴者不利行師犬羣嘷者宮室必空兵動馬驚軍敗不歸秋冬已來每夜羣犬大嘷衆鷄夜鳴廄馬驚逸武庫兵器有聲吉凶之理誠非微妾所論願陛下詳而思之堅曰軍旅之事非婦人所豫也遂興兵張氏請從堅果大敗於壽春張氏乃自殺

竇滔妻蘇氏始平人也名蕙字若蘭善屬文滔符堅時爲秦州刺史被徙流沙蘇氏思之織錦爲迴文旋圖詩以贈滔宛轉循環以讀之詞甚悽惋凡八百四十字文多不錄

符登妻毛氏不知何許人壯勇善騎射登爲姚萇所襲營壘既陷毛氏猶彎弓跨馬率壯士數百人與萇交戰殺傷甚衆衆寡不敵爲萇所執萇欲納之毛氏罵曰吾天子后豈爲賊羌所辱何不速殺我因仰天大哭曰姚萇无道前害天子今辱皇后皇天后土寧不鑒照萇怒殺之

慕容垂妻段氏字元妃偽右光祿大夫儀之女也少而婉慧有志操常謂妹季妃曰我終不作凡人妻季妃亦曰妹亦不爲庸夫婦鄰人聞而笑之垂之稱燕王納元妃爲繼室遂有殊寵偽范陽王德亦娉季妃焉姊妹俱爲垂德之妻卒如其志垂既僭位拜爲皇后垂立其子寶爲太子也元妃謂垂曰太子姿質雍容柔而不斷承平則爲仁明之主處難則非濟世之雄陛下託之以大業妾未見克昌之美遼西高陽二王陛下兒之賢者宜擇一以樹之趙王麟姦詐負氣常有輕太子之心陛下一旦不諱必有難作此陛下之家事宜深圖之垂不納寶及麟聞之深以爲恨其後元妃又言之垂曰汝欲使我爲晉獻公乎元妃泣而退告季妃曰太子不令羣下所知而主上比吾爲驪戎之女何其苦哉主上百年之後太子必亡社稷范陽王有非常器度若燕祚未終其在王乎垂死寶嗣偽位遣麟逼元妃曰后常謂主上不能嗣守大統今竟何如宜早自裁以全段氏元妃怒曰汝兄弟尚逼殺母安能保守社稷吾豈惜死念國滅不久耳遂自殺寶議以元妃謀廢嫡統无母后之道不宜成喪羣下咸以爲然偽中書令眭邃大言於朝曰子无廢母之義漢之安思閻后親廢順帝猶配饗安皇先后言虛實尚未可知宜依閻后故事寶從之其後麟果作亂寶亦被殺德復僭稱尊號終如元妃之言

段豐妻慕容氏德之女也有才慧善書史能鼓琴德既僭位署爲平原公主年十四適於豐豐爲人所譖被殺慕容氏寡歸將改適偽壽光公餘熾慕容氏謂侍婢曰我聞忠臣不事二君貞女不更二夫段氏既遭无辜已不能同死豈復有心於重行哉今主上不顧禮義嫁我若不從則違嚴君之命矣於是剋日交禮慕容氏姿容婉麗服飾光華熾覩之甚喜經再宿慕容氏偽辭以疾熾亦不之逼三日還第沐浴置酒言笑自若至夕密書其裙帶云死後當埋我於段氏墓側若魂魄有知當歸彼矣遂於浴室自縊而死及葬男女觀者數萬人莫不歎息曰貞哉公主路經餘熾宅前熾聞挽歌之聲慟絕良久

呂纂妻楊氏弘農人也美艷有義烈纂被呂超所殺楊氏與侍婢十數人殯纂於城西將出宮超慮齎珍物出外使人搜之楊氏厲聲責超曰爾兄弟不能和睦手刃相屠我旦夕死人何用金寶超慚而退又問楊氏玉璽所在楊氏怒曰盡毀之矣超將妻之謂其父桓曰后若自殺禍及卿宗桓以告楊氏楊氏曰大人本賣女與呂以圖富貴一之已甚其可再乎乃自殺是時呂紹妻張氏亦有操行年十四紹死便請爲尼呂隆見而悅之欲穢其行張氏曰欽樂至道誓不受辱遂昇樓自投於地二脛俱折口誦佛經俄然而死

涼武昭王李玄盛后尹氏天水冀人也幼好學清辯有志節初適扶風馬元正元正卒爲玄盛繼室以再醮之故三年不言撫前妻子踰於己生玄盛之創業也謨謀經略多所毗贊故西州諺曰李尹王敦煌及玄盛薨子士業嗣位尊爲太后士業將攻沮渠蒙遜尹氏謂士業曰汝新

造之國地狹人稀請以守之猶懼其失云何輕舉闚冀非望蒙遜驍武善用兵汝非其敵吾觀其數年已來有并兼之志且天時人事似欲歸之今國雖小足以爲政知足不辱道家明誡也且先王臨薨遺令殷勤志令汝曹深慎兵戰俟時而動言猶在耳柰何忘之不如勉修德政蓄力以觀之彼若淫暴人將歸汝汝苟德之不建事之无日矣汝此行也非唯師敗國亦將亡士業不從果爲蒙遜所滅尹氏至姑臧蒙遜引見勞之對曰李氏爲胡所滅知復何言或諫之曰母子命懸人手柰何倨傲且國敗子孫屠滅何獨无悲尹氏曰興滅死生理之大分何爲同凡人之事起兒女之悲吾一婦人不能死亡豈憚斧鉞之禍求爲臣妾乎若殺我者吾之願矣蒙遜嘉之不誅爲子茂虔娉其女爲妻及魏氏以武威公主妻茂虔尹氏及女遷居酒泉既而女卒撫之不哭曰汝死晚矣沮渠无諱時鎮酒泉每謂尹氏曰后諸孫在伊吾后能去不尹氏未測其言答曰子孫流漂託身醜虜老年餘命當死於此不能作氈裘鬼也俄而潛奔伊吾无諱遣騎追及之尹氏謂使者曰沮渠酒泉許我歸北何故來追汝可斬吾首歸終不迴矣使者不敢逼而還年七十五卒于伊吾

史臣曰夫繁霜降節彰勁心於後凋橫流在辰表貞期於上德匪伊君子抑亦婦人焉自晉政陵夷罕樹風檢虧閑爽操相趨成俗荐之以劉石汨之以苻姚三月歌胡唯見爭新之飾一朝辭漢曾微戀舊之情馳鶩風埃脫落名教頹縱忘反於兹爲極至若惠風之數喬屬道韞之對孫恩荀女釋急於重圍張妻報怨於強寇僭登之后蹈死不迴偽纂之妃捐生匪吝宗辛抗情而致夭王靳守節而就終斯皆冥踐義途匪因教至聳清漢之喬葉有裕徽音振幽谷之貞蕤无慙雅引比夫懸梁靡顧齒劒如歸異日齊風可以激揚千載矣

贊曰從容陰禮婉娩柔則載循六行爰昭四德操潔風霜譽流邦國彤管貽訓清芬靡忒

四夷

夫恢恢乾德萬類之所資始蕩蕩坤儀九區之所均載考羲軒於往統肇承天而理物訊炎昊於前辟爰制地而疏疆襲冠帶以辨諸華限要荒以殊遐裔區分中外其來尚矣九夷八狄被青野而亘玄方七戎六蠻緜西宇而横南極繁種落異君長遇有道則時遵聲教鍾无妄則爭肆虔劉趨扇風塵蓋其常性也詳求遐議歷選深謨莫不待以羈縻防其猾夏武帝受終衰魏廓境全吳威略既申招擕斯廣迷亂華之議矜來遠之名抚舊懷新歲時无怠凡四夷入貢者有二十三國既而惠皇失德中宗遷播凶徒分據天邑傾淪朝化所覃江外而已賝貢之禮於兹殆絶殊風異俗所未能詳故採其可知者爲之傳云北狄竊號中壤備于載記在其諸部種類今略書之

夫餘國在玄菟北千餘里南接鮮卑北有弱水地方二千里户八萬有城邑宮室地宜五穀其人强勇會同揖讓之儀有似中國其出使乃衣錦罽以金銀飾腰其法殺人者死没入其家盜者一責十二男女淫婦人妬皆殺之若有軍事殺牛祭天以其蹄占吉凶蹄解者爲凶合者爲吉死者以生人殉葬有槨无棺其居喪男女皆衣純白婦人著布面衣去玉佩出善馬及貂豽美珠珠大如酸棗其國殷富自先世以來未嘗被破其王印文稱濊王之印國中有古濊城本濊貊之城也武帝時頻來朝貢至太康六年爲慕容廆所襲破其王依慮自殺子弟走保沃沮帝爲下詔曰夫餘王世守忠孝爲惡虜所滅甚愍念之若其遺類足以復國者當爲之方計使得存立有司奏護東夷校尉鮮于嬰不救夫餘失於機略詔免嬰以何龕代之明年夫餘後王依羅遣詣龕求率見人還復舊國仍請援龕上列遣督郵賈沈以兵送之廆又要之於路沈與戰大敗之廆衆退羅得復國爾後每爲廆掠其種人賣於中國帝愍之又發詔以官物贖還下司冀二州禁市夫餘之口

韓種有三一曰馬韓二曰辰韓三曰弁韓辰韓在帶方南東西以海爲限馬韓居山海之間无城郭凡有小國五十六所大者萬户小者數千家各有渠帥俗少綱紀无跪拜之禮居處作土室形如冢其户向上舉家共在其中无長幼男女之別不知乘牛馬畜者但以送葬俗不重金銀錦罽而貴瓔珠用以綴衣或飾髮垂耳其男子科頭露紒衣布袍履草蹻性勇悍國中有所調役及起築城隍年少勇健者皆鑿其背皮貫以大繩以杖搖繩終日讙呼力作不以爲痛善用弓楯矛櫓雖有鬭爭攻戰而貴相屈服俗信鬼神常以五月耕種畢羣聚歌舞以祭神至十月農事畢亦如之國邑各立一人主祭天神謂爲天君又置別邑名曰蘇塗立大木懸鈴鼓其蘇塗之義有似西域浮屠也而所行善惡有異武帝太康元年二年其主頻遣使入貢方物七年八年十年又頻至太熙元年詣東夷校尉何龕上獻咸寧三年復來明年又請内附

辰韓在馬韓之東自言秦之亡人避役入韓韓割東界以居之立城柵言語有類秦人由是或謂之爲秦韓初有六國後稍分爲十二又有弁辰亦十二國合四五萬户各有渠帥皆屬於辰韓辰韓常用馬韓人作主雖世世相承而不得自立明其流移之人故爲馬韓所制也地宜五穀俗饒蠶桑善作縑布服牛乘馬其風俗可類馬韓兵器亦與之同初生子便以石押其頭使扁喜舞善彈瑟瑟形似筑武帝太康元年其王遣使獻方物二年復來朝貢七年又來

肅愼氏一名挹婁在不咸山北去夫餘可六十日行東濱大海西接寇漫汗國北極弱水其土界廣袤數千里居深山窮谷其路險阻車馬不通夏則巢居冬則穴處父子世爲君長无文墨以言語爲約有馬不乘但以爲財產而已无牛羊多畜猪食其

肉衣其皮績毛以爲布有樹名雒常若中國有聖帝代立則其木生皮可衣无井竈作瓦鬲受四五升以食坐則箕踞以足挾肉而啖之得凍肉坐其上令煖土无鹽鐵燒木作灰灌取汁而食之俗皆編髮以布作襜徑尺餘以蔽前後將嫁娶男以毛羽插女頭女和則持歸然後致禮聘之婦貞而女淫貴壯而賤老死者其日即葬之於野交木作小槨殺豬積其上以爲死者之糧性凶悍以无憂哀相尚父母死男子不哭泣哭者謂之不壯相盜竊无多少皆殺之故雖野處而不相犯有石砮皮骨之甲檀弓三尺五寸楛矢長尺有咫其國東北有山出石其利入鐵將取之必先祈神周武王時獻其楛矢石砮逮於周公輔成王復遣使入賀爾後千餘年雖秦漢之盛莫之致也及文帝作相魏景元末來貢楛矢石砮弓甲貂皮之屬魏帝詔歸于相府賜其王褥雞錦罽緜帛至武帝元康初復來貢獻元帝中興又詣江左貢其石砮至成帝時通貢於石季龍問之答曰每候牛馬向西南眠者三年矣是知有大國所在故來云

倭人在帶方東南大海中依山島爲國地多山林无良田食海物舊有百餘小國相接至魏時有三十國通好户有七萬男子无大小悉黥面文身自謂太伯之後又言上古使詣中國皆自稱大夫昔夏少康之子封于會稽斷髮文身以避蛟龍之害今倭人好沉没取魚亦文身以厭水禽計其道里當會稽東冶之東其男子衣以横幅但結束相連略无縫綴婦人衣如單被穿其中央以貫頭而被髮徒跣其地温暖俗種禾稻紵麻而蠶桑織績土无牛馬有刀楯弓箭以鐵爲鏃有屋宇父母兄弟臥息異處食飲用俎豆嫁娶不持錢帛以衣迎之死有棺无槨封土爲冢初喪哭泣不食肉已葬舉家入水澡浴自潔以除不祥其舉大事輒灼骨以占吉凶不知正歲四節但計秋收之時以爲年紀人多壽百年或八九十國多婦女不淫不妬无爭訟犯輕罪者沒其妻孥重者族滅其家舊以男子爲主漢末倭人亂攻伐不定乃立女子爲王名曰卑彌呼宣帝之平公孫氏也其女王遣使至帶方朝見其後貢聘不絕及文帝作相又數至泰始初遣使重譯入貢

裨離國在肅慎西北馬行可二百日領户二萬養雲國去裨離馬行又五十日領户二萬寇莫汗國去養雲國又百日行領户五萬餘一羣國去莫汗又百五十日計去肅慎五萬餘里其風俗土壤並未詳泰始三年各遣小部獻其方物至太熙初復有牟奴國帥逸芝惟離模盧國帥沙支臣芝于離末利國帥加牟臣芝蒲都國帥因末繩余國帥馬路沙樓國帥釤加各遣正副使詣東夷校尉何龕歸化

吐谷渾慕容廆之庶長兄也其父涉歸分部落一千七百家以隸之及涉歸卒廆嗣位而二部馬鬭廆怒曰先公分建有別奈何不相遠離而令馬鬭吐谷渾曰馬爲畜耳鬭其常性何怒於人乖別甚易當去汝於萬里之外矣於是遂行廆悔之遣其長史史那樓馮及父時耆舊追還之吐谷渾曰先公稱卜筮之言當有二子克昌祚流後裔我卑庶也理无並大今因馬而别殆天所啓乎諸君試驅馬令東馬若還東我當相隨去矣樓馮遣從者二千騎擁馬東出數百步輒悲鳴西走如是者十餘輩樓馮跪而言曰此非人事也遂止鮮卑謂兄爲阿干廆追思之作阿干之歌歲暮窮思常歌之吐谷渾謂其部落曰我兄弟俱當享國廆及曾玄纔百餘年耳我玄孫已後庶其昌乎於是乃西附陰山屬永嘉之亂始度隴而西其後子孫據有西零已西甘松之界極乎白蘭數千里然有城郭而不居隨逐水草廬帳爲屋以肉酪爲糧其官置長史司馬將軍頗識文字其男子通服長裙帽或戴冪䍦婦人以金花爲首飾辮髮縈後綴以珠貝其婚姻富家厚出娉財竊女而去父卒妻其羣母兄亡妻其諸嫂喪服制葬訖而除國无常税調用不給輒歛富室商人取足而止殺人及盜馬者罪至死他犯則徵

物以贖地宜大麥而多蔓菁頗有菽粟出蜀馬犛牛西北雜種謂之爲阿柴虜或號爲野虜焉吐谷渾年七十二卒有子六十人長曰吐延嗣

吐延身長七尺八寸雄姿魁傑羌虜憚之號曰項羽性俶儻不羣嘗慷慨謂其下曰大丈夫生不在中國當高光之世與韓彭吳鄧並驅中原定天下雌雄使名垂竹帛而潛竄窮山隔在殊俗不聞禮教於上京不得策名於天府生與麋鹿同羣死作氊裘之鬼雖偷觀日月獨不愧於心乎性酷忍而負其智不能恤下爲羌酋姜聰所刺劒猶在其身謂其將紇拔泥曰豎子刺吾吾之過也上負先公下愧士女所以控制諸羌者以吾故也吾死之後善相葉延速保白蘭言終而卒在位十三年有子十二人長子葉延嗣

葉延年十歲其父爲羌酋姜聰所害每旦縛草爲姜聰之象哭而射之中之則號泣不中則瞋目大呼其母謂曰姜聰諸將

已屠鱠之矣汝何爲如此葉延泣曰誠知射草人不益于先讎以申罔極之志耳性至孝母病五日不食葉延亦不食長而沉毅好問天地造化帝王年曆司馬薄洛鄰曰臣等不學實未審三皇何父之子五帝誰母所生延曰自羲皇以來符命玄象昭言著見而卿等面牆何其鄙哉語曰夏蟲不知冬冰良不虛也又曰禮云公孫之子得以王父字爲氏吾始祖自昌黎光宅於此今以吐谷渾爲氏尊祖之義也在位二十三年卒年三十三有子四人長子辟奚嗣

辟奚性仁厚慈惠初聞苻堅之盛遣使獻馬五十匹金銀五百斤堅大悅拜爲安遠將軍時辟奚三弟皆專恣長史鍾惡地恐爲國害謂司馬乞宿雲曰昔鄭莊公秦昭王以一弟之寵宗祀幾傾況今三孽並驕必爲社稷之患吾與公忝當元輔若保護首領以沒于地先君有問其將何辭吾今誅之矣宿雲請白辟奚惡地曰吾王无斷不可以告於是因羣下入覲遂執三弟而誅之辟奚自投于牀惡地等奔而扶之曰臣昨夢先王告臣云三弟將爲逆亂汝速除之臣謹奉先王之命矣辟奚素友愛因恍惚成疾謂世子視連曰吾禍滅同生何以見之於地下國事大小汝宜攝之吾餘年殘命寄食而已遂以憂卒在位二十五年時年四十二有子六人視連嗣

視連既立通娉於乞伏乾歸拜爲白蘭王視連幼廉慎有志性以父憂卒不知政事不飲酒遊田七年矣鍾惡地進曰夫人君者以德御世以威齊衆養以五味娛以聲色此四者聖帝明王之所先也而公皆略之昔昭公儉嗇而喪偃王仁義而亡然則仁義所以存身亦所以亡已經國者德禮也濟世者刑法也二者或差則綱維失緒明公奕葉重光恩結西夏雖仁孝發於天然猶宜憲章周孔不可獨追徐偃之仁使刑德委而不建視連泣曰先王追友于之痛悲憤升遐孤雖纂業尸存而已聲色遊娛豈所安也綱維刑禮付之將來臨終謂其子視羆曰我高

祖吐谷渾公常言子孫必有興者永爲中國之西藩慶流百世吾已不及汝亦不見當在汝之子孫輩耳在位十五年而卒有二子長曰視羆少曰烏紇堤

視羆性英果有雄略嘗從容謂博士金城騫苞曰易云動靜有常剛柔斷矣先王以仁宰世不任威刑所以剛柔靡斷取輕鄰敵當仁不讓豈宜拱默者乎今將秣馬厲兵爭衡中國先生以爲何如苞曰大王之言高世之略秦隴英豪所願聞也於是虛襟撫納衆赴如歸乞伏乾歸遣使拜爲使持節都督龍涸已西諸軍事沙州牧白蘭王視羆不受謂使者曰自晉道不綱姦雄競逐劉石虐亂秦燕跋扈河南王處形勝之地宜當糾合義兵以懲不順奈何私相假署擬僭羣兇寡人承五祖之休烈控弦之士二萬方欲掃氛秦隴清彼沙涼然後飲馬涇渭剿問鼎之豎以一丸泥封東關閉燕趙之路迎天子於西京以盡遐藩之節終不能如季孟子陽妄自尊大爲吾白

河南王何不立勳帝室策名王府建當年之功流芳來葉邪乾歸大怒然憚其強初猶結好後竟遣衆擊之視羆大敗退保白蘭在位十一年年三十三卒子樹洛干年少傳位於烏紇堤烏紇堤一名大孩性愞弱耽酒淫色不恤國事乞伏乾歸之入長安也烏紇堤屢抄其境乾歸怒率騎討之烏紇堤大敗亡失萬餘口保于南涼遂卒於胡國在位八年時年三十五視羆之子樹洛干立

樹洛干九歲而孤其母念氏聰慧有姿色烏紇堤妻之有寵遂專國事洛干十歲便自稱世子年十六嗣立率所部數千家奔歸莫何川自稱大都督車騎大將軍大單于吐谷渾王化行所部衆庶樂業號爲戊寅可汗沙漒雜種莫不歸附乃宣言曰孤先祖避地於此暨孤七世思與羣賢共康休緒今士馬桓桓控弦數萬孤將振威梁益稱霸西戎觀兵三秦遠朝天子諸君以爲何如衆咸曰此盛德之事也願大王自勉乞

伏乾歸甚忌之率騎二萬攻之於赤水樹洛干大敗遂降乾歸乾歸拜爲平狄將軍赤水都護又以其弟吐護真爲捕虜將軍層城都尉其後屢爲乞伏熾盤所破又保白蘭慚憤發病而卒在位九年時年二十四熾磐聞其死喜曰此虜矯矯所謂有豕白蹢也有子四人世子拾虔嗣其後世嗣不絕

焉耆國西去洛陽八千二百里其地南至尉犁北與烏孫接方四百里四面有大山道險隘百人守之千人不過其俗丈夫剪髮婦人衣襦著大袴婚姻同華夏好貨利任姦詭王有侍衛數十人皆倨慢无尊卑之禮武帝太康中其王龍安遣子入侍安夫人獪胡之女妊身十二月剖脅生子曰會立之爲世子會少而勇傑安病篤謂會曰我嘗爲龜茲王白山所辱不忘於心汝能雪之乃吾子也及會立襲滅白山遂據其國遣子熙歸本國爲王會有膽氣籌略遂霸西胡葱嶺以東莫不率服然恃勇輕率嘗出宿於外爲龜茲國人羅雲所殺其後張駿遣沙州刺史楊宣率衆疆理西域宣以部將張植爲前鋒所向風靡軍次其國熙距戰於賁崙城爲植所敗植進屯鐵門未至十餘里熙又率衆先要之于遮留谷植將至或曰漢祖畏于柏人岑彭死於彭亡今谷名遮留殆將有伏植單騎嘗之果有伏發植馳擊敗之進據尉犁熙率其羣下四萬人肉袒降于宣呂光討西域復降于光及光僭位熙又遣子入侍

龜茲國西去洛陽八千二百八十里俗有城郭其城三重中有佛塔廟千所人以田種畜牧爲業男女皆剪髮垂項王宮壯麗煥若神居武帝太康中其王遣子入侍惠懷末以中國亂遣使貢方物於張重華苻堅時堅遣其將呂光率衆七萬伐之其王白純距境不降光進軍討平之

大宛西去洛陽萬三千三百五十里南至大月氏北接康居大小七十餘城土宜稻麥有蒲陶酒多善馬馬汗血其人皆深目多鬚其俗娶婦先以金同心指鐶爲娉又以三婢試之不男者絕婚

姦淫有子皆卑其母與人馬乘不調墜死者馬主出斂具善市賈爭分銖之利得中國金銀輒爲器物不用爲幣也太康六年武帝遣使楊顥拜其王藍庾爲大宛王藍庾卒其子摩之立遣使貢汗血馬

康居國在大宛西北可二千里與粟弋伊列鄰接其王居蘇薤城風俗及人貌衣服略同大宛地和煖饒桐柳蒲陶多牛羊出好馬泰始中其王那鼻遣使上封事并獻善馬

大秦國一名犁鞬在西海之西其地東西南北各數千里有城邑其城周迴百餘里屋宇皆以珊瑚爲棁栭琉璃爲牆壁水精爲柱礎其王有五宮其宮相去各十里每旦於一宮聽事終而復始若國有災異輒更立賢人放其舊王被放者亦不敢怨有官曹簿領而文字習胡亦有白蓋小車旌旗之屬及郵驛制置一如中州其人長大貌類中國人而胡服其土多出金玉寶物明珠大貝有夜光璧駭雞犀及火浣布又能刺金縷繡及織錦縷

罽以金銀爲錢銀錢十當金錢之一安息天竺人與之交市于海中其利百倍鄰國使到者輒廩以金錢途經大海海水鹹苦不可食商客往來皆齎三歲糧是以至者稀少漢時都護班超遣掾甘英使其國入海船人曰海中有思慕之物往者莫不悲懷若漢使不戀父母妻子者可入英不能渡武帝太康中其王遣使貢獻

林邑國本漢時象林縣則馬援鑄柱之處也去南海三千里後漢末縣功曹姓區有子曰連殺令自立爲王子孫相承其後王无嗣外孫范熊代立熊死子逸立其俗皆開北户以向日至於居止或東西无定人性凶悍果於戰鬬便山習水不閑平地四時喧暖无霜无雪人皆倮露徒跣以黑色爲美貴女賤男同姓爲婚婦先娉婿女嫁之時著迦盤衣橫幅合縫如升欄首戴寶花居喪翦鬢謂之孝燔尸中野以爲葬其王服天冠被纓絡每聽政子弟侍臣皆不得近之自孫權以來不朝中國至武帝太康中始來貢獻咸康二年范逸死奴文篡位

文日南西卷縣夷帥范椎奴也嘗牧牛澗中獲二鯉魚化成鐵用以爲刀刀成乃對大石嶂而祝之曰鯉魚變化治成雙刀石嶂破者是有神靈進斫之石即瓦解文知其神乃懷之隨商賈往來見上國制度至林邑遂教逸作宮室城邑及器械逸甚愛信之使爲將文乃譖逸諸子或徙或奔及逸死无嗣文遂自立爲王以逸妻妾悉置之高樓從己者納之不從者絕其食於是乃攻大岐界小岐界式僕徐狼屈都乾魯扶單等諸國并之有衆四五萬人遣使通表入貢於帝其書皆胡字至永和三年文率其衆攻陷日南害太守夏侯覽殺五六千人餘奔九眞以覽尸祭天鏟平西卷縣城遂據日南告交州刺史朱蕃求以日南北鄙橫山爲界初徼外諸國嘗齎寶物自海路來貿貨賄而交州刺史日南太守多貪利侵侮十折二三至刺史姜壯時使韓戢領日南太守戢估較太半又伐船調枹聲云征伐由是諸國恚憤且林邑少田貪日南之地戢死絕繼以謝擢侵刻如初及覽至郡又耽荒于酒政教愈亂故被破滅既而文還林邑是歲朱蕃使督護劉雄戍于日南文復攻陷之四年文又襲九眞害士庶十八九明年征西督護滕畯率交廣之兵伐文於盧容爲文所敗退次九眞其年文死子佛嗣升平末廣州刺史滕含率衆伐之佛懼請降含與盟而還至孝武帝寧康中遣使貢獻至義熙中每歲又來寇日南九眞九德等諸郡殺傷甚衆交州遂致虛弱而林邑亦用疲弊佛死子胡達立上疏貢金盤椀及金鉦等物

扶南西去林邑三千餘里在海大灣中其境廣袤三千里有城邑宮室人皆醜黑拳髮倮身跣行性質直不爲寇盜以耕種爲務一歲種三歲穫又好雕文刻鏤食器多以銀爲之貢賦以金銀珠香亦有書記府庫文字有類于胡喪葬婚姻略同林邑其王本是女子字葉柳時有外國人混潰者先事神夢神賜之弓又教載舶入海混潰旦詣神祠得弓遂隨賈人汎海至扶南外邑葉柳率衆禦之混潰舉弓葉柳懼遂降之於是混潰納以爲妻而據其國後胤衰微子孫不紹其將范尋復世王扶南矣武帝泰始初遣使貢獻太康中又頻來穆帝升平初復有竺旃檀稱王遣使貢馴象帝以殊方異獸恐爲人患詔還之

匈奴之類總謂之北狄匈奴地南接燕趙北暨沙漠東連九夷西距六戎世世自相君臣不稟中國正朔夏曰薰鬻殷曰鬼方周曰玁狁漢曰匈奴其強弱盛衰風俗好尚區域所在皆列於前史前漢末匈奴大亂五單于爭立而呼韓邪單于失其國攜率部落入臣於漢漢嘉其意割并州北界以安之於是匈奴五千餘落入居朔方諸郡與漢人雜處呼韓邪感漢恩來朝漢因留之賜其邸舍猶因本號聽稱單于歲給緜絹錢穀有如列侯子孫傳襲歷代不絕其部落隨所居郡縣使宰牧之與編户大同而不輸貢賦多歷年所户口漸滋彌漫北朔轉難禁制後漢末

天下騷動羣臣競言胡人猥多懼必爲寇宜先爲其防建安中魏武帝始分其衆爲五部部立其中貴者爲帥選漢人爲司馬以監督之魏末復改帥爲都尉其左部都尉所統可萬餘落居于太原故泫氏縣右部都尉可六千餘落居祁縣南部都尉可三千餘落居蒲子縣北部都尉可四千餘落居新興縣中部都尉可六千餘落居太陵縣武帝踐阼後塞外匈奴大水塞泥黑難等二萬餘落歸化帝復納之使居河西故宜陽城下後復與晉人雜居由是平陽西河太原新興上黨樂平諸郡靡不有焉泰始七年單于猛叛屯孔邪城武帝遣婁侯何楨持節討之楨素有志略以猛衆凶悍非少兵所制乃潛誘猛左部督李恪殺猛於是匈奴震服積年不敢復反其後稍因忿恨殺害長史漸爲邊患侍御史西河郭欽上疏曰戎狄彊獷歷古爲患魏初人寡西北諸郡皆爲戎居今雖服從若百年之後有風塵之警胡騎自平陽上黨不三日而至孟津北地西河太原馮翊安定上郡盡爲狄庭矣宜及平吳之威謀臣猛將之略出北地西河安定復上郡實馮翊於平陽已北諸縣募取死罪徙三河三魏見士四萬家以充之裔不亂華漸徙平陽弘農魏郡京兆上黨雜胡峻四夷出入之防明先王荒服之制萬世之長策也帝不納至太康五年復有匈奴胡太阿厚率其部落二萬九千三百人歸化七年又有匈奴胡都大博及萎莎胡等各率種類大小凡十萬餘口詣雍州刺史扶風王駿降附明年匈奴都督大豆得一育鞠等復率種落大小萬一千五百口牛二萬二千頭羊十萬五千口車廬什物不可勝紀來降并貢其方物帝並撫納之北狄以部落爲類其入居塞者有屠各種鮮支種寇頭種烏譚種赤勒種捍蛭種黑狼種赤沙種鬱鞞種萎莎種禿童種勃蔑種羌渠種賀賴種鍾跂種大樓種雍屈種真樹種力羯種凡十九種皆有部落不相雜錯屠各最豪貴故得爲單于統領諸種其國號有左賢王右賢王左奕

蠡王右奕蠡王左于陸王右于陸王左漸尚王右漸尚王左朔方王右朔方王左獨鹿王右獨鹿王左顯祿王右顯祿王左安樂王右安樂王凡十六等皆用單于親子弟也其左賢王最貴唯太子得居之其四姓有呼延氏卜氏蘭氏喬氏而呼延氏最貴則有左日逐右日逐世爲輔相卜氏則有左沮渠右沮渠蘭氏則有左當戶右當戶喬氏則有左都侯右都侯又有車陽沮渠餘地諸雜號猶中國百官也其國人有綦毋氏勒氏皆勇健好反叛武帝時有騎督綦毋俔邪伐吳有功遷赤沙都尉惠帝元康中匈奴郝散攻上黨殺長史入守上郡明年散弟度元又率馮翊北地羌胡攻破二郡自此已後北狄漸盛中原亂矣

史臣曰夫肖形稟氣是稱萬物之靈繫土隨方廼有羣分之異蹈仁義者爲中寓肆凶獷者爲外夷譬諸草木區以別矣夷狄之徒名教所絕闚邊候隙自古爲患稽諸前史憑陵匪一軒皇北逐唐帝南征殷后東戡周王西狩皆所以禦其侵亂也嬴劉之際匈奴最強元成之閒呼韓委質漢嘉其節處之中壤歷年斯永種類逾繁舛號殊名不可勝載爰及泰始匪革前迷廣闢塞垣更招種落納萎莎之後附開育鞠之新降接帳連韝充郊掩甸既而沸脣成俗鳴鏑爲羣振鵄響而挺災恣狼心而逞暴何楨縱策弗沮于姦萌郭欽馳疏无救于妖漸未環星紀坐傾都邑黎元塗地凶族滔天迹其所由抑武皇之失也吐谷渾分緒偽燕遠辭正嫡率東胡之餘衆掩西羌之舊宇綱疏政暇地廣兵全廓萬里之基貽一匡之訓弗忘忠義良可嘉焉吐延風標宏偉見方于項籍始遵朝化遽夭於姜聰高節不羣亦殊蕃之秀也葉延至孝寄哀于射草辟奚深友邁古烈于分判視連蒸蒸光奉先之義視羆矯矯蘊經時之略洛干童幼早擅英規未騁雄心先摧凶手奉順者必敗豈天亡晉乎且渾廆連枝生自邊極各謀孫而翼子咸革裔而希華廆胤姦凶假鳳圖而竊號渾嗣忠謹距龍淵而歸誠懷姦者數世而亡資

忠者累葉彌劭積善餘慶斯言信矣

贊曰逖矣前王區別羣方叛由德弛朝因化昌武后升圖智昧遷胡遂淪家國多謝明謨谷渾英奮思矯頹運克昌其緒實資忠訓

列傳第六十七　　晉書九十七

列傳第六十八　　晉書九十八　　御撰

王敦　沈充　桓溫　孟嘉

王敦字處仲司徒導之從父兄也父基治書侍御史敦少有奇人之目尚武帝女襄城公主拜駙馬都尉除太子舍人時王愷石崇以豪侈相尚愷嘗置酒敦與導俱在坐有女伎吹笛小失聲韻愷便歐殺之一坐改容敦神色自若他日又造愷愷使美人行酒以客飲不盡輒殺之酒至敦導所敦故不肯持美人悲懼失色而敦傲然不視導素不能飲恐行酒者得罪遂勉强盡觴導還歎曰處仲若當世心懷剛忍非令終也洗馬潘滔見敦而目之曰處仲蜂目已露但豺聲未振若不噬人亦當爲人所噬及太子遷許昌詔東宮官屬不得送敦及洗馬江統潘滔舍人杜蕤魯瑶等冒禁於路側望拜流涕時論稱之遷給事黃門侍郎趙王倫篡位敦叔父彦爲兖州刺史倫遣敦慰勞之會諸王起義兵彦被齊王冏檄懼倫兵强不敢應命敦勸彦起兵應諸王故彦遂立勳績惠帝反正敦遷散騎常侍左衛將

軍大鴻臚侍中出除廣武將軍青州刺史永嘉初徵爲中書監于時天下大亂敦悉以公主時侍婢百餘人配給將士金銀寶物散之於衆單車還洛東海王越自滎陽來朝敦謂所親曰今威權悉在太傅而選用表請尚書猶以舊制裁之太傅今至必有誅罰俄而越收中書令繆播等十餘人殺之越以敦爲揚州刺史潘滔說越曰今樹處仲於江外使其肆豪强之心是見賊也越不從其後徵拜尚書不就元帝召爲安東軍諮祭酒會揚州刺史劉陶卒帝復以敦爲揚州刺史加廣武將軍尋進左將軍都督征討諸軍事假節帝初鎮江東威名未著敦與從弟導等同心翼戴以隆中興時人爲之語曰王與馬共天下尋與甘卓等討江州刺史華軼斬之蜀賊杜弢作亂荊州刺史周顗退走敦遣武昌太守陶侃豫章太守周訪等討弢而敦進住豫章爲諸軍繼援及侃破弢敦上侃爲荊州刺史既而侃爲弢將杜曾所敗敦以處分失所自貶爲廣武將軍帝不許侃之滅弢也敦以元帥進鎮東大將軍開府儀同三司加都督江揚荊湘交廣六州諸軍事江州刺史封漢安侯敦始自選置兼統州郡焉頃之杜弢將杜弘南走廣州求討桂林賊自效敦許之陶侃距弘不得進乃詣零陵太守尹奉降奉送弘與敦敦以爲將遂見寵待南康人何欽所居嶮固聚黨數千人敦就加四品將軍於是專擅之迹漸彰矣建武初又遷征南大將軍開府如故中興建拜侍中大將軍江州牧遣部將朱軌趙誘伐杜曾爲曾所殺敦自貶免侍中并辭牧不拜尋加荊州牧敦上疏曰昔漢祖以神武革命開建正業繼以文帝之賢纂承洪緒清虛玄默擬跡成康賈誼歎息以爲天下倒懸雖言有抑揚不失事體今聖朝肇建漸振宏綱往段匹磾遣使求效忠節尚未有勞便以方州與之今靳明等爲國雪耻欲除大逆此之志望皆欲附翼天飛雖功大宜報亦宜有以裁之當杜漸防萌慎之在始中間不逞互生事變皆非忠義率以一朝之榮天下漸弊實由于此春秋之時天子微弱諸侯奢侈晉文思崇周室至有求隧之請襄王讓之以禮聞義

而服自爾諸侯莫敢越度臣謂前者賊寇未殄苟以濟事朝廷諸所加授頗多爵位兼重今自臣以下宜皆除之且以塞羣小矜功之望夷狄无厭之求若復遷延顧望流俗使姦狡生心遂相怨謗指擿朝廷讒誣蜂起臣有以知陛下无以正之此安危之機天下之望臣門戶特受榮任備兼權重渥恩偏隆寵過公族行路厮賤猶謂不可臣獨何心可以安之臣一宗誤陛下傾覆亦將尋至雖復灰身剖心陛下追悔將何所及伏願諒臣至款及今際會小解散之並授賢儁少慰有識各得盡其所懷則人思競勸矣州牧之號所不敢當輙送所假侍中貂蟬又宜并官省職以塞羣小覬覦之望帝優詔不許又固辭州牧聽爲刺史時劉隗用事頗疎間王氏導等甚不平之敦上疏曰導昔蒙殊寵委以事機虛己求賢竭誠奉國遂藉恩私居輔政之重帝王體遠事義不同雖皇極初建道教方闡惟新之美猶有所闕臣每慷慨於遐遠愧憤於門宗是以前後表疏何嘗不寄言及此陛下未能少垂

顧眄暢臣微懷云導頃見疎外所陳如昨而其萌已著其爲咎責豈惟導身而已羣從所蒙並過才分導誠不能自量陛下亦愛忘其短常人近情恃恩昧進獨犯龍鱗迷不自了臣竊所自憂慮未詳所由惶愧踧踖情如灰土天下事大盡理實難導雖凡近未有穢濁之累既往之勳疇昔之顧情好綢繆足以厲薄俗明君臣合德義同古賢昔臣親受嘉命云吾與卿及茂弘當管鮑之交臣忝外任漸冉十載訓誘之誨日有所忘至於斯命銘之於心竊猶眷眷謂前恩不得一朝而盡伏惟陛下聖哲日新廣延俊乂臨之以政齊之以禮頃者令導內綜機密出錄尚書杖節京都并統六軍既爲刺史兼居重號殊非人臣之體流俗好評必有譏謗宜省錄尚書杖節及都督且王佐之器當得宏達遠識高正明斷道德優備者以臣闇識未見其才然於見人未踰于導加輔翼積年實盡心力霸王之主何嘗不任賢使能共相終始管仲有三歸反坫之譏子犯有臨河要君之責蕭何周勃得罪囹圄然終爲良佐以導之才何能

无失當令任不過分役其所長以功補過要之將來導性慎密尤能忍事善於斟酌有文章才義動靜顧問起予聖懷外无過寵公私得所今皇祚肇建八表承風聖恩不終則遐邇失望天下荒弊人心易動物聽一移將致疑惑臣非敢苟私親親惟欲忠於社稷表至導封以還敦敦復遣奏之初敦務自矯厲雅尚清談口不言財色既素有重名又立大功于江左專任閫外手控強兵羣從貴顯威權莫貳遂欲專制朝廷有問鼎之心帝畏而惡之遂引劉隗刁協等以爲心膂敦益不能平于是嫌隙始構矣每酒後輒詠魏武帝樂府歌曰老驥伏櫪志在千里烈士暮年壯心不已以如意打唾壺爲節壺邊盡缺及湘州刺史甘卓遷梁州敦欲以從事中郎陳頒代卓帝不從更以譙王承鎮湘州敦復上表陳古今忠臣見疑於君而蒼蠅之人交構其間欲以感動天子帝愈忌憚之俄加敦羽葆鼓吹增從事中郎掾屬舍人各二人帝以劉隗爲鎮北將軍戴若思爲征西將軍悉發揚州奴爲兵外以討胡實禦敵也

永昌元年敦率衆內向以誅隗爲名上疏曰劉隗前在門下邪佞諂媚譖毀忠良疑惑聖聽遂居權寵撓亂天機威福自由有識杜口大起事役勞擾士庶外託舉義內自封植奢僭過制乃以黃散爲叅軍晉魏以來未有此比傾盡帑藏以自資奉賦役不均百姓嗟怨免良人奴自爲惠澤自可使其大田以充倉廩今便割配皆充隗軍臣前求迎諸將妻息聖恩聽許而隗絕之使三軍之士莫不怨憤又徐州流人辛苦經載家計始立隗悉驅逼以實已府當陛下踐阼之始投刺王官本以非常之慶使豫蒙榮分而更充征役復依舊名普取出客從來久遠經涉年載或死亡滅絕或自贖得免或見放遣或父兄時事身所不及有所不得輒罪本主百姓哀憤怨聲盈路身欲北渡以遠朝廷爲名而密知機要潛行險慝進人退士高下在心姦狡饕餮未有隗比雖无忌宰嚭弘恭石顯未足爲踰是以遐邇憤慨羣后失望臣備位宰輔與國存亡誠乏平勃濟時之略然自忘駑駘志存社稷豈忍坐視成敗以虧聖美事不獲已今輒進軍同討

姦孽願陛下深垂省察速斬隗首則衆望厭服皇祚復隆隗首朝懸諸軍夕退昔太甲不能遵明湯典顛覆厥度幸納伊尹之勳殷道復昌漢武雄略亦惑江充讒佞邪說至乃父子相屠流血丹地終能尅悟不失大綱今日之事有逾於此願陛下深垂三思諮詢善道則四海乂安社稷永固矣又曰陛下昔鎮揚州虛心下士優賢任能寬以得衆故君子盡心小人畢力臣以闇蔽豫奉徽猷是以遐邇望風有識自竭王業遂隆惟新克建四海延頸咸望太平自從信隗已來刑罰不中街談巷議皆云如吳之將亡聞之惶惑精魂飛散不覺胸臆摧破泣血橫流陛下當全祖宗之業存神器之重察臣前後所啟奈何棄忽忠言遂信姦佞誰不痛心願出臣表諮之朝臣介石之幾不俟終日令諸軍早還不至虛擾敦黨吳興人沈充起兵應敦敦至蕪湖又上表罪狀刁協帝大怒下詔曰王敦憑恃寵靈敢肆狂逆方朕太甲欲見幽囚是可忍也孰不可忍也今親率六軍以誅大逆有殺敦者封五千戶侯召戴若思劉隗並會京師敦兄含時爲光祿勳叛奔於

敦敦至石頭欲攻劉隗其將杜弘曰劉隗死士衆多未易可尅不如攻石頭周札少恩兵不爲用攻之必敗札敗則隗自走敦從之札果開城納弘諸將與敦戰王師敗績既入石頭擁兵不朝放肆兵士刼掠內外官省奔散惟有侍中二人侍帝帝脫戎衣着朝服顧而言曰欲得我處但當早道我自還琅邪何至困百姓如此敦收周顗戴若思害之以敦爲丞相江州牧進爵武昌郡公邑萬戶使太常荀崧就拜又加羽葆鼓吹並僞讓不受還屯武昌多害忠良寵樹親戚以兄含爲衛將軍都督沔南軍事領南蠻校尉荆州刺史以義陽太守任愔督沔北諸軍事南中郎將敦又自督寧益二州及帝崩太寧元年敦諷朝廷徵己明帝乃手詔徵之語在明帝紀又使兼太常應詹拜授加黃鉞班劍武賁二十人奏事不名入朝不趨劍履上殿敦移鎮姑孰帝使侍中阮孚齎牛酒犒勞敦稱疾不見使主簿受詔以王導爲司徒敦自爲揚州牧敦既得志暴慢愈甚四方貢獻多入己府將相嶽牧悉出其門徙含爲征東將軍都督揚州江西諸軍事從弟

舒爲荆州彬爲江州邃爲徐州含字處弘凶頑剛暴時所不齒以敦貴重故立顯位敦以沈充錢鳳爲謀主諸葛瑤鄧嶽周抚李恒謝雍爲爪牙充等並凶險驕恣共相驅扇殺戮自己又大起營府侵人田宅發掘古墓剽掠市道士庶解體咸知其禍敗焉敦從弟豫章太守稜日夜切諫敦怒陰殺之敦无子養含子應及敦病甚拜應爲武衛將軍以自副錢鳳謂敦曰脫其不諱便當以後事付應敦曰非常之事豈常人所能且應年少安可當大事我死之後莫若解衆放兵歸身朝廷保全門戶此計之上也退還武昌收兵自守貢獻不廢亦中計也及吾尚存悉衆而下萬一僥倖計之下也鳳謂其黨曰公之下計乃上策也遂與沈充定謀須敦死後作難敦又忌周札殺之而盡滅其族常從督冉曾公乘雄等爲元帝腹心敦又害之以宿衛尚多奏令三番休二及敦病篤詔遣侍中陳晷散騎常侍虞騑問疾時帝將討敦微服至芜湖察其營壘又屢遣大臣訊問其起居遷含驃騎大將軍開府儀同三司含子瑜散騎常侍敦以溫嶠

爲丹陽尹欲使覘伺朝廷嶠至具言敦逆謀帝欲討之知其爲物情所畏服乃僞言敦死於是下詔曰先帝以聖德應運創業江東司徒導首居心膂以道翼讚故大將軍敦參處股肱或內或外夾輔之勳與有力焉階緣際會遂據上宰杖節專征委以五州刁協劉隗立朝不允敦抗義致討情希鬻拳兵雖犯順猶嘉乃誠禮秩優崇人臣无貳事解之後刼掠城邑放恣兵人侵及宮省背違赦信誅戮大臣縱凶極逆不朝而退六合阻心人情同憤先帝含垢忍恥容而不責委任如舊禮秩有加朕以不天尋丁酷罰煢煢在疚哀悼靡寄而敦曾无臣子追遠之誠又无輔孤同獎之操繕甲聚兵盛夏來至輙以天官假授私屬將以威脅朝廷傾危宗社朕愍其狂戾冀其覺悟故且含隱以覬其終而敦矜其不義之強有侮弱朝廷之志棄親用羇背賢任惡錢鳳豎子專爲謀主逞其凶慝誣罔忠良周嵩亮直讜言致禍周札周莚累世忠義聽受讒構殘夷其宗秦人之酷刑不過五敦之誅戮傍濫无辜滅人之族莫知其罪天下駭心道路以目神怒人

怨篤疾所嬰昏荒悖逆日以滋甚輙立兄息以自承代多樹私黨莫非同惡未有宰相繼體而不由王命者也頑凶相奬无所顧忌擅錄冶工輙割運漕志騁凶醜以闚神器社稷之危匪夕則旦天不長奸敦以隕斃鳳承凶宄彌復煽逆是可忍也孰不可忍也今遣司徒導鎮南將軍丹陽尹嶠建威將軍趙胤武旅三萬十道並進平西將軍邃率兗州刺史遐奮武將軍峻奮威將軍瞻精銳三萬水陸齊勢朕親御六軍左衛將軍亮右衛將軍胤護軍將軍詹領軍將軍瞻中軍將軍壼驍騎將軍艾驃騎將軍南頓王宗鎮軍將軍汝南王祐太宰西陽王羕被練三千組甲三萬總統諸軍討鳳之罪罪止一人朕不濫刑有能殺鳳送首封五千戶侯賞布五千匹冠軍將軍鄧嶽志氣平厚識經邪正前將軍周抚質性詳簡義誠素著功臣之冑情義兼常往年從敦情節不展畏逼首領不得相違論其乃心无貳王室朕嘉其誠方任之以事其餘文武諸爲敦所授用者一无所問刺史二千石不得輙離所職書到奉承自求多福无

或猜嫌以取誅滅敦之將士從敦彌年怨曠日久或毋隕没或妻子喪亡不得奔赴銜哀從役朕甚愍之希不悽愴其單丁在軍无有兼重者皆遣歸家終身不調其餘皆與假三年休訖還臺當與宿衛同列三番明承詔書朕不負信又詔曰敢有捨王敦姓名而稱大將軍者軍法從事敦病轉篤不能御衆使錢鳳鄧嶽周撫等率衆三萬向京師含謂敦曰此家事吾便當行於是以含爲元帥鳳等問敦曰事尅之日天子云何敦曰尚未南郊何得稱天子便盡卿兵勢保護東海王及裴妃而已乃上疏罪狀溫嶠以誅奸臣爲名含至江寧司徒導遺含書曰近承大將軍困篤綿綿或云已有不諱悲怛之情不能自勝尋知錢鳳大嚴欲肆奸逆朝士忿憤莫不扼腕去月二十三日得征北告劉遐陶瞻蘇峻等深懷憂慮不謀同辭都邑大小及二宮宿衛咸懼有往年之掠不復保其妻孥是以聖主發赫斯之命具如檄旨近有嘉詔崇兄八命望兄奬羣賢忠義之心抑奸細不逞之計當還武昌盡力藩任卒奉來告乃承與犬羊俱下雖當逼迫猶

以罔然兄立身率素見信明于門宗年踰耳順位極人臣仲玉安期亦不足作佳少年本來門户良可惜也兄之此舉謂可得如大將軍昔年之事乎昔年佞臣亂朝人懷不寧如導之徒心思外濟今則不然大將軍來屯于湖漸失人心君子危怖百姓勞弊將終之日委重安期安期斷乳未幾日又乏時望便可襲宰相之迹邪自開闢以來頗有宰相孺子者不諸有耳者皆是將禪代意非人臣之事也先帝中興遺愛在人聖主聰明德洽朝野思與賢哲弘濟艱難北面而執臣節乃私相樹建肆行威福凡在人臣誰不憤歎此直錢鳳不良之心聞於遠近自知无地遂唱姦逆至如鄧伯山周道和恒有好情往來人士咸皆明之方欲委任與共戮力非徒无慮而已也導門户小大受國厚恩兄弟顯寵可謂隆矣導雖不武情在寧國今日之事明目張膽爲六軍之首寧忠臣而死不无賴而生矣但恨大將軍桓文之勳不遂而兄一旦爲逆節之臣負先人平素之志既没之日何顔見諸父於黄泉謁先帝於地下邪執省來告爲兄羞之且

悲且慚願速建大計惟取錢鳳一人使天下獲安家國有福故是竹素之事非惟免禍而已夫福如反手用之即是導所統六軍石頭萬五千人宫内後苑二萬人護軍屯金城六千人劉遐已至征北昨已濟江萬五千人以天子之威文武畢力豈可當乎事猶可追兄早思之大兵一奮導以爲灼炟也含不荅帝遣中軍司馬曹渾等擊含于越城含軍敗敦聞怒曰我兄老婢耳門户衰矣兄弟才兼文武者世將處季皆早死今世事去矣語叅軍呂寶曰我當力行因作勢而起困乏復卧鳳等至京師屯于水南帝親率六軍以禦鳳頻戰破之敦謂羊鑒及子應曰我亡後應便即位先立朝廷百官然後乃營葬事初敦始病夢白犬自天而下嚙之又見刁協乘軺車導從瞋目令左右執之俄而敦死時年五十九應秘不發喪裹尸以席蠟塗其外埋于廳事中與諸葛瑶等恒縱酒淫樂沈充自吳率衆萬餘人至與含等合充司馬顧颺說充曰今舉大事而天子已扼其喉情離衆沮鋒摧勢挫持疑猶豫必致禍敗今若決破栅塘因湖水灌京邑肆舟艦之勢極水軍

之用此所謂不戰而屈人之兵上策也藉初至之鋭并東南衆軍之力十道俱進衆寡過倍理必摧陷中策也轉禍爲福因敗爲成召錢鳳計事因斬之以降下策也充不能用颺逃歸于吳含復率衆渡淮蘇峻等逆擊大敗之充亦燒營而退既而周光斬錢鳳吳儒斬沈充並傳首京師有司議曰王敦滔天作逆有无君之心宜依崔杼王凌故事剖棺戮尸以彰元惡於是發瘞出尸焚其衣冠跽而刑之敦充首同日懸于南桁觀者莫不稱慶敦首既懸莫敢收葬者尚書令郗鑒言於帝曰昔王莽漆頭以輗車董卓然腹以照市王凌儭土徐馥梟首前朝誅楊駿等皆先極官刑後聽私殯然春秋許齊襄之葬紀侯魏武義王脩之哭袁譚由斯言之王誅加于上私義行於下臣以爲可聽私葬於義爲弘詔許之於是敦家收葬焉含父子乘單船奔荆州刺史王舒舒使人沉之于江餘黨悉平敦眉目疎朗性簡脱有鑒裁學通左氏口不言財利尤好清談時人莫知惟族兄戎異之經略指麾千里之外肅然而麾下擾而不能整武帝嘗召

時賢共言技藝之事人人皆有所說惟敦都无所關意色殊惡自言知擊鼓因振袖揚枹音節諧韻神氣自得傍若无人舉坐歎其雄爽石崇以奢豪矜物廁上常有十餘婢侍列皆有容色置甲煎粉沉香汁有如廁者皆易新衣而出客多羞脫衣而敦脫故著新意色无怍羣婢相謂曰此客必能作賊又嘗荒恣於色體爲之弊左右諫之敦曰此甚易耳乃開後閤驅諸婢妾數十人並放之時人歎異焉

沈充字士居少好兵書頗以雄豪聞於鄉里敦引爲參軍充因薦同郡錢鳳鳳字世儀敦以爲鎧曹參軍數得進見知敦有不臣之心因進邪說遂相朋構專弄威權言成禍福遭父喪外託還葬而密爲敦使與充交構初敦參軍熊甫見敦委任鳳將有異圖因酒酣謂敦曰開國承家小人勿用佞倖在位鮮不敗業敦作色曰小人阿誰甫无懼容因此告歸臨與敦別因歌曰徂風飈起蓋山陵氛霧蔽日玉石焚往事既去可長歎念別惆悵復會難敦知其諷己而不納明帝將伐敦遣其鄉人沈禎諭充許以爲司空充謂禎曰三司具瞻之重豈吾所任幣厚言甘古人所畏且丈夫共事終始當同寧可中道改易人誰容我禎曰不然舍忠與順未有不亡者也大將軍阻兵不朝爵賞自己五尺之童知其異志今此之舉將行篡弒耳豈同於往年乎是以疆埸諸將莫不歸赴本朝內外之士咸願致死正以移國易主義不北面以事之也奈何協同逆圖當不義之責乎朝廷坦誠禎所知也賊之黨類猶宥其罪與之更始況見機而作邪充不納率兵臨發謂其妻子曰男兒不豎豹尾終不還也及敗歸吳興亡失道誤入其故將吳儒家儒誘充內重壁中因笑謂充曰三千戶侯也充曰封侯不足貪也爾以大義存我我宗族必厚報汝若必殺我汝族滅矣儒遂殺之充子勁竟滅吳氏勁見忠義傳

史臣曰琅邪之初鎮建鄴龍德猶潛雖當璧膺圖預定於冥兆豈功厚利未被於黎氓王敦歷官中朝威名夙著作牧淮海望實逾隆遂能託魚水之深期定金蘭之密契弼成王度光佐中興卜世延

百二之期論都創三分之業此功固不細也既而負勳高而圖非望恃勢逼而肆驕陵釁隙起自刁劉禍難成於錢沈興晉陽之甲纓象魏之兵蜂目既露豺聲又發擅竊國命殺害忠良遂欲篡盜乘輿逼遷龜鼎賴嗣君英略晉祚靈長諸侯釋位股肱戮力用能運茲廟算殄彼凶徒克固鴻圖載清天步者矣

桓溫字元子宣城太守彝之子也生未期而太原溫嶠見之曰此兒有奇骨可試使啼及聞其聲曰眞英物也彝以嶠所賞故遂名之曰溫嶠笑曰果爾後將易吾姓也彝爲韓晃所害涇令江播豫焉溫時年十五枕戈泣血志在復讎至年十八會播已終子彪兄弟三人居喪置刃杖中以爲溫備溫詭稱弔賓得進刃彪於廬中并追二弟殺之時人稱焉溫豪爽有風槩姿貌甚偉面有七星少與沛國劉惔善惔嘗稱之曰溫眼如紫石稜鬚作蝟毛磔孫仲謀晉宣王之流亞也選尚南康長公主拜駙馬都尉襲爵萬寧男除琅邪太守累遷徐州刺史溫與庾翼友善恒相期以寧濟之事翼嘗薦溫於明帝曰桓溫少有雄略願陛下勿以常人遇之常壻畜之宜委以方召之任託其弘濟艱難之勳翼卒以溫爲都督荊梁四州諸軍事安西將軍荊州刺史領護南蠻校尉假節時李勢微弱溫志在立勳于蜀永和二年率衆西伐時康獻太后臨朝溫將發上疏而行朝廷以蜀險遠而溫兵寡少深入敵場甚以爲憂初諸葛亮造八陣圖於魚復平沙之上壘石爲八行行相去二丈溫見之謂此常山蛇勢也文武皆莫能識之及軍次彭模乃命參軍周楚孫盛守輜重自將步卒直指成都勢使其叔父福及從兄權等攻彭模楚等禦之福退走溫又擊權等三戰三捷賊衆散自間道歸成都勢於是悉衆與溫戰于笮橋參軍龔護戰沒衆懼欲退而鼓吏誤鳴進鼓於是攻之勢衆大潰溫乘勝直進焚其小城勢遂夜遁九十里至晉壽葭萌城其將鄧嵩昝堅勸勢降乃面縛輿櫬請命溫解縛焚櫬送於京師溫停蜀三旬舉賢旌善僞尚書僕射王誓中書監王瑜鎮東將軍鄧定散騎常侍常璩等皆蜀之良也並以

為參軍百姓咸悅軍未旋而王誓鄧定隗文等反溫復討平之振旅還江陵進位征西大將軍開府封臨賀郡公及石季龍死溫欲率衆北征先上疏求朝廷議水陸之宜久不報時知朝廷杖殷浩等以抗己溫甚忿之然素知浩弗之憚也以國无他釁遂得相持彌年雖有君臣之跡亦相羈縻而已八州士衆資調殆不為國家用聲言北伐拜表便行順流而下行達武昌衆四五萬殷浩慮為溫所廢將謀避之又欲以騶虞幡住溫軍內外噂𠴲人情震駭簡文帝時為撫軍與溫書明社稷大計疑惑所由溫即迴軍還鎮上疏曰臣近親率所統欲北埽趙魏軍次武昌獲撫軍大將軍會稽王昱書說風塵紛紜妄生疑惑辭旨危急憂及社稷省之惋愕不解所由形影相顧隕越无地臣以闇蔽忝荷重任雖才非其人職在靜亂寇讎不滅國恥未雪幸因開泰之期遇可乘之會匹夫有志猶懷憤慨臣亦何心坐觀其斃故荷戈驅馳不遑寧處前後表陳于今歷年矣丹誠坦然公私所察有何纖介容此嫌忌豈醜正之徒心懷怵惕操弄虛說以惑朝聽昔樂毅竭誠垂涕流奔霍光盡忠上官告變讒說殄行姦邪亂德乃歷代之常患存亡之所由也今主上富於陽秋陛下以聖淑臨朝恭己委任責成羣下方寄會通於羣才布德信於遐荒況臣世蒙殊恩服事三朝身非羈旅之賓跡无韓彭之釁而反間起於胸心交亂過於四國此古賢所以歎息於既往而臣亦大懼於當年也今寇賊冰消大事垂定晉之遺黎鶴立南望赴義之衆慷慨即路元凶之命懸在漏刻而橫議妄生成此貝錦使垂滅之賊復獲蘇息所以痛心絕氣悲慨彌深臣雖所存者公所務者國然外難未弭而內弊交興則臣本心陳力之志也進位太尉固讓不拜時殷浩至洛陽脩復園陵經涉數年屢戰屢敗器械都盡溫復進督司州因朝野之怨乃奏廢浩自此內外大權一歸溫矣溫遂統步騎四萬發江陵水軍自襄陽入均口至南鄉步自淅川以征關中命梁州刺史司馬勳出子午道別軍攻上洛獲苻健荊州刺史郭敬進擊青泥破之健又遣子生弟雄衆數萬屯嶢柳愁思堆以距溫

遂大戰生親自陷陣殺溫將應誕劉泓死傷千數溫軍力戰生衆乃散雄又與將軍桓沖戰白鹿原又為沖所破雄遂馳襲司馬勳勳退次女媧堡溫進至霸上健以五千人深溝自固居人皆安堵復業持牛酒迎溫於路者十八九耆老感泣曰不圖今日復見官軍初溫恃麥熟收以為軍資而健芟苗清野軍糧不屬收三千餘口而還帝使侍中黃門勞溫于襄陽初溫自以雄姿風氣是宣帝劉琨之儔有以其比王敦者意甚不平及是征還於北方得一巧作老婢訪之乃琨伎女也一見溫便潸然而泣溫問其故答曰公甚似劉司空溫大悅出外整理衣冠又呼婢問婢云面甚似恨薄眼甚似恨小鬚甚似恨赤形甚似恨短聲甚似恨雌溫於是褫冠解帶昏然而睡不怡者數日母孔氏卒上疏解職欲送葬宛陵詔不許贈臨賀太夫人印綬謚曰敬遣侍中弔祭謁者監護喪事旬月之中使者八至軺軒相望於道溫葬畢視事欲脩復園陵移都洛陽表疏十餘上不許進溫征討大都督督司冀二州諸軍事委以專征之任溫遣督護高武據魯陽輔國將軍戴施屯河上勒舟師以逼許洛以譙梁水道既通請徐豫兵乘淮泗入河溫自江陵北伐行經金城見少為琅邪時所種柳皆已十圍慨然曰木猶如此人何以堪攀枝執條泫然流涕於是過淮泗踐北境與諸寮屬登平乘樓眺矚中原慨然曰遂使神州陸沈百年丘墟王夷甫諸人不得不任其責袁宏曰運有興廢豈必諸人之過溫作色謂四坐曰頗聞劉景升有千斤大牛噉芻豆十倍於常牛負重致遠曾不若一羸牸魏武入荊州以享軍士意以況宏坐中皆失色師次伊水姚襄屯水北距水而戰溫結陣而前親被甲督弟沖及諸將奮擊襄大敗自相殺死者數千人越北芒而西走追之不及遂奔平陽溫屯故太極殿前徙入金墉城謁先帝諸陵陵被侵毀者皆繕復之兼置陵令遂旋軍執降賊周成以歸遷降人三千餘家於江漢之間遣西陽太守滕畯出黃城討蠻賊文盧等又遣江夏相劉岵義陽太守胡驥討妖賊李弘皆破之傳首京都溫還軍之後司豫青兗復陷于

賊升平中改封南郡公降臨賀爲縣公以封其次子濟隆和初寇逼
河南太守戴施出奔冠軍將軍陳祐告急溫使竟陵太守鄧遐率
三千人助祐并欲還都洛陽上疏曰巴蜀既平逆胡消滅時來之
會既至休泰之慶顯著而人事乖違屢喪王略復使二賊雙起海
內崩裂河洛蕭條山陵危逼所以遐邇悲惶痛心於既往者也伏
惟陛下稟乾坤自然之姿挺羲皇玄朗之德鳳棲外藩龍飛皇極
時務陵替備徹天聽人之情僞盡知之矣是以九域宅心幽遐企
踵思佇雲羅混網四裔誠宜遠圖廟筭大存經略光復舊京疆
理華夏使惠風陽澤洽被八表霜威寒飈陵振无外豈不允應靈
休天人齊契今江河悠闊風馬殊邈故向義之徒覆亡相尋而建
節之士猶繼踵无悔況辰極既迴衆星斯仰本源既運枝泒自遷
則晉之餘黎欣皇德之攸憑羣凶妖逆知滅亡之无日騁思順之心
鼓雷霆之勢則二竪之命不誅而自絕矣故員通貴於无滯明哲
尚於應機砎如石焉所以成務若乃海運既徙而鵬翼不舉永結

根於南垂廢神州於龍漠令五尺之童掩口而歎息夫先王經始
玄聖宅心畫爲九州制爲九服貴中區而內諸夏誠以晷度自中
霜露惟均冠冕萬國朝宗四海故也自強胡陵暴中華蕩覆狼
狽失據權幸揚越蠖屈以待龍申之會潛蟠以俟風雲之期
蓋屯圮所鍾非理勝而然也而喪亂緬邈五十餘載先舊徂沒
後來童幼班荊輟音積習成俗遂望絕於本邦宴安於所託眷言
悼之不覺悲歎臣雖庸劣才不周務然攝官承乏屬當重任願
竭筋骨宣力先鋒翦除荊棘驅諸豺狼自永嘉之亂播流江表
者請一切北徙以實河南資其舊業反其土宇勸農桑之務盡二
時之利導之以義齊之以禮使文武兼宣信順交暢井邑既修綱維
粗舉然後陛下建三辰之章振旂旗之旌冕旒錫鑾朝服濟江則
宇宙之內誰不幸甚夫人情昧安難與圖始非常之事衆人所疑
伏願陛下决玄照之明斷常均之外責臣以興復之效委臣以終濟
之功此事既就此功既成則陛下盛勳比隆前代周宣之詠復興當

年如其不效臣之罪也褰裳赴鑊其甘如薺詔曰在昔喪亂忽涉五
紀戎狄肆暴繼襲凶跡眷言西顧慨歎盈懷知欲躬率三軍蕩滌
氛穢廓清中畿光復舊京非夫外身殉國孰能若此者哉諸所處
分委之高筭但河洛丘墟所營者廣經始之勤致勞懷也於是改
授并司冀三州以交廣遼遠罷都督溫表辭不受又加侍中大司
馬都督中外諸軍事假黃鉞溫以既總督內外不宜在遠又上疏
陳便宜七事其一朋黨雷同私議沸騰宜抑杜浮競莫使能植
其二戶口凋寡不當漢之一郡宜并官省職令久于其事其三機
務不可停廢常行文按宜爲限日其四宜明長幼之禮獎忠公之
吏其五褒貶賞罰宜允其實其六宜述遵前典敦明學業其七
宜選建史官以成晉書有司皆奏行之尋加羽葆鼓吹置左右長史
司馬從事中郎四人受鼓吹餘皆辭復率舟軍進合肥加揚州牧
錄尚書事使侍中顏旄宣旨召溫入參朝政溫上疏曰方攘除羣
凶掃平禍亂當竭天下智力與衆共濟之而朝議咸疑聖詔彌固

事異本圖豈敢執遂至於入參朝政非所敢聞臣違離宮省二十
餘載輧轃戎務役勤思苦若得解帶逍遙鳴玉闕廷參贊无爲
之契豫聞曲成之化雖實不敏豈不是願但顧以江漢艱難不
同曩日而益梁新平寧州始服懸兵漢川戍禦彌廣加彊蠻盤
牙勢處上流江湖悠遠當制命侯伯自非望實重威无以鎮御
遐外臣知捨此之艱危敢背之而无怨顧奮臂投身造事中原
者實耻帝道皇居仄陋於東南痛神華桑梓遂埋於戎狄若
憑宗廟之靈則雲徹席卷呼吸蕩清如當假息游魂則臣據河
洛親臨二寇廣宣皇靈襟帶秦趙遠不五載大事必定今臣昱以
親賢贊國光輔二世即无煩以臣疎鈍並間機務且不有行者誰扞
牧圉表裏相濟實深實重伏願陛下察臣所陳兼訪內外乞時還
屯抚寧方隅詔不許復徵溫溫至赭圻詔又使尚書車灌止之溫
遂城赭圻固讓內錄遙領揚州牧屬鮮卑攻洛陽陳祐出奔簡
文帝時輔政會溫於洌洲議征討事溫移鎮姑孰會哀帝崩事

遂寢温性儉每讌惟下七奠柈茶果而已然以雄武專朝窺覦非
望或臥對親寮曰爲爾寂寂將爲文景所笑衆莫敢對旣而抚枕
起曰旣不能流芳後世不足復遺臭萬載邪常行經王敦墓望之
曰可人可人其心迹若是時有遠方比丘尼名有道術於別室浴温
竊窺之尼倮身先以刀自破腹次斷兩足浴竟出温問吉凶尼云公
若作天子亦當如是太和四年又上疏悉衆北伐平北將軍郗愔以
疾解職又以温領平北將軍徐兖二州刺史率弟南中郎沖西中
郎袁真步騎五萬北伐百官皆於南州祖道都邑盡傾軍次胡陸
攻慕容暐將慕容忠獲之進次金鄉時亢旱水道不通乃鑿鉅
野三百餘里以通舟運自清水入河暐將慕容垂傅末波等率衆
八萬距温戰于林渚温擊破之遂至枋頭先使袁真伐譙梁開
石門以通運真討譙梁皆平之而不能開石門軍糧竭盡温焚
舟步退自東燕出倉垣經陳留鑿井而飲行七百餘里垂以八
千騎追之戰于襄邑温軍敗績死者三萬人温甚恥之歸罪於真

表廢爲庶人真怨温誣已據壽陽以自固潛通苻堅慕容暐帝
遣侍中羅含以牛酒犒温於山陽使會稽王昱會温于涂中詔
以温世子給事熙爲征虜將軍豫州刺史假節及南康公主薨
詔賻布千匹錢百萬温辭不受又陳息熙三年之孤且年少未宜
使居偏任詔不許發州人築廣陵城移鎮之時温行役旣久又
兼疾癘死者十四五百姓嗟怨袁真病死其將朱輔立其子瑾
以嗣事慕容暐苻堅並遣軍援瑾温使督護竺瑤矯陽之等
與水軍擊之時暐軍已至瑤等與戰於武丘破之温率二萬人
自廣陵又至瑾嬰城固守温築長圍守之苻堅乃使其將王鑒
張蚝等率兵以救瑾屯洛澗先遣精騎五千次於肥水北温遣桓
伊及弟子石虔等逆擊大破之瑾衆遂潰生擒之并其宗族數
十人及朱輔送於京都而斬之瑾所侍養乞活數百人悉坑之
以妻子爲賞温以功詔加班劒十人犒軍于路次文武論功賞
賜各有差温旣負其才力久懷異志欲先立功河朔還受九錫

旣逢覆敗名實頓減於是參軍郗超進廢立之計温乃廢帝而立
簡文帝詔温依諸葛亮故事甲仗百人入殿賜錢五千萬絹二萬
匹布十萬匹温多所廢徙誅庾倩殷涓曹秀等是時温威勢翕
赫侍中謝安見而遙拜温驚曰安石卿何事乃爾安曰未有君
拜於前臣揖於後時温有腳疾詔乘輿入朝旣見欲陳廢立
本意帝便泣下數十行温兢懼不得一言而出初元明世郭璞
爲讖曰君非无嗣兄弟代禪謂成帝有子而以國祚傳弟又曰有
人姓李兒專征戰譬如車軸脫在一面兒者子也李去子木存
車去軸爲亘合成桓字也又曰爾來爾來河內大縣爾來謂自
爾已來爲元始温字元子也故河內大縣温也成康旣崩桓氏始
大故連言之又曰賴子之薨延我國祚痛子之隕皇運其暮二子
者元子道子也温志在篡奪事未成而死幸之也會稽王道子雖
首亂晉國而其死亦晉衰之由也故云痛也温復還白石上疏求
歸姑孰詔曰夫乾坤體合而化成萬物二人同心則不言所利古

之哲王咸賴元輔姬旦光于四表而周道以隆伊尹格于皇天而
殷化以洽大司馬明德應期光大深遠上合天心含章時發用
集大命在于一人功美博陸道固萬世今進公丞相其大司馬本
官皆如故留公京都以鎮社稷温固辭仍請還鎮遣侍中王坦
之徵温入相增邑爲萬戶又辭詔以西府經袁真事故軍用不
足給世子熙布三萬匹米六萬斛又以熙弟濟爲給事中及帝不
豫詔温曰吾遂委篤足下便入冀得相見便來便來於是一日一
夜頻有四詔温上疏曰聖體不和以經積日愚心惶恐无所寄情
夫盛衰常理過備无害故漢高枕疾呂后問相孝武不豫霍光
啓嗣嗚噎以問身後蓋所存者大也今皇子幼稚而朝賢時譽
惟謝安王坦之才識智能皆簡在聖鑒內輔幼君外禦强寇實
羣情之大懼然理盡於此陛下便宜崇授使羣下知所寄而安
等奉命陳力公私爲宜至如臣温位兼將相加陛下垂布衰之
顧但朽邁疾病懼不支久无所復堪託以後事疏未及奏而

帝崩遺詔家國事一稟之於公如諸葛武侯王丞相故事溫初望簡文臨終禪位於己不爾便爲周公居攝事既不副所望故甚憤怨與弟沖書曰遺詔使吾依武侯王公故事耳王謝處大事之際日憤憤少懷及孝武即位詔曰先帝遺勑云事大司馬如事吾令答表便可盡敬又詔大司馬社稷所寄先帝託以家國內外衆事便就關公施行復遣謝安徵溫入輔加前部羽葆鼓吹武賁六十人溫讓不受及溫入朝赴山陵詔曰公勳德尊重師保朕躬兼有風患其无敬又勑尚書安等於新亭奉迎百僚皆拜于道側當時豫有位望者咸戰慴失色或云因此殺王謝內外懷懼溫既至以盧悚入宮乃收尚書陸始付廷尉責替慢罪也於是拜高平陵左右覺其有異既登車謂從者曰先帝向遂靈見既不述帝所言故衆莫之知但見將拜時頻言臣不敢而已又問左右殷涓形狀答者言肥短溫云向亦見在帝側初殷浩既爲溫所廢死涓頗有氣尚遂不詣溫而與武陵王晞游故溫疑而害之竟不識也及是亦見涓爲祟因而遇疾凡停京師十有四日歸於姑孰遂寢疾不起諷朝廷加己九錫累相催促謝安王坦之聞其病篤密緩其事錫文未及成而薨時年六十二皇太后與帝臨於朝堂三日詔賜九命袞冕之服及朝服一具衣一襲東園祕器錢二百萬布二千匹臘五百斤以供喪事及葬一依太宰安平獻王漢大將軍霍光故事賜九旒鸞輅黃屋左纛轀輬車挽歌二部羽葆鼓吹武賁班劒百人優冊即前南郡公增七千五百戶進地方三百里賜錢五千萬絹二萬匹布十萬匹追贈丞相初沖問溫以謝安王坦之所任溫曰伊等不爲汝所處分溫知己存彼不敢異害之无益於沖更失時望所以息謀溫六子熙濟韻禕偉玄熙字伯道初爲世子後以才弱使沖領其衆及溫病熙與叔祕謀殺沖沖知之徙于長沙濟字仲道與熙同謀俱徙長沙韻字叔道賜爵臨賀公禕最愚不辨菽麥偉字幼道平厚篤實居藩爲士庶所

懷歷使持節督荊益寧秦梁五州諸軍事安西將軍領南蠻校尉荊州刺史西昌矦贈驃騎將軍開府儀同三司玄嗣爵別有傳

孟嘉字萬年江夏鄳人吳司空宗曾孫也嘉少知名太尉庾亮領江州辟部廬陵從事嘉還都亮引問風俗得失對曰還傳當問吏亮舉麈尾掩口而笑謂弟翼曰孟嘉故是盛德人轉勸學從事褚裒時爲豫章太守正旦朝亮裒有器識亮大會州府人士嘉坐次甚遠裒問亮聞江州有孟嘉其人何在亮曰在坐卿但自覓裒歷觀指嘉謂亮曰此君小異將无是乎亮欣然而笑喜裒得嘉奇嘉爲裒所得乃益器焉後爲征西桓溫參軍溫甚重之九月九日溫燕龍山寮佐畢集時佐吏並著戎服有風至吹嘉帽墮落嘉不之覺溫使左右勿言欲觀其舉止嘉良久如廁溫令取還之命孫盛作文嘲嘉著嘉坐處嘉還見即答之其文甚美四坐嗟嘆嘉好酣飲愈多不亂溫問嘉酒有何好而卿嗜之嘉曰公未得酒中趣耳又問聽妓絲不如竹竹不如肉何謂也嘉答曰漸近使之然一坐咨嗟轉從事中郎遷長史年五十三卒于家

史臣曰桓溫挺雄豪之逸氣韞文武之奇才見賞通人夙標令譽時既豺狼孔熾疆場多虞受寄干城用恢威略乃踰越險阻戡定岷峨獨剋之功有可稱矣及觀兵洛汭修復五陵引旆秦郊威懷三輔雖未能梟除凶逆亦足以宣暢王靈既而總戎馬之權居形勝之地自謂英猷不世勳績冠時挾震主之威蓄无君之志企景文而慨息想處仲而思齊睥睨漢廷窺覦周鼎復欲立奇功於趙魏允歸望於天人然後步驟前王憲章虞夏逮乎石門路阻襄邑兵摧懟謀略之乖違恥師徒之撓敗遷怒於朝廷委罪於偏裨廢主以立威殺人以逞欲曾弗知寶命不可以求得神器不可以力征豈不悖哉豈不悖哉斯實斧鉞之所宜加人神之所同棄然猶存極光寵沒享哀榮是知朝政之无章主威之不立也

贊曰播越江濆政弱權分主子恃力處仲矜勳迹既陵上志亦无君罪浮浞殪心窺舜禹樹威外略稱兵內侮其身與嗣音惟齊斧

列傳六十八　晉書九十八

晉書九十九

列傳第六十九　　御撰

桓玄　卞範之　殷仲文

桓玄字敬道一名靈寶大司馬溫之孼子也其母馬氏嘗與同輩夜坐於月下見流星墜銅盆水中忽如二寸火珠冏然明淨競以瓢接取馬氏得而吞之若有感遂有娠及生玄有光照室占者奇之故小名靈寶妳媪每抱詣溫輙易人而後至云其重兼常兒溫甚愛異之臨終命以爲嗣襲爵南郡公年七歲溫服終府州文武辭其叔父沖沖抚玄頭曰此汝家之故吏也玄因涕淚覆面衆並異之及長形貌瓌奇風神疎朗博綜藝術善屬文常負其才地以雄豪自處衆咸憚之朝廷亦疑而未用年二十三始拜太子洗馬時議謂溫有不臣之跡故折玄兄弟而爲素官太元末出補義興太守鬱鬱不得志嘗登高望震澤歎曰父爲九州伯兒爲五湖長棄官歸國自以元勳之門而負謗於世乃上疏曰臣聞周公大聖而四國流言樂毅王佐而被謗騎刼巷伯有豺獸之慨蘇公興飄風之刺惡直醜正何代无之先臣蒙國殊遇姻婭皇極常欲以身報德投袂乘機西平巴蜀北清伊洛使竊號之寇繫頸北闕園陵修復大耻載雪飲馬灞滻懸旌趙魏勤王之師功非一捷太和之末皇基有潛移之懼遂乃奉順天人翼登聖朝明離既朗四凶兼澄向使此功不建此事不成宗廟之事豈可孰念昔太甲雖迷商祚无憂昌邑雖昏弊无三孼因茲而言晉室之機危於殷漢先臣之功高於伊霍矣而負重既往蒙謗清時聖世明王黜陟之道不聞廢忽顯明之功探射冥冥之心啓嫌謗之塗開邪枉之路明也先臣勤王艱難之勞匡復尅平之勳朝廷若其遺之臣亦不復計也至於先帝龍飛九五陛下之所以繼明南面請問談者誰之由邪誰之德邪豈惟晉室永安祖宗血食於陛下一門實奇功也自頃權門日盛醜政實繁咸稱述時旨互相扇附以臣之兄弟皆晉之罪人臣等復何理可以

苟存聖世何顏可以尸饗封祿若陛下忘先臣大造之功信貝錦萋菲之說臣等自當奉還三封受戮市朝然後下從先臣歸先帝於玄宮耳若陛下述遵先旨追錄舊勳竊望少垂愷悌覆蓋之恩疏寢不報玄在荆楚積年優游无事荆州刺史殷仲堪甚敬憚之及中書令王國寶用事謀削弱方鎮內外騷動知王恭有憂國之言玄潛有意於功業乃說仲堪曰國寶與君諸人素已爲對唯患相弊之不速耳今既執權要與王緒相爲表裏其所廻易罔不如志孝伯居元舅之地正情爲朝野所重必未便動之唯當以君爲事首君爲先帝所拔超居方任人情未以爲允咸謂君雖有思致非方伯人若發詔徵君爲中書令用殷覬爲荆州君何以處之仲堪曰憂之久矣君謂計將安出玄曰國寶姦兇天下所知孝伯疾惡之情每至而當今日之會以理推之必當過人君若密遣一人信說王恭宜興晉陽之師以內匡朝廷已當悉荆楚之衆順流而下推王爲盟主僕等亦皆投袂當此无不響應此事既行桓文之舉也仲堪持疑未決俄而王恭信至招仲堪及玄匡正朝廷國寶既死於是兵罷玄乃求爲廣州會稽王道子亦憚之不欲使在荆楚故順其意隆安初詔以玄督交廣二州建威將軍平越中郎將廣州刺史假節玄受命不行其年王恭又與庾楷起兵討江州刺史王愉及譙王尚之兄弟玄仲堪謂恭事必剋捷一時響應仲堪給玄五千人與楊佺期俱爲前鋒軍至湓口王愉奔于臨川玄遣偏將軍追獲之玄佺期至石頭仲堪至蕪湖恭將劉牢之背恭歸順恭既死庾楷戰敗奔于玄軍既而詔以玄爲江州仲堪等皆被換易乃各廻舟西還屯于尋陽共相結約推玄爲盟主玄始得志乃連名上疏申理王恭求誅尚之牢之等朝廷深憚之乃免桓修復仲堪以相和解初玄在荆州豪縱士庶憚之甚於州牧仲堪親黨勸殺之仲堪不聽及還尋

陽資其聲地故推爲盟主玄逾自矜重佺期爲人驕悍嘗自謂承藉華胄江表莫比而玄每以寒士裁之佺期甚憾即欲於壇所襲玄仲堪惡佺期兄弟虓勇恐尅玄之後復爲己害苦禁之於是各奉詔還鎮玄亦知佺期有異謀潛有吞并之計於是屯于夏口隆安中詔加玄都督荊州四郡以兄偉爲輔國將軍南蠻校尉仲堪慮玄跋扈遂與佺期結婚爲援初玄既與仲堪佺期有隙恒慮掩襲求廣其所統朝廷亦欲成其釁隙故分佺期所督四郡與玄佺期甚忿懼會姚興侵洛陽佺期乃建牙聲云援洛密欲與仲堪共襲玄仲堪雖外結佺期而疑其心距而不許猶慮弗能禁復遣從弟遹屯于北境以遏佺期佺期既不能獨舉且不測仲堪本意遂息甲南蠻校尉楊廣佺期之兄也欲距桓偉仲堪不聽乃出廣爲宜都建平二郡太守加征虜將軍佺期弟孜敬先爲江夏相玄以兵襲而召之既至以爲諮議參軍玄於是興軍西征亦聲云

救洛與仲堪書說佺期受國恩而棄山陵宜共罪之今親率戎旅逕造金墉使仲堪收楊廣如其不爾无以相信仲堪本計欲兩全之既得玄書知不能禁乃曰君自沔而行不得一人入江也玄乃止後荊州大水仲堪振恤饑者倉廩空竭玄乘其虛而伐之先遣軍襲巴陵梁州刺史郭銓當之所鎮路經夏口玄聲云朝廷遣佺期爲己前鋒乃授以江夏之衆使督諸軍並進密報兄偉令爲內應偉遑遽不知所爲乃自齎疏示仲堪仲堪執偉爲質令與玄書辭甚苦至玄曰仲堪爲人不能專決常懷成敗之計爲兒子作慮我兄必无憂矣玄既至巴陵仲堪遣衆距之爲玄所敗玄進至楊口又敗仲堪弟子道護乘勝至零口去江陵二十里仲堪遣軍數道距之佺期自襄陽來赴與兄廣共擊玄玄懼其銳乃退軍馬頭佺期等方復追玄苦戰佺期敗走還襄陽仲堪出奔酇城玄遣將軍馮該躡佺期獲之廣爲人所縛送玄並殺之仲堪聞佺期死乃

將數百人奔姚興至冠軍城爲該所得玄令害之於是遂平荊雍乃表求領江荊二州詔以玄都督荊襄雍秦梁益寧七州後將軍荊州刺史假節以桓脩爲江州刺史玄上疏固爭江州於是進督八州及揚豫八郡復領江州刺史玄又輒以偉爲冠軍將軍雍州刺史時寇賊未平朝廷難違其意許之玄於是樹用腹心兵馬日盛屢上疏求討孫恩詔輒不許其後恩逼京都玄建牙聚衆外託勤王實欲觀釁而進復上疏請討之會恩已走玄又奉詔解嚴以偉爲江州鎮夏口司馬刁暢爲輔國將軍督八郡鎮襄陽遣桓振皇甫敷馮該等戍湓口移沮漳蠻二千戶于江南立武寧郡更招集流人立綏安郡又置諸郡丞詔徵廣州刺史刁逵豫章太守郭昶之玄皆留不遣自謂三分有二知勢運所歸屢上禎祥以爲己瑞初庾楷既奔于玄玄之求討孫恩也以爲右將軍玄既解嚴楷亦去職楷以玄方與朝廷構怨恐事不克

禍及於己乃密結於後將軍元顯許爲內應元興初元顯稱詔伐玄玄從兄石生時爲太傅長史密書報玄玄本謂揚土饑饉孫恩未滅必未遑討己可得蓄力養衆觀釁而動既聞元顯將伐之甚懼欲保江陵長史卞範之說玄曰公英略威名振於天下元顯口尚乳臭劉牢之大失物情若兵臨近畿示以威賞則土崩之勢可翹足而待何有延敵入境自取蹙弱者乎玄大悅乃留其兄偉守江陵抗表率衆下至尋陽移檄京邑罪狀元顯檄至元顯大懼下船而不克發玄既失人情而興師犯順慮衆不爲用恒有迴旆之計既過尋陽不見王師意甚悅其將吏亦振庾楷謀泄收縶之至姑孰使其將馮該苻宏皇甫敷索元等先攻譙王尚之尚之敗劉牢之遣子敬宣詣玄降玄至新亭元顯自潰玄入京師矯詔曰義旗雲集罪在元顯太傅已別有教其解嚴息甲以副義心又矯詔加己總百揆侍中都督中外諸軍事丞相錄尚書事揚

州牧領徐州刺史又加假黃鉞羽葆鼓吹班劒二十人置左右長史司馬從事中郎四人甲仗二百人上殿玄表列太傅道子及元顯之惡徙道子于安成郡害元顯於市於是玄入居太傅府害太傅中郎毛泰泰弟游擊將軍邃太傅參軍荀遜前豫州刺史庾楷父子吏部郎袁遵譙王尚之等流尚之弟丹楊尹恢之廣晉伯允之驃騎長史王誕太傅主簿毛遁等於交廣諸郡尋追害恢之允之于道以兄偉爲安西將軍荊州刺史領南蠻校尉從兄謙爲左僕射加中軍將軍領選修爲右將軍徐兖二州刺史石生爲前將軍江州刺史長史卞範之爲建武將軍丹陽尹王謐爲中書令領軍將軍大赦改元爲大亨玄讓丞相自署大尉領平西將軍豫州刺史又加衮冕之服綠綟綬增班劒爲六十人劒履上殿入朝不趨讚奏不名玄將出居姑孰訪之於衆王謐對曰公羊有言周公何以不之魯欲天下一乎周也願靜根本以周公旦爲心玄善其對而不能

從遂大築城府臺館山池莫不壯麗乃出鎮焉既至姑孰固辭錄尚書事詔許之而大政皆諮焉小事則決于桓謙卞範之自禍難屢構干戈不戢百姓厭之思歸一統及玄初至也黜凡佞擢儁賢君子之道粗備京師欣然後乃陵侮朝廷幽擯宰輔豪奢縱欲衆務繁興於是朝野失望人不安業時會稽饑荒玄令賑貸之百姓散在江湖採梠內史王愉悉召之還請米米既不多吏不時給頓仆道路死者十八九焉玄又害吳興太守高素輔國將軍竺謙之謙之從兄高平相朗之輔國將軍劉襲襲弟彭城內史季武冠軍將軍孫无終等皆劉牢之之黨北府舊將也襲兄冀州刺史軌及寧朔將軍高雅之牢之子敬宣並奔慕容德玄諷朝廷以己平元顯功封豫章公食安成郡地方二百二十五里邑七千五百户平仲堪佺期功封桂陽郡公地方七十五里邑二千五百戶本封南郡如故玄以豫章改封息昇桂陽郡公賜兄子俊降爲西道縣公又發詔爲

桓温諱有姓名同者一皆改之贈其母馬氏豫章公太夫人元興二年玄詐表請平姚興又諷朝廷作詔不許玄本无資力而好爲大言既不克行乃云奉詔故止初欲飾裝无他處分先使作輕舸載服玩及書畫等物或諫之玄曰書畫服玩既宜恒在左右且兵凶戰危脫有不意當使輕而易運衆咸笑之是歲玄兄偉卒贈開府驃騎將軍以桓修代之從事中郎曹靖之說玄以桓修兄弟職居內外恐權傾天下玄納之乃以南郡相桓石康爲西中郎將荊州刺史偉服始以公除玄便作樂初奏玄撫節慟哭既而收淚盡懽玄所親仗唯偉偉既死玄乃孤危而不臣之迹已著自知怨滿天下欲速定篡逆殷仲文卞範之等又共催促之於是先改授羣司解琅邪王司徒遷太宰加殊禮以桓謙爲侍中衛將軍開府錄尚書事王謐散騎常侍中書監領司徒桓胤中書令加桓修散騎常侍撫軍大將軍置學官教授二品子弟數百人又矯詔加其相

國總百揆封南郡南平宜都天門零陵營陽桂陽衡陽義陽建平十郡爲楚王揚州牧領平西將軍豫州刺史如故加九錫備物楚國置丞相已下一遵舊典又諷天子御前殿而策授焉玄屢僞讓詔遣百僚敦勸又云當親降鑾輿乃受命矯詔贈父温爲楚王南康公主爲楚王后以平西長史劉瑾爲尚書刁逵爲中領軍王嘏爲太常殷叔文爲左衛皇甫敷爲右衛凡衆官合六十餘人爲楚官屬玄解平西豫州以平西文武配相國府新野人庾仄聞玄受九錫乃起義兵襲馮該於襄陽走之仄有衆七千於城南設壇祭祖宗七廟南蠻參軍庾彬安西參軍楊道護江安令鄧襄子謀爲內應仄本仲堪黨桓偉既死石康未至故乘間而發江陵震動桓濟之子亮起兵于羅縣自號平南將軍湘州刺史以討仄爲名南蠻校尉羊僧壽與石康共攻襄陽仄衆散奔姚興彬等皆遇害長沙相陶延壽以亮乘亂起兵遣收之玄徙亮于衡陽誅其同謀

栢與等玄僞上表求歸藩又自作詔留之遣使宣旨玄又上
表固請又諷天子作手詔固留焉玄好逞僞辭塵穢簡牘
皆此類也謂代謝之際宜有禎祥乃密令所在上臨平湖開
除清朗使衆官集賀矯詔曰靈瑞之事非所敢聞也斯誠
相國至德故事爲之應太平之化於是乎始六合同悅情何
可言又詐云江州甘露降王成基家竹上玄以歷代咸有肥
遯之士而己世獨无乃徵皇甫謐六世孫希之爲著作并
給其資用皆令讓而不受號曰高士時人名爲充隱議復
肉刑斷錢貨迴復改異造革紛紜志无一定條制森然動害
政理性貪鄙好奇異尤愛寶物珠玉不離于手人士有法書
好畫及佳園宅者悉欲歸己猶難逼奪之皆蒱博而取遣
臣佐四出掘果移竹不遠數千里百姓佳果美竹无復遺餘
信悅諂譽逆忤讜言或奪其所憎與其所愛十一月玄矯
制加其冕十有二旒建天子旌旗出警入蹕乘金根車駕

六馬備五時副車置旄頭雲罕樂儛八佾設鍾虡宮縣妃爲
王后世子爲太子其女及孫爵命之號皆如舊制玄乃多斥
朝臣爲太宰僚佐又矯詔使王謐兼太保領司徒奉皇帝
璽禪位於己又諷帝以禪位告廟出居永安宮移晉神主
于琅邪廟初玄恐帝不肯爲手詔又慮璽不可得逼臨川
王寶請帝自爲手詔因奪取璽比臨軒璽已久出玄甚喜
百官到姑孰勸玄僭僞位玄僞讓朝臣固請玄乃於城南七
里立郊登壇篡位以玄牡告天百僚陪列而儀注不備忘稱萬
歲又不易帝諱榜爲文告天皇后帝云晉帝欽若景運敬順
明命以命于玄夫天工人代帝王所以興匪君莫治惟德司
其元故承天理物必由一統並聖不可以二君非賢不可以无
主故世換五帝鼎遷三代爰暨漢魏咸歸勳烈晉自中葉仍
世多故海西之亂皇祚殆移九代廓寧之功升明黜陟之勳
微禹之德左袵將及太元之末君子道消積釁基亂鍾于

隆安禍延士庶理絕人倫玄雖身在草澤見棄時班義情理
感胡能无慨投袂尅清之勞阿衡撥亂之績皆仰憑先德
遺愛之利玄何功焉屬當理運之會猥集樂推之數以寡昧
之身踵下武之重膺革泰之始託王公之上誠仰藉洪基德漸
有由夕惕祗懷罔知攸厝君位不可以久虛人神不可以乏饗是
用敢不奉以欽恭大禮敬簡良辰升壇受禪告類上帝以永
綏民望式孚萬邦惟明靈是饗乃下書曰夫三才相資天人
所以成功理由一統貞夫所以司契帝王之興其源深矣自三
五已降世代參差雖所由或殊其歸一也朕皇考宣武王聖
德高邈誕啓洪基景命攸歸理貫自昔中間屯險弗克負
荷仰瞻宏業殆若綴旒藉否終之運遇時來之會用獲除
姦救溺拯拔人倫晉氏以多難薦臻曆數唯既典章唐虞之
準述遵漢魏之則用集天祿於朕躬惟德不敏辭不獲命稽
若令典遂升壇燎于南郊受終于文祖思覃斯慶願與億兆

聿茲更始于是大赦改元永始錫天下爵二級孝悌力田人
三級鰥寡孤獨不能自存者穀人五斛其賞賜之制徒設
空文无其實也初出僞詔改年爲建始右丞王悠之曰建
始趙王倫僞號也又改爲永始復是王莽始執權之歲其
兆號不祥冥符僭逆如此又下書曰夫三恪作賓有自來矣
爰暨漢魏咸建疆宇晉氏欽若曆數禪位于朕躬宜則是
古訓授茲茅土以南康之平固縣奉晉帝爲平固王車旗
正朔一如舊典遷帝居尋陽即陳留王處鄴宮故事降永
安皇后爲零陵君琅邪王爲石陽縣公武陵王遵爲彭澤縣
矦追尊其父溫宣武皇帝廟稱太祖南康公主爲宣皇后封
子昇爲豫章郡王叔父雲孫放之爲寧都縣王豁孫稚玉爲
臨沅縣王豁次子石康爲右將軍武陵郡王祕子蔚爲醴陵
縣王贈沖太傅宣城郡王加殊禮依晉安平王故事以孫胤襲
爵爲吏部尚書沖次子謙爲揚州刺史新安郡王謙弟脩爲

抚軍大將軍安成郡王兄歆臨賀縣王禕富陽縣王贈禕侍中大將軍義興郡王以子濬襲爵爲輔國將軍濬弟遜西昌縣王封王謐爲武昌公班劒二十人卞範之爲臨汝公殷仲文爲東興公馮該爲魚復侯又降始安郡公爲縣公長沙爲臨湘縣公廬陵爲巴丘縣公各千戶其康樂武昌南昌望蔡建興永修觀陽皆降封百戶公侯之號如故又普進諸征鎭軍號各有差以相國左長史王綏爲中書令崇桓謙母庾氏爲宣城太妃加殊禮給以輦乘號温墓曰永崇陵置守衛四十人玄入建康宮逆風迅激旍旗儀飾皆傾偃及小會于西堂設妓樂殿上施絳綾帳縷黃金爲顔四角作金龍頭銜五色羽葆旒蘇羣臣竊相謂曰此頗似轜車亦王莽僭蓋之流也龍角所謂亢龍有悔者也又造金根車駕六馬是月玄臨聽訟觀閱囚徒罪无輕重多被原放有干輿乞者時或䘏之其好行小惠如此自以水德壬辰臘于祖改尚書都官郎爲賊曹又增置五校三將及彊弩積射武衛官元興三年玄之永始二年也尚書答春蒐字誤爲春菟凡所關署皆被降黜玄大綱不理而糾擿纖微皆此類也以其妻劉氏爲皇后將修殿宇乃移入東宮又開東掖平昌廣莫及宮殿諸門皆爲三道更造大輦容三十人坐以二百人舁之性好畋遊以體大不堪乘馬又作徘徊輿施轉關令迴動无滯既不追尊祖曾疑其禮儀問於羣臣散騎常侍徐廣據晉典宜追立七廟又敬其父則子悅位彌高者情禮得申道愈廣者納敬必普也玄曰禮云三昭三穆與太祖爲七然則太祖必居廟之主也昭穆皆自下之稱則非逆數可知也禮太祖東向左昭右穆如晉室之廟則宣帝在昭穆之列不得在太祖之位昭穆既錯太祖无寄失之遠矣玄曾祖以上名位不顯故不欲序列且以王莽九廟見譏於前史遂以一廟矯之郊廟齋二日而已祕書監卞承之曰祭不及祖知楚德之不長也又毀晉小廟以

廣臺榭其庶母蒸嘗靡有定所忌日見賓客遊宴唯至亡時一哭而已期服之內不廢音樂玄出遊水門飄風飛其儀蓋夜濤水入石頭大桁流壞殺人甚多大風吹朱雀門樓上層墜地玄自篡盜之後驕奢荒侈遊獵无度以夜繼晝兄偉葬日旦哭晚遊或一日之中屢出馳騁性又急暴呼召嚴速直官咸繫馬省前禁内讙雜无復朝廷之體於是百姓疲苦朝野勞悴怨怒思亂者十室八九焉於是劉裕劉毅何无忌等共謀興復裕等斬桓修於京口斬桓弘于廣陵河内太守辛扈興弘農太守王元德振威將軍童厚之竟陵太守劉邁謀爲内應至期裕遣周安穆報之而邁惶遽遂以告玄玄震駭即殺扈興等安穆馳去得免封邁安重侯一宿又殺之裕率義軍至竹里玄移還上宮百僚步從召侍官皆入止省中赦揚豫徐兖青冀六州加桓謙征討都督假節以殷仲文代桓修遣頓丘太守吳甫之右衛將軍皇甫敷北距義軍裕等於江乘與戰臨陣斬甫之進至羅落橋與敷戰復梟其首玄聞之大懼乃召諸道術人推筭數爲猒勝之法乃問衆曰朕其敗乎曹靖之對曰神怒人怨臣實懼焉玄曰人或可怨神何爲怒對曰移晉宗廟飄泊失所大楚之祭不及於祖此其所以怒也玄曰卿何不諫對曰輦上諸君子皆以爲堯舜之世臣何敢言玄愈忿懼使桓謙何澹之屯東陵卞範之屯覆舟山西衆合二萬以距義軍裕至蔣山使羸弱貫油帔登山分張旗幟數道並前玄偵候還云裕軍四塞不知多少玄益憂惶遣武衛將軍庾頤之配以精卒赴援諸軍于時東北風急義軍放火烟塵張天鼓譟之音震駭京邑劉裕執鉞麾而進謙等諸軍一時奔潰玄率親信數千人聲言赴戰遂將其子昇兄子濬出南掖門西至石頭使殷仲文具船相與南奔初玄在姑孰將相星屢有變篡位之夕月及太白又入羽林玄甚惡之及敗走腹心勸其戰玄不暇答直以策

指天而經日不得食左右進以麤飯咽不能下昇時年數歲抱玄胷而抚之玄悲不自勝劉裕以武陵王遵攝萬機立行臺總百官遣劉毅劉道規躡玄誅玄諸兄子及石康兄權振兄洪等玄至尋陽江州刺史郭昶之給其器用兵力殷仲文自後至望見玄舟旌旗輿服備帝者之儀歎息曰敗中復振故可也玄於是逼乘輿西上桓歆聚黨向歷陽宣城內史諸葛長民擊破之玄於道作起居注叙其距義軍之事自謂經略指授筭无遺策諸將違節度以致虧喪非戰之罪於是不遑與羣下謀議唯躭思誦述宣示遠近玄至江陵石康納之張幔屋于城南署置百官以卞範之爲尚書僕射其餘職多用輕資於是大修舟師曾未三旬衆且二萬樓船器械甚盛謂其羣黨曰卿等並清塗翼從朕躬都下竊位者方應謝罪軍門其觀卿等入石頭无異雲霄中人也玄以奔敗之後懼法令不肅遂輕怒妄殺人多離怨殷仲文諫

曰陛下少播英譽遠近所服遂掃平荊雍一匡京室聲被八荒矣既據有極位而遇此圮運非爲威不足也百姓喁喁想望皇澤宜弘仁風以收物情玄怒曰漢高魏武幾遇敗但諸將失利耳以天文惡故還都舊楚而羣小愚惑妄生是非方當糾之以猛未宜施之以恩也玄左右稱玄爲桓詔桓胤諫曰詔者施於辭令不以爲稱謂也漢魏之主皆无此言唯聞北虜以苻堅爲苻詔耳願陛下稽古帝則令萬世可法玄曰此事已行今宣勑罷之更爲不祥必其宜革可待事平也荊州郡守以玄播越或遣使通表有匪寧之辭玄悉不受仍乃更令所在表賀遷都玄遣遊擊將軍何澹之武衞將軍庾稚祖江夏太守桓道恭就郭銓以數千人守湓口又遣輔國將軍桓振往義陽聚衆至弋陽爲龍驤將軍胡譁所破振單騎走還何无忌劉道規等破郭銓何澹之郭昶之於桑落洲進師尋陽玄率舟艦二百發江陵使苻宏羊僧

壽爲前鋒以鄱陽太守徐放爲散騎常侍欲遣說解義軍謂放曰諸人不識天命致此妄作遂懼禍屯結不能自反卿三州所信可明示朕心若退軍散甲當與之更始各授位任令不失分江水在此朕不食言放對曰劉裕爲唱端之主劉毅兄爲陛下所誅並不可說也輙當申聖旨於何无忌玄曰卿使若有功當以吳興相叙放遂受使入无忌軍魏詠之破桓歆于歷陽諸葛長民又敗歆于芍陂歆單馬渡淮毅率道規及下邳太守孟懷玉與玄戰于崢嶸洲于時義軍數千玄兵甚盛而玄懼有敗衂常漾輕舸於舫側故其衆莫有鬬心義軍乘風縱火盡銳爭先玄衆大潰燒輜重夜遁郭銓歸降玄故將劉統馮稚等聚黨四百人襲破尋陽城毅遣建威將軍劉懷肅討平之玄留永安皇后及皇后於巴陵殷仲文時在玄艦求出別船收集散軍因叛玄奉二后奔于夏口玄入江陵城馮該勸使更下戰玄不從欲出漢川投梁州刺史桓希而人情

乖阻制令不行玄乘馬出城至門左右於闇中斫之不中前後相殺交橫玄僅得至船於是荊州別駕王康產奉帝入南郡府舍太守王騰之率文武營衞時益州刺史毛璩使其從孫祐之參軍費恬送弟璠喪葬江陵有衆二百璩弟子修之爲玄屯騎校尉誘玄以入蜀玄從之達枚回洲恬與祐之迎擊玄矢下如雨玄嬖人丁仙期萬蓋等以身蔽玄並中數十箭而死玄被箭其子昇輙拔去之益州督護馮遷抽刀而前玄拔頭上玉導與之乃曰是何人邪敢殺天子遷曰欲殺天子之賊耳遂斬之時年三十六又斬石康及濬等五級庾頤之戰死昇云我是豫章王諸君勿見殺送至江陵市斬之初玄在宮中恒覺不安若爲鬼神所擾語其所親云恐已當死故與時競元興中衡陽有雌雞化爲雄八十日而冠萎及玄建國於楚衡陽屬焉自篡盜至敗時凡八旬矣其時有童謠云長干巷巷長干今年殺郎官後年斬諸桓其凶兆符會如此

郎君謂元顯也是月王騰之奉帝入居太府桓謙亦聚衆沮中爲玄舉哀立喪庭僞謚爲武悼皇帝毅等傳送玄首梟于大桁百姓觀者莫不欣幸何无忌等攻桓謙于馬頭桓蔚于龍洲皆破之義軍乘勝競進振謙等距戰於靈溪道規等敗績死没者千餘人義軍退次尋陽更繕舟甲毛璩自領梁州遣將攻漢中殺桓希江夏相張暢之高平太守劉懷肅攻何澹之于西塞磯破之振遣桓蔚代王曠守襄陽道規進討武昌破僞太守王旻魏詠之劉藩破桓石綏於白茅義軍發尋陽桓亮自號江州刺史侵豫章時江州刺史劉敬宣討走之義軍進次夏口僞鎮東將軍馮該等守夏口陽武將軍孟山圖據魯城輔國將軍桓山客守偃月壘劉毅攻魯城道規攻偃月壘无忌與檀祗列艦中流以防越逸義軍騰赴叫聲動山谷自辰及午二城俱潰馮該散走生擒山客毅等平巴陵毛璩遣涪陵太守文處茂東下振遣桓放之爲益州屯夷陵處茂距戰放之敗走還江陵義熙元年正月南陽太守魯宗之起義兵襲襄陽破僞雍州刺史桓蔚无忌諸軍次江陵之馬頭振擁帝出營江津魯宗之率衆於柞溪破僞武賁中郎溫楷進至紀南振自擊宗之宗之失利時蜀軍據靈溪毅率无忌道規等破馮該軍推鋒而前即平江陵振見火起知城已陷乃與謙等北走是日安帝反正大赦天下唯逆黨就戮詔特免桓胤一人桓亮自豫章自號鎮南將軍湘州刺史苻宏寇安成廬陵劉敬宣遣將討之宏走入湘中二月桓謙何澹之溫楷等奔于姚興桓振與宏出自涓城襲破江陵劉懷肅自雲杜伐振等破之廣武將軍唐興斬振及僞輔國將軍桓珍毅於臨章斬僞零陵太守劉叔祖桓亮苻宏復出寇湘中害郡守長史檀祗討宏於湘東斬之廣武將軍郭彌斬亮於益陽其餘擁衆假號皆討平之詔徙桓胤及諸黨與于新安諸郡三年東陽太守殷仲文與永嘉太守駱球謀反欲建桓胤爲嗣曹靖之桓石松卞承之劉延祖等潛相交結劉裕以次收斬之幷誅其家屬後桓謙走入蜀蜀賊譙縱以謙爲荆州刺史使率兵而下荆楚之衆多應之謙至枝江荆州刺史劉道規斬之梁州刺史傅歆又斬桓石綏桓氏遂滅

卞範之字敬祖濟陰宛句人也識悟聰敏見美於當世太元中自丹陽丞爲始安太守桓玄少與之游及玄爲江州引爲長史委以心膂之任潛謀密計莫不決之後玄將爲篡亂以範之爲丹陽尹範之與殷仲文陰撰策命進範之爲征虜將軍散騎常侍玄僭位以範之爲侍中班劍二十人進號後將軍封臨汝縣公其禪詔即範之文也玄既奢侈无度範之亦盛營館第自以佐命元勳深懷矜伐以富貴驕人子弟慠慢衆咸畏嫉之義軍起範之屯兵於覆舟山西爲劉毅所敗隨玄西走玄又以範之爲尚書僕射玄爲劉毅等所敗左右分散唯範之在側玄平斬於江陵

殷仲文南蠻校尉覬之弟也少有才藻美容貌從兄仲堪薦之於會稽王道子即引爲驃騎參軍甚相賞待俄轉諮議參軍後爲元顯征虜長史會桓玄與朝廷有隙玄之姊仲文之妻疑而間之左遷新安太守仲文於玄雖爲姻親而素不交密及聞玄平京師便棄郡投焉玄甚悅之以爲諮議參軍時王謐見禮而不親卞範之被親而少禮而寵遇隆重兼於王卞矣玄將爲亂使總領詔命以爲侍中領左衛將軍玄九錫仲文之辭也初玄篡位入宮其牀忽陷羣下失色仲文曰將由聖德深厚地不能載玄大悅以佐命親貴厚自封崇輿馬器服窮極綺麗後房伎妾數十絲竹不絕音性貪吝多納貨賄家累千金常若不足玄爲劉裕所敗隨玄西走其珍寶玩好悉藏地中皆變爲土至巴陵因奉二后投義軍而爲鎮軍長史轉尚書帝初反正抗表自解曰臣聞洪波

振籜川无恬鱗驚飈拂野林无静柯何者勢弱則受制于巨力質微則无以自保于理雖可得而言于臣實非所敢譬昔桓玄之代誠復驅逼者衆至如微臣罪實深矣進不能見危授命亡身殉國退不能辭粟首陽拂衣高謝遂乃宴安昏寵叨昧僞封錫文篡事曾无獨固名義以之俱淪情節自兹兼撓宜置極法以判忠邪會鎮軍將軍劉裕匡復社稷大弘善貸佇一戮於微命申三驅於大信既惠之以首領又申之以縶維于時皇輿否隔天人未泰用忘進退是以僶俛從事自同令人今宸極反正唯新告始憲章既明品物思舊臣亦胡顏之厚可以顯居榮次乞解所職待罪私門違離闕庭乃心慕戀詔不許仲文因月朔與衆至大司馬府府中有老槐樹顧之良久而歎曰此樹婆娑无復生意仲文素有名望自謂必當朝政又謝混之徒疇昔所輕者並皆比肩常怏怏不得志忽遷爲東陽太守意彌不平劉毅愛才好士深相禮接臨當之郡游

宴彌日行至富陽慨然歎曰看此山川形勢當復出一伯符何无忌甚慕之東陽无忌所統仲文許當便道修謁无忌故益欽遲之令府中命文人殷闡孔寧子之徒撰義構文以俟其至仲文失志恍惚遂不過府无忌疑其薄己大怒思中傷之時屬慕容超南侵无忌言於劉裕曰桓胤殷仲文乃腹心之疾北虜不足爲憂義熙三年又以仲文與駱球等謀反及其弟南蠻校尉叔文並伏誅仲文時照鏡不見其面數日而遇禍仲文善屬文爲世所重謝靈運嘗云若殷仲文讀書半袁豹則文才不減班固言其文多而見書少也

史臣曰桓玄纂凶父之餘基挾姦回之本性含怒於失職苞藏其豕心抗表以稱冤登高以發憤觀釁而動窺鼎圖非望始則假寵於仲堪俄而戮殷以逞欲遂得據全楚之地驅勁勇之兵因晉政之陵遲乘會稽之酗醟縱其狙詐之計扇其陵暴之心敢率犬羊稱兵内侮天長喪亂兇力寔繁踰年之間奄傾晉祚自謂法堯禪舜改物君臨爲業方隆卜年惟永儀而義旗電發忠勇雷奔半辰而都邑廓清踰月而兇渠即戮更延墜歷復振頹綱是知神器不可以闇干天祿不可以妄處者也夫帝王者功高宇内道濟含靈龍宮鳳歷表其祥彤雲玄石呈其瑞然後光臨大寶克享鴻名允徯后之心副樂推之望若桓玄之么麼豈足數哉適所以干紀亂常傾宗絶嗣肇金行之禍難成宋氏之驅除者乎

贊曰靈寶隱賊世載凶德信順未孚姦回是則肆逆遷鼎憑威縱慝違天虐人覆宗殄國

列傳第六十九　　晉書九十九

王彌　張昌　陳敏　王如
杜曾　杜弢　王機兄矩　祖約
蘇峻　孫恩　盧循　譙縱

王彌東萊人也家世二千石祖頎魏玄菟太守武帝時至汝南太守彌有才幹博涉書記少游俠京師隱者董仲道見而謂之曰君豺聲豹視好亂樂禍若天下騷擾不作士大夫矣惠帝末妖賊劉伯根起於東萊之惤縣彌率家僮從之伯根以爲長史伯根死聚徒海渚爲茍純所敗亡入長廣山爲羣賊彌多權略凡有所掠必豫圖成敗舉无遺策弓馬迅捷膂力過人青土號爲飛豹後引兵入寇青徐兗州刺史茍晞逆擊大破之彌退集亡散衆復大振晞與之連戰不能尅彌進兵寇泰山魯國譙梁陳汝南潁川襄城諸郡入許昌開府庫取器杖所在陷没多殺守令有衆數萬朝

廷不能制會天下大亂進逼洛陽京邑大震宮城門晝閉司徒王衍等率百官距守彌屯七里澗王師進擊大破之彌謂其黨劉靈曰晉兵尚強歸无所厝劉元海昔爲質子我與之周旋京師深有分契今稱漢王將歸之可乎靈然之乃渡河歸元海元海聞而大悅遣其侍中兼御史大夫郊迎致書於彌曰以將軍有不世之功超時之德故有此迎耳遲望將軍之至孤今親行將軍之館輙拂席洗爵敬待將軍及彌見元海勸稱尊號元海謂彌曰孤本謂將軍如竇周耳今眞吾孔明仲華也烈祖有云吾之有將軍如魚之有水於是署彌司隸校尉加侍中特進彌固辭使隨劉曜寇河內又與石勒攻臨漳永嘉初寇上黨圍壺關東海王越遣淮南內史王曠安豐太守衛乾等討之及彌戰于高都長平間大敗之死者十六七元海進彌征東大將軍封東萊公與劉曜石勒等攻魏郡汲郡頓丘陷五十餘壁皆調爲軍士又與勒攻鄴安北將軍和郁棄城而走懷帝遣北中郎將裴憲次白馬討彌車騎將軍王堪次東燕討勒平北將軍曹武次大陽討元海武部將軍彭默爲劉聰所敗見害衆軍皆退聰渡黃河帝遣司隸校尉劉暾將軍宋抽等距之皆不能抗彌聰以萬騎至京城焚二學東海王越距戰於西明門彌等敗走彌復以二千騎寇襄城諸縣河東平陽弘農上黨諸流人之在潁川襄城汝南南陽河南者數萬家爲舊居人所不禮皆焚燒城邑殺二千石長吏以應彌彌又以二萬人會石勒寇陳郡潁川屯陽翟遣弟璋與石勒共寇徐兗因破越軍彌後與曜寇襄城遂逼京師時京邑大饑人相食百姓流亡公卿奔河陰曜彌等遂陷宮城至大極前殿縱兵大掠幽帝于端門逼辱羊皇后殺皇太子詮發掘陵墓焚燒宮廟城府蕩盡百官及男女遇害者三萬餘人遂遷帝於平陽彌之掠也曜禁之彌

不從曜斬其牙門王延以徇彌怒與曜阻兵相攻死者千餘人彌長史張嵩諫曰明公與國家共興大事事業甫耳便相攻討何面見主上乎平洛之功誠在將軍然劉曜皇族宜小下之晉二王平吳之鑒其則不遠願明將軍以爲慮縱將軍阻兵不還其若子弟宗族何彌曰善微子吾不聞此過也於是詣曜謝結分如初彌曰下官聞過乃是張長史之功曜謂嵩曰君爲朱建矣豈况范生乎各賜嵩金百斤彌謂曜曰洛陽天下之中山河四險之固城池宮室无假營造可徙平陽都之曜不從焚燒而去彌怒曰屠各子豈有帝王之意乎汝柰天下何遂引衆東屯項關初曜以彌先入洛不待己怨之至是嫌隙遂構劉暾說彌還據青州彌然之乃以左長史曹嶷爲鎮東將軍給兵五千多齎寶物還鄉里招誘亡命且迎其室彌將徐邈高梁輙率部曲數千人隨嶷去彌益衰弱初石勒惡彌驍勇常密爲之備彌之

破洛陽也多遺勒美女寶貨以結之時勒擒苟晞以為左司馬彌謂勒曰公獲苟晞而用之何其神妙使晞為公左彌為公右天下不足定也勒愈忌彌陰圖之劉暾又勸彌徵曹嶷籍其衆以誅勒於是彌使暾詣青州令曹嶷引兵會己而詐要勒共向青州暾至東阿為勒游騎所獲勒見彌與嶷書大怒乃殺暾彌未之知勒伏兵襲彌殺之并其衆

張昌本義陽蠻也少為平氏縣吏武力過人每自占卜言應當富貴好論攻戰儕類咸共笑之及李流寇蜀昌潛遁半年聚黨數千人盜得幢麾詐言臺遣其募人討流會壬午詔書發武勇以赴益土號曰壬午兵自天下多難數術者云當有帝王興于江左及此調發人咸不樂西征昌黨因之誑惑百姓各不肯去而詔書催遣嚴速所經之界停留五日者二千石免由是郡縣官長皆躬出驅逐展轉不遠屯聚而為劫掠是歲江夏大稔流人就食者數千口太安二年昌于安陸

縣石巖山屯聚去郡八十里諸流人及避戍役者多往從之昌乃易姓名為李辰太守弓欽遣軍就討輒為所破昌徒衆日多遂來攻郡欽出戰大敗乃將家南奔沔口鎮南大將軍新野王歆遣騎督靳滿討昌于隨郡西大戰滿敗走昌得其器杖據有江夏即其府庫造妖言云當有聖人出山都縣吏丘沉遇於江夏昌名之為聖人盛車服出迎之立為天子置百官沉易姓名為劉尼稱漢後以昌為相國昌兄味為車騎將軍弟放廣武將軍各領兵於石巖中作宮殿又於巖上織竹為鳥形衣以五綵聚肉于其傍衆鳥羣集詐云鳳皇降又言珠袍玉璽鐵券金鼓自然而至乃下赦書建元神鳳郊祀服色依漢故事其有不應其募者族誅又流訛言云江淮已南當圖反逆官軍大起悉誅討之群小互相扇動人情惶懼江沔間一時焱起豎牙旗鳴鼓角以應昌旬月之間衆至三萬皆以絳科頭撍之以毛江夏義陽士庶

莫不從之惟江夏舊姓江安令王僶秀才呂蕤不從昌以三公位徵之僶蕤密將宗室北奔汝南投豫州刺史劉喬鄉人期思令李權常安令吳鳳孝廉吳暢糾合善士得五百餘家追隨僶等不豫妖逆新野王歆上言妖賊張昌劉尼妄稱神聖犬羊萬計絳頭毛面挑刀走戟其鋒不可當請臺勑諸軍三道救助於是劉喬率諸軍據汝南以禦賊前將軍趙驤領精卒八千據宛助平南將軍羊伊距守昌遣其將軍黃林為大都督率二萬人向豫州前驅李宮欲掠取汝水居人喬遣將軍李楊逆擊大破之林等東攻弋陽太守梁桓嬰城固守又遣其將馬武破武昌害太守昌自領其衆西攻宛破趙驤害羊伊進攻襄陽害新野王歆昌別率石冰東破江揚二州偽置守長當時五州之境皆畏逼從逆又遣其將陳貞陳蘭張甫等攻長沙湘東零陵諸郡昌雖跨帶五州樹立牧守皆盜桀小人而无禁制但以劫掠為務人情漸離是歲詔以寧朔將軍領南蠻

校尉劉弘鎮宛弘遣司馬陶侃參軍蒯桓皮初等率衆討昌於竟陵劉喬又遣將軍李楊督護尹奉總兵向江夏侃等與昌苦戰累日大破之納降萬計昌乃沉竄于下儁山明年秋乃擒之傳首京師同黨並夷三族

陳敏字令通廬江人也少有幹能以部廉吏補尚書倉部令史及趙王倫篡逆三王起義兵久屯不散京師倉廪空虛敏建議曰南方米穀皆積數十年時將欲腐敗而不漕運以濟中州非所以救患周急也朝廷從之以敏為合肥度支遷廣陵度支張昌之亂遣其將石冰等趣壽春都督劉準憂惶計无所出時敏統大軍在壽春謂準曰此等本不樂遠戍故逼迫成賊烏合之衆其勢易離敏請合率運兵公分配衆力破之必矣準乃益敏兵擊之破吳弘石冰等敏遂乘勝逐北戰數十合時冰衆十倍敏以少擊衆每戰皆尅遂至揚州廻討徐州賊封雲雲將張統斬雲降敏以功為廣陵

相時惠帝幸長安四方交爭敏遂有割據江東之志其父聞
之怒曰滅我門者必此兒也父亡去職東海王越當西迎大駕
承制起敏爲右將軍假節前鋒都督致書於敏曰將軍建謀
富國則有大漕之勳及遭氷昌之亂則首率義徒以寡敵衆
外无強兵之援内无運籌之侶隻身挺立雄畧從横擢奇謀
於馬首奮靈計於臨危金聲振於江外精光赫於揚楚攻
堅陷險三十餘戰師徒无虧勍敵自滅五州復全苞茅入貢
豈非將軍之功力哉今羯賊屯結遊魂河濟鼠伏雉竄藏匿
陳留始欲姦盜終圖不軌將軍孫吳之術既明已試之功先
著孤與將軍情分特隆想割草土之哀抑難居之思捨經執
戈來衂國難天子遠巡鑾輿未反引領東眷有懷山陵當遂
將軍戮力王略有旋將軍率將所領承書風發米布軍資惟
將軍所運時越討豫州刺史劉喬敏引兵會之與越俱敗於
蕭敏因中國大亂遂請東歸收兵據歷陽會吳王常侍甘
卓自洛至教卓假稱皇太弟命拜敏爲揚州刺史并假江
東首望顧榮等四十餘人爲將軍郡守榮等僞從之敏爲
息娶卓女遂相爲表裏揚州刺史劉機丹陽太守王廣等
皆棄官奔走敏弟昶知顧榮等有貳心勸敏殺之敏不從昶
將精兵數萬據烏江弟恢率錢端等南寇江州刺史應邈奔走
弟斌東畧諸郡遂據有吳越之地敏命寮佐以已爲都督江東
軍事大司馬楚公封十郡加九錫列上尚書稱自江入河奉迎
鑾駕東海王軍諮祭酒華譚聞敏自相署置而顧榮等並江
東首望悉受敏官爵乃遺榮等書曰石氷之亂朝廷錄敏微
功故加越次之禮授以上將之任庶有韓盧一噬之效而本性凶
狡素无識達貪榮干運逆天而動阻兵作威盗據吳會内用
凶弟外委軍吏上負朝廷寵授之榮下孤宰輔過禮之惠天
道伐惡人神所不祐雖阻長江命危朝露忠節令圖君子高行
屈節附逆義士所恥王蠋匹夫志不可屈於期慕義隕首燕

庭況吳會仁人並受國寵或剖符名郡或列爲近臣而便辱身
姦人之朝降節逆叛之黨稽顙屈膝不亦羞乎昔龔勝絶
粒不食莽朝魯連赴海耻爲秦臣君子義行同符千載遥度
雅量豈獨是安昔吳之武烈稱美一代雖奮奇宛葉亦受折
襄陽討逆雄氣志存中夏臨江發怒命訖丹徒賴先王承運
雄謀天挺尚内倚慈母仁明之教外杖子布廷爭之忠又有
諸葛顧步張朱陸全之族故能鞭笞百越稱制南州然兵家
之興不出三世運未盈百歸命入臣今以陳敏倉部令史七
第頑冗六品下才欲躡桓王之高蹤蹈大皇之絶軌遠度諸賢
猶當未許也諸君垂頭不能建翟義之謀而顧生俛眉已受
羈絆之辱皇輿東軒行即紫館百寮垂纓雲翔鳳闕廟勝之
謀潛運帷幄然後發荆州武旅順流東下徐州鋭鋒南據堂
邑征東勁卒耀威歷陽飛橋越横江之津泛舟涉瓜步之渚
威震丹楊擒寇建鄴而諸賢何顔見中州之士邪小寇隔津昔
符道闊引領南望情存舊懷忠義之人何世蔑有夫危而不
能安亡而不能存將何貴乎永長宿德情所素重彥先垂髮
分著金石公冑早交恩紀特隆令伯義聲親好密結上欲與諸
賢效翼紫宸建功帝籍如其不爾亦可泛舟河渭擊檝清歌
何爲辱身小寇之手以蹈逆亂之禍乎昔爲同志今已殊域
往爲一體今成異身瞻江長歎非子誰思願圖良策以存嘉
謀也敏凡才无遠畧一旦據有江東刑政无章不爲英俊所
服且子弟凶暴所在爲患周玘顧榮之徒常懼禍敗又得譚
書皆有慚色玘榮遣使密報征東大將軍劉準遣兵臨江已
爲内應準遣揚州刺史劉機寧遠將軍衡彥等出歷陽敏
使弟晁及將軍錢廣次烏江以距之又遣弟閎爲歷陽太
守戍牛渚錢廣家在長城玘鄉人也玘潛使圖晁廣遣其
屬何康錢象投募送白事於昶昶傾頭視書康揮刀斬之
稱州下已殺敏敢有動者誅三族吹角爲内應廣先勒兵在

朱雀橋陳兵水南玘榮又說甘卓卓遂背敏敏率萬餘人將與卓戰未獲濟榮以白羽扇麾之敏衆潰散敏單騎東奔至江乘爲義兵所斬母及妻子皆伏誅於是會稽諸郡並殺敏諸弟无遺焉

王如京兆新豐人也初爲州武吏遇亂流移至宛時諸流人有詔並遣還鄉里如以關中荒殘不願歸征南將軍山簡南中郎將杜蕤各遣兵送之而促期令發如遂潛結諸无賴少年夜襲二軍破之杜蕤悉衆擊如戰于涅陽蕤軍大敗山簡不能禦移屯夏口如又破襄城於是南安龐寔馮翊嚴嶷長安侯脫等各帥其黨攻諸城鎮多殺令長以應之未幾衆至四五萬自號大將軍領司雍二州牧如懼石勒之攻己也乃厚賄於勒結爲兄弟勒又假其強而納之時侯脫據宛與如不協如說勒曰侯脫雖名漢臣其實漢賊如常恐其來襲兄宜備之勒素怒脫貳己憚如唇齒故不攻之及聞如言甚悅遂夜令三軍蓐食待命雞鳴而駕後出者斬晨壓宛門攻之旬有二日而尅之勒遂斬脫如於是大掠沔漢進逼襄陽征南山簡使將趙同帥師擊之經年不能尅智力並屈遂嬰城自守王澄帥軍赴京都如邀擊破之如連年種穀皆化爲莠軍中大饑其黨互相攻刼官軍進討各相率來降如計无所出歸于王敦敦從弟稜愛如驍武請敦配己麾下敦曰此輩虓險難蓄汝性忌急不能容養更成禍端稜固請與之稜置左右甚加寵遇如數與敦諸將角射屢鬬爭爲過失稜果不容而杖之如甚以爲恥初敦有不臣之迹稜每諫之敦常怒其異己及敦聞如爲稜所辱密使人激怒之勸令殺稜如詣稜因閑宴請劒舞爲歡稜從之如於是舞刀爲戲漸漸來前稜惡而呵之不止叱左右使牽去如直前害稜敦聞而陽驚亦捕如誅之

杜曾新野人南中郎將蕤之從祖弟也少驍勇絶人能被甲游於水中始爲新野王歆鎮南參軍歷華容令至南蠻司馬凡有戰陣勇冠三軍會永嘉之亂荊州荒梗故牙門將胡亢聚衆於竟陵自號楚公假曾竟陵太守亢後與其黨自相猜貳誅其驍將數十人曾心不自安潛謀圖之乃卑身屈節以事於亢亢弗之覺甚信任之會荊州賊王冲自號荊州刺史部衆亦盛屢遣兵抄亢所統亢患之問計於曾曾勸令擊之亢以爲然曾白亢取帳下刀戟付工磨之因潛引王冲之兵亢遣精騎出距冲城中空虛曾因斬亢而并其衆自號南中郎將領竟陵太守曾求南郡太守劉務女不得盡滅其家會愍帝遣第五猗爲安南將軍荊州刺史曾迎猗於襄陽爲兄子娶猗女遂分據沔漢時陶侃新破杜弢乘勝擊曾有輕曾之色侃司馬魯恬言於侃曰古人爭戰先料其將今使君諸將无及曾者未易可逼也侃不從進軍圍之於石城時曾軍多騎而侃兵无馬曾密開門突侃陣出其後反擊其背侃師遂敗投水死者數百人曾將趨順陽下馬拜侃告辭而去既而致箋於平南將軍荀崧求討丹水賊以自效崧納之侃遺崧書曰杜曾凶狡所將之卒皆豺狼也可謂鴟梟食母之物此人不死州土未寧足下當識吾言崧以宛中兵少藉曾爲外援不從侃言曾復率流亡二千餘人圍襄陽數日不下而還及王廙爲荊州刺史曾距之廙使將朱軌趙誘擊曾皆爲曾所殺王敦遣周訪討之屢戰不能尅訪潛遣人緣山開道出曾不意以襲之曾衆潰其將馬儁蘇温等執曾詣訪降訪欲生致武昌而朱軌息昌趙誘息胤皆乞曾以復冤於是斬曾而昌胤臠其肉而噉之

杜弢字景文蜀郡成都人也祖植有名蜀土武帝時爲符節令父眕畧陽護軍弢初以才學著稱州舉秀才遭李庠之亂避地南平太守應詹愛其才而禮之後爲醴陵令時巴蜀流人汝班蹇碩等數萬家布在荊湘間而爲舊百姓之所侵

苦並懷怨恨會蜀賊李驤殺縣令屯聚樂鄉衆數百人弢與
應詹擊驤破之蜀人杜疇蹇撫等復擾湘州參軍馮素與汝
班不協言於刺史荀眺曰流人皆欲反眺以爲然欲盡誅流人
班等懼死聚衆以應疇時弢在湘中賊衆共推弢爲主弢自
稱梁益二州牧平難將軍湘州刺史攻破郡縣眺委城走廣
州廣州刺史郭納遣始興太守嚴佐率衆攻弢弢逆擊破之荆
州刺史王澄復遣王機擊弢敗於巴陵弢遂縱兵肆暴偽降於
山簡簡以爲廣漢太守眺之走也州人推安成太守郭察領州
事因率衆討弢反爲所敗察死之弢遂南破零陵東侵武昌
害長沙太守崔敷宜都太守杜鑒邵陵太守鄭融等元帝命征
南將軍王敦荆州刺史陶侃等討之前後數十戰弢將士多物
故於是請降帝不許弢乃遺應詹書曰天步艱難始自吾州州
黨流移在於荆土其所遇值蔑之如遺頓伏死亡者畧復過半
備嘗荼毒足下之所鑒也客主難久嫌隙易構不謂樂鄉起

變出於不意時與足下思散疑結求擒其黨帥惟患筭不經
遠力不陷堅耳及在湘中懼死求生遂相結聚欲守善自衛
天下小定然後輸誠盟府尋山公鎮夏口即具陳之此公鑒
開塞之會察窮通之運納吾於衆疑之中非高識玄覩孰能
若此西州人士得沐浴於清流豈惟滌蕩瑕穢乃骨肉之施
此公薨逝斯事中廢賢愚痛毒竊心自悼欲遺滕永文張
休豫詣大府備列起事以來本末但恐貪功狗名之徒將讒
間於聖主之聽戮吾使於市朝以彰叛逆之罪故未敢遣之而甘
陶卒至水陸十萬旌旗曜於山澤舟艦盈於三江威則威矣然
吾衆竊未以爲懼晉文伐原以全信爲本故能使諸侯歸之陶
侃宣赦書而繼之以進討豈所以崇奉明詔示軌憲於四海遏
向義之夫以爲叛逆之虜蹴思善之衆以極不赦之責非不戰
而屈人之筭也驅畧烏合欲與必死者求一戰未見爭衡之機
權也吾之赤心貫於神明西州人士卿粗悉之耳寧當今抱枉

於時不證於大府邪昔虞卿不榮大國之相與魏齊同其安
危司馬遷明言於李陵雖刑殘而无慨足下抗威千里聲播
汝衡進宜爲國思靖難之畧退與舊交措枉直之正不亦綽然
有餘裕乎望卿騰吾箋令時達盟府遣大使光臨使吾得披
露肝膽没身何恨哉伏想盟府必結紐於紀綱爲一匡於聖
世使吾廁列義徒負戈前驅迎皇輿於閶闔掃長蛇於荒裔
雖死之日猶生之年也若然先清方夏却定中原吾得一年
之糧使泝流西歸夷李雄之逋冠修禹貢之舊獻展微勞以
補往愆復州邦以謝鄰國亦其志也惟所裁處耳吾遠州寒
士與足下出處殊倫誠不足感神交而濟其傾危但顯吾忠誠
則汝嶽荷忠順之恕衡湘无伐叛之虞隆足下宏納之望拯吾
徒陷溺之艱焉可金玉其音哉然顒顒十餘萬口亦勞瘁於
警備思放逸於南畝矣衡嶽江湘列吾左右若往言有貳血誠
不亮益梁受殃不惟鄙門而已詹甚哀之乃啓呈弢書并上

言曰弢益州秀才素有清望文理既優幹事兼美往因使流
寓居詹郡界其貞心堅白詹所委究李驤爲變樂鄉刼畧
良善弢時出家財招募忠勇登壇歃血義誠慷慨會驤攻
燒南平弢遂東下巴漢與湘中鄉人相遇推其素望遂相憑
結論弢本情非首作亂階者也然破湘川實弢之罪亦由兵
交其間遂使滋蔓按弢今書血誠亦至矣昔朱鮪自疑於洛
陽光武指河水以明心鮪感義歸誠終展力報施受封侯之
寵由恕過以錄功也詹竊謂今者當圯運之會思弘遠猷故
齊赦射鉤之誅晉貰斬袪之戮用能濟翼戴之高勳隆
匡之美譽況弢等素无斯愆而稽顙投命邪以爲可遣大
使宣揚聖旨雲澤沾之於上百姓沐浴於下則上下交泰江
左无風塵之虞矣帝乃使前南海太守王運受弢降宣詔
書大赦凡諸反逆一皆除之加弢巴東監軍弢受命後諸
將殉功者攻擊之不已弢不勝憤怒遂殺運而使其將王

真領精卒三千爲奇兵出江南向武陵斷官軍運路陶侃使伏波將軍鄭攀邀擊大破之真步走湘城於是侃等諸軍齊進真遂降侃衆黨散潰弢乃逃遁不知所在

王機字令明長沙人也父毅廣州刺史甚得南越之情機美姿儀倜儻有度量陳恢之亂機年十七率衆擊破之常慕王澄爲人澄亦雅知之以爲己亞遂與友善内綜心膂外爲牙爪尋用爲成都内史機終日醉酒不存政事由是百姓怨之人情騷動會澄遇害機懼禍及又屬杜弢所在發墓而獨爲機守冢機益自疑就王敦求廣州敦不許會廣州人背刺史郭訥迎機爲刺史機遂將奴客門生千餘人入廣州州部將温邵率衆迎機敦遣將軍葛幽追之及於盧陵機叱幽曰何以敢來欲取死邪幽不敢逼而歸郭訥聞邵之納機也乃遣兵擊邵反爲所破訥又遣機父兄時吏距之咸倒戈迎機訥衆皆散乃握節而避機機遂入城就訥求節訥歎曰昔蘇武不失其節前史以爲美談此節天朝所假義不相與自可遣兵來取之機慙而止機自以篡州懼爲王敦所討乃更求交州時杜弢餘黨杜弘奔臨賀送金數千兩與機求討桂林賊以自效機爲列上朝廷許之王敦以機難制又欲因機討梁碩故以降杜弘之勲轉爲交州刺史碩聞而遣子侯候機於鬱林機怒其迎遲責云須至州當相收拷碩子馳使報碩碩曰王郎已壞廣州何可復來破交州也乃禁州人不許迎之府司馬杜讚以碩不迎機率兵討碩爲碩所敗碩恐諸僑人爲機於是悉殺其良者乃自領交阯太守機既爲碩所距遂往鬱林時杜弘大破桂林賊還遇機於道機勸弘取交州弘素有意乃執機節曰當相與送持何可獨捉機遂以節與之於是機與弘及温邵劉沉等並反尋而陶侃爲廣州到始興州人皆諫不可輕進侃不聽及至州諸郡縣皆已迎機矣侃先討温邵劉沉皆殺之機遣牙門屈藍還州詐言增粮密招誘所部欲以距

侃侃即收藍斬之遣督護許高討機走之病死于道高掘出其尸斬首并殺其二子焉

機兄矩字令式美姿容每出游觀者盈路初爲南平太守豫討陳恢有功遷廣州刺史將赴職忽見一人持奏謁矩自云京兆杜靈之矩問之荅稱天上京兆被使召君爲主簿矩意甚惡之至州月餘卒

祖約字士少豫州刺史逖之弟也初以孝廉爲成臯令與逖甚相友愛永嘉末隨逖過江元帝稱制引爲掾屬與陳留阮孚齊名後轉從事中郎典選舉約妻无男而性妬約亦不敢違忤嘗夜寢於外忽爲人所傷疑其妻所爲約求去職帝不聽約便從右司馬營東門私出司直劉隗劾之曰約幸荷殊寵顯位選曹銓衡人物衆所具瞻當敬以直内義以方外杜漸防萌式遏寇害而乃變起蕭墻患生婢妾身被刑傷虧其膚髮群小噂㗳囂聲遠被塵穢清化垢累明時天恩含垢猶復慰喻而約違命輕出既无明智以保其身又孤恩廢命宜加貶黜以塞衆謗帝不之罪隗重加執據終不許及逖有功於譙沛約漸見任遇逖卒自侍中代逖爲平西將軍豫州刺史領逖之衆約異母兄光祿大夫納密言於帝曰約内懷陵上之心抑而使之可也今顯侍左右假其權勢將爲亂階矣帝不納時人亦謂納與約異生忌其寵貴故有此言而約竟无綏馭之才不爲士卒所附及王敦舉兵約歸衛京都率衆次壽陽逐敦所署淮南太守任台以功封五等侯進號鎮西將軍使屯壽陽爲北境藩扞自以名輩不後郗卞而不豫明帝顧命又望開府及諸所表請多不見許遂懷怨望石聰嘗以衆逼之約屢表請救而官軍不至聰既退朝議又欲作涂塘以遏胡寇約謂爲棄己彌懷憤恚先是太后使蔡謨勞之約見謨瞋目攘袂非毀朝政及蘇峻舉兵遂推崇約而罪執政約聞而大喜從子智及衍並傾險好亂又讚成其事於是命

逖子沛内史渙女壻淮南太守許柳以兵會峻逖妻柳之姊也固諫不從及峻尅京都矯詔以約爲侍中太尉尚書令潁川人陳光率其屬攻之約左右閻禿貌類約光謂爲約而擒之約踰垣獲免光奔於石勒而約之諸將復陰結於勒請爲内應勒遣石聰來攻之約衆潰奔歷陽遣兄子渙攻桓宣于睆城會毛寶援宣擊渙敗之趙胤復遣將軍甘苗從三焦上歷陽約懼而夜遁其將牽騰率衆出降約以左右數百人奔於石勒勒薄其爲人不見者久之勒將程遐說勒曰天下粗定當顯明逆順此漢高祖所以斬丁公也今忠於事君者莫不顯擢背叛不臣者无不夷戮此天下所以歸伏大王也祖約猶存臣切惑之且約大引賓客又占奪鄉里先人田地地主多怨於是勒乃詐約曰祖侯遠來未得喜歡可集子弟一時俱會至日勒辭之以疾令遐請約及其宗室約知禍及大飲致醉既至於市抱其外孫而泣遂殺之并其親屬中外百餘人悉滅之婦女

妓妾班賜諸胡初逖有胡奴曰王安待之甚厚及在雍丘告之曰石勒是汝種類吾亦不在爾一人乃厚資遣之遂爲勒將祖氏之誅也安多將從人於市觀省潛取逖庶子道重藏之爲沙門時年十歲石氏滅後來歸

蘇峻字子高長廣掖人也父模安樂相峻少爲書生有才學仕郡主簿年十八舉孝廉永嘉之亂百姓流亡所在屯聚峻糾合得數千家結壘於本縣于時豪傑所在屯聚而峻最強遣長沙徐瑋宣檄諸屯示以王化又收枯骨而葬之遠近感其恩義推峻爲主遂射獵於海邊青山中元帝聞之假峻安集將軍時曹嶷領青州刺史表峻爲掖令峻辭疾不受嶷惡其得衆必恐爲患將討之峻懼率其所部數百家汎海南渡既到廣陵朝廷嘉其遠至轉鷹揚將軍會周堅反於彭城峻助討之有功除淮陵内史遷蘭陵相王敦作逆詔峻討敦卜之不吉遲迴不進及王師敗績峻退保盱眙淮陵故吏徐深艾穀重請峻爲内史詔聽之加奮威將軍太寧初更除臨淮内史王敦復肆逆尚書令郗鑒議召峻及劉遐援京都敦遣峻兄說峻曰富貴可坐取何爲自來送死峻不從遂率衆赴京師頓於司徒故府道遠行速軍人疲困沈充錢鳳謀曰北軍新到未堪攻戰擊之必剋若復猶豫後難犯也賊於其夜度竹格渚拔柵將戰峻率其將韓晃於南塘横截大破之又隨庾亮追破沈充進使持節冠軍將軍歷陽内史加散騎常侍封邵陵公食邑一千八百户峻本以單家聚衆於擾攘之際歸順之後志在立功既有功於國威望漸著至是有鋭卒萬人器械甚精朝廷以江外寄之而峻頗懷驕溢自負其衆潛有異志撫納亡命得罪之家有逃死者峻輒蔽匿之衆力日多皆仰食縣官運漕者相屬稍有不如意便肆忿言時明帝初崩委政宰輔護軍庾亮欲徵之峻聞將徵遣司馬何仍詣亮曰討賊外任遠近從命至於内輔實非所堪不從遂下優詔徵峻爲大司

農加散騎常侍位特進以弟逸代領部曲峻素疑亮欲害已表曰昔明皇帝親執臣手使臣北討胡寇今中原未靖无用家爲乞補青州界一荒郡以展鷹犬之用復不許峻嚴裝將赴召而猶豫未決參軍任讓謂峻曰將軍求處荒郡而不見許事勢如此恐无生路不如勒兵自守峻從之遂不應命朝廷遣使諷諭之峻曰臺下云我欲反豈得活邪我寧山頭望廷尉不能廷尉望山頭往者國危累卵非我不濟狡兔既死獵犬理自應烹但當死報造謀者耳於是遣參軍徐會結祖約謀爲亂而以討亮爲名約遣祖渙許柳率衆助峻峻遣將韓晃張健等襲姑孰進逼慈湖殺于湖令陶馥及振威將軍司馬流峻自率渙柳衆萬人乘風濟自横江次於陵口與王師戰頻捷遂據蔣陵覆舟山率衆因風放火臺省及諸營寺署一時蕩盡遂陷宮城縱兵大掠侵逼六宮窮凶極暴殘酷无道驅役百官光祿勳王彬等皆被捶撻逼令

擔負登蔣山裸剝士女皆以壞席苫草自鄣无草者坐地以土自覆哀號之聲震動內外時官有布二十萬匹金銀五千斤錢億萬絹數萬匹他物稱是峻盡廢之矯詔大赦惟庾亮兄弟不在原例自爲驃騎領軍將軍錄尚書事許柳丹楊尹加前將軍馬雄左衛將軍祖渙驍騎將軍復弋陽王羕爲西陽王太宰錄尚書事兼息播亦復本官於是改易官司置其親黨朝廷政事一皆由之又遣韓晃入義興張健管商弘徽等入晉陵時溫嶠陶侃已唱義於武昌峻聞兵起用參軍賈寧計還據石頭更分兵距諸義軍所過无不殘滅嶠等將至峻遂遷天子於石頭逼迫居人盡聚之後苑使懷德令匡術守苑城嶠等既到乃築壘於白石峻率衆攻之幾至陷沒東西抄掠多所擒虜兵威日盛戰无不剋由是義衆沮衂人懷異計朝士之奔義軍者皆云峻狡黠有智勇其徒黨驍勇所向无敵惟當以天討有罪誅滅不久若以人

事言之未易除也溫嶠怒曰諸君怯懦乃是譽賊及後累戰不捷嶠亦深憚之管商等進攻吳郡焚吳縣海鹽嘉興敗諸義軍韓晃又攻宣城害太守桓彝商等又焚餘杭而大敗於武康退還義興嶠與趙胤率步兵萬人從白石南上欲以臨之峻與匡孝將八千人逆戰峻遣子碩與孝以數十騎先薄趙胤敗之峻望見胤走曰孝能破賊我更不如乎因舍其衆與數騎北下突陣不得入將廻趨白木陂牙門彭世李千等投之以矛墜馬斬首臠割之焚其骨三軍皆稱萬歲峻司馬任讓等共立峻弟逸爲主求峻尸不獲碩乃發庾亮父母墓剖棺焚尸逸閉城自守韓晃聞峻死引兵赴石頭管商及弘徽進攻庱亭壘督護李閎及輕車長史滕含擊破之斬首千級商率衆走延陵李閎與庱亭諸軍追之斬獲數千級商詣庾亮降匡術舉苑城降韓晃與蘇逸等并力攻術不能陷溫嶠等選精銳將攻賊營碩率驍勇

數百渡淮而戰於陣斬碩晃等震懼以其衆奔張健於曲阿門阨不得出更相蹈藉死者萬數逸爲李湯所執斬於車騎府管商之降也餘衆並歸張健健又疑弘徽等不與已同盡殺之更以舟車自延陵向長塘小大二萬餘口金銀寶物不可勝數揚烈將軍王允之與吳興諸軍擊健大破之獲男女萬餘口健復與馬雄韓晃等輕軍俱走閎率銳兵追之及於巖山攻之甚急健等不敢下山惟晃獨出帶兩步靫箭却據胡牀彎弓射之傷殺甚衆箭盡乃斬之健等遂降並梟其首

孫恩字靈秀琅邪人孫秀之族也世奉五斗米道恩叔父泰字敬遠師事錢唐杜子恭而子恭有秘術嘗就人借瓜刀其主求之子恭曰當即相還耳既而刀主行至嘉興有魚躍入船中破魚得瓜刀其爲神效往往如此子恭死泰傳其術然浮狡有小才誑誘百姓愚者敬之如神皆竭財產進子女以

求福慶王珣言於會稽王道子流之於廣州廣州刺史王懷之以泰行鬱林太守南越亦歸之太子少傅王雅先與泰善言於孝武帝以泰知養性之方因召還道子以爲徐州主簿猶以道術眩惑士庶稍遷輔國將軍新安太守王恭之役泰私合義兵得數千人爲國討恭黄門郎孔道鄱陽太守桓放之驃騎諮議周勰等皆敬事之會稽世子元顯亦數詣泰求其秘術泰見天下兵起以爲晉祚將終乃扇動百姓私集徒衆三吳士庶多從之于時朝士皆懼泰爲亂以其與元顯交厚咸莫敢言會稽內史謝輶發其謀道子誅之恩逃于海衆聞泰死惑之皆謂蟬蛻登仙故就海中資給恩聚合亡命得百餘人志欲復讎及元顯縱暴吳會百姓不安恩因其騷動自海攻上虞殺縣令因襲會稽害內史王凝之有衆數萬於是會稽謝鍼吳郡陸瓌吳興丘尫義興許允之臨海周胄永嘉張永及東陽新安等凡八郡

一時俱起殺長吏以應之旬日之中衆數十萬於是吳興太守謝邈永嘉太守謝逸嘉興公顧胤南康公謝明慧黃門郎謝沖張琨中書郎孔道太子洗馬孔福烏程令夏侯愔等皆遇害吳國內史桓謙義興太守魏傿臨海太守新蔡王崇等並出奔於是恩據會稽自號征東將軍號其黨曰長生人宣語令誅殺異己有不同者戮及嬰孩由是死者十七八畿內諸縣處處蜂起朝廷震懼內外戒嚴遣衛將軍謝琰鎮北將軍劉牢之討之並轉鬬而前吳會承平日久人不習戰又无器械故所在多被破亡諸賊皆燒倉廩焚邑屋刊木堙井虜掠財貨相率聚於會稽其婦女有嬰累不能去者囊簏盛嬰兒投於水而告之曰賀汝先登仙堂我尋後就汝初恩聞八郡響應告其屬曰天下无復事矣當與諸君朝服而至建康既聞牢之臨江復曰我割浙江不失作句踐也尋知牢之已濟江乃曰孤不羞走矣乃虜男女二十餘萬口一時逃

入海懼官軍之躡乃緣道多棄寶物子女時東土殷實莫不粲麗盈目牢之等遽於收斂故恩復得逃海朝廷以謝琰為會稽率徐州文武戍海浦隆安四年恩復入餘姚破上虞進至刑浦琰遣參軍劉宣之距破之恩退縮少日復寇刑浦害謝琰朝廷大震遣冠軍將軍桓不才輔國將軍孫无終寧朔將軍高雅之擊之恩復還於海於是復遣牢之東屯會稽吳國內史袁山松築扈瀆壘緣海備恩明年恩復入浹口雅之敗績牢之進擊恩恩復還于海轉寇扈瀆害袁山松仍浮海向京口牢之率衆要擊未達而恩已至劉裕乃總兵緣海距之及戰恩衆大敗狼狽赴船尋又集衆欲向京都朝廷駭懼陳兵以待之恩至新洲不敢進而退北寇廣陵陷之乃浮海而北劉裕與劉敬宣并軍躡之於郁洲累戰恩復大敗由是漸衰弱復沿海還南裕亦尋海要截復大破恩於扈瀆恩遂遠迸海中及桓玄用事恩復寇臨海臨海太守辛景討破之恩窮

慼乃赴海自沉妖黨及妓妾謂之水仙投水從死者百數餘衆復推恩妹夫盧循為主自恩初入海所虜男女之口其後戰死及自溺并流離被傳賣者至恩死時裁數千人存而恩攻沒謝琰袁山松陷廣陵前後數十戰亦殺百姓數萬

盧循字于先小名元龍司空從事中郎諶之曾孫也雙眸冏徹瞳子四轉善草隸弈棊之藝沙門惠遠有鑒裁見而謂之曰君雖體涉風素而志存不軌循娶孫恩妹及恩作亂與循通謀恩性酷忍循每諫止之人士多賴以濟免恩亡餘衆推循為主元興二年正月寇東陽八月攻永嘉劉裕討循至晉安循窘急泛海到番禺寇廣州逐刺史吳隱之自攝州事號平南將軍遣使獻貢時朝廷新誅桓氏中外多虞乃權假循征虜將軍廣州刺史平越中郎將義熙中劉裕伐慕容超循所署始興太守徐道覆循之姊夫也使人勸循乘虛而出循不從道覆乃至番禺說循曰朝廷恒以君為腹心之

疾劉公未有旋日不乘此機而保一日之安若平齊之後劉公自率衆至豫章遣銳師過嶺雖復君之神武必不能當也今日之機萬不可失既尅都邑劉裕雖還无能為也君若不同便當率始興之衆直指尋陽循甚不樂此舉无以奪其計乃從之初道覆密欲裝舟艦乃使人伐船材於南康山僞云將下都貨之後稱力少不能得致即於郡賤賣之價減數倍居人貪賤賣衣物而市之贛石水急出船甚難皆儲之如是者數四故船版大積而百姓弗之疑及道覆舉兵按賣券而取之无得隱匿者乃并力裝之旬日而辦遂舉衆寇南康廬陵豫章諸郡守相皆委任奔走鎮南將軍何无忌率衆距之兵敗被害循遣道覆寇江陵未至為官軍所敗馳走告循曰請并力攻京都若尅之江陵非所憂也乃連旗而下戎卒十萬舳艫千計敗衛將軍劉毅於桑落洲逕至江寧道覆素有膽決知劉裕已還欲乾沒一戰請於新亭至白石焚舟而

上數道攻之循多謀少決欲以萬全之計固不聽道覆以循无
斷乃歎曰我終爲盧公所誤事必无成使我得爲英雄驅馳天
下不足定也裕懼其侵軼乃柵石頭斷柤浦以距之循攻柵不
利船艦爲暴風所傾人有死者列陣南岸戰又敗績乃進攻
京口寇掠諸縣无所得循謂道覆曰師老矣弗能復振可據
尋陽并力取荆州徐更與都下爭衡猶可以濟因自蔡洲南
走復據尋陽裕先遣群率追討自統大衆繼進又敗循於雷池
循又遁還豫章乃悉力柵斷左里裕命衆攻柵循衆雖死戰猶
不能抗裕乘勝蹙之循單舸而走收散卒得千餘人還保廣
州裕先遣孫處從海道據番禺城循攻之不下道覆保始興
因險自固循乃襲合浦尅之進攻交州至龍編刺史杜慧度
譎而敗之循勢屈知不免先鴆妻子十餘人又召妓妾問曰
我今將自殺誰能同者多云雀鼠貪生就死實人情所難有
云官尚當死某豈願生於是悉鴆諸辭死者因自投於水慧
度取其尸斬之及其父嘏同黨盡獲傳首京都

譙縱巴西南充人也祖獻之有重名於西土縱少而謹慎蜀人愛
之爲安西府參軍義熙元年刺史遣縱及侯暉等領諸縣氐進
兵東下暉有貳志因梁州人不樂東也將圖益州刺史毛璩與
巴西陽昧結謀於五城水口共逼縱爲主縱懼而不當走投於
水暉引出而請之至於再三遂以兵逼縱於輿上攻璩弟西夷
校尉瑾於涪城城陷瑾死之縱乃自號梁秦二州刺史璩聞縱
反自洛城步還成都遣參軍王瓊率三千人討縱又遣弟瑗領
四千兵繼瓊後進縱遣弟明子及暉距瓊於廣漢瓊擊破暉
等追至綿竹明子設二伏以待之大敗瓊衆死者十八九益州
營戶李騰開城以納縱毛璩既死縱以從弟洪爲益州刺史
明子爲鎮東將軍巴州刺史率其衆五千人屯白帝自稱
成都王明年遣使稱藩於姚興將順流東寇以討車騎將軍
劉裕爲名乞師於姚興且請桓謙爲助興遣之九年劉裕以
西陽太守朱齡石爲益州刺史寧朔將軍臧喜下邳太守劉
鍾蘭陵太守蒯恩等率衆二萬自江陵討縱初謀元率僉難
其人齡石資名素淺裕違衆拔之授以麾下之半臧喜裕妻弟
也位出其右又隸焉齡石次於白帝縱遣譙道福重兵守涪齡
石師次平模去成都二百里縱遣其大將軍侯暉尚書僕射
譙悅屯平模夾岸連城層樓重柵衆未能攻齡石謂劉鍾曰
天方暑熱賊今固險攻之難拔祇困我師吾欲蓄銳息兵伺隙
而進卿以爲何如鍾曰不然前揚聲言大將由內水故道福
不敢捨涪今重軍逼之出其不意侯暉之徒已破膽矣正可
因其機而攻之勢當必尅尅平模之後自可鼓行而前成都
必不能守若緩兵相持虛實相見涪軍復來難爲敵也進
不能戰退无所資二萬餘人因爲蜀子虜耳從之翌日進攻
皆尅斬侯暉等於是遂進縱之城守者相次瓦解縱乃出奔
其尚書令馬耽封倉庫以待王師及齡石入成都誅縱同祖之

親餘皆安堵使復其業縱之走也先如其墓縱女謂縱曰走
必不免祇取辱焉等死死於先人之墓可也縱不從投道福於
涪道福怒謂縱曰大丈夫居如斯功業安可棄哉今欲爲降虜
豈可而得人誰不死何懼之甚因投縱以劒中其馬鞍縱去之
乃自縊道福謂其徒曰吾養爾等正謂今日蜀之存亡實係
在我不在譙王我尚在猶足一戰士咸許諾乃散金帛以賜其衆
衆受之而走道覆獨奔廣漢廣漢人杜瑾執之朱齡石徙馬
耽於越巂追殺之耽之徒也謂其徒曰朱侯不送我京師滅衆
口也吾必不免乃盥洗而臥引繩而死須臾齡石師至遂戮尸焉
史臣曰惠皇失御政紊朝危難起蕭墻毒痛函夏九州波駭五
嶽塵飛干戈日尋戎車競逐王彌好亂樂禍挾詐懷姦命儔嘯
侶伺間候隙助悖逆於平陽肆殘忍於都邑遂使生靈塗炭神
器流離邦國軫麥秀之哀宮廟興黍離之痛豈天意乎豈人
事乎何醜虜之猖狂而亂離之斯瘼者也張昌等或鴟張

淮浦或蟻聚荆衡招烏合之凶徒逞豺狼之貪暴憑陵險隘倔強江湖未淹歲稔咸至誅戮實自取之非爲不幸峻約同惡相濟生此亂階孫盧同類相求嗣成妖逆至乃干戈掃地災沴滔天雖樊謝之毒被含靈李郭之禍延宮闕方凶比暴弗是加也譙縱乘兹釁隙肆彼姦謀旋踵而亡無足論矣

贊曰中朝隳紊政王彌肇亂神器流離生靈塗炭群妖伺隙構兹多難蕩食荆衡陵虐江漢孫盧姦慝約峻殘賊窮凶極暴爲鬼爲蜮縱竊岷峨旋至顛踣

列傳第七十　　晉書一百

余先世所藏明人翻宋大字本晉書閭里人有宋小字
本思借以校對秘不肯出今乃得兄寅昉所藏本邵
蕙西先生亦歎為精美絕倫閃耗乞水爆洗眼欲
看細字清殘耳不知寅昉許我否咸豐乙卯東坡
生日甘泉鄉人錢泰吉識於蔣氏五硯窩

世所傳晉書自殿板毛板外惟明翻宋寶祐
本九行每行十四字明藩府刊本十行每行十九字為
佳皆大字本也而西爽堂吳仲虛刊本方從哲校本鍾
人傑本亦其次者此本小字十四行行二十六字或二十七八字確
是宋刻舊為華亭朱尚書及季滄葦所藏今藏
蔣寅昉兄處與馨石錢先生獲觀於雙清草堂（思不群齋）
嗟賞愛翫不忍釋手昔已友金翰峯編修嘗在京
師手校晉書成校勘記若干卷其時彙集各本
未及見此本也咸豐五年十二月十九日邵懿辰謹記

小字本晉書一百卷每頁十四行行二十七字麻沙刻
劃精審無比後補鈔十九卷仿宋精楷與刻本相類幾
不可辨惟首缺序文似為可惜向惟上海郁氏所藏曾
書世稱善本而苕溪書賈曾以一部攜示南潯蔣氏議
價未成亦係麻沙小字似不能如此本之精同里馬氏
亦藏一部生沐從兄曾從馬君假閱兄尚記其行款字
樣略與此本相埒然每卷卷末皆有劃補痕跡不無可
疑此本雖無年代可稽然行款卷次及梓人姓氏皆與
宋槧諸書無異吾兄愛玩不釋且深賞其鈔補之精命

余收藏其愛而教之之意深矣兄處尚有十行本晉書
亦古本之善者他日能彙集各本校對一過以無負兄
勗勵讀書之旨正未知有此閒暇光陰否時世路艱難
從尤叢集而苕賈邛雲山兄弟方自吳門載書而至因
以
千得之他書如孝經綱目圖譜春秋四傳李香
子先生批本左氏條貫王板史記汲古閣十七史元板
虞道園學古錄李二曲先生文集皆善本也計值
千箇中金盡買書不輟猶得展觀玩味于患難之中
倘亦古人之所許也咸豐四年十二月海昌蔣光焴跋

光緒戊申五月孫男述彭謹錄

晉書載記序

古者帝王乃生奇類淳維伯禹之苗裔豈異類哉反首衽皮飲湩而震聾爲中域其來自遠天未悔禍種落彌繁其風俗險詖性靈馳突前史載之亦以詳備軒帝患其干紀所以徂征武王竄以荒服同乎禽獸而於露寒之野候月覘風覩隙揚埃乘間騁暴邊城不得緩帶百姓靡有室家孔子曰微管仲吾其被髮左衽矣此言能教訓卒伍整齊車甲邊場既伏境內以安然則燕築造陽之郊秦塹臨洮之險登天山紀地脈苞玄菟款黃河所以防夷狄之亂中華其備豫如此漢宣帝初納呼韓居之亭鄣委以候望始寬戎狄光武亦以南庭數萬徙入西河後亦轉至五原連延七郡董卓之亂則汾晉之郊蕭然矣郭欽騰牋於武帝江統獻策於惠皇皆以爲魏處戎夷繡居都鄙請移沙塞之表定一殷周之服統則憂諸并部欽則慮在盟津言猶自口元海已至語曰失以豪釐晉卿大夫之辱也聰之誓兵東兼齊地曜之馳旆西踰隴山覆沒兩京蒸徒百萬天子陵江御物分據地險迴首中原力不能救劃長淮以北大抵棄之胡人利我艱虞分鑣起亂晉臣或阻兵遐遠接武効尤大凡劉元海以惠帝永興元年據離石稱漢後九年石勒據襄國稱趙張氏先據河西是歲自石勒後三十六年也重華自稱涼王後一年冉閔據鄴稱魏後一年苻健據長安稱秦慕容㑺先據遼東稱燕是歲自苻健後一年也㑺始僭號後三十一年後燕慕容垂據鄴後二年西燕慕容沖據阿房是歲也乞伏國仁據枹罕稱秦後一年慕容永據上黨是歲也呂光據姑臧稱涼後十二年慕容德據滑臺稱南燕是歲也禿髮烏孤據廉川稱南涼段業據張掖稱北涼後三年李玄盛據敦煌稱西涼後一年沮渠蒙遜殺段業自稱涼後四年譙縱據蜀稱成都王後二年赫連勃勃據朔方稱大夏後二年馮跋殺離班據和龍稱北燕提封天下十喪其八莫不龍旌帝服建社開祊華夷咸暨人物斯在或篡通都之鄉或擁數州之地雄圖內卷師旅外并窮兵凶於勝負盡人命

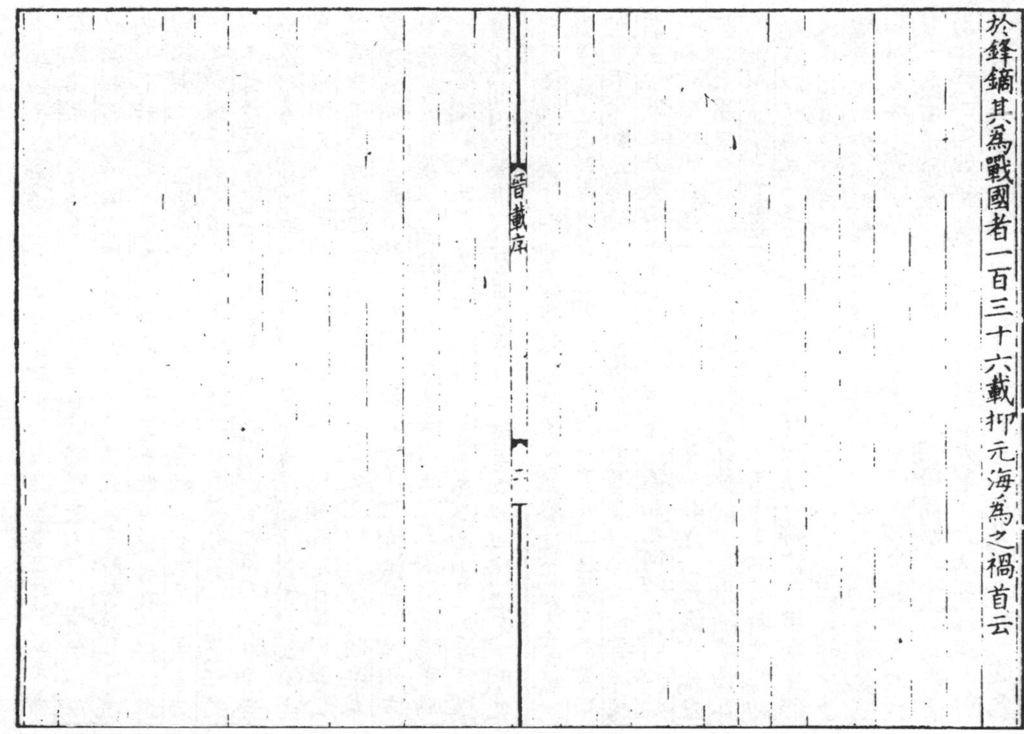

於鋒鏑其爲戰國者一百三十六載抑元海爲之禍首云

劉元海

劉元海新興匈奴人冒頓之後也名犯高祖廟諱故稱其字焉初
漢高祖以宗女為公主以妻冒頓約為兄弟故其子孫遂冒姓劉
氏建武初烏珠留若鞮單于子右奧鞬日逐王比自立為南單于
入居西河美稷今離石左國城即單于所徙庭也中平中單于羌
渠使子於扶羅將兵助漢討平黃巾會羌渠為國人所殺於扶羅
以其衆留漢自立為單于屬董卓之亂寇掠太原河東屯於河內
於扶羅死弟呼廚泉立以於扶羅子豹為左賢王即元海之父也
魏武分其衆為五部以豹為左部帥其餘部帥皆以劉氏為之太
康中改置都尉左部居太原茲氏右部居祁南部居蒲子北部居
新興中部居大陵劉氏雖分居五部然皆家居晉陽汾澗之濱豹
妻呼延氏魏嘉平中祈子於龍門俄而有一大魚頂有二角軒鬐
躍鱗而至祭所久之乃去巫覡皆異之曰此嘉祥也其夜夢旦所
見魚變為人左手把一物大如半雞子光景非常授呼延氏曰此
是日精服之生貴子寤而告豹豹曰吉徵也吾昔從邯鄲張冏母
司徒氏相云吾當有貴子孫三世必大昌仿像相符矣自是十三
月而生元海左手文有其名遂以名焉齠齔英慧七歲遭母憂擗
踴號叫哀感旁鄰宗族部落咸共歎賞時司空太原王昶等聞而
嘉之並遣弔賻幼好學師事上黨崔游習毛詩京氏易馬氏尚書
尤好春秋左氏傳孫吳兵法略皆誦之史漢諸子無不綜覽嘗謂
同門生朱紀范隆曰吾每觀書傳常鄙隨陸無武絳灌無文道由
人弘一物之不知者固君子之所恥也二生遇高皇而不能建封
侯之業兩公屬太宗而不能開庠序之美惜哉於是遂學武事妙
絕於衆猿臂善射膂力過人姿儀魁偉身長八尺四寸鬚長三尺
餘當心有赤毫毛三根長三尺六寸有屯留崔懿之襄陵公師彧
等皆善相人及見元海驚而相謂曰此人形貌非常吾所未見也
於是深相崇敬推分結恩太原王渾虛襟友之命子濟拜焉咸熙

中為任子在洛陽文帝深待之泰始之後渾又屢言之於武帝帝
召與語大悅之謂王濟曰劉元海容儀機鑒雖由余日磾無以加
也濟對曰元海儀容機鑒實如聖旨然其文武才幹賢於二子遠
矣陛下若任之以東南之事吳會不足平也帝稱善孔恂楊珧進
曰臣觀元海之才當今懼無其比陛下若輕其衆不足以成事若
假之威權平吳之後恐其不復北渡也非我族類其心必異任之
以本部臣竊為陛下寒心若舉天阻之固以資之無乃不可乎帝
默然後秦涼覆沒帝疇咨將帥上黨李憙曰陛下誠能發匈奴五
部之衆假元海一將軍之號鼓行而西可指期而定孔恂曰李公
之言未盡殄患之理也憙勃然曰以匈奴之勁悍元海之曉兵奉
宣聖威何不盡之有恂曰元海若能平涼州斬樹機能恐涼州方
有難耳蛟龍得雲雨非復池中物也帝乃止後王彌從洛陽東歸
元海餞彌於九曲之濱泣謂彌曰王渾李憙以鄉曲見知每相稱
達讒間因之而進深非吾願適足為害吾本無宦情惟足下明之
恐死洛陽永與子別因慷慨歔欷縱酒長嘯聲調亮然坐者為之
流涕齊王攸時在九曲比聞而馳遣視之見元海在焉言於帝曰
陛下不除劉元海臣恐并州不得久寧王渾進曰元海長者渾為
君王保明之且大晉方表信殊俗懷遠以德如之何以無萌之疑
殺人侍子以示晉德不弘帝曰渾言是也會豹卒以元海代為左
部帥太康末拜北部都尉明刑法禁姦邪輕財好施推誠接物五
部俊傑無不至者幽冀名儒後門秀士不遠千里亦皆遊焉楊駿
輔政以元海為建威將軍五部大都督封漢光鄉侯元康末坐部
人叛出塞免官成都王穎鎮鄴表元海行寧朔將軍監五部軍事
惠帝失馭寇盜蜂起元海從祖故北部都尉左賢王劉宣等竊議
曰昔我先人與漢約為兄弟憂泰同之自漢亡以來魏晉代興我
單于雖有虛號無復尺土之業自諸王侯降同編戶今司馬氏骨
肉相殘四海鼎沸興邦復業此其時矣左賢王元海姿器絕人幹
宇超世天若不恢崇單于終不虛生此人也於是密共推元海為

大單于乃使其黨呼延攸詣鄴以謀告之元海請歸會葬穎弗許乃令攸先歸告宣等招集五部引會宜陽諸胡聲言應穎實背之也穎爲皇太弟以元海爲太弟屯騎校尉惠帝伐穎次于蕩陰穎假元海輔國將軍督北城守事及六軍敗績穎以元海爲冠軍將軍封盧奴伯幷州刺史東瀛公騰安北將軍王浚起兵伐穎元海說穎曰今二鎭跋扈衆餘十萬恐非宿衞及近都士庶所能禦之請爲殿下還說五部以赴國難穎曰五部之衆可保發已不縱能發之鮮卑烏丸勁速如風雲何易可當邪吾欲奉乘輿還洛陽避其鋒鋭徐傳檄天下以逆順制之君意何如元海曰殿下武皇帝之子有殊勳於王室威恩光洽四海欽風孰不思爲殿下沒命投軀者哉何難發之有乎王浚豎子東瀛疏屬豈能與殿下爭衡邪殿下一發鄴宮示弱於人洛陽可復至乎縱達洛陽威權不復在殿下也紙檄尺書誰爲人奉之且東胡之悍不踰五部願殿下勉撫士衆靖以鎭之當爲殿下以二部摧東瀛三部梟王浚二豎之首可指日而懸矣穎悅拜元海爲北單于叅丞相軍事元海至左國城劉宣等上大單于之號二旬之間衆已五萬都于離石王浚使將軍祁弘率鮮卑攻鄴穎敗挾天子南奔洛陽元海曰穎不用吾言逆自奔潰眞奴才也然吾與其有言矣不可不救於是命右於陸王劉景左獨鹿王劉延年等率步騎二万將討鮮卑劉宣等固諫曰晉爲無道奴隷御我是以右賢王猛不勝其忿屬晉綱未弛大事不遂右賢塗地單于之恥也今司馬氏父子兄弟自相魚肉此天厭晉德授之於我單于積德在躬爲晉人所服方當興我邦族復呼韓邪之業鮮卑烏丸可以爲援奈何距之而拯仇敵今天假手於我不可違也違天不祥逆衆不濟天與不取反受其咎願單于勿疑元海曰善當爲崇岡峻阜何能爲培塿乎夫帝王豈有常哉大禹出於西戎文王生於東夷顧惟德所授耳今見衆十餘萬皆一當晉十鼓行而摧亂晉猶拉枯耳上可成漢高之業下不失爲魏氏雖然晉人未必同我漢有天下世長恩德結於人心

是以昭烈崎嶇於一州之地而能抗衡於天下吾又漢氏之甥約爲兄弟兄亡弟紹不亦可乎且可稱漢追尊後主以懷人望乃遷於左國城遠人歸附者數萬永興元年元海乃爲壇於南郊僭即漢王位下令曰昔我太祖高皇帝以神武應期廓開大業太宗孝文皇帝重以明德升平漢道世宗孝武皇帝拓土攘夷地過唐日中宗孝宣皇帝搜揚儁乂多士盈朝是我祖宗道邁三王功高五帝故卜年倍於夏商卜世過於姬氏而元成多僻哀平短祚賊臣王莽滔天簒逆我世祖光武皇帝誕資聖武恢復鴻基祀漢配天不失舊物俾三光晦而復明神器幽而復顯顯宗孝明皇帝肅宗孝章皇帝累葉重暉炎光再闡自和安已後皇綱漸頹天步艱難國統頻絕黃巾海沸於九州群閹毒流於四海董卓因之肆其猖勃曹操父子凶逆相尋故孝愍委棄萬國昭烈播越岷蜀冀否終有泰旋軫舊京何圖天未悔禍後帝窘辱自社稷淪喪宗廟之不血食四十年于玆矣今天誘其衷悔禍皇漢使司馬氏父子兄弟迭相殘滅黎庶塗炭靡所控告孤今猥爲群公所推紹脩三祖之業顧玆尫闇戰惶靡厝但以大恥未雪社稷無主銜膽栖冰勉從群議乃赦其境內年號元熙追尊劉禪爲孝懷皇帝立漢高祖以下三祖五宗神主而祭之立其妻呼延氏爲王后置百官以劉宣爲丞相崔游爲御史大夫劉宏爲太尉其餘拜授各有差東瀛公騰使將軍聶玄討之戰于大陵玄師敗績騰懼率幷州二万餘户下山東遂所在爲寇元海遣其建武將軍劉曜寇太原泫氏屯留長子中都皆陷之二年騰又遣司馬瑜周良石鮮等討之次于離石汾城元海遣其武牙將軍劉欽等六軍距瑜等四戰瑜皆敗欽振旅而歸是歲離石大飢遷于黎亭以就邸閣穀留其太尉劉宏護軍馬景守離石使大司農卜豫運糧以給之以其前將軍劉景爲使持節征討大都督大將軍要擊幷州刺史劉琨于板橋爲琨所敗琨遂據晉陽其侍中劉殷王育進諫元海曰殿下自起兵已來漸已一周而顓守偏方王威未震誠能命將四出決機一擲梟

劉琨定河東建帝號鼓行而南尅長安而都之以關中之衆席卷洛陽如指掌耳此高皇帝之所以創啓鴻基尅殄强楚者也元海悅曰此孤心也遂進據河東攻寇蒲坂平陽皆陷之元海遂入都蒲子河東平陽屬縣壘壁盡降時汲桑起兵趙魏上郡四部鮮卑陸逐延氐酋大單于徵東萊王彌及石勒等並相次降之元海悉署其官爵永嘉二年元海僭即皇帝位大赦境內改元永鳳以其大將軍劉和爲大司馬封梁王尚書令劉歡樂爲大司徒封陳留王御史大夫呼延翼爲大司空封鴈門郡公宗室以親疎爲等悉封郡縣王異姓以勳謀爲差皆封郡縣公侯太史令宣于脩之言於元海曰陛下雖龍興鳳翔奄受大命然遺晉未殄皇居仄陋紫宮之變猶鍾晉氏不出三年必尅洛陽蒲子崎嶇非可久安平陽勢有紫氣兼陶唐舊都願陛下上迎乾象下協坤祥於是遷都平陽汾水中得玉璽文曰有新保之蓋王莽時璽也得者因增泉海光三字元海以爲己瑞大赦境內改年河瑞封子裕爲齊王隆爲魯王於是命其子聰與王彌進寇洛陽劉曜與趙固等爲之後繼東海王越遣平北將軍曹武將軍宋抽彭默等距之王師敗績聰等長驅至宜陽平昌公模遣將軍淳于定呂毅等自長安討之戰于宜陽定等敗績聰恃連勝不設備弘農太守垣延詐降夜襲聰軍大敗而還元海素服迎師是冬復大發卒遣聰弥與劉曜劉景等率精騎五万寇洛陽使呼延翼率步卒繼之敗王師于河南聰進屯于西明門護軍賈胤夜薄之戰于大夏門斬聰將呼延顥其衆遂潰聰迴軍而南壁於洛水尋進屯宣陽門曜屯上東門弥屯廣陽門景攻大夏門聰親祈嵩嶽令其將劉厲呼延朗等督留軍東海王越命叅軍孫詢將軍丘光樓裒等率帳下勁卒三千自宣陽門擊朗斬之聰聞而馳還厲懼聰之罪己也赴水而死王弥謂聰曰今既失利洛陽猶固殿下不如還師徐爲後舉下官當於兖豫之間收兵積穀伏聽嚴期宣于脩之又言於元海曰歲在辛未當得洛陽今晉氣猶盛大軍不歸必敗元海馳遣黃門郎傅詢召

聰等還師王弥出自轘轅越遣薄盛等追擊弥戰于新汲弥師敗績於是攝蒲阪之戍還於平陽以劉歡樂爲太傅劉聰爲大司徒劉延年爲大司空劉洋爲大司馬赦其境內立其妻單氏爲皇后子和爲皇太子封子乂爲北海王元海寢疾將爲顧託之計以歡樂爲太宰洋爲太傅延年爲太保聰爲大司馬大單于並錄尚書事置單于臺于平陽西以其子裕爲大司徒元海疾篤召歡樂及洋等入禁中受遺詔輔政以永嘉四年死在位六年僞謚光文皇帝廟號高祖墓號永光陵子和立

和字玄泰身長八尺雄毅美姿儀好學夙成習毛詩左氏春秋鄭氏易及爲儲貳內多猜忌馭下無恩元海死和嗣僞位其衛尉西昌王劉銳宗正呼延攸恨不參顧命也說和曰先帝不惟輕重之計而使三王總強兵於內大司馬握十万勁卒居于近郊陛下今便爲寄坐耳此之禍難未可測也願陛下早爲之所和即攸之甥也深然之召其領軍劉盛及劉欽馬景等告之盛曰先帝尚在殯宮四王未有逆節今忽一旦自相魚肉臣恐人不食陛下之餘四海未定大業甫爾願陛下以上成先帝鴻基爲志且塞耳勿聽此狂簡之言也詩云豈無他人不如我同父陛下既不信諸弟復誰可信哉銳攸怒曰今日之議理無有二於是命左右刃之景懼曰惟陛下詔臣等以死奉之蔑不濟矣乃相與盟于東堂使銳景攻聰攸率劉安國攻裕使侍中劉乘武衛劉欽攻魯王隆尚書田密武衛劉璿攻北海王乂密璿等使人斬關奔于聰聰命貫甲以待之銳知聰之有備也馳還與攸乘等會攻隆裕攸乘懼安國欽之有異志也斬之是日斬裕及隆聰攻西明門尅之銳等奔入南宮前鋒隨之斬和于光極西室銳攸梟首通衢

劉宣字士則朴鈍少言好學脩絜師事樂安孫炎沉精積思不舍晝夜好毛詩左氏傳炎每嘆之曰宣若遇漢武當踰於金日磾也學成而返不出門閭蓋數年每讀漢書至蕭何鄧禹傳未曾不反覆詠之曰大丈夫若遭二祖終不令兩公獨擅美於前矣并州刺

史王廣言之於武帝帝召見嘉其占對因曰吾未見宣謂廣言虛
可今見其進止風儀眞所謂如珪如璋觀其性質足能撫集本部
乃以宣爲右部都尉特給赤幢曲蓋莅官清恪所部懷之元海即
王位宣之謀也故特荷尊重勳戚莫二軍國内外靡不專之

載記第一　　　　晉書百一

劉聰子粲

劉聰字玄明一名載元海第四子也母曰張夫人初聰之在孕也張氏夢日入懷寤而以告元海曰此吉徵也慎勿言十五月而生聰焉夜有白光之異形體非常左耳有一白毫長二尺餘甚光澤幼而聰悟好學博士朱紀大奇之年十四究通經史兼綜百家之言孫吳兵法靡不誦之工草隸善屬文著述懷詩百餘篇賦頌五十餘篇十五習擊刺猿臂善射彎弓三百斤膂力驍捷冠絕一時太原王渾見而悅之謂元海曰此兒吾所不能測也弱冠遊于京師名士莫不交結樂廣張華尤異之也新興太守郭頤辟爲主簿舉良將入爲驍騎別部司馬累遷右部都尉善於撫接五部豪右無不歸之河間王顒表爲赤沙中郎將聰以元海在鄴懼爲成都王穎所害乃亡奔成都王拜右積弩將軍參前鋒戰事元海爲北單于立爲右賢王隨還右部及即大單于位更拜鹿蠡王旣殺其兄和群臣勸即尊位聰初讓其弟北海王乂乂與公卿泣涕固請聰久而許之曰乂及群公正以四海未定禍難尚殷貪孤年長故耳此國家之事孤敢不祗從今便欲遠遵魯隱待乂年長復子明辟於是以永嘉四年僭即皇帝位大赦境內改元光興尊元海妻單氏曰皇太后其母張氏爲帝太后乂爲皇太弟領大單于大司徒立其妻呼延氏爲皇后封其子粲爲河內王署使持節撫軍大將軍都督中外諸軍事易河間王翼彭城王悝高平王遣粲及其征東王彌龍驤劉曜等率衆四萬長驅入洛川遂出轘轅周旋梁陳汝潁之間陷壘壁百餘以其司空劉景爲大司馬左光祿劉殷爲大司徒右光祿王育爲大司空僞太后單氏姿色絕麗聰烝焉單即乂之母也乂屢以爲言單氏慙恚而死聰悲悼無已後知其故乂之寵因此漸衰然猶追念單氏未便黜廢又尊母爲皇太后署其衛尉呼延晏爲使持節前鋒大都督前軍大將軍配禁兵二萬七千自宜陽入洛川命王彌劉曜及鎮軍石勒進師會之晏比及河南王師前後十二敗死者三萬餘人彌等未至晏留輜重于張方故壘遂寇洛陽攻陷平昌門焚東陽宣陽諸門及諸府寺懷帝遣河南尹劉默距之王師敗于社門晏以外繼不至出自東陽門掠王公已下子女二百餘人而去時帝將濟河東遁具船于洛水晏盡焚之還于張方故壘王彌劉曜至復與晏會圍洛陽時城內飢甚人皆相食百官分散莫有固志宣陽門陷彌晏入于南宮升太極前殿縱兵大掠悉收宮人珍寶曜於是害諸王公及百官已下三萬餘人於洛水北築爲京觀遷帝及惠帝羊后傳國六璽于平陽聰大赦改年嘉平以帝爲特進左光祿大夫平阿公遣其平西趙染安平劉雅率騎二萬攻南陽王模于長安粲曜率大衆繼之染敗王師于潼關將軍呂毅死之軍至于下邽模乃降染染送模於粲粲害模及其子范陽王黎送衛將軍梁芬模長史魯繇兼散騎常侍杜鰲辛謐及北宮純等于平陽聰以粲之害模也大怒粲曰臣殺模本不以其晚識天命之故但以其晉氏肺腑洛陽之難不能死節天下之惡一也故誅之聰曰雖然吾恐汝不免誅降之殃也夫天道至神理無不報署劉曜爲車騎大將軍開府儀同三司雍州牧改封中山王鎮長安王彌爲大將軍封齊公尋而石勒等殺彌於巳吾而并其衆表彌叛狀聰大怒遣使讓勒專害公輔有無上之心又恐勒之有二志也以彌部衆配之劉曜既據長安安定太守賈疋及諸氐羌皆送質任唯雍州刺史麴特新平太守竺恢固守不降護軍麴允頻陽令梁肅自京兆南山將奔安定遇疋任子於陰密擁還臨涇推疋爲平西將軍率衆五萬攻曜於長安扶風太守梁綜及麴特竺恢等亦率衆十萬會之曜遣劉雅趙染來距敗績而還曜又盡長安銳卒與諸軍戰于黃丘曜衆大敗中流矢退保甘渠杜人王秃紀特等攻劉粲于新豐粲還平陽曜攻陷池陽掠萬餘人歸于長安時閻鼎等奉秦王爲皇太子入于雍城關中戎晉莫不響應聰后呼延氏死將納其太保劉殷女其弟乂固諫聰更訪之於太宰劉延年太傅劉景景等皆曰

臣常聞太保自云周劉康公之後與聖氏本源旣殊納之爲允聰大悅使其兼大鴻臚李弘拜殷二女爲左右貴嬪位在昭儀上又納殷女孫四人爲貴人位次貴嬪謂弘曰此女輩皆姿色超世女德冠時且太保於朕實自不同卿意安乎弘曰太保胤自有周與聖源實别陛下正以姓同爲恨耳且魏司空東萊王基當世大儒豈不達禮乎爲子納司空太原王沉女以其姓同而源異故也聰大悅賜弘黃金六十斤曰卿當以此意諭吾子弟輩於是六劉之寵傾於後宮聰稀復出外事皆中黃門納奏左貴嬪決之聰假懷帝儀同三司封會稽郡公庾珉等以次加秩聰引帝入讌謂帝曰卿爲豫章王時朕嘗與王武子相造武子示朕於卿卿言聞其名久矣以卿所製樂府歌示朕謂朕曰聞君善爲辭賦試爲看之朕時與武子俱爲盛德頌卿稱善者久之又引朕射于皇堂朕得十二籌卿與武子俱得九籌卿贈朕柘弓銀研卿頗憶否帝曰臣安敢忘之但恨爾日不早識龍顏聰曰卿家骨肉相殘何其甚也帝

曰此殆非人意皇天之意也大漢將應乾受歷故爲陛下自相驅除且臣家若能奉武皇之業九族敦睦陛下何由得之至日夕乃出以小劉貴人賜帝謂帝曰此名公之孫今特以相妻卿宜善遇之拜劉爲會稽國夫人遣其鎮北靳沖寇太原平北卜珝率衆繼之沖攻太原不剋而歸罪於珝輒斬之聰聞之大怒曰此人朕所不得加刑沖何人哉遣其御史中丞浩衍持節斬沖左都水使者襄陵王攄坐魚蟹不供將作大匠望都公靳陵坐溫明徽光二殿不成皆斬于東市聰游獵無度常晨出晚歸觀魚於汾水以燭繼晝中軍王彰諫曰今大難未夷餘晉假息陛下不懼白龍魚服之禍而昏夜忘歸陛下當思先帝創業之艱難嗣承之不易鴻業已爾四海屬情何可墜之於垂成隳之於將就比竊觀陛下所爲臣實痛心疾首有日矣且愚人係漢之心未專而思晉之懷猶盛劉琨去此咫尺之間狂狷刺客息頃而至帝王輕出一夫敵耳願陛下改往脩來則億兆幸甚聰大怒命斬之上夫人王氏叩頭乞哀

乃囚之詔獄聰母以聰刑怒過差三日不食弟乂子粲並輿櫬切諫聰怒曰吾豈桀紂幽厲乎而汝等生來哭人其太宰劉延年及諸公卿列侯百有餘人皆免冠涕泣固諫曰光文皇帝以聖武膺期創建鴻祚而六合未一夙世升遐陛下睿德自天龍飛紹統東平洛邑南定長安眞可謂功高周成德超夏啓往也唐虞今則陛下歷觀書記未有此比而頃頻以小務不供而斬王公直言忤旨便囚大將游獵無度機管不脩臣等竊所未解臣等所以破肝糜胃忘寢與食者也聰乃赦彰麴特等圍長安劉曜連戰敗績乃驅掠士女八萬餘口退還平陽因攻司徒傅祗于三渚使其右將軍劉參攻郭默于懷城祗病卒城陷遷祗孫純粹并其二萬餘戶于平陽縣聰贈祗太保純粹皆給事中謂祗子暢曰尊公雖不達天命然各忠其主吾亦有以亮之但晉主已降天命非人所支而虔劉南鄙沮亂邊萌此其罪也以元惡之種而贈同勳舊逆臣之孫苟榮禁闥卿知皇漢之德弘曠以不暢曰陛下每嘉先臣不以小

臣之故而虧其忠節及是恩也自是明主代國弔人之義臣輒同萬物未敢謝生於自然聰遣劉粲劉曜等攻劉琨於晉陽琨使張喬距之戰于武灌喬敗績死之晉陽危懼太原太守高喬琨别駕郝聿以晉陽降粲琨與左右數十騎攜其妻子奔于趙郡之亭頭遂如常山粲曜入于晉陽先是琨與代王猗盧結爲兄弟乃告敗於猗盧且乞師猗盧遣子日利孫賓六須及將軍衛雄姬澹等率衆數萬攻晉陽琨收散卒千餘爲之鄉導猗盧率衆六萬至于狼猛曜及賓六須戰于汾東曜墜馬中流矢身被七創討虜傅武以馬授曜曜曰當今危亡之極人各思免吾創已重自分死此矣武泣曰武小人蒙大王識拔以至於是常思効命今其時矣且皇室始基大難未弭天下何可一日無大王也於是扶曜乘馬驅令渡汾迴而戰死曜入晉陽夜與劉粲等掠百姓踰蒙山遁歸猗盧率騎追之戰于藍谷粲敗績斬其征虜邢延獲其鎮北劉豐琨收合離散保于陽曲猗盧戍之而還正旦聰讌于光極前殿逼帝行酒

光禄大夫㢘珉王儁等起而大哭聰惡之會有告珉等謀以平陽應劉琨者聰遂煬帝而誅珉儁復以賜帝劉夫人爲貴人大赦境內殊死巳下立左貴嬪劉氏爲皇后聰將爲劉氏起䳺儀樓於後庭廷尉陳元達諫曰臣聞古之聖王愛國如家故皇天亦祐之如子夫天生蒸民而樹之君者使爲之父母以刑賞之不欲使殿屎黎元而蕩逸一人晉氏闇虐視百姓如草莽故上天剿絶其祚乃眷皇漢蒼生引領息肩懷更蘇之望有日矣我高祖光文皇帝靖言惟兹痛心疾首故身衣大布居不重茵先皇后嬪服無綺綵重逆群臣之請故建南北宫焉今光極之前足以朝群后饗万國矣昭德溫明已後足可以容六宫列十二等矣陛下龍興已來外殄二京不世之寇內興殿觀四十餘所重之以饑饉疾疫死亡相屬兵疲於外人怨於內爲之父母固若是乎伏聞詔旨將營䳺儀中宫新立誠臣等樂爲子來者也竊以大難未夷宫宇粗給今之新營尤實非宜臣聞太宗承高祖之業惠呂息役之後以四海之富天

下之殷尚以百金之費而輟露臺歷代垂美爲不朽之迹故能斷獄四百擬於成康陛下之所有不過太宗二郡地耳戰守之備者豈僅匈奴南越而已哉孝文之廣思費如彼陛下之狹欲損如此愚臣所以敢昧死犯顔色冒不測之禍者也聰大怒曰吾爲萬機主將營一殿豈問汝鼠子乎不殺此奴沮乱朕心朕殿何當得成邪將出斬之并其妻子同梟東市使群鼠共穴時在逍遥園李中堂元達抱堂下樹叫曰臣所言者社稷之計也而陛下殺臣若死者有知臣要當上訴陛下於天下訴陛下於先帝朱雲有云臣得與龍逄比干游於地下足矣未審陛下何如主耳元達先鏁腰而入及至即以鏁繞樹左右曳之不能動聰怒甚劉氏時在後堂聞之密遣中常侍私勑左右停刑於是手疏切諫聰乃解引元達而謝之易逍遥園爲納賢園李中堂爲愧賢堂時愍帝即位于長安聰遣劉曜及司隸喬智明武牙李景年等寇長安命趙染率衆赴之時大都督麴允據黄白城累爲曜染所敗染謂曜曰麴允率

大衆在外長安可襲而取之得長安黄白城自服願大王以重衆守此染請輕騎襲之曜乃承制加染前鋒大都督安南大將軍以精騎五千配之而進王師敗於渭陽將軍王廣死之染夜入長安外城帝奔射鴈樓染焚燒龍尾及諸軍營殺掠千餘人旦退屯逍遥園麴允率衆襲曜連戰敗之曜入粟邑遂歸平陽時流星起於牽牛入紫微龍形委蛇其光照地落于平陽北十里視之則有肉長三十步廣二十七步臭聞于平陽肉旁常有哭聲晝夜不止聰甚惡之延公卿已下問曰朕之不德致有斯異其各極言勿有所諱陳元達及博士張師等進對曰星變之異其禍行及臣恐後庭有三后之事亡國喪家靡不由此願陛下慎之聰曰此陰陽之理何關人事既而劉氏產一蛇一猛獸各害人而走尋之不得頃之見在隕肉之旁俄而劉氏死乃失此肉哭聲亦止自是後宫乱寵進御無序矣聰以劉易爲太尉初置相國官上公有殊勳德者死乃贈之於是大定百官置太師丞相自大司馬以上七公位皆上

公禄綟綬遠遊冠置輔漢都護中軍上軍輔軍鎮衛京前後左右上下軍輔國冠軍龍驤武牙大將軍營各配兵二千皆以諸子爲之置左右司隸各領户二十餘萬萬户置一內史凡內史四十三單于左右輔各主六夷十萬落萬落置一都尉省吏部置左右選曹尚書自司隸以下六官皆位次僕射置御史大夫及州牧位皆亞公以其子粲爲丞相領大將軍録尚書事進封晉王食五都劉延年録尚書六條事劉景爲太師王育爲太傅任顗爲太保馬景爲大司徒朱紀爲大司空劉曜爲大司馬曜復次渭汭趙染次新豐索綝自長安東討染染狃于累捷有輕綝之色長史魯徽曰今司馬鄴君臣自相逼僭王畿雄劣不同必致死距我將軍宜整陣案兵以擊之弗可輕也困獸猶鬬況於國乎染曰以司馬模之彊吾取之如拉朽索綝小豎豈能污吾馬蹄刀刃邪要擒之而後食晨率精騎數百馳出逆之戰于城西敗績而歸悔曰吾不用魯徽之言以至於此何面見之於是斬徽徽臨刑謂染曰將軍愎諫違

謀黷而取敗而復忌前害勝誅戮忠良以逞愚忿亦何顏面瞬息世間哉袁紹為之於前將軍踵之於後覆亡敗喪亦當相尋所恨不得一見大司馬而死死者無知則已若其有知下見田豐為徒要當訴將軍於黃泉使將軍不得服牀枕而死叱刑者曰令吾面東向大司馬曜聞之曰曠涔不容尺鯉染之謂也曜還師攻郭默于懷城收其米粟八十萬斛列三屯以守之聰遣使謂曜曰今長安假息劉琨游魂此國家所尤宜先除也郭默小醜何足以勞公神略可留征虜將軍貝丘王翼光守之公其還也於是曜歸蒲坂俄而徵曜輔政趙染寇北地夢魯徽大怒引弓射之染驚悸而寤旦將攻城中弩而死聰以粲為相國總百揆省丞相以并相國平陽地震烈風拔樹發屋光義人羊充妻產子二頭其兄竊而食之三日而死聰以其太廟新成大赦境內改年建元雨血於其東宮延明殿徹瓦在地者深五寸劉乂惡之以訪其太師盧志太傅崔瑋太保許遐志等曰主上往以殿下為太弟者蓋以安眾望也志

在晉王久矣王公已下莫不希旨歸之相國之位自魏武已來非復人臣之官主上本發明詔置之為贈官今忽以晉王居之羽儀威尊踰於東宮萬機之事無不由之置太宰大將軍及諸王之營以為羽翼此事勢去矣殿下不得立明也然非止不得立而已不測之危厄在於旦夕宜早為之所四衛精兵不減五千餘營諸王皆年齒尚幼可奪而取之相國輕佻正可煩一刺客耳大將軍無日不出其營可襲而得也殿下但當有意二萬精兵立便可得鼓行向雲龍門宿衛之士孰不倒戈奉迎大司馬不慮為異也乂弗從乃止聰如中護軍靳準第納其二女為左右貴嬪大曰月光小曰月華皆國色也數月立月光為皇后東宮舍人荀裕告盧志等勸乂謀反乂不從之狀聰於是收志瑋遐於詔獄假以他事殺之使冠威卜抽監守東宮禁乂朝賀乂憂懼不知所為乃上表自陳乞為黔首并免諸子之封褒美晉王粲宜登儲副抽又抑而弗通其青州刺史曹嶷攻汶陽關公丘陷之害齊郡太守徐浮執建威

劉宣齊魯之間郡縣壘壁降者四十餘所嶷遂略地西下祝阿平陰眾十餘萬臨河置戍而歸于臨淄嶷於是遂有雄據全齊之志石勒以嶷之懷二也請討之聰又憚勒之并齊乃寢而弗許劉曜濟自盟津將攻河南將軍魏該奔于一泉塢曜進攻李矩于滎陽矩遣將軍李平師於成皐曜覆而滅之矩恐送質請降時聰以其皇后靳氏為上皇后立貴妃劉氏為左皇后右貴嬪劉氏為右皇后左司隸陳元達以三后之立也極諫聰不納乃以元達為右光祿大夫外示優賢內實奪其權也於是太尉范隆大司馬劉丹大司空呼延晏尚書令王鑒等皆抗表遜位以讓元達聰乃以元達為御史大夫儀同三司劉曜寇長安頻為王師所敗曜曰彼猶強盛弗可圖矣引師而歸聰宮中鬼夜哭三日而聲向右司隸寺乃止其上皇后靳氏有淫穢之行陳元達奏之聰廢靳靳慙恚自殺靳有殊寵聰追於元達之勢故廢之既而追念其姿色深仇元達劉曜進師上黨將攻陽曲聰遣使謂曜曰長安擅命國家之深恥

也公宜以長安為先陽曲一委驃騎天時人事其應至矣公其亟還曜迴滅郭邁朝于聰遂如蒲阪平陽地震雨血于東宮廣袤頃餘劉曜又進軍屯于粟邑麴允饑甚去黃白而軍于靈武曜進攻上郡太守張禹與馮翊太守梁肅奔于允吾於是關右翕然所在應曜曜進據黃阜聰武庫陷入地一丈五尺時聰中常侍王沉宣懷俞容中宮僕射郭猗中黃門陵脩等皆寵幸用事聰游宴後宮或百日不出群臣皆因沉等言事多不呈聰率以其意愛憎而決之故或有勳舊功臣而弗見敘錄姦佞小人數日而便至二千石者軍旅無歲不興而將士無錢帛之賞後宮之家賜賚及於僮僕動至數千万沉等車服宅宇皆踰于諸王子弟中表布衣為內史令長者三十餘人皆奢僭貪殘賊害良善靳準合宗內外諂以事之郭猗有憾於劉乂謂劉粲曰太弟於主上之世猶懷不逞之志此則殿下父子之深仇四海蒼生之重怨也而主上過垂寬仁猶不替二尊之位一旦有風塵之變臣竊為殿下寒心且殿下高祖

之世孫主上之嫡統凡在含齒孰不係仰萬機事大何可與人臣昨聞太弟與大將軍相見極有言矣若事成許以主上爲太上皇大將軍爲皇太子又許衞軍爲大單于二王已許之矣二王居不疑之地並握重兵以此舉事事何不成臣謂二王玆舉禽獸之不若也背父親人人豈親之今乂苟貪其一切之力耳事成之後主上豈有全理殿下兄弟故在忘言東宮相國單于在武陵兄弟何肯與人許以三月上巳因讌作難事淹變生宜早爲之所春秋傳曰蔓草猶不可除況君之寵弟乎臣屢啓主上主上性敦友于謂臣言不實刑臣刀鋸之餘而蒙主上殿下成造之恩故不慮逆鱗之誅每所聞必言冀垂採納臣當入言之願殿下不泄密表其狀也若不信臣言可呼大將軍從事中郎王皮衞軍司馬劉惇假之恩顧通其歸善之路以問之必可知也粲深然之猗密謂皮惇曰二王逆狀主相已具知之矣卿同之乎二人驚曰無之猗曰此事必無疑吾憐卿親舊并見族耳於是歔欷流涕皮惇大懼叩頭

求哀猗曰吾爲卿作計卿能用不二人皆曰謹奉大人之教猗曰相國必問卿卿但云有之若責卿何不先啓卿即荅云臣誠負死罪然仰惟主上聖性寬慈殿下篤於骨肉恐言成詿僞故也皮惇許諾粲俄而召問二人至不同時而辞若畫一粲以爲信然初靳準從妹爲乂孺子淫于侍人乂怒殺之而屢以嘲準準深慙恚說粲曰東宮萬機之副殿下宜自居之以領相國使天下知早有所繫望也至是準又說粲曰昔孝成距子政之言使王氏卒成簒逆可乎粲曰何可之有準曰然誠如聖旨下官急欲有所言矣但以德非更生親非皇宗恐忠言暫出霜威已及故不敢耳粲曰君但言之準曰聞風塵之言謂大將軍衞將軍及左右輔皆謀奉太弟尅季春構變殿下宜爲之備不然恐有商臣之禍粲曰爲之奈何準曰主上愛信於太弟恐卒聞未必信也如下官愚意宜緩東宮之禁固勿絕太弟賓客使輕薄之徒得與交游太弟既素好待士必不思防此嫌輕薄小人不能無逆意以勸太弟之心小人有始

無終不能如貫高之流也然後下官爲殿下露表其罪殿下與太宰抅太弟所與交通者考問之窮其事原主上必以無將之罪罪之不然今朝望多歸太弟主上一旦晏駕恐殿下不得立矣於是粲命卜抽引兵去東宮聰自去冬至是遂不復受朝賀軍國之事一決於粲唯發中旨殺生除授王沈郭猗等意所欲皆從之又立市於後庭與宮人讌戲或三日不醒聰臨上秋閤誅其特進綦毋達太中大夫公師彧尚書王琰田歆少府陳休左衞卜崇大司農朱誕等皆群閹所忌也侍中卜幹泣諫聰曰陛下方隆武宣之化欲使幽谷無考槃奈何一旦先誅忠良將何以垂之於後昔秦愛三良而殺之君子知其不霸以晉厲之無道尸三卿之後猶有不忍之心陛下如何忽信左右愛憎之言欲一日尸七卿詔尚在臣聞猶未宣露乞垂昊天之澤迴雷霆之威且陛下直欲誅之耳不露其罪名何以示四海此豈是帝王三訊之法邪因叩頭流血王沈叱幹曰卜侍中欲距詔乎聰拂衣而入免幹爲庶人太宰劉易

及大將軍劉敷御史大夫陳元達金紫光祿大夫王延等詣闕諫曰臣聞善人者乾坤之紀政教之本也邪佞者宇宙之螟螣王化之蟊賊也故文王以多士基周桓靈以群閹亡漢國之興亡未有不由此也自古明王之世未嘗有宦者與政武元安順豈足爲故事乎今王沈等乃處常伯之位握生死與奪於中勢傾海內愛憎任之矯弄詔旨欺誣日月內諂陛下外佞相國威權之重侔於人主矣王公見之駭目卿宰望塵下車銓衡迫之選舉不復以實士以屬舉政以賄成多樹姦徒殘毒忠善知王琰等忠臣必盡節於陛下懼其姦萌發露陷之極刑陛下不垂三察猥加誅戮怨感穹蒼痛入九泉四海悲惋賢愚傷懼沈等皆刀鋸之餘背恩忘義之類豈能如士人君子感恩展效以荅乾澤也陛下何故親近之何故貴任之昔齊桓公任易牙而亂孝懷委黃皓而滅此皆覆車於前殷鑒不遠比年地震日蝕雨血火災皆沈等之由願陛下割翦凶醜與政之流引尚書御史朝省萬機相國與公卿五日一入會

議政事使大臣得極其言忠臣得逞其意則衆災自弭和氣呈祥
今遺晉未殄巴蜀未賓石勒潛有跨趙魏之志曹嶷密有王全齊
之心而復以沉等助乱大政陛下心腹四支何處無患復誅巫咸
戮扁鵲臣恐遂成桓侯膏肓之疾後雖欲療之其如病何請免沉
等官付有司定罪聰以表示沉等笑曰是兒等爲元達所引遂成
癡也寢之沉等頓首泣曰臣等小人過蒙陛下識拔幸得備灑掃
宮闈而王公朝士疾臣等如仇讎又深恨陛下願收大造之恩以
臣等膏之鼎鑊皇朝上下自然雍穆矣聰曰此等狂言恒然卿復
何足恨乎更以訪粲粲盛稱沉等忠清乃心王室聰大悅封沉等
爲列侯太宰劉易詣闕又上疏固諫聰大怒手壞其表易遂忿恚
而死元達哭之悲慟曰人之云亡邦國殄悴吾既不復能言安用
此默默生乎歸而自殺北地飢甚人相食噉羌酋大軍須運糧以
給麴昌劉雅擊敗之麴允與劉曜戰于磻石谷王師敗績允奔靈
武平陽大飢流叛死亡十有五六石勒遣石越率騎二万屯于并

州以懷撫叛者聰使黃門侍郎喬詩讓勒勒不奉命潛結曹嶷規
爲鼎峙之勢聰立上皇后樊氏即張氏之侍婢也時四后之外佩
皇后璽綬者七人朝廷內外無復綱紀阿諛日進貨賄公行軍旅
在外飢疫相仍後宮賞賜動至千萬劉敷屢泣言之聰不納怒曰
爾欲得使汝公死乎朝朝夕夕生來哭人敷憂忿發病而死河東
大蝗唯不食黍豆靳準率部人收而埋之哭聲聞於十餘里後乃
鑽土飛出復食黍豆平陽飢甚司隸部人奔于冀州二十萬戶石
越招之故也犬與豕交于相國府門又交于宮門又交司隸御史
門有豕著進賢冠升聰坐犬冠武冠帶綬與豕並升俄而鬬死殿
上宿衛莫有見其入者而聰昏虐愈甚無誡懼之心讌群臣于光
極前殿引見其太弟乂容貌毀悴鬢髮蒼然涕泣陳謝聰亦對之
悲慟縱酒極歡待之如初劉曜陷長安外城愍帝使侍中宋敞送
牋于曜帝肉袒牽羊輿櫬銜璧出降及至平陽聰以帝爲光祿大
夫懷安侯使粲告于太廟大赦境內改年麟嘉麴允自殺聰東宮

四門無故自壞後內史女人化爲丈夫時聰子約死一指猶暖遂
不殯殮及蘇言見元海於不周山經五日遂復從至崐崘山三日
而復返於不周見諸王公卿將相死者悉在宮室甚壯麗號曰蒙
珠離國元海謂約曰東北有遮須夷國無主久待汝父爲之汝父
後三年當來來後國中大乱相殺害居家死亡略盡但可永明輩
十數人在耳汝且還後年當來見汝不久約拜辭而歸道遇一國
曰猗尼渠餘國引約入宮與約皮囊一枚曰爲吾遺漢皇帝約辭
而歸謂約曰劉郎後年來必見過當以小女相妻約歸置皮囊於
機上俄而蘇使左右機上取皮囊開之有一方白玉題文曰猗尼
渠餘國天王敬信遮須夷國天王歲在攝提當相見也馳使呈聰
聰曰若審如此吾不懼死也及聰死與此玉并葬焉時東宮鬼哭
赤虹經天南有一岐三日並照各有兩珥五色甚鮮客星歷紫宮
入於天獄而滅太史令康相言於聰曰蛇虹見彌天一岐南徹三
日並照客星入紫宮此皆大異其徵不遠也今虹達東西者許洛

以南不可圖也一岐南徹者李氏當仍跨巴蜀司馬叡終據全吳
之象天下其三分乎月爲胡王皇漢雖苞括二京龍騰九五然世
雄燕代肇基北朔太陰之變其在漢域乎漢既據中原歷命所屬
紫宮之異亦不在他此之深重胡可盡言石勒鴟視趙魏曹嶷狼
顧東齊鮮卑之衆星布燕代齊代燕趙皆有將大之氣願陛下以
東夏爲慮勿顧西南吳蜀之不能北侵猶大漢之不能南向也今
京師寡弱勒衆精盛若盡趙魏之銳燕之突騎自上黨而來曹嶷
率三齊之衆以繼之陛下將何以抗之紫宮之變何必不在此乎
願陛下早爲之所無使兆人生心陛下誠能發詔外以遠追秦皇
漢武循海之事內爲高祖圖楚之計無不剋矣聰覽之不悅劉粲
使王平謂劉乂曰適奉中詔云京師將有變勑裹甲以備之乂以
爲信然令命宮臣裹甲以居粲馳遣告靳準王沉等曰向也王平
告云東宮陰備非常將若之何準白之聰大驚曰豈有此乎王沉
等同聲曰臣等久聞但恐言之陛下弗信於是使粲圍東宮粲遣

沉準收氐羌酋長十餘人窮問之皆懸首高格燒鐵灼目乃自誣與乂同造逆謀聰謂沉等言曰而今而後吾知卿等忠於朕也當念為知無不言勿恨往日言不用也於是誅乂素所親厚大臣及東宮官屬數十人皆靳準及閹豎所怨也廢乂為北部王粲使準賊殺之坑士眾萬五千餘人平陽街巷為之空氐羌叛者十餘萬落以靳準行車騎大將軍以討之時聰境內大蝗平陽冀雍尤甚靳準討之震其二子而死河汾大溢漂沒千餘家東宮災異門閤宮殿蕩然立粲為皇太子大赦殊死已下以粲領相國大單于總攝朝政如前聰校獵上林以帝行車騎將軍戎服執戟前導行三驅之禮粲言於聰曰今司馬氏跨據江東趙固李矩同逆相濟興兵聚眾者皆以子鄴為名不如除之以絕其望聰然之趙固郭默攻其河東至於絳邑右司隸部人盜牧馬負妻子奔之者三萬餘騎騎兵將軍劉勳追討之殺萬餘人固默引歸劉頡遮邀擊之為固所敗使粲及劉雅等伐趙固次于小平津固揚言曰要當生縛

劉粲以贖天子聰聞而惡之李矩使郭默郭誦救趙固屯于洛汭遣耿稚張皮潛濟襲粲貝丘王翼光自厘城覘之以告粲粲曰征北南渡趙固望聲逃竄彼方憂自固何暇來邪且聞上身在此自當不敢北視況敢濟乎不須驚動將士也是夜稚等襲敗粲軍粲奔據陽鄉稚館穀粲壘雅聞而馳還柵于壘外與稚相持聰聞粲敗使太尉范隆率騎赴之稚等懼率眾五千突圍趨北山而南劉勳追之戰于河陽稚師大敗死者三千五百人投河死者千餘人聰所居螽斯則百堂災焚其子會稽王衷已下二十有一人聰聞之自投於牀哀塞氣絕良久乃蘇平陽西明門社自亡霍山崩署其驃騎大將軍濟南王劉驥為大將軍都督中外諸軍事錄尚書衛大將軍齊王劉勱為大司徒中常侍王沉養女年十四有妙色聰立為左皇后尚書令王鑒中書監崔懿之中書令曹恂等諫曰臣聞王者之立后也將以上配乾坤之性象二儀敷育之義生承宗廟母臨天下亡配后土執饋皇姑必擇世德名宗幽閑淑令副四海之望稱神祇之心是故周文造舟姒氏以興關雎之化饗則百世之祚永孝成任心縱欲以婢為后使皇統亡絕社稷淪傾有周之隆既如彼矣大漢之禍又如此矣從麟嘉以來乱淫於色縱沉之弟女刑餘小醜猶不可塵瓊寢汙清廟況其家婢邪六宮妃嬪皆公子公孫奈何一旦以婢主之何異象榱玉簀而對腐木朽楹哉臣恐無福於國家也聰覽之大怒使宣懷謂粲曰鑒等小子慢侮國家狂言自口無復君臣上下之禮其速考竟於是收鑒等送市金紫光祿大夫王延馳將入諫門者弗通鑒等臨刑王沉以杖叩之曰庸奴復能為惡乎乃公何與汝事鑒瞋目叱之曰豎子使皇漢滅者坐汝鼠輩與靳準耳要當訴汝於先帝取汝等於地下懿之曰靳準梟聲鏡形必為國患汝既食人人亦當食汝皆斬之聰又立其中常侍宣懷養女為中皇后鬼哭於光極殿又哭於建始殿雨血平陽廣袤十里時聰子約已死至是晝見聰甚惡之謂粲曰吾寢疾惙頓怪異特甚往以約之言為妖比累日見之此

兒必來迎吾也何圖人死定有神靈如是吾不悲死也今世難未夷非諒闇之日朝終夕殮旬日而葬徵劉曜為丞相錄尚書輔政固辭乃止仍以劉景為太宰劉驥為大司馬劉顗為太師朱紀為太傅呼延晏為太保並錄尚書事范隆守尚書令儀同三司靳準為大司空領司隸校尉皆迭決尚書奏事太興元年聰死在位九年偽諡曰昭武皇帝廟號烈宗

粲字士光少而儁傑才兼文武自為宰相威福任情疎遠忠賢昵近姦佞任性嚴刻無恩惠距諫飾非好興造宮室相國之府仿像紫宮在位無幾作兼晝夜飢困窮叛死亡相繼粲弗之恤也既嗣偽位尊聰后靳氏為皇太后樊氏號弘道皇后宣氏號弘德皇后王氏號弘孝皇后靳等年皆未滿二十並國色也粲晨夜烝淫於內志不在哀立其妻靳氏為皇后子元公為太子大赦境內改元漢昌雨血于平陽靳準將有異謀私於粲曰如聞諸公將欲行伊尹霍光之事謀先誅太保及臣以大司馬統萬幾陛下若不先之

臣恐禍之來也不晨則夕粲弗納準懼其言之不從謂聰二靳氏曰今諸公侯欲廢帝立濟南王恐吾家無復種矣盍言之於帝二靳承間言之粲誅其太宰上洛王劉景太師昌國公劉顗大司馬濟南王驥大司徒齊王劉勱等太傅朱紀太尉范隆出奔長安又誅其車騎大將軍吴王劉逞驥母弟也粲大閱上林謀討石勒以靳準爲大將軍録尚書事粲荒耽酒色游讌後庭軍國之事一決於準準矯粲命以從弟明爲車騎將軍康爲衛將軍準將作乱以金紫光禄大夫王延耆德時望謀之于延延弗從馳將告之遇靳康劫延以歸準勒兵入宮升其光極前殿下使甲士執粲數而殺之劉氏男女無少長皆斬于東市發掘元海聰墓焚燒其宗廟鬼大哭聲聞百里準自號大將軍漢大王置百官遣使稱藩于晉左光禄劉雅出奔西平尚書北宮純胡崧等招集晉人堡於東宮靳康攻滅之準將以王延爲左光禄延罵曰屠各逆奴何不速殺我以吾左目置西陽門觀相國之入也右目置建春門觀大將軍之入也準殺之

陳元達字長宏後部人也本姓高以生月妨父故改云陳少而孤貧常躬耕兼誦書樂道行詠忻忻如也至年四十不與人交通元海之爲左賢王聞而招之元達不荅及元海僭號人謂元達曰往劉公相屈君蔑而不顧今稱號龍飛君其懼乎元達笑曰是何言邪彼人姿度卓犖有籠羅宇宙之志吾固知之久矣然往日所以不往者以期運未至不能無事喧喧彼自有以亮吾矣卿但識之吾恐不過二三日驛書必至其暮元海果徵元達爲黄門郎人曰君殆聖乎既至引見元海曰卿若早來豈爲郎官而已元達曰臣惟性之有分盈分者巔臣若早叩天門者恐大王賜處於九卿納言之間此則非臣之分臣將何以堪之是以抑情盤桓待分而至大王無過授之謗小臣免招寇之禍不亦可乎元海大悦在位忠謇屢進讜言退而削草雖子弟莫得而知也聰每謂元達曰卿當畏朕反使朕畏卿乎元達叩頭謝曰臣聞師臣者王友臣者霸臣

誠愚闇無可採也幸邀陛下垂齊桓納九九之義故使微臣得盡愚忠昔世宗遥可汲黯之奏故能恢隆漢道桀紂誅諫幽厲弭謗是以三代之亡也忽焉陛下以大聖應期挺不世之量能遠捐商周覆國之弊近模孝武光漢之美則天下幸甚群臣知免及其死也人盡冤之

載記第二　　　　晉書百二

劉曜字永明元海之族子也少孤見養於元海幼而聰慧有奇度年八歲從元海獵于西山遇雨止樹下迅雷震樹旁人莫不顚仆曜神色自若元海異之曰此吾家千里駒也從兄爲不亡矣身長九尺三寸垂手過膝生而眉白目有赤光鬚髯不過百餘根而皆長五尺性拓落高亮與衆不群讀書志於廣覽不精思章句善屬文工草隸雄武過人鐵厚一寸射而洞之于時號爲神射尤好兵書略皆闇誦常輕侮吳鄧而自比樂毅蕭曹時人莫之許也惟聰每曰永明世祖魏武之流何數公足道哉弱冠游于洛陽坐事當誅亡匿朝鮮遇赦而歸自以形質異衆恐不容于世隱迹管涔山以琴書爲事嘗夜閑居有二童子入跪曰管涔王使小臣奉謁趙皇帝獻劒一口置前再拜而去以燭視之劒長二尺光澤非常赤玉爲室背上有銘曰神劒御除衆毒曜遂服之劒隨四時而變爲

五色元海世頻歷顯職後拜相國都督中外諸軍事鎭長安靳準之難自長安赴之至于赤壁太保呼延晏等自平陽奔之與太傅朱紀太尉范隆等上尊號曜以大興元年僭即皇帝位大赦境內惟準一門不在赦例改元光初以朱紀領司徒呼延晏領司空范隆以下悉復本位使征北劉雅鎭北劉策次于汾陰與石勒爲掎角之勢靳準遣侍中卜泰降于勒勒囚泰送之曜曜謂泰曰先帝末年實乱大倫群閹撓政誅滅忠良誠是義士匡討之秋司空執心忠烈行伊霍之權拯濟塗炭使朕及此勳高古人德格天地朕方寧濟大艱終不以非命及君子賢人司空若執忠誠早迎大駕者政由靳氏祭則寡人以朕此意布之司空宣之朝士泰還平陽具宣曜旨準自以殺曜母兄沉吟未從尋而喬泰王騰靳康馬忠等殺準推尚書令靳明爲盟主遣卜泰奉傳國六璽降于曜曜大悅謂泰曰使朕獲此神璽而成帝王者子也石勒聞之怒甚增兵攻之明戰累敗遣使求救於曜曜使劉雅劉策等迎之明率平陽士女萬五千歸于曜曜命誅明靳氏男女無少長皆殺之使劉雅迎母胡氏喪于平陽還葬粟邑墓號陽陵僞謚宣明皇太后僭尊高祖父亮爲景皇帝曾祖父廣爲獻皇帝祖防懿皇帝考曰宣成皇帝徙都長安起光世殿於前紫光殿於後立其妻羊氏爲皇后子熈爲皇太子封子襲爲長樂王闡太原王沖淮南王敞齊王高魯王徽楚王衘諸宗室皆進封郡王繕宗廟社稷南北郊以水承晉金行國號曰趙牲牡尚黑旗幟尚玄冒頓配天元海配上帝大赦境內殊死已下黃石屠各路松多起兵於新平扶風聚衆數千附于南陽王保保以其將楊曼爲雍州刺史王連爲扶風太守據陳倉張顗爲新平太守周庸爲安定太守據陰密松多下草壁秦隴氐羌多歸之曜遣其車騎劉雅平西劉厚攻楊曼于陳倉二旬不剋曜率中外精銳以赴之行次雍城太史令弁廣明言於曜曰昨夜妖星犯月師不宜行乃止勅劉雅等攝圍固壘以待大軍地震長安尤甚時曜妻羊氏有殊寵頗與政事陰有餘之徵也三年曜

發雍攻陳倉曼連謀曰諜者適還云其五牛旗建多言胡主自來其鋒恐不可當也吾糧廪既少無以支久若頓軍城下圍人百日不待兵刃而吾自滅不如率見衆以一戰如其勝也關中不待檄而至如其敗也一等死早晚無在遂盡衆背城而陣爲曜所敗王連死之楊曼奔于南氐曜進攻草壁又陷之松多奔隴城進陷安定保懼遷于桑城氐羌悉從之曜振旅歸于長安署劉雅爲大司徒晉將李矩襲金墉剋之曜左中郎將宋始振威宋恕降于石勒署其大將軍廣平王岳爲征東大將軍鎭洛陽會三軍疫甚岳遂屯澠池石勒遣石生馳應宋始等軍勢甚盛曜將尹安趙愼等以洛陽降生岳乃班師鎭于陝城西明門內大樹風吹折經一宿樹撥變爲人形髮長一尺鬚眉長三寸皆黃白色有斂手之狀亦有兩脚著裙之形惟無目鼻每夜有聲十日而生柯條遂成大樹枝葉甚茂長水校尉尹車謀反潛結巴酋徐庫彭曜乃誅車囚庫彭等五十餘人于阿房將殺之光祿大夫游子遠固諫曜不從子遠

叩頭流血曜大怒幽子遠而盡殺庫彭等尸諸街巷之中十日乃投之於水於是巴氐盡叛推巴歸善王句渠知爲主四山羌氐巴羯應之者三十餘萬關中大亂城門晝閉子遠又從獄表諫曜怒甚毀其表曰大荔奴不憂命在須臾猶敢如此嫌死晚邪叱左右速殺之劉雅朱紀呼延晏等諫曰子遠幽而尚諫者所謂忠於社稷不知死之將至陛下縱弗能用柰何殺之若子遠朝誅臣等亦暮死以彰陛下過差之咎天下之人皆當去陛下蹈西海而死耳陛下復與誰居乎曜意解乃赦之於是勅內外戒嚴將親討渠知子遠進曰陛下誠能納愚臣之計者不勞大駕親動一月之中可使清定曜曰卿試言之子遠曰彼匪有大志希竊非望也但逼於陛下峻網耳今死者不可追莫若赦諸逆人之家老弱沒奚官者使迭相撫育聽其復業大赦與之更始彼生路既開不降何待若渠知自以罪重不即下者願假臣弱兵五千以爲陛下梟之不敢勞陛下之將帥也不爾者今賊黨既衆弥川被谷雖以天威臨之

恐非年歲可除曜大悅以子遠爲車騎大將軍開府儀同三司都督雍秦征討諸軍事大赦境內子遠次于雍城降者十餘万進軍安定氐羌悉下惟句氐宗黨五千餘家保于陰密進攻平之遂振旅循隴右陳安郊迎先是上郡氐羌十餘萬落保嶮不降酋大虛除權渠自號秦王子遠進師至其壁下權渠率衆來距五戰敗之權渠恐將降其子伊餘大言於衆曰往劉曜自來猶無若我何況此偏師而欲降之率勁卒五萬晨壓壘門左右勸戰子遠曰吾聞伊餘之勇當今無敵士馬之彊復非其匹又其父新敗怒氣甚盛且西戎剽勁鋒鋭不可擬也不如緩之使氣竭而擊之乃堅壁不戰伊餘有驕色子遠候其無備夜誓衆蓐食晨大風霧子遠曰天贊我也躬先士卒掃壁而出遲明覆之生擒伊餘悉俘其衆權渠大懼被髮剺面而降子遠啓曜以權渠爲征西將軍西戎公分徙伊餘兄弟及其部落二十餘萬口于長安西戎之中權渠部最強皆稟其命而爲寇暴權渠既降莫不歸附曜大悅讌群臣于東堂

語及平生泫然流涕遂下書曰蓋褒德惟舊聖后之所先念惠録孤明王之恒典是以世祖草創河北而致封於嚴尤之孫魏武勤兵梁宋追慟於橋公之墓前新贈大司徒烈愍公崔岳中書令曹恂晉陽太守王忠太子洗馬劉綏等或識朕於童齓之中或濟朕於艱窘之極言念君子實傷我心詩不云乎中心藏之何日忘之岳漢昌之初雖有褒贈屬否運之際禮章莫備今可贈岳使持節侍中大司徒遼東公恂大司空南郡公綏左光祿大夫平昌公忠鎮軍將軍安平侯並加散騎常侍但皆丘墓夷滅申哀莫由有司其速班訪岳等子孫授以茅土稱朕意焉初曜之亡與曹恂奔於劉綏綏匿之於書匱載送於忠忠送之朝鮮歲餘飢窘變姓名客爲縣卒岳爲朝鮮令見而異之推問所由曜叩頭自首流涕求哀岳曰卿謂崔元嵩不如孫賓碩乎何懼之甚也今詔捕卿甚峻百姓問不可保也此縣幽僻勢能相濟縱有大急不過解印綬與卿俱去耳吾既門衰無兄弟之累身又薄祐未有兒子卿猶吾子弟

也勿爲過憂大丈夫處身立世鳥獸投人要欲濟之而況君子乎給以衣服資供書傳曜遂從岳質通疑滯恩顧甚厚岳從容謂曜曰劉生姿宇神調命世之才也四海脫有微風搖之者英雄之魁卿其人矣曹恂雖於屯厄之中事曜有君臣之禮故皆德之曜立太學於長樂宮東小學於未央宮西簡百姓年二十五已下十三已上神志可教者千五百人選朝賢宿儒明經篤學以教之以中書監劉均領國子祭酒置崇文祭酒秩次國子散騎侍郎董景道以明經擢爲崇文祭酒以游子遠爲大司徒曜命起酆明觀立西宮建陵霄臺於鄗池又將於霸陵西南營壽陵侍中喬豫和苞上疏諫曰臣聞人主之興作也必仰準乾象俯順人時是以衛文承亂亡之後宗廟社稷流漂無所而猶上候營室以構楚宮彼其急也猶尚若茲故能興康叔武公之迹以延九百之慶也奉詔書將營酆明觀市道芻蕘咸以非之曰一觀之功可以平涼州矣又奉勑旨復欲擬阿房而建西宮模瓊臺而起陵霄此則費万酆明功

億前役也以此功費亦可以呑吳蜀翦齊魏矣陛下何爲於中興之日而蹤亡國之事自古聖王人誰無過陛下此役實爲過舉過貴在能改終之實難又伏聞敕旨將營建壽陵周迴四里下深二十五丈以銅爲棺槨黃金飾之恐此功費非國內所能辦也且臣聞堯葬穀林市不改肆顓頊葬廣陽下不及泉聖王之所終也如是秦皇下錮三泉周輪七里身亡之後毀不旋踵闇主之所終也如此向魋石槨孔子以爲不如速朽王孫倮葬識者嘉其矯世自古無有不亡之國不掘之墓故聖王知厚葬之招害也故不爲之臣子之於君父陵墓豈不欲高廣如山岳哉但以保全始終安固萬世爲優耳興亡奢儉冏然於前惟陛下覽之曜大悅下書曰二侍中懇懇有古人之風烈矣可謂社稷之臣也非二君朕安聞此言乎以孝明於承平之世四海無虞之日尚納鍾離一言而罷北宮之役況朕之闇眇當今極弊而可不敬從明誨乎今敕悉停壽陵制度一遵霸陵之法詩不云乎無言不酬無德不報其封豫安

昌子苞平輿子並領諫議大夫可敷告天下使知區區之朝思聞過也自今政法有不便於時不利社稷者其詣闕極言勿有所諱省酆水囿以與貧戶終南山崩長安人劉終於崩所得白玉方一尺有文字曰皇亡皇亡敗趙昌井水竭構五梁咢酉小衰困囂喪嗚呼嗚呼赤牛奮靷其盡乎時群臣咸賀以爲勒滅之徵曜大悅齋七日而後受之於太廟大赦境內以終爲奉瑞大夫中書監劉均進曰臣聞國主山川故山崩川竭君爲之不舉終南京師之鎮國之所瞻無故而崩其凶焉可極言昔三代之季其災也如是今朝臣皆言祥瑞臣獨言非誠上忤聖旨下違衆議然臣不達大理竊所未同何則玉之於山石也猶君之於臣下山崩石壞象國傾人亂皇亡皇亡敗趙昌者此言皇室將爲趙所敗趙因之而昌今大趙都於秦雍而勒跨全趙之地趙昌之應當在石勒不在我也井水竭構五梁者井謂東井秦之分也五謂五車梁謂大梁五車大梁趙之分也此言秦將竭滅以構成趙也咢者歲之次名作咢

也言歲馭作咢酉之年當有敗軍殺將之事困謂困敦歲在子之年名玄囂亦在子之次言歲馭於子國當喪亡赤牛奮靷謂赤奮若在丑之歲名也牛謂牽牛東北維之宿丑之分也言歲在丑當滅亡盡無復遺也此其誡悟蒸蒸欲陛下勤脩德化以禳之縱爲嘉祥尚願陛下夕惕以荅之書曰雖休勿休願陛下追蹤周旦盟津之美捐鄗號公夢廟之凶謹歸沐浴以待妖言之誅曜憮然改容御史劾均狂言瞽說誣罔祥瑞請依大不敬論曜曰此之災瑞誠不可知深戒朕之不德朕收其忠惠多矣何罪之有乎曜親征氐羌仇池楊難敵率衆來距前鋒擊敗之難敵退保仇池仇池諸氐羌多降於曜曜後復西討楊韜于南安韜懼與隴西太守梁勛等降于曜皆封列侯使侍中喬豫率甲士五千遷韜等及隴右萬餘戶于長安曜又進攻仇池時曜寢疾兼癘疫甚議欲班師恐難敵躡其後乃以其尚書郎王獷爲光國中郎將使于仇池以說難敵難敵於是遣使稱藩曜大悅署難敵爲使持節侍中假黃鉞都督

益寧南秦涼梁巴六州隴上西域諸軍事上大將軍益寧南秦三州牧領護南氐校尉寧羌中郎將武都王子弟爲公侯列將二千石者十五人陳安請朝曜以疾篤不許安怒且以曜爲死也遂大掠而歸曜疾甚篤馬輿而還使其將呼延寔監輜重於後陳安率精騎要之于道寔奔戰無路與長史魯憑俱沒于安安因寔而謂之曰劉曜已死子誰輔哉孤當與足下終定大業寔叱安曰狗輩汝荷人榮寵處不疑之地前背司馬保今復如此汝自視何如主上憂汝不久梟首上邽通衢何謂大業可速殺我懸我首於上邽東門觀大軍之入城也安怒遂殺之以魯憑爲參軍又遣其弟集及將軍張明等率騎二萬追曜曜衛軍呼延瑜逆戰擊斬之悉俘其衆安懼馳還上邽曜至自南安陳安使其將劉烈趙罕襲汧城拔之西州氐羌悉從安安士馬雄盛衆十餘萬自稱使持節大都督假黃鉞大將軍雍涼秦梁四州牧涼王以趙募爲相國領左長史魯憑對安大哭曰吾不忍見陳安之死也安怒命斬之憑曰死

自吾分懸吾頭於秦州通衢觀趙之斬陳安也遂殺之曜聞憑死悲慟曰賢人者天下之望也害賢人是塞天下之情夫承平之君猶不敢乖臣妾之心況於四海乎陳安今於招賢採哲之秋而害君子絕當時之望吾知其無能爲也休屠王石武以桑城降曜大悅署武爲使持節都督秦州隴上雜夷諸軍事平西大將軍秦州刺史封酒泉王曜后羊氏死僞謚獻文皇后羊氏內有特寵外參朝政生曜三子熙襲闡曜始禁無官者不聽乘馬祿八百石已上婦女乃得衣錦繡自季秋農功畢乃聽飲酒宗廟社稷之祭不得殺牛犯者皆死曜臨太學引試學生之上第者拜郎中武功男子蘇撫陝男子伍長平並化爲女子石言於陝若言勿東者曜將葬其父及妻親如粟邑以規度之負土爲墳其下周迴二里作者繼以脂燭怨呼之聲盈于道路游子遠諫曰臣聞聖主明王忠臣孝子之於終葬也棺足周身槨足周棺藏足周槨而已不封不樹爲無窮之計伏惟陛下聖慈幽被神鑒洞遠每以清儉恤下爲先社

稷資儲爲本今二陵之費至以億計計六萬夫百日作所用六百萬功二陵皆下錮三泉上崇百尺積石爲山增土爲阜發掘古塚以千百數役夫呼嗟氣塞天地暴骸原野哭聲盈衢臣竊謂無益於先皇先后而徒喪國之儲力陛下脫仰尋堯舜之軌者則功不盈百万費亦不過千計下無怨胥上無怨人先帝先后有太山之安陛下饗舜禹周公之美惟陛下察焉曜不納乃使其將劉岳等帥騎一萬迎父及弟暉喪於太原疫氣大行死者十三四上洛男子張盧死二十七日有盜發其塚者盧得蘇曜葬其父墓號永垣陵葬妻羊氏墓號顯平陵大赦境內殊死已下賜人爵二級孤老貧病不能自存者帛各有差太寧元年陳安攻曜征西劉貢于南安休屠王石武自桑城將攻上邽以解南安之圍安聞之懼馳歸上邽遇於瓜田武以衆寡不敵奔保張春故壘安引軍追武曰叛逆胡奴要當生縛此奴然後斬劉貢武閉壘距之貢敗安後軍俘斬萬餘安馳還赴救貢逆擊敗之俄而武騎大至安衆大潰收騎

八千奔于隴城貢乃留武督後衆躬先士卒戰輒敗之遂圍安于隴城大雨霖震曜父墓門屋大風飄發其父寢堂于垣外五十餘步曜避正殿素服哭于東堂五日使其鎮軍劉襲太常梁胥等繕復之松柏衆木植已成林至是悉枯置其大司馬劉雅爲太宰加劒履上殿入朝不趨讚拜不名給千兵百騎甲仗百人入殿增班劒六十人前後鼓吹各二部曜親征陳安圍安于隴城安頻出挑戰累擊敗之斬獲八千餘級右軍劉幹攻平襄克之隴上諸縣悉降曲赦隴右殊死已下惟陳安趙募不在其例安留楊伯支姜沖兒等守隴城帥騎數百突圍而出欲引上邽平襄之衆還解隴城之圍安既出知上邽被圍平襄已敗乃南走陝中曜使其將軍平先丘中伯率勁騎追安頻戰敗之俘斬四百餘級安與壯士十餘騎於陝中格戰安左手奮七尺大刀右手執丈八蛇矛近交則刀矛俱發輒害五六遠則雙帶鞬服左右馳射而走平先亦壯健絕人勇捷如飛與安搏戰三交奪其蛇矛而退會日暮雨甚安棄馬

與左右五六人步踰山嶺匿于溪澗翌日尋之遂不知所在會連雨始霽輔威呼延清尋其徑迹斬安于澗曲曜大悅安善於撫接吉凶夷險與衆同之及其死隴上歌之曰隴上壯士有陳安軀幹雖小腹中寬愛養將士同心肝驪驄父馬鐵瑕鞍七尺大刀奮如湍丈八蛇矛左右盤十盪十決無當前戰始三交失蛇矛棄我驪驄竄巖幽爲我外援而懸頭西流之水東流河一去不還奈子何曜聞而嘉傷命樂府歌之楊伯支斬姜沖兒以隴城降宋亭斬趙募以上邽降徙秦州大姓楊姜諸族二千餘戶于長安氐羌悉下並送質任時劉岳與涼州刺史張茂相持于河上曜自隴長驅至西河戎卒二十八萬五千臨河列營百餘里中鐘鼓之聲沸河動地自古軍旅之盛未有斯比茂臨河諸戍皆望風奔退揚聲欲百道俱渡直至姑臧涼州大悑人無固志諸將咸欲速濟曜曰吾軍旅雖盛不踰魏武之東也畏威而來者三有二焉中軍宿衞已皆疲老不可用也張氏以吾新平陳安師徒殷盛以形聲言之非彼

五郡之衆所能抗也必怖而歸命受制稱藩吾復何求卿等試之不出中旬張茂之表不至者吾爲負卿矣茂懼果遣使稱藩獻馬一千五百匹牛三千頭羊十萬口黃金三百八十斤銀七百斤女妓二十人及諸珍寶珠玉方域美貨不可勝紀曜大悅使其大鴻臚田崧署茂使持節假黃鉞侍中都督涼南北秦梁益巴漢隴右西域雜夷匈奴諸軍事太師領大司馬涼州牧領西域大都護護氐羌校尉涼王曜至自河西遣胡元增其父及妻墓高九十尺楊難敵以陳安旣平内懷危懼奔于漢中鎭西劉厚追擊之獲其輜重千餘兩士女六千餘人還之仇池曜以大鴻臚田崧爲鎭南大將軍益州刺史鎭仇池以劉岳爲侍中都督中外諸軍事進封中山王初靳準之亂曜世子胤沒于黑匿郁鞠部至是胤自言郁鞠大驚資給衣馬遣子送之曜對胤悲慟嘉郁鞠忠款署使持節散騎常侍忠義大將軍左賢王胤字義孫美姿貌善機對年十歲身長七尺五寸眉鬢如畫聰奇之謂曜曰此兒神氣豈同義眞乎固

當應爲卿之冢嫡卿可思文王廢伯邑考立武王之意也曜曰臣之藩國僅能守祭祀便足矣不可以亂長幼之倫也聰曰卿勳格天地國兼百城當世祚太師受專征之任五侯九伯得專征之者卿之子孫奈何言同諸藩國也義眞旣不能遠追太伯高讓之風吾不過爲卿封之以一國義眞曜子儉之字也於是封儉爲臨海王立胤爲世子胤雖少離屯難流蹟殊荒而風骨俊茂奕朗卓然身長八尺三寸髮與身齊多力善射驍捷如風雲曜因以重之其朝臣亦屬意焉曜於是顧謂群下曰義孫可謂歲寒而不凋涅而不淄者矣義光雖先已樹立然沖幼儒謹恐難乎爲今世之儲貳也懼非所以上固社稷下愛義光義孫年長明德又先世子也朕欲遠追周文近蹤光武使宗廟有太山之安義光饗無彊之福於諸卿意如何其太傅呼延晏等咸曰陛下遠擬周漢爲國家無窮之計豈惟臣等賴之實亦宗廟四海之慶左光祿卜泰太子太保韓廣等進曰陛下若以廢立爲是也則不應降日月之明垂訪群

下若以爲疑也固思聞臣等異同之言竊以誠廢太子非也何則昔周文以未建之前擇聖表而超樹之可也光武緣母色而廢立豈足爲聖朝之模範光武誠以東海纂統何必不如明帝皇子胤文武才略神度弘遠信獨絕一時足以擬蹤周發然太子孝友仁慈志尚沖雅亦足以堂負聖基爲承平之賢主何況儲宮者六合人神所繫望也不可輕以廢易陛下誠實爾者臣等有死而已未敢奉詔曜默然胤前泣曰慈父之於子也當務存尸鳩之仁何可替熙而立臣也陛下謬恩乃爾者臣請死於此以明赤心且陛下若愛忘其醜以臣微堪指授亦當能輔導義光仰遵聖軌因歔欷流涕悲感朝臣曜亦以太子羊氏所生羊有寵哀之不忍廢乃止追謚前妻卜氏爲元悼皇后胤之母也卜泰胤之舅曜嘉之拜上光祿大夫儀同三司領太子太傅封胤爲永安王署侍中衞大將軍都督二宮禁衞諸軍事開府儀同三司錄尚書事領太子太傅號曰皇子命熙於胤盡家人之禮時有鳳皇將五子翔於故未央

殿五日悲鳴不食皆死曜立后劉氏石勒將石他自鴈門出上郡襲安國將軍北羌王盆句除俘三千餘落獲牛馬羊百餘万而歸曜大怒投袂而起是日次于渭城遣劉岳追之曜次于富平爲岳聲援岳及石他戰于河濱敗之斬他及其甲士一千五百級赴河死者五千餘人悉收所虜振旅而歸楊難敵自漢中還襲仇池剋之執田崧立之於前難敵左右叱崧令拜崧瞋目叱之曰氐狗安有天子牧伯而向賊拜乎難敵曰子岱吾當與子終定大事子謂劉氏可爲盡忠吾獨不可乎崧厲色大言曰若賊氐奴才安敢欲希覬非分吾寧爲國家鬼豈可爲汝臣何不速殺我顧排一人取其劒前刺難敵不中爲難敵所殺曜遣劉岳攻石生于洛陽配以近郡甲士五千宿衞精卒一萬濟自盟津鎭東呼延謨率荊司之衆自崤澠而東岳攻石勒盟津石梁二戍剋之斬獲五千餘級進圍石生于金墉石季龍率步騎四万入自成皐關岳陳兵以待之戰于洛西岳師敗績岳中流矢退保石梁季龍遂塹柵列圍遏絕

内外岳衆飢甚殺馬食之季龍又敗呼延謨斬之曜親率軍援岳
季龍率騎三万來距曜前軍劉黒大敗季龍將石瞻于八特坂曜
次于金谷夜無故大驚軍中潰散乃退如澠池夜中又驚士卒奔
潰遂歸長安季龍執劉岳及其將王騰等八十餘人并氐羌三千
餘人送于襄國坑士卒一萬六千曜至自澠池素服郊哭七日乃
入城武功豕生犬上邽馬生牛及諸妖變不可勝記曜命其公卿
各舉博識直言之士一人司空劉均舉參軍臺産曜親臨東堂遣
中黄門策問之産極言其故曜覽而嘉之引見東堂訪以政事産
流涕歔欷具陳災變之禍政化之闕辭旨諒直曜改容禮之卽拜
博士祭酒諫議大夫領太史令其後所言皆驗曜彌重之歲中三
遷歷位尚書光禄大夫太子少師位特進曜署劉胤為大司馬進
封南陽王以漢陽諸郡十三為國置單于臺于渭城拜大單于置
左右賢王已下皆以胡羯鮮卑氐羌豪傑為之曜自還長安憤恚
發病至是疾瘳曲赦長安殊死已下署其汝南王劉咸為太尉録

尚書事光禄大夫劉綏為大司徒卜泰為大司空曜妻劉氏疾甚
曜親省臨之問其所欲言劉泣曰妾叔父昶無子妾少養於叔恩
撫甚隆無以報德願陛下貴之妾叔皚女芳有德色願備後宫曜
許之言終而死偽謚獻烈皇后以劉昶為使持節侍中大司徒録
尚書事進封河南郡公封昶妻張氏為慈鄉君立劉皚女芳為皇
后追念劉氏之言也俄置驃騎劉述為大司徒劉昶為太保召公
卿已下子弟有勇幹者為親御郎被甲乘鎧馬動止自隨以充折
衝之任尚書郝述都水使者支當等固諫曜大怒鴆而殺之咸和
三年夜夢三人金面丹脣東向逡巡不言而退曜拜而履其跡旦
召公卿以下議之朝臣咸賀以為吉祥惟太史令任義進曰三者
歷運統之極也東方為震位王者之始次也金為兊位物衰落也脣
丹不言事之畢也逡巡揖讓退舍之道也為之拜者屈伏於人也
履跡而行慎不出疆也東井秦分也五車趙分也秦兵必暴起亡
主喪師留敗趙地遠至三年近七百日其應不遠願陛下思而防

之曜大懼於是躬親二郊飾繕神祠望秩山川靡不周及大赦殊
死已下復百姓租税之半長安自春不雨至於五月曜遣其武衛
劉朗率騎三萬襲楊難敵于仇池弗剋掠三千餘户而歸張駿聞
曜軍為石氏所敗乃去曜官號復稱晉大將軍涼州牧遣金城太
守張閬及枹罕護軍辛晏將軍韓璞等率衆數万人自大夏攻掠
秦州諸郡曜遣劉胤率步騎四萬擊之夾洮相持七十餘日冠軍
呼延那雞率親御郎二千騎絶其運路胤濟師逼之璞軍大潰奔
還涼州胤追之及于令居斬級二萬張閬辛晏率衆數萬降于曜
皆拜將軍封列侯石勒遣石季龍率衆四萬自軹關西入伐曜河
東應之者五十餘縣進攻蒲坂曜將東救蒲坂懼張駿楊難敵承
虛襲長安遣其河間王述發氐羌之衆屯于秦州曜盡中外精鋭
水陸赴之自衛關北濟季龍懼引師而退追之及于高侯大戰敗
之斬其將軍石瞻枕尸二百餘里收其資仗億計季龍奔于朝歌
曜遂濟自大陽攻石生于金墉決千金堨以灌之曜不撫士衆專

與嬖臣飲博左右或諫曜怒以為妖言斬之大風拔樹昏霧四塞
聞季龍進據石門續知勒自率大衆已濟始議增滎陽戍杜黄馬
關俄而洛水候者與勒前鋒交戰擒羯送之曜問曰大胡自來邪
其衆大小復如何羯曰大胡自來軍盛不可當也曜色變使攝金
墉之圍陳于洛西南北十餘里曜少而淫酒末年尤甚勒至曜將
戰飲酒數斗常乘赤馬無故跼頓乃乘小馬比出復飲酒斗餘至
於西陽門撝陣就平勒將石堪因而乘之師遂大潰曜昏醉奔退
馬陷石渠墜于冰上被瘡十餘通中者三為堪所執送于勒所曜
曰石王憶重門之盟不勒使徐光謂曜曰今日之事天使其然復
云何邪幽曜于河南丞廨使金瘡醫李永療之歸于襄國曜瘡甚
勒載以馬輿使李永與同載北苑市三老孫機上禮求見曜勒許
之機進酒于曜曰僕谷王關右稱帝皇當持重保土疆輕用兵敗
洛陽祚運窮天所亡開大分持一觴曜曰何以健邪當為翁飲勒
聞之悽然改容曰亡國之人足令老叟數之舍曜于襄國永豐小

城給其妓妾嚴兵圍守遣劉岳劉震等乘馬從男女衣幍以見曜曜曰久謂卿等爲灰土石王仁厚全宥至今而我殺石生負盟之甚今日之禍自其分耳留宴終日而去勒諭曜與其太子熙書令速降之曜但勑熙與諸大臣匡維社稷勿以吾易意也勒覽而惡之後爲勒所殺熙及劉胤劉咸等議西保秦州尚書胡勳曰今雖喪主國尚全完將士情一未有離叛可共并力距險走未晚也胤不從怒其沮衆斬之遂率百官奔于上邽劉厚劉策皆捐鎮奔之關中擾乱將軍蔣英辛恕擁衆數十萬據長安遣使招勒勒遣石生率洛陽之衆以赴之胤及劉遵率衆數萬自上邽將攻石生于長安隴東武都安定新平北地扶風始平諸郡戎夏皆起兵應胤胤次于仲橋石生固守長安勒使石季龍率騎二万距胤戰於義渠爲季龍所敗死者五千餘人胤奔上邽季龍乘勝追戰枕尸千里上邽潰季龍執其僞太子熙南陽王劉胤并將相諸王等及其諸卿校公侯已下三千餘人皆殺之徙其臺省文武關東流人秦

雍大族九千餘人于襄國又坑其王公等及五郡屠各五千餘人于洛陽曜在位十年而敗始元海以懷帝永嘉四年僭位至曜三世凡二十有七載以成帝咸和四年滅

史臣曰彼戎狄者人面獸心見利則棄君親臨財則忘仁義者也投之遐遠猶懼外侵而處以封畿窺我中釁昔者幽后不綱胡塵暗於戲水襄王失御戎馬生於關洛至於筭強弱妙兵權體興衰知利害於我中華未可量也況元海人傑必致青雲之上許以殊才不居庸劣之下是以策馬鴻騫乘機豹變五部高嘯一旦推雄皇枝相害未有與之爭衡者矣伊秩啓興王之略骨都論剋定之秋單于無北顧之懷獫狁有南郊之祭大哉天地茲爲不仁矣若乃習以華風溫乎雅度兼其舊俗則罕規模雖復石勒稱藩王弥效款終爲夷狄之邦未辯君臣之位至於不遠儒風虛襟正直則昔賢所謂并仁義而盜之者焉僞主斯亡玄明篡嗣樹恩戎旅旣總威權闢河開曩日之疆士馬倍前人之氣然則信不由中自乖弘遠貌之爲美處事難終縱武窮兵殘忠害謇讐佞人方轡並后載馳閹豎類於迴天凝科踰於炮烙遣豺狼之將逐鷹犬之師懸旌俯渭分麾陷洛鐵馬陵山胡笳遵渚粉忠貞於戎手聚搢紳於京觀先王井賦乃眷維桑舊都宮室咸成茂草墜露沾衣行人灑淚若乃上古敦厖不親其子功成高讓歸諸有德爰及三代乃用干戈將以拯厥版蕩恭膺天命懿彼武王躬之列辟載旆乘時興兵誓野投焚旣隕可以絕言而輕呂旁揮彤弧三發豈若嚮清蹕於常道之門馳金車於山陽之館故知黔首來蘇居今愛古白旗陳肆古不如今胡寇不仁有同豺豕役天子以行觴驅乘輿以執蓋庾珉之淚旣盡辛賓加之以血若乃有生之貴處死爲難弘在三之義忘七尺之重主憂之恨畢命同歸自古篡奪於斯爲甚是以災氣呈形賊臣茍乱政荒民散可以危亡劉聰竟得壽終非不幸也曜則天資虓勇運偶時艱用兵則王翦之倫好殺亦董公之亞而承基醜類或有可稱子遠納忠高旌蹔偃和苞獻直酆明罷觀

而師之所處荆棘生焉自絕彊藩禍成勁敵天之所厭人事以之駭戰士而宵奔酌戎杯而不醒有若假手同乎拾芥豈石氏之興歟何不支之甚也

贊曰惟皇不範邇甸居穹丹朱罕嗣冒頓爭雄胡旌颺月朔馬騰風埃塵淮浦虓呼河宮未央朝寂謻門旦空郭欽之慮辛有知戎

載記第三　晉書百三

載記第四

石勒上

石勒字世龍初名㔨上黨武鄉羯人也其先匈奴別部羌渠之胄祖耶奕于父周曷朱一名乞翼加並爲部落小率勒生時赤光滿室白氣自天屬于中庭見者咸異之年十四隨邑人行販洛陽倚嘯上東門王衍見而異之顧謂左右曰向者胡雛吾觀其聲視有奇志恐將爲天下之患馳遣收之會勒已去長而壯健有膽力雄武好騎射曷朱性凶麤不爲群胡所附每使勒代已督攝部胡愛信之所居武鄉北原山下草木皆有鐵騎之象家園中生人參花葉甚茂悉成人狀父老及相者皆曰此胡狀貌奇異志度非常其終不可量也勸邑人厚遇之時多嗤笑唯鄔人郭敬陽曲甯驅以爲信然並加資贍勒亦感其恩爲之力耕每聞鞞鐸之音歸以告其母母曰作勞耳鳴非不祥也大安中并州飢亂勒與諸小胡亡散乃自鴈門還依甯驅北澤都尉劉監欲縛賣之驅匿之獲免勒

於是潛詣納降都尉李川路逢郭敬泣拜言飢寒敬對之流涕以帶貨鬻食之并給以衣服勒謂敬曰今日大餓不可守窮諸胡飢甚宜誘將冀州就穀因執賣之可以兩濟敬深然之會建威將軍閻粹說并州刺史東嬴公騰執諸胡於山東賣充軍實騰使將軍郭陽張隆虜群胡將詣冀州兩胡一枷勒時年二十餘亦在其中數爲隆所毆辱敬先以勒屬郭陽及兄子時陽敬族兄也是以陽時每爲解請道路飢病賴陽時而濟既而賣與茌平人師懽爲奴有一老父謂勒曰君魚龍髮際上四道已成當貴爲人主甲戌之歲王彭祖可圖勒曰若如公言弗敢忘德忽然不見每耕作於野常聞鼓角之聲勒以告諸奴諸奴亦聞之因曰吾幼來在家恒聞如是諸奴歸以告懽懽亦奇其狀貌而免之懽家鄰於馬牧與牧率魏郡汲桑往來勒以能相馬自託於桑嘗傭於武安臨水爲游軍所囚會有群鹿傍過軍人競逐之勒乃獲免俄而又見一父老謂勒曰向群鹿者我也君應爲中州主故相救爾勒拜而受命遂

招集王陽夔安支雄冀保吳豫劉膺桃豹逯明等八騎爲群盜後郭敖劉徵劉寶張曀僕呼延莫郭黑略張越孔豚趙鹿支屈六等又赴之號爲十八騎復東如赤龍騄驥諸苑中乘苑馬遠掠繒寶以賂汲桑及成都王穎敗乘輿于蕩陰逼帝如鄴宮王浚以穎陵辱天子使鮮卑擊之穎懼挾惠帝南奔洛陽帝復爲張方所逼遷于長安關東所在兵起皆以誅穎爲名河間王顒懼東師之盛欲輯懷東夏乃奏議廢穎是歲劉元海稱漢王于黎亭穎故將陽平人公師藩等自稱將軍起兵趙魏衆至數萬勒與汲桑帥牧人乘苑馬數百騎以赴之桑始命勒以石爲姓勒爲名焉藩拜勒爲前隊督從攻平昌公模於鄴模使將軍馮嵩逆戰敗之藩濟自白馬而南濮陽太守茍晞討藩斬之勒與桑亡潛苑中桑以勒爲伏夜牙門帥牧人劫掠郡縣繫囚又招山澤亡命多附勒勒率以應之桑乃自號大將軍稱爲成都王穎誅東海王越東嬴公騰爲名桑以勒爲前驅屢有戰功署爲埽虜將軍忠明亭侯桑進軍攻鄴以

勒爲前鋒都督大敗騰將馮嵩因長驅入鄴遂害騰殺萬餘人掠婦女珍寶而去濟自延津南擊兗州越大懼使茍晞王讃等討之桑勒攻幽州刺史石尠於樂陵尠死之乞活田禋帥衆五萬救尠勒逆戰敗禋與晞等相持于平原陽平間數月大小三十餘戰互有勝負越懼次于官渡爲晞聲援桑勒爲晞所敗死者万餘人乃收餘衆將奔劉元海冀州刺史丁紹要之于赤橋又大敗之桑奔馬牧勒奔樂平王師斬桑于平原時胡部大張㔨督馮莫突等擁衆數千壁于上黨勒往從之深爲所昵因說㔨督曰劉單于舉兵誅晉部大距而不從豈能獨立乎曰不能勒曰如其不能者兵馬當有所屬今部落皆已被單于賞募往往聚議欲叛部大而歸單于矣宜早爲之計㔨督等素無智略懼部衆之貳已也乃潛隨勒單騎歸元海元海署㔨督爲親漢王莫突爲都督部大以勒爲輔漢將軍平晉王以統之勒於是命㔨督爲兄賜姓石氏名之曰會言其遇己也烏丸張伏利度亦有衆二千壁于樂平元海屢招而

不能致勒偽獲罪于元海因奔伏利度伏利度大悅結爲兄弟使勒率諸胡寇掠所向無前諸胡畏服勒知衆心之附己也乃因會執伏利度告諸胡曰今起大事我與伏利度孰堪爲主諸胡咸以推勒勒於是釋伏利度率其部衆歸元海元海加勒督山東征討諸軍事以伏利度衆配之元海使劉聰攻壺關命勒率所統七千爲前鋒都督劉琨遣護軍黃秀等救壺關勒敗秀於白田秀死之勒遂陷壺關元海命勒與劉零閻羆等七將率衆三萬寇魏郡頓丘諸壘壁多陷之假壘主將軍都尉簡強壯五萬爲軍士老弱安堵如故軍無私掠百姓懷之及元海僭號遣使授勒持節平東大將軍校尉都督王如故勒并軍寇鄴鄴潰和郁奔于衛國執魏郡太守王粹于三臺進攻趙郡害冀州西部都尉馮沖攻乞活赦亭田禋于中丘皆殺之元海授勒安東大將軍開府置左右長史司馬從事中郎進軍攻鉅鹿常山害二郡守將陷冀州郡縣堡壁百餘衆至十餘万其衣冠人物集爲君子營乃引張賓爲謀主始署軍功曹以刁膺張敬爲股肱夔安孔萇爲爪牙支雄呼延莫王陽桃豹逯明吴豫等爲將率使其將張斯率騎詣并州山北諸郡縣說諸胡羯曉以安危諸胡懼勒威名多有附者進軍常山分遣諸將攻中山博陵高陽諸縣降之者數萬人王浚使其將祁弘帥鮮卑沒務塵等十餘萬騎討勒大敗勒于飛龍山死者萬餘勒退屯黎陽分命諸將攻諸未下及叛者降三十餘壁置守宰以撫之進寇信都害冀州刺史王斌於是車騎將軍王堪北中郎將裴憲自洛陽率衆討勒勒燒營并糧迴軍距之次于黃牛壘魏郡太守劉矩以郡附于勒勒使矩統其壘衆爲中軍左翼勒至黎陽裴憲棄其軍奔于淮南王堪退堡倉垣元海授勒鎮東大將軍封汲郡公持節都督王如故勒固讓公不受與閻羆攻賭圈苑市二壘陷之羆中流矢死勒并統其衆潛自石橋濟河攻陷白馬坑男女三千餘口東襲鄄城害兖州刺史袁孚因攻倉垣陷之遂害堪渡河攻廣宗清河平原陽平諸縣降勒者九萬餘口復南濟河滎陽太守裴純奔于建業時劉聰攻河內勒率騎會之攻冠軍將軍梁巨于武德懷帝遣兵救之勒留諸將守武德與王桑逆巨於長陵巨請降勒弗許巨踰城而遁軍人執之勒馳如武德坑降卒萬餘數梁巨罪而害之王師退還河北諸堡壁大震皆請降送任于勒及元海死劉聰授勒征東大將軍并州刺史汲郡公持節開府都督校尉王如故勒固辭將軍乃止劉粲率衆四萬寇洛陽勒留輜重于重門率騎二萬會粲於大陽大敗王師於澠池遂至洛川粲出轘轅勒至成皐關圍陳留太守王讚於倉垣爲讚所敗退屯文石津將北攻王浚會浚將王甲始率遼西鮮卑万餘騎敗趙固于津北勒乃燒船棄營引軍向柏門迎重門輜重至于石門濟河攻襄城太守崔曠於繁昌害之先是雍州流人王如侯脫嚴嶷等起兵江淮聞勒之來也懼遣衆一萬屯襄城以距勒勒擊敗之盡俘其衆勒至南陽屯于宛北山如懼勒之攻襄也使送珍寶車馬犒師結爲兄弟勒納之如與侯脫不平說勒攻脫勒夜令三軍雞鳴而駕晨壓苑門攻之旬有二日而剋嚴嶷率衆救脫至則無及遂降于勒勒斬脫囚嶷送于平陽盡并其衆軍勢彌盛勒南寇襄陽攻陷江西壘壁三十餘所留刁膺守襄陽躬帥精騎三萬還攻王如憚如之盛遂趣襄城如知之遣弟璃率騎二萬五千詐言犒軍實欲襲勒勒迎擊滅之復屯江西蓋欲有雄據江漢之志也張賓以爲不可勸勒北還弗從以賓爲參軍都尉領記室位次司馬專居中總事元帝慮勒南寇使王導率衆討勒勒軍糧不接死疫太半納張賓之策乃焚輜重裹糧卷甲渡沔寇江夏太守楊岠棄郡而走北寇新蔡害新蔡王確于南頓朗陵公何襲廣陵公陳眕上黨太守羊綜廣平太守邵肇等率衆降于勒勒進陷許昌害平東將軍王康先是東海王越率洛陽之衆二十餘萬討勒越薨于軍衆推太尉王衍爲主率衆東下勒輕騎追及之衍遣將軍錢端與勒戰爲勒所敗端死之衍軍大潰勒分騎圍而射之相登如山無一免者於是執衍及襄陽王範任城王濟西河王喜梁王禧齊王詡吏

部尚書劉望豫州刺史劉喬太傅長史庾敳等坐之於幕下問以
晉故衍踏手懼死多自陳說惟範神色儼然意氣自若顧呵之曰
今日之事何復紛紜勒甚奇之勒於是引諸王公卿士於外害之
死者甚衆勒重衍清辨奇範神氣不能加之兵刃夜使人排墻填
殺之左衛何倫右衛李惲聞越薨奉越妃裴氏及越世子毗出自
洛陽勒逆毗於洧倉軍復大潰執毗及諸王公卿士皆害之死者
甚衆因率精騎三万入自成皐關會劉曜王彌寇洛陽洛陽既陷
勒歸功彌曜遂出轘轅屯于許昌劉聰署勒征東大將軍勒固辭
不受先是平陽人李洪有衆數千壘于舞陽苟晞假洪雍州刺史
勒進寇穀陽害冠軍將軍王茲破王讚于陽夏獲讚以爲從事中
郎襲破大將軍苟晞于蒙城執晞署爲左司馬劉聰授勒征東大
將軍幽州牧固辭將軍不受先是王彌納劉暾之說將先誅勒東
王青州使暾徵其將曹嶷於齊勒遊騎獲暾得彌所與嶷書勒殺
之密有圖彌之計矣會彌將徐邈輒引部兵去彌彌漸削弱及勒

之獲苟晞也彌惡之僞卑辭使謂勒曰公獲苟晞而赦之何其神
也使晞爲公左彌爲公右天下不足定勒謂張賓曰王彌位重言
卑恐其遂成前狗意也賓曰觀王公有青州之心桑梓本邦固人
情之所樂明公獨無幷州之思乎王公遲迴未發者懼明公踵其
後已有規明公之志但未獲便爾今不圖之恐曹嶷復至共爲羽
翼後雖欲悔何所及邪徐邈既去軍勢稍弱觀其控御之懷猶盛
可誘而滅之勒以爲然勒時與陳午相攻於蓬關王彌亦與劉瑞
相持甚急彌請救於勒勒未之許張賓進曰明公常恐不得王公
之便今天以其便授我矣陳午小豎何能爲寇王彌人傑將爲我
害勒因迴軍擊瑞斬之彌大悅謂勒深心推奉無復疑也勒引師
攻陳午于肥澤午司馬上黨李頭說勒曰公天生神武當平定四
海四海士庶皆仰屬明公望濟于塗炭有與公爭天下者公不早
圖之而返攻我曹流人我曹鄉黨終當奉戴何遽見逼乎勒心然
之詰朝引退詭請王彌讌于己吾彌長史張嵩諫彌勿就恐有專

諸孫峻之禍彌不從既入酒酣勒手斬彌而幷其衆啓聰稱彌叛
逆之狀聰署勒鎭東大將軍督幷幽二州諸軍事領幷州刺史持
節征討都督校尉開府幽州牧公如故苟晞王讚謀叛勒勒害之
以將軍左伏肅爲前鋒都尉攻掠豫州諸郡臨江而還屯于葛陂
降諸夷楚署將軍二千石以下稅其義穀以供軍士初勒被鬻平
原與母王相失至是劉琨遣張儒送王于勒遺勒書曰將軍發迹
河朔席卷兗豫飲馬江淮折衝漢沔雖自古名將未足爲諭所以
攻城而不有其人略地而不有其土翕爾雲合忽復星散將軍豈
知其然哉存亡決在得主成敗要在所附得主則爲義兵附逆則
爲賊衆義兵雖敗而功業必成賊衆雖剋而終歸殄滅昔赤眉黃
巾橫逸宇宙所以一旦敗亡者正以出兵無名聚而爲乱將軍以
天挺之質威振宇内擇有德而推崇隨時望而歸之勳義堂堂長
享遐貴背聰則禍除向主則福至採納往誨翻然改圖天下不足
定螘寇不足掃今相授侍中持節車騎大將軍領護匈奴中郎將

襄城郡公總内外之任兼華戎之號顯封大郡以表殊能將軍其
受之副遠近之望也自古已來誠無戎人而爲帝王者至於名臣
建功業者則有之矣今之遲想蓋以天下大乱當須雄才遙聞將
軍攻城野戰合於機神雖不視兵書闇與孫吳同契所謂生而知
之者上學而知之者次但得精騎五千以將軍之才何向不摧至
心實事皆張儒所具勒報琨曰事功殊途非腐儒所聞君當逞節
本朝吾自夷難爲效遺琨名馬珍寶厚賓其使謝歸以絕之勒於
葛陂繕室宇課農造舟將寇建鄴會霖雨歷三月不止元帝使諸
將率江南之衆大集壽春勒軍中飢疫死者太半檄書朝夕繼至
勒會諸將計之右長史刁膺諫勒先送款於帝求掃平河朔待軍
退之後徐更計之勒愀然長嘯中堅夔安勸勒就高避水勒曰將
軍何其怯乎孔萇支雄等三十餘將進曰及吳軍未集萇等請各
將三百步卒乘船三十餘道夜登其城斬吳將頭得其城食其倉
米今年要當破丹楊定江南盡生縛取司馬家兒輩勒笑曰是勇

將之計也各賜鎧馬一匹顧謂張賓曰於君計何如賓曰將軍攻陷帝都囚執天子殺害王侯妻略妃主擢將軍之髮不足以數將軍之罪奈何復還相臣奉乎去年誅王彌之後不宜於此營建天降霖雨方數百里中示將軍不應留也鄴有三臺之固西接平陽四塞山河有喉衿之勢宜北徙據之伐叛懷服河朔既定莫有處將軍之右者晉之保壽春懼將軍之往擊爾今卒聞迴軍必欣於敵去未遑奇兵掎擊也輜重逕從北道大軍向壽春輜重既過大軍徐迴何懼進退無地乎勒攘袂鼓髯曰賓之計是也責刁膺曰君共相輔佐當規成功業如何便相勸降此計應斬然相明性怯所以宥君於是退膺為將軍擢賓為右長史加中壘將軍號曰右侯發自葛陂遣石季龍率騎二千距壽春會江南運船至獲布米數十艘將士爭之不設備晉伏兵大發敗季龍于巨靈口赴水死者五百餘人奔退百里及于勒軍軍中震擾謂王師大至勒陣以待之晉懼有伏兵退還壽春勒所過路次皆堅壁清野採掠無所

獲軍中大飢士衆相食行達東燕聞汲郡向冰有衆數千壁于枋頭勒將於棘津北渡懼冰邀之會諸將問計張賓進曰如聞冰船盡在瀆中未上枋內可簡壯勇者千人詭道潛渡襲取其船以濟大軍大軍既濟冰必可擒也勒從之使支雄孔萇等從文石津縛筏潛渡勒引其衆自酸棗向棘津冰聞勒軍至始欲內其船會雄等已渡屯其壘門下船三十餘艘以濟其軍令主簿鮮于豐挑戰設三伏以待之冰怒乃出軍將戰而三伏齊發夾擊攻之又因其資軍遂豐振長驅寇鄴攻北中郎將劉演于三臺演部將臨深牟穆等率衆數萬降于勒時諸將佐議欲攻取三臺以據之張賓進曰劉演衆猶數千三臺險固攻守未可卒下舍之則能自潰王彭祖劉越石大敵也宜及其未有備密規進據罕城廣運糧儲西稟平陽掃定幷薊桓文之業可以濟也且今天下鼎沸戰爭方始遊行羇旅人無定志難以保萬全制天下也夫得地者昌失地者亡邯鄲襄國趙之舊都依山憑險形勝之國可擇此二邑而都之然

後命將四出授以奇略推亡固存兼弱攻昧則群凶可除王業可圖矣勒曰右侯之計是也於是進據襄國賓又言於勒曰今我都此越石彭祖深所忌也恐及吾城池未固資儲未廣送死於我聞廣平諸縣秋稼大成可分遣諸將收掠野穀遣使平陽陳宜鎮此之意勒又然之於是上表於劉聰分命諸將攻冀州郡縣壘壁率多降附運糧以輸勒劉聰署勒使持節散騎常侍都督冀幽幷營四州雜夷征討諸軍事冀州牧進封本國上黨郡公邑五萬戶開府幽州牧東夷校尉如故廣平游綸張豺擁衆數万受王浚假署保據苑鄉勒使夔安支雄等七將攻之破其外壘浚遣督護王昌及鮮卑段就六眷末柸匹磾等部衆五萬餘以討勒時城隍未修乃於襄國築隔城重柵設鄣以待之就六眷屯于渚陽勒分遣諸將連出挑戰頻為就六眷所敗又聞其大造攻具勒顧謂其將佐曰今寇來轉逼彼衆我寡恐攻圍不解外救不至內糧罄絕縱孫吳重生亦不能固也吾將簡練將士大陣於野以決之何如諸將

皆曰宜固守以疲寇彼師老自退追而擊之蔑不克矣勒顧謂張賓孔萇曰君以為何如賓萇俱曰聞就六眷剋來月上旬送死北城其大衆遠來戰守連日以我軍勢寡弱謂不敢出戰意必懈怠今段氏種衆之悍末柸尤最其卒之精勇悉在末柸所可勿復出戰示之以弱速鑿北壘為突門二十餘道候賊列守未定出其不意直衝末柸帳敵必震惶計不及設所謂迅雷不及掩耳末柸之衆既奔餘自摧散擒末柸之後彭祖可指辰而定勒笑而納之即以萇為攻戰都督造突門于北城鮮卑入屯北壘勒候其陣未定躬率將士鼓譟于城上會孔萇督諸突門伏兵俱出擊之生擒末柸就六眷等衆遂奔散萇乘勝追擊枕尸三十餘里獲鎧馬五千匹就六眷收其遺衆屯于渚陽遣使求和送鎧馬金銀幷以末柸三弟為質而請末柸諸將並勸勒殺末柸以挫之勒曰遼西鮮卑健國也與我素無怨讎為王浚所使耳今殺一人結怨一國非計也放之必悅不復為王浚用矣於是納質遣石季龍盟就六眷于

渚陽結爲兄弟就六眷等引還使叅軍閻綜獻捷于劉聰於是游
綸張豺請降稱藩勒將襲幽州務養將士權宜許之皆就署將軍
於是遣衆寇信都害冀州刺史王象王浚復以邵舉行冀州刺史
保于信都建興元年石季龍攻鄴三臺鄴潰劉演奔于廩丘將軍
謝胥田青郎牧等率三臺流人降于勒勒以桃豹爲魏郡太守以
撫之命段末柸爲子署爲使持節安北將軍北平公遣還遼西末
柸感勒厚恩在途日南面而拜者三段氏遂專心歸附自是王浚
威勢漸衰勒襲苑鄉執游綸以爲主簿攻乞活李　于上白斬之
將坑其降卒見郭敬而識之曰汝郭季子乎敬叩頭曰是也勒下
馬執其手泣曰今日相遇豈非天邪賜衣服車馬署敬上將軍悉
免降者以配之其將孔萇寇定陵害兖州刺史田徽烏丸薄盛執
渤海太守劉旣率戶五千降于勒劉聰授勒侍中征東大將軍餘
如故拜其母王氏爲上黨國太夫人妻劉氏上黨國夫人章綬首
飾一同王妃段末柸任弟亡歸遼西勒大怒所經令尉皆殺之烏

丸審廣漸裳郝襲背王浚密遣使降于勒勒厚加撫納司冀漸寧
人始租賦立太學簡明經善書吏署爲文學掾選將佐子弟三百
人敎之勒母王氏死潛窆山谷莫詳其所旣而備九牢之禮虛葬
于襄國城南勒謂張賓曰鄴魏之舊都吾將營建旣風俗殷雜須
賢望以綏之誰可任也賓曰晉故東萊太守南陽趙彭忠亮篤敏
有佐時良幹將軍若任之必能允副神規勒於是徵彭署爲魏郡
太守彭至入泣而辭曰臣往策名晉室食其祿矣犬馬戀主切不
敢忘誠知晉之宗廟鞠爲茂草亦猶洪川東逝往而不還明公應
符受命可謂攀龍之會但受人之榮復事二姓臣志所不爲恐亦
明公之所不許若賜臣餘年全臣一介之願者明公大造之惠也
勒默然張賓進曰自將軍神旗所經衣冠之士靡不變節未有能
以大義進退者至如此賢以將軍爲高祖自擬爲四公所謂君臣
相知此亦足成將軍不世之高何必吏之勒大悅曰右侯之言得
孤心矣於是賜安車駟馬養以卿祿辟其子明爲叅軍勒以石季

龍爲魏郡太守鎭鄴三臺季龍篡奪之萌兆于此矣時王浚署置
百官奢縱淫虐勒有吞并之意欲先遣使以觀察之議者僉曰宜
如羊祜與陸抗書相聞時張賓有疾勒就而謀之賓曰王浚假三
部之力稱制南面雖曰晉藩實懷僭逆之志必思協英雄圖濟事
業將軍威聲震于海內去就爲存亡所在爲輕重浚之欲將軍猶
楚之招韓信也今權譎遣使無誠款之形脫生猜疑圖之兆露後
雖奇略無所設也夫立大事者必先爲之卑當稱藩推奉尚恐未
信羊陸之事臣未見其可勒曰右侯之計是也乃遣其舍人王子
春董肇等多齎珍寶奉表推崇浚爲天子曰勒本小胡出於戎裔
値晉綱弛御海內飢亂流離屯厄竄命冀州共相帥合以救性命
今晉祚淪夷遠播吳會中原無主蒼生無繫伏惟明公殿下州鄉
貴望四海所宗爲帝王者非公復誰勒所以捐軀命興義兵誅暴
亂者正爲明公驅除爾伏願殿下應天順時踐登皇祚勒奉戴明
公如天地父母明公當察勒微心慈眄如子也亦遺棗嵩書而厚

賂之浚謂子春等曰石公一時英武據趙舊都成鼎峙之勢何爲
稱藩于孤其可信乎子春對曰石將軍英才儁拔士馬雄盛實如
聖旨仰惟明公州鄉貴望累葉重光出鎭藩嶽威聲播于八表固
以胡越欽風戎夷歌德豈唯區區小府而敢不斂衽神闕者乎昔
陳嬰豈其鄙王而不王韓信薄帝而不帝者哉但以知帝王不可
以智力爭故也石將軍之擬明公猶陰精之比太陽江河之比洪海
爾項籍子陽覆車不遠是石將軍之明鑒明公亦何怪乎且自古
誠胡人而爲名臣者實有之帝王則未之有也石將軍非所以
惡帝王而讓明公也顧取之不爲天人之所許耳願公勿疑浚大
悅封子春等爲列侯遣使報勒答以方物浚司馬游統時鎭范陽
陰叛浚馳使降于勒勒斬其使送于浚以表誠實浚雖不罪統彌
信勒之忠誠無復疑矣子春等與王浚使至勒命匿勁卒精甲虛
府羸師以示之北面拜使而受浚書浚遺勒麈尾勒僞不敢執懸
之于壁朝夕拜之云我不得見王公見王公所賜如見公也復遣

董肇奉表于浚期親詣幽州奉上尊號亦修牋于棗嵩乞幷州牧
廣平公以見必信之誠也勒將圖浚引子春問之子春曰幽州自
去歲大水人不粒食浚積粟百萬不能贍恤刑政苛酷賦役殷煩
賊害賢良誅斥諫士下不堪命流叛略盡鮮卑烏丸離貳于外棗
嵩田嶠貪暴于內人情沮擾甲士羸弊而浚猶置立臺閣布列百
官自言漢高魏武不足並也又幽州謠怪特甚聞者莫不為之寒
心浚意氣自若曾無懼容此亡期之至也勒撫几笑曰王彭祖眞
可擒也浚使達幽州具陳勒形勢寡弱款誠無二浚大悅以勒為
信然勒簒兵戒期將襲浚而懼劉琨及鮮卑烏丸為其後患沉吟
未發張賓進曰夫襲敵國當出其不意軍嚴經日不行豈顧有三
方之慮乎勒曰然為之奈何賓曰彭祖之據幽州唯仗三部今皆
離叛還為寇讎此則外無聲援以抗我也幽州飢儉人皆蔬食衆
叛親離甲旅寡弱此則內無強兵以禦我也若大軍在郊必土崩
瓦解今三方未靖將軍便能懸軍千里以征幽州也輕軍往返不

出二旬就使三方有動勢足旋趾宜應機電發勿後時也且劉琨
王浚雖同名晉藩其實仇敵若修牋于琨送質請和琨必欣于得
我喜于浚滅終不救浚而襲我也勒曰吾所不了右侯已了復何
疑哉於是輕騎襲幽州以火宵行至柏人殺主簿游綸以其兄統
在范陽懼洩軍計故也遣張慮奉牋于劉琨陳已過深重求討浚
以自效琨既素疾浚乃檄諸州郡說勒知命思愆收累年之咎求
拔幽都效善將來令聽所請受任通和軍達易水浚督護孫緯馳
遣白浚將引軍距勒游統禁之浚將佐咸請出擊勒浚怒曰石公
來正欲奉戴我也敢言擊者斬乃命設饗以待之勒晨至薊叱門
者開門疑有伏兵先驅牛羊數千頭聲言上禮實欲塡諸街巷使
兵不得發浚乃懼或坐或起勒升其聽事命甲士執浚立之于前
使徐光讓浚曰君位冠元台爵列上公據幽都驍悍之國跨全燕
突騎之鄉手握強兵坐觀京師傾覆不救天子而欲自尊又專任
姧暴殺害忠良肆情恣欲毒徧燕壤自貽于此非為天也使其將

王洛生驛送浚襄國市斬之於是分遣流人各還桑梓擢荀綽裴
憲資給車服數朱碩棗嵩田嶠等以賄乱政責游統以不忠于浚
皆斬之遷烏丸審廣漸裳郝襲靳市等于襄國焚燒浚宮殿以晉
尚書劉翰為寧朔將軍行幽州刺史戍薊置守宰而還遣其東曹
掾傅遘兼左長史封王浚首獻捷于劉聰勒既還襄國劉翰叛勒
奔段匹磾襄國大飢穀二升直銀一斤肉一斤直銀一兩劉聰以
平幽州之勳乃遣其使人柳純持節署勒大都督陝東諸軍事驃
騎大將軍東單于侍中使持節開府校尉二州牧公如故加金鉦
黃鉞前後鼓吹二部增封十二郡勒固辭受二郡而已勒封左長
史張敬等十一人為伯子侯文武進位有差勒將支雄攻劉演於
廩丘為演所敗演遣其將韓弘潘良襲頓丘斬勒所署太守邵攀
支雄追擊弘等害潘良于廩丘劉琨遣樂平太守焦球攻勒常山
斬其太守邢泰琨司馬温嶠西討山胡勒將逯明要之敗嶠于潞
城勒以幽冀漸平始下州郡閱實人戶戶貲二匹租二斛勒將陳

午以浚儀叛于勒逯明攻甯黑于茌平降之因破東燕酸棗而還
徙降人二萬餘戶于襄國勒使其將葛薄寇濮陽陷之害太守韓
弘劉聰遣其使人范龕持節策命勒賜以弓矢加崇為陝東伯得
專征伐拜封刺史將軍守宰列侯歲盡集上署其長子興為上黨
國世子加翼軍將軍為驃騎副貳劉琨遣王旦攻中山逐勒所署
太守秦固勒將劉勔距旦敗之執旦于望都關勒襲邵續于樂陵
續盡衆逆戰大敗而還章武人王眘起兵于科斗壘擾亂勒河間
渤海諸郡勒以揚武張夷為河間太守參軍臨深為渤海太守各
率步騎三千以鎮靜之使長樂太守程遐屯于昌亭為之聲勢徙
平原烏丸展廣劉哆等部落三萬餘戶于襄國使石季龍襲乞活
王平于梁城敗績而歸又攻劉演于廩丘支雄逯明擊甯黑于東
武陽陷之黑赴河而死徙其衆萬餘于襄國邵續使文鴦救演季
龍退止盧關津避之文鴦弗能進屯于景亭兗豫豪右張平等起
兵救演季龍夜棄營設伏于外揚聲將歸河北平等以為信然入

于空營季龍逥擊敗之遂陷㢈丘演奔文鴦軍獲演弟啓送于襄國演即劉琨之兄子也勒以琨撫存其母德之賜啓田宅令儒官授其經時大蝗中山常山尤甚中山丁零翟鼠叛勒攻中山常山勒率騎討之獲其母妻而還鼠保于胥關遂奔代郡勒攻樂平太守韓據于坫城劉琨遣將軍姬澹率衆十餘萬討勒琨次廣牧爲澹聲援勒將距之或諫曰澹兵馬精盛其鋒不可當宜深溝高壘以挫其鋭攻守勢異必獲萬全勒曰澹大衆遠來體疲力竭犬羊烏合號令不齊可一戰而擒之何強之有寇已垂至胡可捨去大軍一動豈易中還若澹乘我之退顧乃無暇焉得深溝高壘乎此爲不戰而自滅亡之道立斬諫者以孔萇爲前鋒都督令三軍後出者斬設疑兵於山上分爲二伏勒輕騎與澹戰偽收衆而北澹縱兵追之勒前後伏發夾擊澹軍大敗獲鎧馬万匹澹奔代郡據奔劉琨琨長史李弘以幷州降于勒琨遂奔于段匹磾勒遷陽曲樂平戶于襄國置守宰而退孔萇追姬澹于桑乾勒遣兼左長史張敷獻捷于劉聰勒之征樂平也其南和令趙領招合廣川平原渤海數千戶叛勒奔于邵續河閒邢嘏累徵不至亦聚衆數百以叛勒巡下冀州諸縣以右司馬程遐爲寧朔將軍監冀州七郡諸軍事勒妌夫廣威張越與諸將蒱博勒親臨觀之越戲言忤勒勒大怒叱力士折其脛而殺之孔萇攻代郡澹死之時司冀幷兗州流人數萬戶在于遼西迭相招引人不安業孔萇等攻馬嚴馮睹久而不尅勒問計於張賔賔對曰馮睹等本非明公之深仇遼西流人悉有戀本之思今宜班師息甲差選良守任之以龔遂之事不拘常制奉宣仁澤奮揚威武幽冀之寇可翹足而靜遼西流人可指時而至勒曰右侯之計是也召萇等歸署武遂令李回爲易北督護振武將軍高陽太守馬嚴士衆多李潛軍人回先爲潛府長史素服回威德多叛嚴歸之嚴以部衆離貳懼奔于幽州溺水而死馮睹率衆降于勒回移居易京流人降者歲常數千勒甚嘉之封回弋陽子邑三百戶加賔封一千戶進賔位前將軍固辭不

受河朔大蝗初穿地而生二旬則化狀若蠶七八日而卧四日蛻而飛彌亘百草唯不食三豆及麻幷冀尤甚石季龍濟自長壽津寇梁國害内史荀闓劉琨與段匹磾涉復辰疾六眷段末柸等會于固安將謀討勒勒使參軍王續齎金寶遺末柸以間之末柸既思有以報勒恩又忻於厚賂乃說辰眷等引還琨匹磾亦退如薊城邵續使兄子濟攻勒渤海虜三千餘人而還劉聰將趙固以洛陽歸順恐勒襲之遣參軍高少奉書推崇勒請師討聰勒以大義讓之固深恨恚與郭默攻掠河内汲郡段末柸殺鮮卑單于截附真立忽跋鄰爲單于段匹磾自幽州攻末柸末柸逆擊敗之匹磾奔還幽州因害太尉劉琨琨將佐相繼降勒末柸遣弟騎督擊匹磾于幽州匹磾率其部衆數千將奔邵續勒將石越要之于鹽山大敗之匹磾退保幽州越中流矢死勒爲之屏樂三月贈平南將軍初曹嶷據有青州既叛劉聰南稟王命以建鄴懸遠勢援不接懼勒襲之故遣通和勒授嶷東州大將軍青州牧封琅邪公劉聰疾甚驛召勒爲大將軍録尚書事受遺詔輔政勒固辭乃止聰又遣其使人持節署勒大將軍持節鈇鉞都督侍中校尉二州牧公如故增封十郡勒不受聰死其子粲襲偽位其大將軍靳準殺粲於平陽勒命張敬率騎五千爲前鋒以討準勒統精鋭五万繼之據襄陵北原羌羯降者四萬餘落準數挑戰勒堅壁以挫之劉曜自長安屯于蒲阪曜復僭號署勒大司馬大將軍加九錫增封十郡幷前十三郡進爵趙公勒攻準于平陽小城平陽大尹周置等率雜戶六千降于勒巴帥及諸羌羯降者十餘萬落徙之司州諸縣準使卜泰送乘輿服御請和勒與劉曜競有招懷之計乃送泰于曜使知城内無歸曜之意以挫其軍勢曜潛與泰結盟使還平陽宣慰諸屠各勒疑泰與曜有謀欲斬泰以速降之諸將皆曰今斬卜泰準必不復降就令泰宣漢要盟於城中使相率誅靳準準必懼而速降矣勒久乃從諸將議遣之泰入平陽與準將喬泰馬忠等起兵攻準殺之推靳明爲盟主遣泰及卜玄奉傳國六璽送于

劉曜勒大怒遣令史羊升使平陽責明殺準之狀明怒斬升勒怒甚進軍攻明明出戰勒擊敗之枕尸二里明築城門堅守不復出戰勒遣其左長史王脩獻捷于劉曜曜晉彭城內史周堅害沛內史周默以彭沛降于勒石季龍率幽冀州兵會勒攻平陽劉曜遣征東劉暢救明勒命舍師于蒲上靳明率平陽之衆奔于劉曜曜西奔粟邑勒焚平陽宮室使裴憲石會脩復元海聰二墓收劉粲已下百餘尸葬之徙渾儀樂器于襄國劉曜又遣其使人郭汜等持節署勒太宰領大將軍進爵趙王增封七郡并前二十郡出入警蹕冕十有二旒乘金根車駕六馬如曹公輔漢故事夫人爲王后世子爲王太子勒舍人曹平樂因使留仕於曜言於曜曰大司馬遣王脩等來外表至虔內覘大駕彊弱謀待脩之返將輕襲乘輿時曜勢實殘弊懼脩宣之曜大怒追汜等還斬脩于粟邑傳太宰之授劉茂逃歸言王脩死故勒大怒誅平樂三族贈脩太常又知停殊禮之授怒甚下令曰孤兄弟之奉劉家人臣之道過矣若微孤兄弟豈能南面稱朕哉根基既立便欲相圖天不助惡使假手靳準孤惟事君之體當資舜求瞽叟之義故復推崇令主齊好如初何圖長惡不悛殺奉誠之使帝王之起復何常邪趙王趙帝孤自取之名號大小豈其所節邪於是置太醫尚方御府諸令命叅軍鼂讚成正陽門俄而門崩勒大怒斬讚既怒刑倉卒尋亦悔之賜以棺服贈大鴻臚平西將軍祖逖攻陳川于蓬關石季龍救川逖退屯梁國季龍使揚武左伏肅攻之勒增置宣文宣教崇儒崇訓十餘小學于襄國四門簡將佐豪右子弟百餘人以教之且備擊柝之衛置挈壺署鑄豐貨錢河西鮮卑日六延叛于勒石季龍討之敗延于朔方斬首二萬級俘三萬餘人獲牛馬十餘萬孔萇討平幽州諸郡時段匹磾部衆飢散棄其妻子匹磾奔邵續曹嶷遣使來聘獻其方物請以河爲斷桃豹至蓬關祖逖退如淮南徙陳川部衆五千餘戶于廣宗石季龍與張敬張賓及諸將佐百餘人勸勒稱尊號勒下書曰孤猥以寡德忝荷崇寵夙夜戰惶如臨

深薄豈可假尊竊號取譏四方昔周文以三分之重猶服事殷朝小白居一匡之盛而尊崇周室況國家道隆殷周孤德卑二伯哉其亟止斯議勿復紛紜自今敢言刑茲無赦乃止勒又下書曰今大乱之後律令滋煩其採集律令之要爲施行條制於是命法曹令史貫志造辛亥制度五千文施行十餘歲乃用律令晉太山太守徐龕叛降于勒石季龍及張敬張賓左右司馬張屈六程遐文武等一百二十九人上疏曰臣等聞有非常之度必有非常之功有非常之功必有非常之事是以三代陵遲五伯迭興靜難濟時績侔睿后伏惟殿下天縱聖哲誕膺符運鞭撻宇宙弼成皇業普天率土莫不來蘇嘉瑞徵祥日月相繼物望去劉氏威懷于明公者十分而九矣今山川夷靜星辰不孛夏海重譯天人係仰誠應升御中壇即皇帝位使攀附之徒蒙尺寸之潤請依劉備在蜀魏王在鄴故事以河內魏汲頓丘平原清河鉅鹿常山中山長樂樂平十一郡并前趙國廣平陽平章武渤海河間上黨定襄范陽漁陽武邑燕國樂陵十三郡合二十四郡戶二十九萬爲趙國封內依舊改爲內史準禹貢魏武復冀州之境南至盟津西達龍門東至于河北至于塞垣以大單于鎮撫百蠻罷并朔司三州通置部司以監之伏願欽若昊天垂副群望世勒西面而讓者五南面而讓者四百寮皆叩頭固請勒乃許之

載記第四　晉書百四

太興二年勒僞稱趙王赦殊死已下均百姓田租之半賜孝悌力田死義之孤帛各有差孤老鰥寡穀人三石大酺七日依春秋列國漢初侯王每世稱元改稱趙王元年始建社稷立宗廟營東西宮署從事中郎裴憲參軍傅暢杜嘏並領經學祭酒參軍續咸庾景爲律學祭酒任播崔濬爲史學祭酒中壘支雄游擊王陽並領門臣祭酒專明胡人辭訟以張離張良劉群劉謨等爲門生主書司典胡人出内重其禁法不得侮易衣冠華族號胡爲國人遣使循行州郡勸課農桑加張賓大執法專總朝政位冠寮首署石季龍爲單于元輔都督禁衛諸軍事署前將軍李寒領司兵勳教國子擊刺戰射之法命記室佐明楷程機撰上黨國記中大夫傅彪賈蒲江軌撰大將軍起居注參軍石泰石同石謙孔隆撰大單于志自是朝會常以天子禮樂饗其群下威儀冠冕從容可觀矣群臣議請論功勒曰自孤起軍十六年于兹矣文武將士從孤征伐者莫不蒙犯矢石備嘗艱阻其在葛陂之役厥功尤著宜爲賞之先也若身見存爵封輕重隨功位爲差死事之孤賞加一等庶足以慰荅存亡申孤之心也又下書禁國人不聽報嫂及在喪婚娶其燒葬令如本俗孔萇攻邵續別營十一皆下之續尋爲石季龍所獲送于襄國劉曜將尹安宋始據洛陽降于勒晉徐州刺史蔡豹敗徐龕于檀丘龕遣使詣勒陳討豹之計勒遣將王步都爲龕前鋒使張敬率騎繼之敬達東平龕疑敬之襲己也斬步都等三百餘人復降于晉勒大怒命張敬據其襟要以守之大雨霖中山常山尤甚滹沲汎溢衝陷山谷巨松僵拔浮于滹沲東至渤海原隰之間皆如山積孔萇攻陷文鴦十餘營萇不設備鴦夜擊之大敗而歸勒始制軒懸之樂八佾之舞爲金根大輅黃屋左纛天子車旗禮樂備矣使石季龍率步騎四万討徐龕龕遣長史劉霄詣勒乞降送妻子爲質納之時蔡豹屯于譙城季龍攻豹豹夜遁

季龍引軍城封丘而旋徙朝臣掾屬已上士族者三百戶于襄國崇仁里置公族大夫以領之勒宮殿及諸門始就制法令甚嚴諱胡尤峻有醉胡乘馬突入止車門勒大怒謂宮門小執法馮翥曰夫人君爲令尚望威行天下況宮闕之間乎向馳馬入門爲是何人而不彈白邪翥惶懼忘諱對曰向有醉胡乘馬馳入甚呵禦之而不可與語勒笑曰胡人正自難與言恕而不罪使石季龍擊託候部掘咄哪於岍北大破之俘獲牛馬二十餘万勒清定五品以張賓領選復續定九品署張班爲左執法郎孟卓爲右執法郎典定士族副選舉之任令群寮及州郡歲各舉秀才至孝廉清賢良直言武勇之士各一人置署都部從事各一部一州秩二千石職準丞相司直勒下令曰去年水出巨材所在山積將皇天欲孤繕修宮宇也其擬洛陽之太極起建德殿遣從事中郎任汪師使工匠五千採木以供之黎陽人陳武妻一產三男一女武攜其妻子詣襄國上書自陳勒下書以爲二儀諧暢和氣所致賜其乳婢一口穀一百石雜綵四十匹石季龍攻段匹磾于厭次孔萇討匹磾部内諸城陷之匹磾勢窮乃率其臣下輿櫬出降季龍送之襄國勒署匹磾爲冠軍將軍以其弟文鴦亞將衛麟爲左右中郎將皆金章紫綬散諸流人三萬餘戶復其本業置守宰以撫之於是冀幷幽州遼西巴西諸屯結皆陷於勒時晉征北將軍祖逖據譙將平中原逖善於撫納自河以南多背勒歸順勒憚之不敢爲寇乃下書曰祖逖屢爲邊患逖北州士望也儻有首丘之思其下幽州修祖氏墳墓爲置守冢二家冀逖如趙他感恩輟其寇暴逖聞之甚悅遣參軍王愉使於勒贈以方物脩結和好勒厚賞其使遣左常侍董樹報聘以馬百匹金五十斤荅之自是兖豫乂安人得休息矣從事中郎劉奥坐營建德殿井木斜縮斬于殿中勒悔之贈太常建德校尉王和掘得員石銘曰律權石重四鈞同律度量衡有新氏造議者未詳或以爲瑞參軍續咸曰王莽時物也其時兵亂之後典度堙滅遂命下禮官爲準程定式又得一鼎容四升中

有大錢三十文曰百當千千當萬鼎銘十三字篆書不可曉藏之於永豐倉因此令公私行錢而人情不樂乃出公絹市錢限中絹匹一千二百下絹八百然百姓私買中絹四千下絹二千巧利者賤買私錢貴賣於官坐死者十數人而錢終不行勒徙洛陽銅馬翁仲二于襄國列之永豐門祖逖牙門童建害新蔡內史周密遣使降于勒勒斬之送首于祖逖曰天下之惡一也叛臣逃吏吾之深仇將軍之惡猶吾惡也逖遣使報謝自是兖豫間壘壁叛者逖皆不納二州之人率多兩屬矣勒令武鄉耆舊赴襄國既至勒親與鄉老齒坐歡飲語及平生初勒與李陽鄰居歲常爭麻地迭相毆擊至是謂父老曰李陽壯士也何以不來漚麻是布衣之恨孤方崇信于天下寧讎匹夫乎乃使召陽既至勒與酣謔引陽臂笑曰孤往日厭卿老拳卿亦飽孤毒手因賜甲第一區拜參軍都尉令曰武鄉吾之豐沛萬歲之後魂靈當歸之其復之三世勒以百姓始復業資儲未豐於是重制禁釀郊祀宗廟皆以醴酒行之數年無復釀者尋署石季龍爲車騎將軍率騎三万討鮮卑鬱粥于離石俘獲及牛馬十餘万鬱粥奔烏丸悉降其衆城先是勒世子興死至是立子弘爲世子領中領軍遣季龍統中外精卒四萬討徐龕龕堅守不戰於是築室返耕列長圍以守之晉鎮北將軍劉隗降于勒拜鎮南將軍封列侯石季龍攻陷徐龕送之襄國勒囊盛於百尺樓自上撲殺之令步都等妻子刳而食之坑龕降卒三千晉兖州刺史劉遐懼自鄒山退屯于下邳琅邪內史孫默以琅邪叛降于勒徐兖間壘壁多送任請降皆就拜守宰清河張披爲程遐長史遐甚委昵之張賓舉爲別駕引參政事遐疾披去已又惡賓之權盛勒世子弘即遐之甥也自以有援欲收威重於朝乃使弘之母讃之曰張披與張賓爲游俠門客日百餘乘物望皆歸之非社稷之利也宜除披以便國家勒然之至是披取急召不時至因此遂殺之賓知遐之間已遂弗敢請無幾以遐爲右長史總執朝政自是朝臣莫不震懼赴于程氏矣時祖逖卒勒始侵寇邊

戍勒征虜石他敗王師于酇西執將軍衛榮而歸征北將軍祖約懼退如壽春勒境內大疫死者十二三乃罷徽文殿作遣其將王陽屯于豫州有闚覦之志於是兵難日尋梁鄭之間騷然矣又遣季龍統中外步騎四萬討曹嶷先是嶷議欲徙海中保根余山會疾疫甚計未及就季龍進兵圍廣固東萊太守劉巴長廣太守呂披皆以郡降以石他爲征東將軍擊羌胡于河西左軍石挺濟師于廣固曹嶷降送于襄國勒害之坑其衆三万季龍將盡殺嶷衆其青州刺史劉徵曰今留徵使牧人也無人焉牧徵將歸矣季龍乃留男女七百口配徵鎮廣固青州諸郡縣壘壁盡陷勒司馬刺史石生攻晉揚武將軍郭誦于陽翟不尅進寇襄城俘獲千餘而還勒以參軍樊坦清貧擢受章武內史既而入辭勒見坦衣冠弊壞大驚曰樊參軍何貧之甚也坦性誠朴率然而對曰頃遭羯賊無道資財蕩盡勒笑曰羯賊乃爾暴掠邪今當相償耳坦大懼叩頭泣謝勒曰孤律自防俗士不關卿輩老書生也賜車馬衣服裝錢三百萬以勵貪俗勒將兵都尉石瞻寇下邳敗晉將軍劉長遂寇蘭陵又敗彭城內史劉續東莞太守竺珍東海太守蕭誕以郡叛降于勒勒親臨大小學考諸學生經義尤高者賞帛有差勒雅好文學雖在軍旅常令儒生讀史書而聽之每以其意論古帝王善惡朝賢儒士聽者莫不歸美焉嘗使人讀漢書聞酈食其勸立六國後大驚曰此法當失何得遂成天下至留侯諫乃曰賴有此耳其天資英達如此勒徵徐揚州兵會石瞻于下邳劉遐懼又自下邳奔于泗汭石生攻劉曜河內太守尹平于新安斬之尅壘壁十餘降掠五千餘户而歸自是劉石禍結兵戈日交河東弘農間百姓無聊矣以右常侍霍皓爲勸課大夫與典農使者朱表典勸都尉陸充等循行州郡核定户籍勸課農桑農桑最修者賜爵五大夫使石生自延壽關出寇許潁俘獲萬餘降者二萬生遂攻陷康城晉將軍郭誦追生生大敗死者千餘生收散卒屯于康城勒汲郡內史石聰聞生敗馳救之進攻郭默俘獲男女二千餘人石

聰攻敗晉將李矩郭默等勒將狩於近郊主簿程琅諫曰劉馬刺
客離布如林變起倉卒帝王亦一夫之敵耳孫策之禍可不慮乎
且枯木朽株盡能爲害馳騁之弊古今戒之勒勃然曰吾幹力自
可足能裁量但知卿文書事不須白此輩也是日逐獸馬觸木而
死勒亦幾殆乃曰不用忠臣言吾之過也乃賜琅朝服錦絹爵關
內侯於是朝臣謁見忠言競進矣晉都尉魯潛叛以許昌降於勒
石瞻攻陷晉兗州刺史檀斌于鄒山斌死之勒西夷中郎將王勝
襲殺幷州刺史崔琨上黨內史王眘以幷州叛于勒先是石季龍
攻劉曜將劉岳于石梁至是石梁潰執岳送襄國季龍又攻王勝
于幷州殺之李矩以劉岳之敗也懼自滎陽遁歸矩長史崔宣率
矩衆二千降于勒於是盡有司兗之地徐豫濱淮諸郡縣皆降之
勒命徙洛陽晷影于襄國列之單于庭銘佐命功臣三十九人于
石函置于建德前殿立桑梓苑于襄國勒嘗夜微行檢察營衛
齎繒帛金銀以賂門者求出永昌門門候王假欲收捕之從者至
乃止旦召假以爲振忠都尉爵關內侯勒如苑鄉召記室參軍徐
光光醉不至以光物情所湊常不平之因此發怒退爲牙門勒自
苑鄉如鄴徐光侍直慍然攘袂振紛仰視不顧勒因而惡之譴光
曰何負卿而敢怏怏邪於是幽光幷其妻子于獄勒既將營鄴宮
又欲以其世子弘爲鎮密與程遐謀之石季龍自以勳效之重仗
鄴爲基雅無去意及脩構三臺遷其家室季龍深恨遐遣左右數
十人夜入遐宅姦其妻女掠衣物而去勒以弘鎮鄴配禁兵万人
車騎所統五十四營悉配之以驍騎領門臣祭酒王陽專統六夷
以輔之石聰攻壽春不尅遂寇逡遒阜陵殺掠五千餘人京師大
震濟岷太守劉闓將軍張闔等叛害下邳內史夏嘉以下邳降于
石生石瞻攻河南太守王羨于邾陷之龍驤將軍王國叛以南郡
降于勒晉彭城內史劉續復據蘭陵石城石瞻攻陷之勒令州郡
有墳發掘不掩覆者推劾之骸骨暴露者縣爲備棺衾之具以牙
門將王波爲記室參軍典定九流始立秀孝試經之制荏平令師

懽獲黑兔獻之於勒程遐等以爲勒龍飛革命之祥於晉以水承
金兔陰精之獸玄爲水色此示殿下宜速副天人之望也於是大
赦以咸和三年改年曰太和石堪攻晉豫州刺史祖約于壽春屯
師淮上晉龍驤將軍王國以南郡叛降于堪南陽都尉董幼叛率
襄陽之衆又降于堪祖約諸將佐皆陰遣使附于勒石聰與堪濟
淮陷壽春祖約奔歷陽壽春百姓陷于聰者二万餘戶劉曜敗季
龍于高候遂圍洛陽勒滎陽太守尹矩野王太守張進等皆降之
襄國大震勒將親救洛陽左右長史司馬郭敖程遐等固諫曰劉
曜乘勝雄盛難與爭鋒金墉糧豐攻之未可卒拔曜懸軍千里勢
不久支不可親動動無万全大業去矣勒大怒按劒叱遐等出於
是赦徐光召而謂之曰劉曜乘高候之勢圍守洛陽庸人之情皆
謂其鋒不可當也然曜帶甲十萬攻一城而百日不尅師老卒殆
以我初銳擊之可一戰而擒若洛陽不守曜必送死冀州自河已
北席卷南向吾事去矣程遐等不欲吾親行卿以爲何如光對曰
劉曜乘高候之勢而不能進臨襄國更守金墉此其無能爲也懸
軍三時亡攻戰之利若鑾旗親駕必望旌奔敗定天下之計在今
一舉今此機會所謂天授授而弗應禍之攸集勒笑曰光之言是
也佛圖澄亦謂勒曰大軍若出必擒劉曜勒尤悅使內外戒嚴有
諫者斬命石堪石聰及豫州刺史桃豹等各統見衆會滎陽使石
季龍進據石門以左衛石邃都督中軍事勒統步騎四万赴金墉
濟自大堨先是流澌風猛軍至冰泮清和濟畢流澌大至勒以爲
神靈之助也命曰靈昌津勒顧謂徐光曰曜盛兵成皋關上計也
阻洛水其次也坐守洛陽者成擒也諸軍集于成皋步卒六万騎
二萬七千勒見曜無守軍大悅舉手指天又自指額曰天也乃卷
甲銜枚而詭道兼路出于鞏訾之間知曜陳其軍十餘万于城西
弥悅謂左右曰可以賀我矣勒統步騎四萬入自宣陽門升故太
極前殿季龍步卒三万自城北而西攻其中軍石堪石聰等各以
精騎八千城西而北擊其前鋒大戰于西陽門勒躬貫甲冑出自

閶闔夾擊之曜軍大潰石堪執曜送之以徇于軍斬首五萬餘級枕尸于金谷勒下令曰所欲擒者一人耳今已獲之其勑將士抑鋒止銳縱其歸命之路乃旋師使征東石邃等帥騎衞曜而北及是祖約舉兵敗降于勒勒使王波讓之曰卿逆極勢窮方來歸命吾朝豈逋逃之藪邪而卿敢有靦面目也示之以前後檄書乃赦之劉曜子熈等去長安奔于上邽遣季龍討之勒巡行冀州諸郡引見高年孝悌力田文學之士班賜穀帛有差令遠近牧守宣告屬城諸所欲言靡有隱諱使知區區之朝虛渴讜言也季龍剋上邽遣主簿趙封送傳國玉璽金璽太子玉璽各一于勒季龍進攻集木且羌于河西剋之俘獲數萬秦隴悉平涼州牧張駿大懼遣使稱藩貢方物于勒徙氐羌十五萬落于司冀州勒群臣議以勒功業既隆祥符並萃宜時革徽號以荅乾坤之望於是石季龍等奉皇帝璽綬上尊號于勒勒弗許群臣固請勒乃以咸和五年僭號趙天王行皇帝事尊其祖邪曰宣王父周曰元王立其妻劉氏

爲王后世子弘爲太子署其子宏爲持節散騎常侍都督中外諸軍事驃騎大將軍大單于封秦王左衞將軍斌太原王小子恢爲輔國將軍南陽王中山公季龍爲太尉守尚書令中山王石生河東王石堪彭城王以季龍子邃爲冀州刺史封齊王加散騎常侍武衞將軍宣左將軍挺侍中梁王署左長史郭敖爲尚書左僕射右長史程遐爲右僕射領吏部尚書左司馬夔安右司馬郭殷從事中郎李鳳前郎中令裴憲爲尚書署參軍事徐光爲中書令領祕書監論功封爵開國郡公文武二十一人侯二十四人縣公二十六人侯二十二人其餘文武各有差侍中任播等參議以趙承金爲水德旗幟尚玄牲牡尚白子社丑臘勒從之勒下書曰自今有疑難大事八坐及委丞郎齎詣東堂詮詳平決其有軍國要務須啓有令僕尚書隨局入陳勿避寒暑昏夜也勒以祖約不忠於本朝誅之及其諸子姪親屬百餘人群臣固請勒宜即尊號勒乃僭即皇帝位大赦境內改元曰建平自襄國都臨漳追尊其高祖

曰順皇曾祖曰威皇祖曰宣皇父曰世宗元皇帝妣曰元昭皇太后文武封進各有差立其妻劉氏爲皇后又定昭儀夫人位視上公貴嬪貴人視列侯員各一人三英九華視伯淑媛淑儀視子容華美人視男務簡賢淑不限員數勒荊州監軍郭敬南蠻校尉董幼寇襄陽勒驛勑敬退屯樊城戒之使偃藏旗幟寂若無人彼若使人觀察則告之曰自愛堅守後七八日大騎將至相策不復得走矣敬使人浴馬于津周而復始晝夜不絕偵諜還告南中郎將周撫撫以爲勒軍大至懼而奔武昌敬入襄陽軍無私掠百姓安之晉平北將軍魏該弟遐等率該部衆自石城降于敬敬毀襄陽遷其百姓于沔北城樊城以戍之秦州休屠王羌叛于勒刺史臨深遣司馬管光帥州軍討之爲羌所敗隴右大擾氐羌悉叛勒遣石生進據隴城王羌兄子擢與羌有仇生乃賂擢與掎擊之羌敗奔涼州徙秦州夷豪五千餘戶于雍州勒下書曰自今諸有處法悉依科令吾所忿戮怒發中旨者若德位已高不宜訓罰或服勤

死事之孤邂逅罹譴門下皆各列奏之吾當思擇而行也堂陽人陳豬妻一產三男賜其衣帛廩食乳婢一口復三歲勿事時高句麗肅愼致其楛矢宇文屋孤並獻名馬于勒涼州牧張駿遣長史馬詵奉圖送高昌于寘鄯善大宛使獻其方物晉荊州牧陶侃遣兼長史王敷聘于勒致江南之珍寶奇獸秦州送白獸白鹿荊州送白雉白兔濟陰木連理甘露降苑鄉勒以休瑞並臻遐方慕義赦三歲刑已下均百姓去年逋調特赦涼州殊死涼州計吏皆拜郎中賜絹十匹綿十斤勒南郊有白氣自壇屬天勒大悅還宮赦四歲刑遣使封張駿武威郡公食涼州諸郡勒親耕藉田還宮赦五歲刑賜其公卿已下金帛有差勒以日蝕避正殿三日令羣公卿士各上封事禁州郡諸祠堂非正典者皆除之其能興雲致雨有益於百姓者郡縣更爲立祠堂殖嘉樹準嶽瀆已下爲差等勒將營鄴宮廷尉續咸上書切諫勒大怒曰不斬此老臣朕宮不得成也勑御史收之中書令徐光進曰陛下天資聰睿超邁唐虞而

更不欲聞忠臣之言豈夏癸商辛之君邪其言可用用之不可用
故當容之柰何一旦以直言而斬列卿乎勒歎曰為人君不得自
專如是豈不識此言之忠乎向戲之爾人家有百匹資尚欲市別
宅況有天下之富萬乘之尊乎終當繕之耳且勑停作成吾直臣
之氣也因賜咸絹百匹稻百斛又下書令公卿百寮歲薦賢良方
正直言秀異至孝廉清各一人答策上第者拜議郎中第中郎下
第郎中其舉人得遞相薦引廣招賢之路起明堂辟雍靈臺于襄
國城西時大雨霖中山西北暴水流漂巨木百餘萬根集于堂陽
勒大悅謂公卿曰諸卿知不此非為災也天意欲吾營鄴都耳於
是令少府任汪都水使者張漸等監營鄴宮勒親授規模蜀梓潼
建平漢固三郡蠻巴降于勒勒以成周土中漢晉舊京復欲有移
都之意乃命洛陽為南都置行臺治書侍御史于洛陽勒因饗高
句麗宇文屋孤使酒酣謂徐光曰朕方自古開基何等主也對曰
陛下神武籌略邁于高皇雄藝卓犖超絕魏祖自三王已來無可

比也其軒轅之亞乎勒笑曰人豈不自知卿言亦以太過朕若逢
高皇當北面而事之與韓彭競鞭而爭先耳脫遇光武當並驅于
中原未知鹿死誰手大丈夫行事當礌礌落落如日月皎然終不
能如曹孟德司馬仲達父子欺他孤兒寡婦狐媚以取天下也朕
當在二劉之間耳軒轅豈所擬乎其群臣皆頓首稱萬歲晉將軍
趙胤攻剋馬頭石堪遣將軍韓雍救之至則無及遂寇南沙海虞
俘獲五千餘人初郭敬之退據樊城也王師復戍襄陽至是敬又
攻陷之留戍而歸暴風大雨震電建德殿端門襄國市西門殺五
人雹起西河介山大如雞子平地三尺洿下丈餘行人禽獸死者
萬數歷太原樂平武鄉趙郡廣平鉅鹿千餘里樹木摧折禾稼蕩
然勒正服于東堂以問徐光曰歷代已來有斯災幾也光對曰周
漢魏晉皆有之雖天地之常事然明主未始不為變所以敬天之
怒也去年禁寒食介推帝鄉之神也歷代所尊或者以為未宜替
也一人吁嗟王道尚為之虧況群神怨憾而不怒動上帝乎縱不

能令天下同爾介山左右晉文之所封也宜任百姓奉之勒下書
曰寒食既并州之舊風朕生其俗不能異也前者外議以子推諸
侯之臣王者不應為忌故從其議儻或由之而致斯災乎子推雖
朕鄉之神非法食者亦不得亂也尚書其促檢舊典定議以聞有
司奏以子推歷代攸尊請普復寒食更為植嘉樹立祠堂給戶奉
祀勒黃門郎韋謏駁曰按春秋藏冰失道陰氣發泄為雹自子推
已前雹者復何所致此自陰陽乖錯所為耳且子推賢者曷為暴
害如此求之冥趣必不然矣今雖為冰室懼所藏之冰不在固陰
沍寒之地多皆山川之側氣泄為雹也以子推忠賢令綿介之間
奉之為允於天下則不通矣勒從之於是遷冰室於重陰凝寒之
所并州復寒食如初勒令其太子省可尚書奏事使中常侍嚴震
參綜可否征伐刑斷大事乃呈之自是震威權之盛過于主相矣
季龍之門可設雀羅季龍愈怏怏不悅郭敬南掠江西晉南中郎
將桓宣承其虛攻樊城取城中之衆而去敬旋師救樊追戰于涅

水敬前軍大敗宣亦死傷大半盡取所掠而止宣遂南取襄陽留
軍戍之勒如鄴臨石季龍第謂之曰功力不可並興待宮殿成後
當為王起第勿以卑小悒悒也季龍免冠拜謝勒曰與王共有天
下何所謝也有流星大如象尾足蛇形自北極西南流五十餘丈
光明燭地墜于河聲聞九百餘里黑龍見鄴井中勒觀龍有喜色
朝其群臣于鄴命郡國立學官每郡置博士祭酒二人弟子百五
十人三考脩成顯升台府於是擢拜太學生五人為佐著作郎錄
述時事時大旱勒親臨廷尉錄囚徒五歲刑已下皆輕決遣之重
者賜酒食聽沐浴一須秋論還未及宮澍雨大降勒如其灃水宮
因疾甚而還召石季龍與其太子弘中常侍嚴震等侍疾禁中季
龍矯命絕弘震及內外群臣親戚勒疾之增損莫有知者詐召石
宏石堪還襄國勒疾小瘳見宏驚曰秦王何故來邪使王藩鎮正
備今日有呼者邪自來也有呼者誅之季龍大懼曰秦王思慕暫
還耳今謹遣之數日復問之季龍曰奉詔即遣今已半路矣更諭

宏在外遂不遣之廣阿蝗季龍密遣其子邃率騎三千遊于蝗所熒惑入昴星隕于鄴東北六十里初赤黑黃雲如幕長數十匹交錯聲如雷震墜地氣熱如火塵起連天時有耕者往視之土猶燃惟見有一石方尺餘青色而輕擊之音如磬勒疾甚遺令三日而葬內外百寮既葬除服無禁婚娶祭祀飲酒食肉征鎮牧守不得輒離所司以奔喪斂以時服載以常車無藏金寶無內器玩大雅沖幼恐非能構荷朕志中山已下其各司所典無違朕命大雅與斌宜善相維持司馬氏汝等之殷鑒其務於敦穆也中山王深可三思周霍勿為將來口實以咸和七年死時年六十在位十五年夜瘞山谷莫知其所備文物虛葬號高平陵偽謚明皇帝廟號高祖

弘字大雅勒之第二子也幼有孝行以恭謙自守受經於杜嘏誦律於續咸勒曰今世非承平不可專以文業教也於是使劉徵任播授以兵書王陽教之擊刺立為世子領中領軍尋署衛將軍使

領開府辟召後鎮鄴勒僭位立為太子虛襟愛士好為文詠其所親昵莫非儒素勒謂徐光曰大雅愔愔殊不似將家子光曰漢祖以馬上取天下孝文以玄默守之聖人之後必世勝殘天之道也勒大悅光因曰皇太子仁孝溫恭中山王雄暴多詐陛下一旦不諱臣恐社稷必危宜漸奪中山威權使太子早參朝政勒納之程遐又言於勒曰中山王勇武權智群臣莫有及者觀其志也自陛下之外視之蔑如兼荷專征歲久威振外內性又不仁殘忍無賴其諸子並長皆預兵權陛下在自當無他恐其怏怏不可輔少主也宜早除之以便大計勒曰今天下未平兵難未已大雅沖幼宜任強輔中山佐命功臣親同魯衛方委以伊霍之任何至如卿言也卿當忠輔幼主之日不得獨擅帝舅之權故耳吾亦當參卿於顧命勿為過懼也遐泣曰臣所言者至公陛下以私賜距豈明主開襟納說忠臣必盡之義乎中山雖為皇太后所養非陛下天屬不可以親義期也杖陛下神規微建鷹犬之效陛下酬其父子以恩榮亦以足矣魏任司馬懿父子終於鼎祚淪移以此而觀中山豈將來有益者乎臣因緣多幸託瓜葛於東宮臣而不竭言於陛下而誰言之陛下若不除中山臣已見社稷不復血食矣勒不聽遐退告徐光曰主上向言如此太子必危將若之何光曰中山常切齒於吾二人恐非但國危亦為家禍當為安國寧家之計不可坐而受禍也光復承間言於勒曰陛下廓平八州帝有海內而神色不悅者何也勒曰吳蜀未平書軌不一司馬家猶不絕於丹陽恐後之人將以吾為不應符錄每一思之不覺見於神色光曰臣以陛下為憂腹心之患而何暇更憂四支乎何則魏承漢運為正朔帝王劉備雖紹興巴蜀亦不可謂漢不滅也吳雖跨江東豈有虧魏美陛下既苞括二都為中國帝王彼司馬家兒復何異玄德李氏亦猶孫權符籙不在陛下竟欲安歸此四支之輕患耳中山王藉陛下指授神略天下皆言其英武亞於陛下兼其殘暴多姦見利忘義無伊霍之忠父子爵位之重勢傾王室觀其耿耿常有

不滿之心近於東宮曲讌有輕皇太子之色陛下隱忍容之臣恐陛下萬年之後宗廟必生荊棘此心腹之重疾也惟陛下圖之勒默然而竟不從及勒死季龍執弘使臨軒命收程遐徐光下廷尉召其子邃率兵入宿衛文武靡不奔散弘大懼讓位于季龍季龍曰君薨而世子立臣安敢亂之弘泣而固讓季龍怒曰若其不堪天下自當有大議何足預論遂以咸和七年逼立之改年曰延熙文武百寮進位一等誅程遐徐光弘策拜季龍為丞相魏王大單于加九錫以魏郡等十三郡為邑總攝百揆季龍偽固讓久而受命赦其境內殊死已下立季龍妻鄭氏為魏王后子邃為魏太子加使持節侍中大都督中外諸軍事大將軍錄尚書事宣為使持節車騎大將軍冀州刺史封河間王韜為前鋒將軍司隸校尉封樂安王遵齊王鑒代王苞樂平王徙太原王斌為章武王勒文武舊臣皆補左右丞相閑任季龍府寮舊昵悉署臺省禁要命太子宮曰崇訓宮勒妻劉氏已下皆徙居之簡其美淑及勒車馬珍

寶服御之上者皆入于已署鎮軍夔安領左僕射尚書郭殷爲右僕射劉氏謂石堪曰皇祚之滅不復久矣王將何以圖之堪曰先帝舊臣皆已斥外衆旅不復由人宮殿之内無所措籌臣請出奔兖州據廩丘挾南陽王爲盟主宣太后詔於諸牧守征鎮令各率義兵同討桀逆蔑不濟也劉氏曰事急矣便可速發恐事淹變生堪許諾微服輕騎襲兖州失期不剋遂南奔譙城季龍遣其將郭太等追擊之獲堪于城父送襄國炙而殺之徵石恢還于襄國劉氏謀泄季龍殺之尊弘母程氏爲皇太后時石生鎮關中石朗鎮洛陽皆起兵于二鎮季龍留子邃守襄國統步騎七万攻朗于金墉金墉潰獲朗刖而斬之進師攻長安以石挺爲前鋒大都督生遣將軍郎權率鮮卑涉璝部衆二萬爲前鋒距之生統大軍繼發次于蒲坂前鋒及挺大戰潼關敗績挺及丞相左長史劉隗皆戰死季龍退奔澠池枕尸三百餘里鮮卑密通于季龍背生而擊之生時停蒲坂不知挺之死之懼單馬奔長安郭權乃復收衆三千

與越騎校尉石廣相持于渭汭生遂去長安潜于雞頭山將軍蔣英固守長安季龍聞生之奔也進師入關進攻長安旬餘拔之斬蔣英等分遣諸將屯于汧徙雍秦州華戎十餘萬户于關東生部下斬生于雞頭山季龍還襄國大赦諷弘命已建魏臺一如魏輔漢故事郭權以生敗據上邽以歸順詔以權爲鎮西將軍秦州刺史於是京兆新平扶風馮翊北地皆應之弘鎮西石廣與權戰敗績季龍遣郭敖及其子斌等率步騎四萬討之次于華陰上邽豪族害權以降徙秦州三萬餘户于青并二州諸郡南氐楊難敵等送任通和長安陳良夫奔于黑羌招誘北羌四角王薄句大等擾北地馮翊與石斌相持石韜等率騎掎句大之後與斌夾擊敗之句大奔于馬蘭山郭敖等懸軍追北爲羌所敗死者十七八斌等收軍還于三城季龍聞而大怒遣使殺郭敖石宏有怨言季龍幽之弘齎璽綬親詣季龍諭禪位意季龍曰天下人自當有議何爲自論此也弘還宮對其母流涕曰先帝眞無復遺矣俄而季龍遣丞相郭殷持節入廢弘爲海陽王弘安步就車容色自若謂羣臣曰不堪纂承大統顧慚羣后此亦天命去矣又何言百官莫不流涕宮人慟哭咸康元年幽弘及程氏并宏恢于崇訓宮尋殺之在位時年二十二

張賓字孟孫趙郡中丘人也父瑤中山太守賓少好學博涉經史不爲章句闊達有大節常謂昆弟曰吾自言智筭鑒識不後子房但不遇高祖耳爲中丘王帳下都督非其好也病免及永嘉大乱石勒爲劉元海輔漢將軍與諸將下山東賓謂所親曰吾歷觀諸將多矣獨胡將軍可與共成大事乃提劍軍門大呼請見勒亦未之奇也後漸進規謨乃異之引爲謀主機不虛發筭無遺策成勒之基業皆賓之勳也及爲右長史大執法封濮陽侯任遇優顯寵冠當時而謙虛敬慎開襟下士士無賢愚造之者莫不得盡其情焉肅清百寮屏絶私昵入則格言出則歸美勒甚重之每朝常爲之正容貌簡辭令呼曰右侯而不名之勒朝莫與爲比也及卒勒

親臨哭之哀慟左右贈散騎常侍右光禄大夫儀同三司謚曰景將葬送于正陽門望之流涕顧左右曰天欲不成吾事邪何奪吾右侯之早也程遐代爲右長史勒每與遐議有所不合輙歎曰右侯捨我去令我與此輩共事豈非酷乎因流涕彌日

載記第五　　晉書百五

石季龍上

石季龍勒之從子也名虎太祖廟諱故稱字焉祖曰㔨邪父曰寇覔勒父朱幼而子季龍故或稱勒弟焉年六七歲有善相者曰此兒貌奇有壯骨貴不可言永興中與勒相失後劉琨送勒母王及季龍于葛陂時年十七矣性殘忍好馳獵游蕩無度尤善彈數彈人軍中以為毒患勒白王將殺之王曰快牛為犢子時多能破車汝當小忍之年十八稍折節身長七尺五寸趫捷便弓馬勇冠當時將佐親戚莫不敬憚勒深嘉之拜征虜將軍為娉將軍郭榮妹為妻季龍寵惑優僮鄭櫻桃而殺郭氏更納清河崔氏女櫻桃又譖而殺之所為酷虐軍中有勇幹策略與己侔者輒方便害之前後所殺甚衆至於降城陷壘不復斷別善惡坑斬士女鮮有遺類勒雖屢加責誘而行意自若然御衆嚴而不煩莫敢犯者指授攻討所向無前故勒寵之信任彌隆仗以專征之任勒之居襄國署

為魏郡太守鎮鄴三臺後封繁陽侯勒即大單于趙王位署為單于元輔都督禁衛諸軍事遷侍中開府進封中山公及勒僭號授太尉守尚書令進封為王邑萬戶季龍自以勲高一時謂勒即位之後大單于必在己而更以授其子宏季龍深恨之私謂其子邃曰主上自都襄國以來端拱指授而以吾躬當矢石二十餘年南擒劉岳北走索頭東平齊魯西定秦雍剋殄十有三州成大趙之業者我也大單于之望實在于我而授黃吻婢兒每一憶此令人不復能寢食待主上晏駕之後不足復留種也咸康元年季龍廢勒子弘群臣已下勸其稱尊號季龍下書曰王室多難海陽自棄四海業重故俛從推逼朕聞道合乾坤者稱皇德協人神者稱帝皇帝之號非所敢聞且可稱居攝趙天王以副天人之望於是赦其境內改年曰建武以夔安為侍中太尉守尚書令郭殷為司空韓晞為尚書左僕射魏既張崇曹顯為尚書申鍾為侍中郎闓為光祿大夫王波為中書令文武封拜各有差立其子邃為

太子季龍以讖文天子當從東北來於是備法駕行自信都而還以應之分遣陶之柳鄉立停駕縣季龍徐州從事朱縱殺刺史郭祥以彭城歸順季龍遣將王朗擊之縱奔淮南季龍荒游廢政多所營繕使邃省可尚書奏事選牧守祀郊廟惟征伐刑斷乃親覽之觀雀臺崩殺典匠少府任汪復使脩之倍於常度季龍自率衆南寇歷陽臨江而旋京師大震遣其征虜石遇寇中廬遂圍平北將軍桓宣于襄陽輔國將軍毛寶南中郎將王國征西司馬王愆期等率荊州之衆救之屯于章山遇攻守二旬軍中飢疫而還季龍以租入殷廣轉輸勞煩令中倉歲入百萬斛餘皆儲之水次晉將軍淳于安攻其琅邪費縣俘獲而歸石邃保母劉芝初以巫術進既養邃遂有深寵通賄賂豫言論權傾朝廷親貴多出其門遂封芝為宜城君季龍下書令刑贖之家得以錢代財帛無錢聽以穀麥皆隨時價輸水次倉冀州八郡雨雹大傷秋稼下書深自咎責遣御史所在發水次倉麥以給秋種尤甚之處差復一年季龍將

遷於鄴尚書請太常告廟季龍曰古者將有大事必告宗廟而不列社稷尚書可詳議以聞公卿乃請使太尉告社稷從之及入鄴宮御兩周洽季龍大悅赦殊死已下尚方令解飛作司南車成季龍以其構思精微賜爵關內侯賞賜甚厚始制散騎常侍已上得乘軺軒王公郊祀乘副車駕四馬龍旂八旒朔望朝會即乘軺軒時羌薄句大猶保險未賓遣其子章武王斌帥精騎二萬并秦雍二州兵以討之季龍如長樂衛國有田疇不闢桑業不脩者貶其守宰而還咸康二年使牙門將張彌徙洛陽鍾虡九龍翁仲銅駝飛廉于鄴鍾一沒於河募浮沒三百人入河繫以竹絙牛百頭鹿櫨引之乃出造萬斛舟以渡之以四輪纏輞車轍廣四尺深二尺運至鄴季龍大悅赦二歲刑賫百官穀帛百姓爵一級下書曰三載考績黜陟幽明斯則先王之令典政道之通塞魏始建九品之制三年一清定之雖未盡弘美亦縉紳之清律人倫之明鏡從爾以來遵用無改先帝創臨天下黃紙再定至於選舉銓為首

格自不清定三載于茲主者其更銓論務揚清激濁使九流咸允也吏部選舉可依晉氏九班選制永爲揆法選畢經中書門下宣示三省然後行之其著此詔書于令銓衡不奉行者御史彈坐以聞索頭郁鞠率衆三萬降于季龍署鞠等一十三人親通趙王皆封列侯散其部衆于冀青等六州時衆役煩興軍旅不息加以久旱穀貴金一斤直米二斗百姓嗷然無生賴矣又納解飛之說於鄴正南投石於河以起飛橋功費數千億萬橋竟不成役夫飢甚乃止使令長率丁壯隨山澤采橡捕魚以濟老弱而復爲權豪所奪人無所得焉又料殷富之家配飢人以食之公卿已下出穀以助振給姦吏因之侵割無已雖有貸贍之名而無其實段直盪爲龍騰冠以絳幘於襄國起太武殿於鄴造東西宮至是皆就太武殿基高二丈八尺以文石綷之下穿伏室置衞士五百人於其中東西七十五步南北六十五步皆漆瓦金鐺銀楹金柱珠簾玉壁窮極伎巧又起靈風臺九殿于顯陽殿後選士庶之女以充之後

庭服綺縠玩珍奇者萬餘人內置女官十有八等教宮人星占及馬步射置女太史于靈臺仰觀災祥以考外太史之虛實又置女鼓吹羽儀雜伎工巧皆與外侔禁郡國不得私學星讖敢有犯者誅左校令成公段造庭燎于崇杠之末高十餘丈上盤置燎下盤置人緄繳上下季龍試而悅之其太保夔安等文武五百九人勸季龍稱尊號安等方入而庭燎油灌下盤死者七人季龍惡之大怒斬成公段于閶闔門於是依殷周之制以咸康三年僭稱大趙天王即位于南郊大赦殊死已下追尊祖㔨邪爲 武皇帝父寇覓爲太宗孝皇帝立其鄭氏爲天王皇后以子邃爲天王皇太子親王皆貶封郡公藩王爲縣侯百官封署各有差太原徙人五百餘戶叛入黑羌武鄉長城徙人韓彊獲玄玉璽方四寸七分龜紐金文詣鄴獻之拜彊騎都尉復其一門夔安等又勸進曰臣等謹案大趙水德玄龜者水之精也玉者石之寶也分之數以象七政寸之紀以準四極昊天成命不可久違輒下史官擇吉日具禮儀

謹昧死上皇帝尊號季龍下書曰過相褒美猥見推逼覽增恧然非所望也其亟止茲議令東作告始自非京城內外皆不得表慶中書令王波上玄璽頌以美之季龍以石弘時造此璽彊遇而獻之邃自總百揆之後荒酒淫色驕恣无道或盤游于田懸管而入或夜出于宮臣家淫其妻妾粧飾宮人美淑者斬首洗血置於盤上傳共視之又內諸比丘尼有姿色者与其交褻而殺之合牛羊肉煑而食之亦賜左右欲以識其味也河間公宣樂安公韜有寵於季龍邃疾之如仇季龍荒耽內游威刑失度邃以事爲可呈呈之季龍恚曰此小事何足呈也時有所不聞復怒曰何以不呈誚責杖捶月至再三邃甚恨私謂常從无窮長生中庶子李顏等曰官家難稱吾欲行冒頓之事卿從我乎顏等伏不敢對邃稱疾不省事率宮臣文武五百餘騎宴于李顏別舍謂顏等曰我欲至冀州殺石宣有不從者斬行數里騎皆逃散李顏叩頭固諫邃亦昏醉而歸邃母鄭氏聞之私遣中人責邃邃怒殺其使季龍聞邃有

疾遣所親任女尚書察之邃呼前与語抽劍擊之季龍大怒收李顏等詰問顏具言始末誅顏等三十餘人幽邃于東宮既而赦之引見太武東堂邃朝而不謝俄而便出季龍遣使謂邃曰太子應入朝中宮何以便去邃逕出不顧季龍大怒廢邃爲庶人其夜殺邃及妻張氏并男女二十六人同埋於一棺之中誅其宮臣支黨二百餘人廢鄭氏爲東海太妃立其子宣爲天王皇太子宣母杜昭儀爲天王皇后安定人侯子光弱冠美姿儀自稱佛太子從大秦国來當王小秦国易姓名爲李子楊游于鄠縣爰赤眉家頗見其妖狀事微有驗赤眉信敬之妻以二女轉相扇惑京兆樊經竺龍嚴謀謝樂子等聚衆數千人於杜南山子楊稱大黃帝建元曰龍興赤眉与經爲左右丞相龍謀爲左右大司馬樂子爲大將軍鎮西石廣擊斬之子楊頸无血十餘日而面色无異於生季龍將伐遼西鮮卑段遼募有勇力者三万人皆拜龍騰中郎遼遣從弟屈雲襲幽州刺史李孟退奔易京季龍以桃豹爲橫海將

軍王華爲渡遼將軍統舟師十万出漂渝津支雄爲龍驤大將軍姚弋仲爲冠軍將軍將步騎十万爲前鋒以伐段遼季龍衆次金臺支雄長驅入薊遼漁陽太守馬鮑代相張牧北平相陽裕上谷相侯龕等四十餘城并率衆降于季龍支雄攻安次斬其部大夫那樓奇遼懼弃令支奔于密雲山遼左右長史劉群盧諶司馬崔悅等封其府庫遣使請降季龍遣將軍郭太麻秋等輕騎二万追遼及之戰于密雲獲其母妻斬級三千遼單馬竄險遣子乞特真送表及名馬季龍納之乃遷其戶二万餘于雍司兗豫四州之地諸有才行者皆擢叙之先是北單于乙回爲鮮卑敦那所逐既平遼西遣其將李穆擊那破之復立乙回而還季龍入遼宮論功封賞各有差初慕容皝與段遼有隙遣使稱藩于季龍陳遼宜伐請盡衆來會及軍至令支皝師不出季龍將伐之天竺佛圖澄進曰燕福德之國未可加兵季龍作色曰以此攻城何城不剋以此衆戰誰能禦之區區小豎何所逃也太史令趙攬固諫曰燕地歲星所守行師無功必受其禍季龍怒鞭之黜爲肥如長進師攻棘城旬餘不剋皝遣子恪帥胡騎二千晨出挑戰諸門皆若有師出者四面如雲季龍大驚棄甲而遁於是召趙攬復爲太史令季龍旋自令支過易京惡其固而毀之還謁石勒墓朝其群臣於襄陽國建德前殿復從征文武有差至鄴設飲至之礼賜俘徧於丞郎季龍謀伐昌黎遣渡遼曹伏將青州之衆渡海戍蹋頓城無水而還因戍于海島運穀三百万斛以給之又以船三百艘運穀三十万斛詣高句麗使典農中郎將王典率衆万餘屯田于海濱又令青州造船千艘使石宣率步騎二万擊朔方鮮卑斛摩頭破之斬首四万餘級冀州八郡大蝗司隸請坐守宰季龍曰此政之失和朕之不德而欲委咎守宰豈禹湯罪己之義邪司隸不進讜言佐朕不逮而歸咎無辜所以重吾之責可白衣領司隸加其子司徒韜金鉦黃鉞鑾輅九旒先是使襄城公涉歸上庸公日歸率衆戍長安二歸告鎮西石廣私樹恩澤潛謀不軌季

龍大怒追虜至而殺之段遼於密雲山遣使詐降季龍信之使征東麻秋百里郊迎勅秋曰受降如待敵將軍慎之遼又遣使降于慕容皝曰胡貪而無謀吾今請降求迎彼終不疑也若伏重軍以要之可以得志皝遣子恪伏兵於密雲麻秋統衆三万迎遼爲恪所襲死者十六七秋步遁而歸季龍聞之驚怒方食吐餔乃削秋官爵下書令諸郡國立五經博士初勒置大小學博士至是復置國子博士助教季龍以吏部選舉斥外耆德而勢門童幼多爲美官免郎中魏奐爲庶人以其太子宣爲大單于建天子旌旗以夔安爲征討大都督統五將步騎七万寇荊揚北鄙石閔敗王師于沔陰將軍蔡懷死之宣將朱保又敗王師于白石將軍鄭豹談玄郝莊隨相蔡熊皆遇害季龍將張賀度攻陷邾城敗晉將毛寶于邾西死者万餘人夔安進據胡亭寇晉將軍黃冲歷陽太守鄭進皆降之安於是掠七万戶而還時豪戚侵恣賄託公行季龍患之擢殿中御史李矩爲御史中丞特親任之自此百僚震慴州郡肅然季龍曰朕聞良臣如猛獸高步通衢而豺狼避路信矣哉鎮遠王擢表雍秦二州望族自東徙已來遂在戍役之例既衣冠華胄宜蒙優免從之自是皇甫胡梁韋杜牛辛等十有七姓蠲其兵貫一同舊族隨才銓叙思欲分還桑梓者聽之其非此等不得爲例以其撫軍李農爲使持節監遼西北平諸軍事征東將軍營州牧鎮令支于時大旱白虹經天季龍下書曰朕在位六載不能上和乾象下濟黎元以致星虹之變其令百僚各上封事解西山之禁蒲葦魚鹽除歲供之外皆無所固公侯卿牧不得規占山澤奪百姓之利又下書曰前以豐國澠池二治初建徙刑徒配之權救時務而主者循爲恒法致起怨聲自今罪犯流徙皆當申奏不得輒配也京獄見囚非手殺人一皆原遣其日澍雨季龍將討慕容皝令司冀青徐幽并雍兼復之家五丁取三四丁取二合鄴城舊軍滿五十万具船万艘自河通海運穀豆千一百万斛于安樂成以備征軍之調徙遼西北平漁陽万戶于兗豫雍洛四

州之地季龍僭位之後有所調用皆選司擬官經令僕而後奏行不得其人案以為令僕之負尚書及郎不坐至是吏部尚書劉真以為失銓考之體而言之季龍責怒主者加真光祿大夫金章紫綬季龍如宛陽大閱於曜武場慕容皝襲幽冀略三万餘家而去幽州刺史石光坐懦弱徵還賜徵士辛謐几杖衣服穀五百斛勑平原為起甲第先是季壽將李宏自晉奔于季龍壽致書請之題曰趙王石君季龍不悅付外議之多有異同中書監王波議曰今李宏以死自誓若得反魂蜀漢當鳩率宗族混同王化若遣而果也則不煩一旅之師而坐定梁益就有進退當在逃命一夫壽既號並日月跨僭一方今若制詔或敢酬反則取誚戎裔宜書答之幷贈以楛矢使壽知我遐荒必臻也於是遣宏備物以酬之以石韜為太尉與太子宣迭日省可尚書奏事自幽州東至白狼大興屯田張駿憚季龍之盛遣其別駕馬詵朝之季龍初大悅及覽其表辭頗蹇傲季龍大怒將斬詵侍中石璞進曰為陛下之患者丹楊也區區河右焉能為有無今斬馬詵必征張駿則南討之師勢分為二建鄴君臣延其數年之命矣勝之不為武弗克為四夷所笑不如因而厚之彼若改圖謝罪率其臣職者則我又何求迷而不悟討之未後也季龍乃止李宏既至蜀漢季壽欲誇其境內下令云羯使來庭獻其楛矢季龍聞之怒甚黜王波以白衣守中書監季龍志在窮兵以其國內少馬乃禁畜私馬匿者要斬收百姓馬四万餘匹以入于公兼盛興宮室於鄴起臺觀四十餘所營長安洛陽二宮作者四十餘万人又勑河南四州具南師之備并朔秦雍嚴西討之資青冀幽州三五發卒諸州造甲者五十万人兼公侯牧宰競興私利百姓失業十室而七船夫十七万人為水所沒猛獸所害三分而一貝丘人李弘因衆心之怨自言姓名應讖遂連結姦黨署置百僚事發誅之連坐者數千家季龍畋獵無度晨出夜歸又多微行躬察作役之所侍中韋謏諫曰臣聞千金之子坐不垂堂万乘之主行不履危陛下雖天生神武雄據四海

乾坤貞貺万無所慮然白龍魚服有豫且之禍海若潛游罹葛陂之酷深願陛下清宮蹕路思二神為元鑒不可忽天下之重輕行斤斧之間一旦有狂夫之變龍騰之勇不暇施也智士之計豈及設哉又自古聖王之營建宮室未始不於三農之隙所以不奪農時也今或盛功于耘藝之辰或煩役于收穫之月頓斃屬途怨聲塞路誠非聖君仁后所忍為也昔漢明賢君也鍾離一言而德陽役止臣誠識慙昔士言無可採陛下道越前王所宜哀覽季龍省而善之賜以穀帛而興繕滋繁游察自若右僕射張離領五兵

尚書專總兵要而欲求媚于石宣因說之曰今諸公侯吏兵過限宜漸削弱以盛儲威宣素疾石韜之寵甚說其言乃使離奏奪諸公府吏秦燕義陽樂平四公聽置吏一百九十七人帳下兵二百人自此已下三分置一餘兵五万悉配東宮於是諸公咸怨為大釁之漸矣遣征北張舉自鴈門討索頭郁鞠剋之制征士五人車一乘牛二頭米各十五斛絹十四調不辦者以斬論將以圖江表於是百姓窮窘鬻子以充軍制猶不能赴自經于道路死者相望而求發無已會青州言濟南平陵城北石獸一夜中忽移在城東南善石溝上有狼狐千餘迹隨之迹皆成路季龍大悅曰獸者朕也自平陵城北而東南者天意將使朕平蕩江南之徵也天命不可違其勑諸州兵明年悉集朕當親董六軍以副成路之祥群臣皆賀上皇德頌者一百七人時袄怪尤多石然于泰山八日而滅東海有大石自立旁有血流鄴西山石間血流出長十餘步廣二尺餘太武殿畫古賢悉變為胡旬餘頭悉縮入肩中季龍大惡之佛圖澄對之流涕寧遠劉寧攻武都狄道陷之使石宣討鮮卑斛穀提大破之斬首三万級中謁者令申扁有寵於季龍而宣亦昵之扁聰辯明斷專綜機密之任季龍既不省奏案宣荒酒內游石韜沉湎好獵生殺除拜皆扁所決於是權傾內外刺史二千石多出其門九卿已下望塵而拜唯侍中鄭系王謨常侍盧諶崔約等十餘人與之抗礼季龍又取州郡吏馬一萬四千餘匹以配

曜武關將馬主皆復一年鎮北宇文歸執送段遼之子蘭降于季
龍獻駿馬万匹季龍以平西張伏都為使持節都督征討諸軍事
帥步騎三万擊涼州既濟河與張駿將謝艾大戰于河西伏都敗
績季龍雖昏虐無道而頗慕經學遣國子博士詣洛陽寫石經校
中經于秘書國子祭酒聶熊注穀梁春秋列于學官燕公石斌淫
酒荒獵常懸管而入征北張賀度以邊防宜整每裁諫之斌怒辱
賀度季龍聞之大怒杖斌一百遣主書禮儀持節監之斌行意自
若儀持法呵禁斌怒殺之欲殺賀度賀度嚴衛馳白之季龍遣尚
書張離持節帥騎追斌鞭之三百免官歸第誅其親任十餘人建
元初季龍饗群臣于太武前殿有白鴈百餘集于馬道南季龍命
射之無所獲既將討三方諸州兵至者百餘万太史令趙攬私於
季龍曰白鴈集殿庭宮室將空不宜行也季龍納之臨宣武觀大
閱而解嚴以燕公斌為使持節侍中大司馬錄尚書事置左右戎
昭曜武將軍位在左右衛上東宮置左右統將軍位在四率上置
上中光祿大夫在左右光祿上置鎮衛將軍在車騎將軍上時石
宣淫虐日甚而莫敢以告領軍王朗言之於季龍曰今隆冬雪寒
而皇太子使人斫伐宮材引於漳水功役數万士衆吁嗟陛下宜
因游觀而罷之也季龍如其言既而宣知朗所為怒欲殺之而無
因會熒惑守房趙攬承宣旨言於季龍曰昴者趙之分也熒惑所
在其主惡之房為天子此殃不小宜貴臣姓王者當之季龍曰誰
可當者攬久而對曰無復貴於王領軍也季龍既惜朗且猜之曰
更言其次攬曰其次唯中書監王波耳季龍乃下書追波前議遣
李宏及苦楛矢之愆要斬之及其四子投于漳水以厭熒惑之變
尋愍波之無罪追贈司空封其孫為侯平北尹農攻慕容皝凡城
不剋而還黜農為庶人時白虹出自太社經鳳陽門東南連天十
餘刻乃滅季龍下書曰蓋古明王之理天下也政以均平為首化
以仁惠為本故能允協人和緝熙神物朕以眇薄居臨万邦夕惕
乾乾思遵古烈是以每下書蠲除徭賦休息黎元庶俯懷百姓仰

稟三光而中年已來變眚弥顯天文錯乱時氣不應斯由人怨于
下譴感皇天雖朕之不明亦群后不能翼獎之所致也昔楚相脩
政洪災旋弭鄭卿厲道氛祲自消皆股肱之良用康群變而群公
卿士各懷道迷邦拱默成敗豈所望於台輔百司哉其各上封事
極言無隱於是閉鳳陽門唯元日乃開立二時于靈昌津祠天及
五郊季壽以建寧上庸漢固巴徵梓潼五郡降于季龍先是季龍
起河橋於靈昌津采石為中濟石無大小下輒隨流用功五百餘
萬而不成季龍遣使致祭沉璧于河俄而所沉璧流于渚上地震
水波騰上津所殿觀莫不傾壞壓死者百餘人季龍恚甚斬工匠
而止作焉命石宣石韜生殺拜除皆迭日省決不復啓也司徒申
鍾諫曰慶賞刑威后皇攸執名器至重不可以假人皆以防姦杜
漸以示軌儀太子国之儲貳朝夕視膳而不及政也庶人邃往以
聞政致敗殷鑒不遠宜革而弗遵且二政分權鮮不及禍周有子
頽之釁鄭有叔段之難此皆由寵之不道所以乱国害親惟陛下
覽之季龍不從太子詹事孫珍問侍中崔約曰吾患目疾何方療之
約素狎珍戲之曰溺中則愈珍曰目何可溺約曰卿目睕睕正耐溺
中珍恨之以白宣宣諸子中最胡狀目深聞之大怒誅約父子珍
有寵於宣頗預朝政自誅約之後公卿已下憚之側目季龍子義
陽公鑒時鎮關中役煩賦重失關右之和其友李松勸鑒文武有
長髮者拔為冠纓餘以給宮人長史取髮白之季龍大怒以其右
僕射張離為征西左長史龍驤將軍雍州刺史以察之信然徵鑒
還鄴收松下廷尉以石苞代鎮長安發雍洛秦并州十六万人城
長安未央宮季龍性既好獵其後躰重不能跨鞍乃造獵車千
乘轅長三丈高一丈八尺置高一丈七尺格獸車四十乘立三級
行樓二層於其上剋期將校獵自靈昌津南至滎陽東極陽都使
御史監察其中禽獸有犯者罪至大辟御史因之擅作威福百姓
有美女好牛馬者求之不得便誣以犯獸論死者百餘家海岱河
濟間人無寧志矣又發諸州二十六万人脩洛陽宮發百姓牛二

萬餘頭配朔州牧官增置女官二十四等東宮十有二等諸公侯七十餘國皆爲置女官九等先是大發百姓女二十已下十三已上三万餘人爲三等之第以分配之郡縣要媚其旨務於美淑奪人婦者九千餘人百姓妻有美色豪勢因而脅之率多自殺石宣及諸公又私令采發者亦垂一万摠會鄴宮季龍臨軒簡第諸女大悅封使者十二人皆爲列侯自初發至鄴諸殺其夫及奪而遣之縊死者三千餘人荆楚揚徐間流叛略盡宰守坐不能綏懷下獄誅者五十餘人金紫光祿大夫逯明因侍切諫季龍大怒遣龍騰拉而殺之自是朝臣杜口相招爲祿仕而已季龍常以女騎一千爲鹵簿皆著紫綸巾熟錦袴金銀鏤帶五文織成鞾游于戲馬觀觀上安詔書五色紙在木鳳之口鹿盧迴轉狀若飛翔焉遣凉州刺史麻秋等伐張重華尚書朱軌與中黃門嚴生不協會大雨霖道路陷滯不通生因而譖軌不脩道又訕謗朝政季龍遂殺之於是立私論之條偶語之律聽吏告其君奴告其主威刑日濫公

卿已下朝會以目吉凶之問自此而絕軌之囚也冠軍苻洪諫曰臣聞聖主之馭天下也土階三尺茅茨不翦食不累味刑措而不用亡君之馭海内也傾宮瓊榭象箸玉杯截脛剖心脯賢刳孕故其亡也忽焉今襄國鄴宮足康帝宇長安洛陽何爲者哉盤於游田眈於女德三代之亡恒必由此而忽爲獵車千乘養獸万里奪人妻女十万盈宮尚書朱軌納言大臣以道路不脩將加酷法此自陛下政之失和陰陽灾沴暴降霖雨七旬霽方二日縱有鬼兵百万尚未及脩之而況人乎刑政如此其如史筆何其如四海何特願止作徒休宮女赦朱軌允衆望季龍省之不悅憚其彊但寢而不納弗之罪也乃停二京作役焉

石季龍下　子世　遵　鑒

永和三年季龍親耕籍田于其桑梓苑其妻杜氏祠先蠶于近郊
遂如襄國謁勒墓以中書監石寧為征西將軍率幷司州兵二萬
餘人為麻秋等後繼張重華將宋秦等率戶二萬來降河湟間氐
羌十餘萬落與張瑍相首尾麻秋憚之不進重華金城太守張沖
又以郡降石寧麻秋尋次曲柳劉寧王擢進攻始興武街重華將
楊康等與寧戰于沙阜寧敗績乃引還金城王擢克武街執重華
護軍曹權胡宣徙七千餘戶于雍州季龍又以孫伏都為征西將
軍與麻秋率步騎三萬長驅濟河且城長最重華大懼遣將謝艾
逆擊敗之秋退歸金城勒及季龍並貪而無禮既王有十州之地
金帛珠玉及外國珍奇異貨不可勝紀而猶以為不足曩代帝王
及先賢陵墓靡不發掘而取其寶貨焉邯鄲城西石子堈上有趙
簡子墓至是季龍令發之初得炭深丈餘次得木板厚一尺積板
厚八尺乃及泉其水清冷非常作絞車以牛皮囊汲之月餘而
水不盡不可發而止又使掘秦始皇冢取銅柱鑄以為器時沙
門吳進言于季龍曰胡運將衰晉當復興宜苦役晉人以厭其
氣季龍於是使尚書張群發近郡男女十六萬車十萬乘運土
築華林苑及長牆于鄴北廣長數十里趙攬申鍾石璞等上疏
陳天文錯亂蒼生凋弊及因引見又面諫辭旨甚切季龍大怒曰
牆朝成夕沒吾無恨矣乃促張群以燭夜作起三觀四門三門通
漳水皆為鐵扉暴風大雨死者數萬人揚州送黃鵠雛五頸長一
丈聲聞十餘里泛之于玄武池郡国前後送蒼麟十六白鹿七季
龍命司虞張曷柱調之以駕芝蓋列于充庭之乘鑿北城引水于
華林園城崩壓死者百餘人命石宣祈于山川因而游獵乘大輅
羽葆華蓋建天子旌旗十有六軍戎卒十八萬出自金明門季龍
從其後宮升陵霄觀望之笑曰我家父子如是自非天崩地陷當
復何愁但抱子弄孫日為樂耳宣既馳逐無厭在於陳列行宮四

面各一百里為度驅圍禽獸皆暮集其所文武跪立圍守重行烽
炬星羅光燭如晝命勁騎百餘馳射其中宣與嬖姬顯德美人乘
輦觀之嬉娛忘反獸殫乃止其有禽獸奔逸當之者坐有爵者奪
馬步驅一日無爵者鞭之一百峻制嚴刑文武戰慄士卒饑凍而
死者萬有餘人宣弓馬衣食皆號為御有乱其間者以冒禁罪罪
之所過三州十五郡資儲靡有孑遺季龍復命石韜亦如之出自
并州游于秦晉宣素惡韜寵是行也嫉之弥甚宦者趙生得幸于
宣而無寵于韜微勸宣除之於是相圖之計起矣麻秋又襲張重
華將張瑁於河陝敗之斬首三千餘級枹罕護軍李逵率衆七千
降于季龍自河已南氐羌皆降石韜起堂于太尉府號曰宣光殿
梁長九丈宣視而大怒斬匠截梁而去韜怒增之十丈宣聞之恚
甚謂所幸楊柸牟成曰韜凶豎勃逆敢違我如是汝能殺之者吾
吾入西宮當盡以韜之国邑分封汝等韜既死主上必親臨喪因
行大事蔑不濟矣柸等許諾時東南有黃黑雲大如數畝稍分為
三狀若匹布東西經天色黑而青酉時貫日日沒後分為七道每
相去數十丈間有白雲如魚鱗子時乃滅韜素解天文見而惡之
顧謂左右曰此變不小當有刺客起于京師不知誰定當之是夜
韜讌其寮屬于東明觀樂奏酒酣愀然長歎曰人居世無常別易
會難各付一柸開意為吾飲令必醉知後會復何期而不飲乎因
泫然流涕左右莫不歔欷因宿于佛精舍宣使楊柸牟成趙
生等緣獼猴梯而入殺韜置其刀箭而去旦宣奏之季龍哀驚氣
絕久之方蘇將出臨之其司空李農諫曰害秦公者恐在蕭牆之
內慮生非常不可以出季龍乃止嚴兵發哀于太武殿宣乘素車
從人臨韜喪不哭直言呵呵使舉衾看尸大笑而去收大將軍記
室參軍鄭靖尹武等將委之以罪季龍疑宣之害韜也謀召之懼
其不入乃偽言其母哀過危惙宜不虞已之見疑也入朝中宮因
而止之建興人史科告稱韜死夜宿東宮長上楊柸家柸夜與五
人從外來相與語曰大事已定但願大家老壽吾等何患不富貴

語訖便入科寢閤中杯不見也科尋出逃匿俄而杯與二人出求科不得杯曰宿客聞人向語當殺之斷口舌今而得去作大事矣科踰牆獲免季龍馳使收之獲楊杯牟皮趙生等杯皮尋皆亡去執趙生而詰之生具首服季龍悲怒弥甚幽宣於席庫以鐵環穿其頷而鏁之作數斗木槽和羹飯以猪狗法食之取害韜刀箭舐其血哀號震動宮殿積柴鄴北樹標於其上標末置鹿盧穿之以繩倚梯柴積送宣于標所使韜所親宦者郝稚劉霸拔其髮抽其舌牽之登梯上於柴積郝稚以繩貫其頷鹿盧絞上劉霸斷其手足斫眼潰腹如韜之傷四面縱火煙炎於天季龍從昭儀已下數千登中臺以觀之火滅取灰分置諸門交道中殺其妻子九人宣小子年數歲季龍甚愛之抱之而泣兒曰非兒罪季龍欲赦之其大臣不聽遂於抱中取而戮之兒猶挽季龍衣而大叫時人莫不為之流涕季龍因此發病又誅其四率已下三百人宦者五十人皆車裂節解棄之漳水洿其東宮養豬牛東宮衛士十餘萬

人皆謫戍涼州先是散騎常侍趙攬言於季龍曰中宮將有變宜防之及宣之殺韜也季龍疑其知而不告亦誅之廢宣母杜氏為庶人貴嬪柳氏尚書耆之女也以才色特幸坐其二兄有寵于宣亦殺之季龍追其姿色復納耆少女于華林園季龍議立太子其太尉張舉進曰燕公斌彭城公遵並有武藝文德陛下神齒已衰四海未一請擇二公而樹之初戎昭張豺之破上邽也獲劉曜幼女年十二有殊色季龍得而嬖之生子世封齊公至是豺以季龍年長多疾規立世為嗣劉當為太后已得輔政說季龍曰陛下再立儲宮皆出自倡賤是以禍亂相尋今宜擇母貴子孝者立之季龍曰卿且勿言吾知太子處矣又議于東堂季龍曰吾欲以純灰三斛洗吾腹腹穢惡故生凶子兒年二十餘便欲殺公今世方十歲比其二十吾已老矣於是與張舉李農定議勑公卿上書請立世大司農曹莫不署名季龍使張豺問其故莫頓首曰天下業重不宜立少是以不敢署也季龍曰莫忠臣也然未達朕意張舉

李農知吾心矣其令諭之遂立世為皇太子劉氏為皇后季龍召太常條攸光祿勳杜嘏謂之曰煩卿傳太子實希改轍吾之相託卿宜明之署攸太傅嘏為少傅季龍時疾瘳以永和五年僭即皇帝位于南郊大赦境內建元曰太寧百官增位一等諸子進爵郡王以尚書張良為右僕射故東宮謫卒高力等萬餘人當戍涼州行達雍城既不在赦例又勑雍州刺史張茂送之茂皆奪其馬令步推鹿車致糧戍所高力督定陽梁犢等因衆心之怨謀起兵東還陰令胡人頡獨鹿微告戍者戍者皆踊抃大呼梁犢乃自稱晉征東大將軍率衆攻陷下辨逼張茂為大都督大司馬載以軺車安西劉寧自安定擊之大敗而還秦雍間城戍无不摧陷斬二千石長史長驅而東高力等皆多力善射當十餘人雖無兵甲所在掠百姓大斧施一丈柯攻戰若神所向崩潰戍卒皆隨之比至長安衆已十萬其樂平王石苞時至長安盡銳距之一戰而敗績遂東出潼關進如洛川季龍以李農為大都督行大將軍事統衛

軍張賀度征西張良征虜石閔等率步騎十萬討之戰于新安農師不利又戰于洛陽農師又敗乃退壁成皐犢東掠滎陽陳留諸郡季龍大懼以燕王石斌為大都督中外諸軍事率精騎一萬統姚弋仲苻洪等擊犢于滎陽東大破之斬犢首而還討其餘黨盡滅之俄而晉將軍王龕拔其沛郡始平人馬勗起兵於洛氏葛谷自稱將軍石苞攻滅之誅三千餘家時熒惑犯積尸又犯昴月又熒惑北犯河鼓未幾季龍疾甚以石遵為大將軍鎮關右石斌為丞相録尚書事張豺為鎮衛大將軍領軍將軍吏部尚書並受遺輔政劉氏懼斌之輔政也害世與張豺謀誅之斌時在襄國乃遣使詐斌曰主上患已漸損王須獵者可小停也斌性好酒耽獵遂游畋縱飲劉氏矯命稱斌無忠孝之心免斌官以王歸第使張豺弟雄率龍騰五百人守之石遵自幽州至鄴勑朝堂受拜配禁兵三萬遣之遵涕泣而去是日季龍疾小瘳問曰遵至未左右荅言久已去矣季龍曰恨不見之季龍臨於西閤龍騰將軍中

郎二百餘人列拜于前季龍曰何所求也皆言聖躬不和宜令燕王入宿衞典兵馬或言乞爲皇太子季龍不知斌之廢也責曰燕王不在內邪呼來左右言王酒病不能入季龍曰促持輦迎之當付其璽綬亦竟無行者尋惛眩而入張豺使弟雄等矯季龍命殺斌劉氏又矯命以豺爲太保都督中外諸軍錄尚書事加千兵百騎一依霍光輔漢故事侍中徐統歎曰禍將作矣吾無爲豫之乃仰藥而死俄而季龍亦死季龍始以咸康元年僭位至此太和六年凡在位十五歲於是世即僞位尊劉氏爲皇太后臨朝進張豺爲丞相豺請石遵石鑒爲左右丞相以慰其心劉氏從之豺與張舉謀誅李農而舉與農素善以豺謀告之農懼率騎百餘奔廣宗率乞活數萬家保于上白劉氏使張舉等統宿衞精卒圍之豺以張離爲鎮軍大將軍監中外諸軍事司隸校尉爲己之副鄴中群盜大起迭相劫掠石遵聞季龍之死屯于河內姚弋仲苻洪石閔劉寧及武衞王鸞寧西王午石榮王鐵立義將軍段勤等既平秦洛班師而歸遇遵于李城說遵曰殿下長而且賢先帝亦有意于殿下矣但以末年惛惑爲張豺所誤今上白相持未下京師宿衞空虛若聲張豺之罪鼓行而討之孰不倒戈開門而迎殿下者邪遵從之洛州刺史劉國等亦率洛陽之衆至于李城遵檄至鄴張豺大懼馳召上白之軍遵次于蕩陰戎卒九萬石閔爲前鋒豺將出距之耆舊羯士皆曰天子兒來奔喪吾當出迎之不能爲張豺城戍也踰城而出豺斬之不能止張離率龍騰二千斬關迎遵劉氏懼引張豺入對之悲哭曰先帝梓宮未殯而禍難繁興今皇嗣沖幼託之于將軍將軍何以匡濟邪加遵重官可以弭不豺惶怖失守無復籌計但言唯唯劉氏令以遵爲丞相領大司馬大都督中外諸軍錄尚書事加黃鉞九錫增封十郡委以阿衡之任遵至安陽亭張豺懼而出迎遵命執之於是貫甲曜兵入自鳳陽門升于太武前殿擗踴盡哀退如東閤斬張豺于平樂市夷其三族假劉氏令曰嗣子幼沖先帝私恩所授皇業至重非所

克堪其以遵嗣位遵僞讓至于再三群臣敦勸乃受之僭即尊位于太武前殿大赦殊死已下罷上白圍封世爲譙王邑萬戶待以不臣之禮廢劉氏爲太妃尋皆殺之世凡立三十三日於是李農歸請罪遵復其位待之如初尊其母鄭氏爲皇太后其妻張氏爲皇后以石斌子衍爲皇太子石鑒爲侍中石沖爲太保石苞爲大司馬石琨爲大將軍石閔爲中外諸軍事輔國大將軍錄尚書事輔政暴風拔樹震雷雨雹大如盂升太武暉華殿災諸門觀閣蕩然其乘輿服御燒者太半光燄照天金石皆盡火月餘乃滅雨血周遍鄴城石沖時鎮于薊聞遵殺世而自立乃謂其寮佐曰世受先帝之命遵輒廢殺罪逆莫大其勑內外戒嚴孤將親討之於是留寧北沐堅戍幽州帥衆五萬自薊討遵傳檄燕趙所在雲集比及常山衆十餘萬次于苑鄉遇遵赦書謂左右曰吾弟一也死者不可復追何爲復相殘乎吾將歸矣其將陳暹進曰彭城篡弒自尊爲罪大矣王雖北旆臣將南轅平京師擒彭城然後奉迎大駕沖從之遵馳遣王擢以書喻沖沖弗聽遵假石閔黃鉞金鉦與李農等率精卒十萬討之戰于平棘沖師大敗獲沖于元氏賜死坑其士卒三萬餘人始葬季龍號其墓爲顯原陵僞諡武皇帝廟號太祖遵遣揚州刺史王浹以淮南歸順晉西中郎將陳逵進據壽春征北將軍褚裒帥師伐遵次于下邳遵以李農爲南討大都督率騎二萬來距裒不能進退屯廣陵陳逵聞之懼遂焚壽春積聚毀城而還石苞時鎮長安謀帥關中之衆攻鄴左長史石光司馬曹曜等固諫苞怒誅光等百餘人苞性貪而無謀雍州豪右知其無成並遣使告晉梁州刺史司馬勳勳於是率衆赴之辟于懸鉤去長安二百餘里使治中劉煥攻京兆太守劉秀離斬之三輔豪右多殺其令長擁三十餘壁有衆五萬以應勳苞輟攻鄴之謀使麻秋姚國等率騎距勳遵遣車騎王朗率精騎二萬外以討勳爲名因劫苞送之于鄴勳又爲朗所距釋懸鉤拔宛城殺遵南陽太守袁景而還初遵之發李城也謂石閔曰努力事成以尔爲儲

貳既而立衍閔甚失望自以勳高一時規專朝政遵忌而不能任閔既爲都督揔内外兵權乃懷撫殿中將士及故東宮高力萬餘人皆奏爲殿中貟外將軍爵關外侯賜以宮女樹已之恩遵弗之猜也而更題名善惡以挫抑之衆咸怨矣而又納中書令孟準左衛將軍王鸞之計頗疑憚於閔稍奪兵權閔益有恨色準等咸勸誅之遵召石鑒等入議于其太后鄭氏之前皆請誅之鄭氏曰李城廻師無棘奴豈有今日小驕縱之不可便殺也鑒出遣宦者楊環馳以告閔閔遂刼李農及右衛王基密謀廢遵使將軍蘇亥周成率甲士三十執遵于如意觀遵時方與婦人彈碁問成等曰反者誰也成曰義陽王鑒當立遵曰我尚如是汝等立鑒復能幾時乃殺之于琨華殿誅鄭氏及其太子衍上光禄張斐中書令孟準左衛王鸞等遵凡在位一百八十三日鑒乃僭位大赦殊死已下以石閔爲大將軍封武德王李農爲大司馬並録尚書事郎闓爲司空秦州刺史劉群爲尚書左僕射侍中盧諶爲中書監鑒使

石苞及中書令李松殿中將軍張才等夜誅閔農於琨華殿不克禁中擾乱鑒恐閔爲變僞若不知者夜斬松才於西中華門并誅石苞時石祗在襄国與姚弋仲苻洪等通和連兵檄誅閔農鑒遣石琨爲大都督与張舉及侍中呼延盛率步騎七萬分討祗等中領軍石成侍中石啓前河東太守石暉謀誅閔農閔農殺之龍驤孫伏都劉銖等結羯士三千伏于胡天亦欲誅閔等時鑒在中臺伏都率三十餘人將升臺挾鑒以攻之鑒見伏都毀閣道臨問其故伏都曰李農等反已在東掖門臣嚴率衛士謹先啓知鑒曰卿是功臣好爲官陳力朕從臺觀卿勿慮无報也於是伏都及銖率衆攻閔農不剋屯於鳳陽門閔農率衆數千毀金明門而入鑒懼閔之誅已也馳招閔農開門内之謂曰孫伏都反卿宜速討之閔農攻斬伏都等自鳳陽至琨華横尸相枕流血成渠宣令内外六夷敢稱兵杖者斬之胡人或斬關或踰城而出者不可勝數使尚書王簡少府王欎帥衆數千守鑒于御龍觀懸食給之令城内

曰與官同心者住不同心者各任所之勑城門不復相禁於是趙人百里内悉入城胡羯去者填門閔知胡之不爲已用也班令内外趙人斬一胡首送鳳陽門者文官進位三等武職悉拜牙門一日之中斬首數萬閔躬率趙人誅諸胡羯无貴賤男女少長皆斬之死者二十餘萬尸諸城外悉爲野犬豺狼所食屯據四方者所在承閔書誅之于時高鼻多鬚濫死者半大宰趙鹿太尉張舉中軍張春光禄石岳撫軍石寧武衛張季及諸公侯卿校龍騰等萬餘人出奔襄国石琨奔據冀州撫軍張沉屯滏口張賀度據石瀆建義段勤據黎陽寧南陽群屯桑壁劉国據陽城段龕據陳留姚弋仲據混橋苻洪據枋頭衆各数萬王朗麻秋自長安奔于洛陽秋承閔書誅朗部胡千餘朗奔于襄國麻秋帥衆奔于苻洪石琨及張舉王朗率衆七萬伐鄴石閔率騎千餘距之城北閔執兩刃矛馳騎擊之皆應鋒摧潰斬級三千琨等大敗遂歸于冀州閔与李農率騎三萬討張賀度于石瀆鑒密遣宦者齎書召張

沉等使承虚襲鄴宦者以告閔農閔農馳還廢鑒殺之誅季龍孫三十八人盡殪石氏鑒在位一百三日季龍小男混永和八年將妻妾數人奔京師勑收付廷尉俄而斬之於建康市季龍十三子五人爲冉閔所殺八人自相残害混至此又死初讖言滅石者陵孫而石閔徙封蘭陵公季龍惡之改蘭陵爲武興郡至是終爲閔所滅始勒以成帝咸和三年僭立二主四子凡二十三年以穆帝永和五年滅

閔字永曽小字棘奴季龍之養孫也父瞻字弘武本姓冉名良魏郡内黄人也其先漢黎陽騎都督累世牙門勒破陳午獲瞻時年十二命季龍子之驍猛多力攻戰無前歷位左積射將軍西華侯閔幼而果銳季龍撫之如孫及長身長八尺善謀策勇力絶人拜建節將軍徙封脩成侯歷位北中郎將游擊將軍季龍之敗於昌黎閔軍獨全由此功名大顯及敗梁犢之後威聲弥振胡夏宿將莫不憚之永和六年殺石鑒其司徒申鍾司空郎闓等四十八人上

尊号于閔閔固讓李農農以死固請於是僭即皇帝位于南郊大赦改元曰永興国号大魏復姓冉氏追尊其祖隆元皇帝考瞻烈祖高皇帝尊母王氏為皇太后立妻董氏為皇后子智為皇太子以李農為太宰領太尉録尚書事封齊王農諸子皆封為縣公封其子胤明裕皆為王文武進位三等封爵有差遣使者持節赦諸屯結皆不從石祗聞鑒死僭稱尊号于襄国諸六夷據州郡擁兵者皆應之閔遣使臨江告晉曰胡逆乱中原今以誅之若能共討者可遣軍来也朝廷不荅閔誅李農及其三子并尚書令王謨侍中王衍中常侍嚴震趙昇等晉廬江太守袁真攻其合肥執南蠻校尉桑坦迁其百姓而還石祗遣其相国石琨率衆十万伐鄴進據邯鄲祗鎮南劉国自繁陽會琨閔大敗琨于邯鄲死者万餘劉国還屯繁陽苻健自枋頭入関張賀度段勤与劉国靳豚會于昌城將攻鄴閔遣尚書左僕射劉群為行臺都督使其將王泰崔通周成等帥步騎十二萬次于黄城閔躬統精卒八萬継之戰于蒼亭賀度等大敗死者二萬八千追斬靳豚于陰安鄉盡俘其衆振旅而歸戎卒三十餘萬旌旗鍾鼓綿亘百餘里雖石氏之盛无以過之閔至自蒼亭行飲至之禮清定九流准才授任儒學後門多蒙顯進于時翕然方之為魏晉之初閔率步騎十萬攻石祗于襄国署其子太原王胤為大單于驃騎大將軍以降胡一千配為麾下光禄大夫韋謏啓諫甚切閔覽之大怒誅謏及其子孫閔攻襄国百餘日為土山地道築室反耕祗大懼去皇帝之號稱趙王遣使詣慕容儁姚弋仲以乞師會石琨自冀州援祗弋仲復遣其子襄率騎三萬八千至自滆頭儁遣將軍悦綰率甲卒三萬自龍城三方勁卒合十餘萬閔遣車騎胡睦距襄于長蘆將孫威候琨于黄丘皆為敵所敗士卒略盡睦威單騎而還琨等軍且至閔將出擊之衛將軍王泰諫曰窮寇固迷希望外援今彊救雲集欲吾出戰腹背擊我宜固壘勿出觀勢而動以挫其謀今陛下親戎如失萬全大事去矣請慎無出臣請率諸將為陛下滅之閔將從之

道士法饒進曰太白經昴當殺胡王一戰百剋不可失也閔攘袂大言曰吾戰決矣敢諫者斬於是盡衆出戰姚襄悦綰石琨等三面攻之祗衝其後閔師大敗閔潜于襄国行宮与十餘騎奔鄴降胡栗特康等執冉胤及左僕射劉琦等送于祗盡殺之司空石璞尚書令徐機車騎胡睦侍中李琳中書監盧諶少府王鬱尚書劉欽劉休等及諸將士死者十餘萬人於是人物殲矣賊盜蜂起司冀大飢人相食自季龍末年而閔盡散倉庫以樹私恩與羌胡相攻无月不戰青雍幽荊州徙户及諸氐羌胡蠻數百餘萬各還本土道路交錯互相殺掠且飢疫死亡其能達者十有二三諸夏紛乱无復農者閔悔之誅法饒父子支解之贈韋謏大司徒石祗使劉顯帥衆七萬攻鄴時閔潜還莫有知者内外兇兇皆謂閔已没矣射聲校尉張艾勸閔親郊以安衆心閔從之訛言乃止劉顯次于明光宮去鄴二十三里閔懼召衛將軍王泰議之泰恚其謀之不從辭以瘡甚閔親臨問之固稱疾篤閔怒還宮顧謂左右曰巴奴乃公豈假汝為命邪要將先滅群胡却斬王泰於是盡衆而戰大敗顯軍追奔及于陽平斬首三萬餘級顯懼密使請降求殺祗為效閔振旅而歸會有告王泰招集秦人將奔関中閔怒誅泰夷其三族劉顯果殺祗及其太宰趙鹿等十餘人傳首于鄴送質請命驃騎石寧奔于柏人閔命焚祗首于通衢閔兖州刺史劉啓以鄄城歸順劉顯復率衆伐鄴閔擊敗之還稱尊號于襄国閔徐州刺史周成兖州刺史魏統豫州牧冉遇荊州刺史樂弘皆以城歸順平南高崇征虜呂護執洛州刺史鄭系以三河歸順慕容恪攻陷中山殺閔寧北白同幽州刺史劉準降于慕容儁時有雲黄赤色起東北長百餘丈一白鳥從雲間西南去占者惡之劉顯率衆伐常山太守蘇亥告難于閔閔留其大將軍蔣幹等輔其太子智守鄴親率騎八千救之顯所署大司馬清河王寧以棗強降于閔收其餘衆擊顯敗之追奔及于襄国顯大將曹伏駒開門為應遂入襄国誅顯及其公卿已下百餘人焚襄国宮室遷其百姓于鄴顯領

軍范路帥衆千餘斬關奔于枋頭時慕容儁已剋幽薊略地至于冀州閔帥騎距之與慕容恪相遇於魏昌城閔大將軍董閏車騎張溫言於閔曰鮮卑乘勝氣勁不可當也請避之以溢其氣然後濟師以擊之可以捷也閔怒曰吾成師以出將平幽州斬慕容儁今遇恪而避之人將侮我矣乃與恪遇十戰皆敗之恪乃以鐵鎖連馬簡善射鮮卑勇而無剛者五千方陣而前閔所乘赤馬曰朱龍日行千里左杖雙刃矛右執鉤戟順風擊之斬鮮卑三百餘級俄而燕騎大至圍之數周閔衆寡不敵躍馬潰圍東走行二十餘里馬無故而死為恪所擒及董閏張溫等送之于薊儁立閔而問之曰汝奴僕下才何自妄稱天子閔曰天下大亂尒曹夷狄人面獸心尚欲篡逆我一時英雄何為不可作帝王邪儁怒鞭之三百送于龍城告廆皝廟遣慕容評率衆圍鄴劉寧及弟崇帥胡騎三千奔于晉陽蘇亥棄常山奔于新興鄴中飢人相食季龍時宮人被食略盡冉智尚幼蔣幹遣侍中繆嵩詹事劉猗奉表歸

順且乞師于晉濮陽太守戴施自倉垣次于棘津止猗不聽進責其傳國璽猗使嵩還鄴復命幹沉吟未決施乃率壯士百餘人入鄴助守三臺譎之曰且出璽付我今凶寇在外道路不通未敢送也須得璽當馳白天子耳天子聞璽已在吾處信卿至誠必遣軍糧後相救餉幹以為然乃出璽付之施宣言使督護何融迎糧陰令懷璽送于京師長水校尉馬願龍驤田香開門降評施融蔣幹懸縋而下奔于倉垣評送閔妻董氏太子智太尉申鍾司空條攸中書監聶熊司隸校尉籍羆中書令李垣及諸王公卿士于薊尚書令王簡左僕射張乾右僕射郎肅自殺儁送閔既至龍城斬于遏陘山山左右七里草木悉枯蝗蟲大起五月不雨至于十二月儁遣使者祀之謚曰武悼天王其日大雪是歲永和八年也

史臣曰夫拯溺救焚帝王之師也窮凶騁暴戎狄之舉也蠢茲雜種自古為虞限以塞垣猶懼侵軼況乃入居中壤窺我王政乘弛紊之機覩危亡之隙而莫不嘯群鳴鏑汩亂天常者乎石勒出自羌渠見奇醜類聞鞞上黨季子鑒其非凡倚嘯洛城夷甫識其為亂及惠皇失統寓內崩離遂乃招聚蟻徒乘間煽禍虔劉我都邑翦害我黎元朝市淪胥若沈航於鯨浪王公顛仆若游魂於龍漠豈天厭晉德而假茲妖孽者歟觀其對敵臨危運籌貫勇奇謨間發猛氣橫飛遠嗤魏武則風情慷慨近答劉琨則音詞倜儻焚元超於苦縣陳其亂政之愆戮彭祖於襄國數以无君之罪於是跨躡燕趙并吞韓魏杖奇材而竊徽號擁舊都而抗王室褫遷襲冠帶釋介冑開庠序鄰敵懼威而獻款絕域承風而納貢則古之為國曷以非諸雖曰凶殘亦一時傑也而託授非所貽厥无謀身隕嗣滅業歸攜養斯乃知人之闇焉季龍心昧德義幼而輕險假豹姿於羊質騁梟心於狼性始懷怨懟終行篡奪於是窮驕極侈勞役繁興畚鍤相尋干戈不息刑政嚴酷動見誅夷慄慄遺黎求哀無地戎狄殘獷斯為甚乎既而父子猜嫌

兄弟讎隙自相屠膾取笑天下墳土未燥禍亂荐臻釁起於張豺族傾於冉閔積惡致滅有天道哉夫從逆則凶事符影響為咎必應理若循環世龍之殘晉人既窮其酷永曾之誅羯士亦殲其類無德不報斯之謂乎

贊曰中朝不競蠻狄爭衡塵飛五嶽霧晦三精狡焉石氏怙亂窮兵流災肆慝剽邑屠城始自群盜終假鴻名勿謂凶醜亦曰時英季龍篡奪淫虐播聲身喪國泯其由禍盈

載記第七　晉書百七

載記第八　　　　晉書百八

慕容廆　裴嶷　高瞻　　　　　御撰

慕容廆字弈洛瓌昌黎棘城鮮卑人也其先有熊氏之苗裔世居北夷邑于紫蒙之野號曰東胡其後與匈奴並盛控弦之士二十餘萬風俗官號與匈奴略同秦漢之際為匈奴所敗分保鮮卑山因以為號曾祖莫護跋魏初率其諸部入居遼西從宣帝伐公孫氏有功拜率義王始建國於棘城之北時燕代多冠步搖冠莫護跋見而好之乃斂髮襲冠諸部因呼之為步搖其後音訛遂為慕容焉或云慕二儀之德繼三光之容遂以慕容為氏祖木延左賢王父涉歸以全柳城之功進拜鮮卑單于遷邑於遼東北於是漸慕諸夏之風矣廆幼而魁岸美姿貌身長八尺雄傑有大度安北將軍張華雅有知人之鑒廆童冠時往謁之華甚歎異謂曰君至長必為命世之器匡難濟時者也因以所服簪幘遺廆結殷勤而別涉歸死其弟耐篡位將謀殺廆廆亡潛以避禍後國人殺耐迎廆立之初涉歸有憾於宇文鮮卑廆將修先君之怨表請討之武帝弗許廆怒入寇遼西殺略甚衆帝遣幽州諸軍討廆戰于肥如廆衆大敗自後復掠昌黎每歲不絕又率衆東伐扶餘扶餘王依慮自殺廆夷其國城驅萬餘人而歸東夷校尉何龕遣督護賈沈將迎立依慮之子為王廆遣其將孫丁率騎邀之沈力戰斬丁遂復扶餘之國廆謀於其衆曰吾先公以來世奉中國且華夷理殊彊弱固別豈能與晉競乎何為不和以害吾百姓邪乃遣使來降帝嘉之拜為鮮卑都督廆致敬於東夷府巾衣詣門抗士大夫之禮何龕嚴兵引見廆乃改服戎衣而入人問其故廆曰主人不以禮賓復何為哉龕聞而慚之彌加敬憚時東胡宇文鮮卑段部以廆威德日廣懼有吞并之計因為寇掠往來不絕廆卑辭厚幣以撫之太康十年廆又遷于徒河之青山廆以大棘城即帝顓頊之墟也元康四年乃移居之教以農桑法制同於上國永寧中燕垂大水廆開倉振給幽方獲濟天子聞而嘉之褒賜命服太安

初宇文莫圭遣弟屈雲寇邊城雲別帥大素延攻掠諸部廆親擊敗之素延怒率衆十萬圍棘城衆咸懼人無距志廆曰素延雖犬羊蟻聚然軍無法制已在吾計中矣諸君但為力戰無所憂也乃躬貫甲冑馳出擊之素延大敗追奔百里俘斬萬餘人永嘉初廆自稱鮮卑大單于遼東太守龐本以私憾殺東夷校尉李臻附塞鮮卑素連木津等託為臻報讎實欲因而為亂遂攻陷諸縣殺掠士庶太守袁謙頻戰失利校尉封釋懼而請和連歲寇掠百姓失業流亡歸附者日月相繼廆子翰言於廆曰求諸侯莫如勤王自古有為之君靡不杖此以成事業者也今連津跋扈王師覆敗蒼生屠膾豈甚此乎豎子外以龐本為名內實幸而為寇封使君以誅本請和而毒害滋深遼東傾沒垂已二周中原兵亂州師屢敗勤王杖義今其時也單于宜明九伐之威救倒懸之命數連津之罪合義兵以誅之上則興復遼邦下則并吞二部忠義彰於本朝私利歸于我國此則吾鴻漸之始也終可以得志於諸侯廆從之是日率騎討連津大敗斬之二部悉降徙之棘城立遼東郡而歸懷帝蒙塵于平陽王浚承制以廆為散騎常侍冠軍將軍前鋒大都督大單于廆不受建興中愍帝遣使拜廆鎮軍將軍昌黎遼東二國公建武初元帝承制拜廆假節散騎常侍都督遼左雜夷流人諸軍事龍驤將軍大單于昌黎公廆讓而不受征虜將軍魯昌說廆曰今兩京傾沒天子蒙塵琅邪承制江東實人命所係明公雄據海朔跨總一方而諸部猶怙衆稱兵未遵道化者蓋以官非王命又自以為彊今宜通使琅邪勸承大統然後敷宣帝命以伐有罪誰敢不從廆善之乃遣其長史王濟浮海勸進及帝即尊位遣謁者陶遼重申前命授廆將軍單于廆固辭公封時二京傾覆幽冀淪陷廆刑政修明虛懷引納流亡士庶多襁負歸之廆乃立郡以統流人冀州人為冀陽郡豫州人為成周郡青州人為營丘郡并州人為唐國郡於是推舉賢才委以庶政以河東裴嶷代郡魯昌北平陽耽為謀主北海逢羨廣平游邃北平西方虔渤海封

抽西河宋奭河東裴開爲股肱渤海封弈平原宋該安定皇甫岌蘭陵繆愷以文章才儁任居樞要會稽朱左車太山胡毋翼魯國孔纂以舊德清重引爲賓友平原劉讃儒學該通引爲東庠祭酒其世子皝率國冑東脩受業焉廆覽政之暇親臨聽之於是路有頌聲禮讓興矣時平州刺史東夷校尉崔毖自以爲南州士望意存懷集而流亡者莫有赴之毖意廆拘留乃陰結高句驪及宇文段国等謀滅廆以分其地太興初三国伐廆廆曰彼信崔毖虚說邀一時之利烏合而來耳既無統一莫相歸伏吾今破之必矣然彼軍初合其鋒甚銳幸我速戰若逆擊之落其計矣靖以待之必懷疑貳迭相猜防一則疑吾與毖譎而覆之二則自疑三国之中与吾有韓魏之謀者待其人情沮惑然後取之必矣於是三國攻棘城廆閉門不戰遣使送牛酒以犒宇文大言於衆曰崔毖昨有使至於是二国果疑宇文同於廆也引兵而歸宇文悉獨官曰二国雖歸吾當獨兼其国何用人爲盡衆逼城連營三十里廆簡銳士配皝推鋒於前翰領精騎爲奇兵從傍出直衝其營廆方陣而進悉獨官自恃其衆不設備見廆軍之至方率兵距之前鋒始交翰已入其營縱火焚之其衆皆震擾不知所爲遂大敗悉獨官僅以身免盡俘其衆於其營候獲皇帝玉璽三紐遣長史裴嶷送于建鄴崔毖懼廆之仇己也使兄子燾僞賀廆會三国使亦至請和曰非我本意也崔平州教我耳廆將燾示以攻圍之勢臨之以兵曰汝叔父教三国滅我何以詐來賀我乎燾懼首服廆乃遣燾歸說毖曰降者上策走者下策也以兵隨之毖与數十騎棄家室奔于高句麗廆悉降其衆徙燾及高瞻等於棘城待以賓禮明年高句麗寇遼東廆遣衆擊敗之裴嶷至自建鄴帝遣使者拜廆監平州諸軍事安北將軍平州刺史增邑二千戶尋加使持節都督幽州東夷諸軍事車騎將軍平州牧進封遼東郡公邑一萬戶常侍單于並如故丹書鐵券承制海東命備官司置平州守宰段末波初統其国而不脩備廆遣皝襲之入令支收其名馬寶物而還石勒遣使通和廆距之送其

使於建鄴勒怒遣宇文乞得龜擊廆廆遣皝距之以裴嶷爲右部都督率索頭爲右翼命其少子仁自平郭趣伯林爲左翼攻乞得龜尅之悉虜其衆乘勝拔其国城收其資用億計徙其人數萬戶以歸成帝即位加廆侍中位特進咸和五年又加開府儀同三司固辭不受廆甞從容言曰獄者人命之所懸也不可以不慎賢人君子国家之基也不可以不敬稼穡者国之本也不可以不急酒色便佞亂德之甚也不可以不戒乃著家令數千言以申其旨遣使與太尉陶侃牋曰明公使君轂下振德曜威撫寧方夏勞心文武士馬無恙欽高仰止注情弥久王塗嶮遠隔以燕越每瞻江湄延首遐外天降艱難禍害屢臻舊都不守奄爲虜庭使皇輿遷幸假勢吳楚大晉啓基祚流萬世天命未改玄象著明是以義烈之士深懷憤踴猥以功薄受国殊寵上不能埽除群羯下不能身赴国難仍縱賊臣屢逼京輦王敦唱禍於前蘇峻肆毒於後凶暴過於董卓惡逆甚於傕汜普天率土誰不同忿深怪文武之士過荷朝榮不能滅中原之寇刷天下之恥君侯植根江陽發曜荊衡杖葉公之權有包胥之志而令白公伍員殆得極其暴竊爲丘明恥之區區楚國子重之徒猶恥君弱群臣不及先大夫厲己戒衆以服陳鄭越之種蠡尚能弼佐句踐取威黃池況今吳土英賢比肩而不輔翼聖主陵江北伐以義聲之直討逆暴之羯檄命舊邦之士招懷存本之人豈不若因風振落頓坂走輪哉且孫氏之初以長沙之衆摧破董卓志匡漢室雖中遇寇害雅志不遂原其心誠乃忽身命及權據揚越外杖周張內冯顧陸距魏赤壁尅取襄陽自茲以降世主相襲咸能侵逼徐豫令魏朝旰食不知今之江表爲賢儁匿智藏其勇略邪將呂蒙凌統高蹤曠世哉況今凶羯虐暴中州人士逼迫勢促其顛沛之危甚於累卵假號之彊衆心所去敵有釁矣易可震蕩王郎袁術雖自詐僞皆基淺根微禍不旋踵此皆君侯之所聞見者矣王司徒清虚寡欲善於全己昔曹參亦崇此道著畫一時之稱也庾公居元舅之尊勳申伯

之任超然高蹈明智之權廆於寇難之際受大晉累世之恩自恨絕域無益聖朝徒係心萬里望風懷憤今海內之望足為楚漢輕重者惟在君侯若戮力盡心悉五州之眾據兗豫之郊使向義之士倒戈釋甲則羯寇必滅國恥必除廆在一方敢不竭命孤軍輕進不足使勒畏首畏尾則懷舊之士欲為內應無由自發故也故遠陳寫言不宣盡廆使者遭風沒海其後廆更寫前箋并齎其東夷校尉封抽行遼東相韓矯等三十餘人疏上侃府曰自古有國有家鮮不極盛而衰自大晉龍興克平吳會神武之略邁蹤前史惠皇之末后黨構難禍結京畿釁成公族遂使羯寇乘虛傾覆諸夏舊都淪滅山陵毀掘人神悲悼幽明發憤昔獫狁之彊匈奴之盛未有如今日羯寇之暴跨躡華裔盜稱尊號者也天祚有晉挺授英傑車騎將軍慕容廆自弱冠莅国忠於王室明允恭肅志在立勳屬海內分崩皇輿遷幸元皇中興初唱大業肅祖繼統蕩平江外廆雖限以山海隔以羯寇翹首引領係心京師常假

寤寐欲憂国忘身貢篚相尋連舟載路戎不稅駕動成義舉今羯寇滔天怙其醜類樹基趙魏跨略燕齊廆雖率義眾誅討大逆然管仲相齊猶曰寵不足以御下況廆輔翼王室有匡霸之功而位卑爵輕九命未加非所以寵異藩翰敦獎殊勳者也方今詔命隔絕王路險遠貢使往來動弥年載今燕之舊壤北周沙漠東盡樂浪西暨代山南極冀方而悉為虜庭非復国家之域將佐等以為宜遠遵周室近準漢初進封廆為燕王行大將軍事上以總統諸部下以割損賊境使冀州之人望風向化廆得祗承詔命率合諸国奉辭夷逆以成桓文之功苟利社稷專之可也而廆固執謙光守節弥高每詔所加讓勳積年非將佐等所能敦逼今區區所陳不欲苟相崇重而愚情至心實為国計侃報抽等書其略曰車騎將軍憂国忘身貢篚載路羯賊求和執使送之西討段国北伐塞外遠綏索頭荒服以獻惟北部未賓屢遣征伐又知東方官號高下齊班進無統攝之權退無等差之降欲進車騎為燕王一二具之夫功成進爵古之成制也車騎雖未能為官摧勒然忠義竭誠今騰牋上聽可不遲速當任天臺也朝議未定八年廆卒乃止時年六十五在位四十九年帝遣使者策贈大將軍開府儀同三司謚曰襄及儁僭號僞謚武宣皇帝

裴嶷字文冀河東聞喜人也父昶司隸校尉嶷清方有幹略累遷至中書侍郎轉給事黃門郎滎陽太守屬天下乱嶷兄武先為玄菟太守嶷遂求為昌黎太守至郡久之武卒嶷被徵乃將武子開送喪俱南既達遼西道路梗塞乃與開投廆時諸流寓之士見廆草創並懷去就嶷首定名分為群士啓行廆甚悅以嶷為長史委以軍国之謀及悉獨官寇逼城下外內騷動廆問策於嶷嶷曰悉獨官雖擁大眾軍無號令眾無部陣若簡精兵乘其無備則成擒耳廆從之遂陷寇營廆威德於此甚振將遣使獻捷於建鄴妙簡行人令嶷將命初朝廷以廆僻在荒遠猶以邊裔之豪處之嶷既使至盛言廆威略又知四海英賢並為其用舉朝改觀焉嶷將

還帝試留嶷以觀之嶷辭曰臣世荷朝恩濯纓華省因事遠寄投迹荒岐今遭開泰得覲朝廷復賜恩詔即留京輦於臣之私誠為厚幸顧以皇居播遷山陵幽辱慕容龍驤將軍越在遐表乃心王室慷慨之誠義感天地方埽平中壤奉迎皇輿故遣使臣萬里表誠今若留臣必謂国家遺其僻陋孤其丹心使懷義懈怠是以微臣區區忘身為国貪還反命耳帝曰卿言是也乃遣嶷還廆後謂群僚曰裴長史名重中朝而降屈于此豈非天以授孤也出為遼東相轉樂浪太守

高瞻字子前渤海蓨人也少而英爽有俊才身長八尺二寸光熙中調補尚書郎屬永嘉之乱還鄉里乃與父老議曰今皇綱不振兵革雲擾此郡沃壤憑固河海若兵荒歲儉必為寇庭非謂圖安之所王彭祖先在幽薊據燕代之資兵彊国富可以託也諸君以為何如眾咸善之乃与叔父隱率數千家北徙幽州既而以王浚政令無恒乃依崔毖隨毖如遼東毖之与三国謀伐廆也瞻固

諫以為不可毖不從及毖奔敗瞻隨衆降于廆廆署為將軍瞻稱疾不起廆奇其姿器數臨候之撫其心曰君之疾在此不在餘也今天子播越四海分崩蒼生紛擾莫知所係孤思與諸君匡復帝室翦鯨豕于二京迎天子於吳會廓清八表侔勳古烈此孤之願也君中州大族冠冕之餘宜痛心疾首枕戈待旦柰何以華夷之異有懷介然且大禹出于西羌文王生于東夷但問志略何如耳豈以殊俗不可降心乎瞻仍辭疾篤廆深不平之瞻又與宋該有隙該陰勸廆除之瞻聞其言弥不自安遂以憂死

載記第八　　晉書百八

慕容皝　慕容翰　陽裕

慕容皝字元真廆第三子也龍顏版齒身長七尺八寸雄毅多權略尚經學善天文廆為遼東公立為世子建武初拜為冠軍將軍左賢王封望平侯率衆征討累有功太寧末拜平北將軍進封朝鮮公廆卒嗣位以平北將軍行平州刺史督攝部內尋而宇文乞得龜為其別部逸豆歸所逐奔死于外皝率騎討之逸豆歸懼而請和遂築榆陰安晉二城而還初皝庶兄建威翰驍武有雄才素為皝所忌母弟征虜仁廣武昭並有寵於廆皝亦不平之及廆卒並懼不自容至此翰出奔段遼仁勸昭舉兵廢皝皝殺昭遣使按檢仁之虛實遇仁於險瀆仁知事發殺皝使東歸平郭皝遣其弟建武幼司馬佟壽等討之仁盡衆距戰幼等大敗皆沒於仁襄平令王冰將軍孫機以遼東叛于皝東夷校尉封抽護軍乙逸遼東相韓矯玄菟太守高詡等棄城奔還仁於是盡有遼左之地自稱

車騎將軍平州刺史遼東公宇文歸段遼及鮮卑諸部並為之援咸和九年皝遣其司馬封弈攻鮮卑木堤于白狼揚威淑虞攻烏丸悉羅侯於平堈皆斬之材官劉佩攻乙連不剋段遼遂寇徒河皝將張萌逆擊敗之遼弟蘭與翰寇柳城都尉石琮擊敗之旬餘蘭翰復圍柳城皝遣寧遠慕容汗及封弈等救之皝戒汗曰賊衆氣銳難與爭鋒宜顧萬全慎勿輕進必須兵集陣整然後擊之汗性驍銳遣千餘騎為前鋒而進封弈止之汗不從為蘭所敗死者大半蘭復攻柳城為飛梯地道圍守二旬石琮躬勒將士出擊敗之斬首千五百級蘭乃遁歸是歲成帝遣謁者徐孟閭丘幸等持節拜皝鎮軍大將軍平州刺史大單于遼東公持節都督承制封拜一如廆故事皝自征遼東剋襄平仁所署居就令劉程以城降新昌人張衡執縣宰以降於是斬仁所置守宰分徙遼東大姓於棘城置和陽武次西樂三縣而歸咸康初遣封弈襲宇文別部涉弈于大獲而還涉弈于率騎追戰于渾水又敗之皝將乘海討

仁群下咸諫以海道危阻宜從陸路皝曰舊海水無凌自仁反已來凍合者三矣昔漢光武因滹沲之冰以濟大業天其或者欲吾乘此而剋之乎吾計決矣有沮謀者斬乃率三軍從昌黎踐凌而進仁不虞皝之至也軍去平郭七里候騎乃告仁狼狽出戰為皝所擒殺仁而還立藉田於朝陽門東置官司以主之段遼遣其將李詠夜襲武興遇雨引還都尉張萌追擊擒詠段蘭擁衆數萬屯于曲水亭將攻柳城宇文歸入寇安晉為蘭聲援皝以步騎五萬擊之師次柳城蘭歸皆遁遣封弈率輕騎追擊敗之收其軍實舘穀二旬而還謂諸將曰二虜恥無功而歸必復重至宜於柳城左右設伏以待之遣封弈率騎潛于馬兜山諸道俄而遼騎果至弈夾擊大敗之斬其將榮保遣兼長史劉斌郎中令陽景送徐孟等歸于京師使其世子儁伐段遼諸城封弈攻宇文別部皆大捷而歸立納諫之木以開讜言之路後從昌黎郡築好城於乙連東使將軍蘭勃戍之以逼乙連又城曲水以為勃援乙連飢甚段

遼輸之粟蘭勃要擊獲之遼遣將屈雲攻興國與皝將慕容遵大戰於五官水上雲敗斬之盡俘其衆封弈等以皝任重位輕宜稱燕王皝於是以咸康三年僭即王位赦其境內以封弈為國相韓壽為司馬裴開陽鶩王寓李洪杜群宋該劉瞻石琮皇甫真陽協宋晃平熙張泓等並為列卿將帥起文昌殿乘金根車駕六馬出入稱警蹕以其妻段氏為王后世子儁為太子皆如魏武晉文輔政故事皝以段遼屢為邊患遣將軍宋回稱藩于石季龍請師討遼季龍於是揔衆而至皝率諸軍攻遼令支以北諸城遼遣其將段蘭來距大戰敗之斬級數千掠五千餘戶而歸季龍至徐無遼奔密雲山季龍進入令支怒皝之不會師也進軍擊之至于棘城戎卒數十萬四面進攻郡縣諸部叛應季龍者三十六城相持旬餘左右勸皝降皝曰孤方取天下何乃降人乎遣子恪等率騎二千晨出擊之季龍諸軍驚擾棄甲而遁恪乘勝追之斬獲三萬餘級築戍凡城而還段遼遣使詐降於季龍請兵應接季龍遣其

將麻秋率衆迎遼恪伏精騎七千於密雲山大敗之獲其司馬陽裕將軍鮮于亮擁段遼及其部衆以歸帝又遣使進皝爲征北大將軍幽州牧領平州刺史加散騎常侍增邑萬户持節都督單于公如故皝前軍師慕容評敗季龍將石成等于遼西斬其將呼延晃張支掠千餘戶以歸段遼謀叛皝誅之季龍又使石成入攻凡城不尅進陷廣城皝雖稱燕王未有朝命乃遣其長史劉祥獻捷京師兼言權假之意并請大舉討平中原又聞庾亮薨弟冰翼繼爲將相乃表曰臣皝觀前代昏明之主若能親賢並建則功致升平若親黨后族必有傾辱之禍是以周之申伯號稱賢舅以其身藩于外不握朝權降及秦昭足爲令主委信二舅幾至亂國逮于漢武推重田蚡萬機之要無不決之及蚡死後切齒追恨成帝闇弱不能自立內惑豔妻外恣五舅卒令王莽坐取帝位每覽斯事孰不痛惋設使舅氏賢若穰侯王鳳則但聞有二臣不聞有二主若其不才則有竇憲梁冀之禍凡此成敗亦既然矣苟能易轍

可無覆墜陛下命世天挺當隆晉道而遭國多難殷憂備嬰追述往事至今楚灼迹其所由實因故司空亮居元舅之尊勢業之重執政裁下輕侮邊將故令蘇峻祖約不勝其忿遂致敗國至令太后發憤一旦升遐若社稷不靈人神無助豺狼之心當可極邪前事不忘後事之表而中書監左將軍冰等內執樞機外擁上將昆弟並列人臣莫疇陛下深敦渭陽冰等自宜引領臣常謂世主若欲崇顯舅氏何不封以藩國豐其祿賜限其勢利使上無偏優下無私論如此榮辱何從而生噂喈何辭而起往者惟亮一人宿有名望尚致世変況今居之者素無聞焉且人情易惑難以戶告縱今陛下無私於彼天下之人誰謂不私乎臣與冰等名位殊班出處懸邈又國之戚昵理應降悦以適事會臣獨矯抗此言者上爲陛下退爲冰計疾苟容之臣坐鑒得失顧而不扶焉用彼相昔徐福陳霍氏之戒宣帝不從至令忠臣更爲逆族良由察之不審防之無漸臣今所陳可謂防漸矣但恐陛下不明臣之忠不用

臣之計事過之日更處焦爛之後耳昔王章劉向每上封事未嘗不指斥王氏故令二子或死或刑谷永張禹依違不對故容身苟免取譏於世臣被髮殊俗位爲上將夙夜惟憂罔知所報惟當外殄寇讎內盡忠規陳力輸誠以答國恩臣若不言誰當言者又與冰書曰君以椒房之親舅氏之昵總據樞機出內王命兼擁列將州司之位昆弟網羅顯布畿甸自秦漢以來隆赫之極豈有若此者乎以吾觀之若功就事舉必享申伯之名如或不立將不免梁竇之迹矣每覩史傳未嘗不寵恣母族使執權亂朝先有殊世之榮尋有負乘之累所謂愛之適足以爲害吾常忿歷代之主不盡防萌終寵之術何不業以一土之封令藩國相承如周之齊陳如此則永保南面之尊復何黜辱之憂乎竇武何進好善虛己賢士歸心雖爲閹豎所危天下嗟痛猶有能履以不驕圖國亡身故也方今四海有倒懸之急中夏逋僭逆之寇家有漉血之怨人有復讎之憾寧得安枕逍遙雅談卒歲邪吾雖寡德過蒙先帝列將

之授以數郡之人尚欲并吞彊虜是以自頃迄今交鋒接刃一時務農三時用武而猶師徒不頓倉有餘粟敵人日畏我境日廣況乃王者之威堂堂之勢豈可同年而語哉冰見表及書甚懼以其絶遠非所能制遂與何充等奏聽皝稱燕王其年皝伐高句驪王釗乞盟而還明年釗遣其世子朝於皝初段遼之敗也建威翰奔于宇文歸自以威名夙振終不保全乃陽狂恣酒被髮歌呼歸信而不禁故得周游自任至於山川形便攻戰要路莫不練之皝遣商人王車陰使察翰翰見車無言撫膺而已車還以白皝曰翰欲來也乃遣車遺翰弓矢翰乃竊歸駿馬攜其二子而還皝將圖石氏從容謂諸將曰石季龍自以安樂諸城守防嚴重城之南北必不設備今若詭路出其不意冀之北土盡可破也於是率騎二萬出蠮螉塞長驅至于薊城進渡武遂津入于高陽所過焚燒積聚掠徙幽冀三萬餘戶使陽裕唐柱等築龍城構宮廟改柳城爲龍城縣於是成帝使兼大鴻臚郭希持節拜皝侍中大都督河北

諸軍事大將軍燕王其餘官皆如故封諸功臣百餘人咸康七年皝遷都龍城率勁卒四萬入自南陜以伐宇文高句麗又使翰及子垂為前鋒遣長史王寓等勒衆萬五千從北置而進高句麗王釗謂皝軍之從北路也乃遣其弟武統精銳五萬距北置躬率弱卒以防南陜翰與釗戰于木底大敗之乘勝遂入丸都釗單馬而遁皝掘釗父利墓載其尸并其母妻珍寶掠男女五萬餘口焚其宮室毀丸都而歸明年釗遣使稱臣於皝貢其方物乃歸其父尸宇文歸遣其國相莫淺渾伐皝諸將請戰皝不許渾以皝為憚之荒酒縱獵不復設備皝曰渾奢忌已甚今則可一戰矣遣翰率騎擊之渾大敗僅以身免盡俘其衆皝躬巡郡縣勸課農桑起龍城宮闕尋又率騎二萬親伐宇文歸以翰及垂為前鋒歸使其驍將涉奕于盡衆距翰皝馳遣謂翰曰奕于雄悍宜小避之待虜勢驕然後取也翰曰歸之精銳盡在於此今若剋之歸則不勞兵而滅奕于徒有虛名其實易與耳不宜縱敵挫吾兵氣於是前戰斬

奕于盡俘其衆歸遠遁漠北皝開地千餘里徙其部人五萬餘落於昌黎改涉奕于城為威德城行飲至之禮論功行賞各有差以牧牛給貧家田于苑中公收其八二分入私有牛而無地者亦田苑中公收其七三分入私皝記室參軍封裕諫曰臣聞聖王之宰国也薄賦而藏於百姓分之以三等之田十一而稅之寒者衣之飢者食之使家給人足雖水旱而不為災者何也高選農官務盡勸課人治周田百畝亦不假牛力田者受旌顯之賞惰農者有不齒之罰又量事置官量官置人使官必稱須人不虛位度歲入多少裁而祿之供百僚之外藏之太倉三年之耕餘一年之粟以斯而積公用於何不足水旱其如百姓何雖務農之令屢發二千石令長莫有志勤在公銳盡地利者故漢祖知其如此以墾田不實徵殺二千石以十數是以明章之際號次升平自永嘉喪亂百姓流亡中原蕭條千里無煙飢寒流隕相繼溝壑先王以神武聖略保全一方威以殄姦德以懷遠故九州之人塞表殊類襁負

萬里若赤子之歸慈父流人之多舊土十倍有餘人殷地狹故無田者十有四焉殿下以英聖之資克廣先業南摧彊趙東滅句麗開境三千戶增十萬繼武闡廣之功有高西伯宜省罷諸苑以業流人人至而無資產者賜之以牧牛人既殿下之人牛豈失乎善藏者藏於百姓若斯而已矣爾者深副樂土之望中國之人皆將壺飧奉迎石季龍誰與居乎且魏晉雖道消之世猶削百姓不至於七八持官牛田者官得六分百姓得四分私牛而官田者與官中分百姓安之人皆悅樂臣猶曰非明王之道而況增乎且水旱之厄堯湯所不免王者宜濬治溝澮循鄭白西門史起溉灌之法旱則決溝為雨水則入於溝瀆上無雲漢之憂下無昏墊之患句麗百濟及宇文段部之人皆兵勢所徙非如中国慕義而至咸有思歸之心今戶垂十萬狹湊都城恐方將為国家深害宜分其兄弟宗屬徙于西境諸城撫之以恩檢之以法使不得散在居人知国之虛實今中原未平資畜宜廣官司猥多游食不少一夫不耕

歲受其飢必取於耕者而食之一人食一人之力游食數萬損亦如之安可以家給人足治致升平殿下降覽古今之事多矣政之巨患莫甚於斯其有經略出世才稱時求者自可隨須置之列位非此已往其耕而食蠶而衣亦天之道也殿下聖性寬明思言若渴故人盡芻蕘有犯無隱前者參軍王憲大夫劉明並竭忠獻款以貢至言雖頗有逆鱗意在無責主者奏以妖言犯上致之於法殿下慈弘苞納慜其大辟猶削黜禁錮不齒於朝其言是也殿下固宜納之如其非也宜亮其狂狷罪諫臣而求直言亦猶北行詣越豈有得邪右長史宋該等阿媚苟容輕劾諫士己無骨鯁嫉人有之掩蔽耳目不忠之甚四業者国之所資教學者有国盛事習戰務農尤其本也百工商賈猶其末耳宜量軍国所須置其員數已外歸之於農教之戰法學者三年無成亦宜還之於農不可徒充大員以塞聰儁之路臣之所言當也願時速施行非也登加罪戮使天下知朝廷從善如流罰惡不淹王憲劉明忠臣也願宥忤

鱗之衍愆收其藥石之效皝乃令曰覽封記室之諫孤實懼焉君以黎元爲国黎元以穀爲命然則農者国之本也而二千石令長不遵孟春之令惰農弗勸宜以尤不脩闔者措之刑法肅厲屬城主者明詳推檢具狀以聞苑囿悉可罷之以給百姓無田業者貧者全無資産不能自存各賜牧牛一頭若私有餘力樂取官牛墾官田者其依魏晉舊法溝洫溉灌有益官私主者量造務盡水陸之勢中州未平兵難不息勳誠既多官僚不可以減也待剋平凶醜徐更議之百工商賈數四佐與列將速定大員餘者還農學生不任訓教者亦除貟録夫人臣闕言於人主至難也妖妄不經之事皆應蕩然不問擇其善者而從之王憲劉明雖其罪應禁黜亦猶孤之無大量也可悉復本官仍居諫司封生褰褰深得王臣之體詩不云乎無言不酬其賜錢五萬明宣内外有欲陳孤過者不拘貴賤勿有所諱時有黒龍白龍各一見于龍山皝親率群僚觀之去龍二百餘步祭以太牢二龍交首嬉翔解角而去皝大悦還

宮赦其境内號新宮曰和龍立龍翔佛寺于山上賜其大臣子弟爲官學生者號高門生立東庠于舊宮以行鄉射之禮每月臨觀考試優劣皝雅好文籍勤於講授學徒甚盛至千餘人親造太上章以代急就又著典誡十五篇以教冑子慕容恪攻高句麗南蘇剋之置戍而還三年遣其世子儁與恪率騎萬七千東襲夫餘剋之虜其王及部衆五萬餘口以還皝親臨東庠考試學生其經通秀異者擢充近侍以久旱丐百姓田租罷成周冀陽營丘等郡以渤海人爲興集縣河間人爲寧集縣廣平魏郡人爲興平縣東萊北海人爲育黎縣吳人爲吳縣悉隸燕國皝嘗畋于西鄙將濟河見一父老服朱衣乘白馬擧手麾皝曰此非獵所王其還也祕之不言遂濟河連日大獲後見白兎馳射之馬倒被傷乃說所見輦而還宮引儁屬以後事以永和四年死在位十五年時年五十二儁僭號追謚文明皇帝

慕容翰字元邕廆之庶長子也性雄豪多權略猨臂工射膂力過人廆甚奇之委以折衝之任行師征伐所在有功威聲大振爲遠近所憚作鎮遼東高句麗不敢爲寇善撫接愛儒學自士大夫至于卒伍莫不樂而從之及奔段遼深爲遼所敬愛柳城之敗段蘭欲乘勝深入翰慮成本国之害詭說於蘭蘭遂不進後石季龍征遼皝親將三軍略令支以北遼議欲追之翰知皝躬自總戎戰必剋勝乃謂遼曰今石氏向至方對大敵不宜復以小小爲事燕主自來士馬精銳兵者凶器戰有危慮若其失利何以南禦乎蘭怒曰吾前聽卿誑說致成今患不復入卿計中矣乃率衆追皝蘭果大敗翰雖處仇國因事立忠皆此類也及遼奔走翰又北投宇文歸既而逃歸乃遣勁騎百餘追之翰遥謂追者曰吾既思戀而歸理無反面吾之弓矢汝曹足知無爲相逼自取死也吾處汝国久恨不殺汝汝可百步豎刀吾射中者汝便宜反不中者可來前也歸騎解刀豎之翰一發便中刀鐶追騎乃散既至皝甚加恩禮建元二年從皝討宇文歸臨陣爲流矢所中卧病積時後疾漸愈

於其家中騎馬自試或有人告翰私習騎疑爲非常皝素忌之遂賜死焉翰臨死謂使者曰翰懷疑外奔罪不容誅不能以骸骨委賊庭故歸罪有司天慈曲愍不肆之市朝今日之死翰之生也但逆胡跨據神州中原未靖翰常剋心自誓志吞醜虜上成先王遺言下謝山海之責不圖此心不遂没有餘恨命也奈何仰藥而死

陽裕字士倫右北平無終人也少孤兄弟皆早亡單煢獨立雖宗族無能識者惟叔父耽幼而奇之曰此兒非惟吾門之標秀乃佐時之良器也刺史和演辟爲主簿王浚領州轉治中從事忌而不能任石勒既剋薊城問棗嵩曰幽州人士誰最可者嵩曰燕国劉翰德素長者北平陽裕幹事之才勒曰若如君言王公何以不任嵩曰王公由不能任所以爲明公擒也勒方任之裕乃微服潜遁時鮮卑單于段眷爲晉驃騎大將軍遼西公雅好人物虚心延裕裕謂友人成泮曰仲尼喜佛肸之召以匏瓜自喻伊尹亦稱何事非君何使非臣聖賢尚如此況吾曹乎眷今召我豈徒然哉泮曰

令華夏分崩九州幅裂軌迹所及易水而已欲偃蹇考槃以待大通者俟河之清也人壽幾何古人以為白駒之歎少游有云郡掾足以蔭後況國相乎卿追蹤伊孔抑亦知機其神也裕乃應之拜郎中令中軍將軍勳上卿位歷事段氏五主甚見尊重段遼與皝相攻裕諫曰臣聞親仁善鄰国之寶也慕容與国世為婚姻且皝令德之主不宜連兵構怨凋殘百姓臣恐禍害之興將由於此願兩追前失通款如初使国家有太山之安蒼生蒙息肩之惠遼不從出為燕郡太守石季龍剋令支裕以郡降拜北平太守徵為尚書左丞段遼之請迎於季龍也裕以左丞領征東麻秋司馬秋敗裕為軍人所執將詣皝皝素聞裕名即命釋其囚拜郎中令迁大將軍左司馬東破高句麗北滅宇文歸皆豫其謀皝甚器重之及遷都和龍裕雅有巧思皝所制城池宮閣皆裕之規模裕雖仕皝日近寵秩在舊人之右性謙恭清儉剛簡慈篤雖歷居朝端若布衣之士士大夫流亡羇絶者莫不經營收葬存恤孤遺士無賢

不肖皆傾身待之是以所在推仰初范陽盧諶每稱之曰吾及晉之清平歷觀朝士多矣忠清簡毅篤信義烈如陽士倫者實亦未幾及死皝甚悼之時年六十二

載記第九　晉書百九

慕容儁　韓恒　李產　產子績

慕容儁字宣英皝之第二子也初廆常言吾積福累仁子孫當有中原既而生儁廆曰此兒骨相不恒吾家得之矣及長身長八尺二寸姿貌魁偉博觀圖書有文武幹略皝為燕王拜儁假節安北將軍東夷校尉左賢王燕王世子皝死永和五年僭即燕王位依春秋列國故事稱元年赦于境內是時石季龍死趙魏大乱儁將圖兼并之計以慕容恪為輔國將軍慕容評為輔弼將軍陽騖為輔義將軍慕容垂為前鋒都督建鋒將軍簡精卒二十餘萬以待期是歲穆帝使謁者陳沉拜儁為使持節侍中大都督都督河北諸軍事幽冀并平四州牧大將軍大單于燕王承制封拜一如廆皝故事明年儁率三軍南伐出自盧龍次于無終石季龍幽州刺史王午棄城走留其將王他守薊儁攻陷其城斬他因而都之徙廣甯上谷人于徐無代郡人于凡城而還及冉閔殺石祗僭稱大號遣其使人常煒聘於儁儁引之觀下使其記室封裕詰之曰冉閔養息常才負恩篡逆有何祥應而僭稱大號煒曰天之所興其致不同狼烏紀于三王麟龍表于漢魏寡君應天馭歷能無祥乎且用兵殺罰哲王盛典湯武親行誅放而仲尼美之魏武養於宦官莫知所出衆不盈旅遂能終成大功暴胡酷乱蒼生屠膾寡君奮劒而誅除之黎元獲濟可謂功格皇天勳侔高祖恭承乩命有何不可裕曰石祗去歲使張舉請救云璽在襄國其言信不又聞閔鑄金為已象壞而不成柰何言有天命煒曰誅胡之日在鄴者略無所遺璽何從而向襄國此求救之辞耳天之神璽實在寡君且妖孼之徒欲假奇眩衆或改作萬端以神其事寡君今已握乩符類上帝四海縣諸掌大業集于身何所求慮而取信此乎鑄形之事所未聞也儁既銳信舉言又欣於閔鑄形之不成也必欲審之乃積薪置火於其側命裕等以意喻之煒神色自若抗言曰結髮已來尚不欺庸人況千乘乎巧詐虛言以救死者使臣所

不為也直道受戮死自分耳益薪速火君之大惠左右勸儁殺之儁曰古者兵交使在其間此亦人臣常事遂赦之遣慕容恪略地中山慕容評攻王午于魯口恪次唐城冉閔將白同中山太守侯龕固守不下恪留其將慕容彪攻之進討常山評次南安王午遣其將鄭生距評評逆擊斬之侯龕踰城出降恪進尅中山斬白同儁軍令嚴明諸將无所犯閔章武太守賈堅率郡兵邀評戰于高城擒堅於陣斬首三千餘級是歲丁零翟鼠及冉閔將劉準等率其所部降于儁封鼠歸義王拜準左司馬時鮮卑段勤初附於儁其後復叛儁遣慕容恪及相國封弈討冉閔于安喜慕容垂討段勤于繹幕儁如中山為二軍聲勢閔懼奔于常山恪追及於泒水閔威名素振衆咸憚之恪謂諸將曰閔師老卒疲實為難用加其勇而无謀一夫之敵耳雖有甲兵不足擊也吾今分軍為三部掎角以待之閔性輕銳又知吾軍勢非其敵必出万死衝吾中軍吾今貫甲厚陣以俟其至諸君但厲卒從傍須其戰合夾而擊之蔑不尅也及戰敗之斬首七千餘級擒閔送之斬於龍城恪屯軍呼沲閔將蘇亥遣其將金光率騎數千襲恪恪逆擊斬之亥大懼奔于并州恪進據常山段勤懼而請降遂進攻鄴閔將蔣幹閉城距守儁又遣慕容評等率騎一万會攻鄴是時鷰巢于儁正陽殿之西椒生三雛項上有竪毛凡城獻異鳥五色成章儁謂群僚曰是何祥也咸稱鷰者燕鳥也首有毛冠者言大燕龍興冠通天章甫之象也巢正陽西椒者言至尊臨軒朝万國之衛也三子者數應三統之驗也神鳥五色言聖朝將繼五行之籙以御四海者也儁覽之大悅既而蔣幹率銳卒五千出城挑戰慕容評等擊敗之斬首四千餘級幹單騎還鄴於是群臣勸儁稱尊號儁荅曰吾本幽漠射獵之鄉被髮左衽之俗歷數之籙寧有分邪卿等苟相褒舉以覬非望實匪寡德所宜聞也慕容恪封弈討王午于魯口降之尋而慕容評攻尅鄴城送冉閔妻子僚屬及其文物于中山先是蔣幹以傳國璽送于建鄴儁欲神其事業言歷運在已乃詐云閔妻

得之以獻賜號曰奉璽君因以永和八年僭即皇帝位大赦境內
建元曰元璽署置百官以封弈爲太尉慕容恪爲侍中陽騖爲尚
書令皇甫眞爲尚書左僕射張希爲尚書右僕射宋活爲中書監
韓恒爲中書令其餘封授各有差追尊廆爲高祖武宣皇帝皝太
祖文明皇帝時朝廷遣使詣儁儁謂使者曰汝還白汝天子我承
人乏爲中國所推已爲帝矣初石季龍使人探策于華山得玉版
文曰歲在申酉不絕如綫歲在壬子眞人乃見及此燕人咸以爲
儁之應也改司州爲中州置司隸校尉官羣下言大燕受命上承
光紀黑精之君運歷傳屬代金行之后宜行夏之時服周之冕旗
幟尚黑牲牡尚玄儁從之其從行文武諸藩使人及登號之日者
悉增位三級泒河之師守鄴之軍下及戰士賜各有差臨陣戰亡
者將士加贈二等士卒復其子孫殿中舊人皆隨才擢敘立其妻
可足渾氏爲皇后世子曄爲皇太子晉寧朔將軍榮胡以彭城魯
郡叛降于儁常山人李犢聚衆數千反于普壁壘儁遣慕容恪

率衆討降之初冉閔既敗王午自號安國王午既死呂護復襲其
號保于魯口恪進討走之遣前軍悅綰追及于野王悉降其衆姚
襄以梁國降于儁以慕容評爲都督秦雍益梁江揚荊徐兗豫十
州河南諸軍事權鎮于洛水慕容彊爲前鋒都督都督荊徐二州
緣淮諸軍事進據河南儁自和龍至薊城幽冀之人以爲東遷互
相驚擾所在屯結其下請討之儁曰羣小以朕東巡故相惑耳今
朕既至尋當自定然不虞之備亦不可不爲於是令內外戒嚴苻
生河內太守王會黎陽太守韓高以郡歸儁晉蘭陵太守孫黑濟
北太守高柱建興太守高瓮各以郡叛歸于儁初儁車騎大將軍
范陽公劉寧屯據狄城降于苻氏至此率戶二千詣薊歸罪拜後
將軍高句麗王釗遣使謝恩貢其方物儁以釗爲營州諸軍事征
東大將軍營州刺史封樂浪公王如故儁給事黃門侍郎申胤上
言曰夫名尊礼重先王之制冠冕之式代或不同漢以蕭曹之功
有殊羣辟故劍履上殿入朝不趨世無其功則礼宜闕也至於東

宮躰此爲儀魏晉因循制不納舄今皇儲過謙準同百僚礼卑逼
下有違朝式太子有統天之重而與諸王齊冠遠游非所以辨章
貴賤也祭饗朝慶宜正服衮衣九文冠冕九旒又仲冬長至太陰
數終黃鍾產氣緜微於下此月閉關息旅后不省方礼記曰是
月也事欲靜君子齋戒去聲色唯周官有天子之南郊從八能之
說或以有事至靈非朝饗之節故有樂作之理王者慎微礼從其
重前來二至闕鼓不宜有設今之鏗鏘蓋以常儀二至之礼事殊餘
節猥動金聲驚越神氣施之宜養實爲未盡又朝服雖是古礼絳
褠始於秦漢迄于今代遂相仍準朔望正旦乃具袞舄礼諸侯旅
見天子不得終事者三雨沾服失容其在一焉今或朝日天雨未
有定儀礼貴適時不在過恭近以地濕不得納舄而以衮襈改履
案言稱朝服所以服之而朝一躰之間上下二制或廢或存實乖
礼意大燕受命侔蹤虞夏諸所施行宜損益定之以爲皇代永制
儁曰其劍舄不趨事下太常參議太子服衮冕冠九旒超級逼上
未可行也冠服何容一施一廢皆可詳定初段蘭之子龕因冉閔

之乱擁衆東屯廣固自號齊王稱藩于建鄴遣書抗中表之儀非
儁正位儁遣慕容恪慕容塵討之恪既濟河龕弟羆驍勇有智
計言於龕曰慕容恪善用兵加其衆旅既盛恐不可抗也若頓兵
城下雖復請降懼終不聽王但固守羆請率精銳距之若其戰捷
王可馳來追擊使虜匹馬無反如其敗也遽出請降不失千戶侯
也龕弗從羆固請行龕怒殺之率衆三万來距恪恪遇龕於濟水
之南與戰大敗之遂斬其弟欽盡俘其衆恪進圍廣固諸將勸恪
宜急攻之恪曰軍勢有宜緩以剋敵有宜急而取之若彼我勢均
且有彊援慮腹背之患者須急攻之以速大利如其我彊彼弱外
無寇援力足制之者當羈縻守之以待其斃兵法十圍五攻此之謂
也龕恩結賊黨衆未離心濟南之戰非不銳也但龕用之無術以
致敗耳今憑固天險上下同心攻守勢倍軍之常法若其促攻不
過數旬剋之必矣但恐傷吾士衆自有事已來卒不獲寧吾每思

之不覺忘寢亦何宜輕殘人命乎當持久以取耳諸將皆曰非所
及也乃築室反耕嚴固圍壘龕所署徐州刺史王騰索頭單于薛
雲降于恪段龕之被圍也遣使詣建鄴請救穆帝遣北中郎將荀
羡赴之憚虜彊遷延不敢進攻破陽都斬王騰以歸恪遂剋廣固
以龕為伏順將軍徙鮮卑胡羯三千餘戶于薊留慕容塵鎮廣固
恪振旅而歸儁太子曄死偽謚獻懷升平元年復立次子暐為皇
太子赦其境內改元曰光壽遣其撫軍慕容垂中軍慕容虔與護
軍平熙等率步騎八万討丁零勑勒于塞北大破之俘斬十餘万級
獲馬十三万匹牛羊億餘万初廆有駿馬曰赭白有奇相逸力石
季龍之伐棘城也皝將出避難欲乘之馬悲鳴蹴齧人莫能近皝
曰此馬見異先朝孤常杖之濟難今不欲者蓋先君之意乎乃止
季龍尋退皝益奇之至是四十九歲矣而駿逸不虧儁比之於鮑
氏驄命鑄銅以圖其象親為銘贊鐫勒其傍置之薊城東掖門是
歲象成而馬死匈奴單于賀賴頭率部落三万五千降于儁拜寧

西將軍雲中郡公處之于代郡平舒城晉太山太守諸葛攸伐其
東郡儁遣慕容恪距戰王師敗績北中郎將謝万先據梁宋懼而
遁歸恪進兵入寇河南汝潁譙沛皆陷置守宰而還儁自薊城遷
于鄴赦其境內繕脩宮殿復銅雀臺廷尉監常煒上言大燕雖革
命創制至於朝廷銓謨亦多因循魏晉唯祖父不殯葬者獨不聽
官身清朝斯誠王教之首不刊之式然礼貴適時世或損益是以
高祖制三章之約而秦人安之自頃中州喪乱連兵積年或遇傾
城之敗覆軍之禍坑師沉卒往往而然孤孫煢子十室而九兼三
方岳峙父子異邦存亡吉凶杳成天外或便假一時或依嬴博之
制孝子糜身无補順孫心喪靡及雖招魂虛葬以叙罔極之情又
礼无招葬之文令不此載若斯之流抱琳琅而无申懷英才而不
齒誠可痛也恐非明揚側陋務盡時珍之道吳起二陳之疇終將
死所展其才幹漢祖何由免于平城之圍郅支之首何以懸于漢
闕謹案戊辰詔書蕩清瑕穢與天下更始以明惟新之慶五六

年間尋相違代於則天之體臣竊未安儁曰煒宿德碩儒練明刑
法覽其所陳良足採也今六合未寧喪乱未已又正當搜奇拔異
之秋未可才行兼舉且除此條聽大同更議使呂黎遼東二郡營
起廆廟范陽燕郡構皝廟以其護軍平熙領將作大匠監造二廟
焉苻堅平州刺史劉特率戶五千降于儁河間李黑聚衆千餘攻
略州郡殺東彊令衛顏儁長樂太守傅顏討斬之常山大樹自拔
根下得璧七十珪七十三光色精奇有異常玉儁以為嶽神之命
遣其尚書郎段勤以太牢祀之初冉閔之僭號也石季龍將李歷
張平高昌等並率其所部稱藩於儁遣子入侍既而投款建鄴結
援苻堅並受爵位羈縻自固雖貢使不絕而誠節未盡呂護之走
野王也遣弟奉表謝罪於儁拜寧南將軍河內太守又上黨馮鴦
自稱太守附于張平平屢言之儁以平故赦其罪以為京兆太守
護鴦亦陰通京師張平跨有新興鴈門西河太原上黨上郡之地
壘壁三百餘胡晉十餘万戶遂拜置征鎮為鼎峙之勢儁遣其司

徒慕容評討平領軍慕輿根討鴦司空陽騖討昌撫軍慕容臧
攻歷并州壘壁降者百餘所以尚書右僕射悅綰為安西將軍領
護匈奴中郎將并州刺史以撫之平所署征西諸葛驤鎮北蘇象
寧東喬庶鎮南石賢等率壘壁百三十八降于儁儁大悅皆復其
官爵既而平率衆三千奔于平陽鴦奔于野王歷走滎陽昌奔邵
陵悉降其衆儁於是復圖入寇兼欲經略關西乃令州郡校閱見
丁精覆隱漏率戶留一丁餘悉發之欲使步卒滿一百五十万期
明年大集將進臨洛陽為三方節度武邑劉貴上書極諫陳百姓
凋弊召兵非法恐人不堪命有土崩之禍并陳時政不便于時者
十有三事儁覽而悅之付公卿博議事多納用乃改為三五占兵
寬戎備一周悉令明年季冬赴集鄴都是歲晉將荀羨攻山茌
拔之斬儁太山太守賈堅儁青州刺史慕容塵遣司馬悅明救之
羨師敗績復陷山茌儁立小學于顯賢里以教胄子封其子泓為
濟北王沖為中山王讌群臣於蒲池酒酣賦詩因談經史語及周

太子晉潸然流涕顧謂群臣曰昔魏武追痛倉舒孫權悼登無已孤常謂二主緣愛稱奇無大雅之躰自暐亡以來孤鬢髮中白始知二主有以而然卿等言暐定何如也孤今悼之得无貽怪將來乎其司徒左長史李績對曰献懷之在東宮臣為中庶子既忝近侍聖質志業臣實不敢不知臣聞道備无愆其唯聖人乎先太子大德有八未見闕也儁曰卿言亦以過矣然試言之績曰至孝自天性与道合此其一也聰敏慧悟機思若流此其二也沉毅好斷理詣無幽此其三也疾諛亮物雅悅直言此其四也好學愛賢不恥下問此其五也英姿邁古藝業超時此其六也虛襟恭讓尊師重道此其七也輕財好施勤恤民隱此其八也儁泣曰卿雖褒譽然此兒若在吾死無憂也吾既不能追蹤唐虞官天下以禪有德近模三王以世傳授景茂幼沖器藝未舉卿以為何如績曰皇太子天資岐嶷聖敬日躋而八德闕然二闕未補雅好遊田娛心絲竹所以為損耳儁顧謂暐曰伯陽之言藥石之惠汝宜戢之因問

高年疾苦孤寡不能自存者賜穀帛有差儁夜夢石季龍齧其臂寤而惡之命發其墓剖棺出尸蹋而罵之曰死胡安敢夢生天子遣其御史中尉陽約數其殘酷之罪鞭之弃于漳水諸葛攸又率水陸三万討儁入自石門屯于河渚攸部將匡超進據碻磝蕭館屯于新柵又遣督護徐冏率水軍三千泛舟上下為東西聲勢儁遣慕容評傅顏等統步騎五万戰于東阿王師敗績塞北七国賀蘭涉勤等皆降俄而儁寢疾謂慕容恪曰吾所疾惙然當恐不濟脩短命也復何所恨但二寇未除景茂沖幼慮其未堪多難吾欲遠追宋宣以社稷屬汝恪曰太子雖幼天縱聰聖必能勝殘刑措不可以乱正統也儁怒曰兄弟之間豈虛飾也恪曰陛下若以臣堪荷天下之任者寧不能輔少主乎儁曰若汝行周公之事吾復何憂李績清方忠亮堪任大事汝善遇之是時兵集鄴城盜賊互起每夜攻劫晨昏斷行於是寬常賦設奇禁賊盜有相告者賜奉車都尉捕誅賊首木穀和等百餘人乃止升平四年儁死時年四十二在位十一年僞謚景昭皇帝廟號烈祖墓號龍陵儁雅好文籍自初即位至末年講論不倦覽政之暇唯與侍臣錯綜義理凡所著述四十餘篇性嚴重慎威儀未曾以慢服臨朝雖閑居宴處亦無懈怠之色云

韓恒字景山灌津人也父默以學行顯名恒少能屬文師事同郡張載載奇之曰王佐才也身長八尺一寸博覽經籍無所不通永嘉之乱避地遼東廆既逐崔毖復徙昌黎召見嘉之拜參軍事咸和中宋該等建議以廆立功一隅勤誠王室位卑任重不足以鎮華夷宜表請大將軍燕王之号廆納之命群寮博議咸以為宜如該議恒駁曰自群胡乘間人嬰荼毒諸夏蕭條无復綱紀明公忠武篤誠憂勤社稷抗節孤危之中建功萬里之外終古勤王之義未之有也夫立功者患信義不著不患名位不高故桓文有寧復一匡之功亦不先求礼命以令諸侯宜繕甲兵候機會除群凶靖四海功成之後九錫自至且要君以求寵爵者非為臣之義也

廆不平比出為新昌令皝為鎮軍復參軍事遷營丘太守政化大行儁為大將軍徵拜諮議參軍加揚烈將軍儁僭位將定五行次衆論紛紜恒時疾在龍城儁召恒以決之恒未至而群臣議以燕宜承晉為水德既而恒至言於儁曰趙有中原非唯人事天所命也天實與之而人奪之臣竊謂不可且大燕王迹始自於震於易震為青龍受命之初有龍見於都邑城龍為木德幽契之符也儁初雖難改後終從恒議儁秘書監清河聶熊聞恒言乃歎曰不有君子国何以興其韓令君之謂乎後與李產俱傅東宮從太子暐入朝儁顧謂左右曰此二傅一代偉人未易繼也其見重如此

李產字子喬范陽人也少剛厲有志格永嘉之乱同郡祖逖擁衆部於南土力能自固產遂往依之逖素好從横弟約有大志產微知其旨乃率子弟十數人間行還鄉里仕於石氏為本郡太守及慕容儁南征前鋒達郡界鄉人皆勸產降產曰夫受人之祿當同其安危今若舍此節以圖存義士將謂我何衆潰始詣軍請降儁

嘲之曰卿受石氏寵任衣錦本鄉何故不能立功於時而反委質乎烈士處身於世固當如是邪產泣曰誠知天命有歸非微臣所抗然犬馬為主豈忘自効但以孤窮勢促致力无術僶俛歸死實非誠欵儁嘉其慷慨顧謂左右曰此真長者也乃擢用之歷位尚書性剛正好直言每至進見未曾不論朝政之得失同輩咸憚焉儁亦敬其儒雅前後固辭年老不堪理劇轉拜太子太保謂子績曰以吾之才而致於此始者之願亦已過矣不可復以西夕之年取笑於來今也固辭而歸死於家子績

績字伯陽少以風節知名清辯有辭理弱冠為郡功曹時石季龍親征段遼師次范陽百姓飢儉軍供有闕季龍大怒太守惶怖避匿績進曰郡帶北裔與寇接壤疆埸之間人懷危慮聞輿駕親戎將除殘賊雖嬰兒白首咸思効命非唯為國亦自求寧雖身膏草野猶甘為之敢有私吝而闕軍實但比年災儉家有菜色困弊力屈无所取濟逋廢之罪情在可矜季龍見績年少有壯節嘉而恕

之於是太守獲免刺史王午辟為主簿儁之南征也隨午奔魯口鄧恒謂午曰績鄉里在北父已降燕今雖在此終不為用方為人患午曰績於喪亂之中捐家立義情節之重有侔古烈若懷嫌害之必駭衆望恒乃止午恐績終為恒所害乃資遣之及到儁責其背親後至績荅曰臣聞豫讓報智伯仇稱于前史既官身所在何事非君陛下方弘唐虞之化臣實未謂歸順之晚也儁曰此亦事主之一節耳累遷太子中庶子及暐立慕容恪欲以績為尚書右僕射暐憾績往言不許恪屢請乃謂恪曰万機之事委之叔父伯陽一人暐請獨裁績遂憂死

載記第十　晉書百十

載記第十一　　晉書百十一　　御撰

慕容暐　慕容恪　陽騖　皇甫真

慕容暐字景茂儁第三子也初封中山王尋立爲太子及儁死羣臣欲立慕容恪恪辭曰國有儲君非吾節也於是立暐升平四年僭即皇帝位大赦境内改元曰建熙立其母可足渾氏爲皇太后以慕容恪爲太宰録尚書行周公事慕容評爲太傅副贊朝政慕輿根爲太師慕容垂爲河南大都督征南將軍兖州牧荆州刺史領護南蠻校尉鎮梁國孫希爲安西將軍并州刺史傅顔爲護軍將軍其餘封授各有差暐既庸弱國事皆委之於恪慕輿根自恃勳舊驕傲有無上之心忌恪之揔朝權將伺隙爲亂乃言於恪曰今主上幼沖母后干政殿下宜慮楊駿諸葛元遜之變思有以自全且定天下者殿下之功也兄亡弟及先王之成制過山陵之後可廢主上爲一國王殿下踐尊位以建大燕无窮之慶恪曰公醉乎何言之勃也昔曹臧吴札並於家難之際猶曰爲君非吾節況今

儲君嗣統四海无虞宰輔受遺奈何便有私議公忘先帝之言乎根大懼陳謝而退恪以告慕容垂垂勸恪誅之恪曰今新遭大凶二虜伺隙山陵未建而宰輔自相誅滅恐乖遠近之望且可容忍之根與左衛慕輿干潛謀誅恪及評因而篡位入白可足渾氏及暐曰太宰太傅將謀爲乱臣請率禁兵誅之以安社稷可足渾氏將從之暐曰二公國之親穆先帝所託終應无此未必非太師將爲乱也於是使其侍中皇甫真護軍傅顔收根等於禁中斬之大赦境内遣傅顔率騎二萬觀兵河南臨淮而還軍威甚盛初儁所署寧南將軍呂護據野王陰通京師穆帝以護爲前將軍冀州刺史儁死謀引王師襲鄴事覺暐使慕容恪等率衆五萬討之傅顔言於恪曰護窮寇假合王師既臨則上下喪氣曾不敢窺兵中路展其螗蜋之心此則士卒懾魂敗亡之驗也殿下前以廣固天險守易攻難故爲長久之策今賊形便不與往同宜急攻之以省千金之費恪曰護老賊經變多矣觀其爲備之道未易卒平今圍之

窮城樵採路絶内无蓄積外无彊援不過十旬其斃必矣何必遽殘士卒之命而趣一時之利哉吾嚴濬圍壘休養將卒以重官美貨間而離之事淹勢窮其釁易動我則未勞而寇已斃此爲兵不血刃坐以制勝也遂列長圍守之護遣其將張興率勁卒七千出戰傅顔擊斬之自三月至八月而野王潰護南奔于晉悉降其衆尋復叛歸于暐暐待之如初因遣傅顔與護率衆據河陰顔北襲勑勒大獲而還護攻洛陽中流矢而死將軍段崇收軍北渡屯于野王暐遣其寧東慕容忠攻陷滎陽又遣鎮南慕容塵寇長平時晉冠軍將軍陳祐戍洛陽遣使請救帝遣桓溫援之興寧初暐復使慕容評寇許昌懸瓠陳城並陷之遂略汝南諸郡徙万餘户于幽冀暐豫州刺史孫興上疏請步卒五千先圖洛陽暐納之遣其大宰司馬悅希軍于盟津孫興分戍成皐以爲之聲援尋而陳祐率衆奔陸渾河南諸壘悉陷於希慕容恪攻陷金墉害揚威將軍沈勁以其左中郎慕容筑爲假節征虜將軍洛州刺史鎮金墉慕

容垂爲都督荆揚洛徐兖豫雍益凉秦等十州諸軍事征南大將軍荆州牧配兵一萬鎮魯陽時暐境内多水旱慕容恪慕容評並稽首歸政請遜位還第曰臣以朽闇器非經國荷先帝拔擢之恩又蒙陛下殊常之遇猥以輕才竊位宰録不能上諧陰陽下釐庶政致使水旱愆和彝倫失序轅弱任重夕惕唯憂臣聞王者則天建國辯方正位司必量才官惟德舉台傅之重參理三光苟非其人則靈曜爲虧尸禄貽殃負乘招悔由來常道未之或差以姬旦之勳聖猶近則二公不悅遠則管蔡流言況臣等寵緣戚來榮非才授而可久點天官塵蔽賢路是以中年拜表披陳丹款聖恩齒舊未忍遐弃奄冉偷榮愆責彌厚自待罪懸曠歲餘辰紀忝冒宰衡七載于兹雖乃心經略而思不周務至令二方干紀跋扈未庭同文之詠有慙盛漢深乖先祖託付之規甚違陛下垂拱之義臣雖不敏竊聞君子之言敢忘虞丘避賢之美輒循兩疏知止之分謹送太宰大司馬太傅司徒章綬惟垂昭許暐曰朕以不天早傾

乾覆先帝所託唯在二公二公懿親碩德勳高魯衛翼贊王室輔
導朕躬宣慈惠和坐而待旦虔誠夕惕美亦至矣故能外掃羣凶
內清九土四海晏如政和時洽雖宗廟社稷之靈抑亦公之力也
今關右有未賓之氐江吳有遺燼之虜方賴謀猷混寧六合豈宜
虛已謙沖以違委任之重王其割二疏獨善之小以成公旦復袞
之大恪評等固請致政暐曰夫建德者必以終善為名佐命者則
以功成為效公與先帝開構洪基膺天明命將廓夷群醜紹復隆
周之迹災眚橫流乾光墜曜朕以眇躬猥荷大業不能上成先帝
遺志致使二虜遊魂所以功未成也豈宜沖退且古之王者不以
天下為榮憂四海若荷擔然後仁讓之風行則比屋而可封今道
化未純鯨鯢未殄宗社之重非唯朕身公所憂也當思所以寧濟
兆庶靖難敦風垂美將來侔蹤周漢不宜崇飾常節以違至公遂
斷其讓表恪評等乃止暐鍾律郎郭欽奏議以暐承石季龍水為
木德暐從之太和元年暐遣撫軍慕容厲攻晉太山太守諸葛攸

攸奔于淮南厲悉陷兗州諸郡置守宰而還慕容恪有疾深慮暐
政不在已慕容評性多猜忌大司馬之位不能允授人望乃召暐
兄樂安王臧謂之曰今勁秦跋扈強吳未賓二寇並懷進取但患
事之无由耳夫安危在得人國興在賢輔若能推才任忠和同宗
盟則四海不足圖二虜豈能為難哉吾以常才受先帝顧託之重
每欲埽平關隴蕩一甌吳庶嗣成先帝遺志謝憂責于當年而疾
固弥留恐此志不遂所以没有餘恨也吳王天資英傑經略超時
司馬職統兵權不可以失人吾終之後必以授之若以親疎次第
不以授汝當以授沖汝等雖才識明敏然未堪多難國家安危實
在于此不可昧利忘憂以致大悔也又以告評月餘而死其國中
皆痛惜之先是晉南陽督護趙弘以宛降于暐暐遣其南中郎將
趙盤自魯陽戍宛至此晉右將軍桓豁攻宛拔之趙盤退奔魯陽
豁遣輕騎追盤及於雉城大戰敗之執盤戍宛而歸苻堅將苻謏
據陝降于暐時有圖書云燕馬當飲渭水堅恐暐乘釁入關大懼

乃盡精銳以備華陰暐群下議欲遣兵救謏因圖關右慕容評素
无經略又受苻堅間貨沮議曰秦雖有難未易可圖朝廷雖明豈
如先帝吾等經略又非太宰之匹終不能平秦也但可閉關息旅
保寧疆埸足矣暐魏尹慕容德上䟽曰先帝應天順時受命革代
方以文德懷遠以一六合神功未就奄忽升遐昔周文既没武王
嗣興伏惟陛下則天比德揆聖齊功方闡崇乾基纂成先志逆氐
僭據關隴號同王者惡積禍盈自相疑戮釁起蕭牆勢分四國
投誠請援旬日相尋豈非凶運將終數歸有道兼弱攻昧取乱侮
亡機之上也今秦土四分可謂弱矣時來運集天贊我也天与不
取反受其殃吳越之鑒我之師也宜應天人之會建牧野之旗命
皇甫眞引并冀之衆徑趣蒲阪臣垂引許洛之兵馳解謏圍太傅
揔京都武旅為二軍後繼飛檄三輔仁聲先路獲城即侯微功必
賞此則鬱然待時之雄抱志未申之衆必嶽峙灞上雲屯隴下天
羅既張內外勢合區區僭豎不走則降大同之舉今其時也願陛

下獨斷聖慮无訪仁人暐覽表大悅將從之評固執不許乃止苻
謏知評暐之无遠略恐救師弗至乃牋於慕容垂皇甫眞曰苻堅
王猛皆人傑也謀為燕患為日久矣今若乘機不赴恐燕之君臣
將有甬東之悔垂得書私於眞曰方為人患者必在於秦主上富
於春秋未能留心政事觀太傅度略豈能抗苻堅王猛乎眞曰然
繞朝有云謀之不從可如何暐僕射悅綰言於暐曰太宰政尚寬
和百姓多有隱附傳曰唯有德者可以寬臨衆其次莫如猛今諸
軍營户三分共貫風教陵弊威綱不舉宜悉罷軍封以實天府之
饒肅明法令以清四海暐納之綰既定制朝野震局出户二十餘
万慕容評大不平尋賊綰殺之晉大司馬桓溫江州刺史桓沖豫
州刺史袁眞率衆五万伐暐前兗州刺史孫元起兵應之溫部將
檀玄攻胡陸執暐寧東慕容忠暐遣其將慕容厲与溫戰于黃墟
厲師大敗單馬奔還高平太守徐翻以郡歸順溫前鋒朱序又破
暐將傅顏于林渚溫軍大振次於枋頭暐懼謀奔和龍慕容垂曰

不然臣請擊之若戰不捷走未晚也乃以垂爲使持節南討大都督慕容德爲征南將軍率衆五万距温使其散騎侍郎樂嵩乞師於苻堅堅遣將軍苟池率衆二万出自洛陽師于穎川外爲赴援内實觀隙有兼并之志矣慕容德屯于石門絶温糧漕豫州刺史李邽率州兵五千斷温餽運温頻戰不利糧運復絶及聞堅師之至乃焚舟棄甲而退德率勁騎四千先温至襄邑東伏於澗中与垂前後夾擊王師大敗死者三万餘人苟池聞温班師邀擊于譙温衆又敗死者万計垂既有大功威德弥振慕容評素不平之垂又言其將孫蓋等摧鋒陷鋭宜論功超授評寢而不録垂數以爲言頗與評廷爭可足渾氏素惡垂毀其戰功遂與評謀殺垂垂懼奔于苻堅先是暐使其黄門侍郎梁琛聘于堅琛還言於評曰秦揚兵講武運粟陝東以琛觀之无久和之理兼吳王西奔必有覬覦之計深宜備之評曰不然秦豈可受吾叛臣而不懷和好哉琛曰鄰國相并有自來矣況今並稱大號理無俱存苻堅機明好斷

納善如流王猛有王佐之才鋭於進取觀其君臣相得自謂千載一時桓温不足爲慮終爲人患者其唯王猛乎暐評不以爲虞皇甫眞又陳其事曰苻堅雖聘使相尋託輔車爲諭然抗均鄰敵勢同戰國明其甘於取利無慕善之心終不能守信存和以崇久要也頃來行人累續兼師出洛川夷險要害具之耳目觀虚實以措姧圖聽風塵而伺國隙者寇之常也又吳王外奔爲之謀主伍員之禍不可不慮洛陽并州壺關諸城並宜增兵益守以防未兆暐召評而謀之評曰秦國小力弱杖我爲援且苻堅庶幾善道終不納叛臣之言不宜輕自擾懼以動寇心也暐從之俄而堅遣其將王猛率衆伐暐攻慕容築于金墉暐遣慕容臧率衆救之臧次滎陽猛部將梁成洛州刺史鄧羌与臧戰于石門臧師敗績死者万餘遂相持于石門築以救兵不至以金墉降于猛梁成又敗慕容臧斬首三千餘級獲其將軍楊璩臧遂城新樂而還桓温之敗也歸罪于豫州刺史袁眞眞怒以壽陽降暐暐遣其大鴻臚温統署

眞爲使持節散騎常侍都督淮南諸軍事征南大將軍領護南蠻校尉揚州刺史封宣城公未至而眞統俱卒眞黨朱輔立眞子瑾爲建威將軍豫州刺史以固壽陽時外則王師及苻堅交侵兵革不息内則暐母乱政評等貪冒政以賄成官非才舉群下切齒焉其尚書左丞申紹上䟽曰臣聞漢宣有言與朕共治天下者其唯良二千石乎是以特重此選必妙盡英才莫不拔自貢士歷資内外用能仁感猛獸惠致群祥今者守宰或擢自匹夫兵將之間或因寵戚藉緣時會非但无聞於州閭亦不經于朝廷又无考績黜陟幽明貪惰爲惡无刑戮之懼清勤奉法无爵賞之勸百姓窮弊侵賕无已兵士逋逃乃相招爲賊盜風頹化替莫相糾攝且吏多則政煩由來常患今之見戶不過漢之一大郡而備置百官加之新立軍號兼重有過往時虚假名位廢弃農業公私驅擾人无聊生宜并官省職務勸農桑秦吳二虜僻僭一時尚能任道損情肅諧僞部況大燕累聖重光君臨四海而可美政或虧取陵姧寇哉

鄰之有善衆之所望我之不脩彼之願也秦吳狡猾地居形勝非唯守境而已乃有吞噬之心中州豐實戶兼二寇弓馬之勁秦晉所憚雲騎風馳國之常也而比赴敵後機兵不速濟者何也皆由賦法靡恒役之非道郡縣守宰每於差調之際无不舍越殷強首先貧弱行留俱窘資贍无所人懷嗟怨遂致奔亡進闕供國之饒退離蚕農之要兵豈在多貴於用命宜嚴制軍科務先饒復習兵教戰使偏伍有常從戎之外足營私業父兄有陟岵之觀子弟懷孔邇之顧雖赴水火何所不從節儉約費先王格謨去華敦朴哲后恒憲故周公戒成王以畜財爲本漢文以皁幃變俗孝景宮人弗過千餘魏武寵賜不盈十万薄葬不墳儉以率下所以割肌膚之惠全百姓之力謹案後宮四千有餘僮侍廝養通兼十倍日費之重價盈万金綺縠羅紈歲增常調戎器弗營奢玩是務今帑藏虚竭軍士无襜褕之賚宰相侯王迭以侈麗相尚風靡之化積習成俗臥薪之諭未足甚焉宜罷浮華非要之役峻明婚姻喪葬之

條禁絶奢靡浮煩之事出傾宮之女均商農之賦公卿以下以四海爲家信賞必罰綱維肅舉者温猛之首可懸之白旗秦吴二主可以礼之歸命豈唯不復侵寇而已哉陛下若不遠追漢宗弋綈之模近崇先帝補衣之美臣恐頽風弊俗亦革變靡途中興之歌無以軫之絃詠又拓宇兼并不在一城之地控制戎夷者懷之以德今魯陽上郡重山之外雲陰之北四百有餘而未可以羈服塞表爲平寇之基徒抓危託落今善附内駁宜攝就并豫以臨二河通接漕轂擬之丘後重晉陽之戍增南藩之兵戰守之備銜以千金之餌蓄力待時可一舉而滅如其虔劉送死俟入境而斷之可令匹馬不反非唯絶二賊闚闞乃是戡殄之要惟陛下覽焉暐不納苻堅又使王猛楊安率衆伐暐猛攻壺關安攻晉陽暐使慕容評等率中外精卒四十餘万距之猛安進師潞川州郡盜賊大起鄴中多怪異暐憂懼不知所爲乃召其使而問曰秦衆何如今大師既出猛等能戰否或對曰秦國小兵弱豈王師之敵景略常才又非太傅之匹不足憂也黄門侍郎梁琮中書侍郎樂嵩進曰不然兵書之義計敵能鬬當以筭取之若冀敵不鬬非万全之道也慶鄭有云秦衆雖少戰士倍我衆之多少非可問也且秦行師千里固戰是求何不戰之有乎暐不悦猛与評等相持評以猛懸軍遠入利在速戰議以持久制之猛乃遣其將郭慶率騎五千夜從間道起火高山燒評輜重火見鄴中評性貪鄙鄣固山泉賣樵鬻水積錢絹如丘陵三軍莫有鬬志暐遣其侍中蘭伊讓評曰王高祖之子也宜以宗廟社稷爲憂柰何不務撫養勲勞専以聚歛爲心乎府藏之珎貨朕豈与王愛之若寇軍冒進王持錢帛安所置也皮之不存毛將安傅錢帛可散之三軍以平寇凱旋爲先也評懼而与猛戰于潞川評師大敗死者五万餘人評等單騎遁還猛遂長驅至鄴堅復率衆十万會猛攻暐先是慕容桓以衆万餘屯于沙亭爲評等後繼聞評敗引屯内黄堅遣將鄧羌攻信都桓率鮮卑五千退保和龍散騎侍郎徐蔚等率扶餘高句麗及上黨質

子五百餘人夜開城門以納堅軍暐与評等數十騎奔于昌黎堅遣郭慶追及暐于高陽堅將巨武執暐將縛之暐曰汝何小人而縛天子武曰我梁山巨武受詔縛賊何謂天子邪遂送暐于堅堅詰其奔狀暐曰狐死首丘欲歸死于先人墳墓耳堅哀而釋之令還宮率文武出降郭慶遂追評桓于和龍桓殺其鎮東慕容亮而并其衆攻其遼東太守韓稠于平州郭慶遣將軍朱嶷擊桓執而送之堅徙暐及其王公已下并鮮卑四万餘户于長安封暐新興侯署爲尚書堅征壽春以暐爲平南將軍別部都督淮南之敗隨堅還長安既而慕容垂攻苻丕于鄴慕容冲起兵關中暐謀殺堅以應之事發爲堅所誅時年三十五及德僭稱尊號僞謚幽皇帝始廆以武帝太康六年稱公至暐四世暐在位二十一年以海西公太和五年滅通廆皝凡八十五年

慕容恪字玄恭皝之第四子也幼而謹厚沉深有大度母高氏无寵皝未之可也年十五身長八尺七寸容貌魁傑雄毅嚴重每所言及輒經綸世務皝始異焉乃授之以兵數從皝征伐臨機多奇策使鎮遼東甚有威恵高句麗憚之不敢爲寇皝使恪与儁俱伐夫餘儁居中指授而已恪身當矢石推鋒而進所向輒潰皝將終謂儁曰今中原未一方建大事恪智勇俱濟汝其委之及儁嗣位弥加親任累戰有大功封太原王拜侍中假節大都督録尚書儁寢疾引恪与慕容評屬以後事及暐之世摠攝朝權初建鄴聞儁死曰中原可圖矣桓温曰慕容恪尚存所憂方爲大耳慕輿根之就誅也内外危懼恪容止如常神色自若出入往還一人步從或有諫之者恪曰人情懷懼且當自安以請之吾復不安則衆何瞻仰哉於是人心稍定恪虚襟待物諮詢善道量才處任使人不踰位朝廷謹肅進止有常度雖執權政每事必諮之於評罷朝歸第則盡心色養手不釋卷其百寮有過未嘗顯之自是庶僚化德穉有犯者恪之圍洛陽也秦中大震苻堅親將以備潼關軍迴乃定恪爲將不尚威嚴專以恩信御物務於大略不以小令勞衆軍士

有犯法窮縱舍之捕斬賊首以令軍營內不整似可犯而防禦甚嚴終无喪敗臨終暐親臨問以後事恪曰臣聞報恩莫大薦士板築猶可而況國之懿藩吳王文武兼才管蕭之亞陛下若任之以政國其少安不然臣恐二寇必有闚𨵦之計言終而死

陽騖字士秋右北平无終人也父耽仕廆官至東夷校尉騖少清素好學器識沉遠起家爲平州別駕屢獻安時彊國之術事多納用廆甚奇之皝即王位遷左長史東西征伐參謀帷幄皝臨終謂儁曰陽士秋忠幹貞固可託付大事汝善待之儁之將圖中原也騖制勝之功亞于慕容恪暐既嗣僞位申以師傅之禮親遇日隆及爲太尉慨然而歎曰昔常林徐邈先代名臣猶以鼎足任重而終辭三事以吾虛薄何德以堪之固求罷職言甚懇至暐優荅不許騖清貞謙謹老而弥篤既以宿望舊齒自慕容恪已下莫不畢拜性儉約常乘弊車瘠馬及死无斂財

皇甫眞字楚季安定朝那人也弱冠以高才廆拜爲遼東國侍郎皝嗣位遷平州別駕時內難連年百姓勞悴眞議欲寬減歲賦休息力役不合旨免官後以破麻秋之功拜奉車都尉守遼東營丘二郡太守皆有善政及儁僭位入爲典書令後從慕容評攻拔鄴都珍貨充溢眞一无所取唯存恤人物收圖籍而已儁臨終与慕容恪等俱受顧託慕輿根將謀爲乱眞陰察知之乃言於恪請除之恪未忍顯其事俄而根謀發伏誅恪謝眞曰不從君言幾成禍敗呂護之叛恪謀於朝曰遠人不服修文德以來之今護宜以恩詔降乎不宜以兵戈取也眞曰護九年之間三背王命揆其姧心凶勃未已明公方飲馬江湘勒銘劒閣況護蕞尒近畿而不梟戮宜以兵筭取之不可復以文檄喻也恪從之以眞爲冠軍將軍別部都督師還拜鎮西將軍并州刺史領護匈奴中郎將徵還拜侍中光祿大夫累遷太尉侍中苻堅密謀兼并欲觀審釁隙乃遣其西戎主簿郭辯潛結匈奴左賢王曹轂令轂遣使詣鄴辯因從之眞兄典仕苻堅爲散騎常侍從子奮覆並顯關西辯既至鄴歷造

公卿言於眞曰辯家爲秦所誅故寄命曹王貴兄常侍及奮覆兄弟並相知在素眞怒曰臣无境外之交斯言何以及我君似姧人得无因緣假託乎乃白暐請窮詰之暐評不許辯還謂堅曰燕朝无綱紀實有可圖之鑒機識變唯皇甫眞耳堅曰以六州之地豈无智識士一人哉眞亦秦人而燕用之固知關西多君子矣眞性清儉寡慾不營產業飲酒至石餘不乱雅好屬文凡著詩賦四十餘篇王猛入鄴眞望馬首拜之明日更見語乃卿猛猛曰昨拜今卿何恭慢之相違也眞荅曰卿昨爲賊朝是國士吾拜賊而卿國士何所怪也猛大嘉之謂權翼曰皇甫眞故大器也從堅入關爲奉車都尉數歲而死

史臣曰觀夫北陰衍氣醜虜彙生隔閡諸華聲教莫之漸雄據殊壤貪悍成其俗先叛後服蓋常性也自當塗紊紀典午握符推亡之功掩岷吳而可錄御遠之策懷戎狄而猶漏慕容廆英姿偉量是曰邊豪釁迹姦圖寔猶乱首何者无名而舉表深譏於魯册象龔致罰昭大訓於姚典況乎放命挺禍距戰發其狼心剽邑屠城略地騁其蠆賊既而二帝遘平陽之酷按兵窺運五鐸啓金陵之祚率禮稱藩勤王之誠當君危而未立臣主之節俟國泰而將徇適所謂相時而動豈素蓄之款哉然其制敵多權臨下以惠勸農桑敦地利任賢士該時傑故能恢一方之業創累葉之基焉元眞軆貌不恒暗符天表沉毅自處頗懷奇略于時群雄角立爭奪在辰顯宗主祭於沖年庚亮竊政於元舅朝綱不振天步孔艱遂得據已成之資乘土崩之會揚兵南鶩則烏丸卷甲建旆東征則宇文摧陣乃負險自固恃勝而驕端拱稱王不待朝命昔鄭武職居三事爵不改伯齊桓績宣九合位止爲侯瞻曩烈而功微徵前經而禮縟谿壑難滿此之謂乎宣英文武兼優加之以機斷因石氏之釁首圖中原燕士協其籌冀馬爲其用一戰而平巨寇再舉而拔堅城氣讋龍驤威加邊服便謂深功被物天數在躬遽竊鴻名偷安寶籙猶將席卷京洛肆其蟻聚之徒宰割黎元縱

其蘇吞之勢使江左疲於奔命職此之由非夫天厭素靈而啓異類不然者其鋒何以若斯景茂庸材不親厥務賢輔攸賴逆臣挫謀於是陷金墉而款河南包銅城而臨漠北西秦勁卒頓函関而不進東夏遺黎企鄴宮而授首當此之時也凶威轉熾及玄恭即世虐媼亂朝垂以勳德不容評以黷貨干政志士絶忠貞之路讒人襲交亂之風輕鄰反速其咎禦敵罕脩其備以擕離之衆抗敢死之師鋒鏑未交白溝淪境衝輣暫擬紫陌成墟是知由余出而戎亡子常升而郢覆終於身死異域智不自全吉凶惟人良所謂也

贊曰青山徙構玄塞分疆蠢茲雜種弈世弥昌角端掩月步搖翻霜乘危蝟起怙險鴟張假竊神器憑陵帝鄉守不以德終致餘殃

載記第十一　　晉書百十一

載記第十二　　晉書百十二　　御撰

苻洪　苻健　苻生　苻雄　王墮

苻洪字廣世略陽臨渭氐人也其先蓋有扈之苗裔世爲西戎酋長始其家池中蒲生長五丈五節如竹形時咸謂之蒲家因以爲氏焉父懷歸部落小帥先是隴右大雨百姓苦之謠曰雨若不止洪水必起故因名曰洪好施多權略驍武善騎射屬永嘉之亂乃散千金召英傑之士訪安危變通之術宗人蒲光蒲突遂推洪爲盟主劉曜僭號長安光等逼洪歸曜拜率義侯曜敗洪西保隴山石季龍將攻上邽洪又請降季龍大悅拜冠軍將軍委以西方之事季龍滅石生洪說季龍宜徙關中豪桀及羌戎內實京師季龍從之以洪爲龍驤將軍流人都督處于枋頭累有戰功封西平郡公其部下賜爵關內侯者二千餘人以洪爲關內領侯將冉閔言於季龍曰苻洪雄果其諸子並非常才宜密除之季龍待之愈厚及石遵即位閔又以爲言遵乃去洪都督餘如前洪怨之乃遣使

降晉後石鑒殺遵所在兵起洪有衆十餘万永和六年帝以洪爲征北大將軍都督河北諸軍事冀州刺史廣川郡公時有說洪稱尊號者洪亦以讖文有草付應王又其孫堅背有艸付字遂改姓苻氏自稱大將軍大單于三秦王洪謂博士胡文曰孤率衆十万居形勝之地冉閔慕容儁可指辰而殄姚襄父子剋之在吾數中孤取天下有易於漢祖初季龍以麻秋鎮枹罕冉閔之乱秋歸鄴洪使子雄擊而獲之以秋爲軍師將軍秋說洪西都長安洪深然之既而秋因宴酖洪將并其衆世子健收而斬之洪將死謂健曰所以未入關者言中州可指時而定今見困豎子中原非汝兄弟所能辦關中形勝吾亡後便可鼓行而西言終而死年六十六健僭位僞謚惠武帝

健字建業洪第三子也初母羌氏夢大羆而孕之及長勇果便弓馬好施善事人甚爲石季龍父子所親愛季龍雖外禮苻氏心實忌之乃陰殺其諸兄而不害健也及洪死健嗣位去秦王之號稱晉爵遣使告喪于京師且聽王命時京兆杜洪竊據長安自稱晉征北將軍雍州刺史戎夏多歸之健密圖關中懼洪知之乃僞受石祗官繕宮室於枋頭課所部種麥示无西意有知而不種者健殺之以徇既而自稱晉征西大將軍都督關中諸軍事雍州刺史盡衆西行起浮橋於盟津以濟遣其弟雄率步騎五千入潼關兄子菁自軹關入河東健執菁手曰事若不捷汝死河北我死河南比及黃泉无相見也既濟焚橋自統大衆繼雄而進杜洪遣其將張先要健於潼關健逆擊破之健雖戰勝猶脩牋于洪并送名馬珍寳請至長安上尊號洪曰幣重言甘誘我也乃盡召關中之衆來距健筮之遇泰之臨健曰小往大來吉亨昔往東而小今還西而大吉孰大焉是時衆星夾河西流占者以爲百姓還西之象健遂進軍次赤水遣雄略地渭北又敗張先於陰槃擒之諸城盡陷菁所至無不降者三輔略定健引兵至長安洪奔司竹健入而都之遣使獻捷京師并脩好於桓温健軍師將軍賈玄碩等表健爲侍中大

都督關中諸軍事大單于秦王健怒曰我官位輕重非若等所知既而潛使諷玄碩等使上尊號永和七年僭稱天王大單于赦境內死罪建元皇始繕宗廟社稷置百官於長安立妻強氏爲天王皇后子萇爲天王皇太子弟雄爲丞相都督中外諸軍事車騎大將軍領雍州刺史自餘封授各有差初杜洪之奔也招晉梁州刺史司馬勳至是勳率步騎三万入秦川健敗之於五丈原八年健僭即皇帝位于太極前殿諸公進爲王以大單于授其子萇杜洪屯宜秋爲其將張琚所殺琚自立爲秦王置百官健率步騎二万攻琚斬其首健至自宜秋遣雄菁率衆掠關東并援石季龍豫州刺史張遇於許昌与晉鎮西將軍謝尚戰於潁水之上王師敗績雄乘勝逐北至于壘門殺傷太半遂虜遇及其衆歸于長安拜遇司空豫州刺史鎮許昌雄攻王擢於隴上擢奔涼州雄屯隴東張重華拜擢征東大將軍使与其將張弘宋脩連兵伐雄雄与菁率衆擊敗之獲弘脩送長安初張遇自許昌來降健納遇後母韓氏

爲昭義毋於衆中謂遇曰御吾子也遇慙恨引關中諸將欲以雍州歸順乃與健中黄門劉晃謀夜襲健事覺遇害於是孔特起池陽劉珍夏侯顯起鄠喬景起雍胡陽赤起司竹呼延毒起霸城衆數万人並遣使詣征西桓温中軍殷浩請救雄遣菁掠上洛郡於豐陽縣立荊州以引南金奇貨弓竿漆蠟通關市來遠商於是国用充足而異賄盈積矣十年温率衆四万趣長安遣别將從均口入淅川攻上洛執健荊州刺史郭敬而遣司馬勳掠西鄙健遣其子萇率雄菁等衆五万距温于堯柳城愁思堆温轉戰而前次于灞上萇等退營城南健以羸兵六千固守長安小城遣精鋭三万爲游軍以距温三輔郡縣多降于温健别使雄領騎七千與桓沖戰於白鹿原王師敗績又破司馬勳于子午谷初健聞温之來也收麥清野以待之故温衆大飢至是徙關中三千餘戶而歸及至潼關又爲萇等所敗司馬勳奔還漢中其年西虜乞没軍邪遣子入侍健於是置來賓館於平朔門以懷遠人起靈臺於杜門与

百姓約法三章薄賦卑宮垂心政事優禮耆老脩尚儒學而關右稱來蘇焉新平有長人見語百姓張靖曰苻氏應天受命今當太平外面者歸中而安泰問姓名弗荅俄而不見新平令以聞健爲妖下靖獄會大雨霖河渭溢蒲津監寇登得一屐於河長七尺三寸人跡稱之指長尺餘文深一寸健歎曰覆載之中何所不有張靖所見定不虛也赦之蝗蟲大起自華澤至隴山食百草无遺牛馬相噉毛猛獸及狼食人行路斷絶健自蠲百姓租稅減膳徹懸素服避正殿初桓温之入關也其太子萇與温戰爲流矢所中死至是立其子生爲太子健寢疾菁勒兵入東宮將殺苻生自立時生侍健疾菁以健爲死迴攻東掖門健聞變升端門陳兵衆皆舍杖逃散執菁殺之數日健死時年三十九在位四年僞謚明皇帝廟號世宗後改曰高祖

生字長生健第三子也幼而無賴祖洪甚惡之生无一目爲兒童時洪戲之問侍者曰吾聞瞎兒一淚信乎侍者曰然生怒引佩刀自刺出血曰此亦一淚也洪大驚鞭之生曰性耐刀槊不堪鞭捶洪曰汝爲爾不已吾將以汝爲奴生曰可不如石勒也洪懼跣而掩其口謂健曰此兒狂勃宜早除之不然長大必破人家健將殺之雄止之曰兒長成自當脩改何至便可如此健乃止及長力舉千鈞雄勇好殺手格猛獸走及奔馬擊刺騎射冠絶一時桓温之來伐也生單馬入陣搴旗斬將者前後十數萇既死健以讖言三羊五眼應符故立爲太子健卒僭即皇帝位大赦境内改年壽光時永和十二年也尊其母強氏爲皇太后立妻梁氏爲皇后以吕婆樓爲侍中左大將軍苻安領太尉苻柳爲征東大將軍并州牧鎮蒲坂苻謏爲鎮東大將軍豫州牧鎮陝城自餘封授有差初生將強懷与桓温戰没其子延未及封而健死會生出游懷妻樊氏於道上書論懷忠烈請封其子生怒射而殺之僞中書監胡文中書令王魚言於生曰比頻有客星孛于大角熒惑入于東井大角爲帝坐東井秦之分野於占不出三年國有大喪大臣戮死願

陛下遠追周文脩德以禳之惠和羣臣以成康哉之美生曰皇后與朕對臨天下亦足以塞大喪之變毛大傅梁車騎梁僕射受遺輔政可謂大臣也於是殺其妻梁氏及太傅毛貴車騎尚書令梁楞左僕射梁安未幾又誅侍中丞相雷弱兒及其九子二十七孫諸羌悉叛弱兒南安羌酋也剛鯁好直言見生嬖臣趙韶董榮亂政每大言於朝故榮等譖而誅之生雖在諒闇游飲自若荒耽淫虐殺戮无道常彎弓露刃以見朝臣錘鉗鋸鑿備置左右又納董榮之言誅其司空王墮以應日蝕之災饗食群臣于太極前殿飲酣樂奏生親歌以和之命其尚書令辛牢典勸既而怒曰何不強酒猶有坐者引弓射牢而殺之於是百寮大懼无不引滿昏醉汙服失冠蓬頭僵仆生以爲樂生聞張祚見殺玄靚幼沖命其征東苻柳參軍閻負梁殊使涼州以書喻之負殊至姑臧玄靚年幼不見殊等其涼州牧張瓘謂負殊曰孤之本朝世執忠節遠宗大晉臣无境外之交君等何爲而至負殊曰晉王以鄰藩義好有自來矣

雖擁阻山河然風通道會不欲使羊陸二公獨美於前主上以欽明紹統八表宅心光被四海格於天地晉王思与張王齊曜大明交玉帛之好兼与君公同金蘭之契是以不遠而來有何怪乎瓘曰羊陸一時之事亦非純臣之義也本朝六世重光固忠不貳若與苻征東交玉帛之好者便是上違先公純誠雅志下乖河右遵奉之情負殊曰昔微子去殷項伯歸漢雖背君違親前史美其先覺亡晉之餘遠逃江會天命去之論絕已久故尊先王翻然改圖北面二趙蓋神筭无方鑒機而作君公若欲稱制河西衆旅非秦之敵如欲宗歸遺晉深乖先君雅旨孰若遠蹤竇融附漢之規近述先王歸趙之事垂祚无窮永享遐祉乎瓘曰中州无信好食誓言往与石氏通好旋見寇襲中國之風誠在昔日不足復論通和之事也負殊曰三王異政五帝殊風趙多姦詐秦以義信豈可同年而語哉張先楊初皆擅兵一方不供王貢先帝命將擒之宥其難怨之罪加以爵封之榮今上道合二儀慈弘山海信符陰陽御

物无際不可以二趙相況也瓘曰秦若兵彊化盛自可先取江南天下自然盡爲秦有何辱征東之命負殊曰先帝以大聖神武開構鴻基彊燕納款八州順軌主上欽明道必隆世慨徽號擁于河西正朔未加吴會以吴必須兵涼可以義故遣行人先申大好如君公不能蹈機而發者正可緩江南數年之命迴師西旆恐涼州弗可保也瓘曰我跨據三州帶甲十万西苞邕域東阻大河伐人有餘而況自固秦何能爲患負殊曰貴州險塞孰若崤函五郡之衆何如秦雍張琚杜洪因趙之成資據天阻之固策三秦之銳藉陸海之饒勁士風集驍騎如雲自謂天下可平關中可固先帝神矛一指望旗冰解人詠來蘇不覺易主燕雖武視關東猶以地勢之義逆順之理北面稱藩貢不踰月致肅慎楛矢通九夷之珍單于屈膝名王內附控弦之士百有餘万鼓行而濟西河者君公何以抗之盡追遵先王臣趙故事世享大美爲秦之西藩瓘曰然秦之德義加於天下江南何以不賓負殊曰文身之俗負阻江山道

洿先叛化盛後賓自古而然豈但今也故詩曰蠢尔蠻荊大邦爲仇言其不可以德義懷也瓘曰秦據漢舊都地兼將相文武輔臣領袖一時者誰也負殊曰皇室懿藩忠若公旦者則大司馬武都王安征東大將軍晉王柳文武兼才神器秀拔入可允釐百工出能折衝万里者衛大將軍廣平王黃眉後將軍清河王法龍驃將軍東海王堅之兄弟其耆年碩德德侔尚父者則太師錄尚書事廣寧公魚遵其清素剛嚴骨鯁貞亮則左光祿大夫強平金紫光祿程肱牛夷博聞強識探賾索幽則中書監胡文中書令王魚黃門侍郎李柔雄毅厚重權智无方則左衛將軍李威右衛將軍苻雅才識明達令行禁止則特進領御史中丞梁平老特進光祿大夫強汪侍中尚書呂婆樓文史富贍鬱爲文宗則尚書右僕射董榮祕書監王颺著作郎梁讜驍勇多權略攻必取戰必勝關張之流万人之敵者則前將軍新興王飛建節將軍鄧羌立忠將軍彭越安遠將軍范俱難建武將軍徐盛常伯納言卿校牧守則人

皆文武莫非才賢其餘懷經世之才蘊佐時之略守南山之操遂而不奪者王猛朱彤之倫相望於巖谷濟濟多士焉可罄言姚襄張平一時之傑各擁衆數万狼顧偏方皆委忠獻款請爲臣妾小不事大春秋所誅惟君公圖之瓘笑曰此事決之主上非身所了負殊曰涼王雖天縱英睿然尚幼沖君公居伊霍之任安危所繫見機之義實在君公瓘新輔政河西所在兵起懼秦師之至乃言於玄靚遣使稱藩生因其所稱而授之慕容儁遣將慕輿長卿等率衆七千入自軹關攻幽州刺史張哲于裴氏堡晉將軍劉度等率衆四千攻青州刺史袁朗于盧氏生遣其前將軍苻飛距晉建節鄧羌距燕飛未至而度退羌及長卿戰于堡南大敗之獲長卿及甲首二千七百餘級姚襄率衆万餘攻其平陽太守苻產于匈奴堡苻柳救之爲襄所敗引還蒲坂襄遂攻堡剋之殺苻產盡坑其衆遣使從生假道將還隴西生將許之苻堅諫曰姚襄人傑也今還隴西必爲深害不如誘以厚利伺隙而擊之生乃止遣使拜

襄官爵襄不受斬其使者焚所送章策寇掠河東生怒命其大將軍張平討之襄乃卑辭厚幣與平結為兄弟平更與襄通和生發三輔人營渭橋金紫光祿大夫程肱以妨農害時上疏極諫生怒殺之長安大風發屋拔樹行人顛頓宮中奔擾或稱賊至宮門晝閉五日乃止生推告賊者殺之刳而出其心左光祿大夫強平諫曰元正盛旦日有蝕之正陽神朔昏風大起兼水旱不時獸災未息此皆由陛下不勉強於政事乖和氣所致也願陛下務養元元平章百姓弃纖介之嫌含山嶽之過致敬宗社愛禮公卿去秋霜之威垂三春之澤則茲回寢止妖祲自消乾靈祇祐皇家永保无窮之美矣生怒以為妖言鑿其頂而殺之平之囚也偽衛將軍苻黃眉前將軍苻飛建節鄧羌侍讌禁中叩頭固諫以太后為言平即生母強氏之弟也生既弗許強氏憂恨而死生下書曰朕受皇天之命承祖考之業君臨万邦子愛百姓嗣統已來有何不善而謗讟之音扇滿天下殺不過千而謂刑虐行者比肩未足為稀方

當峻刑極罰復如朕何時猛獸及狼大暴晝則斷道夜則發屋惟害人而不食六畜自生立一年獸殺七百餘人百姓苦之皆聚而邑居為害滋甚遂廢農桑內外兇懼群臣奏請禳災生曰野獸飢則食人飽當自止終不能累年為患也天豈不子愛群生而年年降罰正以百姓犯罪不已將助朕專殺而施刑教故耳但勿犯罪何為怨天而尤人哉生如阿房遇兄與妹俱行者逼令為非禮不從生怒殺之又讌群臣于咸陽故城有後至者皆斬之嘗使太醫令程延合安胎藥問人參好惡并藥分多少延曰雖小小不具自可堪用生以為譏其目鑿延目出然後斬之有司奏太白犯東井東井秦之分也太白罰星必有暴兵起於京師生曰星入井者必將渴耳何所怪乎姚襄遣姚蘭王欽盧等招動鄜城定陽北地芹川諸羌胡皆應之有眾二万七千進據黃落生遣苻黃眉苻堅鄧羌率步騎万五千討之襄深溝高壘固守不戰鄧羌說黃眉曰傷弓之鳥落於虛發襄頻為桓溫張平所敗銳氣喪矣今謀固壘

不戰是窮寇也襄性剛很易以剛動若長驅鼓行直壓其壘襄必忿而出師可一戰擒也黃眉從之遣羌率騎三千軍於壘門襄怒盡銳出戰羌偽不勝引騎而退襄追之于三原羌廻騎距襄俄而黃眉與堅至大戰斬之盡俘其眾黃眉等振旅而歸黃眉雖有大功生不加旌賞每於眾中辱之黃眉怒謀殺生自立事發伏誅其王公親戚多有死者初生夢大魚食蒲又長安謠曰東海大魚化為龍男便為王女為公問在何所洛門東東海苻堅封也時為龍驤將軍第在洛門之東生不知是堅以謠夢之故誅其侍中太師錄尚書事魚遵及其七子十孫時又謠曰百里望空城鬱鬱何青青瞎兒不知法仰不見天星於是悉壞諸空城以禳之金紫光祿大夫牛夷懼不免禍請出鎮上洛生曰卿忠肅篤敬宜左右朕躬豈有外鎮之理改授中軍夷懼歸而自殺初生少凶暴嗜酒健臨死恐其不能保全家業誡之曰酋帥大臣若不從汝命可漸除之及即偽位殘虐滋甚耽湎於酒无復晝夜群臣朔望朝謁罕有見

者或至暮方出臨朝輒怒惟行殺戮動連月昏醉文奏因之遂寢納姦佞之言賞罰失中左右或言陛下聖明宰世天下惟歌太平生曰媚於我也引而斬之或言陛下刑罰微過曰汝謗我也亦斬之所幸妻妾小有忤旨便殺之流其尸于渭水又遣宮人與男子裸交於殿前生剝牛羊驢馬活爓雞豚鵝三五十為羣放之殿中或剝死囚面皮令其歌舞引群臣觀之以為嬉樂宗室勳舊親戚忠良殺害略盡王公在位者悉以疾告歸人情危駭道路以目既自有目疾其所諱者不足不具少无缺傷殘毀偏隻之言皆不得道左右忤旨而死者不可勝紀至於截脛刳胎拉脅鋸頸者動有千數太史令康權言於生曰昨夜三月並出孛星入於太微遂入于東井兼自去月上旬沉陰不雨迄至于今將有下人謀上之禍深願陛下脩德以消之生怒以為妖言撲而殺之生夜對侍婢曰阿法兄弟亦不可信明當除之是夜清河王苻法夢神告之曰旦將禍集汝門惟先覺者可以免之寤而心悸會侍婢來告乃與特

進梁平老強汪等率壯士數百人潛入雲龍門苻堅与呂婆樓率麾下三百餘人鼓譟繼進宿衛將士皆舍杖歸堅生猶昏寐未寤堅衆既至引生置於別室廢之爲越王俄而殺之生臨死猶飲酒數斗昏醉无所知矣時年二十三在位二年僞謚厲王

苻雄字元才洪之季子也少善兵書而多謀略好施下士便弓馬有政術健僭位爲佐命元勳權侔人主而謙恭奉法健常曰元才吾姬旦也及卒健哭之歐血曰天不欲吾定四海邪何奪元才之速也子堅別有載記

王墮字安生京兆霸城人也博學有雄才明天文圖緯苻洪征梁犢以墮爲司馬謂洪曰讖言苻氏應王公其人也洪深然之及爲宰相著匪躬之稱健常歎曰天下羣官皆如王令君者陰陽曷不和乎甚敬重之性剛峻疾惡雅好直言疾董榮強國如仇讎每於朝見之際略不与言人謂之曰董尚書貴幸一時公宜降意墮曰董龍是何雞狗而令國士与之言乎榮聞而慙恨遂勸生誅之及刑榮謂墮曰君今復敢數董龍作雞狗乎墮瞋目而叱之龍榮之小字也

載記第十二　　晉書百十二

苻堅上

苻堅字永固一名文玉雄之子也祖洪從石季龍徙鄴家于永貴里其母苟氏嘗游漳水祈子於西門豹祠其夜夢與神交因而有孕十二月而生堅焉有神光自天燭其庭背有赤文隱起成字曰艸付臣又土王咸陽臂垂過膝目有紫光洪奇而愛之名曰堅頭年七歲聰敏好施舉止不踰規矩每侍洪側輒量洪舉措取与不失機候洪每曰此兒姿貌瓌偉質性過人非常相也高平徐統有知人之鑒遇堅於路異之執其手曰苻郎此官之御街小兒敢戲於此不畏司隸縛邪堅曰司隸縛罪人不縛小兒戲也統謂左右曰此兒有霸王之相左右怪之統曰非爾所及也後又遇之統下車屏人密謂之曰苻郎骨相不恒後當大貴但僕不見如何堅曰誠如公言不敢忘德八歲請師就家學洪曰汝戎狄異類世知飲酒今乃求學邪欣而許之健之入關也夢天神遣使者朱衣赤冠命拜堅為龍驤將軍健翌日為壇於曲沃以授之健泣謂堅曰汝祖昔受此號今汝復為神明所命可不勉之堅揮劍捶馬志氣感厲士卒莫不憚服焉性至孝博學多才藝有經濟大志要結英豪以圖緯世之宜王猛呂婆樓強汪梁平老等並有王佐之才為其羽翼太原薛讚略陽權翼見而驚曰非常人也及苻生嗣偽位讚翼說堅曰今主上昏虐天下離心有德者昌无德受殃天之道也神器業重不可令他人取之願君王行湯武之事以順天人之心堅深然之納為謀主生既殘虐无度梁平老等亟以為言堅遂弒生以偽位讓其兄法法自以庶孽不敢當堅及母苟氏並慮眾心未服難居大位群僚固請乃從之以升平元年僭稱大秦天王誅生倖臣董龍趙韶等二十餘人赦其境內改元曰永興追謚父雄為文桓皇帝尊母苟氏為皇太后妻苟氏為皇后子宏為皇太子兄法為使持節侍中都督中外諸軍事丞相錄尚書事從祖侯為太尉從兄柳為車騎大將軍尚書令封弟融為陽平公雙河南公子丕長樂公暉平原公熙廣平公叡鉅鹿公李威為衛將軍尚書左僕射梁平老為右僕射強汪為領軍將軍仇騰為尚書領選席寶為丞相長史行太子詹事呂婆樓為司隸校尉王猛薛讚為中書侍郎權翼為給事黃門侍郎与猛讚並掌機密追復魚遵雷弱兒毛貴王墮梁楞梁安段純辛牢等本官以禮改葬之其子孫皆隨才擢授初堅母以法長而賢又得眾心懼終為變至此遣殺之堅性仁友与法訣於東堂慟哭嘔血贈以本官謚曰哀封其子陽為東海公敷為清河公於是修廢職繼絕世禮神祇課農桑立學校鰥寡孤獨高年不自存者賜穀帛有差其殊才異行孝友忠義德業可稱者令在所以聞其將張平以并州叛堅率眾討之以其建節將軍鄧羌為前鋒率騎五千據汾上堅至銅壁平盡眾距戰為羌所敗獲其養子蚝送之平懼乃降于堅堅赦其罪署為右將軍蚝武賁中郎將加廣武將軍徙其所部三千餘戶于長安堅自臨晉登龍門顧謂其群臣曰美哉山河之固婁敬有言關中四塞之國真不虛也權翼薛讚對曰臣聞夏殷之都非不險也周秦之眾非不多也終於身竄南巢首懸白旗軀殘於犬戎國分於項籍者何也德之不脩故耳吳起有言在德不在險深願陛下追蹤唐虞懷遠以德山河之固不足恃也堅大悅乃還長安賜為父後者爵一級鰥寡高年穀帛有差丐所過田租之半是秋大旱堅減膳徹懸金玉綺繡皆散之戎士後宮悉去羅紈衣不曳地開山澤之利公私共之偃甲息兵与境內休息王猛親寵愈密朝政莫不由之特進樊世氐豪也有大勳于苻氏負氣倨傲眾辱猛曰吾輩与先帝共興事業而不預時權君无汗馬之勞何敢專管大任是為我耕稼而君食之乎猛曰方當使君為宰夫安直耕稼而已世大怒曰要當懸汝頭於長安城門不爾者終不處於世也猛言之於堅堅怒曰必須殺此老氐然後百寮可整俄而世入言事堅謂猛曰吾欲以楊壁尚主壁何如人也世勃然曰楊壁臣之壻也婚已久定陛下安得令之尚主乎猛讓世曰陛下帝有海內而

署敢競婚是為二天子安有上下世怒起將擊猛左右止之世遂醜言大罵堅由此發怒命斬之於西廄諸氏紛紜競陳猛短堅恚甚慢罵或有鞭撻於殿庭者權翼進曰陛下宏達大度善馭英豪神武卓犖錄功捨過有漢祖之風然慢易之言所宜除之堅笑曰朕之過也自是公卿以下无不憚猛焉堅起明堂繕南北郊郊祀其祖洪以配天宗祀其伯健於明堂以配上帝親耕籍田其妻苟氏親蚕于近郊堅南游霸陵顧謂群臣曰漢祖起自布衣廓平四海佐命功臣孰為首乎權翼進曰漢書以蕭曹為功臣之冠堅曰漢祖与項羽爭天下困於京索之間身被七十餘創通中六七父母妻子為楚所囚平城之下七日不火食賴陳平之謀太上妻子克全免匈奴之禍二相何得獨高也雖有人狗之喻豈黃中之言乎於是酣飲極歡命群臣賦詩大赦復改元曰甘露以王猛為侍中中書令京兆尹其特進強德健妻之弟也昏酒豪橫為百姓之患猛捕而殺之陳尸於市其中丞鄧羌性鯁直不撓与猛協

規齊志數旬之間貴戚彊豪誅死者二十有餘人於是百寮震肅豪右屏氣路不拾遺風化大行堅歎曰吾今始知天下之有法也天子之為尊也於是遣使巡察四方及戎夷種落州郡有高年孤寡不能自存長吏刑罰失中為百姓所苦清脩疾惡勸課農桑有便於俗篤學至孝義烈力田者皆令具條以聞時匈奴左賢王衛辰遣使降於堅遂請田內地堅許之雲中護軍賈雍遣其司馬徐斌率騎襲之因縱兵掠奪堅怒曰朕方脩魏絳和戎之術不可以小利忘大信昔荊吳之戰事興蚕婦澆瓜之惠梁宋息兵夫怨不在大事不在小擾邊動衆非國之利也所獲資產其悉以歸之免雍官以白衣領護軍遣使脩和示之信義辰於是入居塞內貢獻相尋烏丸獨孤鮮卑沒弈于率衆數万又降于堅堅初欲処之塞內苻融以匈奴為患其興自古比虜馬不敢南首者畏威故也今處之於內地見其弱矣方當闚兵郡縣為北邊之害不如徙之塞外以存荒服之義堅從之堅僭位五年鳳皇集于東闕大赦其

境內百寮進位一級初堅之將為赦也与王猛苻融密議於露堂悉屏左右堅親為赦文猛融供進紙墨有一大蒼蠅入自牖間鳴聲甚大集于筆端驅而復來俄而長安街巷市里人相告曰官今大赦有司以聞堅驚謂融猛曰禁中无耳屬之理事何從泄也於是勑外窮推之咸言有一小人衣黑衣大呼於市曰官今大赦須臾不見堅歎曰其向蒼蠅乎聲狀非常吾固惡之諺曰欲人勿知莫若勿為聲无細而弗聞事未形而必彰者其此之謂也堅廣脩學官召郡國學生通一經以上充之公卿已下子孫並遣受業其有學為通儒才堪幹事清脩廉直孝悌力田者皆旌表之於是人思勸勵號稱多士盜賊止息請託路絕田疇脩闢帑藏充盈典章法物靡不悉備堅親臨太學考學生經義優劣品而第之問難五經博士多不能對堅謂博士王寔曰朕一月三臨太學黜陟幽明躬親獎厲罔敢勸違庶幾周孔微言不由朕而墜漢之二武其可追乎寔對曰自劉石擾覆華畿二都鞠為茂草儒生罕有或

存墳籍滅而莫紀經綸學廢奄若秦皇陛下神武撥乱道隆虞夏開庠序之美弘儒教之風化盛隆周垂馨千祀漢之二武焉足論哉堅自是每月一臨太學諸生競勸焉屠各張罔聚衆數千自稱大單于寇掠郡縣堅以其尚書鄧羌為建節將軍率衆七千討平之時商人趙掇丁妃鄒瓫等皆家累千金車服之盛擬則王侯堅之諸公競引之為國二卿黃門侍郎程憲言於堅曰趙掇等皆商販醜豎市郭小人車馬衣服僭同王者官齊君子為藩國列卿傷風敗俗有塵盛化宜肅明典法使清濁顯分堅於是推檢引掇等為國卿者降其爵乃下制非命士已上不得乘車馬於都城百里之內金銀錦繡工商皁隸婦女不得服之犯者弃市興寧三年堅又改元為建元慕容暐遣其太宰慕容恪攻拔洛陽略地至于崤澠堅懼其入關親屯陝城以備之匈奴右賢王曹轂左賢王衛辰舉兵叛率衆二万攻其杏城已南郡縣屯于馬蘭山索虜烏延等亦叛堅而通于辰轂堅率中外精銳以討之以其前將軍楊安

鎭軍毛盛等爲前鋒都督轂遣弟活距戰于同官川安大敗之斬
活幷四千餘級轂懼而降堅徙其酋豪六千餘戶于長安進擊烏
延斬之鄧羌討衞辰擒之於木根山堅自驄馬城如朔方巡撫夷
狄以衞辰爲夏陽公以統其衆轂尋死分其部落貳城已西二万
餘落封其長子璽爲駱川侯貳城已東二万餘落封其小子寅爲
力川侯故號東西曹秦雍二州地震烈水泉涌出金象生毛長安
大風震電壞屋殺人堅懼而愈脩德政焉使王猛楊安等率衆二
万寇荆州北鄙諸郡掠漢陽万餘戶而還羌斂岐叛堅自稱益州
刺史率部落四千餘家西依張天錫叛將李儼堅遣王猛与隴西
太守姜衡南安太守邵羌討斂岐于略陽張天錫率步騎三万擊
李儼攻其大夏武始二郡尅之天錫將掌據又敗儼諸軍于葵谷
儼懼遣兄子純謝罪於堅仍請救尋而猛攻破略陽斂岐奔白馬
堅遣楊安与建威王撫率衆會猛以救儼猛遣邵羌追斂岐使王
撫守侯和姜衡守白石猛与揚安救枹罕及天錫將楊遹戰于枹

罕東猛不利邵羌擒斂岐於白馬送之長安天錫遂引師而歸儼
猶憑城未出猛乃服白乘輿從數十人請与相見儼開門延之未
及設備而將士續入遂虜儼而還堅以其將軍彭越爲平西將軍
涼州刺史鎭枹罕以儼爲光祿勳歸安侯是歲苻雙據上邽苻
柳據蒲坂叛于堅苻庾據陝城苻武據安定並應之將共伐長安
堅遣使諭之各齧梨以爲信皆不受堅命阻兵自守堅遣後禁
將軍楊成世左將軍毛嵩等討雙武王猛鄧羌攻蒲坂楊安張蚝
攻陝城成世毛嵩爲雙武所敗堅又遣其武衞王鑒寧朔呂光等
率中外精鋭以討之左衞苻雅左禁竇衝率羽林騎七千繼發雙
武乘勝至于榆眉鑒等擊敗之斬獲万五千人武弃安定隨雙
奔上邽鑒等攻之苻柳出挑戰猛閉壘不應柳以猛爲憚已留其
世子良守蒲坂率衆二万將攻長安去蒲坂百餘里鄧羌率
勁騎七千夜襲敗之柳引軍還猛又盡衆邀擊悉俘其卒柳与
數百騎入于蒲坂鑒等攻上邽尅之斬雙武猛又尋破蒲坂斬

柳及其妻子傳首長安猛屯蒲坂遣鄧羌与王鑒等攻陷陝城尅
之送庾于長安殺之太和四年晉大司馬桓温伐慕容暐次于枋
頭暐衆屢敗遣使乞師于堅請割武牢以西之地堅亦欲與暐連
横乃遣其將苟池等率步騎二万救暐王師尋敗引歸池乃還是
時慕容垂避害奔于堅王猛言於堅曰慕容垂燕之戚屬世雄東
夏寬仁惠下恩結士庶燕趙之間咸有奉戴之意觀其才略權智
无方兼其諸子明毅有幹藝人之傑也蛟龍猛獸非可馴之物
不如除之堅曰吾方以義致英豪建不世之功且其初至吾告之
至誠今而害之人將謂我何王師既旋慕容暐悔割武牢之地遣使
謂堅曰頃者割地行人失辭有國有家分災救患理之常也堅大
怒遣王猛与建威梁成鄧羌率步騎三万署慕容垂爲冠軍將
軍以爲鄉導攻暐洛州刺史慕容筑于洛陽暐遣其將慕容臧率
精卒十万將解筑圍猛使梁成等以精鋭万人卷甲赴之大破臧
於滎陽筑懼而請降猛陳師以受之留邵羌鎭金墉猛振旅而歸

太和五年又遣猛率楊安張蚝鄧羌等十將率步騎六万伐暐堅
親送猛于霸東謂曰授卿精兵委以重任便可從壺關上黨出
潞川此捷濟之機所謂疾雷不及掩耳吾當躬自率衆以繼卿後
於鄴相見已勅運漕相繼但憂賊不煩後慮也猛曰臣庸劣孤生
操无豪介恭蒙陛下恩榮内侍帷幄出揔戎旅籍宗廟之靈禀陛下
神筭殘胡不足平也願不煩鑾駕冒犯霜露臣雖不武望尅不淹
時但願速勅有司部置鮮卑之所堅大悦於是進師楊安攻晉陽
猛攻壺關執暐上黨太守慕容越所經郡縣皆降于猛猛留屯騎
校尉苟萇戍壺關會楊安攻晉陽爲地道遣張蚝率壯士數百人
入其城中大呼斬關猛安遂入晉陽執暐并州刺史慕容莊暐遣
其太傅慕容評率衆四十餘万以救二城評憚猛不敢進屯於
潞川猛留將軍毛當戍晉陽進師與評相持遣游擊郭慶以鋭
卒五千夜從間道出評營後傍山起火燒其輜重火見鄴中暐懼
遣使讓評催之速戰猛知評賣水鬻薪有可乘之會評又求戰

乃陣於渭原而誓衆曰王景略受國厚恩任兼內外今與諸君
深入賊地宜各勉進不可退也願戮力行間以報恩顧受爵明君
之朝慶觴父母之室不亦美乎衆皆勇奮破釜棄糧大呼競進
猛望評師之衆也惡之謂鄧羌曰今日之事非將軍莫可以捷成
敗之機在斯一舉將軍其勉之羌曰若以司隸見與者公無以為
憂猛曰此非吾之所及也必以安定太守万戶侯相處羌不悅而
退俄而兵交猛召之羌寢而弗應猛馳就許之羌於是大飲帳中
與張蚝徐成等跨馬運矛馳入評軍出入數四傍若无人搴旗斬
將殺傷甚衆戰及日中評衆大敗俘斬五万有餘乘勝追擊又降
斬十万於是進師圍鄴堅聞之留李威輔其太子宏守長安以苻
融鎮洛陽躬率精銳十万向鄴七日而至於安陽過舊閭引諸耆
老語及祖父之事泫然流涕乃停信宿猛潛至安陽迎堅堅謂
之曰昔亞夫不出軍迎漢文將軍何以臨敵而棄衆也猛曰每覽
亞夫之事常謂前却人主以此而為名將竊未多之臣奉陛下

神筭擊垂亡之虜若摧枯拉朽何足慮也監國沖幼鑾駕遠
臨脫有不虞其如宗廟何堅遂攻鄴陷之慕容暐出奔高陽堅
將郭慶執而送之堅入鄴宮閱其名籍凡郡百五十七縣一千五
百七十九戶二百四十五万八千九百六十九口九百九十八万
七千九百三十五諸州郡牧守及六夷渠帥盡降於堅郭慶窮追
餘燼慕容評奔于高句麗慶追至遼海句麗縛評送之堅散暐
宮人珍寶以賜將士論功封賞各有差以王猛為使持節都督關
東六州諸軍事車騎大將軍開府儀同三司冀州牧鎮鄴以郭慶
為持節都督幽州諸軍事揚武將軍幽州刺史鎮薊堅自鄴如
枋頭讌諸父老改枋頭為永昌縣復之終世堅至自永昌行飲至
之禮歌勞止之詩以饗其羣臣赦慕容暐及其王公已下皆徙
于長安封授有差堅於是行禮于辟雍祀先師孔子其太子及
公侯卿大夫士之元子皆束脩釋奠焉徙關東豪桀及諸雜夷
十万戶于關中處烏丸雜類于馮翊北地丁零翟斌于新安徙陳

留東阿萬戶以實青州諸因乱流移避仇遠徙欲還舊業者悉聽
之晉叛臣袁瑾固守壽春為大司馬桓温所圍遣使請救于堅堅
遣王鑒張蚝率步騎二万救之鑒據洛澗蚝屯八公山桓温遣諸
將夜襲鑒蚝敗之鑒蚝屯慎城初仇池氐楊世以地降於堅堅署
為平南將軍秦州刺史仇池公既而歸順於晉世死子纂代立遂
受天子爵命而絕於堅世弟統驍武得衆起兵武都与纂分爭堅
遣其將苻雅楊安與益州刺史王統率步騎七万先取仇池進圍
寧益雅等次于鷲陝纂率衆五万距雅晉梁州刺史楊亮遣督護
郭寶率騎千餘救之戰于陝中為雅等所敗纂收衆奔還雅進攻
仇池楊統率武都之衆降于雅纂將楊他遣子碩密降于雅請為
內應纂懼面縛出降雅釋其縛送之長安以楊統為平遠將軍南
秦州刺史加楊安都督鎮仇池先是王猛獲張天錫將敦煌陰據
及甲士五千堅既東平六州西擒楊纂欲以德懷遠且跨威河右
至是悉送所獲還涼州天錫懼而遣使謝罪稱藩堅大悅即署天

錫為使持節散騎常侍都督河右諸軍事驃騎大將軍開府儀同
三司涼州刺史西域都護西平公吐谷渾碎奚以楊纂既降懼而
遣使送馬五千匹金銀五百斤堅拜纂安遠將軍漒川侯堅嘗
如鄴狩于西山旬餘樂而忘返伶人王洛叩馬諫曰臣聞千金之
子坐不垂堂万乘之主行不履危故文帝馳車袁公止轡孝文好
田相如獻規陛下為百姓父母蒼生所繫何可盤于游田以玷聖
德若禍起須臾變在不測者其如宗廟何其如太后何堅曰善昔
文公悟愆於虞人朕聞罪於王洛吾過也自是遂不復獵堅聞桓
溫廢海西公也謂羣臣曰溫前敗灞上後敗枋頭十五年間再傾
國師六十歲公舉動如此不能思愆免退以謝百姓方廢君以自
悅將如四海何諺云怒其室而作色於父者其桓溫之謂乎堅以
境內旱課百姓區種懼歲不登省節穀帛之費太官後宮減常度
二等百寮之秩以次降之復魏晉士籍使役有常聞諸非正道典
學一皆禁之堅臨太學考學生經義上第擢叙者八十三人自永

寡之乱庠序无聞及堅之僭頗留心儒學王猛整齊風俗政理稱舉學校漸興關隴清晏百姓豐樂自長安至于諸州皆夾路樹槐柳二十里一亭四十里一驛旅行者取給於途工商貿販於道百姓歌之曰長安大街夾樹楊槐下走朱輪上有鸞鳥栖英彦雲集誨我萌黎是歲有大風從西南來俄而晦冥恒星皆見又有赤星見于西南太史令魏延言於堅曰於占西南國亡明年必當平蜀漢堅大悅命秦梁密嚴戎備乃以王猛為丞相以苻融為鎮東大將軍代猛為冀州牧融將發堅祖於霸東奏樂賦詩堅母苟氏以融少子甚愛之比發三至灞上其夕又竊如融所內外莫知是夜堅寢于前殿魏延上言天市南門屏內后妃星失明左右閽寺不見后妃移動之象堅推問知之驚曰天道與人何其不遠遂重星官王猛至長安加都督中外諸軍事猛辭讓再三堅不許其後天鼓鳴有彗星出于尾箕長十餘丈名蚩尤旗經太微埽東井自夏及秋冬不滅太史令張孟言於堅曰彗起尾箕而埽東井此燕滅秦

之象因勸堅誅慕容暐及其子弟堅不納更以暐為尚書垂為京兆尹沖為平陽太守苻融聞之上疏於堅曰臣聞東胡在燕歷數弥久逮于石乱遂據華夏跨有六州南面稱帝陛下爰命六師大舉征討勞卒頻年勤而後獲本非慕義懷德歸化而今父子兄弟列官滿朝執權履職勢傾勞舊陛下親而幸之臣愚以為猛獸不可養狼子野心往年星異災起於燕願少留意以思天戒臣據可言之地不容嘿已詩曰兄弟急難朋友好合昔劉向以肺腑之親尚能極言況於臣乎堅報之曰汝為德未充而懷是非立善未稱而名過其實詩云德輶如毛人鮮克舉君子處高戒懼傾敗可不務乎今四海事曠兆庶未寧黎元應撫夷狄應和方將混六合以一家同有形於赤子汝其息之勿懷耿介夫天道助順脩德則禳災苟求諸己何懼外患焉晉梁州刺史楊亮遣子廣襲仇池与堅將楊安戰廣敗績晉沮水諸戍皆委城奔潰亮懼而退守磬險安遂進寇漢川堅遣王統朱彤率卒二万為前鋒寇蜀前禁將軍

毛當鷹揚將軍徐成率步騎三萬入自劍閣楊亮率巴獠万餘距之戰于青谷王師不利亮奔固西城彤乘勝陷漢中徐成又攻二劍尅之楊安進據梓潼晉奮威將軍西蠻校尉周虓降于彤揚武將軍益州刺史周仲孫勒兵距彤等于緜竹聞堅將毛當將至成都仲孫率騎五千奔于南中安當進兵遂陷益州於是西南夷邛莋夜郎等皆歸之堅以安為右大將軍益州牧鎮成都毛當為鎮西將軍梁州刺史鎮漢中姚萇為寧州刺史領西蠻校尉王統為南秦州刺史鎮仇池蜀人張育楊光等起兵與巴獠相應以叛於堅晉益州刺史竺瑤威遠將軍桓石虔率衆三万據墊江育乃自號蜀王遣使歸順与巴獠酋帥張重尹万等五万餘人進圍成都尋而育与万爭權舉兵相持堅遣鄧羌与楊安等擊敗之育光退屯緜竹安又敗張重尹万于成都南重死之及首級二万三千鄧羌復擊張育楊光于緜竹皆害之桓石虔敗姚萇于墊江萇退據五城石虔与竺瑤移屯巴東時有人於堅明光殿大呼謂堅曰甲

申乙酉魚羊食人悲哉无復遺堅命執之俄而不見祕書監朱彤等因請誅鮮卑堅不從遣使巡行四方觀風俗問政道明黜陟恤孤獨不能自存者以安車蒲輪徵隱士樂陵王勸為國子祭酒及王猛卒堅置聽訟觀於未央之南禁老莊圖讖之學中外四禁二衛四軍長上將士皆令脩學課後宮置典學立內司以授于掖庭選閹人及女隸有聰識者署博士以授經遣其武衛苟萇左將軍毛盛中書令梁熙步兵校尉姚萇等率騎十三万伐張天錫于姑臧遣尚書郎閻負梁殊銜命軍前下書徵天錫堅嚴飾鹵簿親餞萇等於城西賞行將各有差又遣其秦州刺史苟池河州刺史李辯涼州刺史王統率三州之衆以繼之閻負等到涼州天錫自以晉之列藩志在保境命斬之遣將軍馬建出距萇等俄而梁熙王統等自清石津攻其將梁濟于河會城陷之苟萇濟自石城津與梁熙等會攻纏縮城又陷之馬建懼自楊川退還清塞天錫又遣將軍掌據率衆三万与馬建陣于洪池苟萇遣姚萇以甲卒三千

挑戰諸將勸據擊之以挫其鋒據不從天錫乃率中軍三万次金昌萇熙聞天錫來逼急攻據建建降於萇遂攻據害之及其軍司席仂萇進軍入清塞乘高列陣天錫又遣司兵趙充哲為前鋒率勁勇五万与萇等戰于赤岸哲大敗天錫懼而奔還致牋請降萇至姑臧天錫乘素車白馬面縛輿櫬降于軍門萇釋縛焚櫬送之于長安諸郡縣悉降堅以梁熙為持節西中郎將涼州刺史領護西羌校尉鎮姑臧徙豪右七千餘戶于關中五品稅百姓金銀一万三千斤以賞軍士餘皆安堵如故堅封天錫重光縣之東寧鄉二百戶號歸義侯初萇等將征天錫堅為其立第於長安至是而居之堅既平涼州又遣其安北將軍幽州刺史苻洛為北討大都督率幽州兵十万討代王涉翼犍又遣後將軍俱難與鄧羌等率步騎二十萬東出和龍西出上郡与洛會于涉翼犍庭翼犍戰敗遁于弱水苻洛逐之勢窘迫退還陰山其子翼圭縛父請降洛等振旅而還封賞有差堅以翼犍荒俗未參仁義令入太學習禮以翼圭執父不孝迁之於蜀散其部落於漢鄣邊故地立尉監行事官寮領押課之治業營生三五取丁優復三年無稅租其渠帥歲終令朝獻出入行來為之制限堅嘗之太學召涉翼犍問曰中國以學養性而人壽考漠北噉牛羊而人不壽何也翼犍不能荅又問卿種人有堪將者可召為國家用對曰漠北人能捕六畜善馳走逐水草而已何堪為將又問好學否對曰若不好學陛下用教臣何為堅善其荅堅以關中水旱不時議依鄭白故事發其王侯已下及豪望富室僮隷三万人開涇水上源鑿山起堤通渠引瀆以溉岡鹵之田及春而成百姓賴其利以涼州新附復租賦一年為父後者賜爵一級孝悌力田爵二級孤寡高年穀帛有差女子百戶牛酒大酺三日遣其尚書令苻丕率司馬慕容暐苟萇等步騎七万寇襄陽使楊安將樊鄧之衆為前鋒屯騎校尉石越率精騎一万出魯陽關慕容垂与姚萇出自南鄉苟池等与彊弩王顯將勁卒四万從武當繼進大會漢陽師次沔北晉南中郎將朱序

以丕軍無舟檝不以為虞石越遂游馬以渡序大懼固守中城越攻陷外郛獲船百餘艘以濟軍丕率諸將進攻中城遣苟池石越毛當以衆五万屯于江陵晉車騎將軍桓沖擁衆七万為序聲援憚池等不進保據上明兗州刺史彭超遣使上言於堅曰晉沛郡太守戴逯以卒數千戍彭城臣請率精銳五万攻之願更遣重將討淮南諸城堅於是又遣其後將軍俱難率右將軍毛當後禁毛盛陵江邵保等步騎七万寇淮陰盱眙揚武彭超寇彭城梁州刺史韋鍾寇魏興攻太守吉挹于西城晉將軍毛武生率衆五万距之与俱難等相持于淮南先是梁熙遣使西域稱揚堅之威德并以繒綵賜諸國王於是朝獻者十有餘國大宛獻天馬千里駒皆汗血朱鬣五色鳳膺麟身及諸珍異五百餘種堅曰吾思漢文之返千里馬咨嗟美詠今所獻馬其悉返之庶克念前王髣髴古人矣乃命羣臣作止馬詩而遣之示无欲也其下以為盛德之事遠同漢文於是獻詩者四百餘人是時苻丕久圍襄陽御史中丞李柔劾丕以師老无功請徵下廷尉堅曰丕等費廣無成實宜貶戮但師已淹時不可虛然中返其特原之令以功成贖罪因遣其黃門郎韋華持節切讓丕等仍賜以劒曰來春不捷者汝可自裁不足復持面見吾也初丕之寇襄陽也將急攻之苟萇諫曰今以十倍之衆積粟如山但掠徙荊楚之人內於許洛絕其糧運使外援不接糧盡无人不攻自潰何為促攻以傷將士之命丕從之及堅讓至衆咸疑懼莫知所為征南主簿河東王施進曰以大將軍英秀諸將勇銳以攻小城何異洪鑪燎羽毛所以緩攻欲以計制之若決一旦之機可指日而定今破襄陽上明自遁復何所疑願請一旬之期以展三軍之勢如其不捷施請為戮首丕於是促圍攻之堅將親率衆助丕等使苻融將關東甲卒會于壽春梁熙統河西之衆以繼中軍融熙並上言以為未可興師乃止太元四年晉兗州刺史謝玄率衆數萬次于四訥將救彭城苻丕陷襄陽執南中郎將朱序送于長安堅署為度支尚書以其中壘梁成為南

中郎將都督荆揚州諸軍事荆州刺史領護南蠻校尉配兵一万鎮襄陽以征南府器杖給之彭超圍彭城也置輜重于留城至是晉將謝玄遣將軍何謙之高衡率衆万餘聲趣留城超引軍赴之戴逯率彭城之衆奔于謝玄超留其治中徐褒守彭城而復寇盱眙俱難既陷淮陰留邵保戍之与超會師而南晉將毛武生救魏興遣前鋒督護趙福將軍袁虔等將水軍一万溯江而上堅南巴校尉姜宇遣將張紹仇生等水陸五千距之戰于南縣王師敗績尋而韋鍾攻陷魏興執太守吉挹毛當与王顯自襄陽而東會攻淮南彭超陷盱眙獲晉建威將軍高密內史毛璪之遂攻晉幽州刺史田洛于三阿去廣陵百里京都大震臨江列戍孝武帝遣征虜將軍謝石率水軍次于涂中右衛將軍毛安之游擊將軍河間王曇之次于堂邑謝玄自廣陵救三阿毛當毛盛馳襲安之王師敗績玄率衆三万次于白馬塘俱難遣其將都顔率騎逆玄戰于塘西玄大敗之斬顔玄進兵至三阿与難超戰超等又敗退保盱

眙玄進次石梁與田洛攻盱眙難超出戰復敗退屯淮陰玄遣將軍何謙之督護諸葛侃率舟師乘潮而上焚淮橋又与難等合戰謙之斬其將邵保難超退師淮北難歸罪彭超斬其司馬柳渾堅聞之大怒檻車徵超下獄超自殺難免爲庶人堅以毛當爲平南將軍徐州刺史鎮彭城毛盛爲平東將軍兖州刺史鎮胡陸王顯爲平吴校尉揚州刺史戍下邳賞堂邑之功也又以苻洛爲散騎常侍持節都督益寧西南夷諸軍事征南大將軍益州牧領護西夷校尉鎮成都命從伊闕自襄陽溯漢而上洛健之兄子也雄勇多力而猛氣絶人堅深忌之故常爲邊牧洛有征伐之功而未賞及是迁也恚怒謀於衆曰孤於帝室至親也主上不能以將相任孤常擯孤於外既投之西裔復不聽過京師此必有伏計令梁成沉孤於漢水矣爲宜東手就命爲追晉陽之事以匡社稷邪諸君意如何其佁中平顔妄陳祥瑞勸洛舉兵洛因攘袂大言曰孤計决矣沮謀者斬於是自稱大將軍大都督秦王署置官司以平顔

爲輔國將軍幽州刺史爲其謀主分遣使者徵兵於鮮卑烏丸高句麗百濟及薛羅休忍等諸國並不從洛懼而欲止平顔曰且宜聲言受詔盡幽并之兵出自中山常山陽平公必郊迎於路因而執之進據冀州揔關東之衆以圖秦雍可使百姓不覺易主而大業定矣洛從之乃率衆七万發和龍將圖長安於是關中騷動盜賊並起堅遣使數之曰天下未一家凡弟匪他何爲而返可還和龍當以幽州永爲世封洛謂使者曰汝還白東海王幽州褊阨不足容万乘須還王咸陽以承高祖之業若能候駕潼關者位爲上公爵歸本國堅大怒遣其左將軍竇衝及呂光率步騎四万討之右將軍都貴馳傳詣鄴率冀州兵三万爲前鋒以苻融爲大都督授之節度使石越率騎一万自東萊出石徑襲和龍海行四百餘里苻重亦盡薊城之衆會洛次于中山有衆十万衛等与洛戰于中山大敗之執洛及其將蘭殊送于長安呂光追斬苻重於幽州石越尅和龍斬平顔及其黨与百餘人堅赦蘭殊署爲將軍

徙洛于涼州徵苻融爲車騎大將軍領宗正録尚書事洛既平以關東地廣人殷思所以鎮靜之引其群臣于東堂議曰凡我族類支胤弥繁今欲分三原九嵕武都汧雍十五万戶於諸方要鎮不忘舊德爲盤石之宗於諸君之意如何皆曰此有周所以祚隆八百社稷之利也於是分四帥子弟三千戶以配苻丕鎮鄴如世封諸侯爲新券主堅送丕於灞上流涕而別諸戎子弟離其父兄者皆悲號哀慟酸感行人識者以爲喪乱流離之象於是分幽州置平州以石越爲平州刺史領護鮮卑中郎將鎮龍城大鴻臚韓胤領護赤沙中郎將移烏丸府于代郡之平城中書令梁讜爲安遠將軍幽州刺史鎮薊城毛興爲鎮西將軍河州刺史鎮枹罕王騰爲鷹揚將軍并州刺史領護匈奴中郎將鎮晉陽二州各配支戶三千苻暉爲鎮東大將軍豫州牧鎮洛陽苻叡爲安東將軍雍州刺史鎮蒲坂先是高陸人穿井得龜大三尺背有八卦文堅命太卜池養之食以粟及此而死藏其骨於太廟其夜廟丞高虜夢龜謂

之曰我本出將歸江南遭時不遇隕命秦庭又有人夢中謂虜曰龜三千六百歲而終終必妖與亡國之徵也堅自平諸國之後國內殷實遂示人以侈懸珠簾于正殿以朝群臣宮宇車乘器物服御悉以珠璣琅玕奇寶珍怪飾之尚書郎裴元略諫曰臣聞堯舜茅茨周卑宮室故致和平慶隆八百始皇窮極奢麗嗣不及孫願陛下則采椽之不琢鄙瓊室而不居敷純風於天下流休範於无窮賤金玉珍穀帛勤恤人隱勸課農桑捐无用之器弃難得之貨敦至道以厲薄俗脩文德以懷遠人然後一軌九州同風天下刑措既登告成東嶽蹤軒皇以齊美哂二漢之徙封臣之願也堅大悅命去珠簾以元略為諫議大夫鄯善王車師前部王來朝大宛獻汗血馬肅慎貢楛矢天竺獻火浣布康居于寘及海東諸國凡六十有二王皆遣使貢其方物初堅母少寡將軍李威有辟陽之寵史官載之至是堅收起居注及著作所錄而觀之見其事慙怒乃焚其書而大檢史官將加其罪著作郎趙泉車敬等已死乃止

荊州刺史都貴遣其司馬閻振中兵參軍吳仲等率眾二万寇竟陵留輜重于管城水陸輕進桓沖遣南平太守桓石虔竟陵太守郭銓等水陸二万距之相持月餘戰于激水振等大敗退保管城石虔乘勝攻破之斬振及仲俘斬万七千

載記第十三　　晉書百十三

太元七年堅饗羣臣于前殿樂奏賦詩秦州別駕天水姜平子詩有丁字直而不曲堅問其故平子曰臣丁至剛不可以屈且曲下者不正之物未足獻也堅笑曰名不虛行因擢為上第堅兄法子東海公陽与王猛子散騎侍郎皮謀反事洩堅問反狀陽曰禮云父母之仇不同天地臣父哀公死不以罪齊襄復九世之仇而況臣也皮曰臣父丞相有佐命之勳而臣不免貧餒所以圖富也堅流涕謂陽曰哀公之薨事不在朕卿寧不知之讓皮曰丞相臨終託卿以十具牛為田不聞為卿求位知子莫若父何斯言之徵也皆赦不誅徙陽于高昌皮于朔方之北苻融以位忝宗正不能肅遏姦萌上疏請待罪私藩堅不許將以融為司徒融固辭堅銳意荆揚將謀入寇乃改授融征南大將軍開府儀同三司新平郡獻玉器初堅即偽位新平王彫陳說圖讖堅大悅以彫為太史令嘗言於堅曰謹案讖云古月之末乱中州洪水大起健西流惟有雄子定八州此即三祖陛下之聖諱也又曰當有草付臣又土滅東燕破白虜氐在中華在表案圖讖之文陛下當滅燕平六州願徙汧隴諸氐于京師三秦大戶置之于邊地以應圖讖之言堅訪之王猛猛以彫為左道惑衆勸堅誅之彫臨刑上疏曰臣以趙建武四年從京兆劉湛學明於圖記謂臣曰新平地古顓頊之墟里名曰雞閭記云此里應出帝王寶器其名曰延壽寶鼎顓頊有云河上先生為吾隱之于咸陽西北吾之孫有草付臣又土應之湛又云吾嘗齋於室中夜有流星大如半月落於此地斯蓋是乎願陛下誌之平七州之後出于壬午之年至是而新平人得之以獻器銘篆書文題之法一為天王二為王后三為三公四為諸侯五為伯子男六為卿大夫七為元士自此已下考載文記列帝王名臣自天子王后內外次序上應天文象紫宮布列依玉牒版辭不違帝王之數從上元人皇起至中元窮于下元天地一變盡三元而

止堅以彫言有徵追贈光祿大夫幽州蝗廣袤千里堅遣其散騎常侍劉蘭持節為使者發青冀幽并百姓討之以苻朗為使持節都督青徐兗三州諸軍事鎮東將軍青州刺史以諫議大夫裴元略為陵江將軍西夷校尉巴西梓潼二郡太守密授規模令与王撫備舟師于蜀將以入寇車師前部王彌窴鄯善王休密馱朝于堅堅賜以朝服引見西堂窴等觀其宮宇壯麗儀衛嚴肅甚懼因請年年貢獻堅以西域路遙不許令三年一貢九年一朝以為永制窴等請曰大宛諸國雖通貢獻然誠節未純請乞依漢置都護故事若王師出關請為鄉導堅於是以驍騎呂光為持節都督西討諸軍事与陵江將軍姜飛輕騎將軍彭晃等配兵七万以討定西域苻融以虛耗中國投兵万里之外得其人不可役得其地不可耕固諫以為不可堅曰二漢力不能制匈奴猶出師西域今匈奴既平易若摧朽雖勞師遠役可傳檄而定化被崑山垂芳千載不亦美哉朝臣又屢諫皆不納晉將軍朱綽焚踐沔北屯田掠六百餘戶而還堅引群臣會議曰吾統承大業垂二十載芟夷逋穢四方略定惟東南一隅未賓王化吾每思天下不一未嘗不臨食輟餔今欲起天下兵以討之略計兵仗精卒可有九十七万吾將躬先啓行薄伐南裔於諸卿意何如秘書監朱彤曰陛下應天順時恭行天罰嘯咤則五嶽摧覆呼吸則江海絕流若一舉百万必有征无戰晉主自當銜璧輿櫬啓顙軍門若迷而弗悟必逃死江海猛將追之即可賜命南巢中州之人還之桑梓然後迴駕岱宗告成封禪起白雲於中壇受万歲於中嶽爾則終古一時書契未有堅大悅曰吾之志也左僕射權翼進曰臣以為晉未可伐夫以紂之无道天下離心八百諸侯不謀而至武王猶曰彼有人焉迴師止旆三仁誅放然後奮戈牧野今晉道雖微未聞喪德君臣和睦上下同心謝安桓沖江表偉才可謂晉有人焉臣聞師克在和今晉和矣未可圖也堅默然久之曰諸君各言其志太子左衛率石越對曰吳人恃險偏隅不賓王命陛下親御六師問罪衡越誠

合人神四海之望但今歲鎮星守斗牛福德在吴懸象无差弗可犯也且晉中宗藩王耳夷夏之情咸共推之遺愛猶在於人昌明其孫也國有長江之險朝无昏貳之釁臣愚以爲利用脩德未宜動師孔子曰遠人不服脩文德以來之願保境養兵伺其虛隙堅曰吾聞武王伐紂逆歲犯星天道幽遠未可知也昔夫差威陵上國而爲勾踐所滅仲謀澤洽全吴孫晧因三代之業龍驤一呼君臣面縛雖有長江其能固乎以吾之衆旅投鞭於江足斷其流越曰臣聞紂爲无道天下患之夫差淫虐孫晧昏暴衆叛親離所以敗也今晉雖无德未有斯罪深願厲兵積粟以待天時群臣各有異同庭議者久之堅曰所謂築室于道沮計万端吾當内斷於心矣群臣出後獨留苻融議之堅曰自古大事定策者一兩人而已群議紛紜徒乱人意吾當与汝決之融曰歲鎮在斗牛吴越之福不可以伐一也晉主休明朝臣用命不可以伐二也我數戰兵疲將倦有憚敵之意不可以伐三也諸言不可者策之上也願陛下納之堅作色曰汝復如此天下之事吾當誰与言之今有衆百万資仗如山吾雖未稱令主亦不爲闇劣以累捷之威擊垂亡之寇何不剋之有乎吾終不以賊遺子孫爲宗廟社稷之憂也融泣曰吴之不可伐昭然虛勞大舉必无功而反臣之所憂非此而已陛下寵育鮮卑羌羯布諸畿甸舊人族類斥徙遐方今傾國而去如有風塵之變者其如宗廟何監國以弱卒數万留守京師鮮卑羌羯攢聚如林此皆國之賊也我之仇也臣恐非但徒返而已亦未必万全臣智識愚淺誠不足採王景略一時奇士陛下毎擬之孔明其臨終之言不可忘也堅不納游于東苑命沙門道安同輦權翼諫曰臣聞天子法駕侍中陪乘清道而行進止有度三代末主或虧大倫適一時之情書惡來世故班姬辝輦垂美无窮道安毀形賤士不宜忝穢神輿堅作色曰安公道冥至境德爲時尊朕舉天下之重未足以易之非公与輦之榮此乃朕之顯也命翼扶安升輦顧謂安曰朕將与公南游吴越整六師而巡狩謁虞陵于疑

嶺瞻禹穴于會稽泛長江臨滄海不亦樂乎安曰陛下應天御世居中土而制四維逍遥順時以適聖躬動則鳴鑾清道止則神棲无爲端拱而化与堯舜比隆何爲勞身于馳騎口倦于經略櫛風沐雨蒙塵野次乎且東南區區地下氣癘虞舜游而不返大禹適而弗歸何足以上勞神駕下困蒼生詩云惠此中國以綏四方苟文德足以懷遠可不煩寸兵而坐賓百越堅曰非爲地不廣人不足也但思混一六合以濟蒼生天生烝庶樹之君者所以除煩去乱安得憚勞朕既大運所鍾將簡天心以行天罰高辛有熊泉之役唐堯有丹水之師此皆著之前典昭之後王誠如公言帝王无省方之文乎且朕此行也以義舉耳使流度衣冠之冑還其墟壤復其桑梓止爲濟難銓才不欲窮兵極武安曰若鑾駕必欲親動猶不願遠涉江淮可暫幸洛陽明授勝略馳紙檄于丹楊開其改迷之路如其不庭伐之可也堅不納先是群臣以堅信重道安謂安曰主上欲有事於東南公何不爲蒼生致一言也故安因此而諫苻融及尚書原紹石越等上書面諫前後數十堅終不從堅少子中山公詵有寵于堅又諫曰臣聞季梁在隨楚人憚之宫奇在虞晉不闚兵國有人焉故也及謀之不用而亡不淹歲前車之覆軌後車之明鑒陽平公國之謀主而陛下違之晉有謝安桓沖而陛下伐之是行也臣竊惑焉堅曰國有元龜可以決大謀朝有公卿可以定進否孺子言焉將爲戮也所司奏劉蘭討蝗幽州經秋冬不滅請徵下廷尉詔獄堅曰災降在天殆非人力所能除也此自朕之政違所致蘭何罪焉明年呂光發長安堅送于建章宫謂光曰西戎荒俗非礼義之邦羈縻之道服而赦之示以中國之威導以王化之法勿極武窮兵過深殘掠加鄯善王休密馱使持節散騎常侍都督西域諸軍事寧西將軍車師前部王彌寘使持節平西將軍西域都護率其國兵爲光鄉導是年益州西南夷海東諸國皆遣使貢其方物堅南游灞上從容謂群臣曰軒轅大聖也其仁若天其智若神猶隨不順者從而征之居無常所以兵

爲衛故能日月所照風雨所至莫不率從今天下垂平惟東南未殄朕忝荷大業巨責攸歸豈敢優游卒歲不建大同之業每思桓溫之寇也江東不可不滅今有勁卒百万文武如林鼓行而摧遺晉若商風之隕秋籜朝廷內外皆言不可吾實未解所由晉武若信朝士之言而不征吳者天下何由一軌吾計決矣不復與諸卿議也太子宏進曰吳今得歲不可伐也且晉主无罪人爲之用謝安桓沖兄弟皆一方之儁才君臣戮力阻險長江未可圖也但可厲兵積粟以待暴主一舉而滅之今若動而无功則威名損於外資財竭於內是故聖王之行師也內斷必誠然後用之彼若憑長江以固守徙江北百姓於江南增城清野杜門不戰我已疲矣彼未引弓土下氣癘不可以留陛下將若之何堅曰往年車騎滅燕亦犯歲而捷之天道幽遠非汝所知也昔始皇之滅六國其王豈皆暴乎且吾內斷於心久矣舉必克之何爲无功吾方命蠻夷以攻其內精甲勁兵以攻其外內外如此安有不克道安曰太子之言

是也願陛下納之堅弗從冠軍慕容垂言於堅曰陛下德侔軒唐功高湯武威澤被于八表遠夷重譯而歸司馬昌明因餘燼之資敢距王命是而不誅法將安措孫氏跨僭江東終并於晉其勢然也臣聞小不敵大弱不御彊況大秦之應符陛下之聖武彊兵百萬韓白盈朝而令其偷魂假號以賊虜遺子孫哉詩云築室于道謀是用不潰于成陛下內斷神謀足矣不煩廣訪朝臣以乱聖慮昔晉武之平吳也言可者張杜數賢而已若採群臣之言豈能建不世之功諺云憑天俟時時已至矣其可已乎堅大悅曰與吾定天下者其惟卿耳賜帛五百匹彗星埽東井自堅之建元十七年四月長安有水影遠觀若水視地則見人至是則止堅惡之上林竹死洛陽地陷晉車騎將軍桓沖率衆十万伐堅遂攻襄陽遣前將軍劉波冠軍桓石虔振威桓石民攻沔北諸城輔國楊亮伐蜀攻拔伍城進攻涪城龍驤胡彬攻下蔡鷹揚郭銓攻武當沖別將攻万歲城拔之堅大怒遣其子征南叡及冠軍慕容垂左衛毛當率步騎五万救襄陽揚武張崇救武當後將軍張蚝步兵校尉姚萇救涪城叡次新野垂次鄧城王師敗張崇于武當掠二千餘戶而歸叡遣垂及驍騎石越爲前鋒次于沔水垂越夜命三軍人持十炬火繫炬於樹枝光照十數里中沖懼退還上明張蚝出斜谷楊亮亦引兵退歸堅下書悉發諸州公私馬人十丁遣一兵門在灼然者爲崇文義從良家子年二十已下武藝驍勇富室材雄者皆拜羽林郎下書期克捷之日以帝爲尚書左僕射謝安爲吏部尚書桓沖爲侍中並立第以待之良家子至者三万餘騎其秦州主簿金城趙盛之爲建威將軍少年都統遣征南苻融驃騎張蚝撫軍苻方衞軍梁成平南慕容暐冠軍慕容垂率步騎二十五万爲前鋒堅發長安戎卒六十餘万騎二十七万前後千里旗鼓相望堅至項城涼州之兵始達咸陽蜀漢之軍順流而下幽冀之衆至于彭城東西万里水陸齊進運漕万艘自河入石門達于汝潁融等攻陷壽春執晉平虜將軍徐元喜安豐太守王先垂攻陷項城

害晉將軍王太丘梁成與其揚州刺史王顯弋陽太守王詠等率衆五万屯于洛澗柵淮以遏東軍成頻敗王師晉遣都督謝石徐州刺史謝玄豫州刺史桓伊輔國謝琰等水陸七万相繼距融去洛澗二十五里憚成不進龍驤將軍胡彬先保硤石爲融所逼糧盡詐揚沙以示融軍潛遣使告石等曰今賊盛糧盡恐不見大軍融軍人獲而送之融乃馳使白堅曰賊少易俘但懼其越逸宜速進衆軍掎擒賊帥堅大悅恐石等遁也捨大軍于項城以輕騎八千兼道赴之令軍人曰敢言吾至壽春者拔舌故石等弗知晉龍驤將軍劉牢之率勁卒五千夜襲梁成壘克之斬成及王顯王詠等十將士卒死者万五千謝石等以既敗梁成水陸繼進堅與苻融登城而望王師見部陣齊整將士精銳又北望八公山上草木皆類人形顧謂融曰此亦勍敵也何謂少乎憮然有懼色初朝廷聞堅入寇會稽王道子以威儀鼓吹求助於鍾山之神奉以相國之號及堅之見草木狀人若有力焉堅遣其尚書朱序說石

等以衆盛欲脅而降之序詭謂石曰若秦百万之衆皆至則莫可
敵也及其衆軍未集宜在速戰若挫其前鋒可以得志石聞堅在
壽春也懼謀不戰以疲之謝琰勸從序言遣使請戰許之時張蚝
敗謝石于肥南謝玄謝琰勸卒數万陣以待之蚝乃退列陣逼肥
水王師不得渡遣使謂融曰君懸軍深入置陣逼水此持久之計
豈欲戰者乎若小退師令將士周旋僕与君公緩轡而觀之不亦
美乎融於是麾軍卻陣欲因其濟水覆而取之軍遂奔退制之不
可止融馳騎略陣馬倒被殺軍遂大敗王師乘勝追擊至于青岡
死者相枕堅爲流矢所中單騎遁還於河北飢甚人有進壺飧豚
髀者堅食之大悅曰昔公孫豆粥何以加也命賜帛十匹緜十斤
辭曰臣聞白龍厭天池之樂而見困豫且陛下目所覩也耳所聞
也今蒙塵之難豈自天乎且妄施不爲惠妄受不爲忠陛下臣之
父母也安有子養而求報哉弗顧而退堅大慙顧謂其夫人張氏
曰朕若用朝臣之言豈見今日之事邪當何面目復臨天下乎潛

然流涕而去聞風聲鶴唳皆謂晉師之至其僕射張天錫尚書
朱序及徐元喜等皆歸順初諫言堅不出項羣臣勸堅停項爲
六軍聲鎮堅不從故敗諸軍悉潰惟慕容垂一軍獨全堅以千
餘騎赴之垂子寶勸垂殺堅垂不從乃以兵屬堅初慕容暐屯鄖
城姜成等守漳口晉隨郡太守夏侯澄攻姜成斬之暐弃其衆奔
還堅收離集散比至洛陽衆十餘万百官威儀軍容粗備未及關
而垂有貳志說堅請巡撫燕岱并求拜墓堅許之權翼固諫以
爲不可堅不從尋懼垂爲變悔之遣驍騎石越率卒三千戍鄴
驃騎張蚝率羽林五千戍幷州留兵四千配鎮軍毛當戍洛陽堅
至自淮南次于長安東之行宮哭苻融而後入告罪于其太廟赦
殊死已下文武增位一級厲兵課農存卹孤老諸士卒不返者皆
復其家終世贈融大司馬謚曰哀公衞軍從事中郎丁零翟斌
反于河南長樂公苻丕遣慕容垂及苻飛龍討之垂南結丁
零殺飛龍盡坑其衆豫州牧平原公苻暉遣毛當擊翟斌爲

斌所敗當死之垂子農亡奔列人招集群盜衆至万數千丕遣石
越擊之爲農所敗越死之垂引丁零烏丸之衆二十餘万爲飛梯
地道以攻鄴城慕容暐弟燕故濟北王泓先爲北地長史聞垂
攻鄴亡命奔關東收諸馬牧鮮卑衆至數千還屯華陰慕容暐
乃潛使諸弟及宗人起兵于外堅遣將軍強永率騎擊之爲泓
所敗泓衆遂盛自稱使持節大都督陝西諸軍事大將軍雍州牧
濟北王推叔父垂爲丞相都督陝東諸軍事領大司馬冀州牧吴
王堅謂權翼曰吾不從卿言鮮卑至是關東之地吾不復与之爭
將若泓何翼曰寇不可長慕容垂正可據山東爲乱不暇近逼今
暐及宗族種類盡在京師鮮卑之衆布於畿甸實社稷之元憂宜
遣重將討之堅乃以廣平公苻熙爲使持節都督雍州雜戎諸軍事
鎮東大將軍雍州刺史鎮蒲坂徵苻叡爲都督諸軍事衞大將軍
司隸校尉錄尚書事配兵五万以左將軍竇衝爲長史龍驤姚
萇爲司馬討泓于華澤平陽太守慕容沖起兵河東有衆二万進

攻蒲坂堅命竇衝討之苻叡勇果輕敵不恤士衆泓聞其至也
懼率衆將奔關東叡馳兵要之姚萇諫曰鮮卑有思歸之心宜驅
令出關不可遏也叡弗從戰于華澤叡敗績被殺堅大怒萇懼誅
遂叛竇衝擊慕容沖于河東大破之沖率騎八千奔于泓軍泓衆
至十餘万遣使謂堅曰秦爲无道滅我社稷今天誘其衷使秦師
傾敗將欲興復大燕吴王已定關東可速資備大駕奉送家兄皇
帝幷宗室功臣之家泓當率關中燕人翼衞皇帝還返鄴都与秦
以武牢爲界分王天下永爲鄰好不復爲秦之患也鉅鹿公輕戇
銳進爲乱兵所害非泓之意堅大怒召慕容暐責之曰卿父子干
紀僭乱乖逆人神朕應天行罰盡兵勢而得卿卿非改迷歸善而
合宗蒙宥兄弟布列上將納言雖曰破滅其實若歸奈何因王師
小敗便猖悖若此垂爲長蛇於關東泓沖稱兵內侮泓書如此卿
欲去者朕當相資卿之宗族可謂人面獸心殆不可以國士期也
暐叩頭流血泣涕陳謝堅久之曰書云父子兄弟无相及也卿之

忠誠實簡朕心此自三豎之罪非卿之過復其位而待之如初命暐以書招喻垂及泓沖使息兵還長安恕其反叛之咎而暐密遣使者謂泓曰今秦數已終長安怪異特甚當不復能久立吾既籠中之人必无還理昔不能保守宗廟致令傾喪若斯吾罪人也不足復顧吾之存亡社稷不輕勉建大業以興復為務可以吳王為相國中山王為太宰領大司馬汝可為大將軍領司徒承制封拜聽吾死問汝便即尊位泓於是進向長安改年曰燕興是時鬼夜哭三旬而止堅率步騎二万討姚萇于北地次于趙氏塢使護軍楊璧游騎三千斷其奔路右軍徐成左軍竇衝鎮軍毛盛等屢戰敗之仍斷其運水之路馮翊游欽因淮南之敗聚衆數千保據頻陽遣軍運水及粟以饋姚萇楊璧盡獲之萇軍渴甚遣其弟鎮北尹買率勁卒二万決堤竇衝率衆敗其軍于鸛雀渠斬尹買及首級万三千萇衆危懼人有渴死者俄而降雨於萇營營中水三尺周營百步之外寸餘而已於是萇軍大振堅方食去梜怒曰天

其无心何故降澤賊營萇又東引慕容泓為援泓謀臣高蓋宿勤崇等以泓德望後沖且持法苛峻乃殺泓立沖為太弟承制行事自相署置姚萇留其弟征虜緒守楊渠川大營率衆七万來攻堅堅遣楊璧等擊之為萇所敗獲楊璧毛盛徐成及前軍齊午等數十人皆礼而遣之苻暉率洛陽陝城之衆七万歸于長安益州刺史王廣遣將軍王蚝率蜀漢之衆來赴難堅聞慕容沖去長安二百餘里引師而歸使撫軍苻方戍驪山拜苻暉使持節散騎常侍都督中外諸軍事車騎大將軍司隸校尉錄尚書配兵五万距沖河間公苻琳為中軍大將軍為暉後繼沖乃令婦人乘牛馬為衆揭竿為旗揚土為塵督厲其衆晨攻暉營于鄭西暉出距戰沖揚塵鼓譟暉師敗績堅又以尚書姜宇為前將軍与苻琳率衆三万擊沖于灞上為沖所敗宇死之琳中流矢沖遂據阿房城初堅之滅燕沖姊為清河公主年十四有殊色堅納之寵冠後庭沖年十二亦有龍陽之姿堅又幸之姊弟專寵宮人莫進長安歌之曰

一雌復一雄雙飛入紫宮咸懼為乱王猛切諫堅乃出沖長安又謠曰鳳皇鳳皇止阿房堅以鳳皇非梧桐不棲非竹實不食乃植桐竹數十万株于阿房城以待之沖小字鳳皇至是終為堅賊入止阿房城焉晉西中郎將桓石虔進據魯陽遣河南太守高茂北戍洛陽晉冠軍謝玄次于下邳徐州刺史趙迁棄彭城奔還玄前鋒張願追迁及于碭山轉戰而免玄進據彭城時呂光討平西域三十六國所獲珍寶以万万計堅下書以光為使持節散騎常侍都督玉門以西諸軍事安西將軍西域校尉進封順鄉侯增邑一千戶劉牢之伐兖州堅刺史張崇弃鄄城奔于慕容垂牢之遣將軍劉襲追崇戰于河南斬其東平太守楊光而退牢之遂據鄄城慕容沖進逼長安堅登城觀之歎曰此虜何從出也其彊若斯大言責沖曰尔輩群奴正可牧牛羊何為送死沖曰奴則奴矣既厭奴苦復欲取爾見代堅遣使送錦袍一領遺沖稱詔曰古人兵交使在其間卿遠來草創得无勞乎今送一袍以明本懷朕於卿恩

分如何而於一朝忽為此變沖命詹事荅之亦稱皇太弟有令孤今心在天下豈顧一袍小惠苟能知命便可君臣束手早送皇帝自當寬貸苻氏以酬曩好終不使既往之施獨美於前堅大怒曰吾不用王景略陽平公之言使白虜敢至於此苻丕在鄴糧竭馬无草削松木而食之會丁零叛慕容垂垂引師去鄴始具西問知苻叡等喪敗長安危逼乃遣其陽平太守邵興率騎一千將北引重合侯苻謨高邑侯苻亮阜城侯苻定于常山固安侯苻鑒中山太守王充于中山以為已援垂遣將軍張崇要興獲之于襄國南又遣其參軍封孚西引張蚝并州刺史王騰于晉陽蚝騰以衆寡不赴丕進退路窮乃謀於群寮司馬楊膺唱歸順之計丕猶未從會晉遣濟北太守丁匡據碻磝濟陽太守郭滿據滑臺將軍顏肱劉襲次于河北丕遣將軍桑據距之為王師所敗襲等進攻黎陽尅之丕懼乃遣從弟就与參軍焦逵請救于謝玄丕書稱假途求糧還赴國難須軍援既接以鄴与之若西路不通長安陷没

請率所領保守鄴城乃羈縻一方文降而已遠与衆軍姜讓密謂楊膺曰今禍難如此京師阻隔吉凶莫審密迩寇仇三軍磬絶傾危之甚朝不及夕觀公豪氣不除非救世之主既不能竭盡誠款速致糧援方設兩端必无成也今日之殆疾於轉機不容虛設徒成反覆宜正書為表以結殷勤若王師之至必當致身如其不從可逼縛与之苟不義服一人力耳古人行權寧濟為功況君侯累葉載德顯祖初著名於晉朝今復建崇勳使功業相継千載一時不可失也膺素輕丕自以力能逼之乃改書而遣遠等并遣濟南毛蜀毛鮮等分房為任於晉堅遣鴻臚郝稚徵處士王嘉于到獸山既至堅每日召嘉与道安於外殿動靖諮問之慕容暐入見東堂稽首謝曰弟沖不識義方孤背國恩臣罪應万死陛下垂天地之容臣蒙更生之恵臣二子昨婚明當三日愚欲暫屈鑾駕幸臣私第堅許之暐出嘉曰椎蘆作蘧蒢不成文章會天大雨不得殺羊堅与群臣莫之能解是夜大雨晨不果出初暐之遣諸弟

起兵於外也堅防守甚嚴謀應之而无因時鮮卑在城者猶有千餘人暐乃密結鮮卑之衆謀伏兵請堅因而殺之令其豪帥悉羅騰屈突鐵侯等潛告之曰官今使侯外鎮聽舊人悉隨可於某日會集某處鮮卑信之北部人突賢与其妹別妹為左將軍竇衝小妻聞以告衝請留其兄衝馳入白堅堅大驚召騰問之騰具首服堅乃誅暐父子及其宗族城內鮮卑无少長及婦女皆殺之慕容垂復圍鄴城焦遠既至朝廷果欲徵丕任子然後出師遠固陳丕款誠死貳并宣楊膺之意乃遣劉牢之等率衆二万水陸運漕救鄴時長安大飢人相食諸將歸而吐肉以飴妻子慕容沖僭稱尊號于阿房改年更始堅与沖戰各有勝負嘗為沖軍所圍殿中上將軍鄧邁左中郎將鄧綏尚書郎鄧瓊相謂曰吾門世荷榮寵先君建殊功於國家不可不立忠效節以成先君之志且不死君難者非丈夫也於是与毛長樂等蒙獸皮奮矛而擊沖軍沖軍潰堅獲免嘉其忠勇並拜五校加三品將軍賜爵關內侯沖又遣其

尚書令高蓋率衆夜襲長安攻陷南門入于南城左將軍竇衝前禁將軍李辯等擊敗之斬首千八百級分其尸而食之堅尋敗沖于城西追奔至于阿城諸將請乘勝入城堅懼為沖所獲乃擊金以止軍是時劉牢之至枋頭征東參軍徐義宦人孟豐告苻丕楊膺姜讓等謀反丕收膺讓戮之牢之以丕自相屠戮盤桓不進苻暉屢為沖所敗堅讓之曰汝吾之子也擁大衆屢為白虜小兒所摧何用生為暉憤恚自殺關中堡壁三千餘所推平遠將軍馮翊趙敖為統主相率結盟遣兵糧助堅左將軍苟池右將軍俱石子率騎五千与沖爭麥戰于驪山為沖所敗池死之石子奔鄴堅大怒復遣領軍楊定率左右精騎二千五百擊沖大敗之俘掠鮮卑万餘而還堅怒悉坑之定果勇善戰沖深憚之遂穿馬埳以自固劉牢之至鄴慕容垂北如新城鄴中飢甚丕率鄴城之衆就晉穀于枋頭牢之入屯鄴城慕容垂軍人飢甚多奔中山幽冀人相食初關東謠曰幽州𡈼生當滅若不滅百姓絶𡈼垂之本名与丕相持

經年百姓死幾絶先是姚萇攻新平新平太守苟輔將降之郡人遼西太守馮傑蓮勺令馮翊等諫曰天下喪乱忠臣乃見昔田單守一城而存齊今秦之所有猶連州累鎮郡國百城臣子之於君父盡心焉盡力焉死而後已豈宜貳哉輔大悅於是憑城固守萇為土山地道輔亦為之或戰山峯萇衆死者万有餘人輔乃詐降萇將入覺之引衆而退輔馳出擊之斬獲万計至是糧竭矢盡外救不至萇遣吏謂輔曰吾方以義取天下豈仇忠臣乎卿但率見衆男女還長安吾須此城置鎮輔以為然率男女万五千口出城萇圍而坑之男女无遺初石季龍末清河崔悅為新平相為郡人所殺悅子液後仕堅為尚書郎自表父仇不同天地請還冀州堅愍之禁錮新平人缺其城角以恥之新平酋望深以為慚故相率距萇以立忠義時有群烏數万翔鳴于長安城上其聲甚悲占者以為鬭羽不終年有甲兵入城之象沖率衆登城堅身貫甲冑督戰距之飛矢滿身血流被軆時雖兵寇危逼馮翊諸堡壁猶有

負糧冒難而至者多為賊所殺堅謂之曰聞來者率不善達誠是忠臣赴難之義當今寇難殷繁非一人之力所能濟也庶明靈有照禍極災返善保誠順為國自愛蓄糧厲甲端聽師期不可徒喪无成相隨獸口三輔人為沖所略者咸遣使告堅請放火以為內應堅曰哀諸卿忠誠之意也何復已已但時運圮喪恐无益於國空使諸卿坐自夷滅吾所不忍也且吾精兵若獸利器如霜而衂於烏合疲鈍之賊豈非天也宜善思之衆固請曰臣等不愛性命投身為國若上天有靈單誠或冀一濟没无遺恨矣堅遣騎七百應之而沖營放火者為風焰所燒其能免者十有一二堅深痛之身為設祭而招之曰有忠有靈來就此庭歸汝先父勿為妖形歔欷流涕悲不自勝衆咸相謂曰至尊慈恩如此吾等有死无移沖毒暴關中人皆流散道路斷絶千里无煙堅以甘松護軍仇騰為馮翊太守加輔國將軍與破虜將軍蜀人蘭犢慰勉馮翊諸縣之衆衆咸曰与陛下同死共生誓无有貳每夜有人周城大呼曰（晉記十四）（十三）楊定健兒應屬我宮殿臺觀應坐我父子同出不共汝旦尋而不見人跡城中有書曰古符傳賈録載帝出五將久長得先是又謡曰堅入五將山長得堅大信之告其太子宏曰脫如此言天或導余今留汝兼揔戎政勿与賊爭利吾當出隴收兵運糧以給汝天其或者正訓予也於是遣衛將軍楊定擊沖于城西為沖所擒堅弥懼付宏以後事將中山公詵張夫人率騎數百出如五將宣告州郡期以孟冬救長安宏尋將母妻宗室男女數千騎出奔百寮逃散慕容沖入據長安縱兵大掠死者不可勝計初秦之未乱也関中土然无火而煙氣大起方數十里中月餘不滅堅每臨聽訟觀令百姓有怨者奉煙于城北觀而録之長安為之語曰欲得必存當奉煙又為謡曰長鞘馬鞭擊左股太歲南行當復虜秦人呼鮮卑為白虜慕容垂之起於関東歲在癸未堅之分氐戶於諸鎮也趙整因侍援琴而歌曰阿得脂阿得脂博勞舊父是仇綏尾長翼短不能飛遠徙種人留鮮卑一旦緩急語阿誰堅笑而不納至是整言驗矣堅至五將山姚萇遣將軍吳忠圍之堅衆奔散獨侍御十數人而已神色自若坐而待之召宰人進食俄而忠至執堅以歸新平幽之于別室萇求傳國璽於堅曰萇次膺符歷可以為惠堅瞋目叱之曰小羌乃敢干逼天子豈以傳國璽授汝羌也圖緯符命何所依據五胡次序无汝羌名違天不祥其能久乎璽已送晉不可得也萇又遣尹緯說堅求為堯舜禪代之事堅責緯曰禪代者聖賢之事姚萇叛賊奈何擬之古人堅既不許萇以禪代罵而求死萇乃縊堅于新平佛寺中時年四十八中山公詵及張夫人並自殺是歲太元十年也宏之奔也歸其南秦州刺史楊壁于下辯壁距之乃奔武都氐豪強熙假道歸順朝廷處宏于江州宏歷位輔國將軍桓玄篡位以宏為梁州刺史義熙初以謀叛被誅初堅彊盛之時國有童謡云河水清復清苻詔死新城堅聞而悪之每征伐戒軍候云地有名新者避之時又童謡云阿堅連牽三十年若後欲敗當在江淮間堅在位二十七年因壽春之敗（晉記十四）（十四）其國大乱後二年竟死於新平佛寺咸應謡言矣丕僭號偽追謚堅曰世祖宣昭皇帝

王猛字景略北海劇人也家于魏郡少貧賤以鬻畚為業嘗貨畚於洛陽乃有一人貴買其畚而云无直自言家去此无遠可隨我取直猛利其貴而從之行不覺遠忽至深山見一父老鬚髮皓然踞胡床而坐左右十許人有一人引猛進拜之父老曰王公何緣拜也乃十倍償畚直遣人送之猛既出顧視乃嵩高山也猛瓌姿儁偉博學好兵書謹重嚴毅氣度雄遠細事不干其慮自不參其神契略不与交通是以浮華之士咸輕而笑之猛悠然自得不以屑懷少游於鄴都時人罕能識也惟徐統見而奇之召為功曹遁而不應遂隱于華陰山懷佐世之志希龍顏之主斂翼待時候風雲而後動桓温入関猛被褐而詣之一面談當世之事捫蝨而言旁若无人温察而異之問曰吾奉天子之命率銳師十万杖義討逆為百姓除殘賊而三秦豪桀未有至者何也猛曰公不遠

據宋刊明印本寫補

數千里深入寇境長安咫尺而不渡灞水百姓未見公心故也所以不至溫默然無以酬之溫之將還賜猛車馬拜高官督護請與俱南猛還山諮師師曰卿與桓溫豈並世哉在此自可富貴何為遠乎猛乃止苻堅將有大志聞猛名遣呂婆樓招之一見便若平生語及廢興大事異符同契若玄德之遇孔明也及堅僭位以猛為中書侍郎時始平多枋頭西歸之人豪右縱橫刼盜充斥乃轉猛為始平令猛下車明法峻刑澄察善惡禁勒彊豪鞭殺一吏百姓上書訟之有司劾奏檻車徵下廷尉詔獄堅親問之曰為政之體德化為先涖任未幾而殺戮無數何其酷也猛曰臣聞宰寧國以禮治亂邦以法陛下不以臣不才任臣以劇邑謹為明君揃除凶猾始殺一姦餘尚萬數若以臣不能窮殘盡暴肅清軌法者敢不甘心鼎鑊以謝孤負酷政之刑臣實未敢受之堅謂羣臣曰王景略固是夷吾子產之儔也於是赦之遷尚書左丞咸陽內史京兆尹未幾除吏部尚書太子詹事又遷尚書左僕射輔國將軍司

隸校尉加騎都尉居中宿衛時猛年三十六歲中五遷權傾內外宗戚舊臣皆害其寵尚書仇騰丞相長史席寶數譖毀之堅大怒黜騰為甘松護軍寶白衣領長史爾後上下咸服莫有敢言頃之遷尚書令太子太傅加散騎常侍猛頻表累讓堅竟不許又轉司徒錄尚書事餘如故猛辭以無功不拜後率諸軍討慕容暐軍禁嚴明師無私犯猛之未至鄴也刼盜公行及猛之至遠近帖然燕人安之軍還以功進封清河郡侯賜以美妾五人上女妓十二人中妓三十八人馬百匹車十乘猛上疏固辭不受時既留鎮冀州堅遣猛於六州之內聽以便宜從事簡召英儁以補關東守宰授訖言臺除正居數月上疏曰臣前所以朝聞夕拜不顧艱虞者正以方難未夷軍機權速庶竭命戎行甘驅馳之役敷宣皇威展筋骨之效故僶俛從事叨據負乘可謂恭命於濟時俟太平於今日今聖德格于皇天威靈被于八表弘化已熙六合清泰竊敢披貢丹誠請避賢路設官分職各有司存豈應孤任愚臣以

速傾敗東夏之事非臣區區所能康理願徙授親賢濟臣顛墜若以臣有鷹犬微勤未忍捐棄者乞待罪一州效盡力命徐方始賓淮汝防重六州處分府選便宜輒以悉停督任弗可虛曠深願時降神規堅不許遣其侍中梁讜詣鄴喻旨猛乃視事如前俄入為丞相中書監尚書令太子太傅司隸校尉持節常侍將軍侯如故稍加都督中外諸軍事猛表讓久之堅曰卿昔螭蟠布衣朕龍潛弱冠屬世事紛紜厲士之際顛覆厥德朕奇卿於暫見擬卿為卧龍卿亦異朕於一言迴考盤之雅志豈不精契神交千載之會雖傅巖入夢姜公悟兆今古一時亦不殊也自卿輔政幾將二紀內釐百揆外蕩群凶天下向定彝倫始叙朕且欲從容於上望卿勞心於下弘濟之務非卿而誰遂不許其後數年復授司徒猛復上疏曰臣聞乾象盈虛惟后則之位稱以才官非則曠鄭武翼周仍世載詠王叔昧寵政替身亡斯則成敗之殷監為臣之炯戒竊惟鼎宰崇重參路太階宜妙盡時賢對揚休命魏祖以文

和為公貽笑孫后千秋一言致相匈奴吲之臣何庸猗而應斯舉不但取嗤鄰遠實令為虜輕秦昔東野窮馭顏子知其將弊陛下不復料度臣之才力私懼敗亡是及且上虧憲典臣何顏處之雖陛下私臣其如天下何願迴日月之鑒矜臣後悔使上无過授之謗臣蒙垂復燾之恩堅竟不從猛乃受命軍國內外万機之務事无巨細莫不歸之猛宰政公平流放尸素拔幽滯顯賢才外修兵革內崇儒學勸課農桑教以廉恥无罪而不刑无才而不任庶績咸熙百揆時叙於是兵強国富垂及升平猛之力也堅常從容謂猛曰卿夙夜匪懈憂勤万機若文王得太公吾將優游以卒歲猛曰不圖陛下知臣之過臣何足以擬古人堅曰以吾觀之太公豈能過也常勑其太子宏長樂公丕等曰汝事王公如事我也其見重如此廣平麻思流寄關右因母亡歸葬請還冀州猛謂思曰便可速裝是暮已符御發遣及始出關郡縣已被符管攝其令行禁整事无留滯皆此類也性剛明清肅於善惡尤分微時一餐之惠

睚眦之忿靡不報焉時論頗以此少之其年寢疾堅親祈南北郊宗廟社稷分遣侍臣禱河嶽諸祀靡不周備猛疾未瘳乃大赦其境内殊死已下猛疾甚因上疏謝恩并言時政多所弘益堅覽之流涕悲慟左右及疾篤堅親臨省病問以後事猛曰晉雖僻陋吳越乃正朔相承親仁善鄰国之寶也臣没之後願不以晉為圖鮮卑羌虜我之仇也終為人患宜漸除之以便社稷言終而死時年五十一堅哭之慟比斂三臨謂太子宏曰天不欲使吾平一六合邪何奪吾景略之速也贈侍中丞相餘如故給東園温明秘器帛三千匹穀万石謁者僕射監護喪事葬礼一依漢大將軍霍光故事謚曰武侯朝野巷哭三日

苻融字博休堅之季弟也少而岐嶷夙成魁偉美姿度健之世封安樂王融上疏固辞健深奇之曰且成吾兒箕山之操乃止苻生愛其器皃常侍左右未弱冠便有台輔之望長而令誉弥高為朝野所屬堅僭号拜侍中尋除中軍將軍融聰辯明慧下筆成章

晉記十四　十七

至於談玄論道雖道安无以出之耳聞則誦過目不忘時人擬之王粲嘗著浮圖賦壯麗清贍世咸珍之未有升高不賦臨喪不誄朱彤趙整等推其妙速旅力雄勇騎射擊刺百夫之敵也銓綜内外刑政脩理進才理滞王景略之流也尤善斷獄姦无所容故為堅所委任後為司隸校尉京兆人董豐游学三年而返過宿妻家是夜妻為賊所殺妻兄疑豐殺之送豐有司豐不堪楚掠誣引殺妻融察而疑之問曰汝行往還頗有怪異及卜筮以不豐曰初將發夜夢乘馬南渡水返而北渡復自北而南馬停水中鞭策不去俯而視之見兩日在于水下馬左白而濕右黑而燥寤而心悸竊以為不祥還之夜復夢如初問之筮者筮者云憂獄訟遠三枕避三沐既至妻為具沐夜授豐枕豐記筮者之言皆不從之妻乃自沐枕枕而寢融曰吾知之矣周易坎為水馬為離夢乘馬南渡旋北而南者從坎之離三爻同變變而成離離為中女坎為中男兩日二夫之象坎為執法吏吏詰其夫婦人被流血而死坎二陰一陽離二陽一陰相承易位離下坎上既濟文王遇之囚牖里有礼而生无礼而死馬左而濕〻水也左水右馬馮字也兩日昌字也其馮昌殺之乎於是推檢獲昌而詰之昌具首服曰本与其妻謀殺董豐期以新沐枕〻為驗是以誤中婦人在冀州有老母遇劫於路母揚聲唱盜行人為母逐之既擒劫者劫者返誣行人為盜時日垂暮母及路人莫知孰是乃俱送之融見而笑曰此易知耳可二人並走先出鳳陽門者非盜既而還入融正色謂後出者曰汝真是盜何以誣人其發姦摘伏皆此類也所在盜賊止息路不拾遺堅及朝臣雅皆歎服州郡疑獄莫不折之於融〻觀色察形無不盡其情狀雖鎮關東朝之大事靡不馳馹与融議之性至孝初届冀州遣使參問其母動止或日有再三堅以為煩月聽一使後上疏請還侍養堅遣使慰喻不許久之徵拜侍中中書監都督中外諸軍事車騎大將軍司隸校尉太子太傅領宗正録尚書事俄轉司徒融苦讓不受融為將善謀略好施愛士專方

晉記十四　十八

征伐必有殊功堅既有意荆揚時慕容垂姚萇等常說堅以平吳封禪之事堅謂江東可平寢不暇旦融每諫曰知足不辱知止不殆窮兵極武未有不亡且国家戎族也正朔會不歸人江東雖不絶如綖然天之所相終不可滅堅曰帝王歷數豈有常哉惟德之所授耳汝所以不如吾者正病此不達變通大運劉禪可非漢之遺祚然為中国之所并吾將任汝以天下之事柰何事〻折吾沮壞大謀汝尚如此況於衆乎堅之將入寇也融又切諫曰陛下聽信鮮卑羌虜諂諛之言採納良家少年利口之說臣恐非但无成亦大事去矣垂萇皆我之仇敵思聞風塵之變冀因之以逞其凶德少年等皆富足子弟希關軍旅苟說佞諂之言以會陛下之意不足採也堅弗納及淮南之敗垂萇之叛堅悼恨弥深

苻朗字元達堅之從兄子也性宏達神氣爽邁幼懷遠操不屑時榮堅嘗目之曰吾家千里駒也徵拜鎮東將軍青州刺史封樂安男不得已起而就官及為方伯有若素士耽翫經籍手不釋卷每

談虛語玄不覺日之將夕登涉山水不知老之將至在任甚有稱績後晉遣淮陰太守高素伐青州朗遣使詣謝玄於彭城求降玄表朗許之詔加員外散騎侍郎既至揚州風流邁於一時超然自得志陵万物所与悟言不過一二人而已驃騎長史王忱江東之雋秀聞而詣之朗稱疾不見沙門釋法汰問朗曰見王吏部兄弟未朗曰吏部為誰非人面而狗心狗面而人心兄弟者乎王忱醜而才慧国寶美皃而才劣於弟故朗云然汰悵然自失其忤物侮人皆此類也謝安常設讌請之朝士盈坐並机褥壺席朗每事欲誇之唾則令小兒跪而張口既唾而含出頃復如之坐者以為不及之遠也又善識味鹹酢及肉皆別所由會稽王司馬道子為朗設盛饌極江左精餚食訖問曰關中之食孰若此荅曰皆好惟鹽味小生耳既問宰夫皆如其言或人殺雞以食之既進朗曰此雞棲恒半露檢之皆驗又食鵝肉知黑白之處人不信記而試之无豪釐之差人咸以為知味後數年王国寶譖而殺之王忱將為荊州刺史待殺朗而後發臨刑志色自若為詩曰四大起何因聚散无窮已既過一生中又入一死理冥心乘和暢未覺有終始如何箕山夫奄焉處東市曠此百年期遠同嵇叔子命也歸自天委化任冥紀著苻子數十篇行於世亦老莊之流也

載記第十四　晉書百十四

載記第十五

御撰

苻丕　苻登　索泮　徐嵩

苻丕字永叔堅之長庶子也少而聰慧好學博綜經史堅與言將略嘉之命鄧羌教以兵法文武才幹亞于苻融爲將善收士卒情出鎮于鄴東夏安之堅敗歸長安丕爲慕容垂所逼自鄴奔枋頭堅之死也丕復入鄴城將收兵趙魏西赴長安會幽州刺史王永平州刺史苻沖頻爲垂將平規等所敗乃遣昌黎太守宋敞焚燒和龍薊城宮室率衆三萬進屯壺關遣使招丕丕乃去鄴率男女六萬餘口進如潞川驃騎張蚝并州刺史王騰迎之入據晉陽始知堅死問舉哀于晉陽三軍縞素王永留苻沖守壺關率騎一萬會丕勸稱尊號丕從之乃以太元十年僭即皇帝位于晉陽南立堅行廟大赦境內改元曰太安置百官以張蚝爲侍中司空封上黨郡公王永爲使持節侍中都督中外諸軍事車騎大將軍尚書令進封清河公王騰爲散騎常侍中軍大將軍司隸校尉陽平郡公苻沖爲左光祿大夫尚書左僕射西平王俱石子爲衞將軍濮陽公楊輔爲尚書右僕射濟陽公王亮爲護軍將軍彭城公強益耳梁暢爲侍中徐義爲吏部尚書並封縣公自餘封授各有差是時安西呂光自西域還師至于宜禾堅涼州刺史梁熙謀閉境距之高昌太守楊翰言於熙曰呂光新定西國兵強氣銳其鋒不可當也度其事意必有異圖且今關中擾亂京師存亡未知自河已西迄于流沙地方萬里帶甲十萬鼎峙之勢實在今日若光出流沙其勢難測高梧谷口水險之要宜先守之而奪其水彼既窮渴自然投戈如其以遠不守伊吾之關亦可距也若度此二要雖有子房之策難爲計矣地有所必爭真此機也熙弗從美水令犍爲張統說熙曰主上傾國南討覆敗而還慕容垂擅兵河北泓沖寇逼京師丁零雜虜跋扈關洛州郡姦豪所在風扇王綱弛絕人懷利己今呂光回師將軍何以抗也熙曰誠深憂之未知計之所出統曰光雄果勇毅明略絕人今以蕩西域之威擁歸師之銳鋒若

猛火之盛於原弗可敵也將軍世受殊恩忠誠夙著立勳王室宜在於今行唐公洛上之從弟勇冠一時爲將軍計者莫若奉爲盟主以攝衆望推忠義以總率群豪則光無異心也資其精銳東兼毛興連王統楊璧集四州之衆掃凶逆於諸夏寧帝室於關中此桓文之舉也熙又不從殺洛于西海以子胤爲鷹揚將軍率衆五萬距光于酒泉敦煌太守姚靜晉昌太守李純以郡降光胤及光戰于安彌爲光所敗武威太守彭濟執熙迎光光殺之建威西郡太守索泮奮威督洪池已南諸軍事酒泉太守宋皓等並爲光所殺堅尚書令魏昌公苻纂自關中來奔拜太尉進封東海王以中山太守王兗爲平東將軍平州刺史阜城侯苻定爲征東將軍冀州牧高城侯苻紹爲鎮東將軍督冀州諸軍事重合侯苻謨爲征西將軍幽州牧高邑侯苻亮爲鎮北大將軍督幽并二州諸軍事並進爵郡公定紹據信都謨亮先據常山慕容垂之圍鄴城也並降于垂聞丕稱尊號遣使謝罪王兗固守博陵與垂相持左將軍竇衝秦州刺史王統河州刺史毛興益州刺史王廣南秦州刺史楊璧衞將軍楊定並據隴右遣使招丕請討姚萇丕大悅以定爲驃騎大將軍雍州牧衝爲征西大將軍梁州牧統鎮西大將軍興車騎大將軍璧征南大將軍並開府儀同三司加散騎常侍廣安西將軍皆進位州牧於是王永宣檄州郡曰大行皇帝弃背萬國四海無主征東大將軍長樂公先帝元子聖武自天受命荊南威振衡海分陝東都道被夷夏仁澤光于宇宙德聲侔于下武永與司空蚝等謹順天人之望以季秋吉辰奉公紹承大統銜哀即事栖谷總戎枕戈待旦志雪大恥慕容垂爲封豕于關東泓沖繼凶于京邑致乘輿播越宗社淪傾羌賊姚萇我之牧士乘釁滔天親行大逆有生之巨賊也永累葉受恩世荷將相不與驪山之戎滎澤之狄共戴皇天同履厚土諸牧伯公侯或宛沛宗臣或四七勳舊豈忍捨破國之醜豎縱殺君之逆賊乎主上飛龍九五實協天心靈祥休瑞史不輟書投戈効義之士三十餘萬少康光武之功可

晉載十五　二

旬朔而成今以衛將軍俱石子為前軍師司空張蚝為中軍都督
武將猛士風烈雷震志殄元兇義無他顧永謹奉乘輿恭行天罰
君臣終始之義在三忘軀之誠勠力同之以建晉鄭之美先是慕
容驎攻王兗于博陵至是糧竭矢盡郡功曹張猗踰城聚衆應驎
兗臨城數之曰卿秦之人也吾卿之君也起衆應賊號稱義兵何
名實相違之甚卿兄往合鄉宗親逐城主天地不容為世大戮身
滅未幾卿復續之卿見為吾吏親尋干戈競為戎首為爾君者不
亦難乎今人何取卿一切之功寧能忘卿不忠不孝之事古人有
云求忠臣必出孝子之門卿母在城不能顧之何忠義之可望惡
不絕世卿之謂也不圖中州禮義之邦而卿門風若斯卿去老母
如脫屣吾復何論哉既而城陷兗及固安侯苻鑒並為驎所殺丕
復以王永為司徒錄尚書事徐義為尚書令加右光祿大夫初王
廣還自成都也奔其兄秦州刺史統及長安不守廣攻河州牧毛
興于枹罕興遣建節將軍臨清伯衛平率其宗人千七百夜襲廣

軍大敗之王統復遣兵助廣興於是嬰城固守既而襲王廣敗之
廣亡奔秦州為隴西鮮卑匹蘭所執送詣姚萇興既敗王廣謀伐
王統平上邽枹罕諸氐皆窘於兵革而疲不堪命乃殺興推衛平
為使持節安西將軍河州刺史遣使請命刁雲殺慕容忠乃推慕
容永為使持節大都督中外諸軍事大將軍大單于雍秦梁涼四
州牧錄尚書事河東王稱藩于垂征東苻定鎮東苻紹征北苻謨
鎮北苻亮皆降于慕容垂丕又進王永為左丞相苻纂為大司馬
張蚝為太尉王騰為驃騎大將軍儀同三司徐義為司空苻沖為
車騎大將軍尚書令儀同三司俱石子為衛大將軍尚書左僕射
領官皆如故永又檄州郡曰昔夏有窮夷之難少康起焉王莽毒
殺平帝世祖重光漢道百六之運何代無之天降喪亂羌胡猾夏
先帝晏駕賊庭京師鞠為戎穴神州蕭條生靈塗炭天未亡秦社
稷有奉主上聖德恢弘道侔光武所在宅心天人歸屬必當隆中
興之功復配天之美姚萇殘虐慕容垂凶暴所過滅戶夷煙毀發

丘墓毒徧存亡痛纏幽顯雖黃巾之害於九州赤眉之暴于四海
方之未為甚也今素秋將及行師令辰公侯牧守壘主鄉豪或勠
力國家乃心王室各率所統以孟冬上旬會大駕于臨晉於是天
水姜延馮翊寇明河東王昭新平張晏京兆杜敏扶風馬郎建忠
高平牧官都尉王敏等咸承檄起兵各有衆數萬遣使應丕皆就
拜將軍郡守封列侯冠軍鄧景擁衆五千據彭池與竇衝為首尾
擊萇平涼太守金熙安定北部都尉鮮卑沒奕于率鄯善王胡貟
吒護羌中郎將梁苟奴等與萇左將軍姚方成鎮遠強京戰于孫
丘谷大敗之枹罕諸氐以衛平年老不可以成事業議廢之而憚
其宗彊連日不決氐有啖青者謂諸將曰大事宜定東討姚萇不
可沈吟猶豫一旦事發反為人害諸軍但請衛公會集衆將青為
諸軍決之衆以為然於是大饗諸將青抽劍而前曰今天下大亂
豺狼塞路吾曹今日可謂休戚是同非賢明之主莫可濟艱難也
衛公朽耄不足以成大事宜反初服以避賢路狄道長苻登雖王

室疎屬而志略雄明請共立之以赴大駕諸君若有不同者便下
異議乃奮劍攘袂將斬貳已者衆皆從之莫敢仰視於是推登為
帥遣使於丕請命丕以登為征西大將軍開府儀同三司南安王
持節及州郡督因其所稱而授之又以徐義為右丞相丕留王騰
守晉陽楊輔戍壺關率衆四万進據平陽王統以秦州降姚萇慕
容永以丕至平陽恐不自固乃遣使求假道還東丕弗許遣王永
及苻纂攻之以俱石子為前鋒都督與慕容永戰于襄陵王永大
敗永及石子皆死之初苻纂之奔丕也部下壯士三千餘人丕猜
而忌之及永之敗懼為纂所殺率騎數千南奔東垣晉揚威將軍
馮該自陝要擊敗之斬丕首執其太子寧長樂王壽送于京師朝
廷赦而不誅歸之於苻宏徐義為慕容永所獲械埋其足將殺之
義誦觀世音經至夜中土開械脫於重禁之中若有人導之者遂
奔楊佺期佺期以為洛陽令苻纂及弟師奴率丕餘衆數万奔據
杏城苻登稱尊號偽謚丕為哀平皇帝丕之臣佐皆沒慕容永永

乃進據上黨之長子僭稱大號改元曰中興丕在位二年而敗

登字文高堅之族孫也父敞健之世為太尉司馬隴東太守建節將軍後為苻生所殺堅即偽位追贈右將軍涼州刺史以登兄同成嗣毛興之鎮上邽以為長史登少而雄勇有壯氣粗險不修細行故堅弗之奇也長而折節謹厚頗覽書傳拜殿上將軍稍遷羽林監揚武將軍長安令坐事黜為狄道長及關中亂去縣歸毛興同成言於興請以登為司馬常在營部登度量不群好為奇略同成常謂之曰汝聞不在其位不謀其政無數干時將為博識者不許吾非疾汝恐或不喜人妄豫耳自是可止汝後得意自可專意時人聞同成言多以為疾登而抑蔽之登乃屏迹不妄交游興有事則召之戲謂之曰小司馬可坐評事登出言輒折理中興內服馬然敬憚而不能委任姚萇作乱遣其弟碩德率眾伐毛興相持久之興將死告同成曰與卿累年共擊逆羌事終不克何恨之深可以後事付卿小弟司馬殄碩德者必此人也卿可換攝司馬事登既代衛平遂專統征伐是時歲旱眾飢道殣相望登每戰殺賊名為熟食謂軍人曰汝等朝戰暮便飽肉何憂於飢士眾從之噉死人肉輒飽健能鬬姚萇聞之急召碩德曰汝不來必為苻登所食盡碩德於是下隴奔萇及丕敗丕尚書寇遺奉丕子渤海王懿濟北王昶自杏城奔登登乃具丕死問於是為丕發喪行服三軍縞素登請立懿為主眾咸曰渤海王雖先帝之子然年在幼沖未堪多難國乱而立長君春秋之義也三虜跨僭寇旅殷彊豺狼梟境舉目而是自古厄運之極莫甚於斯大王挺劍西州鳳翔秦隴偏師暫接姚萇奔潰一戰之功可謂光格天地宜龍驤武奮拯拔舊京以社稷宗廟為先不可顧曹臧吴札一介微節以失圖運之機不建中興之業也登於是以太元十一年僭即皇帝位大赦境內改元曰太初立堅神主于軍中載以輜軿羽葆青蓋車建黃旗武賁之士三百人以衛之將戰必告凡欲所為啓主而後行繕甲纂兵將引師而東乃告堅神主曰維曾孫皇帝臣登以太皇帝之

靈恭踐寶位昔五將之難賊羌肆害于聖躬實登之罪也今合義旅眾餘五萬精甲勁兵足以立功年穀豐穰足以資贍即日星言電邁直造賊庭奮不顧命隕越為期庶上報皇帝酷寃下雪臣子大恥惟帝之靈降監厥誠因歔欷流涕將士莫不悲慟皆刻鉾鎧為死休字示以戰死為志每戰以長矟鉤刃為方圓大陣知有厚薄從中分配故人自為戰所向無前初長安之將敗也堅中壘將軍徐嵩屯騎校尉胡空各聚眾五千據險築堡以自固而受姚萇官爵及萇之害堅嵩等以王禮葬堅于二堡之間至是各率眾降登拜嵩鎮軍將軍雍州刺史空輔國將軍京兆尹登復改葬堅以天子之禮又僭立其妻毛氏為皇后弟懿為皇太弟遣使拜苻纂為使持節侍中都督中外諸軍事太師領大司馬進封魯王纂弟師奴為撫軍大將軍并州牧朔方公纂怒謂使者曰渤海王世祖之孫先帝之子南安王何由不立而自尊乎纂長史王旅諫曰南安已立理無中改賊虜未平不可宗室之中自為仇敵願大王遠蹤光武推聖公之義梟二虜之後徐更圖之纂乃受命於是二縣虜帥彭沛穀屠各董成張龍世新平羌雷惡地等盡應之有眾十餘万纂遣師奴攻上郡羌酋金大黑金洛生大黑等逆戰大敗之斬首五千八百登以竇衝為車騎大將軍南秦州牧楊定為大將軍益州牧楊壁為司空梁州牧苻纂敗姚碩德于涇陽姚萇自陰密距纂纂退屯敷陸竇衝攻萇汧雍二城剋之斬其將軍姚元平張略等又與萇戰于汧東為萇所敗登次于瓦亭萇攻彭沛穀堡陷之沛穀奔杏城萇還陰密登征虜馮翊太守蘭犢率眾二萬自頻陽入于和寧與苻纂首尾將圖長安師奴勸其兄纂稱尊號纂不從乃殺纂自立為秦公蘭犢絕之皆為姚萇所敗登進據胡空堡戎夏歸之者十有餘萬姚萇遣其將軍姚方成攻陷徐嵩堡嵩被殺悉坑戎士登率眾下隴入朝那姚萇據武都相持累戰互有勝負登軍中大飢收葚以供兵士立其子崇為皇太子弁為南安王尚為北海王姚萇退還安定登就食新平留其大軍于胡空堡

率騎萬餘圍萇營四面大哭哀聲動人萇惡之乃命三軍哭以應登登乃引退萇以登頻戰輒勝謂堅有神驗亦於軍中立堅神主請曰往年新平之禍非萇之罪臣兄襄從陝北渡假路求西狐死首丘欲暫見鄉里陛下與苻眉要路距擊不遂而沒襄勑臣行殺非臣之罪苻登陛下末族尚欲復讎臣爲兄報恥於情理何負昔陛下假臣龍驤之號謂臣曰朕以龍驤建業卿其勉之明詔昭然言猶在耳陛下雖過世爲神豈假手于苻登而圖臣忘前征時言邪今爲陛下立神象可歸休於此勿計臣過聽臣至誠登進師攻萇既而升樓謂萇曰自古及今安有殺君而反立神象請福望有益乎大呼曰殺君賊姚萇出來吾與汝決之何爲枉害無辜萇憚而不應萇自立堅神象戰未有利軍中每夜驚恐乃嚴鼓斬象首以送登登將軍竇洛竇于等謀反發覺出奔于萇登進討彭池不剋攻彌姐營及繁川諸堡皆剋之萇連戰屢敗乃遣其中軍姚崇襲大界登引師要之大敗崇于安丘俘斬二萬五千進攻萇將吴

忠唐匡于平涼剋之以尚書苻碩原爲前禁將軍滅羌校尉戍平涼登進據苟頭原以逼安定萇率騎三萬夜襲大界營陷之殺登妻毛氏及其子弁尚擒名將數十人驅掠男女五萬餘口而去登收合餘兵退據胡空堡遣使齎書加竇衝大司馬驃騎將軍前鋒大都督都督隴東諸軍事楊定左丞相上大將軍都督中外諸軍事楊壁大將軍都督隴右諸軍事遣衝率見衆爲先驅自繁川趣長安登率衆從新平逕據新豐之千戶固使定率隴上諸軍爲其後繼壁留守仇池又命其幷州刺史楊政冀州刺史楊楷率所統大會長安萇遣其將軍王破虜略地秦州楊定及破虜戰於清水之格奴坂大敗之登攻張龍世于鴦泉堡姚萇救之登引退萇密遣其將任瓮宗度詐爲內應遣使招登許開門納之登以爲然雷惡地馳謂登曰姚萇多計略善御人必爲姦變願深宜詳思登乃止萇聞惡地之詣登也謂諸將曰此羌多姦智今其詣登事必無成登聞萇縣門以待之大驚謂左右曰雷征東其殆聖乎微此公

朕幾爲豎子所誤萇攻陷新羅堡萇扶風太守齊益男奔登登將軍路柴強武等並以衆降於萇登攻萇將張業生于隴東萇救之不剋而退登將軍魏褐飛攻姚當成于杏城爲萇所殺馮翊郭質起兵廣鄉以應登宣檄三輔曰義感君子利動小人吾等生逢先帝堯舜之化累世受恩非常伯納言之子即卿校牧守之胤而可坐視豺狼忍害君父裸尸薦棘痛結幽泉山陵無松隧之兆靈主無清廟之頌賊臣莫大之甚自古所未聞雖茹荼之苦銜蓼之辛何以諭之姚萇窮凶肆害毒被人神於圖讖歷數万無一分而敢妄竊重名厚顏瞬息日月固所不照二儀實亦不育皇天雖欲絶之亦將假手于忠節凡百君子皆夙漸神化有懷義方含恥而存孰若蹈道而沒乎衆咸然之唯鄭縣人苟曜不從聚衆數千應姚萇登以質爲東平將軍馮翊太守質遣部將伐曜大敗而歸質乃東引楊楷以爲聲援又與曜戰于鄭東爲曜所敗遂歸于萇萇以爲將軍質衆皆潰散登自雍攻萇將金溫于范氏堡剋之遂渡渭

水攻萇京兆太守韋范于段氏堡不剋進據曲牢苟曜有衆一萬據逆方堡密應登登去曲牢繁川次于馬頭原萇率騎來距大戰敗之斬其尚書吴忠進攻新平萇率衆救之登引退復攻安定爲萇所敗據路承堡是時萇疾病見苻堅爲祟登聞之秣馬厲兵告堅神主曰曾孫登自受任執戈幾將一紀未嘗不上天錫祐皇鑒垂矜所在必剋賊旅冰摧今太皇帝之靈降災疢于逆羌以形類推之醜虜必將不振登當因其隕斃順行天誅拯復梓宮謝罪清廟於是大赦境內百寮進位二等與萇將姚崇爭麥于清水累爲崇所敗進逼安定去城九十餘里萇疾小瘳率衆距登登去營逆萇萇遣其將姚熙隆別攻登營登懼退還萇夜引軍過登營三十餘里以躡登後旦而候人告曰賊諸營已空不知所向登驚曰此爲何人去令我不知來令我不覺謂其將死忽然復來朕與此羌同世何其厄哉遂罷師還雍以竇衝爲右丞相尋而衝叛自稱秦王建年號登攻之于野人堡衝請救於姚萇萇遣其太子興攻胡

空堡以救之登引兵還赴胡空堡衝遂與萇連和至是萇死登聞之喜曰姚興小兒吾將折杖以笞之於是大赦盡衆而東攻屠各姚奴帛蒲二堡剋之自甘泉向關中興追登不及數十里登從六陌趣廢橋興將尹緯據橋以待之登爭水不得衆渴死者十二三興緯大戰爲緯所敗其夜衆潰登單馬奔雍初登之東也留其弟司徒廣守雍太子崇守胡空堡廣崇聞登敗出奔衆散登至無所歸遂奔平涼收集遺衆入馬毛山興率衆攻之登遣子汝陰王宗質于隴西鮮卑乞伏乾歸結婚請援乾歸遣騎二万救登登引軍出迎與興戰于山南爲興所敗登被殺在位九年時年五十二崇奔于湟中僭稱尊號改元延初僞謚登曰高皇帝廟號太宗崇爲乾歸所逐崇定皆死始健以穆帝永和七年僭立至登五世凡四十有四歲以孝武帝太元十九年滅

索泮字德林敦煌人也世爲冠族泮少時游俠及長變節好學有佐世才器張天錫輔政以泮爲冠軍記室參軍天錫即位拜司兵

歷位禁中録事執法御掾州府肅然郡縣改迹遷羽林左監有勤幹之稱出爲中壘將軍西郡武威太守典戎校尉政務寬和戎夏懷其惠天錫甚敬之苻堅見而歎曰涼州信多君子既而以泮河西德望拜別駕呂光既剋姑臧泮固郡不降光攻而獲之光曰孤既平西域將赴難京師梁熙無狀絶孤歸路此朝廷之罪人卿何意阻郡固迷自同元惡泮厲色責光曰將軍受詔討叛胡可受詔乱涼州邪寡君何罪而將軍害之泮但苦力寡不能固守以報君父之讎豈如逆氐彭濟望風反叛主滅臣死禮之常也乃就刑于市神色不變弟菱有雋才仕張天錫爲執法中郎冗從右監苻堅世至伏波將軍典農都尉與泮俱被害

徐嵩字元高盛之子也少以清白著稱苻堅時舉賢良爲郎中稍遷長安令貴戚子弟犯法者嵩一皆考竟請託路絶堅甚奇之謂其叔父成曰人爲長吏故當應耳此年少落落有端貳之才遷守始平郡甚有威惠及壘陷姚方成執而數之嵩厲色謂方成曰汝姚萇罪應万死主上止黄眉之斬而宥之叨據内外位爲列將無犬馬識養之誠首爲大逆汝曹羌輩豈可以人理期也何不速殺我早見先帝取姚萇於地下方成怒三斬嵩漆其首爲便器登哭之哀慟贈車騎大將軍儀同三司謚曰忠武

史臣曰自兩京殄覆九土分崩赤縣成虵豕之墟紫宸遷黿鼉之穴干戈日用戰爭方興猶逐鹿之並驅若瞻烏之靡定苻洪擅蠻陬之桀黠乘羯虜之危亡乃附款紅東而志圖關右禍生蠆毒未逞狼心健既承家克隆凶緒率思歸之衆投山西之隙據億丈之巖險總三秦之果鋭敢窺大寶遂竊鴻名狡數姦雄有可言矣長生慘虐稟自率由覩辰象之災謂法星之夜飲忍生靈之命疑猛虎之朝飢但肆毒於刑殘曾無心於戒懼招乱速禍不亦宜乎永固雅量瓌姿變夷從夏叶魚龍之謠詠挺草付之休徵剋翦姦回纂承僞歷遵明王之德教闡先聖之儒風撫育黎元憂勤庶政王猛以宏材緯軍國苻融以懿戚贊經綸權薛以諒直進規謨鄧張

以忠勇恢威略雋賢效足杞梓呈才文武兼施德刑具舉乃平燕定蜀擒代吞涼跨三分之二居九州之七遐荒慕義幽險宅心因止馬而獻歌託栖鸞以成頌因以功侔曩烈豈直化洽當年雖五胡之盛莫之比也既而足以夸世愎諫違謀輕敵怒鄰窮兵黷武懟三正之未叶恥五運之猶乖傾率土之師起滔天之寇負其犬羊之力肆其吞噬之能自謂戰必勝攻必取便欲鳴鸞禹穴駐驆疑山疏爵以侯楚材築館以須歸命曾弗知人道助順神理害盈雖矜涿野之疆終致昆陽之敗遂使凶渠候隙狡寇伺間步摇啓其禍先燒當乘其乱極宗社遷於他族身首罄於賊臣貽戒將來取笑天下豈不哀哉豈不謬哉苻丕承乱僭竊尋及傾敗斯可謂天人所廢人不能支苻登集離散之兵厲死休之志雖衆寡不敵難以立功而義烈慷慨有足稱矣

贊曰洪惟壯勇威稜氐種健藉世資遂雄關隴長生昏虐敗不旋踵永固禎祥肇自龍驤垂旒負扆竊帝圖王患生縱敵乱起矜疆

丕登僭假淪胥以亡

載記第十五　　晉書一百一十五

姚弋仲　姚襄　姚萇

姚弋仲南安赤亭羌人也其先有虞氏之苗裔禹封舜少子于西戎世為羌酋其後燒當雄於洮罕之間七世孫塡虞漢中元末寇擾西州為楊虛侯馬武所敗徙出塞虞九世孫遷那率種人內附漢朝嘉之假冠軍將軍西羌校尉歸順王處之于南安之赤亭那玄孫柯迴為魏鎮西將軍綏戎校尉西羌都督迴生弋仲少英毅不營產業唯以收恤為務眾皆畏而親之永嘉之乱東徙榆眉戎夏繈負隨之者數萬自稱護西羌校尉雍州刺史扶風公劉曜之平陳安也以弋仲為平西將軍封平襄公邑之于隴上及石季龍剋上邽弋仲說之曰明公握兵十萬功高一時正是行權立策之日隴上多豪秦風猛勁道隆後服道洿先叛宜徙隴上豪強虛其心腹以實畿甸季龍納之啓勒以弋仲行安西將軍六夷左都督後晉豫州刺史祖約奔于勒勒禮待之弋仲上疏曰祖約殘賊晉

朝逼殺太后不忠於主而陛下寵之臣恐姦乱之萌此其始矣勒善之後竟誅約勒既死季龍執權思弋仲之言遂徙秦雍豪傑于關東弋仲率步眾數萬遷于清河拜奮武將軍西羌大都督封襄平縣公及季龍廢石弘自立弋仲稱疾不賀季龍累召之乃赴正色謂季龍曰奈何把臂受託而反奪之乎季龍憚其強正而不之責遷持節十郡六夷大都督冠軍大將軍性清儉鯁直不脩威儀屢獻讜言無所迴避季龍甚重之朝之大議靡不參決公卿亦憚而推下之武城左尉季龍寵姬之弟也曾擾其部弋仲執尉數以迫脅之狀命左右斬之尉叩頭流血左右諫乃止其剛直不回皆此類也季龍末梁犢敗李農於滎陽季龍大懼馳召弋仲弋仲率其步眾八千餘人屯于南郊輕騎至鄴時季龍病不時見弋仲引入領軍省賜其所食之食弋仲怒不食曰召我擊賊豈來覓食邪我不知上存亡若一見雖死無恨左右言之乃引見弋仲數季龍曰兒死來愁邪乃至于疾兒小時不能使好人輔相至令相殺兒自有過責其下人太甚故反耳汝病久所立兒小若不差天下必乱當宜憂此不煩憂賊也犢等因思歸之心共為姦盜所行殘賊此成擒耳老羌請効死前鋒使一舉而了弋仲性狷且俗無尊卑皆汝之季龍恕而不責於坐授使持節侍中征西大將軍賜以鎧馬弋仲曰汝看老羌堪破賊以不於是貫鉀跨馬于庭中策馬南馳不辭而出遂滅梁犢以功加劒履上殿入朝不趨進封西平郡公冉閔之乱弋仲率眾討閔次于混橋石祗僭號于襄國以弋仲為右丞相待以殊禮祗與閔相攻弋仲遣其子襄救祗戒襄曰汝才十倍於閔若不梟擒不須復見我也襄擊閔於常盧澤大破之而歸弋仲怒襄之不擒閔也杖之一百弋仲部曲馬何羅博學有文才張豺之輔石世也背弋仲歸豺豺以為尚書郎豺敗復歸咸勸殺之弋仲曰今正是招才納奇之日當收其力用不足害也以為參軍其寬恕如此弋仲有子四十二人常戒諸子曰吾本以晉室大乱石氏待吾厚故欲討其賊臣以報其德今石氏已滅中原

無主自古以來未有戎狄作天子者我死汝便歸晉當竭盡臣節無為不義之事乃遣使請降永和七年拜弋仲使持節六夷大都督都督江淮諸軍事車騎大將軍儀同三司大單于封高陵郡公八年卒時年七十三子襄之入關也為苻生所敗弋仲之柩為生所得生以王禮葬之于天水冀縣萇僭位追謚曰景元皇帝廟號始祖墓曰高陵置園邑五百家

襄字景國弋仲之第五子也年十七身長八尺五寸臂垂過膝雄武多才藝明察善撫納士眾愛敬之咸請為嗣弋仲弗許百姓固請者日有千數乃授之以兵石祗僭號以襄為使持節驃騎將軍護烏丸校尉豫州刺史新昌公晉遣使拜襄持節平北將軍并州刺史即丘縣公弋仲死襄秘不發喪率戶六万南攻陽平元城發干皆破之殺掠三千餘家屯于碻磝津以太原王亮為長史天水尹赤為司馬略陽伏子成為左部帥南安斂岐為右部帥略陽王黑那為前部帥強白為後部帥太原薛讚略陽權翼為參軍南至

滎陽始發喪行服與高昌李歷戰于麻田馬中流矢死賴其弟萇
以免晉處襄于譙城遣五弟為任單騎度淮見豫州刺史謝尚于
壽春尚命去仗衛幅巾以待之一面交款便若平生襄少有高名
雄武冠世好學博通雅善談論英濟之稱著于南夏中軍將軍揚
州刺史殷浩憚其威名乃因襄諸弟頻遣刺客殺襄刺客皆推誠
告實襄待之若舊浩潛遣將軍魏憬率五千餘人襲襄襄乃斬憬
而并其衆浩愈惡之乃使將軍劉啓守譙遷襄于梁國蠡臺表授
梁國內史襄遣權翼詣浩浩曰姚平北每舉動自由豈所望也翼
曰將軍輕納姦言自生疑貳愚謂猜嫌之由不在於彼浩曰姚君
縱放小人盜竊吾馬王臣之體固若是乎翼曰將軍謂姚平北以
威武自強終為難保校兵練衆將懲不恪取馬者欲以自衛耳浩
曰何至是也浩遣謝萬討襄襄逆擊破之浩甚怒會聞關中有變
浩率衆北伐襄乃要擊浩於山桑大敗之斬獲万計收其資仗使
兄益守山桑壘復如淮南浩遣劉啓王彬之伐山桑襄自淮南擊

滅之鼓行濟淮屯于盱眙招掠流人衆至七萬分置守宰勸課農
桑遣使建鄴罪狀殷浩并自陳謝流人郭斁等千餘人執晉堂邑
內史劉仕降于襄朝廷大震以吏部尚書周閔為中軍將軍緣江
備守襄將佐部衆皆北人咸勸襄北還襄方軌北引自稱大將軍
大單于進攻外黃為晉邊將所敗襄收散卒而勤撫恤之於是復
振乃據許昌將如河東以圖關右自許遂攻洛陽踰月不剋其長
史王亮諫襄曰公英略蓋天下士衆思効力命不可損威勞衆守
此孤城宜還河北以弘遠略襄曰洛陽雖小山河四塞之固亦是
用武之地吾欲先據洛陽然後開建大業俄而亮卒襄哭之甚慟
曰天將不欲成吾事乎王亮捨我去也晉征西大將軍桓溫自江
陵伐襄戰于伊水北為溫所敗率麾下數千騎奔于北山其夜百
姓棄妻子隨襄者五千餘人屯據陽鄉赴者又四千餘户襄前後
敗喪數矣衆知襄所在輒扶老攜幼奔馳而赴之時或傳襄創重
不濟溫軍所得士女莫不北望揮涕其得物情如此先是弘農楊

亮歸襄襄待以客禮後奔桓溫溫問襄於亮亮曰神明器宇孫策
之儔而雄武過之其見重如是襄尋徙北屈將圖關中進屯杏城
遣其從兄輔國姚蘭略地鄜城使其兄益及將軍王欽盧招集北
地戎夏歸附者五萬餘户苻生遣其將苻飛拒戰蘭敗為飛所執
襄率衆西引生又遣苻堅鄧羌等要之襄將戰沙門智通固諫襄
宜厲兵收衆更思後舉襄曰二雄不俱立冀天不棄德以濟黎元
吾計決矣會羌師來逼襄怒遂長驅而進戰于三原襄敗為堅所
殺時年二十七是歲晉升平元年也苻生以公禮葬之萇僭號追
謚魏武王封襄孫延定為東城侯

萇字景茂弋仲第二十四子也少聰哲多權略廓落任率不脩行
業諸兄皆奇之隨襄征伐每參大謀襄之寇洛陽也夢萇服袞衣
升御坐諸酋長皆侍立旦謂將佐曰吾夢如此此兒志度不恒或
能大起吾族襄之敗于麻田也馬中流矢死萇下馬以授襄襄曰
汝何以自免萇曰但令兄濟豎子安敢害萇會救至俱免及襄死

萇率諸弟降于苻生苻堅以萇為揚武將軍歷左衛將軍隴東汲
郡河東武都武威巴西扶風太守寧幽兗三州刺史復為揚武將
軍步兵校尉封益都侯為堅將累有大功初萇隨楊安伐蜀嘗晝
寢水旁上有神光煥然左右咸異之及苻堅寇晉以萇為龍驤將
軍督益梁州諸軍事謂萇曰朕本以龍驤建業龍驤之號未曾假
人今特以相授山南之事一以委卿堅左將軍竇衝進曰王者無
戲言此將不祥之徵也惟陛下察之堅默然堅既敗于淮南歸長
安慕容泓起兵叛堅遣子叡討之以萇為司馬為泓所敗叡死
之萇遣龍驤長史趙都詣堅謝罪堅怒殺之萇懼奔于渭北遂如
馬牧西州豪族尹詳趙曜王欽盧牛雙狄廣張乾等率五万餘家
咸推萇為盟主萇將距之天水尹緯說萇曰今百六之數既臻秦
亡之兆已見以將軍威靈命世必能匡濟時艱故豪傑驅馳咸同
推仰明公宜降心從議以副群望不可坐觀沈溺而不拯救之萇
乃從緯謀以太元九年自稱大將軍大單于萬年秦王大赦境內

年號白雀稱制行事以天水尹詳南安龐演爲左右長史南安姚晃尹緯爲左右司馬天水狄伯支焦虔梁希龐魏任謙爲從事中郎姜訓閻遵爲掾屬王據焦世蔣秀尹延年牛雙張乾爲參軍王欽盧姚方成王破虜楊難尹嵩裴騎趙曜狄廣党删等爲帥時慕容沖與苻堅相攻衆甚盛萇將西上恐沖遏之乃遣使通和以子崇爲質於沖進屯北地厲兵積粟以觀時變苻堅先徙晉人李詳等數千户于敷陸至是降于萇北地新平安定羌胡降者十餘万户堅率諸將攻之不能剋萇聞慕容沖攻長安議進趨之計群下咸曰宜先據咸陽以制天下萇曰燕因懷舊之士而起兵若功成事捷咸有東歸之思安能久固秦川吾欲移兵嶺北廣收資實須秦弊燕迴然後垂拱取之兵不血刃坐定天下此卞莊得貳之義也堅寧朔將軍宋方率騎三千從雲中將赴長安萇自二縣要破之方單馬奔免其司馬田晃率衆降萇萇遣諸將攻新平剋之因略地至安定嶺北諸城盡降之時苻堅爲慕容沖所逼走入五將山沖入長安堅司隸校尉權翼尚書趙遷大鴻臚皇甫覆光祿大夫薛讃扶風太守段鏗等文武數百人奔于萇萇遣驍騎將軍吳忠率騎圍堅萇如新平俄而忠執堅送之慕容沖遣其車騎大將軍高蓋率衆五万來伐戰于新平南大破之蓋率麾下數千人來降拜散騎常侍沖既率衆東下長安空虛盧水郝奴稱帝于長安渭北盡應之扶風王驎有衆數千保據馬嵬奴遣弟多攻驎萇伐驎破之驎走漢中執多而進攻奴降之以太元十一年萇僭即皇帝位于長安大赦改元曰建初國號大秦改長安曰常安立妻虵氏爲皇后子興爲皇太子置百官自謂以火德承苻氏木行服色如漢氏承周故事徙安定五千餘户于長安以弟征虜緒爲司隸校尉鎮長安萇如安定擊平涼胡金熙鮮卑沒奕于大破之遂如秦州與苻堅秦州刺史王統相持天水屠各略陽羌胡應萇者二万餘户統懼乃降因饗將士于上邽南安人古成詵進曰臣州人殷地險隽傑如林用武之國也王秦州不能收拔賢才三分鼎足

而坐玩珠玉以至于此陛下宜散秦州金帛以施六軍旌賢表善以副鄙州之望萇善之擢爲尚書郎拜弟碩德都督隴右諸軍事征西將軍秦州刺史領護東羌校尉鎮上邽萇還安定脩德政布惠化省非急之費以救時弊閭閻之士有豪介之善者皆顯異之萇復如秦州爲苻登所敗語在登傳以其太子興鎮長安而與登相距登馮翊太守蘭犢與苻師奴離貳慕容永攻之犢遣使請救萇將赴救尚書令姚旻左僕射尹緯等言於萇曰苻登近在瓦亭陛下未宜輕舉萇曰登遲重少決每失時機聞吾自行正當廣集兵貲必不能輕軍深入兩月之間足可剋此三豎吾事必矣遂師次于涅源師奴率衆來距大戰敗之盡俘其衆又擒蘭犢收其士馬萇乃掘苻堅尸鞭撻無數裸剝衣裳荐之以棘坎土而埋之慕容永征西將軍王宣率衆降萇初關西雄傑以苻氏既終萇雄略命世天下之事可一旦而定萇既與苻登相持積年數爲登所敗遠近咸懷去就之計唯征虜齊難冠軍徐洛生輔國劉郭單冠威弥姐婆觸龍驤趙惡地鎮北梁國兒等守忠不貳並留子弟守營供繼軍糧身將精卒隨萇征伐時諸營既多故號萇軍爲大營大營之號自此始也時天大雪萇下書深自責罰散後宮文綺珍寶以供戎事身食一味妻不重綵將帥死王事者加秩二等士戰卒沒皆有褒贈立太學禮先賢之後敦煌索盧曜請刺苻登萇曰卿以身殉難將爲誰乎曜曰臣死之後深以友人隴西辛暹仰託萇遣之事發爲登所殺萇以暹爲騎都尉登進逼安定諸將勸萇決戰萇曰與窮寇競勝兵家之下吾將以計取之於是留其尚書令姚旻守安定夜襲登輜重于大界剋之諸將或欲因登駭亂擊之萇曰登衆雖亂怒氣猶盛未可輕也遂止萇以安定地狹且逼苻登使姚碩德鎮安定徙安定千餘家于陰密遣弟征南靖鎮之立社稷于長安百姓年七十有德行者拜爲中大夫歲賜牛酒尹緯姚晃謂古成詵曰苻登窮寇歷年未滅姦雄鴟峙所在糾扇夷夏皆貳將若之何詵曰主上權略無方信賞必罰賢能之士咸懷樂

推豈慮大業不成氐賊不滅乎緯曰登窮寇未滅姦雄所在扇合吾等寧無懼乎詵曰三秦天府之國主上十分已有其八今所在可慮者苻登楊定雷惡地耳自餘瑣瑣焉足論哉然惡地地狹衆寡不足為憂苻登藉烏合犬羊偷存假息料其智勇非至尊之匹霸王之起必有驅除然後剋定大業昔漢魏之興也皆十有餘年乃能一同於海內五六年間未為久也主上神略內明英武外發可謂無敵於天下耳取登有餘力願布德行仁招賢納士厲兵秣馬以候天機如其鴻業不成者詵請腰斬以謝明公緯言之於萇萇大悅賜詵爵關內侯雷惡地率衆降萇拜為鎮東將軍魏褐飛自稱大將軍衝天王率氐胡數万人攻安北姚當城於杏城雷惡地應之攻鎮東姚漢得於李潤萇議將討之群臣咸曰陛下不憂六十里苻登乃憂六百里褐飛萇曰登非可卒殄吾城亦非登所能卒圖惡地多智非常人也南引褐飛東結董成甘言美說以成姦謀若得杏城李潤惡地據之控制遠近相為羽翼長安東北非

復吾有於是潛軍赴之萇時衆不滿二千褐飛惡地衆至數萬氐胡赴之者首尾不絕萇每見一軍至輒有喜色群下怪而問之萇曰今同惡相濟皆來會集吾得乘勝席卷一舉而覆其巢穴東北無復餘也褐飛等以萇兵少盡衆來攻萇固壘不戰示之以弱潛遣子崇率騎數百出其不意以乘其後褐飛兵擾亂萇遣鎮遠王超平遠譚亮率步騎擊之褐飛衆大潰斬褐飛及首級万餘惡地請降萇待之如初惡地每謂人曰吾自言智勇所施足為一時之傑校數諸雄如吾之徒皆應跨據一方獸嘯千里遇姚公智力摧屈是吾分也惡地猛毅清肅不可干以非義嶺北諸豪皆懾憚之萇命其將當城於營處一柵孔中蒔樹一根以旌戰功歲餘問之城曰營所至小已廣之矣萇曰少來鬬戰無如此快以千六百人破三萬衆國之事業由此剋舉小乃為奇大何足貴貳城胡曹寅王達獻馬三千匹以寅為鎮北將軍并州刺史達鎮遠將軍金城太守萇性簡率群下有過或面加罵辱太常權翼言於萇曰陛下

弘達自任不脩小節駕馭群雄苞羅儁異棄嫌録善有高祖之量然輕慢之風所宜除也萇曰吾之性也吾於舜之美未有片焉漢祖之短已收其一若不聞讜言安知過也南羌竇鸞率户五千來降拜安西將軍萇下書有復私仇者皆誅之將吏亡滅者各隨所親以立後振給長育之鎮東苟曜據逆方堡密引苻登萇與登戰敗於馬頭原收衆復戰姚碩德謂諸將曰上慎於輕戰每欲以計取之今戰既失利而更逼賊者必有由也萇聞而謂碩德曰登用兵遲緩不識虛實今輕兵直進逕據吾東必苟曜豎子與之連結也事久變成其禍難測所以速戰者欲使豎子謀之未就好之未深散敗其事耳進戰大敗之登退屯于郿登將金槌以新平降萇萇輕將數百騎入槌營群下諫之萇曰槌既去苻登復欲圖我將安所歸且懷德初附推款委質吾復以不信待之何以御物乎群氐果有異謀槌不從而止萇如陰密攻登勅其太子興曰苟曜好姦變將為國害聞吾還北必來見汝汝便執之苟曜果見興於長

安興遣尹緯讓而誅之萇大敗登于安定東置酒高會諸將咸曰若值魏武王不令此賊至今陛下將牢太過耳萇笑曰吾不如亡兄有四身長八尺五寸臂垂過膝人望而畏之一也當十萬之衆與天下爭衡望麾而進前無橫陣二也溫古知今講論道藝駕馭英雄收羅儁異三也董率大衆履險若夷上下咸允人盡死力四也所以得建立功業策任群賢者正望筭略中一片耳群臣咸稱萬歲萇下書令留臺諸鎮各置學官勿有所廢考試優劣隨才擢敘苻登驃騎將軍沒奕于率户六千降拜使持節車騎將軍高平公萇寢疾遣姚碩德鎮李潤尹緯守長安召其太子興詣行營征南姚方成言於興曰今寇賊未滅上復寢疾王統苻胤等皆有部曲終為人害宜盡除之興於是誅苻胤王統王廣徐成毛盛乃赴召興至萇怒曰王統兄弟是吾州里無他遠志徐成等昔在秦朝並為名將天下小定吾方任之奈何輒便誅害令人喪氣萇下書兵吏從征伐户在大營者世世復其家無所豫苻登與竇衝相持萇

議擊之尹緯言於萇曰太子純厚之稱著於遐邇將領英略未爲遠近所知宜遣太子親行可以漸廣威武防闚闟之原萇從之戒興曰賊徒知汝轉近必相驅入堡聚而掩之無不剋矣北至胡空堡衝圍自解登聞興向胡空堡引還興因襲平涼大獲而歸感如萇策使興還鎮長安萇下書除妖謗之言及姦穢有相劾舉者皆以其罪罪之晉平遠將軍護氐校尉楊佛嵩率胡蜀三千餘户降于萇晉將楊佺期趙睦追之遣姚崇赴救大敗晉師斬趙睦以佛嵩爲鎮東將軍萇如長安至於新支堡疾篤輿疾而進夢苻堅將天官使者鬼兵數百突入營中萇懼走入宮宮人迎萇刺鬼誤中萇陰鬼相謂曰正中死處拔矛出血石餘寤而驚悸遂患陰腫醫刺之出血如夢萇遂狂言或稱臣萇殺陛下者兄襄非臣之罪願不枉臣至長安召太尉姚旻尚書左僕射尹緯右僕射姚晃尚書狄伯支等入受遺輔政萇謂興曰有毀此諸人者慎勿受之汝撫骨肉以仁接大臣以禮待物以信遇黔首以恩四者既備吾無憂矣以太元十八年死時年六十四在位八年僞謚武昭皇帝廟號太祖墓稱原陵

載記第十六　　晉書一百一十六

姚興上

姚興字子略萇之長子也苻堅時為太子舍人萇之在馬牧興自長安冒難奔萇萇立為皇太子萇出征討常留統後事及鎮長安甚有威惠與其中舍人梁喜洗馬范勗等講論經籍不以兵難廢業時人咸化之萇死興秘不發喪以其叔父緒鎮安定碩德鎮陰密弟崇守長安碩德將佐言於碩德曰公威名宿重部曲最強今喪代之際朝廷必相猜忌非永安之道也宜奔秦州觀望事勢碩德曰太子志度寛明必無疑阻今苻登未滅而自尋干戈所謂追二袁之蹤授首與人吾死而已終不若斯及至興優禮而遣之興自稱大將軍以尹緯為長史狄伯支為司馬率衆伐苻登咸陽太守劉忌奴據避世堡以叛興襲忌奴擒之苻登自六陌向廢橋始平太守姚詳據馬嵬堡以距登登衆甚盛興慮詳不能遏乃自將精騎以追登遣尹緯領步卒赴詳緯用詳計據廢橋以抗登登因急攻緯緯將出戰興馳遣狄伯支謂緯曰兵法不戰而制人者蓋為法也苻登窮寇宜持重不可輕戰緯曰先帝登遐人情擾懼今不因思奮之力梟殄逆豎大事去矣緯敢以死爭遂與登戰大破之登衆渴死者十二三其夜大潰登奔雍興乃發喪行服太元十九年僭即帝位于槐里大赦境內改元曰皇初遂如安定先是苻登使弟廣守雍子崇屯胡空堡聞登敗各棄守走登無所投據遂奔平涼率其餘衆入馬毛山興自安定如涇陽與登戰于山南斬登散其部衆歸復農業徙陰密三万户於長安分大營户為四置四軍以領之安南強熙鎮遠楊多叛推竇衝為盟主所在擾亂興率諸將討之軍次武功多兄子良國殺多而降衝弟彰武與衝離貳衝奔強熙熙聞興將至率户二千奔秦州竇衝走汧川汧川氐仇高執送之衝從弟統率其衆降于興封征虜緒為晉王征西碩德為隴西王征南靖等及功臣尹緯齊難楊佛嵩等並為公侯其餘封爵各有差鮮卑薛勃於貳城為魏軍所伐遣使請救使姚崇赴救魏師既還薛勃復叛崇伐而執之大收其士馬而還興追尊其庶母孫氏為皇太后配饗太廟楊盛保仇池遣使請命拜使持節鎮南將軍仇池公鮮卑越質詰歸率户二萬叛乞伏乾歸降于興興處之于成紀拜使持節鎮西將軍平襄公姚碩德討平涼胡金豹于洛城剋之初上邽姜乳據本縣以叛自稱秦州刺史碩德進討之乳率衆降以碩德為秦州牧領護東羌校尉鎮上邽徵乳為尚書強熙及略陽豪族權干城率衆三萬圍上邽碩德擊破之熙南奔仇池遂假道歸晉碩德西討干城干城降興令郡國各歲貢清行孝廉一人慕容永既為慕容垂所滅河東太守柳恭等各阻兵自守興遣姚緒討之恭等依河距守緒不得濟鎮東薛強先據楊氏壁引緒從龍門濟河遂入蒲坂恭勢屈請降徙新平安定新户六千于蒲坂興母虵氏死興哀毀過禮不親庶政群臣議請依漢魏故事既葬即吉興尚書郎李嵩上疏曰三王異制五帝殊禮孝治天下先王之高事也宜遵聖性以光道訓既葬之後應素服臨朝率先天下仁孝之舉也尹緯駮曰帝王喪制漢魏為準嵩矯常越禮愆于軌度請付有司以專擅論既葬即吉乞依前議興曰嵩忠臣孝子有何咎乎尹僕射棄先王之典而欲遵漢魏之權制豈所望於朝賢哉其一依嵩議鮮卑薛勃叛奔嶺北上郡貳川雜胡皆應之遂圍安遠將軍姚詳於金城遣姚崇尹緯討之勃自三交趣金城崇列營掎之而祖運不繼三軍大飢緯言於崇曰輔國弥姐高地建節杜成等皆諸部之豪位班三品督運稽留令三軍之絶宜明寘刑書以懲不肅遂斬之諸部大震租入者五十餘萬興率步騎二萬親討之勃懼棄其衆奔于高平公沒奕于于執而送之法氏男姚買得欲因興葬母虵氏殺興會有告之者興未之信遣李嵩詐往買得具以告嵩嵩還以聞興乃賜買得死誅其黨與興下書禁百姓造錦繡及淫祀興率衆寇湖城晉弘農太守陶仲山華山太守董邁皆降于興遂如陝城進寇上洛陷之遣姚崇寇洛陽晉河南太守夏侯宗之固守金墉崇攻之不剋乃陷柏

谷徙流人西河嚴彥河東裴岐韓龍裴等二万餘户而還興下書令士卒戰亡者守宰所在埋藏之求其近親爲之立後武都氐屠飛啖鐵等殺隴東太守姚迴略三千餘家據方山以叛興遣姚紹等討之斬飛鐵遣狄伯支迎流人曹會牛壽萬餘户于漢中興留心政事苞容廣納一言之善咸見禮異京兆杜瑾馮翊吉默始平周寶等上陳時事皆擢處美官天水姜龕東平淳于岐馮翊郭高等皆耆儒碩德經明行脩各門徒數百教授長安諸生自遠而至者萬數千人興每於聽政之暇引龕等于東堂講論道藝錯綜名理涼州胡辯苻堅之末東徙洛陽講授弟子千有餘人關中後進多赴之請業興勑關尉曰諸生諮訪道藝脩己厲身往來出入勿拘常限於是學者咸勸儒風盛焉給事黄門侍郎古成詵中書侍郎王尚尚書郎馬岱等以文章雅正參管機密詵風韻秀舉確然不群每以天下是非爲己任時京兆韋高慕阮籍之爲人居母喪彈琴飲酒詵聞而泣曰吾當私刃斬之以崇風教遂持劒求高高懼

逃匿終身不敢見詵興遣將鎮東楊佛嵩攻陷洛陽班命郡國百姓因荒自賣爲奴婢者悉免爲良人興以日月薄蝕災眚屢見降號稱王下書令群公卿士將牧守宰各降一等於是其太尉趙晃公等五十三人上疏諫曰伏惟陛下勳格皇天功濟四海威靈振於殊域聲教暨于遐方雖成湯之隆殷基武王之崇周業未足比諭方當廓靖江吳告成中岳豈宜過垂沖損違皇天之眷命乎興曰殷湯夏禹德冠百王然猶順守謙沖未居崇極況朕寡昧安可以處之哉乃遣晃告于社稷宗廟大赦改元弘始賜孤獨鰥寡粟帛有差年七十已上加衣杖始平太守周班槐里令李彭皆以贓貨誅於是郡國肅然矣洛陽既陷自淮漢已北諸城多請降送任興下書聽祖父母昆弟得相容隱姚緒姚碩德以興降號固讓王爵興弗許京兆韋華譙郡夏侯軌始平龐眺等率襄陽流人一萬叛晉奔于興興引見東堂謂華曰晉自南遷承平已久今政化風俗何如華曰晉主雖有南面之尊無總御之實宰輔執政政出多

門權去公家遂成習俗刑網峻急風俗奢宕自桓溫謝安已後未見寬猛之中興大悦拜華中書令興如河東時姚緒鎮河東興待以家人之禮下書封其先朝舊臣姚驢磑趙惡地王平馬萬載黄世等子爲五等子男命百僚舉殊才異行之士刑政有不便於時者皆除之兵部郎金城邊熙上陳軍令煩苛宜遵簡約興覽而善之乃依孫吳誓衆之法以損益之興立律學于長安召郡縣散吏以授之其通明者還之郡縣論決刑獄若州郡縣所不能決者讞之廷尉興常臨諮議堂聽決疑獄于時號無寃滯姚緒姚碩德固讓王爵許之緒碩德威權日盛興恐姦佞小人沮惑之乃簡清正君子爲之輔佐興以司隸校尉郭撫扶風太守強超長安令魚佩槐里令彭明倉部郎王年等清勤貞白下書褒美增撫邑一百户賜超爵關内侯佩等進位一級使碩德率隴右諸軍伐乞伏乾歸興潛軍赴之乾歸敗走降其部衆三萬六千收鎧馬六万匹軍無私掠百姓懷之興進如枹罕班賜王公已下徧于卒伍興之西也

沒奕于密欲乘虚襲安定長史皇甫序切諫乃止于自恨失言陰欲殺序乞伏乾歸以窮蹙來降拜鎮遠將軍河州刺史歸義侯復以其部衆配之興下書將帥遭大喪非在疆埸嶮要之所皆聽奔赴及朞乃從王役臨戎遭喪聽假百日若身爲邊將家有大變交代未至敢輒去者以擅去官罪罪之遣晉將軍劉嵩等二百三十七人歸于建鄴魏人襲沒奕于于棄其部衆率數千騎與赫連勃勃奔于秦州魏軍進次瓦亭長安大震諸城閉門固守魏平陽太守貳塵入侵河東興於是練兵講武大閱于城西幹勇壯異者召入殿中引見群臣于東堂大議伐魏群臣咸諫以爲不可興不從司隸姚顯進曰陛下天下之鎮不宜親行可使諸將分討授以廟勝之策興曰王者正以廓土靖乱爲務吾焉得而辞之興立其子泓爲皇太子大赦增内賜男子爲父後者爵一級遣姚平狄伯支等率步騎四萬伐魏姚碩德姚穆率步騎六萬伐呂隆平等軍次河東興遣其光遠党娥立節雷星建忠王多等率杏城及嶺北突

騎自和寧赴援越騎校尉唐方積弩姚良國率關中勁卒爲平後繼姚緒統河東見兵爲前軍節度姚紹率洛東之兵姚詳率朔方見騎並集平望以會于興使沒奕于權鎮上邽中軍廣陵公欽權鎮洛陽姚顯及尚書令姚晃輔其太子泓入直西宮碩德至姑臧大敗呂隆之衆俘斬一萬隆將呂他等率衆二万五千以東苑來降先是禿髮利鹿孤據西平沮渠蒙遜據張掖李玄盛據敦煌與呂隆相持至是皆遣使降興率戎卒四萬七千自長安赴姚平平攻魏乾城陷之遂據柴壁魏軍大至攻平截汾水以守之興至蒲坂憚而不進時碩德攻呂隆撫納夷夏分置守宰節糧積粟爲持久之計隆懼遂降碩德軍令齊整秋毫無犯祭先賢禮儒哲西土悅之姚平糧竭矢盡將麾下三十騎赴汾水而死狄伯支等十將四萬餘人皆爲魏所擒興下書軍士戰沒者皆厚加褒贈魏軍乘勝進攻蒲坂姚緒固守不戰魏乃引還興從河西豪右萬餘戶于長安晉輔國將軍袁虔之寧朔將軍劉壽冠軍將軍高長慶龍驤將軍郭恭等貳于桓玄懼而奔興興臨東堂引見謂虔之等曰桓玄雖名晉臣其實晉賊其才度定何如父也能辦成大事以不虔之曰玄藉世資雄據荊楚屬晉朝失政遂偷竊宰衡安忍無親多忌好殺位不才授爵以愛加無公平之度不如其父遠矣今既握朝權必行篡奪既非命世之才正可爲他人驅除耳此天以機便授之陛下願速加經略廓清吳楚興大悅以虔之爲大司農餘皆有拜授虔之固讓請疆埸自効改授假節寧南將軍廣州刺史興立其昭儀張氏爲皇后封子懿弼洸宣諶愔璞質逵裕國兒皆爲公遣其兼大鴻臚梁斐以新平張構爲副拜禿髮傉檀車騎將軍廣武公沮渠蒙遜鎮西將軍沙州刺史西海侯李玄盛安西將軍高昌侯興遣鎮遠趙曜率衆二萬西屯金城建節王松怱率騎助呂隆等守姑臧松怱至魏安爲傉檀弟文眞所圍衆潰執松怱送于傉檀傉檀大怒送松怱還長安歸罪文眞深自陳謝興下書録馬嵬戰時將吏盡擢敘之其保戶給復二十年興性儉約車馬無

金玉之飾自下化之莫不敦尚清素然好游田頗損農要京兆杜挺以僕射齊難無匡輔之益著豐草詩以箴之馮翊相雲作德獵賦以諷焉興皆覽而善之賜以金帛然終弗能改晉順陽太守彭泉以郡降興興遣楊佛嵩率騎五千與其荊州刺史趙曜迎之遂寇陷南鄉擒建威將軍劉嵩略地至于梁國而歸又遣其兼散騎常侍席確詣涼州徵呂隆弟超入侍隆遣之呂隆懼禿髮傉檀之逼表請內徙興遣齊難及鎮西姚詰鎮遠乞伏乾歸鎮遠趙曜等步騎四萬迎隆于河西難至姑臧以其司馬王尚行涼州刺史配兵三千鎮姑臧以將軍閻松爲倉松太守郭將爲番禾太守分戍二城徙隆及其宗室僚屬于長安沮渠蒙遜遣弟如子貢其方物王尚綏撫遺黎導以信義百姓懷其惠化翕然歸之北部鮮卑並遣使貢款桓玄遣使來聘請辛恭靖何澹之興留恭靖而遣澹之謂曰桓玄不推計歷運將圖篡逆天未忘晉必將有義舉以吾觀之終當傾覆卿今馳往必逢其敗相見之期遲不云遠初恭靖至長安引見興而不拜興曰朕將任卿以東南之事靖曰我寧爲國家鬼不爲羌賊臣興怒幽之別室至是恭靖亦踰牆遁歸興遣其將姚碩德姚斂成姚壽都等率衆三万伐楊盛于仇池壽都等入自宕昌斂成從下辯而進盛遣其弟壽距成從子斌距都都逆擊擒之盡俘其衆楊壽等懼率衆請降碩德還師晉汝南太守趙策委守奔于興興如逍遙園引諸沙門于澄玄堂聽鳩摩羅什演說佛經羅什通辯夏言尋覽舊經多有乖謬不與胡本相應興與羅什及沙門僧略僧遷道樹僧叡道坦僧肇曇順等八百餘人更出大品羅什持胡本興執舊經以相考校其新文異舊者皆會於理義續出諸經并諸論三百餘卷今之新經皆羅什所譯興既託意於佛道公卿已下莫不欽附沙門自遠而至者五千餘人起浮圖于永貴里立波若臺于中宮沙門坐禪者恒有千數州郡化之事佛者十室而九矣使姚碩德及冠軍徐洛生等伐仇池又遣建武趙琨自宕昌而進遣其將斂俱寇漢中時劉裕誅桓玄迎復安帝

玄衞將軍新安王桓謙臨原王桓怡雍州刺史桓蔚左衞將軍桓
謐中書令桓胤將軍何澹之等奔于興劉裕遣大參軍衡凱之詣
姚顯請通和顯遣吉默報之自是聘使不絕晉求南鄉諸郡興許
之群臣咸諫以爲不可興曰天下之善一也劉裕拔萃起微匡輔
晉室吾何惜數郡而不成其美乎遂割南鄉順陽新野舞陰等十
二郡歸于晉姚碩德等頻敗楊盛盛懼請降遣子難當及僚佐子
弟數十人爲質碩德等引還署盛爲使持節散騎常侍都督益寧
州諸軍事征南大將軍開府益州牧武都侯斂俱陷城固徙漢中
流人郭陶等三千餘家於關中興班告境內及在朝文武立名不
得犯叔父緒及碩德之名以彰殊禮興謙恭孝友每見緒及碩德
如家人之禮整服傾悚言則稱字車馬服玩必先二叔然後服其
次者朝廷大政必諮之而後行太史令郭黁言於興曰戌亥之歲
當有孤寇起於西北宜慎其鋒起兵如流沙死者如乱麻戎馬悠
悠會隴頭鮮卑烏丸居不安國朝疲於奔命矣時所在有泉水涌
出傳云飲則愈病後多無驗屢有妖人自稱神女戮之乃止興大
閱自杜郵至于羊牧興以姚碩德來朝大赦其境內及碩德歸于
秦州興送之及雍乃還禿髮傉檀獻興馬三千匹羊三萬頭興以
爲忠於己乃署傉檀爲涼州刺史徵涼州刺史王尚還長安涼州
人申屠英等二百餘人遣主簿胡威詣興請留尚興弗許引威見
之威流涕謂興曰臣州奉國五年王威不接銜膽棲冰孤城獨守
者仰恃陛下威靈俯杖良牧惠化忽違天人之心以華土資狄若
傉檀才望應代臣豈敢言竊聞乃以臣等貿馬三千匹羊三萬口
如所傳實若是爲棄人貴畜苟以馬供軍國直煩尚書一符三千
餘家戶輸一匹朝下夕辦何故以一方委此姦胡昔漢武傾天下
之資開建河西隔絕諸戎斷匈奴右臂所以終能屠大宛王毋寡
今陛下方布政玉門流化西域奈何以五郡之地資之玁狁忠誠
華族棄之虐虜非但臣州里塗炭懼方爲聖朝旰食之憂興乃遣
西平人車普馳止王尚又遣使喻傉檀會傉檀已至姑臧普以狀

先告之傉檀懼脅遣王尚遂入姑臧尚既至長安坐匿呂氏宮人
擅殺逃人薄禾等禁止南臺涼州別駕宗敞治中張穆主簿邊憲
胡威等上疏理尚曰臣州荒裔鄰帶寇讎居泰無垂拱之安運否
離傾覆之難自張氏頹基德風絕而莫扇呂數將終梟鴉以之翻
翔群生嬰罔極之痛西夏有焚如之禍幸皇鑒降眷純風遠被刺
史王尚受任垂滅之州策成難全之際輕身率下躬儉節用勞逸
豐約與衆同之勸課農桑時無廢業然後振王威以掃不庭迴天
波以盪氛穢則群逆冰摧不俟朱陽之曜若秋霜隕籜豈待勁風
之威何定遠之足高營平之獨美經始甫爾會朝算改授使希世
之功不終于必成易失之機踐之而莫展當其時而明其事者誰
不慨然既遠役遐方劬勞于外雖効未酬恩而在公無闕自至京
師二旬于今出車之命莫逮萋斐之責惟深以取呂氏宮人裴
氏各殺逃人薄禾等爲南臺所禁天臨玄鏡斷是免罔圖識繩之
文未離簡墨裴氏年垂知命首髮二毛嫠居本家不在尚室年邁
姿陋何用送爲邊藩要捍衆力是寄禾等私逃罪應憲墨以殺止
殺安邊之義也假若以不送裴氏爲罪者正闕奚官之一女子耳
論勳則功重言瑕則過微而執憲吹毛求疵忘勞記過斯先哲所
以泣血於當年微臣所以仰天而洒淚且尚之奉國歷事二朝能
否效於既往優劣簡在聖心就有微過功足相補宜弘罔極之施
以彰覆載之恩臣等生自西州無翰飛之翼久沈僞政絕進趣之
途及皇化既沾投竿之心冥發遂策名委質位忝吏端主辱臣憂
故重繭披款惟陛下亮之興覽之大悅謂其黃門侍郎姚文祖曰
卿知宗敞乎文祖曰與臣州里西方之英雋興曰有表理王尚文
義甚佳當王尚研思耳文祖曰尚在南臺禁止不與賓客交通敞
寓於楊桓非尚明矣興曰若爾桓爲措思乎文祖曰西方評敞甚
重優於楊桓敞昔與呂超周旋陛下試可問之興因爲超曰宗敞
文才何如可是誰輩超曰敞在西土時論甚美方敞魏之陳徐晉
之潘陸即以表示超曰涼州小地寧有此才乎超曰臣以敞餘文

比之未足稱多琳琅出于崐領明珠生于海濱若必以地求人則文命大夏之棄夫姬昌東夷之擯士但當問其文彩何如不可以區宇格物興悅赦尚之罪以爲尚書

載記第十七　晉書一百一十七

姚興下　尹緯

晉義熙二年平北將軍梁州督護苻宣入漢中興梁州別駕呂營漢中徐逸席難起兵應宣求救於楊盛盛遣軍臨濜口南梁州刺史王敏退守武興楊盛復通于晉興以太子泓錄尚書事慕容超司徒北地王鍾右僕射濟陽王嶷高都公始皆來奔華山郡地涌沸廣袤百餘步燒生物皆熟歷五月乃止赫連勃勃殺髙平公沒奕于收其衆以叛先是魏主拓跋圭送馬千匹求婚于興興許之以魏別立后遂絶婚故有柴壁之戰至是復與魏通和魏放狄伯支姚伯禽唐小方姚良國康宦還長安皆復其爵位時禿髮傉檀沮渠蒙遜迭相攻擊傉檀遂東招河州刺史西羌彭奚念奚念阻河以叛蜀譙縱遣使稱藩請桓謙欲令順流東伐劉裕興以問謙謙請行遂許之使中軍姚弼後軍斂成鎮遠乞伏乾歸等率步騎三萬伐傉檀左僕射齊難等率騎二万討勃勃吏部尚書尹昭諫曰傉檀恃遠輕敢違逆宜詔蒙遜及李玄盛使自相攻擊待其斃也然後取之此卞莊之舉也興不從勃勃退保河曲弼濟自金城弼部將姜紀言於弼曰今王師聲討勃勃傉檀猶豫未爲嚴防請給輕騎五千掩其城門則山澤之人皆爲吾有孤城獨立坐可剋也弼不從進抜昌松長驅至姑臧傉檀嬰城固守出其兵擊弼弼敗退據西苑興又遣衞大將軍姚顯率騎二萬爲諸軍節度至髙平聞弼敗績兼道赴之撫慰河外率衆而還傉檀遣使人徐宿詣興謝罪齊難爲勃勃所擒興遣平北姚沖征虜狄伯支輔國斂曼嵬鎮東楊佛嵩率騎四万討勃勃沖次于嶺北欲回師襲長安伯支不從乃止懼其謀泄遂鴆殺伯支時王師伐譙縱大敗之縱遣使乞師於興興遣平西姚賞南梁州刺史王敏率衆二萬救之王師引還縱遣使拜師仍貢其方物興遣其兼司徒韋華持節策拜縱爲大都督相國蜀王加九錫備物典策一如魏晉故事承制封拜悉如王者之儀興自平涼如朝那聞沖謀逆以其弟中最少雄

武絶人猶欲隱忍容之斂成泣謂興曰沖凶險不仁每侍左右臣常寢不安席願早爲之所興曰沖何能爲也但輕害名將吾欲明其罪於四海乃下書賜沖死葬以庶人之禮晉河間王子國璠章武王子叔道來奔興謂之曰劉裕匡復晉室卿等何故來也國璠等曰裕與不逞之徒削弱王室宗門能自脩立者莫不害之是避之來實非誠款所以避死耳興嘉之以國璠爲建義將軍揚州刺史叔道爲平南將軍兖州刺史賜以甲第興如貳城將討赫連勃勃遣安遠姚詳及斂曼嵬鎮軍彭白狼分督租運諸軍未集而勃勃騎大至興欲留步軍輕如嵬營衆咸惶懼群臣固以爲不可興弗納尚書郎韋宗希旨勸興行蘭臺侍御史姜楞越次而進曰韋宗傾險不忠沮敗國計宜先腰斬以謝天下脫車駕動軫六軍駭懼人無守志取亡之道也宜遣單使以徵詳等興默然右僕射韋華等諫曰若車騎輕動必不戰自潰嵬營亦未必可至惟陛下圖之興乃遣左將軍姚文宗率禁兵距戰中壘齊莫統氐兵以繼之文宗興莫皆勇果兼人以死力戰勃勃乃退留禁兵五千配姚詳守貳城興還長安譙縱遣其侍中譙良太常楊軌朝於興請大舉以寇江東遣其荊州刺史桓謙梁州刺史譙道福率衆二万東寇江陵興乃遣前將軍苟林率騎會之謙屯支江林屯江津謙江左貴族部曲徧於荊楚晉之將士皆有叛心荊州刺史劉道規大懼嬰城固守雍州刺史魯宗之率襄陽之衆救之道規乃留宗之守江陵率軍逆戰謙等舟師大盛兼列步騎以待之大戰支江謙敗績乘輕舸奔就苟林晉人獲而斬之苟林懼而引歸興以國用不足增關津之稅鹽竹山木皆有賦焉群臣咸諫以爲天殖品物以養群生王者子育万邦不宜節約以奪其利興曰能踰關梁通利於山水者皆豪富之家吾損有餘以裨不足有何不可乃遂行之興從朝門游於文武苑及昏而還將自平朔門入前驅既至城門校尉王滿聰被甲持杖閉門距之曰今已昏闇姧良不辨有死而已門不可開興乃迴從朝門而入旦而召滿聰進位二等乞伏乾歸

以衆叛攻陷金城執太守任蘭蘭厲色責乾歸以背恩違義乾歸怒而囚之蘭遂不食而死赫連勃勃遣其將胡金纂將万餘騎攻平涼興如貳城因救平涼纂衆大潰生擒纂勃勃遣兄子提攻陷定陽執北中郎將姚廣都興將曹熾曹雲王肆佛等各將數千户避勃勃内徙興處佛于湟山澤熾雲于陳倉勃勃寇隴右攻白崖堡破之遂趣清水略陽太守姚壽都委守奔秦州勃勃又收其衆而歸興自安定追之至壽渠川不及而還初天水人姜紀呂氏之叛臣阿諂奸詐好間人之親戚興子弼有寵於興紀遂傾心附之弼時爲雍州刺史鎮安定與密謀還朝令傾心事常山公顯樹黨左右至是興以弼爲尚書令侍中大將軍既居將相虚襟引納收結朝士勢傾東宮遂有奪嫡之謀矣興以勃勃乾歸作亂西北傉檀蒙遜擅兵河右疇咨將帥之臣欲鎮撫二方隴東太守郭播言於興曰嶺北二州鎮户皆數萬若得文武之才以綏撫之足以靖塞奸略興曰吾每思得廉頗李牧鎮撫四方使便宜行事然任非

其人恒致負敗卿試舉之播曰清潔善撫邊則平陸子王元始雄武多奇略則建威王煥賞罰必行臨敵不顧則奮武彭蚝興曰蚝令行禁止則有之非綏邊之才也始煥年少吾未知其爲人播曰廣平公弼才兼文武宜鎮督一方願陛下遠鑒前車近悟後轍興不從以其太常索稜爲太尉領隴西内史綏誘乾歸政績既美乾歸感而歸之太史令任猗言於興曰白氣出於北方東西竟天五百里當有破軍流血乞伏乾歸遣使送所掠守宰謝罪請降興以勃勃之難權宜許之假乾歸及其子熾磐官爵姚詳時鎮杏城爲赫連勃勃所逼糧盡委守南奔大蘇勃勃要之衆散爲勃勃所執時遣衛大將軍顯迎詳詳敗遂屯杏城因令顯都督安定嶺北二鎮事潁川太守姚平都自許昌來朝言於興曰劉裕敢懷奸計屯聚芍陂有擾邊之志宜遣燒之以散其衆謀興曰裕之輕弱安敢闚吾疆埸苟有奸心其在子孫乎召其尚書楊佛嵩謂之曰吳兒不自知乃有非分之意待至孟冬當遣卿率精騎三万焚其積聚

嵩曰陛下若任臣以此役者當從肥口濟淮直趣壽春舉大衆以屯城縱輕騎以掠野使淮南蕭條兵粟俱了足令吳兒俯仰回惶神爽飛越興大悦時西胡梁國兒於平涼作壽冢每將妻妾入冢飲讌酒酣升靈牀而歌時人或譏之國兒不以爲意前後征伐屢有大功興以爲鎮北將軍封平輿男年八十餘乃死時客星入東井所在地震前後一百五十六興公卿抗表請罪興曰災譴之來咎在元首近代或歸罪三公甚無謂也公等其悉冠履復位仇池公楊盛叛擾祈山遣建威趙琨率騎五千爲前鋒立節楊伯壽統步卒繼之前將軍姚恢左將軍姚文宗入自鷲陜鎮西秦州刺史姚嵩入羊頭陜右衛胡翼度從陰密出自汧城討盛興將輕騎五千自雍赴之與諸將軍會于隴口天水太守王松忩言於嵩曰先皇神略無方威武冠世冠軍徐洛生猛毅兼人佐命英輔再入仇池無功而還非楊盛智勇能全直是地勢然也今以趙琨之衆使君之威準之先朝實未見成功使君具悉形便何不表聞嵩不從

盛率衆與琨相持伯壽畏懦弗進琨衆寡不敵爲盛所敗興斬伯壽而還嵩乃具陳松忩之言興善之乾歸爲其下人所殺子熾磐新立群下咸勸興取之興曰乾歸先已返善吾方當懷撫因喪伐之非朕本志也以楊佛嵩都督嶺北討虜諸軍事安遠將軍雍州刺史率嶺北見兵以討赫連勃勃嵩發數日興謂群臣曰佛嵩驍勇果鋭每臨敵對寇不可制抑吾常節之配兵不過五千今衆旅既多遇賊必敗今去已遠追之無及吾深憂之其下咸以爲不然佛嵩果爲勃勃所執絶亢而死興立昭儀齊氏爲皇后又下書以其故丞相姚緒太宰姚碩德太傅姚旻大司馬姚崇司徒尹緯等二十四人配饗於萇廟興以大臣屢喪令所司更詳臨赴之制所司白興依故事東堂發哀興不從每大臣死皆親臨之姚文宗有寵於姚泓姚弼深疾之誣文宗有怨言以侍御史廉桃生爲證興怒賜文宗死是後群臣累足莫敢言弼之短時貳縣羌叛興遣後將軍斂成鎮軍彭白狼北中郎將姚洛都討之斂成爲羌所敗甚

懼詣趙興太守姚穆歸罪穆欲送殺之成怒奔赫連勃勃興遣姚紹與姚弼率禁衞諸軍鎮撫嶺北遼東侯弥姐亭地率其部人南居陰密劫掠百姓弼收亭地送之殺其衆七百餘人徙二千餘户于鄭城弼寵愛方隆所欲施行無不信納乃以嬖人尹沖爲給事黄門侍郎唐盛爲治書侍御史左右機要皆其黨人漸欲廣樹爪牙弥縫其闕右僕射梁喜侍中任謙京兆尹尹昭承間言於興曰父子之際人罕得而言然君臣亦猶父子臣等理不容默並后匹嫡未始不傾國亂家廣平公弼姦凶無狀潛有陵奪之志陛下寵之不道假其威權傾險無賴之徒莫不鱗湊其側市巷諷議皆言陛下欲有廢立之志誠如此者臣等有死而已不敢奉詔興曰安有此乎昭等曰若無廢立之事陛下愛弼適所以禍之願去其左右減其威權非但弼有太山之安宗廟社稷亦有磐石之固矣興默然興寢疾妖賊李弘反于貳原貳原氐仇常起兵應弘興輿疾討之斬常執弘而還徙常部人五百餘户于許昌興疾篤其太子

泓屯兵于東華門侍疾於諮議堂姚弼潛謀爲亂招集數千人被甲伏於其第撫軍姚紹及侍中任謙右僕射梁喜冠軍姚讚京兆尹尹昭輔國斂曼嵬並典禁兵宿衞于内姚裕遣使告姚懿于蒲坂并密信諸藩論弼逆狀懿流涕以告將士曰上今寢疾臣子所宜冠履不整而廣平公弼擁兵私第不以忠於儲宫正是孤徇義亡身之日諸君皆忠烈之士亦當同孤徇斯舉也將士無不奮怒攘袂曰惟殿下所爲死生不敢貳於是盡赦囚徒散布帛數万匹以賜其將士建牙誓衆將赴長安鎮東豫州牧姚洸起兵洛陽平西姚諶起兵於雍將以赴泓之難興疾瘳朝其群臣征虜劉羌泣謂興曰陛下寢疾數旬奈何忽有斯事興曰朕過庭無訓使諸子不穆愧于四海卿等各陳所懷以安社稷尹昭曰廣平公弼恃寵不虔阻兵懷貳自宜寘之刑書以明典憲陛下若含忍未便加法者且可削奪威權使散居藩國以紓闚闟之禍全天性之恩興謂梁喜曰卿以爲何如喜曰臣之愚見如昭所陳興以弼才兼文武

未忍致法免其尚書令以將軍公就第懿等聞興疾瘳各罷兵還鎮懿恢及弟諶等皆抗表罪弼請致之刑法興弗許時魏遣使聘于興且請婚會平陽太守姚成都來朝興謂之曰卿久處東藩與魏鄰接應悉彼事形今來求婚吾已許之終能分災共患遠相接援以不成都曰魏自柴壁剋捷已來戎甲未曾損失士馬桓桓師旅充盛今脩和親兼婚姻之好豈但分災共患而已實亦永安之福也興大悦遣其吏部郎嚴康報聘并致方物時姚懿姚洸姚宣姚諶來朝使姚裕言於興曰懿等今悉在外欲有所陳興曰汝等正欲道弼事耳吾已知之裕曰弼苟有可論陛下所宜垂聽若懿等言違大義便當肆之刑辟奈何距之於是引見諮議堂宣流涕曰先帝以大聖起基陛下以神武定業方隆七百之祚爲萬世之美安可使弼謀傾社稷宜委之有司肅明刑憲臣等敢以死請興曰吾自處之非汝等所憂先以大司農竇温司徒左長史王弼皆有密表勸興廢立興雖不從亦不以爲責撫軍東曹屬姜虬上疏

曰廣平公弼懷姦積年謀禍有歲傾陷群賢爲之畫足釁成逆著取嗤戎裔文武之化刑于寡妻聖朝之亂起自愛子今雖欲含忍其瑕掩蔽其罪而逆黨猶繁扇惑不已弼之亂心其可革耶宜斥散凶徒以絶禍始興以虬表示梁喜曰天下之人莫不以吾兒爲口實將何以處之喜曰信如虬言陛下宜早裁決興默然太子詹事王周亦虚襟引士樹黨東宫弼惡之每規陷害周周抗志確然不爲之屈興嘉其守正以周爲中書監興如三原顧謂群臣曰古人有言關東出相關西出將三秦饒儁異汝潁多奇士吾應天明命跨據中原自流沙已東淮漢已北未嘗不傾己招求冀匡不逮然明不照下弗感懸魚至於智效一官行著一善吾歷級而進之不使有後門之歎卿等宜明揚仄陋助吾舉之梁喜對曰奉言求賢弗曾休倦未見儒亮大才王佐之器可謂世之乏賢興曰自古霸王之起也莫不將則韓吳相兼蕭鄧終不採將於往賢求相於後哲卿自識拔不明求之不至奈何厚誣四海乎群臣咸悦晉荆州

刺史司馬休之據江陵雍州刺史魯宗之據襄陽與劉裕相攻遣
使求援興遣姚成王司馬國璠率騎八千赴之弼恨姚宣之毀已
遂譖宣於興會宣司馬權丕至長安興責丕以無匡輔之益將戮
之丕性傾巧因誣宣罪狀興大怒遂收宣于杏城下獄而使弼將
三萬人鎮秦州尹昭言於興曰廣平公與皇太子不平握彊兵于
外陛下一旦不諱恐社稷必危小不忍以致大乱者陛下之謂也
興弗納赫連勃勃攻杏城興又遣弼救之至冠泉而杏城陷興如
北地弼次于三樹遣弼及歛曼嵬向新平興還長安姚成王至于
南陽司馬休之等爲劉裕所敗引歸休之宗之等遂與譙王文思
新蔡王道賜寧朔將軍梁州刺史馬敬輔國將軍竟陵太守魯軌
寧朔將軍南陽太守魯範奔于興勃勃遣其將赫連建率衆寇貳
縣數千騎入平涼姚恢與建戰于五井平涼太守姚周都爲建所
獲遂入新平姚弼討之戰于龍尾堡大破之擒建送于長安初勃
勃攻彭雙方于石堡方力戰距守積年不能剋至是聞建敗引歸
休之等至長安興謂之曰劉裕崇奉亟帝豈便有闕乎休之曰臣
前下都琅邪王德文泣謂臣曰劉裕供御主上克薄奇深以事勢
推之社稷之憂方未可測興將以休之爲荊州刺史任以東南之
事休之固辭請與魯宗之等擾動襄陽淮漢乃以休之爲鎮南將
軍揚州刺史宗之等並有拜授休之將行侍御史唐盛言於興曰
符命所記司馬氏應復河洛休之既得濯鱗南翔恐非復池中之
物可以崇禮不宜放之興曰司馬氏脫如所記留之適足爲患遂
遣之揚武安鄉侯康宦驅略白鹿原氏胡數百家奔上洛太守宋
林距之商洛人黃金等起義兵以掎宦宦乃率衆歸罪興赦之復
其爵位時白虹貫日有術人言於興曰將有不祥之事終當自消
時興藥動姚弼稱疾不朝集兵於第興聞之怒甚收其黨殿中侍
御史唐盛孫玄等殺之泓言於興曰臣誠不肖不能訓諧於弟致
弼搆造是非仰慙天日陛下若以臣爲社稷之憂除臣而國寧亦
家之福也若垂天性之恩不忍加臣刑戮者乞聽臣守藩興慘然

改容召姚讚梁喜尹昭歛曼嵬於諮議堂密謀收弼時姚紹屯兵
雍城馳遣告之數日不決弼黨兇懼興慮其爲變乃收弼因之中
曹窮責黨與將殺之泓流涕固請之乃止興謂梁喜曰泓天心平
和性少猜忌必能容養群賢保全吾子於是皆赦弼黨靈臺令張
泉又言於興曰熒惑入東井旬紀而返未餘月復來守心王者惡
之宜脩仁虛己以荅天譴興納之正旦興朝群臣于太極前殿沙
門賀僧慟泣不能自勝衆咸怪焉賀僧者莫知其所從來也言事
皆有效驗興甚神禮之常與隱士數人預於讌會興如華陰以泓
監國入居西宮因疾篤還長安泓欲出迎其宮臣曰今主上疾篤
奸臣在側廣平公每希覬非常變故難測今殿下若出進則不得
見主上退則有弼等之禍安所歸乎自宜深抑情禮以寧宗社泓
從之乃拜迎於黃龍門樽下弼黨見興升輿咸懷危懼尹沖等先
謀欲因泓出迎害之尚書姚沙弥曰若太子有備不來迎侍當奉
乘輿直趣公第宿衛者聞上在此自當來奔誰與太子守乎吾等
以廣平公之故陷身逆節今以乘輿南幸自當是仗義之理匪但
救廣平之禍足可以申雪前愆沖等不從欲隨興入殿中作乱復
未知興之存亡疑而不發興命泓錄尚書事使姚紹胡翼度典兵
禁中防制內外遣歛曼嵬收弼第中甲杖內之武庫興疾轉篤興
妹僞南安長公主問疾不應興少子耕兒出告其兄愔曰上已崩
矣宜速決計於是愔與其屬率甲士攻端門殿中上將軍歛曼嵬
勒兵距戰右衛胡翼度率禁兵閉四門愔等遣壯士登門緣屋而
入及于馬道泓時侍疾于諮議堂遣歛曼嵬率殿中兵登武庫距
戰太子右衛率姚和都率東宮兵入屯馬道南愔等既不得進遂
燒端門興力疾臨前殿賜弼死禁兵見興喜躍貫甲赴賊賊衆駭
擾和都勒東宮兵自後擊之愔等奔潰逃于驪山愔黨呂隆奔雍
尹沖等奔于京師興引紹及讚梁喜尹昭歛曼嵬入內寢受遺輔
政義熙十二年興死時年五十一在位二十二年僞謚文桓皇帝
廟號高祖墓曰偶陵

尹緯字景亮天水人也少有大志不營產業身長八尺腰帶十圍魁梧有爽氣每覽書傳至宰相立勳之際常輟書而歎苻堅以尹赤之降姚襄諸尹皆禁錮不仕緯晚乃為吏部令史風志豪邁郎皆憚之堅末年祅星見于東井緯知堅將滅喜甚向天再拜既而流涕長歎友人略陽桓識怪而問之緯曰天時如此正是霸王龍飛之秋吾徒杖策之日然知己難遭恐不得展吾才志是以欣懼交懷及姚萇奔馬牧緯與尹詳龐演等扇動群豪推萇為盟主遂為佐命元功萇既敗苻堅遣緯說堅求禪代之事堅問緯曰卿於朕何官緯曰尚書令史堅歎曰宰相之才也王景略之儔而朕不知卿亡也不亦宜乎緯性剛簡清亮慕張子布之為人馮翊段鏗性傾巧萇愛其博識引為侍中緯固諫以為不可萇不從緯屢眾中辱鏗鏗心不平之萇聞而謂緯曰卿性不好學何為憎學者緯曰臣不憎學憎鏗不正耳萇因曰卿好不自知每比蕭何真何如也緯曰漢祖與蕭何俱起布衣是以相貴陛下起貴中是以賤臣

萇曰卿實不及胡為不也緯曰陛下何如漢祖萇曰朕實不如漢祖卿遠蕭何故不如甚也緯曰漢祖所以勝陛下者以能遠段鏗之徒故耳萇默然乃出鏗為北地太守萇死緯與姚興滅苻登成興之業皆緯之力也歷輔國將軍司隸校尉尚書左右僕射清河侯緯友人隴西牛壽率漢中流人歸興謂緯曰足下平生自謂時明也才足以立功立事道消也則追二疏朱雲發其狂直不能如胡廣之徒洿隆隨俗今遇其時矣正是垂名竹素之日可不勉歟緯曰吾之所庶幾如是但未能委宰衡於夷吾識韓信於羇旅以斯為愧耳立功立事竊謂未負昔言興聞而謂緯曰君之與壽言也何其誕哉立功立事自謂何如古人緯曰臣實未愧古人何則遇時來之運則輔翼太祖建八百之基及陛下龍飛之始翦滅苻登盪清秦雍生極端右死饗廟庭古之君子正當爾耳興大悅及死興甚悼之贈司徒謚曰忠成侯

載記第十八　　晉書一百一十八

姚泓

姚泓字元子興之長子也孝友寛和而無經世之用又多疾病興將以爲嗣而疑焉久之乃立爲太子興每征伐廵游常留總後事博學善談論尤好詩詠尚書王尚黄門郎叚章尚書郎富允文以儒術侍講胡義周夏侯稚以文章游集時尚書王敏右丞郭播以刑政過寛議欲峻制泓曰人情挫辱則壯厲之心生政教煩苛則苟免之行立上之化下如風靡草君等叅讚朝化弘昭政軌不務仁恕之道惟欲嚴法酷刑豈是安上馭下之理乎敏等遂止泓受經於博士淳于岐岐病泓親詣省疾拜于牀下自是公侯見師傅皆拜焉興之如平涼也馮翊人劉厥聚衆數千據萬年以叛泓遣鎮軍彭白狼率東宫禁兵討之斬厥赦其餘黨諸將咸勸泓曰殿下神筭電發蕩平醜逆宜露布表言廣其首級以慰遠近之情泓曰主上委吾後事使式遏寇逆吾綏御失和以長姦寇方當引咎

責躬歸罪行間安敢過自矜誕以重罪責乎其右僕射韋華聞而謂河南太守慕容筑曰皇太子寔有恭惠之德社稷之福也其弟弼有奪嫡之謀泓恩撫如初未嘗見于色姚紹每爲弼羽翼泓亦推心宗事弗以爲嫌及僭位任紹以兵權紹亦感而歸誠卒守其忠烈其明識寛裕皆此類也興既死祕不發喪南陽公姚愔及大將軍尹元等謀爲亂泓皆誅之命其齊公姚恢殺安定太守呂超恢乆乃誅之泓疑恢有陰謀恢自是懐貳陰聚兵甲焉泓發喪以義熈十二年僭即帝位大赦殊死已下改元永和廬于諮議堂既葬乃親庶政内外百僚增位一等令文武各盡直言政有不便於時事有光益宗廟者極言勿有所諱初興徙李閏羌三千家於安定尋徙新支至是羌酋党容率所部叛還遣撫軍姚讚討之容降徙其豪右數百户于長安餘遣還李閏北地太守毛雍據趙氏塢以叛于泓姚紹討擒之姚宣時鎮李閏未知雍敗遣部將姚佛生等來衞長安衆既發宣參軍韋宗姦諂好亂説宣曰主上初立威

化不著勃勃彊盛侵害必深本朝之難未可弭也殿下居維城之任宜深慮之邢望地形險固總三方之要若能據之虚心撫御非但克固維城亦霸王之業也宣乃率户三萬八千棄李閏南保邢望宣既南移諸羌據李閏以叛紹進討破之宣詣紹歸罪紹怒殺之初宣在邢望泓遣姚佛生諭宣佛生遂讚成宣計紹數其罪又戮之泓下書士卒死王事贈以爵位永復其家將封宫臣十六人五等子男姚讚諫曰東宫文武自當有守忠之誠未有赫然之效何受封之多乎泓曰懸爵於朝所以懲勸來效摽明盛德元子遭家不造與宫臣同此百憂獨享其福得不愧於心乎讚默然姚紹進曰陛下不忘報德封之是也古者敬其事命之以始可須來春然後議之乃止并州定陽二城胡數萬落叛泓入于平陽攻立義姚成都于匈奴堡推匈奴曹弘爲大單于所在殘掠征東姚懿自蒲坂討弘戰于平陽大破之執弘送于長安徙其豪右万五千落于雍州仇池公楊盛攻陷祁山執建節王總遂逼秦州泓遣後將

軍姚平救之盛引退姚嵩與平追盛及于竹嶺姚讚率隴西太守姚秦都略陽太守王煥以禁兵赴之讚至清水嵩爲盛所敗嵩及秦都王煥皆戰死讚至秦州退還仇池先是天水冀縣石鼓鳴聲聞數百里野雉皆雊秦州地震者三十二殷殷有聲者八山崩舍壞咸以爲不祥及嵩將出群僚固諫止之嵩曰若有不祥此乃命也安所逃乎遂及於難識者以爲秦州泓之故鄉將滅之徵也赫連勃勃攻陷陰密執秦州刺史姚軍都坑將士五千餘人軍都瞋目厲聲數勃勃殘忍之罪不爲之屈勃勃怒而殺之勃勃既剋陰密進兵侵雍嶺北雜户悉奔五將山征北姚恢棄安定率户五千奔新平安定人胡儼華韜等率衆距恢恢單騎歸長安立節弥姐成建武裴岐爲儼所殺鎮西姚諶委鎮東走勃勃遂據雍抄掠郿城姚紹及征虜尹昭鎮軍姚洽等率步騎五万討勃勃姚恢以精騎一萬繼之軍次横水勃勃退保安定胡儼閉門距之殺鮮卑數千人據安定以降紹進兵躡勃勃戰于馬鞍坂敗之追至朝那不

及而還楊盛遣兄子倦入寇長虵平陽氐苟渴聚衆千餘據五丈原以叛遣鎮遠姚萬恢武姚難討之爲渴所敗姚諶討渴擒之泓使輔國斂曼嵬前將軍姚光兒討楊倦于陳倉倦奔于散關勃勃遣兄子提南侵池陽車騎姚裕前將軍彭白狼建義虵玄距卻之尋而晉太尉劉裕總大軍伐泓次于彭城遣冠軍將軍檀道濟龍驤將軍王鎮惡入自淮肥攻漆丘項城將軍沈林子自汴入河攻倉垣泓將王苟生以漆丘降鎮惡徐州刺史姚掌以項城降道濟王師遂入穎口所至多降服惟新蔡太守董遵固守不降道濟攻破之縛遵而致諸軍門遵厲色曰古之王者伐國待士以禮君奈何以不義行師待國士以非禮乎道濟怒殺之姚紹聞王師之至還長安言於泓曰晉師已過許昌豫州安定孤遠卒難救衛宜遷諸鎮戶內實京畿可得精兵十萬足以橫行天下假使二寇交侵無深害也如其不爾晉侵豫州勃勃寇安定者將若之何事機已至宜在速決其左僕射梁喜曰齊公恢雄勇有威名爲嶺北所憚鎮人已與勃勃深仇理應守死無二勃勃終不能棄安定遠寇京畿若無安定虜馬必及於郿雍今關中兵馬足距晉師豈可未有憂危先自削損也泓從之吏部郎懿橫密言於泓曰齊公恢於廣平之難有忠勳於陛下自陛下龍飛紹統未有殊賞以荅其意今外則致之死地內則不豫朝權安定人自以孤危逼寇欲思南遷者十室而九若擁精兵四萬鼓行而向京師得不爲社稷之累乎宜徵還朝廷以慰其心泓曰恢若懷不逞之心徵之適所以速禍耳又不從王師至成皐征南姚洸時鎮洛陽馳使請救泓遣越騎校尉閻生率騎三千以赴之武衛姚益男將步卒一萬助守洛陽又遣征東并州牧姚懿南屯陝津爲之聲援洸部將趙玄說洸曰今寇逼已深百姓駭懼衆寡勢殊難以應敵宜攝諸戍兵士固守金墉以待京師之援不可出戰如脫不捷大事去矣金墉既固師無損敗吳寇終不敢越金墉而西困之於堅城之下可以坐制其弊時洸司馬姚禹潛通于道濟主簿閻恢楊虔等皆禹之黨嫉玄

忠誠咸共毀之固勸洸出戰洸從之乃遣玄率精兵千餘南守柏谷塢廣武石無諱東戍鞏城以距王師玄泣謂洸曰玄受三帝重恩所守正死耳但明公不用忠臣之言爲姦孽所誤後必悔之但無及耳會陽城及城皐滎陽武牢諸城悉降道濟等長驅而至無諱至石關奔還玄與晉將毛德祖戰于柏谷以衆寡而敗被瘡十餘據地大呼玄司馬蹇鑒冒刃抱玄而泣玄曰吾瘡已重君宜速去鑒曰若將軍不濟當與俱死去將安之皆死於陣姚禹踰城奔于王師道濟進至洛陽洸懼遂降時閻生至新安益男至湖城會洛陽已沒遂留屯不進姚懿險薄惑於信受其司馬孫暢姦巧傾佞好亂樂禍勸懿襲長安誅姚紹廢泓自立懿納之乃引兵至陝津散穀以賜河北夷夏欲虛損國儲招引和戎諸羌樹已私惠懿左常侍張敞侍郎左雅固諫懿曰殿下以母弟之親居分陝之重安危休戚與國共之漢有七國之難實賴梁王今吳寇內侵四州傾沒西虜擾邊秦涼覆敗朝廷之危有同累卵正是諸侯勤王之日穀者國之本也而今散之若朝廷問殿下者將何辭以報懿怒笞而殺之泓聞之召姚紹等密謀於朝堂紹曰懿性識鄙近從物推移造成此事惟當孫暢耳但馳使徵暢遣撫軍讚據陝城臣向潼關爲諸軍節度若暢奉詔而至者臣當遣懿率河東見兵共平吳寇如其逆釁已成違距詔勅者當明其罪於天下聲鼓以擊之泓曰叔父之言社稷之計也於是遣姚讚及冠軍司馬國璠建義虵玄屯陝津武衛姚驢屯潼關懿遂舉兵僭號傳檄州郡欲運匈奴堡穀以給鎮人寧東姚成都距之懿乃卑辭招誘深自結託送佩刀爲誓成都送以呈泓懿又遣驍騎王國率甲士數百攻成都成都擒國囚之遣讓懿曰明公以母弟之親受推轂之寄今社稷之危若綴旒然宜恭恪憂勤匡輔王室而更包藏姦宄謀危宗廟三祖之靈豈安公乎此鎮之糧一方所寄鎮人何功而欲給之王國爲虵畫足國之罪人已就囚執聽詔而戮之成都方糾合義衆以懲明公之罪復須大兵悉集當與明公會於河上乃宣告諸城勉

以忠義厲兵秣馬衛發義祖河東之兵無詣懿者懿深患之臨晉
數千户叛應懿姚紹濟自蒲津擊臨晉叛户大破之懿等震懼鎮
人安定郭純王奴等率衆圍懿紹入于蒲坂執懿囚之誅孫暢等
泓以内外離叛王師漸逼歲旦朝群臣于其前殿悽然流涕群臣
皆泣時征北姚恢率安定鎮户三萬八千焚燒室宇以車爲方陣
自北雍州趣長安自稱大都督建義大將軍移檄州郡欲除君側
之惡揚威姜紀率衆奔之建節彭完都聞恢將至棄陰密奔還長
安恢至新支姜紀説恢曰國家重將在東京師空虛公可輕兵徑
襲事必剋矣恢不從乃南攻郿城鎮西姚諶爲恢所敗恢軍勢弥
盛長安大震泓馳使徵紹遣姚裕及輔國胡翼度屯于灃西扶風
太守姚儁安夷護軍姚墨蠡建威姚娥都揚威彭蚝皆懼而降恢
恢勇苟和時爲立節將軍守忠不二泓召而謂之曰衆人咸懷去
就卿何能自安邪和曰若天縱妖賊得肆其逆節者勇甥之理不
待奔馳而加親如其罪極逆銷天盈其罰者守忠執志臣之體也

違親叛君臣之所恥泓善其忠恕加金章紫綬姚紹率輕騎先赴
難使姚洽司馬國璠將步卒三萬赴長安恢從曲牢進屯杜成紹
與恢相持于靈臺姚讚聞恢漸逼留寧朔尹雅爲弘農太守守潼
關率諸軍還長安泓謝讚曰元子不能崇明德義導率群下致禍
起蕭牆變自同氣既上負祖宗亦無顔見諸父懿始構逆滅亡恢
復擁衆内叛將若之何讚曰懿等所以敢稱兵内侮者諒由臣等
輕弱無防遏之方故也因攘袂大泣曰臣與大將軍不滅此賊終
不持面復見陛下泓於是班賜軍士而遣之恢衆見諸軍悉集咸
懼而思善其將齊黄等棄恢而降恢進軍逼紹讚自後要擊大破
之殺恢及其三弟泓哭之悲慟葬以公禮至是王鎮惡至宜陽毛
德祖攻弘農太守尹雅于蠡吾城衆潰德祖使騎追獲之既而殺
晉守者奔固潼關檀道濟沈林子攻拔襄邑堡建威薛帛奔河東
道濟自陝北渡攻蒲坂使將軍苟卓攻匈奴堡爲泓寧東姚成都
所敗泓遣姚驢救蒲坂胡翼度據潼關泓進紹太宰大將軍大都

督都督中外諸軍事假黄鉞改封魯公侍中司隸宗正節録並如
故朝之大政皆往决焉紹固辭弗許於是遣紹率武衛姚鸞等步
騎五萬距王師于潼關姚驢與并州刺史尹昭爲表裏之勢夾攻
道濟道濟深壁不戰沈林子説道濟曰今蒲坂城堅池濬非可卒
剋攻之傷衆守之引日不如棄之先事潼關潼關天限形勝之地
鎮惡孤軍勢危力寡若使姚紹據之則難圖矣如剋潼関紹可不
戰而服道濟從之乃棄蒲坂南向潼關姚讚率禁兵七千自渭北
而東進據蒲津劉裕使沈田子及傅弘之率衆萬餘人入上洛所
在多委城鎮奔長安田子等進及青泥姚紹方陣而前以距道濟
道濟固壘不戰紹乃攻其西營不剋遂以大衆逼之道濟率王敬
沈林子等逆衝紹軍將士驚散引還定城紹留姚鸞守險絶道濟
糧道時裕别將姚珍入自子午竇霸入自洛谷衆各數千人泓遣
姚萬距霸姚彊距珍姚鸞遣將尹雅與道濟司馬徐琰戰于潼關
南爲琰所獲送之劉裕裕以雅前叛欲殺之雅曰前活本在望外

今死寧不甘心明公將以大義平天下豈可使秦無守信之臣乎
裕嘉而勉之泓遣給事黄門侍郎姚和都屯于堯柳以備田子姚
紹謂諸將曰道濟等遠來送死衆旅不多嬰壘自固者正欲曠日
持久以待繼援耳吾欲分軍逕據閿鄉以絶其糧運不至一月道
濟之首可懸之麾下矣濟等既没裕計自沮諸將咸以爲然其將
胡翼度曰軍勢宜集不可以分若偏師不利人心駭懼胡可以戰
紹乃止薛帛據河曲以叛紹分道置諸軍爲掎角之勢遣輔國胡
翼度據東原武衛姚鸞營于大路與晉軍相接沈林子簡精鋭銜
枚夜襲之鸞衆潰戰死士卒死者九千餘人姚讚屯于河上遣恢
武姚難運蒲坂穀以給其軍至香城爲王師所敗時泓遣姚諶守
堯柳姚和都討薛帛于河東聞王師要難乃兼道赴救未至而難
敗因破裕裨將于河曲遂屯蒲坂姚讚爲林子所敗單馬奔定城
紹遣左長史姚洽及姚墨蠡等率騎三千屯于河北之九原欲絶
道濟諸縣祖輸洽辭曰夫小敵之堅大敵之擒今兵衆單弱而遠

在河外雖明公神武然鞭短勢殊恐無所及紹不聽沈林子率衆八千要洽于河上洽戰死衆皆没紹聞洽等敗忿恚發病託姚讚以後事使姚難屯關西紹嘔血而死泓以晉師之逼遣使乞師于魏魏遣司徒南平公拔拔嵩正直將軍安平公乙旃眷進據河内游擊將軍王洛生屯于河東爲泓聲援劉裕次于陝城遣沈林子率精兵萬餘越山開道會沈田子等于青泥將攻堯柳泓使姚裕率步騎八千距之泓躬將大衆繼發裕爲田子所敗泓退次于灞上關中郡縣多潛通于王師劉裕至潼關遣將軍朱超石徐猗之會薛帛于河北以攻蒲坂姚讚距裕于關西姚難屯于香城裕遣王鎮惡王敬自秋社西渡渭以逼難軍鎮東姚璞及姚和都擊敗猗之等於蒲坂猗之遇害超石棄其衆奔于潼關姚讚遣司馬休之及司馬國璠自軹關向河内引魏軍以躡裕後姚難既爲鎮惡所逼引師而西時大霖雨渭水泛溢讚等不得北渡鎮惡水陸兼進追及姚難泓自灞上還軍次于石橋以援之讚退屯鄭城鎮北姚

彊率郡人數千與姚難陣于涇上以距鎮惡鎮惡遣毛德祖擊彊大敗彊戰死難遁還長安劉裕進據鄭城泓使姚裕尚書龐統屯兵宮中姚洸屯于灃西尚書姚白瓜徙四軍雜户入長安姚丕守渭橋胡翼度屯石積姚讚屯霸東泓軍于逍遥園鎮惡夾渭進兵破姚丕于渭橋泓自逍遥園赴之逼水地狹因丕之敗遂相踐而退姚諶及前軍姚烈左衛姚寶安散騎王帛建武姚進揚威姚蚝尚書右丞孫玄等皆死於陣泓單馬還宮鎮惡入自平朔門泓與姚裕等數百騎出奔于石橋讚聞泓之敗也召將士告之衆皆以刀擊地攘袂大泣胡翼度先與劉裕陰通是日棄衆奔裕讚夜率諸軍將會泓于石橋王師已固諸門讚軍不得入衆皆驚散泓計無所出謀欲降于裕其子佛念年十一謂泓曰晉人將逞其欲終必不全願自裁決泓憮然不荅佛念遂登宮牆自投而死泓將妻子詣壘門而降讚率宗室子弟百餘人亦降于裕裕盡殺之餘宗遷于江南送泓于建康市斬之時年三十在位二年建康百里之外草木皆燋死焉姚萇以孝武太元九年僭立至泓三世以安帝義熙十三年而滅凡三十二年

史臣曰自長江徙御化龍創業巨寇乘機而未寧戎馬交馳而不息晦重氛於六漠皷洪流於八際夭未厭乱凶旅寔繁弋仲越自金方言歸石氏抗直詞於暴主闡忠訓於危朝貽厥之謀在乎歸順嗚哀之義有足稱焉景國弱歲英奇見方孫策詳其幹識無忝斯言遽踐迷途良可悲矣景茂因仲襄之緒躡苻亡之會嘯命群豪恢弘霸業假容沖之鋭俯定函秦挫雷惡之鋒載寧東北在兹奸略寔冠凶徒列樹而表新營雖云效績荐棘而陵舊主何其不仁安枕而終斯爲幸也子略剋摧勍敵荷成先構虚襟訪道側席求賢敦友悌以睦其親明賞罰以臨其下英髦盡節爪牙畢命取汾絳陷許洛款僭燕而藩僞蜀夷隴右而静河西俗阜年豐遠安邇輯雖楚莊秦穆何以加焉既而逞志矜功弗虞後患委涼都於秃髮授朔方於赫連專己生災邊城繼陷距諫招禍蕭牆屢發戰

無寧歲人有危心豈宜騁彼雄圖被深恩於介士飾崇詭説加殊禮於桑門當有爲之時肆無爲之業麗衣腴食殆將萬數析寔談空靡然成俗夫以漢朝殷廣猶鄙鴻都之費況乎僞境日侵寧堪永貴之役儲用殫竭山林有税政荒威挫職是之由坐致淪胥非天喪也元子以庸懦之質屬傾擾之餘内難方殷外禦斯輟王師杖順弭節而下長安凶嗣失圖係組而降軹道物極則反抑斯之謂歟

贊曰弋仲剛烈終表奇節襄寔英果萇惟姦桀興始崇構泓遂摧滅貽誡將來無踐危轍

載記第十九　　晉書一百一十九

李特　李流　李庠

李特字玄休巴西宕渠人其先廩君之苗裔也昔武落鍾離山崩有石穴二所其一赤如丹一黑如漆有人出於赤穴者名曰務相姓巴氏有出於黑穴者凡四姓曰曎氏樊氏柏氏鄭氏五姓俱出皆爭爲神於是相與以劒刺穴屋能著者以爲廩君四姓莫著而務相之劒懸焉又以土爲船雕畫之而浮水中曰若其船浮存者以爲廩君務相船又獨浮於是遂稱廩君乘其土船將其徒卒當夷水而下至於鹽陽鹽陽水神女子止廩君曰此魚鹽所有地又廣大與君俱生可止無行廩君曰我當爲君求廩地不能止也鹽神夜從廩君宿旦輒去爲飛蟲諸神皆從其飛蔽日晝昏廩君欲殺之不可別又不知天地東西如此者十日廩君乃以青縷遺鹽神曰嬰此即宜之與汝俱生弗宜將去汝鹽神受而嬰之廩君立碭石之上望膺有青縷者跪而射之中鹽神鹽神死群神與俱飛者皆去天乃開朗廩君復乘土船下及夷城夷城石岸曲泉水亦曲廩君望如穴狀歎曰我新從穴中出今又入此柰何岸即爲崩廣三丈餘而階陛相乘廩君登之岸上有平石方一丈長五尺廩君休其上投策計筭皆著石焉因立城其旁而居之其後種類遂繁秦并天下以爲黔中郡薄賦斂之口歲出錢四十巴人呼賦爲賨因謂之賨人焉及漢高祖爲漢王募賨人平定三秦既而求還鄉里高祖以其功復同豐沛不供賦稅更名其地爲巴郡土有鹽鐵丹漆之饒俗性剽勇又善歌舞高祖愛其舞詔樂府習之今巴渝舞是也漢末張魯居漢中以鬼道教百姓賨人敬信巫覡多往奉之値天下大乱自巴西之宕渠遷于漢中楊車坂抄掠行旅百姓患之號爲楊車巴魏武帝剋漢中特祖將五百餘家歸之魏武帝拜爲將軍遷于略陽北土復號之爲巴氐特父慕爲東羌獵將特少仕州郡見異當時身長八尺雄武善騎射沉毅有大度元康中氐齊萬年反關西擾乱頻歲大飢百姓乃流移就穀相與入漢川者數萬家特隨流人將入于蜀至劒閣箕踞太息顧眄險阻曰劉禪有如此之地而面縛於人豈非庸才耶同移者閻式趙肅李遠任回等咸歎異之初流人既至漢中上書求寄食巴蜀朝議不許遣侍御史李苾持節慰勞且監察之不令入劒閣苾至漢中受流人貨賂反爲表曰流人十萬餘口非漢中一郡所能振贍東下荊州水湍迅險又無舟船蜀有倉儲人復豐稔宜令就食朝廷從之由是散在益梁不可禁止永康元年詔徵益州刺史趙廞爲大長秋以成都内史耿滕代廞廞遂謀叛潛有劉氏割據之志乃傾倉廩振施流人以收衆心特之黨類皆巴西人與廞同郡率多勇壯廞厚遇之以爲爪牙故特等聚衆專爲寇盜蜀人患之滕密上表以爲流人剛剽而蜀人懦弱客主不能相制必爲乱階宜使移還其本若致之險地將恐秦雍之禍萃於梁益必貽聖朝西顧之憂廞聞而惡之時益州文武千餘人已往迎滕滕率衆入州廞遣衆逆滕戰于西門滕敗死之廞自稱大都督大將軍益州牧特弟庠與兄弟及妹夫李含任回上官惇扶風李攀始平費佗氐苻成隗伯等以四千騎歸廞廞以庠爲威寇將軍使斷北道庠素東羌良將曉軍法不用麾幟舉矛爲行五斬部下不用命者三人部陣肅然廞惡其齊整欲殺之而未言長史杜淑司馬張粲言於廞曰傳云五大不在邊將軍起兵始爾便遣李庠握彊兵於外愚竊惑焉且非我族類其心必異倒戈授人竊以爲不可願將軍圖之廞斂容曰卿言正當吾意可謂起予者商此天使卿等成吾事也會庠正門請見廞廞大悅引庠見之庠欲觀廞意再拜進曰今中國大乱無復綱維晉室當不可復興也明公道格天地德被區宇湯武之事宜在于今宜應天時順人心拯百姓於塗炭使物情之所歸則天下可定非但庸蜀而已廞怒曰此豈人臣所宜言令淑等議之於是淑等上庠大逆不道廞乃殺之及其子姪宗族三十餘人廞慮特等爲難遣人喻之曰庠非所宜言罪應至死不及兄弟以庠尸還特復以特兄弟爲督將以安其衆牙門將許弇求爲

巴東監軍杜淑張粲固執不許弁怒於廞閤下手刃殺淑粲左右
又殺弁皆廞腹心也特兄弟既以怨廞引兵歸緜竹廞恐朝廷討
已遣長吏費遠犍爲太守李苾督護常俊督万餘人斷北道次緜
竹之石亭特密收合得七千餘人夜襲遠軍遠大潰因放火燒之
死者十八九進攻成都廞聞兵至驚懼不知所爲李苾張徵等夜
斬關走出文武盡散廞獨與妻子乘小船走至廣都爲下人朱竺
所殺特至成都縱兵大掠害西夷護軍姜發殺廞長史袁治及廞
所置守長遣其牙門王角李基詣洛陽陳廞之罪狀先是惠帝以
涼州刺史羅尚爲平西將軍領護西夷校尉益州刺史督牙門將
王敦上庸都尉義歆蜀郡太守徐儉廣漢太守辛冉等凡七千餘
人入蜀特等聞尚來甚懼使其弟驤於道奉迎幷貢寶物尚甚悅
以驤爲騎督特及弟流復以牛酒勞尚於緜竹王敦辛冉並說尚
曰特等流人專爲盜賊急宜梟除可因會斬之尚不納冉先與特
有舊因謂特曰故人相逢不吉當凶矣特深自猜懼尋有符下秦
雍州凡流人入漢川者皆下所在召還特兄輔素留鄉里託言迎
家既至蜀謂特曰中國方亂不足復還特以爲然乃有雄據巴蜀
之意朝廷以討趙廞功拜特宣威將軍封長樂鄉侯流爲奮威將
軍武陽侯璽書下益州條列六郡流人與特協同討廞者將加封
賞會辛冉以非次見徵不顧應召又欲以滅廞爲己功乃寢朝命
不以實上衆咸怨之羅尚遣從事催遣流人限七月上道辛冉性
貪暴欲殺流人首領取其資貨乃移檄發遣又令梓潼太守張演
於諸要施關搜索寶貨特等固請求至秋收流人布在梁益爲人
傭力及聞州郡逼遣人人愁怨不知所爲又知特兄弟頻請求停
皆感而恃之且水雨將降年穀未登流人無以爲行資遂相與詣
特特乃結大營於緜竹以處流人移冉求自寬冉大怒遣人分牓
通逵購募特兄弟許以重賞特見大懼悉取以歸與驤改其購云
能送六郡之豪李任閻趙楊上官及氐叟侯王一首賞百匹流人
既不樂移咸往歸特騁馬屬鞬同聲雲集旬月間衆過二万流亦

聚衆數千特乃分爲二營特居北營流居東營特遣閻式詣羅尚
求申期式既至見冉營柵衝要謀掩流人歎曰無寇而城讎必保
爲今而速之亂將作矣又知冉及李苾意不可迴乃辭尚還緜竹
尚謂式曰子且以吾意告諸流人今聽寬矣式曰明公惑於姦說
恐無寬理弱而不可輕者百姓也今促之不以理衆怒難犯恐爲
禍不淺尚曰然吾不欺子子其行矣式至緜竹言於特曰尚雖云
爾然未可必信也何者尚威刑不立冉等各擁彊兵一旦爲變亦
非尚所能制深宜爲備特納之冉苾相與謀曰羅侯貪而無斷日
復一日流人得展姦計李特兄弟並有雄才吾屬將爲豎子虜矣
宜爲決計不足復問之乃遣廣漢都尉曾元牙門張顯劉並等潛
率步騎三万襲特營羅尚聞之亦遣督護田佐助元特素知之乃
繕甲厲兵戒嚴以待之元等至特安臥不動待其衆半入發伏擊
之殺傷者甚衆害田佐曾元張顯傳首以示尚冉尚謂將佐曰此
虜成去矣而廣漢不用吾言以張賊勢今將若之何於是六郡流
人推特爲主特命六郡人部曲督李含上邽令任臧始昌令閻式
諫議大夫李攀陳倉令李武陰平令李遠將兵都尉楊褒等上書
請依梁統奉竇融故事推特行鎮北大將軍承制封拜其弟流行
鎮東將軍以相鎮統於是進兵攻冉於廣漢冉衆出戰特每破之
尚遣李苾及費遠率衆救冉懼特不敢進冉智力既窘出奔江陽
特入據廣漢以李超爲太守進兵攻尚於成都閻式遺尚書責其
信用讒構欲討流人又陳特兄弟立功王室以寧益土尚覽書知
特等將有大志嬰城固守求救於梁寧二州於是特自稱使持節
大都督鎮北大將軍承制封拜一依竇融在河西故事兄輔爲驃
騎將軍弟驤爲驍騎將軍長子始爲武威將軍次子蕩爲鎮軍將
軍少子雄爲前將軍李含爲西夷校尉含子國離任回李恭上官
晶李攀費佗等爲將帥任臧上官惇楊褒楊珪王達麴歆等爲爪
牙李遠李博夕斌嚴檉上官琦李濤王懷等爲僚屬閻式爲謀主
何巨趙肅爲腹心時羅尚貪殘爲百姓患而特與蜀人約法三章

施捨振貸禮賢拔滯軍政肅然百姓爲之謡曰李特尚可羅尚殺我尚頻爲特所敗乃阻長圍緣水作營自都安至犍爲七百里與特相距河閒王顒遣督護衙博廣漢太守張徵討特南夷校尉李毅又遣兵五千助尚尚遣督護張龜軍繁城三道攻特特命蕩雄襲博特攻擊張龜龜衆大敗蕩又與博接戰連日博亦敗績死者太半蕩追博至漢德博走葭萌蕩進寇巴西巴西郡丞毛植五官襄珍以郡降蕩蕩撫恤初附百姓安之蕩進攻葭萌博又遠遁其衆盡降于蕩太安元年特自稱益州牧都督梁益二州諸軍事大將軍大都督改年建初赦其境内於是進攻張徵徵依高據險與特相持連日時特與蕩分爲二營徵候特營空虛遣步兵循山攻之特逆戰不利山險窘逼衆不知所爲羅準任道皆勸引退特量蕩必來故不許徵衆至稍多山道至狹唯可一二人行蕩軍不得前謂其司馬王辛曰父在深寇之中是我死日也乃衣重鎧持長矛大呼直前推鋒必死殺十餘人徵衆來相救蕩軍皆殊死戰徵軍遂潰特議欲釋徵還涪蕩與王辛進曰徵軍連戰士卒傷殘智勇俱竭宜因其弊遂擒之若舍而寬之徵養病收亡餘衆更合圖之未易也特從之復進攻徵徵潰圍走蕩水陸追之遂害徵生擒徵子存以徵喪還之以騫碩爲德陽太守碩略地至巴郡之墊江特之攻張徵也使李驤與李攀任回李恭屯軍毗橋以備羅尚尚遣軍挑戰驤等破之尚又遣數千人出戰驤又陷破之大獲器甲攻燒其門流進次成都之北尚遣將張興僞降於驤以觀虛實時驤軍不過二千人興夜歸白尚尚遣精勇万人銜枚隨興夜襲驤營李攀逆戰死驤及將士奔于流栅與流并力迴攻尚軍尚軍亂敗還者十一二晉梁州刺史許雄遣軍攻特特陷破之進擊破尚水上軍遂寇成都蜀郡太守徐儉以小城降特以李瑾爲蜀郡太守以撫之羅尚據大城自守流進屯江西尚懼遣使求和是時蜀人危懼並結村堡請命于特特遣人安撫之益州從事任明説尚曰特既凶逆侵暴百姓又分人散衆在諸村堡驕怠無備是天亡

之也可告諸村密刻期日内外擊之破之必矣尚從之明先僞降特特問城中虛實明曰米穀皆欲盡但有貨帛耳因求省家特許之明潛説諸村諸村悉聽命還報尚尚許如期出軍諸村亦許一時赴會二年惠帝遣荆州刺史宋岱建平太守孫阜救尚阜已次德陽特遣蕩督李璜助任臧距阜尚遣大衆奄襲特營連戰二日衆少不敵特軍大敗收合餘卒引趣新繁尚軍引還特復追之轉戰三十餘里尚出大軍逆戰特軍敗績斬特及李輔李遠皆焚尸傳首洛陽在位二年其子雄僭稱王追謚特景王及僭號追尊曰景皇帝廟號始祖

李流字玄通特第四弟也少好學便弓馬東羌校尉何攀稱流有賁育之勇舉爲東羌督及避地益州刺史趙廞器異之廞之使庠合部衆也流亦招鄉里子弟得數千人庠爲廞所殺流從特安慰流人破常俊於緜竹平趙廞於成都朝廷論功拜奮威將軍封武陽侯特之承制也以流爲鎮東將軍居東營號爲東督護特常使流督銳衆與羅尚相持特之陷成都小城使六郡流人分口入城壯勇督領村堡流言於特曰殿下神武已克小城然山藪未集糧仗不多宜録州郡大姓子弟以爲質任送付廣漢縶之二營收集猛銳嚴爲防衛又書與特司馬上官惇深陳納降若待敵之義特不納特既死蜀人多叛流人大懼流與兄子蕩雄收遺衆還赤祖流保東營蕩雄保北營流自稱大將軍大都督益州牧時宋岱水軍三萬次于墊江前鋒孫阜破德陽獲特所置守將騫碩太守任臧等退屯涪陵縣羅尚遣督護常深軍毗橋牙門左氾黃訇何沖三道攻北營流身率蕩雄攻深栅剋之深士衆星散追至成都尚閉門自守蕩馳馬追擊觸倚矛被傷死流以特蕩並死而岱阜又至甚懼太守李含又勸流降流將從之雄與李驤迭諫不納流遣子世及含子胡質於阜軍胡兄含子離聞父欲降自梓潼馳還欲諫不及退與雄謀襲阜軍曰若功成事濟約與君三年迭爲主雄曰今計可定二翁不從將若之何離曰今當制之若不可制便

行大事翁雖是君叔勢不得已老父在君夫復何言雄大喜乃攻尚軍尚保大城雄渡江害汶山太守陳圖遂入郫城流移營據之三蜀百姓並保險結塢城邑皆空流野無所略士衆飢困涪陵人范長生率千餘家依青城山尚參軍涪陵徐轝求爲汶山太守欲要結長生等與尚掎角討流尚不許轝怨之求使江西遂降于流說長生等使資給流軍糧長生從之故流軍復振流素重雄有長者之德每云興吾家者必此人也勅諸子尊奉之流疾篤謂諸將曰驍騎高明仁愛識斷多奇固足以濟大事然前軍英武殆天所相可共受事於前軍以爲成都王遂死時年五十六諸將共立雄爲主雄僭號追謚流秦文王

李庠字玄序特第三弟也少以烈氣聞仕郡督郵主簿皆有當官之稱元康四年察孝廉不就後以善騎射舉良將亦不就州以庠才兼文武舉秀異固以疾辭州郡不聽以其名上聞中護軍切徵不得已而應之拜中軍騎督弓馬便捷膂力過人時論方之文鴦

以洛陽方亂稱疾去官性任俠好濟人之難州黨爭附之與六郡流人避難梁益道路有飢病者庠常營護隱恤振施窮乏大收衆心至蜀趙廞深器之與論兵法無不稱善每謂所親曰李玄序蓋亦一時之關張也及將有異志委以心膂之任乃表庠爲部曲督使招合六郡壯勇至萬餘人以討叛羌功表庠爲威寇將軍假赤幢曲蓋封陽泉亭侯賜錢百萬馬五十匹被誅之日六郡士庶莫不流涕時年五十五

李雄　李班　李期　李壽　李勢　御撰

李雄字仲儁特第三子也母羅氏夢雙虹自門升天一虹中斷既而生蕩後羅氏因汲水忽然如寐又夢大蛇繞其身遂有孕十四月而生雄常言吾二子若有先亡在者必大貴蕩前死雄身長八尺三寸美容貌少以烈氣聞每周旋鄉里識達之士皆器重之有劉化者道術士也每謂人曰關隴之士皆當南移李氏子中惟仲儁有奇表終爲人主特起兵爲蜀承制以雄爲前將軍流死雄自稱大都督大將軍益州牧都於郫城羅尚遣將攻雄雄擊走之李驤攻犍爲斷尚運道尚軍大餒攻之又急遂留牙門羅特固守尚委城夜遁特開門内雄遂尅成都于時雄軍飢甚乃率衆就穀於郪掘野芋而食之蜀人流散東下江陽南入七郡雄以西山范長生巖居穴處求道養志欲迎立爲君而臣之長生固辭雄乃深自挹損不敢稱制事無巨細皆決于李國李離兄弟國等事雄彌

謹諸將固請雄即尊位以永興元年僭稱成都王赦其境内建元爲建興除晉法約法七章以其叔父驤爲太傅兄始爲太保折衝李離爲太尉建威李雲爲司徒翊軍李璜爲司空材官李國爲太宰其餘拜授各有差追尊其曾祖武曰巴郡桓公祖慕隴西襄王父特成都景王母羅氏曰王太后范長生自山西乘素輿詣成都雄迎之于門執版延坐拜丞相尊曰范賢長生勸雄稱尊號雄於是僭即帝位赦其境内改年曰太武追尊父特曰景帝廟號始祖母羅氏爲太后加范長生爲天地太師封西山侯復其部曲不豫軍征租稅一入其家雄時建國草創素無法式諸將恃恩各爭班位其尚書令閻式上疏曰夫爲國制法勳尚仍舊漢晉故事惟太尉大司馬執兵太傅太保父兄之官論道之職司徒司空掌五教九土之差秦置丞相摠領萬機漢武之末越以大將軍統政今國業初建凡百未備諸公大將班位有差降而競請施置不與典故相應宜立制度以爲楷式雄從之遣李國李雲等率衆二万寇漢中梁州刺史張殷奔于長安國等陷南鄭盡徙漢中人於蜀先是南土頻歲飢疫死者十萬計南夷校尉李毅固守不降雄誘建寧夷使討之毅病卒城陷殺壯士三千餘人送婦女千口於成都時李離據梓潼其部將羅羕張金苟等殺離及閻式以梓潼歸于羅尚尚遣其將向奮屯安漢之宜福以逼雄雄率衆攻奮不剋時李國鎮巴西其帳下文碩又殺國以巴西降尚雄乃引還遣其將張寶襲梓潼陷之會羅尚卒巴郡亂李驤攻涪又陷之執梓潼太守譙登遂乘勝進軍討文碩害之雄大悅赦其境内改元曰玉衡雄母羅氏死雄信巫覡者之言多有忌諱至欲不葬其司空趙肅諫雄乃從之雄欲申三年之禮群臣固諫雄弗許李驤謂司空上官惇曰今方難未弭吾欲固諫不聽主上終諒闇君以爲何如惇曰三年之喪自天子達於庶人故孔子曰何必高宗古之人皆然但漢魏以來天下多難宗廟至重不可久曠故釋縗絰至哀而已驤曰任回方至此人決於行事且上常難違其言待其至當與俱請

及回至驤與回俱見雄驤免冠流涕固請公除雄號泣不許回跪而進曰今王業初建凡百草創一日無主天下惶惶昔武王素甲觀兵晉襄墨絰從戎豈所願哉爲天下屈己故也願陛下割情從權永隆天保遂彊扶雄起釋服親政是時南得漢嘉涪陵遠人繼至雄於是下寬大之令降附者皆假復除虛己愛人授用皆得其才益州遂定僞立其妻任氏爲皇后氐王楊難敵兄弟爲劉曜所破奔葭萌遣子入質隴西賊帥陳安又附之遣李驤征越嶲太守李釗降驤進軍由小會攻寧州刺史王遜遜使其將姚岳悉衆距戰驤軍不利又遇霖雨驤引軍還爭濟瀘水士衆多死釗到成都雄待遇甚厚朝廷儀式喪紀之禮皆決於釗楊難敵之奔葭萌也雄安北李稚厚撫之縱其兄弟還武都難敵遂恃險多爲不法稚請討之雄遣中領軍琀及將軍樂次費他李乾等由白水橋攻下辨征東李壽督琀弟玝攻陰平難敵遣軍距之壽不得進而琀稚長驅至武街難敵遣兵斷其歸道四面攻之獲琀稚死者數千人

琀稚雄兄蕩之子也雄深悼之不食者數日言則流涕深自咎責
爲其後將立蕩子班爲太子雄有子十餘人群臣咸欲立雄所生
雄曰起兵之初舉手扞頭本不希帝王之業也值天下喪亂晉氏
播蕩群情義舉志濟塗炭而諸君遂見推逼處王公之上本之基
業功由先帝吾兄適統丕祚所歸恢懿明叡殆天所命大事垂剋
薨于戎戰班姿性仁孝好學夙成必爲名器李驤與司徒王達諫
曰先王樹冢適者所以防篡奪之萌不可不慎吳子捨其子而立
其弟所以有專諸之禍宋宣不立與夷而立穆公卒有宋督之變
猶子之言豈若子也深願陛下思之雄不從竟立班驤退而流涕
曰亂自此始矣張駿遣使遺雄書勸去尊號稱藩於晉雄復書曰
吾過爲士大夫所推然本無心於帝王也進思爲晉室元功之臣
退思共爲守藩之將掃除氛埃以康帝宇而晉室陵遲德聲不振
引領東望有年月矣會獲來貺情在闇室有何已已知欲遠尊楚
漢尊崇義帝春秋之義於斯莫大駿重其言使聘相繼巴郡嘗告

急云有東軍雄曰吾嘗慮石勒跋扈侵逼琅邪以爲耿耿不圖乃
能舉兵使人欣然雄之雅譚多如此類雄以中原喪亂乃頻遣使
朝貢與晉穆帝分天下張駿領秦梁先是遣傅穎假道于蜀通表
京師雄弗許駿又遣治中從事張淳稱藩于蜀託以假道雄大悅
謂淳曰貴主英名蓋世土險兵彊何不自稱帝一方淳曰寡君以
乃祖世濟忠良未能雪天下之恥解衆人之倒懸日昃忘食枕戈
待旦以琅邪中興江東故萬里翼戴將成桓文之事何言自取邪
雄有慙色曰我乃祖乃父亦是晉臣往與六郡避難此地爲同盟
所推遂有今日琅邪若能中興大晉於中夏亦當率衆輔之淳還
通表京師天子嘉之時李驤死以其子壽爲大將軍西夷校尉督
征南費黑征東任　攻陷巴東太守楊謙退保建平壽別遣費黑
寇建平晉巴東監軍毋丘奧退保宜都雄遣李壽攻朱提以費黑
卬攀爲前鋒又遣鎮南任回征木落分寧州之援寧州刺史尹奉
降遂有南中之地雄於是赦其境內使班討平寧州夷以班爲撫

軍咸和八年雄生瘍於頭六日死時年六十一在位三十年僞諡
武帝廟曰太宗墓號安都陵雄性寬厚簡刑約法甚有名稱氐苻
成文隗既降復叛手傷雄母及其來也咸釋其罪厚加待納由是
夷夏安之威震西土時海內大亂而蜀獨無事故歸之者相尋雄
乃興學校置史官聽覽之暇手不釋卷其賦男丁歲穀三斛女丁
半之户調絹不過數丈綿數兩事少役稀百姓富實閭門不閉無
相侵盜然雄意在招致遠方國用不足故諸將每進金銀珍寶多
有以得官者丞相楊褒諫曰陛下爲天下主當網羅四海何有以
官買金邪雄遜辭謝之後雄嘗酒醉而推中書令杖太官令褒進
曰天子穆穆諸侯皇皇安有天子而爲酗也雄即捨之雄無事小
出褒於後持矛馳馬過雄雄怪問之對曰夫統天下之重如臣乘
惡馬而持矛也急之則慮自傷緩之則懼其失是以馬馳而不制
也雄寤即還雄爲國無威儀官無祿秩班序不别君子小人服章
不殊行軍無號令用兵無部對戰勝不相讓敗不相救攻城破邑

動以虜獲爲先此其所以失也
班字世文初署平南將軍後立爲太子班謙虛博納敬愛儒賢自
何點李釗班皆師之又引名士王嘏及隴西董融天水文夔等以
爲賓友每謂融等曰觀周景王太子晉魏太子丕吳太子孫登文
章鑒識超然卓絕未嘗不有慙色何古賢之高朗後人之莫逮也
爲性汎愛動脩軌度時諸李子弟皆尚奢靡而班常戒厲之每朝
有大議雄輒令豫之班以古者墾田均平貧富獲所今貴者廣占
荒田貧者種殖無地富者以己所餘而賣之此豈王者大均之義
乎雄納之及雄寢疾班晝夜侍側雄少數攻戰多被傷夷至是疾
甚瘡皆膿潰雄子越等惡而遠之班爲吮膿殊無難色每嘗藥流
涕不脫衣冠其孝誠如此雄死嗣僞位以李壽録尚書事輔政班
居中執喪禮政事皆委壽及司徒何點尚書令王瓌等越時鎮江
陽以班非雄所生意甚不平至此奔喪與其弟期密計圖之李玝
勸班遣越還江陽以期爲梁州刺史鎮葭萌班以未葬不忍遣推

誠居厚心無纖芥時有白氣二道帶天太史令韓豹奏宮中有陰謀兵氣戒在親戚班不悟咸和九年班因夜哭越殺班於殯宮時年四十七在位一年遂立雄之子期嗣位焉

期字世運雄第四子也聰慧好學弱冠能屬文輕財好施虛心招納初爲建威將軍雄令諸子及宗室子弟以恩信合衆多者不至數百而期獨致千餘人其所表薦雄多納之故長史列署頗出其門既殺班欲立越爲主越以期雄妻任氏所養又多才藝乃讓位於期於是僭即皇帝位大赦境內改元玉恒誅班弟都使李壽伐都弟玝於涪玝棄城降晉封壽漢王拜梁州刺史東羌校尉中護軍錄尚書事封兄越建寧王拜相國大將軍錄尚書事立妻閻氏爲皇后以其衛將軍尹奉爲右丞相驃騎將軍尚書令王瓌爲司徒期自以謀大事既果輕諸舊臣外則信任尚書令景騫尚書姚華田褒褒無他才藝雄時勸立期故寵待甚厚內則信宦豎許涪等國之刑政希復關之卿相慶賞威刑皆決數人而已於是綱維紊矣乃誣其尚書僕射武陵公李載謀反下獄死先是晉建威將軍司馬勳屯漢中期遣李壽攻而陷之遂置守宰戍南鄭雄子霸保並不病而死皆云期鴆殺之於是大臣懷懼人不自安天雨大魚於宮中其色黃又宮中豕犬交期多所誅夷籍沒婦女資財以寔後庭內外兇兇道路以目諫者獲罪人懷苟免期又鴆殺其安北李攸攸壽之養弟也於是與越及景騫田褒姚華謀襲壽等欲因燒市橋而發兵期又累遣中常侍許涪至壽所伺其動靜及殺攸壽大懼又疑許涪往來之數也乃率步騎一萬自涪回成都表稱景騫田褒亂政興晉陽之甲以除君側之惡以李奕爲先登壽到成都期越不虞其至素不備設壽遂取其城屯兵至門期遣侍中勞壽壽奏相國建寧王越尚書令河南公景騫尚書田褒姚華中常侍許涪征西將軍李遐及將軍李西等皆懷姦亂政謀傾社稷大逆不道罪合夷滅期從之於是殺越騫等壽矯任氏令廢期爲邛都縣公幽之別宮期歎曰天下主乃當於小縣公不如死也咸康三年自縊而死時年二十五在位三年謚曰幽公及葬賜鸞輅九旒餘如王禮雄之子皆爲壽所殺

壽字武考驤之子也敏而好學雅量豁然少尚禮容異於李氏諸子雄奇其才以爲足荷重任拜前將軍督巴西軍事遷征東將軍時年十九聘處士譙秀以爲賓客盡其讜言在巴西威惠甚著驤死遷大將軍大都督侍中封扶風公錄尚書事征寧州攻圍百餘日悉平諸郡雄大悅封建寧王雄死受遺輔政期立改封漢王食梁州五郡領梁州刺史壽威名遠振深爲李越景騫等所憚壽深憂之代李玝屯涪每應期朝覲常自陳邊疆寇警不可曠鎮故得不朝壽又見期越兄弟十餘人年方壯大而並有彊兵懼不自全乃數聘禮巴西龔壯壯雖不應聘數往見壽時岷山崩江水竭壽惡之每問壯以自安之術壯以特殺其父及叔欲假手報仇未有其由因說壽曰節下若能捨小從大以危易安則開國裂土長爲諸侯名高桓文勳流百代矣壽從之陰與長史略陽羅桓巴西解思明共謀據成都稱藩歸順乃誓文武得數千人襲成都剋之縱兵虜掠至乃姦略雄女及李氏諸婦多所殘害數日乃定桓與思明及李奕王利等勸壽稱鎮西將軍益州牧成都王稱藩於晉而任調與司馬蔡興侍中李艷及張烈等勸壽自立壽命筮之占者曰可數年天子調喜曰一日尚爲足而況數年乎思明曰數年天子孰與百姓諸侯壽曰朝聞道夕死可矣任侯之言策之上也遂以咸康四年僭即僞位赦其境內改元爲漢興以董皎爲相國羅恒馬當爲股肱李奕任調李閎爲爪牙解思明爲謀主以安車束帛聘龔壯爲太師壯固辭特聽縞巾素帶居師友之位拔擢幽滯處之顯列追尊父驤爲獻帝母昝氏爲太后立妻閻氏爲皇后世子勢爲太子有告廣漢太守李乾與大臣通謀欲廢壽者壽令其子廣與大臣盟于前殿徙乾漢嘉太守大風暴雨震其端門壽自悔責命群臣極盡忠言勿拘忌諱遣其散騎常侍王嘏中常侍王廣聘於石季龍先是季龍遺壽書欲連橫入寇約分天下壽大

悅乃大脩船艦嚴兵繕甲吏卒皆備糇糧以其尚書令馬當為六軍都督假節鉞營東場大閱軍士七萬餘人舟師泝江而上過成都鼓譟盈江壽登城觀之其群臣咸曰我國小眾寡吳會險遠圖之未易解思明又竊諫懇至壽於是命群臣陳其利害龔壯諫曰陛下與胡通孰如與晉通胡豺狼國也晉既滅不得不北面事之若與之爭天下則彊弱勢異此虞虢之成範已然之明戒願陛下熟慮之群臣以壯之言為然叩頭泣諫壽乃止士眾咸稱萬歲遣其鎮東大將軍李奕征牂柯太守謝恕保城距守者積日不拔會奕糧盡引還壽以其太子勢領大將軍錄尚書事壽承雄寬儉新行篡奪因循雄政未遑其志欲會李閎王嘏從鄴還盛稱季龍威強宮觀美麗鄴中殷寔壽又聞季龍虐用刑法王遜亦以殺罰御下並能控制邦域壽心欣慕人有小過輒殺以立威又以郊甸未寔都邑空虛工匠器械事未充盈乃徙傍郡戶三丁已上以寔成都興尚方御府發州郡工巧以充之廣脩宮室引水入城務於奢

侈又廣太學起讌殿百姓疲於使役呼嗟滿道思亂者十室而九矣其左僕射蔡興切諫壽以為誹謗誅之右僕射李嶷數以直言忤旨壽積忿非一託以他罪下獄殺之壽疾篤常見李期蔡興為祟八年壽死時年四十四在位五年偽諡昭文帝廟曰中宗墓曰安昌陵壽初為王好學愛士庶幾善道每覽良將賢相建功立事者未嘗不反覆誦之故能征伐四剋闢國千里雄既垂心於上壽亦盡誠於下號為賢相及即偽位之後改立宗廟以父驤為漢始祖廟特雄為大成廟又下書言與期越別族凡諸制度皆有改易公卿以下率用己之僚佐雄時舊臣及六郡士人皆見廢黜壽初病思明等復議奉王室壽不從李演自越巂上書勸壽歸正返本釋帝稱王壽怒殺之以威龔壯思明等壯作詩七篇託言應璩以諷壽壽報曰省詩知意若今人所作賢哲之話言也古人所作死鬼之常辭耳動慕漢武魏明之所為恥聞父兄時事上書者不得言先世政化自以己勝之也

勢字子仁壽之長子也初壽妻閻氏無子驤殺李鳳為壽納鳳女生勢期愛勢姿貌拜翊軍將軍漢王世子勢身長七尺九寸腰帶十四圍善於俯仰時人異之壽死勢嗣偽位赦其境內改元曰太和尊母閻氏為太后妻李氏為皇后太史令韓皓奏熒惑守心以宗廟禮廢勢命群臣議之其相國董皎侍中王嘏等以為景武昌業獻文承基至親不遠無宜疏絕勢更令祭特雄同號曰漢王勢弟大將軍漢王廣以勢無子求為太弟勢弗許馬當解思明以勢兄弟不多若有所廢則益孤危固勸許之勢疑當等與廣有謀遣其太保李奕襲廣於涪城命董皎收馬當思明斬之夷其三族貶廣為臨邛侯廣自殺思明有計謀彊諫諍馬當甚得人心自此之後無復紀綱及諫諍者李奕自晉壽舉兵反之蜀人多有從奕者眾至數万勢登城距戰奕單騎突門門者射而殺之眾乃潰散勢既誅奕大赦境內改年嘉寧初蜀土無獠至此始從山而出北至犍為梓潼布在山谷十餘萬落不可禁制大為百姓之患勢既驕

吝而性愛財色常殺人而取其妻荒淫不恤國事夷獠叛亂軍守離缺境宇日蹙加之荒儉性多忌害誅殘大臣刑獄濫加人懷危懼斥外父祖臣佐親任左右小人群小因行威福又常居內少見公卿史官屢陳災譴乃加董皎太師以名位優之寔欲與分災眚大司馬桓溫率水軍伐勢溫次青衣勢大發軍距守又遣李福與昝堅等數千人從山陽趣合水距溫謂溫從步道而上諸將皆欲設伏於江南以待王師昝堅不從率諸軍從江北鴛鴦碕渡向犍為而溫從山陽出江南昝堅到犍為方知與溫異道乃迴從沙頭津北渡及堅至溫已造成都之十里陌昝堅眾自潰溫至城下縱火燒其大城諸門勢眾惶懼無復固志其中書監王嘏散騎常侍常璩等勸勢降勢以問侍中馮孚孚言昔吳漢征蜀盡誅公孫氏今晉下書不赦諸李雖降恐無全理勢乃夜出東門與昝堅走至晉壽然後送降文於溫曰偽嘉寧二年三月十七日略陽李勢叩頭死罪伏惟大將軍節下先人播流恃險因釁窮竊有汶蜀勢以闇

弱復統末緒偷安荏苒未能改圖猥煩朱軒踐冒險阻將士狂愚干犯天威仰慙俯愧精魂飛散甘受斧鑕以釁軍皷伏惟大晉天綱恢弘澤及四海恩過陽日逼迫倉卒自投草野即日到白水城謹遣私署散騎常侍王幼奉牋以聞并勑州郡投戈釋杖窮池之魚待命漏刻勢尋輿櫬面縛軍門溫解其縛焚其櫬遷勢及弟福從兄權親族十餘人于建康封勢歸義侯升平五年死于建康在位五年而敗始李特以惠帝太安元年起兵至此六世凡四十六年以穆帝永和三年滅

史臣曰昔周德方隆古公切踰梁之患漢祚斯永宣后興渡湟之師是知戎狄亂華釁深自古況乎巴濮雜種厥類寔繁資剽竊以全生習獷悍而成俗李特世傳凶狡早擅梟雄太息劒門志吞井絡屬晉綱之落紐乘羅侯之無斷驟馬屬鞬同聲雲集殲殄蜀漢薦食巴梁沃野無半菽之資華陽有析骸之釁蓋上失其道覆敗之至於斯仲儁天挺英姿見稱奇偉推鋒累載克隆霸業蹈玄德之前基掩子陽之故地薄賦而綏弊俗約法而悅新邦擬於其倫寔孫權之亞也若夫立子以嫡往哲通訓繼體承基前脩茂範而雄闇經國之遠圖蹈匹夫之小節傳大統於猶子託彊兵於厥胤遺骸莫歛尋戈之釁已深星紀未周傾巢之釁便及雖云天道抑亦人謀班以寬愛罹災期以暴戾速禍殊塗並失異術同亡武考憑藉世資窮兵竊位罪百周帶毒甚楚圍獲保歸全何其幸也子仁承緒繼傳昏虐驅率餘燼敢距大邦授甲晨征則理均於困獸斬關宵遁則義殊於前禽宜其懸首國門以明大戮遂得禮同劉禪不亦優乎

贊曰晉圖弛馭百六斯鍾天垂伏鼈野戰群龍李特窺釁盜我巴庸世歷五朝年將四紀篡殺移國昏狂繼軌德之不脩險亦難恃

呂光　呂纂　呂隆

呂光字世明略陽氐人也其先呂文和漢文帝初自沛避難徙焉世為酋豪父婆樓佐命苻堅官至太尉光生于枋頭夜有神光之異故以光為名年十歲與諸童兒游戲邑里為戰陣之法儔類咸推為主部分詳平羣童歎服不樂讀書唯好鷹馬及長身長八尺四寸目重瞳子左肘有肉印沉毅凝重寬簡有大量喜怒不形于色時人莫之識也唯王猛異之曰此非常人言之苻堅舉賢良除美陽令夷夏愛服遷鷹揚將軍從堅征張平戰于銅壁刺平養子蚝中之自是威名大著苻雙反于秦州堅將楊成世為雙將苟興所敗光與王鑒討之鑒欲速戰光曰興初破成世姦氣漸張宜持重以待其斃乘勝輕來糧竭必退退而擊之可以破也二旬而興退諸將不知所為光曰揆其姦計必攻榆眉若得榆眉據城斷路資儲復賸非國之利也宜速進師若興攻城尤須赴救如其奔

也彼糧既盡可以滅之鑒從焉果敗興軍從王猛滅慕容暐封都亭侯苻重之鎮洛陽以光為長史及重謀反苻堅聞之曰呂光忠孝方正必不同也馳使命光檻重送之尋入為太子右率甚見敬重蜀人李焉聚衆二萬攻逼益州堅以光為破虜將軍率兵討滅之遷步兵校尉苻洛反光又擊平之拜驍騎將軍堅既平山東士馬強盛遂有圖西域之志乃授光使持節都督西討諸軍事率將軍姜飛彭晃杜進康盛等揔兵七万鐵騎五千以討西域以隴西董方馮翊郭抱武威賈虔弘農楊穎為四府佐將堅太子宏執光手曰君器相非常必有大福宜深保愛行至高昌聞堅寇晉光欲更須後命部將杜進曰節下受任金方赴機宜速有何不了而更留乎光乃進及流沙三百餘里無水將士失色光曰吾聞李廣利精誠玄感飛泉涌出吾等豈獨無感致乎皇天必將有濟諸君不足憂也俄而大雨平地三尺進兵至焉耆其王泥流率其旁國請降龜茲王帛純距光光軍其城南五里為一營深溝高壘廣設疑兵以木為人被之以甲羅之壘上帛純驅徙城外人入于城中附庸侯王各嬰城自守至是光左臂內脉起成字文曰巨霸營外夜有一黑物大如斷堤搖動有頭角目光若電及明而雲霧四周遂不復見旦視其處南北五里東西三十餘步鱗甲隱地之所昭然猶在光笑曰黑龍也俄而雲起西北暴雨滅其跡杜進言於光曰龍者神獸人君利見之象易曰見龍在田德施普也斯誠明將軍道合靈和德符幽顯願將軍勉之以成大慶光有喜色又進攻龜茲城夜夢金象飛越城外光曰此謂佛神去之胡必亡矣光攻城既急帛純乃傾國財寶請救獪胡獪胡弟吶龍侯將馗率騎二十餘万并引溫宿尉頭等國王合七十餘萬以救之胡便弓馬善矛矟鎧如連鏁射不可入以革索為羂策馬擲人多有中者衆甚憚之諸將咸欲每營結陣案兵以距之光曰彼衆我寡營又相遠勢分力散非良策也於是遷營相接陣為句鏁之法精騎為游軍彌縫其闕戰于城西大敗之斬万餘級帛純收其珍寶而走王侯降

者三十餘國光入其城大饗將士賦詩言志見其宮室壯麗命參軍京兆段業著龜茲宮賦以譏之胡人奢侈厚於養生家有蒲桃酒或至千斛經十年不敗士卒淪沒酒藏者相繼矣諸國憚光威名貢款屬路乃立帛純弟震為王以安之光撫寧西域威恩甚著桀黠胡王昔所未賓者不遠万里皆來歸附上漢所賜節傳光皆表而易之堅聞光平西域以為使持節散騎常侍都督玉門已西諸軍事安西將軍西域校尉道絕不通光既平龜茲有留焉之志時始獲鳩摩羅什羅什勸之東還語在西夷傳光於是大饗文武博議進止衆咸請還光從之以駝二萬餘頭致外國珍寶及奇伎異戲殊禽怪獸千有餘品駿馬萬餘匹而苻堅高昌太守楊翰說其涼州刺史梁熙距守高桐伊吾二關熙不從光至高昌翰以郡迎降初光聞翰之說惡之又聞苻堅喪敗長安危逼謀欲停師杜進諫曰梁熙文雅有餘機鑒不足終不能納善從說也願不足憂之聞其上下未同宜在速進進而不捷請受過言之誅光從之及

至玉門梁熙傳檄責光擅命還師遣子胤與振威姚皓別駕衛翰率衆五萬距光于酒泉光報檄涼州責熙無赴難之誠數其遏歸師之罪遣彭晃杜進姜飛等爲前鋒擊胤大敗之胤輕將麾下數百騎東奔杜進追擒之於是西山胡夷皆來欵附武威太守彭濟執熙請降光入姑臧自領涼州刺史護羌校尉表杜進爲輔國將軍武威太守封武始侯自餘封拜各有差光主簿尉祐姦佞傾薄人也見棄前朝與彭濟同謀執梁熙光深見寵任乃譖誅南安姚皓天水尹景等名士十餘人遠近頗以此離貳光尋擢祐爲寧遠將軍金城太守祐次允吾襲據外城以叛祐從弟隨據鸇陰以應之光遣其將魏眞討隨隨敗奔祐光將姜飛又擊敗祐衆祐奔據興城扇動百姓夷夏多從之飛司馬張象參軍郭雅謀殺飛應祐發覺逃奔初苻堅之敗張天錫南奔其世子大豫爲長水校尉王穆所匿及堅還長安穆將大豫奔禿髮思復鞬思復鞬送之魏安是月魏安人焦松齊肅張濟等起兵數千迎大豫於揖次陷昌松郡光遣其將杜進討之爲大豫所敗大豫遂進逼姑臧求決勝負王穆諫曰呂光糧豐城固甲兵精銳逼之非利不如席卷嶺西厲兵積粟東向而爭不及期年可以平也大豫不從乃遣穆求救於嶺西諸郡建康太守李隰祁連都尉嚴純及閻襲起兵應之大豫進屯城西王穆率衆三萬及思復鞬子奚于等陣于城南光出擊破之斬奚于等二萬餘級光謂諸將曰大豫若用王穆之言恐未可平也諸將曰大豫豈不及此邪皇天欲贊成明公八百之業故令大豫迷於良筭耳光大悅賜金帛有差大豫自西郡詣臨洮驅略百姓五千餘戶保據俱城光將彭晃徐炅攻破之大豫奔廣武穆奔建康廣武人執大豫送之斬于姑臧市光至是始聞苻堅爲姚萇所害奮怒哀號三軍縞素大臨于城南僞諡堅曰文昭皇帝長吏百石已上服斬縗三月庶人哭泣三日光於是大赦境內建元曰太安自稱使持節侍中中外大都督督隴右河西諸軍事大將軍領護匈奴中郎將涼州牧酒泉公王穆襲據酒泉自稱大將

軍涼州牧時穀價踊貴斗直五百人相食死者太半光西平太守康寧自稱匈奴王阻兵以叛光屢遣討之不捷初光之定河西也杜進有力焉以爲輔國將軍武威太守既居都尹權高一時出入羽儀與光相亞光甥石聰至自關中光曰中州人言吾政化何如聰曰止知有杜進耳實不聞有舅光默然因此誅進光後讌群寮酒酣語及政事時刑法峻重參軍段業進曰嚴刑重憲非明王之義也光曰商鞅之法至峻而兼諸侯吳起之術無親而荆蠻以霸何也業曰明公受天眷命方君臨四海景行堯舜猶懼有弊奈何欲以商申之末法臨道義之神州豈此州士女所望於明公哉光改容謝之於是下令責躬乃崇寬簡之政其將徐炅與張掖太守彭晃謀叛光遣師討炅炅奔晃晃東結康寧西通王穆光議將討之諸將咸曰今康寧在南阻兵伺隙若大駕西行寧必乘虛出于嶺左晃穆未平康寧復至進退狼狽勢必大危光曰事勢實如卿言今而不往當坐待其來晃穆共相脣齒寧又同惡相救東西交至城外非吾之有若是大事去矣今晃叛逆始爾寧穆與之情契未密及其倉卒取之爲易且隆替命也卿勿復言光於是自率步騎三萬倍道兼行既至攻之二旬晃將寇顗斬關納光於是誅彭晃王穆以其黨索嘏爲敦煌太守既而忌其威名率衆攻嘏光聞之謂諸將曰二虜相攻此成擒也光將攻之衆咸以爲不可光曰取亂侮亡武之善經不可以累征之勞而失永逸之舉率步騎二萬攻酒泉剋之進次涼興穆引師東還路中衆散穆單騎奔騂馬騂馬令郭文斬首送之是時麟見金澤縣百獸從之光以爲己瑞以孝武太元十四年僭即三河王位置百官自丞郎已下赦其境內年號麟嘉光妻石氏子紹弟德世至自仇池光迎于城東大饗群臣遣其子左將軍他武賁中郎將纂討北虜匹勤于三巖山大破之立妻石氏爲王妃子紹爲世子讌其羣臣于內苑新堂太廟新成追尊其高祖爲敬公曾祖爲恭公祖爲宣公父爲景昭王母曰昭烈妃其中書侍郎楊穎上疏請依三代故事追尊呂望爲始祖

永為不遷之廟光從之是歲張掖督郵傅曜考覈屬縣而丘池令尹興殺之投諸空井曜見夢於光曰臣張掖郡小吏案校諸縣而丘池令尹興藏狀狼藉懼臣言之殺臣投於南亭空井中臣衣服形狀如是光寤而猶見久之乃滅遣使覆之如夢光怒殺興著作郎段業以光未能揚清激濁使賢愚殊貫因療疾于天梯山作表志詩九歎七諷十六篇以諷焉光覽而悅之南羌彭奚念入攻白土都尉孫峙退奔興城光遣其南中郎將呂方及其弟右將軍呂寶振威楊範强弩竇苟討乞伏乾歸于金城方屯河北寶進師濟河為乾歸所敗寶死之武賁呂纂强弩竇苟率步騎五千南討彭奚念戰于盤夷大敗而歸光親討乾歸奚念遣其揚武楊軌建忠沮渠羅仇建武梁恭軍于左南奚念大懼於白土津累石為堤以水自固遣精兵一萬距守河津光遣將軍王寶潛趣上津夜度湟河光濟自石堤攻剋枹罕奚念單騎奔甘松光振旅而旋初光徙西海郡人於諸郡至是謠曰朔馬心何悲念舊中心勞燕雀何

徘徊意欲還故巢頃之遂相扇動復徙之于西河樂都君羣議以高昌雖在西垂地居形勝外接胡虜易生翻覆宜遣子弟鎮之光以子覆為使持節鎮西將軍都督玉門已西諸軍事西域大都護鎮高昌命大臣子弟隨之光於是以太元二十一年僭即天王位大赦境內改年龍飛立世子紹為太子諸子弟為公侯者二十人中書令王詳為尚書左僕射段業等五人為尚書乾歸從弟軻彈來奔光下書曰乾歸狼子野心前後反覆朕方東清秦趙勒銘會稽豈令豎子鴟峙洮南且其兄弟內相離間可乘之機勿過今也其勑中外戒嚴朕當親討光於是次于長最使呂纂率楊軌竇苟等步騎三万攻金城乾歸率衆二萬救之光遣其將王寶徐炅率騎五千邀之乾歸懼而不進光又遣其將梁恭金石生以甲卒萬餘出陽武下峽與秦州刺史沒弈于攻其東光弟天水公延以枹罕之衆攻臨洮武始河關皆剋之呂纂剋金城擒乾歸金城太守衛鞬鞬瞋目謂光曰我寧守節斷頭不為降虜也光義而免之乾歸

因大震泣歎曰死中求生正在今日也乃縱反間稱乾歸衆潰東奔成紀呂延信之引師輕進延司馬耿稚諫曰乾歸雄勇過人權略難測破王廣剋楊定皆羸師以誘之雖蕞爾小國亦不可輕也困獸猶鬭況乾歸而可望風自散乎且告者視高而色動必為姦計而今宜部陣而前步騎相接徐待諸軍大集可一舉滅之延不從與乾歸相遇戰敗死之耿稚及將軍姜顯收集散卒屯于枹罕光還于姑臧光荒耄信讒殺尚書沮渠羅仇三河太守沮渠麴粥羅仇弟子蒙遜叛光殺中田護軍馬邃攻陷臨松郡屯兵金山大為百姓之患蒙遜從兄男成先為將軍守晉昌聞蒙遜起兵逃奔貲虜扇動諸夷衆至數千進攻福祿建安寧戎護軍趙策擊敗之男成退屯樂涫呂纂敗蒙遜于忽谷酒泉太守壘澄率將軍趙策趙陵步騎萬餘討男成于樂涫戰敗澄策死之男成進攻建康說太守段業曰呂氏政衰權臣擅命刑罰失中人不堪役一州之地叛者連城瓦解之形昭然在目百姓嗷然無所宗附府君豈可以

蓋世之才而立忠於垂亡之世男成等既唱大義欲屈府君撫臨鄙州使塗炭之餘蒙來蘇之惠業不從相持二旬而外救不至郡人高逵史惠等言於業曰今孤城獨立臺無救援府君雖心過田單而地非即墨宜思高算轉禍為福業先與光侍中房晷僕射王詳不平慮不自容乃許之男成等推業為大都督龍驤大將軍涼州牧建康公光命呂纂討業沮渠蒙遜進屯臨洮為業聲勢戰于合離纂師大敗光散騎常侍太常郭黁明天文善占候謂王詳曰於天文涼之分野將有大兵主上老病太子沖闇纂等凶武一旦不諱必有難作以吾二人久居內要常有不善之言恐禍及人深宜慮之田胡王乞機部衆最彊二苑之人多其故衆吾今與公唱義推機為主則二苑之衆盡我有也剋城之後徐更圖之詳以為然夜燒光洪範門二苑之衆皆附之詳為內應事發光誅之黁遂據東苑以叛光馳使召纂諸將勸纂曰業聞師迴必躡軍後若潛師夜還庶無後患矣纂曰業雖憑城阻衆無雄略之才若夜潛

還張其姦志乃遣使告業曰郭麐作乱吾今還都卿能决者可出戰於是引還業不敢出纂司馬楊統謂其從兄桓曰郭麐明善天文起兵其當有以京城之外非復朝廷之有纂今還都復何所補統請除纂勸兵推兄爲盟主西襲呂弘據張掖以號令諸郡亦千載一時也桓怒曰吾聞臣子之事君親有隕無二吾未有包胥存救之効豈可安榮其祿乱增其難乎呂宗若敗吾爲弘演矣統懼至番禾遂奔郭麐麐遣軍邀纂于白石纂大敗光西安太守石元良率步騎五千赴難與纂共擊麐麐軍破之遂入于姑臧麐之叛也得光孫八人于東苑及軍敗恚甚悉投之于鋒刃之上枝分節解飲血盟衆衆皆掩目不忍視之麐悠然自若麐推後將軍楊軌爲盟主軌自稱大將軍凉州牧西平公呂纂擊麐將王斐于城西大破之自是麐勢漸衰光遣楊軌書曰自羌胡不靖郭麐叛逆南藩安否音問兩絶行人風傳云卿擁逼百姓爲麐脣齒卿雅志忠貞有史魚之操鑒察成敗遠侔古人豈宜聽納姦邪以虧大美陵

霜不彫者松柏也臨難不移者君子也何圖松柏彫於微霜雞鳴已於風雨郭麐巫卜小數時或誤中考之大理率多虚謬朕宰化寡方澤不逮遠致世事紛紜百城離叛戮力一心同濟巨海者望之於卿也今中倉積粟數百千萬東人戰士一當百餘入則言笑晏晏出則武步凉州吞麐咀業綽有餘暇但與卿形雖君臣心過父子欲全卿名節不使貽笑將來軌不答率步騎二萬北赴郭麐至姑臧壘于城北軌以士馬之盛議欲大决成敗麐每以天文裁之呂弘爲段業所逼光遣呂纂迎之軌謀於衆曰呂弘精兵一萬若與光合則敵彊我弱養獸不討將爲後患遂率兵邀纂纂擊敗之郭麐聞軌敗東走魏安遂奔于乞伏乾歸楊軌聞麐走南奔廉川光疾甚立其太子紹爲天王自號太上皇帝以呂纂爲太尉呂弘爲司徒謂紹曰吾疾病唯增恐將不濟三寇闚闟迭伺國隙吾終之後使纂統六軍弘管朝政汝恭已無爲委重二兄庶可以濟若内相猜貳釁起蕭牆則晉趙之變旦夕至矣又謂纂弘曰永業

才非撥乱直以正嫡有常猥居元首今外有彊寇人心未寧汝兄弟緝穆則貽厥萬世若内自相圖則禍不旋踵纂弘泣曰不敢有二心光以安帝隆安三年死時年六十三在位十年僞謚懿武皇帝廟號太祖墓號高陵

纂字永緒光之庶長子也少便弓馬好鷹犬苻堅時入太學不好讀書唯以交結公侯声樂爲務及堅乱西奔上邽轉至姑臧拜武賁中郎將封太原公光死呂紹秘不發喪纂排閤入哭盡哀而出紹懼爲纂所害以位讓之曰兄功高年長宜承大統願兄勿疑纂曰臣雖年長陛下國之冢嫡不可以私愛而乱大倫紹固以讓纂纂不許之及紹嗣僞位呂超言於紹曰纂統戎積年威震内外臨喪不哀步高視遠觀其舉止乱常恐成大变宜早除之以安社稷紹曰先帝顧命音猶在耳兄弟至親豈有此乎吾弱年而荷大任方賴二兄以寧家國縱其圖我我視死如歸終不忍有此意也卿慎勿過言超曰纂威名素盛安忍無親今不圖之後必噬臍矣紹

曰吾每念袁尚兄弟未曾不痛心忘寢食寧坐而死豈忍行之超曰聖人稱知機其神陛下臨機不斷臣見大事去矣既而纂見紹於湛露堂超執刀侍紹目纂請收之紹弗許初光欲立弘爲世子會聞紹在仇池乃止弘由是有憾於紹遣尚書姜紀密告纂曰先帝登遐主上闇弱兄揔攝内外威恩被于遐迩輒欲遠追廢昌邑之義以兄爲中宗何如纂於是夜率壯士數百踰北城攻廣夏門弘率東苑之衆斫洪範門左衛齊從守融明觀逆問之曰誰也衆曰太原公從曰國有大故主上新立太原公行不由道夜入禁城將爲乱邪因抽劍直前斫纂中額纂左右擒之纂曰義士也勿殺紹遣武賁中郎將呂開率其禁兵距戰於端門驍騎呂超率卒二千赴之衆素憚纂悉皆潰散纂入自青角門升于謙光殿紹登紫閣自殺呂超出奔廣武纂憚弘兵彊勸弘即位弘曰自以紹弟也而承大統衆心不順是以違先帝遺勑慙負黃泉今復越兄而立何面目以視息世間大兄長且賢威名振于二賊宜速即大位

以安國家纂以隆安四年遂僭即天王位大赦境內改元為咸寧謚紹為隱王以弘為使持節侍中大都督都督中外諸軍事大司馬車騎大將軍司隸校尉錄尚書事改封番禾郡公其餘封拜各有差纂謂齊從曰卿前斫我一何甚也從泣曰隱王先帝所立陛下雖應天順時而微心未達唯恐陛下不死何謂甚也纂嘉其忠善遇之纂遣使謂征東呂方曰超實忠臣義勇可嘉但不識經國大躰權變之宜方賴其忠節誕濟世難可以此意諭之超上疏陳謝纂復其爵位呂弘自以功名崇重恐不為纂所容纂亦深忌之弘遂起兵東苑劫尹文楊桓以為謀主請宗燮俱行燮曰老臣受先帝大恩位為列棘不能隕身授命死有餘罪而復從殿下親為戎首者豈天地所容乎且智不能謀衆不足恃將焉用之弘曰君為義士我為乱臣乃率兵攻纂纂遣其將焦辨擊弘弘衆潰出奔廣武纂縱兵大掠以東苑婦女賞軍弘之妻子亦為士卒所辱纂笑謂羣臣曰今日之戰何如其侍中房晷對曰天禍涼室釁起戚藩

先帝始崩隱王幽逼山陵甫訖大司馬驚疑肆逆京邑交兵友于接刃雖弘自取夷滅亦由陛下無棠棣之義宜考已責躬以謝百姓而反縱兵大掠幽辱士女釁自由弘百姓何罪且弘妻陛下之弟婦也弘女陛下之姪女也柰何使無賴小人辱為婢妾天地神明豈忍見此遂歔欷悲泣纂改容謝之召弘妻及男女于東宮厚撫之呂方執弘繫獄馳使告纂纂遣力士康龍拉殺之是月立其妻楊氏為皇后以楊氏父桓為散騎常侍尚書左僕射涼都尹封金城侯纂將伐禿髮利鹿孤中書令楊穎諫曰夫起師動衆必參之天人苟非其時聖賢所不為禿髮利鹿孤上下用命國未有釁不可以伐宜繕甲養銳勸課農殖待可乘之機然後一舉蕩滅比年多事公私罄竭不深根固本恐為患將來願抑赫斯之怒思萬全之筭纂不從度浩亹何為鹿孤弟傉檀所敗遂西襲張掖姜紀諫曰方今盛夏百姓廢農所利既少所喪者多若師至嶺西虜必乘虛寇抄都下宜且迴師以為後圖纂曰虜無大志聞朕西征正

可自固耳今速襲之可以得志遂圍張掖略地建康聞傉檀寇姑臧乃還即序胡安據盜發張駿墓見駿貌如生得真珠簏琉璃榼白玉樽赤玉簫紫玉笛珊瑚鞭馬腦鍾水陸奇珍不可勝紀纂誅安據黨五十餘家遣使弔祭駿并繕脩其墓道士句摩羅耆婆言於纂曰潛龍屢出豕犬見妖將有下人謀上之禍宜增脩德政以荅天戒纂納之耆婆即羅什之別名也纂游田無度荒耽酒色其太常楊穎諫曰臣聞皇天降鑒唯德是與德由人弘天應以福故勃焉之美奄在聖躬大業已爾宜以道守之廓靈基於日新邀供福於萬祀自陛下龍飛疆宇未闢崎嶇二嶺之內綱維未振於九州當兢兢夕惕經略四方成先帝之遺志拯蒼生於荼蓼而更飲酒過度出入無恒宴安游盤之樂沉湎樽酒之間不以寇讎為慮竊為陛下危之糟丘酒池洛納不返皆陛下之殷鑒臣蒙先帝夷險之恩故不敢避干將之戮纂曰朕之罪也不有貞亮之士誰匡邪僻之君然昏虐自任終不能改常與左右因醉馳獵於坑澗之

間殿中侍御史王回中書侍郎王儒扣馬諫曰千金之子坐不垂堂萬乘之主清道而行柰何去輿輦之安冒奔騎之危銜縻之變動有不測之禍愚臣竊所不安敢以死爭願陛下遠思袁盎攬轡之言不令臣等受譏千載纂不納纂番禾太守呂超擅伐鮮卑思盤思盤遣弟乞珍訴超於纂纂召超將盤入朝超至姑臧大懼自結於殿中監杜尚纂見超怒曰卿恃兄弟桓桓欲欺吾也要當斬卿然後天下可定超頓首不敢纂因引超及其諸臣讌于內殿呂隆屢勸纂酒已至昏醉乘步輓車將超等游于內至琨華堂東閣車不得過纂親將竇川駱騰倚劒於壁推車過閤超取劒擊纂纂下車擒超超刺纂洞胸奔于宣德堂川騰與超格戰超殺之纂妻楊氏命禁兵討超杜尚約兵舍杖將軍魏益多入斬纂首以徇曰纂違先帝之命殺害太子荒耽酒獵昵近小人輕害忠良以百姓為草芥番禾太守超以骨肉之親懼社稷顛覆已除之矣上以安宗廟下為太子報仇凡我士庶同茲休慶偽巴西公呂他隴西公

呂緯時在北城或說緯曰超陵天逆上士衆不附明公以懿弟之親投戈而起姜紀焦辨在南城楊桓田誠在東苑皆我之黨也何慮不濟緯乃嚴兵謂他曰隆超弒逆所宜擊之昔田恒之亂孔子鄰國之臣猶抗言于哀公況今蕭牆有難而可坐觀乎他將從之他妻梁氏止之曰緯超俱兄弟之子何爲舍超助緯而爲禍首乎他謂緯曰超事已立據武庫擁精兵圖之爲難且吾老矣無能爲也超聞而登城告他曰纂信讒言將滅超兄弟超以身命之切且懼社稷覆亡故出万死之計爲國家唱義叔父當有以亮之超弟邈有寵於緯說緯曰纂殘國破家誅戮兄弟隆超此舉應天人之心正欲尊立明公耳先帝之子明公爲長四海顒顒人無異議隆超雖不達臧否終不以孽代宗更圖異望也願公勿疑緯信之與隆超結盟單馬入城超執而殺之初纂嘗與鳩摩羅什棊殺羅什子曰斫胡奴頭羅什曰不斫胡奴頭胡奴斫人頭超小字胡奴竟以殺纂纂在位三年以元興元年死隆既篡位僞謚纂靈皇帝墓號白石陵

隆字永基光弟寶之子也美姿貌善騎射光末拜北部護軍稍歷顯位有聲譽稱超既殺纂讓位於隆隆有難色超曰今猶乘龍上天豈可中下隆以安帝元興元年遂僭即天王位超先於番禾得小鼎以爲神瑞大赦改元爲神鼎追尊父寶爲文皇帝母衛氏爲皇太后妻楊氏爲皇后以弟超有佐命之勳拜使持節侍中都督中外諸軍事輔國大將軍司隸校尉録尚書事封安定公隆多殺豪望以立威名內外囂然人不自固魏安人焦朗遣使說姚興將姚碩德曰呂氏因秦之亂制命此州自武皇棄世諸子競尋干戈德刑不恤殘暴是先饑饉流亡死者太半唯泣訴昊天而精誠無感伏惟明公道邁前賢任尊分陝宜兼弱攻昧經略此方救生靈之沉溺布徽政于玉門纂奪之際爲功不難遣妻子爲質碩德遂率衆至姑臧其部將姚國方言於碩德曰今懸師三千後無繼援師之難也宜曜勁鋒示其威武彼以我遠來必決死距戰可一舉而平碩德從之呂超出戰大敗遁還隆收集離散嬰城固守時熒惑犯帝坐有群雀鬬于太廟死者數萬東人多謀外叛將軍魏益多又唱動群心乃謀殺隆超事發誅之死者三百餘家於是群臣表求與姚興通好隆弗許呂超諫曰通塞有時艱泰相襲孫權屈身於魏譙周勸主迎降豈非大丈夫哉勢屈故也天錫承七世之資樹恩百載武旅十萬謀臣盈朝秦師臨境識者導以見機而慢諫自專社稷爲墟前鑒不遠我之元龜也何惜尺書單使不以危易安且令卑辭以退敵然後內脩德政廢興由人未損大略隆曰吾雖常人屬當家國之重不能嗣守成基保安社稷以太祖之業委之於人何面目見先帝於地下超曰應龍以屈伸爲靈大人以知機爲美今連兵積歲資儲內盡彊寇外逼百姓嗷然無糊口之寄假使張陳韓白亦無如之何陛下宜思權變大綱割區區常慮者卜世有期不在和好若天命去矣宗族可全隆從之乃請降碩德表隆爲使持節鎮西大將軍涼州刺史建康公於是遣母弟愛子

文武舊臣慕容筑楊穎史難閻松等五十餘家質于長安碩德乃還姚興謀臣皆曰隆藉伯父餘資制命河外今雖飢窘尚能自支若將來豐贍終非國有涼州險絕世難先違道清後順不如因其飢弊而取之興乃遣使來觀虛實沮渠蒙遜又伐隆隆擊敗之蒙遜請和結盟留穀萬餘斛以振飢人姑臧穀價踊貴斗直錢五千文人相食飢死者十餘萬口城門晝閉樵採路絕百姓請出城乞爲夷虜奴婢者日有數百隆懼沮動人情盡坑之於是積尸盈于衢路禿髮傉檀及蒙遜頻來伐之隆以二寇之逼也遣超率騎二百多齎珍寶請迎于姚興興乃遣其將齊難等步騎四万迎之難至姑臧隆素車白馬迎于道旁使胤告光廟曰陛下往運神略開建西夏德被蒼生威振遐裔枝嗣不臧迭相篡弒二虜交逼將歸東京謹與陛下奉訣於此歔欷慟泣酸感興軍隆率戶一万隨難東遷至長安興以隆爲散騎常侍公如故超爲安定太守文武三十餘人皆擢敘之其後隆坐與子弼謀反爲興所誅呂光以孝武

太元十二年定涼州十五年僭立至隆凡十有二載以安帝元興三年滅

史臣曰自晉室不綱中原蕩析苻氏乘舋竊號神州世明委質僞朝位居上將爰以心膂受脤遐征鐵騎如雲出玉門而長騖琱戈耀景捎金丘而一息蕞爾夷陬承風霧卷宏圖壯節亦足稱焉屬永固運銷群雄競起班師右地便有覬覦於是要結六戎潛窺雁鼎并吞五郡遂假鴻名控黃河以設險負玄漠而爲固自謂克昌霸業貽厥孫謀壽而耄及政昏親離衆叛瞋目甫爾釁發蕭牆紹纂凡才負乘致寇弘超兇狡職爲乱階永基庸庸面縛姚氏昔竇融歸順榮煥累葉隗囂干紀靡終身世而光棄茲勝躅遵彼覆車十數年間終致殘滅向使矯邪歸正革僞爲忠鳴檄而蕃晉朝杖義而誅醜虜則燕秦之地可定桓文之功可立郭黁段業豈得肆其姦蒙遜烏孤無所窺其隙矣而猥竊非據何其謬哉夫天地之大德曰生聖人之大寶曰位非其人而處其位者其禍必速在其位而忘其德者其殃必至天鑒非遠庸可濫乎

贊曰金行不競寶業斯屯瓜分九寓沴聚三秦呂氏伺隙欺我人神天命難假終亦傾淪

載記第二十二　晉書百二十二

慕容垂

慕容垂字道明皝之第五子也少岐嶷有器度身長七尺七寸手垂過膝皝甚寵之常目而謂諸弟曰此兒闊達好奇終能破人家或能成人家故名霸字道業恩遇踰于世子儁故儁不能平之以滅宇文之功封都鄉侯石季龍來伐既還猶有兼幷之志遣將鄧恒率衆數萬屯于樂安營攻取之備垂戍徒河與恒相持恒憚而不敢侵垂少好畋游因獵墜馬折齒慕容儁僭即王位改名𡙇外以慕𡙇缺為名內實惡而改之尋以讖記之文乃去夬以垂為名焉石季龍之死也趙魏亂垂謂儁曰時來易失赴機在速兼弱攻昧今其時矣儁以新遭大喪不許慕輿根言於儁曰王子之言千載一時不可失也儁乃從之以垂為前鋒都督儁既剋幽州將坑降卒垂諫曰弔伐之義先代常典今方平中原宜綏懷以德坑戮之刑不可為王師之先聲儁從之及儁僭稱尊號封垂吳王徙鎮信都以侍中右禁將軍錄留臺事大收東北之和又為征南將軍荊兗二州牧有聲于梁楚之南再為司隸偽王公已下莫不累迹時慕容暐嗣偽位慕容恪為太宰恪甚重垂常謂暐曰吳王將相之才十倍於臣先帝以長幼之次以臣先之臣死之後願陛下委政吳王可謂親賢兼舉及敗桓溫于枋頭威名大振慕容評深忌惡之乃謀誅垂垂懼禍及己與世子全奔于苻堅自恪卒後堅密有圖暐之謀憚垂威名而未發及聞其至堅大悅郊迎執手禮之甚重堅相王猛惡垂雄略勸堅殺之堅不從以為冠軍將軍封賓都侯食華陰之五百戶王猛伐洛引全為參軍猛乃令人詭傳垂語於全曰吾已東還汝可為計也全信之乃奔暐猛表全叛狀垂懼而東奔及藍田為追騎所獲堅引見東堂慰勉之曰卿家國失和委身投朕賢子志不忘本猶懷首丘書不云乎父父子子無相及也卿何為過懼而狼狽若斯也於是復垂爵位恩待如初及堅擒暐垂隨堅入鄴收集諸子對之悲慟見其故吏有不悅之色前郎中令高弼私於垂曰大王以命世之姿遭無妄之運迍邅棲伏艱亦至矣天啓嘉會靈命暫遷此乃鴻漸之始龍變之初深願仁慈有以慰之且夫高世之略必懷遺俗之規方當網漏吞舟以弘苞養之義收納舊臣之胄以成為山之功柰何以一怒捐之竊為大王不取垂深納之垂在堅朝歷位京兆尹進封泉州侯所在征伐皆有大功堅之敗於淮南也垂軍獨全堅以千餘騎奔垂垂世子寶言於垂曰家國傾喪皇綱廢弛至尊明命著之圖籙當隆中興之業建少康之功但時來之運未至故韜光俟奮耳今天厭乱德凶衆土崩可謂乾啓神機授之于我千載一時今其會也宜恭承皇天之意因而取之且夫立大功者不顧小節行大仁者不念小惠秦既蕩覆二京窮辱神器仇恥之深莫甚於此願不以意氣微恩而忘社稷之重五木之祥今其至矣垂曰汝言是也然彼以赤心投命若何害之苟天所棄圖之多便且縱令北還更待其釁既不負宿心可以義取天下垂弟德進曰夫鄰國相吞有自來矣秦彊而幷燕秦弱而圖之此為報仇雪恥豈所謂負宿心也昔鄧祁侯不納三甥之言終為楚所滅吳王夫差違子胥之諫取禍句踐前事之不忘後事之師表也願不棄湯武之成蹤追韓信之敗迹乘彼土崩恭行天罰斬逆氐復宗祀建中興繼洪烈天下大機弗宜失也若釋數萬之衆授干將之柄是卻天時而待後害非至計也語曰當斷不斷反受其乱願兄無疑垂曰吾昔為太傅所不容投身於秦主又為王猛所譖復見昭亮國士之禮每深報德之分未一如使秦運必窮歷數歸我者授首之便何慮無之關西之地會非吾有自當有擾之者吾可端拱而定關東君子不怙乱不為禍先且可觀之乃以兵屬堅初寶在長安與韓黃李根等因讌摴蒱寶危坐整容誓之曰世云摴蒱有神豈虛也哉若富貴可期頻得三盧於是三擲盡盧寶拜而受賜故云五木之祥堅至澠池垂請至鄴展拜陵墓因張國威刑以安戎狄堅許之權翼諫曰垂爪牙名將所謂今之韓白世豪東夏志不為

人用須以避禍歸誠非慕德而至列土千城未可以滿其志冠軍之號豈足以稱其心且垂猶鷹也飢則附人飽便高颺遇風塵之會必有陵霄之志惟宜急其羈靽不可任其所欲堅不從遣其將李蠻閔亮尹國率衆三千送垂又遣石越戍鄴張蚝戍并州時堅子丕先在鄴及垂至丕館之于鄴西垂具說淮南敗狀會堅將苻暉告丁零翟斌聚衆謀逼洛陽丕謂垂曰翟斌兄弟因王師小失敢肆凶勃子毋之軍殆難爲敵非冠軍英略莫可以滅也欲相煩一行可乎垂曰下官殿下之鷹犬敢不惟命是聽於是大賜金帛一無所受惟請舊田園丕不許之配垂兵二千遣其將苻飛龍率氐騎一千爲垂之副丕戒飛龍曰卿王室肺腑年秩雖卑其實帥也垂爲三軍之統卿爲謀垂之主用兵制勝之權防微杜貳之略委之於卿卿其勉之垂請入鄴城拜廟丕不許乃潛服而入亭吏禁之垂怒斬吏燒亭而去石越言於丕曰垂之在燕破國乱家及投命聖朝蒙超常之遇忽敢輕侮方鎮殺吏焚亭反形已露終爲

乱階將老兵疲可襲而取之矣丕曰淮南之敗衆散親離而垂侍衛聖躬誠不可忘越曰垂既不忠於燕其肯盡忠於我乎且其亡虜也主上寵同功舊不能銘澤誓忠而首謀爲乱今不擊之必爲後害丕不從越退而告人曰公父子好存小人不顧天下大計吾屬終當爲鮮卑虜矣垂至河内殺飛龍悉誅氐兵召募遠近衆至三萬濟河焚橋令曰吾本外假秦聲内規興復乱法者軍有常刑奉命者賞不踰日天下既定封爵有差不相負也翟斌聞垂之將濟河也遣使推垂爲盟主垂距之曰吾父子寄命秦朝危而獲濟荷主上不世之恩蒙更生之惠雖曰君臣義深父子豈可因其小隙便懷二三吾本救豫州不越君等何爲斯議而及於我垂進欲襲據洛陽故見苻暉以臣節退又未審斌之誠款故以此言距之垂至洛陽暉閉門距守不與垂通斌又遣長史河南郭通說垂乃許之斌率衆會垂勸稱尊號垂曰新興侯國之正統孤之君也若以諸君之力得平關東當以大義喻秦奉迎返正無上自尊非孤

心也謀于衆曰洛陽四面受敵北阻大河至於控馭燕趙非形勝之便不如北取鄴都據之而制天下衆咸以爲然乃引師而東遣建威將軍王騰起浮橋于石門初垂之發鄴中子農及兄子楷紹弟子宙爲苻丕所留及誅飛龍遣田生密告農等使起兵趙魏以相應於是農宙奔列人楷紹奔辟陽衆咸應之農西招庫辱官偉于上黨東引乞特歸于東阿各率衆數万赴之衆至十餘万丕遣石越討農爲農所敗斬越於陳垂引兵至滎陽以太元八年自稱大將軍大都督燕王承制行事建元曰燕元令稱統府府置四佐王公以下稱臣凡所封拜一如王者以翟斌爲建義大將軍封河南王翟檀爲柱國大將軍弘農王弟德爲車騎大將軍范陽王兄子楷征西大將軍太原王衆至二十餘萬濟自石門長驅攻鄴農楷紹宙等率衆會垂立子寶爲燕王太子封功臣爲公侯伯子男者百餘人苻丕乃遣侍郎姜讓謂垂曰往歲大駕失據君保衛壺輿勤王誠義邁蹤前烈宜述脩前規終忠貞之節奈何棄崇山之功爲此過舉過貴能改先賢之嘉事

也深宜詳思悟猶未晚垂謂讓曰孤受主上不世之恩故欲安全長樂公使盡衆赴京師然後脩復家国之業与秦永爲鄰好何故闇於機運不以鄴見歸也大義滅親況於意氣之顧公若迷而不返者孤亦欲窮兵勢耳今事已然恐單馬乞命不可得也讓厲色責垂曰將軍不容於家国投命於聖朝燕之尺土將軍豈有分乎主上与將軍風殊類別臭味不同奇將軍於一見託將軍以斷金寵踰宗舊任齊懿藩自古君臣冥契之重豈甚此邪方付將軍以六尺之孤万里之命奈何王師小敗便有二圖夫師起无名終則弗成天之所廢人不能支將軍起无名之師而欲興天所廢竊未見其可長樂公主上之元子聲德邁於唐衛居陝東之任爲朝廷維城其可束手輸將軍以百城之地大夫一死王事國君死社稷將軍欲裂冠毀冕拔本塞源者自可任將軍兵勢何復多云但念將軍以七十之年懸首白旗高世之忠忽爲逆鬼竊爲將軍痛之垂默然左右勸垂殺之垂曰古者兵交使在其間犬各吠非其主何所問也乃遣讓歸垂上表於苻堅

曰臣才非古人致禍起蕭牆身嬰時難歸命聖朝陛下恩深周漢猥叨微顧之遇位爲列將爵忝通侯誓在戮力輸誠常懼不及去夏桓沖送死一擬雲消迴討鄖城俘馘万計斯誠陛下神算之奇頗亦愚臣忘死之效方將飲馬桂洲懸旌閩會不圖天助乱德大駕班師陛下單馬奔臣臣奉衛匪貳豈陛下聖明鑒臣單心皇天后土實亦知之臣奉詔北巡受制長樂然丕外失衆心內多猜忌令臣野次外庭不聽謁覲丁零逆豎寇逼豫州丕迫臣單赴限以師程惟給敝卒二千盡无兵杖復令飛龍潛爲刺客及至洛陽平原公暉復不信納臣竊惟進无淮陰功高之慮退无李廣失利之愆懼有青蠅交乱白黑丁零夷夏以臣忠而見疑乃推臣爲盟主臣受託善始不遂令終泣望西京揮涕即邁軍次石門所在雲赴雖復周武之會於孟津漢祖之集於垓下不期之衆實有甚焉欲令長樂公盡衆赴難以禮發遣而丕固守匹夫之志不達變通之理臣息農收集故營以備不虞而石越傾鄴城之衆輕相掩襲

兵陣未交越已隕首臣既單車懸軫歸者如雲斯實天符非臣之力且鄴者臣国舊都應即惠及然後西面受制永守東藩上成陛下遇臣之意下全愚臣感報之誠今進師圍鄴并喻丕以天時人事而丕不察機運杜門自守時出挑戰鋒戈屢交恒恐飛矢誤中以傷陛下天性之念臣之此誠未簡神聽輒遏兵止銳不敢窮攻夫運有推移去來常事惟陛下察之堅報曰朕以不德忝承靈命君臨万邦三十年矣遐方幽裔莫不來庭惟東南一隅敢違王命朕爰奮六師恭行天罰而玄機不弔王師敗績賴卿忠誠之至輔翼朕躬社稷之不隕卿之力也詩云中心藏之何日忘之方任卿以元相爵卿以郡侯庶弘濟艱難敬酬勳烈何圖伯夷忽毀冰操柳惠倏爲淫夫覽表惋然有慚朝士卿既不容於本朝匹馬而投命朕則寵卿以將位礼卿以上賓任同舊臣爵齊勳輔歃血斷金披心相付謂卿食椹懷音保之偕老豈意畜水覆舟養獸返害悔之噬臍將何所及誕言駭衆誇擬非常周武之事豈卿庸人

所可論哉失籠之鳥非羅所羈脫網之鯨豈罟所制翹陸任懷何須聞也念卿垂老老而爲賊生爲叛臣死爲逆鬼侏張幽顯布毒存亡中原士女何痛如之朕之歷運興喪豈復由卿但長樂平原以未立之年遇卿於兩都慮其經略未稱朕心所恨者此焉而已垂攻拔鄴郛丕固守中城垂塹而圍之分遣老弱於魏郡肥鄉築新興城以置輜重擁漳水以灌之翟斌潛諷丁零及西人請斌爲尚書令垂訪之群僚其安東將軍封衡厲色曰馬能千里不免羈靽明畜生不可以人御也斌戎狄小人遭時際會兄弟封王自驩兜已來未有此福忽履盈忘止復有斯求䰟爽錯乱必死不出年也垂猶隱忍容之令曰翟王之功宜居上輔但臺既未建此官不可便置待六合廓清更當議之斌怒密應丕潛使丁零決防潰水事洩垂誅之斌兄子真率其部衆北走邯鄲引兵向鄴欲與丕爲內外之勢垂令其太子寶冠軍慕容隆擊破之真自邯鄲北走又使慕容楷率騎追之戰于下邑爲真所敗真遂屯于承營垂謂

諸將曰苻丕窮寇必守死不降丁零叛擾乃我腹心之患吾欲遷師新城開其逸路進以謝秦主疇昔之恩退以嚴擊真之備於是引師去鄴北屯新城慕容農進攻翟嵩于黃泥破之垂謂其范陽王德曰苻丕吾縱之不能去方引晉師規固鄴都不可置也進師又攻鄴開其西奔之路垂將有北都中山之意農率衆數萬迎之群僚聞慕容暐爲苻堅所殺勸垂僭位垂以慕容沖稱號關中不許晉龍驤將軍劉牢之率衆救苻丕至鄴垂逆戰敗績遂徹鄴圍退屯新城垂自新城北走牢之追垂連戰皆敗又戰于五橋澤王師敗績德及隆引兵要之于五丈橋牢之馳馬跳五丈澗會苻丕救至而免翟真去承營徙屯行唐真司馬鮮于乞殺真盡誅翟氏自立爲趙王營人攻殺乞迎立真從弟成爲主真子遼奔黎陽高句驪寇遼東垂平北慕容佐遣司馬郝景率衆救之爲高句驪所敗遼東玄菟遂沒建節將軍徐巖叛于武邑驅掠四千餘人北走幽州垂馳勅其將平規曰但固守勿戰比破丁零吾當自討之規

違命距戰爲嶷嚴所敗嶷嚴乘勝入薊掠千餘戶而去所過寇暴遂據令支翟成長史鮮于得斬成而降垂入行唐悉坑其衆苻丕棄鄴城奔于幷州慕容農攻剋令支斬徐嚴兄弟進伐高句驪復遼東玄菟二郡還屯龍城垂定都中山羣僚勸即尊號具典儀脩郊燎之禮垂從之以太元十一年僭即位赦其境內改元曰建興置百官繕宗廟社稷立寶爲太子以其左長史庫辱官偉右長史段崇龍驤張崇中山尹封衡爲吏部尚書慕容德爲侍中都督中外諸軍事領司隸校尉撫軍慕容麟爲衞大將軍其餘拜授有差追尊母蘭氏爲文昭皇后遷毀后段氏以蘭氏配饗博士劉詳董謐議以堯母妣位第三不以貴陵妻源明聖王之道以至公爲先垂不從遣其征西慕容楷衞軍慕容麟鎮南慕容紹征虜慕容宙等攻苻堅冀州牧苻定鎮東苻紹幽州牧苻謨鎮北苻亮楷與定等書喻以禍福定等悉降垂留其太子寶守中山率諸將南攻翟遼以楷爲前鋒都督遼之部衆皆燕趙人也咸曰太原王之

子吾之父母相率歸附遼懼遣使請降垂至黎陽遼肉袒謝罪垂厚撫之爲其太子寶起承華觀以寶錄尚書政事巨細皆委之垂總大綱而已立其夫人段氏爲皇后又以寶領侍中大單于驃騎大將軍幽州牧建留臺于龍城以高陽王慕容隆錄留臺尚書事時慕容暐及諸宗室爲苻堅所害者並招魂葬之清河太守賀耕聚衆定陵以叛南應翟遼慕容農討斬之毀定陵城進師入鄴以鄴城廣難固築鳳陽門大道之東爲隔城其尚書郎婁會上疏曰三年之喪天下之達制兵荒殺禮遂以一切取士人心奔競苟求榮進至乃身冒縗絰以赴時役豈必殉忠於國家亦昧利於其間也聖王設教不以顛沛而虧其道不以喪亂而變其化故能杜豪競之門塞奔波之路陛下鍾百王之季廓中興之業天下漸平兵革方偃誠宜蠲蕩瑕穢率由舊章吏遭大喪聽終三年之禮則四方知化人斯服禮垂不從翟遼死子釗代立攻逼鄴城慕容農擊走之垂引師伐釗于滑臺次于黎陽津釗於南岸距守諸將惡其

兵精咸諫不宜濟河垂笑曰豎子何能爲吾今爲卿等殺之遂徙營就西津爲牛皮船百餘艘載疑兵列杖泝流而上釗先以大衆備黎陽見垂向西津乃棄營西距垂潛遣其桂王慕容鎮驍騎慕容国於黎陽津夜濟壁于河南釗聞而奔還士衆疲渴走歸滑臺釗攜妻子率數百騎北趣白鹿山農追擊盡擒其衆釗單騎奔長子釗所統七郡戶三萬八千皆安堵如故徙徐州流人七千餘戶于黎陽於是議征長子諸將咸諫以慕容永未有釁連歲征役士卒疲怠請俟他年垂將從之及聞慕容德之策笑曰吾計決矣且吾投老扣囊底智足以剋之不復留逆賊以累子孫也乃發步騎七萬遣其丹楊王慕容瓚龍驤張崇攻永弟支于晉陽永遣其將刁雲慕容鍾率衆五萬屯潞川垂遣慕容楷出自滏口慕容農入自壺關垂頓于鄴之西南月餘不進永謂垂詭道伐之乃攝諸軍還杜太行軹關垂進師入自天井關至于臺壁永率精卒五萬來距阻河曲以自固馳使請戰垂列陣于臺壁之南農楷分爲二

翼慕容国伏千兵于深澗與永大戰垂引軍僞退永追奔數里国發伏兵馳斷其後楷農夾擊之永師大敗斬首八千餘級永奔還長子慕容瓚攻剋晉陽垂進圍長子永將賈韜等潛爲內應垂進軍入城永奔北門爲前驅所獲於是數而戮之幷其所署公卿刁雲等三十餘人永所統新舊八郡戶七萬六千八百及乘輿服御伎樂珍寶悉獲之於是品物具矣使慕容農略地河南攻廩丘陽城皆剋之太山琅邪諸郡皆委城奔潰農進師臨海置守宰而還垂告捷于龍城之廟遣其太子寶及農與慕容麟等率衆八萬伐魏慕容德慕容紹以步騎一萬八千爲寶後繼魏聞寶將至徙往河西寶進師臨河懼不敢濟還次參合忽有大風黑氣狀若隄防或高或下臨覆軍上沙門支曇猛言於寶曰風氣暴迅魏軍將至之候宜遣兵禦之寶笑而不納曇猛固以爲言乃遣麟率騎三萬爲後殿以禦非常麟以曇猛言爲虛縱騎遊獵俄而黃霧四塞日月晦冥是夜魏師大至三軍奔潰寶與德等數千騎奔免士

衆還者十一二紹死之初寶至幽州所乘車軸无故自折術士靳安以為大凶固勸寶還寶怒不從故及於敗寶恨叅合之敗屢言魏有可乘之機慕容德亦曰魏人狃于叅合之役有陵太子之心宜及聖略摧其銳志垂從之留德守中山自率大衆出叅合鑿山開道次于獵嶺遣寶与農出天門征北慕容隆征西慕容盛踰青山襲魏陳留公泥于平城陷之收其衆三万餘人而還垂至叅合見往年戰處積骸如山設弔祭之禮死者父兄一時號哭軍中皆慟垂慚憤歐血因而寢疾乘馬輿而進過平城北三十里疾篤築燕昌城而還寶等至雲中聞垂疾皆引歸及垂至于平城或有叛者奔告魏曰垂病已亡輿尸在軍魏又聞叅合大哭以為信然乃進兵追之知平城已陷而退還館陰山垂至上谷之沮陽以太元二十一年死時年七十一凡在位十三年遺令曰方今禍難尚殷喪禮一從簡易朝終夕殯事訖成服三日之後釋服從政彊寇伺隙秘勿發喪至京然後舉哀行服寶等遵行之僞謚成武皇帝廟號世祖墓曰宣平陵

載記第二十三　晉書百二十三

載記第二十四　　晉書百二十四

慕容寶　慕容盛　慕容熙　慕容雲　　御撰

慕容寶字道祐垂之第四子也少輕果無志操好人佞己苻堅時為太子洗馬萬年令堅淮肥之役以寶為陵江將軍及為太子砥礪自脩敦崇儒學工談論善屬文曲事垂左右小臣以求美譽垂之朝士翕然稱之垂亦以為克保家業甚賢之垂死其年寶嗣偽位大赦境內改元為永康以其太尉庫傉官偉為太師左光祿大夫段崇為太保其餘拜授各有差遵垂遺令校閱戶口罷諸軍營分屬郡縣定士族舊籍明其官儀而法峻政嚴上下離德百姓思亂者十室而九焉初垂以寶冢嗣未建每憂之寶庶子清河公會多材藝有雄略垂深奇之及寶之北伐使會代攝宮事摠錄禮遇一同太子所以見定旨也垂之伐魏以龍城舊都宗廟所在復使會鎮幽州委以東北之重高選寮屬以崇威望臨死顧命以會為寶嗣而寶寵愛少子濮陽公策意不在會寶庶長子長樂公盛自以同生年長恥會先之乃盛稱策宜為儲貳而非毀會焉寶大悅乃訪其趙王麟高陽王隆麟等咸希旨贊成之寶遂與麟等定計立策母段氏為皇后策為皇太子盛會進爵為王策字道符年十一美姿貌而惷弱不慧魏伐并州驃騎農逆戰敗績還於晉陽司馬慕輿嵩閉門距之農率騎數千奔歸中山行及潞川為魏追軍所及餘騎盡沒單馬遁還寶引群臣于東堂議之中山尹苻謨曰魏軍彊盛千里轉鬬乘勝而來勇氣兼倍若逸騎平原形勢彌盛殆難為敵宜杜險距之中書令眭邃曰魏軍多騎師行剽銳馬上齎糧不過旬日宜令郡縣聚千家為一堡深溝高壘清野待之至無所掠資食無出不過六旬自然窮退尚書封懿曰今魏師十萬天下之勍敵也百姓雖欲營聚不足自固是則聚糧集兵以資彊寇且動眾心示之以弱阻關距戰計之上也慕容麟曰魏今乘勝氣銳其鋒不可當宜自完守設備待其弊而乘之於是脩城積粟為持久之備魏攻中山不剋進據博陵魯口諸將望

風奔退郡縣悉降于魏寶聞魏有內難乃盡眾出距步卒十二萬騎三萬七千次于曲陽柏肆魏軍進至新梁寶憚魏師之銳乃遣征北隆夜襲魏軍敗績而還魏軍方軌而至對營相持上下兇懼三軍奪氣農麟勸寶還中山乃引歸魏軍追擊之寶農等棄大軍率騎二萬奔還時大風雪凍死者相枕於道寶恐為魏軍所及命去袍杖戎器寸刃無返魏軍進攻中山屯于芳林園其夜尚書慕容皓謀殺寶立慕容麟皓妻兄蘇泥告之寶使慕容隆收皓皓與同謀數十人斬關奔魏麟懼不自安以兵劫左衛將軍北地王精謀率禁旅弒寶精以義距之麟怒殺精出奔丁零初寶聞魏之來伐也使慕容會率幽并之眾赴中山麟既叛寶恐其逆奪會軍將遣兵迎之麟侍郎段平子自丁零奔還說麟招集丁零軍眾甚盛謀襲會軍東據龍城寶與其太子策及農隆等萬餘騎迎會于薊以開封公慕容詳守中山會傾身誘納繕甲厲兵步騎二萬列陣而進迎寶薊南寶分其兵給農隆遣西河公庫傉官驥率眾三千助守中山會以策為太子有恨色寶以告農隆俱曰會一年少專任方事習驕所致豈有他也臣當以禮責之幽平之士皆懷會威德不樂去之咸請曰清河王天資神武權略過人臣等與之誓同生死感王恩澤皆勇氣自倍願陛下與皇太子諸王止駕薊宮使王統臣等進解京師之圍然後奉迎車駕寶左右皆害其勇略譖而不許眾咸有怨言左右勸寶殺會侍御史仇尼歸聞而告會曰左右密謀如是主上將從之大王所恃唯父母也父已異圖所杖者兵也兵已去手進退路窮恐無自全之理盍誅二王廢太子大王自處東宮兼領將相以匡社稷會不從寶謂農隆曰觀會為變事當必然宜早殺之不爾恐成大禍農曰寇賊內侮中州紛亂會鎮撫舊都安眾寧境及京師有難萬里星赴威名之重可以振服戎狄又逆跡未彰宜且隱忍今社稷之危若綴旒然復內相誅戮有損威望寶曰會逆心已成而王等仁慈不欲去之恐一旦釁發必先害諸父然後及吾事敗之後當思朕言農等固諫乃

止會聞之弥懼奔于廣都黄榆谷會遣仇尼歸等率壯士二十餘人分襲農隆是夜見殺農中重創既而會歸于寶寶意在誅會誘而安之潛使左衛慕輿騰斬會不能傷會復奔其衆於是勒兵攻寶寶率數百騎馳如龍城會率衆追之遣使請誅左右佞臣并求太子寶弗許會圍龍城侍御郎高雲夜率敢死士百餘人襲會會敗之衆悉逃散單馬奔還中山乃踰圍而入為慕容詳所殺詳僭稱尊號置百官改年號荒酒奢淫殺戮無度誅其王公以下五百餘人內外震局莫敢忤視城中大飢公卿餓死者數十人麟率丁零之衆入中山斬詳及其親黨三百餘人復僭稱尊號中山飢甚麟出據新市與魏師戰于義臺麟軍敗績魏師遂入中山麟乃奔鄴慕容德遣侍郎李延勸寶南伐寶大悅慕容盛切諫以為兵疲師老魏新平中原宜養兵觀釁更俟他年寶將從之撫軍慕輿騰進曰今衆旅已集宜乘新定之機以成進取之功人可使由之而難與圖始惟當獨決聖慮不足廣採異同以沮亂軍議也寶

曰吾計決矣敢諫者斬寶發龍城以慕輿騰為前軍大司馬慕容農為中軍寶為後軍步騎三萬次于乙連長上段速骨宋赤眉因衆軍之憚役也殺司空樂浪王宙逼立高陽王崇寶單騎奔農仍引軍討速骨衆咸憚征幸亂投杖奔之騰衆亦潰寶與農馳還龍城蘭汗潛與速骨通謀速骨進師攻城農為蘭汗所譎潛出赴賊為速骨所殺衆皆奔散寶與慕容盛慕輿騰等南奔蘭汗奉太子策承制遣使迎寶及于薊城寶欲還北盛等咸以汗之忠款虛實未明今單馬而還汗有貳志者悔之無及寶從之乃自薊而南至黎陽聞慕容德稱制懼而退遣慕輿騰招集散兵于鉅鹿慕容盛結豪桀于冀州段儀段溫收部曲于內黃衆皆響會剋期將集會蘭汗遣左將軍蘇超迎寶寶以汗垂之季舅盛又汗之婿也必謂忠款無貳乃還至龍城汗引寶入于外邸弒之時年四十四在位三年即隆安三年也汗又殺其太子策及王公卿士百餘人汗自稱大都督大將軍大單于昌黎王盛僭位僞謚寶惠

愍皇帝廟號烈宗皝之遷于龍城也植松為社主及秦滅燕大風吹拔之後數年社樹忽有桑二根生焉先是遼川無桑及廆通于晉求種江南平州桑悉由吳來廆終而垂以吳王中興寶之將敗大風又拔其一

盛字道運寶之庶長子也少沉敏多謀略苻堅誅慕容氏盛潛奔于沖及沖稱尊號有自得之志賞罰不均政令不明盛年十二謂叔父柔曰今中山王智不先衆才不出下恩未施人先自驕大以盛觀之鮮不覆敗俄而沖為段木延所殺盛隨慕容永東如長子謂柔曰今崎嶇於鋒刃之間在疑忌之際愚則為人所猜智則危甚巢幕當如鴻鵠高飛一舉萬里不可坐待罟網也於是與柔及弟會間行東歸于慕容垂遇盜陝中盛曰我六尺之軀入水不溺在火不焦汝欲當吾鋒乎試豎爾手中箭百步我若中之宜慎爾命如其不中當束身相授盜乃豎箭盛一發中之盜曰郎貴人之子故相試耳資而遣之歲餘永誅儁垂之子孫男女無遺盛既至

垂問以西事畫地成圖垂笑曰昔魏武撫明帝之首遂乃侯之祖之愛孫有自來矣於是封長樂公驍勇剛毅有伯父全之風烈寶即僞位進爵為王寶自龍城南伐盛留統後事及段速骨作亂馳出迎衛寶幾為速骨所獲賴盛以免盛屢進奇策於寶寶不能從是以屢敗寶既如龍城盛留在後寶為蘭汗所殺盛馳進赴哀將軍張真固諫以為不可盛曰我今投命告以哀窮汗性愚近必顧念婚姻不忍害我旬月之間足展吾志遂入赴喪汗妻乙氏泣涕請盛汗亦哀之遣其子穆迎盛舍之宮內親敬如舊汗兄提弟難勸汗殺盛汗不從慕容奇汗之外孫也汗亦宥之奇入見盛遂相與謀盛遣奇起兵于外衆至數千汗遣蘭提討奇提驕很淫荒事汗無禮盛因間之於汗曰奇小兒也未能辦此必內有應之者提素驕不可委以大衆汗因發怒收提誅之遣其撫軍仇尼慕率衆討奇汗兄弟見提之誅莫不危懼皆阻兵背汗襲敗慕軍汗大懼遣其子穆率衆討之穆謂汗曰慕容盛我之仇也奇今起逆盛

必應之兼內有蕭牆之難不宜養心腹之疾汗將誅盛引見察之盛妻以告於是僞稱疾篤不復出入汗乃止有李旱衛雙劉志張豪張真者皆盛之舊昵蘭穆引爲腹心旱等屢入見盛潛結大謀會穆討蘭難等斬之大饗將士汗穆皆醉盛夜因如廁袒而踰牆入于東宮與李旱等誅穆衆皆踴呼進攻汗斬之汗二子魯公和陳公揚分屯令支白狼遣李旱張真襲誅之於是內外怗然士女咸悅盛謙揖自卑不稱尊號其年以長樂王稱制赦其境內改元曰建平諸王降爵爲公文武各復舊位初慕容奇聚衆于建安將討蘭汗百姓翕然從之汗遣兄子全討奇奇擊滅之進屯乙連盛既誅汗命奇罷兵奇遂與丁零嚴生烏丸王龍之阻兵叛盛引軍至橫溝去龍城十里盛出兵擊敗之執奇而還斬龍生等百餘人盛於是僭即尊位大赦殊死已下追尊伯考獻莊太子全爲獻莊皇帝尊寶后段氏爲皇太后全妃丁氏爲獻莊皇后謚太子策爲獻哀太子盛幽州刺史慕容豪尚書左僕射張通昌黎尹張順謀

叛盛皆誅之改年爲長樂有犯罪者十日一自決之無撾捶之罰而獄情多實高句驪王安遣使貢方物有雀素身綠首集于端門棲翔東園二旬而去改東園爲白雀園盛聽詩歌及周公之事顧謂群臣曰周公之輔成王不能以至誠感上下誅兄弟以杜流言猶擅美於經傳歌德於管絃至如我之太宰桓王承百王之季主在可奪之年二寇闚闟難過往日臨朝輔政群情緝穆經略外敷闢境千里以禮讓維宗親德刑御群后敦睦雍熙時無二論勳道之茂豈可與周公同日而言乎而燕詠闕而不論盛德掩而不述非所謂也乃命中書更爲燕頌以述恪之功焉又引中書令常忠尚書陽璆秘書監郎敷于東堂問曰古來君子皆謂周公忠聖豈不謬哉璆曰周公居攝政之重而能達君臣之名及流言之謗致烈風以悟主道契神靈義光萬代故累葉稱其高後王無以奪其美盛曰常令以爲何如忠曰昔武王疾篤周公有請命之誠流言之際義感天地楚撻伯禽以訓就王德周公爲臣之忠聖達之美

詩書已來未之有也盛曰異哉二君之言朕見周公之詐未見其忠聖也昔武王得九齡之夢白文王文王曰我百爾九十吾與爾三焉及文王之終以驗武王之壽矣武王之算未盡而求代其死是非詐乎若惑於天命是不聖也據攝天位而丹誠不見致兄弟之間有干戈之事夫文王之化自近及遠故曰刑于寡妻至於兄弟周公親遺聖父之典而蹈嫌疑之蹤戮罰同氣以逞私忿何忠之有乎但時無直筆之史後儒承其謬談故也忠曰啓金縢而返風亦足以明其不詐遭二叔流言之變而能大義滅親終安宗國復子明辟輔成大業以至太平制禮作樂流慶無窮亦不可謂非至德也盛曰卿徒因成文而未原大理朕今相爲論之昔周自后稷積德累仁至于文武文武以大聖應期遂有天下生靈仰其德四海歸其仁成王雖幼統洪業而卜世脩長加呂召毛畢爲之師傅若無周公攝政王道足以成也周公無故以安危爲己任專臨朝之權闕北面之禮管蔡忠存王室以爲周公代主非人臣之道

故言公將不利於孺子周公當明大順之節陳誠義以曉群疑而乃阻兵都邑擅行誅戮不臣之罪彰于海內方貽王鴟鴞之詩歸非於主是何謂乎又周公舉事稱告二公二公足明周公之無罪而坐觀成王之疑此則二公之心亦有猜於周公也但以疏不間親故寄言於管蔡可謂忠不見于當時仁不及于兄弟知群望之有歸天命之不在已然後返政成王以爲忠耳大風拔木之徵乃皇天祐存周道不忘文武之德是以赦周公之始愆欲成周室之大美考周公之心原周公之行乃天下之罪人何至德之謂也周公復位二公所以杜口不言其本心者以明管蔡之忠也又謂常忠曰伊尹周公孰賢忠曰伊尹非有周公之親而功濟一代太甲亂德放於桐宮思愆改善然後復之使主無怨言臣無流謗道存社稷義溢來今臣謂伊尹之勳有高周旦盛曰伊尹以舊臣之重顯阿衡之任太甲嗣位君道未洽不能竭忠輔道而放黜桐宮事同夷羿何周公之可擬乎郎敷曰伊尹處人臣之位不能匡

制其君恐成湯之道墜而莫就是以居之桐宮與小人從事使知稼穡之艱難然後返之天位此其忠也盛曰伊尹能廢而立之何不能輔之以至於善乎若太甲性同桀紂則三載之間未應便成賢后如其性本休明義心易發當務盡匡規之理以弼成君德安有人臣幽主而據其位哉且臣之事君惟力是視柰何挾智藏仁以成君惡夫太甲之事朕已鑒之矣太甲至賢之主也以伊尹歷奉三朝績無異稱將失顯祖委授之功故匿其日月之明受伊尹之黜所以濟其忠貞之美夫非常之人然後能立非常之事非常人之所見也亦猶太伯之三讓人無德而稱焉敷曰太伯三以天下讓至仲尼而後顯其至德太甲受謗於天下遭陛下乃申其美因而談讌賦詩賜金帛各有差遼西太守李朗在郡十年威制境內盛疑之累徵不赴以母在龍城未敢顯叛乃陰引魏軍將爲自安之計因表請發兵以距寇盛曰此必詐也召其使而詰之果驗盡滅其族遣輔國將軍李旱率騎討之師次建安召旱旋師朗聞

其家被誅也擁三千餘戶以自固及聞旱中路而還謂有內變不復爲備留其子養守令支躬迎魏師于北平旱候知之襲克令支遣廣威孟廣平率騎追朗及于無終斬之初盛之追旱還也群臣莫知其故旱既斬朗盛謂群臣曰前以追旱還者正爲此耳朗新爲叛逆必忌官威一則鳩合同類劫害良善二則亡竄山澤未可卒平故非意而還以盈怠其志卒然掩之必剋之理也群臣皆曰非所及也李旱自遼西還聞盛殺其將衛雙懼棄軍奔走既而歸罪復其爵位盛謂侍中孫勍曰旱總三軍之任荷專征之重不能杖節死綏無故逃亡考之軍正不赦之罪也然當先帝之避難衆情離貳骨肉忘其親股肱失忠節旱以刑餘之體効力盡命忠款之至精貫白日朕故錄其亡身之功免其丘山之罪耳盛去皇帝之號稱庶人大王魏襲幽州執刺史盧溥而去遣孟廣平援之無及盛率衆三萬伐高句驪襲其新城南蘇皆剋之散其積聚徙其五千餘戶于遼西盛引見百僚于東堂考詳器藝超拔者

十有二人命百司舉文武之士才堪佐世者各一人立其子遼西公定爲太子大赦殊死已下讌其群臣于新昌殿盛曰諸卿各言其志朕將覽之七兵尚書丁信年十五盛之舅子也進曰在上不驕高而不危臣之願也盛笑曰丁尚書年少安得長者之言乎盛以威嚴馭下驕矜少親多所猜忌故信言及之盛討庫莫奚大虜獲而還左將軍慕容國與殿中將軍秦興段讚等謀率禁兵襲盛事覺誅之死者五百餘人前將軍思悔侯段璣與秦興之子泰等因衆心動搖夜於禁中鼓譟大呼盛聞變率左右出戰衆皆披潰俄而有一賊從闇中擊傷盛遂輦升前殿申約禁衛召叔父河間公熙屬以後事熙未至而盛死時年二十九在位三年僞謚昭武皇帝墓號興平陵廟號中宗盛幼而羈賤流漂長則遭家多難夷險安危備嘗之矣懲寶闇而不斷遂峻極威刑纖介之嫌莫不裁之於未萌防之於未兆於是上下振局人不自安雖忠誠親戚亦皆離貳舊臣靡不夷滅安忍無親所以卒於不免是

歲隆安五年也【熙字道文垂之少子也初封河間王段速骨之難諸王多被其害熙素爲高陽王崇所親愛故得免焉蘭汗之簒也以熙爲遼東公備宗祀之義盛初即位降爵爲公拜都督中外諸軍事驃騎大將軍尚書左僕射領中領軍從征高句驪契丹皆勇冠諸將盛曰叔父雄果英壯有世祖之風但弘略不如耳及盛死其太后丁氏以國多難宜立長君群望皆在平原公元而丁氏意在於熙遂廢太子定迎熙入宮群臣勸進熙以讓元元固以讓熙熙遂僭即尊位誅其大臣段璣秦興等並夷三族元以嫌疑賜死元字道光寶之第四子也赦殊死已下改年曰光始改北燕臺爲大單于臺置左右輔位次尚書初熙烝于丁氏故爲所立及寵幸苻貴人丁氏怨恚呪詛與兄子七兵尚書信謀廢熙熙聞之大怒逼丁氏令自殺葬以后禮誅丁信熙狩于北原石城令高和殺司隸校尉張顯閉門距熙熙率騎馳返和衆皆投杖熙入誅之於是引見州郡及單于八部耆舊于東宮問以疾苦大築龍騰苑

廣袤十餘里役徒二萬人起景雲山于苑內基廣五百步峯高十七丈又起逍遙宮甘露殿連房數百觀閣相交鑿天河渠引水入宮又爲其昭儀苻氏鑿曲光海清涼池季夏盛暑士卒不得休息暍死者太半熙游于城南止大柳樹下若有人呼曰大王且止熙惡之伐其樹乃有蛇長丈餘從樹中而出立其貴嬪苻氏爲皇后赦殊死已下熙北襲契丹大破之昭儀苻氏死僞謚愍皇后贈苻謨太宰謚文獻公二苻並美而豔好微行游讌熙弗之禁也請謁必從刑賞大政無不由之初昭儀有疾龍城人王溫稱能療之未幾而卒熙忿其妄也立於公車門支解溫而焚之其后好游田熙從之北登白鹿山東過青嶺南臨滄海百姓苦之士卒爲豺狼所害及凍死者五千餘人矣會高句驪寇燕郡殺略百餘人熙伐高句驪以苻氏從爲衝車地道以攻遼東熙曰待剗平寇城朕當與后乘輦而入不聽將士先登於是城內嚴備攻之不能下會大雨雪士卒多死乃引歸擬鄴之鳳陽門作弘光門累級三層熙與苻

氏襲契丹憚其衆盛將還苻氏弗聽遂棄輜重輕襲高句驪周行三千餘里士馬疲凍死者屬路攻木底城不剋而還晝盡殺寶諸子大城肥如及宿軍以仇尼倪爲鎮東大將軍營州刺史鎮宿軍上庸公懿爲鎮西將軍幽州刺史鎮令支尚書劉木爲鎮南大將軍冀州刺史鎮肥如爲苻氏起承華殿高承光一倍負土於北門土與穀同價典軍杜靜載棺詣闕上書極諫熙大怒斬之苻氏嘗季夏思凍魚膾仲冬須生地黃皆下有司切責不得加以大辟其虐也如此苻氏死熙悲號躃踴若喪考妣擁其尸而撫之曰躰已就冷命遂斷矣於是僵仆氣絕久而乃蘇大斂既訖復啓其棺而與交接服斬縗食粥制百寮於宮內哭臨令沙門素服使有司案檢哭者有淚以爲忠孝無則罪之於是群臣震懼莫不含辛以爲淚焉慕容隆妻張氏熙之嫂也美姿容有巧思熙將以爲苻氏之殉欲以罪殺之乃毀其襚韡中有敝氊遂賜死三女叩頭求哀熙不許制公卿已下至于百姓率戶營墓費殫府藏下錮三泉周

輪數里內則圖畫尚書八坐之象熙曰善爲之朕將隨后入此陵識者以爲不祥其右僕射韋璆等並懼爲殉沐浴而待死焉號苻氏墓曰徽平陵熙被髮徒跣步從苻氏喪轜車高大毀北門而出長老竊相謂曰慕容氏自毀其門將不久也衛中將軍馮跋萬衛將軍張興先皆坐事亡奔以熙政之虐也與跋從兄萬泥等二十二人結盟推慕容雲爲主發尚方徒五千餘人閉門距守中黃門趙洛生奔告之熙曰此鼠盜耳朕還當誅之乃收髮貫甲馳還赴難夜至龍城攻北門不剋遂敗走入龍騰苑微服隱于林中爲人所執雲得而弒之及其諸子同殯城北時年二十三在位六年雲葬之于苻氏墓僞謚昭文皇帝垂以孝武帝太元八年僭立至熙四世凡二十四年以安帝義熙三年滅初童謠曰一束槀兩頭然禿頭小兒來滅燕槀字上有艸下有禾兩頭然則禾艸俱盡而成高字雲父名拔小字禿頭三子而雲季也熙竟爲雲所滅如謠言焉

慕容雲字子雨寶之養子也祖父高和句驪之支庶自云高陽氏之苗裔故以高爲氏焉雲沉深有局量厚重希言時人咸以爲愚唯馮跋奇其志度而友之寶之爲太子雲以武藝給事侍東宮拜侍御郎襲敗慕容會軍寶子之賜姓慕容氏封夕陽公熙之葬苻氏也馮跋詣雲告之以謀雲懼曰吾嬰疾歷年卿等所知願更圖之跋逼曰慕容氏世衰河間虐暴惑妖淫之女而逆亂天常百姓不堪其害思乱者十室九焉此天亡之時也公自高氏名家何能爲他養子機運難邀千歲一時公焉得辭也扶之而出雲曰吾疾苦日久廢絕世務卿今興建大事謬見推逼所以徘徊非爲身也實惟否德不足以濟元元故耳跋等彊之雲遂即天王位復姓高氏大赦境內殊死以下改元曰正始國號大燕署馮跋侍中都督中外諸軍事征北大將軍開府儀同三司錄尚書事武邑公封伯子男鄉亭侯者五十餘人士卒賜穀帛有差熙之群官復其爵位立妻李氏爲天王后子彭爲太子越騎校尉慕輿良謀叛雲

誅之雲臨東堂幸臣離班桃仁懷劒執紙而入稱有所啓拔劒
擊雲雲以几距班桃仁進而弑之馮跋遷雲尸于東宮僞謚惠懿
皇帝雲自以無功德而為豪桀所推常內懷懼故寵養壯士以
為腹心離班桃仁等專典禁衛委之以爪牙之任賞賜月至數千
萬衣食卧起皆與之同終以此致敗云

史臣曰四星東聚金陵之氣已分五馬南浮玉塞之雄方擾市朝
屢改艱虞孔熾慕容垂天資英傑威震本朝以雄略見猜而庇
身寬政永固受之而以禮道明事之而畢力然帝隼質難羈狼心自
野淮南失律三甥之謀已構河朔分麾五木之祥云啓斬飛龍而
遐舉踰石門而長邁遂使翟氏景從鄴師宵逸收羅趙魏驅駕英
雄扣囊餘奇擁五萬於河曲浮船祕策招七郡於黎陽返邃陰之
舊物創中山之新社類帝禋宗僭擬斯備夫以重耳歸晉賴五臣
之功句踐紿吳資五千之卒惡有業殊二霸衆微一旅掎拔而傾
山嶽騰嘯而御風雲雖衛人忘亡復傳於東國任好餘裕伊娩於

西鄰信符氏之姦回非晉室之鯨鯢矣寶以浮譽獲升峻文御俗
蕭牆內憤勍敵外陵雖毒不被物而惡足自斃盛則孝友冥符文
武不墜韜光而夷讎賊罪已而遜高危翩翩然濁世之佳虜矣熙
乃地非奧主舉因淫德驪戎之態取悅於匡牀玄妻之姿見奇於
鬒髮叢湯輕舟於曲光之海望朝涉於景雲之山飾土木於驕心窮
怨嗟於蕞壞宗祀夷滅為馮氏之驅除焉

贊曰戎狄馮陵山川沸騰天未悔禍人非與能疾走而捷先鳴則
興道明列烈鞭笞豪桀埽燕夷魏劒屠永滅大盜潜移鴻名遂竊
寶心生亂盛清家難熙極驕淫人懷憤惋孽貽身咎無以道

乞伏國仁　乞伏乾歸　乞伏熾磐

乞伏國仁隴西鮮卑人也在昔有如弗斯出連叱盧三
南出大陰山遇一巨蟲於路狀若神龜大如陵阜乃殺馬而祭之
祝曰若善神也便開路惡神也遂塞不通俄而不見乃有一小兒
在焉時又有乞伏部有老父無子者請養為子衆咸許之老父欣
然自以有所依憑字之曰紇干紇干者夏言依倚也年十歲驍勇
善騎射彎弓五百斤四部服其雄武推為統主號之曰乞伏可汗
託鐸莫何託鐸者言非神非人之稱也其後有祐鄰者即國仁五
世祖也泰始初率戶五千遷于夏緣部衆稍盛鮮卑鹿結七萬餘
落屯于高平川與祐鄰迭相攻擊鹿結敗南奔略陽祐鄰盡幷其
衆因居高平川祐鄰死子結權立徙于牽屯結權死子利那立擊
鮮卑吐賴于烏樹山討尉遲渴權于大非川收衆三萬餘落利那
死弟祁埿立祁埿死利那子述延立討鮮卑莫侯于苑川大破之

降其衆二萬餘落因居苑川以叔父軻埿為師傅委以國政斯引
烏埿為左輔將軍鎮蔡園川出連高胡為右輔將軍鎮至便川叱
盧那胡為率義將軍鎮牽屯山述延死子傉大寒立會石勒滅劉
曜懼而遷于麥田无孤山大寒死子司繁立始遷于度堅山尋為苻
堅將王統所襲部衆叛降於統司繁歎謂左右曰智不距敵德不
撫衆劒騎未交而本根已敗見衆分散勢亦難全若奔諸部必不
我容吾將為呼韓邪之計矣乃詣統降于堅堅大悅署為南單于
留之長安以司繁叔父吐雷為勇士護軍撫其部衆俄而鮮卑勃
寒侵斥隴右堅以司繁為使持節都督討西胡諸軍事鎮西將軍
以討之勃寒懼而請降司繁遂鎮勇士川甚有威惠司繁卒國仁
代鎮及堅興壽春之役徵為前將軍領先鋒騎會國仁叔父步頹
叛於隴西堅遣國仁還討之步頹聞而大悅迎國仁於路國仁置
酒高會攘袂大言曰苻氏往因趙石之亂遂妄竊名號窮兵極武
跨僭八州疆宇既寧宜綏以德方虛廣威聲勤心遠略騷動蒼生

疲弊中國違天怒人將何以濟且物極則虧禍盈而覆者天之道
也以吾量之是役也難以免矣當與諸君成一方之業及堅敗歸
乃招集諸部有不附者討而幷之衆至十餘萬及堅為姚萇所殺
國仁謂其豪帥曰苻氏以高世之姿而困於烏合之衆可謂天也
夫守常迷運先達恥之見機而作英豪之舉吾雖薄德藉累世之
資豈可覩時來之運而不作乎以孝武太元十年自稱大都督大
將軍大單于領秦河二州牧建元曰建義以其將乙旃音泥為左
相屋引出支為右相獨孤匹蹄為左輔武羣勇士為右輔弟乾歸
為上將軍自餘拜授各有差置武城武陽安固武始漢陽天水略
陽漒川甘松匡朋白馬苑川十二郡築勇士城以居之鮮卑匹蘭
率衆五千降明年南安祕宜及諸羌虜來擊國仁四面而至國仁
謂諸將曰先人有奪人之心不可坐待其至宜抑威餌敵羸師以
張之軍法所謂怒我而怠寇也於是勒衆五千襲其不意大敗之
祕宜奔還南安與其弟莫侯悌率衆三萬餘戶降於國仁各拜

將軍刺史苻登遣使者署國仁使持節大都督都督雜夷諸軍事
大將軍大單于苑川王國仁率騎三萬襲鮮卑大人密貴裕苟提
倫等三部于六泉高平鮮卑沒弈于東胡金熙連兵來襲相遇于
渴渾川大戰敗之斬級三千獲馬五千匹沒弈于及熙奔還三部
震懼率衆迎降署密貴建義將軍六泉侯裕苟建忠將軍蘭泉侯
提倫建節將軍鳴泉侯國仁建威將軍叱盧烏孤跋擁衆叛保牽
屯山國仁率騎七千討之斬其部將叱羅侯降者千餘戶跋大懼
遂降復其官位因討鮮卑越質叱黎于平襄大破之獲其子詰歸
弟子復半及部落五千餘人而還太元十三年國仁死在位四年
僞諡宣烈王廟號烈祖

乾歸國仁弟也雄武英傑沉雅有度量國仁之死也其羣臣咸以
國仁子公府沖幼宜立長君乃推乾歸為大都督大將軍大單于
河南王赦其境內改元曰太初立其妻邊氏為王后以出連乞都
為丞相鎮南將軍南梁州刺史悌眷為御史大夫自餘封拜各有

羌遂迁于金城太元十四年苻登遣使署乾歸大將軍大單于金
城王南羌獨如率衆七千降之休官阿敦侯年二部各擁五千餘
落據牽屯山爲其邊害乾歸討破之悉降其衆於是聲振邊服吐
谷渾大人視連遣使貢方物鮮卑豆留鞬叱豆渾及南丘鹿結并
休官曷呼奴盧水尉地跋並率衆降于乾歸皆署其官爵隴西太
守越質詰歸以平襄叛自稱建國將軍右賢王乾歸擊敗之詰歸
東奔隴山既而擁衆來降乾歸妻以宗女署立義將軍苻登將没
弈于遣使結好以二子爲質請討鮮卑大兜國乾歸乃與没弈于
攻大兜於安陽城大兜退固鳴蟬堡乾歸攻陷之遂還金城爲呂光
弟寶所攻敗於鳴雀峽退屯青岸寶進追乾歸乾歸使其將彭奚
念斷其歸路躬貫甲胄連戰敗之寶及將士投河死者萬餘人苻
登遣使署乾歸假黃鉞大都督隴右河西諸軍事左丞相大將軍
河南王領秦梁益涼沙五州牧加九錫之禮時登爲姚興所逼遣
使請兵進封乾歸梁王命置官司納其妹東平長公主爲梁王后

乾歸遣其前將軍乞伏益州冠軍翟瑥率騎二萬救之會登爲興
所殺乃還師氐王楊定率步騎四萬伐之乾歸謂諸將曰楊定以
勇虐聚衆窮兵逞欲兵猶火也不戢將自焚定之此役殆天以之
資我也於是遣其涼州牧乞伏軻彈秦州牧乞伏益州立義將軍
詰歸距之定敗益州於平川軻彈詰歸引衆而退翟瑥奮劒諫曰
吾王以神武之姿開基隴右東征西討靡不席卷威振秦梁聲光
巴漢將軍以維城之重受閫外之寄宜宣力致命輔寧家國秦州
雖敗二軍猶全柰何不思赴救便逆奔散何面目以見王乎昔項
羽斬慶子以寧楚胡建戮監軍以成功將軍之所聞也瑥誠才非
古人敢忘項氏之義乎軻彈曰向所以未赴秦州者未知衆心何
如耳敗不相救軍罰所先敢自寧乎乃率騎赴之益州詰歸亦勒
衆而進大敗定斬定及首虜萬七千級於是盡有隴西巴西之地
太元十七年赦其境內殊死已下署其長子熾磐領尚書令左長
史邊芮爲尚書左僕射右長史祕宜爲右僕射翟瑥爲吏部尚書

翟勍爲主客尚書杜宣爲兵部尚書王松壽爲民部尚書樊謙爲
三公尚書方弘麴景爲侍中自餘拜授一如魏武晉文故事猶稱
大單于大將軍楊定之死也天水姜乳襲據上邽至是遣乞伏益
州討之邊芮王松壽言於乾歸曰益州以懿弟之親屢有戰功狃
於累勝常有驕色若其遇寇必將易之且未宜專任宜有所先乾
歸曰益州驍勇善御衆諸將莫有及之者但恐其專擅耳若以重
佐輔之當無慮也於是以平北韋虔爲長史散騎常侍務和爲司
馬至大寒嶺益州恃勝自矜不爲部陣命將士解甲游畋縱飲令
曰敢言軍事者斬虔等諫曰王以將軍親重故委以專征之任庶
能摧彼凶醜以副具瞻賊已垂逼柰何解甲自寬宜安厥毒竊爲
將軍危之益州曰乳以烏合之衆聞吾至理應遠竄今乃與吾决
戰者斯成擒也吾自揣之有方御等不足慮也乳率衆距戰益州
果敗乾歸曰孤違蹇叔以至於此將士何爲孤之罪也皆赦之索
虜禿髮如苟率戶二萬降之乾歸妻以宗女呂光率衆十万將伐

乾歸左輔密貴周左衞莫者羖羝言於乾歸曰光旦夕將至陛下
以命世雄姿開業洮罕剋翦羣兇威振遐迩將敷淳風於東夏
建八百之鴻慶不忍小屈與姦豎爭競於一時若機事不捷非國家
利也宜遣愛子以退之乾歸乃稱藩於光遣子勅勃爲質既而悔
之遂誅周等乞伏軻彈與乞伏益州不平奔于呂光光又伐之咸
勸其東奔成紀乾歸不從謂諸將曰昔曹孟德敗袁本初於官渡
陸伯言摧劉玄德於白帝皆以權略取之豈在衆乎光雖舉全州
之軍而無經遠之筭不足憚也且其精卒盡在呂延延雖勇而愚
易以奇策制之延軍若敗光亦遁還乘勝追奔可以得志衆咸曰
非所及也隆安元年光遣其子纂伐乾歸使呂延爲前鋒乾歸泣
謂衆曰今事勢窮蹙逃命無所死中求生正在今日涼軍雖四面
而至然相去遼遠山河既阻力不周接敗其一軍而衆軍自退乃
縱反間稱秦王乾歸衆潰東奔成紀延信之引師輕進果爲乾歸
所敗遂斬之禿髮烏孤遣使來結和親使乞伏益州攻剋支陽鸇

武允吾三城俘獲万餘人而還又遣益州與武衛慕容允冠軍翟瑥率騎二萬伐吐谷渾視羆至于度周川大破之視羆遁保白蘭山遣使謝罪貢其方物以子宕豈爲質鮮卑疊掘河內率戶五千自魏降乾歸乾歸所居南景門崩惡之遂遷于苑川姚興將姚碩德率衆五万伐之入自南安峽乾歸次于隴西以距碩德興潛師繼發乾歸聞興將至謂諸將曰吾自開建以來屢摧勍敵乘機藉筭舉無遺策今姚興盡中國之師軍勢甚盛山川阻狹無縱騎之地宜引師平川伺其殆而擊之存亡之機在斯一舉卿等戮力勉之若梟翦姚興關中之地盡吾有也於是遣其衛軍慕容允率中軍二萬遷于柏陽鎮軍羅敦將外軍四萬遷于侯辰谷乾歸自率輕騎數千候興軍勢俄而大風昏霧遂與中軍相失爲興追騎所逼入于外軍旦而交戰爲興所敗乾歸遁還苑川遂走金城謂諸豪帥曰吾才非命世謬爲諸君所推心存撥乱而德非時雄叨竊名器年踰一紀負乘致寇傾喪若斯今人衆已散勢不得安吾欲

西保允吾以避其鋒若方軌西邁理難俱濟卿等宜安土降秦保全妻子羣下咸曰昔古公杖策豳人歸懷玄德南奔荊楚繈負分岐之感古人所悲況臣等義深父子而有心離背請死生與陛下俱乾歸曰自古無不亡之國廢興命也茍天未亡我異興復有期德之不建何爲俱死公等自愛吾將寄食以終餘年於是大哭而別乃率騎數百馳至允吾禿髮利鹿孤遣弟傉檀迎乾歸處之於晉興南羌梁弋等遣使招之乾歸將叛謀洩利鹿孤遣弟吐雷屯于捫天嶺乾歸懼爲利鹿孤所害謂其子熾盤曰吾不能負荷大業致茲顛覆以利鹿孤義兼姻好異存脣齒之援方乃忘義背親謀人父子忌吾威名勢不全立姚興方盛吾將歸之若其俱去必爲追騎所及今送汝兄弟及汝母爲質彼必不疑吾既在秦終不害汝於是送熾盤兄弟於西平乾歸遂奔長安姚興見而大悅署乾歸持節都督河南諸軍事鎮遠將軍河州刺史歸義侯遣乾歸還鎮苑川盡以部衆配之乾歸既至苑川以邊芮爲長史王松壽爲司馬公卿大將已下悉降號爲偏裨元興元年熾盤自西平奔長安姚興以爲振忠將軍興晉太守尋遣使者加乾歸散騎常侍左賢王遣隨興將齊難迎呂隆于河西討叛羌党龍頭于滋川攻楊盛將苻帛于皮氏堡並剋之又破吐谷渾將大孩俘獲万餘人而還尋復率衆攻楊盛將楊玉于西陽堡剋之既而苑川地震裂生毛狐雉入于寢內乾歸甚惡之姚興慮乾歸終爲西州之患因其朝也興留爲主客尚書以熾盤爲建武將軍行西夷校尉監撫其衆熾盤以長安兵乱將始乃招結諸部二万七千築城于嵻峎山以據之熾盤攻剋枹罕遣使告之乾歸乾歸奔還苑川鮮卑悅大堅有衆五千自龍馬苑降乾歸乾歸遂如枹罕留熾盤鎮之乾歸收衆三万遷于度堅山羣下勸乾歸稱王乾歸以寡弱弗許固請曰夫道應符歷雖廢必興圖籙所棄雖成必敗本初之衆非不多也魏武運籌四州瓦解尋邑之兵非不盛也世祖龍申亡新鳥散固天命不可虛邀符籙不可妄冀姚數將終否極斯泰乘機撫運實

係聖人今見衆三万足可以疆理秦隴清蕩洮河陛下應運再興四海鵠望豈宜固守謙沖不以社稷爲本願時即大位允副羣心乾歸從之義熙三年僭稱秦王赦其境內改元更始置百官公卿已下皆復本位遣熾盤討諭薄地延師次頓于地延率衆出降署爲尚書從其部落于苑川又遣隴西羌昌何攻剋姚興金城郡以其驍騎乞伏務和爲東金城太守乾歸復都苑川又攻剋興略陽南安隴西諸郡徙二万五千戶於苑川枹罕姚興力未能西討恐更爲邊害遣使署乾歸使持節散騎常侍都督隴西嶺北匈奴雜胡諸軍事征西大將軍河州牧大單于河南王乾歸方圖河右權宜受之遂稱藩於興遣熾盤與其次子中軍審虔率步騎一萬伐禿髮傉檀師濟河敗傉檀太子武臺于嶺南獲牛馬十餘万而還又攻剋興別將姚龍于伯陽堡王憬于永洛城徙四千餘戶於苑川三千餘戶于譚郊乾歸率步騎三萬征西羌彭利髮于枹罕師次于奴葵谷利髮棄其部衆南奔乾歸遣其將公府追及于清水

斬之乾歸入枹罕收羌戶一萬三千因率騎二萬討吐谷渾支統阿若干于赤水大破降之乾歸畋于五谿有梟集于其手甚惡之六年爲兄子公府所弒并其諸子十餘人公府奔固大夏熾磐與乾歸弟廣武智達陽武木弈于討之公府走達等追擒于嵻峎南山并其四子轘之於譚郊葬乾歸于枹罕僞謚武元王在位二十四年

熾磐乾歸長子也性勇果英毅臨機能斷權略過人初乾歸爲姚興所敗熾磐質於秃髪利鹿孤後自南平逃而降興興以爲振忠將軍興晉太守又拜建武將軍行西夷校尉留其衆鎮苑川及乾歸返政復立熾磐爲太子領冠軍大將軍都督中外諸軍録尚書事後乾歸稱藩于姚興興遣使署熾磐假節鎮西將軍左賢王平昌公尋進號撫軍大將軍乾歸死義熙六年熾磐襲僞位大赦改元曰永康署翟勍爲相國麴景爲御史大夫段暉爲中尉弟延祚爲禁中録事樊謙爲司直罷尚書令僕射尚書六卿侍中散騎常

侍黃門郎官置中左右常侍侍郎各三人義熙九年遣其龍驤乞伏智達平東王松壽討吐谷渾樹洛干於澆河大破之獲其將呼那烏提虜三千餘戶而還又遣其鎮東曇達與松壽率騎一萬東討破休官權小郎呂破胡于白石川虜其男女万餘口進據白石城休官降者万餘人後顯親休官權小成呂奴迦等叛保白坑曇達謂將士曰昔伯珪憑嶮卒有滅宗之禍韓約肆暴終受覆族之誅今小成等逆命白坑宜在除滅王者之師有征無戰粤爾輿人戮力勉之衆咸抜劒大呼於是進攻白坑斬小成奴迦及首級四千七百隴右休官悉降遣安北烏地延冠軍翟紹討吐谷渾別統句旁于泣勤川大破之俘獲甚衆熾磐率諸將討吐谷渾別統支旁于長栁川掘達于渇渾川皆破之前後俘獲男女二万八千僭立十年有雲五色起於南山熾磐以爲己瑞大悅謂羣臣曰吾今年應有所定王業成矣於是繕甲整兵以待四方之隙聞秃髪傉檀西征乙弗投劒而起曰可以行矣率步騎二万襲樂都秃髪武臺馮城距守熾磐攻之一旬而剋遂入樂都論功行賞各有差遣平遠犍虔率騎五千追傉檀徙武臺與其文武及百姓万餘戶于枹罕傉檀遂降署爲驃騎大將軍左南公隨傉檀文武依才銓擢之熾磐既兼傉檀兵彊地廣置百官立其妻秃髪氏爲王后十一年熾磐攻剋沮渠蒙遜河湟太守沮渠漢平以其左衛匹逵爲河湟太守因討降乙弗窟乾而還遣其將曇達王松壽等討南羌弥姐康薄于赤水降之熾磐攻漒川師次沓中沮渠蒙遜率衆攻石泉以救之熾磐聞而引還遣曇達與其將出連虔率騎五千赴之蒙遜聞曇達引歸遣使聘于熾磐遂結和親又遣曇達王松壽等率騎一万伐姚艾于上邽曇達進據蒲水艾距戰大敗之艾奔上邽曇達進屯大利破黃石大羌二戍徙五千餘戶于枹罕令其安東木弈于率騎七千討吐谷渾樹洛干于塞上破其弟阿柴於堯扞川俘獲五千餘口而還洛干奔保白蘭山而死熾磐聞而喜曰此虜矯矯所謂有豕白蹢往歲曇達東征姚艾敗走今木弈于西

討黠虜遠逃境宇稍清姦凶方殄股肱惟良吾無患矣於是以曇達爲左丞相其子元基爲右丞相麴景爲尚書令翟紹爲左僕射遣曇達元基東討姚艾降之至是乙弗鮮卑烏地延率戶二万降於熾磐署爲建義將軍地延尋死弟他子立以子軻蘭質遷西平他子從弟提孤等率戶五千以西遷叛于熾磐涼州刺史出連虔遣使喻之提孤等歸降熾磐以提孤姦猾終爲邊患稅其部中戎馬六万匹後二歲而提孤等扇動部落西奔出塞他子率戶五千入居西平先是姚艾叛降蒙遜蒙遜率衆迎之艾叔父儁言於衆曰秦王寛仁有雅度自可安土事之何爲從涼主西遷衆咸以爲然相率逐艾推儁爲主遣使請降熾磐大悅徵儁爲侍中中書監征南將軍封隴西公邑一千戶使征西他子討吐谷渾覓地于弱水南大破之覓地率衆六千降於熾磐署爲弱水護軍遣其左衛匹逵建威梯君等討彭利和于漒川大破之利和單騎奔仇池獲其妻子徙羌豪三千戶于枹罕漒川羌三万餘戶皆安堵如故元

熙元年立其第二子慕末為太子領撫軍大將軍都督中外諸軍事大赦境內改元曰建弘其臣佐等多所封授熾磐在位七年而宋氏受禪以宋元嘉四年死子慕末嗣僞位在位三年為赫連定所殺始國仁以孝武太元十年僭位至慕末四世凡四十有六載而滅

史臣曰夫天地閉大祲生雲雷屯羣凶作自晉室遘孽胡兵肆禍封域無紀干戈是務國仁陰山遺噍難以義服伺我阽危長其陵暴向使偶欽明之運遭雄略之主已當梟魂沙漠請命藁街豈暇竊據近郊經綸王業者也乾歸智不及遠而以力詐自矜陷呂延之師姦謀潛斷俘視羆之衆威策遐舉便欲誓汧隴之餘卒窺崤函之奧區秣疲馬而宵征翦勍敵而朝食既而控弦鳴鏑厥志未逞沮岸崩山其功已喪履重氛於外難幸以計全貽巨釁於蕭牆終成凶禍宜哉熾磐叱咤風雲見機而動牢籠儁傑決勝多奇故能命將掩澆河之酋臨戎襲樂都之地不盈數載遂隆僞業覽其遺迹盜亦有道乎

馮跋字文起長樂信都人也小字乞直伐其先畢萬之後也萬之子孫有食采馮鄉者因以氏焉永嘉之亂跋祖父和避地上黨父安雄武有器量慕容永時為將軍永滅跋東徙和龍家于長谷幼而懿重少言寬仁有大度飲酒一石不亂三弟皆任俠不脩行業惟跋恭慎勤於家產父母器之所居上每有雲氣若樓閣時咸異之嘗夜見天門開神光赫然燭於庭內及慕容寶僭號署中衛將軍初跋弟素弗與從兄万泥及諸少年游于水濱有一金龍浮水而下素弗謂万泥曰頗有見不万泥等皆曰無所見也乃取龍而示之咸以為非常之瑞慕容熙聞而求焉素弗秘之熙怒及即僞位密欲誅跋兄弟其後跋又犯熙禁懼禍乃與其諸弟逃于山澤每夜獨行猛獸常為避路時賦役繁數人不堪命跋兄弟謀曰熙今昏虐兼忌吾兄弟既還首無路不可坐受誅滅當及時而起立公侯之業事若不成死其晚乎遂與万泥等二十二人結謀跋與

二弟乘車使婦人御潛入龍城匿于北部司馬孫護之室遂殺熙立高雲為主雲署跋為使持節侍中都督中外諸軍事征北大將軍開府儀同三司錄尚書事武邑公跋讌羣僚忽有血流其左臂跋惡之從事中郎王垂因說符命之應跋戒其勿言雲為其幸臣離班桃仁所殺跋升洪光門以觀變帳下督張泰李桑謂跋曰此豎勢何所至請為公斬之於是奮劍而下桑斬班于西門泰殺仁于庭中衆推跋為主跋曰范陽公素弗才略不恒志於靖乱埽清凶桀皆公勳也素弗辭曰臣聞父兄之有天下傳之於子弟未聞子弟藉父兄之業而先之今鴻基未建危甚綴旒天工無曠業係大兄願上順皇天之命下副元元之心羣臣固請乃許之於是以太元二十年乃僭稱天王于昌黎而不徙舊號即國曰燕赦其境內建元曰太平分遣使者巡行郡國觀察風俗追尊祖和為元皇帝父安為宣皇帝尊母張氏為太后立妻孫氏為王后子永為太子署弟素弗為侍中車騎大將軍錄尚書事弘為侍中征東大將軍尚書右僕射汲郡公從兄万泥為驃騎大將軍幽平二州牧務銀提為上大將軍遼東太守孫護為侍中尚書令陽平公張興為衛將軍尚書左僕射永寧公郭生為鎮東大將軍領右衛將軍陳留公從兄子乳陳為征西大將軍并青二州牧上谷公姚昭為鎮南大將軍司隸校尉上黨公馬弗勤為吏部尚書廣宗公王難為侍中撫軍將軍潁川公自餘拜授文武進位各有差尋而万泥抗表請代跋曰猥以不德謬為羣賢所推思與兄弟同茲休戚今方難未寧維城任重非明德懿親孰克居也且折衝禦侮為國藩屏雖有他人不如我弟兄豈得如所陳也於是加開府儀同三司義熙六年跋下書曰昔高祖為義帝舉哀天下歸其仁吾與高雲義則君臣恩踰兄弟其以礼葬雲及其妻子立雲廟於韭町置園邑二十家四時供薦初跋之立也万泥乳陳自以親而有大功謂當入為公輔跋以二藩任重因而弗徵並有憾焉乳陳性麤獷勇氣過人密遣告万泥曰乳陳有至謀願與叔父圖之万泥遂奔白

狼沮兵以叛跋遣馮弘與將軍張興將步騎二万討之弘遣使喻之曰昔者兄弟乘風雲之運撫翼而起群公以天命所鍾人望攸係推過主上光踐寶位裂土疏爵當與兄弟共之柰何欲尋干戈於蕭牆棄友于而為閼伯過貴能改善莫大焉宜舍茲嫌同獎王室万泥欲降乳陳按劒怒曰大丈夫死生有命決之于今何謂降也遂剋期出戰興謂弘曰賊明日出戰今夜必來驚我營宜命三軍以備不虞弘乃密嚴人課草十束畜火伏兵以待之是夜乳陳果遣壯士千餘人來斫營衆火俱起伏兵邀擊俘斬無遺乳陳等懼而出降弘皆斬之署素弗為大司馬改封遼西公馮弘為驃騎大將軍改封中山公跋下書曰自頃多故事難相尋賦役繁苦百姓困窮宜加寬宥務從簡易前朝苛政皆悉除之守宰當垂仁惠無得侵害百姓蘭臺都官明加澄察初慕容熙之敗也工人李訓竊寶而逃貲至巨万行貨於馬弗勤弗勤以訓為方略令既而失志之士書之於闕下碑馮素弗言之於跋請免弗勤官仍推罪之

跋曰大臣無忠清之節貨財公行於朝雖由吾不明所致弗勤宜肆諸朝市以正刑憲但大業草創彝倫未敘弗勤拔自寒微未有君子之志其特原之李訓小人汙辱朝士可東市考竟於是上下肅然請賕路絕蠕蠕勇斛律遣使求跋女偽樂浪公主獻馬三千匹跋命其羣下議之素弗等議曰前代舊事皆以宗女妻六夷宜許以妃嬪之女樂浪公主不宜下降非類跋曰女生從夫千里豈遠朕方崇信殊俗柰何欺之乃許焉遣其游擊秦都率騎二千送其女歸于蠕蠕庫莫奚虞出庫眞率三千餘落請交市獻馬千匹許之處之於營丘分遣使者巡行郡國孤老久疾不能自存者振穀帛有差孝悌力田閨門和順者皆褒顯之昌黎郝越營丘張買成周刀溫建德何纂以賢良皆擢敘之遣其太常丞劉軒徙北部人五百戶于長谷為祖父園邑以其太子永領大單于置四輔跋勵意農桑勤心政事乃下書省徭薄賦墯農者戮之力田者褒賞命尚書紀達為之條制每遣守宰必親見東堂問為政事之要令

極言無隱以觀其志於是朝野競勸焉先是河間人褚匡言於跋曰陛下至德應期龍飛東夏舊邦宗族傾首朝陽以日為歲若聽臣往迎致之不遠跋曰隔絕殊域阻迴數千將何可致也匡曰章武郡臨海船路甚通出於遼西臨渝不為難也跋許之署匡游擊將軍中書侍郎厚加資遣匡尋與跋從兄買從弟睹自長樂率五千餘戶來奔署買為衛尉封城陽伯睹為太常高城伯契丹庫莫奚降署其大人為歸善王跋又下書曰今疆宇無虞百姓寧業而田畝荒穢有司不隨時督察欲令家給人足不亦難乎桑柘之益有生之本此土少桑人未見其利可令百姓人殖桑一百根柘二十根又下書曰聖人制礼送終有度重其衣衾厚其棺槨將何用乎人之亡也精魂上歸於天骨肉下歸於地朝終夕壞無寒煖之期衣以錦繡服以羅紈寧有知哉厚於送終貴而改葬皆無益亡者有損於生是以祖考因舊立廟皆不改營陵寢申下境內自今皆令奉之魏使耿貳至其國跋遣其黃門郎常陋迎之于道跋為

不稱臣怒而不見及至跋又遣陋勞之貳忿而不謁跋散騎常侍申秀言於跋曰陛下接貳以礼而敢驕蹇若斯不可容也中給事馮懿以傾佞有幸又盛稱貳之陵慠以激跋跋曰亦各其志也匹夫尚不可屈況一方之主乎請幽而降之跋乃留貳不遣是時井竭三日而復其尚書令孫護里有犬與豕交護見而惡之召太史令閔尚筮之尚曰犬豕異類而交違性失本其於洪範為犬禍將勃乱失衆以至敗亡明公位極冢宰遐迩具瞻諸弟並封列侯貴傾王室妖見里庭不為他也願公戒滿盈之失脩尚恭儉則妖怪可消永享元吉護默然不悅昌黎尹孫伯仁護弟叱支叱支弟乙拔等俱有才力以驍勇聞跋之立也並冀開府而跋未之許由是有怨言每於朝饗之際常拔劒擊柱曰興建大業有功力焉而滯於散將豈是漢祖河山之義乎跋怒誅之進護左光祿大夫開府儀同三司錄尚書事以慰之護自三弟誅後常怏怏有不悅之色跋怒酖之尋而遼東太守務銀提自以功在孫護張興之右而

出爲邊郡抗表有恨言密謀外叛跋怒殺之跋下書曰武以平乱文以經務寧國濟俗寔所憑資自頃喪難禮崩樂壞閭閻絕諷誦之音後生無庠序之教子衿之歎復興于今豈所以穆章風化崇闡斯文可營建太學以長樂劉軒營丘張熾成周翟崇爲博士郎中簡二千石已下子弟年十五已上教之跋弟丕先是因乱投於高句驪跋迎致之至龍城以爲左僕射常山公蝚蠕斛律爲其弟大但所逐盡室奔跋乃館之于遼東郡待之以客禮跋納其女爲昭儀時三月不雨至于夏五月斛律上書請還塞北跋曰棄國万里又無內應若以彊兵相送糧運難繼少也勢不能固且千里襲國古人爲難況數千里乎斛律固請曰不煩大衆願給騎三百足矣得達敕勤國人必欣而來迎乃許之遣單于前輔万陵率騎三百送之陵憚遠役至黑山殺斛律而還晉青州刺史申永遣使浮海來聘跋乃使其中書郎李扶報之蝚蠕大但遣使獻馬三千匹羊万口有赤氣四塞太史令張穆言於跋曰兵氣也今大魏威制

六合而聘使斷絕自古未有鄰國接境不通和好違義怒鄰取亡之道宜還前使脩和結盟跋曰吾當思之尋而魏軍大至遣單于右輔古泥率騎候之去城十五里遇軍奔還又遣其將姚昭皇甫軌等距戰軌中流矢死魏以有備引還跋境地震山崩洪光門鸛雀折又地震右寢壞跋問閔尚曰比年屢有地動之變卿可明言其故尚曰地陰也主百姓震有左右比震皆向右臣懼百姓將西移跋曰吾亦甚慮之分遣使者巡行郡國問所疾苦孤老不能自存者賜以穀帛有差跋立十一年至是元熙元年也此後事入於宋至元嘉七年死弟弘殺跋子翼自立後爲魏所伐東奔高句驪居二年高句麗殺之始跋以孝武太元二十年僭號至弘二世凡二十有八載

馮素弗跋之長弟也慷慨有大志姿貌魁偉雄傑不羣任俠放蕩不脩小節故時人未之奇惟王齊異焉曰撥乱才也惟交結時豪爲務不以產業經懷弱冠自詣慕容熙尚書左丞韓業請婚業怒而距之復求尚書郎高邵女邵亦弗許南宮令成藻豪俊有高名素弗造焉藻命門者勿納素弗遂入與藻對坐旁若無人談飲連日藻始奇之曰吾遠求騏驥不知近在東鄰何識子之晚也當世俠士莫不歸之及熙僭號爲侍御郎小帳下督跋之僞業素弗所建也及爲宰輔謙虛恭慎非禮不動雖廝養之賤皆與之抗禮車服屋宇務於儉約脩己率下百僚憚之初爲京尹及鎮營丘百姓歌之甞謂韓業曰君前既不顧今將自取何如業拜而陳謝素弗曰既往之事豈復與君計之然待業弥厚好存亡繼絕申拔舊門問侍中陽哲曰秦趙勳臣子弟今何在乎哲曰皆在中州惟桃豹孫鮮在焉素弗召爲左常侍論者歸其有宰衡之度跋之七年死跋哭之哀慟比葬七臨之

史臣曰自五胡縱慝九域淪胥帝里神州遂混之於荒裔鳴名寶位咸假之於雜種甞謂戎狄凶嚚未窺道德欺天擅命抑乃其常而馮跋出自中州有殊醜類因鮮卑之昏虐亦盜名於海隅然其

遷從之餘少非雄傑幸以寬厚爲衆所推初雖砥礪終罕成德舊史稱其信惑妖祀斥黜諫臣無開馭之才異經決之士信矣速禍致寇良謂在茲猶能撫育黎萌保守疆宇發號施令二十餘年豈天意乎非人事也

贊曰國仁驍武乾歸勇悍矯矯熾磐臨機能斷孰謂獯虜亦懷沉筭文起常才憑時叛換咸竊大寶爲我多難

載記第二十五　晉書百二十五

禿髮烏孤　禿髮利鹿孤　禿髮傉檀　　御撰

禿髮烏孤河西鮮卑人也其先與後魏同出八世祖匹孤率其部自塞北遷于河西其地東至麥田牽屯西至濕羅南至澆河北接大漠匹孤卒子壽闐立初壽闐之在孕母胡掖氏因寢而產於被中鮮卑謂被為禿髮因而氏焉壽闐卒孫樹機能立壯果多謀略泰始中殺秦州刺史胡烈於萬斛堆敗涼州刺史蘇愉于金山盡有涼州之地武帝為之旰食後為馬隆所敗部下殺之以降從弟務丸立死孫推斤立死子思復鞬立部眾稍盛烏孤即思復鞬之子也及嗣位務農桑脩鄰好呂光遣使署為假節冠軍大將軍河西鮮卑大都統廣武縣侯烏孤謂諸將曰呂氏遠來假授當可受不眾咸曰吾士眾不少何故屬人烏孤將從之其將石真若留曰今本根未固理宜隨時光德刑脩明境內無虞若致死於我者大小不敵後雖悔之無所及也不如受而遵養之以待其釁烏孤乃受之烏孤討乙弗折掘二部大破之遣其將石亦干築廉川堡以都之烏孤登廉川大山泣而不言石亦干進曰臣聞主憂臣辱主辱臣死大王所為不樂者將非呂光乎光年已衰老師徒屢敗今我以士馬之盛保據大川乃可以一擊百光何足懼也烏孤曰光之衰老亦吾所知但我祖宗以德懷遠殊俗憚威盧陵契汗萬里委順及吾承業諸部背叛邇既乖違遠何以附所以泣耳其將苻渾曰大王何不振旅誓眾以討其罪烏孤從之大破諸部呂光封烏孤廣武郡公又討意云鮮卑大破之光又遣使署烏孤征南大將軍益州牧左賢王烏孤謂使者曰呂王昔以專征之威遂有此州不能以德柔遠惠安黎庶諸子貪淫三甥肆暴郡縣土崩下無生賴吾安可違天下之心受不義之爵帝王之起豈有常哉無道則滅有德則昌吾將順天人之望為天下主留其鼓吹羽儀謝其使而遣之隆安元年自稱大都督大將軍大單于西平王赦其境內年號太初曜兵廣武攻剋金城光遣將軍竇苟來伐戰于街亭

大敗之降光樂都湟河澆河三郡嶺南羌胡數萬落皆附之光將楊軌王乞基率戶數千來奔烏孤更稱武威王後三歲徙于樂都署弟利鹿孤為驃騎大將軍西平公鎮安夷傉檀為車騎大將軍廣武公鎮西平以楊軌為賓客金石生時連珍四夷之豪儁陰訓郭倖西州之德望楊統楊貞衛殷麴丞明郭黃郭奮史暠鹿嵩文武之秀傑梁昶韓疋張昶郭韶中州之才令金樹薛翹趙振王忠趙晁蘇霸秦雍之世門皆內居顯位外宰郡縣官方授才咸得其所烏孤從容謂其群下曰隴右區區數郡地耳因其兵亂分裂遂至十餘乾歸擅命河南段業阻兵張掖虛氏假息偷據姑臧吾藉父兄遺烈思廓清西夏兼弱攻昧三者何先楊統進曰乾歸本我所部終必歸服段業儒生才非經世權臣擅命制不由己千里伐人糧運懸絕且與我鄰好許以分災共患乘其危弊非義舉也呂光衰老嗣紹沖闇二子纂弘雖頗有文武而內相猜忌若天威臨之必應鋒瓦解宜遣車騎鎮浩亹鎮北據廉川乘虛迭出多方以誤之救右則擊其左救左則擊其右使纂疲於奔命人不得安其農業兼弱攻昧於是乎在不出二年可以坐定姑臧姑臧既拔二寇不待兵戈自然服矣烏孤然之遂有吞并之志段業為呂纂所侵遣利鹿孤救之纂懼燒氐池張掖穀麥而還以利鹿孤為涼州牧鎮西平追傉檀入錄府國事是歲烏孤因酒墜馬傷脅笑曰幾使呂光父子大喜俄而患甚顧謂群下曰方難未靜宜立長君言終而死在位三年偽謚武王廟號烈祖弟利鹿孤立

利鹿孤以隆安三年即偽位赦其境內殊死已下又徙居于西平使記室監麴梁明聘于段業業曰貴主先王創業啟運功高先世宜為國之太祖有子何以不立梁明曰有子羌奴先王之命也業曰昔成王弱齡周召作宰漢昭八歲金霍夾輔雖嗣子沖幼而二叔休明左提右挈不亦可乎明曰宋宣能以國讓春秋美之孫伯符委事仲謀終開有吳之業且兄終弟及殷湯之制也亦聖人之格言萬代之通式何必胤己為是紹兄為非業曰美哉使乎之義也

利鹿孤聞呂光死遣其將金樹蘇翹率騎五千屯于昌松漠口既逾年赦其境內改元曰建和二千石長吏清高有惠化者皆封亭侯關內侯呂纂來伐使傉檀距之纂士卒精銳進度三堆三軍擾懼傉檀下馬據胡牀而坐士衆心乃始安與纂戰敗之斬二千餘級纂西擊段業傉檀率騎一萬乘虛襲姑臧纂弟緯守南北城以自固傉檀置酒于朱明門上鳴鐘鼓以饗將士耀兵于青陽門虜八千餘戶而歸乞伏乾歸為姚興所敗率騎數百來奔處之晉興待以上賓之禮乾歸遣子謙等質于西平鎮北將軍俱延言於利鹿孤曰乾歸本我之屬國妄自尊立理窮歸命非有款誠若奔東秦必引師西侵非我利也宜徙於乙弗之間防其越逸之路利鹿孤曰吾方弘信義以收天下之心乾歸投誠而徙之四海將謂我不可以誠信託也俄而乾歸果奔于姚興利鹿孤謂延曰不用卿言乾歸果叛卿為吾行也延追乾歸至河不及而還利鹿孤立二年龍見于長寧麒麟游于綏羌於是群臣勸進以隆安五年僭稱河西王其將鍮勿崙進曰昔我先君肇自幽朔被髮左衽无冠冕之儀遷徙不常无城邑之制用能中分天下威振殊境今建大號誠順天心然帝居樂土非貽厥之規倉府粟帛生敵人之志且首兵始號事必无成陳勝項籍前鑒不遠宜置晉人於諸城勸課農桑以供軍國之用我則習戰法以誅未賓若東西有變長算以糜之如其敵彊於我徙而以避其鋒不亦善乎利鹿孤然其言於是率師伐呂隆大敗之獲其右僕射楊桓傉檀謂之曰安寢危邦不思擇木老為囚虜豈曰智也桓曰受呂氏厚恩位忝端貳雖洪水滔天猶欲濟彼俱溺實恥為叛臣以見明主傉檀曰卿忠臣也以為左司馬利鹿孤謂其群下曰吾无經濟之才忝承業統自負乘在位三載于茲雖夙夜惟寅思惟道化而刑政未能允中風俗尚多凋弊戎車屢駕无闢境之功務進賢彥而下猶蓄滯豈所任非才將吾不明所致也二三君子其極言无諱吾將覽焉祠部郎中史暠對曰古之王者行師以全軍為上破國次之拯溺

救焚東征西怨今不以綏寧為先唯以徙戶為務安土重遷故有離叛所以斬將剋城土不加廣今取士拔才必先弓馬文章學藝為无用之條非所以來遠人垂不朽也孔子曰不學禮无以立宜建學校開庠序選耆德碩儒以訓胄子利鹿孤善之於是以田玄沖趙誕為博士祭酒以教胄子時利鹿孤雖僭位尚臣姚興楊桓兄經佐命姚萇早死興聞桓有德望徵之利鹿孤餞桓于城東謂之曰本期與卿共成大業事乖本圖分岐之感實情深古人但鯤非溟海無以運其軀鳳非脩梧無以晞其翼卿有佐時之器夜光之寶當振纓雲閣耀價連城區區河右未足以逞卿才力善勗日新以成大美桓泣曰臣往事呂氏情節不建陛下宥臣於俘虜之中顯同賢舊每希攀龍附鳳立尺寸之功龍門既開而臣違離公衡之戀豈曰忘之利鹿孤為之流涕遣傉檀攻呂隆昌松太守孟禕于顯美剋之傉檀執禕而數之曰見機而作賞之所先守迷不變刑之所及吾方耀威玉門埽平秦隴卿固守窮城稽淹王憲國有常刑於分甘乎禕曰明公開翦河右聲播宇內文德以綏遠人威武以懲不恪況禕蕞爾敢距天命釁鼓之刑禕之分也但忠於彼者亦忠於此荷呂氏厚恩受藩屏之任明公至而歸命恐獲罪於執事惟公圖之傉檀大悅釋其縛待以客禮徙顯美麗靬二千餘戶而歸嘉禕忠烈拜左司馬禕請曰呂氏將亡聖朝之并河右昭然已定但為人守而不全復忝顯任竊所未安明公之恩聽禕就戮於姑臧死且不朽傉檀義而許之呂隆為沮渠蒙遜所伐遣使乞師利鹿孤引群下議之尚書左丞婆衍崘曰今姑臧饑荒殘弊穀石萬錢野无青草資食无取蒙遜千里行師糧運不屬使二寇相殘以乘其釁若蒙遜拔姑臧亦不能守適可為吾取之不宜救也傉檀曰崘知其一未知其二姑臧今雖虛弊地居形勝河西一都之會不可使蒙遜據之宜在速救利鹿孤曰車騎之言吾之心也遂遣傉檀率騎一萬救之至昌松而蒙遜已退傉檀徙涼澤段冢五百餘家而歸利鹿孤寢疾令曰內外多虞國機

務廣其令車騎嗣業以成先王之志在位三年而死葬于西平之
東南僞謚曰康王弟傉檀嗣
傉檀少機警有才略其父奇之謂諸子曰傉檀明識幹藝非汝
等輩也是以諸兄不以授子欲傳之於傉檀及利鹿孤即位垂拱
而已軍國大事皆以委之以元興元年僭號涼王遷于樂都改元
曰弘昌初乞伏乾歸之在晉興也以世子熾磐爲質後熾磐逃
歸爲追騎所執利鹿孤命殺之傉檀曰臣子逃歸君父振古通義
故魏武善關羽之奔秦昭恕頃襄之逝熾磐雖逃叛孝心可嘉宜
垂全有以弘海岳之量乃赦之至是熾磐又奔允街傉檀歸其妻
子姚興遣使拜傉檀車騎將軍廣武公傉檀大城樂都姚興遣將
齊難率衆迎呂隆于姑臧傉檀攝昌松魏安二戍以避之與涼州
刺史王尚遣主簿宗敞來聘敞父燮呂光時自湟河太守入爲尚
書郎見傉檀于廣武執其手曰君神爽宏拔逸氣凌雲命世之傑
也必當剋清世難恨吾年老不及見耳以敞兄弟託君至是傉檀

謂敞曰孤以常才謬爲尊先君所見稱每自恐有累大人水鏡之
明及忝家業竊有懷君子詩云中心藏之何日忘之不圖今日得
見卿也敞曰大王仁侔魏祖存念先人雖朱暉眄張堪之孤叔向
撫汝齊之子無以加也酒酣語及平生傉檀曰卿魯子敬之儔恨
不與卿共成大業耳傉檀以姚興之盛又密圖姑臧乃去其年號
罷尚書丞郎官遣參軍關尚聘于興興謂尚曰車騎投誠獻款爲
國藩屏擅興兵衆輒造大城爲臣之道固若是乎尚曰王侯設險
以自固先王之制也所以安人衛衆預備不虞車騎僻在遐藩密
邇勍寇南則逆羌未賓西則蒙遜跋扈蓋爲國家重門之防不圖
陛下忽以爲嫌興笑曰卿言是也傉檀遣其將文支討南羌西虜大
破之上表姚興求涼州不許加傉檀散騎常侍增邑二千戶傉檀
於是率師伐沮渠蒙遜次于氐池蒙遜嬰城固守芟其禾苗至于赤
泉而還獻興馬三千匹羊三萬頭興乃署傉檀爲使持節都督
河右諸軍事車騎大將軍領護匈奴中郎將涼州刺史常侍公如

故鎮姑臧傉檀率步騎三萬次于五澗興涼州刺史王尚遣辛晁
孟禕彭敏出迎尚出自清陽門鎮南文支入自涼風門宗敞以別
駕送尚還長安傉檀曰吾得涼州三千餘家情之所寄唯卿一人
奈何捨我去乎敞曰今送舊君所以忠於殿下傉檀曰吾今新牧
貴州懷遠安邇之略爲之若何敞曰涼土雖弊形勝之地道由人
弘實在殿下段懿孟禕武威之宿望辛晁彭敏秦隴之冠冕裴敏
馬輔中州之令族張昶涼國之舊胤張穆邊憲文齊楊班梁崧
趙昌武同飛羽以大王之神略撫之以威信農戰並脩文教兼設
可以從橫於天下河右豈足定乎傉檀大悅賜敞馬二十匹於是
大饗文武於謙光殿班賜金馬各有差遣西曹從事史暠聘于姚
興興謂暠曰車騎坐定涼州衣錦本國其德我乎暠曰車騎積德
河西少播英問王威未接投誠萬里陛下官方任才量功授職彝
倫之常何德之有興曰朕不以州授車騎者車騎何從得之暠曰
使河西雲擾呂氏顛狽者實由車騎兄弟傾其根本陛下雖鴻羅

遐被涼州猶在天綱之外故征西以周召之重力屈姑臧齊難以
王旅之盛勢挫張掖王尚孤城獨守外逼群狄陛下不連兵十年
殫竭中國涼州未易取也今以虛名假人内收大利乃知妙筭自
天聖与道合雖云遷授蓋亦時宜興悅其言拜騎都尉傉檀讌群
寮于宣德堂仰視而歎曰古人言作者不居居者不作信矣孟禕
進曰張文王築城苑繕宮廟爲貽厥之資萬世之業秦師濟河漼
然瓦解梁熙據全州之地擁十萬之衆軍敗於酒泉身死于彭濟
呂氏以排山之勢王有西夏率土崩離銜璧秦雍寬饒有言富貴
無常忽輒易人此堂之建年垂百載十有二主唯信順可以久安
仁義可以永固願大王勉之傉檀曰非君無以聞讜言也傉檀雖受
制於姚興然車服禮章一如王者以宗敞爲太府主簿錄記室事
傉檀僞游澆河襲徙西平湟河諸羌三萬餘戶于武興番禾武威
昌松四郡徵集戎夏之兵五萬餘人大閱于方亭遂伐沮渠蒙遜
入西陝蒙遜率衆來距戰于均石爲蒙遜所敗傉檀率騎二萬運

穀四萬石以給西郡蒙遜攻西郡陷之其後傉檀又与赫連勃勃戰于陽武爲勃勃所敗將佐死者十餘人傉檀與數騎奔南山幾爲追騎所得傉檀懼東西寇至徙三百里內百姓入于姑臧國中駭怨屠各成七兒因百姓之擾也率其屬三百人叛傉檀於北城惟梁貴爲盟主貴閉門不應一夜衆至數千殿中都尉張猛大言於衆曰主上陽武之敗蓋恃衆故也責躬悔過明君之義諸君何故從此小人作不義之事殿內武旅正爾相尋目前之危悔將無及衆聞之咸散七兒奔晏然殿中騎將白路等追斬之軍諮祭酒梁裒輔國司馬邊憲等七人謀反傉檀悉誅之姚興以傉檀外有陽武之敗內有邊梁之亂遣其尚書郎韋宗來觀釁宗見傉檀與宗論六國從橫之規三家戰爭之略遠言天命廢興近陳人事成敗機變無窮辭致清辨宗出而歎曰命世大才經略名教者不必華宗夏士撥煩理亂澄氛濟世者亦未必八索九丘五經之外冠冕之表復自有人車騎神機秀發信一代之偉人由余日磾豈足

爲多也宗還長安言於興曰涼州雖殘弊之後風化未頹傉檀權詐多方憑山河之固未可圖也興曰勃勃以烏合之衆尚能破之吾以天下之兵何足尅也宗曰形移勢變終始殊途陵人者易敗自守者難攻陽武之役傉檀以輕勃勃致敗今以大軍臨之必自固求全臣竊料群臣無傉檀匹也雖以天威臨之未見其利興不從乃遣其將姚弼及斂成等率步騎三萬來伐又使其將姚顯爲弼等後繼遺傉檀書云遣尚書左僕射齊難討勃勃懼其西逸故令弼等於河西邀之傉檀以爲然遂不設備弼衆至莫口昌松太守蘇霸閉城固守弼喻霸令降霸曰汝違負盟誓伐委順之藩天地有靈將不祐汝吾寧爲涼鬼何降之有城陷斬霸弼至姑臧屯于西苑州人王鍾宋鍾王娥等密爲內應候人執其使送之傉檀欲誅其元首前軍伊力延侯曰今彊敵在外內有姦豎兵交勢蹙禍難不輕宜悉坑之以安內外傉檀從之殺五千餘人以婦女爲軍賞命諸郡縣悉驅牛羊於野斂成縱兵虜掠傉檀遣其鎮北俱延鎮軍敬歸等十將率騎分擊大敗之斬首七千餘級姚弼固壘不出傉檀攻之未克乃斷水上流欲以持久斃之會雨甚堤壞弼軍乃振姚顯聞弼敗兼道赴之軍勢甚盛遣射將孟欽等五人挑戰于涼風門弦未及發材官將軍宋益等馳擊斬之顯乃委罪斂成遣使謝傉檀引師而歸傉檀於是僭即涼王位赦其境內改年爲嘉平置百官立夫人折掘氏爲王后世子武臺爲太子録尚書事左長史趙晁右長史郭倖爲尚書左右僕射鎮北俱延爲太尉鎮軍敬歸爲司隸校尉自餘封署各有差遣其左將軍枯木駙馬都尉胡康伐沮渠蒙遜掠臨松人千餘戶而還蒙遜大怒率騎五千至于顯美方亭破車蓋鮮卑而還俱延又伐蒙遜大敗而歸傉檀將親率衆伐蒙遜趙晁及太史令景保諫曰今太白未出歲星在西宜以自守難以伐人比年天文錯亂風霧不時唯脩德責躬可以寧吉傉檀曰蒙遜往年無狀入我封畿掠我邊疆殘我禾稼吾蓄力待時將報東門之恥今大軍已集卿欲沮衆邪保曰陛下不以臣不肖

使臣主察乾象若見事不言非爲臣之體天文顯然動必無利傉檀曰吾以輕騎五萬伐之蒙遜若以騎兵距我則衆寡不敵兼步而來則舒疾不同救右則擊其左赴前則攻其後終不與之交兵接戰卿可懼乎保曰天文不虛必將有變傉檀怒鏁保而行曰有功當殺汝以徇無功封汝百户侯既而蒙遜率衆來距戰于窮泉傉檀大敗單馬奔還景保爲蒙遜所擒讓之曰卿明於天文爲彼國所任違天犯順智安在乎保曰臣匪爲無智但言而不從蒙遜曰昔漢祖困于平城以婁敬爲功袁紹敗于官渡而田豐爲戮卿策同二子貴主未可量也卿必有婁敬之賞者吾今放卿但恐有田豐之禍耳保曰寡君雖才非漢祖猶不同本初正可不得封侯豈慮禍也蒙遜乃免之至姑臧傉檀謝之曰卿孤之著龜也而不能從之孤之深罪封保安亭侯蒙遜進圍姑臧百姓懲東苑之戮悉皆驚散疊掘麥田車蓋諸部盡降于蒙遜傉檀遣使請和蒙遜許之乃遣司隸校尉敬歸及子他爲質歸至胡坑逃還他爲

追兵所執蒙遜從其衆八千餘戶而歸右衛折掘奇鎮據石驢山以叛傉檀懼爲蒙遜所滅又慮奇鎮剋嶺南乃遷于樂都留大司農成公緒守姑臧傉檀始出城焦諶王侯等閉門作難收合三千餘家保據南城諶推焦朗爲大都督龍驤大將軍諶爲涼州刺史降于蒙遜鎮軍敬歸討奇鎮於石驢山戰敗死之蒙遜因剋姑臧之威來伐傉檀遣其安北段苟左將軍雲連乘虛出番禾以襲其後徙三千餘家於西平蒙遜圍樂都三旬不剋遣使謂傉檀曰若以寵子爲質我當還師傉檀曰去否任卿兵勢卿違盟無信何質以供蒙遜怒築室返耕爲持久之計群臣固請乃以子安周爲質蒙遜引歸吐谷渾樹洛干率衆來伐傉檀遣其太子武臺距之爲洛干所敗傉檀又將伐蒙遜邯川護軍孟愷諫曰蒙遜初并姑臧凶勢甚盛宜固守伺隙不可妄動不從五道俱進至番禾苕藿掠五千餘戶其將屈右進曰陛下轉戰千里前無完陣徙戶資財盈溢衢路宜倍道旋師早度峻險蒙遜善於用兵士衆習

戰若輕軍卒至出吾慮表大敵外逼徙戶內攻危之道也衛尉伊力延曰我軍勢方盛將士勇氣自倍彼徒我騎勢不相及若道旋師必捐棄資財示人以弱非計也屈右出而告其諸弟曰吾言不用天命也此吾兄弟死地俄而昏霧風雨蒙遜軍大至傉檀敗績而還蒙遜進圍樂都傉檀嬰城固守以子染干爲質蒙遜乃歸乂之遣安西紇勃耀兵西境蒙遜侵西平徙戶掠牛馬而還邯川護軍孟愷表鎮南湟河太守文支荒酒慢諫不卹政事傉檀謂伊力延曰今州土傾覆所杖者文支而已將若之何延曰宜召而訓之使改往脩來傉檀乃召文支既到讓之曰二兄英姿早世吾以不才嗣統不能負荷大業顛狽如是胡顏視世雖存若隕庶憑子鮮存衛藉文種復吳卿之謂也聞卿唯酒是耽荒廢庶事吾年已老卿復若斯祖宗之業將誰寄也文支頓首陳謝邯川人衛章等謀殺孟愷南啓乞伏熾磐郭越止之曰孟君寬以惠下何罪而殺之吾寧違衆而死不負君以生乃密告之愷誘章等飲酒

殺四十餘人愷懼熾磐軍之至馳告文支文支遣將軍匹珍赴之熾磐軍到城聞珍將至引歸蒙遜又攻樂都二旬不剋而還鎮南文支以湟河降蒙遜從五千餘戶于姑臧蒙遜又來伐傉檀以太尉俱延爲質蒙遜乃引還傉檀議欲西征乙弗孟愷諫曰連年不收上下飢弊南逼熾磐北迫蒙遜百姓騷動下不安業今遠征雖剋後患必深不如結盟熾磐通糴濟難慰喻雜部以廣軍資畜力繕兵相時而動易曰其亡其亡繫於苞桑惟陛下圖之傉檀曰孤將略地卿无沮衆謂其太子武臺曰今不種多年內外俱窘事宜西行以拯此弊蒙遜近去不能卒來且夕所慮唯在熾磐彼名微衆寡易以討禦吾不過一月自足周旋汝謹守樂都无使失墜傉檀乃率騎七千襲乙弗大破之獲牛馬羊四十餘萬熾磐乘虛來襲撫軍從事中郎尉肅言於武臺曰今外城廣大難以固守宜聚國人於內城肅等率諸晉人距戰於外如或不捷猶有万全武臺曰小賊蕞尒旦夕當走卿何慮之過也武臺懼晉人有二心

也乃召豪望有勇謀者閉之於內孟愷泣曰熾磐不道人神同憤愷等進則荷恩重任退顧妻子之累豈有二乎今事已急矣人思自効有何猜邪武臺曰吾豈不知子忠實懼餘人脫生慮表以君等安之耳一旬而城潰安西樊尼自西平奔告傉檀傉檀謂衆曰今樂都爲熾磐所陷男夫盡殺婦女賞軍雖欲歸還无所赴也卿等能与吾籍乙弗之資取契汗以贖妻子者是所望也不尓歸熾磐便爲奴僕矣豈忍見妻子在他懷抱中遂引師而西衆多逃返遣鎮北段苟追之苟亦不還於是將士皆散唯中軍紇勃後軍洛肱安西樊尼散騎侍郎陰利鹿在焉傉檀曰蒙遜熾磐昔皆委質於吾今而歸之不亦鄙哉四海之廣匹夫无所容其身何其痛也蒙遜与吾名齊年此熾磐姻好少年俱其所忌勢皆不濟与其聚而同死不如分而或全樊尼長兄之子宗部所寄吾衆在北者戶垂一万蒙遜方招懷遐迩存亡繼絕汝其西也紇勃洛肱亦与尼俱吾年老矣所適不容寧見妻子而死遂歸熾磐唯陰利鹿隨之

傉檀謂利鹿曰去危就安人之常也吾親屬皆散卿何獨留利鹿曰臣老母在家方寸實乱但忠孝之義義不俱全雖不能西哭沮渠申包胥之誠東感秦援展毛遂之操負羈靮而侍陛下者臣之分也惟願開弘遠猷審進止之筭傉檀歎曰知人固未易人亦未易知大臣親戚皆棄我去終始不虧者唯卿一人歲寒不凋見之於卿傉檀至西平熾磐遣使郊迎待以上賓之礼初樂都之潰也諸城皆降于熾磐傉檀將尉賢政固守浩亹不下熾磐呼之曰樂都已潰卿妻子皆在吾聞孤城獨守何所為也賢政曰受涼王厚恩為國家藩屏雖知樂都已陷妻子為擒先歸獲賞後順受誅然不知主上存亡未敢歸命妻子小事豈足動懷昔羅憲待命晉文亮之文聘後來魏武不責邀一時之榮忘委付之重竊用恥焉大王亦安用之哉熾磐乃遣武臺手書喻政政曰汝為國儲不能盡節而縛於人棄父負君虧万世之業賢政義士豈如汝乎既而聞傉檀至左南乃降熾磐以傉檀為驃騎大將軍封左南公歲餘為熾磐所鴆左右勸傉檀解藥傉檀曰吾病豈宜療邪遂死時年五十一在位十三年偽謚景王武臺後亦為熾磐所殺傉檀少子保周臘于破羌俱延子覆龍鹿孤孫副周烏孤孫承鉢皆奔沮渠蒙遜久之歸魏魏以保周為張掖王覆龍酒泉公破羌西平公副周永平公承鉢昌松公烏孤以安帝隆安元年僭立至傉檀三世凡十九年以安帝義熙十年滅

史臣曰禿髮累葉酋豪擅彊邊服控弦玉塞躍馬金山候滿月而窺兵乘折膠而縱鏑禮容弗被聲教斯阻烏孤納苻渾之策治兵以討不賓鹿孤從史暠之言建學而延胄子遂能開疆河右抗衡彊國道由人弘抑此之謂傉檀承累捷之銳藉二昆之資摧呂氏筭無遺策取姑臧兵不血刃武略雄圖比蹤前烈既而叨竊重位盈滿易期窮兵以逞其心縱慝自貽其斃地奪於蒙遜勢屻於赫連覆國喪身猶為幸也昔宋殤好戰致灾於華督楚靈黷武取殺於乾谿異代同亡其於傉檀見之矣

贊曰禿髮弟兄擅雄羣虜開疆河外清氛西土傉檀傑出騰驁時英窮兵黷武喪國頹聲

載記第二十六　晉書百二十六

慕容德

慕容德字玄明皝之少子也母公孫氏夢日入臍中晝寢而生德年未弱冠身長八尺二寸姿貌雄偉額有日角偃月重文博觀群書性清慎多才藝慕容儁之僭立也封爲梁公歷幽州刺史左衛將軍及暐嗣位改封范陽王稍遷魏尹加散騎常侍俄而苻堅將苻雙據陝以叛堅將苻柳起兵枹罕將應之德勸暐乘釁討堅辭旨慷慨識者言其有遠略暐昏不能用德兄垂甚壯之因共論軍國大謀言必切至垂謂之曰汝器識長進非復吳下阿蒙也枋頭之役德以征南將軍與垂擊敗晉師及垂奔苻堅德坐免職後遇暐敗徙于長安苻堅以爲張掖太守數歲免歸及堅以兵臨江拜德爲奮威將軍堅之敗也堅與張夫人相失慕容暐將護致之德正色謂暐曰昔楚莊滅陳納巫臣之諫而棄夏姬此不祥之人惑亂人主戎事不邇女器秦之敗師當由於此宜掩目而過奈何將衛之也暐不從德馳馬而去之還次滎陽言於暐曰昔句踐棲於會稽終獲吳國聖人相時而動百舉百全天將悔禍故使秦師喪敗宜乘其弊以復社稷暐不納乃從垂如鄴及垂稱燕王以德爲車騎大將軍復封范陽王居中鎮衛參斷政事久之遷司徒于時慕容永據長子有衆十万垂議討之羣臣咸以爲疑德進曰昔三祖積德遺詠在耳故陛下龍飛不謀而會雖由聖武亦緣舊愛燕趙之士樂爲燕臣也今永既建僞號扇動華戎致令群豎從橫逐鹿不息宜先除之以一衆聽昔光武馳蘇茂之難不顧百官之疲夫豈不仁機急故也兵法有不得已而用之陛下容得已乎垂笑謂其黨曰司徒議與吾同二人同心其利斷金吾計決矣遂從之垂臨終勅其子寶以鄴城委德寶既嗣位以德爲使持節都督冀兖青徐荊豫六州諸軍事特進車騎大將軍冀州牧領南蠻校尉鎮鄴罷留臺以都督專總南夏魏將拓拔章攻鄴德遣南安王慕容青等夜擊敗之魏師退次新城青等請擊之別駕韓諄進曰

古人先決勝廟堂然後攻戰今魏不可擊者四燕不宜動者三魏懸軍遠入利在野戰一不可擊也深入近畿頓兵死地二不可擊也前鋒既敗後陣方固三不可擊也彼衆我寡四不可擊也官軍自戰其地一不宜動動而不勝衆心難固二不宜動城隍未脩敵來无備三不宜動此皆兵家所忌不如深溝高壘以逸待勞彼千里餽糧野无所掠久則三軍靡資攻則衆旅多斃師老釁生詳而圖之可以捷矣德曰韓別駕之言良平之策也於是召青還師魏又遣遼西公賀賴盧率騎與章圍鄴德遣其參軍劉藻請救於姚興且參母兄之問而興師不至衆大懼德於是親饗戰士厚加撫接人感其恩皆樂爲致死會章盧內相乖爭各引兵潛遁章司馬丁建率衆來降言章師老可以敗之德遣將追破章軍人心始固時魏師入中山慕容寶出奔于薊慕容詳又僭號會劉藻自姚興而至興太史令高魯遣其甥王景暉隨藻送玉璽一紐并圖讖祕文曰有德者昌无德者亡德受天命柔而復剛又有謠曰大風蓬勃揚塵埃八井三刀卒起來四海鼎沸中山頹惟有德人據三臺於是德之羣臣議以慕容詳僭號中山魏師盛于冀州未審寶之存亡因勸德即尊號德不從會慕容達自龍城奔鄴稱寶猶存羣議乃止尋而寶以德爲丞相領冀州牧承制南夏德兄子麟自義臺奔鄴因說德曰中山既沒魏必乘勝攻鄴雖糧儲素積而城大難固且人情沮動不可以戰及魏軍未至擁衆南渡就魯陽王和據滑臺而聚兵積穀伺隙而動計之上也魏雖拔中山勢不久留不過驅掠而返人不樂徙理自生變然後振威以援之魏則內外受敵使戀舊之士有所依憑廣開恩信招集遺黎可一舉而取之先是慕容和亦勸德南徙於是許之隆安二年乃率戶四万車二万七千乘自鄴將徙于滑臺遇風船沒魏軍垂至衆懼議欲退保黎陽其夕流澌凍合是夜濟師旦魏師至而冰泮若有神焉遂改黎陽津爲天橋津及至滑臺景星見于尾箕漳水得白玉狀若璽於是德依燕元故事稱元年大赦境內殊死已下置百官

以慕容麟爲司容領尚書令慕容法爲中軍將軍慕輿拔爲尚書
左僕射丁通爲尚書右僕射自餘封授各有差初河間有麟見慕
容麟以爲己瑞及此潛謀爲乱事覺賜死其夏魏將賀賴盧率衆
附之至是慕容寶自龍城南奔至黎陽遣其中黃門令趙思召慕
容鍾來迎鍾本首議勸德稱尊號聞而惡之執思付獄馳使白狀
德謂其下曰卿等前以社稷大計勸吾攝政吾亦以嗣帝奔亡人
神曠主故權順群議以繫衆望今天方悔禍嗣帝得還吾將具駕
奉迎謝罪行闕然後角巾私第卿等以爲何如其黃門侍郎張華
進曰夫爭奪之世非雄才不振從橫之時豈懦夫能濟陛下若蹈
匹婦之仁捨天授之業威權一去則身首不保何退讓之有乎德
曰吾以古人逆取順守其道未足所以中路徘徊悵然未決耳慕
輿護請馳問寶虛實德流涕而遣之乃率壯士數百隨思而北因
謀殺寶初寶遣思之後知德攝位懼而北奔護至无所見執思而
還德以思閑習典故將任之思曰昔關羽見重曹公猶不忘先主

之恩思雖刑餘賤隸荷國寵靈犬馬有心而況人乎乞還就上以
明微節德固留之思怒曰周室衰微晉鄭夾輔漢有七国之難實
賴梁王殿下親則叔父位則上台不能率先群后以匡王室而幸
根本之傾爲趙倫之事思雖无申胥哭秦之效猶慕君賓不生莽
世德怒斬之晉南陽太守閭丘羨寧朔將軍鄧啓方率衆二万來
伐師次管城德遣其中軍慕容法撫軍慕容和等距之王師敗績
德怒法不窮追晉師斬其撫軍司馬斬環初苻登既爲姚興所滅
登弟廣率部落降於德拜冠軍將軍處之乞活堡會熒惑守東井
或言秦當復興者廣乃自稱秦王敗德將慕容鍾時德始都滑臺
介于晉魏之間地无十城衆不過數万及鍾喪師反側之徒多歸
于廣德乃留慕容和守滑臺親率衆討廣斬之初寶之至黎陽也
和長史李辯勸和納之和不從辯懼謀洩乃引晉軍至管城異德
親率師於後作乱會德不出愈不自安及德此行也辯又勸和反
和不從辯怒殺和以滑臺降于魏時將士家悉在城內德將攻之

韓範言於德曰魏師已入城據国成資客主之勢翻然復畏人情
既危不可以戰宜先據一方爲關中之基然後畜力而圖之計之
上也德乃止德右衛將軍慕容雲斬李辯率將士家累一万餘
人而出三軍慶悅德謀於衆曰苻廣雖平而撫軍失據進有彊
敵退无所託計將安出張華進曰彭城阻帶山川楚之舊都地嶮
人殷可攻而據之以爲基本慕容鍾慕輿護封逞韓諄等固勸攻
滑臺潘聰曰滑臺四通八達非帝王之居且北通大魏西接彊秦
此二国者未可以高枕而待之彭城土曠人稀地平无嶮晉之舊
鎮必距王師又密邇江淮水路通浚秋夏霖潦千里爲湖且水戰
国之所短吳之所長今雖剋之非久安之計也青齊沃壤號曰東
齊英傑蓄志以待孰不思得明主以立尺寸之功廣固者曹嶷之
所營山川阻峻足爲帝王之都宜遣辯士馳說于前大兵繼進于
後辟閭渾昔負国恩必翻然向化如其守迷不順大軍臨之自然

瓦解既據之後閉關養銳伺隙而動此亦二漢之有關中河內
也德猶豫未決沙門朗公素知占候德因訪其所適朗曰敬覽三
策潘尚書之議可謂興邦之術矣今歲初長星起於奎婁遂埽虛
危而虛危齊之分野除舊布新之象宜先定舊魯巡撫琅邪待秋
風戒節然後北轉臨齊天之道也德大悅引師而南兗州北鄙諸
縣悉降置守宰以撫之存問高年軍无私掠百姓安之牛酒屬路
德遣使喻齊郡太守辟閭渾渾不從遣慕容鍾率騎二万擊之德
進據琅邪徐兗之士附者十餘万自琅邪而北迎者四万餘人德
進寇莒城守將任安委城而遁以潘聰鎮莒城鍾傳檄青州諸郡
曰隆替有時義列昔經困難啓聖事彰中籙是以宣王龍飛於危
周光武鳳起於絶漢斯蓋歷數大期帝王之興廢也自我永康多
難長鯨逸網華夏四分黎元五裂逆賊辟閭渾父蔚昔同段龕阻
乱淄川太宰東征勦絶凶命渾於覆巢之下蒙全卵之施曾微
犬馬識養之心復襲凶父樂禍之志盜據東秦遠附吳越割剝

黎元黍輸南海皇上應期大命再集矜彼黔首暫阻王略故以七州之衆二十餘萬巡省岱宗問罪齊魯昔韓信以裨將伐齊有征旡戰耿弇以偏軍討步剋不移朔況以万乘之師埽一隅之寇傾山碎卵方之非易孤以不才忝荷先驅都督元戎一十二萬皆烏丸突騎三河猛士奮劒與夕火争光揮戈與秋月競色以此攻城何城不剋以此衆戰何敵不平昔竇融以河西歸漢榮被於後裔彭寵盗逆漁陽身死於奴僕近則曹嶷跋扈見擒於後趙段龕干紀取滅於前朝此非古今之言凶已然之成敗乎渾若先迷後悟榮寵有加如其敢抗王師敗滅必旡遺燼稷下之雄岱北之士有能斬送渾者賞同佐命脫履機不發必玉石俱摧渾聞德軍將至從八千餘家入廣固諸郡皆承檄降于德渾懼將妻子奔于魏德遣射聲校尉劉綱追斬於莒城渾衆軍張瑛常與渾作檄辭多不遜及此德擒而讓之瑛神色自若徐對曰渾之有臣猶韓信之有蒯通通遇漢祖而蒙恕臣遭陛下而嬰戮比之古人竊爲不幸

防風之誅臣實甘之但恐堯舜之化未弘於四海耳德初善其言後竟殺之德遂入廣固四年僭即皇帝位于南郊大赦改元爲建平設行廟於宮南遣使奉策告成焉進慕容鍾爲司徒慕輿拔爲司空封孚爲左僕射慕輿護爲右僕射遣其度支尚書封愷中書侍郎封逞觀省風俗所在大饗將士以其妻段氏爲皇后建立学官簡公卿已下子弟及二品士門二百人爲太学生後因讌其群臣酒酣笑而言曰朕雖寡薄恭已南面而朝諸侯在上不驕夕惕於位可方自古何等主也其青州刺史鞠仲曰陛下中興之聖后少康光武之儔也德顧命左右賜仲帛千匹仲以賜多爲讓德曰卿知調朕朕不知調卿乎卿飾對非實故亦以虛言相賞賞不謬加何足謝也韓範進曰臣聞天子旡戲言忠臣旡妄對今日之論上下相欺可謂君臣俱失德大悅賜範絹五十匹自是臣言競進朝多直士矣德母兄先在長安遣平原人杜弘如長安問存否弘曰臣至長安若不奉太后動止便即西如張掖以死爲效臣父雄生踰六十未沾榮貴乞本縣之祿以申烏鳥之情張華進曰杜弘未行而求祿要利情深不可使也德曰吾方散所輕之財招所重之死況爲親尊而可吝乎且弘爲君迎親爲父求祿雖外如要利内實忠孝乃以雄爲平原令弘至張掖爲盗所殺德聞而悲之厚撫其妻子明年德如齊城登營丘望晏嬰冢顧謂左右曰礼大夫不逼城葬平仲古之賢人達礼者也而生居近市死葬近城豈有意乎青州秀才晏謨對曰孔子稱臣先人平仲賢則賢矣豈不知高其梁豐其礼蓋政在家門故儉以矯世存居湫隘卒豈擇地而葬乎所以不遠門者猶冀悟平生意也遂以謨從至漢城陽景王廟讌庶老于申池北登社首山東望鼎足因目牛山而歎曰古旡不死愴然有終焉之志遂問謨以齊之山川丘陵賢哲舊事謨歴對詳辯畫地成圖德深嘉之拜尚書郎立冶於商山置鹽官于烏常澤以廣軍國之用德故吏趙融自長安來始具母兄凶問德號慟吐血因而寢疾其司隷校尉慕容達因此謀反遣牙門黃

瑒率衆攻端門殿中師侯赤眉開門應之中黃門孫進扶德踰城隱於進舍段宏等聞宮中有變勒兵屯四門德入宮誅赤眉等達懼而奔魏慕容法及魏師戰于濟北之摽榆谷魏師敗績其尚書韓諱上疏曰二寇逋誅国耻未雪關西爲豺狼之藪楊越爲鴟鴞之林三京社稷鞠爲丘墟四祖園陵蕪而不守豈非義夫憤歎之日烈士忘身之秋而皇室多難威略未振是使長虵弗翦封豕假息人懷憤慨常謂一日之安不可以永久終朝之逸旡卒歲之憂陛下中興大業務在遵養矜迁萌之失土假長復而不役愍黎庶之息肩貴因循而不擾斯可以保寍于營丘難以經措于秦越今群凶僭逆寔繁有徒據我三方伺国瑕釁宜深宜審量虛實大校成敗養兵厲甲廣農積糧進爲雪耻討寇之資退爲山河萬全之固而百姓因秦晉之弊迭相蔭冒或百室合戶或千丁共籍依託城社不懼燻燒公避課役擅爲姦宄損風毀憲法所不容但檢令未宣弗可加戮今宜隱實黎萌正其編貫庶上增皇

朝理物之明下益軍国兵資之用若蒙採納冀裨山海雖遇商鞅之刑悅綰之害所不辭也德納之遣其車騎將軍慕容鎮率騎三千緣邊嚴防備百姓逃竄以諱爲使持節散騎常侍行臺尚書巡郡縣隱實得蔭戶五万八千諱公廉正直所在野次人不擾焉德大集諸生親臨策試既而饗宴乗高遠矚顧謂其尚書魯邃曰齊魯固多君子當昔全盛之時接慎巴生淳于鄒田之徒蔭脩檐臨清沼馳朱輪佩長劍恣飛馬之雄辭奮談天之逸辯指麾則紅紫成章俛仰則丘陵生韻至於今日荒草穨墳氣消煙滅永言千載能不依然邃答曰武王封比干之墓漢祖祭信陵之墳皆留心賢哲毋懷往事陛下慈深二主澤被九泉若使彼而有知寧不銜荷矣先是妖賊王始聚衆于太山自稱太平皇帝號其父爲太上皇兄爲征東將軍弟征西將軍慕容鎮討擒之斬於都市臨刑或問其父及兄弟所在始荅曰太上皇帝蒙塵於外征東征西乱兵所害惟朕一身獨无聊賴其妻怒之曰止坐此口以至於此柰何復尔始曰皇后自古豈有不破之家不亡之国邪行刑者以刀鐶築之仰視曰崩即崩矣終不改帝號德聞而哂之時桓玄將行篡逆誅不附己者冀州刺史劉軌襄城太守司馬休之征虜將軍劉敬宣廣陵相高雅之江都長張誕並内不自安皆奔於德於是德中書侍郎韓範上疏曰夫帝王之道必崇經略有其時无其人則弘濟之功闕有其人无其時則英武之志不申至於能成王業者惟人時合也自晉國内難七載于茲桓玄逆篡虐踰董卓神怒人怨其殃積矣可乗之機莫過此也以陛下之神武經而緯之驅樂奮之卒接厭乱之機譬猶聲發響應形動影隨未足比其易也且江淮南北戶口未幾公私戎馬不過數百守備之事蓋亦微矣若以步騎一万建雷霆之舉卷甲長驅指臨江會必望旗草偃壺將衆屬路跨地數千衆踰十万可以西并彊秦北抗大魏夫欲拓境開彊保寧社稷无過今也如使後機失會豪桀復起梟除桓玄布惟新之化遐迩既寧物无異望非但建鄴難

圖江北亦不可冀機過患生憂必至矣天与不取悔將及焉惟陛下覽之德曰自頃數纒百六宏綱暫弛遂令姦逆乱華舊京墟穢每尋否運憤慨兼懷昔少康以一旅之衆復夏配天况朕據三齊之地藉五州之衆教之以軍旅訓之以礼讓上下知義人思自奮繕甲待釁爲日久矣但欲先定中原掃除逋孽然後宣布淳風經理九服飲馬長江懸旌隴坂此志未遂且韜戈耳今者之事王公其詳議之咸以桓玄新得志未可圖乃止於是講武於城西步兵三十七万車一万七千乗鐵騎五万三千周亘山澤旌旗弥漫鉦鼓之聲振動天地德登高望之顧謂劉軌高雅之曰昔卻克忿齊子胥怨楚終能暢其剛烈名流千載卿等既知投身有道當使无慙昔人也雅之等頓首荅曰幸蒙陛下天覆之恩大造之澤存亡繼絕實在聖時雖則万隕何以上報俄聞桓玄敗德以慕容鎮爲前鋒慕容鍾爲大都督配以步卒二万騎五千剋期將發而德寢疾於是罷兵初德迎其兄子超于長安及是而至德夜夢其父曰汝既无子何不早立超爲太子不尔惡人生心寤而告其妻曰先帝神明所勑觀此夢意吾將死矣乃下書以超爲皇太子大赦境内子爲父後者人爵二級其月死即義熙元年也時年七十乃夜爲十餘棺分出四門潛葬山谷竟不知其尸之所在在位五年僞謚獻武皇帝

載記第二十七　　晉書百二十七

載記第二十八

慕容超　慕容鍾　封孚

慕容超字祖明德兄北海王納之子苻堅破鄴以納為廣武太守數歲去官家于張掖德之南征留金刀而去及垂起兵山東苻昌收納及德諸子皆誅之納母公孫氏以耄獲免納妻段氏方娠未決囚之于郡獄獄掾呼延平德之故吏也嘗有死罪德免之至是將公孫及段氏逃于羌中而生超焉年十歲而公孫氏卒臨終授超以金刀曰若天下太平汝得東歸可以此刀還汝叔也平又將超母子奔于呂光及呂隆降于姚興超又隨涼州人徙于長安超母謂超曰吾母子全濟呼延氏之力平今雖死吾欲為汝納其女以荅厚惠於是娶之超自以諸父在東恐為姚氏所錄乃陽狂行乞秦人賤之惟姚紹見而異焉勸興拘以爵位召見與語超深自晦匿興大鄙之謂紹曰諺云妍皮不裹癡骨妄語耳由是得去來無禁德遣使迎之超不告母妻乃歸及至廣固呈以金刀具宣祖

母臨終之言德撫之號慟超身長八尺要帶九圍精彩秀發容止可觀德甚加禮遇始名之曰超封北海王拜侍中驃騎大將軍司隸校尉開府置佐吏德無子欲以超為嗣故為超起第於萬春門內朝夕觀之超亦深達德旨入則盡歡承奉出則傾身下士於是內外稱美焉頃之立為太子及德死以義熙元年僭嗣偽位大赦境內改元曰太上尊德妻段氏為皇太后以慕容鍾都督中外諸軍錄尚書事慕容法為征南都督徐兗揚南兗四州諸軍事慕容鎮加開府儀同三司尚書令封孚為太尉麴仲為司空潘聰為左光祿大夫封嵩為尚書左僕射自餘封拜各有差後又以鍾為青州牧段宏為徐州刺史公孫五樓為武衛將軍領屯騎校尉內參政事封孚言於超曰臣聞五大不在邊五細不在庭鍾國之宗臣社稷所賴宏外戚懿望親賢具瞻正應翼贊百揆不宜遠鎮方外今鍾等出藩五樓內輔臣竊未安超新即位害鍾等權逼以問五樓五樓欲專斷朝政不欲鍾等在內屢有間言孚說竟不行鍾宏俱有不平之色相謂曰黃犬之皮恐當終補狐裘也五樓聞之嫌隙漸構初超自長安行至梁父慕容法時為兗州鎮南長史悅壽還謂法曰向見北海王子天資弘雅神爽高邁始知天族多奇玉林皆寶法曰昔成方遂詐稱衛太子人莫辯之此復天族乎超聞而恚恨形于言色法亦怒處之外館由是結憾及德死法又不奔喪超遣使讓焉法常懼禍至因此遂與慕容鍾段宏等謀反超知而徵之鍾稱疾不赴於是收其黨侍中慕容統右衛慕容根散騎常侍段封誅之車裂僕射封嵩於東門之外西中郎將封融奔于魏超尋遣慕容鎮等攻青州慕容昱等攻徐州慕容凝韓範攻梁父昱等攻莒城拔之徐州刺史段宏奔于魏封融又集群盜襲石塞城殺鎮西大將軍餘鬱青土振恐人懷異議慕容凝謀殺韓範將襲廣固範知而攻之凝奔梁父範并其眾攻梁父剋之凝奔姚興慕容法出奔于魏慕容鎮剋青州鍾殺其妻子為地道而出單馬奔姚興于時超不恤政事畋游是好百姓苦之其僕射韓諱切諫

不納超議復肉刑九等之選乃下書於境內曰陽九數纏永康多難自北都傾陷典章淪滅律令法憲靡有存者綱理天下此焉為本既不能導之以德必須齊之以刑且虞舜大聖猶命咎繇作士刑之不可已已也如是先帝季興大業草創兵革尚繁未遑修制朕猥以不德嗣承大統撫馭寡方致蕭牆釁發遂戎馬生郊典儀寢廢今四境無虞所宜修定尚書可召集公卿至如不忠不孝若封嵩之輩梟斬不足以痛之宜致烹轘之法亦可附之律條納以大辟之科肉刑者乃經之先聖不刊之典漢文易之輕重乖度今犯罪彌多死者稍眾肉刑之於化也濟育既廣懲慘尤深光壽建興中二祖已議復之未及而晏駕其令博士已上參考舊事依呂刑及漢魏晉律令消息增損議成燕律五刑之屬三千而罪莫大於不孝孔子曰非聖人者無法非孝者無親此大亂之道也轘裂之刑烹煮之戮雖不在五品之例然亦行之自古渠彌之轘著之春秋哀公之烹爰自中代世宗都齊亦愍刑罰失中咨嗟寢食王

者之有刑糾猶人之左右手焉故孔子曰刑罰不中則人無所措
手足是以蕭何定法令而受封叔孫通以制儀爲奉常立功立事
古之所重其明議損益以成一代準式周漢有貢士之條魏立九品
之選二者孰愈亦可詳聞群下議多不同乃止超母妻旣先在長
安爲姚興所拘責超稱藩求太樂諸伎若不可使送吳口千人超
下書遣群臣詳議左僕射段暉議曰太上囚楚高祖不廻今陛下
嗣守社稷不宜以私親之故而降統天之尊又太樂諸伎皆是前
世伶人不可與彼使移風易俗宜掠吳口與之尚書張華曰若彼
侵掠吳邊必成鄰怨此旣能往彼亦能來兵連禍結非國之福也
昔孫權重黎庶之命屈己以臣魏惠施惜愛子之頭捨志以尊齊
況陛下慈德在秦方寸崩乱宜暫降大號以申至孝之情權變之
道典謨所許韓範智能廻物辯足傾人昔與姚興俱爲秦太子中
舍人可遣將命降號脩和所謂屈於一人之下申於万人之上也
超大悅曰張尚書得吾心矣使範聘于興及至長安興謂範曰封

晉記二十八 三

愷前來燕王與朕抗禮及卿至也款然而附爲依春秋以小事大
之義爲當專以孝敬爲母屈也範曰周爵五等公侯異品小大之
禮因而生焉今陛下命世龍興光宅西秦本朝主上承祖宗遺烈
定鼎東齊中分天曜南面並帝通聘結好義尚謙冲便至矜誕衒
折行人殊似吳晉爭盟滕薛競長恐傷大秦堂堂之盛有損皇燕
巍巍之美彼我俱失竊未安之興怒曰若如卿言便是非爲大小
而來範曰雖由大小之義亦緣寡君純孝過於重華願陛下體敬
親之道霈然垂愍興曰吾久不見賈生自謂過之今不及矣於是
爲範設舊交之禮申敘平生謂範曰燕王在此朕亦見之風表乃
可於機辯未也範曰大辯若訥聖人美之況爾曰龍潛鳳戢和光
同塵若使負日月而行則無繼天之業矣興笑曰可謂使乎延譽
者也範承間逞說姚興大悅賜範千金許以超母妻還之慕容凝
自梁父奔于姚興言於興曰燕王稱藩本非推德權爲母屈耳古
之帝王尚興師徵質豈可虛還其母乎母若一還必不復臣也宜

先制其送伎然後歸之興意乃變遣使聘於超超遣其僕射張華
給事中宗正元入長安送太樂伎一百二十人於姚興興大悅延
華入讌酒酣樂作興黃門侍郎尹雅謂華曰昔殷之將亡樂師歸
周今皇秦道盛燕樂來庭廢興之兆見于此矣華曰自古帝王爲
道不同權譎之理會於功成故老子曰將欲取之必先與之今總
章西入必由余東歸禍福之驗此其兆乎興怒曰昔齊楚競辯二
國連師卿小國之臣何敢抗衡朝士華遜辭曰奉使之始實願交
懽上國上國旣遺小國之臣辱及寡君社稷臣亦何心而不仰酬
興善之於是還超母妻義熙三年追尊其父爲穆皇帝立其母段
氏爲皇太后妻呼延氏爲皇后祀南郊將登壇有獸大如馬狀類
鼠而赤集於圓丘之側俄而不知所在須臾大風暴起天地晝昏
其行宮羽儀皆振裂超懼密問其太史令成公綏對曰陛下信用
姦臣誅戮賢良賦斂繁多事役殷苦所致也超懼而大赦譴責公
孫五樓等俄而復之是歲廣固地震天齊水湧井水溢女水竭河

晉記二十八 四

濟凍合而澠水不冰超正旦朝群臣于東陽殿聞樂作歎音佾不
備悔送伎於姚興遂議入寇其領軍韓諱諫曰先帝以舊京傾没
戢翼三齊苟時運未可上智輟謀今陛下嗣守成規宜閉關養士
以待賊釁不可結怨南鄰廣樹仇隙超曰我計已定不與卿言於
是遣其將斛穀提公孫歸等率騎寇宿豫陷之執陽平太守劉千
載濟陰太守徐阮大掠而去簡男女二千五百付太樂教之時公
孫五樓爲侍中尚書領左衛將軍專揔朝政兄歸爲冠軍常山公叔
父頹爲武衛興樂公五樓宗親皆夾輔左右王公內外無不憚之
超論宿豫之功封斛穀提等並爲郡縣公慕容鎮諫曰臣聞懸賞
待勳非功不侯今公孫歸結禍延兵殘賊百姓陛下封之得無不
可乎夫忠言逆耳非親不發臣雖庸朽忝國戚藩輒盡愚款惟陛
下圖之超怒不荅自是百僚杜口莫敢開言尚書都令史王儼諂
事五樓遷尚書郎出爲濟南太守入爲尚書左丞時人爲之語曰
欲得侯事五樓又遣公孫歸等率騎三千入寇濟南執太守趙元略男

女千餘人而去劉裕率師將討之超引見羣臣于東陽殿議距王師公孫五樓曰吳兵輕果所利在戰初鋒勇銳不可爭也宜據大峴使不得入曠日延時沮其銳氣可徐簡精騎二千循海而南絕其糧運別敕段暉率兖州之軍緣山東下腹背擊之上策也各命守宰依險自固校其資儲之外餘悉焚蕩芟除粟苗使敵無所資堅壁清野以待其釁中策也縱賊入峴出城逆戰下策也超曰京都殷盛戶口衆多非可一時入守青苗布野非可卒芟設使芟苗城守以全性命朕所不能今據五州之彊帶山河之固戰車万乘鐵馬万羣縱令過峴至於平地徐以精騎踐之此成擒也賀賴盧苦諫不從退謂五樓曰上不用吾計亡無日矣慕容鎮曰若如聖旨必須平原用馬爲便宜出峴逆戰戰而不勝猶可退守不宜縱敵入峴自貽窘逼昔成安君不守井陘之閞終屈於韓信諸葛瞻不據東馬之險卒擒於鄧艾臣以爲天時不如地利阻守大峴策之上也超不從鎮出謂韓諄曰王上既不能芟苗守嶮又不肯徙

人逃寇酷似劉璋矣今年國滅吾必死之卿等中華之士復爲文身矣超聞而大怒收鎮下獄乃攝莒梁父二戍脩城隍簡士馬畜銳以待之其夏王師次東莞超遣其左軍段暉輔國賀賴盧等六將步騎五萬進據臨朐俄而王師度峴超懼率卒四萬就暉等于臨朐謂公孫五樓曰宜進據川源晉軍至而失水亦不能戰矣五樓馳騎據之劉裕前驅將軍孟龍符已至川源五樓戰敗而返裕遣諮議參軍檀韶率銳卒攻破臨朐超大懼單騎奔段暉于城南暉衆又戰敗裕軍人斬暉超又奔還廣固徙郭內人入保小城使其尚書郎張綱乞師于姚興赦慕容鎮進錄尚書都督中外諸軍事引見羣臣謝之曰朕嗣奉成業不能委賢任善而專固自由覆水不收悔將何及智士逞謀必在事危忠臣立節亦在臨難諸君其勉思六奇共濟艱運鎮進曰百姓之心係於一人陛下既躬率六軍身先奔敗羣臣解心士庶喪氣內外之情不可復恃如聞西秦自有內難恐不暇分兵救人正當更決一戰以爭天命今散卒還者猶有數万可悉出金帛宮女餌令一戰天若相我足以破賊如其不濟死尚爲美不可閉門坐受圍擊司徒慕容惠曰不然今晉軍乘勝有陵人之氣敗軍之將何以禦之秦雖與勃勃相持不足爲患且二國連橫勢成脣齒今有寇難秦必救我但自古乞援不遣大臣則不致重兵是以趙隸三請楚師不出平原一使援至從成尚書令韓範德望具瞻燕秦所重宜遣乞援以濟時艱於是遣範與王蒲乞師于姚興未幾裕師圍城四面皆合人有竊告裕軍曰若得張綱爲攻具者城乃可得耳是月綱自長安歸遂奔于裕裕令綱周城大呼曰勃勃大破秦軍無兵相救超怒伏弩射之乃退右僕射張華中丞封愷並爲裕軍所獲裕令華愷與超書勸令早降超乃遣裕書請爲藩臣以大峴爲界并獻馬千匹以通和好裕弗許江南繼兵相尋而至尚書張俊自長安還又降于裕說裕曰今燕人所以固守者外杖韓範冀得秦援範既時望又與姚興舊昵若勃勃敗後秦必救燕宜密信誘範啗以重利範來則

燕人絕望自然降矣裕從之表範爲散騎常侍遺範書以招之時姚興乃遣其將姚強率步騎一万隨範就其將姚紹于洛陽并兵來援會赫連勃勃大破秦軍興追強還長安範歎曰天其滅燕乎會得裕書遂降於裕裕謂範曰卿欲立申包胥之功何以虛還也範曰自亡祖司空世荷燕寵故泣血秦庭冀匡禍難屬西朝多故丹誠無效可謂天喪弊邑而賛明公智者見機而作敢不至乎翌日裕將範循城由是人情離駭無復固志裕謂範曰卿宜至城下告以禍福範曰雖蒙殊寵猶未忍謀燕裕嘉而不強左右勸超誅範家以止後叛超知敗在旦夕又弟諱盡忠無貳故不罪焉是歲東萊雨血廣固城門鬼夜哭明年朔旦超登天門朝羣臣于城上殺馬以饗將士文武皆有遷授超幸姬魏夫人從超登城見王師之盛握超手而相對泣韓諄諫曰陛下遭百六之會正是勉強之秋而反對女子悲泣何其鄙也超拭目謝之其尚書令董銳勸超出降超大怒繫之於獄於是賀賴盧公孫五樓爲地道出戰王師

不利河間人玄文說裕曰昔趙攻曹嶷望氣者以爲澠水帶城非可攻拔若塞五龍口城必自陷石季龍從之而嶷請降後慕容恪之圍段龕亦如之而龕降降後無幾又震開之今舊基猶在可塞之裕從其言至是城中男女患脚弱病者太半超輦而升城尚書悅壽言於超曰天地不仁助寇爲虐戰士尫病日就凋隕守困窮城自絕望外援天時人事亦可知矣苟歷運有終堯舜降位轉禍爲福聖達以先耳追許鄭之蹤以存宗廟之重超歎曰廢興命也吾寧奮劒決死不能銜璧求生於是張綱爲裕造衝車覆以版屋蒙之以皮并設諸奇巧城上火石弓矢無所施用又爲飛樓懸梯木幔之屬遙臨城上超大怒懸其母而支解之城中出降者相繼裕四面進攻殺傷甚衆悅壽新開門以納王師超與左右數十騎出亡爲裕軍所執裕數之以不降之狀超神色自若一無所言惟以母託劉敬宣而已送建康市斬之時年二十六在位六年德以安帝隆安四年僭位至超二世凡十一年以義熙六年滅

慕容鍾字道明德從弟也少有識量喜怒不形於色機神秀發言論清辯至於臨難對敵智勇兼濟累進奇策德用之頗中由是政無大小皆以委之遂爲佐命元勳後公孫五樓規挾威權慮鍾抑己因勸超誅之鍾遂謀反事敗奔于姚興興拜始平太守歸義侯

封孚字處道渤海蓨人也祖俊振威將軍父放慕容暐之世吏部尚書孚幼而聰敏和裕有士君子之稱寶僭位累遷吏部尚書及蘭汗之篡南奔辟閭渾渾表爲渤海太守德至莒城孚出降德曰朕平青州不以爲慶喜於得卿也常外總機事內參密謀雖位任崇重謙虛博納甚有大臣之體及超嗣位政出權嬖多違舊章軌憲日頹殘虐滋甚孚屢盡匡救超不能納也後臨軒謂孚曰朕於百王可方誰乎對曰桀紂之主超大慚怒孚徐步而出不爲改容司空鞠仲失色謂孚曰與天子言何其亢厲宜應還謝孚曰行年七十墓木已拱惟求死所耳竟不謝以超三年死于家時年七十一文筆多傳于世

史臣曰慕容德以季父之親居鄴中之重朝危未聞其節君存踐其位豈人理哉然稟俶儻之雄姿韞從橫之遠略屬分崩之運成角逐之資跨有全齊竊弄神器撫劒而爭衡秦魏練甲而志靜荆吳崇儒術以弘風延讜言而勵己觀其爲國有足稱焉超繼已成之基居霸者之業政刑莫恤畋游是好杜忠良而讒佞進暗聽受而勳戚離先緒俄頹家聲莫振陷宿豫而貽禍啓大峴而延敵君臣就虜宗廟爲墟迹其人謀非不幸也

贊曰德資雄略轉敗爲功奄有青土僭名域中超承僞祚撓其國步廟失良籌庭悲霑露

載記第二十八　　晉書百二十八

沮渠蒙遜

沮渠蒙遜臨松盧水胡人也其先世為匈奴左沮渠遂以官為氏焉蒙遜博涉群史頗曉天文雄傑有英略滑稽善權變梁熙呂光皆奇而憚之故常游飲自晦會伯父羅仇麴粥從呂光征河南光前軍大敗麴粥言於兄羅仇曰主上荒耄驕縱諸子朋黨相傾讒人側目今軍敗將死正是智勇見猜之日可不懼乎吾兄弟素為所憚與其經死溝瀆豈若勒衆向西平出苕藋奮臂大呼涼州不足定也羅仇曰理如汝言但吾家累世忠孝為一方所歸寧人負我無我負人俄而皆為光所殺宗姻諸部會葬者萬餘人蒙遜哭謂衆曰昔漢祚中微吾之乃祖翼獎竇融保寧河右呂王昏耄荒虐无道豈可不上繼先祖安時之志使二父有恨黃泉衆咸稱萬歲遂斬光中田護軍馬邃臨松令井祥以盟一旬之間衆至萬餘屯據金山與從兄男成推光建康太守段業為使持節大都督龍驤大將軍涼州牧建康公改呂光龍飛二年為神璽元年業以蒙遜為張掖太守男成為輔國將軍委以軍國之任業將使蒙遜攻西郡衆咸疑之蒙遜曰此郡據嶺之要不可不取業曰卿言是也遂遣之蒙遜引水灌城城潰執太守呂純以歸於是王德以晉昌孟敏以敦煌降業業封蒙遜臨池侯呂弘去張掖將東走業議欲擊之蒙遜諫曰歸師勿遏窮寇弗追此兵家之戒也不如縱之以為後圖業曰一日縱敵悔將无及遂率衆追之為弘所敗業賴蒙遜而免歎曰孤不能用子房之言以至於此業築西安城以其將臧莫孩為太守蒙遜曰莫孩勇而無謀知進忘退所謂為之築冢非築城也業不從俄而為呂纂所敗蒙遜懼業不能容己每匿智以避之業僭稱涼王以蒙遜為尚書左丞梁中庸為右丞呂光遣其二子紹纂伐業業請救於禿髮烏孤烏孤遣其弟鹿孤及楊軌救業紹以業等軍盛欲從三門關挾山而東纂曰挾山示弱取敗之道不如結陣衝之彼必憚我而不戰也紹乃引軍而南業將擊之蒙遜諫曰楊軌恃虜騎之彊有窺覦之志紹纂兵在死地必決戰求生不戰則有太山之安戰則有累卵之危業曰卿言是也乃按兵不戰紹亦難之各引兵歸業憚蒙遜雄武微欲遠之乃以蒙遜從叔益生為酒泉太守蒙遜為臨池太守業門下侍郎馬權雋爽有逸氣武略過人業以權代蒙遜為張掖太守甚見親重每輕陵蒙遜蒙遜亦憚而怨之乃譖之於業曰天下不足慮惟當憂馬權耳業遂殺之蒙遜謂男成曰段業愚闇非濟乱之才信讒愛佞無鑒斷之明所憚惟索嗣馬權今皆死矣蒙遜欲除業以奉兄何如男成曰業羈旅孤飄我所建立有吾兄弟猶魚之有水人既親我背之不祥乃止蒙遜既為業所憚內不自安請為西安太守業亦以蒙遜有大志懼為朝夕之變乃許焉蒙遜期与男成同祭蘭門山密遣司馬許咸告業曰男成欲謀叛許以取假日作逆若求祭蘭門山臣言驗矣至期日果然業收男成令自殺男成曰蒙遜欲謀叛先已告臣臣以兄弟之故隱忍不言以臣今在恐部人不從与臣剋期祭山返相誣告臣若朝死蒙遜必夕發乞詐言臣死說臣罪惡蒙遜必作逆臣投袂討之事無不捷業不從蒙遜聞男成死泣告衆曰男成忠於段公枉見屠害諸君能為報仇乎且州土兵乱似非業所能濟吾所以初奉之者以之為陳吳耳而信讒多忌枉害忠良豈可安枕臥觀使百姓離於塗炭男成素有恩信衆皆憤泣而從之比至氐池衆逾一萬鎮軍臧莫孩率部衆附之羌胡多起兵響應蒙遜壁于侯塢業先疑其右將軍田昂幽之于內至是謝而赦之使與武衞梁中庸等攻蒙遜業將王豐孫言於業曰西平諸田世有反者昂貌恭而心很志大而情險不可信也業曰吾疑之久矣但非昂無可以討蒙遜豐孫言既不從昂至侯塢率騎五百歸于蒙遜蒙遜至張掖昂兄子承愛斬關內之業左右皆散蒙遜大呼曰鎮西何在軍人曰在此業曰孤單飄一已為貴門所推可見匄餘命投身嶺南庶得東還与妻子相見蒙遜遂斬之業京兆人也博涉史傳有尺牘之才為杜進記室從

征塞表儒素長者无他權略威禁不行群下擅命尤信卜筮讖記巫覡徵祥故爲姦佞所誤隆安五年梁中庸房晷田昴等推蒙遜爲使持節大都督大將軍涼州牧張掖公赦其境內改元永安署從兄伏奴爲鎮軍將軍張掖太守和平侯弟挐爲建忠將軍都谷侯田昴爲鎮南將軍西郡太守臧莫孩爲輔國將軍房晷梁中庸爲左右長史張騭謝正礼爲左右司馬擢任賢才文武咸悅時姚興遣將姚碩德攻呂隆于姑臧蒙遜遣從事中郎李典聘于興以通和好蒙遜以呂隆既降于興酒泉涼寧二郡叛降李玄盛乃遣建忠挐牧府長史張潛見碩德于姑臧請軍迎接率郡人東迁碩德大悅拜潛張掖太守挐建康太守潛勸蒙遜東迁挐私於蒙遜曰呂氏猶存姑臧未拔碩德糧竭將還不能乆也何故違離桑梓受制於人輔國莫孩曰建忠之言是也蒙遜乃斬張潛因下書曰孤以虛薄猥忝時運未能弘闡大猷戡蕩群孽使桃蟲鼓翼東京封豕烝涉西裔戎車屢動干戈未戢農失三時之業百姓

戶不粒食可蠲省百傜專功南畝明設科條務盡地利時梁中庸爲西郡太守西奔李玄盛蒙遜聞之笑曰吾與中庸義深一骵而不信我但自負耳孤豈怯之乃盡歸其妻孥蒙遜下令曰養老乞言晉文納輿人之誦所以能招礼英奇致時邕之美况孤寡德智不經遠而可不思聞讜言以自鏡哉內外群僚其各搜揚賢儁廣進芻蕘以匡孤不逮遣輔国臧莫孩襲山北虜大破之姚興遣將齊難率衆四萬迎呂隆隆勸難伐蒙遜難從之莫孩敗其前軍難乃結盟而還蒙遜伯父中田護軍親信臨松太守孔篤並驕奢侵害百姓苦之蒙遜曰乱吾國者二伯父也何以綱紀百姓乎皆令自殺蒙遜襲狄洛般若于畨禾不剋迁其五百餘戶而還姚興遣使人梁斐張構等拜蒙遜鎮西大將軍沙州刺史西海侯時興亦拜禿髮傉檀爲車騎將軍封廣武公蒙遜聞之不悅謂斐等曰傉檀上公之位而身爲侯者何也構對曰傉檀輕狡不仁款誠未著聖朝所以加其重爵者褒其歸善即叙之義耳將軍忠貫

白日勳高一時當入諧鼎味匡贊帝室安可以不信待也聖朝爵必稱功官不越德如尹緯姚晃佐命初基齊難徐洛元勳驍將並位纔二品爵止侯伯將軍何以先之乎竇融殷勤固讓不欲居舊臣之右未解將軍忽有此問蒙遜曰朝廷何不即以張掖見封乃更遠封西海邪構曰張掖規畫之內將軍已自有之所以遠授西海者蓋欲廣大將軍之國耳蒙遜大悅乃受拜時地震山崩折木太史令劉梁言於蒙遜曰辛酉金也地動於金金動刻木大軍東行無前之徵時張掖城每有光色蒙遜曰王氣將成百戰百勝之象也遂攻禿髮西郡太守楊統於日勒統降拜爲右長史寵踰功舊署張掖太守句呼勒出奔西涼以從弟成都爲金山太守羅仇子也都爲西郡太守麴粥子也句呼勒自西涼奔還待之如初蒙遜率騎二萬東征次于丹嶺北虜大人思盤率部落三千降之時木連理生于永安永安令張披上書曰異枝同幹遐方有齊化之應殊本共心上下有莫二之固蓋至道之嘉祥大同之美徵蒙遜

曰此皆二千石令長匪躬濟時所致豈吾薄德所能感之蒙遜率步騎三万伐禿髮傉檀次于西郡大風從西北來氣有五色俄而晝昏至顯美徙數千戶而還傉檀追及蒙遜于窮泉蒙遜將擊之諸將皆曰賊已安營弗可犯也蒙遜曰傉檀謂吾遠來疲弊必輕而无備及其壘壁未成可以一鼓而滅進擊敗之乘勝至于姑臧夷夏降者万數千戶傉檀懼請和許之而歸及傉檀南奔樂都魏安人焦朗據姑臧自立蒙遜率步騎三万攻朗剋而宥之饗文武將士于謙光殿班賜金馬有差以敦煌張穆博通經史才藻清贍擢拜中書侍郎委以機密之任以其弟挐爲護羌校尉秦州刺史封安平侯鎮姑臧旬餘而挐死又以從祖益子爲鎮京將軍護羌校尉秦州刺史鎮姑臧俄而蒙遜迁于姑臧以義熙八年僭即河西王位大赦境內改元玄始置官僚如呂光爲三河王故事繕宮殿起城門諸觀立其子政德爲世子加鎮衛大將軍錄尚書事傉檀來伐蒙遜敗之於若厚塢傉檀湟河太守文支據湟

川護軍成宜侯率衆降之署文支鎮東大將軍廣武太守振武侯成宜侯爲振威將軍湟川太守以殿中將軍王建爲湟河太守蒙遜下書曰古先王應期撥乱者莫不經略八表然後光闡純風孤雖智非靖難職在濟時而狡虜傉檀鴟峙舊京毒加夷夏東菀之戮酷甚長平邊城之禍害深檢犺每念蒼生之無辜是以不遑啓處身疲甲冑躬倦風塵雖傾其巢穴傉檀猶未授首傉檀弟文支追項伯歸漢之義據彼重藩請爲臣妾自西平已南連城繼順惟傉檀窮獸守死樂都四支既落命豈久全五緯之會已應清一之期无賒方散馬金山黎元永逸可露布遠近咸使聞知蒙遜西如苕藋遣冠軍伏恩率騎一万襲卑和烏啼二虜大破之俘二千餘落而還蒙遜寢于新臺閹人王懷祖擊蒙遜傷足其妻孟氏擒斬之夷其三族蒙遜母車氏疾篤蒙遜升南景門散錢以賜百姓下書曰孤庶憑宗廟之靈乾坤之祐濟否剝之運會拯遺黎之荼蓼上望掃清氛穢下冀保寧家福而太后不豫涉歲弥增將

刑獄枉濫衆有怨乎賦役繁重時不堪乎群望不勤神所譴乎內省諸身未知罪之攸在可大赦殊死已下俄而車氏死蒙遜遣其將運糧于湟河自率衆攻剋乞伏熾磐廣武郡以運糧不繼自廣武如湟河度浩亹熾磐遣將乞伏魋尼寅距蒙遜蒙遜擊斬之熾磐又遣將王衝折斐文麴景等率騎一万據勒姐嶺蒙遜且戰且前大破之擒折斐等七百餘人麴景奔還蒙遜以弟漢平爲折衝將軍湟河太守乃引還晉益州刺史朱齡石遣使來聘蒙遜遣舍人黃迅報聘益州因表曰上天降禍四海分崩靈耀擁于南裔蒼生沒于醜虜陛下累聖重光道邁周漢純風所被八表宅心臣雖被髮邊徼才非時儁謬爲河右遺黎推爲盟主臣之先人世荷恩寵雖歷夷嶮執義不回傾首朝陽乃心王室去冬益州刺史朱齡石遣使詣臣始具朝廷休問承車騎將軍劉裕秣馬揮戈以中原爲事可謂天贊大晉篤生英輔臣聞少康之興大夏光武之復漢業皆奮劔而起衆无一旅猶能成配天之功著車攻之詠陛下

據全楚之地擁荊揚之銳而可垂拱晏然棄二京以資戎虜若六軍北軫剋復有期臣請率河西戎爲晉右翼前驅熾磐率衆三万襲湟河漢平力戰固守遣司馬隗仁夜出擊熾磐斬級數百熾磐將引退先遣老弱漢平長史焦昶將軍段景密信招熾磐熾磐復進攻漢平漢平納昶景之說面縛出降仁勒壯士百餘據南門樓上三日不下衆寡不敵爲熾磐所擒熾磐怒命斬之段暉諫曰仁臨難履危奮不顧命忠也宜宥之以厲事君熾磐乃執之而歸在熾磐所五年暉又爲之固請乃得還姑臧及至蒙遜執其手曰卿孤之蘇武也以爲高昌太守爲政有威惠之稱然頗以愛財爲失蒙遜西祀金山遣沮渠廣宗率騎一万襲烏啼虜大捷而還蒙遜西至苕藋遣前將軍沮渠成都將騎五千襲卑和虜蒙遜率中軍三万繼之卑和虜率衆迎降遂循海而西至鹽池祀西王母寺寺中有玄石神圖命其中書侍郎張穆賦焉銘之于寺前遂如金山而歸蒙遜下書曰頃自春炎旱害及時苗碧原

青野倏爲枯壤將刑政失中下有冤獄乎役繁賦重上天所譴乎內省多缺孤之罪也書不云乎百姓有過罪予一人可大赦殊死已下翌日而澍雨大降蒙遜聞劉裕滅姚泓怒甚門下校郎劉祥言事於蒙遜曰汝聞劉裕入關敢研研然也遂殺之其峻暴如是顧謂左右曰古之行師不犯歲鎮所在姚氏舜後軒轅之苗裔也今鎮星在軒轅而裕滅之亦不能久守關中蒙遜爲李士業敗於解支澗復收散卒欲戰前將軍成都諫曰臣聞高祖有彭城之敗終成大漢宜旋師以爲後圖蒙遜從之城建康而歸其群下上書曰設官分職所以經國濟時恪勤官次所以緝熙庶政當官者以匪躬爲務受任者以忘身爲效自皇綱初震戎馬生郊公私草創未遑舊式而朝士多違憲制不遵典章或公文御按在家臥署或事无可否望空而過至令黜陟絕於皇朝駮議寢於聖世清濁共流能否相雜人無勸競之心苟爲度日之事豈憂公忘私奉上之道也今皇化日隆遐迩寧泰宜肅振綱維申脩舊則蒙遜納

之命征南姚艾尚書左丞房晷撰朝堂制行之旬日百僚振肅太史令張衍言於蒙遜曰今歲臨澤城西當有破兵蒙遜乃遣其世子政德屯兵若厚塢蒙遜西至白岸謂張衍曰吾今年當有所定但太歲在申月又建申未可西行且當南巡要其歸會主而勿客以順天心計在臨機愼勿露也遂攻浩亹而蛇盤於帳前蒙遜笑曰前一為騰蛇今盤在吾帳天意欲吾迴師先定酒泉燒攻積而還次于川巖聞李士業徵兵欲攻張掖蒙遜曰入吾計矣但恐聞吾迴軍不敢前也兵事尚權乃露布西境稱得浩亹將進軍黃谷士業聞而大悅進入都瀆澗蒙遜潛軍逆之敗士業于壞城遂進剋酒泉百姓安堵如故軍无私焉以子茂虔為酒泉太守士業舊臣皆隨才擢叙蒙遜以安帝隆安元年自稱州牧義熙八年僭立後八年而宋氏受禪以元嘉十年死時年六十六在僞位三十三年子茂虔立六年為魏所擒合三十九載而滅

史臣曰蒙遜出自夷陬擅雄邊塞屬呂光之悖德深懷仇粥之寃推段業以濟時假以陳吳之事稱兵白澗南涼請和出師冊嶺北寇賓服然而見利忘義苞禍滅親雖能制命一隅抑亦備諸凶德者矣

贊曰光猜人傑業已時賢游飲自晦匿智圖全先心既逞僞績修宣擬茲姦數馳競當年

載記第二十九　　晉書百二十九

赫連勃勃

赫連勃勃字屈孑匈奴右賢王去卑之後劉元海之族也曾祖武劉聰世以宗室封樓煩公拜安北將軍監鮮卑諸軍事丁零中郎將雄據肆盧川為代王猗盧所敗遂出塞表祖豹子招集種落復為諸部之雄石季龍遣使就拜平北將軍左賢王丁零單于父衛辰入居塞內苻堅以為西單于督攝河西諸虜屯于代來城及堅國亂遂有朔方之地控弦之士三万八千後魏師伐之辰令其子力俟提距戰為魏所敗魏人乘勝濟河剋代來執辰殺之勃勃乃奔于叱干部叱干他斗伏送勃勃於魏他斗伏兄子阿利先戍大洛川聞將送勃勃馳諫曰鳥雀投人尚宜濟免況勃勃國破家亡歸命於我縱不能容猶宜任其所奔今執而送之深非仁者之舉他斗伏懼為魏所責弗從阿利潛遣勁勇篡勃勃於路送於姚興高平公沒弈于弈于以女妻之勃勃身長八尺五寸腰帶十圍性辯慧美風儀興見而奇之深加禮敬拜驍騎將軍加奉車都尉常參軍國大議寵遇踰於勳舊興弟邕言於興曰勃勃天性不仁難以親近陛下寵遇太甚臣竊惑之興曰勃勃有濟世之才吾方收其藝用與之共平天下有何不可乃以勃勃為安遠將軍封陽川侯使助沒弈于鎮高平以三城朔方雜夷及衛辰部眾三万配之使為伐魏偵候姚邕固諫以為不可興曰卿何以知其性氣邕曰勃勃奉上慢御眾殘貪暴無親輕為去就寵之踰分終為邊害興乃止頃之以勃勃為持節安北將軍五原公配以三交五部鮮卑及雜虜二万餘落鎮朔方時河西鮮卑杜崘獻馬八千匹于姚興濟河至大城勃勃留之召其眾三万餘人偽獵高平川襲殺沒弈于而并其眾眾至數万義熙三年僭稱天王大單于赦其境內建元曰龍昇署置百官自以匈奴夏后氏之苗裔也國稱大夏以其長兄右地代為丞相代公次兄力俟提為大將軍魏公叱干阿利為御史大夫梁公弟阿利羅引為征南將軍司隸校尉若門為尚

書令叱以鞬為征西將軍尚書左僕射乙斗為征北將軍尚書右僕射自餘以次授任其年討鮮卑薛干等三部破之降眾万數千進討姚興三城已北諸戍斬其將楊丕姚石生等諸將諫固險不從又復言於勃勃曰陛下將欲經營宇內南取長安宜先固根本使人心有所憑係然後大業可成高平險固山川沃饒可以都也勃勃曰卿徒知其一未知其二吾大業草創眾旅未多姚興亦一時之雄關中未可圖也且其諸鎮用命我若專固一城彼必并力於我眾非其敵亡可立待吾以雲騎風馳出其不意救前則擊其後救後則擊其前使彼疲於奔命我則游食自若不及十年嶺北河東盡我有也待姚興死後徐取長安姚泓凡弱小兒擒之方略已在吾計中矣昔軒轅氏亦遷居無常二十餘年豈獨我乎於是侵掠嶺北嶺北諸城門不晝啓興歎曰吾不用黃兒之言以至於此黃兒姚邕小字也勃勃初僭號求婚於禿髮傉檀傉檀弗許勃勃怒率騎二万伐之自楊非至于支陽三百餘里殺傷万餘人驅掠二万七千口牛馬羊數十万而還傉檀率眾追之其將焦朗謂傉檀曰勃勃天姿雄驁御軍齊肅未可輕也今因抄掠之資率思歸之士人自為戰難與爭鋒不如從溫圍北渡趣万斛堆阻水結營制其咽喉百戰百勝之術也傉檀將賀連怒曰勃勃以死亡之餘率烏合之眾犯順結禍幸有大功今牛羊塞路財寶若山窘弊之餘人懷貪競不能督厲士眾以抗我也我以大軍臨之必土崩魚潰今引軍避之示敵以弱我眾氣銳宜在速追傉檀曰吾追計決矣敢諫者斬勃勃聞而大喜乃於陽武下陝鑿凌埋車以塞路傉檀遣善射者射之中勃勃左臂勃勃乃勒眾逆擊大敗之追奔八十餘里殺傷万計斬其大將十餘人以為京觀號髑髏臺還于嶺北勃勃與姚興將張佛生戰于青石原又敗之俘斬五千七百人興遣將齊難率眾二万來伐勃勃勃勃退如河曲難以去勃勃既遠縱兵掠野勃勃潛軍覆之俘獲七千餘人收其戎馬兵杖難引軍而退勃勃復追擊于木城拔之擒難俘其將士萬有三千戎

馬万匹嶺北夷夏降附者數万計勃勃於是拜置守宰以撫之勃
勃又率騎二万入高岡及于五井掠平涼雜胡七千餘户以配後
軍進屯依力川姚興來伐至三城勃勃候興諸軍未集率騎擊之興
大懼遣其將姚文宗距戰勃勃僞退設伏以待之興遣其將姚榆
生等追之伏兵夾擊皆擒之興將王奚聚羌胡三千餘户于勑奇
堡勃勃進攻之奚驍悍有膂力短兵接戰勃勃之衆多爲所傷於
是堰斷其水堡人窘迫執奚出降勃勃謂奚曰卿忠臣也朕方與
卿共平天下奚曰若蒙大恩速死爲惠乃與所親數十人自刎而
死勃勃又攻興將金洛生于黄石固弥姐豪地于我羅城皆拔之
徙七千餘家於大城以其丞相右地代領幽州牧以鎮之遣其尚
書金纂率騎一万攻平涼姚興來救纂爲興所敗死之勃勃兄子
左將軍羅提率步騎一万攻興將姚廣都于定陽剋之坑將士四
千餘人以女弱爲軍賞拜廣都爲太常勃勃又攻興將姚壽都于
清水城壽都奔上邽徙其人万六千家于大城是歲齊難姚廣都
謀叛皆誅之姚興將姚詳棄三城南奔大蘇勃勃遣其將平東鹿
弈于要擊之執詳盡俘其衆詳至勃勃數而斬之其年勃勃率騎
三万攻安定與姚興將楊佛嵩戰于青石北原敗之降其衆四万
五千獲戎馬二万匹進攻姚興將党智隆于東鄉降之署智隆光
祿勳徙其三千餘户于貳城姚興鎮北參軍王買德來奔勃勃謂
買德曰朕大禹之後世居幽朔祖宗重暉常與漢魏爲敵國中世
不競受制於人逮朕不肖不能紹隆先構國破家亡流離漂虜今
將應運而興復大禹之業卿以爲何如買德曰自皇晉失統神器
南移羣雄岳峙人懷問鼎況陛下弈葉載德重光朔野神武超
於漢皇聖略邁於魏祖而不於天啓之機建成太業乎今秦政雖
衰藩鎮猶固深願蓄力待時詳而後舉勃勃善之拜軍師中郎將
乃赦其境内改元爲鳳翔以叱干阿利領將作大匠發嶺北夷夏
十万人於朔方水北黒水之南營起都城勃勃自言朕方統一天
下君臨万邦可以統万爲名阿利性尤工巧然殘忍刻暴乃蒸土

築城錐入一寸即殺作者而并築之勃勃以爲忠故委以營繕之
任又造五兵之器精鋭尤甚既成呈之工匠必有死者射甲不入
即斬弓人如其入也便斬鎧匠又造百鍊剛刀爲龍雀大環號曰
大夏龍雀銘其背曰古之利器吴楚湛盧大夏龍雀名冠神都
可以懷遠可以柔逋如風靡草威服九區世甚珍之復鑄銅爲大
鼓飛廉翁仲銅駝龍獸之屬皆以黄金飾之列於宮殿之前凡
殺工匠數千以是器物莫不精麗於是議討乞伏熾盤王買德諫
曰明王之行師也軌物以德不以暴且熾盤我之與國新遭大喪
今若伐之豈所謂乘理而動上感靈和之義乎苟恃衆力因人喪
難匹夫猶恥爲之而況万乘哉勃勃曰甚善微卿朕安聞此言其
年下書曰朕之皇祖自北迁幽朔姓改姒氏音殊中國故從母氏
爲劉子而從母之姓非禮也古人氏族無常或以因生爲氏或以
王父之名朕將以義易之帝王者係天爲子是爲徽赫實與天連
今改姓曰赫連氏庶協皇天之意永享無疆大慶係天之尊不
可令支庶同之其非正統皆以鐵伐爲氏庶朕宗族子孫剛鋭如
鐵皆堪伐人立其妻梁氏爲王后子璝爲太子封子延陽平公昌
太原公倫酒泉公定平原公滿河南公安中山公又攻姚興將姚
逵于杏城二旬剋之執逵及其將姚大用姚安和姚利僕尹敵等
坑戰士二万人遣其御史中丞烏洛孤盟於沮渠蒙遜曰自金晉
數終禍纒九服趙魏爲長虵之墟秦隴爲豺狼之穴二都神京鞠
爲茂草蠢尔羣生罔知憑頼上天悔禍運屬二家封疆密迩道
會義親宜敦和好弘康世難爰自終古有國有家非盟誓無以昭
神祇之心非斷金無以定終始之好然晉楚之成吴蜀之約咸口
血未乾而尋背之今我二家契殊曩日言未發而有篤愛之心
音一交而懷傾蓋之顧息風塵之警同克濟之誠戮力一心共
濟六合若天下有事則雙振義旗區域既清則並敦魯衛夷險相
赴交易有無爰及子孫永崇斯好蒙遜遣其將沮渠漢平來盟
勃勃聞姚泓將姚嵩與氐王楊盛相持率騎四萬襲上邽未至而

嵩爲盛所殺勃勃攻上邽二旬尅之殺泓秦州刺史姚平都及將士五千人毀城而去進攻陰密又殺興將姚良子及將士万餘人以其子昌爲使持節前將軍雍州刺史鎮陰密泓將姚恢棄安定奔于長安安定人胡儼華韜率戶五万據安定降于勃勃以儼爲侍中韜爲尚書留鎮東羊苟兒鎮之配以鮮卑五千進攻泓將姚諶于雍城諶奔長安勃勃進師次郿城泓遣其將姚紹來距勃勃退如安定胡儼等襲殺苟兒以城降泓勃勃引歸杏城笑謂羣臣曰劉裕伐秦水陸兼進且裕有高世之略姚泓豈能自固吾驗以天時人事必當尅之又其兄弟內叛安可以距人裕既尅長安利在速返正可留子弟及諸將守關中待裕發軫吾取之若拾芥耳不足復勞吾士馬於是秣馬厲兵休養士卒尋進據安定姚泓嶺北鎮戍郡縣悉降勃勃於是盡有嶺北之地俄而劉裕滅泓入于長安遣使遺勃勃書請通和好約爲兄弟勃勃命其中書侍郎皇甫徽爲文而陰誦之召裕使前口授舍人爲書封以荅裕裕覽

其文而奇之使者又言勃勃容儀瓌偉英武絕人裕歎曰吾所不如也既而勃勃還統萬裕留子義真鎮長安而還勃勃聞之大悅謂王買德曰朕將進圖長安卿試言取之方略買德曰劉裕滅秦所謂以乱平乱未有德政以濟蒼生關中形勝之地而以弱才小兒守之非經遠之規也狼狽而返者欲速成篡事耳無暇有意於中原陛下以順伐逆義貫幽顯百姓以君命望陛下義旗之至以日爲歲矣青泥上洛南師之衝要宜置遊兵斷其去來之路然後杜潼關塞崤陝絕其水陸之道陛下聲檄長安申布恩澤三輔父老皆壺漿以迎王師矣義真獨坐空城逃竄無所一旬之間必面縛麾下所謂兵不血刃不戰而自定也勃勃善之以子璝都督前鋒諸軍事領撫軍大將軍率騎二万南伐長安前將軍赫連昌屯兵潼關以買德爲撫軍右長史南斷青泥勃勃率大軍繼發璝至渭陽降者屬路義真遣龍驤將軍沈田子率衆逆戰不利而退屯劉迴堡田子與義真司馬王鎮惡不平因鎮惡出城遂殺之義真

又殺田子於是悉召外軍入于城中閉門距守關中郡縣悉降璝夜襲長安不尅勃勃進據咸陽長安樵採路絕劉裕聞之大懼乃召義真東鎮洛陽以朱齡石爲雍州刺史守長安義真大掠而東至於灞上百姓遂逐齡石而迎勃勃入于長安璝率衆三万追擊義真王師敗績義真單馬而遁買德獲晉寧朔將軍傅弘之輔國將軍蒯恩義真司馬毛脩之於青泥積人頭以爲京觀於是勃勃大饗將士于長安舉觴謂王買德曰卿往日之言一周而果効可謂算無遺策矣雖宗廟社稷之靈亦卿謀猷之力也此觴所集非卿而誰於是拜買德都官尚書加冠軍將軍封河陽侯赫連昌攻齡石及龍驤將軍王敬於潼關之曹公故壘尅之執齡石及敬送于長安羣臣乃勸進勃勃曰朕無撥乱之才不能弘濟兆庶自枕戈寢甲十有二年而四海未同遺寇尚熾不知何以謝責當年垂之來葉將明揚仄陋以王位讓之然後歸老朔方琴書卒歲皇帝之號豈薄德所膺羣臣固請乃許之於是爲壇于灞上僭即

皇帝位赦其境內改元爲昌武遣其將叱奴侯提率步騎二万攻晉幷州刺史毛德祖于蒲坂德祖奔于洛陽以侯提爲幷州刺史鎮蒲坂勃勃歸于長安徵隱士京兆韋祖思既至而恭懼過礼勃勃怒曰吾以国士徵汝汝奈何以非類處吾汝昔不拜姚興何獨拜我我今未死汝猶不以我爲帝王吾死之後汝輩弄筆當置吾何地遂殺之羣臣勸都長安勃勃曰朕豈不知長安累帝舊都有山河四塞之固但荊吳僻遠勢不能爲人之患東魏與我同壤境去北京裁數百餘里若都長安北京恐有不守之憂朕在統万彼終不敢濟河諸卿適未見此耳其下咸曰非所及也乃於長安置南臺以璝領大將軍雍州牧錄南臺尚書事勃勃還統万以宮殿大成於是赦其境內又改元曰真興刻石都南頌其功德曰夫庸大德盛者必建不刊之業道積慶隆者必享無窮之祚昔在陶唐數鍾厄運我皇祖大禹以至聖之姿當經綸之會鑿龍門而闢伊闕疏三江而決九河夷一元之窮災拯六合之沉溺鴻績侔於天

地神功邁於造化故二儀降祉三靈叶賛揖讓受終光啓有夏傳
世二十歷載四百賢辟相承哲王継軌徽猷冠於玄古高範煥乎
疇昔而道無常夷數或屯險王桀不綱綱漏鄗氏用使金暉絶于
中天神轡輟于促路然純耀未渝慶緜万祀龍飛漠南鳳峙朔
北長轡遠馭則西罩崐山之外密網遐張則東絙滄海之表爰始
逮今二千餘載雖三統迭制於崤函五德革運於伊洛秦雍成篡
弑之墟周豫爲爭奪之藪而幽朔謐尒王有常尊於上海代晏然
物無異望於下故能控弦之衆百有餘万躡馬長驅哉行秦趙使
中原疲于奔命諸夏不得高枕爲日久矣是以偏師暫擬涇陽摧
隆周之鋒赫斯一奮平陽挫漢祖之鋭雖霸王継蹤猶朝日之升
扶桑英豪接踵若夕月之登濛汜自開闢已來未始聞也非夫卜
世與乾坤比長鴻基與山嶽齊固孰能本枝於千葉重光於万祀
履寒霜而踰榮蒙重氛而弥耀者哉於是玄符告徵大猷有會
我皇誕命世之期應天縱之運仰協時休俯順時望龍升京則義

風蓋於九區鳳翔天域則威聲格于八表屬姦雄鼎峙之秋羣凶
嶽立之際昧旦臨朝日旰忘膳運籌命將舉無遺策親御六戎則
有征無戰故僞秦以三世之資喪魂於關隴河源望旗而委質北
虜欽風而納款德音著於柔服威刑彰于伐叛文教與武功並宣
俎豆與干戈俱運五稔之間道風弘著暨乎七載而王猷允洽乃
遠惟周文啓經始之基近詳山川究形勝之地遂營起都城開建
京邑背名山而面洪流左河津而右重塞高隅隱日崇墉際雲石
郭天池周緜千里其爲獨守之形險絶之狀固以遠邁於咸陽超
美於周洛若乃廣五郊之義尊七廟之制崇左社之規建右稷之
禮御太一以繕明堂模帝坐而營路寢閶闔披霄而山亭象魏
排虛而嶽峙華林靈沼崇臺秘室通房連閣馳道苑園可以蔭
映万邦光覆四海莫不鬱然並建森然畢備若紫微之帶皇穹閬
風之誇后土然宰司鼎臣羣黎士庶僉以爲重威之式有闕前
王於是延王爾之奇工命班輸之妙匠搜文梓於鄧林採繡石於

恒嶽九域貢以金銀八方獻其瓌寶親運神奇參制規矩營離宮
於露寢之南起別殿於永安之北高構千尋崇基万仞玄棟鏤榥
若騰虹之揚眉飛簷舒咢似翔鵬之矯翼二序啓矣而五時之
坐開四隅陳設而一御之位建温宮膠葛涼殿崢嶸絡以隨珠綷
以金鏡雖曦望互升於表而中無晝夜之殊陰陽迭更於外而內
無寒暑之別故善目者不能爲其名博辯者不能究其稱斯蓋神
明之所規模非人工之所經制若乃尋名以求類跡狀以效眞據
質以究名形疑妙出雖如來須弥之寶塔帝釋刀利之神宮尚未
足以喻其麗旁其飾矣昔周宣考室而詠於詩人閟宮有侐而頌
聲是作況乃太微肇制清都啓建軌一文昌舊章唯始咸秩百神
賓享方國羣生開其耳目天下詠其來蘇亦何得不播之管絃刊
之金石哉乃樹銘都邑敷讃碩美俾皇風振於來葉聖庸垂乎不
朽其辭曰於赫靈祚配乾比隆巍巍大禹堂堂聖功仁被蒼生得
格玄穹帝錫玄珪揖讓受終哲王継軌光闡徽風道無常夷數或

不競金精南邁天輝北映靈祉踰昌世葉弥盛惟祖惟父克廣休
命如彼日月連光接鐙玄符瑞德乾運有歸誕鍾我后膺圖龍飛
落落神武恢恢聖姿名教內敷羣妖外夷化光四表威截九圍封
畿之制王者常經乃延輸爾肇建帝京土苞上壤地跨勝形庶人
子來不日而成崇臺霄峙秀闕雲亭千榭連隅萬閣接屏晃若神
曦昭若列星離宮既作別宇亦施爰構崇明仰準乾儀懸甍風閱
飛軒雲垂溫室嵯峨層城參差楹彫虬獸節鏤龍螭瑩以寶璞飾
以珍奇稱因褒著名由實揚偉哉皇室盛以歷章義高靈臺美隆
未央邁軌三五貽則霸王永世垂範億載彌光其秘書監胡義周
之辭也名其南門曰朝宋門東門曰招魏門西門曰服涼門北門
曰平朔門追尊其高祖訓兒曰元皇帝曾祖武曰景皇帝祖豹子
曰宣皇帝父衞辰曰桓文皇帝廟號太祖母苻氏曰桓文皇后勃勃
凶暴好殺無順守之規常居城上置弓劍於側有所嫌忿便手自
殺之羣臣忤視者毁其目笑者決其脣諫者謂之誹謗先截其舌

而後斬之夷夏囂然人無生賴在位十三年而宋受禪以宋元嘉二年死子昌嗣偽位尋為魏所擒弟定僭號於平涼遂為魏所滅自勃勃至定凡二十有六載而亡

史臣曰赫連勃勃獯醜種類入居邊宇屬中壤分崩緣間肆慝控弦鳴鏑據有朔方遂乃法玄象以開宮擬神京而建社竊先王之徽號備中國之禮容驅駕英賢闚闢天下然其器識高爽風骨魁奇姚興覩之而醉心宋祖聞之而動色豈陰山之韞異氣不然何以致斯乎雖雄略過人而凶殘未革飾非距諫酷害朝臣部內囂然忠良卷舌滅亡之禍宜在厥身猶及其嗣非不幸也

贊曰淳維遠裔名王之餘嘯群龍漠乘釁侵漁平秦創呂宇易彼遷廬雖弄神器猶曰凶渠

載記第三十　　晉書百三十

跋

涵芬樓舊藏晉書有宋刊元明遞修本有元大德本原本均漫漶不宜影印又有明覆宋大字本版印俱佳以與他本不相合故舍去今均燬於兵火先是江南第一圖書館有宋刊小字本已遺工就照矣校閱至列傳某卷乃多所脫漏思覓更勝者以爲之代甘泉鄉人稿稱海昌蔣氏有宋刊小字本因浼友人蔣慰堂商之藻新孀丈慨焉許諾且以其書送滬開緘展讀覺雕印精絕心目爲爽惜缺載記三十卷行款與江南館本同用以補配可爲兩美之合是眞可繼馬班范陳之後矣武英殿本是史攷證多引宋本參訂故譌奪視他史爲少盧抱經嘗以帝紀

天文禮志與明南北監本汲古閣本及他書參攷異同今略取其所校帝紀與是本相勘雖訛文奪字爲盧氏所指者不能盡免而以校殿本則仍有軒輊之別如帝紀一楚漢間司馬卬爲趙將卬下注卭非今殿本正作卭又權果遣將呂蒙西襲公安襲下注羽衍今殿本正有羽字又太和元年下達與魏興太守申儀有隙魏興下注二一字今脫今殿本正脫此二一字又凡攻敵必（宋本誤必作二一）扼其喉而擣其心擣下注從木者譌今殿本正從木青龍元年下國以充實焉焉下注今脫今殿本僅有國以充實四字猶脫焉字青龍二年下關中多蒺藜藜下注毛及音義俱不作蔾下同今殿本正俱作蔾青龍

三年下帝運長安粟五百萬斛輸於京師輸下注脫通志有音義音戍今殿本正脫輸字景初二年下帝固讓子弟官不受帝下注今脫今殿本正脫帝字嘉平三年下依漢霍光故事漢下注今脫今殿本正脫漢字帝紀二嘉平五年下帝乃勑欽督銳卒趣合榆帝下注今脫今殿本正脫帝字正元元年下臣請依漢（宋本脫漢字）霍光故事依下注昔衍今殿本正有昔字景元四年下居守成都及備他境境下注郡非今殿本正作郡又金城太守楊欣趣甘松欣下注頎非今殿本正作頎又仍斷大政仍下注乃非今殿本正作乃又犯命陵正盧本陵作淩注當作陵今殿本仍作淩帝紀三泰始元年下罷

部曲將長吏以下質任吏下注今誤倒今殿本正作吏長又麒麟各一麒下注騏譌下同今殿本正俱作騏泰始六年賜大常博士學生帛牛酒各有差學生下注二字脫通志及毛本有今殿本正脫此二字泰始九年鮮卑寇廣甯甯下注甯譌今殿本正作甯咸寧三年下平虜護軍文淑討叛虜樹機能等並破之並下注今脫今殿本正脫並字太康元年下斬吳江陵督五延五下注王非五蓋子胥之後今殿本正作王延又剋州四剋下注毛克此從通志今作得譌今殿本正作得太康四年下牂柯獠二千餘落內屬柯下注牁譌下同今殿本正俱作牁太康六年下尚書褚䂮下注契譌音義䂮力灼反今殿本

正作契太熙元年春正月辛酉朔改元己巳己下注今譌乙今殿本正作乙又承魏氏奢侈刻弊之後刻下注革譌今殿本正作革太宗贊驕泰之心因斯以起下注因而斯起譌今殿本正作因而斯起帝紀四永平元年得以眇身託于羣后之上眇下注從耳非今殿本正從耳光熙元年下九月頓丘太守馮嵩頓下注今譌穎今殿本正作穎帝紀五永嘉五年下勒寇豫州諸郡下注軍非今殿本正作軍永嘉六年下猗盧自將六萬騎次于盂城盂下注盆譌城下注盂城卽今山西之盂縣今殿本正作盆史臣贊爾乃取鄧艾於農璅（宋本作瑣）下注隙毛作瑣與璅同璅小人也案艾爲典農綱紀上計吏司

馬懿奇之辟爲掾故云今殿本乃作隙帝紀七咸和三年下舟軍四萬次于蔡州下注洲案宋志蒲洲郁洲之類皆作州今殿本乃作洲咸和四年下李陽與蘇逸戰於柤浦柤下注側孤側加二反作祖譌今殿本正作祖帝紀九咸安二年下若涉泉水下注卽淵水作氷譌今殿本正作氷太元十八年下二月乙未又地震（宋本作地又震）乙下注己譌今殿本正作己帝紀十隆安元年下散騎常侍郭曆下注從麻譌今殿本正從麻其尤著者則帝紀五永嘉二年下劉元海寇平陽河東太守路述力戰死之盧氏謂太守失名是所見之本已佚路述二字矣凡此皆是本勝於殿本之處餘如天文志禮志亦大率類是推之全書可以概見獨惜盧氏所校僅限此十六卷不然者宋刻之貴得盧氏而益彰且有時可以盧氏所校正宋本之失焉豈不懿歟海鹽張元濟

百衲本二十四史

晉書 二冊

撰者◆房喬
發行人◆王春申
編輯指導◆林明昌
營業部兼任編輯部經理◆高珊
編印者◆本館古籍重印小組
承製者◆辰皓國際出版製作有限工司

出版發行：臺灣商務印書館股份有限公司
地　　址：23150 新北市新店區復興路 43 號 8 樓
電　　話：(02)8667-3712　傳真：(02)8667-3709
讀者服務專線：0800-056-196
郵撥：0000165-1
E-mail：ecptw@cptw.com.tw
網路書店網址：www.cptw.com.tw
網路書店臉書：facebook.com.tw/ecptwdoing
臉書：facebook.com.tw/ecptw
部落格：blog.yam.com/ecptw

局版北市業字第 993 號
初版一刷：1937 年 1 月
臺一版一刷：1981 年 1 月
臺二版一刷：2010 年 6 月
臺二版二刷：2016 年 5 月
定價：新台幣 2400 元

ISBN 978-957-05-2484-0

晉書 ／ 房喬撰. --臺二版. -- 臺北市 ： 臺灣
商務, 2010. 06
冊 ； 公分. --（百衲本二十四史）

ISBN 978-957-05-2484-0（全套：精裝）

1. 晉史

623. 101 99005697